中国文学艺术界联合会年鉴

China Federation of Literary and Art Circles Yearbook

《中国文学艺术界联合会年鉴》编委会　编

2015

新 华 出 版 社

图书在版编目（CIP）数据

中国文学艺术界联合会年鉴．2015/《中国文学艺术界联合会年鉴》编委会编．--北京：新华出版社，2016.1

ISBN 978-7-5166-2328-2

Ⅰ．①中… Ⅱ．①中… Ⅲ．①中国文学艺术界联合会－2015－年鉴 Ⅳ．①I2－232

中国版本图书馆CIP数据核字（2016）第026159号

中国文学艺术界联合会年鉴．2015

主　　编：《中国文学艺术界联合会年鉴》编委会

出 版 人：张百新
责任编辑：梁秋克　王晓娜
封面设计：厚积广告·朱 江

出版发行：新华出版社
地　　址：北京石景山区京原路8号　**邮　　编：**100040
网　　址：http：//www.xinhuapub.com　http：//press.xinhuanet.com
经　　销：新华书店
购书热线：010-63077122　**中国新闻书店购书热线：**010-63072012

照　　排：北京厚积广告有限责任公司
印　　刷：北京工商事务印刷有限公司

成品尺寸：210mm×285mm　**印　　张：**51.5
彩插印张：12.5　**字　　数：**1529千字
版　　次：2016年2月第一版　**印　　次：**2016年2月第一次印刷

书　　号：ISBN 978-7-5166-2328-2
定　　价：380.00元

《中国文学艺术界联合会年鉴》（2015）
编 辑 委 员 会

委　员：

张百新	新华出版社社长
刘尚军	中国文联国内联络部主任
董占顺	中国文联国际联络部主任
庞井君	中国文联理论研究室主任、中国文艺评论家协会副主席兼秘书长、中国文联文艺评论中心主任
暴淑艳	中国文联权益保护部副主任
郑希友	中国文联人事部主任
刘国强	中国文联机关党委常务副书记
郑更生	中国文联离退休干部局局长
季国平	中国戏剧家协会分党组书记、驻会副主席
康健民	中国电影家协会分党组书记、驻会副主席
韩新安	中国音乐家协会分党组书记、驻会副主席兼秘书长
吴长江	中国美术家协会副主席
董耀鹏	中国曲艺家协会分党组书记、驻会副主席兼秘书长
罗　斌	中国舞蹈家协会分党组书记、驻会副主席兼秘书长
罗　杨	中国民间文艺家协会分党组书记、驻会副主席
王　瑶	中国摄影家协会主席、分党组书记

潘文海　中国书法家协会分党组成员、副秘书长

邵学敏　中国杂技家协会分党组书记、驻会副主席

张　显　中国电视艺术家协会分党组书记、驻会副主席兼秘书长

黄啟钧　中国文联机关服务中心主任兼办公厅副主任

冉茂金　中国文联文艺资源中心副主任

廖　恳　中国文联文艺志愿服务中心主任

周由强　中国文联文艺评论中心副主任

傅亦轩　中国文联文艺研修院常务副院长

朱　庆　中国文联出版社社长、总编辑

向云驹　中国艺术报社社长兼中国文联文艺资源中心主任

冯双白　中国文学艺术基金会秘书长

郁钧剑　中国文联演艺中心主任

陈启刚　北京市文联党组书记、常务副主席

寇世恺　天津市文联党组书记、常务副主席

解晓勇　河北省文联党组书记、副主席

李太阳　山西省文联党组书记、常务副主席

巴特尔　内蒙古自治区文联主席、党组副书记

喻国伟　辽宁省文联党组副书记、副主席

孙凤平　吉林省文联党组成员、副主席

傅道彬　黑龙江省文联主席

宋　妍　上海市文联党组书记、专职副主席

章剑华　江苏省委宣传部副部长，省文联党组书记、常务副主席

陈　田　安徽省文联党组书记、副主席、书记处第一书记

张作兴　福建省文联党组书记、副主席、书记处书记

汪天行　江西省文联党组书记、常务副主席

于钦彦　山东省文联党组书记、副主席

杨　杰　河南省文联主席、党组副书记

刘永泽　湖北省文联党组书记、常务副主席

江学恭　湖南省文联党组书记、副主席

程　扬　广东省文联党组书记、专职副主席

韦苏文　广西壮族自治区文联党组成员、副主席

张　萍　海南省文联作协党组书记、海南省文联主席

蒋东生　四川省文联党组书记、常务副主席

王　超　重庆市文联党组书记、副主席

李碧川　贵州省文联党组书记、副主席

黄　玲　云南省文联党组书记、常务副主席

沈开运　西藏自治区文联党组书记、副主席

吴丰宽　陕西省文联党组书记、常务副主席

周丽宁　甘肃省文联党组书记、副主席

庚　君　宁夏回族自治区文联党组成员、秘书长

张　民　青海省文联党组成员、副主席

黄永军　新疆维吾尔自治区党委宣传部副部长，

自治区文联党组书记、副主席

苗　宏　新疆生产建设兵团文联党组成员、副主席

路小路　中国石油文联专职副主席

王勇平　中国铁路文联主席兼秘书长

梁嘉琨　中国煤矿工业协会副会长、中国煤矿文联主席

白俊文　中国电力文协秘书长

王经国　中国水利文协副主席

党　军　　中国石化集团公司党群工作部副主任、

中国石化文联副主席兼秘书长

张　策　　全国公安文联秘书长

杨　明　　中国检察官文联秘书长

张汉平　　中国人民银行工会常务副主任、

中国人民银行文联主席

陈　炜　　中国金融文联副主席兼秘书长

《中国文学艺术界联合会年鉴》（2015）

撰 稿 人（按年鉴目录中单位排序）

李培隽	李翌辰	黄 猛	王 媛	苏芳芳
刘燕铭	魏 宁	赵玉秀	冷 玉	展华云
张 杭	宋智勤	焦 铎	李春光	王仞山
韩淑英	林德源	郝红霞	刘海阔	刘 博
周由强	胡一峰	王廷戬	杨 婧	姜妍妍
余 宁	孟祥宁	黄冠玫美	张 跃	莫惊涛
颖 莲	绳长杰	郭 娟	裴 诺	张 萌
张锡海	尹飞飞	张大勇	王菲菲	张小卫
唐 坤	孙 茜	侯仰军	谢桂华	刘 洋
刘 清	赵 倩	王甄妮	蒙建军	郭云鹏
任 娟	李克琴	陈杨萍	陈 双	刘乃奎
李晓宇	樊丽红	李云鹏	于 双	常 明
王铁峰	邓婉莹	刘 杰	樊音纳	王灵均
王幼丽	方 毅	徐 健	黄春景	高光华
毛 杰	刘多斌	王涘海	孙广雪	范浩鸣
黄 胜	温航军	王 彦	赵 晴	梁俊贤
陈小英	李 琦	何见远	江金玉	石小军
何文青	吴 岩	修忠一	王翠屏	刘 鹏

方铁壁　　原瑞伦　　李兆庆　　王艳红　　王经国

王　丹　　戴东英　　王克俭　　甘　露　　王中秋

韩启超

《中国文学艺术界联合会年鉴》（2015）
工　作　人　员

耿志海　　李　龙　　冯志敏　　方　琼　　朱　江

#《中国文学艺术界联合会年鉴》（2015）
核 稿 人 员

重要讲话及文献：邓光辉、郭露超

重要会议活动：李培隽

品牌活动：李培隽、董占顺

全国性文艺大奖、艺术节：李培隽

文艺志愿服务活动：刘海阔

重点文艺工程：王仞山、韩淑英

文化名人、著名艺术家纪念活动：李培隽

组织联络工作：李培隽

对外及对港澳台地区文化交流：董占顺

理论研究：郭露超

文艺评论：周由强、胡一峰、王廷戬、杨　婧

权益保护：暴淑艳

出版业改革发展：暴淑艳

机关建设：邓光辉、宋智勤、焦　铎、牟明利

中国文联机关服务中心：鲍次立

中国文联文艺资源中心：冉茂金

中国文联文艺志愿服务中心：刘海阔

中国文联文艺研修院：傅亦轩、程翔宇

中国文联出版社：朱　庆

中国艺术报社：余　宁

中国文学艺术基金会：雷　彤

中国文联演艺中心：蒲　强

中国剧协：罗　松

中国影协：李景富

中国音协：卢佳颖、荣英涛

中国美协：刘　建

中国曲协：张　鑫

中国舞协：唐　坤

中国民协：罗　杨

中国摄协：陈　瑾、赵　倩

中国书协：蒙建军

中国杂协：郭云鹏、任　娟

中国视协：李克琴

中国评协：周由强、胡一峰、王廷戬、杨　婧

北京文联：陈杨萍

天津文联：郭中元

河北文联：李晓宇

山西文联：崔莹玺、樊丽红

内蒙古文联：聂显辉

辽宁文联：贾俊峰

吉林文联：常　明

黑龙江文联：王铁峰

上海文联：胡晓军

江苏文联：何　超

安徽文联：王灵均

福建文联：王幼丽、方　毅

江西文联：李小军

山东文联：张娜娜

河南文联：董焕琳

湖北文联：刘多斌

湖南文联：王涘海

广东文联：李　明

广西文联：韦苏文

海南文联：温航军

重庆文联：王　彦

四川文联：赵　晴

贵州文联：徐凡军

云南文联：李勇知、梁　磊、易　力、余应木

西藏文联：沈开运

陕西文联：黄道峻

甘肃文联：周丽宁、王登渤

青海文联：高霏尔

宁夏文联：庾　君

新疆文联：黄永军

新疆生产建设兵团文联：李光武、熊建军

中国石油文联：路小路

中国铁路文联：方铁壁

中国煤矿文联：刘　俊

中国电力文协：王艳红

中国水利文协：王经国

中国石化文联：潘武龙

中国公安文联：张　策

中国检查官文联：杨　明

中国人民银行文联：王克俭、甘　露、王中秋

中国金融文联：陈　炜

《中国文学艺术界联合会年鉴》(2015)
编辑说明

一、《中国文学艺术界联合会年鉴》(以下简称《中国文联年鉴》)由中国文学艺术界联合会(以下简称中国文联)主办,中国文联、新华出版社联合编辑出版。《中国文联年鉴》是一部全面反映我国文联系统工作情况的综合性年刊,创刊于2007年,面向全国发行。本卷为第九卷。

二、《中国文联年鉴》以邓小平理论、"三个代表"重要思想、科学发展观为指导,认真贯彻落实党的十八大、十八届三中、四中、五中全会和习近平总书记在文艺工作座谈会上的重要讲话精神,力求全面、准确、客观、真实地反映中国文联及各团体会员全年工作成就、事业发展状况和总体工作情况,以发挥年鉴的资治、宣传、交流、存史作用,总结经验、加强交流,不断开创文联工作新局面。

三、《中国文联年鉴》内容主要有:重要讲话及文献,重要会议、活动,联络、协调、服务,中国文联各团体会员工作情况,中国文联大事记等。《中国文联年鉴》内容翔实、数据准确、覆盖面广、史料性强,是中国文联各团体会员及相关部门、单位必备的参考工具书。

四、《中国文联年鉴》采用篇目、类目、分目、条目四级编辑体例，并分别以不同字体、字号加以区分，条目为本年鉴内容的基本载体。

五、文联工作与发展情况是本刊的主要内容，着重在以下篇目中反映：

《重要讲话及文献》：中央、上级主管部门领导同志和中国文联主要领导关于文联工作的重要讲话，有关重要文献。

《重要会议、活动》：中国文联的重要会议、具年度特色或品牌意义的重要活动，以及文艺界名人纪念活动等。

《联络、协调、服务》：中国文联及各直属单位开展的重要工作。

《中国文联各团体会员（一）》：中国文联所属各全国文艺家协会开展的主要工作。

《中国文联各团体会员（二）》：与中国文联有业务指导关系的其他团体会员的主要工作。

《中国文学艺术界联合会大事记》：对中国文联在2014年度所开展重要工作的记录。

《中国文联年鉴》主要内容由中国文联各团体会员、中国文联机关及各直属单位提供。

《附录》：各省（区、市）所辖市、县文联的有关情况。

Content

目　录

重要讲话及文献

重要讲话及文献

重要会议、活动

文艺志愿服务活动

重点文艺工程

文化名人、著名艺术家纪念活动

联络、协调、服务

组织联络工作

对外和与港澳台地区文化交流工作

理论研究

文艺评论

权益保护

出版改革发展

机关建设

信息化建设

文艺研修

基金会发展

中国文联出版社

中国艺术报社

中国文联演艺中心

中国文联各团体会员（一）

中国电影家协会

中国音乐家协会

中国美术家协会

中国曲艺家协会

中国舞蹈家协会

中国民间文艺家协会

中国摄影家协会

中国书法家协会

中国杂技家协会

中国电视艺术家协会

中国文艺评论家协会

中国文联各团体会员（二）

北京市文联

天津市文联

河北省文联

山西省文联

内蒙古自治区文联

辽宁省文联

吉林省文联

黑龙江省文联

上海市文联

江苏省文联

安徽省文联

福建省文联

江西省文联

山东省文联

河南省文联

湖北省文联

湖南省文联

广东省文联

广西壮族自治区文联

海南省文联

重庆市文联

四川省文联

贵州省文联

云南省文联

西藏自治区文联

陕西省文联

甘肃省文联

青海省文联

宁夏回族自治区文联

新疆维吾尔自治区文联

新疆生产建设兵团文联

中国石油文联

中国铁路文联

中国煤矿文联

中国电力文协

中国人民银行文联

中国金融文联

2014年中国文学艺术界联合会大事记

附　录

索　引

彩色插页

第四部分

第五部分

第六部分

12月26日，中共中央政治局委员、中央书记处书记、中宣部部长刘奇葆到中国美术馆参观第十二届全国美术作品展览。

中国文联九届六次全委会

1. 1月11日至12日，中国文联九届六次全委会在京召开。中国文联主席孙家正主持会议并讲话。
2. 中宣部副部长黄坤明出席会议并讲话。
3. 中国文联党组书记、副主席赵实作工作报告。
4. 中国文联党组副书记、副主席李屹作会议总结。
5. 中国文联第九届主席团第六次会议现场。
6. 全委会委员投票增选中国文联第九届副主席和主席团委员。
7. 全委会会议现场。

1		
2	3	4
	5	6
	7	

学习贯彻习近平总书记在文艺工作座谈会上的重要讲话精神

1	2	3			
4					
5	6	7	8	9	10
11	12	13	14	15	16

1. 10月16日，中国文联在京召开文艺家学习习近平总书记在文艺工作座谈会上重要讲话精神座谈会，中国文联主席孙家正在座谈会上讲话。
2. 中国文联党组书记、副主席赵实在座谈会上讲话。
3. 中国文联党组副书记、副主席李屹主持会议。
4. 会议现场。
5. 文艺家代表尚长荣发言。
6. 文艺家代表王兴东发言。
7. 文艺家代表徐沛东发言。
8. 文艺家代表刘大为发言。
9. 文艺家代表姜昆发言。
10. 文艺家代表冯双白发言。
11. 文艺家代表万建中发言。
12. 文艺家代表王文澜发言。
13. 文艺家代表张海发言。
14. 文艺家代表边发吉发言。
15. 文艺家代表王洛勇发言。
16. 文艺家代表王一川发言。

文艺界践行社会主义核心价值观

1. 8月29日，中国文联在京召开文艺工作者带头践行社会主义核心价值观座谈会。
2. 中国文联党组书记、副主席赵实出席座谈会并讲话。
3. 中国文联党组成员、副主席左中一主持会议。
4. 尚长荣宣读《文艺工作者践行社会主义核心价值观倡议书》。
5. 文艺家们纷纷在倡议书上签字。
6. 文艺家代表徐沛东发言。
7. 文艺家代表边发吉发言。
8. 文艺家代表姜昆发言。
9. 文艺家代表王瑶发言。
10. 文艺家代表黄宏发言。
11. 文艺家代表胡玫发言。
12. 文艺家代表王兴东发言。
13. 文艺家代表潘鲁生发言。
14. 文艺家代表刘敏发言。
15. 文艺家代表王红丽发言。
16. 文艺家代表言恭达发言。
17. 文艺家代表凯丽发言。
18. 文艺家代表林永健发言。

1						
2	3					
4	5					
6	7	8	9	10	11	
12	13	14	15	16	17	18

百花迎春——中国文学艺术界2014春节大联欢

1	2
	3
5	4

6

1. 1月12日，由中国文联主办的“百花迎春——中国文学艺术界2014春节大联欢”在北京人民大会堂举行。表演艺术家陈建斌、奚美娟、宋春丽、瞿弦和等配乐诗朗诵《中国梦》。
2. 郭兰英、杨洪基等艺术家演唱歌曲《感谢祖国感谢党》。
3. 舞蹈《和风》。
4. 小提琴演奏家吕思清与舞蹈家陈爱莲合作表演《赛马》。
5. 美术家现场创作国画作品“丹青颂马”。
6. 老艺术家致新春感言。

中国文艺评论家协会成立

1. 5月30日，中国文艺评论家协会成立大会在京举行。中国文联主席孙家正和新当选的中国文艺评论家协会主席仲呈祥为中国文艺评论家协会揭牌。
2. 中宣部副部长黄坤明在中国文艺评论家协会成立大会上讲话。
3. 中国文联党组书记、副主席赵实在中国文艺评论家协会成立大会上讲话。
4. 中国文艺评论家协会成立大会现场。
5. 中国文艺评论家协会第一次代表大会现场。
6. 会议现场。

1	2
	3
4	5
6	

庆祝中国文联成立65周年
全国文联系统干部职工美术书法摄影展

1. 7月16日，“追寻中国梦——庆祝中国文联成立65周年全国文联系统干部职工美术书法摄影展”在中国文艺家之家展览馆开幕。
2. 中国文联主席孙家正为中国文艺家之家展览馆运营揭牌。
3. 孙家正宣布展览开幕。
4. 中国文联党组书记、副主席赵实出席开幕式并讲话。
5. 中国文联党组成员、副主席左中一宣布展览优秀作品名单。
6. “追寻中国梦——庆祝中国文联成立65周年全国文联系统干部职工美术书法摄影展”展览现场，中国文联职工参观展览。

1 | 2
3 | 4 | 5
6

“中国梦”主题文艺实践活动

1 2
3 4 5
6

1. 9月28日，“中国梦·百姓梦·我的梦——庆祝新中国成立65周年原创小戏小品汇报演出”在北京八一剧场举行。
2. 9月22日，“向人民报告”——庆祝新中国成立65周年暨说唱中国梦优秀曲艺节目展演河南曲艺专场在北京民族文化宫大剧院举行。
3. 9月19日，“向人民报告”——庆祝新中国成立65周年暨说唱中国梦优秀曲艺节目展演四川曲艺专场在北京民族文化宫大剧院举行。
4. 12月18日，中国梦——青年舞蹈人才培育计划资助青年舞蹈编导柳宁新创舞蹈作品《听天说》在国家大剧院首演。
5. 11月15日，杂技剧《中国梦·红色记忆》在济南首演。
6. 9月28日，“美丽中国梦”——大型交响音乐会在北京中山音乐堂举行。

7. 9月27日，“翰墨中国——全国书法作品大展”在中国国家博物馆开幕。
8. 6月26日至7月1日，中国音协组织知名词曲作家赴贵州开展“中国梦”全国原创歌曲征集采风创作活动。
9. 9月29日，追梦足迹——庆祝新中国成立65周年、改革开放35周年摄影大展在中国摄影展览馆开幕。
10. 5月24日，“我们的中国梦——大黄河·风情陕州”全国剪纸艺术大赛获奖作品展在河南陕县陕州地坑院开幕。
11. 中国美协组织艺术家开展“中国梦”——塑造中国新形象写生创作活动。
12. 6月30日，“孩子眼中的美丽乡村”——少数民族地区原创微电影行活动，著名央视主持人朱迅在阿坝州红原县寄宿制藏文中学“影视小屋”为藏族学生授课。

7
8
9 10
11 12

文艺志愿服务活动——送欢乐下基层

1. 3月20日，“送欢乐下基层”中国文联文艺志愿服务团赴广州南村镇社区慰问活动。
2. 5月5日至7日，“我们的中国梦——送欢乐下基层”中国文联文艺志愿服务团走进二炮常规导弹第一旅采风慰问。图为魏葆华、吴正丹表演杂技《肩上芭蕾》。
3. 11月13日至16日，“送欢乐下基层”中国文联文艺志愿服务团走进大兴安岭慰问采风活动。图为中国文联副主席刘兰芳为群众表演评书。
4. 10月8日至10日，“不朽的记忆——纪念红军长征出发80周年”中国文联文艺志愿服务团赴瑞金慰问演出。图为志愿服务小分队赴华屋红军村慰问活动。
5. 12月28日至30日，“我们的中国梦”中国文联文艺志愿服务团赴云南地震灾区“送欢乐下基层”慰问演出。图为中国文联党组书记、副主席赵实，党组成员、副主席李前光为当地贫困户送“福”字。

	1	
2	3	4
	5	

6	7
8	9
	10
11	

6. 7月31日至8月11日，“送欢乐下基层”摄影培训志愿服务小分队赴西藏拉萨、林芝开展摄影培训活动。图为摄影家卢现义当场授课。
7. 4月28日至30日，“我们的中国梦——送欢乐下基层”中国文联文艺志愿服务团赴中煤平朔煤矿慰问演出。图为歌手春雷为煤矿工人演出。
8. 3月24日至26日，“我们的中国梦——送欢乐下基层”中国文联文艺志愿服务团赴阿尔山、三角山边防哨所慰问演出。
9. 6月15日至16日，“纪念邓小平同志诞辰110周年”中国文联文艺志愿服务团“送欢乐下基层”赴广安慰问演出。图为著名演员卢奇扮演伟人邓小平。
10. 9月24日，第三届中国（潜江）曹禺文化周开幕式暨“送欢乐下基层”中国文联文艺志愿服务团赴潜江慰问演出。图为中国文艺志愿者协会主席姜昆和协会理事戴志诚表演相声。
11. 7月18日，“送欢乐下基层”中国文联文艺志愿服务团赴新疆新源县慰问演出。

文艺志愿服务活动

1	2
3	
4	
5	

1. 10月21日至30日，河南兰考县乡村音乐教师培训班开班。图为中国文联党组书记、副主席赵实慰问兰考县文艺支教志愿者。
2. 10月8日至10日，中国文联文艺志愿服务团赴瑞金慰问演出期间，中国文联党组成员、副主席李前光看望瑞金市象湖中学文艺支教志愿者。
3. 9月至12月，甘肃陇南文艺支教项目中，文艺支教志愿者陈烨教孩子们唱歌。
4. 7月5日至7月15日，包头市固阳县乡村美术教师培训班开班，图为中央美院教师朱兆曦为当地美术教师授课。
5. 9月至12月，湖南省湘西土家族苗族自治区古丈县文艺支教志愿者项目中，文艺支教志愿者杨韶祎教孩子们跳舞。

6. 3月19日，中国文艺志愿者协会第一届理事会第二次会议在广州召开。
7. 中国文艺志愿者协会一届二次理事会主席团会同期召开。
8. 中国文艺志愿者协会一届二次理事会上，第一届、第二届理事获颁证书。
9. 9月20日至21日，贵州省文艺支教培训项目中，中国传媒大学摄影系讲师宋泽毅讲授《数字摄影技术》及《大画幅黑白摄影》。
10. 8月1日至8月20日，牡丹江美术培训班开班，美术家韩敬伟在横道子油画村现场师范作画。
11. 10月21日至30日，河南兰考县乡村音乐教师培训班上，音乐家龚耀年为学员授课。

6	7
8	9
	10

11

“今日中国”艺术周

1. 2月，2014“今日中国”艺术周在摩纳哥举办。图为演出结束后，艺术团全体演职人员向国外观众谢幕。
2. 中国文联党组书记、副主席赵实，摩纳哥国务大臣米歇尔·罗杰等中外嘉宾参观中国民间工艺展。
3. 摩纳哥观众与中国民间工艺家交流。
4. 摩纳哥观众驻足观看反映中国百姓服饰变化的摄影作品。
5. 中摩名厨在切磋厨艺。
6. 艺术周综合文艺演出，苗族歌手阿幼朵演唱《茉莉花》。
7. 山东大学国乐团表演中国民乐合奏《金蛇狂舞》。
8. 青年舞蹈演员陶禹霏、何仲达、谭均元表演藏族舞蹈《牛背摇篮》。

第六届海峡两岸暨港澳地区艺术论坛
对港澳台地区文化交流

1. 12 月，第六届海峡两岸暨港澳地区艺术论坛在台湾台中市举办。图为与会领导与专家学者合影。
2. 中国文联党组成员、副主席夏潮出席论坛开幕式。
3. 圆桌对话以“文化与城市”为主题展开讨论与交流。
4. 6 月，“2014 濠江之春——澳门与内地文艺家大联欢”在澳门举办。图为两地艺术家合影。
5. 3 月 6 日，台湾两岸电影交流委员会主任委员、中国影协顾问李行率 14 人访问团访问中国文联。图为访问团参观中国文联发展史展厅。
6. 5 月，中国文联党组成员、书记处书记郭运德赴香港出席“萧晖荣艺术展”。
7. 9 月，中国文联党组副书记、副主席李屹赴香港出席第三届“紫荆杯”两岸四地青少年书画大赛颁奖典礼暨展览开幕礼。
8. 11 月 4 日，中国文联党组成员、书记处书记郭运德在文艺家之家会见台湾商工统一促进会参访团。

1	2
4	3
5	7
6	8

对外文化交流

1. 9 月，中国文联党组副书记、副主席李屹率代表团访问印度尼西亚，出席“梦想·记忆—中国民生 35 年之变迁”摄影展开幕式。
2. 11 月，中国文联党组成员、副主席左中一率代表团访问古巴。图为代表团与古巴文化部代表进行座谈。
3. 12 月，中国文联党组成员、副主席李前光率代表团访问意大利。图为代表团与意大利商业摄影家协会代表交流。
4. 6 月，韩国文化艺术委员会代表团应邀访华。中国文联党组成员、书记处书记郭运德在文艺家之家会见并宴请了代表团一行。
5. 10 月，中国文联党组成员、书记处书记郭运德率民间艺术家代表团赴奥地利举办“中国民间艺术展”。图为艺术家为中外嘉宾讲解作品。
6. 9 月，中国文联“视觉艺术策展人研修班”在美国举办。图为研修班学员在纽约艺术机构考察交流。
7. 7 月，泰中艺术家联合会代表团应邀访华。图为代表团在太原考察山西大剧院。

1	2
3	
4	5
6	7

中华文明历史题材美术创作工程

1	2
3	
4	
5	6

1. 9月至11月，“中华文明历史题材美术创作工程”创作指导委员会组织美术家和历史、考古方面专家，分赴六省市，观摩指导草图的细化修改和定稿放大。图为9月16日至18日，创作指导委员会专家在沈阳，与辽宁及周边省市作者一起召开草图指导工作会。
2. 10月14至15日，创作指导委员会专家在上海，与上海及周边省市作者一起召开草图指导工作会。
3. 9月25日，在广州召开的草图指导工作会上，工程组委会副主任兼秘书长冯远及美术家、历史和考古学家观摩指导作者展示的创作草图。
4. 11月6日，在北京召开的草图指导工作会上，历史和考古学家讲评草图。
5. 10月17日，在杭州召开的草图指导工作会上，作者向专家阐述创作构思。
6. 在杭州召开的草图指导工作会上，各位美术家、历史和考古学家在草图前驻足观摩。

文化名人、著名艺术家纪念活动

1	2
3	
4	

1. 5月27日，纪念欧阳山尊诞辰100周年座谈会在京举行。
2. 8月6日，纪念骆玉笙诞辰100周年座谈会在京举行。
3. 8月30日，纪念马三立诞辰100周年座谈会在天津举行。
4. 纪念马三立诞辰100周年中国相声群英会同期举行。

5

6

7

5. 11月12日，纪念韩起祥诞辰100周年座谈会在西安举行。
6. 12月2日，纪念梅兰芳诞辰120周年座谈会在京举行。
7. 12月14日，纪念京剧大师叶盛兰诞辰100周年座谈会在京举行。

组织联络

1	2
3	
	4
5	6

1. 9月4日，由中国文联、海峡两岸关系协会、厦门市政府共同主办的“中华情·中国梦”展演系列活动在厦门举行。
2. 9月4日，“中华情·中国梦”美术书法展在厦门举行。中国文联党组成员、副主席左中一等参观展览。
3. 4月1日至2日，2014全国文联组联工作会议在福州召开。中国文联党组成员、书记处书记罗成琰等出席会议。
4. 2014全国文联组联工作会议分组讨论现场。
5. 3月19日，第11届造型表演艺术成就奖颁奖典礼在中国文联文艺家之家举行。图为中国文联副主席冯远向获奖的艺术家杨先让颁发获奖证书。
6. 3月19日，第11届造型表演艺术成就奖颁奖典礼在中国文联文艺家之家举行。图为中国舞协副主席冯双白向获奖的艺术家崔善玉颁发获奖证书。

理论研究

1. 11月5日，第九届中国文联文艺评论奖颁奖典礼暨第七届当代中国文艺论坛在苏州举行。
2. 中国文联党组书记、副主席赵实在颁奖典礼上讲话。
3. 文艺论坛圆桌论坛现场。
4. 3月31日至4月2日，2014年全国文联文艺舆情信息工作会议在贵州召开。
5. 10月17日，文艺评论家学习习近平总书记重要讲话精神座谈会在京召开。
6. 8月27日至28日，全国文联系统理论研究室业务培训班在长春举办。
7. 中国文联党组成员、副主席夏潮出席开班式并讲话。
8. 全国文联系统理论研究室业务培训班分组讨论现场。

1 2
3
4 5
6 7 8

文艺评论

1. 9月16日，中国文联文艺评论中心揭牌仪式在京举行。
2. 9月9日，“文艺评论：方向与责任”座谈会在京召开。
3. 8月11日，第八届全国中青年文艺评论家高级研修班开班典礼在杭州举行。
4. 第八届全国中青年文艺评论家高级研修班合影。
5. 6月30日，电影《兰辉》研讨会在京召开。
6. 11月26日，电视剧《北平无战事》作品研讨会在京召开。
7. 12月20日，“中华美学精神”专题研讨会在京召开。

1. 2月，中国文联党组书记、副主席赵实，中国文联党组成员、副主席李前光与2013年度中国文联出版报刊业改革发展先进单位代表合影。
2. 5月，中国文联党组书记、副主席赵实，中国文联党组成员、副主席李前光与参加2014年全国文联维权工作会议的代表合影。
3. 3月，中国文联党组成员、副主席李前光出席《教科书法定许可使用作品支付报酬办法》专题座谈会并讲话。
4. 5月，全国文联维权工作会议会场。
5. 10月，全国文联文艺维权研讨会会场。

行政服务

1. 9月，由中国文联办公厅主办的2014年全国文联系统办公室业务培训班在甘肃兰州举办。中国文联党组成员、副主席左中一等出席开班式。
2. 9月，由中国文联办公厅主办的2014年全国文联系统办公室业务培训班在甘肃兰州举办。图为培训班现场。
3. 8月4日至7日，中国文联组成考察团赴定点扶贫地区甘肃省陇南市武都区进行文艺扶贫项目考察。
4. 中国文联办公厅、机关服务中心全年组织四批老艺术家赴各地采风调研。图为4月，赴广西采风调研。
5. 5月，中国文联办公厅组织召开2014年度预算编制工作布置会。
6. 12月19日，中国文联在中联百花文化艺术有限公司的股权在北京产权交易所挂牌，完成转让工作。
7. 7月，中国文联办公厅全面核查涉及公车改革的车辆信息，做好封存工作。

党的建设

1	2
3	
4	
5	6
7	8

1. 8月18日至22日，机关工会联合会、机关青联共同举办“共筑中国梦”——庆祝建国65周年职工摄影展。图为文联党组领导同干部职工一起观看展览。
2. 9月1日至3日，中国文联机关第四次党员代表大会召开。图为第二次全体会议现场，中国文联党组副书记、机关党委书记李屹作工作报告。
3. 9月2日，中国文联机关第四次党员代表大会召开第三次全体会议，选举新一届机关党委委员和纪委委员。图为大会主席团成员投票。
4. 9月16日至19日，机关工会联合会、机关青联联合举办第五届职工乒乓球比赛。图为中国文联党组书记赵实、党组副书记李屹与获奖职工合影留念。
5. 五四前夕，机关团委、机关青联组织青年干部职工赴百年老店荣宝斋参观见学。
6. 4月29日，中国文联机关党的工作会议召开，中国文联党组副书记、机关党委书记李屹出席会议并讲话。
7. 4月3日，中国摄协机关党委组织党员干部职工到房山区张坊镇参加“2014年春季造林启动仪式”，开展义务植树活动。
8. 4月下旬，机关工会联合会、机关青联共同举办首届职工拔河比赛。图为中国文联党组成员李前光、郭运德与冠军代表队合影留念。

离退休干部工作

1	2
3	
4	
5 6	7

8

1. 3月14日，中国文联党组书记、副主席赵实，党组副书记、副主席李屹，党组成员、副主席夏潮以及文联机关有关部门领导视察中国文联离退休干部活动中心。
2. 赵实视察中在活动中心棋牌室观看老同志下围棋。
3. 9月15日，庆祝新中国成立65周年暨中国文联成立65周年中国文联老同志书法美术摄影作品展览在京举办，中国文联党组书记、副主席赵实，党组副书记、副主席李屹等参观展览。
4. 10月27日至11月2日，中国文联老艺术家到江西鹰潭采风，与当地文艺工作者共同学习贯彻习近平总书记在文艺工作座谈会上的讲话精神。
5. 7月，中国文联离休干部在北戴河疗养。
6. 7月12日至16日，中国文联老干部合唱团应邀赴福州参加海峡两岸合唱节。
7. 5月，中国文联离退休干部春游活动。
8. 6月10日至17日，中国文联60余名离退休干部赴宁夏进行红色之旅活动。

后勤服务保障

1. 7 月，中国文联主席孙家正为中国文艺家之家展览馆揭牌。
2. 7 月，承接全国文联职工美术书法摄影作品展服务保障工作。
3. 5 月，承接中国文艺评论家协会成立大会服务保障工作。
4. 5 月，承接第 27 届中国电视金鹰奖第 10 届中国金鹰电视艺术节启动仪式暨新闻发布会服务保障工作。
5. 5 月，承接 2014 年全国文联维权工作会议服务保障工作。
6. 4 月，组织干部职工春季植树活动。

7-8. 3 月，承接第十一届造型表演艺术成就奖颁奖典礼服务保障工作。

1	2
3	4
5	6
7	8

信息化建设

1. 4月15日，中国文联党组书记、副主席赵实，中国文联党组成员、书记处书记郭运德到中国文联文艺资源中心就中国文联信息化建设的现状、问题和对策进行调研。
2. 6月5日，由中国文联文艺资源中心主办的袁毅平数字艺术馆网站正式对外开放，由该中心和中国摄影家协会、北京电影学院共同主办的“往事散记——袁毅平摄影回顾展”当日也在中国摄影展览馆开幕。
3. 8月18日，由中国摄影家协会、中国文联文艺资源中心主办的“顾棣从影70周年特别展”在中国摄影画廊开幕。
4. 11月24日，中国文联文艺资源中心启动名家大家艺术资料抢救工程。
5. 11月24日至28日，由中国文联主办、中国文联文艺资源中心承办的文联工作信息化、文艺资源数字化人才培训班在京举行。
6. 培训班授课现场。
7. 中国文联文艺资源中心建设的美术、书法作品库和中华数字美术馆。

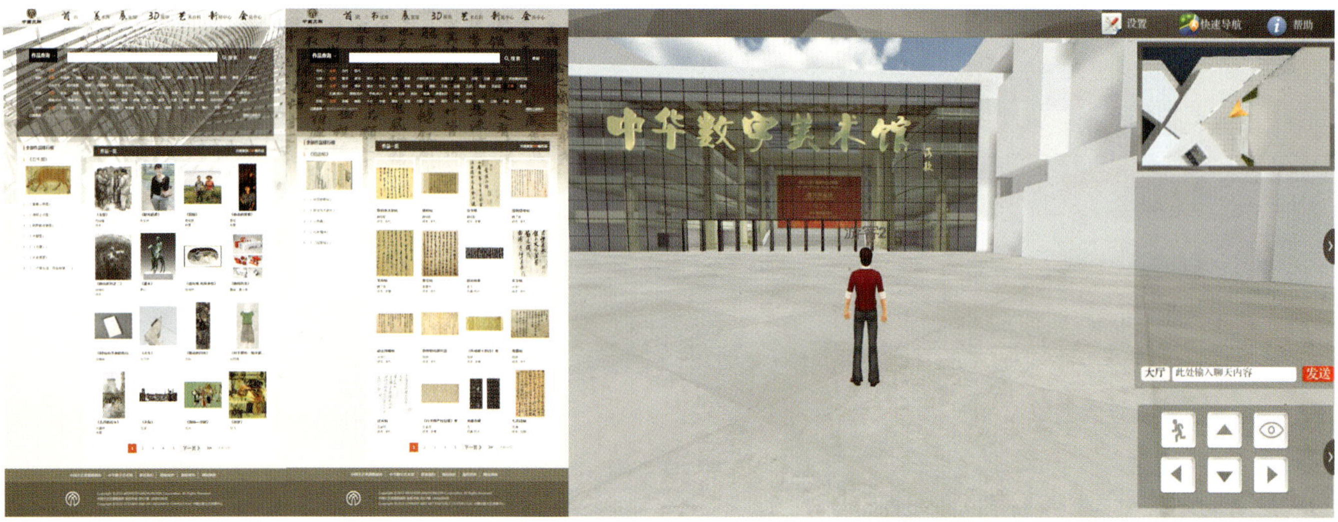

文艺研修

1	2
3	4
5	6
	7

1. 3 月 15 日至 4 月 15 日，中国文联第四期全国中青年文艺人才高级研修班在京举办。图为中国文联党组书记、副主席赵实与学员座谈。
2. 6 月 25 日，“2014 铸梦计划 · 北京——‘儿时的梦’中国文联文艺研修院学员作品展”开幕式在京举行。图为中国文联党组书记、副主席赵实，党组副书记、副主席、文艺研修院院长李屹等参观展览。
3. 6 月 14 日至 7 月 5 日，中国文联第五期全国中青年文艺人才（编剧）高级研修班在京举办。图为好莱坞电影制作人、营销大师阿莫莱特与学员进行交流。
4. 9 月 9 日至 30 日，中国文联第六期全国中青年文艺人才（编导）高级研修班在京举办。图为学员分组讨论舞台剧策划案。
5. 7 月 6 日至 14 日，第三期全国文艺家协会处级干部暨省级文艺家协会秘书长（驻会负责人）研修班在京举办。图为李屹与学员合影。
6. 11 月 7 日至 9 日，“2014 铸梦计划 · 上海——‘制作人与舞台艺术发展’研讨会”在上海举行。图为组织学员在上海话剧艺术中心进行案例教学。
7. 6 月 5 日至 14 日，第五期全国地县级文联负责人研修班在浙江举办。

中国文联出版工作

1. 3月26日，首届中国艺术发展与前瞻网谈会暨《2013中国艺术发展报告》首发式在人民网举行。中国文联党组成员、副主席夏潮，理论研究室主任陈建文等出席仪式。
2. 12月26日，《傅庚辰作品集》出版座谈会在京举行。中国文联主席孙家正，党组成员、副主席李前光等出席座谈会。
3. 5月，中国文联出版社公开招聘2014年应届毕业生。
4. 10月，中国文联出版社组织2014年拓展训练。
5. 10月29日，中国文联出版社党员大会举行。
6. 新文艺大系数据库网页截图。
7. 8月2日，中国文联出版社2014年年中工作会议合影。
8. 中国文联出版社官网截图。

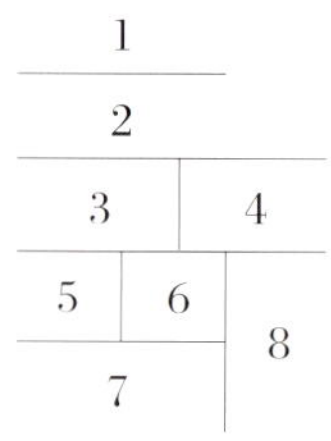

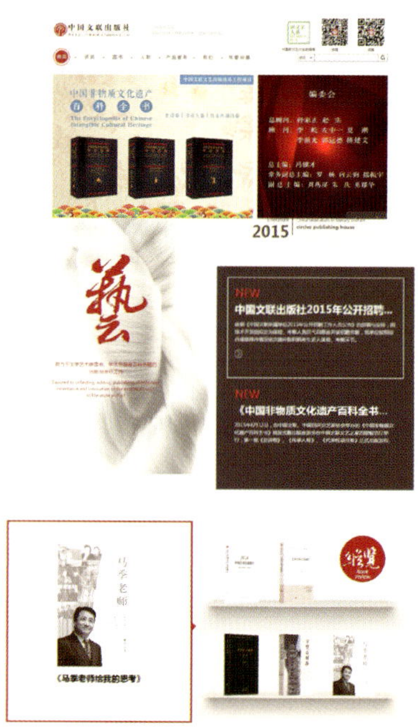

中国艺术报社工作

1. 2014年中国艺术报部分版面图选。
2. 10月17日，由中国文联理论研究室、中国文艺评论家协会、《光明日报》文艺部、中国艺术报主办的文艺评论家学习习近平总书记重要讲话精神座谈会在京召开。
3. 10月12日，由中国文联、中国美协主办，中国文学艺术基金会、中国艺术报社承办的第三届造型艺术新人展在中国美术馆拉开帷幕。
4. 8月28日至9月9日，由中国美协艺术委员会、中国艺术报社、山东省美协、中国作协诗刊社共同主办的“昆仑情中国梦——马万国中国画作品展”在中国美术馆举办。
5. 2014年，中国艺术报党支部、团支部、青联举办羽毛球比赛。
6. 5月，中国艺术报团支部荣获中共中央直属机关五四红旗团支部。
7. 10月5日，出版第10期全国新闻战线《三项学习教育通讯》重点推介本报文艺评论有益经验。

荣誉证书

中国艺术报社团支部：

被评为中共中央直属机关五四红旗团支部。

特发此证，以资鼓励。

中央直属机关团工委

二〇一四年五月

基金会发展

1	2
3	4
	5
	6
7	8

1. 4月3日，“功德天品——全国书法名家向中国文学艺术基金会捐赠书法作品展”捐赠仪式暨展览开幕式在京举办。图为中国文联主席孙家正，中国文联党组书记、副主席赵实，中国文学艺术基金会理事长胡振民、中国曲协主席姜昆、中国书协主席张海等参观展览。
2. 6月12日，“布艺霓虹”丰宁满族自治县滕氏布糊艺术展在京开幕。
3. 10月12日，第三届造型艺术新人展开幕式在京开幕。
4. 8月，“时代领跑者——大型绘画书法摄影展”向学校赠送劳模肖像。
5. 7月，中国文联党组成员、副主席、基金会常务副理事长左中一为支持“庆祝新中国成立65周年改革开放35周年摄影大展”的平遥九成文化投资公司颁发证书。
6. 12月，由中国文联、中国文学艺术基金会联合主办的“牵手‘朝霞工程’——圆孩子们的艺术梦想”展演系列活动在京举行。
7. 3月，爱心字典援助活动向鹰潭龙虎山逸夫小学的学生捐赠字典。
8. 5月22日，中国文学艺术基金会正式晋升为5A级全国最高级别基金会。

Important speeches、documents

2015

重要讲话及文献

重要讲话及文献

在文艺工作座谈会上的讲话

习近平

（2014年10月15日）

今天，这里群英荟萃、少长咸集，既有德高望重的老作家、老艺术家，也有崭露头角的文艺新秀，有些同志过去就很熟悉，有些是初次见面。见到大家很高兴。

文艺事业是党和人民的重要事业，文艺战线是党和人民的重要战线。长期以来，广大文艺工作者致力于文艺创作、表演、研究、传播，在各自领域辛勤耕耘、服务人民，取得了显著成绩，作出了重要贡献。在大家共同努力下，我国文艺园地百花竞放、硕果累累，呈现出繁荣发展的生动景象。借此机会，我向大家表示衷心的感谢，向全国文艺工作者致以诚挚的问候！

今天召开这个座谈会，我早有考虑，直到现在才有机会，主要是想听听大家的意见和建议，同大家一起分析现状、交流思想，共商我国文艺繁荣发展大计。刚才，几位同志的发言都很好，有思想，有见地，听了很受启发。下面，我讲5个问题，同大家一起讨论。

第一个问题：实现中华民族伟大复兴需要中华文化繁荣兴盛

为什么要高度重视文艺和文艺工作？这个问题，首先要放在我国和世界发展大势中来审视。我说过，实现中华民族伟大复兴，是近代以来中国人民最伟大的梦想。今天，我们比历史上任何时期都更接近中华民族伟大复兴的目标，比历史上任何时期都更有信心、有能力实现这个目标。而实现这个目标，必须高度重视和充分发挥文艺和文艺工作者的重要作用。

文化是民族生存和发展的重要力量。人类社会每一次跃进，人类文明每一次升华，无不伴随着文化的历史性进步。中华民族有着5000多年的文明史，近代以前中国一直是世界强国之一。在几千年的历史流变中，中华民族从来不是一帆风顺的，遇到了无数艰难困苦，但我们都挺过来、走过来了，其中一个很重要的原因就是世世代代的中华儿女培育和发展了独具特色、博大精深的中华文化，为中华民族克服困难、生生不息提供了强大精神支撑。

德国哲学家雅斯贝尔斯在《历史的起源与目标》一书中写道，公元前800年至公元前200年是人类文明的“轴心时代”，是人类文明精神的重大突破时期，当时古代希腊、古代中国、古代印度等文明都产生了伟大的思想家，他们提出的思想原则塑造了不同文化传统，并一直影响着人类生活。这段话讲得很深刻，很有洞察力。古往今来，中华民族之所以在世界有地位、有影响，不是靠穷兵黩武，不是靠对外扩张，而是靠中华文化的强大感召力和吸引力。我们的先人早就认识到“远人不服，则修文德以来之”的道理。阐释中华民族禀赋、中华民族特点、中华民族精神，以德服人、以文化人是其中很重要的一个方面。

历史和现实都表明，人类文明是由世界各国各民族共同创造的。我出访所到之处，最陶醉的是各国各民族人民创造的文明成果。世界文明瑰宝比比皆是，这里我举几个国家、几个民族的例子。古希腊产生了对人类文明影响深远的神话、寓言、雕塑、建筑艺术，埃斯库罗斯、索福克勒斯、欧里庇得斯、阿里斯托芬的悲剧和喜剧是希腊艺术的经典之作。俄罗斯有普希金、果戈理、莱蒙托夫、屠格涅夫、陀思妥耶夫斯基、涅克拉索夫、车尔尼雪夫斯基、托尔斯泰、契诃夫、高尔基、肖洛霍夫、柴可夫斯基、里姆斯基—科萨科夫、拉赫玛尼诺夫、列宾等大师。法国有拉伯雷、拉封丹、莫里哀、司汤达、巴尔扎克、雨果、大仲马、小仲马、莫泊桑、罗曼·罗兰、萨特、加缪、米勒、马奈、德加、塞尚、莫奈、罗丹、柏辽兹、比才、德彪西等大师。英国有乔叟、弥尔顿、拜伦、雪莱、济慈、狄更斯、哈代、萧伯纳、透纳等大师。德国有莱辛、歌德、席勒、海涅、巴赫、贝多芬、舒曼、瓦格纳、勃拉姆斯等大师。美国有霍桑、朗费罗、斯托夫人、惠特曼、马克·吐温、德莱赛、杰克·伦敦、海明威等大师。我最近访问了印度，印度人民也是具有非凡文艺创造活力的，大约公元前1000年前后就形成了《梨俱吠陀》、《阿达婆吠陀》、《娑摩吠陀》、《夜柔吠陀》四种本集，法显、玄奘取经时，印度的诗歌、舞蹈、绘画、宗教建筑和雕塑就达到了很高的水平，泰戈尔更是产生了世界性的影响。我国就更多了，从老子、孔子、庄子、孟子、屈原、王羲之、李白、杜甫、苏轼、辛弃疾、关汉卿、曹雪芹，到“鲁郭茅巴老曹”（鲁迅、郭沫若、茅盾、巴金、老舍、曹禺），到聂耳、冼星海、梅兰芳、齐白石、徐悲鸿，从诗经、楚辞到汉赋、唐诗、宋词、元曲以及明清小说，从《格萨尔王传》、《玛纳斯》到《江格尔》史诗，从五四时期新文化运动、新中国成立到改革开放的今天，产生了灿若星辰的文艺大师，留下了浩如烟海的文艺精品，不仅为中华民族提供了丰厚滋养，而且为世界文明贡献了华彩篇章。

历史和现实都证明，中华民族有着强大的文化创造力。每到重大历史关头，文化都能感国运之变化、立时代之潮头、发时代之先声，为亿万人民、为伟大祖国鼓与呼。中华文化既坚守本根又不断与时俱进，使中华民族保持了坚定的民族自信和强大的修复能力，培育了共同的情感和价值、共同的理想和精神。

没有中华文化繁荣兴盛，就没有中华民族伟大复兴。一个民族的复兴需要强大的物质力量，也需要强大的精神力量。没有先进文化的积极引领，没有人民精神世界的极大丰富，没有民族精神力量的不断增强，一个国家、一个民族不可能屹立于世界民族之林。

文艺是时代前进的号角，最能代表一个时代的风貌，最能引领一个时代的风气。“文变染乎世情，兴废系乎时序。”在欧洲文艺复兴运动中，但丁、彼特拉克、薄伽丘、达·芬奇、拉斐尔、米开朗琪罗、蒙田、塞万提斯、莎士比亚等文艺巨人，发出了新时代的啼声，开启了人们的心灵。在谈到文艺复兴运动时，恩格斯说，这“是一个需要巨人而且产生了巨人——在思维能力、热情和性格方面，在多才多艺和学识渊博方面的巨人的时代”。在我国发展史上，包括文艺在内的文化发展同样与中华民族发展紧紧联系在一起。先秦时期，我国出现了百家争鸣的兴盛局面，开创了我国古代文化的一个鼎盛期。20世纪初，在五四新文化运动中，发端于文艺领域的创新风潮对社会变革产生了重大影响，成为全民族思想解放运动的重要引擎。

现在，全党全国各族人民正按照党的十八大确立的奋斗目标和党的十八届三中全会提出的改革任务，一步一步把中国特色社会主义事业向前推进。实现“两个一百年”奋斗目标、实现中华民族伟大复兴的中国梦是长期而艰巨的伟大事业。伟大事业需要伟大精神。实现这个伟大事业，文艺的作用不可替代，文艺工作者大有可为。广大文艺工作者要从这样的高度认识文艺的地位和作用，认识自己所担负的历史使命和责任。

鲁迅先生说，要改造国人的精神世界，首推文艺。举精神之旗、立精神支柱、建精神家园，都离不开文艺。当高楼大厦在我国大地上遍地林立时，中华民族精神的大厦也应该巍然耸立。我国作家艺术家应该成为时代风气的先觉者、先行者、先倡者，通过更多有筋骨、有道德、有温度的文艺作品，书写和记录人民的伟大实践、时代的进步要求，彰显信仰之美、崇高之美，弘扬中国精神、凝聚中国力量，鼓舞全国各族人民朝气蓬勃迈向未来。

第二个问题：创作无愧于时代的优秀作品

“文章合为时而著，歌诗合为事而作。”衡量一个时代的文艺成就最终要看作品。推动文艺繁荣发展，最根本的是要创作生产出无愧于我们这个伟大民族、伟大时代的优秀作品。没有优秀作品，其他事情搞得再热闹、再花哨，那也只是表面文章，是不能真正深入人民精神世界的，是不能触及人的灵魂、引起人民思想共鸣的。文艺工作者应该牢记，创作是自己的中心任务，作品是自己的立身之本，要静下心来、精益求精搞创作，把最好的精神食粮奉献给人民。

优秀文艺作品反映着一个国家、一个民族的文化创造能力和水平。吸引、引导、启迪人们必须有好的作品，推动中华文化走出去也必须有好的作品。所以，我们必须把创作生产优秀作品作为文艺工作的中心环节，努力创作生产更多传播当代中国价值观念、体现中华文化精神、反映中国人审美追求，思想性、艺术性、观赏性有机统一的优秀作品，形成“龙文百斛鼎，笔力可独扛”之势。优秀作品并不拘于一格、不形于一态、不定于一尊，既要有阳春白雪、也要有下里巴人，既要顶天立地、也要铺天盖地。只要有正能量、有感染力，能够温润心灵、启迪心智，传得开、留得下，为人民群众所喜爱，这就是优秀作品。

文艺深深融入人民生活，事业和生活、顺境和逆境、梦想和期望、爱和恨、存在和死亡，人类生活的一切方面，都可以在文艺作品中找到启迪。文艺对年轻人吸引力最大，影响也最大。我年轻时读了不少文学作品，涉猎了当时能找到的各种书籍，不仅其中许多精彩章节、隽永文字至今记忆犹新，而且从中悟出了不少生活真谛。文艺也是不同国家和民族相互了解和沟通的最好方式。去年3月，我访问俄罗斯，在同俄罗斯汉学家座谈时就说到，我读过很多俄罗斯作家的作品，如年轻时读了车尔尼雪夫斯基的《怎么办？》后，在我心中引起了很大的震动。今年3月访问法国期间，我谈了法国文艺对我的影响，因为我们党老一代领导人中很多到法国求过学，所以我年轻时对法国文艺抱有浓厚兴趣。在德国，我讲了自己读《浮士德》的故事。那时候，我在陕北农村插队，听说一个知青有《浮士德》这本书，就走了30里路去借这本书，后来他又走了30里路来取回这本书。我为什么要对外国人讲这些？就是因为文艺是世界语言，谈文艺，其实就是谈社会、谈人生，最容易相互理解、沟通心灵。

改革开放以来，我国文艺创作迎来了新的春天，产生了大量脍炙人口的优秀作品。同时，也不能否认，在文艺创作方面，也存在着有数量缺质量、有“高原”缺“高峰”的现象，存在着抄袭模仿、千篇一律的问题，存在着机械化生产、快餐式消费的问题。在有些作品中，有的调侃崇高、扭曲经典、颠覆历史，丑化人民群众和英雄人物；有的是非不分、善恶不辨、以丑为美，过度渲染社会阴暗面；有的搜奇猎艳、一味媚俗、低级趣味，把作品当作追逐利益的“摇钱树”，当作感官刺激的“摇头丸”；有的胡编乱写、粗制滥造、牵强附会，制造了一些文化“垃圾”；有的追求奢华、过度包装、炫富摆阔，形式大于内容；还有的热衷于所谓“为艺术而艺术”，只写一己悲欢、杯水风波，脱离大众、脱离现实。凡此种种都警示我们，文艺不能在市场经济大潮中迷失方向，不能在为什么人的问题上发生偏差，否则文艺就没有生命力。

我同几位艺术家交谈过，问当前文艺最突出的问题是什么，他们不约而同地说了两个字：浮躁。一些人觉得，为一部作品反复打磨，不能及时兑换成实用价值，或者说不能及时兑换成人民币，不值得，也不划算。这样的态度，不仅会误导创作，而且会使低俗作品大行其道，造成劣币驱逐良币现象。人类文艺发展史表明，急功近利，竭泽而渔，粗制滥造，不仅是对文艺的一种伤害，也是对社会精神生活的一种伤害。低俗不是通俗，欲望不代表希望，单纯感官娱乐不等于精神快乐。文艺要赢得人民认可，花拳绣腿不行，投机取巧不行，沽名钓誉不行，自我炒作不行，“大花轿，人抬人”也不行。

精品之所以“精”，就在于其思想精深、艺术精湛、制作精良。“充实之谓美，充实而有光辉之谓大。”古往今来，文艺巨制无不是厚积薄发的结晶，文艺魅力无不是内在充实的显现。凡是传世之作、千古名篇，必然是笃定恒心、倾注心血的作品。福楼拜说，写《包法利夫人》“有一页就写了5天”，“客店这一节也许得写3个月”。曹雪芹写《红楼梦》“披阅十载，增删五次”。正是有了这种孜孜以求、精益求精的精神，好的文艺作品才能打造出来。

“取法于上，仅得为中；取法于中，故为其下。”有容乃大、无欲则刚，淡泊明志、宁静致远。大凡伟大的作家艺术家，都有一个渐进、渐悟、渐成的过程。文艺工作者要志存高远，就要有“望尽天涯路”的追求，耐得住“昨夜西风凋碧树”的清冷和“独上高楼”的寂寞，即便是“衣带渐宽”也“终不悔”，即便是“人憔悴”也心甘情愿，最后达到“众里寻他千百度”，“蓦然回首，那人却在，灯火阑珊处”的领悟。

“诗文随世运，无日不趋新。”创新是文艺的生命。文艺创作中出现的一些问题，同创新能力不足很有关系。刘勰在《文心雕龙》中就多处讲到，作家诗人要随着时代生活创新，以自己的艺术个性进行创新。唐代书法家李邕说：“似我者俗，学我者死。”宋代诗人黄庭坚说：“随人作计终后人，自成一家始逼真。”文艺创作是观念和手段相结合、内容和形式相融合的深度创新，是各种艺术要素和技术要素的集成，是胸怀和创意的对接。要把创新精神贯穿文艺创作生产全过程，增强文艺原创能力。要坚持百花齐放、百家争鸣的方针，发扬学术民主、艺术民主，营造积极健康、宽松和谐的氛围，提倡不同观点和学派充分讨论，提倡体裁、题材、形式、手段充分发展，推动观念、内容、风格、流派切磋互鉴。我国少数民族能歌善舞，长期以来形成了多姿多彩的文艺成果，这是我国文艺的瑰宝，要保护好、发展好，让它们在祖国文艺百花园中绽放出更加绚丽的光彩。

繁荣文艺创作、推动文艺创新，必须有大批德艺双馨的文艺名家。要把文艺队伍建设摆在更加突出的重要位置，努力造就一批有影响的各领域文艺领军人物，建设一支宏大的文艺人才队伍。文艺是给人以价值引导、精神引领、审美启迪的，艺术家自身的思想水平、业务水平、道德水平是根本。文艺工作者要自觉坚守艺术理想，不断提高学养、涵养、修养，加强思想积累、知识储备、文化修养、艺术训练，努力做到“笼天地于形内，挫万物于笔端”。除了要有好的专业素养之外，还要有高尚的人格修为，有“铁肩担道义”的社会责任感。在发展社会主义市场经济条件下，还要处理好义利关系，认真严肃地考虑作品的社会效果，讲品位，重艺德，为历史存正气，为世人弘美德，为自身留清名，努力以高尚的职业操守、良好的社会形象、文质兼美的优秀作品赢得人民喜爱和欢迎。

互联网技术和新媒体改变了文艺形态，催生了一大批新的文艺类型，也带来文艺观念和文艺实践的深刻变化。由于文字数码化、书籍图像化、阅读网络化等发展，文艺乃至社会文化面临着重大变革。要适应形势发展，抓好网络文艺创作生产，加强正面引导力度。近些年来，民营文化工作室、民营文化经纪机构、网络文艺社群等新的文艺组织大量涌现，网络作家、签约作家、自由撰稿人、独立制片人、独立演员歌手、自由美术工作者等新的文艺群体十分活跃。这些人中很有可能产生文艺名家，古今中外很多文艺名家都是从社会和人民中产生的。我们要扩大工作覆盖面，延伸联系手臂，用全新的眼光看待他们，用全新的政策和方法团结、吸引他们，引导他们成为繁荣社会主义文艺的有生力量。

第三个问题：坚持以人民为中心的创作导向

社会主义文艺，从本质上讲，就是人民的文艺。毛泽东同志在延安文艺座谈会上指出：“为什么人的问题，是一个根本的问题，原则的问题。”邓小平同志说：“我们的文艺属于人民”，“人民是文艺工作者的母亲”。江泽民同志要求广大文艺工作者“在人民的历史创造中进行艺术的创造，在人民的进步中造就艺术的进步”。胡锦涛同志强调：“只有把人民放在心中最高位置，永远同人民在一起，坚持以人民为中心的创作导向，艺术之树才能常青。”

人民既是历史的创造者、也是历史的见证者，既是历史的“剧中人”、也是历史的“剧作者”。文艺要反映好人民心声，就要坚持为人民服务、为社会主义服务这个根本方向。这是党对文艺战线提出的一项基本要求，也是决定我国文艺事业前途命运的关键。只有牢固树立马克思主义文艺观，真正做到了以人民为中心，文艺才能发挥最大正能量。以人民为中心，就是要把满足人民精神文化需求作为文艺和文艺工作的出发点和落脚点，把人民作为文艺表现的主体，把人民作为文艺审美的鉴赏家和评判者，把为人民服务作为文艺工作者的天职。

第一，人民需要文艺。人民的需求是多方面的。满足人民日益增长的物质需求，必须抓好经济社会建设，增加社会的物质财富。满足人民日益增长的精神文化需求，必须抓好文化建设，增加社会的精神文化财富。物质需求是第一位的，吃上饭是最主要的，所以说“民以食为天”。但是，这并不是说人民对精神文化生活的需求就是可有可无的，人类社会与动物界的最大区别就是人是有精神需求的，人民对精神文化生活的需求时时刻刻都存在。

随着人民生活水平不断提高，人民对包括文艺作品在内的文化产品的质量、品位、风格等的要求也更高了。文学、戏剧、电影、电视、音乐、舞蹈、美术、摄影、书法、曲艺、杂技以及民间文艺、群众文艺等各领域都要跟上时代发展、把握人民需求，以充沛的激情、生动的笔触、优美的旋律、感人的形象创作生产出人民喜闻乐见的优秀作品，让人民精神文化生活不断迈上新台阶。

还有，国际社会对中国的关注度越来越高，他们想了解中国，想知道中国人的世界观、人生观、价值观，想知道中国人对自然、对世界、对历史、对未来的看法，想知道中国人的喜怒哀乐，想知道中国历史传承、风俗习惯、民族特性，等等。这些光靠正规的新闻发布、官方介绍是远远不够的，靠外国民众来中国亲自了解、亲身感受是很有限的。而文艺是最好的交流方式，在这方面可以发挥不可替代的作用，一部小说，一篇散文，一首诗，一幅画，一张照片，一部电影，一部电视剧，一曲音乐，都能给外国人了解中国提供一个独特的视角，都能以各自的魅力去吸引人、感染人、打动人。京剧、民乐、书法、国画等都是我国文化瑰宝，都是外国人了解中国的重要途径。文艺工作者要讲好中国故事、传播好中国声音、阐发中国精神、展现中国风貌，让外国民众通过欣赏中国作家艺术家的作品来深化对中国的认识、增进对中国的了解。要向世界宣传推介我国优秀文化艺术，让国外民众在审美过程中感受魅力，加深对中华文化的认识和理解。

第二，文艺需要人民。人民是文艺创作的源头活水，一旦离开人民，文艺就会变成无根的浮萍、无病的呻吟、无魂的躯壳。列宁说："艺术是属于人民的。它必须在广大劳动群众的底层有其最深厚的根基。它必须为这些群众所了解和爱好。它必须结合这些群众的感情、思想和意志，并提高他们。它必须在群众中间唤起艺术家，并使他们得到发展。"人民生活中本来就存在着文学艺术原料的矿藏，人民生活是一切文学艺术取之不尽、用之不竭的创作源泉。

人民的需要是文艺存在的根本价值所在。能不能搞出优秀作品，最根本的决定于是否能为人民抒写、为人民抒情、为人民抒怀。一切轰动当时、传之后世的文艺作品，反映的都是时代要求和人民心声。我国久传不息的名篇佳作都充满着对人民命运的悲悯、对人民悲欢的关切，以精湛的艺术彰显了深厚的人民情怀。《古诗源》收集的反映远古狩猎活动的《弹歌》，《诗经》中反映农夫艰辛劳作的《七月》、反映士兵征战生活的《采薇》、反映青年爱情生活的《关雎》，探索宇宙奥秘的《天问》，反映游牧生活的《敕勒歌》，歌颂女性英姿的《木兰诗》等，都是从人民生活中产生的。屈原的"长太息以掩涕兮，哀民生之多艰"，杜甫的"安得广厦千万间，大庇天下寒士俱欢颜"、"朱门酒肉臭，路有冻死骨"，李绅的"谁知盘中餐，粒粒皆辛苦"，郑板桥的"些小吾曹州县吏，一枝一叶总关情"，等等，也都是深刻反映人民心声的作品和佳句。世界上最早的文学作品《吉尔伽美什》史诗，反映了两河流域上古人民探求自然规律和生死奥秘的心境和情感。《荷马史诗》赞美了人民勇敢、正义、无私、勤劳等品质。《神曲》、《十日谈》、《巨人传》等作品的主要内容是反对中世纪的禁欲主义、蒙昧主义，反映人民对精神解放的热切期待。因此，文艺只有植根现实生活、紧跟时代潮流，才能发展繁荣；只有顺应人民意愿、反映人民关切，才能充满活力。

人民不是抽象的符号，而是一个一个具体的人，有血有肉，有情感，有爱恨，有梦想，也有内心的冲突和挣扎。不能以自己的个人感受代替人民的感受，而是要虚心向人民学习、向生活学习，从人民的伟大实践和丰富多彩的生活中汲取营养，不断进行生活和艺术的积累，不断进行美的发现和美的创造。要始终把人民的冷暖、人民的幸福放在心中，把人民的喜怒哀乐倾注在自己的笔端，讴歌奋斗人生，刻画最美人物，坚定人们对美好生活的憧憬和信心。

说到这里，我就想起了一件事情。1982年，我到河北正定县去工作前夕，一些熟人来为我送行，其中就有八一厂的作家、编剧王愿坚。他对我说，你到农村去，要像柳青那样，深入到农民群众中去，同农民群众打成一片。柳青为了深入农民生活，1952年曾经任陕西长安县县委副书记，后来辞去了县委副书记职务、保留常委职务，并定居在那儿的皇甫村，蹲点14年，集中精力创作《创业史》。因为他对陕西关中农民生活有深入了解，所以笔下的人物才那样栩栩如生。柳青熟知乡亲们的喜怒哀乐，中央出台一项涉及农村农民的政策，他脑子里立即就能想象出农民群众是高兴还是不高兴。

第三，文艺要热爱人民。有没有感情，对谁有感情，决定着文艺创作的命运。如果不爱人民，那就谈不上为人民创作。鲁迅就对人民充满了热爱，表露他这一心迹最有名的诗句就是“横眉冷对千夫指，俯首甘为孺子牛”。我在河北正定工作时结识的作家贾大山，也是一位热爱人民的作家。他去世后，我写了一篇文章悼念他。他给我印象最深的就是忧国忧民情怀，“处江湖之远则忧其君”。文艺工作者要想有成就，就必须自觉与人民同呼吸、共命运、心连心，欢乐着人民的欢乐，忧患着人民的忧患，做人民的孺子牛。这是唯一正确的道路，也是作家艺术家最大的幸福。

热爱人民不是一句口号，要有深刻的理性认识和具体的实践行动。对人民，要爱得真挚、爱得彻底、爱得持久，就要深深懂得人民是历史创造者的道理，深入群众、深入生活，诚心诚意做人民的小学生。我讲要深入生活，有些同志人是下去了，但只是走马观花、蜻蜓点水，并没有带着心，并没有动真情。要解决好“为了谁、依靠谁、我是谁”这个问题，拆除“心”的围墙，不仅要“身入”，更要“心入”、“情入”。

文艺的一切创新，归根到底都直接或间接来源于人民。“世事洞明皆学问，人情练达即文章。”艺术可以放飞想象的翅膀，但一定要脚踩坚实的大地。文艺创作方法有一百条、一千条，但最根本、最关键、最牢靠的办法是扎根人民、扎根生活。曹雪芹如果没对当时的社会生活做过全景式的观察和显微镜式的剖析，就不可能完成《红楼梦》这种百科全书式巨著的写作。鲁迅如果不熟悉辛亥革命前后底层民众的处境和心情，就不可能塑造出祥林嫂、闰土、阿Q、孔乙己等那些栩栩如生的人物。

关在象牙塔里不会有持久的文艺灵感和创作激情。有一位苏联诗人形容作家坐在屋里挖空心思写不出东西的窘态是“把手指甲都绞出了水来”。我们要走进生活深处，在人民中体悟生活本质、吃透生活底蕴。只有把生活咀嚼透了，完全消化了，才能变成深刻的情节和动人的形象，创作出来的作品才能激荡人心。正所谓“闭门觅句非诗法，只是征行自有诗”。一切创作技巧和手段最终都是为内容服务的，都是为了更鲜明、更独特、更透彻地说人说事说理。背离了这个原则，技巧和手段就毫无价值了，甚至还会产生负面效应。

当然，生活中并非到处都是莺歌燕舞、花团锦簇，社会上还有许多不如人意之处、还存在一些丑恶现象。对这些现象不是不要反映，而是要解决好如何反映的问题。古人云，“乐而不淫，哀而不伤”，“发乎情，止乎礼义”。文艺创作如果只是单纯记述现状、原始展示丑恶，而没有对光明的歌颂、对理想的抒发、对道德的引导，就不能鼓舞人民前进。应该用现实主义精神和浪漫主义情怀观照现实生活，用光明驱散黑暗，用美善战胜丑恶，让人们看到美好、看到希望、看到梦想就在前方。

一部好的作品，应该是经得起人民评价、专家评价、市场检验的作品，应该是把社会效益放在首位，同时也应该是社会效益和经济效益相统一的作品。在发展社会主义市场经济的条件下，许多文化产品要通过市场实现价值，当然不能完全不考虑经济效益。然而，同社会效益相比，经济效益是第二位的，当两个效益、两种价值发生矛盾时，经济效益要服从社会效益，市场价值要服从社会价值。文艺不能当市场的奴隶，不要沾满了铜臭气。优秀的文艺作品，最好是既能在思想上、艺术上取得成功，又能在市场上受到欢迎。要坚守文艺的审美理想、保持文艺的独立价值，合理设置反映市场接受程度的发行量、收视率、点击率、票房收入等量化指标，既不能忽视和否定这些指标，又不能把这些指标绝对化，被市场牵着鼻子走。

有的同志说，天是世界的天，地是中国的地，只有眼睛向着人类最先进的方面注目，同时真诚直面当下中国人的生存现实，我们才能为人类提供中国经验，我们的文艺才能为世界贡献特殊的声响和色彩。说的是有道理的。中华民族5000多年的文明进步，近代以来中国人民争取民族独立、人民解放的浴血斗争，中国共产党领导人民进行的革命、建设、改革的伟大历程，古老中国的深刻变化和13亿中国人民极为丰富的生产生活，为文艺创作提供了极为肥沃的土壤，值得写的东西太多了。只要我们与人民同在，就一定能从祖国大地母亲那里获得无穷的力量。

第四个问题：中国精神是社会主义文艺的灵魂

这段时间，我集中强调了培育和践行社会主义核心价值观问题。今年2月，中央政治局专门就培育和弘扬社会主义核心价值观进行集体学习，我作了讲话，对全社会提了要求。五四青年节，我到北京大学去，对大学师生讲了这个问题。5月底，我在上海考察工作时，对领导干部弘扬和践行社会主义核心价值观提了要求。六一儿童节前夕，我在北京海淀区民族小学同师生们座谈时讲了这个问题。6月上旬，我在两院院士大会上对院士们也提了这方面要求。9月教师节前一天，我到北京师范大学同师生座谈，再次强调了这个问题。今天，我也要对文艺界提出这方面要求，因为文艺在培育和弘扬社会主义核心价值观方面具有独特作用。

每个时代都有每个时代的精神。我曾经讲过，实现中国梦必须走中国道路、弘扬中国精神、凝聚中国力量。核心价值观是一个民族赖以维系的精神纽带，是一个国家共同的思想道德基础。如果没有共同的核心价值观，一个民族、一个国家就会魂无定所、行无依归。为什么中华民族能够在几千年的历史长河中生生不息、薪火相传、顽强发展呢？很重要的一个原因就是中华民族有一脉相承的精神追求、精神特质、精神脉络。

改革开放以来，我国经济发展很快，人民生活水平提高也很快。同时，我国社会正处在思想大活跃、观念大碰撞、文化大交融的时代，出现了不少问题。其中比较突出的一个问题就是一些人价值观缺失，观念没有善恶，行为没有底线，什么违反党纪国法的事情都敢干，什么缺德的勾当都敢做，没有国家观念、集体观念、家庭观念，不讲对错，不问是非，不知美丑，不辨香臭，浑浑噩噩，穷奢极欲。现在社会上出现的种种问题病根都在这里。这方面的问题如果得不到有效解决，改革开放和社会主义现代化建设就难以顺利推进。

我们始终强调，两个文明都搞好才是中国特色社会主义。邓小平同志早就告诫我们：风气如果坏下去，经济搞成功又有什么意义？会在另一方面变质！因此，我们要在全社会大力弘扬和践行社会主义核心价值观，使之像空气一样无处不在、无时不有，成为全体人民的共同价值追求，成为我们生而为中国人的独特精神支柱，成为百姓日用而不觉的行为准则。要号召全社会行动起来，通过教育引导、舆论宣传、文化熏陶、实践养成、制度保障等，使社会主义核心价值观内化为人们的精神追求、外化为人们的自觉行动。

文艺是铸造灵魂的工程，文艺工作者是灵魂的工程师。好的文艺作品就应该像蓝天上的阳光、春季里的清风一样，能够启迪思想、温润心灵、陶冶人生，能够扫除颓废萎靡之风。“凡作传世之文者，必先有可以传世之心。”广大文艺工作者要高扬社会主义核心价值观的旗帜，充分认识肩上的责任，把社会主义核心价值观生动活泼、活灵活现地体现在文艺创作之中，用栩栩如生的作品形象告诉人们什么是应该肯定和赞扬的，什么是必须反对和否定的，做到春风化雨、润物无声。同时，文艺界知名人士很多，社会影响力不小，大家不仅要在文艺创作上追求卓越，而且要在思想道德修养上追求卓越，更应身体力行践行社会主义核心价值观，努力做到言为士则、行为世范。

在社会主义核心价值观中，最深层、最根本、最永恒的是爱国主义。爱国主义是常写常新的主题。拥有家国情怀的作品，最能感召中华儿女团结奋斗。范仲淹的“先天下之忧而忧，后天下之乐而乐”，陆游的“王师北定中原日，家祭无忘告乃翁”、“位卑未敢忘忧国”、“夜阑卧听风吹雨，铁马冰河入梦来”，文天祥的“人生自古谁无死，留取丹心照汗青”，林则徐的“苟利国家生死以，岂因祸福避趋之”，岳飞的《满江红》，方志敏的《可爱的中国》，等等，都以全部热情为祖国放歌抒怀。我们当代文艺更要把爱国主义作为文艺创作的主旋律，引导人民树立和坚持正确的历史观、民族观、国家观、文化观，增强做中国人的骨气和底气。

追求真善美是文艺的永恒价值。艺术的最高境界就是让人动心，让人们的灵魂经受洗礼，让人们发现自然的美、生活的美、心灵的美。一首短短的《游子吟》之所以流传千年，就在于它生动讴歌了伟大的母爱。苏东坡称赞韩愈“文起八代之衰，而道济天下之溺”，讲的是从司马迁之后到韩愈，算起来文章衰弱了八代。韩愈的文章起来了，凭什么呢？就是“道”，就是文以载道。我们要通过文艺作品传递真善美，传递向上向善的价值观，引导人们增强道德判断力和道德荣誉感，向往和追求讲道德、尊道德、守道德的生活。只要中华民族一代接着一代追求真善美的道德境界，我们的民族就永远健康向上、永远充满希望。

文艺创作不仅要有当代生活的底蕴，而且要有文化传统的血脉。“求木之长者，必固其根本；欲流之远者，必浚其泉源。”中华优秀传统文化是中华民族的精神命脉，是涵养社会主义核心价值观的重要源泉，也是我们在世界文化激荡中站稳脚跟的坚实根基。增强文化自觉和文化自信，是坚定道路自信、理论自信、制度自信的题中应有之义。如果“以洋为尊”、“以洋为美”、“唯洋是从”，把作品在国外获奖作为最高追求，跟在别人后面亦步亦趋、东施效颦，热衷于“去思想化”、“去价值化”、“去历史化”、“去中国化”、“去主流化”那一套，绝对是没有前途的！事实上，外国人也跑到我们这里寻找素材、寻找灵感，好莱坞拍摄的《功夫熊猫》、《花木兰》等影片不就是取材于我们的文化资源吗？

中华民族在长期实践中培育和形成了独特的思想理念和道德规范，有崇仁爱、重民本、守诚信、讲辩证、尚和合、求大同等思想，有自强不息、敬业乐群、扶正扬善、扶危济困、见义勇为、孝老爱亲等传统美德。中华优秀传统文化中很多思想理念和道德规范，不论过去还是现在，都有其永不褪色的价值。我们要结合新的时代条件传承和弘扬中华优秀传统文化，传承和弘扬中华美学精神。中华美学讲求托物言志、寓理于情，讲求言简意赅、凝练节制，讲求形神兼备、意境深远，强调知、情、意、行相统一。我们要坚守中华文化立场、传承中华文化基因，展现中华审美风范。

传承中华文化，绝不是简单复古，也不是盲目排外，而是古为今用、洋为中用，辩证取舍、推陈出新，摒弃消极因素，继承积极思想，“以古人之规矩，开自己之生面”，实现中华文化的创造性转化和创新性发展。

当然，我们强调弘扬社会主义核心价值观，继承和发扬中华民族优秀传统文化，坚持和弘扬中国精神，并不排斥学习借鉴世界优秀文化成果。我们社会主义文艺要繁荣发展起来，必须认真学习借鉴世界各国人民创造的优秀文艺。只有坚持洋为中用、开拓创新，做到中西合璧、融会贯通，我国文艺才能更好发展繁荣起来。其实，现代以来，我国文艺和世界文艺的交流互鉴就一直在进行着。白话文、芭蕾舞、管弦乐、油画、电影、话剧、现代小说、现代诗歌等都是借鉴国外又进行民族创造的成果。鲁迅等进步作家当年就大量翻译介绍国外进步文学作品。新中国成立后，我们学习借鉴苏联文艺，如普列汉诺夫的艺术理论、斯坦尼斯拉夫斯基表演体系，苏联的芭蕾舞、电影等，苏联著名舞蹈家乌兰诺娃以及一些苏联著名演员、导演当年都来过中国访问。这种学习借鉴对建国初期我国社会主义文艺发展起到了促进作用。改革开放之后，我国文艺对世界文艺的学习借鉴就更广泛了。现在，情况也一样，很多艺术形式是国外兴起的，如说唱表演、街舞等，但只要人民群众喜欢，我们就要用，并赋予其健康向上的内容。

当今世界是开放的世界，艺术也要在国际市场上竞争，没有竞争就没有生命力。比如电影领域，经过市场竞争，国外影片并没有把我们的国产影片打垮，反而刺激了国产影片提高质量和水平，在市场竞争中发展起来了，具有了更强的竞争力。

第五个问题：加强和改进党对文艺工作的领导

党的领导是社会主义文艺发展的根本保证。党的根本宗旨是全心全意为人民服务，文艺的根本宗旨也是为人民创作。把握了这个立足点，党和文艺的关系就能得到正确处理，就能准确把握党性和人民性的关系、政治立场和创作自由的关系。

加强和改进党对文艺工作的领导，要把握住两条：一是要紧紧依靠广大文艺工作者，二是要尊重和遵循文艺规律。各级党委要从建设社会主义文化强国的高度，增强文化自觉和文化自信，把文艺工作纳入重要议事日程，贯彻好党的文艺方针政策，把握文艺发展正确方向。要选好配强文艺单位领导班子，把那些德才兼备、能同文艺工作者打成一片的干部放到文艺工作领导岗位上来。要尊重文艺工作者的创作个性和创造性劳动，政治上充分信任，创作上热情支持，营造有利于文艺创作的良好环境。要诚心诚意同文艺工作者交朋友，关心他们的工作和生活，倾听他们心声和心愿。要重视文艺阵地建设和管理，坚持守土有责，绝不给有害的文艺作品提供传播渠道。各级宣传文化部门要在党委领导下，切实加强对文艺工作的指导和扶持，加强对文艺工作者的引导和团结，为推动文艺繁荣发展作出积极贡献。文联、作协要充分发挥优势，加强行业服务、行业管理、行业自律，真正成为文艺工作者之家。

现在，文艺工作的对象、方式、手段、机制出现了许多新情况、新特点，文艺创作生产的格局、人民群众的审美要求发生了很大变化，文艺产品传播方式和群众接受欣赏习惯发生了很大变化。对传统文艺创作生产和传播，我们有一套相对成熟的体制机制和管理措施，而对新的文艺形态，我们还缺乏有效的管理方式方法。这方面，我们必须跟上节拍，下功夫研究解决。要通过深化改革、完善政策、健全体制，形成不断出精品、出人才的生动局面。

要高度重视和切实加强文艺评论工作。文艺批评是文艺创作的一面镜子、一剂良药，是引导创作、多出精品、提高审美、引领风尚的重要力量。文艺批评要的就是批评，不能都是表扬甚至庸俗吹捧、阿谀奉承，不能套用西方理论来剪裁中国人的审美，更不能用简单的商业标准取代艺术标准，把文艺作品完全等同于普通商品，信奉“红包厚度等于评论高度”。文艺批评褒贬甄别功能弱化，缺乏战斗力、说服力，不利于文艺健康发展。

真理越辩越明。一点批评精神都没有，都是表扬和自我表扬、吹捧和自我吹捧、造势和自我造势相结合，那就不是文艺批评了！金无足赤、人无完人，天下哪有十全十美的东西呢？良药苦口利于病，忠言逆耳利于行。有了真正的批评，我们的文艺作品才能越来越好。文艺批评就要褒优贬劣、激浊扬清，像鲁迅所说的那样，批评家要做“剜烂苹果”的工作，“把烂的剜掉，把好的留下来吃”。不能因为彼此是朋友，低头不见抬头见，抹不开面子，就不敢批评。作家艺术家要敢于面对批评自己作品短处的批评家，以敬重之心待之，乐于接受批评。要以马克思主义文艺理论为指导，继承创新中国古代文艺批评理论优秀遗产，批判借鉴现代西方文艺理论，打磨好批评这把“利器”，把好文艺批评的方向盘，运用历史的、人民的、艺术的、美学的观点评判和鉴赏作品，在艺术质量和水平上敢于实事求是，对各种不良文艺作品、现象、思潮敢于表明态度，在大是大非问题上敢于表明立场，倡导说真话、讲道理，营造开展文艺批评的良好氛围。

同志们！“等闲识得东风面，万紫千红总是春。”党中央对文艺工作和文艺工作者寄予厚望。希望文艺战线和广大文艺工作者不辜负时代召唤、不辜负人民期待，创造出更好更多的文艺精品，为推动文化大发展大繁荣、建设社会主义文化强国作出新的更大的贡献！

在中国文联九届六次全委会上的讲话

中国文联主席　孙家正

（2014年1月11日）

各位委员：

我们每年一度的全委会，明天就要结束了。赵实同志作了一个很好的报告，希望大家认真讨论。在此，我也跟大家讲一讲心里话。党的十八大以来，国家气象一新，在全面改革开放的推动下，经济和社会事业得到了全面的进步和发展，反腐倡廉气势凛然，雷厉风行，给人们以极大的振奋和希望。社会生活中当然也还存在一些问题。小平同志讲过，问题什么时候都会有，有什么问题就解决什么问题。我们正在党中央领导下解决问题、奋然前行。在此，我讲两点与我们文艺有关的事情。

第一件事情是，在纪念毛泽东诞辰120周年座谈会上，习近平总书记作了重要讲话。习近平同志讲到，“勿忘昨天的苦难辉煌，无愧今天的使命担当，不负明天的伟大梦想”。这三个方面都与我们文艺特别有关，过去的苦难与辉煌、现在的责任与担当、未来的追求与梦想，为我们文艺的创作与繁荣展开了一个广阔的画卷，提供了丰富的土壤，这里有多少东西值得我们文艺界去表达、去创作啊。现在既是一个取得巨大成就的伟大时代，又是任务非常繁重、情况非常复杂的严峻时期，国外那些跳梁小丑张牙舞爪，我们要正气凛然的与他们针锋相对，同时又要维护改革开放、现代化的进程不能被他们干扰；还有国内的反腐倡廉，这关系到党和整个国家的前途，再不抓就要丧失人心。所以，中央下了极大的决心，艰苦卓绝地推动这件事情，要在反腐倡廉的过程中使人民坚定对我们党的信心。这三个方面大家要深刻理解，要不断以此衡量。我们的文艺对苦难与辉煌、责任与担当、追求与梦想表现得如何呢？虽然成绩是巨大的，但我感觉差距还不小，我们必须要形成正气凛然的这样一种气势，就是像习总书记说的那样，让正能量得到充分的发挥，用正能量克服那些负能量。这个事情给我触动很深，引起我反复思考，苦难、辉煌、责任、担当、以及未来的明天伟大梦想，高度地概括了中国近现代历史发展的全过程。正确表现这段历史是文艺界的使命和责任。

第二件事情是一件具体的事情，我在广州正好遇上粤剧皇后红线女去世。在广州，成千上万的老百姓送别红线女，习近平总书记和中央政治局常委全部送了花圈，文艺界提到这个事情心里感到非常的温暖。习近平同志等中央领导同志为什么对红线女的去世这样重视？因为红线女毕生把她的艺术献给了人民，正是对把自己毕生精力献给人民的人，中央领导同志才代表全国人民表达对他们的敬重和追思。这次红线女去世，广东省和广州市的媒体宣传工作做得很好，不管是悼念文章，还是老百姓的讲述，整版地进行报道。这件事情令我非常感动，党中央对我们文艺界的重视，对为人民做出贡献的文艺家表现出的高度敬重，对文艺界、文艺工作者的期望与寄托，深深打动了我。红线女是从香港回来的。从香港回来以后，毛主席给她写信，鼓励她做人民的红线女，周总理请她到家里吃饭，还自己买票去看她的戏。红线女在广东港澳一带，特别受大家的热爱。“文化大革命”以后，她到香港地区回访，香港的媒体报道，红线女回到香港的规模和声势绝不亚于英国女王访问香港。

这两件事情，为什么我要连在一起讲呢？因为这两件事情有内在的联系。第一件事情是习总书记的讲话代表了党和人民对我们文艺界的呼唤。第二件事情讲的是红线女，她把毕生精力奉献给了人民，没有辜负党和人民的期望。在红线女的巨幅画像两边有一幅挽联，写的是：“我的生命属于艺术，我的艺术属于人民。”这是红线女生前常说的话，也是她毕生的写照。过去有人讲：“知君关心两件事，世上苍生架上书。”世上苍生就是人民大众，架上书就是文化，红线女确确实实把这两件事情挂在心上，她实践了“我的生命属于艺术，我的艺术属于人民。”

今年元旦已过，马年春节在即，我向全体委员问候。今年元旦期间，青年人结婚的比较多，说去年是2013、今年是2014，是爱你一生一世。我们文艺界也应该一生一世热爱党、热爱国家、热爱人民。爱不是在口头上，应该是发自内心，重在实践。这个实践就是文艺界要明确方向，就是要牢牢抓住以人民为中心的创作导向。同时，我们要脚踏实地繁荣艺术，把更多的文艺精品奉献给人民。文艺的创作繁荣是很复杂的系统工程，我想强调一点，我们要更多地重视创作、提倡创新。我们对创作往往是重视不够的，经常在歌唱节目上看不到作曲、作词的名字。我们演戏往往不重视编剧，有的剧作家自我调侃地讲，编箩编筐再加上我们这个编剧。编剧这个词是不恰当的，实际上他们是剧作家。没有剧作家的创造性劳动，没有音乐美术舞蹈的创作，哪有我们文艺的繁荣？所以要高度重视创作。只有把力量集中到创作上去，我们的文艺才能繁荣，才能有根。创作不是无本之源，也不是无根之木，创作就是要深入到人民群众当中去，深入实际，深入人心，知道人民的喜怒哀乐。我们从事文艺创作是庄严的劳动，不是玩文艺，我们为此付出一生都是值得的。我们现在为它付出，爱“你”一生，爱“你”一世。我们世世代代都要爱我们的党，爱我们的国家，爱我们的人民，我们世世代代要把文艺繁荣下去。这次来参加会议的，有不少是艺术学院、音乐学院、美术学院、艺术综合学院的院长、院领导、教授，我们的责任概括起来就是六个字：出精品、带高徒。出精品，就是我们自己要创作出精品；带高徒，就是我们要把培养青年的任务担当起来。除了艺术院校要担当这个任务，所有的院团，所有的老艺术家都要把培养青年人作为我们重要的责任。我们现在所做的一切，即使我们不在这个世界上了，我们的劳动成果仍然在，温暖着人民，鼓舞着人民，慰藉着人民，我们培养的人也将挑起了各方面的大梁。所以，在新春快要到来的时候，我祝大家在出精品、带高徒这两个方面都能够取得新的成绩。

谢谢大家。

大时代呼唤好作品

——在中国文联九届六次全委会上的讲话

中宣部副部长　黄坤明

（2014年1月11日）

新年伊始，中国文联召开九届六次全委会，认真学习贯彻党的十八大、十八届三中全会和全国宣传思想工作会议精神，认真学习习近平总书记系列重要讲话，落实刘云山、刘奇葆同志在全国宣传部长会议上的重要部署，总结经验、谋划工作，对于繁荣发展文艺事业、开创文联工作新局面具有非常重要的意义。在此，我代表中宣部向会议的召开表示热烈祝贺，向各位委员和全国广大文艺工作者致以崇高的敬意和诚挚的问候！

九届五次全委会以来，中国文联及各团体会员认真贯彻党的文艺方针政策，始终坚持以人民为中心的工作导向，切实履行联络、协调、服务基本职能，在围绕中心、服务大局，组织主题文艺实践活动，开展文艺志愿服务，扶持重点文艺项目，发挥文艺评论评奖作用，推进对外文化交流，加强文联自身建设等方面取得了新成绩、新进展，为社会主义文艺事业的繁荣发展做出了积极贡献。借此机会，谈几点体会。

一、认真学习习近平总书记系列重要讲话，更加自觉地做好文艺工作

党的十八大以来，面对世界剧烈变动、中国深刻变革、思想领域复杂变化的新环境，习近平总书记围绕坚持和发展中国特色社会主义、实现中华民族伟大复兴的中国梦，发表了一系列重要讲话，为我们在新的历史起点上实现新的奋斗目标提供了基本遵循。

深入学习习近平总书记重要讲话精神，要把对文艺工作重要性的认识统一到讲话精神上来。一是充分认识繁荣发展文艺是弘扬社会主义核心价值观的重要渠道。建设核心价值体系，难在进入群众的心灵，被群众接受，化为自觉行动。文艺潜移默化地影响着人们的思想和行为，在温润心灵、愉悦身心、寓教于乐、实现以文化人方面具有不可替代的优势。繁荣发展文艺，用艺术魅力打动人心，用优秀作品感召人们，有助于培育社会主义核心价值观，有助于在全社会弘扬社会正气、形成文明风尚。二是充分认识繁荣发展文艺是丰富人民群众精神文化生活的重要内容。随着人们物质生活明显改善，受教育程度普遍提高，人们对文艺作品的鉴赏水平不断提高，参与文化活动的愿望更加强烈，人们的文化需求、审美方式呈现出多元化、个性化、分众化趋势。适应人们欣赏习惯、审美情趣、评价标准的新变化，推动文艺繁荣发展，创作更多为人民群众喜闻乐见、思想性艺术性观赏性相统一的文艺作品，才能更好地丰富人民精神世界，提升人民的精神境界，增强人民的精神力量。三是充分认识繁荣发展文艺是提高国家文化软实力的基本要求。一个国家和民族，如果说政治是骨骼、经济是血肉，文化则是灵魂。文化如水，比硬实力的渗透力更强、影响力更持久，是软实力的核心内容。繁荣发展文艺，通过文艺的形式，讲好中国故事，传播好中国声音，弘扬好中国特色，增强吸引力感召力，已成为提升国家文化软实力、彰显国家形象的迫切任务。四是充分认识繁荣发展文艺是传承中华文化基因的重要途径。任何一个国家和民族文化的发展，都是在既有文化传统基础上进行的文化传承、变革与创新。如果离开传统、割断血脉，就会迷失方向、丧失根本。传承中华文化基因，变文化资源为文化软实力，实现传统文化的现代化，重要的途径就是繁荣发展文艺。五是充分认识繁荣发展文艺是意识形态工作的重要组成部分。当前，意识形态领域面临许多新情况新问题，其中很重要的一个趋势，就是文化与价值观的博弈日益激烈。推动文艺繁荣发展，推出一大批体现以人民为中心的创作导向和当代中国价值观念的好作品，扬清抑浊，正本清源，对于巩固马克思主义在文艺领域的指导地位，具有十分重要的意义。

习近平总书记系列重要讲话，为我们做好文艺工作指明了方向。文艺界深入学习领会习近平总书记系列重要讲话精神，最重要的就是用讲话精神武装头脑、指导实践，把学习贯彻的成效体现在工作的各个方面，敢担当、重实干、有作为，真正做到学之愈久、知之愈深、信之愈笃、行之愈坚，真正做到把智慧和力量集中到出精品、出人才、促繁荣、促发展上来。

二、当前文艺工作面临的新情况、新问题

总体来看，当前我国文艺形势很好。文艺的创造力前所未有，文艺作品的品种和数量之丰富前所未有，文艺繁荣发展面临的机遇也是前所未有。具体来说有六个方面：党的文艺方针政策得到广大文艺工作者衷心拥护，为文艺繁荣发展提供了根本政治保障；全面建成小康社会的伟大实践，为文艺繁荣发展提供了旺盛源泉；社会主义市场经济的不断完善，为文艺创作生产带来强大动力；对外开放的不断扩大，为文艺走出去和借鉴世界优秀成果带来新的契机；激增的文化消费和多样化的文化需求，为文艺繁荣发展提供了广阔的市场；高新技术的迅猛发展，为文艺繁荣发展开辟了崭新的空间。

同时，这又是一个机遇与挑战并存的时代，文艺领域不可避免地出现了一些制约发展的问题。一是我国已是文艺生产大国，在数量激增、形态繁复的同时，人们的审美情趣、价值观念呈现出发散态势，文艺创作生产与人民群众的期待和需求相比，仍然存在不小差距，叫得响、传得开、留得住的高质量文艺作品还不多。二是过度追求市场效益，低俗化、泛娱乐化倾向较为突出。有的片面追求票房、收视率、发行量和点击率，刻意迎合市场和低俗的审美趣味；有的空洞无物、粗制滥造，缺文化乃至无文化；有的宣扬拜金主义、享乐主义、利己主义。三是网上舆论的引导、网络文化阵地的管理还跟不上发展的步伐。部分网络文艺作品以低俗内容吸引网民关注，甚至宣扬血腥暴力色情。四是基层文艺工作基础薄弱，广大群众喜闻乐见的文艺作品还比较缺乏。部分基层文化机构花大力气组织的文艺节目，难以得到群众的青睐。上述现象，与整个文艺发展积极向上的主流不相协调，必须认真对待，努力在实践中加以解决。

当前和今后一个时期，做好新形势下的文艺工作，必须高举中国特色社会主义伟大旗帜，以习近平总书记系列重要讲话精神为行动指南，坚持以人民为中心的工作导向，深入贯彻“二为”方向和“双百”方针，牢牢把握中国梦的主题，大力弘扬社会主义核心价值观，紧紧围绕出精品、出人才，紧紧围绕促发展、促繁荣，增强文化自觉文化自信，增强创新力创造力，增强吸引力感染力，讲好中国故事，传播好中国声音，阐释好中国特色，引导人民树立正确的历史观、民族观、国家观、文化观，不断开创社会主义文艺发展新局面。

三、努力创作无愧于伟大时代的好作品

一个国家、一个民族，如果缺乏厚重大气的文艺作品，就难以引起人们的重视和尊重。一个有责任、有抱负的文艺工作者，如果不能为这个伟大时代留下好的作品，总会有些遗憾，也愧对这个伟大时代。当今时代最大的主题，就是实现中华民族伟大复兴的中国梦。中国梦意味着中国人民和中华民族的价值体认和价值追求，意味着全面建成小康社会、实现中华民族伟大复兴，意味着每个人都能在为中国梦的奋斗中实现自己的梦想，意味着中华民族团结奋斗的最大公约数，意味着中华民族为人类和平与发展作出更大贡献的真诚意愿。我们要以饱满的热情、充沛的才情、坚定的信心投身伟大时代的洪流，弘扬中国梦的时代主题，创作出与伟大时代相匹配的好作品，为时代添彩、为人民放歌、为祖国争光。

1．大时代呼唤好作品。放眼五千年文明史，应该说，我们现在所处的时代，称得上是一个大时代。特别是从十一届三中全会以来，我们国家的社会结构变化最为深广、物质基础变化最为巨大、人们精神面貌变化最为深刻，而且这种变化还在继续，并对整个世界产生了重要而深远的影响。改革开放以来的35年，我国经历了从农业社会到工业社会、从乡村社会到都市社会、从封闭社会到开放社会的重大变革。这些变革推动着中国社会取得伟大的进步：政治清明、经济腾飞、文化繁荣、社会稳定、民族团结，综合国力不断增强，人民群众安居乐业。可以毫不夸张地说，

我们当前正处在一个前所未有的伟大时代。就文化领域来看，思想领域的解放解开了文化创造力的束缚，解除了文化生产力的禁锢，新思想、新浪潮纷至沓来，新风尚、新流派风起云涌，新的文艺人才和新的文艺作品层出不穷，文化景观呈现出丰富包容，文化创造呈现出勃勃生机。我们有幸处在这样一个风云际会、风雷激荡、风光无限的大时代，处在这样一个千帆竞发、催人奋进、一展风流的大时代。与此相称，大时代需要好作品来反映、来讴歌。唐诗、宋词、元曲、明清小说，无不是那个时代文化发展的标志性作品。这就要求我们具备全球视野和开阔胸怀，以大手笔和大气魄，以饱满的才情深入火热的生活，创作出一批有温度、有高度、有深度的好作品，方才无愧于这个大时代。

2．把社会主义核心价值观贯穿到创作的全过程。历来好作品都是有思想的，都有自己的价值判断。习近平总书记在中央政治局第十二次集体学习时强调，对中国人民和中华民族优秀文化和光荣历史，要加大正面宣传力度，通过学校教育、理论研究、历史研究、影视作品、文学作品等多种方式，加强爱国主义、集体主义、社会主义教育，引导我国人民树立和坚持正确的历史观、民族观、国家观、文化观，增强做中国人的骨气和底气。创作大作品、好作品，不能仅仅是写大题材。那些认为自己占据了题材的制高点，而在艺术上粗制滥造，这样勉强赶制出来的大文章、大作品，是立不起来的。今天的好作品，创作技法可以多样化，但作品的灵魂不能变，就是要体现社会主义核心价值观，体现中华优秀传统文化。中华民族博大精深的灿烂文化，蕴含着许多值得继承的思想文化精髓。如“仁”、“义”、“善”、“孝”、“义利观”等，都传递和体现着我们的精神文化基因，反映着人们的深层文化追求。繁荣发展我们的文艺，必须自觉坚守中华文化立场，礼敬自豪地弘扬中华文化，使中华民族最基本的文化基因与当代文化相适应、与现代社会相协调，以人们喜闻乐见的文艺方式推广开来，把跨越时空、超越国度、富有永恒魅力、具有当代价值的思想精神用文艺形式弘扬起来。

3．增强正能量，大力弘扬爱国主义精神。中华民族之所以能够战胜千难万险，绵延数千年而不衰，就在于以爱国主义为核心的民族精神，深深熔铸在中华儿女的血脉之中，进而化作维系国家和民族生生不息的巨大力量。那些广为传颂的文艺经典作品当中，一个个感人至深的爱国故事，一个个栩栩如生的英雄形象，流传至今，成为激励人民奋进、实现人生价值的精神动力。我们要精心组织实施爱国主义影视创作工程，对已经拍摄过的反映1840年以来重大爱国主义事件、人物的电影、电视剧、纪录片进行梳理、总结，对可进行影视拍摄的新题目进行充分论证、规划，集中优势资源、精干力量拍摄制作。要精心组织实施中华文化传承、历史文化纪录片创作工程，推出一批主题鲜明的作品和项目，颂扬爱国英雄，讴歌仁人志士，厘清历史根脉，展示独特魅力，使历史文化遗存、文物、典籍和民间传说“活”起来，发挥优秀作品凝聚民族精神、团结爱国力量、弘扬时代正气、展现社会新风的积极作用。要加强创作生产引导，弘扬爱国主义精神和正能量，抵制告别革命、调侃红色经典等历史虚无主义思潮。

4．以创新精神推出一批大作品、好作品。创造、创新是文艺领域鲜明的时代标识。要推动内容创新，坚持内容为王、创意制胜，写好剧本、讲好故事，精构巧思、新颖表达，力戒跟风克隆、一味模仿。要推动形式创新，促进文艺与现代科技融合，注重科技运用、科技含量，增强文艺的表现力、吸引力和感染力。要推动工作机制创新，提高文艺创作生产组织化程度，发挥精神文明建设“五个一工程”、历史文化纪录片创作工程、中华文明历史题材美术创作工程、国家舞台艺术精品工程等的龙头作用，出台相关扶持政策，促进文艺全面繁荣。要创新评价方式方法，开展积极健康的文艺评论，反对庸俗捧场，抵制人情化、商业化评论，不断壮大文艺评论队伍，完善文艺评奖、办节管理办法，探索建立健全科学的评价评估指标体系，形成有效引导格局。

中国文联是党领导的文艺界人民团体，是党和政府联系文艺工作者的桥梁和纽带，是建设社会主义先进文化的重要力量，在提高国家文化软实力中担负着重大责任。中国文联和各级文联组织要进一步创新组织形式，探索具体化、分众化的工作机制，拓宽服务渠道，延伸联系手臂，加大服务文艺工作者力度，特别是要加强对新的文艺组织和新的文艺人才的联络协调服务维权力度，尽可能多联系、多服务、多引导。要加强调查研究，探索适应社会主义市场经济体制、符合文艺发展规律和人民团体特点的管理体制、运行机制、活动方式，使文联工作活跃起来，不断增强文联组织的吸引力、凝聚力。要大力弘扬“爱国、为民、崇德、尚艺”的文艺界核心价值观，加强职业道德、职业精神建设，努力培养一支德艺双馨的文艺工作者队伍。要进一步加强文联领导班子和干部队伍建设，不断提高思想理论水平，不断提高文联干部队伍素质，大力营造想干事、会干事、干得成事的良好氛围。

同志们，追寻中国梦、实现强国梦的时代号角已经奏响，中国特色社会主义伟大事业催人奋进。文艺工作、文联工作责任重大，使命光荣。让我们更加紧密团结在以习近平为总书记的党中央周围，汇聚各方面智慧和力量，共同为推动社会主义文艺大发展大繁荣、建设社会主义文化强国、实现中华民族伟大复兴中国梦而努力奋斗！

切实抓好文艺评论

——在中国文艺评论家协会成立大会上的讲话

中宣部副部长　黄坤明

（2014年5月30日）

今天，代表们欢聚一堂，隆重召开中国文艺评论家协会成立大会。这是文艺评论工作者期盼已久的一次盛会，也是文艺界的一件大事和喜事。值此机会，谨向中国文艺评论家协会的成立表示热烈祝贺！向各位代表和全国文艺评论工作者致以崇高的敬意和诚挚的问候！

文艺评论是文艺事业的重要组成部分，在引导文艺创作、推介优秀作品、提高审美能力、引领文化风尚等方面具有不可替代的重要作用。我们党一直十分重视文艺评论工作，无论是革命、建设还是改革时期，都注重把党的文艺方针、文艺主张融汇到文艺评论当中，有力地推动社会主义文艺的繁荣发展。近年来，在各地区各部门、评论工作者和媒体的共同努力下，文艺评论在组织领导、机构队伍、阵地建设等各方面有了新的实践、新的探索，取得长足进步。广大文艺评论工作者密切关注创作实践，深入开展理论研究，进行具体的批评活动，作出了积极贡献。

当前，文艺事业处于繁荣发展的关键时期。党的十八大以来，习近平总书记立足于我国独特的文化传统、独特的历史命运、独特的基本国情，以宽广的国际视野，就文化文艺工作提出一系列新思想、新观点、新论断，为我们提供了重要的指导思想和重要遵循。在党中央的坚强领导下，广大文艺工作者意气风发、开拓进取，各文艺门类百花竞放、异彩纷呈，精品力作不断涌现，队伍建设扎实推进，呈现出大发展大繁荣的喜人景象。但是也要看到，在我国社会发生深刻变革、对外开放不断扩大的条件下，国际国内环境日益复杂，社会文化多元多样，文艺领域出现了一些不容忽视的问题。个别作品消解理想信念和主流价值，过分渲染社会阴暗面，宣扬虚无主义、利己主义和消费主义，片面追求娱乐化，自觉不自觉地传播低级趣味，不同程度地模糊了价值取向，冲击了道德底线。互联网和新媒体快速发展中涌现了大量新现象、新问题，也亟待关注和深入研究。解决这些问题，迫切需要高度重视、大力加强文艺评论工作，运用评论的武器来辨析善恶美丑，运用评论的力量来壮大主流声音，更好地贯彻执行党的文艺方针政策，端正创作方向，引导人们树立正确的价值观、提高审美品位，进一步维护国家文化安全。

大时代呼唤好的文艺作品，大时代也呼唤更多有深度、有力度、有温度的文艺评论，呼唤更多有思想、有学识、有担当的文艺评论家。成立中国文艺评论家协会意义重大，既是落实中央关于加强和改进文艺评论工作精神的重要举措，也是文艺工作实现在服务群众中引导群众、把满足需求同提高素养结合起来的内在需要。我相信，中国文艺评论家协会的成立，必将对加强文艺评论队伍建设、促进文艺繁荣发展起到积极的推动作用。广大文艺评论工作者要认清肩负的使命，坚持邓小平理论、“三个代表”重要思想、科学发展观，贯彻落实习近平总书记系列重要讲话精神，坚持文化自觉和文化自信，用更好更多、更有影响的评论精品，奋力开创文艺评论繁荣发展的新局面。

1. 坚持以马克思主义为指导、以社会主义核心价值观为引领，牢牢把握文艺评论的正确方向

坚持正确方向是文艺评论的根本要求。马克思主义是科学的世界观和方法论，只有自觉运用马克思主义的基本立场、观点和方法，研究作品，观察文艺思潮，剖析文艺现象，才能作出全面、准确、深刻的分析，才能把住文艺评论的方向盘。文艺评论工作者要牢固树立马克思主义文艺观和唯物史观，认真总结改革开放以来中国特色社会

主义文艺实践的新鲜经验，运用马克思主义中国化的最新成果指导文艺评论。要讲政治，在事关坚持中国特色社会主义道路制度、事关党的领导，以及国家统一、民族团结等大是大非问题上，始终做到头脑清醒、旗帜鲜明。要正确地评价历史和当下，匡正以偏概全的创作倾向，防止对待问题的绝对化、碎片化以及浅表化，引导人们树立正确的历史观、民族观、国家观、文化观，凝聚实现中国梦的精神力量。

社会主义核心价值观是我们的精神支柱和行动向导，对丰富人们的精神世界、建设民族精神家园，具有基础性、决定性作用，也是文艺评论必须秉持的价值目标、价值取向和价值准则。我们要把社会主义核心价值观融入到文艺评论之中，引领多样化的文艺思潮。要抓住世界观、人生观、价值观这个总开关，多开展有益于向善、向真、向美的文艺评论，做出明确的价值判断，告诉人们什么是值得肯定和赞扬的，什么是必须反对和否定的，增强人们的价值判断力和道德责任感，弘扬真善美、传递正能量，形成健康向上的力量。

2．坚持理论联系实际，顺应时代发展，不断增强文艺评论的针对性和实效性

积极健康的评论是文艺创作的一面镜子，是提升创作水平的一剂良药。我们要把科学的理论与具体的文艺实践紧密结合，避免从理论到理论、空对空地评论。文艺评论工作者要深度进入文艺现场，第一时间关注创作动态和思潮变化，打捞出新鲜而有价值的现象和线索，做出准确的判断。要重点加强对优秀作品的评论，加强对新人新作的评论，加强对焦点热点的评论，加强对网络文艺的评论。要积极关注文艺的战略性发展问题，为创作提供有建设性的参考，增强文艺评论的主动性和前瞻性。

近年来，互联网迅猛发展，影响力不断扩大，已经成为各种文化相互交织的生态场，成为文艺的重要领域。网络深刻改变了传统的文艺形态、观念和经验，也为文艺评论提出了新的课题，网上评论的重要性日益凸显。我们要因势而变、应势而动，把网上文艺评论作为突破口，鼓励专业文艺评论工作者积极主动地参与，紧密跟踪网上文艺问题，开展多角度评论、深层次分析，突出正面声音，唱响网上文艺评论主旋律。要充分运用网站专栏、博客、电子论坛、微博、微信、移动客户端等互联网工具，拓展文艺评论的载体和传播方式，推动网络与电视、广播、报刊等传统媒体的联动互动，让文艺评论在多种媒体中发挥更大作用。

要倡导贴近大众、贴近民意的评论，深入浅出、平易近人，让文艺评论真正走进人民群众之中。网络评论要符合广大网民的审美习惯，网言网语、快人快语，增强时效性和亲和力。要倡导生动活泼、有血有肉的文艺评论，对不同的现象和作品做具体的、个性的、科学的分析，不断增强评论的说服力和影响力。

3．坚守中华文化立场，不断推进文艺评论创新

当今世界形势不断变化，文艺发展日新月异。文艺评论工作者必须紧跟时代步伐，勇于探索、善于创新。要结合新时期文艺面临的重大理论和实践问题，在吸收借鉴各种文艺思想精华的基础上，构建和丰富中国特色社会主义文艺的思想、美学和话语体系。

不忘本来才能开辟未来，善于继承才能更好创新。中华优秀传统文化是我们民族的精神命脉，也是我们在世界文化激荡中站稳脚跟的根基。只有立足中华文化的深厚土壤，评论的根基才更加扎实，评论的创新才更有底气。要通过文艺评论，积极阐释和弘扬中华优秀传统文化中的思想道德精髓，讲清楚中华文化的独特创造、价值理念和鲜明特色，让书写在古籍里的文字活起来、发扬光大。要传承中华文论的优秀传统，下大力气、下苦功夫，进行创造性转化和创新性发展，创作更多有思想、有情感、有积淀的评论精品，努力形成鲜明的中国特色、中国风格、中国气派。

4．坚持发扬学术民主、艺术民主，大力营造文艺评论的良好环境和风气

学术民主和艺术民主，是文艺评论能够不断发展的动力。唯有争鸣，才能有创造的活力。我们鼓励健康说理的争鸣，无论是成名的、未成名的、年长的、年轻的评论家，都希望来参与文艺评论。提倡风格多样、有独特见解的评论，鼓励不同文艺观点、审美立场进行自由争论。要坚持重在建设的方针，充分尊重文艺规律、尊重评论家的创造性劳动，不断营造有利于文艺评论繁荣活跃、团结和谐的良好环境。

要提倡以理服人、与人为善的评论原则，倡导公道直言、实事求是的评论风气。评论家和作家艺术家之间，应当是一种围炉夜话式的交流，推心置腹、心平气和地讨论，论理讲美，好处说好，不足处说不足，既要杜绝吹捧之风，也要杜绝恶意贬损，真正使文艺评论成为褒优贬劣、激浊扬清、引领风尚的有力武器。要吸引群众广泛参与文艺评论，把群众的积极性调动起来，充分发挥好群众评论的作用。

5．坚持德才兼备，更好地履行文艺评论工作者的社会责任

文艺评论是做思想艺术判断和价值引领的，评论者自身的思想水平、业务水平和道德境界非常关键。文艺评论工作者要努力提高学养、涵养、修养，让评论作品更加厚重、更具吸引力和感召力。要始终把社会责任放在首位，“铁肩担道义，妙手著文章”，严肃认真地考虑评论的社会效果，树立强烈的底线意识、责任意识、担当意识，绝不把粗制滥造、格调低下甚至导向错误的文艺作品推介给社会。要正确处理好“义”和“利”的关系，坚持说真话、讲实话，自觉抵制屈从于市场指挥棒而不顾社会效果的不良评论，自觉抵制不正之风，努力以崇高的社会责任感和质文兼美的评论作品赢得人民群众的尊重和欢迎。

同志们，中国文艺评论家协会的成立为中国文联增添了新的力量，也为文艺事业发展带来了新的活力。“为学之实，固在践履”，衷心希望文艺评论家协会在中国文联的领导下，开好局、起好步，夯实基础，认真履行联络、协调、服务的重要职能，整合全国评论资源，密切联系高校、科研院所、新闻单位及各地文艺评论家协会，为评论工作者研讨交流、深入生活、培训进修、发表出版等提供帮助，把协会建成交流的渠道、活动的舞台、合作的窗口，建成文艺评论工作者的温馨和谐之家。希望文艺评论家协会积极开展相关活动，推动基础理论、应用理论和特色理论研究，集中组织重点评论项目。希望文艺评论家协会加强工作机制、组织形式和活动方式创新，积极探索第三方评论机制。希望文艺评论家协会继续加强中青年评论人才的培养和扶持，团结和造就一批各个文艺门类的优秀评论家，为繁荣文艺评论提供强大的人才支撑。

同志们，实现民族复兴中国梦的伟大使命，呼唤文艺事业新的飞跃、新的发展，广大文艺评论工作者使命光荣、大有可为。让我们更加紧密地团结在以习近平同志为总书记的党中央周围，同心同德、奋发进取，为推动文化大发展大繁荣、建设社会主义文化强国作出新的更大贡献！

努力唱响实现中国梦的时代最强音

——在中国文联九届六次全委会上的工作报告

中国文联党组书记、副主席　赵　实

（2014年1月11日）

各位委员、同志们：

我受中国文联主席团委托，向全委会作工作报告，请予审议。

关于2013年工作

刚刚过去的2013年，是党和国家发展进程中很不平凡的一年，是以习近平同志为总书记的党中央带领全党全国各族人民深入贯彻党的十八大和十八届二中、三中全会精神，推动全面建成小康社会和全面深化改革，开创新局面，营造新风气，取得新成就的一年，也是我国大力加强文化强国建设，文艺事业蓬勃发展，文联工作创新务实，广大文艺工作者锐意进取、卓越创造的一年。

中国文联在党中央的亲切关怀和中宣部的直接领导下，认真贯彻落实中央的各项重大决策部署，深入学习贯彻习近平总书记系列重要讲话精神，深入落实中国文联九届四次、五次全委会工作部署，紧紧围绕实现中国梦的宏伟目标和建设文化强国的重大使命，积极发挥组织引导、联络协调、服务维权的重要作用，团结凝聚广大文艺工作者坚定走中国特色社会主义文艺发展道路，坚持以人民为中心的创作导向，努力为人民奉献精品力作。团结推动文联全系统坚持围绕中心、服务大局，深入基层、服务群众，改进作风、服务文艺工作者，以良好的精神风貌和改革创新精神，努力提高自身能力和工作水平，各项工作取得了重要进展和显著成效。

一、积极开展“追寻中国梦”主题文艺实践活动，大力唱响时代主旋律。党的十八大以来，习近平总书记发表了一系列重要讲话，明确提出了实现“中国梦”的时代主题。“中国梦”这一时代最强音，为文艺工作和文联工作指明了前进方向，更为广大文艺工作者施展才华提供了广阔空间。一年来，中国文联及各团体会员广泛开展“追寻中国梦”的主题文艺实践活动，组织文艺家赴甘肃、青海、四川、西藏、内蒙古等地，开展采风创作基层行等文艺创作活动，引导广大文艺工作者深入基层、深入生活、深入群众，讲述中国故事、弘扬中国精神、凝聚中国力量，将优秀的文艺作品奉献给人民。成功举办“中华情·中国梦”中秋美术书法作品展、“中国梦·大美临汾”百名画家画汾河、“书写时代”全国名家书法作品展、“同筑中国梦·百年跨越史”中国摄影与科技大型影像展、“追寻中国梦”摄影家美术家采风创作作品展等艺术创作活动，举办“聚焦兵团情·共圆中国梦”全国卫视看兵团大型主题采访活动，组织开展“美丽中国”、“红色武乡”、“情系雷锋”等全国主题歌曲征集，举办“中国梦·农民梦”第5届新农村电视艺术节，集中创作和展览展示了一批优秀文艺作品，多形式、多角度展现广大人民群众为实现中国梦艰苦奋斗的生动实践，奏响了时代最强音，唱响了时代主旋律。《中国艺术报》和中国文艺网积极开展对“中国梦”的专题宣传，组织《中国梦之路在这里展开和延伸》等多篇大型深入报道，组织著名文艺家和中青年文艺评论家撰写以“中国梦”为主题的理论评论文章数十篇，采写刊发“中国梦”为主题的文艺活动报道数百篇，为学习宣传中国梦营造了良好舆论氛围。

二、广泛开展形式多样的文艺志愿服务，不断丰富人民群众精神文化生活。一年来，按照中央领导的批示要求，中国文联及各团体会员积极创新工作方式和活动内容，探索建立文艺志愿服务体系与机制，广泛开展文艺志愿服务活动，为推动基层公共文化建设、满足群众文化需求作出新贡献。我们汇集文联全系统和文艺界的力量，正式成立中国文艺志愿者协会，开通运行中国文艺志愿者网，成功发布中国文艺志愿者标识，组织召开全国性专题工作会议，推动各地成立各类文艺志愿服务组织，扎实做好定向推荐和社会公开招募志愿者工作，不断壮大文艺志愿者队伍规模。据统计，全国已有12个省级文联和78个地市级文联建立了文艺志愿服务专门工作机构，组建省级文联志愿服务团队116支、地市级文联志愿服务团队609支，成立4个省级文艺志愿者协会、24个地市级文艺志愿者协会，团结凝聚了一大批文艺志愿者。中国文联会同各全国文艺家协会、各地文联积极拓展文艺志愿服务领域，启动开展文艺支教试点项目，选派文艺工作者和艺术院校师生到甘肃、贵州、河北等地贫困县乡中小学开展文艺支教活动，《人民日报》进行两次专题报道，引起社会广泛关注。启动开展文艺培训试点项目，组织文艺志愿者深入中西部农村，面向基层文艺工作者、文艺骨干和中小学艺术教师开展专业培训，直接服务基层文艺工作者1500多名。启动实施“乡村艺术教师培训志愿服务项目”，培训和结对帮扶河北、广西等地贫困县乡村音乐和美术教师160多名，与中国建设银行等共同实施“积分圆梦微公益”活动，支持乡村艺术教师培训项目实施。坚持面向基层，深入持续开展“送欢乐下基层”品牌活动。会同各全国文艺家协会组织文艺志愿服务团赴辽宁舰、海南省三沙、文昌和琼中市、西昌卫星发射基地、甘肃陇南、青海玉树、广西防城港、湖北红安和罗田、福建上杭才溪中央苏区、龙岩古田和莆田、浙江舟山、宁夏银川、江西抚州、四川雅安和攀枝花、贵州安顺、西藏山南、吉林白城、黑龙江北大荒、中航工业沈飞民机、安徽高铁建设工地、河南南阳南水北调工地和湖北丹江口库区移民新村、北京大兴养老院、河南濮阳革命老区、云南威信、吉林松原等地，开展慰问演出、展览展示、专家辅导等内容丰富、形式多样的惠民文艺活动，为广大人民群众送去欢乐、带去精神食粮。据统计，仅2014年元旦春节期间，中国文联及各全国文艺家协会以“我们的中国梦”为主题，组织26支文艺队伍、700多位知名艺术家和文艺工作者，深入江西等9省区市的最基层进行慰问演出共35场。大力实施“百花放映·情系基层”电影惠民工程，深入全国19个省185个县（市）的农村，放映公益电影4万余场，受益群众8000万人次。在15个省区市推广百姓健康舞，受益群众过百万。实施新农村少儿舞蹈美育工程，在29个省区市开办178个教师班，培养农村教师5800多名。组织开展多种形式的义捐、义卖、捐建学校和慰问演出活动，支援四川雅安灾区重建。这些活动有效扩大了文艺志愿服务的覆盖面和影响力，进一步丰富了人民群众精神文化生活。

三、加强对重点项目和重点工程的扶持，积极开展文艺评奖评论评介工作，推出一批优秀文艺作品。一年来，中国文联及各团体会员坚持以人民为中心的创作导向，着力通过项目扶持、采风创作、评论评奖、宣传推介等方式，推动优秀文艺作品的创作生产。中华文明历史题材美术创作工程顺利完成草图征集汇总、专家作者交流评议，遴选出167幅入围作品草图，在国家博物馆隆重展出，征求社会和公众意见。隆重举行梅花奖创办30周年纪念大会、专题研讨会，梅花奖数字电影展映和30台优秀剧目展演等系列活动，在戏剧界和社会上产生广泛影响。中国口头文学遗产数字化一期工程已经录入图书总数4900余本，近9亿字，保存了一批珍贵的口头文学资料。实施中国电影史料抢救工程。完成中华民族文明影像志大型工程数据库和网站建设。精心举办中国书法“三名工程”首届成果展。中国文学艺术发展专项基金全年共支出2660多万元，用于资助创作类项目17个，出版精品类项目13个，人才培养工程类项目22个，有力地扶持了一批优秀作品和优秀人才。

坚持正确的评奖导向，完善评价机制，简化颁奖形式。成功举办第5届中国戏剧奖、第29届中国电影金鸡奖、第9届中国音乐金钟奖、第9届中国舞蹈荷花奖、第11届中国民间文艺山花奖、第8届中国杂技金菊奖、第11届造型表演艺术成就奖等重要评奖活动。全年共评出获奖作品236部，评出优秀创作者、表演者206人，授予15位成绩卓著的老艺术家终身成就奖。面向群众推介精品，成功举办第13届中国戏剧节、第22届中国金鸡百花电影节、第4届中国大学生电视节、首届全国曲艺小剧场优秀节目展演、第5届全国少数民族曲艺展演、2013相声小品二人转优秀作品展演、第17届中国少儿戏曲小梅花荟萃、第24届全国摄影艺术展、第7届"小荷风采"全国少儿舞蹈展演、首届中国西部花儿艺术节、第2届中国汉牡丹文化节等活动，推介展示了一大批优秀文艺作品，大力弘扬主流价值导向，丰富了人民群众精神文化生活。

启动实施文艺评论工程，加强文艺评论理论建设。举办钟敬文诞辰110周年、李凌诞辰100周年座谈会，王朝柱、王丽萍、高满堂编剧艺术研讨会、中国曲艺高峰论坛等一系列专题评论活动。积极举办中青年文艺评论家高级研修班，组织当代中青年文艺评论家笔谈，组织撰写并首次出版《2012中国艺术发展报告》，编辑出版《中国文艺发展态势丛书》。充分利用《中国艺术报》、中国文艺网等媒体阵地和传播平台，对重大文艺现象、文艺思潮和重点作品开展积极健康的文艺批评，组织刊发文艺评论文章770余篇，并得到中央领导的充分肯定。协调推动中央主流媒体，扩大对重大主题文艺活动、优秀文艺作品和优秀文艺人才的宣传报道，在《文明》杂志开设专栏每期推介两名文艺名家，有效提高了文艺作品、文艺评论、文艺人才的传播力和影响力。

四、热情服务文艺家和文艺工作者，注重加强对文艺界知识分子的团结引导。认真贯彻落实全国宣传思想工作会议精神和习近平总书记重要讲话精神，高度重视做好文艺界知识分子的工作。圆满完成中国美协、中国影协换届工作。刘奇葆同志先后出席中国美协第八次全国代表大会和中国影协第九次全国代表大会开幕式，并作重要讲话，极大地鼓舞了广大文艺工作者为推动文艺繁荣、建设文化强国、实现中国梦的创造热情。中国文联会同各团体会员深入开展新文化组织从业人员和文艺界自由职业者状况调研，组织召开音乐界、美术界自由职业者座谈会和"北漂"文艺工作者座谈会。制定印发《关于进一步加强各全国文艺家协会会员发展工作的意见》，推动改善会员结构，扩大会员覆盖面，健全会员管理机制。

深入开展"爱国、为民、崇德、尚艺"文艺界核心价值观学习实践活动。在全国文联系统首次开展创先争优评选表彰活动，对工作在基层一线的50个先进集体、15名先进个人和45个优秀集体、37名优秀个人进行表彰，大力弘扬服务为民、爱岗敬业，勇于创新、真抓实干，攻坚克难、无私奉献，道德高尚、清正廉洁的先进事迹和优秀品格，进一步激发了广大文联干部的正能量，树立了文联干部的新形象。加大文艺人才培训统筹规划和资源整合力度。提高师资力量、创新培训形式，全年共举办全国文艺家、中青年德艺双馨文艺工作者、中青年文艺评论家、中青年编剧和中青年文艺人才高级研修班，以及戏曲音乐家、戏剧编剧、舞蹈编导和编剧、曲艺精品创作、民间手工艺传承人等各类专业人才研修班、培训班30余个，培训学员2000多人次，进一步提高了各类文艺人才的综合素质。加强文艺维权服务体系和维权机制建设，积极与立法机关建立协调机制，与司法机关建立合作维权机制，与行政机关合作开展维权活动。积极开展文艺维权宣传，强化维权意识，支持推动中国曲协、中国民协、贵州文联等单位建立权保部门。热心服务老艺术家，坚持做好节日慰问、寿诞庆贺、从艺纪念等工作，中国文联分三批组织49名知名艺术家及家属赴安徽、吉林和海南开展采风调研，先后为74位老艺术家送上了生日祝福，走访慰问艺术家100余人。组织参加"两会"的文联主席团成员、荣誉委员进行体检。

五、广泛开展对外和对港澳台地区民间文化交流，有力促进中华文化走出去，提升国家文化软实力。充分发挥文联组织的优势，大力弘扬中华文化，积极开展形式多样、丰富多彩的国际文化交流活动。一年来，中国文联和地方合作，成功举办第9届中国国际民间艺术节、太湖文化论坛第2届年会、第15届中国国际摄影艺术展、第8届国际马戏论坛、第13届中日韩三国电视制作者论坛、罗马尼亚电影周等一系列活动。会同并推动各全国文艺家协会成功地在美国举办中国民间文化周，在泰国、柬埔寨举办"今日中国"艺术周，赴欧洲、美洲举办中国美术世界行，赴马来西亚举办中国东盟青少年舞蹈交流展演，在印度尼西亚举办"中印友谊"和"美丽中国"摄影展，在墨西哥举办"汉字之美"中国书法展，赴新西兰举办"墨韵华风"中国名家书画展等，对外展示了良好国际形象。积极选送优秀杂技节目参加国际比赛，荣获"金小丑"奖、马戏节金奖等5个金奖、2个铜奖和1个特别奖。积极参与国际艺术理事会、国际剧协、国际音协、国际魔术师协会等国际组织交流活动，与美国组约艺术基金会联合举办“美国非盈利组织运营与管理”专题培训班。一年来，中国文联共组派80多个艺术家代表团和艺术团访问了40多个国家和地区，接待了20多个国家和地区的代表团和艺术团访华，密切了合作关系。深入开展对港澳台地区文化交流合作。成功举办第5届海峡两岸暨港澳地区艺术论坛、第6届海峡两岸合唱节、第3届海峡两岸欢乐汇、第5届海峡两岸青少年舞蹈交流展演、第6届两岸四地大学生魔术交流大会、第2届海峡两岸电视艺术节、第3届“濠江之春”澳门与内地艺术家大联欢、“金钟之星”民乐团访港慈善演出、梅花奖艺术团赴台湾演出、民间文艺家赴台湾展演、两岸杂技教育交流演出、第2届少数民族电影赴台展映等一系列活动，密切了内地与港澳台的文化艺术合作交流，不断增进中华文化的认同感、归属感。

六、深入开展党的群众路线教育实践活动，扎实推进文联机关作风建设。根据中央统一部署，中国文联党组和所属26个局级单位领导班子，认真扎实开展党的群众路线教育实践活动。文联党组在深入学习研讨、广泛征求意见的基础上，查摆“四风”方面存在的突出问题，深刻剖析深层次原因，开展坦诚直率的批评与自我批评，研究制定了28项整改措施，明确整改时限和责任人，逐项落实整改项目并建立完善了一系列规章制度，努力形成解决作风问题的长效机制。文联书记处带头转变作风，深入开展调查研究，形成《关于建立健全以人民为中心创作导向制度机制的调研报告》和《关于加强新形势下文联组织建设的调研报告》等，为进一步推动文联工作创新发展，研究解决制约文联发展的深层次问题奠定了良好的基础。认真贯彻落实中央八项规定和《关于制止豪华铺张、提倡节俭办晚会的通知》等制度性文件精神，先后制定了中国文联《调查研究工作制度》、《党组成员联系文艺工作者制度》、《中国文联和各全国文艺家协会全国代表大会换届选举工作纪律》、《中国文学艺术发展专项基金捐赠收入财政配比资金管理实施暂行办法》、《劳务报酬管理办法（试行）》等制度，印发《关于开展节庆、论坛、展会摸底普查和规范工作的通知》，对中国文联以及所属各单位相关工作严格规范、加强管理。按规定压减年度预算1389万元，清理压缩节日庆典10项、论坛2项、展会16项，压缩会议32个，精简文件177个，节约“三公”及会议、差旅、培训等经费共计508.75万元。抓好财务管理工作，积极做好行政事业单位内部控制规范工作，加强预算编报审核，着力抓好政府采购、新增资产配置、三公经费等方面的预算审核。积极申报并获得批准，把文联所属14家财政补助事业单位纳入定员定额试点管理，有效解决了中国文联所属大部分事业单位拨款渠道和经费困难问题。对中国文联发展史展厅制作、事业单位转企改制审计等招标投标工作进行严格监督。

七、以改革创新精神加强文联自身建设，不断提高文联工作科学化信息化水平。注重加强各级领导班子和干部队伍的思想理论建设。举办中国文联局处级领导干部学习贯彻习近平总书记系列讲话暨党的十八届三中全会精神培训班，面向全系统举办中国文联团体会员负责人、全国文联系统处级领导干部、省级文艺家协会秘书长、地县级文联负责人等一系列研修班、中国文联新进工作人员上岗培训等，全年培训全国文联系统干部700余人次。加强组织建设。全年选拔任用了司局级干部25人、处级干部36人，安排交流和挂职干部6人。配齐11个艺术中心领导班子。推进机关精神文明建设。成功举办9期“中国文联大讲堂”系列讲座。机关团委、青联先后组织了“青春文联中国梦”演讲比赛等形式活泼、内涵丰富的活动，丰富了机关干部的精神文化生活。认真落实各项惠及老干部的制度措施，保证老干部政治生活、文化生活、津贴补贴、医疗保险等各项政策待遇。

加快推进文联系统信息化建设。召开网络与信息工作座谈会，对推进中华文艺资源数据库工程、“网上文联”信息化平台建设进行专项部署。初步建成中华文艺资源数据库硬件平台，正式上线运行中华文艺人才信息数据库采集应用平台与网上文艺家社区。推进文化名家信息库建设。建设中国文联文艺工作信息服务平台，积极开展与各协会、各地文联的信息化共建共享试点合作，为壮大网络文艺阵地，传播利用文艺资源，创新文联联络服务手段，提升网上公共文化服务能力，提升文联组织的传播力和影响力创造了有利条件。

加大政策指导和资金扶持力度，积极稳妥推进文联所属报刊单位转企改制和公司制改造。组建中国书法出版传媒有限责任公司，出版报刊资源整合取得新进展。顺利完成文联所属13家法人报刊单位清产核资工作。得到中宣部和中央文资办支持，为文联所属出版报刊企业资助了5000多万元的文化产业发展专项资金。《大众摄影》、《中国书法》、《美术》杂志入选国家新闻出版广电总局“百强社科期刊”，各出版社编辑出版的多部图书在权威评选中获奖，文联出版报刊单位的品牌优势逐步显现。调整充实了中国文联出版社等出版单位的领导班子。制定出台加强图书出版管理6项措施，确保正确出版导向。做好做细转企改制单位职工思想工作，确保改革顺利进行。

一年来，各省市区文联和各产行业文联积极落实中央的决策部署，围绕各地党委政府和各部门的中心工作，深入基层，真抓实干，广泛凝聚基层文艺家和文艺工作者，发挥自身优势，开展了丰富多彩的主题文艺活动、采风创作实践、文艺志愿服务及各项文化惠民活动，取得了丰硕成果，为经济社会发展和文化繁荣作出了积极贡献。其中，也包括部队的一大批文艺工作者作出了不可磨灭的贡献。各级文联努力创新工作理念、组织形式、联络方式和服务手段，取得了良好成效，为提升文联组织吸引力、凝聚力作出了积极探索。由于篇幅所限，在此我就不一一列举了。

同志们，2013年中国文联各项工作的开展和成绩的取得，是党中央亲切关怀和中宣部坚强领导的结果，是孙家正主席率领的主席团各位主席和全委会各位委员全力推动的结果，是中国文联各团体会员和广大文艺工作者、各级文联干部共同努力、真抓实干的结果。在此，我代表中国文联第九届主席团和书记处，向大家表示衷心的感谢和诚挚的敬意！

在充分肯定成绩的同时，也要清醒地看到，我们的工作还存在许多不足和差距。比如，文联组织在联络服务文艺工作者的体制机制和手段上还需要进一步创新，引导文艺创作的能力和组织文艺活动的质量还亟待提高，文艺志愿服务体系和机制还有待健全和完善，青年文艺人才的培养力度还亟待加大，行业自律和行业维权的手段还有待加强，文联干部队伍的自身素质还有待提高等。这些问题，我们要高度重视，并在今后工作中认真加以研究和解决。

关于2014年的工作安排

2014年，是全面贯彻落实党的十八届三中全会精神、全面深化改革的第一年，是繁荣发展文艺事业、建设文化强国充满新机遇和新挑战的一年。我们将迎来新中国成立65周年，也将迎来中国文联成立65周年。

做好今年文联工作，要高举中国特色社会主义伟大旗帜，深入贯彻党的十八大和十八届二中、三中全会精神，贯彻落实习近平总书记系列重要讲话精神，贯彻落实全国宣传思想工作会议和全国宣传部长会议精神，紧紧围绕中国梦的时代主题，强化以人民为中心的工作导向，坚持围绕中心、服务大局，走进基层、服务群众，大力培育和践行社会主义核心价值观，大力开展系列主题文艺实践活动，大力推动文联工作改革创新，广泛团结、积极引导广大文艺工作者多出优秀作品、追求德艺双馨，以优异成绩迎接和庆祝新中国成立65周年，为繁荣发展我国文艺事业，建设社会主义文化强国，实现中华民族伟大复兴的中国梦作出新贡献。

今年，中国文联将着力抓好八个方面的重点工作：

一、深入学习贯彻党的十八大以来中央的各项重大决策部署，把握正确方向、找准工作定位，更加自觉地围绕中心、服务大局。中央强调指出，围绕中心、服务大局，是宣传思想文化工作的基本职责。我们只有胸怀大局、把握大势、着眼大事，自觉地在大局下思考和行动，才能把握好正确方向，找准工作切入点和着力点，更好地为大局服务。党的十八大提出了“两个一百年”奋斗目标，习近平总书记发表了一系列重要讲话，为我们在新的历史起点上实现新的奋斗目标提供了根本遵循。党的十八届三中全会作出了全面深化改革的重大决定，对建设社会主义文化强国、推动文化改革发展作出了重要部署。奇葆同志的批示和坤明同志的讲话给我们提出了新的更高要求。中国文联及各团体会员要把深入学习贯彻中央一系列重大决策部署，学习贯彻习近平总书记系列讲话精神作为首要政治任务，认真抓紧抓好，把学习教育实践活动引向深入。要深刻领会丰富和发展中国特色社会主义的科学内涵，深刻理解建设文化强国和深化文化体制改革的重大使命，深刻把握繁荣发展社会主义文艺事业的主要任务，深刻认识做好新形势下文艺界知识分子工作的重要职责，自觉把思想和行动统一到中央精神上来，自觉运用马克思主义中国化最新理论成果武装头脑、指导实践，进一步增强道路自信、理论自信和制度自信。文联全系统要以建设学习型文联组织为抓手，通过各种学习研讨方式，紧密结合思想和工作实际，强化问题导向，加强调查研究，切实增强学习的针对性实效性，不断提高各级领导干部和广大文艺工作者服务大局、服务人民，主动作为、积极作为的能力和水平。

二、大力开展以“中国梦”为主题的文艺创作活动，积极培育和践行社会主义核心价值观，唱响时代最强音。中国梦已经成为当代中国最具凝聚力、感召力，最具广泛性、包容性的奋斗目标，成为全体中华儿女的共同向往。去年底，中宣部会同中国文联等五部门发出通知，对广泛开展以“中国梦”为主题的文艺创作活动作出部署，要求我们通过多种文艺形式，讲好中国故事、唱响中国声音，创作推出更多优秀作品，把人民群众寻梦追梦建设强盛中国、文明中国、和谐中国、美丽中国的伟大实践和奋斗历程表现出来，激励人们为实现中国梦而努力奋斗。文联全系统要把组织推动这项主题文艺创作活动作为重要任务，精心策划选题，落实具体项目，凝聚优秀人才，加大扶持力度，确保质量要求。要坚持以人民为中心的创作导向，发挥文艺作品育人化人的重要功能，广泛动员文艺家和文艺工作者走进基层、贴近群众，积极开展丰富多彩的采风创作活动。要坚守中华文化立场，坚持正确导向，把握时代脉搏，推进文艺创新，努力提高文艺作品的思想艺术质量，自觉把社会主义核心价值观融入一切文艺创作、文艺服务和文艺实践活动之中，努力推出一大批弘扬爱国主义、集体主义、社会主义思想和当代中国主流价值观念的精品力作。对优秀文艺成果要通过展演展示、出版发行等各种途径进行广泛传播，扩大优秀作品的社会影响力，让优秀文艺作品走进田间地头、学校军营、工矿企业，走进千家万户，为迎接新中国成立65周年、实现中华民族伟大复兴中国梦营造良好文化氛围。

三、精心实施文艺评论工程，改进创新文艺评奖工作，引导和促进多出精品、多出人才。文艺评论在促进文艺创作、引导文艺思潮、推出优秀作品和优秀人才、提高群众文艺鉴赏水平等方面都具有不可替代的重要作用。近年来，中央领导高度重视文艺评论工作。刘云山同志曾多次明确要求加强和改进文艺评论，开创文艺评论新风。刘奇葆同志指出，积极健康的批评是文艺创作的一面镜子，是提升创作水平的一剂良药。今年，中国文联将继续深入实施文艺评论工程，积极争取成立中国文联文艺评论中心，抓紧组建中国文艺评论家协会，继续加强各文艺家协会理论评论委员会和各级文艺评论家协会建设，夯实文艺评论工作的组织基础。进一步完善文艺产品评价体系，密切关注文艺创作动态、文艺思潮和创新实践，开展建设性、有说服力的文艺批评，引导文艺创作健康向上，抵制错误倾向和低俗之风。实施重点文艺理论评论课题研究，开展中国文联文艺评论奖及各文艺门类理论评论奖的评选表彰，办好当代文艺论坛和专题研讨活动，认真组织编写《中国艺术年度发展报告》等。精心举办各类文艺评论骨干研修培训，扎实推进文艺评论人才队伍建设。加强《中国艺术报》、中国文艺网等文联系统报刊杂志文艺评论专栏专版建设，改进文风、开创新风，唱响正气歌、传播正能量。重视做好“五个一工程”推选报送工作。认真办好各文艺奖项的评奖，进一步完善评价机制，不断创新评奖方式，积极发挥文艺评奖的鲜明导向和示范作用，不断提高文艺评奖的公信力和影响力。注重将文艺评奖与展演展示相结合、与评论评介相结合、与推出新人新作相结合，加大获奖作品和人才的宣传推广力度，充分发挥文艺评奖的导向示范效应。

四、广泛开展“为民惠民乐民”文艺志愿服务，贴近群众需求，建立长效机制，积极参与公共文化服务体系建设。党的十八大作出“广泛开展志愿服务”的重要部署，十八届三中全会提出“支持和发展志愿服务组织”的明确要求，这就给文联系统开展文艺志愿服务工作提供了极好机遇。我们要充分认识开展文艺志愿服务，对于拓展文联工作职能、健全长效服务机制、提高团结引导能力的重要作用。秉持文化为民、惠民、乐民的宗旨，创新志愿服务内容和方式，推动文艺志愿服务多样化、常态化、制度化发展，不断丰富人民群众精神文化生活。围绕“我们的中国梦”主题，紧密结合基层群众需求，既要做好集中性、示范性的“送欢乐下基层”活动，又要充分调动基层文联的积极性创造性，就近就便开展文艺志愿服务。要深入总结文艺支教、文艺培训等试点工作经验，扩大项目实施范围，建立活动长效机制，加大对贫困地区、边远地区、民族地区和革命老区的支持力度。依托各级各类文艺志愿者协会、文艺志愿服务团、文艺名家志愿服务队等组织，广泛吸纳不同年龄、不同艺术门类和不同领域的文艺工作者，壮大文艺志愿者队伍。推动文艺志愿服务制度化建设，建立健全文艺志愿服务动员机制、运行机制、保障机制和评价激励机制。加强文艺志愿服务网络平台建设，充分发挥新媒体的功能，努力扩大文艺志愿服务的覆盖面。

五、积极延伸文联工作手臂，广纳优秀文艺人才，创新服务手段和联络方式，不断提高有效覆盖和团结引导能力。习近平总书记在全国宣传思想工作会议上强调指出，要加强同知识分子的联系，多和他们交朋友，最大限度把他们团结凝聚在党的周围。文艺界是知识分子最集中的领域之一，文联组织是党和政府联系文艺工作者的桥梁和纽带，密切联系和团结凝聚广大文艺工作者，包括文艺界自由职业者，是文联组织的重要职责。文艺工作者在哪里，我们的工作重点就应该在哪里。面对当前文艺人才队伍构成多样性和社会思潮多元性的新形势，迫切要求文联组织增强责任感和紧迫感，拓宽新领域、拓展新职能，提高凝聚力、扩大影响力。要大力创新联络机制、服务机制、维权机制和人才培养机制，推动文联工作在全面深化改革中把握机遇、加快创新。要主动扩大联络范围，延伸工作手臂，工作重心下移，健全落实广交深交朋友制度，完善分众化、具体化工作措施，加大对文艺工作者尤其是文艺界自由职业者的服务力度。各级文联和各文艺家协会要高度重视吸纳新会员工作，有效改善会员结构，积极发现和培养优秀青年文艺工作者，广泛团结各民族、各领域、各门类、各种所有制单位的文艺人才。要认真做好中国音乐家协会的换届工作。进一步加大中青年文艺人才培养力度，办好各类文艺骨干研修班，把马克思主义文艺观、文艺界核心价值观作为必修课，切实加强对文艺工作者的思想引导。要按照“保基本、促发展、育人才”的基本工作思路，大力开展维权工作，依法有效维护文艺工作者的名誉权、著作权和社会保障权等合法权益，不断增强文联组织的吸引力、创造力、影响力，努力凝聚一支浩大的德艺双馨文艺工作者队伍。

六、积极加强对外和对港澳台的民间文化交流合作，扩大规模、提高质量，有力推动中华文化走向世界。中央领导强调指出，要树立国际视野，加强国际文化交流，善于运用国际化的艺术表现形式，讲述中国故事、展示中国形象，扩大中华文化的国际影响力。我们文联组织要充分发挥人才资源和民间文化交流优势，适应国际形势的新发展、新变化，有针对性地加强与外国政府和民间文艺组织的合作，加强与海外中国文化中心、孔子学院等文化单位的务实合作，拓展交流渠道，提高合作质量。要精心组织好2014摩纳哥“今日中国”艺术周，在美国、澳大利亚、德国等国的中国文化主题展演，“中国美术世界行”赴欧洲和拉丁美洲展览、“中国书法环球行”赴加拿大展示等一系列中国文化展示活动。继续办好第21届中日韩戏剧节、第3届巴黎中国曲艺节、第14届中日韩电视制作者论坛。认真实施“中国当代文艺名家名作译介工程”、“艺术心桥”工程。密切内地与港澳台的文化艺术交流，办好第6届海峡两岸暨港澳地区艺术论坛、第4届“濠江之春”澳门与内地艺术家大联欢、第7届两岸四地大学生魔术交流大会、第7届海峡两岸合唱节、第4届海峡两岸欢乐汇、第3届海峡两岸电视艺术节等重要品牌活动，组织海峡两岸青少年舞蹈交流展演、梅花奖艺术团赴香港演出等，不断增强中华文化的凝聚力和影响力。

七、扎实推进文联系统信息化建设，整合文艺资源，建设“网上文联”，凝聚网络正能量。中央强调指出，互联网已经成为舆论斗争的主战场，要把网上舆论工作作为宣传思想文化工作的重中之重来抓。据国家互联网办公室统计，目前，我国网民已达到6.04亿，手机网民有4.64亿，其中微信用户已超过4亿，网络已经成为人们获取信息的重要渠道。为此，我们必须正视信息化已经成为当今世界经济社会发展的必然趋势和时代潮流，大力推进文联系统信息化建设，对于壮大网络文艺阵地，开发传播文艺资源，打造联络服务平台，创新文联工作手段，更好地服务广大文艺工作者，具有极其重要的现实意义。今年，要重点做好四个方面工作：一是要强化顶层设计，研究出台《加强中国文联网络与信息工作的意见》，《意见》力争符合文艺发展要求、符合文联工作实际、符合网络建设和传播规律。二是大力建设“网上文联”，搭建数字化工作平台，积极拓展网上服务新领域，建设网上文艺新阵地。三是深入推进传统媒体与新媒体融合发展，以中国文艺网为基础，统筹各团体会员的网站，做到互联互通、资源共享，努力构建具有广泛传播力影响力的文艺新传媒方阵，唱响网上主旋律，传播文艺正能量。四是系统推进文艺资源数字化建设，建好文艺资源数据平台，有效解决珍贵文艺资源的抢救、保护与共享等问题，形成具有强大的数据转换与储存整合能力的文艺资源信息数据中心。

八、巩固发展党的群众路线教育实践活动成果，切实转变作风，以改革创新精神推动文联自身发展。今年是中国文联的工作创新年、制度建设年、整改落实年。我们要结合贯彻落实十八届三中全会精神，下大力气抓好整改落实，切实转变作风，以改革创新精神，推进文联自身创新发展。一是推动发展理念创新。要站在新的历史起点上，把握新的历史特点，深入研究当前文艺界人民团体具有规律性、基础性、长远性的理论和实践问题，深入研究新形势下文联组织的新定位、新职能，文联工作的新任务、新手段，力争使文联工作走上法制化、制度化、规范化的轨道。二是深化国有企业改革。中国文联所属非时政类法人出版报刊改革，是今年改革的重点任务。我们要吃透改革政策，理清改革思路，细化改革措施，进一步强化机遇意识、市场意识、经营意识和竞争意识，按照现代企业制度要求，加快转企改制步伐，推进公司制、股份制改造，完善企业法人治理结构，创新经营管理机制，加大资源整合重组力度，把内容和产品创新作为企业核心竞争力，把改制、改组、改版有机融合，充分调动干部职工的积极性，提高产品质量和营销能力，有力推动文联出版报刊业做强做优。三是完善制度建设。改作风也是一场深刻改革，需要加强制度建设，因为制度建设更具基础性、长远性、根本性。我们要按照中国文联党组制定的群众路线教育实践活动整改方案，认真落实党组中心组学习制度、深入基层调研制度、密切联系和服务文艺工作者制度，严格执行文艺评奖办节、举办晚会、公务接待、会议管理、新闻报道、出国出境、财务管理等一系列规定，进一步完善干部选拔、任用、交流、培养、考核、监督等制度，鲜明崇尚实干的用人导向，大胆使用那些人品正、干实事、敢破难、有担当的干部，形成肯干事、敢干事、干成事的良好风气，确保文联作风建设持之以恒推进，确保文联各级领导班子和领导干部做到为民务实清廉。

同志们，我们已经进入一个追梦圆梦的伟大时代，让我们紧密团结在以习近平同志为总书记的党中央周围，满怀激情、锐意改革、开拓创新，努力为文艺大发展大繁荣、建设社会主义文化强国、实现中华民族伟大复兴中国梦作出新的更大贡献！

在中国文艺评论家协会成立大会上的讲话

中国文联党组书记、副主席　赵　实

（2014年5月30日）

尊敬的家正主席，各位评论家、各位来宾、同志们：

今天，我们在这里隆重召开中国文艺评论家协会成立大会，这是中国文联贯彻落实党的十八届三中全会精神和习近平总书记系列重要讲话精神，贯彻落实刘奇葆同志和中宣部的部署要求，大力加强文艺评论工作，推动文艺事业繁荣发展的一项重要举措，是广大文艺评论工作者期盼已久的一件大事。在此，我代表中国文联主席团和书记处对中国文艺评论家协会的成立，向新当选的中国文艺评论家协会第一届主席团成员和理事会成员表示热烈祝贺！向受聘为协会名誉主席和顾问的各位老专家老同志致以诚挚的敬意！向长期以来为繁荣文艺理论评论事业默默奉献的广大文艺评论工作者致以诚挚的问候！

中国文艺评论家协会的成立，得到了中共中央政治局委员、中央书记处书记、中宣部部长刘奇葆同志的亲切关怀和高度重视，得到了中宣部和民政部领导的悉心指导和大力支持，今天中宣部黄坤明副部长又专程出席会议并将作重要讲话，充分表明了党中央对文艺评论工作的坚强领导和殷切期望。在此，我代表中国文联对各级领导的关怀和各部门的支持表示衷心的感谢！

文艺评论是文艺事业的重要组成部分，在引导文艺创作、坚持正确方向、探索文艺规律、推介优秀作品、提高鉴赏水平、批评不良倾向等方面具有不可替代的重要作用。党中央一直高度重视文艺评论工作，中央领导多次对加强文艺评论工作作出明确指示，强调要把握正确的评论导向开展积极健康的文艺批评，培养高素质文艺评论队伍，加强文艺评论阵地建设等。这为我们在新形势下加强和改进文艺评论工作提出了新的更高要求。为认真贯彻落实中央领导和中宣部的要求，近年来，中国文联通过抓队伍、建阵地、搭平台，实施文艺评论工程，努力加强和改进文艺评论工作，取得了积极成效。

在人才队伍建设方面，我们聘请了一批知名文艺评论家担任中国文联特约研究员、特约评论员；通过举办中青年文艺评论家高级研修班，建立文艺评论人才库等，凝聚了一大批中青年文艺评论骨干；专门召开工作交流会，推广各地文艺评论家协会的工作经验和体会，目前全国已成立省级文艺评论家协会23个，团结凝聚了2万多名文艺评论工作者。

在阵地建设方面，依托中国文联系统所属报刊、出版、杂志、网站等传播媒体，下功夫办好文艺评论专刊专栏。《中国艺术报》、中国文艺网紧密贴近文艺创作实践，积极开展有效的文艺批评，努力开创文艺评论新风，连续发表了数百篇观点鲜明、敢于直言、有针对性、有战斗力的评论文章，在文艺界和社会上产生良好反响，也多次得到中央领导的充分肯定。同时，各地文联也积极办好所属文艺评论报刊和网站，不断巩固和加强了主流文艺评论阵地。据统计，全国文联系统拥有公开发行出版的文艺专业报刊、网站120余家。

在平台搭建方面，召开各类文艺理论和作品专题研讨会、座谈会，组织编撰年度中国艺术发展报告，认真开展文艺评论奖、专题文艺论坛，努力扩大文艺评论工作者的话语权和影响力。从2013年起，中国文联开始实施文艺评论工程，得到了中宣部的有力指导和支持，我们从中国文学艺术专项资金中拨出专款用于支持文艺评论工作，通过开展理论评论课题研究研讨，与知名报刊合办专题专栏等，积极引导文艺创作，倡导科学健康的文艺批评风气，产生了良好的社会影响。积极申请成立中国文联文艺评论中心，目前，已经得到中编办、财政部正式批复，我们正在抓紧组建。评论中心作为中国文联直属正局级财政补助的事业单位，将成为中国文艺评论家协会开展工作的重要依托和基础平台。

中国文联发起成立中国文艺评论家协会的目

的，就是要很好地发挥协会组织的团结引导、联络协调、服务维权的职能作用，认真贯彻党的文艺方针政策，团结凝聚广大文艺评论工作者，在马克思主义文艺观的指导下，紧密联系文艺创作实践，精心组织开展有说服力、影响力、公信力的文艺评论，壮大主流文艺评论的声音和阵地，形成强大正能量，营造良好的文艺发展生态，努力繁荣具有中国特色、时代特征、专业特点的文艺评论事业，为推动中国特色社会主义文艺理论创新和实践创新做出新的贡献。

这里我就做好中国文艺评论家协会的工作提几点希望：

一、牢牢把握文艺评论工作的正确导向，充分发挥文艺评论主阵地、主力军、主渠道的重要作用，努力唱响当代文艺发展的主旋律。中国文艺评论家协会成立以后的首要任务就是要认真学习贯彻习近平总书记系列重要讲话精神，学习马克思主义文艺观、唯物史观，学习云山同志、奇葆同志的重要指示和坤明部长的讲话精神，运用中国特色社会主义文艺理论指导实践、推动工作。文艺评论是有导向、有立场、有灵魂的。面对思想文化交流交融交锋日益频繁，文艺作品、文艺思潮、文艺业态、文艺传播和文艺市场日趋复杂的新形势，确保文艺评论科学健康发展，最重要最核心的就是要牢牢把握好文艺评论工作的主心骨。这个主心骨就是以马克思主义文艺观为指导的中国特色社会主义文艺理论。我们只有自觉运用马克思主义的基本立场、观点和方法，品鉴文艺作品、观察文艺现象、剖析文艺思潮，才能做到科学、准确、深刻、全面。为此，我们必须要坚持用马克思主义文艺观指导文艺评论，用社会主义核心价值观引领文艺思潮，用以人民为中心的价值导向推动文艺创作，用百花齐放、百家争鸣的方针促进文艺批评健康发展。要团结引导广大文艺评论工作者，树立实事求是的科学精神，敢于直面问题、善于客观批评、勤于学习思辨、勇担社会责任。要理直气壮地弘扬社会主义核心价值观，弘扬民族精神和时代精神，弘扬中华优秀传统文化和传统美德，唱响时代进步和文艺发展的主旋律。要旗帜鲜明地告诉人们什么是真善美，什么是假恶丑，什么是值得肯定和赞扬的，什么是必须反对和否定的，旗帜鲜明地批评不良倾向和错误观点。文艺评论绝不能在当代文艺蓬勃发展、各种文艺现象斑驳陆离的关键时期缺位缺席或安于沉默。

二、密切关注当代文艺发展实践，不断提升文艺评论的引导力、公信力、战斗力，努力开创文艺评论新风。坚持理论联系实际，是繁荣发展文艺评论的重要原则，也是我国文艺评论的优良传统。面对今天日新月异、异彩纷呈的中国面貌、中国故事、中国精神，面对文艺创作井喷式发展、文艺思潮百舸争流的新态势，面对网络时代、创意时代和大数据时代的来临，我们必须真情拥抱时代、拥抱生活，贴近受众需求，及时发现和推介优秀文艺作品，善于观察和分析社会关注的文艺现象和思潮，准确客观地揭示当代文艺发展规律，提高文艺评论的引导力、公信力、战斗力。要精心实施重点文艺评论工程，加强重点选题策划，统筹协调各方力量，增强文艺评论的引导能力。要密切关注当代文艺发展实践，不仅要关注名家名作，更要关注新人新作；不仅要关注热点焦点，更要关注重点难点；不仅要关注传统文艺领域，更要关注网络等新兴文艺领域。要加强正面引导，激浊扬清，始终把社会效益放在首位，处理好社会效益和经济效益之间的关系，处理好主流与支流、继承与创新、主旋律与多样化、满足与提高、立足中国与走向世界等一系列辩证关系。要加强对文艺作品本体的研究，深入剖析作品的主题内容、题材体裁、风格样式、人物塑造、叙事手段、表演技巧等，不断提升文艺评论的专业水准。要积极探索建立科学的评价标准和评价体系，坚持专家评论与群众评价、市场反映、历史检验有机统一，不能盲目跟着市场走，防止片面化、功利化和小圈子化。大力提倡实事求是、真诚友善，观点鲜明、敢于直言的良好风气，使文艺评论既有鲜明的价值立场，又有鲜活的话语表达，努力开创文艺评论新风。

三、加强协会自身建设，努力把中国文艺评论家协会建成学术型、专业型、权威型的全国性社团。要尽快建立健全组织机构和工作机制，全面启动和开展协会工作，认真履行团结引导、联络协调、服务维权的基本职能，把坚持正确导向、繁荣文艺评论事业、团结凝聚评论人才、加强行业自律与依法维权等作为重要任务，深入倾听和反映文艺评论家和文艺评论工作者的意见、建议和诉求，依法维护文艺评论工作者的合法权益。要主动作为、积极作为，紧紧依靠各团体会员、科研机构、文艺单位、文艺院校、新闻媒体和广大评论家、文艺家等各方力量，精心策划主题性重点评论项目，深化重点评论课题和文艺作品研究，及时分析文艺思潮变化，准确研判文艺发展态势，努力发挥协会在文艺评论工作方面的智囊团、专家库的重要作用。要着力加强阵地建设，适时开展文艺评论基地建设，与主流媒体合作开办专题专栏，积极开拓和利用网络、手机、移动终端等新媒体阵地，有效拓展文艺评论传播空间。改进和完善文艺评论评奖等激励机制，保证评选的客观、公正、权威。要着力加强文艺评论队伍建设，努力团结服务著名文艺评论家，加大对青年文艺评论人才的培养和扶持力度，办好各类文艺评论研修班，为评论家研讨交流、深入生活、培训研修、成果出版等创造条件、提供帮助，努力团结凝聚一支钟爱评论事业、德才兼备的高素质评论人才队伍，不断推动文艺评论事业蓬勃发展。

加强和改进文艺评论工作，是一项紧迫而艰巨的系统工程，必须依靠方方面面的共同努力，但归根到底要依靠每一位文艺评论家和评论工作者的创造性劳动。中国文艺评论家协会新当选的第一届主席团成员和理事，是推动我国文艺评论工作的骨干力量。大家来自不同地方、不同艺术门类和不同工作岗位，无论是驻会、还是兼职的同志，肩上都有一份信任和荣誉，更有一份职责和期望。兼职不等于挂名，而是体现代表性，这种代表性就应该体现在具体评论工作中，就应该有所担当，有所作为。我们衷心希望各位主席团成员和各位理事珍惜荣誉、精诚团结，发挥优长、各尽所能，团结带领广大评论工作者，为繁荣当代文艺评论事业多做实事。带头践行“爱国、为民、崇德、尚艺”的文艺界核心价值观，继承传统、勇于创新，实事求是、敢于担当，褒优贬劣、激浊扬清，相互尊重、相互包容，树立文艺评论家的良好形象，为文艺事业的发展营造风清气正、科学健康、宽松和谐的良好环境。中国文联各团体会员、各职能部门和直属各单位要更加重视和支持文艺评论工作，共同把文艺评论事业推上一个新台阶。

同志们，朋友们，让我们更加紧密地团结在以习近平同志为总书记的党中央周围，响应时代的呼唤和人民的期待，锐意进取，扎实工作，不断推动文艺评论事业蓬勃发展，为社会主义文化强国建设、实现中华民族伟大复兴中国梦而努力奋斗！

讲好中国故事　塑造中国形象

——在第五期全国中青年编剧高研班座谈会上的讲话

中国文联党组书记、副主席　赵　实

（2014年7月2日）

很高兴与第五届编剧高研班的艺术家在一起座谈，在座的都是近年来在我国戏剧界、影视界富有才华、卓有成就的中青年编剧人才、包括经营管理人才，从繁忙的创作实践一线抽出时间来参加这次研修学习，这本身就体现了大家好学奋进、不懈追求的品格和精神，在紧张的热运行间隙，坐下来深入地冷思考一下，充充电、加加油，还是非常必要的。刚才几位学员的发言，都讲得很好，结合创作实践，谈了许多切身体会、思考，也分析了一些深层次问题，提出了很有价值的看法和建议，我听了很受启发，也感谢同志们的宝贵意见。文联和研修班还要进行梳理总结，在今后的实践中不断地改进提高。

按照这次高研班的要求，今天我想着重围绕“讲好中国故事”这个话题，谈几点体会和看法，与大家交流。大概不仅是叙事层面的。

习近平总书记多次强调，要“讲好中国故事，传播好中国声音。”对于我们当代文学艺术工作者特别是剧作家来说，“讲好中国故事”既是我们的时代责任，本身也是我们的看家本领。无论是戏剧还是影视剧，无论是舞台艺术，还是视听艺术，尽管其艺术载体、艺术语言和艺术形式不同，但是它们都承担着一个共同的任务就是要向观众讲好故事。从古至今，凡是有理想有抱负的中国剧作家最直接最重要的使命，就是讲好中国故事。中国故事凝聚了中国人民的共同经历与情感，从中可以感受到中华民族的特性、命运与希望。讲好中国故事是一篇大课题。从剧作家的角度讲好中国故事，我的理解主要是，要立足于中国国情、坚守中华文化立场、弘扬中国精神、突显中国风格，讲好当代中国人在实现中华民族伟大复兴“中国梦”的征途上追梦筑梦的动人故事，讲好中国人民创造历史、创造文明、创造时代所经历的艰苦磨难、坚忍不拔、众志成城的感人故事，塑造好每一个勤劳智慧、英勇不屈、有血有肉、个性鲜明的中国人的形象，塑造好文明进步、热爱和平、和谐大气的中国国家的形象。

讲好“中国故事”，并非简单地为讲故事而讲故事，而是以文学艺术的形式凝聚中国人民丰富而独特的经历与情感，描述出中华民族在一个新时代最深刻的经验与记忆，并想象和创造一个新的美好的世界与未来。“中国故事”既是历史的创造与展开，也是现实的反映和呈现，有赖于作家艺术家创造性的感知、体验与表达。尤其是当前，作为一个社会主义国家和一个独立的文明体，中国的崛起是前所未有的事情，不仅对我们中国人自己，对全世界来说，也是需要重新认识、理解和接受一个逐渐强大的中国。所以，讲好“中国故事”，坚持中国道路，引导人们更加全面客观地认识当代中国、看待外部世界，既是文化自觉和文化自信的重要体现，更是实现中华文化复兴和建设文化强国的必然要求。

讲好中国故事，我想应该至少把握好以下四个方面重点：

一是把握好当代中国的国情和时代发展的主题。剧作家写好中国故事，首先要了解清楚我们的国情，才能自如地把笔下的故事情节和人物塑造融入到这个发展中的大国和社会的大背景之中。当今中国是一个什么样的国家，我们如何观察中国、研究中国、认识中国，习近平总书记最近在布鲁日欧洲学院演讲中，精辟地概括了五个最显著的特征。我们在这里一起学习一下。习总书记概括为：

第一，中国是有着悠久文明的国家。在世界几大古代文明中，中华文明是没有中断、延续发展至今的文明，已经有5000多年历史了。我们的祖先在几千年前创造的文字至今仍在使用。2000多年前，中国就出现了诸子百家的盛况，老子、孔子、墨子等思想家上究天文、下穷地理，广泛探讨人与人、人与社会、人与自然关系的真谛，提出了博大精深的思想体系。他们提出的很多理念，如孝悌忠信、礼义廉耻、仁者爱人、与人为善、天人合一、道法自然、自强不息等，至今仍然深深影响着中国人的生活。中国人看待世界、看待社会、看待人生，有自己独特的价值体系。中国人独特而悠久的精神世界，让中国人具有很强的民族自信心，也培育了以爱国主义为核心的民族精神。从这些优秀传统文化中我们剧作家能吸收多少思想精华和灵感火花，给作品增添多少思想深度和生活智慧！

第二，中国是经历了深重苦难的国家。在工业革命发生前的几千年时间里，中国经济、科技、文化一直走在世界的第一方阵之中。近代以后，中国的封建统治者夜郎自大、闭关锁国，导致中国落后于时代发展步伐，中国逐步成为半殖民地半封建社会。外国列强入侵不断，中国社会动荡不已，人民生活极度贫困。穷则思变，乱则思定。中国人民经过逾百年前赴后继的不屈抗争，付出几千万人伤亡的巨大牺牲，终于掌握了自己的命运。中国人民对被侵略、被奴役的历史记忆犹新，尤其珍惜今天的生活。中国人民希望和平、反对战争，所以始终奉行独立自主的和平外交政策，坚持不干涉别国内政、也不允许别人干涉中国内政。我们过去一直是这样做的，今后也会这样做下去。其中会有多少惊天地泣鬼神的故事，有多少事关人类生存发展和文明进步的问题可以思考和书写，增强我们作品的宽度和厚度，以及作品本身惠及人类的独特价值。

第三，中国是实行中国特色社会主义的国家。1911年，孙中山先生领导的辛亥革命，推翻了统治中国几千年的君主专制制度。旧的制度推翻了，中国向何处去？中国人苦苦寻找适合中国国情的道路。君主立宪制、复辟帝制、议会制、多党制、总统制都想过了、试过了，结果都行不通。最后，中国选择了社会主义道路。在建设社会主义实践中，我们有成功也有失误，甚至发生过严重曲折。改革开放以后，在邓小平先生领导下，我们从中国国情和时代要求出发，探索和开拓国家发展道路，形成了中国特色社会主义，提出要建设社会主义市场经济、民主政治、先进文化、和谐社会、生态文明，维护社会公平正义，促进人的全面发展，坚持和平发展，全面建成小康社会，进而实现现代化，逐步实现全体人民共同富裕。独特的文化传统，独特的历史命运，独特的国情，注定了中国必然走适合自己特点的发展道路。我们走出了这样一条道路，并且取得了成功。其中有多少中国的仁人志士为国为民殚精竭虑，为寻找民族独立和发展道路牺牲自己和亲人的生命，他们的故事中蕴藏的精神财富，不仅仅值得中国人骄傲和铭记，也值得全世界人民敬佩和学习。

第四，中国是世界上最大的发展中国家。中国发展取得了历史性进步，经济总量已经跃升到世界第二位。作为有着13亿多人口的国家，中国用几十年的时间走完了发达国家几百年走过的发展历程，无疑是值得骄傲和自豪的。同时，我们也清醒认识到，中国经济总量虽大，但除以13亿多人口，人均国内生产总值还排在世界第八十位左右。中国城乡低保人口有7400多万人，每年城镇新增劳动力有1000多万人，几亿农村劳动力需要转移就业和落户城镇，还有8500多万残疾人。根据世界银行的标准，中国还有2亿多人口生活在贫困线以下，这差不多相当于法国、德国、英国人口的总和。今年春节前后的40天里，中国航空、铁路、公路承载了大约36亿人次的流动，相当于每天都有9000万人在流动之中。所以，让13亿多人都过上好日子，还需要付出长期的艰苦努力。中国目前的中心任务依然是经济建设，并在经济发展的基础上推动社会全面进步。其中，每天将发生多少为了追求幸福生活而拼搏奋斗的感人故事，他们今天辛勤劳动的成果就是明天个人和国家前进的基础和动力，这些都值得我们的剧作家认真去书写。

第五，中国是正在发生深刻变革的国家。我们的先人早就提出了“天行健，君子以自强不息”的思想，强调要“苟日新，日日新，又日新”。在激烈的国际竞争中前行，就如同逆水行舟，不进则退。改革是由问题倒逼而产生，又在不断解决问题中而深化。我们强调，改革开放只有进行时、没有完成时。中国已经进入改革的深水区，需要解决的都是难啃的硬骨头，这个时候需要“明知山有虎，偏向虎山行”的勇气，不断把改革推向前进。我们推进改革的原则是胆子要大、步子要稳。随着中国改革不断推进，中国必将继续发生深刻变化。同时，我也相信，中国全面深化改革，不仅将为中国现代化建设提供强大推动力量，而且将为世界带来新的发展机遇。面对变革的时代和社会，面对变革中人们的困惑和努力，剧作家敏锐的眼光和灵动的笔头可以充分发挥作用，记录和引导人们在探索中奋勇前进，充满自信地追求幸福生活和美好未来。

总之，总书记讲的既是国情、是特色，也是当代中国发展的时代主题。观察和认识中国，历史和现实都要看，物质和精神也都要看。中华民族5000多年文明史，中国人民近代以来170多年斗争史，中国共产党90多年奋斗史，中华人民共和国60多年发展史，改革开放30多年探索史，这些历史一脉相承，不可割裂。脱离了中国的历史，脱离了中国的文化，脱离了中国人的精神世界，脱离了当代中国的深刻变革，是难以正确认识中国的。时代在发展，作为当代剧作家，如果不将自己的生命和艺术融入到时代的洪流中，作品就不会有生命力。我们的剧作家只有全身心融入到这个波澜壮阔的大时代，书写这个大时代，才能创作出驰名中外、名垂青史的好作品。

二是把握好为民而写、以民为根的创作导向，塑造好中国形象。“人民是文艺工作者的母亲。人民需要艺术，艺术更需要人民”。这是大家都熟悉的小平同志的至理名言，他深刻阐明了人民与艺术的鱼水关系、血肉关系。剧作家手中的笔，只有和人民紧密地联系在一起，作品才会经得起时间和历史的考验。我们所说的中国故事，背后都是一个个鲜活的中国人物形象，他们的喜怒哀乐，他们的命运前途，他们的历史选择，他们的理想愿望，他们的思想情感，都是中国故事需要承载的和反映的。近年来，社会反响良好的很多优秀文艺作品都有一个打动人心的核心故事，都塑造了一个个刻着时代烙印的人物形象。比如，话剧《立秋》中的马洪翰，电影中的张思德、《集结号》中的谷子地，电视剧《士兵突击》中的许三多、《亮剑》中的李云龙、《闯关东》中的朱开山等等，这些有血有肉、个性鲜明的人物形象感动了无数观众，从不同侧面展现了我们这个民族和人民的精神品格。广受观众追捧的纪录片《舌尖上的中国》，看似介绍的是中国丰富多彩的饮食文化，其实质反映了普通中国人热爱生活、热爱自然、善于创新、勇于创造美好生活的人文精神和不懈追求。电影《中国合伙人》，在改革开放的大背景，讲述了三个普通的年轻人靠自身奋斗实现理想、改变命运的故事，让所有怀揣留学梦想的一代人都感同身受。目前许多电视屏幕上的真人秀节目中，最让观众感动的也大多是普通人历经坎坷实现梦想的故事。所以，在我看来，随着生产方式、生活方式、社会结构的变化，剧作家笔下的“中国故事”，应该更多地关注最广大的人民大众，特别是闪耀着时代光芒的社会主义新人、奋斗在基层一线的最美人物，他们的故事或许十分平凡，但他们身上延续的民族精神却具有永恒价值，他们才是历史发展的真正主体与推动力量。一段时间以来，我们有一些文艺作品，笔头对准的要么是帝王将相、三宫六院，要么是达官显贵、才子佳人，舞台和镜头也大多给了明星大腕、帅哥美女，靠制造“惊艳”赢得关注，可能喧嚣一时，赢得眼前利益，但是不具备可持续性，终归烟消云散。美国电影能把几十个人去救一个战士拍成世界影迷津津乐道的《拯救大兵瑞恩》，把被索马里海盗劫持的船长理查德•菲利普的真实故事改编成震撼人心的电影《菲利普船长》，传递的是美国英雄、美国精神。我们应该向他们学习这种本领。在中华文明5000多年的演进过程中，特别是近百年的曲折发展中，涌现了无数饱含中国精神的英雄人物和英雄事件。中国的戏剧影视作品最大的责任是弘扬民族精神和时代精神，把我们民族的英雄好汉拍成世界仰慕的主人公，把感动我们自己的故事拍得让世界感动。我们有这个责任，也有这个能力。这几年，我们的影视作品数量是上去了，但是其中也不乏制造视觉上的、博眼球的奇观，未能传递丰富的中华文化内涵，跟风盛行、原创缺乏，就连抗日战争这样的表现民族大义的题材也能瞎编出不少雷剧、神剧，引来社会各界的强烈批评。我想其中一个最重要的原因，就是我们有些编剧没有沉下心来、深入生活，倾听人民大众的心声，表达人民群众的意愿，也未能真正反映我们这个时代的社会主流和精神风貌。去年，文联理论研究室和中国视协联合召开的三大著名剧作家王朝柱、高满堂、王丽萍的编剧艺术研讨会，专家们在分析他们取得成就的原因时，一个共同点，就是他们对人民大众、普通百姓的深切关注和深情热爱，才有了电影《走过雪山草地》电视剧《闯关东》《媳妇的美好时代》这样赢得国内外观众一致好评的优秀作品。

三是把握好中华文化立场和正确的价值取向。习总书记多次强调，中华优秀传统文化是中华民族的突出优势，必须大力弘扬中华优秀文化……用影视作品、文学作品等多种方式，加强爱国主义、集体主义、社会主义教育，引导人们树立和坚持正确的历史观、民族观、国家观、文化观，增强做中国人的骨气和底气。好的文艺作品，都是有思想、有灵魂的。创作技法、表现手法可以多样化，但是作品的灵魂不能变，就是要体现中华优秀文化和中华传统美德。中华文化博大精深、灿烂辉煌，蕴含着许多值得继承的思想文化精髓、如“仁”“义”“孝”“义利观”等，都传递和体现着我们的精神文化基因，反映着人们的深层次文化追求。比如孝顺的孝，就是中华文化最宝贵最深层的价值观，是中国作为人的准则的一个字，是一种缀满果实的树对根的敬意，是万物对大地的感恩，也是人性的回报和回报的人性。价值观来自我们数千年的文化积淀。我们的传统文化里有很多概念，比如诚信、和谐、友善、爱国等词汇，在我们的传统文化里都有其深刻的含义。最典型的就是过春节，为什么会有36亿人次参与春运？是什么力量调动的呢？是团圆、欢乐、和谐的文化。这说明，传统文化的根在老百姓的心里，这些都是根深蒂固的，来自于我们数千年文化的积淀。也是需要我们不断地传承和滋养。所以，我们要讲好中国故事，就必须自觉坚守中华文化立场，礼敬自豪地弘扬中华文化，使中华民族最基本的文化基因与当代文化相适应、与现代社会相协调，以人们喜闻乐见的文艺方式推广开来，把跨越时空、超越国度、富有永恒魅力、具有当代主流价值的思想精神用文艺形式弘扬起来。

艺术只有贯注了思想、蕴涵了精神，才具有真正的价值和意义。一部戏剧，一部电影，一部电视剧，如果缺失了思想、缺失了精神，再华丽的场面、再新颖的形式、再娴熟的技巧、再耀眼的特技，也很难让观众滋养心田，更难以留下长久回味和深刻印记。高票房、高收视率、高上座率固然经济效益很好，但不一定就等于好口碑、就等于社会效益好，如果价值观模糊或者扭曲，必然会遭到广大观众和专家的强烈抨击。价值立场从根本上决定着艺术作品的思想穿透力和影响力，决定着作品的品格和境界。不论是严肃的历史剧还是轻松的生活剧，不论是悲剧还是喜剧，总是或多或少、自觉不自觉地反映着艺术家特别是剧作家的观念和立场，承载着一定的价值判断和价值追求。面对当前各种思想文化的相互激荡，面对复杂多变的社会现象，我们的剧作家只有确立正确的价值坐标，真正成为社会主义核心价值观的传播者、弘扬者、实践者，我们的艺术作品才有可能成为思想性、艺术性、观赏性俱佳的优秀作品。当然，剧本乃一剧之本，一部优秀戏剧或影视作品除了编剧之外，当然还需导演和摄录美、服化道、剪辑特技等其他艺术团队的共同努力，进行二度创作。剧本虽不是戏剧影视作品的一切，但作品的一切是从剧本开始的，因此一度创作是根本，它决定了作品的思想品位和艺术格调。我觉得，一个艺术家、剧作家，向世界、向人们、向观众展示的不只是作品本身，而是心灵，因而爱国主义情怀、英雄主义情怀、集体主义情怀和真、善、美，是艺术的永恒主题，也是艺术创作者共同的精神追求。优秀的戏剧影视作品应当充满对人类的博大关爱、对美好情感的热情赞颂、对幸福生活的执着追求，发挥塑造美好心灵、培养道德情操、引领社会风尚的重要作用。如果迎合低级趣味，是非不分、善恶不辨，以丑为美、以怪为美，长此以往势必会误导观众、贻害后代。所以，我们的剧作家在创作时，一定要严肃认真地考虑作品的价值导向和社会效果，始终把社会效益放在首位，提倡文以载道、以文化人，强调寓教于乐、寓美于乐，讲品位、讲格调，弃粗鄙、弃恶搞，自觉地抵制低俗之风，让最美好的道德与情感成为人们的精神营养，给社会以正义、给人们以力量。

四是把握好中国风格、中国气派和中国式的艺术表达。艺术贵在创新、贵在富有鲜明的个性。越是民族的，就越是世界的。中国艺术家的民族气节和爱国情怀是流淌在他的作品中的。讲好中国故事，需要我们创作出一大批具有中国风格、中国气派、中国精神、中国特色的优秀文艺作品。我们要在继承前人创造的优秀传统的同时，勇于吸收这个时代的新思想、新观念、新经验，才能使作品折射出时代精神。中国的戏剧影视作品要获得自身的价值，不是跟着流行的样式走，而是要将传统的经典、及其由之而生发的创造性思维转化为今天的创作资源，在与世界艺术潮流的激荡中，焕发出新的力量。中华文化和中华传统美德只有不断地进行创造性转化和创新性发展，才能在今天的舞台和银屏上绽放新的光彩，才能对世界有新的贡献。

著名演员陈冲，在好莱坞经历过近20年的打拼之后，深有感触地说，在好莱坞，包括李连杰和成龙，片商只会片面局限地看到你的所谓的“东方特征”，就是男的会打，“会打”指的就是武功、中国功夫。女的要有“东方魅力”，所谓“东方魅力”则主要就是“打女”、“妖女”、妓女、小妾之类。不少外国人对中国和中国人的看法还停留在长辫子、穷困不堪、落后不已的状态，就是稍有变化，也就是钱多了点，但对中国人的总体印象还是素质低、没文化等等，可以说是既复杂又模糊，很少看到、或不愿意承认中国的进步与发展。所以，在讲好中国故事、塑造好中国形象这方面，当代的中青年剧作家还任重道远。

人们常说艺术无国界。尽管话剧歌剧、电影电视都是舶来品，但是经过本土化、民族化改造创造之后，至今都已成为中国大众喜闻乐见的艺术形式，为广大观众所接受，并成为国际文化交流的重要平台和方式。前几天晚上，我观看了越剧小百花艺术团以茅威涛为主角演出的新版越剧《梁祝》和《二泉映月》，观看了北大歌剧研究院金曼院长主演的大型交响乐清唱剧《江姐》，有很多创新之处，备受观众和同行喜爱，到了一票难求的地步。电影新片《兰辉》拍得也很生活、很感人，催人泪下。电视剧《金婚》《媳妇的美好时代》等作品，也走出国门，颇受欢迎，这都说明，我们在戏剧、影视剧里讲着看似家长里短、儿女情长的故事，但其中蕴含的是中国人民的情感和梦想，海内外观众都能感同身受。所以，我们要自信地去讲述中国人自己的故事。好莱坞编剧名师麦基在北京给中国编剧讲学时，多次提醒中国电影编剧说：“你们要讲好中国故事，不要模仿好莱坞！”“如果你们想模仿好莱坞，永远也不可能做到。”他建议中国电影人，应该去做原创性的工作，不要模仿任何人，因为世界观众希望看到的是中国文化的精髓。习总书记强调，中华优秀传统文化是中华民族的突出优势。我认为，实现中华民族伟大复兴中国梦的丰富实践，就是当代中国最鲜明的主题、最鲜明的特色。所以，讲好中国故事，必须坚持现实主义精神和浪漫主义情怀，贴近追寻中国梦的生动实践，走进中国大众的美好心灵，探索中国式的艺术表达，才会赢得海内外观众的喜爱。我记得好莱坞一位发行商说过，我们购买中国影视片，首先要看这部影视片在中国的上座率和口碑怎样。要赢得世界，首先要赢得中国观众。

这里，我真诚地希望在座的中青年编剧朋友们以高度的文化自信和文化自觉，科学判断当代文化的发展趋势，打好中华文化的功底，适应人们审美习惯的变化，顺应全球化时代传播特征，在对传统文化的创造性转化和创新性发展中探索自己的创作特色和艺术语言，深入浅出地、生动感人地讲好中国故事、塑造好中国形象，赢得广大中国观众的认可，并自信自强地走向世界。

最近，国家新出台了扶持中国电影事业产业发展的九项优惠经济政策，提供了强有力的政策保障，今年还要适时召开全国电影工作会议。在年初文联全委会上，中宣部领导表示，要精心组织实施爱国主义影视创作工程，对已经拍摄过的反映1840年以来的重大爱国主义事件、人物的电影、电视剧、纪录片进行梳理、总结，对可进行影视拍摄的新项目进行充分论证规划，集中优势资源、精干力量拍摄制作。还要精心组织实施中华文化传承、历史文化纪录片创作工程，推出一批主题鲜明的作品和项目，颂扬爱国英雄，讴歌仁人志士，厘清历史根脉，展示独特魅力，使历史文化遗产和民间传说“活”起来，发挥优秀作品凝聚民族精神、团结爱国力量、弘扬时代正气、展现社会新风的积极作用。前不久中宣部专门组织了关于地方戏曲发展状况的调研，正在研究制定振兴地方戏曲事业的发展战略和政策措施，这些都体现了党中央对文化艺术事业的高度重视和殷切期望，令人欢欣鼓舞。

我记得一位艺术大师说过，最难传授给学生的不是艺术技巧，而是精神深处对人文理想的追求。我希望各位剧作家能够树立高远的艺术理想和追求，注重自身的思想修养和知识积累，不断提升学习能力和思想认识水平；注重深入生活、贴近民众，积累更多鲜活的创作素材；注重加强自身艺术修养，努力攀登艺术高峰，走德艺双馨的艺术道路，创作更多更好的优秀作品，在实现中国梦的伟大征程中实现自己壮美的人生价值。

文艺工作者要带头
讲正气、走正道、树正风

——在文艺工作者践行社会主义核心价值观座谈会上的讲话

中国文联党组书记、副主席　赵　实

（2014年8月29日）

今天的会开得很好。刚才各位老中青艺术家结合工作实践和切身体会作了积极发言，联名发出了倡议书，旗帜鲜明地阐明了带头践行社会主义核心价值观的坚定信念，理直气壮地谴责和批驳了社会上和文艺界个别人的违法行为和不良风气，讲得都很好，让我们很受教育和启发。我代表中国文联书记处衷心感谢各位主席、各位艺术家的带头表态和鲜明倡议，这对整个文艺界营造昂扬向上、风清气正的绿色发展环境，对树立当代中国文艺工作者的良好形象，必将产生积极影响和引领作用。

这里，我也围绕今天的座谈会主题，讲几点体会和看法，与大家交流。

一、文艺工作者要勇于担当培育和践行社会主义核心价值观的时代责任

人类社会发展的历史表明，对于一个民族、一个国家来说，最持久、最深层的力量是全社会共同认可的核心价值观，它承载着一个民族、一个国家的精神追求，体现着一个社会评判是非曲直的价值标准。党的十八大以来，习近平总书记就如何培育和弘扬社会主义核心价值观，作了一系列深刻、入理、精辟、重要的论述，强调指出，“核心价值观是文化软实力的灵魂和重点，这是决定文化性质和方向的最深层要素。”“坚守我们的核心价值观，必须发挥文化的作用，以理服人、以文服人、以德服人。”“努力用中华民族创造的一切精神财富来以文化人、以文育人。”这就充分阐明了文化在培育和弘扬社会主义核心价值观方面的重要作用和使命。

文艺工作者常常被誉为“人类灵魂的工程师”，是精神文化产品的创造者，很多优秀的艺术家深受人民群众爱戴，成为建设先进文化的楷模，很多青年文艺人才成为青少年仰慕和效仿的偶像和榜样。梅兰芳为抗战蓄须明志，常香玉为抗美援朝购捐飞机，秦怡老师把一生的积蓄都捐给了汶川灾区，等等，包括我们在座的很多优秀艺术家都身体力行，为弘扬民族精神、时代精神、优良传统、高尚道德、人间大爱做出了无私的奉献。这些艺术大师和优秀艺术家身上所展现出来的，不仅是艺术之美，更是人格之美、境界之美、道德之美。我们知道，由于文艺家和文艺工作者知名度、关注度很高，因此，无论是正面形象或是负面行为，社会影响面都很大。这就要求广大文艺工作者必须承担起以文化人、以文育人的神圣职责，带头成为社会主义核心价值观和文艺界核心价值观的实践者、传播者、建设者。

二、要努力把核心价值观融入文艺实践和文联工作之中

年初，中央印发了《关于培育和践行社会主义核心价值观的意见》，明确要求要加强宣传教育，开展实践活动，要把培育和践行社会主义核心价值观融入国民教育全过程、落实到经济发展实践和社会治理中。

中国文联和各全国文艺家协会，是建设社会主义先进文化的重要力量，是广大文艺工作者的共同家园。按照中央要求，近年来，我们把培育和弘扬核心价值观作为加强文艺工作者思想道德建设的重要内容，融入到主题活动、文艺创作、评论评奖、展演传播、人才培训等各个环节、各项实践，取得了积极成效。一是大力加强职业道德建设。积极调研出台“文艺界核心价值观”和“中国文艺工作者职业道德公约”，推选德艺双馨中青年文艺工作者、树立见义勇为文艺工作者典型等，在文艺界发挥了示范引领作用。二是全面启动文艺志愿服务活动。团结凝聚广大文艺家和文艺工作者深入基层、贴近群众，开展了文艺支

教、慰问展演、扶贫济困等大量惠民活动，体现文艺工作者服务人民的价值追求。三是精心策划以“中国梦”为主题的文艺创作活动。通过扶持重点作品、繁荣文艺评论、改进评奖机制，推出一批高扬爱国主义、弘扬社会主义核心价值观、弘扬时代主旋律、传播社会正能量的优秀作品。四是努力传承中华优秀传统文化和传统美德。努力实施中华文明历史题材美术工程、中国口头文学遗产数字化工程等。持续开展“全国道德模范故事汇”曲艺基层巡演，今年已在全国17个地区完成37场演出。举办“我们的价值观——曲艺走基层全国百场巡演”，重点围绕“国是家”、“勤为本”、“俭养德”、“诚立身”、“孝当先”等主题开展创作演出，运用群众喜闻乐见的文艺形式，生动形象地传播模范人物、最美人物的感人事迹、崇高品德、思想境界。五是改进加强文艺评论和文艺传播。成立中国文艺评论家协会和文艺评论中心，召开一系列戏剧影视等优秀作品的专题研讨会，引导广大文艺工作者讲好中国的好故事，用更多群众喜闻乐见、打动人心、导向鲜明的优秀作品弘扬社会主义核心价值观。充分发挥文艺报刊网络等传播阵地的作用，激浊扬清、褒优贬劣，有力批驳个别作品中存在的歪曲历史、恶搞经典、价值导向偏颇、迎合低级趣味、片面追求感官刺激、宣扬拜金主义、冲击道德底线等不良倾向。六是注重中青年文艺人才研修培训。把马克思主义文艺观、社会主义核心价值观和文艺界核心价值观作为文艺界人才教育培养的重要内容，引导文艺工作者特别是青年文艺人才进一步加强思想道德修养，树立正确的世界观、人生观、价值观，不断提高思想道德素质和业务素质，促其成为社会主义核心价值观的坚定信仰者、积极传播者和模范践行者。

习近平总书记强调，一种价值观要真正发挥作用，必须融入社会生活，让人们在实践中感知它、领悟它。当前和今后一个时期，我们还要结合文艺实践和文联工作，通过主题化活动、艺术化表达、时代化创造、大众化传播、制度化落实等措施，进一步把培育和践行社会主义核心价值观的重点任务更好地落细、落小、落实。

三、要自觉提升道德修养，坚守法纪和道德底线

习近平总书记明确指出，“核心价值观，其实就是一种德，既是个人的德，也是一种大德，就是国家的德、社会的德。国无德不兴，人无德不立。”培育和弘扬社会主义核心价值观是一项凝魂聚气、强基固本的基础工程、战略工程，是全社会的共同责任。文艺工作者带头践行核心价值观就要自觉坚守中华文化立场，自觉传播中华传统美德，在与人民、与时代相结合的文艺道路上，不断提升思想道德素养，努力成为德艺双馨的人民艺术家。

文艺作品是有思想、有灵魂的。评价一部文艺作品的深度和厚度，一个重要的标准就是看其承载和传递的价值立场。价值立场从根本上决定着文艺作品的思想穿透力和影响力，决定着文艺作品的品质和境界。我们坚持以文化人、以文育人，就要善于运用各类文艺形式，生动具体地表现社会主义核心价值观，用高质量高水平的作品形象地告诉人们什么是真善美，什么是假恶丑，什么是值得肯定和赞扬的，什么是必须反对和否定的。通过生动感人的故事、形象、表演、语言、旋律、笔墨等丰富多彩的艺术化表达，把先进文化和传统美德，把真善美和正能量传递给广大受众，使他们在感动、感悟的审美过程中获得艺术享受、情感宣泄、心灵震撼、思想启迪、道德升华，并转化为精神力量和理想信念。

艺品如人品。德，是文艺工作者立身处世之根。每一位文艺工作者都应该自觉追求高尚的道德情操，树立良好的社会公德、职业道德、家庭美德、个人品德，自觉承担起引领文明道德风尚的社会责任。带头践行核心价值观，要求我们每一位文艺工作者讲正气、走正道、树正风，珍视人民的爱戴、艺术家的荣誉和粉丝的崇拜，自觉抵制享乐主义、拜金主义、极端个人主义和忽视社会责任的错误倾向，自觉抵制黄、赌、毒、黑等违法失德行为，模范践行“爱国、为民、崇德、尚艺”文艺界核心价值观和文艺工作者职业道德公约，树立良好社会形象，做带头践行社会主义核心价值观的表率。

在中国文联机关第四次党代会上的讲话

中国文联党组书记、副主席　赵　实

（2014年9月3日）

各位委员、同志们：

在喜迎新中国65华诞、党的十八届四中全会即将召开之际，我们隆重召开中国文联机关第四次党员代表大会。这次代表大会是中国文联机关全体党员政治生活中的一件大事，是新时期加强中国文联党的建设的一次动员会，对于进一步动员广大党员干部深入贯彻落实党的十八大和十八届三中全会精神，开创文联工作新局面有着十分重要的意义。在此，我代表中国文联党组对大会的成功召开，向刚当选的新一届机关党委、纪委表示热烈祝贺，向中直工委王秀峰副书记、段余应部长的亲临指导、大力支持表示衷心感谢！向上一届机关党委、纪委班子的同志们付出的努力和作出的贡献表示衷心感谢！向广大党员代表和党务工作者表示诚挚的敬意和问候！

自2006年以来，在中央直属机关工委和文联党组的坚强领导下，上一届文联机关党委坚决贯彻执行党的路线方针政策，紧紧围绕“服务中心、建设队伍”这一核心任务，在加强机关党的思想建设、组织建设、作风建设、反腐倡廉建设和制度建设等方面做了大量卓有成效的工作，取得了明显成效，文联机关、各协会、各直属单位党组织的凝聚力进一步增强，党员队伍的先锋模范作用得到充分发挥，为文联各项重大工作任务的圆满完成提供了强有力的思想保证和组织保证。李屹同志代表上一届机关党委所作的工作报告，实事求是地反映了上一届机关党委认真履行职责，发挥服务保证作用的成效和情况，得到了文联广大党员干部的普遍认可。希望新一届机关党委、纪委继续发扬好经验、好传统、好作风，锐意进取，开拓创新，努力把机关党的建设提高到一个新水平。

下面，我结合文联实际，就进一步深入学习贯彻习近平总书记系列重要讲话精神，加强和改进中国文联机关党建工作再讲三点意见：

一、深刻认识加强机关党的建设的重大意义，进一步增强做好机关党建工作的责任感和使命感

机关党的建设是文联党的建设的重要组成部分，是机关建设的“龙头”工程。做好机关党建工作，一定要放眼大局、着眼全局，从党所处的历史方位、从文联工作面临的形势任务来提高认识，切实增强工作自觉性、主动性。

一是要从巩固党的执政地位的高度来认识机关党建工作。党的十八大报告明确提出了我们党面临的“四个考验”和“四种危险”，警示全党必须坚持与时俱进，采取有力措施，加强党的建设。习近平总书记明确指出：“如果管党不力、治党不严，人民群众反映强烈的党内突出问题得不到解决，那我们党迟早会失去执政资格，不可避免被历史淘汰。这绝不是危言耸听”。作为执政于中国的世界第一大政党，巩固党的执政地位、确保长期执政是中国共产党将要长期面临和必须认真研究的重大战略课题。政党不是一个抽象的概念，而是由无数基层党组织和党员个体组成的，每一个基层党组织、每一名党员都是党的肌体的一分子、一细胞，只有基层党组织坚强有力了，党员队伍素质过硬了，整个党的肌体才能更健康，才能担负起执政使命。中国文联作为党领导下的文艺界人民团体，是党和政府联系文艺工作者的桥梁纽带，是党履行执政使命的一支重要力量。近年来，中国文联机关各级党组织和广大党员、干部充分发挥战斗堡垒作用和先锋模范作用，为文艺事业和文联工作的繁荣发展奠定了坚实的思想组织基础。但同时我们也要清醒看到，机关党的建设还有许多与时代要求和形势任务不相适应的地方。我们有的单位主要负责同志对党建工作认识不深、重视不够、抓得不紧，说到底是责任不落实；有的单位基层党组织软弱涣散，不能坚持正常的党内生活制度，没有发挥应有的作用；有的党员对理论学习不上心，政治敏锐性、政治洞

察力不够强；有的党员表率作用不强，工作标准不高，把自己混同于一般群众；还有的党员干部法纪观念淡薄，自身要求不严，个别的甚至发生了违纪违法问题。“千里之堤，溃于蚁穴”。对这些问题如不引起高度重视，及时加以纠正解决，从小处讲会危及文联事业发展，从大处讲会危及党的执政根基。由此可见，加强机关党的建设是形势所迫、任务所需、职责所系，各级党组织和广大党员干部都要做到在党爱党、在党为党、在党忧党，从战略和全局的高度来认识党建工作，以强烈的事业心和责任感抓好党建工作，为巩固党的执政地位贡献自己的力量。

二是要从推动文艺事业繁荣发展的高度来认识机关党建工作。文艺工作具有鲜明的意识形态属性，具有思想启迪、价值引领、道德滋养、文化熏陶和精神激励的特殊作用，是争夺人心、争夺群众的重要阵地。当前，我们面临着新的复杂环境，国际格局深刻变动、中国社会深刻变革、社会思想深刻变化，这种变动、变革、变化也使文艺和文联工作面临许多新考验、新挑战。在这样的历史背景下，文联组织如何团结引领广大文艺家和文艺工作者坚持先进文化的前进方向，自觉践行社会主义核心价值观；如何扩大文联组织覆盖、创新工作机制，做好青年文艺工作者、包括自由职业者等特殊群众的工作，不断增强文联组织的号召力、凝聚力；如何加强自身建设，打造一支过硬的文联工作者队伍等等，从根本上讲还是要靠加强文联机关党的建设，靠坚强有力的思想和组织保证。只有加强机关党的建设，才能统一广大党员干部的思想，把智慧和力量汇聚到中央的要求和文联工作部署上；才能不断提高广大党员干部的政治理论素养，坚定理想信念，牢牢把握正确方向；才能勇于改革创新，破解发展难题，开拓文联工作新局面。如果忽视了文联党的工作，势必会影响文联机关整体建设，制约文艺事业和文联工作发展。所以说，党的建设是文联机关建设的核心工作、龙头工作，是事关文联政治方向、工作方针、队伍素质的关键工作和基础工作。

三是要从建设一支素质过硬的党员干部队伍的高度来认识机关党建工作。党建工作说到底是做人的工作，是做党员和基层群众的工作，通过思想教育、党内生活、制度约束等方式，引导广大党员干部坚定理想信念，强化党性观念，严明作风纪律，树立正确的世界观、人生观、价值观。凡是党建工作抓得好的单位，干部队伍建设通常也都比较过硬，工作创造力强，内部和谐融洽，出成绩、出人才、出干部；凡是忽视党建工作的单位，常常是人心不齐、关系不顺、作风松散；凡是出了问题的党员干部，在反思原因教训时，都有最根本的一条，就是很少参加党内组织生活，特别是放松了理论学习和党性锻炼。因此，文联党建工作不是“虚”的，更不是可有可无的，而与每一名党员干部的成长息息相关，与文联队伍建设息息相关，与文艺事业繁荣发展息息相关。各级党组织和主要负责同志要坚持育人为本，把建设高素质的党员干部队伍作为机关党建工作的重要目标，从关心人、教育人、培养人、激励人入手，坚定党员干部的理想信念，提高党性修养，化解思想矛盾，搭建成才平台，促进党员干部健康成长。

二、牢牢把握机关党建工作重点，在凝心聚力、夯实基础上下功夫

党的十八大以来，习近平总书记对全党进一步加强党的建设发表了一系列重要讲话，提出了很多新思想、新论断、新要求。8月29日，中央政治局会议刚刚审议通过了《深化党的建设制度改革实施方案》。为我们做好当前和今后一个时期的党建工作，指明了方向、提升了信心。刚才，王秀峰副书记代表中直工委又作了重要讲话，对我们的工作提出了新的要求。从中央要求和中国文联实际看，当前和今后一个时期文联党建工作要着力在以下五个方面下功夫。

一要在坚定党员干部理想信念上下功夫。习近平总书记鲜明指出：“坚定理想信念，坚守共产党人精神追求，始终是共产党人安身立命的根本。”他把“理想信念”比作是共产党人精神上的“钙”。并反复强调，“理想信念坚定，骨头就硬，没有理想信念，或理想信念不坚定，精神上就会缺‘钙’，就会得‘软骨病’”，“就可能导致政治上变质、经济上贪婪、道德上堕落、生活上腐化”。当前，意识形态领域的斗争十分尖锐复杂，西方敌对势力一直把我们坚持党的领导、坚持社会主义制度作为攻击重点，不停地进行歪曲，兜售西方的“宪政民主”、“普世价值”等政治主张。国内也时不时地出现一些杂音、噪音，“历史虚无主义”、“新自由主义”、“民主社会主义”等三股思潮又沉渣泛起。市场经济条件下，享乐主义、拜金主义、极端利己主义以及一些低级腐朽的生活方式等都不可避免地侵蚀到我们党内肌体中来，这些反动思潮和错误倾向，对党员干部的信仰追求和价值取向的消极影响不可低估，加强思想建设、坚定理想信念显得尤为紧迫。崇高信仰、坚定信念不会自发产生。要炼就“金刚不坏之身”，必须用科学理论武装头脑，不断培植我们的精神家园。当前，机关党委和各级党组织要认真抓好思想政治建设，抓好党性教育和党性修养，抓好思想道德建设，组织广大党员干部认真学习马列主义、毛泽东思想和中国特色社会主义理论体系，特别是要认真学习党章，学习党的十八大、十八届三中全会和习近平总书记系列重要讲话精神，深刻领会其基本内涵和精神实质，坚持中国特色社会主义道路自信、理论自信、制度自信，以理论上的坚定保证行动上的坚定，以思想上的清醒保证方向上的清醒，不断增强政治意识、大局意识、责任意识和忧患意识，始终保持共产党人的高尚品格和廉洁操守，确保广大党员干部在政治上、思想上、行动上与党中央保持高度一致。

二要在增强基层党组织和党员队伍凝聚力战斗力上下功夫。习近平总书记强调：“党员是党的肌体的细胞，党的先进性和纯洁性要靠千千万万党员的先进性和纯洁性来体现，党的执政使命要靠千千万万党员卓有成效的工作来完成，党要管党、从严治党必须落实到党员队伍的管理中去”。他还强调，“使广大党员平常时候看得出来、关键时刻站得出来、危急关头豁得出来，充分发挥先锋模范作用。”基础不牢、地动山摇。基层党组织和党员队伍是我们工作的重要基础。近些年，在加强基层党组织和党员队伍建设上机关党委采取了许多措施，取得了较好成效。但客观地看，基层组织建设薄弱的问题依然存在，组织不完善、制度不落实、作用发挥不到位的问题还比较突出。中央要求，党的基层组织制度改革，着力点是使每个基层党组织都要成为坚强战斗堡垒，党的组织、党的工作要全覆盖，让党的旗帜在每一个基层阵地上都高高飘扬起来。为此，我们要把加强基层党组织和党员队伍建设作为重要基础性工程，倾注更大的力量。各单位“一把手”要给予足够的重视，分管领导要亲自抓、抓落实。机关党委、党总支书记原则上要由本级分管党建工作的副职领导或党组（分党组）成员担任，这样便于协调开展工作。要选准配强基层党支部负责人，选配党性强、能力强、群众威信高的党员充实到基层党组织书记岗位上。基层党组织搞得好不好，带头人的作用至关重要。要进一步坚持和完善民主集中制，严格党内生活，严格执行党的各项制度。加强对党员队伍的教育管理和服务，确保进口严、出口畅、管得好、作用大。坚持好传统的“三会一课”制度、民主生活会制度、党性分析制度、民主评议党员制度等。广大党员特别是各级领导干部、各级党组织负责人要率先垂范，带头践行社会主义核心价值观，讲政治、讲党性、讲道德、讲正气、讲奉献，在急难险重任务中站前排、打头阵，以人格力量和实际行动感召群众、引领风尚。2012年，中国文联发布了“文艺界核心价值观”和《中国文艺工作者职业道德公约》，最近，文艺界发出了践行社会主义核心价值观倡议书，中国文联机关党员干部要以身作则，自觉把社会主义核心价值要求融入工作、融入生活，增强信仰力量和道德力量，正确对待权力，正确对待名利，正确对待群众，做到坚定清醒有为、为民务实清廉，切实担当起文联工作者的时代责任。

三要在加强机关作风建设上下功夫。习近平总书记强调：“作风问题本质上是党性问题。改进作风要举一反三，透过作风看党性，在解决作风问题的基础上解决好党性问题。”“作风建设永远在路上，作风问题具有顽固性和反复性，绝不能抓抓停停，刮一阵风，一定要持之以恒抓下去。”文联各级党组织要认真巩固深化党的群众路线教育实践活动成果，持续抓好中央八项规定的贯彻执行，深入抓好“四风”问题整治，对教育实践活动中已经整改的问题，要经常组织回头看，防止出现问题反弹；对中长期整改的问题，要善始善终，紧盯不放，问题不解决不撒手，不见成效不放松，决不能虎头蛇尾、半途而废。抓作风建设要不断完善和推进制度建设，各单位要以刚性的制度规定和严格的制度执行，确保改进作风规范化、常态化、长效化，切实防止“四风”问题反弹。作风建设不是空表态、喊口号，而是实实在在的制度措施和具体工作，要把这些制度措施有机融入调查研究、真抓实干、联系群众、解决难题、严肃制度等日常工作，形成抓作风促工作、抓工作强作风的良性循环。各级党员领导干部要发挥模范带头作用，树立和发扬好的作风，既严以修身、严以用权、严于律己，又谋事要实、创业要实、做人要实。中秋节、国庆节临近，文联各级党组织、各级领导干部要坚决杜绝公款送节礼、公款吃喝、公款旅游、公费健身和高消费娱乐活动，杜绝滥发津贴、补贴、奖金、实物、铺张浪费等违规现象。

四要在加强党风廉政建设和反腐败工作上下功夫。十八大以来，党中央把党风廉政建设和反腐败工作提到了新高度，坚持老虎、苍蝇一起打，工作力度空前、强度空前，成效明显，形成了强大的震慑力。中国文联也不是真空地带，前些年，个别干部职工置党纪国法于不顾，也曾经发生过违规出版图书、公款出国旅游、擅自挪用公款、违规处置国有资产、违规发放劳务费等违纪问题。近些年来，文联党组、机关党委、机关纪委在纪律建设上加大了力度，完善了制度和监管措施，取得了积极成效。当前，各级领导班子和各级党组织要继续保持高压态势，切实负起党风廉政建设主体责任，“一把手”要认真贯彻落实中央关于党风廉政建设的重大决策部署，紧密结合文联实际，创新工作思路，从强化教育、完善制度、严格监督入手，建立起全方位、规范化的廉政网络。我们要发挥文联优势，注重廉政文化建设，把反腐倡廉的宣传融入文艺作品和文艺实践之中。机关纪委要切实履行好监督责任，加强对重点领域、关键环节和主要对象的监督检查，对党员干部身上的一些苗头性问题要早发现、早警示、早教育，防止小问题变成大问题。对掌握的违纪违法线索，要在中国文联党组和上级纪检部门的指导下，加大查办力度，依法依规进行惩处，查案的重点放在违反政治纪律、组织纪律、宣传纪律、财经纪律、外事纪律以及利用单位影响力和个人职务影响力谋取私利等违纪违法问题上。

五要在做好干部职工思想政治工作上下功夫。思想政治工作的本质是做人的工作，是解决人的思想认识问题。当前，文联机关和各级党组织思想政治工作面临许多新情况新问题，社会上、网络上各种思潮、各种声音、各类传言纷繁复杂，我们有的同志缺乏清醒的辨别力、识别力，有的缺乏信念、缺乏工作激情，缺乏事业心、责任感，有的考虑个人名利过多，不安心不投入本职工作，有的因为单位转企改制或机构调整思想不稳、情绪波动，有的与同志之间缺少思想沟通和谈心交流，关系不和谐不融洽，也有一些工作生活中的实际问题，比如有的干部职工由于住房难、子女入学入托难等问题造成思想负担加重，等等。这些思想问题和实际问题解决不好，必然会影响到一个单位的凝聚力、执行力、创造力。因此，文联各级党组织要把做好党员群众的思想工作作为机关党建工作的重要内容抓在手上，在解疑释惑、理顺情绪、协调关系、处理矛盾、解决实际问题等方面积极作为和主动作为。做好思想政治工作要坚持党性和人民性的辩证统一，把党的主张与干部群众的意愿心声有机统一起来，既要讲原则、讲大局，又要讲政策、讲实际，坚持以人为本，密切联系群众，注重人文关怀和心理疏导，做职工群众的贴心人。要深入了解干部职工包括离退休老同志的所思所想，准确把握他们的思想脉搏，及时回答他们的思想困惑，主动反映他们的诉求，帮助协调解决他们的实际困难和问题，为群众多办实事、好事，努力建设文明和谐机关。离退休党支部要深入做好老同志的工作，在政治上、生活上多多关心，落实好党的离退休干部政策，多开展一些利于提高思想境界，促进身心健康、精神愉快的文化活动。各级领导班子、各级党组织要高度重视、切实加强对工青妇工作的领导，把工青妇建设纳入机关党的建设的总体布局，建立党建带群建的有效机制，充分发挥群团组织的桥梁纽带作用，延伸党的工作触角，扩大党的群众基础，增强党组织的凝聚力和影响力。各级工青妇组织要进一步认清肩负的重要责任和光荣使命，充分发挥各自独特优势，不断创新工作理念和手段。工会组织要在构建健康和谐的党群、干群关系上积极作为，特别要关心困难职工的工作生活。团委和青联要为青年成长成才搭建平台，特别要当好党的助手，多多向党组织输送青年入党积极分子。妇工委要在维护女职工权益、提高女职工素质方面发挥作用，党政工团齐抓共管、群策群力做好新形势下的群众工作。

三、以科学的方法和有力的措施抓好落实，在推动机关党建工作创新发展上见成效

加强机关党建工作要在落小、落细、落实上下功夫，要在创新发展上下功夫。不抓落实，再完善的方案也是一纸空文，再宏伟的目标也难以实现。因此，要把抓好机关党建工作落实，推动文联工作创新发展作为出发点和落脚点。

一要围绕中心抓落实。围绕中心、服务大局，是机关党建工作的生命线，也是党建工作永恒的主题。各级党组织和党务干部要筑牢融入中心工作的理念，跳出“就党建抓党建”的工作模式，将文联党建工作放在党和国家大局中来审视和思考，放在文艺发展全局和文联中心工作中来把握和谋划，坚持把助推文艺和文联工作发展作为目标追求和评价标准，把教育人、培养人作为重中之重。当前，机关党建工作要紧紧围绕培育和践行社会主义核心价值观、大力加强文艺界职业道德建设，精心组织以“中国梦”为主题的文艺实践活动，积极推进文艺惠民志愿服务制度化建设，切实加强和改进文艺评奖评论工作，充分利用互联网等新兴媒体和网络平台，扩大文联工作覆盖面，提升文艺媒体的传播力和影响力，加大对艺术家的服务力度、对中青年文艺人才的培养力度，依法维护文艺工作者的合法权益，积极开展对外文化交流活动、深化出版报刊业改革等中心任务来谋划、来实施。机关党建工作只有围绕中心、融入中心、服务中心，才能找准定位、体现价值、有所作为。机关党建工作与中心工作相融合，不仅是一个理论问题，更是一个实践问题，因此，还必须要积极探索融合的方法途径，解决“桥”和“船”的问题，只有方法对路，找准融入的突破口，二者才能有机结合、深度融合、相互促进、取得成效。这个问题解决不好，机关党建工作融入中心工作就无从谈起，“两张皮”的问题也就难以解决。党建工作与中心工作相融合，还要靠必要的机制作保障，不能关起门来自我评价，关键要看中央的决策部署、大政方针在本单位是否落实了，党组织建设是否加强了，党员干部素质是否提高了，机关作风是否改进了，违法违纪问题是否减少了，中心工作是否圆满完成了。希望新一届机关党委着眼这一要求，在建立一套科学严密的机关党建工作考核评价体系上多用心、多探索，形成以人为本、聚焦中心的党建工作导向。

二要开拓创新抓落实。随着世情国情党情发生的深刻变化，文联担负的职责任务、服务对象也发生了重大变化，文联机关和各协会、各单位人员结构、思想状况也发生了新的变化。这些巨大变化对传统的党建工作模式提出了新挑战，对各级党组织和党务工作者提出了新要求。文联党建工作要在继承好的传统、好的经验的基础上，顺应时代要求，跟上时代步伐，坚持与时俱进，在工作理念、内容、方式、载体、手段等方面着力进行改进创新，增强党内生活的吸引力和感染力。文联党务工作者首先要忠诚于党和人民，忠诚于党的事业，热爱党务工作，力戒浮躁、敷衍。还要多用些时间读书思考、调研实践，主动加快理念更新、优化知识结构，进一步增强改革创新意识，贴近实际谋划新思路，攻坚克难追求新突破。希望各级党组织和广大党务工作者积极进行探索创新，善于从实践中总结新经验，善于从基层党组织和群众的创造中寻找破解难题的新途径，善于把有益的探索实践和成功经验制度化，不断推动党建工作创新发展。

三要建好队伍抓落实。机关党委新一届领导班子、各级党组织负责人和广大党务干部是党建工作的规划者、组织者、实施者，自身建设怎么样，对党建工作水平的高低有着决定性的影响。目前，文联广大专（兼）职党务干部队伍的素质总体是很好的，在党建工作中发挥了骨干和中坚作用。但也要看到，党务干部队伍建设仍然存在一定差距，部分党务干部还不能完全适应新形势新任务的要求，热情不高、业务不精、责任意识和奉献意识不强等都不同程度存在，这在一定程度上影响和制约了党建工作水平的提高。各级领导班子要重视党务干部队伍建设，把具有较强事业心、责任感、懂业务的干部充实到党务干部队伍中来，要注重吸收干劲足、能力强、有培养前途的年轻干部，使机关党务干部后继有人。要关心爱护党务工作者，既要给任务、压担子，又要教方法、多指导，同时要重视培养使用好党务工作者，使他们能够在一个开放的用人体系上成长进步，使他们工作的有激情、有干劲、有目标。要按照合理有序流动与相对稳定相结合的原则，积极创造条件，加强党务干部与业务管理干部的

交流，通过交流做到既熟悉业务又熟悉党务，力求两种能力双提高、党建和业务双促进。党务工作者要严格要求、自我加压，加强学习、提高本领，自觉贯彻习近平总书记提出的“五个坚持”的要求，坚持绝对忠诚的政治品格，坚持高度自觉的大局意识，坚持极端负责的工作作风，坚持无怨无悔的奉献精神，坚持廉洁自律的道德操守，不断加强党性修养，改进工作作风，努力提高履职能力。

各位代表、同志们，加强中国文联机关党的建设任重而道远，希望新一届机关党委、纪委和全体党员干部，强化宗旨意识、责任意识、担当意识，自觉与以习近平同志为总书记的党中央保持高度一致，认真贯彻落实党的路线方针政策和中直工委、文联党组的部署要求，以这次党代会为新的起点，开拓进取，扎实工作，为推动党的建设新的伟大工程作出新贡献，为文艺事业和文联工作的繁荣发展提供坚实的思想和组织保证。

新时期中国特色社会主义文艺事业的行动纲领

——在文艺家学习习近平总书记重要讲话精神座谈会上的讲话

中国文联党组书记、副主席　赵　实

（2014年10月16日）

文艺事业是党和人民的重要事业，文艺战线是党和人民的重要战线。做好文艺工作，事关党和人民的前途命运，事关国家文化软实力和文化强国建设，需要科学理论指导。

10月15日上午，习近平总书记在人民大会堂东大厅，亲自主持召开了具有深远历史意义和重大现实意义的文艺工作座谈会，并在会上发表了重要讲话。昨晚和今天的新闻媒体做了大量充分的报道。我们整个文艺界和广大文艺工作者欢欣鼓舞、激情洋溢，倍感振奋、倍受鼓舞。总书记与老中青艺术家面对面亲切交谈、一一握手的感人情景，总书记深刻精辟、思辨入理的重要论述，总书记满怀深情、寄予厚望的深切期待，给与会代表和我们留下了非常深刻、难忘的印象，使我们受到了一次深刻的教育和启迪。

我感到，这次文艺工作座谈会，是在党的十八大之后，我国实现“两个一百年”奋斗目标、实现中华民族伟大复兴中国梦的新的重要历史时期召开的，是习近平总书记亲自提出并做了充分准备、而且选择了在四中全会之前这样一个重要时机召开的。它的意义重大而深远，正如72年前，毛泽东同志在进入为民族独立而斗争的关键时期，召开的延安文艺座谈会一样，有力地指明了中国文艺发展的正确方向，推动了中国革命从胜利走向新的胜利。那么今天，在我们进入为中华民族伟大复兴中国梦而奋斗的关键时期，习总书记召开这次文艺座谈会，必将推动全党更加高度重视和坚强领导文艺工作，指引我们更加准确地把握文艺发展的正确方向和文艺创作的正确导向，指引我们更加积极努力地做好文艺工作和文联工作，更大力度地推动我国文艺事业大发展大繁荣。

习总书记的重要讲话，站在民族复兴的历史高度，站在中华文化的深厚土壤，站在人类文明的国际视角，站在党和人民的鲜明立场，深刻论述了关系当前文艺发展迫切需要解决好的五个重大理论和现实问题，提出了很多新思想、新论断、新观点。讲话情真意切、语重心长，思想深邃、论述深刻，旗帜鲜明、内涵丰富，充分体现了新一届党中央对文艺工作的高度重视、对文艺工作者的亲切关怀，对文艺事业繁荣发展的殷切期望。讲话充满了辩证唯物主义和历史唯物主义精神，彰显了我们党关于新时期文艺事业的立场、观点和方法，极具思想性、针对性、战略性、创新性，是我们学习马克思主义文艺理论的最新最好教材，是中国特色社会主义文艺事业的科学指南，是指导我们不断开创文艺工作和文联工作新局面的行动纲领。我们文联系统和广大文艺工作者要认真学习、深刻领会，坚决贯彻、全面落实。

刚才听了12位艺术家的发言，感到都讲得很好，很有见地，很受启发。借此机会，我也向大家汇报一下自己的初步学习体会，与大家交流。

一是要深刻领会习近平总书记关于实现中华民族伟大复兴中国梦需要中华文化的兴盛的重要论述，准确把握文艺工作的重要作用和文艺工作者的历史责任。

总书记鲜明提出了文艺工作的时代使命，强调“文艺是时代的号角，最能代表一个时代的风貌，最能引领一个时代的风气。”要求文艺工作者要从两个实现的新高度（实现两个一百年的奋斗目标和实现中国梦）来提高两个认识:认识文艺的地位和作用，认识自己所承担的历史使命和责任。总书记在讲话中殷切期望，我国作家艺术家应该成为时代风气的先觉者、先行者、先倡者，通过更多有筋骨、有道德、有温度的文艺作品，书写和记录人民的伟大实践，时代的进步要求，彰显信仰的崇高，弘扬中国精神，凝聚中国力量，鼓励全国各族人民朝气蓬勃、迈向未来。

二是深刻领会习近平总书记关于创作无愧于时代的优秀作品的重要论述，牢记创作是文艺工作者的中心任务、作品是文艺工作者的立身之本，精益求精、锐意创新，处理好义利关系，努力成为德艺双馨的文艺名家。

总书记深刻论述了文艺繁荣发展的两大主要任务：一个最根本的任务，是要创作出无愧于时代的优秀作品，要求文艺工作者牢记，“创作是自己的中心任务，作品是自己的立身之本”。强调要精益求精，强调“创新是文艺的生命，要把创新精神贯穿于文艺创作生涯的全过程，增强文艺原创力”。另一个最重要的任务是“必须要有一大批德艺双馨的文艺名家”。要求我们“要把文艺队伍建设摆在更加突出的重要位置”，要关注新的文艺形态、新的文艺组织、新的文艺群体，“扩大工作覆盖面，延伸联系手臂，用全新的眼光看待他们，用全新的政策方法团结吸引他们，引导他们成为繁荣社会主义文艺的有生力量。”

总书记强调，文艺是给人以价值引导、精神引领、审美启迪的，艺术家自身的思想水平、业务水平、道德水平是根本。在发展社会主义市场经济条件下，还要处理好义利关系，认真严肃的考虑作品的社会效益，讲品位、重艺德，为历史存正气，为世人弘美德，为自身留清名，努力以高尚的职业操守、良好的社会形象、文质兼美的优秀作品赢得人民喜爱和欢迎。

三是深刻领会习近平同志关于坚持以人民为中心的创作导向的重要论述，准确把握文艺与人民、文艺与生活、文艺与市场的关系，与人民同呼吸、共命运、心连心，坚守文艺的审美理想，保持文艺的独特价值。

总书记在这里旗帜鲜明、全面深刻地论述了文艺方向与创作导向问题。总书记强调“社会主义文艺，从本质上讲，就是人民的文艺”，要坚持以人民为中心的创作导向，重申二为方向是党对文艺战线提出的一项基本要求。“以人民为中心，就是要把满足人民群众精神文化需求作为文艺工作的出发点和落脚点。把人民作为文艺表现的主体，把人民作为文艺审美的鉴赏家和评判者，把为人民服务作为文艺工作者的天职。”总书记深刻阐述了文艺与人民的三层辩证关系，首先强调人民需要艺术，一是要求各门类艺术都要把握人民的需求，创作出人民喜闻乐见的优秀作品。二是要求文艺工作者讲好中国故事，传播好中国声音，阐发中国精神，展现中国风貌，向世界宣传推介我们的优秀文化艺术。第二强调文艺需要人民，人民的需要是文艺存在的根本价值所在，人民生活是一切文学和艺术的创造源泉。要求文艺工作者不能以自己个人的感受代替人民的感受，要虚心向人民学习、向生活学习，从人民的伟大实践中吸取营养。第三强调文艺要热爱人民。总书记指出，热爱人民不是一句口号，要有深刻的理性认识和具体的实践行动，要深入群众、深入生活，文艺创作的方法有一百条、一千条，但最根本、最关键、最牢靠的办法是两个“扎根”：扎根人民、扎根生活。我认为，“扎根”比“深入”和“贴近”的要求更高、更鲜明了。对社会上存在的不如人意之处和丑恶现象，总书记明确指出，不是不要反映，而是要直面、要揭露，要解决好如何反映的问题，应该用现实主义精神和浪漫主义情怀观照现实生活，用光明驱散黑暗，用美善战胜丑恶。让人们看到美好、看到希望、看到梦想就在前方。

谈到文艺与市场的关系问题时，总书记旗帜鲜明的指出，文艺不能当市场的奴隶，不能被市场牵着鼻子走。在发展社会主义市场经济的条件下，许多文化产业通过市场实现价值，当然不能完全不考虑经济效益。然而，同社会效益相比，经济效益是第二位的。当两个效益、两种价值发生矛盾时，经济效益要服从社会效益，市场价值要服从社会价值。

四是深刻领会习近平总书记关于中国精神是社会主义文艺的灵魂的重要论述，充分认识文艺在培育和践行社会主义核心价值观的独特作用，积极传承优秀传统文化的血脉，追求真善美、弘扬正能量。

总书记强调，文艺是铸造灵魂的工程，文艺工作者是灵魂的工程师。好的文艺作品能够启迪思想、温润心灵、陶冶人生，能够扫除颓废萎靡之风。要求广大文艺工作者要高扬社会主义核心价值观的旗帜，把社会主义核心价值观生动活泼、活灵活现地体现在文艺创作之中，用栩栩如生的作品形象告诉人们什么是应该肯定和赞扬的，什么是必须反对和否定的，做到春风化雨、润物无声。总书记强调，在核心价值观中，最根本、最深沉、最永恒的就是爱国主义。要求当代文艺更要把爱国主义作为文艺创作的主旋律，引导人民树立和坚持正确的历史观、民族观、国家观、文化观，增强做中国人的骨气和底气。总书记强调，追求真善美是文艺的永恒价值。艺术的最高境界就是让人动心，让人们的灵魂经受洗礼，让人们发现自然的美、生活的美、心灵的美。要求我们通过文艺作品传递真善美，传递向上向善的价值观，引导人们增强道德判断力和道德荣誉感，向往和追求讲道德、尊道德、守道德的生活。总书记强调指出，中华优秀传统文化是中华民族的精神命脉，是涵养社会主义核心价值观的重要源泉，也是我们在世界文化激荡中站稳脚跟的坚实根基。要结合新的时代条件传承和弘扬中华优秀传统文化，传承和弘扬中华美学精神。认真学习借鉴世界各国人民创造的优秀文艺。坚持洋为中用、开拓创新，做到中西合璧、融会贯通。

讲到价值观问题时，总书记一针见血地指出，我国社会正处于思想大碰撞，文化大交流的时代，出现了不少问题。其中比较突出的一个问题就是一些人价值观缺失，观念没有善恶，是非没有底线，什么违反党纪国法的事都敢干，什么缺德的勾当都敢做，没有国家观念、集体观念、家庭观念，不讲对错、不讲是非、不讲美丑、不讲善恶，浑浑噩噩、穷奢极欲、良莠不分。现在社会出现的种种病根，都在这里，这个问题得不到有效解决，改革开放和现代化建设就难以顺利推行。如果以洋为尊、以洋为美、以洋是从，把作品在国外获奖作为最高追求，跟在别人后面，亦步亦趋，热衷于去思想化、去价值化、去艺术化、去中国化、去主流化这一套，绝对是没有前途的。总书记强调，传承中华文化绝不是简单的复古，也不是盲目的排外，而是古为今用、洋为中用，辨证取舍、推陈出新，摒弃消极因素，继承积极思想，实现中华文化的创造性转化和创新性发展。

五是深刻领会习近平同志关于加强和改进党对文艺工作的领导，尊重和遵循文艺规律，切实加强文艺评论工作，充分发挥文联作协的优势，形成不断出精品出人才的局面。

总书记明确指出，加强和改进党对文艺工作的领导，关键有两条：一要紧紧依靠广大文艺工作者，二要尊重和遵循文艺规律。要求各级党委要把文艺工作纳入重要议事日程，贯彻好党的文艺方针政策，把握文艺发展正确方向。要选好配强文艺单位领导班子，把那些德才兼备、能同文艺工作者打成一片的干部放到文艺工作领导岗位上来。要尊重文艺工作者的创作个性和创造性劳动，政治上充分信任，创作上热情支持，营造有利于文艺创作的良好环境。要诚心诚意同文艺工作者交朋友，关心他们的工作和生活，倾听他们的心声。要重视文艺阵地建设，坚持守土有责。要通过深化改革、完善政策、健全体制，形成不断出精品、出人才的生动局面。要高度重视和切实加强文艺评论工作，以马克思主义文艺理论为指导，把握好文艺批评的方向盘，运用历史的、人民的、艺术的、美学的观点评判和鉴赏作品，对各种不良文艺作品现象敢于表明态度，在大是大非问题上敢于表明立场，倡导说真话、讲道理，营造开展文艺批评的良好氛围。

总书记强调，文艺评论是文艺创作的一面镜子、一剂良药，是引导创作多出精品、提高审美、引领风尚的重要力量。文艺批评要的就是批评，不能够是表扬甚至是庸俗吹捧、阿谀奉承。作家艺术家要勇于面对批评自己作品短处的批评家，以敬重之心待之、接受批评。谈到批评理论和评价标准时，总书记强调，不能套用西方理论来剪裁中国人的审美，更不能用简单的商业标准取代艺术标准。

总书记对文艺界人民团体的工作专门提出了要求，强调“文联作协要充分发挥优势，加强行业服务、行业管理、行业自律，真正成为文艺工作者之家。”说到这里，我想起了2011年2月28日，习近平同志在我到文联工作前夕，代表中央跟我谈话时说的一席话，他说：“中国文联在团结凝聚文艺大军，促进社会主义文化大发展大繁荣方面发挥着不可替代的作用。这是党中央赋予中国文联的政治责任，也是中国文联在长期实践中形成的政治优势。”习近平同志要求我们，“要深入调研，思考文联在现阶段所面临的新情况新问题，文联联络范围、协调手段和服务对象的新变化新发展，新形势下履行文联职能的新思路新途径，探索做好文联工作的新办法新举措。”联系昨天习近平总书记在文艺工作座谈会上的讲话，三年前的谆谆教诲意味深长、意义重大。虽然这几年我们围绕服务大局、服务人民、服务文艺、服务文艺工作者做了大量卓有成效的、创新性的工作，但距离总书记的新期待、新要求还有很大的差距和不足，特别是面对新的文艺形态、新的文艺组织、新的文艺群体，我们团结引导和协调服务文艺工作者特别是中青年自由职业者的观念、手段、机制、措施还不适应、不到位，还要按照总书记的要求，调整工作思路，研究具体措施，不断创新，不断扩大工作覆盖面、延伸工作手臂，下更大的气力推动各项工作的落实。

学习好、宣传好、贯彻好、落实好总书记的重要讲话，是当前和今后一个时期文艺界以及广大文艺工作者的重大政治任务，也是中国文联党组和各级领导班子、领导干部的首要政治责任。今天上午中国文联党组会议已经对学习贯彻工作作出了部署，主要有以下四个方面：

第一，精心组织、集中学习，深刻把握总书记讲话的重大意义和重要论断，增强做好文艺工作和文联工作的责任感使命感。一是要抓紧安排、全面覆盖，二是要领导带头、突出重点，三是要深刻领会、重在提高。要层层组织传达学习，今天上午举办16日党组（分党组）中心组学习会、下午举办文艺家学习座谈会、17日文联各单位组织干部职工学习会，各协会可以集中时间组织文艺家学习座谈讨论会，文艺评论家协会可以组织文艺理论研讨会，机关党委组织举办文艺骨干和文联处以上干部学习培训班等，引导广大文艺工作者、广大干部职工深刻领会总书记讲话的重大意义和重要论断，深刻领会文艺工作在全党全局工作中的重要地位和作用，深刻领会新时期文艺工作的规律特点、方向目标和导向要求，深刻领会繁荣文艺创作、文艺评论工作、文艺人才工作等重点任务和主要举措，深刻领会和深入思考文联组织的新使命、新职责、新任务和新要求，努力增强做好文艺工作和文联工作的使命感和责任感。

第二，广泛宣传、及时报道，引导文艺界形成学习贯彻总书记重要讲话精神的热潮。中宣部已经下发了一个宣传报道方案。理研室统筹指导文联所属各媒体，各报刊出版网站要全文刊发讲话，及时报道文艺界的热烈反响，生动报道文艺家的学习体会，深入报道评论家的全面阐释，积极报道各协会各团体各单位贯彻落实讲话精神的有力措施、新鲜经验和实际成效。要坚持导向正确、守土有责，力求生动鲜活、以理服人。

第三，联系实际、坚决贯彻，全面落实总书记对文艺工作和文联工作的明确要求，努力推动文艺事业大发展大繁荣。自觉用讲话精神指导文艺实践和文联工作，深入研究推动文艺繁荣和文联发展的工作思路，要逐条逐句梳理总书记提出的五个方面的明确要求和一系列贯彻任务，紧密联系文艺实际和文联职责，积极思考具体的、务实的贯彻措施，并认真分解到各个责任单位和各负责人。下更大的气力抓好文艺创作、文艺评论、优秀作品展演展示、文艺主题活动、文艺志愿服务、文艺走出去、文艺人才队伍建设、文艺行业服务、管理、自律，文艺维权、文艺出版报刊和网络新媒体发展、文联自身建设等各项工作，积极主动、扎实具体、持久深入地把总书记讲话精神落到实处。

第四，加强领导，转变作风，努力把文联建设成文艺工作者的温馨和谐之家。学习贯彻总书记的讲话精神，既是一项紧迫任务，又是一项长期任务，党组同志和各单位主要负责同志必须以高度负责、极端负责的精神抓好学习贯彻工作，必须加强领导、加强统筹，落实责任、落实任务。各位党组成员按照工作分工负责指导推动，各单位一把手各负其责，广泛动员、集思广益、形成合力。要紧紧依靠并充分调动各协会、各部室、各单位和各级干部群众、各位艺术家的积极性、创造性，以改革创新的精神和务实清廉的作风完成好各项任务，千方百计为艺术家服好务，为繁荣文艺作贡献。

今天在这里开这样一个座谈会，也是一个初步的学习贯彻和动员部署，希望各位艺术家和各文艺家协会尽快行动起来，带头学、先学一步、先行一步，发挥表率作用，在文艺界掀起一个学习总书记讲话的热潮，推动文艺事业走向更大的辉煌。

把最好的精神食粮奉献给人民

——学习习近平总书记在文艺工作座谈会上的重要讲话

中国文联党组书记、副主席　赵　实

（《求是》2014年第22期）

习近平总书记在文艺工作座谈会上的重要讲话，在全国文艺界引起热烈反响和强烈共鸣。亲耳聆听总书记的重要讲话倍感温暖、倍受教育、倍觉重任在肩。总书记的讲话站在民族复兴和文化发展的历史高度，站在党和人民的鲜明立场，深刻论述了关系当前文艺发展迫切需要解决的重大理论和现实问题，提出了很多新思想、新论断、新观点，极具针对性、战略性、思想性、创新性，是指导全党不断开创文艺工作新局面的行动纲领，是繁荣发展中国特色社会主义文艺事业的科学指南，是文艺战线学习马克思主义文艺理论的最新最好教材。我们一定要深刻领会、坚决贯彻、全面落实。总书记在讲话中，明确要求我们"要把最好的精神食粮奉献给人民"，这是当代中国文艺的历史重任和时代命题。

一、把最好的精神食粮奉献给人民，体现了社会主义文艺为人民的本质要求

习总书记明确指出，"社会主义文艺，从本质上讲，就是人民的文艺"，文艺为什么人的问题，始终是一个根本问题、原则问题。人民性是一切进步文艺的显著特征，是中国特色社会主义文艺的本质属性，是马克思主义文艺观的一贯立场。从马克思提出"一切精神文化产品只是而且应该是人民日常思想和感情的表达"，列宁提出"文艺必须为千千万万的劳动人民服务"，到毛泽东同志提出文艺为"最广大的人民大众，首先为工农兵服务"，再到邓小平同志关于"人民是文艺工作者的母亲"，江泽民同志关于"在人民的历史创造中进行艺术的创造，在人民的进步中造就艺术的进步"，胡锦涛同志关于"坚持以人民为中心的创作导向，艺术之树才能长青"等重要论述，都充分体现了社会主义文艺为人民的鲜明立场。习近平总书记在文艺工作座谈会上再次重申，要"把为人民服务作为文艺工作者的天职"，特别强调，"人民的需要是文艺存在的根本价值所在"，"文艺不能在为什么人服务的问题上发生偏差，否则文艺就没有生命力"，充分体现了我们党全心全意为人民服务的根本宗旨，充分体现了社会主义文艺为人民的本质要求。

近年来，我国广大文艺工作者与人民同呼吸、共命运、心连心，推出了一大批讴歌人民、反映时代、弘扬主旋律、传播真善美的优秀作品，深受人民群众喜爱。但同时，文艺领域也出现了脱离人民、脱离生活、脱离实际的不良倾向，有的试图以西方的某些社会思潮来剪裁中国人的审美；有的醉心于一己悲欢，大肆宣扬欲望写作；有的满足于为资本和金钱打工，在市场经济大潮中迷失了方向，这些都偏离了社会主义文艺前行的正确轨道。坚持文艺为人民服务，必须坚持马克思主义文艺观，走与人民群众相结合的文艺道路，自觉摆脱"自我中心论"、"一切向钱看"和"游戏人生、娱乐人生"等错误思潮的误导，创作更多人民群众喜爱的有筋骨、有道德、有温度的优秀作品。

优秀文艺作品反映了一个国家一个民族的文化创造水平，提高作品的思想艺术质量是繁荣创作的永恒追求。我们要从思想上行动上把创作生产优秀作品作为文艺工作的中心任务，把追寻和实现中华民族伟大复兴的中国梦作为文艺创作的时代主题，扎实推进重点创作工程，加大扶持优秀作品力度，最大限度地动员广大文艺工作者跟上时代发展的步伐、把握人民群众的需求，拓展题材、潜心创作，精益求精、锐意创新，下大力气扭转有数量缺质量，有高原缺高峰的现象，自觉克服抄袭模仿、千篇一律等浮躁问题，摒弃机械化生产、快餐式消费等偏颇倾向，努力创作生产出更多传播当代中国价值观念、体现中华文化精神、反映中国人审美追求，思想性、艺术性、观赏性有机统一、无愧于时代、无愧于人民的优秀作品。

二、把最好的精神食粮奉献给人民，必须坚持以人民为中心的创作导向

习总书记强调，衡量一个时代的文艺，最终要看作品。推动文艺繁荣发展，最根本的是要创作生产出无愧于我们这个伟大时代的优秀作品。文艺创作的方法有一百条、一千条，但最根本最关键最牢靠的办法是扎根人民、扎根生活。总书记的深刻论述，是指引当代文艺创作的“导航仪”，是对广大文艺工作者的根本要求。

坚持以人民为中心的创作导向，是把最好的精神食粮奉献给人民的内在要求，也是提高文艺作品质量的必然规律。古今中外，大凡优秀文学艺术家的精品力作、传世之作，所反映的都是时代的要求和人民的心声，充满了对人民命运的悲悯，对人民悲欢的关切，彰显着深厚的人民情怀，这其中所体现出的是崇高的爱国主义精神和高度的社会责任感，来源于对国家、对人民深切的了解和深沉的爱。无数事实证明，只有对人民爱得真挚、爱得彻底、爱得持久，才会自觉担当文艺工作者的社会责任。这种社会责任最突出的表现，就是通过我们的创造性劳动和优秀作品忠实记录、深刻反映、艺术再现当今中国这个伟大时代的历史变迁，讴歌人民群众推动社会进步的创造实践和精神智慧，给人们以信仰的坚守、生活的希望、情感的共鸣和美的启迪。最典型的莫过于我国上世纪30年代左翼作家艺术家创作的电影《风云儿女》主题歌“义勇军进行曲”，新中国之后被定为“中华人民共和国国歌”，它不仅在当时唤起了广大民众抗日救国的民族斗志，而且成为近一个世纪中华民族不朽精神的有力象征。

文艺创作是一种创造性的精神劳动，是文艺家透过自己对于生活的体验与理解，来反映社会生活的某些本质。坚持以人民为中心，就要坚持扎根人民、扎根生活，用现实主义精神和浪漫主义情怀表达人民理想、关照现实生活。文艺作品虽然是文艺家个体的精神创造，但人的头脑只是精神产品的“策划部”和“加工厂”，它的源泉和沃土不在人的头脑中，而是在现实生活本身。因此，人民群众的社会实践和社会生活，就成为文学艺术的唯一的和最深厚的源泉。正如习总书记所指出的那样，人民是文艺创作的源头活水，一旦离开人民，文艺就会变成无根的浮萍、无病的呻吟、无魂的躯壳。我们要努力完善深入生活的工作机制和政策保障，引导文艺工作者迈开双脚、走进基层、贴近民众，培养对人民大众的深厚情感，把握中华优秀传统文化和中国精神的深厚根脉，虚心向人民学习，向生活学习，自觉地摒弃小众意识、唯洋是从，摒弃闭门造车、胡编乱造，始终把人民的感受作为自己的感受，“欢乐着人民的欢乐，忧患着人民的忧患”，从人民中间汲取创作营养、讲好中国故事，不断进行美的发现和艺术的创造，不断创作出更多人民大众喜闻乐见的优秀作品。

三、把最好的精神食粮奉献给人民，必须建立科学的文艺作品评价标准

什么是优秀作品？优秀作品如何走进市场、赢得受众？一直以来人们对此看法不一、褒贬不一。习总书记鲜明指出，中国精神是社会主义文艺的灵魂。文艺是铸造灵魂的工程。追求真善美是文艺的永恒价值。好的文艺作品就应该像蓝天上的阳光、春季里的清风一样能够启迪思想、温润心灵、陶冶人生，能够扫除颓废、萎靡之风。

人民是文艺审美的鉴赏家和评判者。这是马克思主义唯物史观所决定的，也是文艺创作生产的规律所决定的。古往今来一切文艺经典和传世之作，都是因为人民群众的认可和喜爱，才最终获得自己的艺术价值和历史地位。习总书记强调，好的作品就应该是经得起人民评价、专家评价、市场检验的作品，应该是把社会效益放在首位，同时也应该是社会效益和经济效益相统一的作品。这个论断贯穿了辩证唯物主义观点，为我们正确把握好文艺与市场的关系、社会价值与市场价值的关系，为我们建立完善的社会主义文艺评价体系和评价标准，提供了科学指南。

在市场经济条件下，文艺作品具有意识形态和商品经济的双重属性，具有文化育人和审美娱乐的双重功能，具有社会效益和经济效益两个效益，具有人民评价和专家评价、市场检验和历史检验的多重视角。我们必须辩证地看待市场因素的影响，自觉处理好“义”和“利”的关系，处理好文艺与市场的关系，始终把社会效益放在首位，当二者发生矛盾时，经济效益要服从于社会效益，市场价值要服从社会价值，避免在市场经济大潮中迷失方向。广大文艺工作者要从市场的指挥棒下、从单纯追求经济指标的桎梏中、从“以人民币为中心”的误区里彻底解决出来，不做市场的奴隶，而做人民的代言人，努力创作更多思想精深、艺术精湛、制作精良的优秀作品。要进一步建立和完善当代文艺作品的评价体系，科学制定不同艺术门类作品的具体评价考核措施，合理设置反映市场接受程度的量化指标，把价值取向、艺术水准、审美情趣、群众口碑等作为评价的主要标准，不能用简单的商业标准取代艺术标准，更不能套用西方理论来剪裁中国人的审美。要加强文艺评论工作，创新文艺评奖机制，褒优贬劣、激浊扬清，把更多书写和纪录人民伟大实践、反映时代要求、彰显崇高信仰、传递真善美的优秀作品推介给广大受众，营造风清气正的良好氛围。要打磨好批评这把利器，把好文艺批评的方向盘，运用历史的、人民的、艺术的、美学的观点，评判和鉴赏作品，在艺术作品质量和水平上实事求是，对各种不良文艺作品现象思潮敢于表明态度，在大是大非问题上敢于表明立场，坚决防止以洋为尊、以洋为美、唯洋是从。

四、把最好的精神食粮奉献给人民，必须建设一支德艺双馨的文艺人才队伍

习总书记在讲话中强调，繁荣发展文艺必须要有一大批德艺双馨的文艺名家，要把文艺队伍建设摆在更加突出的重要位置，努力造就一批有影响力的各领域文艺领军人物，建设一支宏大的文艺人才队伍。这是繁荣社会主义文艺事业的根本保证。

文艺是创造性的精神劳动，文艺家自身的思想水平、业务水平、道德水平是根本，在文艺创作生产中起着决定性作用。繁荣发展社会主义文艺事业，关键在人。所有文艺作品都是文艺家精神境界的外化，如果没有崇高的理想追求，没有高尚的道德情操，没有勇于创新的艺术精神，就难以创作出优秀作品。文艺工作者只有坚守艺术理想，不断提高学养、涵养、修养，加强思想积累、知识储备、文化修养、艺术训练，提升专业素养，提升人格修为，增强社会责任感，才能不断提高自己的创作水平。文艺家作为社会公众人物，社会影响大，只有追求德艺双馨，才能赢得人民喜爱和欢迎。我们要发挥中国文联和各团体会员、各艺术家协会的组织优势和人才优势，延伸工作手臂、拓展服务平台，大力加强文艺工作者职业道德建设，把马克思主义文艺观教育和社会主义核心价值观教育融入各项文艺实践和文艺活动之中，引导文艺工作者把追求德艺双馨作为毕生追求，立业先立德、为艺先为人，自觉遵纪守法，远离黑赌毒黄，不断提高思想修养和人格修为，做到创作与修身共进，追求人品与艺品俱佳。我们要深入实施文艺名家和青年文艺人才培养工程，既要关注和推出高层次领军人物和高素质文艺人才，又要关注新的文艺形态、新的文艺组织、新的文艺群体涌现出来的青年才俊，用全新的眼光看待他们，用全新的政策方法团结吸引他们，引导他们成为繁荣社会主义文艺的有生力量。

五、把最好的精神食粮奉献给人民，必须发挥文艺界人民团体的优势，营造多出优秀作品、多出优秀人才的良好环境

习总书记在讲话中明确要求，文联作协要充分发挥优势，加强行业服务、行业管理、行业自律，真正成为文艺工作者之家。

中国文联是党领导的文艺界人民团体，是党和政府联系文艺工作者的桥梁和纽带，在团结引导广大文艺工作者，繁荣发展社会主义文艺事业方面担负着重要职责和使命。我们一定要按照中央的统一部署，全面准确把握习总书记重要讲话的精神实质和明确要求，紧密联系文艺实际和文联职责，深入研究切实可行的贯彻落实措施，努力推动理念创新、机制创新、手段创新，不断提高行业服务、行业管理和行业自律能力，团结引导广大文艺工作者努力把最好的精神食粮奉献给人民。我们将重点抓好“中国梦”主题文艺创作工程，加大力度推进文艺评论工程，积极改进文艺评奖工作，着力实施中华文明历史题材美术工程、中国口头文学遗产数字化工程等中华优秀传统文化传承创新工程，引导和促进多出优秀作品、多出优秀人才。广泛开展文艺志愿服务和“送欢乐下基层”等文艺惠民活动，深入开展“道德模范故事汇”曲艺基层巡演、“翰墨薪传”书法进校园、新农村少儿舞蹈美育工程等重点公益活动，引导文艺工作者面向基层、面向群众，扎根人民、扎根生活，生动形象地传播社会主义核心价值观，用最健康的精神食粮回报人民。大力加强文艺人才队伍建设和职业道德建设，持续开展老艺术家终身成就奖和中青年德艺双馨文艺工作者评选表彰活动，落实密切联系文艺家工作制度，深入实施中青年文艺人才研修培训工程，大力开展中青年文艺工作者思想状况大调研，引导中青年文艺工作者讲正气、走正道、树正风。充分发挥文联组织优势，加强文联自身建设，提高依法治会、依法办事、依法管理、依法维权的能力，逐步形成上下贯通、统一规范的管理体制、运行机制、组织形式、活动方式。认真履行团结引导、联络协调、服务维权的基本职能，广交朋友、深交朋友，最大程度地把文艺工作者团结在党的周围，真正把文联建设成为文艺工作者的温馨和谐之家。

中国文联九届六次全委会总结

中国文联党组副书记、副主席　李　屹

（2014年1月12日）

各位委员、同志们：

经过全体与会同志的共同努力，我们这次全委会开得很成功。下面，我受主席团的委托，对这次会议做简要的总结。

一、与会同志一致认为，党的十八届三中全会和全国宣传思想工作会议对全面深化改革及做好新形势下宣传思想工作做出一系列重大部署，为开好这次全委会、全面推进文联工作提供了强有力的思想武器

这次全委会上，与会同志结合讨论全委会工作报告，结合回顾去年各自的工作，深入学习领会了党的十八届三中全会精神。大家一致认为，2013年召开的党的十八届三中全会吹响了全面深化改革新的号角，是高举改革开放旗帜、奋力开拓中国特色社会主义事业广阔前景的重要会议。全会通过的《决定》描绘了全面深化改革的新蓝图，是具有划时代意义的纲领性文件。习近平总书记在十八届三中全会上发表的重要讲话，以一系列新的思想观点升华了我们党对全面深化改革的认识，为全面深化改革提供了有力思想武器，也为我们做好文艺工作和文联工作提供了重要指针。委员们说，在2013年召开的全国宣传思想工作会议上，习近平总书记作的重要讲话站在党和国家全局高度，深刻阐述了事关宣传思想工作长远发展的一系列重大理论问题和现实问题，进一步明确了今后工作的方向目标、重点任务和基本遵循。在刚刚闭幕的全国宣传部长会议上，刘云山和刘奇葆同志作的重要讲话，充分肯定了去年宣传思想文化工作，明确提出了今年工作总的要求和主要任务，指导性强、针对性强，是做好今年工作的重要遵循。大家表示，一定要深入贯彻党的十八大、十八届三中全会和中央领导同志一系列重要讲话精神，进一步提高对全面深化改革重大意义的认识，坚定改革信心、凝聚改革力量，切实增强全面深化改革、推进文化体制机制创新的自觉性坚定性。要坚持稳中求进、改革创新，紧紧围绕实现中华民族伟大复兴的中国梦，紧紧围绕“两个巩固”的根本任务，着力培育和践行社会主义核心价值观，着力推动文化体制改革和文化发展，以更多更好的成绩努力开创文艺工作和文联工作的新局面，为促进全面深化改革、推动经济持续健康发展、维护社会和谐稳定提供有力的精神动力和文化条件。

二、与会同志通过深入学习、认真讨论全委会报告，一致认为中国文联去年工作认真扎实、创新有为，新年度工作布局清晰、切实可行

这次全委会传达了刘奇葆同志近日关于中国文联工作的重要批示，批示有肯定、有激励、有要求、有期待，对理清新年度文联工作思路、指导落实今后工作具有重要意义。孙家正同志作的即席讲话要求我们牢牢把握以人民为中心的工作导向，脚踏实地地促进文艺繁荣，更加注重创作、提倡创新。家正同志的讲话，言语不多、看似平常，但情真意切、打动人心。大家理解，他是用红线女这样一位老艺术家的风范来启迪今天的文化、文艺、文联工作者，他是用自身的学养、多年从事文化文艺领导工作的丰厚经验和切身体会来教育我们，讲话循循善诱，极富感染力，使委员们深受感动、内化于心。黄坤明同志代表中宣部作的讲话，科学分析了当前文艺工作面临的新形势、新要求、新情况、新问题，明确要求我们更加自觉做好文化文艺工作，创作更多无愧于时代的好作品。讲话站位高、思辨强、接地气，使委员们很受启发。大家一致认为，赵实同志所作的工作报告主题鲜明、导向明确，内容丰富、重点突出，总结工作实事求是，分析形势准确到位，部署工作有遵循、有章法、有亮点，体现了对文联工作和文艺工作规律性认识的进一步提升，具有很强的指导性、针对性和可操作性。大家认为，过去的一年文联工作有声有色、可圈可点。一是“追寻中国梦”主题文艺实践活动进一步唱响了改革时代的主旋律。二是形式多样的文艺志愿服务大大丰富了人民群众的精神文化生活。三是文艺评论评奖评介引领、催生了一批文艺精品力作。四是民间对外和对港澳台地区文化交流促进中华文化走出去步子加快。五是服务文艺家和文艺工作者特别是对文艺界知识分子和自由职业者的团结引领得到加强。六是文联自身建设和工作水平科学化、规范化程度得到提升。七是党的群众路线教育实践活动进一步加强了文联机关和干部队伍的作风建设。大家认为，伴随着蓬勃开展的文联工作，文艺工作者队伍精神焕发、积极性高涨；文联干部政治定力不断增强；文联组织的整体实力、社会影响力明显提高，展现了文艺界围绕中心有新作为、服务大局有新成就的良好形象和生机活力。

大家认为，2014年，是我国发展进程中十分重要的一年，也是深化文化体制改革、繁荣发展文艺事业充满新机遇和新挑战的一年。新的一年，应该有新的奋斗、新的收获。我们要充分利用新中国成立65周年、中国文联成立65周年有利契机，牢牢把握以人民为中心的工作导向，整合全系统的力量，努力创造更优异的工作成绩，为迎接和庆祝新中国成立65周年营造良好的文化环境。大家讨论认为，紧紧围绕“中国梦”的时代主题，认真开展以“中国梦”为主题的文艺创作活动，是今年工作引人注目的一大亮点。文联组织就是要通过多种文艺形式，引导文艺工作者创作生产更多的优秀作品，把人们寻梦的理想展示出来，把人们追梦的奋斗表现出来，推动“中国梦”入脑、入心,激发人们为实现中国梦而努力奋斗的热情。大家认为，要认真实施文艺评论工程、改进创新文艺评奖工作，把弘扬社会主义核心价值观作为工作的内在灵魂，坚持中国道路、弘扬中国精神、凝聚中国力量，有效引导广大文艺工作者多出优秀作品、多出优秀人才。大家认为，广泛开展文艺志愿服务活动将是今后文联工作走进基层、服务群众的重要抓手,要积极探索建立文艺志愿服务体系与机制,努力把工作做优做强。大家表示，改革，最本质的要求就是创新。推动文联工作改革创新，要求我们把文联工作做深做细，力求在规模、质量和水平方面再提升一步。报告提出的其他方面如延伸文联工作手臂、广纳优秀人才，推进文联系统信息化建设、建设“网上文联”等，也都引起委员们的热议和认同，认为这些都是2014年工作出新出彩的新内容。

三、在大会交流、分组讨论中全体委员以强烈的事业心和责任感介绍了经验、提出了建议，对于进一步提升文联工作水平和影响力具有积极意义

这次全委会上专门安排有关团体会员单位做先进经验介绍。浙江省文联重点介绍了以四个“着力”的路径推动文艺创作繁荣的经验，为我们加强对文化产品创作生产的引导、为人民提供更好更多精神食粮提供了有益借鉴。广西壮族自治区文联重点介绍了打造文艺志愿服务品牌、探索文艺志愿服务长效机制的经验，为我们提高公共文化服务能力、保障和改善文化民生提供了有益借鉴。中国摄协重点介绍了积极探索、创新思路、全心全意做好会员工作的经验，为我们做好具有自己特殊性的那部分群众工作提供了有益借鉴。中国煤矿文联重点介绍了立足矿区、服务矿工是煤矿文联工作的生命线的经验，为我们拓宽思路、创新形式，增强产（行）业文联工作的针对性、有效性提供了有益借鉴。成都市文联重点介绍了以改革激发社会组织活力的经验，为我们加强文艺界人民团体自身建设，增强活力、壮大实力、提高影响力提供了有益的借鉴。在昨天下午的讨论中，委员们还提出了一些意见和建议：中国文联要做好顶层呼吁，以期各级党委政府对文艺家采风创作、推出精品继续给予鼓励和资金扶持；要组织力量认真研究和推动当下的文艺理论工作，避免理论与文艺实践的脱节；文联组织应积极参与社会管理创新，有效承接文化管办分离形势下的一些职能；要为青年文艺人才特别是自由职业者搭建服务平台等等。对于委员们提出的建议，中国文联将结合贯彻党的十八大以来党中央的一系列重大工作部署和习近平总书记系列讲话精神，结合党的群众路线教育实践活动整改措施的落实和活动成果的深化，认真研究，探索总结，科学地抓落实、见成效。在讨论中，大家表示，新的形势和任务，给我们工作带来不少新情况新问题，只有把这些新情况新问题搞清楚、研究透，工作才能往前走、往前做。要坚持深入基层，调查研究，解放思想，开拓创新，在新的历史起点上，文艺事业的发展繁荣、文联工作水平的提升，靠的是我们的清醒、自觉和担当。

这次会议结束后，各地方、产（行）业团体会员要及时向党委和党委宣传部汇报这次会议的精神，根据会议的要求，结合各自实际，科学谋划今年的工作。要牢牢把握正确方向，找准自身定位，自觉把文艺工作和文联工作放在工作大局中来谋划、来安排、来推进，切实把这次全委会的部署体现到工作中去，确保取得新的明显成效。

各位委员、同志们，2014年的工作任务艰巨、责任重大。让我们更加紧密地团结在以习近平同志为总书记的党中央周围，在改革开放新的长征路上，同心同德、锐意进取、真抓实干、攻坚克难，以文艺事业和文联工作的新成就，共同谱写实现中华民族伟大复兴中国梦的新篇章！

中国文联2014年工作要点

2014年，是全面贯彻落实党的十八届三中全会精神、全面深化改革的第一年，是繁荣发展文艺事业、建设文化强国充满新机遇和新挑战的一年。我们将迎来新中国成立65周年，也将迎来中国文联成立65周年。

今年中国文联工作的总体思路是：高举中国特色社会主义伟大旗帜，深入学习贯彻党的十八大和十八届二中、三中全会精神，贯彻落实习近平总书记系列重要讲话精神，贯彻落实全国宣传思想工作会议和全国宣传部长会议精神，紧紧围绕中国梦的时代主题，强化以人民为中心的工作导向，坚持围绕中心、服务大局，走进基层、服务群众，大力培育和践行社会主义核心价值观，大力开展系列主题文艺实践活动，大力推动文联工作改革创新，广泛团结、积极引导广大文艺工作者多出优秀作品、追求德艺双馨，以优异成绩迎接和庆祝新中国成立65周年，为繁荣发展我国文艺事业，建设社会主义文化强国，实现中华民族伟大复兴的中国梦作出新贡献。

2014年，要着力抓好八个方面的重点工作：

一、深入学习贯彻党的十八大以来中央的各项重大决策部署，把握正确方向、找准工作定位，更加自觉地围绕中心、服务大局

要把深入学习贯彻中央一系列重大决策部署，学习贯彻习近平总书记系列重要讲话精神作为首要政治任务。深刻领会丰富和发展中国特色社会主义的科学内涵，深刻理解建设文化强国和深化文化体制改革的重大使命，深刻把握繁荣发展社会主义文艺事业的主要任务，深刻认识做好新形势下文艺界知识分子工作的重要职责，自觉地把思想和行动统一到中央精神上来。自觉用马克思主义最新理论成果武装头脑、指导实践，进一步增强道路自信、理论自信和制度自信。以建设学习型文联组织为抓手，通过各种学习研讨方式，紧密结合思想和工作实际，强化问题导向，加强调查研究，切实增强学习的针对性、实效性，不断提高各级领导干部和广大文艺工作者服务大局、服务人民，主动作为、积极作为的能力和水平。

二、大力开展以“中国梦”为主题的文艺创作活动，积极培育和践行社会主义核心价值观，唱响时代最强音

组织开展以“中国梦”为主题的文艺创作活动。精心策划选题，落实具体项目，凝聚优秀人才，加大扶持力度，确保质量要求。广泛动员文艺家和文艺工作者走进基层、贴近群众，积极开展丰富多彩的采风创作活动。要坚守中华文化立场，坚持正确导向，把握时代脉搏，推进文艺创新，努力提高文艺作品的思想艺术质量，自觉把社会主义核心价值观融入一切文艺创作、文艺服务和文艺实践活动之中，努力推出一大批弘扬爱国主义、集体主义、社会主义思想和当代中国主流价值观念的精品力作。对优秀成果要通过展演展示、出版发行等各种途径进行广泛传播。认真实施2014年梅花奖数字电影工程，举办中国历代文化名人剧本征集活动。继续推进中华文明历史题材美术创作工程，办好第12届全国美展和少数民族美术专题研究展。实施全国曲艺精品创作工程、全国曲艺名家风采工程，举办“向人民报告”庆祝新中国成立65周年曲艺展演季，组织开展第4届全国道德模范故事汇基层巡演。实施中国口头文学遗产数字化工程、传统村落保护工程和中国民间故事演录工程，举办“我们的节日”系列活动。举办庆祝新中国成立65周年大型主题摄影展，举办纪念中国文联成立65周年大型文艺成就回顾专题摄影展。举办第4届中国西部书法篆刻作品展、生态大连全国书法篆刻作品展。

三、精心实施文艺评论工程，改进创新文艺评奖工作，引导和促进多出精品、多出人才

深入实施文艺评论工程。积极争取成立中国文联文艺评论中心，抓紧组建中国文艺评论家协会，继续加强各文艺家协会理论评论委员会和各级文艺评论家协会建设，夯实文艺评论工作的组织基础。进一步完善文艺产品评价体系，密切关注文艺创作动态、文艺思潮和创新实践，开展建设性、有说服力的文艺批评，引导文艺创作健康向上，抵制错误倾向和低俗之风。实施重点文艺理论评论课题研究，开展中国文联文艺评论奖及各艺术门类理论评论奖的评选表彰，办好当代文艺论坛、当代书法学术论坛、第12届全国杂技理论研讨会和各类专题研讨活动，组织编写《中国艺术年度发展报告》等。推进曲艺类本科专业教材编撰工程和“东北亚说唱艺术散论”等项目。举办以“民族民间节日文化”等为内容的各项民间文化学术研讨活动。出版第11届全国摄影理论研讨会优秀论文集、中国摄影文丛、《中国书协会员名鉴》、《中国书法全史》、《中国杂技艺术院团发展史略》等。精心举办各类文艺评论骨干研修培训，扎实推进文艺评论人才队伍建设。加强《中国艺术报》、中国文艺网及文联所属报刊文艺评论栏目建设，改进文风、开创新风，唱响正气歌、传播正能量。

改进创新文艺评奖。进一步完善评价机制，不断创新评奖方式，积极发挥文艺评奖的鲜明导向和示范作用，不断提高文艺评奖的公信力和影响力。注重将文艺评奖与展演展示相结合、与评论评介相结合、与推出新人新作相结合，加大获奖作品和人才的宣传推广力度，充分发挥文艺评奖的导向示范效应。认真做好第13届全国精神文明建设“五个一工程”评选报送工作。办好第4届中国校园戏剧节、第21届曹禺戏剧文学奖和第18届中国少儿戏曲小梅花荟萃活动。开展第32届大众电影百花奖评奖，筹备第23届中国金鸡百花电影节。组织开展第8届中国曲艺牡丹奖、第3届“南开杯”全国相声新作品大赛、第6届全国少儿曲艺大赛、第9届“马街书会”曲艺邀请赛等赛事，办好第8届中国曲艺节、第3届“包公杯”全国反腐倡廉曲艺作品征集颁奖系列活动。做好民间文艺山花奖评奖、展览、展演工作。举办第2届全国青年摄影大展和第4届全国农民摄影大展。办好第3届国际马戏艺术节。大力推进国家马戏院的筹建工作。开展第27届中国电视金鹰奖评选。举办第10届中国金鹰电视艺术节、第6届新农村电视艺术节、第7届旅游电视艺术周。

四、广泛开展“为民惠民乐民”文艺志愿服务，贴近群众需求，建立长效机制，积极参与公共文化服务体系建设

研究制定文艺志愿服务事业发展规划，进一步明确文艺志愿服务的目标和任务。创新志愿服务内容和方式，推动文艺志愿服务多样化、常态化、制度化发展。围绕“我们的中国梦”主题，紧密结合基层群众需求，广泛开展“送欢乐下基层”活动和各类就近就便的文艺志愿服务。进一步开展“百花放映·情系基层”、“送欢笑下基层”、“精品杂技下基层”等惠民文化活动。继续做好摄影曙光学校、书法兰亭学校等公益文化项目。推动“中国书法进万家”活动常态化开展，积极与国家语委共同开展“书法名家进校园”活动。扩大文艺支教、文艺培训项目实施范围，建立活动长效机制，加大对贫困地区、边远地区、民族地区和革命老区的支持力度。依托各级各类文艺志愿者协会、文艺志愿服务团、文艺名家志愿服务队等组织，壮大文艺志愿者队伍。推动文艺志愿服务制度建设，建立健全文艺志愿服务动员机制、运行机制、保障机制和评价激励机制。加强文艺志愿服务网络平台建设，充分发挥新媒体的功能，努力扩大文艺志愿服务的覆盖面。

五、积极延伸文联工作手臂，广纳优秀文艺人才，创新服务手段和联络方式，不断提高有效覆盖和团结引导能力

加强同文艺界知识分子的联系，团结凝聚广大文艺工作者。大力创新联络机制、服务机制、维权机制和人才培养机制，推动文联工作在全面改革中把握机遇、加快创新。主动扩大联络范围，延长工作手臂，工作重心下移，健全落实广交深交朋友制度，完善分众化、具体化工作措施，加大对文艺工作者尤其是文艺界自由职业者的服务力度。高度重视各文艺家协会吸纳新会员工作，有效改善会员结构。积极发现和培养优秀青年文艺工作者，广泛团结各民族、各领域、各门类、各种所有制单位的文艺人才。认真做好中国音乐家协会的换届工作。进一步加大中青年文艺人才培养力度，办好全国文艺家、中青年文艺人才、编剧、编导等高级研修班。选派第 6 批中青年美术家到海外研修。举办第 6 期全国曲艺精品创作培训班。举办当代中青年书法创作骨干高研班、西部书界新秀研修班，继续开展书法考级工作。办好全国文联系统干部培训班、网络与信息人才培训班。

按照“保基本、促发展、育人才”为基本工作思路，大力开展维权工作，依法有效维护文艺工作者合法权益。研究起草文联组织开展维权工作的意见，与司法机关建立长效合作机制，完成“中国文联知识产权咨询调解专家委员会”的推荐工作，与北京市高级人民法院签订合作意向书，推进双方合作。组织维权理论研讨会，成立法律志愿者服务团，为基层文艺工作者和相关群体做好法律援助。

六、积极加强对外和对港澳台的民间文化交流合作，扩大规模、提高质量，有力推动中华文化走向世界

适应国际形势的新发展、新变化，有针对性地加强与外国政府和民间文艺组织的合作，加强与海外中国文化中心、孔子学院等文化单位的务实合作，拓展交流渠道，提高合作质量。精心组织好2014摩纳哥“今日中国”艺术周，在美国、澳大利亚、德国等国的中国文化主题展演，“中国美术世界行”赴欧洲和拉丁美洲的展览，“中国书法环球行”赴加拿大的展示活动。继续办好第21届中日韩戏剧节，第3届巴黎中国曲艺节、第14届中日韩电视制作者论坛、第5届“中国·东南亚·南亚国家电视艺术周”。认真实施“中国当代文艺名家名作译介工程”、“艺术心桥”工程。邀请国外戏剧作品或演出团体参加第4届中国校园戏剧节、第6届长江流域戏剧节，邀请美国、南非和国际剧协考察团来华交流。发挥中国金鸡百花电影节等平台和资源的作用，加强与世界各国电影创作者的联络和沟通。派出代表团赴新西兰、美国、韩国、南非、匈牙利、荷兰、新加坡、马来西亚等地开展曲艺演出交流活动。组织民间文艺家参加美国欢乐春节和中秋文化活动，参加以色列耶路撒冷彩灯节活动和以色列博览会。扩大与世界重要摄影组织、研究机构、教育机构的交流合作范围，积极向国际摄影界推介中国优秀摄影作品和摄影人，举办摄影术发明175周年主题拍摄和研讨活动。组织赴泰国参加第11届国际书法交流大展，开展中日传统书法交流项目，健全完善国际书法家联合总会秘书处工作机构和职能，发展国际书法家联合总会新会员。选派杂技节目参加第38届蒙特卡洛国际马戏节、第35届“明日”世界马戏节、第3届“新一代”国际青少年马戏节、第16届意大利拉蒂那国际马戏节，参加国际魔术师协会和美国魔术协会举办的联合大会。

密切内地与港澳台的文化艺术交流。举办第6届海峡两岸暨港澳地区艺术论坛、第4届“濠江之春”澳门与内地艺术家大联欢、第7届两岸四地大学生魔术交流大会、第7届海峡两岸合唱节、第4届海峡两岸欢乐汇活动、第3届海峡两岸电视艺术节等重要品牌活动，组织海峡两岸青少年舞蹈交流展演、梅花奖艺术团赴香港演出等活动。在港澳台地区继续开展“中国书法走进校园课堂”活动，积极筹划两岸四地青少年书法巡展。组织文联老干部合唱团参加海峡两岸合唱节展演活动。

七、扎实推进文联系统信息化建设，整合文艺资源，建设“网上文联”，凝聚网络正能量

强化顶层设计，研究出台加强中国文联网络与信息工作的意见。深化建设中华文艺资源数据库，完善中华文艺人才信息数据库软件平台和网上文艺家社区平台，在中国文联各团体会员中推广应用。升级中华书法艺术作品库、美术作品库软件平台。启动摄影艺术作品库及版权服务平台、影视艺术作品库、中国文联专题资料库和文艺资源数据交换与集成共享支撑平台建设。推进中国文艺网三期建设。启动文艺大家名家数字艺术馆/文艺资料抢救保护工程。创建中国书法远程教育视频网。拓展中国文联研修院网站功能，开发网上培训的新方式，借助网络渠道创新授课手段，扩大培训对象的覆盖范围。深入推进传统媒体与新媒体融合发展，以中国文艺网为基础，统筹各团体会员的网站建设。系统推进文艺资源数字化建设，建好文艺资源数据平台。与中央数字电视书画频道、中国网络电视台签署战略合作协议，实现资源共享，互惠双赢。扎实推进中国文联电子政务建设，加快现有平台功能升级，全面提升办公效率。

八、巩固发展党的群众路线教育实践活动成果，切实转变作风，以改革创新精神推动文联自身发展

今年是中国文联的工作创新年、制度建设年、整改落实年。要结合贯彻落实十八届三中全会精神，下大力气抓好整改落实，切实转变作风，推进文联自身创新发展。一是推动发展理念创新。要站在新的历史起点上，把握新的历史特点，深入研究当前文艺界人民团体具有规律性、基础性、长远性的理论和实践问题，深入研究新形势下文联组织的新定位、新职能，文联工作的新任务、新手段，力争使文联工作走上法制化、制度化、规范化的轨道。二是深化国有企业改革。要吃透改革政策，理清改革思路，细化改革措施，进一步强化机遇意识、市场意识、经营意识和竞争意识，按照现代企业制度要求，加快转企改制步伐，推进公司制、股份制改造，完善法人治理结构，创新经营管理机制，加大资源整合重组力度，把内容和产品创新作为企业核心竞争力，把改制、改组、改版有机融合，充分调动干部职工的积极性，提高产品质量和营销能力，有力推动文联出版报刊业做强做优。各全国文艺家协会和有关单位要积极主动加快改革步伐，落实任务书、时间表、责任人，完善改革方案，细化改革措施，落实转制要求，及时研究处理改革中遇到的各方面问题和矛盾，有组织、有领导、有秩序推动企事业单位改革发展。三是完善制度建设。按照中国文联党组制定的群众路线教育实践活动整改方案，认真落实党组中心组学习制度、深入基层调研制度、密切联系和服务文艺工作者制度，严格执行文艺评奖办节、举办晚会、公务接待、会议管理、新闻报道、出国出境、财务管理等一系列规定，进一步完善干部选拔、任用、交流、培养、考核、监督等制度，鲜明崇尚实干的用人导向，大胆使用那些人品正、干实事、敢破难、有担当的干部，形成肯干事、敢干事、干成事的良好风气，确保文联作风建设持之以恒推进，确保文联各级领导班子和领导干部做到为民务实清廉。四是服务好老艺术家。分批组织老艺术家采风调研活动。结合庆祝新中国成立65周年，开展老干部书法、

美术、摄影作品展等系列活动。做好以节日走访、祝贺生日等老艺术家慰问活动，建立老干部志愿服务队和网络服务平台。加强文联老年艺术大学和文联离退休干部活动中心阵地建设。办好欧阳山尊、骆玉笙、马三立诞辰100周年和梅兰芳、周信芳诞辰120周年等纪念活动。

Important meetings、events

2015

重要会议、活动

重要会议活动

中国文联九届六次主席团会议和九届六次全委会

1月11日至12日，中国文联第九届全国委员会第六次会议在京召开。会议深入学习贯彻党的十八大和十八届三中全会精神，学习贯彻习近平总书记系列讲话精神，学习贯彻全国宣传思想工作会议和全国宣传部长会议精神，总结2013年工作，部署2014年工作，进一步团结动员广大文艺工作者为推动文艺事业繁荣发展，推动文联工作改革创新，以优异成绩迎接新中国成立65周年，为建设社会主义文化强国、实现中华民族伟大复兴中国梦做出新贡献。

中国文联主席孙家正出席并主持会议，传达了中央领导同志专门为会议召开做出的重要批示。中宣部副部长黄坤明出席会议并讲话。中国文联党组书记、副主席赵实在会上做了题为《努力唱响实现中国梦的时代最强音》的工作报告。中国文联党组副书记、副主席李屹做会议总结。中国文联党组成员、副主席夏潮、李前光，党组成员、书记处书记郭运德、罗成琰以及中国文联主席团成员，中组部、中宣部有关部门负责同志出席会议。部分全国文艺家协会主席，各全国文艺家协会领导班子成员、中国文联机关局级以上干部、各直属单位领导班子成员、中国金融文联和15个副省级城市文联主要负责同志列席会议。

1月10日举行的中国文联第九届主席团第六次会议，通过关于调整中国文联第九届书记处书记的决定，推举郭运德、罗成琰为中国文联第九届书记处书记，覃志刚不再担任中国文联第九届书记处书记。通过关于更替和增补中国文联第九届全委会委员的决议，确认刘晓霞、汤恒、许钦松、李太阳、杨杰、章剑华、董占顺、程扬、解晓勇9名同志为中国文联第九届全委会委员；马国强、王慧芬、白洁、刘斯奋、李军、吴国生、黄文娟7名同志不再担任中国文联第九届全委会委员。通过了关于接纳中国金融文联为中国文联团体会员的决议。

在全委会上，李屹通报了中国文联九届六次主席团会议关于调整中国文联书记处书记的决定和中国文联九届五次全委会以来中国文联全委变动情况。中国文联党组成员、副主席左中一通报了中国文联九届六次主席团会议关于接纳中国金融文联为中国文联团体会员的决议。全委会增选李前光为中国文联第九届副主席，郭运德、罗成琰为中国文联第九届主席团委员。浙江省文联、广西壮族自治区文联、中国摄协、中国煤矿文联、成都市文联等在会上做了经验介绍。

在本次全委会会议的筹备工作中，中国文联严格按照中央有关规定要求，在会议日程安排、经费标准、新闻报道、资料物品发放等环节，都坚持简朴务实、厉行节俭，杜绝铺张浪费。

文艺界践行社会主义核心价值观

【倡导开展社会主义核心价值观主题文艺活动】

中宣部、中央文明办、中国文联联合发出通知，要求全国各省区市和新疆生产建设兵团的党委宣传部、文明办和文联积极开展社会主义核心价值观主题文艺活动。

《通知》指出，在全党全社会培育和践行社会主义核心价值观，是推进中国特色社会主义伟大事业、实现中华民族伟大复兴中国梦的一项长期而紧迫的重大任务。为深入贯彻党的十八大、十八届三中全会精神和习近平同志系列讲话精神，认真落实中共中央办公厅印发的《关于培育和践行社会主义核心价值观的意见》，全国各地要广泛开展社会主义核心价值观主题文艺活动。主题文艺活动的总体要求是：以邓小平理论、“三个代表”重要思想和科学发展观为指导，学习贯彻习近平总书记系列重要讲话精神，紧紧围绕“三个倡导”，坚持思想性、艺术性、观赏性相统一，注重以文化人、以文育人，突出寓教于乐、寓理于情，弘扬主旋律、凝聚正能量，陶冶道德情操，引领时代风尚，推动社会进步，巩固全党和全国人民团结奋斗的共同思想基础。

《通知》强调，主题文艺活动要高度重视和广泛运用丰富多样的社会主义文艺形式，引导人们牢牢把握富强、民主、文明、和谐作为国家层面的价值目标，深刻理解自由、平等、公正、法治作为社会层面的价值取向，自觉遵守爱国、敬业、诚信、友善作为个人层面的价值准则，不断提升价值判断力和道德责任感，建设中华民族共有精神家园，增强国家文化软实力，具有重大现实意义和深远历史意义。

《通知》要求，开展主题文艺活动一要明确重点。培育和践行社会主义核心价值观的主体在于每一个社会成员，其生命力在于实践养成，最需要广大人民群众的积极参与。要切实把爱国、敬业、诚信、友善这些基本规范和准则作为重点，围绕“国是家”、“勤为本”、“俭养德”、“诚立身”、“孝当先”开展导向鲜明、内容丰富、形式多样的文艺活动，大力传播社会主流价值，传递积极人生追求、高尚思想境界和健康生活情趣。二要加强创作。要加强对中华优秀传统文化的挖掘，加强对多姿多彩的民族民间文化的阐发，加强对激情似火的革命传统文化的弘扬，找准与人们思想的共鸣点、与群众利益的交汇点，做到贴近性、对象化、接地气，努力创做出反映人民主体地位和现实生活、体现当代中国价值观念、群众喜闻乐见的优秀文艺作品。三要示范带动。发挥文艺轻骑兵的示范作用，影响和带动各地深入开展活动。要注重运用评书、故事、快板、鼓曲唱曲等深受群众喜爱的艺术样式，着力组织好我们的价值观——曲艺走基层全国百场巡演，宣传最美人物、讲好最美故事、赞颂最美精神。要深入到城市广场、农村集镇等休闲娱乐交往场所，吸引群众便于参与、乐于参与，在参与中受到教育、得到提高。艺术家要增强使命感和责任感，坚持以人民为中心的创作导向，用家国情怀和人文精神把价值的力量、道德的力量与艺术的力量有机结合起来，敬业奉献，努力做社会主义核心价值观的践行者、传播者。

开展社会主义核心价值观主题文艺活动是贯彻中办《关于培育和践行社会主义核心价值观的意见》的重要举措，是宣传部、文明办、文联等部门和单位的共同责任。《通知》强调，要加强对活动的组织领导。中宣部、中央文明办要切实担负起统筹协调、指导推进的职责。各地党委宣传部、文明办要认真履行好组织、协调、指导、宣传等职责，努力营造良好舆论氛围，政府有关部门可通过购买社会服务的方式，为活动的顺利进行提供物质保障、创造有利条件。中国文联要切实履行组织、联络、协调、服务的基本职能，发挥好桥梁纽带作用。各地文联要按照统一部署，在当地党委宣传部、文明办的领导下，组织包括国有、民营等不同性质的艺术表演团体和广大文艺工作者，以文艺志愿服务小分队等方式深入到基层，扎实开展主题文艺实践活动。各有关部门和单位要在党委宣传部门的统一领导下，加强沟通、密切配合，明确分工、落实责任，各负其责、形成合力。要坚持从实际出发，因地制宜，节俭务实，不搞形式主义、反对铺张浪费。要注重改进创新，加强督促检查，总结好做法好经验，推动形成修身律己、崇德向善、礼让宽容的社会风尚，形成人人践行社会主义核心价值观的生动景象。

【文艺工作者带头践行社会主义核心价值观座谈会】

8月29日，中国文联在京举行文艺工作者带头践行社会主义核心价值观座谈会。中国文联党组书记、副主席赵实，中国文联党组成员、副主席左中一、夏潮，各艺术门类的艺术家代表，各全国文艺家协会和文联机关有关部室的负责同志出席会议。赵实在会上发表讲话，左中一主持会议并作总结。

会上，中国剧协主席、京剧表演艺术家尚长荣宣读了《文艺工作者践行社会主义核心价值观倡议书》。《倡议书》指出，文艺是民族精神的火炬，文艺家是人类灵魂的工程师。培育和践行社会主义核心价值观，坚守我们的价值观自信，必须发挥文艺的作用，必须弘扬文艺形象的强大感召力和文艺家勇于担当的人格力量。倡议全国文艺工作者更加自觉更加主动地将社会主义核心价值观体现到文艺创作和文艺活动中，用熟悉和擅长的各种艺术形式传递真善美，贬斥假恶丑，弘扬主旋律，传播正能量；时刻不忘把国家和人民的利益放在首位，始终坚持文艺为人民服务的宗旨和以人民为中心的创作导向，坚守艺术理想、艺术良知和职业操守，牢记文化担当、社会责任和价值追求，以最大的热情和昂扬的激情投入创作，献身艺术，创造一流的工作业绩，把最好的精神食粮奉献给祖国和人民；做社会主义核心价值观的坚定守护者，积极践行文艺界“爱国、为民、崇德、尚艺”的价值要求，坚决反对拜金主义、享乐主义、极端个人主义，坚决抵制“黄、赌、毒、黑”等违法乱纪行为，修身律己、磨砺品行、德艺双馨、行为世范。追求积极健康的生活方式，树立公众人物的良好社会形象，为社会注入正能量，为各界群众践行社会主义核心价值观做出表率。

座谈会上，徐沛东、姜昆、胡玫、王兴东、边发吉、林永健、刘敏、黄宏、言恭达、凯丽、潘鲁生、王瑶、王红丽13位文艺工作者代表先后发言。大家纷纷表示，文艺工作者的荣誉是人民给予的，理应反哺于人民，带头践行社会主义核心价值观，在舞台上塑造具有正能量的艺术形象，在生活中规范自身的一言一行、做全社会的表率；面对一代又一代成长起来的青年文艺工作者，更应做出正确的示范，抵制一切有损于社会公德的不良行为，践行“爱国、为民、崇德、尚艺”的文艺界核心价值观，把德艺双馨作为事业成功的标准，做有情怀、有担当的人民艺术家。与会艺术家代表在《倡议书》上签名。

学习贯彻习近平总书记在文艺工作座谈会上的重要讲话精神

【中国文联党组召开扩大会议学习贯彻习近平总书记在文艺工作座谈会上的重要讲话精神】

10月16日，中国文联党组召开扩大会议，专题传达学习贯彻习近平总书记在10月15日召开的文艺工作座谈会上的重要讲话精神。中国文联党组书记、副主席赵实，党组副书记、副主席李屹，党组成员、副主席左中一、夏潮、李前光和各全国文艺家协会、中国文联机关各部室、各直属单位负责人出席会议。

赵实主持会议并讲话。她指出，习近平总书记在文艺工作座谈会上的重要讲话情真意切、语重心长，思想深邃、论述深刻，旗帜鲜明、内涵丰富，充分体现了新一届党中央对文艺工作的高度重视、对文艺工作者的亲切关怀、对文艺事业繁荣发展的殷切期望。习近平总书记的重要讲话具有很强的思想性、针对性、战略性、创新性，是新时期中国特色社会主义文艺事业的科学指南，是马克思主义文艺理论和文艺观的最新最好教材。

赵实指出，这次文艺工作座谈会是在党的十八大之后，我国实现“两个一百年”奋斗目标、实现中华民族伟大复兴中国梦的新的重要历史时期召开的，必将推动全党更加高度重视和坚强领导文艺工作，指引我们更加自觉地认识文艺工作的历史使命和责任，更加准确把握文艺发展的正确方向和文艺创作的正确导向，更加清醒辨析当前文艺领域存在的种种问题和是非曲直，更加积极努力地做好文艺工作和文联工作，更大力度地推动我国文艺事业大发展大繁荣。

赵实对文联系统深入学习贯彻习近平总书记重要讲话精神提出了具体要求。她指出，学习好、宣传好、贯彻好、落实好总书记的重要讲话，是当前和今后一个时期文艺界以及广大文艺工作者的重大政治任务，是文联党组和各级领导班子、领导干部的首要政治责任。她要求文联系统精心组织、集中学习，深刻把握总书记讲话的重大意义和重要论断，增强做好文艺工作和文联工作的责任感、使命感。要抓紧安排、全面覆盖，领导带头、突出重点，深刻领会、重在提高，层层组织传达学习。通过各单位组织干部职工学习会、各协会组织文艺家学习座谈讨论会、文艺评论家协会组织文艺理论研讨会、机关党委组织文艺骨干和文联处级以上干部学习培训班等，引导广大文艺工作者、广大干部职工深刻领会总书记讲话的重大意义和重要论断，深刻领会文艺工作在全党全局工作中的重要地位和作用，深刻领会新时期文艺工作的规律特点、方向目标和导向要求，深刻领会繁荣文艺创作、文艺评论工作、文艺人才工作等重点任务和主要举措，深刻领会和深入思考文联组织的新使命、新职责、新任务和新要求，努力增强做好文艺工作和文联工作的使命感和责任感。

赵实要求，要广泛宣传、及时报道，引导文艺界形成学习贯彻总书记重要讲话精神的热潮。文联所属各媒体、各报刊出版网站要及时报道文艺界的热烈反响，生动报道文艺家的学习体会，深入报道评论家的全面阐释，积极报道各协会、各团体、各单位贯彻落实讲话精神的有力措施、新鲜经验和实际成效。要坚持导向正确、守土有责，力求生动鲜活、以理服人，不断增强文艺宣传的影响力、引导力。要联系实际，坚决贯彻、全面落实总书记对文艺工作和文联工作的明确要求，努力推动文艺事业大发展大繁荣。自觉用讲话精神指导文艺实践和文联工作，深入研究推动文艺繁荣和文联发展的工作思路，要逐条逐句梳理总书记提出的五个方面的明确要求和一系列贯彻任务，紧密联系文艺实际和文联职责，积极思考具体的、务实的贯彻措施。要下更大的气力抓好文艺创作和文艺评论、文艺人才队伍建设，加强和完善文艺行业服务、行业管理、行业自律，做好文艺志愿服务、优秀作品展演展示、文艺走出去、文艺维权、文艺出版报刊和网络新媒体发展、文联自身建设等各项工作，积极主动、扎实有效、持久深入地把总书记讲话精神落到实处，开创文艺事业和文联工作新局面。

【文艺家学习习近平总书记在文艺工作座谈会上重要讲话精神座谈会】

10月16日，中国文联在京召开文艺家学习习近平总书记在文艺工作座谈会上重要讲话精神座谈会。中国文联主席孙家正，中国文联党组书记、副主席赵实，中国文联党组副书记、副主席李屹，中国文联党组成员、副主席左中一、夏潮、李前光，中国文联副主席边发吉、刘大为、李维康、杨承志、周涛、徐沛东，各艺术门类艺术家代表，各全国文艺家协会主席、在京副主席，各全国文艺家协会和中国文联机关各部室、各直属单位负责同志等150余人出席会议。座谈会由李屹主持。

孙家正在会上发言表示，习近平总书记在文艺工作座谈会上的重要讲话对文艺界充分肯定、寄予厚望。以习近平同志为总书记的党中央从来是把文艺作为党和国家事业大局中的重要部分来考虑，从来是把文艺事业和国家的振兴、民族的复兴联系在一起。对于习近平总书记的重要讲话，大家要全面学习领会，深刻理解党中央对文艺工作者的希望，把创作作为中心任务，把作品作为立身之本。

孙家正强调，文艺工作者要具有创新精神，洋为中用、古为今用，深深植根于人民、植根于生活，要按照习近平总书记讲话的要求，对人民爱得真挚、爱得彻底、爱得持久，这种爱应当发自内心，只有这样，我们的文艺作品才会真正打动人心。习近平总书记的号召是有共性的，涉及各个艺术门类和艺术领域，而我们的回报应当是有个性的，是千姿百态、百花齐放的，应当从文艺创作、表演、研究、教育等各个方面拿出优异成绩回报人民、回报中央的殷切期望。

赵实在座谈会上发言指出，习近平总书记在文艺工作座谈会上的重要讲话，站在民族复兴的历史高度，站在中华文化的深厚土壤，站在人类文明的国际视角，站在党和人民的鲜明立场，深刻论述了关系当前文艺发展迫切需要解决好的五个重大理论和现实问题，提出了很多新思想、新论断、新观点。《讲话》情真意切、语重心长，思想深邃、论述深刻，旗帜鲜明、内涵丰富，充分体现了新一届党中央对文艺工作的高度重视、对文艺工作者的亲切关怀，对文艺事业繁荣发展的殷切期望。《讲话》关于文艺工作的重要论述充满了辩证唯物主义和历史唯物主义精神，闪耀着马克思主义文艺观的真理光辉，彰显了党关于新时期文艺事业的立场、观点和方法，极具思想性、针对性、战略性、创新性，是我们学习马克思主义文艺理论的最新最好教材，是中国特色社会主义文艺事业的科学指南，是指导我们不断开创文艺工作和文联工作新局面的行动纲领。

赵实强调，中国文联和广大文艺工作者要深刻领会习近平总书记关于实现中华民族伟大复兴中国梦需要中华文化兴盛的重要论述，准确把握文艺工作的重要作用和文艺工作者的历史责任；要深刻领会习近平总书记关于创作无愧于时代优秀作品的重要论述，牢记创作是文艺工作者的中心任务、作品是文艺工作者的立身之本，精益求精、锐意创新，处理好义利关系，努力成为德艺双馨的文艺名家；要深刻领会习近平同志关于坚持以人民为中心的创作导向的重要论述，准确把握文艺与人民、文艺与生活、文艺与市场的关系，与人民同呼吸、共命运、心连心，坚守文艺的审美理想，保持文艺的独特价值；要深刻领会习近平同志关于中国精神是社会主义文艺的灵魂的重要论述，充分认识文艺在培育和践行社会主义核心价值观的独特作用，积极传承优秀传统文化的血脉，追求真善美、弘扬正能量；要深刻领会习近平同志关于加强和改进党对文艺工作领导的重要论述，尊重和遵循文艺规律，切实加强文艺评论工作，充分发挥文联作协的优势，形成不断出精品出人才的局面。

座谈会上，中国剧协主席尚长荣，中国影协副主席王兴东，中国文联副主席、中国音协分党组书记、驻会副主席徐沛东，中国文联副主席、中国美协主席刘大为，中国曲协主席、中国文艺志愿者协会主席姜昆，中国舞协驻会副主席、中国文学艺术基金会秘书长冯双白，中国民协理事、北京师范大学民俗学与文化人类学研究所所长万建中，中国摄协副主席王文澜，中国书协主席张海，中国文联副主席、中国杂协主席边发吉，中国视协会员、上海戏剧学院表演系教授、音乐剧中心主任王洛勇，中国文艺评论家协会副主席、北京大学艺术学院院长王一川发言，畅谈学习习近平总书记重要讲话的体会。发言者有些是在文艺工作座谈会上做过发言的代表，他们深情描述了自己激动的心情，畅谈了自己参会发言的体会；有些是参加座谈会的代表，他们激动讲述了聆听习近平总书记讲话的振奋之情；有些是从外地赶来的文艺家，他们表达了自己的学习心得。大家纷纷表示，习近平总书记的重要讲话为广大文艺工作者指明了方向，让大家感受到党和国家对文艺工作的重视和期待，更加坚定了自己以人民为中心的创作方向，更加坚定了为弘扬社会主义价值观而创作的信心，文艺工作者只有走进老百姓的门槛，才能走进老百姓的心坎，文艺工作者将处理好文艺与人民、社会效益与经济效益、继承与创新等关系，不辜负党的期待和人民的期望。

李屹在主持座谈会时表示，习近平总书记在文艺工作座谈会上的重要讲话充分说明党中央对文艺工作和文艺工作者寄予了厚望。广大文艺工作者要充分认识所担负的庄严使命，自觉承担人类灵魂工程师的神圣职责，坚持以人民为中心的创作导向，自觉培育和践行社会主义核心价值观，不辜负时代的召唤，不辜负人民的期待，努力创做出更多更好的文艺精品，弘扬中国精神、凝聚中国力量，为推动文化大发展大繁荣、建设社会主义文化强国、实现中华民族伟大复兴的中国梦贡献智慧和力量。

庆祝中国文联成立65周年

【全国文联系统干部职工美术书法摄影展】

为庆祝中国文联成立65周年，7月16日，由中国文联主办，中国文联国内联络部、中国美协、中国书协、中国摄协承办的“追寻中国梦——庆祝中国文联成立65周年全国文联系统干部职工美术书法摄影展”在中国文艺家之家展览馆开幕。

中国文联主席孙家正，中国文联党组书记、副主席赵实，中国文联党组副书记、副主席李屹，中国文联党组成员、副主席左中一、夏潮、李前光，中国文联副主席覃志刚、冯远、刘大为、刘兰芳、李维康、周涛以及参展作者代表、艺术家代表、老同志代表，各全国文艺家协会、中国文联机关各部室、各直属单位负责人，中国文联机关干部职工出席开幕式。

孙家正宣布展览开幕并为中国文艺家之家展览馆运营揭牌。赵实在开幕式上讲话。开幕式由李屹主持。开幕式上，左中一宣布了获得展览特别优秀作品和优秀作品的作者名单。夏潮、李前光、覃志刚、冯远、刘大为、刘兰芳、李维康、周涛为获得特别优秀作品的作者颁发了证书。

赵实在讲话中表示，65年来，在中国共产党的坚强领导下，在以毛泽东、邓小平、江泽民、胡锦涛、习近平同志为核心的历代中央领导集体的亲切关怀和指引下，中国文联伴随新中国的发展壮大，走过了极不平凡、极不寻常的65年辉煌历程，一代又一代文艺工作者和文联干部职工与祖国共命运、与人民同呼吸、与时代齐进步，以辛勤的劳动和出色的创造，推动文艺事业和文联工作取得了辉煌的历史性成就，为社会主义文化艺术事业的繁荣发展做出了卓越的贡献。

赵实指出，今天我们举办艺术展览是为了更好地回眸历史、继承传统、把握当前、迈向未来，是为了以艺术的形式向我们的祖国致敬、向我们的人民致敬、向我们的时代致敬、向我们的文联致敬！向广大文艺家和文艺工作者致敬！向文联系统的所有老同志和所有干部职工致敬！中国文联及各团体会员要以中国文联成立65周年为新起点，认真学习贯彻党中央的一系列重大决策部署，在文艺工作中牢牢把握实现民族伟大复兴中国梦的时代主题，更加自觉地培育和弘扬社会主义核心价值观，更加自觉地传承中华优秀传统文化和传统美德，深入推进文艺工作和文联工作的改革创新，努力开拓进取、扎实工作、竭诚服务，为建设社会主义文化强国、实现中华民族伟大复兴的中国梦做出新的更大贡献！

展览从筹划、组织、评选到布展，得到全国文联系统广大干部职工的积极响应和踊跃参与。此次展览共有中国文联各团体会员选送的185件美术书法摄影作品入选，这些作品取材广泛、主旨鲜明、立意新颖、气韵生动，以多彩的画面、多姿的线条、多维度的视角集中展示了65年来、特别是改革开放以来我国文艺事业和文联工作取得的辉煌成就，充分反映了文联人紧扣时代脉搏、紧跟时代步伐，奋发有为、拼搏奉献的精神风貌，是广大文联干部职工追梦、筑梦、圆梦奋斗历程的艺术写照。

品牌活动

中国文学艺术界2014春节大联欢

1月12日下午，由中国文联主办的“百花迎春——中国文学艺术界2014春节大联欢”在北京人民大会堂举行。全国政协副主席卢展工，中国文联主席孙家正，中国文联名誉主席周巍峙，中国文联党组书记、副主席赵实以及殷方龙、蔡武、孙怀山、高占祥、李树文、胡振民、张崇和、董伟、何建明、覃志刚、李屹、左中一、夏潮、李前光、郭运德、罗成琰等中国文联和有关部委领导，中国文联荣誉委员、全委会委员及文艺家和文艺工作者，各艺术门类代表等出席观看了演出。

本次大联欢包括“耕耘的中国”、“绽放的中国”、“丰收的中国”、“为中国歌唱”四个章节。“没有共产党，就没有新中国。”在开幕歌舞《感谢祖国感谢党》中，郭兰英、杨洪基、魏松、李丹阳、吕薇、雷佳等老中青三代艺术家联袂合唱，在新中国成立的第65个年头里，艺术家们“感谢祖国，感谢党”的歌声，唱出了全国各族儿女共同的心声。

在“耕耘的中国”这一章里，老艺术家们抒怀新春。这里既有电影表演艺术家秦怡的朗诵——《少年强则中国强》对少年的寄语，又有舞蹈艺术家贾作光和歌唱家胡松华表演的《马背上的祝福》——献上马年的祝福。电影表演艺术家王晓棠慷慨激昂地朗诵了《喜贺“十八大”》，表达了艺术界对十八大胜利召开的喜悦和文艺界在新一届党中央的领导下奋发向上的热情。田华、傅庚辰、王昆、唐杰忠、范曾、陶玉玲、邓在军、陈铎、杨在葆、刘长瑜、阎肃等艺术家或演唱或朗诵，献上了自己的祝福。艺术家们还呈现了深入甘肃走基层的特别节目，既有乡土气息浓厚的甘肃民俗表演《文艺家下乡来》，又有对家乡的礼赞歌曲《甘肃老家》。在访谈环节，作曲家印青说：“去年8月，我跟随中国音协采风团来到甘肃，在农民家里喝羊肉汤、吃大枣，深刻地感受到改革开放以来河西走廊翻天覆地的变化，在这样的情感感召下，我创作了歌曲《甘肃老家》。”二胡表演艺术家邓建栋和小提琴表演艺术家吕思清合奏《赛马》，74岁的舞蹈表演艺术家陈爱莲，闻乐起舞。马年翰墨赞马，欧阳中石、李铎、张海、申万胜、吴东民、王家新、王铁成、赵忠祥、姜昆、徐沛东、张铁林、朱军等饱蘸浓墨，挥毫书写“驷”、“骐”、“骁”等字为马年祝福。

在“绽放的中国”这一章里，瞿弦和、宋春丽、奚美娟、陈建斌等艺术家朗诵诗歌《中国梦》。刘勃舒、刘大为、张道兴、杜滋龄、崔如琢、吴悦石等画家纷纷以《马到成功》、《马鞍山之春》等画作“丹青颂马”。徐凤美、赵育莹等魔术家代表中国杂技界为观众带来魔术节目《百花争妍》。李晖、金志文、吴娜、萨顶顶、扎西顿珠、王丽达、刘和刚、冯瑞丽、王莹、祖海、白雪等歌唱家带来了歌舞集锦，《美丽家园》、《孝和之歌》、《美丽的草原我的家》、《我的心在飞》、《万物嗨》、《亲吻祖国》、《为农民兄弟唱首歌》、《家和万事兴》、《二十年后再相会》等。

“丰收的中国”章节紧扣“马”这一意象。马年唱马，在“歌舞集锦”中，阎维文、孙悦、解晓东、蒋大为、廖昌永、张建一、殷秀梅、才旦卓玛等艺术家带来的《放马山歌》、《马铃儿响来玉鸟儿唱》、《骏马奔驰保边疆》、《三套车》、《马儿啊，你慢些走》、《我骑着马儿过草原》，以不同的音乐类型，让观众感受到“马”的神采。相声演员冯巩、演员张光北分别在现代京剧《沙家浜》和《骏马奔驰保边疆》中客串起了琴师和手风琴手。《新春寄语》中，来自不同艺术门类的艺术家殷秀梅、王黎光、刘敏、吴为山、胡玫、高希希、于魁智、李胜素、吕嘉、董卿、张国立、章子怡、阎维文等纷纷表示，贴近群众，百姓喜欢才是自己创作的宗旨，将在马年努力开拓，用佳作回馈观众。

在“为中国歌唱”章节里，各文艺家协会代表纷纷发表了“春天抒怀”，他们表示要让老百姓“乐乐呵呵地过日子，踏着舞步迎接新的未来”，“用画笔描绘美丽的中国梦，记录中华民族伟大复兴的历程”。演出最后，郁钧剑、张也、李谷一、小虫、戴玉强、幺红、宋祖英、郑咏、成方圆、王传越、王晰相继演唱了《祖国颂》、《那溪那山》、《乡音乡情》、《边疆颂歌》、《美丽中国进行曲》，把演出推向了高潮，观众深受感染，挥舞着手中的国旗，和声而唱，共同表达对马年中国“龙马精神”的祝福。

“中华情·中国梦”展演系列活动

9月4日，由中国文联、海峡两岸关系协会、厦门市人民政府共同主办的“中华情·中国梦”展演系列活动在厦门举行。上午，在厦门市文化艺术中心举行了“中华情·中国梦”美术书法作品展开幕式。海峡两岸关系协会顾问、海协会书画交流分会理事长陈云林，中国文联党组成员、副主席左中一，中国文联副主席覃志刚，中国文联副主席、中国影协副主席奚美娟，福建省文联党组书记、常务副主席张作兴，厦门市副市长国桂荣，中国文联国内联络部主任刘尚军等出席活动。陈云林宣布展览开幕。左中一、国桂荣在开幕式上致辞。左中一表示，文化是民族的基因，海峡两岸同根同宗同源，加强彼此之间的艺术文化交流，不仅符合海峡两岸的文化需求，也符合海内外中华儿女的共同利益。期待海峡两岸艺术家创作更多展示中华文化气度，具有中国风格、中国气派的精美佳作，用艺术之笔加深两岸一家亲的亲情友情。全国人大常委会副委员长吉炳轩、张宝文，第十一届全国政协副主席张梅颖为展览题词祝贺，来自台湾的连战、吴伯雄、萧万长、江丙坤、蒋孝严、王金平、林中森、洪秀柱、宋楚瑜、郁慕明、郝龙斌、朱立伦、胡志强、李沃士、王再生等知名人士也分别为展览题词表示祝贺。

此次“中华情·中国梦”美术书法作品展展出近600幅书画精品，刘大为、冯远、欧阳中石、张海、张光宾等两岸书画名家为展览创作了作品。台湾地区参展书画作品266件，汇集了台湾22个县市的书画家作品，是历年来台湾地区参展书画作品数量最多、涵盖面最广的一次。特别是台北市、新北市、高雄市、台中市、台南市、金门县和厦门市两岸七市120名青少年共同创作的10幅书写习近平总书记勉励广大青少年要“敢于有梦，勇于追梦，勤于圆梦”的书法长卷，由两岸七市80位70岁以上的书法家共同创作的8幅“两岸一家亲，共圆中国梦”书法长卷，共计18幅各长6米的书法长卷同台展出，成为展览亮点。“中华情·中国梦”美术书法作品展在厦门展出之后，11月还在金门展出。

4日下午，来自港澳台的书画家与内地书画家举办了联谊笔会，以书画为纽带，抒发了海峡两岸人民祈盼和平、期望团圆的心声。4日晚，举行了中秋雅集晚会，艺术家欢聚一堂，节目精彩纷呈。奚美娟、刘家祯的诗朗诵《就是那一只蟋蟀》，于兰的京剧《贵妃醉酒》选段，山翀的独舞《江南吟》，刘全和、刘全利的幽默小品《谁是主角》，温洪武的独唱《鸿雁》，林梦吟、孙犟的杂技双人技巧《心路》，钟丽燕的独唱《鼓浪屿之波》，台湾歌手杨慕创作并演唱的《共同的情歌》，台湾歌手杨慕、辛巴和阿美族歌手鲁映·棘奥合唱的《厦门亲像一首歌》，带来一场别开生面的艺术享受，表达了两岸艺术家彼此的深情厚谊。

“今日中国”艺术周

2月14日至20日，由中国文联和摩纳哥政府、摩纳哥驻华大使馆共同主办的2014“今日中国”艺术周暨摩纳哥“中国节”在摩纳哥举办。中国文联组派68人的艺术团赴摩纳哥进行展演交流活动。本届艺术周以综合文艺演出、摄影展、民间工艺展、灯彩艺术展、中华美食展、电视纪录片展播等丰富内容，以崭新的视角和多元的手法展现了当代中国对五千年中华文明的传承和锐意改革、富民强国的美好梦想。

中国文联党组书记、副主席赵实，摩纳哥国务大臣米歇尔·罗杰，中国驻法国大使馆文化参赞李少平以及摩纳哥内务部、财政部和经济部部长，摩纳哥驻华大使，摩纳哥市长等中摩双方多位嘉宾出席艺术周启动仪式及相关交流活动。

2014“今日中国”艺术周本着面向民众、贴近生活的理念，在确定各个板块时主要侧重与普通民众生活相关的活动内容。为宣传党的十八大关于开展全面深化改革的精神和今日中国和平发展的面貌，中国摄协从数千张反映改革开放成果的图片中认真精选出150余幅有代表性的作品，以民生主题为切入点，收到极好的效果。中国民协根据多年对外交流的经验，遴选了部分具有中国特色且与百姓生活相关的工艺参展，展品颇受欢迎。

本次艺术周首次举办摄影展、灯彩艺术展、中华美食展示、电视纪录片展播，进一步丰富了交流内容，扩大了交流范围。艺术周举办地摩纳哥与其两个邻国——法国和意大利都有着爱好美食的传统，针对这一特点，艺术周首次与中国烹饪协会合作，举办了中华美食展示活动。“北京灯彩”大型工艺灯饰在摩纳哥的展出，在展示中国彩灯艺术的同时也营造出浓重的中国节日氛围。这是作为国家非物质文化遗产的北京灯彩首次走出国门。电视纪录片展播则充分利用摩纳哥电视媒体资源，全方位介绍和展现中华文化历史渊源及发展现状，从而突破了艺术周活动大都在剧场、展厅等室内场所举办的局限性，拓展了活动宣传的覆盖面。

为加强宣传力度，本次艺术周通过与中央电视台、中国国际广播电台、中国艺术报的密切合作，扩大了艺术周的影响力。中央电视台派出法语频道主持随团出访，国际台充分发挥其多语种、多平台、全媒体优势，通过无线和在线广播、国际在线多语种网站、微博和平面媒体、海外合作电台及中华网等传播平台，积极对艺术周活动开展多层次、多角度、全方位报道。国外相关媒体也对本届艺术周活动进行了大量报道。摩纳哥国家电视台全程拍摄并播出了艺术周开幕当天的活动现场情况并采访了出席活动的中摩两国贵宾。法国电视三台派出摄制小组专程赴摩纳哥拍摄了综艺演出和民间工艺暨灯彩展等活动的现场画面并采访了部分艺术家。《尼斯晨报》以“摩纳哥进入‘中国时代’”为题在头版刊登了对摩纳哥驻华大使的专访等。

第六届海峡两岸暨港澳地区艺术论坛

12月9日至11日，由中国文联与台湾沈春池文教基金会联合主办的“第六届海峡两岸暨港澳地区艺术论坛”在台湾台中市举办。中国文联党组成员、副主席夏潮，中国文联副主席、中国曲协名誉主席刘兰芳，沈春池文教基金会副董事长严隽泰、李美惠，香港艺术发展局主席王英伟，澳门基金会行政委员会委员钟怡，以及来自两岸四地的80余位文艺界知名人士、专家学者出席本次活动。

本届论坛以“根脉与梦想——中华文化艺术及其当代复兴”为主题，与会专家学者涉及文学、戏剧、电影、电视、音乐、舞蹈、美术、摄影、书法、曲艺、杂技以及民间文艺等12个艺术门类，在很大程度上代表着当今中国文艺创作展演与研究的较高水平和发展趋势。论坛开幕当天，中国剧协副主席罗怀臻、台湾中国电视公司董事长林圣芬、香港靳刘高创意策划创办人靳埭强、澳门理工学院教授戴定澄、中国国家画院研究员梅墨生、台湾彰化师范大学副教授王信文等与会专家学者结合两岸四地文化交流和发展的现状，围绕全球化浪潮与当代艺术发展、新媒体与文艺传播、中华文化艺术的当代发展、传统人文精神与当代艺术、原生态文化保护与传承、两岸四地文化产业现状与发展等议题，进行了广泛而又深入的讨论。

作为论坛的一个特色内容，本次论坛期间，中国民协副主席叶舒宪、台湾中国文化大学戏剧学系教授牛川海、香港资深媒体文化人纪硕鸣、澳门易经会会长陈志威等专家以“文化与城市”为主题与现场观众进行了交流对话。他们从各自的文化视角，阐释了“人造城市，城市造人”的深刻内涵。本次论坛还设置了艺术讲堂，北京大学艺术学院院长王一川、中央文史馆馆员田青分别到台湾亚洲大学和云林科技大学，以“现代文艺名家眼中的艺术与人生”和“非物质文化遗产的保护之路”为题，与两所大学师生共同探讨当前个人的生存选择及艺术的作用和非物质文化遗产保护等问题，受到师生的欢迎与好评。

论坛期间，与会专家学者参观了鹿港民俗文物馆、台湾工艺研究发展中心、中台禅寺，对台湾的民俗、现代工艺以及宗教文化等方面知识有了更多了解。

与会专家学者以严谨、坦诚的态度积极参与论坛各项活动，他们畅谈根脉与梦想，为实现中华文化艺术的当代复兴建言献策。论坛的举办，深化了两岸四地文艺家携手繁荣发展中华文化的共识，增进了相互了解与友谊，加深了心灵沟通与情感交流。大家一致认为，本届论坛主题鲜明、形式多样，会风朴实，会务接待安排细致周到，是一次很有意义和富有成果的论坛。

全国性文艺大奖、艺术节

第五届中国戏剧奖

【第五届中国戏剧奖评奖情况】

中国戏剧奖是由中国文联、中国剧协主办的全国性戏剧艺术综合奖项，为我国戏剧艺术最高奖，在戏剧界具有崇高声誉和广泛影响，为我国戏剧事业的繁荣发展做出了重要贡献。下设梅花表演奖、曹禺剧本奖、优秀剧目奖、奖・小戏小品奖、理论评论奖和校园戏剧奖六个子奖，每两年评选一次。

第五届中国戏剧奖•曹禺剧本奖于9月24日在湖北潜江第三届曹禺文化周开幕式上揭晓。

第五届中国戏剧奖・理论评论奖于11月1日在江苏张家港揭晓。本届理论评论奖从2014年4月开始征稿，共收到来自23个省区市的55家单位报送的文章158篇。其中有对当代戏剧创作现状、热点和难点的关注及积极建议；也有对戏剧创作成就的概括，对存在问题的分析；还有对优秀剧目的具体评述，对戏剧家的个案解析，彰显出理论与创作实践相结合的鲜明风格。

第五届中国戏剧奖・校园戏剧奖由中国文联、教育部、上海市政府主办，中国剧协、上海市文联等承办，于11月3日至12日在上海举办，来自全国22个省区市、33所高校的23台大戏和10个短剧参与角逐10个优秀剧目奖，及优秀编剧奖、优秀导演奖、优秀表演奖等单项奖。

【第五届中国戏剧奖・曹禺剧本奖评奖结果】

罗周　锡剧《一盅缘》
陈彦　秦腔《西京故事》
余青峰　戏曲《青藤狂歌》
王勇　京剧《项羽》
喻荣军　话剧《老大》
王宏、李宝群、肖力 话剧《兵者•国之大事》
唐栋、蒲逊　话剧《幸存者》
李冰　话剧《海底捞月》
陆伦章　滑稽戏《探亲公寓》

【第五届中国戏剧奖・理论评论奖评奖结果】

1.《中国戏曲与现代文化》 孙惠柱
2.《如何对待西方戏剧理论》 王安葵
3.《当代戏剧创作的三个命题：尊重传统、重塑经典与跨文化交流——新编豫剧〈程婴救孤〉作为一种“文化现象”的解读》 贺宝林
4.《黄梅戏的昨天与今天》 王长安
5.《守望与省思——外国戏剧在中国30年》 颜榴
6.《关于繁荣江苏舞台艺术的对策思考》 徐耀新
7.《臻于至善铸戏魂——谈陈智林在〈巴山秀才〉中的表演创造》 邓添天
8.《中国当代戏剧：突破历史隘口的机遇和选择》 陈世海、戴珩
9.《京剧舞台大制作现象思考》 齐会英

【第五届中国戏剧奖・校园戏剧奖评奖结果】

一、优秀剧目奖（按得票多少为序）

普通组

话剧《马兰花开》　清华大学
话剧《天之骄子》　复旦大学
话剧《上大学》　三明学院
话剧《绽放》　北京科技大学
话剧《探长来访》　南京林业大学
话剧《毕业季》　重庆人文科技学院

专业组

音乐剧《妈妈再爱我一次》 上海视觉艺术学院
京剧《少年马连良》　北京戏曲艺术职业学院
清唱剧《雷锋》　沈阳师范大学音乐学院
话剧《师爱芬芳》　黑龙江艺术职业学院
话剧《生命速递》　吉林艺术学院

二、优秀剧目奖•特别奖

话剧《中国梦》 上海戏剧学院

三、单项奖

普通组

优秀编剧奖：

话剧《爱，不殊不忘》 编剧：曲妍、吴鹏
优秀导演奖：
话剧《秋声赋》导演：林超俊、向丹、刘轶群
专业组
优秀导演奖：
音乐剧《唱出爱》 导演：王兵
优秀编剧奖：
话剧《一代斯文》 编剧：李佳木
优秀表演奖：
京剧《虫虫历险记》 主演：王青

第32届大众电影百花奖

【第32届大众电影百花奖评奖情况】

大众电影百花奖创办于1962年，由《大众电影》杂志社发放选票，观众投票评奖，又被称为“观众奖”，与由专家评出的“专家奖”中国电影金鸡奖隔年颁发，前者在双数年评奖，后者为单数年。现在的大众电影百花奖的评选流程是，首先由来自全国的百位影院经理在近两年票房达到500万、电视播出收视人次达3000万的100部影片中，投票产生10部候选影片。再通过观众投票产生各奖项的提名名单，最后在颁奖典礼现场，由来自全国各地抽签产生的101位大众评委按投票器现场决出最终结果。

4月29日，第32届大众电影百花奖公布候选名单，《一代宗师》《十二生肖》《人再囧途之泰囧》《中国合伙人》《北京遇上西雅图》《扫毒》《全民目击》《周恩来的四个昼夜》《致我们终将逝去的青春》《寒战》十部影片入围影片奖。根据百花奖的评选章程，通过征求10部候选影片制片方的意见，最终确定了最佳编剧、导演、男主角、女主角、男配角、女配角、新人各单项奖候选名单。自即日起至7月31日为观众投票阶段，通过平面媒体、互联网、移动终端等各种渠道，共收到观众选票2200余万张。根据统计结果评选出第32届大众电影百花奖影片提名5部、单项提名各5名。第23届金鸡百花电影节暨第32届大众电影百花奖颁奖典礼上，经101位大众评委现场投票选出最终结果。此外，在电影节上还揭晓了第23届金鸡百花电影节金鸡奖终身成就奖的获奖名单，耄耋之年的电影史学专家程季华、资深编剧史超以及著名演员王心刚、庞学勤荣获此项殊荣。程季华为中国电影发展史的研究做出突出贡献，史超编剧或参与编剧《秘密图纸》《大决战》等经典影片，王心刚和庞学勤则在《野火春风斗古城》、《甲午风云》、《战火中的青春》等多部影片中留下令人印象深刻的人物形象。

【第32届大众电影百花奖评奖结果】

最佳影片：《一代宗师》
优秀故事片：《周恩来的四个昼夜》、《中国合伙人》
最佳导演：赵薇《致我们终将逝去的青春》
最佳编剧：李樯《致我们终将逝去的青春》
最佳男主角：黄晓明《中国合伙人》
最佳女主角：章子怡《一代宗师》
最佳女配角：邓家佳《全民目击》
最佳新人：马浴柯《扫毒》

【第23届金鸡百花电影节金鸡奖终身成就奖】

程季华、庞学勤、王心刚、史超

第九届中国音乐金钟奖

【第九届中国音乐金钟奖评奖情况】

中国音乐金钟奖是由中央宣传部批准设立的、全国唯一常设的音乐综合性大奖，每两年举办一届。第九届中国音乐金钟奖已在2013年举办了作品奖、表演奖、理论评论奖、终身成就奖四个子项的相关项目比赛，2014年举办第九届中国音乐金钟奖表演奖管乐（长笛、单簧管）、合唱比赛。

第九届中国音乐金钟奖表演奖管乐（单簧管、长笛）比赛由中国文联、中国音协、青岛市政府共同主办，中国音协管乐协会、青岛市文联联合承办，于8月3日至8日在青岛开赛。此次赛事共包括开幕式、比赛、管乐公益展演、管乐进社区惠民演出、闭幕式等系列活动。具体安排是，8月3日在新兴体育馆举行第九届中国音乐金钟奖管乐（单簧管、长笛）比赛开幕式，开幕式演出以青岛市管乐团队为主，并邀请解放军军乐团演出精彩节目。8月4日面向全市劳模、文明市民、教师、部队等各方代表和广大管乐爱好者，邀请解放军军乐团举办一场高水平的公益性惠民表演。8月4日至7日分别在青岛音乐厅和青岛广电影视剧场，

举办单簧管、长笛的复赛、半决赛和决赛，来自全国各地的120余名选手参赛。8月8日晚举行闭幕式颁奖晚会，由单簧管、长笛比赛获奖选手与青岛交响乐团联袂演出并进行颁奖。

第九届中国音乐金钟奖合唱比赛由中国文联、中国音协、江苏省委宣传部、江苏省文联、苏州市委宣传部主办，江苏省音协、苏州市文联、苏州日报报业集团、苏州广电总台联合承办。9月18日至21日，来自全国29个省区市以及中直机关、部队的35支合唱队，近2500人参赛角逐。中国首都警官合唱团、西安音乐学院合唱团和苏州科技学院音乐学院合唱团荣获金奖。

【第九届中国音乐金钟奖管乐（长笛、单簧管）比赛获奖名单】

长笛

金奖　刘　晔　中央音乐学院选送
银奖　刘颖茜　中国交响乐团选送
　　　高　源　陕西省音乐家协会选送
铜奖　王　佳　中国交响乐团选送
　　　周诗楠　上海音乐家协会选送
　　　雷　蕾　中国音乐学院选送
优秀奖　宋一迪　中国音乐学院选送
　　　杨语熙　星海音乐学院选送
　　　车　达　中央音乐学院选送
　　　崔启昊　西安音乐学院选送
　　　张　翔　总政艺术局选送

单簧管

金奖　吕树清　中央音乐学院选送
银奖　肖　禹　总政艺术局选送
　　　何时雨　总政艺术局选送
铜奖　周　磊　总政艺术局选送
　　　董诗乐　中国音协管乐学会选送
　　　李震伟　上海音乐学院选送
优秀奖　刘瀚文　辽宁省音乐家协会选送
　　　李光韬　中国音协管乐学会选送
　　　李思远　中央音乐学院选送
　　　张　鑫　山东省音协选送
　　　唐艳婷　星海音乐学院选送

【第九届中国音乐金钟奖合唱比赛获奖名单】

金奖

中国首都警官合唱团　全国公安文联选送
西安音乐学院合唱团　西安音乐学院选送
苏州科技学院音乐学院合唱团　江苏省音协选送

银奖

广西艺术学院合唱团　广西音协选送
四川音乐学院合唱团　四川音乐学院选送
武汉音乐学院东方神韵合唱团　武汉音乐学院选送
大连艺术学院混声合唱团　辽宁省音协选送
内蒙古师范大学音乐学院学生合唱团　内蒙古音协选送

铜奖

福清侨乡合唱团　福建省音协选送
山东艺术学院音乐学院合唱团　山东省音协选送
东北师范大学音乐学院学生合唱团　吉林省音协选送
湖南师范大学音乐学院天籁合唱团　湖南省音协选送
浙江大学文琴合唱团　浙江省音协选送
常熟江南云水合唱团　江苏省音协选送
中国工商银行苏州苏韵合唱团　江苏省音协选送

第二届中国美术奖

【第二届中国美术奖·创作奖评奖情况】

全国美术作品展览是由文化部、中国文联和中国美协共同主办的规模最大、参与范围最广、作品种类最多、最具影响力和权威性的国家级综合性美展，每五年举办一次，迄今已举办12届，代表了国家美术创作的最高水平，同时也是对全国美术界每五年发展阶段的一次全面检阅与展示。自第十一届全国美展开始，“中国美术奖•创作奖”同时评选产生，该奖是经中宣部批准设立的国家级美术创作类最高奖，共160名，分为金奖10名、银奖20名、铜奖30名、优秀奖100名四个等级。第十二届全国美展在评选中真正有效地把重视文化积淀与提倡技术创新统一起来，选拔出一批高质量、坚守本画种基本特点、注重体现民族气派、健康向上的主旋律作品。

【第十二届全国美术作品展览暨第二届中国美术奖·创作奖评奖结果】

序号	作者	题目	省份	画种	备注
1	彭伟	而立之年	重庆	版画	金奖作品
2	刘德才	刻在北大荒的土地上	黑龙江	插图	金奖作品

3	许海刚	亮宝节上的人们	湖北	水彩粉画	金奖作品
4	何红舟	桥上的风景	浙江	油画	金奖作品
5	陈治 武欣	儿女情长	天津	中国画	金奖作品
6	中央美术学院 西安美术学院 太原理工大学 北京服装学院	“为西部农民生土窑洞改造设计”四校联合公益设计项目	四大美院	环艺	金奖作品
7	张玉惠	织情叙意	福建	漆画	金奖作品
8	董喜春	存在之三十六·走过	辽宁	水彩粉画	银奖作品
9	李智华	老广东，小生活	广东	油画	银奖作品
10	洪涛	长征-向北·向北！	辽宁	雕塑	银奖作品
11	杨洋	春将至	北京	综合材料	银奖作品
12	赵培智	开河节上的塔吉克男人	北京	油画	银奖作品
13	杨春	美丽的森林	北京	动漫	银奖作品
14	陈若菊 周令钊等	北京地铁六号线集体创作	北京	壁画	银奖作品
15	李焕民	守望	四川	版画	银奖作品
16	李成民	开国大典·人民万岁	浙江	油画	银奖作品
17	黄洪涛	光阴的故事	辽宁	中国画	银奖作品
18	沈克龙	花事千年	福建	漆画	银奖作品
19	应金飞	似水年梦	浙江	水彩粉画	银奖作品
20	赵奇	在土地上	北京	中国画	银奖作品
21	王树山	延安鲁艺的一天	解放军	雕塑	银奖作品
22	梁业健	青影	广西	版画	银奖作品

23	李雪松 季绪超	便携风力发电机设计	辽宁	工业	银奖作品
24	黄鸣	大沉香	浙江	油画	银奖作品
25	张策	大山正月	辽宁	中国画	银奖作品
26	李永清 卢密	循之路	江苏	工艺	铜奖作品
27	邓柯	民族系列——芭沙人的芦笙节	北京	雕塑	铜奖作品
28	陈福彬	群乡蔬谱图	上海	中国画	铜奖作品
29	杨向宇	爱	四川	漫画	铜奖作品
30	丁志伟	寻找焦裕禄	河南	综合材料	铜奖作品
31	林一蕙	黑·白	浙江	陶艺	铜奖作品
32	孙立军 方成 邹静之	兔侠传奇	北京	动漫	铜奖作品
33	王 秦	欢乐颂	上海	工艺	铜奖作品
34	卢冰	吉祥西藏	北京	连环画	铜奖作品
35	周宗凯 周渭淙	南京	重庆	连环画	铜奖作品
36	林智勋 黄建坤	旧时光	福建	漆画	铜奖作品
37	李善阳 李慧	喜马拉雅	山东	油画	铜奖作品
38	苏丹 张月 杜异 陆轶辰 汪建松 崔笑声 梁雯 周艳阳 师丹青 顾欣 王之纲	2015年意大利米兰世博会中国馆整体设计	北京	环艺	铜奖作品
39	曾春平	我把春天带回家	广东	中国画	铜奖作品
40	焦兴涛	逐梦	重庆	雕塑	铜奖作品
41	李康	城·惊蛰	广东	版画	铜奖作品

42	徐钢	三教圣地	江苏	中国画	铜奖作品
43	单飞达	中国远征军	浙江	壁画	铜奖作品
44	薛文凯 李奉泽 孙健	滤径——环保道路隔离设施设计	辽宁	工业	铜奖作品
45	宋光智	渡船	广东	版画	铜奖作品
46	肖勇	昆虫记	广东	插图	铜奖作品
47	潘妙 高良	事事如意	北京	工艺	铜奖作品
48	尤山	石头城的传说	新疆	连环画	铜奖作品
49	熊礼斌	草原上的人们	福建	油画	铜奖作品
50	王天德	后山图	上海	综合材料	铜奖作品
51	王雷	文化中国·大明	河南	综合材料	铜奖作品
52	韩绪 俞佳迪 瞿振超 林衍兆 易柳汝 袁婧怡	浙江省农村文化礼堂视觉形象及符号系统设计	浙江	平面	铜奖作品
53	侯国良	北大荒的呼唤	黑龙江	连环画	铜奖作品
54	王颖生 董卓 李靖 岳阳 吴大韡	万国来朝	北京	壁画	铜奖作品
55	孙景刚	偶遇	浙江	油画	铜奖作品
56	张杞峰	简	北京	服装	铜奖作品
57	柳青	成果	北京	雕塑	铜奖作品
58	闫 睿	秋蝉的轮回	北京	工艺	铜奖作品
59	栾清涛	“和”清园普洱茶膏文化礼品包装	山东	平面	铜奖作品
60	徐展	郎木寺的节日	天津	中国画	铜奖作品
61	袁伟	碎片	安徽	综合材料	铜奖作品

62	罗中立 郝大鹏 潘召南 孙继任	共生校园—四川美术学院虎溪校区	重庆	环艺	铜奖作品
63	王超	西行	江苏	雕塑	铜奖作品
64	毕璐	盛装	黑龙江	壁画	铜奖作品
65	周少华 王蕾 吴晶	年轮	湖北	服装	铜奖作品
66	冯崇利	熔铸—竹风	北京	雕塑	铜奖作品
67	姜 延	不缺席的繁星	河北	平面	铜奖作品
68	王岗 肖乐	青语·山	浙江	陶艺	铜奖作品
69	郑峰	奔月颂	广东	版画	铜奖作品
70	刘金亭 杨婉	春风化雨	辽宁	雕塑	铜奖作品
71	杨季	榜样	陕西	中国画	铜奖作品
72	姜永安	伤逝的肖像·中国“慰安妇”写真	江苏	中国画	铜奖作品
73	任世民 李翔	升腾	北京	壁画	铜奖作品
74	苏军权	日出而作，日入而息	广东	水彩粉画	铜奖作品
75	叶武林 杨宁 赵岩 耿延民 王康	石壁客家祖地牌坊门浮雕群	北京	壁画	优秀奖作品
76	孙国庆	失衡的状态	北京	综合材料	优秀奖作品
77	陈文骥	不料	北京	综合材料	优秀奖作品
78	魏传涛	印象——轨迹系列	湖北	工艺	优秀奖作品
79	吴静秋	梳妆	黑龙江	版画	优秀奖作品
80	李雨祇	梦·十日	北京	插图	优秀奖作品
81	陈文智	灰面人	广东	插图	优秀奖作品
82	赵 竹	元音	贵州	油画	优秀奖作品

83	罗江 卢冰	天路	云南	中国画	优秀奖作品
84	曲晶	无有——炻器	浙江	陶艺	优秀奖作品
85	邵健 周浩 张露 倪荦均 李金蔚	龙泉大师园徐朝兴工作室——建筑与景观设计	浙江	环艺	优秀奖作品
86	韩晓骏	上海轨道交通9号线醉白池站设计施工方案		环艺	优秀奖作品
87	游宇	捃瓷·红双喜	云南	版画	优秀奖作品
88	李龙燕	童谣乐	重庆	年画	优秀奖作品
89	廖扬	爸爸妈妈都去哪了	上海	版画	优秀奖作品
90	闫平	小鱼儿是自由的	北京	油画	优秀奖作品
91	林强 王淼 李永炜 马彧	升腾的爱	北京	壁画	优秀奖作品
92	彭韶军	流传百年的味道	新疆	插图	优秀奖作品
93	张小磊	戈壁滩上的军乐队	解放军	中国画	优秀奖作品
94	马蕾	如跂斯翼·如矢斯棘	山东	漆画	优秀奖作品
95	周吉荣	景观—太和殿	北京	版画	优秀奖作品
96	阮梅	于无声处	解放军	油画	优秀奖作品
97	赵旸	父亲·母亲	山东	水彩粉画	优秀奖作品
98	王羽天	遥望	浙江	油画	优秀奖作品
99	冯峰	时间中的宫殿——西安大明宫国家遗址公园中轴线标识性建筑宣政殿、紫宸殿的设计	广东	环艺	优秀奖作品
100	景育民	黑雨	天津	雕塑	优秀奖作品
101	李雪松 王艺蓉 陈宇	汽车脱困板设计	辽宁	工业	优秀奖作品
102	曹德利 金常江 胡楚凡 赵时珊 尹航 刘健	汇聚·第十二届中华人民共和国全国运动会火炬塔及舞台设计	辽宁	环艺	优秀奖作品
103	王洪亮 孙玉敏 王衍达	劳动者之歌	北京	壁画	优秀奖作品
104	曲宝来	往事	山东	水彩粉画	优秀奖作品
105	高鸣	渔舟唱晚	江苏	中国画	优秀奖作品
106	翟振辉	霜露	浙江	陶艺	优秀奖作品
107	田奎玉	祖国颂	辽宁	壁画	优秀奖作品
108	路昊	梦回巴黎	北京	油画	优秀奖作品
109	陈娜	若只如初见	福建	漆画	优秀奖作品
110	熊开波	华夏器韵系列	北京	陶艺	优秀奖作品
111	徐志伟	麒麟系列	浙江	陶艺	优秀奖作品
112	杨德君	使命	山东	中国画	优秀奖作品
113	李金国	古木吉禽	江苏	中国画	优秀奖作品
114	刘金贵	节日的山村	北京	中国画	优秀奖作品
115	李啸非	辛卯日记	北京	插图	优秀奖作品
116	夏大川 杨欣	无题	山东	漫画	优秀奖作品
117	杨耀斌	迷彩青春	福建	漆画	优秀奖作品
118	陈振国	秋醉大巴山	陕西	水彩粉画	优秀奖作品
119	招炽挺	晴空	解放军	中国画	优秀奖作品
120	沈烈毅	铁壳船	浙江	雕塑	优秀奖作品
121	柴立青	无题	浙江	漫画	优秀奖作品
122	李程 钱麒光	玄光	辽宁	陶艺	优秀奖作品

123	李付彪	古音—10	山东	工艺	优秀奖作品
124	庄道静	放飞梦想	江苏	中国画	优秀奖作品
125	范潇	功夫——五子搏连环	江苏	漆画	优秀奖作品
126	叶菁	外面	上海	漆画	优秀奖作品
127	张伟	律动	黑龙江	版画	优秀奖作品
128	董卓	般若	北京	壁画	优秀奖作品
129	王檬檬	惑之书	陕西	工艺	优秀奖作品
130	冯卫军	2012	江苏	水彩粉画	优秀奖作品
131	池颖红	空间物语之八	黑龙江	油画	优秀奖作品
132	于小冬	燃灯节	天津	油画	优秀奖作品
133	章伯奇	绿牡丹	上海	连环画	优秀奖作品
134	刘释凌	打麦场上	四川	水彩粉画	优秀奖作品
135	涂蓉蓉	初春的郊野	江苏	水彩粉画	优秀奖作品
136	何梦琼	巴莎汉子	北京	中国画	优秀奖作品
137	余平	瓷儿系列・同行	广东	陶艺	优秀奖作品
138	董克诚 董瑀强	格桑与卓玛	天津	连环画	优秀奖作品
139	汪晓曙 汪荩 李茂宁 熊中华 皮宪文	一个人的长征	广东	连环画	优秀奖作品
140	赵俊峰	晨曦	陕西	中国画	优秀奖作品
141	林宜耕 李涛	戏画人生	福建	漆画	优秀奖作品
142	余潮松	温暖前行之三	广东	漆画	优秀奖作品
143	李小光	家乡记事	江苏	版画	优秀奖作品
144	郑艺 刘振生	城市老年人家庭洗浴产品设计	北京	工业	优秀奖作品
145	陈勇劲	山火	湖北	水彩粉画	优秀奖作品
146	李晓明 王其钧	都市中的一抹霞光	北京	水彩粉画	优秀奖作品
147	崔风东 吴跃胜 郭荣钧	待命	解放军	水彩粉画	优秀奖作品
148	方赞茹	看不见的风景	浙江	油画	优秀奖作品
149	张峻明 李雪梅	岁月留声	解放军	油画	优秀奖作品
150	宋仁伟	陕北红	北京	油画	优秀奖作品
151	崔小冬	温暖的日子	浙江	油画	优秀奖作品
152	沈璐	鹤之灵	辽宁	连环画	优秀奖作品
153	潘丽萍	踮脚张望	广西	动漫	优秀奖作品
154	王泽培	查一惊百	河南	漫画	优秀奖作品
155	朱松	吉祥钱塘	浙江	年画	优秀奖作品
156	史 墨	“荷韵”竹炭高级茶巾销售包装设计	北京	平面	优秀奖作品
157	马力平 马青	高原汽车兵	四川	版画	优秀奖作品
158	胡贤武	多重猜想・2014	广东	版画	优秀奖作品
159	张文平	八月	甘肃	油画	优秀奖作品
160	刘泉义	源泉	解放军	中国画	优秀奖作品

第八届中国曲艺牡丹奖

【第八届中国曲艺牡丹奖评奖情况】

中国曲艺牡丹奖是经中宣部批准，由中国文联、中国曲协 共同主办的全国性曲艺专业最高奖项，每两年评选一届。第八届中国曲艺牡丹奖的评奖工作于2月至9月进行，按照《中国曲艺牡丹奖章程》和《中国曲艺牡丹奖评奖细则》，经过报送、初评、分赛区比赛、终评四个阶段，9月2日至5日经终评委员会评选，最终评选出6大项共46个奖项。本届评奖共设立了浙江杭州、江苏武进、安徽合肥和山西长治四个赛区，评奖工作始终严格遵循公平、公正、公开的原则，按照规定程序和标准进行，突出了评奖的社会导向性、行业专业性和艺术权威性，在不断提升曲艺牡丹奖的科学性、扩大影响力、积极推动曲艺艺术繁荣发展等方面取得了新成效。10月18日至19日，在江苏南京举行了第八届中国曲艺牡丹奖颁奖系列活动。

【第八届中国曲艺牡丹奖评奖结果】

节目奖（9个）

独脚戏《爸爸去哪儿》
杭州摊簧《美丽的眼睛》
中篇苏州弹词《绣神》
小品《社区民警于三快》
大同数来宝《你幸福吗》
小品《送礼》
群口相声《为玉树放歌》
相声《南腔北调》
鼓曲联唱《鼓韵流芳》

表演奖（11个）

叮　当（张旭东）
杨雪莉
陈忠达（小宝）
夏吉平
吴新伯
袁小良
高博文
尚大庆
凌　淋
张曦文
白军宣

创作奖（7个）

王新创作的小品《心愿》
金曾豪、陆建华创作的短篇苏州弹词《招牌菜》
冯阳、刘晰宇、刘俊杰创作的相声《我的房子呢》
尹琪创作的小品《一路平安》
马小平、李彦生、弓瑞创作的相声《我爱山西》
暴玉喜创作的长子鼓书《腊月天儿》
腊国庆创作的哈尼族小三弦弹唱《白鹇姑娘》

新人奖（8个）

唐瑜蔓（32岁）
董其峰（33岁）
施金裕（31岁）
庄丽芬（33岁）
康　康（33岁）
苗　阜（32岁）
张　楠（31岁）
赵梓琳（26岁）

理论奖（4个）

《山东曲艺音乐概论》　郭学东
《城墙内外：曲艺的都市化与都市化曲艺》　岳永逸
《相声在陕西的传承与发展》　王茵
《巧智之美与相声艺术》　康尔

终身成就奖（7个）

常贵田（相声）
杨振华（相声）
李鸿民（山东快书）
连丽如（评书）
余红仙（苏州评弹）
张凌怡（曲艺理论）
赵连甲（曲艺创作表演）

第九届中国舞蹈荷花奖

【第九届中国舞蹈荷花奖评奖情况】

中国舞蹈荷花奖是国家级舞蹈专业艺术大奖，由中国文联、中国舞协主办。自1998年设立后，以舞蹈、舞剧为序，包括民族民间舞、当代舞、现代舞、芭蕾舞、古典舞等舞种类别，每两年评选一次。旨在鼓励创作思想性、艺术性、观赏性完美结合的舞蹈精品，通过繁荣创作，培养和推出舞蹈新人，进而推动当代中国舞蹈文化的全面建设，促进舞蹈艺术的发展与进步。

第九届中国舞蹈荷花奖校园舞蹈评奖活动于7月24日至27日在京举行，大赛分艺术院校组和普通院校组两个组别进行评比，首次采取互联网线上投票与线下评奖相结合的方式进行，以此更大力度和范围地吸引社会公众的关注度和参与性，加大舞蹈知识在民众中的普及，提高大众舞蹈欣赏水平。自今年5月向各地发出大赛通知后，共有27个省区市的300多个作品报名参赛，6月5日至6日，初评评委会对所有参评作品进行了严肃、认真、公平的录像观摩评选，最终选出47个作品入围决赛，其中艺术院校组28个，普通院校组19个。经过终评，产生了5个金奖、11个银奖、12个铜奖、5个编导奖。

第九届中国舞蹈荷花奖当代舞、现代舞评奖

活动于11月18日至20日在京举行。初评报名从6月开始截至9月初，共有来自全国24个省区市的180个作品参评，最终选出30个当代舞作品、15个现代舞作品进入终评。从入围作品来看，现代舞创作趋于成熟，地方院团选送的当代舞作品大放光彩，部队院团作品仍以质取胜，作品整体水平上升，演员质量亦有所提高。这些入围作品以舞蹈契合创造精神、强调生命意识的表现，大多与时代气息相融，在不同层面表现了中国人当代生活和情感的诸般情态。最终产生了5个金奖、12个银奖、10个铜奖。

【第九届中国舞蹈荷花奖校园舞蹈评奖结果】

普通院校组

作品奖

金奖：

《天梯·梦想》乐山师院

《八班教室》湖南第一师范学院

银奖：

《白白的裤子黑黑的哥》广西师范大学

铜奖：《木棉花开》广东省外语艺术职业学院

表演奖

金奖：

《红旗渠故事》许昌学院

银奖：

《致青春》四川文理学院

铜奖：

《东林书魂》江南大学

《生如夏花》南昌大学

编导奖

《东林书魂》江南大学

艺术院校组

作品奖

金奖：

《脊梁》山东艺术学院

《咿板嘟》云南文化艺术职业学院

银奖：空缺

铜奖：

《辞母》中央民族大学

《镜中人》中央民族大学

表演奖

金奖：空缺

银奖：

《蒙古骑兵》安徽艺术职业学院

铜奖：

《相依唯梦》山东艺术学院

编导奖

《春知沂蒙》山东艺术学院

【第九届中国舞蹈荷花奖当代舞、现代舞评奖结果】

现代舞组

作品奖

金奖：空缺

银奖：

浙江歌舞剧院有限公司《奋楫者》

铜奖：

上海戏剧学院舞蹈学院《也许，仅此而已》

表演奖

金奖：

北京军区战友文工团《心尘》

广州军区政治部战士文工团《日出》

银奖：

三亚市艺术团《且行且珍惜》

北京军区战友文工团 《一念》

铜奖：

北京师范大学《修·行》

编导奖

金奖：空缺

银奖：

北京舞蹈学院《深呼吸》

铜奖：

北京舞蹈学院《奋斗》

当代舞组

作品奖

金奖：

广州军区政治部战士文工团《夫妻哨》

解放军艺术学院《彩虹桥》

海军政治部文工团《我等你》

银奖：

黑龙江省歌舞剧院有限公司《松花江上》

南宁市艺术剧院有限责任公司《骆越先歌》

北京市军乐艺术学校《青春·着色》

山东省艺术研究院《海拔6000米》

四川文理学院《魂铸巴山》

铜奖：

沈阳师范大学戏剧艺术学院《闯关东》

武警贵州总队文工团《冲刺·十环》

中国舞蹈网师范学院《妙手生花》

表演奖

金奖：空缺

银奖：

济南军区前卫文工团《为你守候...》

海军政治部文工团《海之翼》

铜奖：

重庆两江艺术团《高山流水》

第二炮兵政治部文工团《困之战》

第二炮兵政治部文工团《火箭兵的梦》

编导奖

金奖：空缺

银奖：

遵义市演艺集团有限公司《红军山上》

铜奖：

兰州军区战斗文工团《班长·班长》

第十二届中国民间文艺山花奖

【第十二届中国民间文艺山花奖评奖情况】

中国民间文艺山花奖是由中国文联、中国民协共同主办的国家级民间文艺大奖，授予在民间文艺工作和活动中成绩显著、贡献突出的个人和团体，每两年评选一届。该奖在促进我国非物质文化遗产的抢救与保护，传承和发展中华民族优秀传统文化，推动我国民间文艺事业大繁荣、大发展等方面做出了很大贡献。

第十二届中国民间文艺山花奖·民间艺术表演奖（舞龙）评奖活动于6月27日至28日在苏州举行，由中国文联、中国民协、江苏省文联、江苏省民协和苏州市人民政府联合主办，苏州市文联、姑苏区政府、相城区政府共同承办。来自14个省市区的15支代表队共计600余人在相城区体育馆展演，比赛评出山花奖5名。

第十二届中国民间文艺山花奖·民间艺术表演奖（民间广场歌舞）评奖活动于9月23日在广西百色市田东县举行。经过全国范围内初评，共有西藏、新疆、陕西、四川、安徽、云南、广东等15个省份的16支民间艺术团参与角逐，参评作品结合各地民族原生态民间歌舞特色进行创作和改编，有《欢快锅庄》、《羊皮鼓舞》、《老虎笙》等16个节目。

第十二届中国民间文艺山花奖·民间工艺美术作品奖的评选活动分年度按别安排在烟台、天津、苏州、广州四个城市进行。2014年度第十二届中国民间文艺山花奖·工艺美术作品奖评选活动分别于10月17日和11月21日在烟台国际博览中心、苏州国际博览中心举行。

【第十二届中国民间文艺山花奖·民间艺术表演奖（舞龙）评奖结果】

《五龙呈祥庆太平》

福建上杭县艺术中心五龙民俗表演队

《龙舞稻花香》

江苏苏州市民协、苏州科技学院舞龙表演队

《壮族板鞋龙》

广西贺州市八步区壮族板鞋龙队

《烟花龙舞》

湖南浏阳市强盛龙狮艺术团

《拼字龙》

浙江温州市龙湾区民协拼字龙表演队

【第十二届中国民间文艺山花奖· 民间艺术表演奖（民间广场歌舞）评奖结果】

《老擓噶妈闹花灯》

河北滦县铁牡丹农民秧歌队

《金锣舞》

广西田东民间歌舞表演队

《欢快锅庄》

西藏那曲地区群众艺术馆

《老虎笙》

云南楚雄双柏彝族老虎笙表演队

《鹰雄相斗竞风流》

广东廉江市舞鹰雄艺术团

【第十二届中国民间文艺山花奖·民间工艺美术作品奖评奖结果】

《私塾》彩塑　王润莱

《琴瑟和鸣》石雕　叶子

《徽州无梦·套砚》砚台　程礼辉

《梁红玉》牙雕　张贺

《凌竹壶》紫砂陶　刘军华

《金陵十二钗》面塑　王晓燕（延凤）

《六国大封相》砖雕　何世良

《释迦摩尼佛》刺绣　王丽敏
《十里红妆·系列》漆艺　黄才良、陈龙
《客家山歌农民画组画》农民画　王汉池
《歙石达摩面壁砚》文房四宝　吴笠谷
《生态之殇》刺绣　姚惠芬
《象尊》玉雕　马洪伟
《民族风·中国梦》陶瓷　林鸿福
《脱胎金漆镶嵌千秋瓶》漆器　许晓芳
《十二月花神》核雕　许忠英
《福贵齐芳》竹根雕　周秉益
《移动砖雕门楼》砖雕　钱建春

第十届中国摄影金像奖

【第十届中国摄影金像奖评奖情况】

中国摄影金像奖是由中国文联和中国摄协主办的摄影艺术领域全国性的最高个人成就奖，旨在表彰和奖励为摄影事业繁荣发展做出突出成绩或取得重大成就的“德艺双馨”摄影家、理论评论家、图片编辑和出版家。金像奖评选本着公开、公正、公平的原则，不断推出优秀的摄影人才和作品，推动中国特色社会主义摄影艺术事业的不断发展。

11月20日至23日，第十届中国摄影金像奖在京评选。本届金像奖由39位评委分7个组对纪录摄影类新闻组、纪实组，艺术摄影类直接呈现组、创意观念组，商业摄影类，摄影理论奖、摄影传播奖进行评选。最终共有29位摄影家分别在摄影创作、摄影理论、摄影传播和终身成就四大类评选中获奖。

【第十届中国摄影金像奖评奖结果】

终身成就奖

林少忠、茹遂初、邵柏林

摄影创作奖

记录摄影类

新闻摄影组：李洁军、赵　青

纪实摄影组：解海龙、樊尚珍、郑云峰、卢现艺、田　立、冯建新、黄利平

艺术摄影类

艺术摄影（直接呈现）组：李英杰、楼宇浩

艺术摄影（创意观念）组：杨建川、高　辉、范　霖

商业摄影类

商业广告组：胡国庆

商业人像组：贾云龙

摄影理论奖

理论研究类：杨莉莉、朱金平

理论评论类：潘　科、宋刚明

摄影史志类：谢　琳

摄影传播奖

图片编辑类：左微微

展览策划编辑类：张国田

图书策划编辑类：王　征、王　刚

摄影译介类：徐婷婷

第五届中国书法兰亭奖

【第五届中国书法兰亭奖评奖情况】

中国书法兰亭奖是我国书法艺术的最高专业奖，主办单位为中国文联、中国书协，专门表彰在书法艺术创作、理论研究、书法教育、编辑出版等领域做出重大成就和突出贡献的书法家、书法理论家、书法教育家和书法工作者。

12月15日至21日，第五届中国书法兰亭奖评审工作在浙江绍兴举行，本届评奖包含终身成就奖、艺术奖、理论奖、佳作奖四个奖项。其中，艺术奖61人参评，评出10位艺术奖获奖者；理论奖参评125部(篇)，评出一等奖3部(篇)、二等奖4部(篇)、三等奖12部(篇)；佳作奖收到有资格作品5198件，评出入展作品198件，其中一等奖5件，二等奖10件，三等奖15件。

【第五届中国书法兰亭奖评奖结果】

终身成就奖（共2人）

孙伯翔　周慧珺

艺术奖获奖名单(共10人)

韩天衡　李刚田　周俊杰　刘一闻　徐利明
张旭光　邱振中　徐本一　张建会　熊伯齐

理论奖获奖名单(共19部/篇)

一等奖(共3部/篇)

金　丹　江苏《阮元书学研究》专著
盛东涛　江苏《楚默全集》(书法部分）专著
叶　梅　福建《晚明嘉兴项氏法书鉴藏研究》专著
二等奖(共5部/篇)
陈志平　广东《北宋书家丛考》专著
王晓光　山东《新出汉晋简牍及书刻研究》专著
薛龙春　江苏《雅宜山色——王宠的人生与书法》专著
张俊岭　浙江《朱筠、毕沅、阮元三家幕府与乾嘉碑学》专著
三等奖(共12部/篇)
王学雷　江苏《古笔考——汉唐古笔文献与文物》专著
祝　帅　北京《从西学东渐到书学转型》专著
水赉佑　上海《〈兰亭序〉研究史料集》专著
张小庄　天津《清代笔记、日记中的书法史料整理与研究》专著
朱友舟　江苏《中国古代毛笔研究》专著
徐　清　浙江《沙孟海学术研究》专著
崔尔平　上海《书苑菁华校注》专著
顾　琴　上海《海派篆刻研究》专著
张天弓　湖北《中国书法大事年表》专著
顾　工　江苏《铁笛一声吹破秋——杨维桢在吴门的交游与创作》专著
杨　军　北京《北宋馆阁书画鉴藏研究》等4篇　系列论文
陈书国　江苏《唐代书家郚彤名考》等5篇系列论文

佳作奖获奖名单（共30人）

一等奖(共5人)
蒋乐志、王卫军、刘永清、岳　奇、金泽珊
二等奖(共10人)
李　明、贺炜炜、刘宏卫、娄东昇、陈　华、丛　建、曾锦溪、仇高驰、张胜伟、彭双龙
三等奖(共15人)
谢少承、栾金广、陈胜凯、杨江帆、林玉梅、冯　岩、辛　宏、费胤斌、石文贞、刘德先、梁文斌、王家任、于铭洪、谢全胜、何宗国

第九届中国杂技金菊奖

【第九届中国杂技金菊奖评奖情况】

中国杂技金菊奖是由中国文联、中国杂协主办的杂技艺术专业全国性大奖，设立于1998年，旨在弘扬中国杂技艺术，奖励优秀杂技作品和人才，推动杂技事业繁荣发展。

由中国文联、中国杂协，福建省文联、省文化厅主办的第九届中国杂技金菊奖系列颁奖活动12月20日在福州举行，颁发了中国杂技金菊奖第五次终身成就奖和第八次理论作品奖。

【第九届中国杂技金菊奖第五次终身成就奖评奖结果】

（按姓氏笔画为序）

王亚非、艾尼瓦·麦麦提、侯泉根

【第九届中国杂技金菊奖第八次理论作品奖评奖结果】

（按得票多少排序）

金　奖：
聂翠青　中国文化思维之于杂技
银　奖：
王　岩　论《时空之旅》对地域文化的审美塑造
柴　莹　春晚魔术的发展及新媒介对其的影研究
齐志义　论现代杂技人才培养的教育理念
铜　奖：
李　丹　杂技的哲学意味
柏　桦　中国杂技与民族民间文化的有机融合——以杂技主题晚会《那山·那水》为例
袁乙凯、秦俪颖　市场经济体制下中国魔术行业的现状及未来
谭纯武　民族文化生态背景下杂技艺术发展的思考
岳献甫、张玉玺　融入旅游演出是杂技赢得未来的重要方向

第27届中国电视金鹰奖

【第27届中国电视金鹰奖评奖情况】

中国电视金鹰奖是由中国文联和中国视协主办的全国性电视艺术综合奖，设立于1983年，每两年评选一次。

第27届中国电视金鹰奖共有103部电视剧、158部电视文艺节目、164部电视纪录片、28部电视动画片、72部公益广告和58位主持人入围参与奖项角逐。根据《中国电视金鹰奖章程》规定，由评委会评委、中国视协会员、观众三方投票评选的奖项包括电视剧，电视剧男、女演员，电视节目男、女主持人；由评委会评委投票评选的奖项包括电视文艺节目、电视纪录片、电视动画片、电视公益广告片以及电视剧、电视文艺节目、电视纪录片的创作单项奖。投票分为两个阶段：作品奖投票活动自6月1日开始至6月30日结束。第二阶段从7月15日开始至8月14日结束，评选电视剧演员和电视节目主持人。第27届中国电视金鹰奖颁奖晚会于10月12日晚在长沙举办，晚会上揭晓了观众喜爱的电视剧演员、最佳电视剧导演等各大奖项。

【第27届中国电视金鹰奖评奖结果】

一、电视剧奖

最佳电视剧（2部）

《焦裕禄》上海电影（集团）有限公司

《寻路》天津广播电视台

优秀电视剧（19部，以首字笔划为序）：

《大秦帝国之纵横》西安曲江大秦帝国影业投资有限公司

《毛泽东》湖南和光传媒有限责任公司

《父母爱情》新丽传媒股份有限公司

《长白山下我的家》延边广播电视艺术家协会

《叶问》苏州福纳文化科技股份有限公司

《打狗棍》北京完美建信影视文化有限公司

《母亲 母亲》安徽广播电视台

《壮士出川》四川星空影视文化传媒有限公司

《妈祖》中央电视台电视剧频道

《老有所依》北京鑫宝源影视投资有限公司

《我们的法兰西岁月》幸福蓝海影视文化集团股份有限公司

《我的土地我的家》吉林省影视剧制作集团有限责任公司

《国家命运》浙江华策影视股份有限公司

《赵氏孤儿案》中国国际电视总公司

《原乡》北京国立常升影视文化传播有限公司

《聂荣臻》西部电影集团有限公司

《营盘镇警事》中国电视剧制作中心有限责任公司

《精忠岳飞》东阳盟将威影视文化有限公司

《舞乐传奇》云南广播电视台

二、电视剧创作单项奖

最佳编剧奖：

《长白山下我的家》编剧　李　汀

最佳导演奖：

赵宝刚　导演作品《老有所依》

刘　江　导演作品《咱们结婚吧》

最佳摄像奖：

《大秦帝国之纵横》摄像　张超英

最佳美术奖：

《赵氏孤儿案》美术　刘勇奇

三、电视文艺节目奖

最佳电视文艺节目（1部）

《最强大脑》江苏省广播电视总台

优秀电视文艺节目（8部，以首字笔划为序）：

《2013光荣绽放系列》中央电视台音乐频道

《2013年中央电视台春节联欢晚会》中央电视台

《2014上海新年倒计时外滩4D灯光秀》上海广播电视台

《2014年北京电视台春节联欢晚会》北京电视台

《中国汉字听写大会》中央电视台

《汉字英雄》河南电视台

《爸爸去哪儿》湖南广播电视台卫视频道

《爱我中华自治区第三届少儿双语口语大赛颁奖晚会》新疆电视台

四、电视文艺创作单项奖

最佳文艺节目导演奖：

《全能星战》导演　黄　斌

最佳文艺节目摄像奖：

《朱哲琴・世界看见》摄像　陈景峰

最佳文艺节目美术奖：

《2014年上海新年倒计时4D灯光秀》美术　李至良

五、电视纪录片奖

最佳电视纪录片（1部）

《苦难辉煌》中国人民解放军电视宣传中心

优秀电视纪录片（14部，以首字笔划为序）

《习仲勋》中央电视台纪录频道

《千里进疆采棉记》中国农业电影电视中心

《大黄山》安徽广播电视台

《大鲁艺》陕西广播电视台

《不能忘却的伟大胜利》南京广播电视集团

《天府》四川广播电视台

《北京凹头蚁》中央电视台科教频道

《曲山艺海》济南广播电视台

《吾守尔大爷的冰》新疆电视台

《青春一九三零》吉林电视台

《变形计》湖南广播电视台卫视频道

《指点江山——毛泽东诗词故事》江苏省广播电视总台

《茶一片树叶的故事》中央电视台纪录频道

《楚国八百年》湖北广播电视台

六、电视纪录片创作单项奖

最佳电视纪录片撰稿奖：

《不能忘却的伟大胜利》撰稿　郑　东

最佳电视纪录片编导奖：

《成本华——一个被遗忘的抗日女兵》编导　郭　巍

最佳电视纪录片摄像奖：

《茶一片树叶的故事》摄像　王忠仁

七、电视动画片奖

最佳电视动画片（1部）

《新大头儿子小头爸爸》央视动画有限公司

优秀电视动画片（3部，以首字笔划为序）

《老子道德三百问》河北亚神影视艺术有限公司

《郑成功》浙江中南卡通股份有限公司

《淮南子传奇第二季》淮南广播电视传媒产业发展中心

八、电视公益广告片奖

最佳电视公益广告片（1部）

《筷子篇》中央电视台

优秀电视公益广告片（3部，以首字笔划为序）

《中国传统节日民俗皮影篇》北京电视台

《关爱失智老人》中央电视台

《关爱家人之〈手机篇〉》贵州天马传媒有限公司

九、电视剧演员奖

观众喜爱的电视剧男演员（4人）

张嘉译、王洛勇、林永健、陈逸恒

观众喜爱的电视剧女演员（4人）

刘　涛、孙　俪、侯梦瑶、王维维

十、电视节目主持人奖

最佳电视节目男主持人

启米翁姆

优秀电视节目男主持人（3人）

任鲁豫、尼格买提、罗　旭

最佳电视节目女主持人

朱　迅

优秀电视节目女主持人（3人）

柴　璐、伊　一、卫晨霞

第九届中国文联文艺评论奖

【第九届中国文联文艺评论奖评奖情况】

第九届中国文联文艺评论奖征集参评作品600余件，组织评选出著作特等奖3部、文章特等奖3篇，文章一等奖21篇，著作一等奖5部，二等奖文章39篇以及15家“组织工作奖”。11月5日，第九届中国文联文艺评论奖颁奖典礼暨第七届当代中国文艺论坛在江苏苏州举办。

【第九届中国文联文艺评论奖评奖结果】

著作类

特等奖（3部）：

朱良志《南画十六观》

资华筠、王　宁《舞蹈生态学》

贾　芝《拓荒半壁江山——贾芝民族文学论集》

一等奖（5部）：

陶庆梅《当代小剧场三十年（1982—2012）》

边国立《中国军事电影史（1905-2001）》

李树峰《看与见》

金天麟《百年传唱〈五姑娘〉——民歌〈五姑娘〉研究》

王　镛等《中外美术交流史》

二等奖（12部）：

傅　强《叙事的嬗变——新世纪军旅小说的写作伦理》

胡沛萍《边地歌吟：阿来与扎西达娃的文学世界》

朱立立、刘小新《近20年台湾文学创作与文艺思潮》
石兴泽、杨春忠《转型时期中国浪漫主义文学研究》
刘定富《打工文学的整体观察》
晏杰雄《新世纪长篇小说文体研究》
李遇春《西部作家精神档案》
杨燕迪《音乐解读与文化批评——杨燕迪音乐论文集》
许向群《军旅画谈》
王红箫《二人转风》
孟会祥《书法直言》
戴　清《中国电视剧理论批评发展流变》

文章类

特等奖（3篇）：

蒋述卓《流行文艺与主流价值关系初议》
刘厚生《建设社会主义文化强国，戏曲怎么办？》
饶曙光《华语电影新发展及其前景》

一等奖（21篇）：

姜　昆《使二人转更好地“转”下去》
张德祥《从“为人民”到“源泉”论：〈讲话〉对中国文艺思想的伟大贡献》
汪人元《戏曲音乐创作谈要——优秀戏曲唱腔的五个标准》
陈晓云《明星消费机制建构与中国电影产业发展》
施万春《现代主义不应成为学院作曲教学的主流——首届“中国之声”作曲比赛引发的思考》
张蕴和《中国相声在当代社会环境下的发展取向》
许　锐《“舞林争霸”到底争什么》
黄　涛《近年来非物质文化遗产保护工作中政府角色的定位偏误与矫正》
尹　力《关注戏剧性杂技“剧”时代的新探索——解读原创杂技剧〈霸王别姬〉》
向云驹《“美丽中国”的美学内涵与意义——学习十八大精神的一点体会》
谢有顺《重构中国小说的叙事伦理》
傅　谨《中国戏剧的价值重建》
尹　鸿、李瑗瑗《从重制作向重创作的美学转向——2012年中国电影创作》
张瑞田《“二王”何以滥觞》
李树榕《文化批判：深度≠高度——从〈甄嬛传〉看我国近期后宫戏的思想境界》
王宏伟《“文化自觉”与民族题材美术》
刘锡诚《21世纪：民间文学研究的当代使命——关于中国特色的民间文艺学》
陈志平《笔中有诗——文学因素对黄庭坚书法的影响》
唐　卫、刘金龙《郎静山“集锦摄影”的中国美学——“六法”失读，谈艺应从“具体艺理”开始》
楚小庆《艺术学理论的核心作用是引领当代中国文化发展方向》
王　宁《浮华背后的危殆：论当代昆剧的隐形消亡》

二等奖（39篇）：

张永刚《当代西南边疆少数民族文学的主体倾向》
李蓓蕾《以大文化思维方式构建中国当代艺术学理论批评模式》
周　静《网络文学批评的难局与新路》
李仰智《真实：“花非花”——一个问题、两部小说、三点启发》
张　伟《“美丽中国”建设与当下艺术美的回归》
朱辉军《“中国梦”的艺术追求》
申霞艳《“梁庄”与中国想象》
王晓琳《秋天往事：露从今夜白——阅读的诗与思》
聂　茂《走向世界的中国新时期文学》
许柏林《两个“万一”的心尖震颤——读孙家正同志的〈春雪〉有感》
杨四平《现代中国文学海外传播与接受的差异性问题》
谭静波《〈程婴救孤〉锻造出崭新的豫剧“哀派”艺术》
陈达红《误读与偏颇：表现主义戏剧接受的历史反思》
孙豹隐、孙　昭《推动戏剧艺术大发展大繁荣的断想》
侯光明《时代呼唤“文化大片”》
高敬瑜《发现“规定行动表演法”》
娄文利《与时代同呼吸，与人民共命运——傅庚辰及其歌曲创作》

吴思富《音乐的“温度”及其意义立场》
杨　嵩《驳声乐诸唱法论》
王思琦《“谁的好声音”？——由〈中国好声音〉看中国流行音乐的审美取向及其他》
蔡乔中《朱践耳交响乐创作技法的民族化思维》
谷鹏飞《从民族性、西方性到中国性——“全国美展”与中国当代主流艺术的身份认同》
赵　昆《待细把江山图画——以井冈山为例》
李蒲星《关于历史画创作的几个问题》
尚　辉《壮阔与崇高——新时期新疆题材美术创作的审美价值与艺术成就》
李昌菊《花开时节逐梦缤纷——第四届全国青年美展品读》
沈鸿鑫《谈黄永生的上海说唱节目》
潘　讯《关于“苏州评弹口述史（百年）”的构想》
刘青弋《“苟活”之批判与人性生存的拷问——舞剧〈洛神赋〉的思想深度与艺术超越》
刘　勍《传统文化复兴的科学性发展——非物质文化遗产的法制保护》
张　勃《探求传统节日的真与善——评萧放〈传统节日与非物质文化遗产〉》
应爱萍《皮尔斯符号学与摄影理论研究》
徐东树《试论“字如其人”的历史合理性及其现实困境》
衡正安《书法（文字）在国家文化战略中的重要意义》
陈　智《近现代江淮书风的文化品格》
谢建华《当代书法的类型分析与批评》
朱培尔《“技进乎道”：一个未竟的使命》
林宏伟《试论文艺院团体制改革中的杂技创作——关于杂技订单式创作的设想》
孙书文《主旋律影视的大众文化认同——论“赵冬苓编剧”》

组织工作奖

中国电影家协会
中国美术家协会
中国曲艺家协会
中国舞蹈家协会
中国民间文艺家协会
中国书法家协会
北京市文学艺术界联合会
内蒙古自治区文学艺术界联合会
上海市文学艺术界联合会
江苏省文学艺术界联合会
浙江省文学艺术界联合会
广东省文学艺术界联合会
云南省文学艺术界联合会
陕西省文学艺术界联合会
中国人民解放军总政治部宣传部艺术局

文艺志愿服务活动

综　述

2014年，是全面贯彻落实党的十八大和十八届三中全会精神、推动文艺志愿服务深入开展的基础建设年。一年来，中国文联及所属文艺志愿者服务中心深入贯彻落实党的十八大“广泛开展志愿服务”的总体要求和十八届三中全会“支持和发展志愿服务组织”的会议精神，按照中央文明委《关于推进志愿服务制度化的意见》要求，坚持为人民服务、为社会主义服务的方向，秉持“文化惠民、文化为民、文化乐民”的宗旨，创新工作方式和活动内容，探索建立文艺志愿服务体系与机制，加强文艺志愿服务组织队伍建设，打造文艺志愿服务项目品牌，广泛开展文艺志愿服务活动，推动文艺志愿服务制度化、常态化、规范化，为深入开展文艺志愿服务打下了坚实的基础。

送欢乐下基层

2014年，中国文联进一步加强“送欢乐下基层”活动规范，在增强活动针对性方面，注重需求调研，实施需求申报与重大纪念性事件节点相结合的立项模式，积极促进活动开展布局合理，规划有序；在提升活动质量方面，注重与编导团队合作，采取共同调研、招募志愿者模式，加强节目编排和环节设计，提升活动艺术水准；在丰富活动安排提升“种文化”水平方面，注重发挥文艺志愿服务多样性和不同门类艺术的特点，精心策划，予“送”于“种”，抓住各种环节开展各类艺术辅导交流，促进艺术家与基层文艺工作者和群众的近身交流。一年来，中国文联文艺志愿服务团先后赴四川、新疆、江西等省市开展了纪念小平同志诞辰110周年、纪念新疆生产建设兵团成立60周年、纪念中国工农红军长征出发80周年等13场次“送欢乐下基层”活动，全年各个艺术门类的文艺名家300余人参与“送欢乐下基层”文艺志愿服务活动，服务基层群众和基层文艺工作者近20余万人。结合活动的开展，广大文艺志愿者深入生活，深入基层，汲取创作素材，原创了《小路》、《光荣》、《不老的思念》等音乐作品，《共和国不会忘记》、《献给煤矿工人的颂歌》、《伟大的抉择》、《森林，人类的故乡》等诗歌作品，《路漫漫》、《让历史告诉未来》、《明天更美好》等情景剧，以及书画摄影等其他优秀文艺作品。2014年，央视新闻联播8次报道活动情况，央视朝闻天下、新闻直播间等多次播出活动花絮。新华社、人民日报、光明日报、中国艺术报等多次报道活动。央视军营大舞台、江西卫视、四川卫视、兵团卫视、云南卫视等全程录播了活动盛况，各地市、县级媒体也在活动当地全程直播。

3月20日，“送欢乐下基层”中国文联文艺志愿服务团赴广州南村镇社区慰问活动。中国文联党组成员、书记处书记罗成琰，中国曲协协会主席、中国文艺志愿者协会主席姜昆，中国书协分党组书记、副主席陈洪武，中国文联文艺志愿服务中心主任、中国文艺志愿者协会副主席兼秘书长廖恳，中国文联文艺志愿服务中心副主任、中国文艺志愿者协会副秘书长邵志军，艺术家殷秀梅、刘全和、刘全利、牛群、鞠萍、戴志诚、高保利、王霙、岳红、全维润、王莹、刘岩、王丽达、金波、杨帆、李殊、丁晓红等20多人参加活动。

3月24日至3月26日，“我们的中国梦——送欢乐下基层”中国文联文艺志愿服务团赴阿尔山慰问演出。中国文联党组成员、书记处书记罗成琰带队，艺术家刘兰芳、程前、奇志、霍勇等30多人参加活动。

4月28日至4月30日，“我们的中国梦——送欢乐下基层”中国文联文艺志愿服务团赴中煤平朔煤矿慰问演出。中国文联党组书记、副主席赵实带队，中国文联党组成员、书记处书记罗成琰，中国曲艺家协会主席、中国文艺志愿者协会主席姜昆，中国剧协主席尚长荣、艺术家温玉娟、杨树泉、徐涛、霍勇、李丹阳、史国良、王学岭等50多人参加活动。

5月5日至5月7日，“中国梦、强军梦——送欢乐下基层”中国文联文艺志愿服务团走进二炮常规导弹第一旅采风慰问演出。中国文联党组书记、副主席赵实带队，中国文联党组副书记、副主席李屹，中国文联党组成员、书记处书记郭运德、罗成琰，艺术家刘兰芳、徐沛东、吴长江、陈洪武、杨洪基、殷秀梅、冯巩、刘全和、刘全利、王宏伟等60多人参加活动。

6月15日至6月16日，“纪念邓小平同志诞辰110周年”中国文联文艺志愿服务团“送欢乐下基层”赴广安慰问演出。中国文联党组书记、副主席赵实带队，中国文联党组成员、书记处书记罗成琰，艺术家刘大为、吴长江、王瑶、陈洪武、苏叔阳、杨洪基、殷秀梅、朱军、卢奇、沈铁梅、戴玉强、谭晶、霍勇、刘劲、岳红、徐涛、王丽达等50多人参加活动。

7月17日，“兵团魂”纪念新疆生产建设兵团成立60周年——中国文联文艺志愿服务团“送欢乐下基层”慰问演出，中国文联党组成员、副主席李前光带队，艺术家刘兰芳、狄丽娜尔、牛群、斯琴格日乐、岳红、郭蓉、徐涛、柴京津、霍勇、杨帆、乌兰图雅等50多人参加活动。

7月18日，“送欢乐下基层”中国文联文艺志愿服务团赴新源县慰问演出，中国文联党组成员、副主席李前光带队，艺术家刘兰芳、狄丽娜尔、牛群、斯琴格日乐、岳红、郭蓉、徐涛、柴京津、霍勇、杨帆、乌兰图雅等50多人参加活动。

7月31日至8月11日，“送欢乐下基层”摄影培训志愿服务小分队赴西藏拉萨、林芝开展摄影培训活动。摄影艺术家索久林、刘英毅、黑明、蔡征、卢现艺、宋泽毅等参加活动。

9月24日，第三届中国（潜江）曹禺文化周开幕式暨“送欢乐下基层”中国文联文艺志愿服务团赴潜江慰问演出，中国文联党组成员、副主席李前光带队，艺术家姜昆、濮存昕、徐春妮、周炜、王蓉蓉、霍勇、李丹阳、吕薇等30多人参加了活动。

9月26日，情系鹤峰——中国文联文艺志愿服务团走进湘鄂西革命老区“送欢乐下基层”慰问演出，中国文联副主席杨承志带队，艺术家解海龙、笑林、徐春妮、霍勇、罗秉松、吴兢、柴京津、张杰、王建勋等30多人参加了活动。

10月8日至10月10日，“不朽的记忆——纪念红军长征出发80周年”中国文联文艺志愿服务团“送欢乐下基层”赴瑞金慰问演出，中国文联党组成员、副主席李前光带队，艺术家杨洪基、瞿弦和、翟俊杰、牛群、岳红、温玉娟、陈思思、霍勇、吕薇、王莹、柴京津、邹立颖等50多人参加了活动。

11月13日至11月16日，“送欢乐下基层”中国文联文艺志愿服务团走进大兴安岭慰问采风活动，中国文联党组书记、副主席赵实带队，中国文联党组成员、副主席李前光，艺术家刘兰芳、苏士澍、冯双白、陈洪武、殷秀梅、冯巩、丁杰、王铁牛、车行、李昕、陈思思、杨帆等50多人参加了活动。

12月28日至12月30日，“我们的中国梦”中国文联文艺志愿服务团赴云南地震灾区“送欢乐下基层”慰问演出，中国文联党组书记、副主席赵实带队，中国文联党组成员、副主席李前光，艺术家吴长江、关牧村、万山红、温玉娟、徐涛、刘芳菲等50多人参加了活动。

文艺志愿服务项目发展

【文艺支教】

2014年1月，中国文联在贵州召开文艺支教经验交流会，积极总结2013年文艺支教经验，注重调动地方的积极性，探索建立省级统筹、县市申报立项模式；注重发挥各类文艺资源优势，实施公开招募、定向招募、委托招募相结合的志愿者招募模式；注重项目实施管理，探索建立中国文联指导、省级文联监督、县市文联实施、支教学校配合的四级联动项目实施模式；注重加强项目评估，组建专家团队，采取多种途径和手段，系统开展项目评估，改进文艺支教项目实施。2014年，文艺支教项目形成三种模式，（1）乡镇中小学艺术课程支教。（2）乡村艺术教师培训。（3）就近就便开展文艺支教。共在贵州省威宁县、丹寨县、黄平县，河南省登封市告成镇、兰考县，河北省邯郸市涉县，甘肃省陇南市武都区，湖南省湘西土家族苗族自治区古丈县，江西省瑞金市，四川省成都市大邑县，山东省济南市五峰镇，吉林长春市榆树八号镇9个省市12个贫困区县的近40多所乡镇中小学实施文艺支教项目。207名文艺支教志愿者，在各服务地教授音乐、美术、舞蹈、书法、摄影、民间工艺等艺术课程，开展了为期3个多月的支教服务活动，授课30000多课时，直接受益学生超过32000人。在中国文联项目的带动下，贵州、河南等地自筹资金实施了文艺支教地方项目。

【乡村艺术教师培训】

为进一步扩大支教范围，中国文联积极争取加强社会化筹集资金，在内蒙古包头市固阳县、九原区，河南省开封市兰考县实施开展乡村艺术教师培训项目。项目先后组织近30位文艺家，集中培训当地乡村音乐、美术教师超过300名，并动员省市以上文艺家协会会员与乡村艺术教师进行长期结对帮扶。

7月5日至7月15日，包头市固阳县乡村美术教师培训班开班，艺术家朱兆曦、陈晔、刘丹、张玉、吴日哲、李化军、高江泽、许春雷、德力格仁贵、侯明为乡村美术教师授课。

10月21日至30日，兰考县乡村音乐教师培训班开班，艺术家龚耀年、李仲党、彭小爽、王凯歌、黄慧慧、尚永娜、韩梅、李新现、袁凯、潘伟为乡村音乐教师培训。

11月22日至12月1日，包头市九原区乡村音乐艺术教师培训班开班，艺术家郑莉、朱孟文、李磊、杨俐嘉、金亚文为乡村音乐教师培训。

【文艺培训】

按照重点帮扶中西部、老少边穷地区的原则，中国文联注重发挥各全国文艺家协会专业优势和文艺名家影响力，扩大文艺培训实施范围和领域，先后与中国剧协、中国音协、中国美协、中国曲协、中国舞协、中国摄协等，面向全国8个省份、10个地市及相关区县，分别开展了戏剧、音乐、美术、曲艺、舞蹈、摄影等六项艺术门类的专项培训志愿服务活动，先后组织招募近百位文艺家志愿者，培训基层文艺骨干、文艺工作者、中小学艺术教师和文艺爱好者约5200位，（其中重点培训近2000位，通过公开课程、讲座培训3200名），合计完成课时约140天。

7月20日至7月30日，包头市土右旗音乐培训班开班，艺术家孟卫东、郑咏、李初建、蒋雄达、吴颂今、金兆钧、宋小明、于海、王海波、龚耀年为包头市音乐工作者培训。

7月21日至8月4日，西宁戏剧培训班开班，艺术家周光、娄乃鸣、王敏、温大勇、毓钺、张华、薛金岭、李小青、张燕君、张民、付晋青为西宁戏剧工作者培训。

8月1日至8月20日，牡丹江美术培训班开班，艺术家韩敬伟、顾迎庆、王伟平、李文绚、王金石、贾广健、孙浩、孙立新、李荣林、广军、谢岩、康蕾为牡丹江美术文艺工作者培训。

8月2日至11月29日，贵州摄影培训班分别在8月2日、3日、16日、17日，9月20日、21日，10月4日、5日、6日、25日、26日，11月1日、2日、8日、9日、27日、28日、29日在贵州遵义、都匀、贵阳开班，艺术家梁达明、陈小波、冯凯文、宋泽毅、许喜占、柴选、贺延光、解海龙、蔡焕松、钟建明、陈建强、王达军、李学亮为遵义、都匀、贵阳摄影工作者培训。

8月26日至8月30日，厦门曲艺培训班开班，艺术家陈耕、李立山、苏统谋、曾学文、彭一万为厦门市曲艺工作者培训。

9月16日至9月29日，包头市美术培训班开班。艺术家孙志钧、陈辉、甘长霖、王铁牛、黄俊、魏云飞、苏百钧、王宏剑为包头市美术工作者培训。

9月17日至9月21日，云南昆明舞蹈培训班开班，艺术家刘金吾、石裕祖、杨德鋆、周培武、赵铁春、廖大昆、徐梅、王佳敏、杨洲、胡岩、黄蕾、崔凯为昆明舞蹈工作者培训。

11月3日至11月8日，绍兴柯桥曲艺培训班开班，艺术家常祥霖、李立山、马来法、魏真柏为绍兴柯桥曲艺工作者培训。

11月17日至11月24日，聊城曲艺培训班开班。艺术家孙立生、李立山、王文水、高玉琮、张志宽为聊城曲艺工作者培训。

11月24日至12月3日，云南玉龙舞蹈培训班开班。艺术家旦周多杰、崔月梅、敖登格日乐、美哈阿依·喀依尔、王建民、李文先、徐光平、和国伟为玉龙舞蹈工作者培训。

【文艺志愿服务项目示范城市建设】

中国文联创新工作模式，整合资源，加强与内蒙古包头市的联系，通过多方位、多层面支持包头市开展一系列文艺志愿服务项目，打造文艺志愿服务示范城市。先后支持包头市文联文艺培训音乐、美术项目，加强市级艺术工作者培训；在旗县范围内开展乡村艺术教师培训，对乡镇中小学专职艺术教师（包括乡镇中小学艺术课程支教志愿者）进行培训，并形成“一助一”结对帮扶；鼓励、指导包头文联开展农村少年宫文艺支教、文艺志愿服务基地建设等其他常态化文艺志愿服务项目。包头市文联以3个文艺志愿服务项目为载体，层层推动、环环相扣，从上至下、由点及面，打造文艺志愿服务立体化示范城市。经过近1年的努力，包头市文艺志愿服务工作走上了制度化、长效化、常态化的正轨。包头市本地文艺志愿者“下基层、建基地”文艺志愿服务项目，已经覆盖全市各旗县区的社区、文化大院、乡村学校少年宫等场所，共建立文艺志愿服务基地100个，累计授课时间2000余小时，受益人数32000人次。该项目历时8个月，促进了中央、省、市、县四级文联联动，在包头市乃至全国引起了极大反响，全面带动了包头文艺发展，培育了一批基层公共文化服务和基层艺术教育队伍。

文艺志愿服务主题活动

【中国文艺志愿者服务日】

5月16日，中国文联、中国文艺志愿者协会召开新闻发布会，宣布将毛泽东同志《在延安文艺座谈会上的讲话》发表纪念日5月23日设立为“中国文艺志愿者服务日”，今后每年“中国文艺志愿者服务日”将集中倡导开展文艺志愿服务主题活动。中国文联党组成员、书记处书记罗成琰出席会议并讲话。他指出，中国文联、中国文艺志愿者协会将5月23日设立为“中国文艺志愿者服务日”，是顺应时代潮流、贯彻落实党的十八大、十八届三中全会精神和中央文明委推进志愿服务制度化要求的重要举措，有利于凸显文艺志愿服务活动的特点和内涵，有利于促进文艺志愿服务制度化，有利于扩大文艺志愿服务活动的影响力，对广泛动员文艺家和文艺工作者积极参与文艺志愿服务，践行社会主义核心价值观和“爱国、为民、崇德、尚艺”的文艺界核心价值观，推动社会主义文化大发展大繁荣，为实现中华民族伟大复兴“中国梦”做出积极贡献具有重大意义。中国文联文艺志愿服务中心主任、中国文艺志愿者协会副主席兼秘书长廖恳介绍了设立“中国文艺志愿者服务日”的背景、文艺志愿服务开展情况以及今年开展“惠民、为民、乐民”文艺志愿服务主题活动的情况。发布会由中国文联理论研究室主任庞井君主持，中国文联国内联络部主任刘尚军出席会议。

【文艺惠民、文艺为民、文艺乐民文艺志愿服务主题活动】

为加强首个“中国文艺志愿者服务日”宣传，中国文联决定开展“文艺惠民、文艺为民、文艺乐民”志愿服务主题活动。5月8日中国文联向各团体会员印发了《中国文联关于设立“中国文艺志愿者服务日”暨集中开展“惠民、为民、乐民”文艺志愿服务主题活动的通知》，倡导开展文艺慰问演出、优秀作品展览展示展映、文艺培训、文艺支教、群众性文艺活动。各级文联、文艺家协会、各类文艺志愿者组织充分认识中国文联、中国文艺志愿者协会创设首个“中国文艺志愿者服务日”的重大意义，紧密结合各自实际，科学统筹，精心谋划，纷纷组织开展“文艺惠民、文艺为民、文艺乐民”文艺志愿服务主题活动。中国文联党组高度重视，多次召开党组会研究，加强活动领导。在 5月23日前后，中国文联党组领导专程赶赴各地，参加当地的文艺志愿服务活动。广大文艺家、文艺工作者纷纷响应号召，积极行动起来，参与文艺志愿服务活动。尚长荣、刘兰芳、刘大为、姜昆、冯巩、殷秀梅、谭晶、解海龙、史国良、朱迅、徐春妮、岳红、陶虹、刘岩、王丽达、张靓颖、白百合、姚贝娜等50多位各艺术门类老中青艺术家在中国艺术报上发表寄语，高度认可创设“中国文艺志愿者服务日”的重要意义，并表达自己对文艺志愿活动的参与热情和美好祝愿。据初步统计，在短短的几天时间里，全国开展各类文艺志愿服务活动近500场次，直接参与的文艺志愿者上万人次，受益群众近30万人。

【“到人民中去”中国文艺志愿者“深入生活、扎根人民”深入基层文艺志愿服务主题活动】

为贯彻落实习近平总书记在文艺工作座谈会上的重要讲话精神，按照中宣部、文化部、国家广电总局、中国文联、中国作协等《关于在文艺界广泛开展“深入生活、扎根人民”主题实践活动的意见》的要求，12月初，在国际志愿者日前后，中国文联、中国文艺志愿者协会在全国范围广泛开展“到人民中去——中国文艺志愿者深入基层服务采风活动”。各级文联纷纷组织丰富多彩的文艺志愿服务活动。中国文联、中国文艺志愿者协会联合各全国文艺家协会，直接组建由戏剧、电影、音乐、美术、曲艺、舞蹈、民间、摄影、书法、杂技、电视、文艺评论等门类120余名艺术家组成的6支文艺志愿者小分队，分赴6个地区、单位，开展为期一周的服务采风活动。在一周的时间里，文艺志愿者深入基层，深入一线，结合当地群众文化需求，开展慰问演出、辅导交流、文艺支教、展览展示等形式的文艺志愿服务，并搭建采风交流平台，让艺术家在志愿服务过程中，与当地群众特别是文艺工作者、文艺爱好者进行深入交流，研究和挖掘当地文化资源，进行实地采风、体验生活，汲取艺术素材、创作文艺作品。

中国文艺志愿者协会工作

【2014年中国文联文艺志愿服务工作会议暨中国文艺志愿者协会一届二次理事会】

3月19日至21日，2014年中国文联文艺志愿服务工作会议暨中国文艺志愿者协会第一届理事会第二次会议在广州召开。中国文联党组成员、主席团成员、书记处书记罗成琰，中国文艺志愿者协会主席、中国曲艺家协会主席姜昆，中国文联文艺志愿服务中心主任廖恳、副主任邵志军，中国书法家协会分党组书记、秘书长陈洪武，中国文艺志愿者协会副主席殷秀梅、刘全利，广东省省委宣传部副部长朱仲南，广东省文联党组书记、专职副主席程扬，广州市委常委、宣传部长甘新，中国文艺志愿者协会理事、艺术家代表，各全国文艺家协会、各省级和副省级文联文艺志愿服务分管领导、文艺志愿服务工作相关负责人150余人参加了本次会议。

会议旨在深入贯彻落实党的十八大“广泛开展志愿服务”的总体要求和十八届三中全会“支持和发展志愿服务组织”的会议精神，按照中国文联九届六次全委会工作部署，紧紧围绕实现“中国梦”的远大目标，坚持为人民服务、为社会主义服务的方向，秉持文化惠民、文化为民、文化乐民的宗旨，广泛开展文艺志愿服务活动，深入打造文艺志愿服务专项品牌，探索构建文艺志愿服务体系与机制，全面推动文艺志愿服务常态化、规范化、事业化发展，扩大文艺志愿服务的覆盖面和影响力、推动基层公共文化建设，切实发挥文艺志愿服务作为培育社会主义核心价值观载体的重要作用。

会议宣读了中国文联党组书记、副主席赵实对文艺志愿服务工作做出的批示。罗成琰、姜昆发表讲话。廖恳通报了中国文联文艺志愿服务2013年工作情况和2014年工作设想，并在总结会上结合分组讨论的意见建议，就新形势下开展文艺志愿服务的意义、定位以及中国文联在整体工作中如何发挥作用等方面进行了解读。

3月19日，中国文艺志愿者协会第一届理事会第二次会议召开。会上通过了中国文艺志愿者协会接纳团体会员和人事调整事项。同意接纳广西等7个省级文艺志愿者协会、广州等3个副省级文艺志愿者协会为中国文艺志愿者协会团体会员；增补陈洪武、廖恳担任中国文艺志愿者协会副主席，决定廖恳兼协会秘书长；增补吕继宏等21人为中国文艺志愿者协会理事，同意5名席位制理事进行更替。

会上，江苏省文联、湖北省文联、贵州省文联、中国美协、中国书协和广州市文联、邯郸市文联的代表分别作了典型发言。在分组讨论中，与会人员就推行文艺志愿者注册制度、加强文艺志愿者组织建设、开展社区文艺志愿服务和加强中国文艺志愿者协会自身建设等议题进行了充分讨论、交流。

3月20日下午，罗成琰和与会艺术家理事在广州市文联主席乔平等陪同下考察了广州市番禺区南村镇开展文艺志愿服务的相关情况，与当地群众亲切互动。艺术家们人人争做文艺志愿者，对基层文艺爱好者进行手把手辅导。青年舞蹈家刘岩不顾身体条件，坚持在轮椅上认真指导着南村舞蹈队排演节目。书法家陈洪武、张杰、张继、张铜彦、乔平、程扬在文化中心一展长卷，挥毫泼墨，并现场指导学生创作，群众近距离欣赏艺术的同时也学习收获了很多。

3月20日晚，由中国文艺志愿者协会理事组成的文艺志愿服务团在当地开展了"送欢乐下基层"慰问演出。艺术家们轮番登场，无论是姜昆、戴志诚巧妙借用当地方言的相声《乐在其中》，殷秀梅震撼全场的《一杯美酒》，还是刘全利、刘全和诙谐幽默、与观众互动的哑剧表演《不文明的人》，全维润、王霙、岳红、鞠萍感动且催人奋进的配乐诗朗诵《羊城放歌》、刘岩感人的手部舞蹈等，都让整个演出现场充满了轻松欢愉的气氛，艺术家们纷纷表示，生活是艺术的源泉，从群众中汲取的营养，对自己的创作产生了重要的影响，使自己的作品更具生命力。

【参加第23届全球志愿者峰会】

在中国文联国际联络部的支持下，中国文艺志愿者协会积极与国际志愿者协会合作，加强志愿服务交流。2014年9月16日至24日，中国文艺志愿者协会选派廖恳一行4人赴澳大利亚参加了第23届全球志愿者峰会，并于会后赴澳大利亚黄金海岸志愿者中心和新南威尔士州志愿者中心就志愿者招募、培训、管理网络建设和国际志愿者交流等工作进行了访问交流。会议期间，廖恳分别与国际志愿者协会前主席李康炫、新任主席Kylee Bates、执行董事 Kathi Dennis、Kenn Allen以及昆士兰政府总理代表Hon Tracy Davis MP、志愿澳大利亚政府执行总监马格丽特•贝尔等进行专门会见，并在交流环节，与澳大利亚、韩国、越南、俄罗斯等国家和香港、澳门、台湾等地区的主要志愿者组织代表专门进行了会谈，交流志愿服务经验，探讨合作意向，建立沟通渠道。大会期间，廖恳用英语作大会主旨发言，引起了广泛关注和好评。中国文艺志愿者协会会议代表、中国文艺志愿者协会理事、中国书法家协会理事张铜彦将其精心创作的书法作品，赠送给与参会代表和相关志愿者组织进行交流，展示了中国书法艺术的独特魅力。参与国际志愿服务交流，扩大了文艺志愿服务国际影响，取得了丰硕成果。

中国文联文艺志愿服务中心建设

【颁行中国文艺志愿者管理办法（试行）】

按照中央文明委《关于推进志愿服务制度化意见》要求，在中国文联党组的领导下，依据中国文联《关于深入开展文艺志愿服务的意见》，2014年5月，中心联合北京师范大学社会工作与志愿服务研究中心制定了《中国文艺志愿服务制度化研究工作方案》，成立了中国文艺志愿服务制度化研究工作组，明确了研究制定中国文艺志愿服务管理制度的目标任务和工作安排，加强文艺志愿服务制度化组织规划，着力推进文艺志愿服务制度化。2014年5月开始，在中国文联党组成员、副主席、书记处书记李前光、党组成员、书记处书记罗成琰的指导下，廖恳、邵志军分别带队，北京师范大学教授张网成等参加，先后赴广东省、吉林省等6个省、9个地级市、1个县级市开展座谈会、问卷调查和访谈等方式调研。工作组前后召开了13场座谈会，收回调查问卷81份，面对面访谈10人，初步形成了文艺志愿服务制度化调研报告，明确了制度化工作的基本需求。围绕调研需求，工作组在广泛收集志愿服务文献，深入了解我国志愿服务制度化进展基础上，提炼文艺志愿者注册管理制度的制定原则、构成要素、实施方法，先后拟定了《中国文艺志愿服务管理办法》讨论稿和《中国文艺志愿者管理办法》征求意见稿。在中国文联党组的指导下，中心面向文联系统47家单位和中国文艺志愿者协会主席团成员、部分艺术家代表就《中国文艺志愿者管理办法》征求了意见，并先后在内蒙古包头市文联、江西省瑞金市文联、湖北省文联和中国文艺志愿服务制度化专题研修班上四次召开专题座谈会征求意见。在修改完善的基础上，工作组进一步会同中国文联办公厅、权益保护部进行了修改，并经中国文联党组审定同意，于11月27日印发通知明确12月5日施行《中国文艺志愿者管理办法（试行）》。

【中国文艺志愿服务制度化专题研修班】

围绕文艺志愿服务制度化专题，中心精心设计课程安排，设立专题讲座、分组讨论、实地考察、典型交流、成果展示五个培训模块，于11月

18日－24日在江苏南京举办中国文艺志愿服务制度化专题研修班，对130余名来自中国文联各团体会员、省会城市文联、副省级城市文联、地市级城市文联以及相关艺术院校等特邀单位的文艺志愿服务相关负责人代表进行了制度化专题培训。研修班通过政策解读、团队建设、务实交流等方式，研究推进文艺志愿服务制度化的实际举措，为下一步在全国广泛推动文艺志愿服务制度化奠定了基础。

【文艺志愿服务组织队伍建设】

中心积极推动全国文艺志愿服务组织队伍建设，广泛开展各类文艺志愿服务活动。中心积极创新工作机制，通过各类会议、调研、日常联络、宣传引导等方式，倡导各全国文艺家协会和各级文联组织建立文艺志愿者组织，加强文艺志愿服务队伍建设，广泛开展文艺志愿服务。经对全国234个地市级以上文联单位调查，截止2014年11月，已推动全国地市级以上文联112家单位设立了专门的文艺志愿服务工作机构，67家单位成立了文艺志愿者协会，174家单位成立了文艺志愿者团队，地市级以上文艺志愿者组织注册的文艺志愿者人数已近11.4万人，各文联单位开展各类文艺志愿服务1.4万场次，服务群众896万人次。

【文艺志愿服务宣传】

加强与传统主流媒体合作，充分发挥新华社、人民日报、中央电视台、人民广播电台、中国青年报、中国艺术报等主流媒体宣传引领的作用；拓宽与人民网、腾讯网、搜狐网、新浪网、网易、文艺网等新媒体平台的合作，加强文艺志愿服务宣传报道，塑造文艺志愿者形象。全年报道新闻1000多条，其中艺术报通版、人民日报重要版面重点报道，央视新闻联播视频报道、朝闻天下、新闻直播间播报10余次，各大纸媒专题、重点文章报道100余次，引起了社会的广泛关注。发挥自媒体优势，加强自有媒体宣传力量。紧密围绕中心工作，与中国艺术报社、文艺网合作，投入专门人力物力，加强中国文艺志愿者网（www.wyzyz.org）建设；开辟新平台，维护、运营中国文艺志愿者微信订阅号和微博两个平台，扩大订阅范围，发送订阅号信息百余条，微信订阅人数近5000人，为发展文艺志愿服务营造了良好的氛围。拍摄各类公益宣传片、纪录片，扩大文艺志愿服务影响力。与央视新闻中心、电影频道合作，协调邀请了姜昆、殷秀梅、尚长荣、迪丽娜尔、戴玉强、涂经纬、白百合、张靓颖、姚贝娜、陶虹、秦海璐等众多有影响力的著名艺术家参与，共同制作了《中国文艺志愿者公益宣传片》，分别在央视1套、2套、4套、9套及电影频道等滚动播出；与央视戏曲音乐频道合作拍摄由词曲家车行、李昕创作的“深入基层 扎根人民”主题歌曲《走近你》MV；与北京电影学院合作拍摄文艺志愿服务纪录片等，在央视、优酷、爱奇艺等主流媒体重点推广，受到了广泛好评。积极开发中国文艺志愿者注册平台。按照《中国文艺志愿者管理办法（试行）》，与北京市中科院软件研究中心、中国志愿服务联合会合作，开发设计中国文艺志愿者注册管理软件。开展中国文艺志愿者统一形象宣传。以中国文艺志愿者logo为核心设计元素，制定协会Logo、徽章、名称等使用规范，制作公益广告、宣传片、印刷品，完善中国文艺志愿者VI(Visual Identity）语言书；筹划开展主题歌曲征集、文艺志愿服务微电影制作等工作，不断加强文艺志愿服务文化建设。撰写简报，针对文艺志愿服务重要工作、活动，积极编写文艺志愿服务简报，促进文艺志愿服务工作经验交流，编发简报75期。

【文艺志愿服务中心内部建设】

2014年，文艺志愿服务中心认真完成各项中国文联党组和文艺志愿服务中心领导讲话稿及各项文稿起草报审工作。加强公文管理和运转，组织开展文艺志愿服务中心年度工作总结会、工作例会，围绕重要事项，撰写印发《文艺志愿服务简报》26期。加强中心干部队伍建设，促进人岗相适、人尽其才。与专业机构合作，完成中心人事档案更新。严格执行财务预算进度，加强财务规范，推进完成2014年财务预算决算。配合文联机关“送欢乐下基层”常态活动和两节活动工作。承担中国文艺志愿者协会财务工作，完成全年捐赠收入核算和业务成本及管理费用支出核算工作。参加文联机关组织的财务信息系统培训，账套全部启用新的财务信息系统。完成填报2013年结转结余资金表、2013年住房改革支出决算表、资产负债表及收入支出总表、2014年用款计划表、2015年住房改革支出预算套表和中央部门“一上”、“二上”预算表、公务卡使用统计表等各类报表套表。完成缴纳职工个人所得税并进行明细申报和综合申报，为参加文艺志愿服务活动的艺术家计算并申报个税明细，每月、每季度填报企业所得税申报表。完成2013年所得税汇算清缴工作。完成文艺志愿服务中心法人变更。推进公务卡使用，明确并制定了中心差旅费报销细则，公务机票实行政府采购。加强日常保障，确保会议、用车、出差、财务等日常活动顺利进行。

【党支部工作】

中心积极加强党支部建设，按照党支部决议，报机关党委同意，发展中共预备党员1名。制定党支部学习计划，为党员和干部职工购买书籍，促进党员加强理论学习。

【文艺志愿服务中心领导班子2014年度民主生活会】

根据中纪委、中组部文件要求，按照中国文联党组部署，文艺志愿服务中心借鉴和运用教育实践活动专题民主生活会成功经验，积极加强领导班子自身建设，巩固发展群众路线教育实践活动取得的成果，紧扣民主生活会主题，制定了《文艺志愿服务中心领导班子2014年度民主生活会方案》。按照方案，文艺志愿服务中心领导班子积极组织开展回头看，认真学习十八届三中、四中全会精神，认真研读《习近平总书记系列重要讲话读本》、《中国共产党领导干部廉洁从政若干准则》、《关于领导干部报告个人有关事项的规定》等，严格党内生活，学习进一步增强政治意识、大局意识、党的意识、廉洁自律意识和遵纪守法观念。于1月5日至9日期间对中心党员、干部及群众采取发放征求意见表、个别约谈、召开征求意见座谈会的形式向中心全体干部职工征求意见。结合实际工作，中心班子对照中组部通知，对“7个有之”进行了检查，对办公用房按照清理要求进行了核查，对公务用车、秘书配备、持有会员卡、收受礼品、有价证券、出入私人会所等方面问题进行了核查，未发现存在问题。在此期间，中心领导班子及成员认真撰写对照检查材料，班子成员之间互相开展了批评和自我批评。在上述工作的基础上，在中国文联党组成员、副主席李前光和文联机关党委、人事部的指导下，文艺志愿服务中心领导班子于2015年1月19日组织召开了民主生活会，中心领导班子负责人先后做了文艺志愿服务中心群众路线教育实践活动整改情况报告、中心班子对照检查、个人对照检查，互相开展了严肃的批评与自我批评。李前光同志充分肯定了中心领导班子民主生活会。民主生活会查摆了中心班子存在的主要问题，分析了产生问题的主要原因，提出了整改措施和努力的方向。

重点文艺工程

中华文明历史题材美术创作工程

【确定并通报入选作品与作者名单】

在2013年9月于国家博物馆举办草图观摩展之后，2014年上半年，入围作者根据创作指导委员会专家提出的意见，对草图作进一步修改细化。5月底，经报中宣部同意，工程组委会确认165幅（167件）草图入选“中华文明历史题材美术创作工程”，向各省（区、市）及新疆生产建设兵团文联、文化厅（局）、美协，相关美术机构、院校及解放军印发了《关于“中华文明历史题材美术创作工程”入选作品和作者情况的通报》，并希望参与创作的美术家，秉持高度的责任感和使命感，树立创造经典的强烈意识，努力解决好主题、内容、形式、风格等创作问题，把宏伟的艺术构想转化为高质量高水准的视觉艺术形式，为时代、为人民留下传之久远的艺术精品。

【创作指导委员会赴各地指导创作】

9月至11月，“中华文明历史题材美术创作工程”创作指导委员会召集美术家和历史学家组成专家组，分片区赴六省市，观摩指导草图的细化修改和定稿放大。这一阶段性工作采取点面结合的方式，选择入围作者相对集中的地区、集合该省市和相邻省市作者召开片区草图指导工作会，旨在加强工程作品创作的过程管理，提高草图阶段的质量，为下一步正稿创作打下坚实基础。专家组分片指导的行程为：9月16日至18日在沈阳，9月23日至24日在成都，9月24日至9月26日在广州，10月14至15日在上海，10月16至19日在杭州，11月15日至18日、20日至22日在北京。与会的领导和专家包括：工程组委会及办公室负责人冯远、吴长江、刘健、徐里，国家博物馆和中国社科院历史所的历史、考古学家孙机、杨泓、王震中、万明、赵连赏，美术家全山石、盛扬、徐匡、杨晓阳、曾成刚、许江、施大畏、阿鸽、李翔、薛永年、杨力舟、曹春生、孙为民、孙景波、唐勇力、代大权、王宏剑、刘曦林、姜陆、马书林、袁武、苗再新、黎明等。入选165幅草图的作者分别到所在地和相邻地区参加会议。

会上，作者首先汇报修改后的创作草图方案。他们均按要求准备了草图细节和素材资料，有的带来草图稿，有的以投影幻灯形式展示创作状况。专家们分别从历史学、考古学、服饰学和美术创作等方面进行专业指导。历史、考古学家以渊博的专业知识和经验对草图中出现的一些具体历史史实和历史材料运用的错误予以一一指处，并进行纠正指导。美术专家则从大型历史画的形式语言、画面构图、人物形象等艺术方面，提出建设性的意见，指出草图未来的调整方向。

冯远在会议总结时指出，“美术创作工程”草图呈现的问题有着共同特点，如何在最大程度上让历史史实与艺术创作相协调，如何在历史史实的基础上展开艺术的想象与创作是作者必须解决好的问题。“美术创作工程”作品由于要入展国家博物馆，因而带有历史教科书和国家正史观的特点，作品的环境人物应合理可信，创作内容与艺术手法应相得益彰。工程作品属于政府订件采购任务，美术家和创作指导委员会都应本着对国家负责的态度和责任，对作品精益求精，严把质量关，共同努力完成好这项光荣的任务。

北京片区的指导工作会议期间，中国文联党组书记、副主席赵实，中国文联党组成员、副主席李前光等还邀请与会全体专家到中国文艺家之家共进午餐，对大家的工作给予充分肯定并表示慰问。

文化名人、著名艺术家纪念活动

【纪念齐白石诞辰150周年】

1月23日，由文化部、中国文联、北京市政府主办，北京市委宣传部、北京市文化局、北京市文联承办，北京画院协办的“纪念齐白石先生诞辰150周年座谈会”，在北京画院美术馆报告厅举行。参加座谈会的有中央及北京市有关部门的领导同志、美术界领导及在京的知名画家、美术理论家、齐白石家属等百余人。文化部副部长董伟、中国文联副主席左中一、北京市委宣传部部长李伟在座谈会上讲话。座谈会由北京市政府副秘书长侯玉兰主持。北京画院院长王明明介绍了北京画院近年来开展的与齐白石相关的工作，著名美术理论家邵大箴做了阐释齐白石艺术成就的发言。

左中一在讲话中指出，齐白石先生是我国20世纪的艺术大师，他为传承和发展中国传统艺术做出了重要贡献并取得了极高的成就，新中国成立后他被授予“人民艺术家”的称号，逝世后又被国际社会评为“世界文化名人”。齐白石的艺术是在古今之交、中西之汇的时空背景下中国本土文化中孕育出来的一颗璀璨的明珠，它在中国社会文明转型期体现了传统文化价值和生命力，也在国际舞台上彰显了传统中国诗书画印的独特魅力，齐白石已经成为中国传统文化艺术的一个重要代表。齐白石作为中国文化史上的一个传奇，他辗转曲折的艺术人生和他胆敢独创的艺术风格诉求，这些都成为我们广大文艺工作者取法和学习的宝藏，所以我们要不断地深入推进齐白石艺术的研究和弘扬工作，经常开展多种形式的走近大师、重读大师的活动，反思齐白石的成就之路，发掘他为人从艺的基本理念，学习他勤勉求索的创造精神。

著名美术理论家邵大箴说，齐白石虽然定居于五四新文化运动的发起地北京，坚守民族传统，吸取历代大家和当时画家的优长，最终形成独特的大写意国画风格，开“红花墨叶”一派，与吴昌硕共享“南吴北齐”之誉，达到了中国现代花鸟画最高峰，创作了几万件前无古人、个性独具的经典佳作，给我们留下了宝贵的精神财富；然而齐白石的艺术符合了20世纪文艺大众化的潮流，不仅在中国妇孺皆知、雅俗共赏，而且也为世界人民所理解和热爱，至今仍具有普世的意义和价值，再次证明越是民族的才越是世界的。

与会领导以及理论家从不同的角度重新回顾和评价了齐白石的艺术人生，高度肯定了齐白石取得的艺术成就和在国内外的重要影响以及他对当代中国美术发展的作用。大家一致认为，齐白石的成功让中国人对本土文化有了无比的自信心。在齐白石这里，感受到了中国传统文化的博大精深及巨大的发展潜力。优秀的文化传统不能丢，齐白石是巨大的精神财富，需要抱着谦卑的心态慢慢挖掘。

为纪念齐白石诞辰150周年，由北京画院主办的北京画院藏齐白石作品系列展之十“人生若寄——齐白石的手札情思”于1月10日至3月18日在北京画院美术馆展出。

【第11届造型表演艺术成就奖】

3月19日，第11届造型表演艺术成就奖颁奖典礼在中国文联文艺家之家举行。此次造型表演艺术成就奖共评出10位成就卓越的老艺术家，其中，孙伯翔、杨先让、林岗、姚奠中、闻立鹏、袁毅平获造型艺术成就奖，于蓝、刘厚生、郭兰英、崔善玉获表演艺术成就奖。这些艺术家献身艺术事业，以艺术造福社会，充分展现了老一辈文艺家对艺术孜孜以求、精益求精，矢志追求“德艺双馨”的崇高精神境界。他们始终恪守职业道德、艺术追求，突出体现了“爱国、为民、崇德、尚艺”的文艺界核心价值观，对引领社会文明道德风尚、引导广大中青年文艺工作者自觉践行社会主义核心价值观、提高文艺工作者队伍整体素质、树立良好社会形象具有重要意义。

中国文联党组书记、副主席赵实，中国文联党组副书记、副主席李屹，中国文联副主席冯远，中国文联党组成员、书记处书记罗成琰和相关全国文艺家协会负责人，第11届造型表演艺术成就奖评委、获奖艺术家及亲属、单位代表等百余人出席了颁奖典礼。

造型表演艺术成就奖创建于2002年，由日本友人深见东州先生捐资设立，原由文化部主办，2006年起改由中国文联主办。该奖主要用于奖励中国在造型、表演领域取得卓越成就的艺术家和研究者，目的是为了褒奖为中国当代文化艺术事业发展做出重要贡献的国家级艺术家，推动中国当代文化艺术创作与研究，弘扬先进文化。造型表演艺术成就奖设立至今，共有113位杰出艺术家荣膺该奖项。

【欧阳山尊诞辰100周年纪念活动】

5月24日，由文化部、中国文联主办的纪念欧阳山尊诞辰100周年座谈会在京举行。中国文联党组副书记、副主席李屹发来书面讲话，文化部副部长董伟，中国剧协分党组书记、驻会副主席季国平以及来自戏剧界、影视界的艺术家，中国剧协、北京人艺、中国老教授协会的代表，欧阳山尊的学生、亲属、家乡湖南浏阳的代表与会，共同缅怀这位著名的导演艺术家、演剧活动家和戏剧教育家，纪念他为中国戏剧事业所做出的杰出贡献。

欧阳山尊自幼受到父亲、中国话剧创始人之一欧阳予倩先生爱国主义和进步文艺思想的熏陶，学生时代即参加进步演剧活动。抗战时期参加上海救亡演剧一队奔赴华北前线，翌年转赴延安，在120师战斗剧社工作并参加过延安文艺座谈会。新中国成立后，参与筹建北京人艺，是人艺奠基人之一，后又在中央戏剧学院为培养新中国戏剧导演人才呕心沥血。欧阳山尊先生是中国话剧事业的奠基人，是中国话剧民族化的探索者，更是现实主义导演艺术的实践者。作为著名的导演艺术家，在80年的艺术生涯中，他创作了《白毛女》《春华秋实》《日出》《带枪的人》《智者千虑必有一失》等40多部话剧作品及影片《透过云层的霞光》、电视剧《燃烧的心》等，形成了坚实的现实主义戏剧美学思想，风格气势磅礴，感情浓烈，节奏鲜明，富于时代精神。与会的领导和戏剧家代表指出，在中国话剧发展史上，欧阳山尊和他的作品是极其浓重的一笔，他坚持生活是艺术创作的唯一源泉，同时又善于继承借鉴、勇于创新探索，将中国古典戏曲和西方表演理论体系有机融合，把中国话剧艺术提到了一个新的高度。今天我们深切缅怀他对中国戏剧事业的杰出贡献，追忆他跌宕起伏的革命生涯，感受其卓越不凡的艺术人生，学习和借鉴他宝贵的艺术经验和崇高的艺术品德，就是要学习他赤诚爱国为民的精神，传承他现实主义的传统，牢固树立以人民为中心的创作导向，践行他崇高的文化理想和艺术追求。

5月，文化部和中国文联在京举办了系列纪念活动，包括学术研讨会、重演话剧《油漆未干》、展览、专题片播放、出版欧阳山尊所著《杂草集》以及编纂纪念文集等。

【纪念梅兰芳诞辰120周年座谈会】

12月2日，由文化部、中国文联、北京市政府主办，中国剧协、中国艺术研究院承办的纪念梅兰芳诞辰120周年座谈会在中国文艺家之家举行。中国文联党组书记、副主席赵实，党组副书记、副主席李屹，文化部副部长董伟，中国艺术研究院院长王文章以及李维康、梅葆玖、王安葵、李恩杰、秦华生、李胜素、卢佩民等有关方面领导、戏剧界专家、梅派弟子、梅兰芳的亲属及其家乡代表等参加座谈会。座谈会由中国剧协分党组书记、驻会副主席季国平主持。

赵实在座谈会上讲话。她表示，梅兰芳是享誉世界的中国艺术家杰出代表，是中国京剧艺术功垂后世、影响深远的一代宗师，是“德艺双馨”的梨园典范。在长达半个多世纪的人生和舞台实践中，他倾心于戏曲、倾情于观众、倾力于国家，成果卓著，声名远播，创造了彪炳后世的“梅派”艺术，形成了具有世界影响的“梅兰芳戏剧表演体系”。他是深受人民爱戴、为中华文化做出杰出贡献的优秀艺术家，是我国文艺界和文艺家的骄傲，也是繁荣发展世界文化和人类戏剧艺术的楷模。

赵实希望广大文艺家要很好继承梅兰芳艺比天大、不懈奋进的创造精神，大力弘扬梅兰芳先生爱国为民、“德艺双馨”的精神品格，努力学习梅兰芳先生文化自信、文化自觉的使命担当。要深入学习贯彻习近平总书记的重要讲话精神，努力发扬老一辈文艺家的优良传统，不断推动中华优秀传统文化的创造性转化和创新性发展，用精湛的艺术积极弘扬社会主义核心价值观，积极传播真善美，创作更多更好富有中国精神、中国气韵的优秀作品，为建设社会主义文化强国、实现中华民族伟大复兴“中国梦”做出新的贡献。

董伟、王文章也分别在会上讲话。

中国文联荣誉委员、中国剧协顾问刘厚生因身体原因不能到场，特地发来书面发言。王安葵、秦华生、李胜素、李恩杰等专家和艺术家先后在会上发言。大家纷纷表示，梅兰芳先生以其精妙的艺术和高尚的品德广受赞誉，今天纪念梅兰芳对于我们建设优秀传统文化传承体系，弘扬中华优秀传统文化、增强文化自觉和文化自信，推动文化繁荣发展和中华民族复兴具有特别的意义。梅兰芳之子梅葆玖代表家人对座谈会的召开表示感谢。

【纪念叶盛兰诞辰100周年座谈会】

2014年是京剧叶派小生艺术的创始人、著名京剧表演艺术家、国家京剧院开院元勋和艺术风格的奠基者之一——叶盛兰诞辰100周年。12月14日，由文化部、中国文联、全国政协京昆室主办，文化部艺术司、中国剧协、国家京剧院承办的纪念京剧大师叶盛兰诞辰100周年座谈会在人民大会堂召开。

中共中央政治局委员、国务院副总理刘延东，全国政协副主席、全国政协京昆室主任卢展工，中国文联主席孙家正，文化部部长蔡武，国家新闻出版广电总局局长蔡赴朝，中宣部副部长黄坤明，全国政协副秘书长、全国政协京昆室副主任仝广成，全国政协副秘书长、民革中央副主席刘家强，中国文联党组副书记、副主席李屹，全国政协京昆室副主任、中国文联副主席杨承志等领导以及李世济、尚长荣、李维康、梅葆玖、谭元寿、刘长瑜、杜近芳、夏永泉等戏剧界人士、叶盛兰先生亲属及生前友好、叶派弟子等200余人出席座谈会。文化部副部长董伟主持会议。

蔡武在座谈会上表示，在认真贯彻落实习近平总书记系列重要讲话精神的形势下，举办纪念叶盛兰先生诞辰100周年系列活动，有着特别的意义。希望广大文艺工作者向老一辈艺术家学习，增强文化自觉和文化自信，坚守中华文化立场，传承中华文化基因，立足深厚传统文化资源，把中华优秀传统文化的思想理念、道德规范、艺术精华融入到当下文艺作品的创作、传播、鉴赏中来；坚持以人民为中心的创作导向，用精湛的艺术培育和弘扬社会主义核心价值观，积极传播真善美，携手努力，锐意创新，创做出更多无愧于时代的优秀作品，为建设社会主义文化强国、实现中华民族伟大复兴中国梦做出新的贡献。

国家京剧院院长张凯华，中国文艺评论家协会主席仲呈祥，京剧表演艺术家梅葆玖、尚长荣、刘长瑜、夏永泉以及叶盛兰之子叶少兰在发言中回顾了叶盛兰的艺术历程、舞台风采及其在剧院建设、剧目创作、人才培养、对外文化交流等方面对中国京剧艺术发展所做出的卓越贡献。

上世纪60年代初，叶盛兰向中国京剧院（后更名国家京剧院）捐赠富连成科班“叶氏藏本”手抄本383出，为传承京剧精粹，保存民族文化遗产做出了重要贡献。会上，张凯华向叶少兰颁发了捐赠“富连成社叶氏藏本”荣誉证书以示表彰。

作为纪念活动的重要组成部分，叶派传人联手全国多位京剧名家于12月14日至17日在梅兰芳大剧院上演四场传统经典大戏，来自全国十多个院团、院校，老中青三代40多位艺术家粉墨登场，展示经典之作的华彩神韵和叶派艺术的无穷魅力。

【纪念董希文百年诞辰展览】

在文化部、教育部和中国文联的支持下，由中央美术学院主办的“油画中国风——董希文百年诞辰纪念展”12月19日在京开幕，这也标志着百年辉煌·中央美术学院艺术名家系列活动正式启动。中国文联党组成员、副主席左中一，文化部副部长董伟以及靳尚谊、吴长江、范迪安等相关部门领导和老艺术家代表、董希文的亲属同事学生出席了开幕式。

展览集中了全国各地重要博物馆、美术馆的馆藏珍品，包括来自中国国家博物馆的两个版本的革命历史画《百万雄师下江南》和《抗美援朝》，来自中国美术馆的《哈萨克牧羊女》《千年土地翻了身》，来自敦煌研究院的《苗民跳月》《山水》《敦煌全景图》《萨陀那舍身饲虎图》，来自中国人民革命军事博物馆的巨幅革命历史画《红军过草地》，以及中央美术学院美术馆珍藏的《红军过草地》创作稿等。展览还首次展出家属珍藏的董希文各个历史阶段的重要作品，包括他早年求学期间的珍贵习作——20世纪40年代徐悲鸿极为推崇的《戈壁驼影》《瀚海》；也包括新中国成立后为创作《百万雄师下江南》而做的16幅创作稿和担任“人民英雄纪念碑”创作组组长之一时所做的两幅人民英雄纪念碑“武昌起义”图稿；为创作《开国大典》而做的创作小稿尤为引人注目。

主办方还举办三场学术研讨会，缅怀董希文的艺术与美术教育人生。《一笔负千年重任——董希文艺术百年回顾》也同期出版。

【纪念骆玉笙诞辰百年系列活动】

8月6日，由中国文联、中国曲协、天津市委宣传部、天津市文联共同主办的纪念骆玉笙诞辰100周年座谈会在中国文艺家之家举行。中国文联党组成员、副主席李前光和罗扬、朱光斗、姜昆、崔凯、籍薇、郭刚、马小平、吴文科、曲华江、黄群、寇士恺以及骆玉笙先生家人及弟子代表，京津两地曲艺界、文艺界名家百余人出席座谈会。座谈会由中国曲协分党组书记、驻会副主席董耀鹏主持。

骆玉笙艺名小彩舞，生于1914年，4岁起跟随养父行走江湖、登台卖艺，9岁开始学习京剧，17岁时改唱京韵大鼓，20岁时拜“三弦圣手”韩永禄为师，22岁便在曲艺重镇天津一炮走红，被誉为“金嗓歌王”。曾创作排演了《邱少云》《光荣的航行》《和氏璧》等经典曲目。

李前光在会上表示，骆玉笙不愧为深受广大人民群众爱戴、人品艺品俱佳、“德艺双馨”的曲艺艺术大师，她不仅是中国文艺界的楷模，也是我们整个民族的骄傲。举办相关系列活动纪念骆玉笙诞辰100周年，不仅是要向以骆玉笙为代表的老一辈艺术家表示崇高的敬意和深切的怀念，更是要借此机会号召包括曲艺界在内的广大文艺工作者认真研讨和总结老一辈艺术家在长期艺术实践中的深切体会、宝贵成果和成功做法，研讨和总结其对于当前曲艺事业如何出人出书、传承发展所具有的推动作用和启示意义。

座谈会上，与会人员围绕骆玉笙80年的艺术生涯，总结了她的艺术实践和艺术成就，缅怀了她的理想信念与大家风范。大家表示，骆玉笙先生是一个与命运抗争的传奇，她为世人展现出的自强不息、发愤图强、锲而不舍的进取精神成为她人生不朽的丰碑，是值得我们永远继承和传扬的重要财富，是指导每一个曲艺人前进的动力和源泉。

当晚，纪念骆玉笙诞辰100周年专场演出在天津津湾大剧院举行。京津两地鼓曲名家新秀共同演绎骆派经典曲目，缅怀一代曲艺大师。全面展现骆玉笙艺术人生的《鼓韵长馨——纪念骆玉笙诞辰100周年》画册也同时编辑完成。

【纪念马三立诞辰100周年系列活动】

8月30日，由中国文联、中国曲协、天津市委宣传部、天津市文联共同主办的纪念马三立诞辰100周年座谈会在天津大礼堂举行。中国文联党组成员、副主席李前光，中国曲协主席姜昆，中国曲协分党组书记、驻会副主席董耀鹏，天津市文联党组书记、常务副主席寇士恺，中国曲协副主席马小平，中国曲协分党组成员、副秘书长曲华江、黄群，天津市河西区委常委、宣传部部长王芸等领导和马三立的亲属、弟子以及京津两地曲艺名家参加座谈。天津市文联主席陈洪主持座谈会。

李前光在座谈会上讲话，姜昆、寇士恺、王芸、王立扬、薛宝琨、李光曦、郭宝昌、常宝华、马志明分别发言。

马三立（1914年10月1日－2003年2月11日），是中国相声第五代演员，著名相声表演艺术大家，出生于北京。1929年，15岁的马三立告别校园，拜相声八德之一的周德山为师，正式走上了从艺之路。1940年，马三立在素有相声窝子之称的天津自成一派，在京津两地家喻户晓。马三立热爱学习，拥有良好的文化功底，他的众多相声作品用词文雅，幽默但不庸俗，娱乐性与知识性兼具。马三立演出的传统相声有200多个，主要有《吃元宵》《相面》《卖五器》《开粥厂》等。他创作、改编并演出新的相声节目六七十个，包括《买猴》《偏方治病》等。新中国成立后，他满腔热情地回应新时代的召唤，投入到新生活的洪流，参加赴朝慰问团文艺队并任副队长，改编表演新相声，勤勤恳恳、兢兢业业地为人民服务、为社会主义服务，深受广大观众及社会各界的热爱与尊敬。1988年任天津市曲协名誉主席，1996年任中国曲协顾问。

30日和31日晚，纪念马三立诞辰100周年“悦想悦哏儿”中国相声群英会之怀念篇和致敬篇演出在天津人民体育馆精彩上演，在赵忠祥、马东等主持下，刘增锴、杨议、李金斗、李建华、常贵田、王佩元、师胜杰、石富宽、常宝华、杨少华、侯耀华、尹笑声、姜昆、戴志诚、马志明、黄族民、苗阜、王声、何云伟、李菁、王自健、薛英杰、高晓攀、尤宪超等老中青三代曲艺名家先后登台献艺。

此外，系列活动还包括推出纪念马三立诞辰100周年专题纪录片《角儿·马三立》和主题曲《越想越哏儿》，出版《马氏相声评传》、津门画界名家展等。

【纪念韩起祥诞辰百年活动】

11月12日，由中国文联、中国曲协、陕西省委宣传部、陕西省文联主办，陕西省曲协承办的“纪念韩起祥诞辰100周年座谈会”在西安举行。

韩起祥是延安文艺座谈会后涌现出的一位曲艺大家，一生与说书结缘、与三弦为伴，曾被毛泽东同志称为“天才的说书艺术家”和“革命的三弦战士”。在60多年的艺术生涯里，他青年投身革命、中年改旧唱新、晚年致力于曲艺传承，虽经历传奇、饱受磨难，却矢志不渝坚守陕北黄土高坡，为革命、为人民说唱，深受人民喜爱。

中国文联党组成员、副主席李前光出席座谈会并讲话。他表示，我们要学习韩起祥关注国家前途、关注民族命运、投身进步事业的坚定信仰；要学习韩起祥以人民为中心，反映人民心声、赞颂人民奋斗的宝贵精神；要学习韩起祥善于继承借鉴、勇于开拓创新、敢于超越前人的艺术追求。他希望广大曲艺工作者能够沿着老一辈艺术家开创的道路奋勇前进，为曲艺事业的发展谱写新的篇章，为文艺事业的繁荣贡献新的力量。

来自全国各地的曲艺名家、韩起祥的同事以及家属代表回忆、总结了韩起祥的艺术人生，表达了对这位老艺术家的敬意和怀念。

作为纪念韩起祥诞辰100周年系列活动项目，“韩起祥杯”首届中国西部优秀曲艺节目展演和陕西相声现象研讨会于11月10日至12日相继举办。陕北说书《王大妈做鞋》等7个节目获展演一等奖。此外，展演颁奖晚会暨中国文联、中国曲协文艺志愿服务团也给关中父老乡亲献上了精彩的曲艺演出。

陕西省委、宣传部长景俊海，中国曲协主席姜昆，中国曲协分党组书记、驻会副主席董耀鹏，陕西省文联党组书记、副主席吴丰宽等出席了相关活动。

2015

Communication、coordination、service

联络、协调、服务

组织联络工作

【中国文联2014年协会组联工作会】

为贯彻落实全国宣传部长会议精神和中国文联九届六次全委会精神，部署新年度组联工作，交流协会工作经验，2月24日，“中国文联2014年协会组联工作会”在中国文联文艺家之家召开。中国文联党组成员、主席团成员、书记处书记、国内联络部主任罗成琰，国内联络部副主任李培隽、谢力，国内联络部全体同志，各文艺家协会分党组分管领导及协会组联部、会员部、展览部和大型活动办全体人员以及文联各艺术中心相关人员出席会议。会议由李培隽主持。谢力传达全国宣传部长会议精神和中国文联九届六次全委会精神。

罗成琰同志总结和部署年度组联工作。他首先回顾了2013年工作，指出在过去的一年里，文联和各文艺家协会组联部门在文联党组和各协会分党组的领导下，深入学习贯彻习近平总书记一系列重要讲话精神，深入落实中国文联九届四次、五次全委会工作部署，紧紧围绕实现“中国梦”的宏伟目标和建设文化强国的重大使命，积极履行组织引导、联络协调、服务维权的职能，团结凝聚广大文艺工作者坚定走中国特色社会主义文艺发展道路，坚持以人民为中心的工作导向，坚持围绕中心、服务大局，深入基层、服务群众，改进作风、服务文艺工作者，以良好的精神风貌和改革创新精神投身文联工作和组联工作，努力提高自身服务能力和工作水平，各项工作取得了重要进展和显著成效。

在谈到2014年工作安排时，罗成琰指出，2014年国内联络部和各文艺家协会组联部要认真贯彻党的十八大和十八届三中全会精神，全面落实中国文联九届六次全委会精神，坚持以人民为中心的工作导向，紧紧围绕“中国梦”的时代主题，大力培育和践行社会主义核心价值观，大力开展系列主题文艺实践活动，大力推动组联工作改革创新，广泛团结和引导文艺工作者多出优秀作品、追求德艺双馨，以优异成绩迎接和庆祝新中国成立65周年，为繁荣发展我国文艺事业、建设社会主义文化强国贡献智慧和力量。

会上，中国音协分党组成员、副秘书长王建国，中国书协分党组成员、副秘书长张陆一，中国摄协分党组副书记王郑生，中国曲协分党组成员、副秘书长曲华江，中国舞协分党组副书记、秘书长罗斌分别汇报了以“中国梦”为主题的文艺创作活动和会员发展工作思路。

【2014全国文联组联工作会议】

4月1日至2日，2014全国文联组联工作会议在福州召开，来自全国各省、自治区、直辖市文联，副省级城市文联的领导和组联干部以及各地基层文联负责人代表共150人相聚榕城，专题研究以“中国梦”为主题的文艺创作活动和文艺家协会会员发展工作。会议由中国文联主办，中国文联国内联络部、福建省文联承办。

中国文联党组书记、副主席赵实在对组联工作会议的批示中说，2013年，中国文联及各地文联组织认真学习贯彻习近平总书记系列讲话精神，坚持以人民为中心的工作导向，积极履行组织引导、联络协调、服务维权的职能，围绕中心、服务大局，深入基层、服务群众，改进作风、服务文艺工作者，组联工作求实创新、成效显著，组织体系建设得到进一步加强。2014年是全面深化改革的关键一年，也是新中国及中国文联成立65周年，文联工作要求高、任务重、责任大。希望各地文联认真开展以“中国梦”为主题的文艺创作活动，深入做好动员部署、组织创作、评估筛选和集中展示工作，引导广大文艺工作者热情宣传和深入阐释“中国梦”，创作一批精品力作，激发人们为实现“中国梦”努力奋斗的热情。同时希望各地文联积极推动组联工作创新，努力延伸文联工作手臂，高度重视协会会员发展工作，广泛吸纳优秀文艺人才，拓展服务手段和联络方式，不断提高有效覆盖和团结引导能力，激励广大文艺工作者努力成为社会主义核心价值观的培育者、弘扬者和践行者，为建设社会主义文化强国贡献力量。

中国文联党组成员、书记处书记、中国文联国内联络部主任罗成琰在会上讲话。福建省委常委、宣传部部长李书磊和福建省文联党组书记、副主席张作兴也分别致辞，福建省委办公厅厅务会成员、政研室副主任王金福，福建省委宣传部副部长马照南，中国文联办公厅副主任刘尚军，中国文联国内联络部副主任李培隽、谢力等出席会议。

会议通报了中国文联国内联络部2013年和2014年相关工作情况。福建省文联、辽宁省文联、甘肃省文联、江苏省文联、杭州市文联、北京市文联、湖南省文联、青岛市文联、深圳市文联9个单位分别代表各自的地方文联和基层文联做了发言。与会代表结合工作实际，就研究2014年组联工作特别是专题研究以“中国梦”为主题的文艺创作活动和文艺家协会会员发展工作进行了深入交流。

对外和与港澳台地区文化交流工作

【董占顺赴智利出席国际组织会议】

1月11日至19日，应国际艺术理事会及文化机构联合会（IFACCA）、智利国家艺术理事会邀请，中国文联国际联络部主任董占顺一行2人赴智利出席第六届世界文化艺术峰会暨IFACCA第三十八次执委会会议。本届峰会以“创新的时代：文化发展的新模式”为主题，汇聚了来自67个国家的近400位代表，就当今世界各国文化发展面临的机遇与挑战展开探讨与交流。董占顺在IFACCA全体大会上当选为新一届执委会成员并首次以执委身份出席本次会议。

【李前光出席太湖文化论坛第三届年会高层协调会】

2月8日，中国文联党组成员、副主席李前光赴上海出席太湖文化论坛第三届年会高层协调会。第十一届全国政协副主席、太湖文化论坛名誉主席张梅颖，中央社会主义学院党组书记、太湖文化论坛高级顾问叶小文出席会议。

【赵实率中国文联代表团访问摩纳哥捷克】

2月14日至21日，应摩纳哥驻华大使、捷中友好合作协会邀请，中国文联党组书记、副主席赵实率6人代表团赴摩纳哥、捷克访问，出席由中国文联和摩纳哥政府共同主办的2014“今日中国”艺术周暨“摩纳哥中国节”活动，并与捷中友协主席比尔凯共同签署了《中国文联与捷中友协合作备忘录》，对双方今后开展全方位的交流与合作达成共识。

【郭运德会见加拿大亚太基金会总裁】

3月4日，中国文联党组成员、书记处书记郭运德在文艺家之家会见到访的加拿大亚太基金会总裁兼首席执行官胡元豹。加拿大亚太基金会是一个旨在促进加拿大与亚洲各国之间文化、政治、经济、安全及社会问题方面全方位对话的知名智库，其中特别关注中加关系的研究。

【赵实会见台湾两岸电影交流团】

3月6日，中国文联党组书记、副主席赵实在中国文艺家之家会见以台湾两岸电影交流委员会主任委员、中国影协顾问李行为团长的台湾电影交流团，就加强两岸电影交流交换意见。李行为台湾著名电影导演，曾多次作为特邀嘉宾出席文代会，为促进两岸电影交流做了大量工作。应邀来访的14人访问团成员多为台湾电影界知名人士。中国文联党组成员、书记处书记郭运德、中国文联港澳台办公室及中国影协负责人参加会见。

【赵实会见捷中友协监事会主席】

4月2日，中国文联党组书记、副主席赵实在文艺家之家会见到访的捷中友协监事会主席、捷克总理中国事务全权顾问亚罗斯拉夫·德沃吉克一行。双方就2015年中国文联在捷克佩尔森市举办“今日中国”艺术周及今后在更多领域开展务实合作交换了意见。中国文联党组成员、书记处书记郭运德同志出席会见。

【赵实出席“中国人眼中的纳米比亚”摄影展开幕式】

4月7日，“中国人眼中的纳米比亚”摄影展开幕式在中国摄影展览馆举办，中国文联党组书记、副主席赵实，纳米比亚总理哈格·根哥布以及中国文联党组成员、副主席李前光，中国摄协主席、分党组书记王瑶，中国驻纳米比亚大使忻顺康、纳米比亚驻华大使阿贝德等出席开幕式。此次展览由中国摄协、中国驻纳米比亚大使馆共同主办。展览精选7位中国摄影家近年在纳米比亚拍摄的60幅照片，从各个角度向中国观众展示了纳米比亚的独特魅力。

【郭运德赴香港出席“萧晖荣艺术展”活动】

5月22日至24日，应香港美协邀请，中国文联党组成员、书记处书记郭运德一行2人赴香港出席“萧晖荣艺术展”开幕式及相关交流活动。萧晖荣是香港著名书画家，自上世纪60年代开始艺术创作，其作品连续六次入选全国美展。在港期间，郭运德与中央驻香港联络办公室、香港美协、大公报社、《紫荆》杂志社等机构负责人进行座谈，就中国文联开展对港文化交流交换意见。

【中国文联派员赴马来西亚出席国际组织会议】

5月23日至27日，应马来西亚旅游文化部邀请，中国文联国际部亚洲处副处长曹宇光赴马来西亚出席国际艺术理事会及文化机构联合会（IFACCA）第11次亚洲地区分会。会议就亚洲各国文化政策国别资料库工程、有关国际文化交流合作机制、亚洲各会员单位近期工作经验等进行深入探讨与交流。

【罗成琰出席“中日友好自作诗书交流展”开幕式】

5月27日，中国书协与日本日中友好自咏书交流会在北京炎黄艺术馆联合主办的第25届“中日友好自作诗书交流展”在京开幕。中国文联党组成员、书记处书记罗成琰出席开幕式，并向日方参展作者颁发了中国书协授予的入展证书。“中日友好自作诗书交流展”已连续举办25届。本次展览共展出中日书法家新创作的诗词书法作品152件。

【奚美娟率中国文联代表团访问日本】

6月4日至8日，应日本中国文化交流协会邀请，中国文联副主席奚美娟率6人代表团赴日本访问。访日期间，代表团与日戏剧、舞蹈、书法等艺术从业人员进行了交流，增进了中日两国艺术家的了解。多年来，中国文联与日本中国文化交流协会保持着良好的合作机制，两组织每年派代表团互访。

【赵实率中国文联访问团赴澳门访问】

6月9日至11日，应澳门中华文化联谊会邀请，中国文联党组书记、副主席赵实率访问团赴澳门出席由中国文联、中国音协和澳门中华文化联谊会为庆祝澳门回归祖国15周年而合作举办的“2014濠江之春——澳门与内地艺术家大联欢”活动，并与澳门文艺界人士广泛交流。全国政协副主席马培华、何厚铧、中央驻澳门联络办主任李刚、全国政协港澳台侨委员会副主任华建、外交部驻澳门特派员公署副特派员蔡思平、中国文联党组成员、书记处书记郭运德、中国音协分党组书记、副主席徐沛东等嘉宾出席本次活动。本届大联欢活动侧重音乐主题，40多位内地知名艺术家与澳门艺术家共同呈现了一场精彩纷呈的音乐晚会。至此，“濠江之春——澳门与内地艺术家大联欢”已经连续举办四届，成为澳门与内地文化艺术界交流、合作的重要平台。

【太湖世界文化论坛第三届年会在上海举行】

6月18日至19日，由太湖世界文化论坛、中国文联、上海市人民政府、中国人民外交学会联合主办的太湖世界文化论坛第三届年会在上海举办。中国文联主席孙家正，党组书记、副主席赵实，副主席覃志刚，党组成员、书记处书记郭运德等出席论坛活动。太湖世界文化论坛第三届年会以“加强文化软实力互动，促进世界和平与发展”为主题，有关国家政要、中外知名专家学者和人士等500余人出席。

【郭运德会见韩国文化艺术委员会代表团】

6月23日，中国文联党组成员、书记处书记郭运德在文艺家之家会见并宴请了应邀访华的韩国文化艺术委员会代表团一行5人。郭运德向韩方介绍了2012年以来中国文联的工作情况，特别介绍了新成立的中国文艺志愿者协会和中国文艺评论家协会的有关情况，并希望两组织间进一步加强合作，促进两国文艺志愿活动和评论家的互访交流。中国舞协分党组书记、秘书长罗斌、中国音协分党组成员、副秘书长王建国参加会见。中国文联与韩国文化艺术委员会多年来保持定期互访的机制。

【泰中艺术家联合会代表团访华】

7月15日至21日，应中国文联邀请，以泰国泰中艺术家联合会会长蔡义批为团长的6人代表团访华。代表团访问了北京、太原和青岛三地，中国文联副主席、中国美协主席刘大为会见并宴请代表团。中国文联自2000年起与泰中艺术家联合会建立了较为固定的友好交往与合作关系。

【中国文联派员赴斐济出席国际组织会议】

7月20日至24日，应国际艺术理事会及文化机构联合会（IFACCA）、斐济艺术理事会邀请，中国文联国际部调研员张海鹰赴斐济出席IFACCA第三十九次执委会会议。会议就该组织战略规划、内部管理、项目建议及筹办第七届世界文化艺术峰会等事宜进行讨论。

【越共中央文学艺术批评理论委员会代表团拜会中国文艺评论家协会】

7月30日，以越共中央文学艺术批评理论委员会副主席丁春勇为团长的代表团访问中国文联，中国文艺评论家协会组织有关评论家和艺术家与代表团进行了座谈。这是中国文艺评论家协会5月成立以来的第一次国际交流活动。中国文联理研室主任、中国文艺评论家协会副主席兼秘书长、中国文联文艺评论中心主任庞井君主持座谈，他向代表团介绍了中国文艺评论家协会和中国文联文艺评论中心的情况，并对当前中国文艺评论的现状进行了分析。

【郭运德出席香港画家刘宇一作品展】

8月12日，中国文联党组成员、书记处书记郭运德出席在江苏省美术馆新馆举办的“复兴之路——刘宇一作品全国巡展南京青奥会特展”。该展览由中国文联、江苏省政协、全国政协书画室、中共江苏省委宣传部、北京师范大学联合主办。中共江苏省委书记罗志军观看展览。刘宇一是香港著名画家，长期致力于文化公益和艺术交流，为弘扬中华文化，促进中外文化交流作了大量有益工作。此次展览展出百余幅作品，其中包括由人民大会堂、毛主席纪念堂、天安门城楼等收藏的《开国盛典》、《人民万岁》等精品力作。

【北京全明星青少年美术摄影交流团赴台交流办展】

8月14日至21日，应台湾促进中国现代化学术研究基金会邀请，中国文联组派北京全明星青少年美术摄影交流团一行31人赴台进行交流，与台北地区青少年书画摄影协会及当地青少年书画摄影爱好者共同举办“海峡两岸书画摄影艺术作品展览”。本次活动旨在加强两岸青少年在艺术领域的交流。

【郭运德出席摩纳哥驻北京名誉领事馆落成仪式】

8月19日，应摩纳哥驻华大使馆邀请，中国文联党组成员、书记处书记郭运德出席摩纳哥驻北京名誉领事馆开馆仪式并参观“摩纳哥沙龙”展览。

【董良翚赴香港访问】

9月4日至7日，应香港大中华会邀请，中国文联原书记处书记董良翚同志赴香港出席“第五届中山·黄埔·两岸情论坛”活动。

【李屹赴香港出席“紫荆杯”两岸四地青少年书画大赛颁奖典礼】

9月5日，中国文联党组副书记、副主席李屹出席在香港大会堂举办的第三届“紫荆杯”两岸四地青少年书画大赛颁奖典礼暨展览开幕式。此项比赛自2011年至今已举办三届，今年以65周年国庆为契机，自5月起向内地、香港、澳门和台湾的青少年公开征集书画作品，共收到8000多件作品。此次比赛参赛作品范围广泛，题材多样，包括各种字体的中国书法、山水花鸟画和水彩画等，展现了两岸四地中华民族青少年书画艺术的高水平和整体风貌。

【郭运德出席第二届中国北京国际魔术大会开幕式】

9月5日，中国文联党组成员、书记处书记郭运德出席第二届中国北京国际魔术大会开幕式。本届魔术大会由文化部、中国文联和北京市人民政府共同主办。大会为期3天，举行了“金长城”杯世界魔术冠军争霸赛、魔术培训班、魔术道具展、近景魔术沙龙等一系列活动。

【李屹率中国文联代表团访问印尼澳大利亚】

9月21日至28日，应东盟秘书处（设在印度尼西亚）、澳大利亚维多利亚州上议院议长布鲁斯·阿特金森及澳大利亚大洋洲文联邀请，中国文联党组副书记、副主席李屹率4人代表团赴上述两国访问。访问期间，代表团出席中国文联在雅加达举办的“梦想·记忆——中国民生35年之变迁”摄影展和在墨尔本举办的“新疆风情美术摄影展”相关活动，并就组派国内艺术家赴海外研修及全国文艺家协会吸收海外会员等事宜进行调研。

【中国文联“视觉艺术策展人研修班”在美举办】

9月21日至10月11日，中国文联“视觉艺术策展人研修班”一行19人赴美学习。本次培训项目以视觉艺术策展人为主题，参团的19名学员均是来自中国文联机关、各全国文艺家协会和省级文联的策展专业骨干，其艺术范围广泛分布于美术、书法、摄影、民间文艺等多个领域。通过在美19天的学习，学员们在课堂教学、机构考察、讨论交流中更加深入地了解美国艺术市场，学习先进的策展理念和策展方式，加强与美国同行之间的沟通。

【20国电影界人士出席第23届中国金鸡百花电影节】

9月23日至27日，由中国文联和中国影协联合主办的第23届中国金鸡百花电影节在甘肃省兰州市举办。为加强和扩大与国外同行的合作与交流，本届电影节邀请丹麦、厄瓜多尔、韩国、柬埔寨等20个国家的电影代表团共50余人参加电影节相关活动。金鸡百花电影节是中国电影界一年一度的盛大节日，集电影评奖、颁奖、中外新片展映、学术研讨、电影市场、国际文化交流和文艺演出于一体的全国性大型文化活动，是中国唯一一个国家级的电影节。

【董占顺会见香港中国民族民间文化艺术交流协会考察团】

9月28日，以香港中国民族民间文化艺术交流协会副会长余昭科为团长的香港文化界考察团一行26人到访中国文艺家之家。中国文联港澳台办公室主任董占顺向考察团介绍了中国文联情况并陪同参观文联发展史展厅。

【郭运德率民间艺术家代表团访问奥地利斯洛伐克匈牙利】

10月7日至16日，应奥中友协、欧洲时报、斯洛伐克ECC集团、匈中社会关系发展促进（基金）会邀请，中国文联党组成员、书记处书记郭运德率32人民间艺术家代表团赴奥地利举办“中国民间艺术展”，并赴斯洛伐克、匈牙利进行工艺品展销和交流。本次展览旨在为中国民间艺术走进欧洲打开一个窗口，为艺术家搭建与欧洲交流的平台。

【郭运德会见台湾商工统一促进会参访团】

11月4日，中国文联党组成员、书记处书记郭运德在文艺家之家会见了以吴义德为团长的台湾商工统一促进会参访团。郭运德向参访团介绍了文联的组织机构、近年工作以及文联与台湾文艺界交流情况。希望今后双方加强合作，为推动两岸文化交流，弘扬中华优秀文化而共同努力。参访团还参观了中国文联发展史展厅和“中国梦海南美——全国优秀美术书法摄影作品展”。中国文联港澳台办公室主任董占顺、国务院台办海峡两岸交流中心副主任苗京平参加会见。

【太湖世界文化论坛“2014年中医药文化发展高级别会议”在澳门举办】

11月13日至14日，中国文联业务主管的太湖世界文化论坛在澳门举办“2014年中医药文化发展高级别(澳门)会议”，主题为“创新发展传统医学，迈向生态文明新时代”。全国人大常委会副委员长陈竺出席此次会议。

【左中一率中国文联代表团访问古巴巴哈马】

11月15日至23日，应古巴文化部和巴哈马巴中友协邀请，中国文联党组成员、副主席左中一率5人代表团访问上述两国。访问期间，代表团与古巴文联签署了合作协议，与两国政府文化主管部门、主要文化机构及艺术院校、艺术家代表及中国驻当地使馆进行了十余场工作会谈和交流。此访根据国家整体外交布局和文化强国建设目标，结合中国文联开展对外民间文化交流的现状和发展方向，通过举办中国美术作品展、与两国主要文化机构及艺术家交流等方式，商洽双方开展民间文化交流的长效机制。

【郭运德赴台湾参加“第四届海峡两岸欢乐汇”活动】

11月16日至22日，应台湾财团法人台北艺术家文教推广基金会邀请，中国文联党组成员、书记处书记郭运德率中国曲协艺术团一行41人赴台湾参加“第四届海峡两岸欢乐汇”活动。期间，艺术团分别赴台中、台南、台北等地进行5场演出和一场海峡两岸曲艺艺术交流研讨会。

【赵实会见香港中联办副主任杨健】

11月19日，中国文联党组书记、副主席赵实会见香港中联办副主任杨健一行，就进一步发挥文联优势，加强对港文化交流合作，广泛团结香港文艺家充分交换了意见。

【中国文联系统外事干部英语培训班在京举办】

11月25日至27日，由国际部主办、文艺研修院承办的中国文联系统外事干部英语培训班在京举办。本次培训班邀请外交部、外文局等相关部委单位的专家讲授公共外交、对外交往及对外文化传播中的翻译技巧等专题，内容丰富，形式新颖，取得了良好效果。本次培训旨在进一步适应对外交流与合作的需求，提高干部履行岗位职责的素质和能力，培训对象为各全国文艺家协会、中国文联各直属事业单位外事干部。

【李前光率中国摄影代表团访问丹麦冰岛意大利】

12月3日至12日，应丹麦摄影中心、冰岛中国文化交流协会、意大利职业摄影家协会邀请，中国文联党组成员、副主席李前光率5人代表团赴上述三国访问。访问期间，代表团与丹麦摄影组织就摄影著作权保护和青年摄影教育、摄影团体组织的建设等方面进行广泛交流；与冰岛中国文化交流协会的音乐、舞蹈等艺术门类艺术家进行交流，邀请冰岛艺术家来华参加2016年中国国际民间艺术节；在意大利巴莱塔举办“美丽中国”摄影展。

【夏潮率访问团赴台湾交流】

12月6日至12日，中国文联党组成员、副主席夏潮率5人访问团赴台湾参加由中国文联、台湾沈春池文教基金会共同举办的“第六届海峡两岸暨港澳地区艺术论坛”。本届论坛以“根脉与梦想——中华文化艺术及其当代复兴”为主题，共有两岸四地80余位专家学者与会，内容包括开闭幕式、大会演讲、分组讨论、圆桌交流、艺术讲堂等。该论坛为中国文联对港澳台地区交流的品牌项目，自2009年至今已连续举办5届。夏潮一行还与台湾多个影视及文化团体进行了交流。

理论研究

综　述

2014年，在中国文联党组的正确领导下，中国文联理论研究室认真贯彻落实党的十八大和十八届四中全会精神，深入学习贯彻习近平总书记系列重要讲话和在文艺工作座谈会上的重要讲话精神，认真落实文联九届六次全委会的工作部署，围绕为文联党组服务、为艺术家服务、为文联相关单位和部门服务的工作思路，较好地完成了各项任务。

学习贯彻习近平总书记文艺工作座谈会讲话精神

10月15日，习近平总书记在文艺工作座谈会上发表重要讲话，10月17日，由中国文联理论研究室、中国文艺评论家协会会同光明日报社文艺部、中国艺术报社在京联合举办学习习近平总书记重要讲话精神座谈会，与会专家学者从各自不同的艺术经历、学科背景、理论视角和研究方向出发，围绕习近平同志讲话内容，阐发了自己学习领悟的心得，形成了共识，明确了努力方向。通过新闻媒体的广泛报道，推动了重视文艺评论、研究文艺评论、做好文艺评论良好舆论氛围的形成，使深入贯彻落实习近平同志讲话精神、全面做好文艺评论工作有了个良好开局。

调查研究

【配合党组开展重点课题调研】

制定《2014年中国文联党组重点调研课题实施方案》，协助中国文联党组主要领导围绕学习贯彻习近平总书记系列重要讲话精神开展调研，形成《关于赵实同志率队赴辽宁省文联调研有关情况的报告》、《关于赵实同志率队赴江苏省文联调研有关情况的报告》，分别在《调研通讯》刊登。其中，赴辽宁省文联调研有关情况的报告在《调研通讯》发表后，在辽宁宣传文化系统产生了极大反响。

【青年文艺工作者思想状况及教育引导调研】

为落实中央领导关于《娱乐圈明星失德违法事件频发》的重要批示精神，对近年来内地娱乐圈明星违法基本情况进行研究分析，对如何加强年轻一代文艺工作者的教育引导提出对策措施，形成《中国文联关于加强年轻一代文艺工作者教育引导情况的调研报告》，并报送中宣部，中宣部领导作出重要批示。为深入了解当前中青年文艺工作者的基本状况，历时半年多，在全国范围内首次开展中青年文艺工作者思想状况调研，分别在辽宁、上海、新疆、江西、江苏等省市召开文艺工作者座谈会。选取上海、辽宁等11个省（市）以及中国文联所属全国文艺家协会进行问卷抽样调查，共计发放问卷6600份，调研报告正在组织撰写中。

【参与新形势下做好文艺工作和文联作协工作等有关重要文件起草工作】

配合中央和国家机关，研究起草繁荣发展社会主义文艺、加强新形势下文联作协工作等方面的文件。起草工作以深入调研为基础，广泛征求多方面的意见，进行了反复修改，形成代拟稿报送中央有关部门。

【编办《调研通讯》】

广泛征集和展示中国文联各团体会员和各地文联的调研报告、工作探索、典型经验以及调研动态信息，全年共编辑《调研通讯》4期，刊登各地文联调研报告10余篇。在全国范围内开展优秀调研成果征集活动，征集优秀调研成果100多篇，促进了调研成果交流与共享。

新闻宣传

【社会主义核心价值观宣传教育】

为深入贯彻落实中央关于培育和践行社会主义核心价值观的通知精神，按照文联党组部署要求，制定并下发了《中国文联关于培育和践行社会主义核心价值观的实施方案》。针对2014年上半年出现的个别文艺从业者失德违法事件频发的现象，根据文联党组指示，制定并下发了《关于在文联系统所属媒体开展“弘扬社会主义核心价值观、抵制黄赌毒黑、努力追求德艺双馨”主题宣传活动的通知》，要求各文艺家协会和中国艺术报社部署所属报刊、网站，开展为期2个月的“弘扬社会主义核心价值观、抵制黄赌毒黑、努力追求德艺双馨”主题宣传活动。根据中央《关于进一步做好“讲文明树新风”公益广告宣传的意见》，制定并下发《中国文联关于进一步做好“讲文明树新风”公益广告宣传的通知》，在文联各报刊出版单位加大“讲文明树新风”公益广告宣传力度，组织好公益广告的刊播。

【重大主题性文艺活动宣传报道】

紧紧围绕“中国梦”主题系列活动、学习习近平总书记在文艺工作座谈会上的重要讲话精神系列活动、培育和践行社会主义核心价值观系列活动、“送欢乐下基层”、文艺支教等文艺志愿服务活动、中国文艺评论家协会成立大会以及一系列研讨座谈等中国文联重大主题性文艺活动和重点工作，突出实效，创新形式，全力做好活动的宣传报道，提高了宣传质量，扩大了中国文联的社会影响。

【加强文联所属媒体宣传导向管理】

为大力加强对文联系统所属媒体宣传导向的管理，积极宣传社会主义核心价值观，充分发挥文联系统报刊、网络等在文艺传播中的作用，按照文联党组主要领导的批示精神，于10月中旬组织召开了文联所属媒体宣传导向管理座谈会。各文艺家协会新闻宣传工作分管领导、研究部（室）负责同志、文联和协会所属报刊、网站等媒体的负责同志共30余人参加会议，夏潮同志出席会议并讲话。

【全媒体时代的文艺传播座谈会】

为顺应文艺传播新格局、适应媒体发展新生态，10月21日，与人民网联合召开全媒体时代的文艺传播座谈会，邀请人民日报社、中国社科院、八一电影制片厂、中国传媒大学、北京伯乐营销等各领域的专家学者及业内人士从“传播与引领”“传播与网络”“传播与创作”“传播与伦理”“传播与营销”等角度深入分析了新形势下文艺传播面临的新情况、新问题、新挑战，提出了全媒体时代文艺传播的对策建议。此次全媒体时代的文艺传播座谈会采取网上视频和文字直播的方式，为中国文联直接面向社会大众和广大网民、彰显文艺主流声音进行了有益探索。

【探索全媒体时代背景下新闻宣传工作路径】

加强与新闻媒体的联系，定期召开新闻通气会和重大活动新闻发布会。6月中旬召开中国文联新闻宣传工作媒体通气会。12月初，与海南省文联共同举办全国文联新闻宣传工作媒体交流会，邀请部分省市文联领导和新闻宣传工作负责人、部分文艺刊物负责人及新华社、《人民日报》、《光明日报》、人民网等部分媒体记者参加会议。与会者就如何在全媒体时代背景下进一步做好文艺工作和文联工作宣传报道进行了深入探讨和交流。

【新闻宣传工作培训班】

为加强文联及各协会的新闻宣传工作，提升各协会新闻联络员的业务水平，7月底，组织近30名来自各文艺家协会、机关各部室、各直属单位的新闻发言人、新闻联络员以及各新闻媒体的记者代表，举办了文联新闻宣传工作培训班。党组领导夏潮出席培训班并作了讲话，培训班还邀请熊澄宇、张文祥作专题讲座。与会人员结合讲座及当下文联工作和文艺事业面临的形势和问题进行了深入讨论。

文艺舆情信息

【加强舆情信息综合研判和深度分析】

中国文联于2012年起，通过与高校科研机构合作，建立中国文艺舆情信息研究基地，开展文艺舆情信息课题式研究。2014年在延续以往做法的同时，采取扩大基地合作范围、增加基地经费支持、加强基地管理力度的方式，保证基地课题报送质量。4月份召开了研究基地年会，加强基地之间的沟通交流，并就课题开展进行充分研讨。2014年，共收到研究基地报送的课题成果8篇。

【网上舆情动态】

根据中央精神和中国文联党组要求，着力加强对网上文艺动态的了解和把握，与舆情监测机构合作，着重了解网络文艺名人特别是意见领袖的情况，对其微博、博客发布的信息进行重点了解。同时，通过网络特别是微博博客，了解社会大众对中国文联工作的意见和建议，并及时整理上报党组。

【舆情信息内刊编撰】

2014年，共编撰《中国文联简报》39期，《文艺动态》15期、专报22期、特刊2期，《中国文联要情》8期。其中，《广东省文联出台措施为文艺界自由职业者服务》等7篇舆情被中宣部采用，《广东省文联出台措施为文艺界自由职业者服务》、中国文艺评论家协会召开《北平无战事》作品研讨会等舆情受到中宣部领导的高度重视，作出重要批示。

【文艺舆情信息基础工作】

2014年，按照科学合理、规范有序、职责明确、激励有力的目标，大力加强舆情信息基础建设。3月底在贵州召开全国文联文艺舆情信息工作会议，总结了2013年中国文联舆情信息工作，部署2014年舆情信息工作，对2013年表现突出的单位和个人进行表彰奖励，并对舆情员进行了培训。建立舆情信息员微信群等方式，加强舆情信息的报送工作。

文艺评论

【中国文艺评论家协会、中国文联文艺评论中心成立】

5月30日，中国文艺评论家协会第一次全国代表大会暨成立大会在京召开，中国文联主席孙家正，中宣部副部长黄坤明，中国文联党组书记、副主席赵实等领导出席大会，来自全国各地涵盖各艺术门类的近四百名文艺评论工作者参加大会。黄坤明、赵实在会上发表重要讲话，对文艺评论工作和中国文艺评论家协会建设提出明确要求。大会讨论通过了协会章程。在成立大会上，仲呈祥当选为中国文艺评论家协会主席，于平、王一川、王丹彦、王次炤、毛时安、尹鸿、向云驹、张德祥、陈振濂、范迪安、庞井君、夏潮、郭运德、崔凯、傅谨、路侃等16人当选为协会副主席（以上按姓氏笔画排序）。会议还推选李准为协会名誉主席，聘任于润洋、冯远、冯骥才、刘厚生、沈鹏、张炯、陆文虎、陆贵山、邵大箴、罗扬、袁毅平、资华筠、黄会林、童庆炳、曾庆瑞、谢冕、蓝天等17人为协会顾问，聘任庞井君任协会秘书长，邓光辉、周由强任副秘书长。来自各艺术门类的理论委员会、各省级文艺评论家协会的负责人以及重要报刊、高校文艺理论评论的专家代表等共157人当选协会第一届理事会理事。9月19日，中国文联文艺评论中心正式揭牌。中国文联党组领导赵实、李屹、夏潮出席揭牌仪式。

【第八届全国中青年文艺评论家高级研修班】

8月10日至17日，第八届中青年文艺评论家高级研修班7月在浙江杭州举办，本届高研班以“深入学习中央关于文化和文艺工作新思想、新论断、新要求，联系实际，共同研讨文艺评论发展的理论与实践问题”为主题，来自中国文联所属各文艺家协会、各省区市文联、高等院校以及体制外的中青年文艺评论家80余人参加研修，仲呈祥、童庆炳、李德顺、陈振濂等知名专家为学员授课，得到学员一致好评，并在社会上产生较大影响。高研班结束后，《中国艺术报》推出专版，并出版了学员论文集。

【“文艺评论：方向与责任”座谈会】

9月9日，中国文艺评论家协会、中国文联文艺评论中心、人民日报文艺部、中国艺术报社共同主办的“文艺评论：方向与责任”座谈会在京召开。夏潮、郭运德、李准、仲呈祥、邵大箴、陆贵山、向云驹、于平、毛时安、姜昆、刘玉琴等领导和专家出席会议。大家就当前文艺评论、文艺发展所面临的一系列问题展开讨论，强调了文艺评论肩负的重要责任，探讨了今后的发展方向。

【学习习近平总书记重要讲话精神座谈会】

10月17日，中国文联理论研究室、中国文艺评论家协会、中国文联文艺评论中心、光明日报社文艺部和《中国艺术报》社在京举办“学习习近平总书记重要讲话精神座谈会”。会上，夏潮、郭运德、李准、仲呈祥、傅庚辰等领导和专家学者畅谈学习习近平总书记重要讲话心得体会，进一步明确了文艺评论工作的努力方向，凝聚加强文艺评论工作共识。

【第九届中国文联文艺评论奖】

成功举办第九届中国文联文艺评论奖，征集参评作品600余件，组织评选出著作特等奖3部、文章特等奖3篇，文章一等奖21篇，著作一等奖12部，二等奖文章39篇以及15家“组织工作奖”。11月5日，第九届中国文联文艺评论奖颁奖典礼暨第七届当代中国文艺论坛在江苏苏州举办。中国文联党组书记、副主席赵实，党组成员、副主席夏潮，中国文艺评论家协会主席仲呈祥和中宣部、人社部、中国文联、江苏省、苏州市有关部门领导出席颁奖典礼。赵实发表《说真话、讲道理、辨是非、敢担当》的讲话。结合颁奖典礼举办了第七届当代中国文艺论坛，仲呈祥、资华筠、尹鸿、陈振濂、吴为山、范伯群、蒋述卓、刘永泽、王伟林等9位专家，以“新形势下文艺评论的责任与作为”为主题作了主旨演讲；王一川、侯光明、陈逸恒、唐凌、田科武、饶曙光、陈晓云、贾杲、周铁东、蔡少华等嘉宾分别参加了以“文艺的评价标准”和“文艺与市场”为主题的两场圆桌论坛，进行了充分交流和研讨。

【《北平无战事》作品研讨会】

11月26日，中国文艺评论家协会、中国文联文艺评论中心与中国电视艺术家协会联合组织召开电视剧《北平无战事》作品研讨会。李准、赵化勇等出席会议，来自影视艺术、史学、文学、军事、社会学以及青年工作等不同学科背景的专家，从历史的视野、文化的角度以及当代青年的审美追求等多个层面，对电视剧《北平无战事》进行了全方位、多角度地客观评析和深入解读。

【“中华美学精神”专题研讨会】

12月20日，中国文艺评论家协会、中国文联文艺评论中心与北京大学联合召开“中华美学精神”专题研讨会，夏潮、仲呈祥、叶朗以及来自中国社会科学院、北京大学、清华大学、中国人民大学、北京师范大学、中国政法大学、中国传媒大学、首都师范大学和《求是》杂志社等单位的美学领域著名专家学者从文化学、哲学、伦理学、美学、艺术学、语言学、人类学、考古学等多个学科视角，热烈研讨中华美学精神的丰富内涵、基本特征和独特价值，以及如何用中华美学精神指导文艺创作、文艺批评和引领社会审美风尚等，《光明日报》以专版形式对研讨会作了深入报道，引起社会广泛好评。

【文艺评论阵地建设】

积极创造条件筹备创办《中国文艺评论》（月刊），与有关部门有效协调沟通，申请各项工作进展顺利。定期编发《中国文艺评论家协会简报》，及时向会员通报协会工作动态，增强协会的凝聚力。开通“中国文艺评论网”中英文域名，大力推动网站框架设计和内容准备工作。开通并运营“中国文艺评论”官方微信，推送多条有广泛影响的微信，努力探索文艺评论新媒体传播规律。围绕学习贯彻总书记重要讲话精神，与《中国艺术报》合作开办“学习文艺工作座谈会讲话笔谈”。与《光明日报》、《中国艺术报》、《北京青年报》、人民网、新华网等推出多期专题专版。与文明杂志社合作推出《文明人物——中国文艺家》专栏，推动与中央人民广播电台在文艺评论领域深化合作，不断扩大文艺评论的社会影响力。

权益保护

综　述

2014年，根据中国文联党组的统一工作部署和要求，权益保护部深入学习贯彻党的十八届四中全会和全国文艺工作座谈会精神，根据“保基本、促发展、育人才”的文艺维权工作总体思路，深入开展维权专题调研，参与国家立法工作，推动维权组织建设，创新维权工作机制，大力开展维权服务，进一步推动了全国文联系统的维权工作。

各项工作

【维权工作】

（1）5月初，权保部《中国文联关于进一步加强文艺维权工作的意见》起草小组，历时数月，经过广泛调研、多方征求意见，完成了《意见》初稿，并报党组审议通过。《意见》明确了加强文艺维权工作的总体思路和基本原则，部署了重点任务，成为对当前和今后一个时期全国文联组织开展文艺维权工作的指导性文件。

（2）5月底，权保部组织召开了首次全国文联系统维权工作会议。中国文联党组书记、副主席赵实，中国文联党组成员、副主席李前光出席会议并讲话。各全国文艺家协会、各省（区、市）文联、新疆生产建设兵团文联、各计划单列市文联的负责人及维权干部，中国文联机关各部室、各直属单位负责人等100余人参会。会上正式发布了《中国文联关于进一步加强文艺维权工作的意见》，明确了工作思路，部署了工作任务。本次会议是在全国文艺界认真贯彻落实党的十八大和十八届三中全会精神，学习贯彻习近平总书记系列重要讲话精神，全面推进文艺工作和文联工作改革发展的背景下召开的一次重要会议，对扎实有效地开展文艺维权工作具有重要指导意义。

（3）10月底，权保部与江苏省文联共同组织召开了“2014年全国文联文艺维权研讨会”。中国文联党组成员、副主席李前光出席会议并讲话。来自各全国文艺家协会，各省、自治区、直辖市文联，新疆生产建设兵团文联，各计划单列市文联的负责人和维权干部130余人参会。与会代表围绕深入学习党的十八届四中全会精神，贯彻落实依法治国方略，进一步加强全国文联组织的文艺维权工作进行了深入交流和研讨，对推动文联维权组织建设，创新维权工作机制提出了宝贵的意见和建议。本次研讨会既是一次学习会，又是一次务实会，对于贯彻落实依法治国，加强文联组织的维权工作起到了很好的推动作用。

【权益保护调研】

4月至8月，按照中国文联党组的工作部署，权保部先后派员赴北京、浙江、广东三个文艺界自由职业者集中的地区开展了文艺界自由职业者社会保障权情况的专项调研。调研采取发放调查问卷、召开座谈会、实地考察、走访文艺界自由职业者等方式进行。三地共召开9次座谈会，实地考察3个省级文联，5个地市级文联，走访了3个文艺界自由职业者聚集地，参观了4家文化产业基地和民间文艺团体，共发放调查问卷1300份，回收838份。权保部对调研材料和问卷进行了汇总分析并完成调研报告。本次调研对延伸维权服务手臂，扩大维权服务范围和服务对象，开展对文艺自由职业者的权益保障服务提供了重要参考。

【参与著作权相关立法工作】

（1）权保部组织各全国文艺家协会广泛征求文艺工作者的意见和建议，并于7月组织召开了《著作权法（修订草案送审稿）》征求意见座谈会。各全国文艺家协会分管维权工作的领导和维权干部，以及各艺术门类的艺术家代表和专家共计40余人参加了座谈，提出了很多建设性的意见和建议。会后，权保部将收集到的意见归纳整理后送交立法机关。

（2）7月，权保部与中国民协共同举办《民间文学艺术作品著作权保护条例（草案）》征求意见座谈会。在京科研院所和高校的业界知名专家、学者以及业内代表数十人参加了座谈会，对《条例（草案）》的具体内容、制度设计等提出了许多建设性的意见和建议。权保部和中国民协将代表们的意见进行了汇集整理，及时报给国家版权局，受到了高度重视。为配合制定和完善该条例，权保部还指导中国民协权益部完成了民间文艺权益保护课题的调研和报告撰写工作，为立法部门提供参考。

（3）8月，权保部组织编剧、导演、演员等视听作品领域有关专家参加了国家版权局组织召开的《著作权法》修订专题座谈会，代表视听作品著作权利人就《著作权法（修订草案送审稿）》规定的视听作品著作权归属和利益分享机制等提出意见和建议。

【配合相关法律实施】

3月，权保部组织召开座谈会，积极推动《教科书法定许可使用作品支付报酬办法》的实施。来自教科书出版单位和集体管理组织的代表、艺术家及权利人约20余人参会。中国文联党组成员、副主席李前光出席座谈会并讲话。《办法》的出台对保护教科书中使用作品的权利人的利益，实现各方共赢提供了制度保障。研讨会对于推动有关各方尽快落实《办法》，更好地维护文艺工作者的权益起到了积极的推动作用。

【维权宣传】

权保部继续与《中国艺术报》密切合作，完成了本年度12期“维权行动”专版的策划、设计、组稿、撰稿工作。专版及时报道和宣传中国文联、各全国文艺家协会、地方文联组织开展的与文艺维权工作相关的重要会议和活动以及广大文艺工作者关注的维权热点事件；通过特色栏目，加强法律宣传，交流维权经验，反映文艺工作者的维权诉求。

【维权服务机制】

3月，权保部起草了组建法律志愿者服务团的工作方案，并完成了服务团的组建工作。该服务团由多名熟悉文艺领域相关法律知识、热心公益事业的执业律师组成，旨在开展法律援助工作。法律志愿者服务团的组建为开展文艺维权法律援助服务奠定了基础。

【维权理论研究】

7月，权保部与北京市高级人民法院知识产权庭合作，结合司法审判实践和文艺维权的特点和需求，精选了40个具有代表性的文艺界名誉权典型案例，将法学理论与审判实践相结合，对每个案例进行解析，深入浅出。本书的出版为保护文艺工作者的名誉权提供专业指导。

【维权服务】

（1）5月，与中国美协共同对某报纸刊登假冒中国美协会员名义出售作品的虚假广告进行专项调查并做认真分析研究，以书面报告提出应对此种文化乱象的维权建议。

（2）6月，为国际部起草了《中国文联因公出国（境）团组参团协议》；7月，为国际部审核修改了在奥地利举办“2014年中国民间艺术展演”活动的《合作协议》。

（3）7月，为中国文联文艺志愿服务中心代拟文艺志愿培训项目授权书；11月，为《中国文艺志愿者管理办法（试行）》提供法律意见。

（4）7月，某基金会以中国美协、中国书协、中国民协三家全国文艺家协会侵犯其名称权为由向中国文联发来律师告知函，权保部对告知函所言“侵权事实”进行法律分析，草拟了专项报告，明确指出某基金会的主张在法律上不能成立，并为三家协会提出了具体法律建议。

（5）7月，根据中国文联党组指示，对中国文联演艺中心的诉讼请求进行法律分析，提示诉讼风险，提出诉讼策略，提供法律意见，并就演艺中心的反馈意见起草了情况说明。

（6）11月，受中国美术家协会、中国文学艺术基金会的委托，妥善处理了江西景德镇昌南美术馆未经同意擅自冠名中国文联、中国美协、中国文学艺术基金会、江西省文联、江西省美协举办“中国首届瓷画双年展”的侵权事宜，侵权单位书面致歉并停止了侵权行为。

（7）日常接待来信来访和提供法律咨询服务。

【维权交流】

（1）9月，权保部组织本部门和中国美协、中国舞协、中国民协、中国杂协、中国视协的维权干部赴成都参加了国家版权局和世界知识产权组织共同举办的“第五届中国国际版权博览会”。会议期间，维权干部参观了国内外版权保护成果展，并参加了博览会举办的论坛和研讨等活动。通过版博会平台，中国文联维权干部进一步加深了对版权运用、管理及保护的了解，学习了国内外先进经验，开阔了维权工作思路；同时，也增进了与国内外版权组织的交流，扩大了文艺维权影响力。

（2）1月，权保部派员出席了在北京举办的国际作者和作曲者协会联合会（“CISAC”）亚太区总部开幕典礼暨“版权与集体管理”研讨会；并与国际部会见了CISAC亚太区总裁吴铭枢与法国图像及造型艺术著作人协会总干事、CISAC国际音乐创作者委员会主席，CISAC法务总监一行，双方就艺术作品的版权保护进行了交流与讨论。

（3）11月，权保部与国际部会见了CISAC亚太区总裁吴铭枢与美国艺术家权利协会总经理一行，双方就加强CISAC与中国文联的交流与合作，推动追续权等方面进行了深入交流并达成了共识，并初步达成合作意向。与国际权保组织的交流活动，增进了彼此了解，扩大了中国文联文艺维权在国际上的影响力，为实现文艺作品的国际保护奠定了基础。

【内部制度建设】

2014年，权保部加强了内部制度建设和规范化管理，制定并实施了公章使用、文件收发、档案管理、报销审批、固定资产和办公用品的申购和申领、请假销假等管理办法，部门管理逐步走向正规化。

出版改革发展

综　述

2014年，中国文联出版业改革领导小组办公室在中国文联党组和出版业改革领导小组的坚强领导下，深入学习贯彻习近平总书记在文艺工作座谈会上的重要讲话和党的十八届三中、四中全会精神，全面贯彻落实中央对文艺发展和文化体制改革的指示要求，积极推进非时政类报刊转制、出版社机制体制创新和出版报刊资源整合重组等工作，着力打造文艺精品图书、精品报刊，努力推进出版业态转型升级，广泛开展对外交流，充分展示了中国文联所属出版报刊单位的良好形象。

各项工作

【中国文联出版报刊业改革工作会议】

2月26日，中国文联召开2014年度出版报刊业改革工作会议。中国文联党组书记、副主席赵实出席会议并讲话。会议强调，出版报刊业改革担负着先行先试、带动文联系统改革全局的艰巨任务，要认真学习贯彻党的十八届三中全会精神，进一步增强改革的主动性和创造性，走出一条具有文艺特色、文联特点的改革发展的新路。会议系统部署了非时政类法人报刊转企、加快公司制股份制改造步伐、科学推进资产整合重组、推动出版报刊产业转型升级、加强出版内容建设、创新企业内部经营管理机制等6项重点任务。

【出版资源整合重组和企业公司化改造工作】

围绕打造一批专业艺术门类的出版传媒公司，中国文联进一步加大出版资源整合重组和企业公司化改造力度。4月28日，中国书法出版传媒有限责任公司正式挂牌成立；8月，中国摄影出版传媒有限责任公司的组建工作获国家新闻出版广电总局批复同意；12月，中国文联党组会议审议通过了《关于组建中国电影出版传媒有限责任公司的方案》。

【非时政类报刊转制】

根据中央非时政类报刊体制改革工作联席会议办公室的统一部署，《大众电影》杂志社、《美术》杂志社、《曲艺》杂志社、《舞蹈》杂志社、《中国摄影报》社、《中国摄影》杂志社、《大众摄影》杂志社、《中国书法》杂志社、《魔术与杂技》杂志社、《当代电视》杂志社10家法人报刊单位全部完成了财务审计和企业名称核准工作，待中宣部、财政部、国家新闻出版广电总局等明确报刊出资人政策后即可进入收尾阶段。

【中国文联出版报刊业改革发展的基础建设】

针对文联所属出版报刊单位长期以来形成的底子薄弱、人才匮乏、机制僵化等问题，中国文联和各出版报刊单位领导班子迎难而上，采取有力措施解决制约改革发展的难题。在优化队伍建设结构方面，1月，中国文联批复同意中国文联出版社19名符合条件的老职工办理提前离岗，8月，25名具有大学以上学历的年轻职工到岗，中国文联出版社初步完成了职工的新老交替。在优化出版结构方面，中国文联出版办专门出台管理措施，有效解决了近些年来部分出版社丛套书过多过滥、质量低下的问题；中国书法出版传媒有限责任公司以大众文艺出版社更名为书法出版社为契机，成功实现了从综合性文艺出版到书法专业出版的转型。在深化内部机制改革方面，继中国摄影出版社之后，中国文联出版社出台了员工绩效考核办法，打破了“大锅饭”的分配格局；中国书法出版传媒有限责任公司规范了员工考勤制度和薪酬制度，为下一步建立现代企业管理制度夯实了基础。

【中国文联出版物内容建设】

中国文联继续实施中国文联文艺出版报刊精品工程，对所属7家出版报刊申报的9个图书出版项目给予388万元资金资助。继续实施“晚霞文库”出版工程项目，对4个单位推荐的6位老文艺家的作品进行了资助。编选中国文联2014年度精品图书，推广、宣传优秀图书，一批优秀图书脱颖而出，中国摄影出版社出版的《国家记忆——共和国65个难忘瞬间》被列入庆祝新中国成立65周年重点出版物，《世界遗产影像志》被国家汉办推荐为对外文化交流的重点出版物；中国文联出版社的《中国木版年画》、《中国传统村落名录图典》，中国摄影出版社的《世界摄影史》、《中国影像史》列入《“十二五”国家重点图书、音像、电子出版物出版规划》增补项目；11月，中国文联12种期刊列入国家新闻出版广电总局第一批认定的学术期刊名单。中国戏剧家协会主办的《中国戏剧》，中国电影家协会主办的《电影艺术》和《世界电影》，中国音乐家协会主办的《人民音乐》和《音乐创作》，中国美术家协会主办的《美术》，中国曲艺家协会主办的《曲艺》，中国舞蹈家协会主办的《舞蹈》，中国民间文艺家协会主办的《民间文艺家论坛》，中国书法家协会主办的《中国书法》，中国杂技家协会主办的《杂技与魔术》，中国电视艺术家协会主办的《当代电视》入选；报刊改版工作成效显著，《曲艺》杂志社立足自身实际，今年3月实施了杂志改版，内容质量和经营效益均大幅度提高，为完成转制后更好地发展壮大创造了良好的条件。

【系列学习培训和调研活动】

组织文联所属出版报刊单位负责人传达学习习近平总书记在文艺工作座谈会上的重要讲话和党的十八届四中全会精神，进一步统一思想、提高认识，并着重就认真学习贯彻习近平总书记重要讲话精神、处理好社会效益与经济效益的关系做好出版工作提出了要求。5月份，文联党组领导率领中国文联所属出版企业负责人赴深圳，深入第十届中国文化产业博览会展区和知名企业、文化产业聚集区学习调研。通过学习调研，查找差距，开阔视野，进一步坚定了深化改革的动力，加快发展的信心。9月份，中国文联首次统一组织下属出版报刊单位以参展身份参加2014中国武汉期刊交易博览会，充分利用难得的参展机会，努力拓展销售平台、销售渠道，充分展现文联期刊的品牌形象和近年来改革创新的成果。举办“出版报刊单位建立企业年金专题培训”、“出版报刊业务行政审批工作规程及相关行政许可事项培训”等系列培训活动，帮助出版报刊单位准确把握政策。

【日常业务管理】

加强书号日常审核管理，规范选题与书号申报程序，明确审核办理时限，进一步提高审核效率，对出版社申报数据进行数字化存档备案。进一步规范丛套书的出版管理，坚持实行“四审制度”，强化出版前审读工作。严格执行重大选题备案工作，引导出版单位加强图书选题策划和三审三校环节的把关，督促出版社依法依规出版，力争实现社会效益与经济效益相统一。7月至8月份，按照年初的计划安排，对2013年以来文联所属出版社出版的图书进行了专项检查。抽查四家出版社涉及少儿、网络文学、教辅、名著改编有关内容的图书48种，审读文字超过1000万字。针对审读中发现的问题，要求各有关出版单位依据相关法规予以妥善处理，并进一步采取措施，确保出版质量；转发国家新闻出版广电总局关于加强报刊管理的系列文件。要求各报刊单位认真贯彻落实通知要求，切实加强内部管理，完善内部管理制度，进一步规范出版行为。根据国家新闻出版广电总局《关于加强内部发行报刊保密管理工作的紧急通知》要求，开展内部发行报刊保密管理工作专项检查。根据国家相关规定，对6家办有内部发行报刊的单位补办程序、规范出版提出了具体意见。落实中宣部、国家新闻出版广电总局关于清理整顿中央新闻单位驻地方机构有关工作的《通知》和电视电话会议精神，对文联所属出版报刊单位进行了清理检查。

【出版报刊单位改革发展的指导交流与管理服务】

建立所属出版企业负责人季度例会制度，搭建了出版企业定期学习政策、交流经验的平台，加大了对重点改革任务的督办力度。坚持指导与服务并重，组织所属报刊单位完成了2013年度报刊年检和记者证年检工作。4月份，会同办公厅联合召开2014年度国家文化产业发展专项资金申报工作部署会，指导所属6个出版报刊单位按照财政部规定的时间节点，完成专项资金项目的申报工作。7月份，按照国家出版基金办要求，指导中国文联所属4家出版社完成2015年度国家出版基金项目申报工作。10月份，指导所属出版报刊单位完成2015年中央文化企业国有资本经营预算支出项目申报工作；针对中国文联出版社、中国摄影出版社企业章程部分条款已不完全适应国家现行规定的情况，致函财政部协助办理企业章程变更。为适应出版改革和企业资本变化，协助中国文联出版社、中国摄影出版社协理国有资产产权变动登记手续。

【为出版报刊业改革发展提供新助力】

2014年，在财政部文资办等大力支持下，为所属4家出版企业和2家正在转企的报刊单位争取了近8000万元资金，支持发展文艺数字出版项目，努力争取在最短的时间内实现产业转型升级；为使企业更好地获得政策资金支持进而增强自主创新能力、加快转型升级，积极协调财政部批准，从2015年起将中国文联出版社和中国书法出版传媒有限责任公司纳入中央国有资本经营预算实施范围；为积极促进中国书法事业发展并支持中国书法出版传媒有限责任公司组建，在文联党组、书协分党组的反复协调下，国家新闻出版广电总局正式作出批复，同意创办由中国文联主管、中国书协和书法出版社主办的《中国书法报》。为支持文艺评论建设事业，中国文联批复同意《中国电影年鉴》刊名变更为《中国文艺评论》（月刊），主办单位由中国电影家协会变更为中国文联文艺评论中心（主要主办单位）和中国文艺评论家协会。变更的相关程序目前正向国家新闻出版广电总局申报之中。截至今年，中国文联所属公开出版发行的报刊已达32家。

机关建设

行政服务工作

【协调推进中国文联全面深化改革有关工作】

党的十八届三中全会以来，办公厅在中国文联党组的大力指导下，积极协调推进文联各项改革任务的贯彻落实。年初，根据中央和国家有关分工方案，结合文联实际，对各项改革任务进行了细化分解，起草印发了中国文联相关任务分解方案。4月，按照中央有关要求，制定印发了深化改革相关工作规则、细则和领导机构及分工。11月，根据中央有关规划精神，对党的十八届三中全会以来中央出台的一系列重要改革举措任务中与中国文联相关的各项任务进行了梳理细化，起草印发了相关重点任务分工方案，逐项明确责任单位。通过深入调查了解文联各项改革工作任务的推进进展、存在的困难问题等情况，起草并上报了若干全面深化改革工作有关总结报告。

【为党组、书记处当好参谋助手】

办公厅坚持着眼文联全局和工作大局，积极为党组出谋划策，协助抓好工作落实。完成了中国文联党组（书记处）会议的协调保障工作，起草印发党组（书记处）会议纪要。做好中国文联党组（书记处）领导、主席团成员出席各项活动、会议的联络协调服务。做好中国文联党组领导的工作、活动信息宣传。完成元旦春节期间、国庆节前，中国文联党组领导走访慰问荣委、老同志的协调服务工作。汇总、编印党和国家领导人、中国文联主要领导涉及文艺工作和文联工作全局的重要讲话、指示，并收集有关资料、提供参考材料。做好党组（书记处）领导机要文件传阅，及时传达、办理和督办领导批示。汇总整理各单位（部门）的每月重点工作和重大活动安排，为党组（书记处）领导及时了解情况、统筹安排工作提供了参考依据。

【为艺术家和文艺工作者服务】

全年，办公厅会同机关服务中心组织4批知名老艺术家赴云南、湖北、广西、贵州采风调研，受到艺术家的一致好评。5月，在总结以往组织知名老艺术家采风调研活动的成功经验基础上，起草了《中国文联组织知名老艺术家采风调研活动实施办法》和《中国文联知名老艺术家采风调研活动工作人员服务守则》，使活动组织更加严谨、服务更加细致。3月，组织在京中国文联荣委、主席团成员在北京大学第一医院进行参照院士体检项目标准的体检。全年，先后为62位中国文联荣委、主席团成员和老领导以各种形式庆祝生日送上祝福。全程参与了周巍峙、罗成琰、王昆等逝世哀悼治丧活动。对地方文联、基层文联汇报工作、咨询事项，热情接待、耐心解答，积极提供资料，帮助解决困难。

【行政服务制度建设】

根据新形势新要求，继续做好建章立制和已有制度的修订完善工作。5月，印发了《中国文联办公厅工作制度》，对办公厅的会议制度、公文处理规程、请示报告制度、外出请假制度和公章使用制度等进行了明确和细化。年中，以办公厅机构调整为契机，印发了《中国文联办公厅（计划财务部）负责同志分工及各处室岗位职责》，进一步促进日常工作规范化。此外，还制定和修订了《中国文联关于进一步加强定密管理工作的通知》、《中国文联定期接待群众来访制度》、《中国文联征集群众意见办法》、《中国文联预算执行管理办法》、《中国文联培训费管理办法》、《中国文联接受社会捐赠资金收支管理办法》、《中国文联外宾接待经费管理办法》、《中国文联会议费管理办法》、《中国文联因公临时出国经费管理办法》、《中国文联因公短期出国培训费管理办法》、《中国文联关于加强财务管理工作的意见》、《中国文联国内公务接待管理办法》、《中国文联财务规章制度汇编》、《中国文联领导干部经济责任审计办法》等。

【行政服务队伍建设】

根据业务工作实际需要，举办各类专项学习培训活动。在综合事务管理方面，举办了全国文联系统办公室业务培训会。在保密工作方面，组织文联保密委主任讲保密专题党课活动。在财务方面，先后组织文联系统财务人员参加“2015年度部门预算编制”、“2014年企业决算”、“中央部门决算编制”、“国库集中支付改革”、“非税收入”、“2014年度总会计师素质提高工程”、“会计人员继续教育”等10余个专业培训班；及时组织了文联系统开展用友政务集中财务核算软件、预决算和文化产业发展专项基金项目编报及操作等4个财务培训班；积极推荐综合素质好的同志参加了国家会计职称和全国硕士研究生考试，鼓励财务人员在职继续深造学习。在审计方面，派相关人员参加了中国内审协会举办的内审实务培训班和中国会计学会举办的行政事业单位内部控制实施与应用高级培训班。在网络信息方面，与资源中心联合举办了文联工作信息化、文艺资源数字化人才培训班。

【机要、保密和档案等工作】

做好机要文件收发、传阅工作。上半年，完成中国文联2013年度中央绝密文件的清退工作；组织开展了中国文联所属各单位各部门中央文件整理、清退工作。做好中央文件保管情况检查有关工作，并协调对部分安全保密设施进行改造。

2月中旬，组织召开了中国文联2014年保密工作会议。中国文联党组成员、副主席左中一出席会议并讲话。同时，印发了《中国文联2014年保密工作要点》。4月至5月，组织开展中国文联涉密中央文件保密管理专项检查。在各单位各部门做好自查的同时，组建专项检查组，深入11个文艺家协会、文联机关8个部室和8个直属单位进行现场检查。5月中旬，根据有关通知精神，做好中国文联2013年度保密工作统计数据工作。进一步做好中国文联定密管理工作，印发有关通知。10月，对中国文联非涉密网络保密管理情况进行自查。11月下旬，举办中国文联保密委主任讲保密专题党课活动。

做好中国文联机关2013年度文书档案的收集、整理、审核和归档工作。6月，组织召开中国文联2014年档案工作会议，左中一出席会议并讲话。开展中国文联档案数字化建设的前期调研和项目申报工作。9月中旬，组织办公厅、中国剧协、中国曲协和中国摄协有关档案工作人员赴全国政协参观学习档案数字化建设。加强艺术档案管理工作，先后接收了“中国文联第六次全国代表大会美术书法精品展”92件参展作品和“翰墨中国——全国书法作品大展”104件参展作品，并做好上述艺术档案的交接和保管。

协调办理十二届全国人大二次会议代表建议2件、全国政协十二届二次会议提案9件、中国文联九届六次全委会议委员建议案1件。认真做好来信来访接待和协调办理工作，进一步畅通文联党组领导直接联系群众的渠道，制定了相关制度并在中国文联各个办公地点分别设置了6个党组意见箱，开通文联党组征求意见电子邮箱。

【计划财务工作】

做好经费保障和预算管理工作。积极多方争取财政资金，确保了文联29家预算单位以及中国电影出版社等6家单位的财政资金供给，做好文联举办的国内外重大文化活动及中国文学艺术专项基金、文化产业发展专项基金、国有资本经营预算等专项经费保障。全年向财政部、中宣部等主部门争取财政资金较年初批复预算有所增加。全年下发预算执行情况通报7期，还采取定期约谈、重点督促等措施，文联预算执行工作取得良好成绩，在153家中央预算单位中稳居前50名，全年预算执行率达98%。5月，财政部对153家中央部门2013-2014年度预算管理工作进行通报表彰。中国文联获得三等奖，被评为预算管理先进单位。6月，组织文联系统2013-2014年度预算管理工作评比表彰，6家单位获奖，文联本级获得一等奖。按照财政部统一部署和要求，认真做好文联2014年度部门预算、2013年度部门决算及“三公”经费上网公开工作。做好2015年部门预算编报审核工作，先后3次召开2015年部门预算编制会，对“三公”和会议费预算以及政府采购、绩效管理等内容作了重点布置；对各预算单位人员、编制车辆等情况，坚持与职能部门核对，确保信息无误；严格项目预算编报，不断细化项目文体。

加强文联所属预算单位财务的监管服务工作。及时转发国家主管部门文件600余份，对全年预算执行落实、专项资金管理、政府采购实施、财务建设推进等提出明确要求。完成文联外汇限额核定备案和日常用汇审核，国库集中支付审核对账，工会经费收缴和上解及非税收入、党费收缴，公务卡使用情况检查，新设11家中心的《中央基层预算单位预算资金拨款印鉴卡》汇总备案及中国文联文艺评论中心开办、开户，文联本级和29家预算单位住房公积金缴存信息登记、核对和上报，4家中央文化企业2015年度国有资本经营预算项目申报，文联基层财务走访等工作。

认真完成主管部门布置的专项工作。组织完成文联“小金库”专项治理的清理自查工作；做好中宣部专项经费管理使用检查；做好财政部国库集中支付核查迎检工作；完成文联系统行政事业单位人员规范津贴补贴工作；完成中直工会2013年度工会财务迎检工作；组织实施文联内部控制工作，协助瑞华会计事务所对文联内部控制现状开展评估；协助人事部完成文联事业单位分类改革财务配套工作。

推进文联财务规章制度建设工作。加强国家法规宣传工作，及时转发上级有关文件；整理汇编《2013-2014年党政机关事业单位出差和会议定点饭店目录》并制作光盘500张发放文联系统各单位；进一步丰富和完善文联财务公告栏内容，做到常用法规、重要通知、典型案例及时公布。结合文联实际，推动出台了《中国文联预算执行管理办法》等13个管理规定，及时向主管部门备案。完成《中国文联财务规章制度汇编》编印工作，向文联团体会员、直属单位及机关发放1500余册。继续推进中央单位常用财经法规汇编工作，截至年底审定3编。

完成文联财务信息系统建设，建成了文联财务专门网站，统一了文联行政事业单位会计账套和科目设置，实现所属单位财务数据的集中以及预算执行进度的实时管控。截至年底，文联所属29家预算单位中，已有21家正式使用该系统实施会计核算、预算执行监管、财经法规查询等工作。

【审计工作】

做好专项审计工作。完成了中国曲艺家协会、中国电影家协会、中国文联文艺资源中心、中国戏剧家协会四家单位2013年度预算执行审计。对中国书协、中国舞协、中国文学艺术基金会原负责人进行离任审计。配合出版办完成文联所属出版社、杂志社转制过程中的资产清查工作。根据监察部有关规定，组织在文联系统开展发放津贴补贴情况的自查和重点检查。配合有关部门完成中国文联初步内部控制评估工作。

【国有资产管理工作】

做好资产管理工作。完成2013年企业国有资产统计报表、2013年国有资产决算报表、2013年行政事业单位资产管理信息系统统计报表及2015年国有资产配置计划的编报工作。及时督促各单位资产报表的审核上报、检查管理工作，对曲协等单位新任负责资产管理工作的人员进行培训，并多次赴各相关单位进行业务指导。根据财政部相关要求，6月，对现有行政事业单位资产管理信息系统进行升级改造，截至年底基本完成。做好中联百花有限公司股权转让工作，根据中国文联党组会议精神，经多方沟通协调，最终在北京产权交易所正式挂牌。

进一步规范政府采购工作。认真执行有关政府集中采购目录及标准，积极采购节能环保清单的产品和优先购买国内产品，促进节能减排工作。根据财政部加强政府采购计划执行与预算结合的新要求，做好政府采购计划、计划执行的编报工作，提高政府采购预算准确性。加强日常办公用品及耗材等采购项目的管理。制定下发了《中国文联机关办公用品管理办法》，进一步明确了办公用品领用发放的程序，规范了机关日常采购。做好大型项目的招标采购工作，协助相关部门完成《中华经典咏诵》单一来源采购、《艺坛大家》纪录片拍摄公开招标、中国文联2014-2015年度采购项目招标代理机构比选等项目的招标、组织、实施和上报等工作。

积极稳妥推进中央国家机关公务用车制度改革。7月，根据中办、国办有关意见精神，中国文联成立公务用车制度改革领导小组，第一时间组织召开领导小组会议，明确各单位各部门工作职责，向涉改单位传达讲解了上级文件精神和政策法规，并开展前期调研，摸清底数。汇总统计各全国文艺家协会相关车辆情况，对照资产管理台账全面核查涉改车辆信息，制定《中国文联公务用车制度改革实施方案》。对改革中各单位反映的问题，积极与发改委、国管局沟通协调，同时，做好车辆封存的前期准备工作。

【定点扶贫工作】

8月4日至8月7日，中国文联组成考察团赴定点扶贫地区甘肃省陇南市进行文艺扶贫项目考察。根据考察结果，文联出版社向陇南捐献图书3975册，价值150940元；中国书协、中国美协完成各景区名家题字50幅，中国书协积极与陇南就2015年世界妇女书画展等项目进行沟通筹备；中国民协组织专家对陇南白马文化发源地等处进行了实地考察，为陇南历史文化申遗工作进行准备；基金会就出资帮助陇南拍摄一部地方剧工作进行了积极安排。

【信息化建设工作】

7月，办公厅成立网络信息处，撤销机关服务中心网络信息处，原网络信息处人员、职能并入文艺资源中心，与应用推广部合署办公，加挂“政务服务部”牌子。此后，由办公厅分管厅领导带队赴上海文联和团中央网络影视中心调研，了解信息化建设、网络运行经营等情况，并形成专题报告。8月，对各全国文艺家协会、文联机关各部室和各直属单位信息化建设开展了一次较为全面的基础情况调查，经汇总分析，对文联系统信息化建设情况有了总体了解。8月至9月，按照《政府采购法》公开邀标，对中国文联信息化建设进行一次专业的评估，并出具了《中国文联IT信息系统评估报告》和《中国文联IT信息系统评估结论》。9月，中国文联印发了《中国文联关于进一步加强信息化建设工作的意见》和《中国文联信息化建设工作任务分解方案》。

下半年，启动中国文联办公内网升级改造和内网手机APP开发项目，并开展了中国文艺家之家无线WIFI布设工作，实现为楼内办公提供稳定的WIFI信号。在中国文艺家之家安装了电子触摸屏，实现浏览中国文艺网、播放宣传视频等功能。此外，采取加强安全策略、强化机房出入管理、做好网络检查维护、升级和更新软件服务等，做好中国文艺家之家内外网络运行维护保障工作。做好正版软件使用自查等工作，顺利通过国家版权局检查。

编撰《中国文学艺术界联合会年鉴（2014）》，并于年底顺利交付出版。

人事工作

【中国文联党组班子成员、副主席调整】

中组部通知：免去覃志刚同志党组副书记职务；郭运德、罗成琰同志任党组成员。

增选李前光为中国文联第九届副主席；增选郭运德、罗成琰为中国文联第九届主席团委员；推举郭运德、罗成琰为书记处书记，覃志刚不再担任书记处书记职务。

【班子调整配备和干部选拔任用工作】

根据文联党组的部署，按照个体优秀、总体优化、岗位所需、人岗相适的基本原则，结合文联班子和干部队伍建设实际，对剧、影、音、曲、舞、书、杂等7个协会班子成员，文联机关5个部门局级干部和4个直属单位班子成员进行了调整，有力地改善了局级班子的整体结构，激发了活力和动力。

各协会班子成员、文联机关局级干部调整名单：

中国剧协分党组副书记、秘书长刘卫红晋升为正局级

中国剧协分党组成员、副秘书长崔伟晋升为副局级

朱正明任中国剧协分党组成员（正处级）、副秘书长

孙崇磊任中国影协分党组成员（正处级）、副秘书长

韩新安任中国音协分党组书记、秘书长

黄群任中国曲协分党组成员（正处级）、副秘书长

罗斌任中国舞协分党组书记、驻会副主席、秘书长

夏小虎任中国舞协分党组成员（副局级）、副秘书长

陈洪武任中国书协分党组书记、驻会副主席、秘书长

曹建明任中国书协分党组成员、副秘书长，免去中国杂协分党组成员、副秘书长职务

肖世革任中国杂协分党组成员（副局级）、副秘书长

陈建文任中国文联办公厅（计划财务部）主任，免去中国文联理论研究室主任职务

邓光辉任中国文联办公厅副主任，免去中国文联理论研究室副主任职务

刘尚军任中国文联国内联络部主任

李培隽任中国文联国内联络部巡视员

杨发航任中国文联国内联络部副主任，免去中国文联理论研究室副主任职务

苗宏任中国文联国内联络部副巡视员

庞井君调任中国文联理论研究室主任

朱丽华任中国文联理论研究室副主任

徐粤春任中国文联理论研究室副主任

郑希友任中国文联人事部主任

闫少非任中国文联人事部副主任

张晓辉任中国文联人事部副主任

刘国强任中国文联机关党委常务副书记（正局级）

汤鸿卫任中国文联机关党委副书记、纪委书记

麻振山任中国文联离退休干部局副巡视员

廖恳任中国文联文艺志愿服务中心主任，罗成琰不再兼任中国文联文艺志愿服务中心主任

彭宽任中国文联文艺资源中心副主任

周由强任中国文联文艺评论中心副主任

冯双白任中国文学艺术基金会副理事长、秘书长，免去中国舞协分党组书记职务，姜昆免去中国文学艺术基金会秘书长职务

刘宇任中国文联摄影艺术中心主任，顾立群不再兼任中国文联摄影艺术中心主任

徐岫鹃任中国文联民间文艺艺术中心主任，罗杨不再兼任中国文联民间文艺艺术中心主任

张德祥任中国文联电视艺术中心主任，张显不再兼任中国文联电视艺术中心主任

聘任李世俊为中国书法出版传媒有限责任公司董事长（按正局级对待）

聘任张静为中国文联出版社副社长（按正处级对待）

中国舞协分党组书记罗斌兼任中国文联舞蹈艺术中心主任，冯双白不再兼任中国文联舞蹈艺术中心主任

中国文联理论研究室主任庞井君兼任中国文联文艺评论中心主任

朱辉军免去中国文联出版社副总编辑职务

中国美协巡视员刘健退休

中国书协正局级干部张传凯退休

中国书协副局级干部郭雅君退休

中国视协副秘书长黄皓退休

中国文联办公厅（计划财务部）主任夏朝华退休

中国文联人事部主任刘漪滟退休

中国文联人事部副巡视员王桂芝退休

中国文联机关党委常务副书记徐宝玉退休

【干部人事制度改革】

推动干部交流和挂职锻炼有序开展，对4名局级领导干部、6名处级干部进行交流和轮岗，选派1名局级干部到新疆生产建设兵团挂职、1名处级干部到国家信访局挂职锻炼。

【机构和人员编制管理工作】

一是组织实施了文联系统12家行政单位、17家事业单位机构和人员编制的全面核查工作，涉及行政人员347人，事业单位人员410人，编外人员217人，机构编制台账信息近百条，机构和人员信息近十万条，基本实现了机构清、编制清、领导职数清、实有人员清的“四清”目标；二是与财政部、中编办反复沟通事业单位分类改革意见，除艺术报、机关服务中心暂不分类外，将其他15家事业单位全部纳入公益一类；三是按照中组部要求，对中国文联系统行政人员领导职数及配备情况、非领导职数及配备情况进行了全面核查；四是办理了办公厅、国内联络部、理论研究室、中国美协、中国摄影艺术中心内设机构和编制调整工作，下发了中国文联文艺评论中心三定方案；五是建立和完善了机构编制核查档案和管理台帐。

【工资福利管理工作】

一是组织完成文联系统有关津补贴项目归并入统发工资系统工作，共计318人涉及工作性津贴、生活性补贴、住房公积金、个人所得税、其他代扣项等项目纳入统发工资系统；二是组织开展了2013年度事业单位津贴补贴全面清理和核查工作，对文联系统16家事业单位（除新成立的文艺评论中心外）各项津补贴项目的发放水平、发放范围、收入来源和政策依据等情况进行了全面清理；三是组织开展了2014年调整在京中央机关津贴补贴标准、调整在京中央事业单位退休人员补贴标准工作；四是制定文联企业负责人薪酬制度改革方案；五是完成了文联系统2014年工资统

发与工资调整工作，共涉及817人次工资调整，280人次工资批复。

【机关工作人员招录和管理工作】

一是完成了2014年度机关工作人员面试和考录工作；二是组织完成了2015年度机关工作人员考录的计划上报和资格审核工作；三是办理了5批共31名新进人员参公登记备案工作；四是办理了2批共4人解决干部夫妻两地分居的审批备案工作；五是办理了接收27名应届大学毕业生及相关落户工作；六是组织完成了2014年公务员年报、机构编制年报、工资年报等3套年度统计报表。

【制度建设工作】

按照制度建设年的要求，以学习宣传贯彻新修订的《干部任用条例》为契机，结合文联多年来的实践和探索，在重新梳理、深入调研的基础上，修订完善干部选拔、任用、交流、考核、监督、后备干部培养等规章制度，制定印发了《中国文联关于进一步加强机关局处级领导干部选拔任用工作的通知》、《关于加强和改进优秀年轻干部培养选拔工作的实施办法》、《关于进一步加强协会和事业单位处以下干部调配工作的意见》、《中国文联机关临时工作人员管理暂行办法》、《关于进一步做好解决文联系统干部夫妻两地分居问题工作的通知》、《中国文联机关工作人员招录工作管理办法》、《中国文联关于进一步加强因私出国（境）管理的意见》、《中国文联干部人事档案管理规定》等一系列规章制度，在构建有效管用、简便易行的干部管理长效机制方面迈出了新步伐。

【干部教育培训工作】

贯彻落实《中国文联关于贯彻落实〈2013—2017年全国干部教育培训规划〉，进一步加强教育培训工作的实施意见》，进一步加大干部教育培训工作统筹力度，协调、指导文艺研修院和各全国文艺家协会完成中青年文艺人才培训（培养）项目。深入学习贯彻习近平总书记在文艺工作座谈会上的重要讲话精神，举办“全国文艺家深入学习贯彻习近平总书记在文艺工作座谈会上重要讲话精神专题研讨班”。认真开展干部调训和局级干部选学工作，选派9名干部参加中央党校、国家行政学院、三大干部学院和全国宣传干部学院的专题培训，20名局级干部参加中央和国家机关司局级干部选学。继续办好“中国文联大讲堂”和“文艺知识小课堂”系列讲座。开展清理整顿干部参加社会化培训工作。

【职称评审工作】

召开2013年度中国文联出版专业高级职称评审会议，对33名申报出版专业高级职务任职资格的人员进行了评审。

通过编审任职资格的10人：中国影协李倩，中国美协咸艺，中国舞协张萍，中国民协白旭旻，中国摄协李建惠，中国书协陶然，中国视协赵彤，中国戏剧出版社赵建新（代评），中国广播电视出版社刘川民（代评），中国有线电视网络有限公司孟晓梅（代评）

通过副编审（美术副编审）任职资格的19人：中国剧协于庭平，中国音协张萌、赵薇薇，中国美协张瞳，中国民协刘耒，中国摄协彭玫，中国文联出版社王柏松、刘旭、周劲松，中国电影出版社刘刚、刘爱国（美术）、杨朋、苗卉、类成云、贾伟、董斯维、甄晓文，中国戏剧出版社丁小倩、王恬（代评）

【人才工作】

积极开展优秀人才推荐推介工作，组织开展了全国新闻出版行业第四批领军人才、2014年享受国务院政府特殊津贴人员、2014年青年拔尖人才支持计划、文化名家暨“四个一批”人才人选的推荐选拔工作。配合上级部门、文联党组领导走访慰问有名望的老艺术家，热情为文艺人才服务。

【事业单位人事工作】

研究制定《中国文联系统事业单位公开招聘人员工作规程（试行）》。组织开展2014年中国文联系统事业单位、国有企业公开招聘人员工作，经笔试、面试、体检、考察等程序，共聘用事业、企业工作人员21人。办理事业单位31人职务聘任备案手续。研究制定中国文联和各全国文艺家协会机关公务用车制度改革司勤人员安置《方案》和《办法》，指导各涉改单位开展具体工作。

党委工作

【综 述】

2014年，中国文联机关党委在中直机关工委和中国文联党组的正确领导下，全面贯彻党的十八大和十八届三中、四中全会精神，深入学习习近平总书记系列重要讲话精神，紧紧围绕党和国家工作大局，围绕文联中心任务，扎实推进机关党的全面建设，为圆满完成文联各项工作任务提供了有力的思想政治保证。

【理论武装工作】

1. 中国文联党组理论学习中心组学习和民主生活会的服务工作。共组织党组理论学习中心组学习28次（专题学习研讨5次），邀请2名专家学者作专题辅导讲座，组织观看教育影片2部，为中心组成员购买学习用书10余本，并按要求及时撰写学习情况报告报送上级相关部门。为服务好党组民主生活会，机关党委与中央督导组和中组部三局密切沟通联系，认真制定会议方案和学习计划，购买学习用书，广泛征集各方面意见，撰写党的群众路线教育实践活动整改落实情况报告、民主生活会情况报告及情况通报等，认真制定民主生活会后整改落实方案，确保党组民主生活会的圆满召开和会后整改工作的落实。此外，机关党委还就文联各局级单位领导班子民主生活会工作进行了安排部署及检查督促。

2. 开展主题宣传教育活动。及时下发通知对学习贯彻十八届四中全会和习近平总书记重要讲话精神作出专项部署。为全体党员购买《习近平总书记系列重要讲话读本》和十八届四中全会决定等书籍。邀请中央党校原副校长李君如、北京大学教授郭建宁和中国书协原分党组书记张飙分别就习近平总书记系列重要讲话精神、中国梦、纪念甲午战争120周年等专题进行辅导讲座。组织观看教育影片《天上的菊美》和《黄克功案件》。举办1期局处级干部学习贯彻十八届三中全会精神暨习近平总书记系列重要讲话精神培训班，举办2期学习贯彻党的十八届四中全会精神暨习近平总书记在文艺工作座谈会上的讲话精神培训班。配合文联党组，组织文艺家和文联党员干部到李大钊烈士陵园开展纪念活动。

3. 党建理论研究和调研工作。共向上级相关组织报送理论和调研文章14篇。其中，1篇论文入选中央党的群众路线教育实践活动理论研讨会并编入其论文集，2篇文章被《中直党建》刊登，3篇论文入选中直系统学习贯彻习近平总书记系列重要讲话精神理论研讨会（1篇作大会发言并在《机关党建研究》刊登），8篇论文报送中直党建研究会年度课题研究项目（2篇获一等奖，1篇获二等奖，2篇获三等奖，1篇获优秀奖，中国文联获组织奖）。中国文联第四次党代会后，机关党委召开党纪委委员和部分专兼职党务干部党建工作调研会，就文联机关党建工作征求意见和建议，并形成调研报告。此外，机关党委还分别就意识形态、遵守党的政治纪律、统战工作等课题进行了专项调研。

【党组织建设工作】

1. 中国文联机关第四次党员代表大会相关工作。6月，机关党委启动文联机关第四次党代会各项筹备工作。会议于9月1日至3日召开，112名党员代表参加会议。中直机关工委副书记王秀峰、中国文联党组书记赵实出席会议并作重要讲话。中国文联党组副书记、机关党委书记李屹代表文联机关第三届党委会作工作报告。会议审议通过了中国文联机关党委、纪委工作报告，选举产生了新一届文联机关党委委员和纪委委员。

2. 完成基层党组织换届工作。指导中国音协、中国美协、中国舞协、国内联络部、人事部、文联出版社等6个文联直属党组织顺利完成换届改选工作。

3. 发展党员工作。按照坚持标准、保证质量、改善结构、慎重发展的方针，发展新党员8人，转正预备党员7人。

【精神文明建设和群团组织工作】

1. 开展相关评选工作。遴选推荐中国摄协参加全国文明单位评选，中国剧协、中国曲协、中国摄协参加首都文明单位评选，中国民协、办公厅、国际联络部、理论研究室、中国艺术报社参加中直机关文明单位评选。遴选推荐文联机关离休干部刘子异参加第九届全国五好文明家庭评选，文艺研修院陈宇秋参加第七届中直机关文明家庭评选。遴选推荐机关服务中心邹石磊参加中直机关优秀团员评选，中国美协苏鸣参加中直机关优秀团干部评选，中国艺术报社团支部参加中直机关五四红旗团组织评选。遴选推荐中国剧协邵玉烨、中国摄协胡颖参加第九届中直机关青年岗位能手评选。以上单位和个人均已当选。

2. 举办各类职工文化体育、教育培训及志愿服务等活动。中国文联机关工会联合会、机关团委、机关妇工委、机关青联等群团组织相继举办了中国文联职工春节联欢会、“共筑中国梦”摄影展、“团结杯”拔河比赛、第五届职工乒乓球比赛、“共筑中国梦，岗位做贡献”读书征文活动（同时参加中直系统该活动，2名同志获三等奖）、赴荣宝斋参观见学活动、赴东城区青年文艺志愿服务活动、健康知识讲座和青年书法、摄影兴趣小组培训活动等职工文体、教育及志愿服务活动，并组队参加中直系统“公仆杯”羽毛球比赛。

3.服务职工及“送温暖”等其他相关工作。为职工做好重大疾病互助保障的续保和理赔工作，为女职工增加专项身体检查。元旦春节期间，集中开展“送温暖”活动。全年动用党费和工会费为44名病困党员职工和挂职干部共送去慰问金74500元。组织干部职工向云南鲁甸地震灾区捐款160702元。

纪委工作

【综 述】

2014年，中国文联机关纪委在中央纪委、中直机关纪工委和中国文联党组的正确领导下，认真贯彻党的十八大和十八届三中、四中全会精神，深入学习贯彻习近平总书记系列重要讲话精神，坚持标本兼治、综合治理、惩防并举、注重预防的方针，深化“三转”，聚焦中心任务，强化监督执纪问责，持续推进党风廉政建设和反腐败工作取得新成效新进展，为文联事业全面发展和各项任务的圆满完成提供了有力的纪律保证。

【严格落实党风廉政建设责任制】

文联党组高度重视党风廉政建设和反腐败工作，先后召开四次党组扩大会议，深入学习贯彻党中央关于反腐倡廉建设的重大决策部署，专题研究加强作风建设和反腐倡廉建设，明确提出加强和改进的具体举措。文联各级领导班子认真贯彻落实党的十八届三中全会《决定》第三十六条，牵住党风廉政建设的“牛鼻子”，自觉担当党风廉政建设主体责任，督促落实党风廉政建设监督责任。机关纪委组织召开专题会议，深入学习贯彻王岐山同志在中央直属机关工委和中央国家机关工委调研时的重要讲话精神，分析当前反腐倡廉建设形势任务，深化落实“两个责任”，聚焦监督执纪问责主业，转职能、转作风、转方式，强化党风廉政建设政治意识和责任意识。修订完善《中国文联党风廉政建设责任制实施办法》、《中国文联贯彻落实〈建立健全惩治和预防腐败体系2013—2017年工作规划〉实施办法》，把党风廉政建设责任分解到部门和岗位，对落实“两个责任”提出具体要求，强调责任追究。到有关文艺家协会、直属单位督查指导，约谈领导班子成员，对有关单位和部门落实“两个责任”进行调研推动，促进“两个责任”的落实。

【贯彻执行中央八项规定精神】

认真贯彻落实中央八项规定精神，切实加强和改进调查研究、精简会议和文件、规范访问接待和新闻报道等工作，着力改进学风、文风和会风。抓住元旦、春节、中秋、国庆等重要节点，开展公款购买赠送节礼、公款吃喝、公款高消费娱乐和收受礼金、有价证券、支付凭证、电子礼券等“节日病”专项检查，并使其常态化。开展对党员干部到私人会所、培训中心、外地驻京办等场所搞奢靡享乐等问题，以及领导干部外出报备情况进行集中排查整治。巩固和扩大党的群众路线教育实践活动成果，加强对教育实践活动整改方案等“两方案一计划”落实情况的监督检查，坚决纠正“四风”。认真落实中央宣传部等五部委《关于制止豪华铺张、提倡节俭办晚会的通知》精神，加强对文联重大文艺活动的监督，杜绝奢华之风和铺张浪费等不良现象。认真贯彻中办、国办《党政机关厉行节约反对浪费条例》，加强党政机关公务用车、因公出国（境）、公务接待等经费预决算执行的监督。采取了隔断合并、调整腾退等方式，对超标办公用房进行清理和整改。

【党风廉政学习教育工作】

认真学习贯彻第十八届中央纪委三次、四次全会精神，召开纪律检查工作会议，集中学习贯彻中央关于党风廉政建设和反腐败斗争重要论述以及习近平、王岐山同志重要讲话精神。采取集中学习、专题辅导、座谈讨论等方式，组织学习贯彻《中共中央关于全面推进依法治国若干重大问题的决定》。以理想信念、党的作风、廉洁从政、党纪政纪为重点，开展中国特色社会主义理论体系、社会主义核心价值体系和廉洁从政等系列教育活动，引导党员干部筑牢拒腐防变思想道德防线。开展《中国共产党章程》、《中国共产党纪律处分条例》、《行政机关公务员处分条例》等学习，进行反腐倡廉政策法规宣传教育。开展遵守党的政治纪律和政治规矩、组织纪律专项教育，强化党的政治纪律和组织纪律观念。组织党员干部参加中直机关工委党风廉政教育大讲堂专题讲座。

【党内监督工作】

开展遵守党的政治纪律、政治规矩、组织纪律和宣传工作纪律专项检查，增强文联各级党组织和党员干部严守党的政治纪律、政治规矩和贯彻执行党的文艺方针政策的自觉性和坚定性。加强对干部选拔任用工作的监督，为16名局级干部、21名处级干部的提拔调任，提供党风廉政情况说明。对文联信息化办公软件工程、职工老旧住宅小区改造、重大物资采购、中国文艺家之家物业服务等招标、投标工作程序上进行监督。加强对评奖办节、艺术展演、文化交流、出版发行等项目决策、核准、资金使用的监管。配合国家审计署开展财政预算执行、其他财政收支等审计工作，做好审计署有关《审计决定》的整改工作，及时纠正违规使用资金等问题。会同有关部门，认真做好公务用车改革、清理规范事业单位津贴补贴工作，参加各级领导班子民主生活会和年终考核，听取领导班子和班子成员述职述廉，加强对党员领导干部党风廉政情况监督。充分利用电话举报、信箱举报、网络举报、信访举报等多种监督方式，拓宽党内监督工作渠道，确保党员干部权力的正确行使。

【群众来信来访及违纪案件查处工作】

认真贯彻落实国务院《信访工作条例》和中央纪委《关于切实加强和规范反映领导干部问题线索管理工作的通知》精神，按照分级负责、归口办理的原则，做到不瞒案、不压案、不推诿，妥善解决群众反映的突出问题，及时化解矛盾和纠纷。认真学习贯彻全国纪检监察机关查办案件工作座谈会议精神，加大查办案件工作力度。注重研究案件发生的特点和规律，剖析易发多发案件关键环节和关键岗位产生的原因，督促有关单位和部门总结教训，完善制度，发挥查办案件的治本作用。共受理群众来信28件，接待群众来访11人次，重点核查4件涉嫌干部违纪问题，指导督促有关单位核查问题线索3件，收回违规发放津贴补贴47.46万元。与有关党员领导干部进行谈话，起到预防在先的教育诫勉作用。

离退休干部工作

【综 述】

2014年，中国文联离退休干部局深入学习贯彻党的十八届四中全会精神，深入学习习近平总书记系列重要讲话和全国老干部局长会议精神，不断加强自身建设，健全老干部工作机制，严格落实老干部各项待遇，拓宽为老干部服务渠道，形成思想引领有力度、待遇落实有制度、管理服务有创新、文娱活动有亮点、老有所为有平台的良好局面。

【老干部政治待遇落实】

1.组织老干部学习十八届四中全会精神和习近平总书记一系列重要讲话，发放《关于全面推进依法治国若干重大问题的决定》等学习资料，引导老干部开展“网络好声音”活动。

2.组织老干部参加文联大讲堂，提高老干部的艺术修养，组织系统40余名老干部参观中国文联发展史展厅。

3.举办2期老干部党支部书记、委员培训班。摄协、民协、曲协等协会完成了老干部党支部换届工作。

4.11月17日《中国艺术报》作了题为“为文艺事业更大繁荣再添一砖一瓦”的整版报道，重点介绍了14名离退休老干部学习习近平总书记在文艺工作座谈会上的重要讲话和十八届四中全会精神的体会，展现了老干部关心国家发展、关注文艺繁荣的良好精神风貌。

5.11月25日，张飙同志被中组部评为全国先进老干部，并出席全国“双先”表彰大会。

6.在《桑榆天地》开辟“学习参考”、“故人追怀”、“记忆文联”等专栏，全年共编辑发行杂志4800余份。

【老干部生活待遇落实】

1.落实老干部生活待遇，完成老干部医疗护理费、离退休费、津贴补贴、抚恤金、报刊费等发放调整工作。

2.分两批组织离休局级干部和退休部级干部

到北戴河中直疗养院进行疗养。

3.组织文联系统44名退休局级干部到河北总工会疗养院进行了为期5天的疗养。

4.为14名行动不便的老干部免费安装了求助门铃，为10余位瘫痪在床的老干部提供免费康复护理，每月坚持定点上门收送医药费，累计费用40余万元。

5.文联机关为80岁以上的长寿老人发送了血糖仪、收音机等礼物。剧协开展了健康之星和长寿老干部评选活动。舞协、视协为老干部建立健康档案，并指导他们积极参加体育运动。

6.夕阳红救助工作，为困难艺术家申请文化部救助款40万元，为特困老干部申请救助金4万元。

7.将8个重大节日定为祝福日，以短信的形式为老同志发送祝福，全年发送信息3000余条。开展“生日祝福送上门”活动，在老干部生日当天，将生日蛋糕和祝福送到老干部家中。

8.编纂印发了《文联机关离退休干部服务手册》，将繁琐的服务项目以制度化的形式统筹起来。

9.完成12名离休老干部、7名退休老干部治丧工作。

10.全年共接待来信、来访、来电20余件，未出现非正常上访事件。

【老干部走访慰问】

1.元旦、春节期间，为更好地体现文联党组对离退休干部的关怀，组织开展“送温暖、办实事、促发展”新年慰问活动，为文联系统900余名老干部发放蚕丝被。

2.全年共走访慰问老干部300余次，文联机关实现老干部走访全覆盖。

3.对年高体弱和患病住院的老干部，及时进行探望。如：剧协针对空巢老干部刘厚生年高体弱的情况，指派专人定期入户探望。美协为独居老干部积极联系养老机构，帮助他们解决困难。

【老干部文化娱乐活动】

1.1月17日，举办2014年老同志春节团拜会。文联党组领导及文联相关部门负责人与80余位老同志欢聚一堂，共庆佳节。

2.5月8日至9日，组织90余名老干部赴怀柔郊游采风，参观红螺寺等风景名胜。

3.6月10日至17日，组织文联系统60余名老干部赴宁夏进行红色之旅活动。组织参观了六盘山红军长征纪念馆等革命圣地。

4.7月12日至16日，组织老干部合唱团赴福州参加海峡两岸合唱节，并应邀参加了多场慰问演出活动。

5.9月15日，举办了庆祝新中国成立65周年暨中国文联成立65周年中国文联老同志书法美术摄影作品展览。文联党组领导与文联系统150余名老干部、老艺术家、文联干部职工一同观看展览。

6.9月22日至23日，开展重阳游活动，组织80余名老干部到京郊顺义欢聚休憩，感受北京建设的新变化、新成就。

7.10月27日至11月2日，组织文联系统老艺术家到江西鹰潭采风，并与鹰潭市艺术家围绕践行习总书记在文艺工作座谈会上的讲话进行了座谈，获取了大量鹰潭热土上的艺术创作素材。

【老年活动中心建设】

1.3月，中国文联党组领导赵实、李屹、夏潮到双旗杆活动中心视察工作。

2.先后完成了活动中心、老年大学教室、楼梯地板铺设、安装监控录像等硬件升级改造，消除安全隐患。

3.组织老干部参加文联第五届乒乓球比赛，获得了女团第一的好成绩。

4.积极开展安排老干部合唱团、京戏票友、柔力球小组等活动，全年共接待老同志14000余人次。

5.进一步提高老年大学办学质量，逐步形成了“课堂讲座”与“课外实践相结合，”知识普及“与深度研修”相结合，“全面教育”与“特色教学”相结合的老年教育格局。

【自身建设】

1.召开2014年度文联系统老干部工作会，传达全国老干部局长会议精神，总结交流工作经验，研究部署2015年老干部工作，中国文联党组成员、副主席夏潮出席并讲话。

2.研究制定了《关于组织离退休干部集体活动的暂行办法》。

3.实行老干部工作每周例会制度，定期通报交流各处室工作情况，研究部署下一步工作。

4.制定了《考勤休假管理办法》、《公车管理办法》等管理制度。

5.积极做好老干部数据统计工作，2014年被中组部评为年报统计优秀单位。

后勤服务保障

【综 述】

2014年，在文联党组的领导下，机关服务中心深入贯彻落实党的十八大和十八届三中、四中全会精神，认真学习习近平总书记在文艺工作座谈会上重要讲话精神，围绕文联中心工作大局，不断加强自身建设，着力提高保障能力、管理能力、服务能力，较好地完成了各项工作任务，为中国文联机关、各全国文艺家协会、各直属单位各项工作的正常开展提供了有力的后勤服务保障。

【中国文艺家之家展览馆服务保障】

位于中国文艺家之家裙楼一层大厅的中国文艺家之家展览馆，经重新布置、试运行后，于7月16日正式挂牌运行，中国文联主席孙家正、中国文联党组书记赵实等领导出席展览馆牌匾揭牌仪式。机关服务中心加强对展览馆的日常管理，各处室分工明确、通力协作、相互补台，积极协调中国文学艺术基金会等参展单位，配合完成“我们的中国梦”全国优秀艺术作品系列展览的布展、撤展、开幕式、礼仪接待、安全保卫等服务保障工作。展览馆全年接待20次展览服务工作，共展出书法、美术、摄影、陶瓷等各类艺术作品2000余件。为进一步做好展览馆的管理和服务保障工作，按照党组领导批示，机关服务中心会同国内联络部、中国文学艺术基金会等有关部门，研究制定了《中国文艺家之家展览馆使用管理暂行办法》。

【联络服务艺术家】

中国文联发展史展厅于1月2日举办开展仪式，正式投入使用。机关服务中心认真做好展厅日常管理和解说服务工作，完成了香港、澳门、台湾艺术家来访等15次参观接待服务。积极为老艺术家提供观影等温馨服务，全年安排电影专场14次。3月至4月，配合完成在京和来京参加两会的28位中国文联荣誉委员、主席团成员健康体检工作，及时向艺术家反馈体检结果。年内，机关服务中心牵头组织完成了中国文联老艺术家赴湖北采风调研活动，会同办公厅共同做好赴云南、贵州采风调研活动服务保障工作。

【各类大型文艺活动服务保障】

根据各单位举办活动需求，结合实际，认真做好各类大型文艺活动的会议、接待、安全、医疗、交通等相关服务保障工作。重点抓好文联党组、各协会组织艺术家学习宣传贯彻习近平总书记在文艺工作座谈会上重要讲话精神等活动的服务保障工作。配合完成了中国文联九届六次全委会、中国文艺评论家协会成立大会、中国文联机关第四次党代会、2014年全国文联维权工作会议等会议以及中国文联第十一届造型表演艺术成就奖颁奖典礼、第27届中国电视金鹰奖·第10届中国金鹰电视艺术节启动仪式暨新闻发布会等活动的相关服务保障工作。承担完成了文艺工作者带头践行社会主义核心价值观座谈会、第十二届全国美展美术创作座谈会、全国中青年文艺人才（编剧）高级研修班等专题活动以及各省、市文联来访、外宾来访的接待服务工作。全年完成400余场次、近2万人次接待服务工作。

【机关办公日常服务保障】

继续采用社会化服务方式，委托相关企业，认真做好餐饮、保洁、保安、文印、绿化等方面的服务保障工作。强化食品安全责任意识,加强与餐饮公司的沟通，严格食品安全管理，丰富餐饮品种、保证营养均衡搭配、加强成本核算，努力办好文艺家之家职工食堂伙食。认真做好文联党组领导健康巡诊和广大干部职工日常诊疗工作，组织安排机关干部职工、离退休老同志参加年度常规体检，配合完成新招录公务员体检工作。积极配合做好文联信息化建设，为文艺资源中心提供信息机房，协助做好网络维护管理，配合办理电话业务以及审核缴存机关各部室电话费用。加强公务用车调度管理，公务车队全年累计安全行驶72万公里，无重大责任事故。做好文联阁日常管理和接待服务工作。文印室印制文件、海报、活动手册等各类材料共计15万余件，提供近700张火车票代购服务。做好报刊、邮件收发以及内部信件交换等工作，各办公区共完成110万件收发服务。

【物业管理服务】

加强与各办公区、宿舍区属地管理部门以及中国农机院、中国作家出版集团等单位的沟通协调。各办公区、宿舍区加强对中央空调、电梯等设备设施的日常运行保障和维护保养，对部分设施设备及时进行更新维修，重点做好安防监控、消防安全、消电检测、夏季防汛、冬季供暖、环境美化、院区整修、值班值守等工作。

【宿舍区综合整治项目】

9月28日，国管局对文联老旧小区综合整治项目下达了投资计划。此次综合整治项目将对北三环中路10号院、分司厅胡同11号楼、安定门外8号楼、团结湖北头条2号楼、金台里26号楼等5个老旧小区集中进行节能、给排水、供暖管线等方面综合整治。年内，成立了中国文联老旧小区综合整治工作机构，项目立项申请、施工图限额设计、概算分解、招投标准备等相关工作基本完成。

【房地产管理】

为新成立的中国文联文艺评论中心调配解决办公用房问题，为中国文联出版社、中国书法杂志社、书法出版社等出版单位以及中国文联文艺志愿服务中心等单位调整、增加办公用房，并及时签订了物业管理服务合同。加强与中国作家出版集团联系，续签中国作家出版集团在农展馆南里10号楼物业管理服务协议。加强与国管局有关部门的沟通、协调，积极申请职工住宅。加强干部职工住房档案管理，积极为各单位职工办理物业、央产房上市、购买公房、旧房腾退、单身公寓调配、周转住房等相关手续。积极协调各单位，完成了2014年度文联动用售房款发放住房补贴的审核申请工作以及文联系统住房制度改革支出预算决算审核工作。努力推进相关历史遗留问题的解决，为南沙滩36号楼19户住户办理了房产证，2008年腾退旧房相关产权手续已完成国管局审批、各区县房改办备案工作。继续协调推进正辰小区房产证办理工作。

【安全保卫】

加强安全管理，提高干部职工安全意识，做好各办公区、宿舍区安全保卫工作，定期组织安全检查，督促各单位及时整改存在的安全隐患。机关服务中心会同办公厅联合下发《关于进一步加强中国文艺家之家有关安全管理工作的通知》，在文艺家之家举办消防安全知识讲座，做好一卡通人车验证系统和来客来访登记系统维保工作。10月22日至24日，举办中国文联系统保卫干部培训班，组织各单位保卫专兼职干部集中参加消防安全、社会治安、国家安全和网络安全业务培训。积极配合北京市公安局和属地派出所工作做好日常安全保卫工作，协助侦办相关案件。完成了文艺家之家停车场车证换发工作。全年配合文联各单位执行安保勤务170余次。

【基建维修】

按照中办、国办通知要求，结合实际，认真完成了党组领导办公室改造和维修工作。中国文联发展史展厅建设完成设备验收工作，协调推进工程决算、审计工作。根据文艺家之家运行使用状况，针对性地完成了地下车库出口坡道改造、公共浴室墙砖吊顶维修、夜景照明设备维修、外墙防水维修、食堂排烟机更换、四楼报告厅音响和灯光系统改造等工程。协调中国农机院，积极推进文艺家之家办公楼房屋所有权登记手续办理工作。

【节能监管】

针对文艺家之家承办各类文艺活动较多状况，加大节能监管力度，积极贯彻《中央和国家机关及所属公共机构节约能源资源考核办法》，完成了年度节能考核工作，被国管局评为节能模范单位。贯彻落实国管局下达的用水、用电、公务车辆用油指标，协调、督促各单位认真做好节能降耗工作，按季度上报能源资源消耗统计信息，积极配合完成国管局节能司调研活动。文艺家之家节能监管系统建设完成招投标后进入施工阶段。文艺家之家公共浴室改造后，采取按水量计费方式，进一步加强节水管理、控制用水量。组织节能宣传周活动，加强宣传教育，切实增强干部职工的节能意识，确保节能降耗落到实处。

【其他行政事务管理】

按照中央公务用车改革的有关要求，积极配合中国文联公务用车制度改革领导小组，完成了文联机关本级公务用车上交车辆、保留车辆、司勤人员安置相关工作。加强宣传教育和安全管理，中国文联系统交通违法率较往年持续下降。按照国管局有关工作要求，积极完成后勤服务统计调查。中国文联爱卫会、人口计生委根据工作职责，积极做好办公区禁烟控烟、环境卫生整治、传染病防控、健康知识宣传、学习宣传贯彻“单独两孩”政策等工作，组织文联系统各单位为贫困母亲捐款76310元。落实中央国家机关人防办工作部署，加强对地下空间和人防工程的管理。加强户籍管理，积极做好文联系统集体户口的新增、变更、迁移等相关工作。协调完成党组领导参加共和国部长义务植树活动，组织机关及服务中心职工赴中直机关十三陵水库绿化基地参加春季义务植树活动。

【经营管理】

加强与各单位的沟通协调，认真完成各类合同的签订、执行工作，按时、足额收取合同费用以及供暖费、物业费，确保后勤服务保障工作顺利进行。

【历史遗留问题处理】

按照党组领导批示，积极配合律师，认真处理原烟台文艺之家涉诉案件工作。其中，结案1件，二审判决3件，一审判决1件，中国文联均胜诉。根据党组会决定，会同办公厅、演艺中心，加强与国管局相关部门沟通，积极推进中联百花文化艺术有限公司股权转让工作，协调完成了法律调查、资产评估、审计等方面工作，配合文联资产管理部门推进中联百花文化艺术有限公司上市挂牌拍卖相关工作。加强沟通，积极推进长城环保公司脱钩相关事宜。

【机关服务中心自身建设】

根据党组会决议，原机关服务中心网络信息处职能划转到文艺资源中心，机关服务中心积极协调办公厅、文艺资源中心完成了机构和人员调整以及资产移交等工作。党支部结合后勤工作实际，完成了中直机关党建研究会《加强新媒体条件下机关基层党组织建设研究》课题报告，荣获二等奖。中心坚持每半年开展一次后勤服务保障工作征求意见活动、召开一次伙食管理委员会工作会议，根据各单位反馈的意见和建议，及时制定改进措施，不断提高服务保障能力。

信息化建设

综　述

中国文联文艺资源中心在中国文联的正确领导下，贯彻落实习近平总书记在文艺工作座谈会上重要讲话精神以及党的十八届三中、四中全会精神，围绕中心、服务大局，充分利用云计算、大数据、社交媒体等新技术新平台进行文艺信息资源采集、生产、应用活动。通过深入开展中华文艺资源数据库系统研发，系统采集文艺大家名家艺术资料、建设开通艺术家数字艺术馆，有效开展文艺资源数据标准研究制定，积极探索信息资源应用研究，大力支持各级文联组织文艺资源数字化建设，参与起草《中国文联关于进一步加强信息化建设工作的意见》等一系列信息化建设工作，“网上文联”数字文艺工作平台在顶层设计、基础软硬件环境搭建、内容组织和推广应用等各方面取得新突破、新进展，适应信息化发展新趋势、互联网发展新特点的“网上文联”数字平台建设初具规模，与各级文联共建共享格局初步形成，服务文联组织信息化发展的能力不断提升，进一步推进了文联工作现代化发展。

中华文艺资源数据库建设

【文艺人才信息数据库软硬件系统项目首期终验】

在2013年初步搭建文艺人才信息数据软件资料采集加工平台、数据管理服务平台、信息检索应用平台三大系统的基础上，2014年，文艺资源中心按照边应用边修改、以应用推测试的方式，对人才库数据加工处理系统进行修改完善，仔细研究梳理各类专业数据标准，调整数据加工业务流程，对其中的难题难点，组织全体人力进行学术攻关和技术攻关，与软件承建方一起，系统整理出近千项调整修改问题，使本软件系统实现立体信息采集功能、统计分析应用功能、专业工作平台功能，成为专业性、权威性的文化艺术人才资源集成平台、文艺信息交流平台、文艺人才联络平台。

8月底，文艺人才信息数据库软硬件系统首期项目举行终验评审会，万方数据软件股份公司总经理张正锋、国家地震局信息建设专家陈化然、中国普天科技集团高工王如京、北京鼎远华盛科技集团高工柴金翼、中国摄协信息中心副主任王卫平等专家对文艺人才信息数据库软硬件系统首期建设的项目管理、实施、建设、质量等各方面进行了严格细致的专业评审，一致认为中华文艺人才信息数据库软硬件首期建设符合设计要求。

【首期入库艺术家名录数据查重工作】

中华文艺人才信息数据库先期入库的8万多艺术家名录和简单信息主要来自11个全国性文艺家协会会员信息，因为存在艺术家身兼数个协会会员的情况，先期近10万数据中产生了8376个名字涉及同名重名问题，其中有的名字涉及数十条名录，共产生了2万多个同名重名数据信息，3月始，文艺资源中心组织人力经过反复比对、甄别，使用资源采集软件平台进行艺术家信息查重合并工作，发现并纠正了先期采集数据中可识别的信息错误，处理了无效信息项，经过半年多的工作，基本完成了先期入库艺术家数据查重和合并工作，保证了中华文艺人才信息数据库信息的准确性。

文艺人才信息数据库是利用先进数字技术建设的新型文艺资料库，采用给艺术家建数字艺术馆的方式全面系统采集保存利用艺术家的艺术资料，以便能全面了解、宣传、联络和服务艺术家。每个艺术家的数字艺术馆建设都是系统工程，文艺资源中心采取分步分类建设步骤，建名录时录入艺术家简单信息，针对文艺大家名家开展系统性集中式的信息采集处理工作，2014年针对各协会会员名录中的主席团、理事信息资料展开重点采集，上千位艺术家数字资料馆都有了数十到上百条数据，随着人才信息数据量的不断丰富，各艺术门类顶尖人才、领军人物的数字艺术馆也初显规模，通过人才信息采集，记录保存艺术家所创造的各种艺术资料，保存了当代文艺发展的历史，积累了当代的艺术创造成果。

【中华文艺大家名家艺术资料抢救工程启动】

中华文艺大家名家艺术资料抢救工程/文艺大家名家数字艺术馆建设工程，是对那些艺术成就卓著、艺术影响巨大的文艺大家名家的艺术资料，进行重点采集处理，使其得到系统整理保存。6月，文艺资源中心和中国摄协合作，抢救性地采集了袁毅平和顾棣等摄影艺术家的艺术资料和创作资源，建成摄影数字艺术馆，全方位、多媒体存储、传播其艺术成就。在此基础上，全面启动文艺大家名家艺术资料抢救工程/数字艺术馆建设工程，与中国摄协、中国曲协、中国舞协、四川省文联、广州市文联等携手联合采集文艺大家名家艺术资源，先期推出广州文艺大家名家艺术资料抢救工程/广州文艺大家名家数字艺术馆建设工程。

【人才库二期及网络安全设计工作启动】

在系统梳理总结首期建设经验的基础上，启动二期设计工作。主要设计内容包括地方版中华文艺人才信息数据库系统、地方版文艺资源数据库系统、文艺资源管理系统、专题系统、移动端采集展现系统以及应用集成平台等，为构建覆盖中央、省、地、县四级文艺机构间互联互通、信息共享、安全可靠的数字文艺工作平台奠定基础。

美术书法作品应用平台建设

【美术作品库、书法作品库加工平台测试应用】

2014年，联合东软集团公司和美术书法专业从业者，就美术书法作品数据库结构、数据标准、采集加工功能等进行了一系列学术攻关和技术攻关，7月，数字作品采集加工系统完成初步搭建，进入内测修改阶段，采录一批作品数据，为美术、书法作品建立系统的电子身份证。

【《中华文艺作品数据库信息化标准体系》研究制定工作】

标准化体系是文艺资源数字化建设专业化、规范化和可持续化的基础和保证，是今后有效组织全国文联系统共同建设中华文艺资源数据库，推动全国文联组织信息化建设一盘棋发展的关键。在美术、书法作品数据库建设过程中，文艺资源中心项目组邀请相关专家就数据标引规范问题进行了专业研讨，并对兄弟单位的数据标准制定进行了深入调研，9月，完成《中华文艺作品数据库信息化标准体系》初稿，其中包括信息标准总则、信息资源标准、业务应用标准、应用支撑标准、平台运行维护标准、信息安全标准、信息化工程管理标准等。

【启动美术书法作品应用平台建设，3D虚拟展览馆进入测试阶段】

为拓宽作品资源采集的渠道，扩大数字资源的使用价值，文艺资源中心在作品采集加工平台建设中设计研发了多人在线技术数字展览平台，将线下的美术展览情境再现于互联网空间，增强对美术家、书法家的联络服务能力及作品库的应用开发能力。11月，虚拟美术馆建模设计和功能开发初步完成，开始进入内测阶段。

文艺资源云平台首期硬件建设

【文艺资源云平台硬件环境首期建设】

2月，文艺资源中心正式启动云平台硬件环境首期建设方案咨询设计工作，前后咨询中软、太极、荣之联、深信服、华为、戴尔、EMC等20余家大型IT服务商。5月，文艺资源云平台首期建设方案提出，内容包括计算、存储、网络、安全、云管理平台。6月，公开招标工作完成，东软集团中标承建文艺资源云平台首期项目。经过半年多的建设，总体上完成了服务器虚拟化、存储资源虚拟化、云网络环境、云安全设施、云管理平台的搭建和旧有系统向云平台迁移等建设工作。12月中旬，文艺资源云平台首期建设举行了专家评审会，中国信息协会副会长、国务院信息化专家咨询委员会委员、国家发改委国家电子政务工程建设指导专家组专家杜链，国家计算机网络与信息安全中心副主任常霞，文化部全国文化信息资源建设管理中心巡视员胡晓峰，中国大百科全书出版社信息中心主任田野以及中国电子信息产业发展研究院高级工程师及延辉等专家对文艺资源云平台首期建设进行了专家评审，认为本期云平台建设通过虚拟化手段和云管理平台搭建了低成本、高效、智能、统一的硬件资源支撑环境，为实现畅通共享的文艺大数据平台奠定基础。本期云平台的建设一方面可以有效解决已建或将要建设的中国文联信息化各种应用系统硬件资源异构障碍；另一方面，"池化"后的计算、存储、网络、安全等资源可以通过自助式服务门户以服务的形式交付给文联系统内有资源需求的部门、机构管理使用，实现文艺资源基础设施云服务。中国电影出版社数字出版系统、文艺研修院新媒体平台已经迁移到文艺资源云平台上，部分地方文联和全国文艺家协会网站也提出了硬件支持服务请求。

【文艺机构信息资源发布系统研发和云平台软件环境建设】

为快速响应各级文联组织机构构建网络资源发布应用平台的需求，打造各级文联组织网站建设平台，有效整合各文艺机构资源发布应用与中华文艺资源数据库数据采集之间的通道，8月，启动文艺机构信息资源发布应用系统方案设计，9月，执行规范邀标采购程序确定承建单位。同月，签订合同后，正式开展具体实施建设工作，完成信息数据标准制定、功能需求设计和前期功能开发。

【网络安全设计建设】

网络安全首期设计建设，遵循业务保障优先原则、体系化设计原则、前瞻性和扩展性原则、开放和兼容性原则，对整个网络安全和业务安全采取了系列技术防范措施和制度建设：划分网络安全域，设置安全访问控制和边界控制策略，部署互联网出口防火墙、入侵防御系统设备、网络安全审计系统和漏洞扫描设备等，实时监视网络系统运行状态，提高安全隔离能力，保证内部数据安全；采用虚拟化技术实现服务器的高可用性和建立备份系统，保障系统稳定和数据安全；建立网络安全管理若干制度，配备机房管理员、网络安全管理员和信息保密员，定时检查动力环境运行情况，定期进行应用系统漏洞扫描和办公局域网络巡检，及时更新个人终端计算机系统补丁，增强制度防范措施和能力。

文联工作文献平台应用

在2013年建设文献数据库的基础上，2014年，文艺资源中心继续与中国知网、万方数据等数据服务方合作，建设文联工作文献服务平台，新增了数十万篇文献的数据量，文献数据库的文献资源量达到1300多万篇。通过调整后台结构，网络覆盖到在京的中国文联各单位。各单位可以便捷登录文联工作文献平台，共享库里上千万篇文献和上万种工具书，为工作提供决策参考，为研究提供资料文献。文献库和中华文艺人才信息数据库做到了数据互补共通，有效充实了人才库内容。

文艺家社区项目首期

2014年，在前期搭建文艺家社区基本框架的基础上，调整修改文艺家社区软件平台和各项功能设计，并组织四川、湖北、长春等地文联工作人员测试应用。

10月底，国家电子政务规划起草人之一、中国信息协会信息化促进工作委员会主任助理、北京大学政府管理学院副教授黄璜，中国科学院自动化研究所研究员关强，北京交通大学高级工程师孙湖，中国摄协信息中心副主任王卫平等专家对文艺家社区软件进行了专家评审，一致认为该平台是一个基于"信任+分享+发布"的实名制艺术社交平台，为专业艺术关系圈的建设带来积极的推动作用，为专业组织联络、服务艺术家提供实质性帮助，为文艺资源数据库和艺术家之间的信息交流交换提供有效渠道。

11月，在文联工作信息化、文艺资源数字化培训班上，文艺资源中心向各级文联组织正式推广使用文艺家社区，并征求社区功能的修改意见，随着文艺人才信息数据库艺术家账号的发放，文艺家社区6万多潜在用户将逐步激活账号，实现社区的专业艺术关系建设功能和信息交流交换功能。

与各级文联组织合作共建信息化平台

【大众电影百花奖在线投票系统研发】

4月，大众电影百花奖网络投票平台上线，截止7月底投票结束，投票系统开放期间总注册用户数量为4775701人，有效投票数量为4598822票。全媒体立体式投票渠道的拓展和建立，有效提升了百花奖的观众参与度和关注度，助推了第32届百花奖总投票数量的大幅提升。

【与中国摄协、中国曲协、中国舞协等合作开展资源采集工作】

4月，文艺资源中心与中国摄协合作，采集转化十余万幅作品和大量珍贵资料，包括新中国成立初期各类摄影作品、抗战时期新华社留存重要底片、新中国成立前重点文物级摄影画报画刊、舞蹈戏剧等门类上世纪50年代到80年代剧照、全国影展第一届到第十届获奖作品、袁毅平、顾棣等老摄影家的艺术资料。同时开展老摄影家数字艺术馆建设工作并采集摄影金像奖艺术作品等资源。与中国曲协合作，采集建设曲艺艺术资源库，系统化采集转化第一届至第八届中国曲艺牡丹奖、曲艺节文字、影音像资料，入选非遗名录、濒临消灭曲种及各个流派传承人的影音像、作品集、专访等艺术档案，曲艺家协会会史和重要活动影像资料等。与中国舞协共同建设中国舞蹈资料库，系统采集转化保存中国舞蹈精品图片数据、舞协舞蹈活动视频、访谈节目资源、中国舞协报刊资源，建设中国舞蹈名家人物数字博物馆工程。

【与中国书协合作建设中国书法家协会官网】

11月下旬，与中国书协签署合作协议，启动中国书法家协会官网建设。首期建设实现将网站打造成为展示中国书法家协会形象的重要宣传阵地，整合中国书法家协会和互联网资源使网站成为书法资讯有效集成平台，服务中国书法家协会和书法家、书法艺术工作者的重要手段和工具，提高中国书协内部工作效率和科学管理水平的辅助手段。文艺资源中心作为中国书协官网的承建方，配合中国书协完成前后台设计开发和初步数据上传，2015年春节前后上线开通。

【与广州市文联、四川省文联合作共建地方文艺资源数据库】

9月，与广州市文联签署合作协议，合作共建广州文艺家资源数据库，承担广州文艺资源数据库基础软硬件支撑环境搭建、文艺资源采集加工软件系统的设计开发运维和数据深度加工工作。11月24日，“广州文艺名家数据库”“广州文艺大家名家资料抢救工程”启动仪式在北京举行。12月上旬，与四川省文联签署合作协议，共同建设四川文艺资源数据库一期项目，包括四川文艺人才数据库、四川文艺作品数据库、四川文艺机构数据库，负责四川文艺资源数据库的基础软硬件环境设计开发工作和数据深度加工管理工作。

《中国文联关于进一步加强信息化建设工作的意见》印发

2013年10月在全国文联系统网络与信息工作座谈会召开后，中国文联信息化工作领导小组按照文联党组领导要求，起草了《中国文联关于进一步加强信息化建设工作的意见》征求意见稿。共同修改《中国文联关于进一步加强信息化建设工作的意见》，数易其稿，2014年，经认真研究修改后，印发《意见》。《意见》就加快文联信息化建设步伐、提升文艺传媒的传播力影响力和文联组织的凝聚力引导力，明确提出了总体要求、发展目标、工作原则和当前阶段的主要任务。《意见》的制定出台，使中国文联今后一段时期的信息化建设工作有了纲领性文件，对加快推动“网上文联”建设、通过信息化手段实现全国文联“一盘棋”具有重要的指导意义。

文联工作信息化、文艺资源数字化人才培训班

11月23日至28日，文艺资源中心承办了文联工作信息化、文艺资源数字化人才培训班。这是全国文联系统首次对信息化人才进行专题培训，来自中国文联各团体会员、机关各部室、各直属单位和部分副省级城市文联的信息化工作相关负

责人、业务人员共计150余人参加了培训。中国文联党组成员、书记处书记、中国文联信息化建设工作领导小组副组长郭运德在开班式上讲话，就贯彻落实《中国文联关于进一步加强信息化建设工作的意见》，推进文联系统深化了解信息化时代文艺生态变化，培养文联工作信息化、数字化人才，更好地推动文联组织网络与信息建设工作进行了部署。在5天的培训中，来自国家信息中心、国家行政学院、中国知网、中国摄协等机构的专家和艺术家讲授了国家信息化和电子政务建设趋势、大数据时代文化生态变化、信息化时代艺术家诉求变化、数字资源建设服务模式、文艺机构信息平台建设模式等课程，培训班还到中国知网和雅昌艺术网进行了现场教学，深入了解数字资源的加工流程、管理应用和服务机制，深入学习通过构建功能多样、注重实用的综合化网络平台以多方面、立体化服务艺术家和文艺发展的新互联网思路、经验和模式。

文艺网（北京）传媒有限公司成立

【合并中国文艺网，推进文艺网（北京）传媒有限公司成立工作】

根据中国文联党组会议精神，拟定文艺网公司组建方案，具体承担文艺网公司筹办事宜，并在中国艺术报社、中国文联办公厅的协助下，积极推进申请文艺网（北京）传媒有限公司成立的相关手续和企业名称登记工作，企业名称核准工作、注册资金工作等已基本就绪。11月，中国文艺网编辑部正式并入文艺资源中心，各项编辑业务工作实现平稳交接与过渡。

【建立各地文联资讯联系人机制】

为深入贯彻《中国文联关于进一步加强信息化建设工作的意见》，11月，向各全国文艺家协会和各地文联去函，发起建立中国文艺网、中华文艺资源数据库信息联络员机制，各单位信息联络员已经基本确定，信息交流联络平台也基本建立。

与高校合作开展文艺数字化教学科研实习培训

【与中国传媒大学音乐学院合作】

6月，与中国传媒大学签署音乐数字化教学科研实习培训基地共建协议，在传媒大学音乐学院设立“中国文联文艺资源中心音乐数字化发展研究培训基地”，传媒大学音乐学院在文艺资源中心设立“中国传媒大学艺术学部音乐与录音艺术学院教学科研实习基地”，音乐学院学生在基地内开展实习活动，音乐学院教师、学生和文艺资源中心员工在基地内开展相关科研活动，音乐学院青年教师在基地内开展实习锻炼或进行挂职锻炼，音乐学院为文艺资源中心培训专业技术人员，双方合作开展音乐数字化有关课题研究和项目研发，合作举办相关研讨活动。7月，音乐学院首批实习生在文艺资源中心进行实习，从事音乐人才信息数据库数据采集编辑工作。10月，双方举行了基地挂牌暨优秀实习生表彰仪式，中国文联副主席、中国音协副主席徐沛东，文艺资源中心主任向云驹，中国文联办公厅副主任邓光辉及传媒大学艺术学部和音乐学院有关领导出席了仪式。

【与北京电影学院合作成立“数字内容产业研究中心”】

11月，与北京电影学院携手成立“数字内容产业研究中心”，发挥双方资源优势和学术力量，深入展开数字内容创新研究实践，实现文科与理科交叉、技术与艺术融合、学界与业界互动、理论与实践结合的产学研合作平台建设与应用。

文艺资源中心建设

【聘请专业法务顾问，进行规范化建设】

12月，文艺资源中心与岳城律师事务所签署法律服务合作协议，对“网上文联”各业务平台对外服务规则、云数据中心基础软硬件服务规则、文艺资源数据授权模式与版权管理、项目建设管理、中心与关联网络公司关系、网络公司组建运行规则、中心内部规章管理制度等进行系统的法务咨询指导和规范化建设。

【梳理工作流程，完善制度建设】

文艺资源中心制定修订了项目建设管理制度、员工行为规范、考勤规定等规章制度，对各项工作流程及员工日常行为规范进行了规范化建设，根据文艺资源中心工作实际及业务建设的保密需求，对全体员工进行了保密知识培训，并与每一位员工签订保密协议，对涉密信息及工作秘密进行了严格规定，确保文艺资源中心业务信息安全和文艺资源信息数据库的数据安全。

【有效开展党团、工会工作】

文艺资源中心党支部积极开展党建工作，认真组织、安排、实施各项党建工作和党内生活、公示反馈、民主评议、征求意见，组织一系列学习讨论会等，不断加强党风建设，进一步落实完成党的群众路线教育实践活动的整改收尾阶段任务并继续引向深入。加强对中央关于思想文化建设方面重要文件的学习，明确文艺资源中心各项业务的发展方向，为推动文艺资源数字化、文艺工作信息化提供坚强的思想、组织和作风保证。

2月，在中国文联工会的指导下，文艺资源中心工会成立，本着服务中心工作全局、服务中心每一位员工的原则，中心工会开展了相关工作，积极落实中国文联工会的工作任务，有效丰富工会员工业余生活。

文艺研修

综 述

2014年，是全面贯彻落实党的十八大以及十八届三中、四中全会精神、全面深化改革的重要一年。中国文联文艺研修院在中国文联党组的正确领导下，在文联机关各部室、各全国文艺家协会和直属单位的大力支持下，文艺研修院紧紧围绕中国梦的时代主题，认真学习、领会习近平总书记系列重要讲话精神，特别是文艺工作座谈会讲话精神。全院上下团结一心，充分发挥培训研修主阵地作用，进一步加大对各类文艺人才的培养力度，全年共举办各类研修培训班次15期，培训学员985人次。秉持科研引领培训的立院之本，完成科研课题10项，其中国家级课题1项，省部级课题2项。深入贯彻落实中国文联九届六次全委会工作部署，不断加大信息网络化建设力度，完成新媒体学习平台搭建上线工作。不断加强自身建设，完善内部管理机制，逐项落实党的群众路线教育实践活动整改措施。

国内培训研修工作

【中国文联第四期全国中青年文艺人才高级研修班】

3月15日至4月15日，在北京成功举办中国文联第四期全国中青年文艺人才高级研修班，共有来自全国的38名中青年文艺人才参训。研修班以“坚持以人民为中心的创作导向，推动艺术融合和创新”为研修主题，在“国情时政”、“文艺讲坛”、“艺术创新”三个课程模块基础上，专门设立“马克思主义文艺观”课程模块，突出“跨界交流”、“名师引导”和“多样化的研修方式”，邀请了20余位各艺术领域的名家大师开展专题讲座，安排了6次现场教学，8次学员讲坛。在研修班中首次成立学员党支部，加强学风建设，营造了良好的学习氛围。

【中国文联第五期全国中青年文艺人才（编剧）高级研修班】

6月14日至7月5日，在北京成功举办中国文联第五期全国中青年文艺人才（编剧）高级研修班，共有来自全国的37名中青年优秀影视戏剧编剧参训。本期研修班按照“一条主线、四个融合”的培训指导理念，将马克思主义文艺观教育放在更加重要的位置，同时在跨界研修和与市场对接方面加大工作力度。中国文联党组书记、副主席赵实亲临本班，与学员交流谈心。学员通过学习研修，认为一方面解决了创作中的具体疑惑，更重要的是为大家传递了一种精神和力量，明确了创作的方向。

【中国文联第六期全国中青年文艺人才（编导）高级研修班】

9月9日至30日，在北京成功举办中国文联第六期全国中青年文艺人才（编导）高级研修班，共有来自全国的42名中青年优秀影视戏剧编导参训。此次研修班是研修院首次针对舞台艺术创作领域举办研修班，学员构成范围广泛，涵盖五个艺术门类，涉及舞台艺术创作的各个环节。研修班按需施教，加大剧目赏析和案例教学比重，通过开展团队创作实战演练，首次在研修班中推出创作成果展示。

【2014铸梦计划·西安——“剧本创作与时代精神”座谈会暨学员剧本推介会】

1月14日至15日，在陕西西安成功举办“2014铸梦计划·西安——‘剧本创作与时代精神’座谈会暨学员剧本推介会”。本次活动汇集了影视、戏曲、话剧、曲艺等领域的专家学者、编剧、导演、演员、制片人等100余人，其中39名为参加过中国文联中青年文艺人才高研班的学员。通过业界名家大师的主题演讲和研讨交流，引导学员在创作中融入对民族的大爱情怀、对艺术的执着追求、对时代责任的使命担当。座谈会搭建了学员之间、学员与制片机构之间的交流平台，安排了主题演讲、研讨交流、项目洽谈、成果汇报等多种内容形式，共达成10多项合作意向，成效显著。

【2014铸梦计划·北京——“儿时的梦”中国文联文艺研修院学员作品展】

6月25日至30日，在中国文艺家之家展厅成功举办“2014铸梦计划·北京——‘儿时的梦’中国文联文艺研修院学员作品展”。本次活动是贯彻落实中宣部、中国文联等五部委《关于开展以“中国梦”为主题的文艺创作活动的通知》精神，拓展延伸培训工作的手臂的重要举措。也是研修院20年历史上首次举办学员作品展览。该展览共汇集了37位学员的169件作品，涵盖了包括美术、书法、微电影、摄影、民间文艺等在内的多个艺术门类，其中包括漆画、套彩烙画、印花布、书刻装置等较为少见且艺术价值和市场价值均较高的艺术品。中国文联党组副书记、副主席、文艺研修院院长李屹在代表中国文联党组讲话中指出，“今天的展览既是我们中国文联文艺研修院学员的汇报展，更是一个展示广大中青年文艺家把握时代脉搏、融入时代洪流的成果展”，“本次展览通过六个板块跨界展示学员研修成果，这样的办展特色体现了研修班作为中青年文艺人才创作导向的阵地、跨界交流融合的平台和共同学习、共同成长的家园的角色定位”。

【2014铸梦计划·上海——“制作人与舞台艺术发展”研讨会】

11月7日至9日，在上海成功举办“2014铸梦计划·上海——‘制作人与舞台艺术发展’研讨会”。来自戏剧、舞蹈、音乐、曲艺、杂技等舞台艺术领域的中青年文艺家、院团负责人、机构及独立制作人等50余人参加。这次活动在全国文艺界深入学习习近平总书记在文艺工作座谈会上的重要讲话精神的背景下召开，旨在深入贯彻落实习近平总书记讲话精神，紧紧围绕创作这一中心任务，坚持马克思主义文艺观、社会主义核心价值观和以人民为中心的创作观，在出精品、出人才方面充分发挥中国文联的平台作用，通过开展文艺研修及配套工作，积极推介人才，推动合作，推出成果。活动围绕“制作人与舞台艺术发展”主题，安排了主题论坛、现场教学、案例解析、工作坊、剧目观摩等内容，为不同班次不同领域学员之间、学员与院团之间的合作搭建平台。

【第五期全国文艺家高级研修班】

5月19至28日，在纪念毛泽东在延安文艺座谈会讲话发表72周年之际，于江西成功举办第五期全国文艺家高级研修班，共有来自全国的33名文艺家参训。本次研修班突出文艺家学习特点，为使课题研究成果更具实用性、吸引力，与文艺家的特点和培训需求相吻合，在教学形式设计上，引入现代培训方法，将80%以上的课程都设置为体验式、情境式、互动式的参与式教学活动。注重艺术家到实地感受和相互交流研讨。同时将科研成果用于培训教学，实现了新突破。

研修班组织学员走进瑞金红军村——洁源慰问演出，与当地民间艺术家的交流，戏曲、小调、民歌、舞蹈等扎根基层的文艺惠民演出让红军村千余村民享受到了一场精神盛宴，并得到了社会各界高度反响。

【全国文艺家学习贯彻习近平总书记在全国文艺工作座谈会上的讲话专题培训班】

11月26日至28日，在北京成功举办全国文艺家学习贯彻习近平总书记在全国文艺工作座谈会上的讲话专题培训班。及时组织全国文艺家学习贯彻讲话精神，用马克思文艺理论的最新成果武装全国文联系统干部头脑。本次培训班邀请仲呈祥、许江分别从理论和创作层面对讲话精神进行了解读，参训学员结合自身工作对讲话进行了深入讨论。突出顶层设计与“接地气”的工作部署相结合，在各省、各行业迅速展开学习讲话精神新高潮。李屹出席结业式并代表中国文联党组提出了具体要求和工作部署。这是继全国文艺工作座谈会后，中国文联组织召开的级别最高、覆盖最广、涉及艺术领域最全的一次学习贯彻习近平总书记在全国文艺座谈会上重要讲话精神的专题培训，也是在关键时期、关键节点召开的一次部署落实讲话精神、凝聚共识、集结力量的盛会。

【中国文联系统局处级干部学习党的十八届四中全会暨习近平总书记在全国文艺工作座谈会上重要讲话精神培训班】

11月18日至21日、11月24日至27日，在北京举办了两期中国文联系统局处级干部学习党的十八届四中全会暨习近平总书记在全国文艺工作座谈会上重要讲话精神培训班，共有300余名中国文联系统局处级干部参训。培训班重点组织学员学习习近平总书记在全国文艺工作座谈会上重要讲话精神，边学边议，对加强依法治国内容进行了交流讨论。在文联系统内部形成了学习、思考、践行讲话精神的热潮。

【全国文联系统干部常规培训班】

3月11日至14日、3月25日至27日在北京举办2期中国文联局处级领导干部学习贯彻党的十八届三中全会暨习近平总书记系列讲话精神培训班，学员共214名。

7月6日至14日在北京举办第三期全国文艺家协会处级干部暨省级文艺家协会秘书长（驻会负责人）研修班，学员共43名。通过体验式、案例式、互动式教学活动，让省级文艺家协会驻会负责人听到了协会工作的前沿声音，明确了使命担当，进一步提升了能力，交流了工作经验，实现了教学相长，更体现了学学相长。

6月5日至14日在浙江举办第五期全国地县级文联负责人研修班，7月24日至8月1日在辽宁举办了第六期全国地县级文联负责人研修班。两期研修班共有学员147名。致力于发掘基层文联工作的新思路、新举措、新成效，并在此基础上完成《新思路、新举措、新成效——全国地县级文联负责人研修班典型案例汇编》。

国际培训研修工作

【赴美视觉艺术策展人研修班】

9月21日至10月11日，中国文联在美国纽约和费城两地组织了“赴美视觉艺术策展人研修班”。来自中国文联机关、相关全国文艺家协会、直属单位和部分省级文联的19名文艺策展专业人才参加了研修培训。在为期19天的学习中，通过与美国合作机构共同研发的九大模块课程，发动每一位学员积极主动思考，大家系统学习了美国的机构策展人、独立策展人的策展理念、操作经验，深入地与国际著名策展人、一流策展机构进行了平等的对话，还了解了美国非营利文艺组织运营与管理领域的理念、运作机制。研修班学员普遍认为，这次研修班不仅开阔了国际视野、对策展实践有很大的指导作用，还拓展了文联工作和文艺工作的思路，收获颇丰，集中体现在三个方面：一是深化了对美国策展机构和策展人的认识。二是推动了中国文联和美国文艺机构的进一步交流合作。三是搭建了中美之间、机构之间以及学员之间交流合作的多维度平台。

调查研究工作

2014年研修院共计划完成10项课题研究，其中部级课题有3项，分别是“新形势下文联组织参与社会治理研究”课题；李屹牵头，研修院负责的“中国近现代文艺思想发展史——中国近现代文艺思想发展理论与实践”课题；李屹牵头、人事部和研修院参与的“中青年文艺人才培训长效机制研究”课题。另外研修院课题共7项，分别是“2014至2015年全国文联系统培训需求调研报告”；“全国省级文艺家协会驻会负责人胜任能力模型设计与课程研发”；“中国文联处级干部胜任能力模型设计”；“舞台艺术制作人胜任能力模型设计与课程研发”；“策展人胜任能力模型设计”；“舞台剧制作案例开发”；“主体班工作手册”。计划出版图书3本，分别是《舞台艺术制作人发展报告》、《新思路、新举措、新成效——全国地县级文联负责人研修班典型案例汇编》和《时间or空间——中美策展人访谈录》。

自身建设情况

2014年在文联党组和机关党委的统一部署下，研修院党总支把工作重点放在了抓整改落实工作上。对领导班子整改落实方案定期逐条进行对照检查；建立完善内部学习、沟通、协作机制，坚持月度集体学习制度和不定期业务交流研讨；成立纪检工作小组，对照中央“八项规定”和法律法规，以及研修院内部各项规章制度，逐步建立起一整套符合研修院自身特点的检查监督机制；优化中层干部的配备工作，全年共选调或提拔中层干部3名；发挥工会和青联作用，组织职工参加文联职工摄影比赛和中国梦征文等各项文体活动；举办研修院职工摄影比赛等积极向上的文体活动；在落实制度建设计划方面，共有11项工作任务，主要包括研究制定研修院会议管理办法、年度考核管理办法、岗位竞聘管理办法、物品捐赠管理办法等；修订财务管理办法、职工考勤休假管理办法、项目管理办法、信息网站管理办法等。

新媒体学习平台建设

按照中国文联九届六次全委会关于“大力建设网上文联，搭建数字化工作平台”以及中国文联《中国文联关于进一步加强信息化建设工作的意见》提出要“建设文艺人才培养（干部教育培训）网络平台，努力建设集在线学习、移动阅读、服务管理于一体的综合性、开放式的干部教育培训和文艺人才网络研修平台。”的要求，2014年年，研修院将信息网络建设作为一项重要工作来抓，专门成立了网络工作小组，通过召开学员研讨会、外出调研等多种形式,充分了解到学员对网络教学平台建设的迫切需求，着力搭建一个集信息获取、校友联络、延伸学习、宣传展示多项功能为一体的具有文艺、文联研修培训特色的全国性新媒体网络教学平台，为加强新时期文联组织的行业服务、行业管理、行业自律建设进行了有益的探索。

“中国文联文艺研修院新媒体学习平台”已于12月15日正式上线。

基金会发展

综　述

2014年，中国文学艺术基金会（以下简称：基金会）在中国文联党组的指导下，在胡振民理事长的带领下，认真学习贯彻党的十八大和习近平总书记系列讲话精神，围绕践行社会主义核心价值观，为实现中国梦的宏伟目标和建设文化强国的重大使命，广泛联络各界人士，积极为艺术家和公益文化项目服务，打造培育具有广泛社会影响和实效的公益项目，资助培养具有发展潜力的优秀文艺人才，并以获评民政部全国最高级别5A级基金会为契机,积极探索基金会发展的新思路，从内部治理、资金募集、项目管理、品牌建设、海外合作等领域全面提升基金会的服务管理水平，逐步建立基金会发展的新常态，努力探索一条适应社会主义市场经济体制的基金会发展途径。

重要会议和工作

【深入学习贯彻习近平总书记重要讲话精神，探索基金会发展的新思路】

基金会进一步深入学习习近平总书记系列重要讲话精神，特别是在文艺座谈会上的讲话精神，结合工作实际，制定学习计划，并分步有序实施，要求每名党员干部将学习成果贯彻到日常工作的各个方面。在提高思想认识的基础上，对基金会的发展形成新的思路和共识，建立以繁荣发展文学艺术事业为核心宗旨。积极资助文学艺术创作和人才培养。支持用艺术魅力打动身心，用优秀作品感召灵魂的艺术作品广泛传播；用优秀艺术人才传承弘扬中华优秀文化。积极探索基金会发展的新途径，创新管理模式和工作方法。

在实践中，基金会努力构建大文化的工作格局，广泛联络各界人士，积极募集社会资金，大力提高扶植力度，建立各类专项基金，扩大资助范围，资助创作更多为大众喜闻乐见、思想性艺术性观赏性相统一的文艺作品，充分利用现代信息传播技术，扩大优秀作品的社会影响，在文学艺术发展的各领域获得了积极有益的尝试，并争取达到较好成绩。

【中国文学艺术基金会第四届六次、七次理事会会议】

根据基金会管理条例和中国文学艺术基金会章程的规定，基金会在2014年度共召开了两次理事会会议。会议内容主要是针对阶段性的工作情况向理事会进行汇报，并履行人员任免和内设部门调整的相关程序。

（一）中国文学艺术基金会第四届六次理事会会议

1月10日，中国文学艺术基金会第四届理事会第六次会议在北京召开。会议的主要内容是：一、审议基金会2013年工作及2014年工作计划；二、审议2013年基金会财务和基金募集的有关情况；三、通报有关人事和基金会内设部门调整情况等。

（二）中国文学艺术基金会第四届七次理事会会议

8月27日，中国文学艺术基金会第四届理事会第七次会议召开。为了响应中央厉行节约的要求，同时也考虑到各位理事工作繁忙，经报理事长和中国文联党组主管领导同意，会议以文件传阅和书面审议的形式进行。本次理事会会议审议通过了以下议题：一、根据上级主管中国文联的建议，审议通过姜昆同志不再担任基金会秘书长职务，冯双白同志担任基金会副理事长兼秘书长；二、审议通过陈建文同志担任中国文学艺术基金会监事会主席；三、增补调整基金会理事；四、审议中国文学艺术基金会2014年上半年工作情况和下半年工作计划；五、通报基金会内设部门调整和中层干部任免情况。

【中国文学艺术基金会晋升5A级基金会】

经过一年的筹备和评估过程，基金会最终获得民政部社会组织评估5A级基金会称号。

基金会评估等级分为5等，由高至低为5A级、4A级、3A级、2A级、1A级。中国文学艺术基金会2013年接受了民政部每五年一次的社会组织评估，全体同志高度重视，重新修订制度34项、规范各类档案的管理、强化审批和监管环节。经过2013年11月15日由民政部民间组织管理局对基金会基础条件、基金财务和项目管理三个方面进行的实地考察评估和2014年4月25日民政部全国性社会组织评估委员会全体会议的终评，5月22日，中国社会组织网发布《民政部公告》第315号，中国文学艺术基金会正式从原3A级晋升为5A级全国最高级别基金会。在向中国文联党组汇报获评参加民政部社会组织评估情况并晋升5A级情况后，中国文联党组书记、副主席赵实同志给予了充分的肯定，并希望基金会在新的起点上更上一层楼。

资助项目和公益活动

【项目管理及财政资金使用监管】

（一）完善制度，强化落实，充分管好用好财政专项基金

自2008年以来，基金会接受国家财政基金已经七个年头，从最初的各项总则、暂行办法到目前创作类、评奖类、出版类等不同类别的分类管理细则和流程均在不断的规范和细化，并从立项、审批、资金拨付、项目实施、成果报告、项目决算、审计与评估等各环节进行跟踪绩效，使项目实施更加规范；确保国拨资金使用的安全有效，根据财政制度和公益事业支出相关规定，努力提高资金使用效率，降低运营成本，为中国文学艺术发展专项基金的持续发展奠定一条规范的道路。

（二）国拨财政专项基金使用情况和项目实施情况

1.资助中国文联文艺评奖类项目总金额1964万元。

其中包括：中国文联项目中国文联文艺评论奖、中国剧协项目中国戏剧奖、中国影协项目大众电影百花奖、中国音协项目中国音乐金钟奖、中国美协项目中国美术奖、中国曲协项目中国曲艺牡丹奖、中国舞协项目中国舞蹈荷花奖、中国摄协项目中国摄影金像奖、中国书协项目中国书法兰亭奖、中国杂协项目中国杂技金菊奖、中国视协项目中国电视金鹰奖；中国剧协、中国音协、中国舞协、基金会为庆祝新中国成立65周年作品展演活动；中国剧协中国戏剧奖理论奖评奖和中国民协的中国民间文艺山花奖作品奖评奖经费等。

2.资助文艺精品创作项目总金额3385万元。

其中包括："中国梦"创作项目、文艺精品创作项目、文艺出版报刊精品工程、文艺评论工程项目。

"中国梦"创作项目包括：中国剧协项目《中国梦——百姓梦想.我的梦想——庆祝新中国成立65周年原创小戏小品汇报演出》；中国影协项目《中国梦——扶助指导电影〈腊月的春〉》中国音协项目"中国梦——大型原创歌曲征集活动"；中国美协项目"中国梦——塑造中国新形象"；中国曲协项目"中国梦——全国优秀曲艺节目推选展演活动"；中国舞协项目"中国梦——青年舞蹈编导扶持计划"；中国民协项目"中国

梦——五彩斑斓乡村梦——剪纸农民画创作”；中国摄协项目“‘追梦足迹’——庆祝新中国成立65周年”、“改革开放35周年全国摄影大展”、中国书协项目“翰墨中国——书法创作活动”、中国杂协项目“中国梦——杂协作品创作活动”、中国视协项目“孩子眼中的美丽乡村——少数民族地区原创微电影行”、弘扬“中国梦”主题原创视频（微电影）创作、基金会项目“时代领跑者——绘画书法摄影展”等。

文艺精品创作项目包括：中国杂协项目“优秀杂技剧目创编”；中国民协项目“中国传统村落立档调查”；中国曲协项目“‘温经典 品发展——姜昆优秀相声作品’专场演出全国巡演活动”；中国视协项目30集电视连续剧“悲喜江湖”的创作启动资金、纪录片“家风”创作启动资金。基金会项目“儿童多媒体音乐剧——我爱寓言”、“音乐情·中国梦歌曲精品创作”、“2014第三届造型艺术新人展”。

文艺出版报刊精品工程包括：2012至2013年中国文联文艺出版报刊精品工程项目共出版中国书法杂志社《〈中国书法〉杂志30年文萃》、杂技与魔术杂志社《中国杂技老艺术家传略》、当代电视杂志社《电视剧创新智库》、中国视协纪录片《北上——长征在哈达铺》项目、中国电影出版社的《于敏文集》，大众摄影杂志社《光影写真》，中国摄影出版社的《中国世界遗产影像志》和《中国魅力古镇》等项目，同时还举办了于敏百岁华诞电影物品捐赠展揭幕仪式暨《于敏文集》首发式及座谈会。

文艺评论工程项目包括：开展文艺作品评价体系、评奖机制改革专题研究，与光明日报社合作开办专栏，开展系列专题研讨会，建设中国文联特约评论员队伍，与文明杂志合作开设《文明人物 中国文艺家专栏》，建设中国文艺评论网，宣传中国文联文艺评论工程成果等

3. 资助文艺人才培训项目总金额1000万元。

其中包括：中国文联文艺研修学院项目第四期全国中青年文艺人才高级研修班；第六期全国中青年文艺人才（编导）高级研修班；第三期全国省级文艺家协会驻会负责人研修班；第五期全国地县级文联负责人研修班；第六期全国地县级文联负责人研修班；第一期中国文联系统局处级干部深入学习宣传贯彻党的十八届四中全会暨习近平总书记在文艺工作座谈会上的讲话精神专题培训班；第二期中国文联系统局处级干部深入学习宣传贯彻党的十八届四中全会暨习近平总书记在文艺工作座谈会上的讲话精神专题培训班；全国文联系统文艺培训教学案例库开发及《新思路、新举措、新成效——全国文联地县级文联负责人研修班典型案例汇编2015》编撰；舞台艺术（戏剧、音乐、舞蹈、曲艺、杂技）演出市场制作人胜任能力模型设计与课程研发课题及《舞台艺术制作人发展报告》编撰；文艺家协会驻会负责人胜任能力模型设计与课程研发课题；视觉艺术策展人胜任能力模型设计与课程研发课题及《时间or空间——当代中美策展人访谈》编撰；全国文联系统文艺培训学员动态信息库开发；全国文联系统文艺培训教学师资库开发；2014至2015年全国文联系统培训需求调研；杭州铸梦行动（中青年文艺人才班学员作品推介活动）；河南铸梦行动。

中国文联理论研究室项目第八届中青年高研班。

中国剧协项目“中国剧协青年戏剧人才”培养；中国美协项目西部少数民族美术人才培养工程；中国曲协项目曲艺创作高级研修班；中国民协项目中国民间文化产业发展高级研修班和中国民间手工艺传承高级研修班；中国摄协项目少数民族摄影人才培养工程。

4. 资助联络服务艺术家项目总金额950万元。

5. 资助采风及送欢乐活动总金额600万元。

【募集社会资金资助社会公益文化艺术项目】

为进一步提高优秀文化艺术项目资助力度，基金会拓展思路，整合资源，多渠道广泛募集社会资金，截止12月底，共接受社会公益捐赠5378.74万元。其中包括北京慧聪国际资讯有限公司、北京中外名人文化传媒股份有限公司、中国人民解放军海军政治部电视艺术中心、净雅食品有限公司、山东大易文化有限公司、恒富（珠海）置业公司、北京中教星传媒文化中心、深圳中投宝金融公司、平遥县九成文化旅游投资公司、三河鑫驰工贸公司、丁晓红、姜伟东和水静汶个人捐赠等，资助了河南小皇后豫剧团新剧《洪武皇后马秀英》、“功德天品”——中国书法名家向中国文学艺术基金会捐赠书法作品展、“时代领跑者”——大型绘画、书法、摄影展、“中国少儿故事包公益行动”、“梦圆中国”——习近平总书记重要论述书法展暨壮丽江山画展、“布艺霓虹”——丰宁满族自治县滕氏布糊艺术展、“国瓷精萃”——全国优秀陶瓷艺术展、刘岩文艺专项基金公益舞蹈课等一大批具有广泛社会影响的文学艺术项目。

新设立专项基金5个：中国文学艺术基金会影视艺术发展专项基金、中国陶瓷艺术专项基金、中国摄影艺术发展专项基金、中国女画家艺术发展专项基金、新媒体文化专项基金，积极促进各门类艺术的繁荣与发展。

【精品公益项目建设】

（一）我们的中国梦——全国优秀作品展览

为大力开展以中国梦为主题的文艺创作活动，积极培育和践行社会主义核心价值观，唱响时代最强音的具体要求，在中国文联文艺家之家展览馆，举办“我们的中国梦——全国优秀艺术作品展览”系列公益展示活动。展览覆盖各地区、各行业群体：有代表省级地方文联文学艺术水平及特色的海南省文联“中国梦·海南美”海南省优秀摄影书法美术作品展、湖北省文联“墨咏荆楚”湖北省书法院优秀书法作品展，有代表产业文联创作水平和产业特点的中国煤炭文联“全国煤炭职工书法美术摄影展”、中国石油文联“付剑峰——中国石油系列油画作品展”、中国检察官文联“中国梦·检察魂”全国检察机关书画摄影作品展；有代表文艺家协会推广作品的“布艺霓虹——丰宁满族自治县滕氏布糊画展”、“国瓷精粹”全国优秀陶瓷艺术作品展，也有体现当代青年艺术家艺术创作、培养新人的中国文学艺术基金会影视艺术专项基金“优秀青年书画作品展”、“皇天厚土——刘若望油画雕塑精品展”。截至年末，共举办各类展览展示20场。宣传和展示了一大批具有创新精神、富有时代感的优秀艺术作品，为艺术家搭建起相互学习和交流的广阔平台。

（二）“中国梦”主题文艺创作活动

根据中宣部、中国文联等五部门联合印发的《关于开展以“中国梦”为主题的文艺创作活动的通知》精神及中国文联党组的要求，与中国文联国内联络部、理论研究室共同组织实施了中国文联“中国梦”主题文艺创作活动。通过多种艺术表现形式，推动“中国梦”入脑、入心，激励人们坚持中国道路、弘扬中国精神、凝聚中国力量，激发人们为实现中国梦而努力奋斗的热情。其中，中国剧协“中国梦想、百姓梦想、我的中国梦”——中国文联、中国剧协庆祝新中国成立65周年原创小戏小品汇报演出，中国曲协“中国梦”全国优秀曲艺节目推选展演活动，中国音协“中国梦”大型原创歌曲征集活动，中国美协“中国梦”——塑造中国新形象，中国摄协“追梦足迹”——庆祝新中国成立65周年暨改革开放35周年全国摄影大展，中国书协“翰墨中国”——书法创作活动展演等受到社会各界的高度赞誉。

（三）2014第三届造型艺术新人展

造型艺术新人展经过2008年和2012年两届的打造，已经成为基金会培养优秀青年造型艺术人才的品牌项目。本届新人展以“新思维、新空间”为主题，在继承传统的基础上独辟蹊径，大胆突破，强调思想内涵、艺术表现力和创新精神。展览共收到作品5000余幅，最终评出入围和获奖作品共计260件，其中入围作品225件，新人佳作提名作品20件，新人佳作10件，新人优秀作品5件，于10月在中国美术馆展出。本届展览作品个性鲜明，在造型形式、风格语言和技艺方面积极推陈出新，呈现了当代青年美术家的创作面貌和实力，展示了具有民族性、时代性和创新性的艺术新成果。展览之外，还召开了专题理论研讨会、电视访谈等系列活动，中央电视台和各大媒体对活动进行了全面报道，在美术界和社会上产生了广泛影响，对造就和推出新人，繁荣发展美术事业，促进社会和谐发展起到了重要作用。

（四）朝霞工程

“朝霞工程”是基金会自2000年推出的培养培育少年文艺人才的公益品牌活动，15年来，共资助西部和少数民族地区具备艺术天赋的贫困儿童3000多名。12月，由中国文联、中国文学艺术基金会联合主办，由中央电视台少儿频道协办的“牵手‘朝霞工程’——圆孩子们的艺术梦想”展演系列活动在京举行。来自云南、贵州、安徽、河南等14个民族地区、贫困地区的300余名学生参加了本次活动。期间，在中国文联文艺家之家举办了“朝霞艺术课堂”活动，著名舞蹈理论家、评论家、基金会副理事长兼秘书长冯双白，著名作曲家徐沛东，著名歌唱家杨洪基等担任课堂主讲人并与孩子们进行了交流互动。12月1日，汇报演出在中央电视台演播厅举行，参演节目均经全国各省文联和有关单位严格推选，包含合唱、舞蹈、曲艺、戏曲等门类，活动取得圆满成功，并将在中央电视台播出。

（五）与共和国一同走过——庆祝新中国成立65周年国庆特别节目

2014年是新中国成立65周年，也是中国文学艺术界联合会成立65周年。为集中展示65年来中国文联在党的领导下，繁荣和发展的辉煌成就，凝心聚力共创未来的精神面貌，由中国文联、中国文学艺术基金会共同主办，北京电视台承办，各文艺家协会协办，策划与制作了《与共和国一同走过——中国文联成立六十五周年国庆特别节目》，从10月1日至10月7日，每晚7:30在北京文艺频道黄金时段连续播出7集。特别节目以名家访谈、历史视频、现场互动等多元形态，对各艺术门类不同时期的大家名作进行展示，深入挖掘中国文艺界的典型人物和动人故事，以点带面全景展现新中国文艺事业发展的历史宏图，反映了艺术家爱党、爱国的情怀和为传承中华民族优秀文化所做出的贡献，播出后在社会上产生了广泛影响。

（六）《中华民族一家亲》全国少数民族优秀获奖节目展演展播

为进一步加强各民族之间的艺术交流，用电视舞台视觉形象集中展示少数民族绚丽多彩的文化艺术和多元形态，展现中华民族追寻中国梦亲如一家和谐共荣的精神面貌和民族风情，12月21日，《中华民族一家亲》全国少数民族优秀获奖节目展演展播活动在四川省广播电视台录制。该活动由中国电视艺术家协会、中国文学艺术基金会、四川省广播电视台主办，中国视协有关艺委会、康巴卫视等有关单位承办，国家民委文宣司、中国文联国内联络部为指导单位。晚会有来自四川、西藏、新疆、青海、宁夏、甘肃、云南、贵州、广西、内蒙古等11个省市自治区的23个节目，汇聚了全国19个少数民族的歌舞、说唱、器乐等类型的表演，参演人数近500人，并于2015年元旦在四川卫视、四川国际频道、康巴卫视进行了播出，展示了少数民族艺术的独特风采，对推动少数民族艺术的传承和发展具有重要意义。

【海外文化交流项目和活动】

为响应文化走出去的战略要求，基金会依靠文联的人才资源优势，加强与海外文化机构的合作，在将中国文化送出去的同时，提升自身知名度，为未来的海外合作奠定坚实的基础。

（一）法国巴黎“布艺霓虹”中国滕氏布糊艺术展

在2014年中法建交50周年，为进一步加强中法两国间文化艺术的交流，推动民间文化遗产保护传承，促进民族文化产业发展和两国间的文化交流，中国文学艺术基金会、巴黎中国文化中心和中国民间文艺家协会共同主办的“布艺霓虹”中国滕氏布糊艺术展于9月8日至26日，分别在法国巴黎十三区市政厅和巴黎中国文化中心展出，受到法国观众的高度评价。

（二）中国——新西兰绘画艺术展

11月12日至24日，在中国驻新西兰大使馆的全力支持下，由中国文学艺术基金会、新西兰——中国友好协会、新西兰七彩传媒文化集团、新西兰邓里文化艺术基金会主办的中国-新西兰绘画艺术展在新西兰首都惠灵顿的国家美术馆隆重开幕。此次展览汇聚了有刘大为、何家英等8位国内著名美术家和新西兰美术家的60余幅作品，通过现场展览、研讨、笔会等交流方式，进一步增进了中新艺术家的友谊和中新文化的融合理解。

（三）中国文化志愿者项目

为增进中国人民同世界各国人民之间的相互了解和友谊，弘扬和传播中国文化，鼓励民间对外文化交流，中国文学艺术基金会与中国对外文化交流协会共同派出4名中国文化志愿者郭静（赴巴拿马）、温小演（赴斯洛伐克）、牛萍（赴马耳他）、陈建欣（赴越南），在驻巴拿马商代处、斯中经济文化交流促进会、马耳他中国文化中心、越南使馆文化处的大力支持下圆满完成了舞蹈、二胡、书法教学志愿服务工作，受到当地民众的热烈欢迎和喜爱。通过文化志愿不辞辛苦的服务活动，加深了外国民众对中国文化的了解，也感受到中国艺术的魅力，并为扩大该项目影响，派专人随中国文艺志愿者协会参加IAVE国际志愿者峰会，学习交流志愿者服务经验。

自身建设

【把握方向，制定目标】

习近平总书记在文艺工作座谈会上的重要讲话精神，为文艺工作提出了方向，积极践行和传播社会主义核心价值观，大力唱响爱国主义主旋律是时代赋予的新契机。文艺工作是强基固本的灵魂工程，要抢抓新机遇、开启新风貌，公益组织要在活动策划、主题设置、内容呈现、成果宣传等各个环节努力弘扬中国精神，积极发挥文艺作品滋养人们精神世界的作用。2014年下半年以来，基金会在秘书长冯双白的带领下，认真反思，积极研讨，抓住时机，把握方向，站在公益组织的立场上，制定了新的目标，要为时代和社会做出一份积极的贡献。

【队伍建设】

经过组织专家讲座和多次基金会全体人员热烈研讨，用“头脑风暴”的形式打破基金会人员多年来固有的思想模式，强化中国文联的领导，树立以支持艺术家进行精品艺术创作和培养优秀艺术人才为主线的宗旨，以谋求生存和发展为理念，以求真务实为目的，设计制定基金会的发展目标和活动项目策划，力争在一两年的时间将基金会塑造成有社会影响，有品牌项目，有经济基础，有发展前途的公益基金会。

【基础建设】

基金会的办公地址主体自CBD国际大厦迁回安苑北里文联办公楼，减少了承租面积，降低了整体年度办公房屋租金数额，使基金会整体运营成本得到了巨大压缩，为基金会的生存发展提供了基础保障。

【宣传工作和信息化建设】

一、继续加强网站建设，修订《中国文学艺术基金会信息公开管理制度》，及时统计基金会公益活动资料，由专人负责网上发布内容的审核，加快网站更新的速度和信息量，并在首页显著位置增加了“我们的中国梦——全国优秀艺术作品展览”和“送欢乐下基层”两个新栏目，调整了网面设计。

二、充分发挥中国文学艺术基金会官方网站的电子信息平台作用，通过网络平台实现活动征集、信息查看、表格下载等操作，加强了基金会官网的功能性、宣传性、推广性。

三、进一步做好基金会公益信息公开透明板块。基金会依据《基金会信息公布办法》、民政部《公益慈善捐助信息披露指引》等相关要求，在首页“信息公开”专栏里披露基金会理事会领导成员名单、基金会章程、基金会组织结构、关于鼓励社会捐赠的管理办法、财务信息公开等内容。

四、注册了微信公众平台订阅号，利用新媒体平台，每日基金会活动信息，与广大微信客户时时网络交流，增加了基金会宣传力度。

中国文联出版社

综 述

中国文联出版社（简称“文联社”）是中国文联唯一直属出版机构，是财政部代表国务院履行出资人职责的中央文化企业。2014年，文联社在中国文联党组和中央文资办的大力支持下，逐步克服转企改制过渡期的重重困难，坚持把发展社会效益放在首位，努力实现社会效益经济效益并举共彰。2014年，文联社明确了“中国文联使命和品牌在出版领域的延伸”的发展定位，明确了建设“中国文艺出版传媒国家队”的发展目标，明确了“同心多元，以艺（e）为主，一体两翼，优质双效”的发展路径。2014年，文联社负重奋进，深化改革；突出特色，调整结构；优化机制，提升能力；重点突破，彰显品牌。一举实现了营业收入翻番、当年实现盈利、职工收入稳中有升、历史遗留问题逐步消解的良性发展新格局。常规出版的稳步推进与数字化资源平台的跨越式迭代为进一步全面深化改革发展奠定了基础。

会议与活动

【党的群众路线教育实践活动总结会】

1月17日，会议重点通报了文联社党的群众路线教育实践活动情况和文联社2013年度工作总结，中国文联出版办、人事部、机关党委组织与会人员对出版社领导班子成员进行了考核测评，中国文联第五督导组组长、中国文联党组领导李前光同志出席并讲话。

【2014年度工作会议】

1月17日，社长兼总编辑朱庆部署2014年度工作任务，并就新颁布的一系列规章制度、文联社转制过渡期老职工提前离岗安置办法、全员签订无固定期劳动合同、文联社内设机构与编制调整计划、社内岗位双向选择办法、本社职工2013年度奖金发放办法以及物业费、取暖费报销办法等进行了说明。在社委会主持下，全体与会人员对文联社全体职工进行了年度考核测评。

【2014年度年中工作会议】

8月2日，中国文联出版社召开年中工作会议。会议的主要内容是欢迎19位新员工入职，通报上半年工作情况，部署下半年工作任务。同一天召开党员大会，选举出席中共中国文联党代会代表。中国文联党组成员、副主席李前光出席并讲话，中国文联出版办主任范小伟就出版管理工作进行了安排。

【民间文艺出版工作会议】

4月15日至17日，文联社与中国民协联合在安徽歙县召开民间文艺出版工作座谈会，中国民协分党组领导和来自全国各省区市民协的有关负责人出席会议。朱庆社长就进一步做好民间文艺出版工作与出席会议的代表进行了充分的交流。文联社民间文艺分社总监柴文良等出席会议。

【全体党员大会暨党总支换届】

文联社有中共党员66名，其中在职38名（含预备党员2名）。10月29日，中国文联出版社党员大会隆重举行，与会代表集体面向党旗庄严重温入党誓词。大会听取了党总支的工作报告，大会通过无记名投票差额选举出新一届党总支成员。中国文联机关党委常务副书记刘国强同志出席会议并讲话。

文联社新一届党总支组成：书记：朱庆；副书记：张静；纪检委员：王军；组织委员：程翔云；宣传委员：刘丰。第一党支部：周劲松、王柏松、周小丽；第二党支部：刘筠、周欣、周利；第三党支部：宋晓燕、胡荣荣、魏薇；第四党支部：王学印、王学府、刘杏梅。

【系列图书出版发布活动】

举办《傅庚辰作品集》出版座谈会、《2013中国艺术发展报告》网谈会，并与中国诗歌万里行组委会联合发布《新诗百年大系》编纂启动仪式、与中央人民广播电台联合组织《记忆乡愁》征文活动、与海南省文联组织《远古大帝》作品研讨会、与颐和园管理处联合举办“纪念颐和园对公众开放100周年研讨会”等活动。

【参加各类学术活动推广文联社品牌】

社长兼总编辑朱庆先后应邀出席“全国艺术学学科建设高峰论坛（成都）”“2014中文数字出版与数字图书馆国际研讨会（济南）”“第十九届中国现代化学术研讨会（台北）”“第十届全国艺术学年会（沈阳）”“国际视野下的中国数字出版学术研讨会（北京）”并发表主题演讲，推广文联社“中国艺术学文库”建设和“中国艺术出版资源素材库”建设。2014年，朱庆受聘担任国家社科基金艺术学项目评审委员会成员、北京市出版专业高级职称评审委员会副主任委员、中国数字出版联盟副理事长、中国编辑学会理事。

工作业务

【颁布实施系列管理规范】

先后出台《中国文联出版社考勤休假管理条例》和《中国文联出版社薪酬与绩效管理暂行条例》，通过纪律约束与激励机制打破了“大锅饭”格局，“多劳多得”的企业原则和量化考核指标的清晰表述激发了广大职工的积极性，一举实现了当年盈利的佳绩。

【出台相关政策安置提前离岗人员】

在中国文联党组的支持下出台了《中国文联出版社关于转制时距国家法定退休年龄五年以内职工提前离岗基本待遇管理办法》《中国文联出版社关于转制过渡期工龄满30年职工提前离岗基本待遇管理办法》，批准符合条件自愿申请提前离岗并签定《提前离岗申请书》的19名老职工提前离岗。

【出台相关政策改善职工福利】

为改善职工福利，让广大职工共享改革发展成果，自2014年1月起，参照中国文联机关事业单位职工物业费报销办法，出台《中国文联出版社职工住宅供暖费、物业费报销暂行办法》，给全社职工（含在职职工、提前离岗职工、内退职工和离退休职工）报销住宅物业费。

【三项目入选“十二五”国家重点图书出版规划】

《中国音乐名家作品集》《中国木板年画精品集》《中国传统村落文化影像志》获准增补列入“十二五”国家重点图书出版规划。

【三项目入选“中国文联文艺出版报刊精品工程”】

《中国非物质文化遗产传统戏曲传承人传记丛书》《名誉权维权案例选编》《中国艺术学文库》入选本年度“中国文联文艺出版报刊精品工程”。

【三项目入选“中国文联晚霞文库”】

《在民间文化摇篮中》《心路历程》《桂海心说》入选本年度“中国文联晚霞文库”。

【音像出版进入新常态】

《瓦卡伊意大利语歌唱实用练声曲》《傅庚辰作品集》《华彩中国舞蹈考级1-6》《东路花鼓戏优秀剧目选集》等音像制品出版发行。

【一项目版权输出韩国】

在2014北京国际图书博览会上，文联版《青海省民间故事集》签约输出韩国年轮出版社。

【中国新文艺大系数据库建设初步完成】

截止2014年已经完成了全部已出版的中国新

文艺大系的内容数字化、碎片化和结构化，内容遵循中国新文艺大系原有的分类体系，并且可以通过镜像安装和在线访问两种方式，同时可实现对10000余篇文学艺术作品的全文检索，二次检索，分类浏览。

【OA/ERP系统上线运行】

行政管理OA系统和出版管理ERP系统全面上线运行（PC端、手机端同时上线），财务管理软件则由金蝶系统更换为与OA/ERP系统无缝链接的用友系统，打通了出版业务各环节工作流、数据流、资金流，从日常发稿到报销结算，从重大事项的审批到日常考勤等各项事务实现了行政审批工作和出版业务工作流程的全面数字化，并实现了数字档案永久留存备查。

【文联社再获文产专项资金支持】

继2013年“中国文艺出版在线暨中国文联出版社数字化改造工程”获得中央文化产业专项资金3000万元资助，“中国艺术出版资源素材库项目二期建设工程”再获中央文化产业专项资金2000万元的资助。

【生产经营指标逐步好转】

根据《中国文联出版社2014年度审计报告》截止12月31日，文联社资产负债率比2012年和2013年有较大幅度下降；2014年营业收入增长至2013年的工信多，文联社自2010年转企改制以来首次实现本年度实际盈利。

【队伍建设活力彰显】

下大力气加强专业人才队伍建设，一是通过双向选择将一批想干事能干事的骨干安排到重要岗位；二是通过人才引进加强亟需岗位及时形成生产能力；三是通过公开招聘选拔优秀应届毕业生自主培养后备力量。

社长朱庆代表出版社与在岗位的全体事业编制转企职工签定《劳动合同书（无固定期限）》，与全体聘用职工签定《劳动合同书（固定期限）》。2014年起，实行全员岗位双向选择，并量化指标进行绩效考核。队伍结构从橄榄型向哑铃型转变，行政管理人员与业务人员的比例达到33%:67%的良性形态。

【机构与人员变化情况】

截至2014年底，文联社在册职工172人，其中在岗职工74人，离退休、提前离岗职工98人。

2014年2月中国文联党组聘任张静为中国文联出版社副社长，张静此前任光明日报出版社副总经理。文联社社委会由朱庆（社长兼总编辑）孙洁（副社长）、张静（副社长）组成。

为充分发挥中国文联出版资源优势，突出文联社产品特色和品牌特点，社委会进一步调整了内设机构。表演艺术分社（总监姚莲瑞、副总监陈若伟）、美术分社（总监王堃、副总监周劲松）、民间文艺分社（总监柴文良）、文学分社（总监苏晶、副总监胡笋）、学术分社（总监邓友女）、新文艺大系项目部（主任顾苹）、第一事业部（主任王军）、第二事业部（主任刘旭）、终审室（副主任朱彦玲）、发行部（副主任张子楠）、数字出版部/信息中心（主任李思尧）、总编室（负责人郭琳）、印务部（负责人周欣）、财务部（主任刘筠）、办公室/人力资源部（主任程翔云）。

中国艺术报社

综　述

2014年度，中国艺术报社认真贯彻落实党的十八大和十八届四中全会精神、文艺工作座谈会精神，在中国文联党组的正确领导下，牢固树立马克思主义新闻观，始终坚持正确舆论导向，紧紧围绕党和国家工作大局，密切关注文艺界热点焦点话题，努力跟踪发现文艺新经验、新典型、新人物，有力地宣传报道了中国文联和各文艺家协会、各地文联、产（行）业文联的各项工作与成绩，为文化强国建设营造了昂扬向上的良好氛围。2014年，《中国艺术报》立足文艺评论工作取得的丰厚经验，进一步强化现代办报理念，锐意创新，不断提升报道质量和报纸品质，受到中央领导的肯定和表扬，在文艺界、文联系统和广大文艺家、文艺工作者及广大读者中的美誉度进一步提升。一年来，中国艺术报社上下同心、不懈努力，各项工作开创了崭新的局面。

贯彻落实中央精神和文艺工作座谈会精神

【贯彻落实宣传十八大和十八届三中、四中全会精神、文艺工作座谈会精神】

2014年，中国艺术报社把学习好、宣传好、贯彻好党的十八大和十八届三中、四中全会精神、文艺工作座谈会精神当作一项重要政治任务。

中国艺术报社精心组织安排，通过分头自学、集中学习、专题讨论等形式，认真学习习近平等中央领导同志的重要讲话和会议文件，深刻把握中央领导同志重要讲话的重大意义和重要论断，努力增强了做好文艺传媒工作和服务文联工作的责任感使命感。

同时，中国艺术报社紧密结合工作实际，努力发挥媒体优势，通过刊发消息、名家访谈、理论阐释等形式对会议精神广泛宣传、及时报道，以喜闻乐见、图文并茂的形式在文艺界传递中央的声音，权威解读中央的文艺政策，让广大文艺工作者清晰认识肩负的责任和使命，有力地推动文艺界形成学习贯彻中央领导同志重要讲话精神和会议精神的热潮。

中国艺术报社还要求全体员工在工作中学习，在工作中提升素质，要求大家充分发挥积极性、创造性，以改革创新的精神和踏实敬业的作风完成好各项任务，千方百计为艺术家服好务、为广大读者服好务，为繁荣和发展文艺事业做出积极的贡献。

【全力宣传文艺工作座谈会精神，引导在文艺界形成学习宣传贯彻习近平总书记重要讲话精神的热潮】

1.出增刊、辟专栏，全力展开文艺工作座谈会的报道宣传工作。

10月15日，习近平总书记在京主持召开文艺工作座谈会并发表重要讲话。10月16日，为了及时报道文艺工作座谈会的盛况，向文艺界传达中央的声音，《中国艺术报》特增刊一期。增刊刊登了文艺工作座谈会召开的时政新闻《坚持以人民为中心的创作导向　创作更多无愧于时代的优秀作品》、座谈会侧记《共商文艺繁荣发展大计》、新华社社论《服务人民　书写时代》、反映座谈会热烈反响的新闻通讯《人民是文艺创作的源头活水》。增刊全面、及时地传达了座谈会的会议内容和习近平总书记在座谈会上的重要讲话精神，第一时间反映了参会文艺工作者在座谈会后的振奋心情，保证了文艺工作座谈会宣传的时效性。

10月17日，《中国艺术报》又推出了四个要闻版面对中国文联和文艺界学习贯彻习近平总书记重要讲话精神的相关内容进行大规模报道宣传。1版刊登了新闻消息《中国文联在京召开文艺家学习习近平总书记在文艺工作座谈会上重要讲话精神座谈会》《中国文联党组召开扩大会学习贯彻习近平总书记在文艺工作座谈会上的重要讲话精神》和人民日报社论《创作更多无愧于时代的优秀作品》，对中国文联传达学习习近平总书记重要讲话精神做了及时报道，就中国文联党组对于文联系统深入学习贯彻习近平总书记重要讲话精神的具体要求做了及时传达。2版全文刊发了七位艺术家在文艺工作座谈会上所做发言内容，保证了对座谈会发言的生动呈现。3、4版刊登了12位艺术家在中国文联组织召开的学习习近平总书记在文艺工作座谈会上重要讲话精神座谈会的发言，全面报道了文艺家的学习体会，呈现了学习座谈会的热烈场景。

10月17日，中国文艺网及时推出了“学习贯彻习近平总书记在文艺工作座谈会上重要讲话”大型专题，图文并茂地反映了文艺工作座谈会的盛况，展现了中国文联和文艺界学习贯彻习近平总书记重要讲话精神等的丰富内容，为学习贯彻活动在网上营造了良好氛围。

《中国艺术报》紧密关注中国文联系统和文艺界学习贯彻习近平总书记重要讲话精神的情况，把学习宣传贯彻当作一项长期的任务来抓。持续关注各文艺家协会以不同形式组织文艺家学习习近平总书记重要讲话精神的相关活动，各地方文联和各产（行）业文联对习近平总书记重要讲话精神的学习情况，形成了积极热烈的学习氛围。

《中国艺术报》自10月20日起在文艺评论版开辟了“学习习近平在文艺工作座谈会上讲话”笔谈专栏，向各门类艺术家积极约稿，邀请文艺工作者畅谈学习心得，交流学习体会，探讨如何推动文艺繁荣发展。刊登了冯远、刘兰芳、李准、傅庚辰、仲呈祥、朱铁志、孙立生、王丹彦等百余位艺术家的笔谈文章，以期让讲话精神在今后广大文艺工作者的文艺实践中得到更好的贯彻落实。

2. 与中国文联理论研究室、中国文艺评论家协会、光明日报社文艺部共同举办学习习近平总书记文艺工作座谈会重要讲话精神座谈会。

为深入学习贯彻习近平总书记在文艺工作座谈会上的重要讲话精神，10月17日下午，中国文联理论研究室、中国文艺评论家协会、光明日报社文艺部、中国艺术报社在京联合举办学习习近平总书记文艺工作座谈会重要讲话精神座谈会。中国文联党组成员、副主席、中国文艺评论家协会副主席夏潮，中国文联党组成员、书记处书记、中国文艺评论家协会副主席郭运德，中国文艺评论家协会名誉主席李准、主席仲呈祥，中国音协名誉主席、中国文联荣誉委员傅庚辰，中国文艺评论家协会副主席王丹彦、向云驹、张德祥、路侃，光明日报社副总编李春林，《人民日报》文艺部主任、中国文艺评论家协会理事刘玉琴，中国社会科学院文学研究所所长、《文学评论》主编、中国文艺评论家协会理事陆建德，北京师范大学文艺学研究中心主任、教授、博士生导师、中国文艺评论家协会理事李春青，《光明日报》文艺部主任、中国文艺评论家协会理事彭程，中国视协理论研究部主任、中国文艺评论家协会理事赵彤参加会议。中国文联理论研究室、文艺评论中心有关同志，中央、首都各大新闻媒体参加座谈会。会议由中国文联理论研究室主任、中国文艺评论家协会副主席兼秘书长、中国文联文艺评论中心主任庞井君主持。

此次会议的主要目是号召广大文艺评论家认

真学习讲话精神，切实把思想行动统一到讲话精神上来，充分认识文艺评论家所担负的历史使命和责任，大力推动文艺事业的大发展大繁荣。

重要宣传报道

【弘扬和宣传社会主义核心价值观】

2014年，《中国艺术报》始终紧紧围绕“培育和践行社会主义核心价值观”这个总要求展开新闻报道和报纸出版工作。宣传报道在主题策划、采写编辑等方面不断创新，传递了积极向上向善的行动和声音，使社会主义核心价值观的报道传播真正达到了深入持久的效果。

《中国艺术报》及时刊载中央关于培育和践行社会主义核心价值观的部署安排、中央领导同志关于培育和践行社会主义核心价值观的讲话等相关稿件。同时《中国艺术报》从“社会主义核心价值观”和文艺界核心价值观的紧密联系，结合文艺界自身特点，对“社会主义核心价值观”的理论内涵进行阐述，刊登了冯骥才、徐沛东、于平等名家的《涵养社会主义核心价值观》《彰显主流艺术话语 引导文艺创作生产》等理论文章数十篇，让广大文艺工作者加深了对社会主义核心价值观深厚理论基础的理解。

围绕“社会主义核心价值观”的主题艺术创作、践行“社会主义核心价值观”重大主题文艺活动，《中国艺术报》刊发了《积极开展社会主义核心价值观主题文艺活动》《曲艺走基层弘扬“我们的价值观”》等大量新闻报道，为宣传和践行社会主义核心价值观营造了良好舆论氛围。根据中国文联要求开展“弘扬社会主义核心价值观、抵制黄赌毒黑、努力追求德艺双馨”主题宣传活动的通知精神，《中国艺术报》重点报道中国文联组织文艺工作者带头践行社会主义核心价值观座谈会等活动，及时刊发了《戏比天大，德如地厚 众多艺术家联名签署〈倡议书〉 中国文联在京举行文艺工作者践行社会主义核心价值观座谈会》等大量重点稿件，并用大篇幅版面刊登了艺术家代表的发言摘要。这些报道，在文艺界和社会各界引发了良好的反响，大家普遍反映中国文联的培育和践行社会主义核心价值观文艺活动生动、丰富，对人的影响是润物无声，使社会主义核心价值观真正入脑入心。

在宣传弘扬社会主义核心价值观过程中，《中国艺术报》充分发挥本报的言论评论优势，重点打造品牌言论栏目，敢于发声、敢于批评，在众多媒体中凸显了自身的特色。2014年国际禁毒日前后，文艺界被曝光了一系列涉毒事件和艺人，在社会上产生强烈反响，引发众多文艺粉丝和各界人士的震惊。面对一些知名艺人涉黄、涉赌、涉毒的丑行，《中国艺术报》品牌言论专栏“艺象杂言”在2014年5月以来就连续刊发了《演艺界“毒”情需严治》《艺人涉毒只能自污》《去毒排污，演艺界需整体发力》《用零容忍态度拒绝“最坏示范”》《“宽容”莫成江湖义气的“星星相护”》《粉丝不可如此宽容，明星岂能这般放纵》等，从警示、治理、氛围、态度各方面发问发声，对不断复发、屡禁不止的部分艺人涉“黄、赌、毒”现象，思考与提出了标本兼治的建议和对策，把针对不法不良现象的讨论引向社会管理机制的改革和强化上来，具有相当的启示性。此外，报社开辟“培育和践行社会主义核心价值观 文艺大家谈”专栏，精心组约稿件，并充分利用座谈会艺术家代表的精彩发言。先后刊载了凯丽的《演员如鱼，观众如水》、林永健《做不好人，怎能演好戏？》、黄宏的《不空喊口号，拿作品说话》、刘敏的《德的修行是一辈子的事》、徐沛东的《担当起文艺家的时代责任》、王兴东的《到人民群众中去，以人民为中心创作好电影》、言恭达的《守护文化灵魂，回归艺术心理》等一系列艺术名家谈践行社会主义核心价值观的精彩文章。这些文章在社会各界引起强烈的反响。

此外，报社借助中国文艺网，中国艺术报、中国文艺网微博、微信公众号等新媒体围绕加大社会主义核心价值体系宣传力度，集中力量，全程报道，持续奋战，做了一系列工作。培育和践行社会主义核心价值观系列专题上传各类文章近1900篇，图片800余幅，视频80余条。

【围绕新中国成立六十五周年、中国文联成立六十五周年做好宣传报道工作】

2014年是新中国成立65周年和中国文联成立65周年，《中国艺术报》通过形式丰富的新闻报道形式，为新中国成立65周年、中国文联成立65周年营造良好的舆论氛围，鼓舞和激励了广大文艺家和文艺工作者为推动社会主义文艺事业的大发展大繁荣再创佳绩的信心。

《中国艺术报》立体报道了“追寻中国梦”——庆祝中国文联成立65周年全国文联干部职工书法、美术、摄影展。新闻版面及时报道了展览开幕式盛况；通过专题版面选发展览作品，以赏析形式展现文联干部职工的艺术才华，进一步激发文联干部职工积极开创文艺工作和文联工作的热情。

与中国文联理论研究室共同实施“文联记忆”——纪念中国文联成立65周年征文活动。征文活动得到了广大文艺家和全国文联系统干部职工的热烈响应。在三个月时间里，共收到来稿数百篇，通过遴选在《中国艺术报》刊发优秀稿件32篇。这些稿件的作者既有贾作光、罗扬、赵书、陈勃等著名的文艺大家，又有曹保明、孙立生等中青年文艺家，还有韩雪、江永长、谢子元等各地文联工作者。大家在征文中深情回顾了中国文联的光辉历史，为新时期以来中国文联的工作业绩而自豪，对文艺事业和文联工作的美好未来充满了希望。

7月初，中国文艺网推出“辉煌文联”——纪念中国文联成立65周年专题，重点刊发“文联记忆”——纪念中国文联成立65周年征文，“追寻中国梦”——庆祝中国文联成立65周年全国文联干部职工书法、美术、摄影展的新闻报道，作品赏析。

【十二届全国人大二次会议和全国政协十二届二次会议的宣传报道工作】

十二届全国人大二次会议和全国政协十二届二次会议是深入贯彻落实党的十八届三中全会精神、全面深化改革开局之年的重要会议。报社领导班子高度重视两会报道工作，在会前就精心组织策划，要求报社全体采编人员提高认识、团结协作，高质量完成两会报道任务。

从3月3日至16日，《中国艺术报》共计刊发关于全国两会的文字稿件90余篇、版面80余块，全面报道两会焦点热点问题、深度解读文艺政策、重点推介专题文章，以精美的版式、丰富的内容、独特的见解受到了文艺界代表委员、文艺家以及广大文艺工作者的广泛好评。

全国两会的宣传报道主要体现了以下特点：密切关注文艺界代表委员重点话题；围绕文艺界热点精心组织策划选题；创新报道形式，不断改进文风；突出新媒体优势、构建立体化格局。

【“深入生活、扎根人民”主题实践活动和文艺志愿服务活动的宣传报道工作】

为贯彻落实习近平总书记在文艺工作座谈会上的重要讲话精神，按照中宣部、文化部、国家新闻出版广电总局、中国文联、中国作协《关于在文艺界广泛开展“深入生活、扎根人民”主题实践活动的意见》部署，中国文联、中国文艺志愿者协会在12月5日第29个国际志愿者日到来之际，集中开展了“到人民中去——中国文艺志愿者深入基层服务采风活动”，6支文艺志愿服务队伍分别深入武警四川省总队女子特警队、云南省沧源县和耿马县、南水北调中线工程沿线、重庆两江新区、新疆生产建设兵团驻地塔城、湖南古丈县开展文艺志愿服务采风活动。《中国艺术报》十分重视此次活动的宣传报道，重点报道了“到人民中去——中国文艺志愿者深入基层服务采风活动”启动仪式，并在人手紧缺的情况下抽派记者跟随小分队深入一线采访。12月8日，头版以图文并茂的形式刊发了反映六路小分队分赴各地开展“深入生活、扎根人民”主题实践活动如火如荼的风貌；12月11日，继续在头版“视窗”栏目以摄影集锦的方式刊发了各路小分队发回的现场照片。这些报道充分展现了文艺志愿者结合当地群众需求，以文艺演出、辅导交流、展览展示等形式开展文艺志愿服务活动的全貌。

同时，《中国艺术报》用长篇通讯、新闻特写、专题报道等形式报道了2014年文艺支教项目、文艺培训服务项目和“送欢乐下基层”文艺志愿服务活动。重点报道了中国文联文艺志愿服务团“我们的中国梦——送欢乐下基层”文艺志愿服务走进南水北调中线、“我们的中国梦——送欢乐下基层”文艺志愿服务走进四川凉山、“高山仰止”——纪念邓小平同志诞辰110周年赴广安慰问演出、“中国梦·强军梦”走进江西南昌“常规导弹第一旅”慰问演出、庆祝新疆生产建设兵团成立60周年走进新疆生产建设兵团第六师五家渠市慰问演出、“不朽的记忆——纪念红军长征出发80周年”主题慰问演出、“走进大兴安岭”慰问采风文艺演出等活动。这些角度独特、语言生动的报道全景呈现了中国文艺志愿者的志愿行动，扩大了中国文联文艺志愿服务工作的社会影响，为有力推动文艺志愿服务制度化营造了良好舆论环境。

中国文艺网同时开设了“深入生活、扎根人民”大型专题，全景展现文艺志愿服务的火热景象，以图文并茂的形式、丰富多彩的内容赢得了广大文艺工作者和广大网民的好评。

【围绕云南鲁甸地震展开及时、有效的新闻报道】

8月3日16时30分许，云南省昭通市鲁甸县境内发生6.5级地震，造成重大人员伤亡。云南鲁甸地震发生后，《中国艺术报》记者第一时间联系了云南省作协副主席、原昭通市文联名誉主席、昭通市作协主席夏天敏，了解当地文联受损及抗震救灾情况，向灾区的文艺工作者表示深切慰问。

《中国艺术报》连续数期辟出版面集中刊发云南鲁甸地震相关报道，刊发了《中国文联向云南省昭通鲁甸地震灾区捐款126万元》《云南文联部署全省文艺界地震赈灾救灾工作》等新闻报道，还与深入到地震灾区一线的摄影工作者联系，刊发了他们从一线传回的摄影作品，《翻山越岭的爱》《鲁甸第一线》等众多摄影报道让社会各界了解到了灾区人民抗震救灾的情况。

报社编辑记者努力联系地震灾区的文艺工作者，刊发了他们写作的《有爱，就有希望（组诗）》《〈家园〉——为云南昭通鲁甸县地震而作》《中秋寄语龙头山——调寄〈高阳台〉》《龙头山行纪》《龙头山，含笑的悲伤——云南鲁甸地震重灾区目击》等诗歌、报告文学等作品，使各界了解了灾区人民不畏天灾、奋力抗震救灾的壮举，展现了万众一心、众志成城的伟大抗震救灾精神。

重要工作

【开展党的群众路线教育实践活动整改与回头看活动】

2013年报社按照中国文联党的群众路线教育实践活动领导小组的部署和安排，认真在报社开展党的群众路线教育实践活动。在2014年，为进一步巩固和扩大党的群众路线教育实践活动成果，报社认真落实党的群众路线教育实践活动整改“回头看”工作，报社对照检查活动整改落实情况，认真总结经验，进一步完善实践活动的长效机制，着力解决突出问题。

6月11日，在我国第九个文化遗产日来临之际，报社组织全体员工到周口店遗址博物馆新馆参观学习。大家表示，要学习考古学家刻苦钻研、不断探索、勇攀科学高峰的精神，在今后的工作中，紧紧围绕党和国家工作大局，始终坚持正确舆论导向，密切关注文艺界热点话题，努力跟踪发现文艺新经验、新典型、新人物，多学多看，勇于创新，在版面语言上敢于突破，在采写内容上扩大视野，将触角伸向各个艺术门类，不断地为读者提供新的有深度的文章。

9月开始，报社组织职工展开了羽毛球比赛。此次羽毛球比赛分为男子组与女子组，分别进行了多场激烈对抗。大家在比赛中切磋球艺，增强了拼搏意识和团队意识。报社同时组织队伍积极参与中国文联乒乓球比赛。

此外，报社经过多方考察，按照报社群众教育路线整改方案在2014年上半年选定一家餐厅负责报社员工午餐供应，改进职工就餐问题，受到广大职工欢迎。

【推进中国文艺网建设，完成中国文艺网的划并管理工作】

2014年，《中国艺术报》继续大力推进中国文艺网在技术创新、内容管理、队伍培训等个各方面的建设，各项工作稳步推进。2014年，《中国艺术报》顺利完成中国文艺网《互联网新闻信息服务许可证》的申办工作，《互联网新闻信息服务许可证》的颁发对于中国文艺网新型媒体平台建设具有重要的阶段意义，标志着中国文艺网成为拥有为数不多的一类新闻资质的网站。

中国文艺网自上线以来，按照《互联网新闻信息服务管理规定》以及国家有关规定，一直致力于发展健康向上的网络文艺、唱响网上主旋律，获得中央领导和中国文联党组以及广大文艺家的肯定。在申办《互联网新闻信息服务许可证》的过程中，中国文艺网严格贯彻国务院新闻办公室、国家互联网信息办公室关于“四项措施”的要求，设立网站总编辑，完善编辑发稿工作制度以及24小时值班制度，同时进一步规范网站编辑业务培训和绩效考核，建立起一支具有专业素养、合作意识和奉献精神的团队，确保主流阵地不出问题。

1月8日，国家互联网信息办公室十二局来到中国文艺网实地调研，并就新闻信息互联网新闻资质相关事宜进行座谈。通过参观中国文艺网编辑部门以及机房，对中国文艺网的硬件环境、部门设置、运营模式进行了较为全面的了解。座谈会上，《中国艺术报》社长、中国文联文艺资源中心主任向云驹介绍了中国文艺网的发展历程和基本架构。《中国艺术报》副总编辑、中国文艺网总编辑康伟介绍了中国文艺网落实国家互联网信息办公室“四项措施”的情况。国家互联网信息办公室十二局行政许可处处长王子强表示，中国文艺网是一个充满正能量的网站，国信办各级领导对中国文艺网的工作非常支持，将尽快落实中国文艺网新闻信息服务资质。

2月19日，国务院新闻办公室向中国文艺网颁发《互联网新闻信息服务许可证》，许可证编号1012014002。根据《互联网新闻信息服务管理规定》及国家有关规定，中国文艺网获准按照该许可证所载明的内容从事互联网新闻信息服务业务，业务种类为互联网新闻信息采编发布、转载服务。

10月，按照中国文联党组要求和《中国文联关于进一步加强信息化建设工作的意见》精神，为了做大做强中国文艺网，中国文艺网由中国文联出版社、中国文联文艺资源中心、中国艺术报社承办，中国文联文艺资源中心运营管理。11月，中国文艺网完成了划并管理工作。中国文联出版社、中国文联文艺资源中心、中国艺术报社出资筹备成立文艺网传媒（北京）有限责任公司。

【加强马克思主义新闻观教育】

报社注重结合工作实际，精心组织马克思主义新闻观教育，不断巩固“三项学习教育”成果。1月20日和1月28日，先后举办中国文联发展史讲座并到位于中国文艺家之家的中国文联发展史展厅参观学习，这是2014年业务培训的第一讲。社长向云驹出席讲座并作动员讲话，他希望大家认真对待培训，努力提高业务水平，深入了解中国文联的发展历史，从而更好地服务文联工作和文艺工作。中国文联发展史讲座由副总编辑康伟主讲。他希望大家加强对中国文联的了解。在课堂讲授部分，康伟重点介绍了中国文联的性质、机构设置、领导产生方式、发展脉络、品牌活动、文艺奖项等；按照中国文联历届文代会的历史脉络详细讲解了中国文联在不同历史时期所扮演的角色和作用以及中国文联团结广大文艺工作者所谱写文艺发展史。

2月10日，副总编辑康伟、余宁向报社编辑交流了新闻传播的新变化、现代新闻采访的要求，新闻写作的经验技巧。大家表示，记者是一个崇高的职业，从业者要有职业自豪感；采访既要“战前准备”，更要知识储备，对自己的跑口分工要有相当的了解与掌握；采访方式要因地制宜，要根据场合、时间、对象采取不同的方式；记者要善于交流和倾听，与采访对象建立平等的采访关系；正确面对采访被拒，要有诚意和锲而不舍的精神，尝试转换切入点继续采访。交流讲座采用互动问答的形式进行，气氛轻松，效果明显。

【创建中央直属机关精神文明单位】

每三年一次的中直机关文明单位评选表彰活动近日启动，中国艺术报社作为中国文联被推荐参评单位被中直机关精神文明建设委员会办公室抽为受检单位。10月30日下午，中直工委宣传部巡视员、副部长吴清彬和中宣部机关党委副书记张宗岭，中央办公厅机关党委组织宣传处调研员、副处长吴家中，中直工委宣传部干部李振组成的第二检查组来到中国艺术报社座谈和检查指导精神文明创建工作。中国文联机关党委常务副书记刘国强，组宣处处长陈明、宣传干部杨军良；中国艺术报社社长向云驹，副社长朱虹子，副总编辑余宁，新闻部主任彭宽，综艺部记者、团支部书记丁薇，副刊部记者乔燕冰参与了座谈。座谈会由刘国强主持。

向云驹就报社精神文明创建工作进行了汇报。余宁、彭宽、丁薇、乔燕冰分别从自身负责工作实际出发与检查组一行就报社精神文明建设工作进行了交流发言。

吴清彬在座谈会总结讲话时对报社近年的精神文明创建工作给予了高度的评价。吴清彬重点就报社的精神文明创建工作谈了三点自己的突出感受：一是报社领导班子高度重视党建工作及精神文明建设工作；二是将精神文明建设工作融会于办报思想与业务中，融会于队伍建设中，融会于报社整体管理中；把报纸办成了一份人们爱读、喜读、乐读的报纸，新闻宣传实现了党性和人民性的高度统一，很好地弘扬了社会主义核心价值观，赢得了从中央领导到广大文艺工作者再到普通读者的重视和一致好评；三是注重建设一支政治坚定、团结奋斗、扎实进取的队伍。这支队伍敢发声、能发声、会发声，发得赢声。当前意识形态领域斗争形势复杂，报社的同志们都是战地记者，战斗在没有硝烟的战场，取得了出色的战果。同时这支队伍有很注重学习的良好习惯：注重学习党的各项路线方针政策，注重学习新闻业务和文艺知识，注重整个团队的作风建设，有着很浓厚的甘于奉献的氛围。

【报社采编人员记者证更换与申报工作】

为保障新闻采访活动正常开展，维护新闻记者的合法采访权益，加强新闻记者和新闻采访证件管理，中国艺术报社根据《新闻记者证管理办法》有关规定及国家新闻出版广电总局统一要求，自2014年下半年起统一换发报社采编人员的新闻记者证。此次报社共有26名同志换发记者证、6名同志申办记者证。《中国艺术报》同时刊登换发人员情况，面向社会，接受广大读者监督，全力保证新闻宣传报道工作的有序开展。

【会同有关单位主办一系列展览展事】

1. 与中国文学艺术基金会承办第三届造型艺术新人展，全面呈现了当代青年美术家的创作面貌和实力。

10月12日，由中国文联、中国美协主办，中国文学艺术基金会、中国艺术报社承办，中国美术馆、中央数字电视书画频道协办的第三届造型艺术新人展在中国美术馆拉开帷幕。展览以中国美术馆一层9个厅的规模，展出了260件从全国评选出的青年美术家优秀作品，全面呈现了当代青年美术家的创作面貌和实力。

全国政协教科文卫体委会副主任、中国文学艺术基金会理事长胡振民，中国文联党组成员、副主席、中国文学艺术基金会常务副理事长左中一以及李牧、冯远、仲呈祥、吴长江、陈洪武、冯双白、董占顺、郑更生、吴为山、朱虹子等出席开幕式。第三届造型艺术新人展学术研讨会于当日下午召开。广军、王镛、顾森、丁宁、安远远、翁剑青、曹庆晖、赵权利等专家及中国文学艺术基金会领导姜昆、郭熙敏、刁惠香等出席并就如何办好造型艺术新人展这一平台，服务、引导青年美术家创作、推广展开研讨。报社副社长朱虹子主持了研讨会。

造型艺术新人展作为发掘和推出新人的艺术展示平台，在2008年和2012年曾成功举办了两届。第三届造型艺术新人展经过公正、严格的初评、复评，从报名参展的5000余件作品中，评选出35件获奖作品和224件入围参展作品，其中新人优秀作品5件、新人佳作10件、新人佳作提名作品20件。其中，马文甲的雕塑《精魄》、马杰的中国画《基石》、张军的油画《微信—下午茶》、陈国的漆画《默默进化》、梁业健的版画《逸境NO·2、3、4、5》获得优秀作品奖。

2.与中国美协艺委会、山东省美协等主办“昆仑情中国梦——马万国中国画作品展”。

8月28日至9月9日，由中国美协艺术委员会、中国艺术报社、山东省美协、中国作协诗刊社共同主办的“昆仑情中国梦——马万国中国画作品展”在中国美术馆举办，共展出了马万国表现昆仑山自然之美、精神之美的139件精品力作。中国文联党组成员、书记处书记郭运德，中国艺术报社社长、中国文联文艺资源中心主任向云驹，中国美协理事、中国文联美术艺术中心主任丁杰，文化部华夏文化遗产保护中心副主任姜丰义，中国作协诗刊社常务副主编商震等领导和嘉宾出席了开幕式。向云驹、丁杰、商震分别在开幕式上致辞。中国文联副主席、中国美协主席刘大为，中国美协副主席、中国国家画院院长杨晓阳在展览期间专程参观了展览。马万国中国画作品展研讨会同时举行，薛永年、孙克、尚辉、马鸿增、夏硕琦、李一、郑工、丁宁、刘龙庭、赵力忠、邓平祥、王平、漆光、刘金贵、徐鼎一、周尊圣、陆健等专家、学者、画家就马万国“昆仑”系列山水画作品的艺术特色、中国山水画在中西融合之中如何进行转型、当代山水画如何体现新精神和新追求等话题展开了深入探讨。

3.与山东省文化厅、山东省文物局联合主办“白线的张力——现代水墨艺术大展”。

4月20日至5月20日，由山东省文化厅、中国艺术报社、山东省文物局、山东省文物保护与收藏协会主办，山东博物馆、刘国松中国现代水墨艺术研究中心承办的“白线的张力——现代水墨艺术大展”在山东博物馆举办，山东省政府原副省长张建国，台湾现代水墨艺术家刘国松，山东省文化厅副厅长、省文物局局长谢治秀，山东省台湾事务办公室副主任庄卫平，中国艺术报社副社长朱虹子等出席开幕式并致辞。

这次展览集合了来自台湾、香港和大陆的30余位致力于现代水墨创新实验的艺术家，艺术家，与传统中国水墨画专注于墨色和黑线不同，而是反其道而行之，重在计白当黑、捕捉大墨玄黑里的白线灵光。参展艺术家刘国松、仇德树、洪根深、白海、陈阳熙、陈成球、陈君立、董萍实、尹毅、刘子建、王天德均是两岸三地在水墨创新领域推动水墨画现代化的资深艺术家，是现代水墨的重要力量，这次展览提出的“白线的张力”美学主张，即在中国水墨画史上历来重视阴线——即墨线传统的基础上，强调被忽视了的阳线——即白线，主张二元对立、阴阳平衡，追求白线的表现力，打造阳刚的画风。这一既尊重传统，又要发展现代水墨艺术的新探索，也被视为中国水墨文化现代化的重要成果。

获得荣誉和社会反响

【理论评论和多项重要报道引起广泛社会关注】

1.全国新闻战线《三项学习教育通讯》推介《中国艺术报》文艺评论有益经验。

2014年10月5日出版第10期全国新闻战线《三项学习教育通讯》重点推介《中国艺术报》文艺评论有益经验。《三项学习教育通讯》着重以《中国艺术报》特色栏目"艺象杂言"刊登言论《对劣迹艺人，要"釜底抽薪"，还要"清理门户"》为例介绍《中国艺术报》在加强文艺评论方面的有益经验。配发了《中国艺术报》社长向云驹的介绍文章《文艺评论需要匕首投枪》和《中国艺术报》记者郭青剑的文章《勇于发声 精于发声》。向云驹在文章中说，《中国艺术报》"艺象杂言"5月以来就连续刊发了《演艺界"毒"情需严治》《艺人涉毒只能自污》等十余篇言论，从警示、治理、氛围、态度各方面发问发声。《中国艺术报》"艺象杂言"努力探索文艺新闻和文艺评论相结合、文艺时评和文艺杂文相结合，对各类文艺现象展开了犀利的批评，逐渐形成"匕首投枪"式文艺言论风格，被誉为"文艺评论开新风"的有益探索。

2.《中国艺术报》刊发文章频频被《新华文摘》《读者》《作家文摘》等著名报刊转载。

随着《中国艺术报》品质的不断提升，刊发的文章频频被《新华文摘》《读者》《作家文摘》等著名报刊转载。2014年第七期《新华文摘》"文艺作品"栏目全文转载了2014年1月22日《中国艺术报》刊发的中国文联主席孙家正的诗歌《青春在微笑》。《青春在微笑》原刊于孙家正的新书《艺术的真谛》（2014年1月由人民文学出版社出版）。《艺术的真谛》是一本散文集+诗集，其中共收录孙家正的散文、随笔等各类文章41篇，诗歌50首。《艺术的真谛》所收散文随笔等多为孙家正近些年的作品，其中三分之二左右的作品曾先后发表于各种报刊，三分之一系首发，诗歌部分则多数属于首发。

3.《中国艺术报》新变化赢得广大文艺工作者和读者赞扬，大家表示中国艺术报是一份让人喜读、爱读、乐读的报纸。

6月，著名老作家丁宁致信报社，称赞《中国艺术报》副刊部编辑金涛、乔燕冰在编辑刊发其散文《佛面佛心韩美林》过程中的认真负责态度，肯定了报社编辑记者队伍的职业素质。中国文联党组成员、书记处书记郭运德对此事作出批示，肯定了报社的成绩，希望报社继续加强专业素质提升、坚持职业操守，更好地位艺术家服好务。

3月7日，云南省戏剧家协会名誉主席、国家一级编剧乔嘉瑞致信《中国艺术报》编辑部，关注《中国艺术报》近几年的新变化，认为现在的《中国艺术报》好看耐看。他在信中表示，《中国艺术报》近几年来有了很大的发展，自2011年改刊以来，进一步突出党中央对文艺工作的指导思想，更加注重版面的生动活泼，内容博大精深，令人读之难忘。作为《中国艺术报》的老读者和作者，乔嘉瑞认为《中国艺术报》近几年的具体变化有四点：一是更加注重理论性。二是更加注重现实针对性。三是更加注重宣传文艺的多样性。四是更加注重对基层工作的指导性。

【获奖情况】

2014年，中直机关团工委对72名中央直属机关共青团员、64名中央直属机关共青团干部和49个基层团组织进行了表彰。中国艺术报社团支部被授予"中央直属机关五四红旗团组织"称号。

在第九届中国文联文艺评论奖评选中，《中国艺术报》刊发多篇文章榜上有名。其中，2013年4月15日第3版刊发的刘厚生《建设社会主义文化强国，戏曲怎么办？》获文章类特等奖，2013年12月16日第3版刊发的姜昆《使二人转更好地“转”下去》获文章类一等奖，2013年5月6日第6版刊发的许柏林《两个“万一”的心尖震颤——读孙家正同志的〈春雪〉有感》、2013年12月16日第6版刊发的朱辉军《“中国梦”的艺术追求》获文章类二等奖。

此外，怡梦编辑的《中国艺术报》2013年8月19日2版获得2013年度全国报纸副刊优秀版面。多名记者编辑获得中国广播电影电视报刊协会2013年优秀新闻作品奖。

自身建设

【加强报社内部管理，提升效率和效益】

在2014年，报社领导班子率先垂范，一心一意办报；中层干部发挥骨干作用，各部门比学赶帮，各版采访报道亮点频出；采编队伍业务普遍提升，各项工作扎实有效，士气高昂，凝聚力、战斗力大大增强。全年发行量稳步提升，报社经济效益显著提高，全年开支虽由于发行费、增版费大幅提升，但总体收支平衡，自主创收能力有较大提高，全年创收比2013年增长20%左右，比2012年增长40%以上。

中国文联演艺中心

综　述

2014年，中国文联演艺中心和中联百花文化艺术有限公司紧紧围绕“进一步形成与广大文艺家的密切联系、广交朋友、靠前服务良好局面”这一中心工作并结合新中国成立65周年庆典，策划组织了一些文化活动。这些文化活动的成功举办，为探索中国文联与文艺家们开展沟通与交流的创新模式做出了有益的尝试，意义深远。

中联百花文化艺术有限公司还在2014年依法完成了股权转让，并在转让过程中实现了国有资产的大幅度增值。

重要活动

【百花迎春——中国文学艺术界2014春节大联欢】

由演艺中心策划组织的“百花迎春——中国文学艺术界2014春节大联欢”于1月12日在北京人民大会堂宴会厅举办。至此，作为中国文联每年春节献给广大观众的品牌电视文艺晚会已举办十二届。

本届大联欢以“深化改革开放”“美丽中国”和“中国梦”为三条创作主线，老中青三代艺术家以多种文艺形式充分展现了十八届三中全会和开展群众路线教育实践活动以来文艺界的崭新蓬勃气象，传递了欢快与喜悦，充满着正能量。千余名艺术家出席了本届大联欢，无论从参演嘉宾的阵容，还是从出席嘉宾的阵容来看，都体现了中国文联广泛的凝聚力和影响力，也展示出文艺界的齐心与团结。

本届大联欢首次改为由省级地方卫视播出。在2014年春节期间，北京、广东、河北和甘肃卫视分别播出了本届大联欢的录像，均获得很高的收视率（北京卫视为大年初四同时段全国收视第一，广东卫视为春节期间文艺节目最佳收视）。

本届大联欢是中国文联党组经请示中宣部同意举办的，演艺中心按照刘奇葆同志“节俭办、办出水平”的指示精神，在保证节目质量的前提下，为“节俭”做了大量艰苦细致的工作。一是压缩舞台搭建的规模；二是减少嘉宾座位；三是压缩节目制作规模；四是争取支持，如争取全国人大常委会机关领导大幅度降低人民大会堂场地费，如争取广州恒大歌舞团、广东梅州舞蹈团自费前来参演，如争取甘肃一家企业为甘肃演出团前来参演提供赞助等等。通过这些工作，本届大联欢的投入经费与往届相比将大大缩减。也为今后大联欢的举办开创了一个新的模式。

【发起成立中国表演艺术家书画协会】

多年来、一批表演艺术家在出色完成本职工作的同时，潜心于书画艺术的研究和创作，把他们的艺术实践活动从舞台扩展到了书画台，力求多样化地为中华文化传统的传承与发展做些贡献。由演艺中心牵头发起成立中国表演艺术家书画协会，正是为了搭建一个能为他们扩展艺术实践活动提供切实支持和帮助的新平台，同时也为中国文联服务于广大文艺家创造一种新的模式。

中国表演艺术家书画协会接受业务主管中国文联、社团登记管理机关民政部的业务指导和监督管理，目前正由民政部报国务院审批。

中国表演艺术家书画协会注册成立后，将广泛组织表演艺术家开展书画艺术研究、创作与交流，进一步激发表演艺术家的创作热情，增强表演艺术家的综合素质与修养，为满足广大人民群众的文化需求和为提升中华文化软实力做出应有的贡献。

【共圆中国梦——中国当代表演艺术家书画作品展】

为庆祝中华人民共和国成立六十五周年，由中国文联主办，演艺中心策划并与中国表演艺术家书画协会（筹），北京翰林苑国际文化传播有限公司共同承办的“共圆中国梦——中国当代表演艺术家书画作品展”，于9月29日至10月9日在中国美术馆举办。这是中国文联为纪念新中国成立六十五周年组织的一个创新活动，是表演艺术家们为实践社会主义核心价值观、为实现伟大的“中国梦”的具体行动。此次展览展出了老、中、青三代共126位表演艺术家的130余幅书画作品，其中有（按年龄长幼排序）秦怡、贾作光、郑榕、刘江、苏民、管宗祥、田华、庞学勤、李光羲、朱旭、胡松华、唐杰忠、杜近芳、袁霞、游本昌、王晓棠、陶玉玲、石维坚、胡宝善、杨在葆、王景愚、刘秀荣、谢芳、澹台仁慧、雷恪生、王铁成、赵青、于淑珍、许还山、马精武、邓在军、苏叔阳、李双江、陈铎、白淑湘、孙毓敏、吴雁泽、金铁霖、尚长荣、李前宽、杨洪基、肖桂云、赵忠祥、常贵田、贾大中、邓玉华、阎月明、李文启、瞿弦和、韩静霆、郭法曾、侯耀华、蒋大为、白淑贤、王刚、姜昆、张金玲、贺东久、唐国强、吴欢、张保和、濮存昕、卢奇、关牧村、韩芝萍、陈佩斯、徐沛东、李雪健、冯双白、朱时茂、李嘉存、印青、李琦、郭达、董浩、郁钧剑、王静、杜旭东、赵静、刘全和、刘全利、张铁林、赵本山、韩月乔、尹力、张建国、胡玫、赵保乐、倪萍、牟炫甫、魏金栋、谷伟、杨东升、黄宏、吕继宏、郑健、江平、李军、董文华、郭峰、崔永元、何赛飞、杜鹏、刘劲、朱军、李丹阳、孙小梅、么红、廖昌永、梁丽、宋飞、林永健、赵普、吕薇、文清、富大龙、丁柳元、刘和刚、周宇、王丽达、张英席、郑洁、曹芙嘉、纳兰、殷硕，他们大多都是在表演艺术领域颇有成就的名家。展出的作品中，书法行草篆隶兼备，画作水墨油画俱全，一些作品的文字内容还是作者具有代表性的原创，形式多样，精彩纷呈，充分展示出他们多样化的艺术追求。

中共中央政治局委员、中央书记处书记、中宣部部长刘奇葆，全国人大常委会副委员长严隽琪，全国政协副主席马飚，全国政协副主席、中共中央对外联络部部长王家瑞出席了9月29日在北京中国美术馆举办的此次展览的开幕式。原中央政治局委员、全国政协副主席王刚也在展期内参观了展览。中国文联党组书记、副主席赵实，党组副书记、副主席李屹，中国文联副主席覃志刚，中国文联党组成员、副主席左中一也出席了开幕式。中共中央政治局委员、北京市委书记郭金龙专程委派中共北京市委宣传部常务副部长王海平到开幕式表示祝贺。田华、王晓棠、胡松华、陶玉玲、李光羲、王铁成、赵忠祥、倪萍、朱时茂、张铁林、濮存昕、赵青、邓在军、陈铎、廖昌永等近百名表演艺术家以及书画界名家张海、王明明、张道兴、王成喜、崔如琢、吴悦石、范扬、吴为山等出席了开幕式。

4月17日至19日在中国文联大楼一层展览厅举办了此次展览预展，展示了64位表演艺术家的书画作品。赵实、李屹、覃志刚以及中国书法家协会主席张海，中国美术家协会分党组书记、驻会副主席吴长江，以及一批老中青艺术家出席预展开幕式。

10月12日至16日在哈尔滨美术馆举办了此次展览的首站巡展，中共黑龙江省委副书记、省长陆昊，省委常委宣传部部长张效廉，副省长孙东升等领导，以及徐沛东、郁钧剑、李双江、何赛飞、李丹阳、黄枫、郭峰等艺术家出席开幕式。

10月22日至28日在广东省博物馆举办了此次展览的第二站巡展。中共广东省委副书记、省长朱小丹参观了展览。中共广东省委常委、宣传部部长庹震，中国文联副主席覃志刚，以及徐沛东、郁钧剑、李双江、郭达、董文华、李丹阳、朱军、吕继宏、郭峰、刘和刚等艺术家出席开幕式。

11月2日至5日在桂林美术馆举办了此次展览的第三站巡展。中共桂林市委书记、桂林市人大常委会主任赵乐秦在开幕式举办前夜，专程从南宁赶回桂林与艺术家们开展交流。中国文联副主席覃志刚，中共桂林市委副书记、市长唐琮沅，以及王晓棠、陶玉玲、徐沛东、郁钧剑、李双江、宋祖英、朱军、郭达、卢奇、刘劲、吴正丹、魏葆华、吕薇、王丽达、刘和刚、张英席等艺术家出席开幕式。

此次举办"共圆中国梦——中国当代表演艺术家书画作品展"，也在社会上形成了巨大的"正能量"影响。仅在中国美术馆举办的为期11天的正式展览，就有近11万名观众参观。创造了中国美术馆单项展览观众人数的新高。全国各地媒体对此次展览进行了大量的采访报道，新华网专门为此次展览开设了专题。《人民日报》、《大公报》、《中国文化报》均大篇幅刊登了广告或专访。

举办此次展览是中国文联进一步形成与文艺家们的密切联系、广交朋友、靠前服务良好局面的具体体现，也开创了中国文联与文艺家们开展沟通与联络的新模式。另外，从预展时64人参加，到正式展览时126人参加，足以看出表演艺术家们对此次展览的认可和欢迎。

此次展览经费完全由演艺中心自筹。

【共圆中国梦——送欢乐、下基层慰问演出】

11月2日上午，演艺中心组织王晓棠、陶玉玲、徐沛东、郁钧剑、李双江、宋祖英、朱军、郭达、卢奇、刘劲、吴正丹、魏葆华、吕薇、王丽达、刘和刚、张英席等艺术家在桂林市龙船坪社区进行了"送欢乐下基层慰问演出"。桂林市委副书记、市长唐琮沅以及桂林市委、人大政协所有主要领导及几千名各界代表观看了演出。艺术家们冒雨表演了歌舞、杂技、小品等文艺节目，受到了热烈欢迎。

当天下午，新华网、人民网、凤凰卫视等迅速报道了该项活动。中央电视台《新闻联播》、广西卫视《新闻联播》也在当晚进行了跟踪报道。《桂林日报》、《桂林晚报》甚至用8个专版刊登了这一活动。

此次慰问演出经费完全由演艺中心自筹。

其他工作

【《美丽中国进行曲》获推荐】

由演艺中心组织创作，郁钧剑作词、孟卫东作曲的《美丽中国进行曲》在参加了"百花迎春——中国文学艺术界2014春节大联欢"后被推荐为中宣部"共圆中国梦"第一批20首新创作歌曲，并由节日合唱团演唱，在中央电视台多套节目中播出。

【中联百花文化艺术有限公司完成股权转让】

按照中国文联党组的要求和部署，经相关国有资产管理部门批准，中国文联在中联百花文化艺术有限公司的95%股权于2014年12月19日上午在北京产权交易所公开挂牌出让，北京京鲁兴业投资有限公司以1890万元人民币的竞价摘牌。此举创造了北京产权交易所产权交易史上实现国有资产大幅度增值的一项奇迹。通过此次挂牌出让，中国文联与中联百花文化艺术有限公司完全脱钩。

中国戏剧家协会

1. 12 月 2 日，纪念梅兰芳诞辰 120 周年座谈会在京举行。图为中国文联党组书记、副主席赵实，中国文联党组副书记、副主席李屹，中国剧协分党组书记、驻会副主席季国平等有关领导与梅葆玖先生合影。
2. 11 月 17 日至 23 日，国际戏剧协会第 34 届世界代表大会在亚美尼亚举行。图为中国剧协分党组书记、驻会副主席季国平当选为国际剧协副主席。
3. 10 月 18 日至 11 月 1 日，全国青年戏剧评论家研修班（简称“青评班”）在上海成功举办。图为尚长荣主席向季国平书记赠送“青音班”文集《曲学讲堂》。
4. 1 月 17 日至 20 日，中国剧协梅花奖艺术团赴香港参加西九文化区最受欢迎的年度节目“西九大戏棚”系列演出，受到热烈欢迎。
5. 7 月 8 日至 16 日，中国剧协梅花奖艺术团首次走进西藏进行慰问演出和采风交流活动。
6. 9 月 3 日至 7 日，中国剧协梅花奖艺术团赴新加坡参加第十届“艺满中秋”庆祝活动。图为中国文联副主席、中国剧协副主席、梅花大奖获得者裴艳玲演出《翠屏山》。

7	8	9
10	11	
12	13	

7. 11月3日至12日，第四届中国校园戏剧节在上海成功举办。图为中国文联党组副书记、副主席李屹在开幕式上致辞。
8. 图为在第四届中国校园戏剧节颁奖仪式上，中国剧协主席尚长荣与获奖者合影。
9. 5月9日至14日，第21届BeSeTo（中韩日）戏剧节在厦门成功举办。图为季国平书记与戏剧节三国委员及参演剧团代表合影。
10. 11月1日，第五届中国戏剧奖·理论评论奖在张家港市颁奖。图为中国剧协分党组成员、副秘书长崔伟与获奖者合影。
11. 9月24日，由中国文联、中国剧协主办的第21届曹禺戏剧文学奖在湖北省潜江市颁奖。图为专家与获奖者合影。
12. 4月13日至17日，中国剧协分党组副书记、秘书长刘卫红率浙江京剧团《王者俄狄》剧组赴土库曼斯坦，参加第二届"幸福时代戏剧艺术"国际实验戏剧节。
13. 9月28日，《中国梦·百姓梦·我的梦——庆祝建国65周年原创小戏小品汇报演出》在北京八一剧场举办。图为总政话剧团演出小品《太行山上》剧照。

中国电影家协会

1	2
3	
4	5
6	7

1. 7月29日，中国影协国际传播工作委员会成立。
2. 10月20日，电影界学习习近平总书记在文艺工作座谈会上的讲话。
3. 4月26日，中国影协文艺志愿服务团赴南昌慰问演出。
4. 3月6日，《大众电影》改版及全媒体产品品牌发布会。
5. 9月23日，第23届中国金鸡百花电影节国产新片推介展映开幕。
6. 5月7日，全国电影家协会秘书长工作会议暨全国少数民族题材影视创作研讨会云南省昆明市召开。
7. 5月23日，中国影协文艺志愿服务团“校园电影课”走进白家庄小学。

8. 9 月 27 日，中国影协与吉林省吉林市签署举办第 24 届中国金鸡百花电影节协议。
9. 9 月 27 日，第 32 届大众电影百花奖红毯。
10. 9 月 27 日，第 32 届大众电影百花奖红毯。
11. 9 月 27 日，第 32 届大众电影百花奖颁奖典礼。
12. 9 月 27 日，第 32 届大众电影百花奖颁奖典礼。
13. 11 月 6 日，第九届华语青年影像论坛闭幕式暨新锐影人推介表彰。
14. 11 月 5 日，第九届华语青年影像论坛主题峰会。

8 9 10 11 12 13 14

中国音乐家协会

1	2
3	
4	
5	

1. 7月12日至15日，“同圆中华梦”——第七届海峡两岸合唱节在福建省福清市举行。
2. 7月14日至19日，尼日利亚音乐家代表团一行2人访华，并赴福建福清市出席了“第七届海峡两岸合唱节”。图为中国文联副主席、中国音协分党组书记、驻会副主席徐沛东代表中国音协与尼日利亚合唱节签订合作备忘录。中国文联党组成员、书记处书记郭运德等出席活动。
3. 8月3日至8日，第九届中国音乐“金钟奖”管乐比赛（单簧管、长笛）在青岛举行。图为郭运德、徐沛东为获金奖者颁奖。
4. 7月21日至28日，中国音协代表团一行2人赴南非交流访问。图为中国音协分党组副书记、秘书长韩新安会见开普敦国家大剧院总经理马琳女士并获赠南非音乐CD。
5. 4月11日，中国音协在京主办第四届中国交响乐之春音乐会。

6 7 8
9 10 11
12

6. 4月28日，“上海之春”首度与中国音协合作的第31届上海之春国际音乐节开幕式——“金钟之星音乐会”在上海大剧院演出。
7. 9月28日，为庆祝新中国成立65周年，中国音协在京举办“美丽中国梦”大型交响音乐会。
8. 9月18日至22日，第九届中国音乐“金钟奖”合唱比赛在苏州举行。
9. 10月14日至21日，中国音乐“小金钟”奖长江钢琴第二届全国钢琴比赛在湖北宜昌市举行。
10. 10月25日至31日，中国音乐“小金钟”奖——沈肇州杯首届全国琵琶比赛在江苏海门举行。
11. 10月31日，中国音协第七届理事会第三次会议在北京召开。
12. 9月3日，中国音协主席赵季平创作的民族交响乐《和平颂》在国家大剧院奏响。

中国美术家协会

1 3
2 4
5
6

1. 12 月 15 日，第十二届全国美展在中国美术馆开幕。中宣部副部长黄坤明、中国文联党组书记、副主席赵实，党组书记、副主席李屹，中国文联副主席、中国美协主席刘大为，中国美协分党组书记、驻会副主席吴长江参观展览。
2. 刘大为在第十二届全国美展开幕式上讲话。
3. 1 月 4 日，中国文联、中国美协主办的“我们的中国梦”——中国文联、中国美协送欢乐下基层赴浙江舟山进行了为期三天的慰问。中国文联党组成员、副主席左中一及吴长江等向当地代表赠送画册。
4. 美术家在赴舟山慰问活动中为当地群众书写春联。
5. 10 月 20 日，在京美术家学习习近平总书记在文艺工作座谈会上重要讲话精神座谈会召开。
6. 2 月 21 日，中国美协巴中美术培训班第二期开学典礼在四川巴中举行。

7 | 8 | 9
10 | 11
12
13
14
15

7. 当地时间 8 月 1 日，“走进亚美尼亚——当代中国美术精品展”在亚美尼亚开幕，吴长江在开幕式上致辞。
8. 12 月，“阅人——2014 第三届上海国际版画展”研讨会在上海举行。
9. 5 月，中国美协组织写生团赴内蒙古阿尔山写生。
10. 10 月 31 日，第六届北京国际美术双年展主题创作研讨会在京召开。
11. 12 月，第三届全国（大芬）中青年油画展在广东深圳举行。
12. 4 月 25 日，“七彩云南——中国美术作品展”在京开幕。
13. 8 月，由香港、澳门、海外华人和内地美术家组成的采风团赴宁夏采风写生。
14. 12 月 15 日，第十二届全国美展“中国梦”当代中国美术建设学术论坛在京举办。
15. 6 月 10 日，美术教育委员会成立大会在京召开。

中国曲艺家协会

1. 9月10日，我们的价值观——曲艺走基层全国百场巡演走进河北省衡水市郑家河沿镇谈家庄村。
2. 4月11日，2014全国道德模范故事汇基层巡演启动仪式暨首场演出在清华大学举行。
3. 5月21日至22日，第三届“包公杯”全国反腐倡廉曲艺作品征集颁奖系列活动在包公故里——合肥市举办。
4. 8月6日，纪念骆玉笙诞辰100周年座谈会在中国文艺家之家举行。
5. 9月17日至26日，向人民报告——庆祝新中国成立65周年暨说唱中国梦优秀曲艺节目展演在北京举办。

1	
2	3
	4
5	

6
7 8
9
10

6. 10月18日至19日，第八届中国曲艺牡丹奖颁奖仪式暨惠民演出在南京莫愁湖公园举办。
7. 8月18日至20日，首届“高元钧杯”全国山东快书大赛在北京举办。
8. 7月7日，中国曲协与辽宁科技大学签订高等教育曲艺类专业教材编写工程合作协议。
9. 11月9日，中国文联、中国曲协牡丹奖艺术团“送欢乐下基层”惠民演出走进无锡。
10. 10月21日至25日，第八届中国曲艺节在连云港举办期间，姜昆等艺术家赴开山岛夫妻哨所慰问演出。

中国舞蹈家协会

1. 8月25日，“新农村少儿舞蹈美育工程——少数民族舞蹈课堂”成果展演在京举行。中国文联主席孙家正、中国文联党组书记、副主席赵实等出席演出现场。
2. 6月19日，“2014中国舞蹈十二天——青年舞蹈家展演计划”新闻发布会在京举行。
3. 8月20日至25日，“第五届中国舞蹈节2014海峡两岸暨港澳地区青少年舞蹈交流展演”在京举行。图为开幕式现场。
4. “第五届中国舞蹈节2014海峡两岸暨港澳地区青少年舞蹈交流展演”欢迎仪式。
5. “第五届中国舞蹈节2014海峡两岸暨港澳地区青少年舞蹈交流展演”舞蹈交流课。
6. “第五届中国舞蹈节2014海峡两岸暨港澳地区青少年舞蹈交流展演”主题论坛。
7. 新农村少儿舞蹈美育工程——少数民族舞蹈课堂”成果展演节目《吉祥的日子》
8. 7月24日，第九届中国舞蹈“荷花奖”校园舞蹈评奖在京举行。
9. 11月6日，“我的舞蹈语言观——与沈伟谈舞”活动在京举行。

10	11
12	13
14	
15	16

10. 3月5日至12日，中国舞协赴英国伦敦参加第八届MOVE IT舞蹈展会。
11. 10月22日，“舞动中国梦——庆祝新中国成立65周年舞蹈精品晚会”在京举行。
12. 第八届MOVE IT舞蹈展会。
13. “舞动中国梦——庆祝新中国成立65周年舞蹈精品晚会”节目《龙飞凤舞》。
14. 7月11日，第十届KOD国际街舞大赛在京落幕。
15. 12月，“中国梦——青年舞蹈培育计划暨成果展演”在京举行，图为赵梁演出作品《人之初》。
16. “中国梦——青年舞蹈培育计划暨成果展演”柳宁演出作品《听天说》。

中国民间文艺家协会

1. 6月10日，由中国民协、中国摄协、中国文学艺术基金会共同组织实施的“中国传统村落立档调查”项目在京启动。
2. 8月1日，第九届洞头“渔家乐”民俗风情旅游节开幕式暨温州望海楼建楼1580周年纪念活动在浙江省温州市望海楼隆重开幕。
3. 2月28日，由中国民协主办的中国口头文学遗产数字化工程（一期）成果演示会在中国文联举行。
4. 11月14日至17日，2014“传承·燎原”中国民间手工艺精品展暨第二期中国民间手工艺传承人高级研修班，在杭州中国美术学院象山校区举行。
5. 7月17日，中国民协组织专家对青海果洛地区阿尼玛卿转山会进行了考察。
6. 2月14日，由中国民协主办的“送欢乐、下基层——情系百姓”同安小坪慰问演出活动，在厦门市同安区莲花镇小坪村举行。

1	2
	3
4	5
6	

7	8
9	
10	
11	

7. 10 月 11 日，由中国文联、天津市人民政府、中国民协主办的第四届中华（天津）民间艺术精品博览会暨第十二届中国民间文艺山花奖·民间工艺美术作品奖评奖活动在天津举行。图为杨承志（右一）、冯骥才（右二）等在观看民间艺人表演。
8. 2 月 14 日，2014“今日中国”艺术周暨摩纳哥中国节举行。
9. 7 月 25 日，“青山绿水中国梦”全国农民画展在杭州市工艺美术博物馆开展。
10. 8 月 11 日，中国民协手工艺代表团一行 7 人前往以色列，参加 2014 年第 39 届以色列耶路撒冷国际艺术和手工艺艺术节。
11. 5 月 28 日，纪念“中国民间文学三套集成”启动 30 周年座谈会在京召开。

中国摄影家协会

1 | 2
3 | 4
5

1. 2月14日，“梦想·记忆——中国民生35年之变迁”摄影展在摩纳哥展出。中国文联党组书记、副主席赵实，摩纳哥政府总理米歇尔·罗杰，摩纳哥驻华大使凯瑟琳·福特里埃等参观了展览并给予高度评价。
2. 7月4日，举办了“中国梦”影像公益广告主题展，第十一届全国政协副主席、中国文联主席孙家正，中国文联党组书记、副主席赵实等领导观看影展。
3. 7月23日，“第四届全国农民摄影大展”在中国摄影展览馆开幕。同期举办了“农民·影像·中国梦”主题研讨会。
4. 5月15日，第25所摄影曙光学校落户北京启喑实验学校。
5. 5月30日，中国摄协与北京电影学院联合招收“2015级少数民族摄影艺术硕士”。

6 | 7
8
9
10

6. 6月28日，中国摄影展览馆的首个展览中心落户珠海。
7. 12月中旬，中国摄协代表团赴德国杜赛尔多夫市访问。
8. 3月12日，“历史不容忘却：影像的占领——1894至1945日本侵华影像采集研究”在中国摄影展览馆展出。
9. 中国摄协重视青年摄影人才的培养，6月18日，启动“nubia智能手机杯”第二届全国青年摄影大展。图为11月16日，在江西上饶市艺术中心举行2014“金驹奖”世界大学生摄影展颁奖盛典。
10. 1月8日晚，第十届中国摄影金像奖在宁波举行颁奖典礼。

中国书法家协会

1. 9月27日，“翰墨中国——全国书法作品大展”亮相中国国家博物馆。
2. 7月31日，中国书协书法志愿服务团——走进301医院开展“八一”建军节慰问活动。图为陈洪武书记为官兵创作作品。
3. “翰墨薪传工程”中小学书法师资培训现场。
4. 1月6日，“中国书法进万家”走进四川雅安地震灾区暨雅安“兰亭学校”捐建命名仪式在雅安市雨城区上里中心学校举行。

1
2 3
4

5. 7月16日，由中国书协组织实施的“翰墨薪传工程”中小学书法师资培训开学仪式在京举行。

6. 11月29日，“祭侄文稿杯”全国书法大展开幕式在河北博物院隆重举行。

7. 5月27日，第25届中日友好自作诗书交流展。

8. 11月，中国书协副主席聂成文在中国书法环球行“汉字之美—中国书法展（加拿大展）”开幕式上做现场演示。

9. 10月22日上午，“国学修养与书法首届全国青年书法创作骨干高研班学员作品观摩展”在炎黄艺术馆举行。

10. 12月15日至21日，第五届中国书法兰亭奖评审工作在浙江省绍兴市举行。图为佳作奖评审现场。

11. 4月28日，中国书法出版传媒有限责任公司及中国书法出版社、《中国书法》报社揭牌仪式在北京举行。

中国杂技家协会

1. 中国文联“送欢乐下基层”赴福建宁德采风慰问演出活动现场宁德市下党乡的乡亲与采风慰问团合影。
2. 第六届东北三省杂技理论研讨会在沈阳举行。
3. 中国文艺志愿者服务日“文艺惠民、为民、乐民”主题活动在北京市昌平区京务工子弟学校举办。
4. 四川遂宁杂技团《顶碗》获第十三届莫斯科青少年国际马戏节金象奖。
5. 第十三届莫斯科青少年国际马戏节，中国杂协“长城杯”颁给法国的《球技》。
6. 中国文联“送欢乐下基层”赴福建福州采风慰问演出活动中，福建省杂技团表演节目《灵魂向远方——绳技》。
7. 新疆生产建设兵团杂技团的节目《生命之旅——男子倒立技巧》获第11届中国武汉国际杂技艺术节“黄鹤金奖”。

1 | 2 3 | 4 5 | 6 7

8	9
10	
11	
12	13
14	

8. 中国杂技团《协奏·黑白狂想——男子技巧》获第35届法国“明日”世界杂技节金奖。
9. 第四届中国西湖国际魔术交流大会魔术讲座现场。
10. 首届南方五省(区)青年魔术新秀展演嘉宾与全体参赛选手合影。
11. 第二届中国北京国际魔术大会“金长城杯”颁奖盛典上获奖选手合影。
12. 郭运德、张作兴为获得第九届中国杂技金菊奖第五次终身成就奖的艾尼瓦·麦麦提、第八次理论作品奖金奖的聂翠青颁发奖杯和证书。
13. 边发吉、王启敏为江苏淮安、广西博白的代表颁发“中国杂技之乡”匾额。
14. 中国文联文艺志愿服务团“送欢乐下基层”赴第二炮兵“常规导弹第一旅”采风慰问演出，中国文联文艺志愿服务团一行与部队官兵合影。

中国电视艺术家协会

1. 11 月 15 日，由中国文联、中国视协、中共湖北省委宣传部、湖北省文联、湖北省新闻出版广电局和湖北省广播电视台共同主办的“情系土家之源——送欢乐下基层”文艺志愿服务慰问演出及采风活动在湖北省恩施州土家族来凤自治县举行。
2. 11 月 16 日，文艺志愿者在湖北省恩施州土家族来凤自治县与土家族群众联欢。
3. 6 月 5 日，第五届中国·东南亚·南亚电视艺术周在昆明开幕。
4. 3 月 29 日，“我的中国梦——中国文联、中国视协送欢乐·下基层”文艺志愿服务表演活动在江西省鹰潭市龙虎山举行。
5. 8 月 24 日，由中国电视艺术家协会与 CCTV-7 农业节目联合主办的第六届新农村电视艺术节优秀农村题材电视剧颁奖典礼在河南省濮阳市举行。

6. 第27届中国电视金鹰奖、第10届中国金鹰电视艺术节颁奖晚会现场。
7. 5月29日，由中国文联、湖南省人民政府、中国电视艺术家协会主办，长沙市人民政府、湖南省广播电影电视局、湖南广播电视台联合承办的第27届中国电视金鹰奖、第10届中国金鹰电视艺术节启动仪式暨新闻发布会在北京中国文艺家之家举行。
8. 10月10日至12日，第27届中国电视金鹰奖、第10届中国金鹰电视艺术节在湖南长沙举行。中国文联党组书记、副主席赵实，湖南省委书记、省人大常委会主任徐守盛，湖南省政协主席陈求发，中国文联副主席、中国视协主席赵化勇等领导出席闭幕式并为获奖者颁奖。
9. 第27届中国电视金鹰奖、第10届中国电视金鹰奖获奖代表上台领奖。
10. 9月10日，第六届新农村电视艺术节魅力新农村颁奖典礼在云南宾川举行。
11. 3月28日，由中国文联、中国视协、三亚市人民政府、中央电视台广告经营管理中心联合主办的第九届中国（三亚）国际广告艺术节暨第四届中国三亚海棠湾A8论坛在海南三亚拉开帷幕。
12. 5月4日，电视剧《我在北京，挺好的》研讨会在北京梅地亚中心举行。

6	7
8	9
10	11
12	13
14	15

13. 10月21日，由中国文联、中国文学艺术基金会、中国视协、台湾中华广播电视节目制作商业同业公会主办，中国视协艺术家诗书画学会、台湾文创媒体艺术推广协会承办的第三届海峡两岸电视艺术节暨首届海峡两岸艺术家书画展在北京中国文艺家之家开幕。
14. 10月26日至11月4日，以中国视协分党组书记、驻会副主席兼秘书长张显为团长的中国电视艺术家代表团一行6人访问土耳其、保加利亚、希腊。
15. 9月15至19日，由中国视协、韩国导演及制作人联合会和日本放送人会共同主办的“第十四届中日韩电视制作者论坛”在日本横滨举行。中、日、韩三国的百余名电视界代表出席。

China Federation of Literary and
Art Circles Group Members (Ⅰ)

2015

中国文联各团体会员（一）

中国戏剧家协会

综　述

2014年，是新一届党中央治国理政总体战略全面展开的一年，也是我国文艺发展史上具有里程碑意义的一年。10月15日，习近平总书记亲自主持召开文艺工作座谈会并发表重要讲话，深刻阐明了当代中国文艺发展一系列带有方向性、根本性的重大问题，使广大戏剧工作者倍感亲切和温暖，倍受教育和鼓舞，是我们做好本阶段及下一阶段工作的重要指导思想与工作遵循。中国剧协在中宣部、中国文联的正确领导下，深入贯彻落实总书记重要讲话精神，高扬社会主义核心价值观旗帜，突出中国梦的时代主题，坚持以人民为中心的工作导向，围绕中心、服务大局，组织开展了一系列有影响的戏剧活动，推动各项工作取得新突破、新进展，在戏剧界的凝聚力和影响力不断提升，为全面推动戏剧事业和剧协工作的蓬勃发展作出了不懈努力。

重大活动

【深入学习领会习近平总书记在文艺工作座谈会上的重要讲话系列活动】

10月15日，文艺工作座谈会召开后，中国剧协分党组高度重视，立即召开在京主席团会议和分党组扩大会议，传达学习总书记重要讲话精神和中国文联党组扩大会议精神，部署下一步贯彻落实的具体举措，尚长荣主席、李维康副主席畅谈了参加文艺工作座谈会的感受和体会，在外地的主席团成员也发来书面发言畅谈学习体会。

10月18日，中国剧协与上海戏剧学院主办的全国青年戏剧评论家研修班在上海开班，中国剧协及时调整了办班方案，将总书记的讲话精神作为办班指导思想，贯穿到整个教学过程中去。10月30日，专门组织了青年评论家“贯彻习近平总书记在文艺工作座谈会上的重要讲话”座谈会，学员们结合各自地域和剧种的特点畅谈心得体会，气氛热烈。各地剧协和广大戏剧工作者，也积极参与到学习活动中，剧协所属《中国戏剧》杂志、《剧本》杂志、中国剧协网站也配合开展了一系列相关宣传活动。总书记的重要讲话极大地振奋了戏剧队伍精神，鼓舞了戏剧工作者的干劲。通过学习，广大戏剧工作者深刻领会到，要自觉担当起建设社会主义文化强国的历史使命，把讲话精神贯彻落实到戏剧工作的各个方面，进一步开创戏剧事业繁荣发展的新局面。

【开展“中国梦”主题文艺实践活动】

一年来，中国剧协着眼于党和国家工作大局，精心组织以“中国梦”为主题的戏剧创作，在各项工作中大力倡导唱响主旋律、传递正能量，践行社会主义核心价值观。利用庆祝新中国成立65周年和中国文联成立65周年的重要契机，成功举办了两次专场演出。9月2日，《京剧名家经典折子戏专场演出》在梅兰芳大剧院举办。梅花大奖获得者尚长荣、裴艳玲等京剧表演艺术家演出了深受观众喜爱的经典折子戏剧目，反响热烈。9月27、28日，《中国梦·百姓梦·我的梦——庆祝建国65周年原创小戏小品汇报演出》在北京八一剧场举办。展演作品面向全国戏剧工作者、爱好者征稿，从普通百姓视角出发，真切表现了他们在实现梦想道路上的努力与收获，演出备受好评。北京演出后，剧组又深入广东东莞、江苏宜兴、青海西宁等地的部队、农村，圆满完成了10场巡演，受到基层观众热烈欢迎。

【梅花奖艺术团活动】

1. 香港行

1月17日至20日，中国剧协梅花奖艺术团赴香港参加西九文化区最受欢迎的年度节目“西九大戏棚”系列演出。本次艺术团由裴艳玲、沈铁梅、孟广禄等来自内地10个剧种的32位梅花奖获得者组成，分为京剧、昆曲、多剧种和越剧四场折子戏专场，表演的或是各剧种的经典剧目，或是最能展现艺术家个人艺术特点的精品力作。香港特别行政区政府政务司司长林郑月娥，中国戏剧家协会驻会副主席、梅花奖艺术团团长季国平，著名演员、香港八和会馆主席汪明荃，西九文化区管理局表演艺术行政总监茹国烈，香港著名导演、西九大戏棚艺术策划毛俊辉等出席开幕仪式。4天时间里，来自内地的朵朵“梅花”在国际化的都市香港精彩绽放，与香港市民一起“过大年、逛庙会、唱大戏”，承续和弘扬中国人古老的传统习俗，成为香港文化界一件盛事。活动期间，应西九文化区管理局之邀，季国平以“中国戏曲，拿什么赢得未来”为主题做了戏剧讲座，与香港观众和业内同行共同探讨戏曲发展的热点问题。

2. 山西行

2月18日至19日，由中国文联、中国剧协、山西省委宣传部、山西省文化厅、山西省文联、大同市委宣传部、灵丘县委县政府主办，山西省剧协、史佳花工作室承办的“我们的中国梦”——中国剧协梅花奖艺术团“送欢乐、下基层”山西行慰问演出活动在历史名城太原和革命老区灵丘举行。艺术团由中国剧协分党组书记、驻会副主席、梅花奖艺术团团长季国平率队，尚长荣、孟广禄、林为林、谢涛、柳萍、刘子微等来自全国10个剧种的24名梅花奖获得者为山西观众带来了高水准的戏曲盛宴，为沉浸在中华传统佳节春节里的三晋大地增添了浓浓的春意和节日喜庆气氛。

3. 西藏行

7月8日至16日，中国文联、中国剧协梅花奖艺术团一行在中国剧协分党组书记、驻会副主席、梅花奖艺术团团长季国平，中国剧协分党组副书记、秘书长、梅花奖艺术团副团长刘卫红的率领下，首次走进西藏进行慰问演出和采风交流活动。梅花大奖获得者裴艳玲、沈铁梅等15朵梅花带着内地人民的深情厚谊，在解放军驻西藏林芝地区边防某部、拉萨藏戏艺术中心、西藏军区总部驻地举行了三场演出，慰问戍边部队和藏族、门巴族、珞巴族等少数民族同胞，受到了战士们和当地群众的热烈欢迎。艺术团还与西藏民间艺术团进行了联欢座谈，活动取得圆满成功。

4. 新加坡行

9月3日至7日，受新加坡滨海艺术中心邀请，中国剧协组织梅花奖艺术团赴新加坡参加第十届“艺满中秋”庆祝活动，为当地观众奉上了精彩的“京剧名家经典折子戏专场演出”，展示了中国传统戏曲之美。9月5日晚，在新加坡滨海艺术中心，由《玉簪记•秋江》、《四郎探母•坐宫》、《项羽•霸王别姬》、《水浒传•翠屏山》等四折京剧折子戏组成的近三个小时的演出，让观众过足了戏瘾。裴艳玲、孟广禄、王蓉蓉、李亦洁、石晓亮、张慧敏、王艳等梅花奖获奖演员以及特邀演员杜鹏粉墨登场，各展所长，展现了生、旦、净、丑不同行当的表演艺术，突出了戏曲以程式化手段彰显演员精湛技艺的特点。谢幕时，满堂观众以热烈持久的掌声，表达着他们对于这些京剧名家的赞誉之情，传递着他们对于这台晚会的喜爱之情。9月6日，中国文联副主席、中国剧协副主席、梅花大奖获得者裴艳玲，中国剧协分党组书记、驻会副主席、梅花奖艺术团团长季国平，著名京剧花脸表演艺术家孟广禄为新加坡的戏曲爱好者作了精彩纷呈的戏剧讲座。

【梅花奖数字电影工程】

2014年梅花奖数字电影工程成果丰硕。完成公映的影片有：滑稽戏《顾家姆妈》、越剧《玉卿嫂》、粤剧《小凤仙》、秦腔《迟开的玫瑰》、越剧《一缕麻》、越调《老子》。此外，2014年投入拍摄，已经完成或接近完成的电影还有豫剧《苏武牧羊》、秦腔《花儿声声》、锡剧《一盅缘》、越剧《狸猫换太子》。梅花奖数字电影工程对于展示名家舞台风采、普及戏曲文化、扩大剧种剧目影响、满足基层观众欣赏需求发挥着重要作用。

【国际剧协第34届世界代表大会】

11月17日至23日，经文化部和中国文联批准，“世界戏剧大使”、中国剧协主席尚长荣，中国剧协驻会副主席季国平等一行3人，前往亚美尼亚共和国首府埃里温市，出席国际戏剧协会（International Theatre Institute）第34届世界代表大会。在新一届执委会和主席团竞选中，季国平连任国际剧协执委，并当选为国际剧协副主席，这是我国加入国际剧协以来首次担任副主席。

艺术节与评奖

【第四届中国校园戏剧节】

11月3日至12日，以“中国梦·青春梦”为主题，由中国文学艺术界联合会、中华人民共和国教育部、上海市人民政府主办，中国戏剧家协会、上海市文学艺术界联合会、中共上海市教育卫生工作委员会、上海市教育委员会、上海市戏剧家协会承办的第四届中国校园戏剧节在上海成功举办。来自全国22个省区市的33所高校的剧目（包括23台大戏和由10个短剧组成的2台短剧专场），在为期10天的比赛中，分为普通组和专业组角逐“中国戏剧奖·校园戏剧奖”的各个奖项。最终，清华大学的话剧《马兰花开》、上海视觉艺术学院的音乐剧《妈妈再爱我一次》等11部作品荣获优秀剧目奖，曲妍、吴鹏等人分获5个单项奖。12日晚，闭幕式在上戏剧院举行。中国剧协主席尚长荣和季国平、陈东、刘卫红、崔伟、罗怀臻，以及上海市教卫党委、上海市教委的领导共同出席闭幕式并为莘莘学子颁发了“中国戏剧奖·校园戏剧奖”各大奖项。

第四届中国校园戏剧节获奖名单：

优秀剧目奖（按得票多少为序）

普通组

话剧《马兰花开》 清华大学

话剧《天之骄子》 复旦大学

话剧《上大学》 三明学院

话剧《绽放》 北京科技大学

话剧《探长来访》 南京林业大学

话剧《毕业季》 重庆人文科技学院

专业组

音乐剧《妈妈再爱我一次》 上海视觉艺术学院

京剧《少年马连良》 北京戏曲艺术职业学院

清唱剧《雷锋》 沈阳师范大学音乐学院

话剧《师爱芬芳》 黑龙江艺术职业学院

话剧《生命速递》 吉林艺术学院

优秀剧目奖•特别奖

话剧《中国梦》 上海戏剧学院

单项奖

普通组

优秀编剧奖：话剧《爱，不殊不忘》 编剧曲妍、吴鹏

优秀导演奖：话剧《秋声赋》 导演林超俊、向丹、刘轶群

专业组

优秀编剧奖：话剧《一代斯文》 编剧李佳木

优秀导演奖：音乐剧《唱出爱》 导演王兵

优秀表演奖：京剧《虫虫历险记》 虫虫扮演者王青

【第21届曹禺剧本奖】

9月24日，由中国文联、中国剧协主办的第21届曹禺剧本奖获奖结果在湖北省潜江市揭晓。中国文联党组成员、副主席、书记处书记李前光，中国剧协副主席、本届曹禺剧本奖评委会主任孟冰，湖北省委常委、宣传部长尹汉宁，湖北省人民政府副省长郭生练，中国剧协副主席、北京人艺副院长濮存昕，中国剧协分党组成员、副秘书长周光等出席颁奖晚会，并为获奖作者、提名作者颁奖。本届曹禺戏剧文学奖共收到26个省、5个中直院团报送的作品67部，其中戏曲36部，话剧21部，儿童剧4部，歌剧3部，音乐剧1部，滑稽戏1部。此外，《剧本》杂志社推荐作品2部，中国剧协中青年编剧研修班推荐作品1部。经过评选，共有20部作品入围。锡剧《一盅缘》（罗周）等9部作品获奖，另有11部作品获得提名。当天，在潜江还举办了湖北省剧本创作座谈会，孟冰、周光以及《剧本》杂志社主编黎继德，著名剧作家万方、孙德民等评委应邀出席，与湖北省各市（州）宣传部长、院团长、剧作家代表等就剧本创作和现状展开交流。

第21届曹禺剧本奖获奖名单：

锡剧《一盅缘》 罗周

京剧《项羽》 王勇

戏曲《青藤狂歌》 余青峰

秦腔《西京故事》 陈彦

滑稽戏《探亲公寓》 陆伦章

话剧《兵者•国之大事》 王宏、李宝群、肖力

话剧《幸存者》 唐栋、蒲逊

话剧《老大》 喻荣军

话剧《海底捞月》 李冰

【第五届中国戏剧奖·理论评论奖】

11月1日，由中国文联、中国戏剧家协会、中国长江文化促进会、张家港市人民政府联合主办，

《中国戏剧年鉴》编辑部、中共张家港市委宣传部、张家港市文化广电新闻出版局承办的第五届中国戏剧奖•理论评论奖颁奖活动在江苏省张家港市艺术中心举行。中国剧协分党组书记、驻会副主席季国平，中国剧协分党组成员、副秘书长周光、崔伟，张家港市委书记姚林荣、市长朱立凡等出席了隆重而简短的颁奖仪式。本届中国戏剧奖•理论评论奖从4月开始征稿，6月底截稿，共有55家单位报送了近200篇文章，文章的作者来自23个省、直辖市、自治区。经过严格的评奖程序，孙惠柱的《中国戏曲与现代文化》等九篇文章获奖；刘厚生的《地方戏忧思录》获特别奖；杨云峰的《戏曲现代戏叙事模式的转变与叙事主体的回归——简论陈彦“西京三部曲”的价值走向》等十篇文章获提名奖。11月2日上午，为推进中国戏剧理论建设，加强长江流域戏剧艺术交流，还举办了“中国戏剧奖•理论评论奖”研讨会暨长江文化论坛。与会人员围绕着理论建设与当代戏剧的传承与发展的论题展开了热烈的讨论，并就戏剧理论如何促进院团剧目建设及人才培养、当代戏剧评论现状等问题发表了观点和看法。

第五届中国戏剧奖·理论评论奖获奖名单：

特别奖

刘厚生　《地方戏忧思录》

中国戏剧奖·理论评论奖9篇（按得票多少排序）

孙惠柱　《中国戏曲与现代文化》

安　葵　《如何对待西方戏剧理论》

贺宝林　《当代戏剧创作的三个命题：尊重传统、重塑经典与跨文化交流——新编豫剧〈程婴救孤〉作为一种“文化现象”的解读》

王长安　《黄梅戏的昨天与今天》

颜　榴　《守望与省思——外国戏剧在中国30年》

徐耀新　《关于繁荣江苏舞台艺术的对策思考》

邓添天　《臻于至善铸戏魂——谈陈智林在〈巴山秀才〉中的表演创造》

陈世海、戴珩　《中国当代戏剧：突破历史隘口的机遇和选择》

齐会英　《京剧舞台大制作现象思考》

中国戏剧奖·理论评论奖提名奖10篇（按得票多少排序）

杨云峰　《戏曲现代戏叙事模式的转变与叙事主体的回归——简论陈彦“西京三部曲”的价值走向》

徐芳芳　《简论豫剧改革家樊粹庭的戏剧观念》

陈云升　《试论〈董生与李氏〉的创作成就》

沈　林　《刺目的盲点：再议跨文化戏剧》

陶　子　《驴得水将荒诞融入写实》

严　肃　《戏剧小品丛脞论》

刘　平　《回望三十年风雨历程——民营小剧场创作》

赵凤兰　《梨花满地，难挽风华淡去——京剧梨园世家传承现状调查》

刘威利　《论张庚的戏曲批评——兼论戏曲批评现状》

胡　薇　《传统，影响未来——从舞台剧〈黄粱一梦〉中国元素的运用和探索谈当下戏剧舞台对传统艺术的复归》

【第18届中国少儿戏曲小梅花荟萃活动】

8月12日，由中国戏剧家协会和江苏省泰州市人民政府共同主办的第18届“中国少儿戏曲小梅花荟萃”活动在戏剧大师梅兰芳的故乡江苏省泰州市落下帷幕。本届“小梅花”荟萃的金花十佳、金花、银花等各大奖项一一揭晓。中国剧协分党组成员、副秘书长周光以及江苏省、泰州市有关领导为小演员们佩发奖牌，并与观众一起观看了小演员们的精彩演出。本届活动共有来自全国各地33家报送单位的139名少儿选手参赛，创下历届“小梅花”参与面最广与总决赛人数最多的记录。“小梅花”活动举办多年，不仅培养了国内青少年对戏曲艺术的兴趣，也引起了海外少年儿童的关注，本届就有来自日本的小选手参赛并获佳绩。

【第七届西北五省区秦腔艺术节】

8月25日至31日，第七届西北五省区秦腔艺术节在宁夏回族自治区银川市成功举办。中国戏剧家协会分党组书记、驻会副主席季国平，中国文联办公厅副主任金宁宁，宁夏回族自治区党委常委、宣传部部长蔡国英，宁夏回族自治区政府副主席姚爱兴，中国戏剧家协会分党组成员、副秘书长周光、崔伟，以及宁夏回族自治区相关领导出席闭幕式并揭晓奖项。本届秦腔艺术节汇聚了来自西北五省区和新疆生产建设兵团的11台参演剧目，经过6天的激烈角逐，最终，秦腔现代剧《狗儿爷涅槃》、商洛花鼓现代剧《带灯》、秦腔改编传统剧《王宝钏》、秦腔现代戏《天国的百合花》、历史秦剧《大秦文公》、传统秦腔《夏雪》、平弦现代戏《未婚妈妈》、秦腔现代戏《军垦之家》8部剧目荣获优秀剧目奖；西秦腔歌舞传奇剧《轩辕大帝》获得优秀剧目特别奖；李小雄、柳萍、边肖、李君梅等7人荣获优秀表演特别奖；韦小兵、袁丫丫、刘锦云、张曼君、陈霖苍等24名主创分别荣获优秀表演、编剧、导演、音乐、舞美等单项奖，宁夏演艺集团有限公司因在第七届西北五省区秦腔艺术节期间出色的组织工作荣获特殊贡献奖。

【第六届长江流域戏剧艺术节】

11月1日至11月11日，由中国戏剧家协会和张家港市人民政府联合主办的第六届长江流域戏剧艺术节在张家港成功举办。来自湖南、西藏等长江流域地区8个省区市的9台剧目参演。本次活动延续以往以政府主导、社会参与、百姓消费相结合的良好运作机制，突出“弘扬长江文化，展示长江风采，共享长江文明”主题，注重展示长江文明发展轨迹和区域特色，以期推动长江流域文化资源的进一步保护传承和开发利用。

创作与研究

【赴深圳开展体制外戏剧工作者现状调研活动】

年初，中国剧协分党组书记、驻会副主席季国平率中国剧协调研组前往深圳特区调研体制外戏剧工作者现状，召开座谈会并重点考察了深圳罗湖区的戏剧活动。调研期间，调研组成员参加了由深圳市文联主办、深圳市剧协等单位承办的《第一朗读者》现场活动，并与相关人士进行了座谈。

【编辑出版中国首部《中国剧本创作白皮书》】

2月，在2013年“第三届全国剧本创作和剧作家现状信息交流会”的基础上，编辑、出版了中国首部《中国剧本创作白皮书》，较为真实、客观、全面地勾勒出了各地剧本创作和剧作家的面貌，对当下的戏剧创作和戏剧研究具有重要的参考价值，产生了较大的社会影响，《中国艺术报》、《艺术通讯》等多家媒体进行了报道。

【传承发展地方戏曲事业座谈会】

2月28日下午 中宣部常务副部长黄坤明同志专程到中国剧协，召集从事地方戏曲事业的全国人大代表、政协委员和中国剧协主席团成员，召开传承发展地方戏曲事业调研座谈会，深入了解当前地方戏曲发展现状，听取他们关于如何更好地传承、发展地方戏曲事业的意见和建议。中国文联党组领导赵实、李屹等同志出席座谈会。

【第四届小戏小品编导演创作研修班】

2月25日至3月10日，中国剧协第四届小戏小品编导演创作研修班在张家港市成功举办。中国剧协党组成员、副秘书长周光，中共张家港市委宣传部部长杨芳及有关方面领导出席开班仪式。来自全国各地的32名学员参加了研修，通过业务辅导与理论授课相结合、集中学习与分组讨论相结合、互动交流与研究工作相结合，系统学习小戏小品的编导演知识。通过这种方式，学员们不仅在理论上得以融会贯通，更直接收获了创作上的成果。在张家港市文化馆大力协同下，学员作业进行了汇报演出，一批富于生活气息的都市题材、农村题材、情感题材、校园题材作品，在舞台上展现出迷人光彩。

【中国剧协中青年戏剧人才研修班】

4月17日至25日，由中国剧协、江西省文联主办，中国剧协组联部、《剧本》杂志社、江西省剧协承办的中国剧协中青年戏剧人才研修班在江西井冈山成功举办。中国剧协主席尚长荣，中国剧协分党组书记、驻会副主席季国平以及江西省委宣传部，江西省文联、剧协，井冈山市委相关领导出席了开班仪式。本届研修班由“第三届梅花奖演员读书班”、“第六届中青年编剧研修班”组成，共有学员40余名。通过学习，学员们进一步开阔了眼界，明确了创作方向，拓宽了创作思路。此次办班侧重对革命历史题材剧本进行研讨、加工，这些剧作弘扬主旋律、传播正能量，彰显信仰之美、崇高之美，目前部分作品已投排、上演。

【纪念欧阳山尊诞辰100周年系列活动】

5月，由文化部、中国文联主办，文化部艺术司、中国戏剧家协会、北京人民艺术剧院承办，北京人艺戏剧博物馆、中国老教授协会文化艺术委员会协办的“纪念欧阳山尊诞辰100周年系列活动”在京举办。5月27日上午，在中国剧协举办了纪念欧阳山尊诞辰100周年座谈会。来自文艺界的领导、专家，欧阳山尊的学生、亲属及家乡代表近百人到会，共同缅怀这位导演艺术家、演剧活动家、戏剧教育家。座谈会由中国剧协分党组书记、驻会副主席季国平主持，文化部副部长董伟在座谈会上讲话。

【中国剧协中青年戏剧人才（东北地区）研修班】

7月23日至30日，由中国戏剧家协会、黑龙江省委宣传部主办，黑龙江省剧协、黑龙江省龙江剧艺术中心协办的中国剧协中青年戏剧人才（东北地区）研修班在黑龙江省哈尔滨市成功举办。中国剧协分党组书记、驻会副主席季国平，中国剧协副主席、龙江剧表演艺术家白淑贤等相关领导出席了开班仪式。此次研修班的40位学员均来自东北三省，分别来自戏曲表演、戏曲编剧、戏曲导演等专业领域，其中10位学员来自龙江剧艺术中心。此次研修班旨在培养和扶持东北地区中青年戏剧表演创作人才，推动东北地区戏剧创作事业的发展。

【中国剧协全国青年戏剧评论家研修班】

10月18日至11月1日，由中国剧协、上海戏剧学院、上海市文学艺术界联合会主办，上海戏剧学院戏剧文学系、《中国戏剧年鉴》编辑部、上海剧协承办的全国青年戏剧评论家研修班（简称“青评班”）在上海成功举办。该班是继2011年起连续举办全国青年戏剧人才“编剧、导演、音乐”研修班后，再次成功举办的戏剧人才高级研修班。中国剧协分党组书记、驻会副主席、理论评论家季国平博士亲自担任青评班班主任。研修班荟萃了全国戏剧评论界的一线精英，来自全国29个省区市的50名学员参加了学习。研修期间，学员们聆听了21位著名文艺理论家、评论家的精彩课程，观摩了第十六届中国上海国际艺术节中外经典演出，考察了中国上海国际艺术节及上戏青年艺术创想周，举办了青年戏剧评论家先锋论坛以及“贯彻习近平总书记在文艺工作座谈会上的重要讲话”座谈会。青评班学员队伍年轻化、专业化，承载了未来中国戏剧评论界的希望。

【纪念梅兰芳先生诞辰120周年座谈会】

12月2日，由文化部、中国文联、北京市人民政府主办，中国戏剧家协会、中国艺术研究院承办的纪念梅兰芳诞辰120周年座谈会在京召开。中国文联党组书记赵实，文化部副部长董伟，中国文联党组副书记李屹，中国艺术研究院院长王文章，中国剧协分党组书记季国平以及梅兰芳的亲属、梅派弟子、梅派艺术合作者、梅兰芳艺术研究专家、梅兰芳家乡的代表等参加了座谈会。纪念活动激励更多优秀戏剧工作者继承老一辈艺术家的敬业精神、艺术追求和崇高风范，创作出更多更好的富有中国精神、中国气韵、中国力量的精品力作。

【第二届琼闽粤台及东南亚地区闽南语系剧种研讨会】

12月11日至13日，由中国戏剧家协会、海南省文联、海南省文化广电出版体育厅主办，海南省剧协、海南省琼剧艺术基金会承办的第二届琼闽粤台及东南亚地区闽南语系剧种研讨会在海南省海口市成功举办。中国戏剧家协会分党组书记、驻会副主席季国平，海南省文联党组书记、常务副主席张萍，中国剧协分党组成员、副秘书长崔伟等有关领导以及新加坡、泰国等国家的近50位专家学者出席了此次研讨会。通过交流探讨闽南语系剧种的现状与发展，对于进一步谋划闽南语戏剧的未来、扩大闽南语戏剧的对外影响力、增进两岸及东南亚地区的文化交流与合作有着重要意义。活动期间，还深入基层琼剧团进行了调研。

其他活动

【中国剧协第七届主席团第七次会议】

3月19日晚，中国剧协第七届主席团第七次会议在上海召开。中国剧协主席尚长荣，中国剧协分党组书记、驻会副主席季国平，中国剧协副主席王晓鹰、白淑贤、沈铁梅、罗怀臻、孟冰、韩再芬、濮存昕，中国剧协分党组副书记、秘书长刘卫红，中国剧协分党组成员、副秘书长周光、崔伟等出席了会议。经主席团审议，一致通过了《中国剧协2013年工作总结和2014年工作要点（审议稿）》和主席团决议（草案）。

【中国剧协第七届理事会第三次会议暨2014年工作会】

3月20日，中国剧协第七届理事会第三次会议暨2014年工作会在上海召开。中国剧协主席尚长荣，中国剧协分党组书记、驻会副主席季国平，中国剧协副主席王晓鹰、白淑贤、李树建、沈铁梅、罗怀臻、孟冰、韩再芬、濮存昕，中国剧协分党组副书记、秘书长刘卫红，中国剧协分党组成员、副秘书长周光、崔伟，以及中国剧协116位理事、各地剧协负责人、中国剧协处室干部和新闻媒体记者共计140余人参会。季国平受第七届主席团委托，在会上作了题为《坚持以人民为中心的工作导向，为实现中华民族伟大复兴的中国梦而努力奋斗》的工作报告。

【“5.23中国文艺志愿者服务日——中国戏剧梅花奖数字电影工程滑稽戏故事片《顾家姆妈》惠民展映日”主题活动】

5月23日，由中国戏剧家协会、苏州市文广新局、苏州市文联和苏州市滑稽剧团在苏州市联合开展了“5.23中国文艺志愿者服务日——中国戏剧梅花奖数字电影工程滑稽戏故事片《顾家姆妈》惠民展映日”主题活动。中国剧协分党组书记、驻会副主席季国平，分党组成员、副秘书长崔伟，以及苏州市文广新局有关领导出席了影片公益展映活动，并与观众互动。活动在苏州市民和文艺爱好者中受到热烈欢迎，也为今后创作出更多更好的艺术精品奉献社会、回报人民奠定了基础。

【举办文艺志愿服务戏剧培训班】

7月下旬至8月初，作为2014年中国文联文艺志愿服务项目的戏剧培训班在青海西宁开班。共培训青海、甘肃、宁夏、陕西、四川各民族基层文艺骨干66人，在帮助西部基层戏剧工作者了解和掌握戏剧创作技能的同时，还辅导创排了一批适宜在基层演出的成熟剧目。

对外文化交流

【浙江京剧团《王者俄狄》剧组赴土库曼斯坦参加国际实验戏剧节】

4月13日至17日，应土库曼斯坦文化部邀请，中国剧协分党组副书记、秘书长刘卫红率浙江京剧团《王者俄狄》剧组一行10人赴土库曼斯坦，参加第二届“幸福时代戏剧艺术”国际实验戏剧节。这是我国京剧首次亮相土库曼斯坦，演出受到当地观众空前欢迎。

【第21届BeSeTo（中韩日）戏剧节在厦门成功举办】

5月9日至14日，由中国文联指导，中国剧协、厦门市人民政府主办，厦门市文化广电新闻出版局、厦门市文联承办的第21届BeSeTo（中韩日）戏剧节在美丽的厦门成功举办。戏剧节汇集三国9台剧目，共上演15场。戏剧节上还举办了以“文化传统与当代语境——中韩日戏剧创作现状与展望”为主题的研讨会。中韩日戏剧人给厦门人民带来了三国传统文化与现代艺术碰撞融合的戏剧创作成果，充分展现了各具个性的戏剧理念和实践探索。

【接待美国戏剧家代表团访华】

5月10日至16日，为促进中美戏剧界的艺术交流与合作，经国际剧协美国中心推荐，中国剧协邀请了两名美国戏剧家赴厦门观摩“第21届BeSeTo（中韩日）戏剧节”并进行了相关戏剧交流活动。在厦门期间，两位外宾观摩了中韩日戏剧节的7场演出，并参加了每场演出之后的互动交流活动。他们对举办了21届的中韩日戏剧节给予了非常高的评价，认为该戏剧节很有特色，能够充分反应东亚戏剧的面貌。此次两名美国戏剧家的来访，除了有实效的艺术交流外，还对今后的一些具体交流项目进行了广泛、深入的探讨。

【成都市川剧院《欲海狂潮》剧组出访土耳其】

5月22日至26日，应土耳其第五届安塔利亚国际戏剧节组委会邀请，经中国戏剧家协会推荐，以中国剧协副秘书长周光为团长的成都市川剧院《欲海狂潮》剧组一行20人赴土耳其安塔利亚市，参加第五届安塔利亚国际戏剧节演出。《欲海狂潮》由中国著名剧作家徐棻根据曾获得诺贝尔文学奖的美国“戏剧之父”尤金·奥尼尔的话剧《榆树下的欲望》改编而成，川剧的民族性与故事的国际性相融合，精彩的演出展示了中国优秀传统文化的魅力，征服了在场的所有观众。

【中国戏剧家代表团出访土耳其、罗马尼亚】

6月3日至10日，应土耳其第19届伊斯坦布尔戏剧节及罗马尼亚第21届锡比乌国际戏剧节组委会邀请，中国剧协分党组书记、驻会副主席季国平率中国戏剧家代表团一行4人对两国进行友好访问和戏剧交流。代表团分别会见了土耳其伊斯坦布尔戏剧节组委会主任莱曼·伊尔马兹博士以及罗马尼亚锡比乌国际戏剧节主席、锡比乌国立剧院院长克里亚克博士，就建立双方合作关系和推荐中国优秀剧目参加戏剧节活动进行深入交流，并达成初步意向。

【中国戏剧家代表团访问日本】

10月22日至26日，根据中国剧协与日中文化交流协会的互访计划，应该协会邀请，以中国剧协副秘书长崔伟为团长，中国剧协组联部主任汪刚、外联部主任李华艺、山东演艺集团董事长段雨强及武汉京剧院院长刘薇为团员的中国戏剧家代表团一行5人赴日本进行了友好访问。在日方热情接待和周密安排下，代表团先后访问了东京、京都两城市，参观拜会相关机构，观摩多场戏剧演出，与日本戏剧界进行广泛的接触，出访活动取得了良好的交流效果。

【罗马尼亚大学生演出团参加中国校园戏剧节】

11月3日至9日，为加强校园戏剧文化的国际交流，中国剧协特邀罗马尼亚锡比乌大学《四川好人》剧组一行20人来沪，参加了戏剧节的演出并举办了表演工作坊。罗马尼亚演出团此次来华交流演出取得了良好的实效，并为本届校园戏剧节增添了亮点。

【接待土库曼斯坦戏剧家代表团访华】

11月5日至11日，为促进中国与土库曼斯坦戏剧界的交流与合作，中国剧协邀请以土库曼斯坦国立青年剧院总监别尔季耶夫·汉杜迪为团长的一行4人来华访问上海和北京，观摩第四届中国校园戏剧节并与我国戏剧界进行交流，取得了良好实效。

机关建设

【群众路线教育实践活动的总结和整改工作】

2014年，根据中央精神和中国文联的统一部署，按照“三严三实”的要求，狠抓落实，做好党的群众路线教育实践活动的总结和整改工作。

【会员工作】

2014年，协会共发展新会员245人，迄今共计会员10213人。会员队伍发展壮大，进一步加强了党和政府联系广大戏剧工作者的桥梁和纽带作用。

【机关干部业务培训】

协会高度重视干部职工的政治理论学习和业务能力学习。由中心组带头引领大家及时掌握党的方针政策，把握政治方向；定期举办戏剧专业讲座，并组织协会年轻同志利用业余时间自编自导自演，创排了三部主题鲜明的小戏小品，学习效果显著。各项学习培训工作使工作人员的专业素养、精神面貌、工作质量都得到明显的提高。

【简报、舆情和宣传工作】

2014年度，共出剧协简报26期。认真做好舆情工作。加强与新闻媒体的联系，中央电视台对本年度剧协的重大活动均有报道，新华社、《人民日报》、《光明日报》、《中国文化报》、《文艺报》、《中国艺术报》对中国剧协活动进行了大量宣传，扩大了中国剧协在社会上的影响。

【老干部工作】

春节前走访慰问老同志，积极协助老干局做好送温暖活动。5月22日，组织一年一度的为老同志过集体生日活动，此次参加活动的老同志近50人，协会领导出席并祝寿。组织老干部参加春游、秋游及文联组织的老干部赴宁夏红色旅游活动，并于年底完成“长寿老人和健康之星”的评选活动。

直属单位

【《中国戏剧》】

《中国戏剧》杂志敏锐捕捉业内热点，开展关于戏剧批评方面的讨论，发表了《戏剧·媒介·新媒体》、《走出戏剧批评的困境》、《新世界突围——互联网时代戏剧批评初探》、《批评声中反思戏曲批评》等文章。积极发挥刊物宣传功能，借助“沙龙”、“笔谈”、“打开封面”等栏目，重点推出了一批优秀剧目和优秀演员。

【《剧本》】

《剧本》杂志开拓办刊思路，重视推出新人新作。与温州市艺术研究所、张家港小戏小品创作基地合作，分别出版了“温州号”、“张家港号”两期增刊。基本完成“中国历代文化名人戏剧创作工程”征稿及后续工作。举办了“孟冰戏剧作品朗读会”等活动。

【《中国戏剧年鉴》】

《中国戏剧年鉴》杂志编辑出版了《年鉴》2014年卷，总计80万字。此次重新设计了版面，调整和丰富了内容，完善了“理论评论”栏目，新增了“焦点•观点”、“行业风采”等栏目，进一步关注最新戏剧理论潮流和动向，加大了对有成就、有代表性的剧院团的推介力度。

中国电影家协会

综　述

2014年，是深入贯彻落实党的十八届三中、四中全会精神，全面深化改革的一年，也是学习宣传贯彻文艺工作座谈会和全国电影工作座谈会精神的一年。一年来，中国影协在中国文联的领导下，认真贯彻落实党中央的一系列重大决策部署，在各项工作中牢牢把握实现民族伟大复兴中国梦的时代主题，深入推进电影工作和影协工作的改革创新，开拓进取、扎实工作、竭诚服务，为多出精品、多出人才，推动社会主义文化强国建设和实现中华民族伟大复兴的中国梦作出了积极努力。

会议与活动

【“共筑中国梦·情系郴州——送欢乐下基层”慰问活动】

2月11日，中国文联、中国影协“送欢乐下基层”慰问团来到郴州开展“共筑中国梦·情系郴州——送欢乐下基层”活动。中国影协分党组书记、驻会副主席康健民带队，田华、范圣琦、温玉娟、杨树泉、李强、王霙、王伍福、卢奇、郭伟华、谷伟、吴正丹、巍保华、张少博、柏文等老中青文艺工作者分别在永兴县电视台演播厅、临武县一中体艺馆、郴州市体育中心体育馆为当地群众送上了精彩纷呈的公益演出，所到之处受到群众的热烈欢迎。

【中国影协第九届主席团第二次会议】

3月2日，中国影协第九届主席团第二次会议在中国影协召开，中国文联副主席、中国影协主席李雪健，中国影协分党组书记、驻会副主席康健民，中国影协副主席王兴东、尹力、成龙、张会军、明振江、黄建新出席会议。会议审议通过了《中国电影家协会2014年工作要点》，研究了中国影协副秘书长调整事宜，研究确定中国电影金鸡奖终身成就奖人选。

【《大众电影》改版及全媒体产品品牌发布会】

3月6日，中国第一电影杂志品牌《大众电影》在京举办改版及全媒体产品品牌发布会，中国电影家协会分党组书记、驻会副主席康健民，万达文化产业集团副总裁叶宁，《大众电影》杂志社社长翟建农、总编辛家宝，大众电影杂志社副社长、北京万达电影文化传媒有限公司总经理廖敏，电影演员史可、陈思诚以及相关电影界嘉宾出席了发布会。会上举行了《大众电影》杂志改版启动仪式，并宣布《大众电影》全媒体产品陆续上线。

【于敏百岁华诞电影物品捐赠展揭幕仪式暨《于敏文集》首发式及座谈会】

4月26日，中国影协、中国电影出版社、中国电影博物馆联合举办的于敏百岁华诞电影物品捐赠展揭幕仪式暨《于敏文集》首发式及座谈会在中国电影博物馆举行。中国文联党组成员、副主席，书记处书记夏潮，中国影协名誉主席李前宽，中国影协副主席王兴东、中国影协分党组成员、秘书长饶曙光，中国电影博物馆党委书记陈志强，中国文联电影艺术中心主任胡子光、中国电影出版社副社长刘伟、著名电影艺术家鲁非以及于敏的好友、同事和家属等参加了活动。4月26日至30日中国电影博物馆举办了于敏电影作品专题展映。

【“我的中国梦·献给劳动者之歌”中国影协文艺志愿服务团赴南昌慰问演出】

4月26日，由中国影协、中国文联电影艺术中心、江西省国资委、江西省文联主办的“我的中国梦·献给劳动者的歌”中国影协文艺志愿服务团慰问演出活动在南昌举行。中国影协分党组书记、驻会副主席康健民，中国文联国内联络部副主任谢力，江西省文联党组书记、常务副主席汪天行，江西省文联党组成员、副主席鄢平原，中国文联电影艺术中心副主任李倩等出席了活动。

来自中国影协文艺志愿服务团的祝希娟、王馥荔、英壮、居文沛、刘全和、刘全利、廖京生、管乐、朱韶宇、张露曦等文艺工作者倾情献艺，共同为江西省各界劳动代表送上了一台精彩丰富的文艺演出。江西省各界企业产业工人、劳模、先进工作者、先进班组和生产一线员工代表2000余人观看了演出。

【全国电影家协会秘书长工作会议暨全国少数民族题材影视创作研讨会】

5月7日至8日，2014年度全国电影家协会秘书长工作会议在昆明召开。中国影协分党组副书记许柏林，中国影协分党组成员、秘书长饶曙光，云南省文联党组书记、主席郑明，中国影协分党组成员、副秘书长李景富，中国文联电影艺术中心主任胡子光以及全国省（市、自治区）电影家协会秘书长和有关专家出席了会议。会议通报了中国影协2014年工作要点，研究了“中国梦”系列电影剧本创作活动方案。与会领导和专家围绕新形势下少数民族题材影视创作的现状与未来进行了研讨，全国各省（市、自治区）电影家协会秘书长及电影工作者结合自身实际踊跃发言，交流经验。会后组织集体参观了正在建设的云南文苑。

【中国影协文艺志愿服务团赴北京市白家庄小学开展校园电影课】

5月23日，中国影协文艺志愿服务团来到北京市白家庄小学为该校孩子们上了一堂精彩的校园电影课。青年演员管乐用生动、活泼的讲解为孩子们介绍了电影的发展史、3D技术等电影知识，受到孩子们的热烈欢迎。

【中国影协、中国视协联合呼吁影视工作者洁身自好】

6月27日，针对个别影视从业人员因违法事件屡被曝光，中国影协、中国电视艺术家协会向全国影视工作者发出倡议书，呼吁影视工作者要洁身自好，增强法律意识，加强行业自律。

【中国影协国际传播工作委员会成立大会暨中国国际传播（电影）发展论坛】

7月29日，中国影协国际传播工作委员会成立大会暨中国国际传播（电影）发展论坛在北京举行。中国文联党组成员、副主席夏潮，中国影协分党组书记、驻会副主席康健民，中国影协分党组成员、秘书长饶曙光，中国影协分党组成员、副秘书长李景富，中国文联电影艺术中心主任胡子光，中国电影海外推广公司董事长谷国庆，国家新闻出版广电总局电影局副巡视员周建东，DMG印纪娱乐传媒集团总裁吴冰、CEO丹密茨，好莱坞知名制片人保罗·斯科威克，编剧伊万·多尔蒂，伦敦国际华语电影节主席孔祥曦等中外电影界人士出席了会议。中外嘉宾就“孙悟空与钢铁侠:从‘文化折扣’现象及东西方审美异同谈中国电影对外传播策略”和“从全球电影产业发展趋势看中国电影国际化合作模式及青年电影人才培养与交流”两个议题进行深入探讨。

【《2014中国电影艺术报告》、《2014中国电影产业研究报告》发布】

8月28日，由中国影协主办，中国文联电影艺术中心、中国影协理论评论工作委员会共同承办的2014电影理论评论年会在京举行。当天发布了《2014中国电影艺术报告》、《2014中国电影产业研究报告》。中国文联党组成员、书记处书记夏潮，中国影协分党组书记、驻会副主席康健民，中国影协分党组副书记许柏林，中国影协分党组成员、秘书长饶曙光，中国文联电影艺术中心主任胡子光、副主任刘浩东，中国影协理论评论委员会顾问黄式宪，中国影协理论评论工作委员会主任尹鸿、陆绍阳，副主任丁亚平、陈晓云、杨远婴、范志忠，以及李道新、吴冠平等电影理论专家和知名影评人参加了会议。

【“安全行·中国”首届公益微电影创作大赛启动仪式】

9月9日，由中国道路交通安全协会、中国影协、北京电影学院、欧美同学基金会共同主办的“安全行·中国”首届公益微电影创作大赛启动仪式在京举行。中国影协分党组书记、驻会副主席康健民，北京电影学院党委书记侯光明，公安部交通管理局副巡视员李泽军、中国道路交通安全协会常务副理事长樊汉国、秘书长王京，欧美同学基金会秘书长李海峰等领导和著名导演翟俊杰出席启动仪式并讲话。温玉娟、佟凡等9位电影艺术家受聘担任微电影创作大赛艺术顾问。

【“我的中国梦·献给教师的歌”中国影协文艺志愿服务团赴南通慰问演出】

9月12日，由中国影协、中国文联电影艺术中心主办的“我的中国梦·情系南通——献给教师的歌”文艺志愿服务活动来到江苏省南通市农业职业技术学院。中国文联副主席、著名评书艺术家刘兰芳、电影艺术家温玉娟、杨树泉、青年演员魏一以及李玉刚、乌兰托娅、石头等文艺工作者为南通的教师们带来了一场精彩的视听盛宴。中国广播艺术团党委书记、国家一级导演江平，央视主持人居文沛共同主持慰问活动。

【中国影协张掖市丹霞国家地质公园等景区拍摄基地授牌】

9月17日，中国影协拍摄基地授牌仪式在甘肃张掖湿地博物馆广场举行。中国影协党组书记、副主席康健民、甘肃省文联副巡视员孙周秦、中国影协大型活动部副主任刘建凯、甘肃省电影协会秘书长乔琼，张掖市委常委、政法委书记韩正明、副市长王向机出席授牌仪式。

【中国影协第九届主席团第三次会议】

9月24日，中国影协第九届主席团第三次会议在兰州市举行，中国文联副主席、中国影协主席李雪健，中国影协分党组书记、驻会副主席康健民，中国影协副主席王兴东、尹力、明振江、张会军、张宏森出席了会议。会议任命孙崇磊为中国影协副秘书长。

【电影界学习习近平总书记在文艺工作座谈会上的讲话座谈会】

10月20日，电影界学习习近平总书记在文艺工作座谈会上的讲话座谈会在中国影协召开。中国文联荣誉委员、中国影协顾问丁荫楠，中国影协分党组书记、驻会副主席康健民，中国影协副主席尹力、张会军，分党组副书记许柏林，分党组成员、秘书长饶曙光以及翟俊杰、黄会林、陈力、刘之冰、陈逸恒、陆绍阳等出席了座谈会。大家围绕习总书记提出的“人民是文艺创作的源头活水”、“文艺不能当市场的奴隶”等观点展开讨论，各抒己见。

【2014中国（武汉）电影产业博览交易会】

11月1日至11月3日，由中国影协、武汉市人民政府、中国文联电影艺术中心、中国电影制片人协会、中国电影发行放映协会、北京电影学院联合举办的“2014中国（武汉）电影产业博览交易会”在武汉客厅中国文化博览中心举行。中国文联党组成员、副主席夏潮，中国影协分党组书记、驻会副主席康健民，武汉市委常委、宣传部长李述永出席开幕式并揭幕。中国（武汉）电影产业博览交易会以“中国梦·影响力”为主题，分“博览”、“文化”、“交易”3大板块。其中，系列展由中国电影海报收藏精品展、中国电影历史文宣展、中国电影收藏精品展组成，同时举办的“中国当代经典电影展播”展播了《地道战》、《上甘岭》等上百部当代中国电影精品；交易会板块设有中国电影项目交易会，中国影视设备衍生品及图书传媒品采购交易会、微电影交易会、中国电影人才培训及电影新秀推介会、中国电影新片推介会等五大交易会，形成了电影项目融资、剧本交易、拍摄制作、宣传发行、人才培养、院线布局的完整产业链。此次博览交易会共吸引国内外参展企业476家，引入国家级电影文化项目5个，电影产业项目11个，参与剧本交易和拍卖的电影剧本1000多部，来自全国67个厂家及227种产品在展销会上亮相。中国影协新媒体工作委员会在此次博览交易会上挂牌成立。

【首届中国电影声音高层学术论坛】

11月2日，由中国影协电影声音艺术工作委员会主办的“新常态、新机遇:中国电影声音艺术创作及教育发展前瞻——首届中国电影声音高层学术论坛”在武汉召开。中国影协分党组成员、副秘书长孙崇磊、武汉市委宣传部常务副部长潘堂林、中国文联电影艺术中心副主任李倩、《中国文艺家》杂志社总编向阳、北京电影学院科研信息化处处长刘军，以及来自全国部分电影制片厂、电影创作机构的电影声音艺术家和部分高校的电影声音学者参加了会议。中国影协电影声音艺术工作委员会主任姚国强主持会议。

【第九届华语青年影像论坛】

11月2日至6日，由中国影协主办、中国文联电影艺术中心承办的第九届华语青年影像论坛在北京举办。论坛共展映两岸三地青年导演的优秀作品32部，展映56场次，映后见面会17场。成功举办了“艺术跨界、价值多元与文化创新”、“传统与未来：互联网经济与中国电影产业生态”、“青年电影如何与市场面对面”、“我的电影观”、“影像叙事与视觉表达”等多场峰会及圆桌会活动。两岸三地数百名电影人参与其中，谢飞、郑洞天等老一代资深导演，以及张强、尹鸿、周铁东、俞剑红、杨向华等嘉宾，对当前互联网经济大潮时代下电影产业生态的转型与变革、青年电影人如何投身电影产业，发表各自观点。论坛组委会从2013年10月至2014年9月出品或公映的华语电影作品中筛选，并经由中国影协副主席、导演黄建新担任主席的9人评委会评选产生了16位“年度新锐影人”：年度新锐录音师：王砚伟（《无人区》）、李涛（《摇滚英雄》）；年度新锐男演员：林更新（《同桌的你》）、王凯（《黄克功案件》）；年度新锐女演员：张慧雯（《归来》）、刘雅瑟（《摇滚英雄》）；年度新锐美术师：蔡珮玲（《回光奏鸣曲》）、赵宇（《绣春刀》）；年度新锐剪辑师：王媛（《忘了去懂你》）、于柏杨（《狄仁杰之神都龙王》）； 年度新锐导演：谭华（《摇滚英雄》）、钱翔（《回光奏鸣曲》）；年度新锐摄影师：廖拟（《后会无期》）、王岩（《我不是王毛》）；年度新锐编剧：焦华静（《狗十三》）、韩寒（《后会无期》）。每位新锐影人获得了由著名艺术家韩美林设计的凤雏杯。

【电影家赴晋江市开展“深入生活、扎根人民”创作实践活动】

11月28日至12月1日，为贯彻落实习近平总书记在文艺工作座谈会上的讲话精神及中宣部关于文艺界“深入生活、扎根人民”主题实践活动会议精神，由中国影协、晋江市人民政府主办的电影家“深入生活、扎根人民”创作实践活动在福建晋江举行。中国影协分党组书记、驻会副主席康健民，中国影协副主席尹力，中国影协分党组成员、副秘书长孙崇磊，中国文联电影艺术中心主任胡子光，中国影协演员工作委员会主任王霙，台湾演员王思懿、台湾导演张柏瑞及部分省影协秘书长参加此次活动。期间，组织了“走进古田会议——红色之旅”采风活动，举办了“深入生活、扎根人民”主题实践活动暨推动闽南语电影发展座谈会，并为晋江群众放映了公益广场电影《全民目击》。

【中国影协电影声音艺术工作委员会年会暨“薪火相传：中国电影声音教育与艺术创作”学术论坛】

12月6日至8日，中国影协电影声音艺术工作委员会年会暨“薪火相传：中国电影声音教育与艺术创作”学术论坛在北京首农香山会议中心召开。中国影协分党组书记、驻会副主席康健民，中国文联电影艺术中心主任胡子光，中国影协电影声音艺术工作委员会名誉主任冯德耀等出席会议，来自全国数十个与电影声音教育教学相关的高等院校的教学人员，以及来自全国部分电影制片厂、电影声音创作机构的声音艺术家参加会议。

电影节与评奖

【第32届大众电影百花奖新闻发布会】

4月29日，第32届大众电影百花奖组委会在北京召开新闻发布会公布本届大众电影百花奖候选影片，并正式开通观众投票通道。第32届大众电影百花奖候选影片共10部：《一代宗师》、《十二生肖》、《人再囧途之泰囧》、《中国合伙人》、《北京遇上西雅图》、《扫毒》、《全民目击》、《周恩来的四个昼夜》、《致我们终将逝去的青春》、《寒战》。

【第23届中国金鸡百花电影节新闻发布会】

8月22日，第23届中国金鸡百花电影节新闻发布会在北京召开。中国文联党组成员、副主席夏潮以及刘尚军、康健民、曹丕玉、王兴东、明振江、潘虹、许柏林、饶曙光、李景富、孙崇磊、胡子光、宋岱、张成虎等领导出席发布会。中国影协分党组书记、驻会副主席，电影节组委会主任康健民介绍了第23届中国金鸡百花电影节筹备情况和第32届大众电影百花奖评选投票情况。兰州市副市长曹丕玉介绍了兰州市的筹备进展情况。中国影协分党组副书记许柏林现场公布了第32届大众电影百花奖提名名单。

【第23届中国金鸡百花电影节】

9月24日至27日，由中国文学艺术界联合会、中国影协、兰州市人民政府主办的第23届中国金鸡百花电影节在甘肃省兰州市举办。本届电影节包括开幕式、国产新片推介展映、金鸡国际影展、港澳台影展、少数民族影展、中国电影论坛、中国电影科技论坛、中国电影教育与产业论坛、艺术家下基层采风、百花奖提名者表彰仪式、颁奖典礼及闭幕式等多项主体活动。电影节期间，各级领导、艺术家、海外嘉宾、新闻媒体记者和电影工作者两千余人出席会议和活动。

开幕式——9月24日，全国政协副主席卢展工在兰州宣布第23届金鸡百花电影节开幕。中国文联党组成员、副主席夏潮、国家新闻出版广电总局副局长童刚在开幕式上致辞。中国影协主席李雪健，中国影协分党组书记、驻会副主席康健民，兰州市委书记虞海燕等领导以及来自中国内地、香港、澳门、台湾的老中青电影人出席了开幕式。开幕式朴素而简约，选择了彰显甘肃历史文化特色的舞剧《大梦敦煌》，将电影节与当地文化巧妙结合在一起，以淋漓尽致、亦梦亦幻的演出征服了国内外观众，参加开幕式的嘉宾更深入地了解了兰州文化和丝路风情。

电影展映——国产新片推介展映单元参展影片近60部，其中20部影片举办了发布会和观众见面会。金鸡国际（港澳台）影展，共接待来自瑞典、美国、意大利、伊朗、委内瑞拉、古巴、柬埔寨等21个国家的国外嘉宾63人，港澳台嘉宾66人，放映了25个国家和地区的41部优秀影片，累计展映83场次，影片质量受到了各界电影人士及兰州观众的好评。由于兰州是一个多民族聚居地，因此本届电影节还特别增加了民族电影展，影展历时三天，放映了蒙古族影片《诺日吉玛》、藏族影片《五彩神箭》等10部少数民族影片，展示了民族电影的成绩及多民族文化的风采，观众反响强烈。

学术活动——中国电影论坛以“中国故事与中国梦”为主题，打破了往年以论坛作者为参与者的旧格局，在以文赴会的前提下，形成了论文作者、金鸡奖理论评论奖获奖者、业界专家和一线创作人才共同参与的模式；增加了金鸡奖著作奖评选和电影创意项目的签约孵化，论坛活动实现了丰富扩容和升级。中国电影科技论坛聚焦“新媒体·新思维·新发展”，围绕“新媒体电影对中国电影产业的影响”、“新媒体电影对传统电影创作思维的冲击与融合”、“新媒体背景下电影的变化与发展”三个分论题展开讨论。中国电影教育与产业论坛定位于电影产业和投融资，汇集来自电影业界、学界、投资界和政府相关部门，共同探讨中国电影产业的未来发展和投融资战略。金鸡百花杯学生影评大赛是多年来论坛延续的基本组成单元，4月兰州市在暑假前发布征文信息，9月初完成一等奖初选，最终由中国影协组织完成特等奖终评。

艺术家采风活动——电影节期间，电影艺术家们深入市民工作、生活的一线，以采风的形式深刻体验了兰州的风土人情和经济发展成就，深入感受这座西部城市的地理风光及人文景观，为今后的电影创作积累了丰富素材。同时，在与群众的交流互动中，进一步拉近了电影工作者与群众之间的距离。

大众电影百花奖提名者表彰仪式——9月26日下午，举办了第32届大众电影百花奖提名者表彰仪式，101名观众评委现场为本届大众电影百花奖提名影片和影片主创人员颁发提名证书和奖杯。

第32届大众电影百花奖颁奖典礼和电影节闭幕式——9月27日晚，第32届大众电影百花奖颁奖典礼暨第23届中国金鸡百花电影节闭幕式在甘肃国际会展中心举行。中国文联党组书记、副主席赵实出席颁奖典礼，并为终身成就奖获得者电影史学专家程季华、资深电影编剧史超以及著名电影表演艺术家王心刚、庞学勤颁奖。经过101位观众评委的现场投票，第32届大众电影百花奖各奖项获得者逐一揭晓。与以往颁奖晚会追求舞美视效的华美不同，本届百花奖颁奖典礼现场以风格独特的兰州标志“中山铁桥”元素为主，着力体现城市特点，简约大气而独具特色。颁奖典礼结束后，第23届电影节的举办城市吉林市领导从兰州市领导手中接过电影节节旗。

【第32届大众电影百花奖】

4月，中国影协邀请中国电影发行放映协会属下的100名骨干影院经理，在规定的评奖周期内，在票房达到500万、电视播出观众达3000万人次的近百部影片中，投票产生10部百花奖候选影片。4月29日召开的第23届中国金鸡百花电影节的新闻发布会上，中国影协公布了候选影片和单项奖候选人名单，并从当日起启动了观众投票。本届百花奖的投票渠道，除在中国影协官方网站和《大众电影》杂志的网络投票平台外，还拓展了移动端投票系统，建立了二维码扫描投票、微信朋友圈、手机端页面投票等平台，最大程度地实现投票的移动化和便捷化；通过技术研发，在百花奖历史上首次实现了小屏幕触控投票，并在北京、上海、广州、深圳等一线城市的5万辆出租车电视屏幕上全面覆盖；与万达、金逸等院线合作，在全国各院线近200家影城内及院线的网站、微博、微信、APP等新媒体平台，以及80余家KTV内设立移动端投票入口，最大程度地覆盖国内观影人群，有效提升了百花奖的观众参与度和关注度，激发了观众的参与热情。截止到7月31日，共收到各类选票共计22286688，总投票量较上届的票数832万有了很大幅度的增长。

根据《大众电影百花奖章程》的规定，在观众投票中票数排前五名者获得大众电影百花奖提名（按片名和姓氏笔画排序）：

影片奖提名：《一代宗师》、《中国合伙人》、《北京遇上西雅图》、《周恩来的四个昼夜》、《致我们终将逝去的青春》；

单项奖提名：

最佳编剧奖提名：田运章、吴宝安（电影《周恩来的四个昼夜》编剧），李樯（电影《致我们终将逝去的青春》编剧），邹静之、徐皓峰、王家卫（电影《一代宗师》编剧），周智勇、张冀、林爱华（电影《中国合伙人》编剧），薛晓路（电影《北京遇上西雅图》编剧）；

最佳导演奖提名：王家卫（电影《一代宗师》导演），陈力（电影《周恩来的四个昼夜》导演），陈可辛（电影《中国合伙人》导演），赵薇（电影《致我们终将逝去的青春》导演），薛晓路（电影《北京遇上西雅图》导演）；

最佳男主角奖提名：成龙（电影《十二生肖》中饰演JC），吴秀波（电影《北京遇上西雅图》中饰演Frank），张家辉（电影《扫毒》中饰演张子伟），徐峥（电影《人再囧途之泰囧》中饰演徐朗），黄晓明（电影《中国合伙人》中饰演成冬青）；

最佳女主角奖提名：汤唯（电影《北京遇上西雅图》中饰演文佳佳），余男（电影《全民目击》中饰演周莉），姚星彤（电影《十二生肖》中饰演可可COCO），杨子姗（电影《致我们终将逝去的青春》中饰演郑微），章子怡（电影《一代宗师》中饰演宫二）；

最佳男配角奖提名：包贝尔（电影《致我们终将逝去的青春》中饰演张开），何伟（电影《周恩来的四个昼夜》中饰演郭凤林），张晋（电影《一代宗师》中饰演马三），佟大为（电影《中国合伙人》中饰演王阳），韩庚（电影《致我们终将逝去的青春》中饰演林静）；

最佳女配角奖提名：邓家佳（电影《全民目击》中饰演林萌萌），杨采妮（电影《寒战》中饰演梁紫薇），陶虹（电影《人再囧途之泰囧》中饰演安安），袁泉（电影《扫毒》中饰演袁可儿），海清（电影《北京遇上西雅图》中饰演周逸）；

最佳新人奖提名：丁子烁（电影《全民目击》中饰演梅子），马浴柯（电影《扫毒》中饰演段坤），张蓝心（电影《十二生肖》中饰演Bonnie），彭于晏（电影《寒战》中饰演李家俊）。

根据《大众电影百花奖章程》的规定和组委会的统一安排，在北京市方正公证处的监督下，本届百花奖观众评委的抽取工作分别于7月15日、7月25日、8月4日、8月19日分四批进行。组委会根据抽取结果最终确定101位观众，组成第32届大众电影百花奖的终评委员会。9月24日至9月27日，101位终评观众对10部候选影片进行再次观摩和充分讨论。9月27日晚，101名终评观众在大众电影百花奖颁奖典礼直播现场，在全国亿万观众和现场公证员的监督下，以按表决器的方式当场投票，评选出第32届大众电影百花奖各最佳奖项：佟大为获最佳男配角奖（《中国合伙人》饰演王阳）、邓家佳获最佳女配角奖（《全民目击》饰演林萌萌）、马浴柯获最佳新人奖（《扫毒》饰演段坤）、《致青春》编剧李樯获最佳编剧奖、《致青春》导演赵薇获最佳导演奖、黄晓明获最佳男主角奖（《中国合伙人》饰演成东青）、章子怡获最佳女主角奖（《一代宗师》饰演宫二小姐）、王家卫执导的《一代宗师》获得最佳影片奖、《周恩来的四个昼夜》和《中国合伙人》获优秀故事片奖。

创作与研究

【《腊月的春》电影观摩研讨会】

5月18日，由中国影协、中国文联理论研究室、中国文学艺术基金会主办的甘肃首部“双联”题材电影《腊月的春》观摩研讨会在北京举行。原中国文联副主席仲呈祥，中国影协分党组书记、驻会副主席康健民，中国影协分党组成员、秘书长饶曙光等领导参加了研讨会，与会领导及专家对电影给予了高度评价，认为该片以小见大，在有限的投资下超水平完成了影片制作。

【第五届“中国影协杯”优秀电影剧作评选】

5月23日，由中国影协主办、中国影协电影文学创作委员会承办的第五届“中国影协杯”优秀电影剧作表彰典礼及创作座谈会在北京举办。按照得票排序，《西藏天空》（编剧阿来）、《全民目击》（编剧非行）、《中国合伙人》（编剧周智勇、张冀、林爱华）、《胡巧英告状》（编剧刘洋、宫凯波）、《孔二皮进城记》（编剧张挺）、《警察日记》（编剧宁岱）、《酒肆风雪夜》（编剧云山）7部影片的剧本被评为年度优秀电影剧作。中国文联党组成员、副主席夏潮，中国影协顾问丁荫楠、苏叔阳，中国影协副主席王兴东，中国影协分党组副书记许柏林、秘书长饶曙光，以及陆柱国、翟俊杰等艺术家出席活动。阿来、张挺、云山、非行等优秀编剧在编剧座谈会上畅谈了自己的创作经验和体会。

【《唐代诗词故事108部系列微电影》研讨会】

10月17日，《唐代诗词故事108部系列微电影》研讨会在中国影协召开。与会领导、专家、学者和媒体代表一同观看了《复活的情韵——108部唐诗经典系列微电影》中的两部优秀作品《江雨霏霏江草齐》和《谁言寸草心》。原中国文联副主席、著名文艺评论家李准，中国影协驻会副主席、分党组书记康健民，中国影协副主席尹力、张会军，中国影协分党组成员、秘书长饶曙光，中央电视台副台长、中央新影集团董事长兼总裁高峰，北京师范大学教授、中国文化国际传播研究院院长黄会林，清华大学新闻与传播学院常务副院长、影视传播研究中心主任尹鸿，北京师范大学教授尹成奎，中央人民广播电台副总编辑杨文延，参加了研讨。会议由中国影协分党组副书记许柏林主持。

【电影《守信少年》剧本研讨会】

11月14日，电影《守信少年》电影文学剧本研讨会在中国影协召开。中国影协分党组副书记许柏林、中国影协电影文学创作委员会主任张思涛、《光明日报》文艺部副主任李春利、中央戏剧学院电影电视系教授路海波、《当代电影》杂志社社长皇甫宜川、中国文联电影艺术中心副主任刘浩东、中国电影艺术研究中心研究员王群等专家出席了研讨会。会议由中国影协分党组成员、秘书长饶曙光主持。

对外及对港澳台地区文化交流

【访问伊朗、以色列】

2月3日至8日，中国影协分党组副书记许柏林率团访问伊朗、以色列，分别出席第32届伊朗曙光旬国际电影节、第17届伊朗国际电影电视市场交易展，并参访以色列电影基金会、丹·沃尔曼电影制片公司，访问期间与外方探讨了双边电影交流及在电影节期间合作办展等事宜。

【接待台湾两岸电影交流委员会一行】

3月6日，中国文联党组书记、副主席赵实在中国文艺家之家会见了以主任委员李行为团长的台湾两岸电影交流委员会访问团。中国文联党组成员、书记处书记郭运德，中国影协分党组书记、副主席康健民，中国文联港澳台办公室主任董占顺，中国影协分党组成员、秘书长饶曙光参加会见。双方就进一步加强两岸电影交流，推动形成两岸大交流、大融合、大发展的良好局面进行了深入探讨。

【出席第38届香港国际电影节】

3月24日至27日，中国影协外联部刘哲、中国文联电影艺术中心电影艺术研究部主任王纯、世界电影研究部主任曹祎娜出席了第38届香港国际电影节，期间观摩香港国际影视展并为在兰州举办的第23届中国金鸡百花电影节国际（港澳台）影展预选影片。

【访问香港、澳门】

4月13日至16日，中国影协分党组成员、秘书长饶曙光访问香港、澳门，出席第33届香港电影金像奖颁奖活动，会见驻港中联办宣文部、驻澳中联办文教部及港澳特区政府相关部门和电影机构负责人，双方就三地电影发展现状、金鸡百花电影节港澳影展主题，以及进一步开展华语电影交流交换看法，同时就澳门新片参加在兰州举办的第23届中国金鸡百花电影节达成初步共识。

【举办中国山西·韩国电影周】

4月26日，由山西省新闻出版广电局、中国影协、韩国光州国际电影节组委会主办的“2014年中国山西·韩国电影周”在山西太原开幕。展映了《随风而逝》、《抓住那家伙》、《所谓建筑家》、《26年》等4部韩国优秀影片。活动旨在加强中韩两国文化交流，增进中韩两国的相互了解，提升双方的电影创作水平。

【访问罗马尼亚】

6月16日至19日，中国影协组联部副主任李静应罗马尼亚电影推广协会邀请访罗，并出席第二届中国浙江电影周相关活动，此访进一步巩固双方年度电影交流及人员互访关系。

【访问缅甸、柬埔寨】

8月10日至17日，中国影协副主席、编剧王兴东率团访问缅甸、柬埔寨，分别会见缅柬政府主管部门及电影机构负责人，并与两国电影工作者座谈。此系影协与柬有关电影机构建立联系后首次往访，增进了相互了解，为今后开展双边电影交流打开的新途径。

【举办金鸡国际影展及港澳台影展】

9月24日至27日，金鸡国际影展在第23届中国金鸡百花电影节期间举办，共组织了国外电影沙龙、外国电影展映、国外和港澳台嘉宾欢迎酒会等主体活动6场，组织意大利、古巴、日本、中国台湾等国家和地区参展影片观众见面会7场。来自瑞典、美国、意大利、伊朗、委内瑞拉、古巴、柬埔寨等21个国家的电影代表团和港澳台地区的电影工作者、业界人士和政府官员等共129人与会。影展共展映25个国家地区的41部优秀影片，累计放映83场次，配合主办地评选出4个类别8个奖项：挪威影片《酷孩不哭》、厄瓜多尔影片《驱逐普罗米修斯》获“最受观众喜爱的外国影片”、丹麦影片《狩猎》、日本影片《49天的秘方》获“最受观众喜爱的外国导演”、古巴影片《寻找艾丝特》和意大利影片《意大利万岁》的男主角与波兰影片《欺骗》和韩国影片《道熙呀》的女主角分获“最受观众喜爱的外国男、女演员”。在金鸡国际影展框架内举办“北欧电影专题展”，瑞典、挪威、丹麦三国电影代表团共10人携4部影片参展。影展结束后，北欧电影代表团出席了在苏州举办的“金鸡国际影展北欧影片巡展”媒体见面会、影展开幕式等活动。港澳台影展分别举办“看见新视界—台湾电影新人新片展”、“香港电影金像奖获奖影片回顾及澳门新片展”，澳门特区文化局近年来首度推荐两部新片参加港澳影展。

【出席第19届釜山国际电影节】

10月2日至5日，中国影协副秘书长李景富率团出席第19届釜山国际电影节开幕式、中国电影之夜等相关活动，并会见电影节组委会主要负责人，此访进一步促进中韩电影和人员相互认识了解，深入挖掘今后双方开展电影务实合作的潜力。

【访问美国】

10月10日至14日，中国影协分党组书记、驻会副主席康健民率团访问美国，与美国华人文化艺术界联盟分别在旧金山加州伯克利大学、洛杉矶南加州大学联合举办中国少数民族影展活动，并接受当地主要媒体采访。这是中国现代少数民族电影首次在美举办专题展映，有力配合中美年度文化艺术交流工作，促进了我少数民族电影走出去，并为今后开展双边电影合作开辟了新渠道。

【出席第6届海峡两岸暨港澳地区艺术论坛】

12月8日至12日，中国影协副秘书长孙崇磊随团赴台湾出席第6届海峡两岸暨港澳地区艺术论坛，进一步增进两岸四地电影人之间接触了解，深化华语电影推广与交流，为今后开展电影合作与人员往来创造有利条件。

【接待境外来访电影组团及业界人士】

全年分别会见了丹麦艺术之家制片协会主席汤姆、意大利电影音像和多媒体工业协会驻华代表爱德华、韩国光州国际电影节副主席曹福礼、英国万像华语国际电影节主席贾振丹、澳门特区文化局文化创意产业促进厅厅长梁英华、柬埔寨影视人协会主席张谷森、台湾电影推介交流会代表团等，积极探讨双方机构互办影展、邀片参展、学术研讨、人员交流等可行性，并为其在内地建立业务联系，开展影片融资合拍牵线搭桥。

机关建设

【中国影协党的群众路线教育实践活动总结大会】

1月17日，中国影协召开党的群众路线教育实践活动总结大会，中国文联督导组、人事部干部处处长张晓辉，国际联络部港澳台处副处长朱孟雨，中国影协分党组成员以及中国影协机关、中国文联电影艺术中心全体干部职工，中国电影出版社、大众电影杂志社班子成员和全体在职党员参加会议。中国影协分党组书记、驻会副主席康健民代表分党组作中国影协党的群众路线教育实践活动总结报告，并就做好2014年协会工作进行安排部署；全体与会同志对协会领导班子教育实践活动情况进行了评议。

【举办中国影协青年干部培训班】

5月21日至23日，中国影协人事处组织中青年干部培训班，中国影协机关和中国文联电影艺术中心45岁以下全体青年干部参加了学习。培训采取课堂讲授、答疑互动及教学实践相结合的方式，邀请中国影协分党组领导和中国文联电影艺术中心主要领导围绕文化建设、工作方法等主题进行授课，并与青年干部面对面解惑答疑；邀请中国文联优秀青年干部传授成功经验，并组织赴北京市国家影视数字制作基地参观学习。培训班的举办，有效提高了青年干部的政治理论素养和业务水平，提升了青年干部的向心力和凝聚力。

【机关退休干部摄影作品展】

8月至10月，组织举办了“庆祝新中国成立65周年——机关退休干部摄影作品展”活动，共16位退休同志参加了活动，共展出摄影作品27幅。他们用摄影镜头记录下我国改革开放以来日新月异的变化，摄影作品具有强烈的艺术感染力。

【参与中国文联第五届乒乓球比赛】

9月，中国影协机关工会组织干部职工参与中国文联第五届乒乓球比赛，中国影协女队获团体第二名，中国影协男队获团体并列第三名。中国文联电影艺术中心电影理论研究部主任王纯获女子单打并列第三名。

【传达学习习近平总书记在文艺工作座谈会上的讲话】

10月17日，中国影协分党组召开理论中心组学习扩大会议，传达学习习近平总书记在文艺工作者座谈会上的讲话。中国影协分党组成员、机关处以上干部、中国文联电影艺术中心领导班子及各部门正副职、中国电影出版社及大众电影杂志社社领导班子成员参加会议。分党组书记、驻会副主席康健民主持会议，并传达了习近平总书记在文艺工作者座谈会上的讲话，以及中国文联党组关于学习、宣传、贯彻习近平总书记重要讲话精神的通知精神。分党组成员以及各部门、各单位的负责同志分别围绕如何学习、理解、贯彻落实习近平总书记的讲话精神进行了发言。

直属单位

【中国电影出版社】

中国电影出版社在中国文联、中国影协的领导下，坚持正确出版导向，努力做好图书期刊编辑出版工作，实现经营工作的平稳发展，并为下一步的公司制改革做好准备。

图书出版方面，全年累计使用书号199个，共出版图书269种。其中，发稿新书240种，重印图书29种。保持电影类专业图书优势，编辑出版了《中国电影版家传记丛书》、《现代电影表演艺术论》、《好玩的游戏与好看的艺术》、《影视文化9》、《影视文化10》、《电影理论：叙事分析与本体研究》、《数字技术下的电影虚拟表演》等精品力作。其中，《新世纪中国“现象电影”研究》等，在电影理论研究方面发掘崭新的研究视角和领域。《中国电影文学改编史》、《中国电影译制片史》、《中国电影音乐发展研究》填补了我国电影学术研究领域的多个空白。翻译引进的《电视剧：电影的未来？》、《解读电影画面》以及128电影系列丛书《法国电影简史》、《新浪潮》体现了前沿性和前瞻性。强化选题组织策划工作，推出了《中国新导演微访谈》、《微电影-微记录》、《网络时代电视媒体传播研究》、《新媒介时代的舞蹈艺术》、《中国电影科技论坛文集（新媒体卷）》等一批创新型选题，开发了《世界电影发展报告》、《公路电影：现代性、类型与文化价值观》等多个新的权威型选题。加强与影视院校和电影专业研究机构合作，继续做好传统出版项目品牌建设。出版了《中国电影文献史料选编-电影评论卷（1921--1949）》、《2014中国电影艺术报告》、《2014中国电影产业报告》等多部专业权威工具类书籍，以及中国金鸡百花电影节系列图书《兰州与中国电影》、电影院校图书《北京电影学院2009毕业联合作业》（10册）等书。关注组织策划实用型时尚型选题，《电影摄影师应用手册》、《奇形怪状--动漫随笔画集》、《电视剧改编教程》、《表演第一课：表演艺术应试技巧》、《电影数字摄影技术与技巧》、《县级城市数字影院投资与运营管理》、《戏曲与舞蹈》等，影视图书《主君的太阳》、《约会不看恐怖电影不酷》、《十月围城》、《一触即发》等，以及《宋辽风云》《檀香花环》《李密传》等文学类选题，为今后影视项目的全版权开发做了有益尝试。紧密围绕电影产品产业市场，初步策划《中国电影英雄谱英雄榜》之电影卷（类型片、现象级影片）、电影评论卷、导演卷、明星卷、摄影师卷、美术师卷、制片人卷、市场营销卷、发行人卷、公司卷、电影院线卷、网络售票系统卷、电影网络金融卷、电影全版权（超级IP）卷等近百种图书策划。成功引进4种图书国外版权。

数字出版方面，基本完成了《电影数字出版和新媒体营销工程》项目(包括中国电影传媒网搭建与内容填充、硬件设备采购、信息管理子系统“ERP”和电影专业理论数据库)，并通过项目验收。“中国电影传媒网”和微博、微信等新媒体平台已经建立，并与第三方支付平台建立账户，正在内部调试。《数字化转型升级》项目进展顺利。《环球银幕》不仅继续保持了高质量的刊物内容，而且保持了36000份的发行量，仍在全国同类期刊中保持领先地位。《环球银幕》IPAD版的编辑出版工作，经过近一年的磨合、调整、改进，已正式出版12期正刊，取得较好的市场影响力，期刊的信息量、画面制作和界面互动性得到读者好评，日常在线量达4000余人。电子期刊编辑队伍趋于成熟，制作技术和流程更加完善，整体制作步入正轨。《环球银幕》安卓版已经上线，每月与IPAD版同时更新。手机版也已进入内部测试阶段。《中国电影出版社全媒体出版营销平台建设》、《中国电影信息数据库》和《“环球银幕”立体社交传媒平台》等数字化建设项目已获得批复。

公司制改革方面，《中国电影出版传媒有限责任公司组建方案》获中国文联党组批准。《电影艺术》、《世界电影》等期刊的划转、变更、登记工作正在推进。成立电影图书策划工作小组，凸显电影主业内容，整合图书策划营销资源，打通选题策划、编辑出版、宣传推广、营销发行，为市场化运营和公司制改革做好准备。成立公司筹备工作领导小组，按照老中青配置小组人员安排小组工作。设立策划营销部门和新媒体部门，加强和改进发行部门工作，配置年轻的干部队伍和工作团队。要求各部门按企业特性市场要求，定员定编，重新进行职能设置、岗位描述，明确工作诉求，规范业务、工作流程。按照国家要求，结合企业实际，做好出版社考核奖惩体系和薪酬体系建设准备工作。

【中国文联电影艺术中心】

2014年是中国文联电影艺术中心全面完成改革、推动自身发展的重要一年。中心在中国影协分党组的领导下，转变观念、明确定位，理顺关系、磨合职能，在推动“中国梦”主题创作、加强学术理论平台建设、开展文艺志愿服务、延伸工作手臂、深化出版期刊改革等方面作出了卓有成效的努力。

在电影创作方面，与海南电影家协会合作开发了《奔格内》、《我们的海》、《青春作伴好还乡》三部电影项目；申报电影项目4个，其中《爱情来了你别跑》、《杜鹃树》、《台北知府》3个项目获得批复；协助电影《腊月的春》完成文联“中国梦”工程申报；参与出品并获百部农村电影工程扶持的电影剧本《69》获釜山电影节APM创投大奖；参与摄制的电影《大变话》开机；举办《黄海怀》、《韩妈妈和她的儿女们》等电影观摩座谈8次；《棒槌萝卜狗》、《恋上这片海》等电影剧本研讨6次；举办《影视大讲堂》2期；举办福建省首届两岸电影出品制片人高级研讨班及交流活动。

在电影惠民活动方面，分别在郴州、南昌、南通举办了“共筑中国梦——情系郴州，送欢乐下基层”、“我的中国梦•献给劳动者的歌”、“我的中国梦•献给教师的歌”三场文艺志愿服务慰问演出及艺术家采风活动。探索开展“校园电影课”志愿服务活动形式，在北京市白家庄小学和东城区光明小学成功开展了两次活动。坚持周末“老电影沙龙”低价电影的放映，共放映老电影52场。

在电影理论评论方面，先后主办或承办了中国电影论坛、中国电影科技论坛、华语青年影像论坛、第五届“中国影协杯”优秀电影剧作评选、电影产业博览交易会、上海国际电影技术论坛、电影观摩座谈、电影剧本研讨等活动。完成《2014中国电影艺术报告》及《2014中国电影产业研究报告》的编撰和出版工作。负责中国电影金鸡奖理论评论奖评奖工作，共收到参评专著34部，参评论文110篇，最终产生包含著作类、文章类和特殊贡献奖共计15名获奖者。

在行业服务方面，进一步规范中国影协专业工作委员会的管理，引导专业工作委员会围绕中国影协的中心工作寻求工作着力点，先后举办了第一届国际传播（电影）发展论坛、台湾电影推介交流会、首届“天马杯”中国动画电影推优评选活动启动、中国(武汉)电影产业博览交易会等活动，在业界都取得了较好反响。

在期刊出版方面，努力确保过渡时期《世界电影》、《电影艺术》两本期刊学术品质。电影史料抢救及利用方面，完善了2013年的三期史料抢救工程并按期完成了第四期的工作,共抢救视频资料：录像带3564条，录音带447条，成品共计4011条;图书、期刊等文字史料：11885幅。现《中国电影文献史料选编》批评卷，已付梓出版，全书共900余页，80万字。

【大众电影杂志社】

在编辑工作方面，自2014年第1期起，《大众电影》实现了全新改版，在坚持“二为”方向和“双百”方针，坚持正确的舆论导向，大力宣传主流文化的基础上，改版后的《大众电影》完成了核心读者群面向青年读者的转变，分为速览、电影、人物、专题、生活五大版块，秉承“电影点亮生活”的理念和有料、有趣、有品的编辑风格，以普及电影文化、推动电影发展、引领电影生活为使命，建立起涵盖平面媒体、网络媒体、市场调研、行业咨询、电影推广及会务在内的系列产品和服务，在全国纸媒市场极其严峻的环境中，展现出逆市而上、蓬勃发展的运势。其中，在新闻报道上，坚持突出国产电影的宣传，以长篇综述等形式关注并完成了“第13届精神文明建设‘五个一工程’获奖影片、动画片”长篇介绍专题文章，第23届金鸡百花电影节、第32届大众电影百花奖和国内其他重要电影节，2013大众电影年度榜、05后潜力影视公司报告等话题，以及一线人物和热点影片、重要影事等全方位的报道；在评论方面，积极关注引领与时事联系较为紧密的话题类选题，对过度娱乐化与过度追求票房、部分艺人道德缺乏自律进行批评；对于外国电影的报道，注重时效性，同步上映的各国代表性影片都有相应刊载，并以专题等形式对相关选题进行梳理，刊发2014最期待电影榜、十大电影造型玩转万圣节等综合类文章，以及对于柏林等五大国际A类电影节的报道。同时，组织专题培训，对编辑记者进行了出版法律法规培训。

在社务工作方面，加强了与万达集团的合作，建立了《大众电影》旗下的官方网站万影网(OneMovie.com)、IPAD杂志、官方微博、官方微信等新媒体传播平台，新媒体产品覆盖了PC端、移动端及社交媒体等大规模人群，为用户创造获取与交流电影资讯的更有效率的体验。同时，借助第32届大众电影百花奖投票、万影俱乐部、首映发布会，以及在北京、上海、武汉等地举办的品牌推广等外延活动，为影迷搭建轻松舒适的对话平台，为电影项目提供多维度宣传推广服务，打造真正具备国际视野和专业水准的电影沟通与展示平台。发行和广告收入不断增长，刊物发行持续保持在单期发行8万册左右，印数总量增长300%，占据了中国电影期刊的龙头地位。此外，中国文联出版报刊精品工程项目——《大众电影》数字化工程按计划有序推进；杂志社转企改制工作按照中国文联的统一部署有条不紊推进。

【《世界电影》编辑部】

《世界电影》编辑部处于转企改制的改革期，编辑出版工作暂由中国文联电影艺术中心世界电影研究部兼管。一年来，《世界电影》编辑出版工作严格执行党关于新闻出版工作的方针和政策，严格遵守国家有关法律法规，思想稳定，方向明确，没有出现任何原则性或导向性错误，在取得较好社会效益的同时，顺利圆满地完成了原编辑部既定的各项工作。按照《世界电影》“洋为中用、翻译介绍国外电影理论、提供国外电影创作的成功经验，提高我国电影工作者在电影理论上的知识和修养”的办刊宗旨，共出刊六期，共计120万字。

【《电影艺术》编辑部】

《电影艺术》编辑部处于转企改制的改革期，编辑出版工作暂由中国文联电影艺术中心电影理论研究部兼管。全年共出版六期，共计170万余字。围绕学术热点、前沿话题、有价值的史料和新颖的创作技艺共刊发文章160篇。其中访谈了近10位重要的电影人，组织了互联网时代与中国电影产业、香港电影研究、纪录片、动画片等专题研究，引进翻译了传记片、电影美学与地缘政治等海外电影理论，更对本年度近30部重要的国产新片进行了专业的学术批评。有效控制成本和稳定的邮局发行量，北京市各零售网点销售量稳定。

中国音乐家协会

综　述

2014年，中国音乐家协会在中国文联党组和中国音乐家协会主席团的领导下，认真贯彻落实党的十八大、十八届三中、四中全会精神以及习近平总书记在文艺工作座谈会上的重要讲话精神，广泛团结广大会员和音乐工作者，以弘扬主旋律、繁荣音乐创作为已任，认真履行“联络、协调、服务”的基本职能，秉持“创新”理念，以举办第九届中国音乐“金钟奖”部分项目和多措并举促进音乐创作为抓手，集中开展以“中国梦”为主题的采风创作和专题研讨活动，选准协会工作的着力点和突破口，使协会服务音乐事业的水平再上新台阶。同时，中国音乐家协会在自身建设的水平和服务音乐事业的绩效上迈上新台阶，严格落实“八项规定”，推进各项工作的规范化、制度化建设，把建设高效能、兼具权威性和专业性的人民团体作为自身建设的重要目标，进一步加强领导班子建设、机关党建、作风建设和干部队伍建设。一年来，全体干部职工振奋精神、锐意创新，各项工作取得了新进展、新成效，使协会服务音乐事业的水平再上新的台阶，为推动音乐事业的繁荣发展，为弘扬先进音乐文化、和谐音乐文化都做出积极贡献。

会议与活动

【中国音协七届主席团第八次会议】

3月11日，中国音协七届主席团第八次会议在北京召开。中国音协主席赵季平主持会议，中国音协分党组书记、驻会副主席徐沛东总结了中国音协2013年的工作，介绍了2014年中国音协即将开展的各项工作，宣读了中国文联党组关于韩新安同志任中国音乐家协会分党组副书记的任职通知，参会主席团成员还就王宏同志任中国音协副秘书长一事进行了讨论并举手表决，一致同意。

【上海之春“金钟之星音乐会”】

4月28日，第31届上海之春国际音乐节开幕式——“金钟之星音乐会”在上海大剧院演出。音乐会邀请曾荣获中国音乐“金钟奖”的中青年音乐家登台献艺，其中既有90后的乐坛新秀，更有多名已成为国内重要文艺院团、艺术院校的“台柱”和“名师”。整场音乐会中西交汇、风格多元，除了演绎多首国内外经典作品，还结合“中国梦”主题唱响了《我爱你中华》《和谐大家庭》《爱在中国》等优秀作品。

【音乐志愿服务活动】

7月20日至30日，由中国文联、中国文艺志愿者协会主办，中国文联文艺志愿服务中心、中国音协承办的中国文联文艺培训志愿服务项目——音乐培训项目（土右旗班、包头班）相继成功举办。10月21日至31日，中国音协邀请了作曲家龚耀年等音乐家赴河南兰考对当地的乡村音乐教师进行了为期十天的专业培训，启动河南兰考文艺支教志愿服务项目。

【纪念世界反法西斯战争胜利】

赵季平创作的民族交响乐《和平颂》(2004年)分别于9月3日——中国人民抗日战争胜利纪念日、12月12日——南京大屠杀死难者国家公祭日前夕在北京国家大剧院和南京保利剧院奏响。音乐会由中国音乐家协会、陕西省文化厅、中共西安市委宣传部、中共南京市委宣传部、西安曲江新区管委会主办。作品共分《金陵•大江》《江泪》《江怨》《江怒》和《和平颂》等五部分。作品大气舒展的旋律，仿佛将听众置身于万里浩荡的扬子江边、金陵二千五百年历史的文化氛围之中。作曲家借此抒发出对人类的爱，以震撼人心的效果呼唤永久和平。与此同时，中国交响乐团也在两地上演了纪念音乐会，包括关峡的《不能忘却》、徐振民的《南京安魂曲》、叶小钢的《和平祭》《我遥远的南京》等作品。无论是耳熟能详的旧作，还是有感而发的新曲，在这特殊的时空中听来，都更具有催人泪下，发人警醒的力量。

【“美丽中国梦”音乐会】

9月28日，庆祝新中国成立65周年——“美丽中国梦”大型交响音乐会在北京中山音乐堂举行。全国政协副主席卢展工和赵实、常荣军、夏潮、李前光、杨承志、赵季平、徐沛东，以及中国文联有关机关部室、所属单位负责人等出席。音乐会上，演奏了赵季平的《秦川抒怀》《高原狂舞》、徐沛东的《黑土梦》、叶小钢的《梦回江南》、印青的《江山如画》、孟卫东的《东北风》等充满浓郁民族特色的原创交响乐作品。宋祖英的女声独唱《我们的舰旗高高飘扬》和《大地飞歌》，廖昌永的男中音独唱《我是城里的大忙人》和《浪淘沙·北戴河》等众多曲目，引发现场阵阵掌声。音乐会由谭利华、夏小汤执棒，中国爱乐乐团演奏，中国音协合唱联盟经典合唱团合唱。此次大型交响音乐会既作为“中国梦”全国原创歌曲征集活动成果的一次集中展示，也是向新中国成立65周年献礼的一次精品演出。

【中国音协组织学习习总书记重要讲话】

10月17日，中国音协组织协会工作人员召开会议，学习习近平总书记在文艺工作座谈会上的重要讲话精神。

【中国音协七届理事会第三次会议】

10月31日，中国音协第七届理事会第三次会议在北京召开。会议传达学习了习近平总书记在文艺工作座谈会上的重要讲话精神，审议通过了《关于召开中国音乐家协会第八次全国代表大会的决议》。会议由中国音协主席赵季平主持。中国文联副主席陈晓光，中国文联党组成员、书记处书记郭运德，中国文联副主席、中国音协驻会副主席徐沛东，中宣部干部局，中国文联人事部负责人以及全国130余名理事出席会议。

第九届中国音乐“金钟奖”

第九届中国音乐“金钟奖”包括作品奖、表演奖、理论评论奖、终身成就奖四个子项目。其中，管乐比赛、合唱比赛设在2014年举办。

【管乐比赛】

8月3日至8日，由中国文联、中国音协、青岛市人民政府主办，中国音协管乐学会、青岛市文联、青岛市教育局承办的第九届中国音乐“金钟奖”管乐比赛（单簧管、长笛）在青岛举行，这也是“金钟奖”首次设立的管乐比赛。中国文联党组书记、副主席赵实出席了开幕式。中国文联党组成员、书记处书记郭运德出席了颁奖音乐会。比赛分选拔赛、复赛、半决赛、决赛四轮次进行，共有48名选手参加现场比赛，最终评选出1名金奖、2名银奖、3名铜奖以及优秀奖和入围奖。大赛展现了近些年来我国管乐教学的优秀成果。

管乐（单簧管）比赛获奖名单：

金奖

吕树清　中央音乐学院选送

银奖

肖　禹　总政艺术局选送

何时雨　总政艺术局选送

铜奖

周　磊　总政艺术局选送

董诗乐　中国音乐家协会管乐学会选送

李震伟　上海音乐学院选送

优秀奖

刘瀚文　辽宁省音乐家协会选送

李光韬　中国音乐家协会管乐学会选送

李思远　中央音乐学院选送

张　鑫　山东省音乐家协会选送

唐艳婷　星海音乐学院选送

周　赞　中国音乐学院选送

管乐（长笛）比赛获奖名单：

金奖

刘　晔　中央音乐学院选送

银奖

刘颖茜　中国交响乐团选送

高　源　陕西省音乐家协会选送

铜奖

王　佳　中国交响乐团选送

周诗楠　上海音乐家协会选送

雷　蕾　中国音乐学院选送

优秀奖

宋一迪　中国音乐学院选送

杨语熙 星海音乐学院选送
车 达 中央音乐学院选送
崔启昊 西安音乐学院选送
张 翔 总政艺术局选送

【合唱比赛】

9月18日至22日，由中国文联、中国音协、江苏省委宣传部共同主办的第九届中国音乐“金钟奖”合唱比赛在苏州举行。来自全国29个省、区、市以及中央直属机关、部队的35支合唱团近2500人参加了比赛，中国文联副主席陈晓光，中国文联党组成员、书记处书记郭运德，江苏省委常委、宣传部部长王燕文，中国音协主席赵季平，中国音协分党组书记、驻会副主席徐沛东等嘉宾出席了21日晚的颁奖音乐会。本届合唱比赛适逢祖国65周年华诞，也成为全国音乐界对于祖国母亲的一份隆重节日献礼，备受各界关注，经过激烈角逐共评选出金奖3支，银奖5支，铜奖7支，优秀奖20支。

合唱比赛获奖名单：

金奖
中国首都警官合唱团 公安文联选送
西安音乐学院合唱团 西安音乐学院选送
苏州科技学院音乐学院合唱团 江苏省音乐家协会选送

银奖
广西艺术学院合唱团 广西壮族自治区音乐家协会选送
四川音乐学院合唱团 四川音乐学院选送
武汉音乐学院东方神韵合唱团 武汉音乐学院选送
大连艺术学院混声合唱团 辽宁省音乐家协会选送
内蒙古师范大学音乐学院学生合唱团 内蒙古自治区音乐家协会选送

铜奖
福清侨乡合唱团 福建省音乐家协会选送
山东艺术学院音乐学院合唱团 山东省音乐家协会选送
东北师范大学音乐学院学生合唱团 吉林省音乐家协会选送
湖南师范大学音乐学院天籁合唱团 湖南省音乐家协会选送
浙江大学文琴合唱团 浙江省音乐家协会选送
常熟江南云水合唱团 江苏省音乐家协会选送
中国工商银行苏州苏韵合唱团 江苏省音乐家协会选送

优秀奖
华南师范大学女声合唱团 广东省音乐家协会选送
星海音乐学院岭南女声合唱团 星海音乐学院选送
星海音乐学院声乐系——“星·声”合唱团 广东省音乐家协会选送
华东师范大学音乐系合唱团 上海音乐家协会选送
义乌市教师合唱团 浙江省音乐家协会选送
山东大学舜歌合唱团 山东省音乐家协会选送
北京职工合唱团 北京音乐家协会选送
江西师范大学音乐学院青年爱乐合唱团 江西省音乐家协会选送
西北民族大学合唱团 甘肃省音乐家协会选送
贵阳合唱团 贵州省音乐家协会选送
齐齐哈尔大学合唱团 黑龙江省音乐家协会选送
河南职业技术学院合唱团 河南省音乐家协会选送
四川师范大学音乐学院合唱团 四川省音乐家协会选送
合肥市蜀山区黄山合唱团 安徽省音乐家协会选送
西南政法大学学生合唱团 重庆市音乐家协会选送
西安佳音合唱团 陕西省音乐家协会选送
昆明艺术职业学院聂耳合唱团 云南省音乐家协会选送
天津音乐学院民族声乐系“天乐”女子合唱团 天津音乐学院选送
保定学院合唱团 河北省音乐家协会选送
海口经济学院海之声合唱团 海南省音乐家协会选送

艺术节与评奖

【长江钢琴第二届全国钢琴比赛】

10月14日至21日，由中国音乐家协会、宜昌市政府主办的中国音乐“小金钟”奖长江钢琴第二届全国钢琴比赛在湖北宜昌市举行。比赛设专业组和业余组，为提升比赛参与度和影响力，业余组预选赛在北京、上海、广东、天津等全国31个分赛区近百个赛点举行，产生了180名业余组选手和40名专业组选手赴湖北宜昌参赛，最终评选出上海音乐学院选送的徐乾一获得专业组金奖，辽宁省音乐家协会选送的王宇航获得业余组特别奖。

【沈肇州杯首届全国琵琶比赛】

10月25日至31日，由中国音乐家协会、中共海门市委、海门市政府主办，中国音协琵琶学会、中国音协高校音乐联盟与中共海门市委宣传部、海门市文化广电新闻出版局承办的中国音乐“小金钟”奖——沈肇州杯首届全国琵琶比赛在江苏海门举行。比赛设高校组和专业组，来自全国80多名选手参赛，最终来自中央音乐学院附中的樊之琳获得专业组金奖，南京艺术学院的沈晔获得高校组金奖。

创作与研究

【管弦乐《万壑松风》德国首演】

5月19日和20日，由曼海姆国家歌剧院交响乐团向贾国平委约的为古筝、笙和交响乐团而作的《万壑松风》在曼海姆玫瑰园音乐厅首演，指挥：吕绍嘉。作者运用“多维度结构理论”充分挖掘传统乐器在演奏方式和音乐表达上的可能性，将西方现代十二音技法、可变音高体系与中国传统音乐中蕴藏的元素充分糅合碰撞。借助宋朝李唐同名山水画作的意境，以一种个性化的音响表达了一位当代作曲家独特的哲思和内心感受。画面中“奇峰耸峙、飞瀑鸣泉、清岚浮动、水流奔涌和松林高密”五个主要意象既是贯穿该作品中的核心音响元素，同时也是构成该作品五个段落的音乐表现内容。

【全国优秀青年词曲作家高级研修班】

5月25日至31日，由中国音协、东莞市人民政府联合主办的全国优秀青年词曲作家高级研修班暨“我的中国梦”第二届全国打工歌曲创作采风活动在塘厦举行。26日，中国音协副主席、作曲家印青，中国音协分党组副书记、秘书长韩新安等人出席了活动启动仪式。印青为“我的中国梦”全国优秀青年词曲作家创作采风团授旗。研修班举行了一系列音乐讲座，包括由陈晓光、徐沛东、印青、戚建波主讲的四场“与名家面对面”大师讲座；研修班作品赏析交流会；韩国音乐人李根宇、金玉均主讲的两场“韩国名家直通车”等。学员都来自各省选拔的优秀青年词曲作家，研修班创新性地将培训、采风、创作、比赛、推广等环节融为一体，为有梦想、有才华的音乐人创造学习和交流的机会，为广大音乐爱好者铺设“成才之路”。

【“情系雷锋　大爱长沙”新歌征集活动】

6月18日，“千首赞歌唱雷锋精神，万行长诗颂道德模范——‘情系雷锋，大爱长沙’全国原创新歌征集颁奖活动”在长沙市人民会堂举行。活动由中国音协、中共长沙市委宣传部、长沙市文明办、长沙市广播电视台、长沙市文联共同主办。活动共收到原创歌曲1500余首，经过初选、复选、总决选，评选出金曲12首、优秀奖18首和提名奖20首。

【“我的中国梦”打工歌曲创作大赛】

6月18日，中国音协与东莞市人民政府共同主办的“我的中国梦”2014全国打工歌曲创作大赛在京启动。大赛遵循公益惠民的原则，力求通过展现基层打工者个人的美好愿景来反映当前国家、社会的精神风貌，以满足打工群体精神文化需求为出发点和落脚点，为他们提供均等化的公共文化服务，充分反映“中国梦”所释放的强大号召力和感染力。采取青年词曲作家高级研修班委约作品和社会广泛征集作品相结合的方式，组委会收到作品2174首，青年词曲作家高级研修班委约作品42首，共计2216首。

2015年4月初，组委会经过初评和复评，选出83首作品进入终评。终评于4月22日在中国音协会议室举行，经过严格的审听和评选，最终确定了金奖2名、银奖4名、铜奖6名在内的30首获奖歌曲。获奖作品以通俗歌曲为主，易于流传和推广。歌曲演唱形式多样、创作手法丰富，涵盖了独唱、男女声对唱、童声合唱等，立意新颖，既有反映打工者思念家乡情绪的，也有体现创业者励志情怀的作品；既有直接表现农民工子弟生活情感的，也有从都市白领的视角看待外来打工者的歌曲……可谓贴近生活、贴近人心、贴近时代。同时，有些歌曲更融入了摇滚、爵士等元素，使得音乐风格多样、增添了时尚个性。

【歌剧《骆驼祥子》在京首演】

6月25日，由郭文景作曲、徐瑛编剧、张国勇指挥、易立明执导的原创歌剧《骆驼祥子》在国家大剧院首演。该剧用宏大壮阔的交响音乐，充满老北京情怀的舞台视觉，在“大歌剧”中融入了令人难忘的北京滋味。韩蓬、孙秀苇、田浩江、宋元明、孙砾、梁羽丰等歌唱家的倾情演绎，令老舍笔下诞生78载的那些经典人物唱出了拥抱岁月的动人咏叹。

此外，本年度首演的原创歌剧音乐剧还有《高山流水》（6月 武汉）、《锦绣过云楼》（6月 苏州）、《运之河》、（8月 南京）、《彝红》（8月 成都）、《中华儿女》（9月 天津）、《雪原》（9月 沈阳）、《一江春水》（10月 上海）、《八月桂花遍地开》（10月 武汉）、《娜拉》（10月 天津）、《元培校长》（11月 北京）、《聂小倩与宁采臣》（12月 东莞）、《冰山上的来客》（12月 北京）等多部作品。

【“中国梦”全国原创歌曲征集活动】

根据中宣部、文化部、国家新闻出版广电总局、中国文联、中国作协五部委《关于开展以“中国梦”为主题的文艺创作活动的通知》文件的指示精神和中国文联关于开展“中国梦”主题文艺创作活动的总体部署，由中国文联、中国音协、中国文学艺术基金会共同主办了“中国梦”全国原创歌曲征集活动。本次征集活动得到了广大专业创作者及音乐爱好者的积极响应和踊跃参加，截至7月15日，共收到有效投稿作品3343首，风格多样、体裁众多，主题鲜明突出，涌现出了一批符合当代人民群众的精神需求、以小见大，富有时代特征和号召力，思想性与艺术性并重，反映并倡导积极向上社会风气的优秀原创歌曲。经过初评、复评、终评三轮次专家委员会评审，最终评选出最佳作品15首、优秀作品20首、优秀报送单位5个。

【跨国界、跨学科研究的新趋势】

随着近年来国家和地方在教育教学、科研学术领域投入的不断加大，在当前的高校科研机构评价体系中的比重也越来越大。全国各类音乐院校中，名目众多、主题各异的学术会议数不胜数。这些都在客观上推动了音乐学科各领域学术研究的创新与发展。纵观本年度的音乐学术研究，跨国界、跨学科的研究互动逐渐成为趋势。例如，5月29日至31日在上海音乐学院举行的“首届国际萨满艺术研讨会”，便吸引了来自美国、日本、匈牙利、墨西哥、哈萨克斯坦、韩国、中国以及台湾地区的多名专家参加；9月24日至25日，全国首届音乐口述史学术研讨会在京召开，来自音乐史、音乐教育史、历史学等领域的学者参与了会议；11月1日至2日，由北京舞蹈学院、中国艺术人类学会、《民族艺术》杂志社主办的中国艺术人类学国际学术研讨会在北京舞蹈学院拉开帷幕，艺术人类学领域近300名中外专家出席了研讨会。

【“丝路”主题音乐会】

以习近平总书记2013年9月访问中亚四国时，提出的建设现代丝绸之路经济带的重大战略构想为契机，音乐艺术家们精心制作的以“丝路”为主题的音乐会9月纷纷亮相各地舞台。2014年9月13日，由张列执棒陕西广播民族乐团演出的“丝路长安”民族管弦乐音乐会在西安音乐学院音乐厅成功上演。音乐会上，由赵季平、张晓峰、郝维亚、张延武等人创作的《盛世升平》《丝绸之路幻想曲》《胡旋舞》《光辉路上》和《丝路遐想》五部作品以五个乐章的形式加以串联，以汉唐乐和西北地区、陕西地方音乐为创作基础素材，民族管弦交响乐为主要表现形式，演绎了大漠孤烟、长河落日、悠悠驼铃等驰名中外的丝绸之路主题故事。

9月26日，作为国家艺术院团演出季的重要创作剧目，大型民族音乐会“丝绸之路”在北京上演。音乐会由何建国指挥，中央民族乐团管弦乐队和合唱队与新疆艺术剧院民族乐团共同演奏、演唱。音乐以两千年来的丝绸之路文化为主线，以影响中国传统文化发展的中华文化继承为依托，向观众呈现了一台民族文化复兴的中国梦音乐会。主创方委约了近20个作曲家为不同国家、地区、风格、乐器形式来进行艺术创作，“丝绸之路”上一些重要的国家和地区，如塔吉克斯坦、吉尔吉斯斯坦、哈萨克斯坦、印度、巴基斯坦、伊朗、土耳其、俄罗斯等国家的民族民间音乐都被改编、创作成具有中国民族特色的音乐作品，反映了当代中国人民与外来民族在文化交流、文化融合、文化形态上所形成的“你中有我、我中有你”的音乐特色。

【歌剧《娜拉》在天津首演】

10月15日，由杜薇作曲的歌剧《娜拉》在天津上演。这部作品由易卜生国际中心、挪威北极歌剧中心、天津大剧院等机构联合推出，8个国家的艺术家参与了歌剧的制作。剧本来自当代欧洲戏剧大师乔恩•弗斯对易卜生名剧《娜拉出走》的续写。杜薇用当代女性特有的敏锐、独立与细腻的笔触，出色地诠释了这个文学史上的经典人物，将剧作家弗斯作品中“蕴含的大量的安静成分和丰富的人物内心活动用音乐外化出来，传达给观众”。

【何训田交响乐音乐会】

11月8日，何训田原创作品音乐会“香之舞”在上海东方艺术中心首演。此次何训田作品音乐会的《优昙波罗旋转舞》《空之舞》《琵琶图》《云上莲花》和《色之舞》等五部管弦乐作品乐谱，由德国朔特音乐出版社全球首发。音乐会由英国指挥家詹姆斯•贾德执棒以色列交响乐团，联袂四位音乐家——阿诃苏摩、何也墨、黄英、孙颖迪共同演绎。音乐会全部票房收入将捐赠给中国敦煌研究院，为保护和发展莫高窟文化所用。

【音乐剧《聂小倩与宁采臣》巡演】

由三宝作曲、关山编剧及国内音乐剧团队联手打造的音乐剧《聂小倩与宁采臣》于12月6日起拉开全国巡演的序幕。该剧改编自中国古典名著《聊斋志异》中的人鬼爱情故事，创作阵容强大，制作精良，徐瑶、刘岩、景岗山、孙博、杨柳等加盟演出，以当代思潮的新视角重新演绎旧本，采用了多元混搭作曲和多种舞台表现手段，用当代艺术家独具的智慧和果敢，颠覆性地呼唤了理想主义和人文关怀。《聂小倩与宁采臣》揭示了人性在爱情面前的忠贞与无奈，不禁使人生出“人人心中皆有鬼，唯付真情才是爱”的感慨。

该剧在音乐语言上运用了京剧、民间小调等具有东方色彩的语汇，在保留传统精华的基础上，突破了古装戏剧的表现手法，展现出人物角色复杂的内心世界。《聂小倩与宁采臣》首轮巡演赴包括北京、上海、深圳、南京、重庆、厦门等地在内的30余家剧院，演出近70场。

对外交流及港澳台地区交流

中国音协的对外文化交流及对港澳台地区交流工作，在中国文联和协会分党组的领导下，按照协会工作总体部署，把握方向，突出重点，以传播中华文化、弘扬中国精神为己任，配合中国文化“走出去”总体战略，发挥优势和特长，同时力求实效，不断创新，为中外文化交流事业做出了积极的努力。全年共完成进出国项目6项，进出国总人数32人次。其中来访项目3项，来访人数8人次，出访项目2项，出访人数4人次，港澳台项目2项，人数20人次。中国音协与蒙古、荷兰、克罗地亚、尼日利亚、南非、阿联酋等国家以及澳门、台湾地区开展了富有成效的交流与合作。

【蒙古国音乐家代表团访华】

3月24日至30日，以蒙古国音乐家协会副主席、作曲家希拉布为团长的蒙古国音乐家代表团一行4人应中国音协邀请访华。正值中蒙建交65周年、修订《中蒙友好合作关系条约》20周年和中蒙友好交流年，中蒙两国音协都对此次访问高度重视。曾率中国音协代表团访问过蒙古的中国音协分党组成员、副秘书长田晓耕，24日在北京会见了蒙古代表团。老朋友时隔多年相见，格外亲切。蒙古音乐家用深情的歌声表达心中的激情，赞美中蒙友谊。蒙古代表团访问了北京和广西两地，与中央音乐学院、广西艺术学院等开展了专业交流，取得了实质性成果。中央音乐学院作曲系副主任贾国平，作曲家唐建平、郝维亚教授以及民族音乐学家陈自明教授等与蒙古音乐家们就音乐教学、比赛评奖、作曲发展方向等议题进行了深入交流。蒙方向中央音乐学院图书馆捐赠了蒙古音乐作品乐谱。在广西访问期间，代表团受到广西音协的热烈欢迎。广西音协主席、广西艺术学院副院长黄志豪，广西音协秘书长黄朝瑞等会见代表团，并陪同参观广西艺术学院，观摩音乐和舞蹈教学，与师生开展专业交流。蒙古音协代表团此次访问不仅巩固了中蒙两国音协的良好关系，也为今后两国音乐界的交流合作打下坚实的基础。

【澳门与内地文艺家大联欢】

为庆祝澳门回归祖国15周年，由中国文联、中国音协、澳门中华文化联谊会等联合主办的“2014濠江之春——澳门与内地文艺家大联欢”于6月10日在澳门举行，由多位知名音乐艺术家组成的中国音协“金钟奖”艺术团与澳门艺术家联袂奉献了一台精彩的音乐晚会。全国政协副主席马培华、何厚铧，中国文联党组书记、副主席赵实，中央驻澳门联络办主任李刚，中国文联党组成员、书记处书记郭运德，中国文联副主席、中国音协驻会副主席徐沛东，澳门中华文化联谊会会长梁华等及澳门各界人士800余人出席晚会。马培华、赵实、梁华分别在开幕式上致辞。当晚演出名家新秀齐聚，经典流行荟萃，澳门青年交响乐团以一曲《生日快乐变奏曲》拉开大联欢的序幕，常年坚持推广普及中国传统民族音乐的澳门长虹民族乐团也参加了演出，奉献经典的广东音乐。晚会上既有内地音乐名家及“金钟奖”获奖者等新人，也有香港音乐家加盟演出，李谷一、刘秉义、殷秀梅等音乐家的演唱更是赢得观众热烈掌声，将晚会推向高潮。“濠江之春”活动已连续举办四届，成为内地与港澳文化交流、繁荣澳门文化艺术的一个重要品牌。

【中国音协代表团出席国际青年音乐联盟大会】

7月8日至15日，应国际青年音乐联盟邀请，以中国音协副主席、新疆音协主席、新疆木卡姆艺术团团长努斯来提•瓦吉丁为团长的中国音协代表团2人出席赴克罗地亚西部小镇格洛兹尼安，出席国际青年音乐联盟（JMI）第69届大会，共有来自26个国家的50名代表参加本届大会。克罗地亚总统约西波维奇出席大会开幕式并致辞，作为一名知名作曲家和国际青年音乐联盟前副主席，约西波维奇总统对大会在克罗地亚召开以及国际青年音乐联盟成立60周年表示祝贺。国际青年音乐联盟是世界上最大的青年音乐国际组织，通过其分布在五大洲的各会员国组织开展广泛的国际交流与合作，每年举办的各种音乐会、音乐比赛、艺术节等活动多达3.6万余项，吸引全球500多万青年人参与。中国音协于2003年加入该国际组织，是其正式国家会员。本届大会讨论通过了联盟新修订的章程及财务和会员事务等报告，选举产生以法国人杰西•韦斯滕霍尔女士为主席的新一届理事会。中国音协代表团还应荷兰青年音乐协会的邀请顺访荷兰，在短暂的访问期间开展交流，探索今后合作发展的领域和途径。

【第七届海峡两岸合唱节】

7月12日至15日，由中国音协和福州市人民政府共同主办的“同圆中华梦”——第七届海峡两岸合唱节在福建省福清市举行，来自海峡两岸的22支合唱队约1200人参加合唱节的比赛、展演和交流活动。7月15日晚，合唱节闭幕颁奖音乐会在福清文化艺术中心隆重举行，国台办副主任叶克冬，中国文联党组成员、书记处书记郭运德，中国文联副主席、中国音协驻会副主席徐沛东，中国音协分党组副书记、秘书长韩新安，副秘书长王建国，以及福建省和福州市有关领导出席了闭幕式。闭幕音乐会在徐沛东指挥齐声合唱《爱我中华》声中落下帷幕。合唱节体现了参赛和展演团队的较高水准，每一场音乐会都赢得现场观众的热烈掌声，让人们强烈感受到了合唱艺术的巨大魅力，感受到了两岸人民之间的亲情、友情、同胞情。本届合唱节还突出了青年交流特色，创新活动项目，举办了海峡两岸合唱团少儿专场演出、海峡两岸少儿合唱艺术讲座、海峡两岸青年合唱艺术论坛、中国音协“送欢乐、下基层”两岸合唱团队慰问演出等系列活动，成为迄今为止两岸以音乐为载体的最大规模文化交流活动。合唱节成为进一步推动两岸开展多层次、多渠道、多方位文化交流的重要平台。

【尼日利亚音乐家代表团访华】

7月14日至19日，以尼日利亚全国合唱节主席伊菲•艾波茜为团长、尼日利亚文化部娱乐与创意产业司司长格蕾丝•盖克培为顾问的尼日利亚音乐家代表团一行2人应中国音协邀请访华，并赴福建福清市出席了由中国音协与福州市人民政府联合主办的“第七届海峡两岸合唱节”闭幕式颁奖音乐会。中国文联党组成员、书记处书记郭运德及中国文联副主席、中国音协分党组书记、驻会副主席徐沛东在福清亲切会见尼日利亚客人，并出席《中国音协与尼日利亚全国合唱节交流合作备忘录》的签字仪式。徐沛东和艾波茜女士分别代表各自组织在备忘录上签字。双方拟定在合唱艺术领域开展广泛的合作与交流。尼日利亚客人还拜会了文化部外联局、孔子学院总部，并与中国音协合唱联盟开展合唱领域的专业交流。作为中国音协接待的首个尼日利亚音乐团组，代表团访华交流取得丰硕成果。尼方已正式邀请中国音协于2015年秋季回访尼日利亚。

【中国音协代表团访问南非、阿联酋】

7月21日至28日，应南非中国文化艺术交流协会邀请，以中国音协分党组副书记、秘书长韩新安为团长的中国音协代表团一行2人赴南非交流访问，这是中国音协对外交流史上首次派团访南非，也是对去年南非音乐家代表团访华的回访。2014年恰逢中南两国国家年“南非年”活动，对南非的访问既是对“南非年”系列活动的积极响应，也实现了中国音协对非洲交流合作的历史性突破，具有重要的意义。代表团在约翰内斯堡拜会了南非中国文化艺术交流协会，并与南非著名音乐家韦丽莱•希特霍尔女士、南非全国音乐大会及展览会主席希波•希特霍尔先生举行了交流会谈，在开普敦会见了开普敦国家大剧院总经理玛琳•勒卢女士及开普敦爱乐乐团负责人等，就2015年南非“中国年”期间组派中国艺术团组赴南非演出进行商榷。代表团还应阿联酋多元文化项目集团的邀请，于7月29日至30日顺访阿联酋迪拜市。

机关建设

【作风建设】

中国音协在中国文联党组和音协主席团的领导下，认真贯彻党的十八大精神和十八届三中、四中全会精神及习近平总书记在文艺工作座谈会上讲话精神，努力转变思想形成良好学风，领导廉洁自律率先垂范，以落实中央有关公务用车制度等改革措施和协会评奖及重大活动为着力点，抓住机关党建这个根本，夯实部室建设，扎实推进依法行政，把政治理论学习制度、业务知识学习制度、领导干部中心学习组学习讨论制度落到实处，在机关作风建设上取得了较好成绩。

【制度建设】

继续完善协会日常工作制度，把各部门各岗位工作都纳入到规范化管理中，参照《中国文联机关规章制度汇编》拟定了中国音协综合制度，会议、活动、评奖制度，宣传、信息制度，出访、外事制度，人事、干部制度，离退休干部工作制度，考勤制度，财务、审计、资产制度等一系列规章制度，为提高协会工作效率提供了坚实的保障。

【办公室工作】

认真做好协会的日常行政管理、人事管理、财务管理、固定资产管理、文电报刊收发、老干部管理、办公活动保障和联络协调等方面的工作，充分发挥“枢纽”作用和协调、保障功能，围绕协会中心任务开展工作。加大了与各地音协的联络沟通和与上级部门的协调联系，较好地保障了协会各部门工作的正常运转和协会各项活动的开展，在文联的年度考核中连续第二次被评为先进部门。

【报刊网站】

音协机关刊物《人民音乐》、《歌曲》、《音乐创作》、《词刊》、《儿童音乐》和报纸《中国音乐专刊》及中国音协网站结合中外音乐界的热点、理论、创作、表演、教育、社会音乐生活等音乐领域的各个方面，发表了大量重要的音乐文献，在国内外音乐界有着广泛的影响。

【二级学会管理】

本年度主要完成了中国音协古筝学会、琵琶学会的换届工作，爵士乐学会以及录音艺术与唱片学会的成立工作，柯达伊学会换届的筹备工作。截止到年底，中国音乐家协会已累计成立67个二级学会，涵盖各个音乐专业门类，二级学会管理机制更加完善，成为中国音乐家协会进一步发挥职能作用的有效补充。其中，中国音协管乐学会、中国音协琵琶学会、中国音协高校音乐联盟等分别参与承办了第九届中国音乐金钟奖管乐（单簧管、长笛）比赛、第三届“中国管乐杯”全国中小学生管乐独奏展演（“小金钟”）、中国音乐“小金钟”奖——沈肇州杯首届全国琵琶比赛、第四届“金莺奖”全国声乐比赛、第六届“神州唱响”全国高校声乐比赛等重大赛事及展演活动。

【音乐考级】

截止到年末，参加中国音协音乐考级的考生人数已经超过43万人，约占全国考级人数的三分之一。由中国音协编写的新版《全国成人声乐考级曲集》（2014版）考级教材已于1月正式出版发行，旧版《全国成人歌唱考级歌曲集》将于2015年停止使用。

【会员发展】

全年审批发展新会员427人，截止到年底中国音协会员总数已达16700人。

中国美术家协会

综　述

2014年，中国美协在中宣部和中国文联的正确领导下，全体人员精诚团结、紧密协作，用科学发展观统揽全局，深入贯彻落实党的十八大、十八届三中、四中全会和习近平总书记系列重要讲话精神，紧紧围绕协会中心工作，内抓管理、外树形象、充分发挥联络、协调、服务职能，圆满地完成了2014年各项工作任务。

会议与活动

【在京美术家学习习近平总书记在文艺工作座谈会上重要讲话精神座谈会】

文艺座谈会召开之后，包括美术界在内的文艺界迅速掀起了学习习总书记讲话的热潮，引发了美术界的广泛关注和极大共鸣。10月20日，中国美协组织部分在京美术家召开学习习近平总书记在文艺工作座谈会上重要讲话精神座谈会。中国文联党组成员、副主席、书记处书记左中一，中国文联副主席、中国美协主席刘大为，中国美协副主席范迪安、何家英、吴为山，美术家代表詹建俊、常沙娜、侯一民、邵大箴、薛永年、刘曦林、韩美林、王明旨、朱理存、谢志高、杜滋龄、杨飞云、孙为民、唐勇力、胡伟、高洪、张江舟、卢禹舜、张晓凌、尚辉、郑工、宋晓霞、孙韬、毕建勋、郑艺、刘金贵、于小冬、李传真、何加林、陈琦、李晓林、赵培智、孙震生、焦洋、章红兵、邓柯，中国美协驻会领导吴长江、徐里、陶勤、杜军、丁杰以及部分中层干部，部分媒体代表共50余人参加了座谈会。大家踊跃发言、各抒己见，充分发表意见和建议，为中国美术进一步的繁荣发展建言献策。今后中国美协还将按照中国文联的要求统一部署，有计划地学习、培训，进一步领会讲话精神，最终落实到全国美术工作和美协工作中去。

【中华文明历史题材美术创作工程】

9月16至11月22日，由中国文联、文化部、财政部共同主办，中国美协承办的“中华文明历史题材美术创作工程”先后在沈阳、成都、广州、上海、浙江、北京六地召开了“2014年‘中华文明历史题材美术创作工程’草图修改指导工作会”。本次工作会共有22个省、市、自治区及解放军和中直机构(还包括美国、澳大利亚和香港作者)的167位作者的作品参与观摩与评议。通过在六地召开的草图创作指导会，主办方了解掌握了目前“美术创作工程”草图创作现状、创作进度和草图出现的共性问题，获取“美术创作工程”目前创作的整体情况，对“美术创作工程”下一步深入进行具有针对性和建设性的意义。

【中国美协巴中美术志愿培训】

2月21日，由中国文联主办，中国美协及中国文联文艺志愿服务中心联合承办，四川美协和巴中市委宣传部、市文联协助实施的中国文联文艺培训志愿服务——中国美协巴中美术培训班第二期开学典礼成功举行。中国文联副主席、中国美协主席刘大为，四川省文联党组书记、常务副主席蒋东生，中国文艺志愿者协会副秘书长邵志军，巴中市市委常委、市委宣传部部长陈兴国，中国美协党组副书记、秘书长徐里，四川省美协主席阿鸽、副主席梁时民等，文艺志愿者中国画家解放军艺术学院任惠中教授，中央美术学院李洋教授，湖南师范大学王金石教授，油画家中国人民大学艺术学院王克举教授，中央美术学院附中谢岩老师，以及来自北京的《光明日报》、《中国书画报》、《中国美术》、《美术家通讯》和当地的媒体朋友，巴中、汶川、广元及雅安地区90余位学员参加此次开学典礼。开学典礼由徐里主持。刘大为在讲话中表示，此次培训既是落实党中央提出的“文艺为人民服务”的文化惠民政策，也是践行中国文联文艺培训志愿服务精神，为实现中国梦和中华民族的伟大复兴尽我们一份力。同时帮助增强西部地区美术教育水准，推动西部基层美术工作者的创作能力，提高美术理论及欣赏水平，为中国的美术事业的大发展做实事。

【中国文联、中国美协赴冀中能源矿区慰问】

12月10日，“到人民中去——冀中能源矿区慰问活动”在河北省邢台市邢东矿体育馆内举行。此次慰问团由中国美协分党组副书记、秘书长徐里领队，祁海峰、兰立斌、李战西、覃志强、马琼颜、彭华竞、王珂、邹立颖、王晓彤、王乘等十位美术家参与。活动主要包括三部分内容：矿区作品展览展示、为基层美术工作者辅导点评、向矿工代表和劳模们赠送作品。为了贯彻落实习近平总书记在文艺座谈会上的讲话精神，中国文联、中国美协不断创新思路，以“深入生活、扎根人民”主题，把慰问工作进一步做细做实，与以往的文艺志愿活动不同，此次活动中加入了美术作品展览这一新颖的慰问方式，真正做到了把最好的精神食粮送到基层，奉献给人民。

【中国文联、中国美协送欢乐下基层赴舟山慰问】

1月4日，由中国文联、中国美协主办的“我们的中国梦”——中国文联、中国美协送欢乐下基层赴浙江舟山进行了为期三天的慰问，为当地海警官兵、船厂工人、群岛渔民等基层工作者、老百姓送去艺术家们的新春问候。本次活动由中国文联党组成员、副主席、书记处书记左中一与中国美协常务副主席、分党组书记吴长江作为代表团团长，中国文联美术艺术中心主任丁杰作为领队，带领知名画家杜滋龄、谢志高、甘长霖、王书平、曹传真、姚鸣京、李爱国、李洋、杨会来、黄华三、谢振瓯、张文华、王伟平、王利军、郭金服、康蕾，中国文联美术艺术中心大型活动部杜松儒、曹凡、刘天宇，及中央电视台、人民日报、《中国美术》杂志、《美术》杂志、中国艺术报、中国书画报的记者一行共26人。艺术家们将共同绘制的中国画作品《春色满园》、天津美协常务副主席王书平绘制的《雄鹰图》和代表团随性带去的画册现场赠与海监总队官兵。画家们还现场挥毫，为官兵们书写春联、“福”字。在向基层送欢乐的过程中，艺术家也收获颇丰，每人都收获了大量的绘画素材、写生资料。画家们纷纷表示，只有深入基层，才能激起情感的共鸣，创作更多为人民喜闻乐见的精品力作。

专业艺术委员会工作动态

【油画艺术委员会】

7月25日，“吾土吾民油画邀请展”第六站收官展“沃土中原”在山东省美术馆举办，展出北京、天津、山东、山西、河北、河南4省2市艺术家的作品，以及特邀中国美术馆、中央美院美术馆、大都美术馆馆藏部分著名油画艺术精品共247件，反映了中原地区油画的发展和现状。展览同期举办学术研讨会。12月19日，以“中国梦——实干兴邦”为主题的“第三届全国（大芬）中青年油画展”在深圳大芬美术馆举办。展览立足原创，紧扣中国气派，围绕时代主题，再现了当下的时代追求和时代观念，激励人们在中国特色社会主义伟大实践中同心共筑中国梦。

【版画艺术委员会】

9月5日，“第二届中国灵石国际版画双年展”在山西灵石举办，来自中国、意大利、波兰、荷兰、韩国、秘鲁、美国、澳大利亚等19个国家和地区艺术家的100件作品参展，展览同期举办了“中国版画进万家·美丽灵石行”作品捐赠仪式。10月26日，“2014首届中国版画大展”在深圳观澜版画艺术博物馆举办，全面呈现中国版画的创作面貌和学术方向，受到了国内和国际艺术界的广泛关注，该展览将以双年展的方式永久落户深圳观澜版画艺术博物馆。12月19日，“阅人——2014第三届上海国际版画展”在上海中华艺术宫举办，展现了具有时代特征和地域特征的以人物为题材的版画作品面貌。

【壁画艺术委员会】

1月18日，《中国壁画》丛书第二次编务会在湖北省武汉市召开，3月，第三次编务会在北京中央美术学院召开，梳理现当代全国壁画艺术，将分批推出《中国壁画》丛书。这是新中国成立以来第一次对中国壁画创作、理论研究、教学等成就的全面梳理和总结，也是各地区壁画成就的展示宣传，具有重要的学术意义。

【插图装帧艺术委员会】

5月9日，“人•插图•生活——第二届全国高校插图艺术作品展巡展”在青岛农业大学举行。全国156所高校师生的作品参加展出，展览为高校插图艺术教育搭建了展示交流、推介人才的平台，对推动高校插图艺术教育改革的深化，拓展和延伸插图艺术的价值，促进优秀的插图作品与文化产业的结合，加速文化创意产业的发展具有重要意义。10月15日，由插图装帧艺委会、藏书票研究会、北京印刷学院主办的“书票掇英——2014年国际藏书票邀请展”，在北京印刷学院美术馆开幕。共邀请了国内外16位藏书票艺术家200余枚藏书票作品展出，展示了当今藏书票艺发展的现状，展览同期举办了研讨会，对藏书票艺术应遵循的特点，对发扬我国藏书票艺术的民族形式进行交流。

【连环画艺术委员会】

3月20日，“立足当代 创新发展”学术研讨会在大连召开，从连环画的语言转换、题材更新、版式设计到数字媒体及绘本产业化等问题进行了深入探讨，拓展了思路，确定了未来连环画更加多元的发展方向。

【漫画艺术委员会】

4月28日，“首届中国国际漫画展”在杭州第十届中国国际动漫节上举行，展出了国内外77个国家的漫画作品500余幅。展览同期举行“打造漫画家摇篮”研讨会。10月23日，“子恺杯——第十届中国漫画大展”桐乡市漫画艺术馆举办。展览在参与人数、创作水平和社会影响等方面较以往有较大提升，是两年中漫画佳作的集中展示，也是全国漫画队伍的一次大检阅。展览同期还举行了“丰子恺画院揭牌仪式”、“中国水墨漫画高峰论坛”。12月4日，“第三届‘三毛杯’（2014）中国漫画大展”在浙江海盐张乐平纪念馆举行。展出的103件漫画作品是以“中国梦”为主题，借用三毛形象，创作表达当代全国人民对小康社会建设的愿景和追求。

【少儿美术艺术委员会】

5月31日，“生命的痕迹”儿童绘画作品展在北京798悦美术馆举办，该展览展出的作品都是脑瘫儿童的绘画作品，旨在通过展览让更多社会人士走进特殊孩子的内心世界，帮助这一特殊儿童群体健康成长。开幕式上，少儿美术艺委会向晨光脑瘫儿童康复中心捐赠了价值近两万元的美术用品。5月，“2014第四届全国少儿绘画展”在北京启动，本届展览以“成就未来”为主题，以表现如何实现梦想、成就未来，对美好未来的憧憬为内容征集作品。全国近95万人次报名参加，12月20日，优秀作品展在福建福州市海峡民间艺术馆举办，并围绕“创造力与儿童美术教育”举办学术研讨会。

【理论委员会】

4月16日至17日，以“丝绸之路•汉唐精神与中国国家美术发展战略”为总主题的第四届“中国美术•长安论坛”在西安隆重举行。论坛适逢习近平主席提出打造新丝绸之路的战略构想之际，希望以战略性的思考，为中国美术的未来发展提供理论思考和支撑。把美术史的研究与当前创作研究密切结合起来，把学术探讨与国家文化战略紧密联合起来，体现了高度的文化自信、文化自觉与文化担当意识。

【中国画艺术委员会】

10月16日至25日，由中国美协、文化部艺术司、山西省文化厅主办，中国美协中国画艺委会学术主持的“中国梦•太行魂”大型太行山采风写生活动在山西省举行。写生团深入山西太行山区和革命老区写生，参观了麻田八路军总部旧址，瞻仰了老一辈无产阶级革命家战斗生活的地方。

【水彩画艺术委员会】

4月26日，在山东美术馆举办了“第二届全国青年水彩画展览”，展览是自1997年“首届全国青年水彩画展”在北京举办以来的第二届青年水彩展，时隔十七年，展现出当代青年艺术家在艺术上和技艺上的探索和追求。感召更多有才能的年轻人投身于水彩画的探索和创作，使水彩画艺术永葆青春活力并不断发展壮大。12月12日，由文化部艺术司、青岛市人民政府主办的“多彩的跨越——2014中国（青岛）国际水彩画双年展”，展示了国际水彩画艺术的最新探索，推动了中国与国际水彩画艺术的互动发展，呈现了不同国家与民族对于水彩艺术媒介的自我理解与文化再造。

【雕塑艺术委员会】

7月至8月，“2014钢铁之夏——中国太原国际青年金属雕塑创作营”在太原化学工业创意产业园开营。来自国内外知名美术院校的80余位学生，利用现有厂区、厂房、设备等元素，采用钢铁进行雕塑艺术创作，将废旧的钢材变废为宝，为太原工业文化创意产业园注入了生机和活力。

【陶艺艺术委员会】

11月20日，“第九届中国当代青年陶艺家作品双年展/2014杭州国际当代陶艺双年展”在杭州中国美术学院举办。展出了国内外69位艺术家的近300件陶艺作品，反映了中国当代陶艺的发展变革，同时搭建了一座东西方文化交流的桥梁。

【漆画艺术委员会】

12月11日，“漆画艺委会2014年工作会议”在上海师范大学召开，来自全国各地美术院校、美术馆的40余位漆画艺术专家齐聚一堂，探讨在中国大美术视野下的漆画艺术未来的发展取向，以求进一步提升和推动漆画艺术创作水准与漆画艺术在中国的长足发展。会议确定了“2015全国漆画高级研修班”设在上海师范大学美术学院，并针对“2015年中国（厦门）漆画双年展”进行学术研究和创作动员，提出了更高的要求和创作水准。

【环境设计艺术委员会】

6月28日至29日，“为中国而设计——第六届全国环境艺术设计大展暨论坛”在上海大学美术学院举办，论坛结合当前设计领域关注的热点问题，以“美丽中国——设计关注生态、关注民生”为总主题，研讨有关中国本土设计的创新与突破，人本营造、原创与跨界的设计思考，以及低碳生活与创意家居、环境设计教育等问题。论坛同期出版作品集和论文集，适逢中国环境艺术设计学科带头人张绮曼教授从事环艺设计与教育五十周年，会上围绕中国五十年环境艺术发展历程进行了全面讨论。8月9日至10日，“中国环境艺术设计发展问题专题研讨会”在东北师范大学美术学院举办，会议围绕新形势下环境艺术设计面临的问题以及未来发展趋势方向展开积极研讨，重点研究环境设计、研究成果如何落地，与国家建设、民生关怀相结合，并从国家政策层面、学术层面、学科发展层面进行梳理，展望未来发展趋势。

【平面设计艺术委员会】

11月16日至17日，“2014年全国视觉传达设计教育论坛暨第八届未来之星大学生视觉设计大展”在山东艺术学院举办。论坛以“设计自觉——社会转型背景下的视觉传达设计教育”为主题和系列展览组成，增加了“墨届——当代视觉艺术邀请展”，邀请了“2013平面设计在中国优秀作品展”和“天齐文汇——齐国文字博物馆精品展”。论坛主题鲜明，内容多样，包括主题论坛、学术对话、主题展览、专题展览、教学交流等多种形式，展示了当今我国视觉传达设计的最高水平与前沿状态，艺术性与设计引导性兼具，是设计界的一场视觉盛宴。来自国内外百余所设计院校的专家学者、学科带头人与教师学生代表共300余位嘉宾参与本次活动。

【动漫艺术委员会】

6月10日，动漫艺委会换届以后，创办了动漫艺委会电子会刊《动漫艺术》（双月刊），创立了中国动画研究院动漫研究中心，并选择动漫领军企业、高校和科研单位合作建立产学研基地。积极支持地方组建美协动漫艺委会或成立动漫艺术家协会，目前已成立广东动漫艺术家协会。支持参与的动漫赛事活动有北京电影学院“动画学院奖”、中国传媒大学“中国（北京）国际大学生动画节”、“中国国际漫画节暨第11届中国动漫金龙奖”、“世界漫画家大会”等。在“第七届中国国际漫画节”期间，与法国漫画出版商联合会合作跨国项目“第九艺术——世界法语漫画经典回顾”。还参与举办了“动漫产业与教育论坛（澳大利亚和新西兰）”国际交流活动。

【服装设计艺术委员会】

2014年，“首届‘金苑杯’中国时装画大展”五个城市（深圳、重庆、厦门、成都、苏州）巡展成功举办。同时参与各类相关服装设计教育和教学改革、中国服装设计产业转型升级的学术论坛和研讨会，为促进高校艺术人才和时装设计人才的培养发挥了积极作用。

【建筑艺术委员会】

12月6日，协同中国建筑工业出版社联合全国三十多所美术院校，在广州美术学院举办了“全国高等美术院校建筑环境艺术设计专业教学年会”，评选出了69个建筑艺术设计优秀课程，积极推动建筑艺术设计的教学质量。

【工艺美术艺术委员会】

12月5日，“手艺的温度——第八届中国现代手工艺学院展”在湖北美术学院昙华林艺术区美术馆举办，该活动是工艺美术艺委会与平面设计艺委会联合主办，展示了我国工艺美术高等教育的最新成果。展览同期举行研讨会，再次肯定了手工艺对中华民族传统文化精髓的传承和诠释，指出了高校的手工艺教学要在深入体验生活，抓住本民族文化根基的基础上，开创面向大众未来生活方式及审美趋向，体现当代精神的新形式。

【民族美术艺术委员会】

5月17日，在贵州省黔南州黔南民族师范学院组织召开“首届中国民族美术发展论坛暨民族美术艺委会年会”，旨在深化民族原生态美术的整理与研究，促进民族题材美术创作的繁荣与发展。论坛汇集成《中国民族美术发展论文集（第1集）》并出版发行。12月25日，“首届中国民族美术双年展暨第二届昆明美术双年展”在云南美术馆举行。以艺术的视觉史诗，多维度地展现了云南世居民族丰富多样的社会心理与文化形态，使人们超越民族、血缘、语言、习俗、地域等差异而形成对中华文化的认同感和归属感，不断增进民族团结和谐，强化民族的向心力和凝聚力。

【美术教育委员会】

6月18日，与美国大学中国艺术家学会共同举办的“穿越分界——国际新格局下的中美艺术教育对话”论坛在中央美术学院美术馆举办。来自中国和美国艺术院校各个专业领域的教授和学生们一起探讨中美艺术教育最新动态问题，围绕创造性思维的开发、课程设计、教学方法以及中美艺术教育差异等话题进行了交流，促进对话并推动中美美术教育发展。

【艺术委员会换届】

3月20日，第四届连环画艺委会成立大会在鲁迅美术学院大连校区召开，委员22人，主任沈尧伊。

4月24日，第三届插图装帧艺委会成立大会在北京印刷学院召开，委员28人，名誉主任于名川、秦龙，主任高荣生。

6月10日，第四届油画艺委会成立大会在北京中国文艺家之家召开，委员43人，主任杨飞云。

6月10日，第二届动漫艺委会成立大会在北京中国文艺家之家召开，委员23人，名誉主任袁运甫，主任孙立军。

6月10日，第一届美术教育委员会成立大会在北京中国文艺家之家召开，委员28人, 主任高洪。

展览与评奖

【第十二届全国美术作品展览】

12月15日，由文化部、中国文联、中国美协共同主办，集中展示了近五年来中国美术创作丰硕成果的“第十二届全国美术作品展览暨中国美术奖·创作奖、获奖提名作品展”在中国美术馆隆重开幕。中国文联主席孙家正，中宣部副部长、文化部党组书记、部长蔡武，中宣部副部长黄坤明，中国文联党组书记、副主席、书记处书记赵实，文化部党组成员、副部长董伟，中国文联党组副书记、副主席、书记处书记李屹，中国文联党组成员、副主席、书记处书记左中一、李前光，中国文联副主席杨承志，中国文联党组成员、书记处书记郭运德，全国政协常委、中国美协名誉主席靳尚谊，文联副主席、中国美协主席刘大为，文化部艺术司司长诸迪，文化部对外文化联络局局长张爱平，中国美协顾问刘勃舒、杨力舟、常沙娜、詹建俊、李翔，中国美协分党组书记、常务副主席吴长江，中国美协副主席杨晓阳、范迪安、何家英、吴为山，中国美协分党组副书记、秘书长徐里，中国美协分党组成员、副秘书长陶勤、杜军等领导、嘉宾，获奖美术家代表，50余家新闻媒体以及社会各界人士参加了开幕式，开幕式由吴长江书记主持，蔡武部长、赵实书记、刘大为主席分别致辞，之后还进行了第十二届全国美展组织工作奖、组织工作先进个人奖，第二届中国美术奖·创作奖、理论评论奖的颁奖仪式。展览以党的十八大精神、习近平总书记在文艺工作座谈会上的讲话精神为指导，坚持“二为”方向和“双百”方针，坚持以人民为中心的创作导向。在充分考察当代中国美术发展的现实情况和实际需要的基础上，本届全国美展增设了综合材料绘画展区和实验艺术展区，体现了全国美展与时俱进的开放和包容。第十二届全国美展13个展区共计收到各类投稿作品23916件，评选共展出各类美术作品4390件。“第十二届全国美术作品展览暨中国美术奖·创作奖、获奖提名作品展”又精选出获奖和获奖提名作品576件，并从中产生“中国美术奖·创作奖”160件，其中金奖7件，银奖18件，铜奖49件，优秀奖86件。

【“七彩云南——中国美术作品展”与“多彩贵州——中国美术作品展”】

4月25日，由中国文联、中共云南省委宣传部、中共贵州省委宣传部、中国美协、中国美术馆、云南文联、贵州文联、中央民族大学、中国文学艺术基金会、中国文学艺术发展专项基金等单位联合主办的“七彩云南——中国美术作品展”与“多彩贵州——中国美术作品展”在中国美术馆隆重开幕，展出至5月4日。“七彩云南”与“多彩贵州”展览是中国美协有关少数民族美术题材美术作品系列展览的重要延续。这些少数民族美术题材作品展览的举办，充分发挥了中国美术界的力量，对于民族文化继承和创新，促进各民族的文化凝聚力，促进各民族的和谐发展，巩固和发展各民族大团结产生了积极深远的文化影响，受到了美术界的充分肯定和广大观众的热烈欢迎。

【“中国梦”——塑造中国新形象美术作品展】

9月30日，由中国文联、中国美协、中国文学艺术基金会共同主办的“中国梦——塑造中国新形象”美术作品展于在中国人民革命军事博物馆开幕。开幕式由中国美术家协会分党组副书记、秘书长徐里主持，全国政协常委、全国政协教科文卫体委员会副主任、中国文学艺术基金会理事长胡振民，中国文联党组成员、副主席、书记处书记左中一，中国文联副主席、中国美协主席刘大为，中国美协分党组书记、驻会副主席吴长江，中国文联国内联络部主任刘尚军，中国文学艺术基金会秘书长冯双白，中国美协副主席、中国艺术研究院工笔画研究院院长何家英，中国人民革命军事博物馆政委孟世强，中国文联国内联络部副主任李培隽，中国美术家协会分党组成员、副秘书长杜军，以及数十名在京著名美术家出席了开幕式。展览共展出290余件作品，是在前期四次写生的基础上，由各省美协推荐、全国征稿等方式中挑选出的精品力作。中国美术家通过写生采风、展览展示，刻画和表现普通群众在创造历史过程中平凡而伟大的精神面貌，用美术作品展现人们寻梦的理想和追梦的奋斗，通过创作来塑造中国形象的最小单元，这是广大美术家们点亮中国梦、弘扬中国梦的特有方式。

【“金陵文脉”2014全国中国画作品展】

8月10日至25日，由中国美协、中共南京市政府主办的“金陵文脉——2014全国中国画作品展”在南京书画院（金陵美术馆）举办。展览开幕在举世瞩目的青奥会即将拉开帷幕之时，为青奥会增添了浓厚的文化氛围和艺术气息，为来自世界各国的嘉宾提供了一个了解和欣赏中国画的好机会。

【2014“万年浦江”全国中国画作品展】

11月28日，由中国美协、浙江省美协、浙江省浦江县人民政府主办的“2014‘万年浦江’全国中国画作品展”在浦江县书画会展中心开幕。展览先后收到来自全国各地3000余件作品，经组委会组织评委进行认真严格的初评和复评，最终选出299件作品汇集成作品集，其中包括61件优秀作品。作品题材多样，表现手法丰富，创作风格迥异，反映了当今全国中国画创作的整体实力及十八大后的文化大繁荣景象，充分体现了百花齐放、百家争鸣的党的文艺政策，诠释了我国改革开放后所取得的伟大成就。

【全国第四届中国画线描艺术展】

4月21日，由中国美协、中共日照市委宣传部主办，中国美协中国线描艺术研究会、日照市文联承办“全国第四届中国画线描艺术展”在山东省日照博物馆隆重开幕。来自曲阜师范大学美术学院的有关领导和日照职业技术学院美术系师生以及来自莒县市书画之乡的画家和部分获奖、入选画家及其家属等约600余人到场参加了开幕式。中国美协副秘书长杜军代表中国美协致辞。随着线描艺术学术研究机构的成立和两年一度的全国中国画线描艺术展的举办，线描艺术将迎来新的发展机遇，对提高中国画线描艺术水平，激发画家对线描艺术的实践探索和创作热情，增进人们进一步认识中国画和中国艺术的独特品格具有重要意义。

【“丝路访古宁夏行”采风写生活动】

8月9日至14日，应中国美协邀请，来自港、澳地区和美国、德国的海外华人美术家第一次踏上宁夏的土地，与众多国内中国画名家共同组成了以中国美协主席刘大为为团长的“丝路访古宁夏行”19人采风团，遍访宁夏全境，踏勘故道和古迹，用水墨描绘新丝路上人与自然、回汉民族和谐相处的美丽画卷。通过采风，港、澳和海外华人美术家领略到了祖国广阔的大好河山和西部的繁荣现状，感受到了博大精深的黄河文化与中华文明之间的深刻关联。“走近基层，贴近群众，用画笔描绘大好河山，从生活中汲取艺术营养，对外宣传弘扬中华民族优秀文化，是美术家们贯彻落实党的十八大精神的践行。”刘大为团长在谈到采风活动的主旨时这样说道。此次采风活动是在国家提出“丝绸之路经济带”的重大倡议下，在中阿合作论坛凝聚“构筑新丝绸之路”的重要共识大背景下策划实施的，采风活动在双年展征稿期内举行，也是提供有关民族、历史和家园的创作源泉，为接下来的主题创作积累素材，打下良好基础。

创作与研究

【第二届中国美术奖·理论评论奖评选】

2月25日，中国美协在中国文艺家之家召开“第二届中国美术奖•理论评论奖”评选工作座谈会。中国美协党组邀请中国文联理研室有关领导、中国美协美术理论委员会的有关专家共同讨论实施方案，与会专家就“理论评论奖”的评选的价值取向、学术价值及技术规范等内容展开讨论。“理论评论奖”是“中国美术奖”三个子项之一，由中宣部批准设立，每五年评选一次。“理论评论奖”的设立，旨在通过选拔全国优秀的美术理论作品，表彰奖励著作者，积极推进中国美术理论的学术更新与进步，持续推动我国当代美术史学、理论、评论的繁荣发展。

【“中国梦”当代中国美术建设学术论坛研讨会】

12月15日，由文化部、中国文联、中国美协共同主办的“第十二届全国美术作品展览暨中国美术奖•创作奖、获奖提名作品展——‘中国梦’当代中国美术建设学术论坛”在中国美术馆学术报告厅举行。中国文联副主席、中国美协主席刘大为，中国美协分党组书记、常务副主席吴长江，中国美协分党组副书记、秘书长徐里，中国美协分党组成员、副秘书长杜军出席研讨会。研讨会由徐里秘书长和《美术》杂志执行主编尚辉共同主持。参加研讨会的理论家有中国美协理论委员会主任薛永年、中国美协理论委员会副主任兼秘书长李一、中国国家画院美术研究院副院长高天民、中央美术学院教授王宏建、中央美术学院教授罗世平、中国艺术研究院研究员王镛、《中国画学刊》主编邓福星、中国艺术研究院美术研究所副所长郑工、北京大学艺术学院教授丁宁、中国美术馆研究策划部主任张晴、中国国际书画研究院院士张鹏、四川大学美术学院教授林木、山东师范大学美术学院院长孔新苗、景德镇市高级陶瓷美术师王仲、解放军文艺出版社副主编许向群等。此外，第十二届全国美展金奖作者代表和理论评论奖获得者代表也出席了研讨会。大家纷纷建言献策，同心同德，共同为中国美术事业的健康发展而努力，中华民族的美术事业发展指明方向。

【第六届中国北京国际美术双年展主题创作研讨会】

10月31日，中国美协在京组织召开了“第六届中国北京国际美术双年展主题创作研讨会”。中国文联党组成员、副主席、书记处书记、第六届北京双年展总策划左中一，中国文联副主席、中国美协主席、第六届北京双年展总策划刘大为，中国美协分党组书记、常务副主席、第六届北京双年展总策划吴长江，第六届北京双年展策委会顾问邵大箴，第六届北京双年展策划委员代表丁宁、王镛、卢禹舜、李象群、吴为山、杨飞云、张晓凌、杭间、胡伟、陶勤、朝戈、董小明等，部分投稿艺术家王沂东、谢东明、孔紫、何加林、代大权、李洋等，以及人民日报、光明日报、中国新闻网等媒体代表与会，会议由吴长江书记和陶勤副秘书长共同主持。研讨会对两百余份具有代表性的第六届北京双年展的主题创作来稿或方案进行了多媒体展示，与会专家和艺术家针对北京双年展的学术定位以及部分作品或方案在材质、题材、体裁等多个层面进行了专业探讨，在很大程度上提升了第六届北京双年展主题创作的整体水平。

【守望相助·尽责圆梦——中国美协赴阿尔山林区写生创作】

5月19日，由中国文联、中国美协、中国文学艺术基金会共同主办的“中国梦”——塑造中国新形象第三批写生创作团启程，奔赴内蒙古阿尔山林区。由中国美协主席刘大为亲自带队，中国美协副主席范迪安、著名美术家李小可、孙浩等16位成员组成写生团，走进内蒙古阿尔山市进行写生创作。22日，召开座谈会，范迪安副主席主持，阿尔山市政府领导悉数出席，认真听取画家的感受和建言。大家表示通过这些天的写生，了解了阿尔山的人文历史、林俗文化、边防特色、自然地质奇观，并会结合自己的体验和以往的创作经验，进一步探讨如何在新的时代条件下，为实现中国梦的伟大理想在艺术上不断探索。

【中国中青年美术家海外研修工程】

2月28日，由中国美协组织实施的“2014年度中国中青年美术家海外研修工程终评会”在中国文联会议室举行。中国美协徐里秘书长、陶勤副秘书长等十位评委对到场的30余位终评候选人进行了严格的综合评审，最终确定产生了章锐等新一批10位研修人员。该批研修工程是自项目实施以来的第六批次，前期申请人数再创新高。通过初评海选的30余位候选人来自全国各高校、美术馆、画院、艺术研究院等科研院所，大部分为硕士及以上学历，为美术创作及理论研究领域的佼佼者。本批研修课题将新媒体艺术、国际艺术城管理机制、美术家驻馆制度、藏品修复与保护等纳入研究范围，研修目的国也首次涉及北欧国家，进一步填补了研修工程的空白。

【第三届西部少数民族青年美术家高级研修班】

5月22日，由中国文联、中国美协、中央民族大学共同举办的“第三届西部少数民族青年美术家高级研修班写生作品展暨开学典礼”于中央民族大学美术馆开展。中央民族大学校长陈理,中国美协分党组书记、常务副主席吴长江,中国美协分党组成员、副秘书长杜军,中央民族大学美术学院教授周秀青,中央民族大学美术学院教授李魁正,中国文联人事部培训处处长闫少非,中央民族大学美术学院院长殷会利,中央民族大学美术学院书记陈刚等出席开学典礼。为贯彻落实刘云山部长指示精神，中国美协在中国文联和中国文学艺术基金会的大力支持下，与中央民族大学和首都师范大学展开积极合作，共同着手实施“西部少数民族美术人才培训发展计划”，旨在为西部少数民族美术的发展繁荣积攒能量、贡献力量。

对外及港澳台地区交流

【第六届北京双年展筹备启动新闻发布会】

1月20日，第六届北京双年展筹备启动新闻发布会在中国文联报告厅召开，中国文联党组成员、副主席、书记处书记左中一，中国文联副主席、中国美协主席刘大为，中国美协分党组书记、常务副主席吴长江，北京市文化局副局长关宇，中国美协党组副书记、秘书长徐里，中国美协分党组成员、副秘书长陶勤代表出席，策委代表中国艺术研究院研究员王镛、国家画院副院长张晓凌等嘉宾一同与会。到场的驻华外交使团有：阿根廷驻华使馆新闻公使吉列尔莫•德沃托先生，塞内加尔驻华使馆文化参赞阿玛杜•法勒先生，以及亚美尼亚、加拿大、哥伦比亚、厄瓜多尔、法国、印度尼西亚、意大利、塞尔维亚、斯里兰卡、菲律宾、俄罗斯、委内瑞拉、越南等国驻华使馆的文化和新闻官员。新华社、中央电视台、《人民日报》、新浪网、搜狐网等在内的60余家新闻媒体参加新闻发布会，发布会由陶勤副秘书长主持。展览总策划左中一首先致辞，精彩阐释了展览主题，强调了“中国梦”对于当下美术创作和北京双年展这一国际艺术平台的意义，期待各国美术家在这个宽广的平台上充分展示抒发美好理想和浪漫情怀的个性创造和形象表达。展览总策划刘大为结合北京双年展的历史脉络和国际背景，从2003年展览初创谈起，为到场媒体和嘉宾精彩介绍北京双年展创办10年以来的发展历程。人民日报、北京电视台、新华网记者分别就第六届北京双年展的核心策展理念、作品艺术风格的选择标准、各主办方参与筹备的具体规划以及第六届北京双年展可能出现的新特点等方面提问，展览总策划吴长江以及关宇、王镛等嘉宾分别回答了记者提问。

【走进卡特中心——纪念中美建交35周年当代中国画精品展】

7月17日，由中国美协会美国卡特中心共同主办的“走进卡特中心——纪念中美建交35周年当代中国画精品展”在美国亚特兰大卡特中心开幕。中国美协分党组副书记、秘书长徐里率代表团出席开幕式。与邓小平同志共同实现中美建交的美国前总统吉米 • 卡特、中国驻休斯顿总领事李强民、全美华人协会主席李秀兰女士等300余位知名人士莅临开幕现场。展览共展出31位当代中国画名家的31幅倾力之作。卡特前总统、徐里秘书长和李强民总领事先后发表致辞，重温了当年“乒乓外交”的美好回忆，此次在建交总统的卡特中心举办画展，意义及影响必将深远。双方都希望借助美术搭建的金桥，开启一段“水墨外交”的佳话。本次展览还被纳入了第五轮中美人文交流高层磋商联合成果之列。

【中国美术家眼中的美国——当代中国美术作品展】

9月5日，在美国前总统吉米 • 卡特应对外友协之邀率团访华之际，中国美协与美国卡特中心共同主办的“中国美术家眼中的美国——当代中国美术作品展”在北京炎黄艺术馆开幕。开幕式邀请卡特前总统及其夫人以及访华代表团的美国各界嘉宾，中国文联党组成员、副主席、书记处书记左中一、夏潮，中国文联副主席、中国美协主席刘大为，中国人民对外友好协会副会长谢元等领导，多个部委及兄弟单位和企业界代表，多位驻华大使、外交使节及外国友人、近百家媒体莅临开幕式。76件参展作品由中国美协组织数十位中国画名家以美国为题材进行主题创作，历时半年，集中描绘了美国独具特色的自然与人文风光。左中一书记、刘大为主席和美国前总统卡特相继发表热情洋溢的致辞，畅谈中国美术家通过水墨的生动形式，描绘对美国的感知和理解，并表达两国人民对加强中美友谊的期望与信心。

【走进亚美尼亚——当代中国美术精品展】

8月1日，由中国美协主办的“走进亚美尼亚——当代中国美术精品展”在亚美尼亚首都埃里温艺术家之家开幕。中国美协分党组书记、常务副主席吴长江率4人代表团出席开幕式及相关活动。此展是中国美协首次在亚美尼亚举办美术展览，也是首次在南高加索地区进行美术展示及交流活动。中国驻亚美尼亚使馆田长春大使、亚美尼亚议会副议长纳格达良女士、亚美尼亚文化部部长亚瑟·波戈相女士、副外长马纳萨良、艺术家之家主席卡伦·阿哈米扬，以及当地美术家、市民、新闻媒体等数百人莅临开幕现场。展览共展出当代中国美术名家35件佳作，涵盖中国画、油画、版画、雕塑、水彩等诸多门类。到场嘉宾在致辞中一致认为，本次展览是亚美尼亚近年来举办的较高水准的中国美术展，是中国美术家借助美术这一共通的视觉语汇，表达着对加强两国文化交往与巩固传统友谊的美好祝愿。代表团同时还顺访格鲁吉亚。

【水墨中国梦——当代中国画作品展】

10月16日，由中国美协、巴黎中国文化中心、荣宝斋共同主办的“水墨中国梦——当代中国画作品展”在巴黎中国文化中心开幕。中国美协分党组成员、副秘书长陶勤率6人代表团出席展览开幕式及相关活动。法国艺术家之家主席雷米、法国国家艺术沙龙主席米歇尔·金、法国著名导演菲利普、法国著名汉学家汪德迈、法国塞尔努其博物馆副馆长贝雷克、法兰西学院美术院院长克罗德、法兰西美术学院通讯院士高立昂、法国美术家协会主席德拉勒夫、集美博物馆亚洲部前负责人吉耶等相关人员莅临开幕现场。驻法大使翟隽在百忙之中也特意赶在开幕式前专程参观展览。展览共展出中国画佳作33件。到场嘉宾在致辞中表达了对中国水墨艺术的博大精深和中国当代美术家传承、开拓的卓著成就的由衷赞叹。

【“名家笔下的澳门”大型画展】

11月14日，经过“名家画澳门”采风写生活动四年的积累，由中国美协与赏心堂（澳门）书画会共同主办的“名家笔下的澳门”作品展在澳门综艺馆开幕。中国美协分党组成员、副秘书长陶勤率代表团抵达澳门出席开幕式。全国政协副主席、澳门特别行政区前任行政长官何厚铧，中央人民政府驻澳门特别行政区联络办公室秘书长孙达，中国外交部驻澳门特别行政区副特派员蔡思平，澳门基金会主席吴志良，澳门特别行政区政府民政总署管理委员会委员马锦强先生等莅临开幕现场。众多嘉宾发表了热情洋溢的致辞。澳门特别行政区行政长官崔世安题词：“推动文化艺术”，何厚铧副主席为展览题词：“缤纷夺目”。此次展出的近100作品，全部用水墨描绘澳门风情，使观者无不从中领略到澳门中西合璧、多元相生的文化特色，为澳门回归十五周年献上了一份特殊的厚礼。

【走进拉美——当代中国美术作品展】

11月18日，由中国文联、中国美协、古巴文化部等机构联合主办的“走进拉美——当代中国美术作品展”在古巴哈瓦那亚洲之家博物馆开幕。中国文联党组成员、副主席、书记处书记左中一担任团长。中国美术学院院长、中国美协副主席许江，中国文联办公厅副主任王仁刚，中国美协副秘书长杜军，中国文联国际部副处长朱孟宇为团员的中国美术代表团赴古巴出席，并顺访巴哈马。展览共展出刘大为等20位当代中国画名家的新近作品。左中一书记在开幕式上致辞，高度赞扬了中古建交五十多年来结下的深厚友谊，强调中古人文交流不断加深，对于巩固关系、深化合作，做出了积极贡献。他希望借中国美术这一中国文化的亮丽名片，向古巴等拉美人民展示今天开放进步的国家形象，并共同维护世界文化的多样化发展，共同构建和谐世界。

中国曲艺家协会

综　述

2014年是党和国家各项事业开拓创新、蓬勃发展、成就显著的一年，是社会主义文艺事业吹响奋进号角、迈出新步伐、具有里程碑意义的一年，也是中国曲协贯彻中央精神和上级部门决策要求，深入实施《中国曲艺事业五年发展规划》，全面推进曲艺事业大发展大繁荣的不平凡的一年。一年来，在中宣部的大力支持和中国文联的正确领导下，中国曲协团结带领各团体会员和广大曲艺工作者始终坚持高举旗帜、围绕大局，服务人民、改革创新，牢牢把握出精品、推人才、强根基、造氛围的工作基调，按照中国文联九届六次全委会和曲协工作会的部署，务实进取，奋发有为，在曲艺研究、创作、表演、传播和理论评论、队伍建设、服务保障等各个方面取得了新成绩、新进步，为巩固和发展积极健康向上的工作态势，进一步开创曲协工作和曲艺事业新局面作出了应有贡献。

重大活动

【2014年全国曲协工作会议】

2月27日至28日，2014年全国曲协工作会议在上海召开。中国曲协第七届主席团、中国曲协35个团体会员驻会负责人、16个省区市文联分管曲协工作的领导、中国曲协14个专业艺术委员会主任或秘书长以及19个曲艺院团的业务团长共110余人参加了会议。中国曲协主席姜昆，中共上海市委宣传部副部长陈东，上海市文联党组书记、专职副主席宋妍出席开幕式并讲话，中国曲协分党组成员、副秘书长曲华江主持开幕式。中国文联党组成员、副主席李前光为会议发来书面讲话。中国曲协分党组书记、驻会副主席、秘书长董耀鹏对会议情况进行了小结。开幕式上，中国曲协对2013年工作成绩突出的上海、山西、全国公安曲协3家团体会员及评选出的2012年度22篇优秀曲艺作品进行了表彰。年度优秀团体会员进行了大会发言。中国曲协副主席崔凯代表第七届主席团作了工作报告。同期，还召开了中国曲协第七届主席团第三次会议。

【2014全国道德模范故事汇基层巡演】

4月11日下午，由中央文明办、中国文联、中国曲协共同主办，首都文明办、中共海淀区委、海淀区人民政府承办的“讲述道德故事　弘扬中国精神——2014全国道德模范故事汇基层巡演启动仪式暨首场演出”在清华大学蒙民伟音乐厅隆重举行。中国文联党组书记、副主席赵实，中央文明办专职副主任徐令义，李前光，姜昆，董耀鹏，中央文明办二局局长涂更新、副局长赵树杰，首都文明办主任滕盛萍，中共海淀区委书记隋振江，清华大学党委书记陈旭，清华大学党委常委、副校长吉俊民，中国文联有关部室负责同志等观看了演出。演出由于紫菲主持。首场演出展现了第四届全国道德模范的9个感人故事，刘兰芳、田连元、李立山、杨子春、杨鲁平、温玉娟、翁仁康、闫淑平、佟长江、王文水、王树才等先后登台。

4月24日下午和晚上，由首都文明办、中共海淀区委、海淀区人民政府承办的北京专场演出，在北京舞蹈学院剧场举行。董耀鹏，赵树杰，曲华江，中共海淀区委常委、宣传部长陈名杰以及海淀区各界群众1200多人现场观看了演出。

5月14日至21日，“巡演”第二阶段演出相继走进福建厦门、漳州、泉州和江西萍乡、宜春、南昌，共演出12场。赵树杰，福建省委文明办常务副主任叶向平，省文联副主席罗训涌，江西省文明办主任张天清，省文联副主席曹杭以及各地市有关领导参加巡演活动。

6月16日至23日，“巡演”第三阶段演出相继来到湖南郴州、岳阳，湖北武汉、宜昌，河南许昌、新乡，8天，3省，6市，12场演出，辗转奔波4400公里，为万余名现场观众讲述了8位第四届全国道德模范的感人事迹。中共湖南省委宣传部副部长、省文明办主任宋智富，省文明办副主任周孟霞，湖北省文明办主任胡和平，河南省文明办专职副主任郭守占、副主任赵云龙，省文联副主席张剑锋以及各地市领导和第四届全国道德模范刘培、刘洋、李国武、杨小玲、范海涛共同参加了巡演活动。

7月18日至24日，“巡演”第四阶段相继走进青海西宁、四川成都、绵阳、广安、广西南宁，历时7天，行程约8000多公里，为三省五市的观众献上了10场精彩演出。中共青海省委常委、宣传部部长吉狄马加，中共青海省委宣传部常务副部长、省文明办主任王向明，省文明办专职副主任祝贺，中共广西壮族自治区党委常委、宣传部部长沈北海，自治区文明办主任杨征文，自治区文联副主席韦苏文，四川省文明办副主任张亚平和各地市领导以及第四届全国助人为乐模范罗玮等领导和嘉宾出席了本轮巡演活动。

8月28日晚，由中共连云港市委宣传部、市文明办、市文联、市广播电视台、市文化艺术中心承办的连云港专场在连云港市文化艺术中心举行。中国曲协分党组成员、副秘书长黄群，中共连云港市委书记、市人大常委会主任李强，市委常委、宣传部部长、市政府党组成员滕雯与上千名干部群众共同观看了演出。演出由连云港市的“全国最美基层干部”姜霜菊和7个第四届全国道德模范感人至深的故事组成。

【我们的价值观——曲艺走基层全国百场巡演】

2014年7月至2015年3月，由中宣部、中央文明办、中国文联主办，中国曲协承办的“我们的价值观——曲艺走基层全国百场巡演”活动，围绕“国是家”、“勤为本”、“俭养德”、“诚立身”、“孝当先”五个主题，历时9个月，累计参与演员近3000人次，组织创作排练主题曲艺节目100多个，行程上万公里，足迹遍及11个省（市）的32个市（县、区），演出113场，现场观众达23万余人，间接观众2000万人。

7月16日晚，启动仪式暨“节俭养德”首场演出在北京市房山区韩村河村举办。中宣部副部长黄坤明，赵实，李前光，中共北京市委常委、宣传部部长李伟，中宣部文艺局局长汤恒，姜昆，董耀鹏，中国文联办公厅主任陈建文，曲华江，中共北京市委宣传部副部长崔耀中等领导与当地近千名观众共同观看了演出。演出由刘芳菲和戴志诚担任主持人，姜昆、张志宽、赵炎、杨子春、史琳、霍勇、秦方、杨菲、李想、苗阜、王声、郭迎欢、张楠、徐振武、周春艳、钮高乐等参加演出。

8月11日至16日，“巡演”小分队一行16人先后走进吉林省的长春、公主岭、四平，黑龙江省的哈尔滨、大庆和齐齐哈尔，为期6天的演出，共演出10场。本次巡演以“勤为本、俭养德”为主题，郭迎欢、徐振武、周春艳、秦永超、李想、张金山、闫淑平、佟长江、奇志、张伟参加演出。

8月27日至9月2日，“巡演”赴湖北湖南两省专场演出成功举行。中国曲协副主席郭刚带领杨鲁平、闫淑平、佟长江、大兵、李伟建、武宾、王国军、王梦欢等中青年曲艺家先后赴武汉、黄石、咸宁、长沙、湘潭、株洲6地市为广大观众奉献了10场以“诚立身”、“孝当先”为主题的曲艺专场演出。

9月10日至12日，“巡演”走进河北省，深入石家庄、衡水、廊坊三地，为近5000名观众献上了5场精彩演出。本次巡演紧扣“国是家”主题，奇志、张志宽、种玉杰、杨鲁平、高洪胜、韩延文、王树才、张楠、张伟联袂演出。宋丹红担任主持人。

【纪念骆玉笙诞辰100周年系列活动】

8月6日上午，由中国文联、中国曲协、中共天津市委宣传部、天津市文联共同主办的纪念骆玉笙诞辰100周年座谈会在中国文艺家之家举行。李前光、罗扬、朱光斗、姜昆、董耀鹏、马小平、吴文科、郭刚、崔凯、籍薇、曲华江、黄群，天津市文联党组书记、常务副主席寇士恺，中共天津市委宣传部文艺处处长杨君毅和骆玉笙家人及弟子代表，京津两地曲艺界、文艺界代表百余人出席座谈会。姜昆、罗扬、吴文科、寇士恺、常祥霖、王立扬、孟然、刘春爱、冯欣蕊、骆巍巍等先后发言。8月6日晚，“玉振金笙”纪念骆玉笙诞辰百年专场演出在天津市津湾大剧院精彩上演。

【纪念马三立诞辰100周年系列活动】

8月30日下午，由中国文联、中国曲协、中共天津市委宣传部、天津市文联等单位共同主办的纪念马三立诞辰100周年座谈会在天津大礼堂河西厅举行。李前光，姜昆，董耀鹏，马小平，曲华江，黄群，天津市文联主席陈洪，寇士恺，天津市文广局党组成员、副局长金永伟，中共河西区委常委、宣传部长王芸，天津市文联党组成员、秘书长商移山，文艺界、曲艺界代表郭宝昌、李光曦、常宝华、杨少华、薛宝琨、田立禾、师胜杰、王鸣禄、刘连群、王立扬、张蕴和、安宝聚以及马志明等出席座谈会。8月30日和31日晚，纪念系列活动之"越想越哏儿"中国相声群英会在天津人民体育馆上演。

【第八届中国曲艺节】

9月23日上午，第八届中国曲艺节新闻发布会在中国文联举行。姜昆、董耀鹏、曲华江、黄群、滕雯、刘全和、刘全利、高洪胜、戴志诚、刘际、马云路等领导嘉宾与30多家新闻媒体的记者出席发布会。

10月21日至25日，由中国文联、中国曲协、江苏省文联、中共连云港市委、连云港市人民政府共同主办，江苏省曲协、中共连云港市委宣传部、连云港市广播电视总台等单位承办的第八届中国曲艺节在连云港成功举办。来自全国各地的500多位曲艺家和曲艺工作者为观众奉献了11场演出。李前光，杨承志，姜昆，董耀鹏，马小平，曲华江，黄群，江苏省政协原副主席、中国曲协苏州评弹艺委会主任陆军，江苏省文联党组成员、书记处书记叶飚荣，寇士恺，中共连云港市委书记杨省世，市长赵晓江，滕雯等领导与近万名观众现场观看了各场演出。20日，"笑动青春"小剧场优秀相声专场走进连云港师专；21日晚，开幕式暨首届中国连云港丝绸之路国际物流博览会专场演出在连云港艺术中心剧场举行；22日上午，姜昆、董耀鹏、戴志诚、鞠萍、周炜等乘船数个多小时，来到连云港市灌云县开山岛，为被中宣部授予全国时代楷模称号的"开山岛夫妻哨"王继才、王仕花举办送欢笑专场慰问演出；22日下午，巩汉林、金珠、刘全利、刘全和领衔"送欢笑"小分队，走进连云港徐圩新区，把快乐传递给奋战在国家东中西区域合作示范区一线的1300名建设者和工作者；22日晚，"越来越好"中国广播艺术团专场演出在连云港市东海县体育馆举行；23日下午，面向当地武警、边防、空军、警备区军人和市民的"曲苑芬芳"连云港曲艺专场演出在市文化馆剧场举行；23日和24日晚，"江南雅韵"南方优秀曲艺节目专场和"江北和声"北方优秀曲艺节目专场在连云港广电影视城演播大厅举行；24日晚，"幸福快车"中国铁路文工团专场慰问演出在连云港市赣榆区文化艺术中心上演。姜昆、牛群、田连元、常贵田、张志宽、师胜杰、石富宽、李金斗、李建华、鞠萍、郭达、周炜、孙涛、邵峰、刘全利、刘全和、奇志、陈寒柏、王敏、李伟建、武宾、方清平、高晓攀、李菁等参与盛会。25日晚，第八届中国曲艺节举行闭幕式惠民演出并举行了中国曲艺节节旗交接仪式，标志着在连云港举办的第八届中国曲艺节完美落幕，同时也标志着三年后将迎来在天津举办的第九届中国曲艺节。

【向人民报告——庆祝新中国成立65周年暨说唱中国梦优秀曲艺节目展演】

9月17日至26日，由中国文联、中国文学艺术基金会、中国曲协等单位共同主办的"向人民报告——庆祝新中国成立65周年暨说唱中国梦优秀曲艺节目展演"在北京民族文化宫大剧院成功举办。中国文联主席孙家正，赵实，全国政协教科文卫体委员会副主任、中国文联原党组书记胡振民，全国政协文史和学习委员会副主任、中宣部原副部长翟卫华，中国文联党组副书记、副主席李屹，中国文联党组成员、副主席左中一、夏潮、李前光，中国文联副主席覃志刚、杨承志、刘兰芳，中国文联党组成员、书记处书记郭运德，解放军总政治部副主任、上将贾廷安，全国公安文联主席祝春林，姜昆、董耀鹏、冯巩、盛小云、马小平、翁仁康、曲华江、黄群以及有关部委和相关省市部门领导与7000余名观众观看了演出。刘全和、刘全利、石富宽、李立山、奇志、戴志诚、李伟健、方清平、小香玉、孙涛、邵峰等全国知名演员与沈志凤、李伯清、沈伐、柴京云、柴京海、范军等地方曲艺的领军人物，同时还有叮当、康康、苗阜、王声、凌琳、施金裕等曲艺新星，为观众献上了"越来越好"中国广播艺术团专场、"江南曲美"江苏曲艺专场、"蜀风蜀韵"四川曲艺专场、"晋情快乐"山西曲艺专场、"曲水流觞"浙江曲艺专场、"马街书会"河南曲艺专场、"幸福快车"中国铁路文工团专场、"草原情怀"内蒙古民族曲艺团专场、"警营曲唱"全国公安曲艺专场、"牡丹芬芳"中国曲协专场10台曲艺节目。中国艺术报特刊用12个专版和系列报道对活动进行了宣传，中央电视台《新闻直播间》栏目对本次展演活动进行跟踪报道。

【纪念韩起祥诞辰100周年系列活动】

11月10日至12日，由中国文联、中国曲协、中共陕西省委宣传部、陕西省文联共同主办的纪念韩起祥诞辰100周年系列活动在西安举行。李前光，中共陕西省委常委、宣传部长景俊海，陕西省人民政府副省长白阿莹，中共陕西省委原副书记张保庆，姜昆，董耀鹏，中国音协主席、陕西省文联主席赵季平，中共陕西省委宣传部副部长陈彦，陕西省文联党组书记、常务副主席吴丰宽，陕西省文联党组成员、副主席、秘书长黄道峻，郭刚，马小平，黄群，曲艺家代表赵连甲、王登渤、戴志诚、宋德全、李伟建、武宾与石国庆、叶锦玉、韩应莲、周春晓、于海涛等参加活动。12日上午，纪念韩起祥诞辰100周年座谈会在西安止园饭店举行，李前光、景俊海、姜昆、黄道峻、赵连甲、郭刚、叶锦玉、赵胜利、韩应莲等先后发言。10日至12日，“韩起祥杯”首届中国西部优秀曲艺节目展演经过激烈角逐，陕北说书《三弦战士韩起祥》等7个节目获得一等奖。12日晚，中国文联、中国曲协文艺志愿服务团“送欢笑”惠民专场演出在西安易俗大剧院举行。

【2014年相声小品优秀节目展演】

12月25日至27日，由中国文联、中国曲协、中国文学艺术基金会和陕西省文联共同主办，总政话剧团、陕西省曲协协办的“2014年相声小品优秀节目展演”在北京总政话剧团八一剧场举行。夏潮，杨承志，最高人民检察院原常务副检察长张耕，中央文明办二局局长涂更新、副局长赵树杰，国家民委文宣司司长武翠英，姜昆，董耀鹏，马小平，曲华江，黄群，中国文联有关部室负责同志，陕西省委宣传部副巡视员成立笠，陕西省文联党组成员、专职副主席、秘书长黄道峻与曲艺家常贵田、李立山、杨鲁平、高洪胜、董怀义、种玉杰等现场观看了演出。25日，陕西曲艺专场拉开了整个展演的序幕，苗阜、王声、马腾翔、李小龙、周春晓、于海涛先后登台。26日和27日的节目，既有获得今年第八届中国曲艺牡丹奖的优秀节目，如小品《送礼》、谐剧《电话响过之后》，小品《鸿雁》等，也有冯阳、刘晰宇、陈印泉、侯振鹏、回想、路遥、董建春、李丁、高晓攀、尤宪超、李鸣宇、田海龙、孙涛、邵峰、刘颖、浩楠等表演的原创优秀节目。

【曲艺文化惠民活动】

1月5日，由中国文联、中国文联曲艺艺术中心组织的中国文联文艺志愿服务团来到宁夏银川，走进西北轴承股份有限公司，举行“我们的中国梦——送欢乐下基层”慰问演出。李前光，姜昆，董耀鹏，曲华江，宁夏回族自治区副主席姚爱兴，中共宁夏回族自治区党委宣传部副部长李克强，区人民政府副秘书长崔晓华，区文联主席郑歌平等领导和西北轴承厂的近2000职工一同观看演出。周炜和银川电视台主持人徐烨联袂主持，李伟健、武宾、甄齐、李然、白永蔚、赵鹏涛、杨菲、徐明智、徐晨、姜昆、戴志诚、李金斗、李建华先后登台。

8月14日至15日，中国曲艺牡丹奖艺术团演出小分队深入四川省成都市彭州和邛崃两地开展“送欢笑到基层”惠民演出。姜昆、董耀鹏、曲华江、李兵和两地的数千名观众一同观看了艺术家们的精彩演出。14日晚,演出在彭州市行政中心广场举行。演出开始前，姜昆和董耀鹏为彭州市颁发了“中国曲艺之乡”牌匾。演出由叮当和胖姐联袂主持，叮当、张志宽、张楠、朱少宇、张露曦、种玉杰、韩延文、郭达、王梦欢、常贵田、王佩元、姜昆、戴志诚登台。15日晚，演出在邛崃山区的水口镇九年制学校举行。

8月22日下午，由中国曲协、中国文联曲艺艺术中心组织的中国曲协文艺志愿服务团走进吉林省长春市农安县，为当地老百姓奉上精彩的“我们的中国梦——送欢笑到基层”慰问演出。吉林省副省长隋忠诚，中共长春市委宣传部部长吴德金等与近30000名观众观看了演出。周宇和王明明联袂主持，陈寒柏、王敏、王大海、丁晓红、曹嵩、刘凯和时尚歌舞组合女子乐坊、刘全和、刘全利、闫淑平、佟长江、姜昆、戴志诚、李金斗、李建华先后登台。

11月9日至10日，中国文联、中国曲协牡丹奖艺术团“送欢乐下基层”惠民演出小分队走进无锡、苏州等地。文化部党组成员、副部长项兆伦，中共江苏省委常委、无锡市委书记黄莉新，董耀鹏，黄群，叶飚荣与无锡、苏州有关方面的领导出席活动。9日晚，演出在无锡大剧院举行。袁小良、柴京云、柴京海、闫淑平、佟长江、张曦文、大兵、李丹、李金斗、付强、夏吉平、郭达、王梦欢、盛小云、姜昆、戴志诚、王汝刚、毛一飞登台。10日下午，曲艺家小分队前往苏州市相城区开展惠民演出。演出中，还举行了简短的中国曲艺之乡授牌仪式。10日晚，演出在江阴大剧院举行。

12月11日至12日，由姜昆、董耀鹏带队的中国文联、中国曲协文艺志愿服务团“送欢乐下基层”走进贵州。11日上午，艺术家们走进位于深山的少数民族村寨采风。11日下午，惠民演出在贵州都匀大剧院上演，中国曲协、贵州省文联、黔南州委有关方面的领导与都匀市各行各业的代表共同观看了演出。姜昆、戴志诚、师胜杰、石富宽、巩汉林、金珠、刘全和、刘全利、韩延文、种玉杰、张露曦、朱韶宇、魏一、卜小贵等登台。12日上午，志愿服务团分成两个小分队，再次走进布依族村寨和工业园区，与当地老百姓联欢。12日下午，志愿服务团又赶到贵阳云岩区，为当地的建筑工人奉献了一场演出。

赛事评奖

【第九届河南宝丰马街书会全国曲艺邀请赛】

2月11日至12日，由中国曲协、河南省文联、中共平顶山市委、平顶山市人民政府主办，河南省曲协、中共宝丰县委、宝丰县人民政府承办的第九届河南宝丰马街书会全国曲艺邀请赛在河南省宝丰县举行。中国文联副主席边发吉，河南省委常委、宣传部长赵素萍，董耀鹏，文化部非遗司司长马文辉，王汝刚、马小平、曲华江、河南省委宣传部常务副部长王耀，河南省文联主席杨杰等出席了有关活动。来自全国15个省区市的百余位曲艺家参赛，扬州清曲《春江花月夜》等13个节目获得一等奖。12日晚，中国曲协文艺志愿服务团“送欢笑到基层”走进马街书会在宝丰县人民剧院举行。郭达、奇志、高洪胜、王汝刚、张伟、陈靓、高梦娇等同台演出。

【首届中国好故事（走马）邀请赛】

3月19日至22日，由中国曲协、重庆市文联共同主办，重庆市曲协、重庆市九龙坡区文联承办，九龙坡区走马镇人民政府协办的首届中国好故事（走马）邀请赛举办。27个参赛节目在两天三场的比赛中逐一亮相，共评出金奖5名、银奖10名、铜奖10名，吴文和黄震良荣获“中国故事大王”殊荣。邀请赛期间，中国曲协还协同有关单位组织了“梦想龙门阵”——艺术人生梦想畅谈、中国曲协文艺志愿服务团送欢笑慰问演出等活动，牛群、刘靓靓、刘佳妹、张琳、朱少宇、张露曦、杨鲁平、郭达、王梦欢、田连元、奇志、张伟先后登台。董耀鹏，重庆市委宣传部副部长、市文明办主任樊伟，市委宣传部副部长万相兰，市文联党组书记、副主席王超，市文联党组成员、副主席杨矿以及九龙坡区领导先后出席相关活动。

【廉政文化曲艺优秀作品遴选】

5月14日至16日，在中央纪委宣传部总体部署和中国文联国内联络部具体指导下，中国曲协组织曲艺界专家在京就“廉政文化优秀作品（曲艺类）”节目进行评审遴选。遴选工作由董耀鹏具体负责，李培隽、曲华江、高洪胜、孙晨、常贵田、张蕴华等6人参加。遴选小组对报送的211个节目进行了遴选，最终筛选出109个曲艺作品。

【第三届“包公杯”全国反腐倡廉曲艺作品征集颁奖系列活动】

5月21日至22日，由中国曲协、中共合肥市纪律检查委员会等单位共同主办的第三届“包公杯”全国反腐倡廉曲艺作品征集颁奖系列活动在合肥市举办。系列活动除为获奖作品颁奖外，还举行了优秀节目展演和相关座谈会，《全国反腐倡廉曲艺作品征集优秀作品集3》也同期首发。活动期间，还举办了“送欢乐下基层”文艺志愿服务活动。李前光，姜昆，董耀鹏，中纪委宣传部副局级专员戴军，中纪委宣传部文化处处长聂义峰，中共安徽省委常委、省纪委书记王宾宜，省委常委、宣传部长曹征海，省委常委、合肥市委书记吴存荣，省纪委常务副书记吴秀兰，省纪委副书记、监察厅厅长李猛，省纪委副书记车建军，省纪委常委、秘书长张正耀，合肥市政协主席董昭礼，中共合肥市委常委、市纪委书记张海林及有关单位负责同志出席活动。

【第八届中国曲艺牡丹奖】

5月27日上午，中国曲协在京举办新闻发布会，宣布第八届中国曲艺牡丹奖评奖颁奖活动全面启动。李前光、董耀鹏、李培隽、黄宏、马小平、翁仁康、曲华江、叶飚荣及本届牡丹奖全国曲艺大赛四个分赛区有关单位的负责同志出席发布会。董耀鹏主持会议。杭州市余杭区文广新局党委书记、局长冯玉宝，武进区政府副区长王明昌，中共合肥市委宣传部副部长、文广新局党组书记、局长罗平，中共长治市委宣传部常务副部长、文明办主任郝黎华先后代表四个分赛区介绍了比赛筹备情况。李前光在发布会上讲话。

6月5日至8日，由中国文联、中国曲协、浙江省文联、杭州市余杭区人民政府主办，浙江省曲协、余杭区文广新局承办的余杭赛区的比赛成功举办。该赛区最终评出进入牡丹奖终评的提名奖26个，其中，温州莲花《阿婆洗脚》等10个节目获节目提名奖，杭州小热昏《老板众生相》等4篇作品获创作提名奖，刘青玲等8人获表演提名奖，唐瑜蔓等4人获新人提名奖。6月8日晚，颁奖仪式暨中国曲协文艺志愿服务团惠民演出在临平剧院举行。李前光，吴天行，中宣部文艺局副巡视员李小虹，董耀鹏，马小平、翁仁康，曲华江，浙江省文联党组书记、副主席、书记处常务书记田宇原，省文联副主席、杭州市文联主席陈一辉，省文联书记处书记张均林以及余杭区当地领导出席。牛群、李金斗、李建华、郭达、翁仁康、刘全和、刘全利、焦建东、石磊、王梦欢等登台。大赛期间，组织召开中国曲协绍兴莲花落艺术委员会成立仪式暨座谈会，王汝刚为当地曲艺工作者作了题为《滑稽的传承与创新》的讲座。

6月20日至23日，由中国文联、中国曲协、江苏省文联、武进区人民政府主办，江苏省曲协、武进区文广新局等承办的武进赛区的比赛成功举办。武进赛区最终评出进入牡丹奖终评的提名奖21个，其中，中篇苏州弹词《绣神》等7个节目获节目提名奖，短篇苏州弹词《招牌菜》等3篇作品获创作提名奖，吴新伯等7人获表演提名奖，许芸芸等4人获新人提名奖。6月23日晚，颁奖仪式暨“送欢笑”惠民演出在常州凤凰谷大剧院举行。李前光，李培隽，姜昆，董耀鹏，马小平，曲华江，陆军，中共江苏省委宣传部副部长、省文联党组书记章剑华，以及常州市、武进区主要领导出席。王汝刚、盛小云、籍薇、牛群、戴志诚、刘全和、刘全利、陈峰宁、唐爱国、孙涛、邵峰、于海伦、牟洋等同台献艺。

7月11日至15日，由中国文联、中国曲协、合肥市人民政府主办，合肥市文化广电新闻出版局、合肥文广集团有限公司承办的合肥赛区的比赛成功举办。大同数来宝《你幸福吗》等6个节目获节目提名奖，相声《我的房子呢》等9篇作品获创作提名奖，凌淋等11人获表演提名奖，苗阜等14人获新人提名奖。15日晚，颁奖仪式暨中国曲协“送欢笑”惠民演出在合肥大剧院举行，杨承志，董耀鹏，马小平，郭刚，崔凯，吴存荣以及合肥市有关方面的负责同志出席。演出由鞠萍主持，苗阜、王声、焦建东、石磊、柴京云、柴京海、郭达、肖霖、李金斗、李建华、韩延文、冯巩、李志强、崔艺东、艾莉等登台。

7月30日至8月2日，由中国文联、中国曲协、山西省文联、长治市人民政府主办，长治市委宣传部承办的长治赛区的比赛成功举办。二人转《清心汤》等8个节目获节目提名奖，山东渔鼓《孔子试徒》等6个节目获创作提名奖，常惠斌等11人获表演提名奖，郑菲等6人获新人提名奖，闫淑平凭借二人转《天下娘心》的表演摘得首个金牡丹提名奖。8月2日晚，颁奖仪式暨“送欢笑”惠民演出在潞州剧院举行。李前光，姜昆，董耀鹏，马小平，翁仁康，吴文科，曲华江，山西省文联党组书记、常务副主席李太阳，中共山西省委宣传部副部长、省作协党组书记杜学文以及长治市有关领导出席仪式并为获奖选手颁奖。姜昆、戴志诚、张蕴华、程桂兰、孙涛、邵峰、肖婷佳、李伟健、武宾、冯欣蕊、王喆、张楷、刘迎、李玉萍、柴京海、柴京云、王贝贝、赵丽芳、栗四文、刘引红、闫淑平、佟长江等同台献艺。

10月18日至19日，由中国文联、中国曲协、中共江苏省委宣传部、江苏省文联主办的第八届中国曲艺牡丹奖颁奖系列活动在江苏南京成功举办。李前光，杨承志，江苏省人大常委会副主任、党组副书记张艳，江苏省政协副主席何权，陆军，江苏省文联名誉主席顾浩，江苏省文联主席王湛，姜昆，董耀鹏，章剑华，马小平，冯巩，李时成，吴文科，翁仁康，郭刚，盛小云，崔凯，籍薇，黄群等领导出席系列活动。10月18日下午，颁奖仪式暨惠民演出在莫愁湖公园抱月楼广场拉开帷幕，李金斗、石富宽、蒋大为、周炜、刘芳菲、孙涛、刘颖、苗阜、王声等众多名家新秀以及牡丹奖各奖项获得者与现场上千名群众欢享盛典。10月18日晚，李金斗走进南京大学为师生作演讲。10月19日上午，中国曲协主席团部分成员、第八届中国曲艺牡丹奖获得者代表等参加了“说唱百姓·服务社会”研讨会。10月19日下午，第八届中国曲艺牡丹奖获奖曲目惠民演出在苏州相城区北桥镇举行。此外，10月21日至26日还举行了“文化进万家·共筑中国梦”第八届中国曲艺牡丹奖江苏省获奖项目“双百”惠民专题专场展演活动。中央人民广播电台不仅在18日下午对颁奖仪式暨惠民演出进行了现场连线报道，还在当晚全国新闻联播中播出对活动的持续采访报道。中央电视台新闻频道在21日的《新闻直播间》中播出了对系列活动的采访报道。

【首届东北二人转邀请赛】

6月1日至3日，由中国文联曲艺艺术中心、辽宁省文联、吉林省文联、黑龙江省文联、中共铁岭市委、铁岭市人民政府主办的中国·铁岭首届东北二人转邀请赛在铁岭举行，共有来自辽宁、吉林、黑龙江、铁岭的四支代表队近百名二人转演员参赛。姜昆，赵本山担任总监评。经过激烈角逐，张春丰等获大奖，郭金杰等获一等奖，辽宁曲协等获组织工作奖。6月2日晚，颁奖晚会在铁岭师专体育馆举行，张野、孙淑梅，闫淑平、佟长江、张尧、娇娇、郭金杰、陈曦带来二人转表演，本山民族乐团带来民乐演奏，赵本山演奏二胡。6月3日，范曾、姜昆、赵本山、于丹、白岩松、朱军以及辽吉黑三省文联领导、二人转研究专家和演员，民营二人转剧院经营者近百人齐聚一堂，召开“东北二人转生存与发展”研讨会。

【第六届全国少儿曲艺大赛】

7月29日上午，由中国关心下一代工作委员会办公室、中国曲协、四川省文联共同主办，四川省曲协、成都市文明办、成都市文联、中共彭州市委宣传部承办的第六届全国少儿曲艺大赛新闻发布会在中国文联文艺家之家四楼报告厅举行。姜昆，董耀鹏，曲华江，四川省文联党组副书记、副主席李兵，中共彭州市委常委、宣传部长、市文联主席曹建春，曲艺家常贵田、张志宽、李增瑞、常祥霖、奇志、高洪胜、种玉杰、全维润等领导嘉宾以及40多家新闻单位的媒体记者近百人出席新闻发布会。

8月11日至14日，第六届全国少儿曲艺大赛在四川成都彭州成功举办。中国关工委办公室主任陈江旗，姜昆，董耀鹏，曲华江，四川省文联党组书记、副主席蒋东生，李兵，四川省曲协主席、省音乐学院院长林戈尔以及成都市、彭州市有关领导和常贵田、郭达、张志宽、常祥霖、刘全利、刘全和、种玉杰、田洁等与600多位小曲艺演员齐聚彭州，先后参加了4场比赛，1场颁奖仪式，1场少儿曲艺事业发展研讨会，1场少儿曲艺工作座谈会，1次中国文艺志愿者曲艺培训小课堂走进彭州和1场中国曲艺牡丹奖艺术团送欢笑惠民文化演出等活动。经过4场比赛的激烈角逐，最终独角戏《生日盛宴》等10个节目获得一等奖，福建曲协等15个团体会员获得组织奖，成都市文联、彭州市委宣传部等4个单位获得特殊贡献奖。

【首届“高元钧杯”全国山东快书大赛】

8月18日至8月20日，由中国曲协、北京市丰台区文化委员会、北京市丰台区文联共同主办，中国曲协山东快书艺术委员会协办的首届“高元钧杯”全国山东快书大赛在北京市丰台区举行。共有42个节目进入决赛，最终，成人组《随份子》等7个节目获金奖，少儿组《神秘的球鞋》等5个节目获金奖，《猜字谜》等7个节目获最佳创作奖。8月20日晚，颁奖仪式在丰台区文化馆举行。董耀鹏、郭刚、曲华江、黄群、常宝华、赵连甲、张志宽、高洪胜、高洪顺、李菁以及丰台区有关领导出席。程桂兰、霍勇以及部分获奖节目演员同台献艺。

学术与研究

【多元文化中都市曲艺的生存与发展研讨会】

2月28日下午，由中国曲协和上海市文联、嘉定区人民政府联合主办的“多元文化中都市曲艺的生存与发展”研讨会在“中国曲艺之乡”上海市嘉定区安亭镇召开。会议由董耀鹏主持，宋妍，王汝刚、崔凯以及嘉定区有关领导和曲艺界多位专家学者出席。

【调研曲艺小剧场和体制外曲艺从业人员发展现状】

4月17日至18日，由董耀鹏、马小平带队的中国曲协调研组，赴陕西西安调研曲艺小剧场和体制外曲艺从业人员发展现状并听取陕西省曲艺工作者对中国曲艺牡丹奖评奖改革工作的意见和建议。黄道峻，省文联组联部主任王行舟，创评部主任陈君峰，办公室副主任殷明，省曲协主席叶锦玉，副主席史淑宝、王培通、于海涛、韩应莲、王茵，中共陕西省委宣传部文艺处副处长刘志斌，著名独角戏表演艺术家石国庆以及王木犊剧场、青曲社、天禧苑等曲艺小剧场代表参与了此次调研座谈活动。

【高等教育曲艺类专业教材编写工程正式启动】

7月7日，高等教育曲艺类专业教材编写工程合作协议在辽宁科技大学签订。董耀鹏，崔凯，辽宁科技大学党委书记杨路，校党委副书记、校长孙秋柏，校党委副书记、纪委书记侯锡林等共同出席了签约仪式，标志着高等教育曲艺类专业教材编写工程正式启动。

【核心价值观与优秀传统曲艺研讨会】

10月24日，作为第八届中国曲艺节系列活动之一的“核心价值观与优秀传统曲艺”研讨会在连云港中国曲协创作培训基地——东海名郡举办。董耀鹏，马小平，广西壮族自治区文联党组成员、副主席韦苏文，连云港市政协副主席曹佳鸣，中共连云港市委宣传部副部长、市文联主席杨浩，连云港广电传媒集团（台）董事长、台长戴咏寒等与曲艺界专家学者、各省区市曲协相关负责人共60余人参加研讨。研讨会由黄群主持。马小平、李伟建、范军、孙立生、胡磊蕾、柴京云、彭俐、崔月明、李立山等先后发言。

【第八届中国曲艺牡丹奖“说唱百姓 服务社会”研讨会】

10月19日上午，第八届中国曲艺牡丹奖“说唱百姓 服务社会”研讨会在南京市双门楼宾馆举办。董耀鹏、李时成、郭刚、崔凯、籍薇、叶飚荣、罗训涌以及承办方有关领导、各地曲协负责人、第八届中国曲艺牡丹奖终身成就奖得主、理论奖得主、获奖演员代表等出席了研讨会。叶飚荣、王茵、岳永逸、姜庆玲、康尔、张凌怡、崔凯先后发言。董耀鹏主持会议并作总结发言。

【全国河南坠子传承与发展学术研讨会暨艺术流派演唱会】

10月30日至31日，全国河南坠子传承与发展学术研讨会暨艺术流派演唱会在商丘隆重举行。曲华江、张剑锋、范军以及商丘市有关领导参加此次活动。30日晚的河南坠子艺术流派演唱会汇聚了来自北京、天津、湖北、山东、江苏及河南省内众多河南坠子著名流派的代表性传承人。31日上午的研讨会上，张凌怡、马紫晨、刘景亮、孙立生、李立山、宋爱华、范军先后发言。31日晚，“送欢笑到基层”文艺演出在商丘体育馆举行，中国侨联副主席李卓彬，中共河南省委常委、统战部部长史济春等观看了演出。演出由鞠萍主持，范军、唐满意、石富宽、刘捷、陈寒柏、王敏、郭达、柴京云、柴京海、张春丰、王超等登台。

【陕西相声现象研讨会】

11月12日，由中国曲协、中共陕西省委宣传部、陕西省文联主办的陕西相声现象研讨会在西安召开。景俊海、姜昆、董耀鹏、陈彦、吴丰宽、郭刚、马小平、黄群、黄道峻、叶锦玉、赵连甲、戴志诚、李伟建、宋德全、石国庆、白海臣、于海涛、苗阜、王声、马腾翔、李小龙等出席研讨会，共同探讨陕西相声的现状与未来。

【高等教育曲艺类专业教材编写工程联席会议】

12月18日至19日，中国曲协会同辽宁科技大学在鞍山召开高等教育曲艺类专业教材编写工程联席会议。董耀鹏，崔凯，曲华江，孙秋柏，侯锡林，辽宁科大艺术学院院长、辽宁曲协副主席田洁，以及陆军、陈亦兵、李世儒、张祖健、高玉琮、鲍震培、崔立君、梁彦、张楠、高晓攀等专家学者和编写者参加会议。

【向人民报告——庆祝新中国成立65周年暨说唱中国梦优秀曲艺节目展演座谈研讨会】

12月24日，由中国文联理论研究室、中国曲协、中国文联文艺评论中心共同主办的“向人民报告——庆祝新中国成立65周年暨说唱中国梦优秀曲艺节目展演”座谈研讨会在中国文联文艺家之家召开。夏潮、庞井君、董耀鹏、周由强、马小平、翁仁康、黄群等出席座谈研讨会。李立山、芦明、李广宇、岳永逸、徐华云、暴玉喜、杜佳、崔骏、楼一宸、刘禹等发言。夏潮同志在听取发言后发表讲话。

创建与培训

【中国曲协绍兴莲花落艺术委员会成立】

6月5日下午，中国曲协绍兴莲花落艺术委员会成立仪式在浙江余杭举行。董耀鹏，马小平，浙江省文联书记处书记张均林，曲华江和浙江省有关领导、嘉宾及艺委会的全体成员出席了成立仪式。仪式由翁仁康主持。曲华江代表中国曲协宣读了《关于同意成立中国曲协绍兴莲花落艺术委员会的批复》。董耀鹏、马小平、张均林为艺委会成员颁发聘书。

【2014中国文联文艺培训志愿服务项目——曲艺培训班】

8月26至30日，由中国文联文艺志愿服务中心、中国文联曲艺艺术中心、厦门市曲艺家协会、厦门市南乐团、厦门市文艺志愿服务团联合实施的“2014中国文联文艺培训志愿服务项目——曲艺培训班（厦门）”在厦门举行。11月3日至6日，由中国文联文艺志愿服务中心、中国文联曲艺艺术中心、浙江省曲艺家协会联合举办的“2014中国文联文艺培训志愿服务项目——曲艺培训班（绍兴柯桥）”在绍兴柯桥举行。11月17日至24日，由中国文联文艺志愿服务中心、中国文联曲艺艺术中心、聊城市群众艺术馆、聊城市曲艺家协会联合举办的“2014中国文联文艺培训志愿服务项目——曲艺培训班（聊城）”在聊城举行。

【中国曲艺之乡创建20周年系列活动】

10月27日至29日，中国曲协会同有关单位在山西省长治县举办中国曲艺之乡创建20周年系列活动。董耀鹏，马小平，李时成，黄群，长治市有关领导以及杨子春、吴继华、陈莉、周文扬、王静、童伟跃、陈世海等各地曲艺之乡负责人参加活动。10月27日、28日，中国曲艺之乡创建20周年优秀曲艺节目展演长治专场、南方片专场、北方片专场在长治县文化服务中心演艺厅上演。10月28日上午，中国曲艺之乡创建20周年工作座谈会隆重召开。辽宁省大连市西岗区人民政府等4个单位荣获“创建中国曲艺之乡工作标兵单位”称号，中共河南省宝丰县委宣传部等8个单位荣获“创建中国曲艺之乡工作先进单位”称号，王敏等42人荣获“创建中国曲艺之乡优秀曲艺工作者”称号，王静等39人荣获“创建中国曲艺之乡工作先进个人”称号。其中，吴继华、季承人、黄震良、陈世海、周兴安代表获奖单位和个人就如何更好的推动曲艺之乡建设发展做了交流发言。董耀鹏向创建中国曲艺之乡的广大工作者简要传达了习近平总书记在文艺工作座谈会上的主要讲话精神，并就总结中国曲艺之乡创建20周年历程以及中国曲艺之乡未来发展和大家进行了深入交流。会上下发了《中国曲艺事业五年发展规划》和《中国曲艺名城评定命名和管理服务办法》。

【第6期全国曲艺创作高级研修班】

11月25日至28日，由中国曲协、中国文联人事部、中国文学艺术基金会、重庆市文联主办，重庆市曲协、重庆市江北区文联承办的第6期全国曲艺创作高级研修班在重庆举办，来自全国各地的中青年曲艺作者58人参加此次研修，同时特邀台北曲艺团团长叶怡均参加。姜昆，董耀鹏，马小平，王汝刚，郭刚，中共重庆市委宣传部副部长马岱良，重庆市文联党组成员、副主席杨矿，重庆市文联副主席、曲协主席王毅，重庆市文联秘书长周和平，重庆市江北区文联主席张媛媛等出席活动。姜昆、董耀鹏、王汝刚分别作讲座。研修班期间，还举行了三场汇报演出。

【中国曲协军旅曲艺艺术委员会成立】

12月25日下午，中国曲协军旅曲艺艺术委员会成立仪式在京举行。董耀鹏、曲华江、田连元及艺委会的7位成员出席了成立仪式。仪式由曲华江主持。他代表中国曲协宣读了《关于同意成立中国曲协军旅曲艺艺术委员会的批复》。董耀鹏为艺委会成员颁发了聘书。

对外及对港澳台地区文化交流

【赴新西兰演出交流】

1月15日至19日，应新西兰中国文化传媒集团的邀请，中国曲协组派以崔凯为团长的中国曲艺艺术团——吉林省二人转艺术团一行9人，前往新西兰参加“新春同乐日”演出活动。艺术团在新西兰举办1场二人转专场演出和1次座谈交流会。孙海洋、王莹、李云杰、周春燕、徐振武、赵丹丹、付庆义等参加演出。新西兰总理约翰·基等政要观看演出。

【赴美国加拿大演出交流】

2月3日至10日，受美国华人社团联合会和加拿大中国文化促进会的邀请，以姜昆为艺术顾问、董耀鹏为团长，以郁钧剑、殷秀梅、刘全和、刘全利、戴志诚、周炜为主要成员，以唐国强、张铁林、刘玉婉、郑健、周春晓、于海涛、任世和为助演嘉宾的中国曲协艺术团一行，赴美国洛杉矶和加拿大温哥华进行文化艺术交流和慰问演出并接受了数十家媒体的联合专访。

【第三届巴黎中国曲艺节】

6月29日至7月3日，由中国曲协、巴黎中国文化中心主办，欧洲时报传媒集团、法国华商会承办的第三届巴黎中国曲艺节举行。本届曲艺节正值中法建交50周年，中国曲协组派以姜昆为团长，以浙江、四川、河南、陕西曲艺家为主体，戴志诚、郭达、李伟建等国内知名笑星领衔的中国曲艺艺术团一行34人，分别在巴黎皮尔卡丹剧场、巴黎中国文化中心为旅法侨胞和热爱中国曲艺的法国友人奉献了两场演出。

【赴中东欧三国演出交流】

7月18日至27日，由姜昆、董耀鹏率领的中国曲协代表团一行12人，应匈牙利音乐教师协会、奥地利奥中文化和教育交流协会、斯洛伐克华人华侨商会的邀请，赴匈牙利、奥地利、斯洛伐克进行交流访问。7月19日和20日晚，代表团分别在布达佩斯清凉谷文化宫、12区文化中心举办了2场曲艺专场演出。演出由戴志诚主持，刘靓靓、苗阜、王声、刘全和、刘全利、程桂兰、马子玉、范竞马、殷秀梅先后登台。7月22日晚，代表团赶往奥地利维也纳，与当地华人华侨进行了联欢。7月23日下午，代表团在维也纳市政广场举办了“欧亚之夜”之中国日大型城市广场演出。7月24日上午，代表团赶到中国驻斯洛伐克大使馆，为旅斯华侨华人、中资机构代表和使馆工作人员演出。

【首次赴南非演出交流】

9月9日至16日，应南非开普敦中国和平统一促进会邀请，由姜昆任团长、曲华江任秘书长的中国曲协艺术团一行12人赴南非进行交流访问，这是中国曲协自开展外事活动以来派往非洲大陆的第一个艺术团。9月12日，“欢乐南非行——开普敦华侨华人庆中秋迎国庆文艺晚会”在开普敦市政厅举行。演出由戴志诚主持，李平、张春丰、王超、任世和、王杰、刘全和、刘全利、姜昆先后登台。9月15日，艺术团一行深入开普敦最大的KHAYELITSHA贫民区，慰问BAPHUMELELE孤儿院的儿童，为他们带去了生活用品、食品和礼物。

【中国曲协香港会员联谊会考察团赴江苏采风观摩】

10月17日至26日，应中国曲协邀请，中国曲协香港会员联谊会考察团一行5人赴江苏省南京市、连云港市采风观摩第八届中国曲艺牡丹奖颁奖仪式和第八届中国曲艺节的演出活动。期间，考察团先后出席观看了牡丹奖颁奖盛况、曲艺节开闭幕式和一系列文化惠民演出活动。

【赴新加坡、马来西亚演出交流】

11月7日至13日，应新加坡华源会、拉丁马士社区公民咨询委员会与直落布兰雅公民咨询委员会和马来西亚南方大学学院邀请，以中国曲协副主席籍薇为团长的中国曲协艺术团一行14人赴新加坡、马来西亚交流演出。11月9日下午和晚上在新加坡嘉龙剧院举办了2场演出，李宽、万宇、马云路、刘际、叮当、钟燕平、郭金杰、张二丹、赵国祝、王玥、温淑萍、籍薇先后登台。11月11日晚，在马来西亚柔佛州新山市南方大学学院智雅大礼堂进行了最后一场演出。

【第四届海峡两岸曲艺欢乐汇】

11月16日至22日，由中国文联、中国曲协、福建省文联共同主办，福建省曲协和台北艺术家文教推广基金会共同承办的第四届海峡两岸曲艺欢乐汇在台湾地区成功举办。郭运德、王汝刚、黄群带领39位曲艺家和曲艺工作者，先后赴台北、嘉义等地为不同群体观众进行了6场曲艺演出。21日下午，代表团一行来到中国国民党台北市委总部拜会台北市主委钟则良、副主委吕丽莉。21日晚，台北专场演出在台北铁路局演艺厅拉开帷幕。郭运德发表致辞。演出由朱少宇和陈情愉联袂主持，王汝刚、陈靓、奇志、张伟、柴宝玉、孙雪、梁玉嵘、冯欣蕊、庄丽芬以及叶怡均、台北翰林说唱团钱君卫、王汉霖先后登台。22日上午，海峡两岸曲艺发展研讨会在台北举行。

内部建设

【召开全体会议部署全年工作】

3月6日，中国曲协召开全体会议，表彰2013年度优秀部门和个人，改选和增补中国曲协机关工会主席和委员，通报各部门2014年重点工作计划。董耀鹏就做好2014年重点工作提出了要求。曲华江主持会议。

【中国文联曲艺艺术中心首次召开全体人员会议】

3月17日上午，中国文联曲艺艺术中心成立后首次全体人员会议在中国文联大楼A座6层召开。董耀鹏出席会议，曲华江主持会议。会议梳理了艺术中心成立以来的各项工作，对今后艺术中心开展工作进行了认真研讨。

【开展档案及办公环境安全卫生和保密专项检查】

4月1日上午，由董耀鹏带队，曲华江及有关人员参加的检查小组对中国曲协机关6个部门和中国文联曲艺艺术中心3个部门的档案及办公环境安全卫生进行了专项检查。检查小组还对各部门的环境安全卫生和保密工作进行了检查。

【《曲艺》杂志社结合实际认真学习讨论刘奇葆同志重要讲话】

7月2日，《曲艺》杂志社召开全体人员会议，围绕刘奇葆同志调研光明日报社的重要讲话展开全面讨论。副主编宋洪发主持会议。

【中国曲协开展“形象建设年”活动】

9月9日，中国曲协召开会议，就开展“形象建设年”主题活动进行动员和部署。董耀鹏在会上做动员讲话，曲华江主持，黄群宣读《中国曲协开展“形象建设年”活动实施方案》。

【第一时间传达学习习近平同志在全国文艺工作座谈会上的重要讲话精神】

10月16日上午，中国曲协在中国文联党组扩大会议之后，于第一时间迅速召开分党组扩大会议，传达学习习近平总书记在全国文艺工作座谈会上的重要讲话精神。中国曲协分党组成员、机关各部门负责人、党总支成员、在职党支部书记和各党小组组长，中国文联曲艺艺术中心各部门和曲艺杂志社负责人参加。董耀鹏主持会议。

【中国曲协主席团召开专门会议座谈学习习近平总书记重要讲话精神】

10月18日，利用第八届中国曲艺牡丹奖在南京举行颁奖系列活动的机会，中国曲协第七届主席团召开专门会议，座谈学习习近平总书记在文艺工作座谈会上的重要讲话精神。董耀鹏主持会议。中国曲协有关部门负责人列席。

【召开全体干部职工会议传达学习习近平总书记重要讲话精神】

10月20日上午，中国曲协召开全体干部职工会议，传达学习习近平总书记在文艺工作座谈会上的重要讲话精神。董耀鹏进行传达，并对学习活动作出全面部署，提出明确要求，曲华江主持会议，中国曲协机关、中国文联曲艺艺术中心和曲艺杂志社所有在京人员参加会议。

【召开全体干部职工会议传达学习十八届四中全会精神】

11月3日下午，中国曲协机关召开全体干部职工会议，传达学习党的十八届四中全会通过的《中共中央关于全面推进依法治国若干重大问题的决定》和习近平总书记在党的十八届四中全会第二次全体会议上的讲话精神。董耀鹏主持会议。中国曲协机关、中国文联曲艺艺术中心和曲艺杂志社全体干部职工参加会议。会议还传达了中央办公厅《关于在全党深入开展党的群众路线教育实践活动总结报告》、刘云山同志在培育和践行社会主义核心价值观工作经验交流会上的讲话以及其在《人民日报》关于文艺工作座谈会报道上的批示等重要文件精神。

【党总支活动】

4月29日下午，中国曲协在职党支部在协会会议室组织召开了组织生活会。到会党员结合组织生活会9个方面的基本内容和自身的思想动态以及工作、学习、生活实际，认真查摆问题，深入分析原因，提出了中肯意见。

6月26日上午，中国曲协召开会议，传达学习习近平总书记在中央办公厅调研时的重要讲话，并以党支部、党小组为单位对如何贯彻讲话精神进行了讨论。中国曲协机关和中国文联曲艺艺术中心全体党员干部参加会议，董耀鹏主持。

9月9日下午，中国曲协召开会议，传达学习贯彻中国共产党中国文联机关第四次代表大会精神，并以党支部、党小组为单位进行了讨论。中国文联机关第四届党委委员曲华江主持会议，董耀鹏、黄群及全体党员干部参加了会议。

中国曲协于10月完成的《习近平总书记关于新形势下加强党的纪律建设重要论述研究》和《习近平总书记关于从严管党治党重要论述研究》分获中央直属机关党的建设研究会2014年度课题研究成果一等奖和三等奖，中国曲艺艺术中心课题组完成的《健全改进作风常态化制度研究》获优秀奖。

【工会活动】

曲协工会全年共召开3次全体委员会议，开展干部职工“真情关爱”行动，慰问6名在职干部职工，组队参加中国文联组织的各类文体活动，先后于1月组织干部职工排练曲艺联唱《唱动2014》参加中国文联机关新年联欢会，于4月获中国文联第一届职工拔河比赛冠军，5月获中国文联干部职工乒乓球比赛女子团体第三名，8月获“共筑中国梦——庆祝建国65周年职工摄影展”优秀组织奖等集体荣誉，曲协干部职工荣获乒乓球比赛女子单打第三名，摄影展一等奖、三等奖，“共筑中国梦•岗位做贡献”读书征文活动优秀奖，“追寻中国梦——庆祝文联成立65周年职工美术摄影书法展”三等奖等多项荣誉。

中国舞蹈家协会

综 述

2014年，全国上下继续围绕十八大精神，围绕全面建成小康社会，实现中国梦的目标展开新一轮征程，习近平总书记在文艺工作座谈会上做了重要讲话，给中国文艺界注入了一剂强心剂。中国舞蹈家协会在国家形势一片大好的情形下，一如既往地认真贯彻执行党中央的部署，在中宣部、中国文联党组及相关部门的关怀、指导下，开展了多项全国性的重要活动，努力探索新形势下符合自身特点、充满生机与活力的管理体制、运行机制、组织形式和活动方式。这一年，中国舞协领导班子顺利完成了平稳过渡，新一届领导班子继往开来，团结和引导广大舞蹈工作者，锐意进取，充分发挥组织、引导、服务的作用，推动舞协工作和舞蹈事业取得了新发展、新进步。

会议与活动

【认真学习传达习近平总书记在文艺工作座谈会上的讲话精神】

2014年10月15日，习近平总书记在北京主持召开了文艺工作座谈会并发表重要讲话，为全国文艺工作者指明了文艺创作和各项工作的前景和方向，全体舞蹈界同仁倍受振奋和鼓舞。中国舞协第一时间召开了舞蹈家学习习近平总书记重要讲话精神座谈会，邀请老、中、青舞蹈家集中学习讲话精神，交流学习体会。会上，赵汝蘅、冯双白、陈爱莲三位代表舞蹈界参加习总书记主持召开的文艺工作座谈会的代表简要介绍了会议的情况，并畅谈了各自的感想。白淑湘、吕艺生、郭磊、刘江、王伟、刘岩、高艳津子、荀婵婵、邱辉、张苏等舞蹈家纷纷发言，阐述了自己的感动和决心。大家一致表示要贯彻落实讲话提出的各项要求，努力推动文艺大发展、大繁荣；要坚持以人民为中心的创作导向，高扬社会主义核心价值观的旗帜，大力弘扬中国精神；把追求真善美作为文艺创作的永恒价值；把创作生产优秀作品作为中心环节；坚持两个效益。中国舞协分党组还遵照中宣部及中国文联党组的指示和部署，结合协会内部及行业内的学习交流心得，根据舞协现阶段工作情况，拟定继续扎实有效、深入持久地学习习近平总书记重要讲话精神的工作计划，在全协会组织全体在职人员学习了讲话精神的基础上，确定了将讲话精神落到实处的工作预期：加大力度开展舞蹈理论评论工作，积极推进中国舞蹈“荷花奖”评奖机制改革，踏踏实实地抓舞蹈创作，全心全意做好文艺志愿服务工作，努力做好与海外的舞蹈艺术交流，打造更好的工作团队，尽快提升行业服务、管理、自律的能力。

品牌活动与评奖

【成功举办中国舞蹈“荷花奖”多个子项目，保证公平公正，推陈出新】

中国舞蹈“荷花奖”评奖活动作为中国舞协长盛不衰的品牌项目，多年来始终肩负着行业风向标的引领作用。2014年，校园舞蹈和现代舞、当代舞评奖以及理论评论奖（理论类）——三个“荷花奖”的子项在同一年举行。校园舞蹈和现代舞、当代舞评奖活动，与往届一样得到了全国各地院团、院校积极热烈的响应，评奖活动除继续执行大评委团、评委抽签上场、现场亮分等保证评奖公开透明、公正、公平的评奖办法，保障评奖的社会导向性、行业专业性和艺术权威性外，本届为了更大力度和范围地吸引社会公众的关注度和参与性，加大舞蹈知识在民众中的普及，提高大众舞蹈欣赏水平，首次于校园舞蹈评奖中采取了互联网线上投票与线下评奖相结合的方式进行，网友积极参与并对该形式大加鼓励，网站浏览量高达400万，参与人数多达30万。现当代舞评比也有令人惊喜的发现，比如：本次评奖中的现代舞作品突出关注人的心灵世界，充分体现出现代舞直抒胸臆的优势所在，用舞蹈洞察世界，直指人心，完成正能量的传递。入围终评的现代舞作品虽然仍是院团选送的作品数量较多，但来自部队的作品也有令人欣喜的表现。而当代舞作品所容纳的内容和涉及的题材较之往届更加广泛，且突破了部队院团独霸半边天的状态，地方院团与院校作品数量大幅增加，且质量也有所提升，特别是地方院团的参评作品在人物塑造、题材选择上更加注重贴近现实生活，贴近老百姓的情感，在作品中呈现出新颖的创意和想法。

【“舞动中国梦——庆祝新中国成立65周年舞蹈精品晚会”圆满举行】

2014年正值新中国65周岁华诞，也是中国文联、中国舞蹈家协会成立65周年的大喜日子。为了庆祝、纪念这一历史时刻，10月22日晚由中国文学艺术界联合会、中国舞蹈家协会主办，中国文联舞蹈艺术中心承办的“舞动中国梦——庆祝新中国成立65周年舞蹈精品晚会”在中央民族歌舞团民族剧院举行。本次晚会得到了总政歌舞团、海政文工团、中央芭蕾舞团、中央民族歌舞团、解放军艺术学院、北京舞蹈学院、上海戏剧学院舞蹈学院、中央民族大学舞蹈学院、吉林市歌舞团、内蒙古民族歌舞剧院等国内顶尖的艺术院团和高校的演出队伍的鼎力支持，他们分别上演了代表中国舞蹈当今最高艺术水准的舞蹈佳作，老中青三代明星齐聚一堂，以他们各自的方式表达对祖国母亲的挚爱和对舞蹈事业的祝福。晚会的成功举办，不仅是对中国舞蹈近些年来舞蹈创作、舞蹈人才培养成果的一次汇报和检阅，通过这种形式，更是将舞蹈人的心紧密连接在一起，晚会充盈着深厚的行业自豪感，激励年轻一代舞蹈从业人员继续为民族、为艺术而舞。

【“新农村少儿舞蹈美育工程”】

“新农村少儿舞蹈美育工程”是中国舞协的一项重大文化惠民工程。该工程设立七年多来，得到了各地舞协的大力支持，已惠及全国29个省市自治区的农村孩子，开办了175个农村教师班，免费为农村小学培养了5808名农村舞蹈教师。自2013年起，中国舞协将该工程调整为面向民族地区，由志愿者教授民族地区孩子跳本民族舞蹈传承民族舞蹈文化，使民族舞蹈血脉代代相传，相继在内蒙古、四川、云南、贵州、河南、甘肃、新疆7个省、市、自治区建立了17个“少数民族舞蹈课堂”。这些“民族舞蹈课堂”示范点都是建立在当地县以下农村小学，多民族聚居地，通过在当地招募舞蹈志愿者每周一次或两次进行舞蹈教学，让少数民族地区的农村孩子也能享受到和城里孩子一样的艺术素质教育。2014年中国舞协选拔了其中8个省市自治区的19支代表队、近500名学生进京，开展了“新农村少儿舞蹈美育工程——‘少数民族舞蹈课堂’成果展演”活动，让少数民族地区的孩子们在北京的舞台上，展示了各自民族的舞蹈风采。温故知新，继往开来，新农村少儿舞蹈美育工程已走过7个年头，它正呈现出更为深刻的内涵和意义。在实际的推广过程中，其产生的价值和意义甚至超越了原本的设计，上升到了全民美育的程度。与此同时，新农村少儿舞蹈美育工程真正实现了教育的公平性原则，通过资源的整合和不懈的努力，将舞蹈艺术带到了全国各地。通过对本民族舞蹈的学习和对舞蹈艺术的了解，孩子们得到的不仅仅是对舞蹈本身的认识，更是为她们打开了一扇通往梦想的大门。活动中，我们还特别对那些少数民族舞蹈课堂的志愿者进行了隆重表彰，感谢她们在新农村舞蹈的推广和普及工作中做出的默默无闻、辛勤无私的奉献。这些都表明，新农村少儿舞蹈美育工程的舞蹈志愿者队伍正在不断成长、壮大，志愿者培训和志愿服务的体系正在趋于走向成熟。

【“送欢乐下基层”走进安徽蚌埠和云南大理、丽江】

“送欢乐下基层”文艺志愿服务活动的精品歌舞演出“舞红花鼓灯，唱响新蚌埠”于10月28-29日在安徽蚌埠举行。参加展演的来自中国东方歌舞团有限公司东方舞蹈团、云南玉溪花灯剧团、辽宁省海城市民间高跷秧歌艺术团、安徽凤台县花鼓灯艺术团等专业表演团体和北京舞蹈学院研究生部、上海戏剧学院舞蹈学院、四川音乐学院舞蹈学院、山东师范大学音乐学院舞蹈系的近20个节目，品种丰富齐全，形式异彩纷呈，艺术水准高超、民族民间与学院派并举。中国文联副主席、中国舞协副主席迪丽娜尔、中国舞协副主席王小燕、总政歌舞团著名歌唱家王宏伟、王丽达等亲临现场，为蚌埠的观众们带来了精彩的表演。艺术家们还专程来到淮河边的怀远县何巷镇文化广场，进行了“文艺志愿者下基层”演出活动，把精彩的文艺节目送到田间地头，把欢乐和祝福送到农民群众的身边。当天下午，艺术家们又在蚌埠市淮河文化广场举行广场群众演出活动。

12月3日，丽江市玉龙纳西族自治县县政府前占地约3000平方米的广场人头攒动，热闹非凡，来自三家村、中和村、上吉村等多个村庄和镇社区的千余纳西族为主的村民兴奋等候……“到人民中去——中国文联、中国舞协‘送欢乐下基层’志愿服务演出”点燃了这里的热情。中央民族歌舞团的众多优秀青年舞者带来的蒙古族顶碗舞、朝鲜族舞、傣族舞、维吾尔族舞、敦煌舞等多种民族舞蹈，与具有千年历史的白族非遗项目大本曲，大理白族原生态霸王鞭舞、绕三灵舞，纳西族勒巴舞等云南当地少数民族歌舞同台争辉。不仅让当地老百姓饱了眼福，更让当地民间艺人与北京诸多专业舞蹈家在交流中大受裨益。深入生活、扎根人民，到人民中去是中国文联、中国舞协志愿服务遵循的宗旨，更是艺术生命的根本。此次志愿服务将是一个长线规划，从深入舞蹈资源丰富的云南开始，未来将覆盖全国，以打捞非遗舞蹈项目为切口，期待续写“舞蹈集成”未尽的事业，促进各少数民族地区舞蹈文化的交流与发展。

【开展专家讲座和实践教学相结合的志愿服务】

中国舞协在2014年探索性地开展了专家讲座和实践教学相结合的志愿服务活动。活动中，邀请业内表演、编导、理论研究等方面的专家作为志愿者深入到基层，通过开班授课、专题讲座两种形式给地方舞蹈从业人员传递最新的舞蹈信息和知识，参加志愿服务项目的专家们也均被授予“中国文艺志愿者”的证书。首次于云南举行的文艺培训志愿服务旨在探讨关于民族舞蹈的传承、保护与创新。专题讲座以“云南民族民间舞蹈文化传承规律及其发展趋势”、“云南民族民间舞蹈的认知和保护传承发展实践”为主题，与云南当地的舞蹈从业者共同探讨如何保护、尊重、继承及发展属于自己民族的文化与舞蹈，如何正确的使用民族音乐与舞蹈语汇，如何在作品中尊重民族的文化习俗与传统。专业实践课培训则开设了古典舞、现代舞、编导、基础素质训练等当地较为缺乏的专业课程。短短一周的专业课程培训，使云南少数民族舞蹈工作者亲身体验了不同于本民族自身的舞蹈语汇，学习了更多舞蹈创作的方法和训练体系，对于云南地区日后的舞蹈创作和发展起到了巨大的推动作用。在第二期培训班中，针对当地需求，主办方又邀请了云南省民间舞蹈非遗传承人和中央民族大学资深舞蹈教师分别开设了东巴、勒巴、弦子以及藏族、朝鲜族、蒙古族和维吾尔族等舞蹈课程，并举办“民族民间舞蹈的田野调查与舞蹈民族志”等专题讲座，来自全国各地15个省区市，特别是云南少数民族地区的近200名基层舞蹈工作者参加了培训，并与专家共同探讨如何保护、传承和发展自己民族的舞蹈文化。

11月6日，享誉国际的华人编导沈伟，在结束了他的力作《声希之夜》于北京国家话剧院的两场演出后，首度现身中国舞协为其举行的“我的舞蹈语言观—与沈伟谈舞”活动，近距离的与北京舞蹈界的同仁们分享了他的艺术创作心得，传递了国际上最为新鲜的艺术动态。结合着一组组沈伟在美术、舞蹈等多种艺术领域艺术创作的照片，让大家看到了一位艺术嗅觉灵敏、艺术造诣深厚的艺术家，在始终保持着对舞蹈的忠诚热爱的同时，沈伟是如何自我发掘，结合自身学习古典戏曲的出身，找到适合自己的表演和创作方式；自我充实，永远抱着好玩的乐观心态去探索、钻研多元艺术形式；自我突破，永不重复地在舞台以外的地铁、广场、博物馆等城市每个角落，向不同阶层的观众传递舞蹈的魅力。讲述完自己的故事，沈伟又与座谈嘉宾中国舞协驻会副主席冯双白畅谈了中外舞蹈创作中的诸多问题，期间更有许多参会者积极参与，与两位嘉宾进行互动。

此次活动由中国舞协主席赵汝蘅发起，中国舞协分党组书记罗斌主持，会上中国舞协方面也表示今后将尽所能多为北京舞蹈界的同仁们创造这种与顶级艺术家探讨艺术的机会，把先进的艺术理念和创作动态带给大家。

【行业内率先创办青年舞蹈人才培养项目】

中国舞蹈事业的长久发展需要不断有新鲜血液的源源输入，才能保持其前进的动力和活力，2014年中国舞协将目光聚焦年青舞蹈人才，本着为处在创作上升期、最具创新潜能和发展潜力的年轻人提供全方位的指导、培育与展示的平台，为他们的艺术创作生涯提供帮助的宗旨，全新打造了“青年舞蹈人才培育计划”项目。本次活动是由中国文学艺术界联合会、中国舞蹈家协会、中国文学艺术基金会联合主办，中国文联舞蹈艺术中心承办，国家大剧院协办，主题为“中国梦——青年舞蹈培育计划暨成果展演”。该活动开始之初便得到了众多舞蹈界专家学者、活跃在一线的著名编导、演员的积极参与，以及影视、音乐、美术、雕塑等方面跨界艺术家的大力支持。经过各艺术门类专家组成的评审团对候选人进行初评与复评后，遴选出四位获选人分别是：费波、柳宁、柴明明和赵梁，中国舞协为其聘请了各个艺术门类有成功经验的艺术导师，分别是：赵汝蘅、冯双白、高成明、田壮壮、向京、三宝、岳敏君，为他们提供全程专业指导，同时还为编导们提供了深入民间采风、赴纽约大学Tisch学院进行短期学习与交流的协助与支持，四人最终于今年12月在国家大剧院成功演出了4台小型原创舞剧。这一系列活动的开展，已经产生积极的社会反响，吸引了大批年轻舞蹈从业者和舞蹈爱好者参与其中，为打造具有影响力的青年舞蹈联盟奠定了基础。更期待通过此项目能激发和催生出一批舞蹈作品，甚至产生广为流传、永久珍藏的经典作品。

【授街舞会员单位，规范街舞行业管理】

7月11日，由中国舞蹈家协会街舞委员会主办，凯欧迪文化传播有限公司承办的第十届KOD国际街舞大赛在北京工人体育馆圆满落幕。本赛事与德国BOTY和法国Juste Debout被业内共称为“国际三大街舞赛事”，赛事部分设置了Breaking、Popping、Locking、Hiphop、Superkids及齐舞6个单项赛事，此外还有国家赛，由中、日、韩三国分别组成Breaking、Popping、Locking、Hiphop四个舞种的国家队捉对厮杀。决赛当天，中国舞蹈家协会街舞委员会举行了首批会员单位的授牌仪式。中国舞蹈家协会分党组书记、驻会副主席冯双白，分党组副书记、秘书长罗斌，中国舞蹈家协会街舞委员会常务副主任兼秘书长夏锐向所有会员单位代表颁发会员牌匾并向大赛致辞。首批会员单位的形成，体现出目前国内最顶尖的街舞舞者及培训机构对中国舞蹈家协会街舞委员会的宗旨及街舞委员会未来发展方向的认可与支持。与此同时，能够通过街舞委员会的审核，获得授牌，是对这些单位资质与能力的认可，同时也是其荣誉的象征。中国街舞行业将逐步在中国舞蹈家协会街舞委员会的带领下向着新的方向发展。在未来，中国街舞行业将推出更加系统化的培训及标准化的考核办法，中国舞蹈家协会街舞委员会将逐渐规范街舞行业的自身管理且引导街舞在中国的发展，为祖国培育越来越多优秀的街舞人才。

此次大赛共吸引了来自中国、美国、俄罗斯、法国、日本、韩国等10多个国家的超过5000名选手参赛。此外，大赛邀请了美国、法国、日本、韩国及中国共22位世界顶级街舞大师和资深舞者担当裁判。大赛三天共吸引观众超过万人，盛况空前。

理论评论

【荷花奖】

“荷花奖”理论评论奖一直对于推动我国舞蹈理论队伍的成长和人才的培养起到重要作用，分设一、二、三等奖，每两年举办一届。今年进行的是第九届中国舞蹈“荷花奖”理论评论奖“理论”类别的评奖。此项评选，坚持选拔研究深入和具有开拓性研究的舞蹈理论成果，努力保证理论研究的学术质量，促进舞蹈理论的健康发展与繁荣，从而切实促进舞蹈事业的良性发展，以实际行动推动社会主义文化大发展大繁荣。本奖项对于推动我国舞蹈理论队伍的成长和人才的培养起到重要作用。

10月24日至25日，由中国舞蹈家协会主办，河南大学艺术学院承办的首届舞蹈文化人类学研讨会在河南大学明伦校区小礼堂隆重召开。参加此次会议的专家有：中国舞蹈家协会驻会副主席冯双白，中国舞蹈家协会分党组书记、秘书长罗斌，中央民族大学教授王建民，中国艺术研究院舞蹈研究所所长欧建平；中国艺术研究院舞蹈研究所副所长江东及河南省教育厅、省文联、舞蹈家协会及河南大学及艺术学院的相关领导，和来自全国各地高等院校及研究所从事舞蹈研究的同行们。会议围绕舞蹈文化人类学的发生、发展、创新、学科建设的推进等诸多方面进行了深入的学术交流，专家们博采众长，分享了个人的研究成果并为舞蹈学科的探索与完善提出了宝贵的意见和建议，引发了舞蹈界对舞蹈本体更丰富的思考，拓宽了舞蹈文化人类学领域认识的视角。

对外及对港澳台地区文化交流

在中国文联国际部的关心支持和中国舞协分党组的有力领导下，协会2014年外事工作按照计划执行，共组织7次出国公务活动、参加国际会议或培训，出访所涉及的国家和地区有5个，242人次；1次来访活动，89人次，工作中严格遵循审批手续，遵守外事纪律，较好地完成了既定任务和目标。

【第五届两岸三地青少年舞蹈交流展演】

为响应国台办提出的组织文艺小分队入岛交流的新举措，2月12日至20日委派中国舞蹈家协会副主席、著名舞蹈表演艺术家丹增贡布率团参加了在台北和高雄两市举行的第五届两岸三地青少年舞蹈交流展演。来自东北师范大学、香港舞蹈团儿童少年团、深圳市青少年芭蕾舞团、广州凤凰艺术中心、贵州锦源青少年芭蕾舞团等单位师生近百人应邀赴台，与来自台湾原生文化艺术团、高雄师范大学管乐社、台湾中华舞蹈学会方相舞蹈团、台湾欧阳慧珍舞蹈团、台湾唐艺舞蹈团等台湾当地舞蹈社团联袂同台献艺，为台湾民众呈现一台中华多元文化的青少年艺术交流盛会。

【第五届中国舞蹈节2014海峡两岸暨港澳地区青少年舞蹈交流展演】

为加强海峡两岸暨港澳地区的舞蹈艺术交流，增进两岸青少年的沟通和了解，由中国舞协主办，北京师范大学、北京舞蹈学院协办的“第五届中国舞蹈节2014海峡两岸暨港澳地区青少年舞蹈交流展演”于8月20日至25日在北京隆重举办。本次交流展演邀请了台湾艺术大学、中国文化大学、香港演艺学院、澳门演艺学院、北京师范大学艺术与传媒学院、北京舞蹈学院、中央民族大学等在舞蹈专业教育处于一线位置的7所舞蹈院校，就舞蹈表演、舞蹈编创、教育理念等多个方面进行了深入交流。活动内容包括以“交流与发展”为主题的论坛、一场由7所院校经典节目组台的舞蹈展演、三堂舞蹈教学交流课以及一日文化采风之旅。此次活动的参与者都表示加强两岸舞蹈资源、管道、市场互补互利的交流融合，有重要意义和深刻价值。

【参与第六届“海峡两岸暨港澳地区艺术论坛”】

12月8日至12日，由中国文联、台湾沈春池文教基金会主办的第六届“海峡两岸暨港澳地区艺术论坛”在台湾台中市开幕，派驻会副主席冯双白前往主持论坛并作主题演讲。

【澳门现代舞创作专题调研】

为增加大陆和澳门地区舞蹈领域的交流与合作，达成在现代舞作品创作上的合作意向，12月26日至30日，中国舞协分党组书记罗斌和中国文联舞蹈艺术中心艺术交流部主任助理刘锋前往澳门进行现代舞创作专题调研。

【参加英国伦敦第八届 MOVE IT舞蹈展会】

3月5日至12日，中国舞协副秘书长李甲芹携舞协工作人员3名赴英国伦敦参加第八届MOVE IT舞蹈展会。该展会以高规格、高层次、高影响力打造舞蹈产业风向标为目标，延续了往届的高人气，继续扩大展出和招商规模，影响力覆盖了美、中、法、日、意、西等10个国家，汇集了700多个国际知名企业，除舞蹈表演之外，还推出了多个不同主题的舞蹈论坛、舞蹈课程、舞蹈互动等配套人气活动，观展人数突破2万人。此次是中国舞协第二次参加国际性舞蹈展会。展会期间，代表团不仅观摩了多场来自世界各地优秀舞团的精彩演出，更是通过精心准备的视频、海报、宣传册等资料大力宣传中国舞协，同时积极与参加展会的各国舞团、演出经纪、艺术机构及相关舞蹈产业厂商进行沟通，搜集带回了大量资料，为今后与国际舞蹈界的交流与合作进行了重要铺垫。

【参与“第八届中国—东盟青少年舞蹈交流展演”】

7月26日，以“展舞蹈技艺 促世代友好”为宗旨，由中国舞蹈家协会、马来西亚华族舞蹈联合总会联合主办，新加坡聚舞坊承办，新加坡淡滨尼黑箱剧场、北京博览同盟文化交流中心协办的“第八届中国一东盟青少年舞蹈交流展演”活动于在新加坡淡滨尼黑箱剧场拉开帷幕。本活动是继在马来西亚、新加坡、泰国、越南等东盟国家举办了七届之后，多方友好团体再次联袂主办的一届多国青少年舞蹈交流盛会。来自中国及东盟各国师生200余人参加此次展演，展演活动组委会在众多节目中精选出14个，涵盖民族舞、芭蕾舞及现代舞等舞蹈作品，多元舞蹈的汇聚成为本次展演活动的最大亮点。此次中国青少年代表团一行还走进了社区，受到当地居民的热情邀请，参观新加坡组屋，孩子们纷纷将自己亲手制作好的纪念品送给组屋主人以表感谢。

【随中国文联代表团访问日本】

6月，派遣《舞蹈》杂志社社长杨乃安随中国文联代表团访问日本，与日方舞蹈界友好人士进行了会晤，促进中日舞蹈界的友好往来。

【出席在东京举办的舞剧《朱鹮》演出】

10月6日至10日，应日本一般财团法人民主音乐协会邀请，派驻会副主席冯双白前往日本，出席上海歌舞团在东京举办的舞剧《朱鹮》演出相关活动，作为资深舞评专家为舞剧提出修改意见，促进中日舞蹈人士进一步友好往来。

【涉外培训不断加强】

为培养外事人才，加大业务培训力度，注重培训质量，在培训内容和培训人选上严格把关。

9月21日至10月11日派遣外事人员参加了“2014视觉艺术策展人培训班”，在美国纽约、费城两地进行了课程培训和机构实地考察。11月25日至27日，组织相关人员参加了2014年中国文联系统外事干部英语培训班，以上活动为外事干部搭建了有效平台，有利于更新知识和经验并在实际工作中学以致用。

机关建设

【深入贯彻落实党的群众路线教育实践活动精神，结合自身提出整改思路和措施】

根据中央和文联党组统一部署，中国舞协以为民、务实、清廉为主要内容，以解决“四风”问题为总目标，紧紧围绕“照镜子、正衣冠、洗洗澡、治治病”的党的群众路线教育实践活动的要求和习近平等中央领导同志重要讲话精神，严格遵照中国文联党的群众路线教育实践活动的具体安排，紧密结合班子和单位建设实际，精心组织，周密计划，深入开展党的群众路线教育实践活动整改阶段工作任务。对当前存在的突出问题开展专项整治，对党支部会议、活动进一步健全规范，提升领导班子的领导能力，通过进一步建章立制，提升领导班子成员的宗旨意识和群众观点，增强服务群众、服务艺术家的协会工作职能。针对群众反映的突出问题和领导班子查摆出来的问题，将党组对照检查报告中提出的整改措施进行细化、具体化，明确负责人，严格时限。根据中国文联党组的进一步指示要求，将存在的重大问题，要由主要领导承担整改责任；属于分管领域的问题，协会班子成员分别牵头整改；属于班子成员自身的问题，个人要积极自改。将整改计划分为立行立改事项、近期整改事项、中长期整改事项三部分，同时明确主要负责人及承办部门。根据群众反映及检查出的突出问题制定专项整改方案进行专项整改，制定制度建设计划及时完善协会制度，让广大群众及干部职工确实感到协会整改的决心，看到新的变化。

【配合中国文联积极推动事业改革，中国文联舞蹈艺术中心成立，六部室正常运转】

根据中编办《关于设立中国文联戏剧艺术中心等事业单位的批复》(中央编办复[2012]157号)，同意设立中国文联舞蹈艺术中心，中国舞协分党组按上级制度程序对相关事业人员进行了竞聘面试，2014年艺术中心六部室人员正式定岗定编，中心工作也有条不紊的开展起来。中国文联舞蹈艺术中心内设6个工作部门：综合部、大型活动部、艺术交流部、教育培训部、志愿服务部、信息资源部。艺术中心的主要职责是承办“送欢乐 下基层”、舞蹈志愿服务、大型展演等公益性文化惠民活动；负责组织舞蹈家采风、艺术创作、艺术交流等活动；负责组织开展舞蹈艺术的调查研究工作；负责舞蹈艺术人才培养、扶持工作，负责推广百姓健康舞、新农村少儿舞蹈美育工程等培训工作；负责舞蹈艺术资源数据库建设和舞蹈艺术资料的搜集、整理、保护、利用等工作；

承办中国舞蹈家协会交办的其他工作。

【成立民族民间舞专业委员、中小学舞蹈教育专业委员会两个二级委员会，开辟中国舞协工作新领域】

为全面推动中小学舞蹈教育工作的开展，促进中国舞蹈事业的健康发展，在中国舞蹈家协会精心筹备下，中国舞蹈家协会中小学舞蹈教育专业委员会在京成立。目前,中小学舞蹈教育已成为中小学实施素质教育的重要内容和途径,并成为中小学实施艺术教育的重要组成部分。但是，目前在中小学阶段开展舞蹈艺术教育工作还存在着认识不足、理论缺乏、师资力量薄弱、普及性不强等问题，这些问题制约了中小学舞蹈教育工作的开展，在一定程度上还影响了中国青少年舞蹈教育事业的发展。此次，中国舞蹈家协会专门成立中小学舞蹈教育专业委员会，势必对进一步开展中小学舞蹈教育理论研究，整合中小学舞蹈教育资源，普及青少年舞蹈艺术教育，拓展中小学舞蹈教育工作的视野，做好新时期青少年舞蹈艺术基础教育工作产生积极而深远的影响，具有十分重要的意义。中国舞协希望中小学舞蹈教育专业委员会通过富有开拓性的工作，为中小学舞蹈教育工作开展，为中国舞蹈事业的发展做出更大的贡献。会议还审议通过了专业委员会章程，并选出中国舞蹈家协会中小学舞蹈教育专业委员会第一届领导。

中国舞蹈家协会民族民间舞蹈专业委员会于蚌埠正式成立，会议审议通过了中国民族民间舞蹈专业委员会章程，选举产生了第一届委员会艺术顾问、主任、常务副主任等理事名单。中国民族民间舞蹈专业委员会成立以后，将成为联系全国各民族舞蹈家、表演家以及优秀民间舞蹈教育工作者的专业性人民团体，对民间艺术、民俗文化的传承保护具有重要意义。中国舞协将成立大会放在蚌埠，就是希望通过花鼓灯艺术传承保护工作，探讨研究民间舞蹈生态保护体制机制，促进各民族民间舞蹈艺术的融合交流。

【加强中国舞蹈考级行业自律和管理】

2014年中国舞蹈家协会中国舞蹈考级学生考级截止12月，共计考级人次超过72万，共开办428个教师培训班，培训教师12561名。截止12月，中国舞蹈家协会开办172个教师培训班，共计培训9373名教师，2014年中国舞蹈家协会新增注册教师6833名。为了深入贯彻执行习近平总书记在文艺工作座谈会上的讲话精神，加强行业服务，行业管理，行业自律，2014年10月起，协会开始对中国舞蹈考级、非考级类所有培训进行了更加细致和全方位的研究和探索，更加明确了各个培训的发展方向，对《中国舞蹈考级》制定了更加详细的管理规定和执行办法（暂行），同时也对协会自身的工作提出了更高的要求。

【加强新闻宣传，充分发挥它们在把握导向、引领发展方面的重要作用】

继续下大力气做好信息采集、文稿编辑、图片汇总等方面的资源优势，2014年《舞蹈》杂志、中国舞蹈家协会官网集结了中国舞蹈界编创评专家力量，致力于快速通告行业信息、行业动态、行业管理。积极发挥网络、期刊的时效性、时尚性，拥有了一定数量的稳定受众群。以《舞蹈》杂志、中国舞协官方网站为平台，逐步形成舞蹈新闻媒体模式。及时反映全国舞蹈动态，发挥信息交流、理论探讨、思想争鸣的作用，提升了舞蹈在社会上的知名度和影响力。

正式启用蓝箱录制室，开创《锵锵三人舞》谈话类节目，密切关注中国舞蹈界的动态、走向，邀请大腕专家对当下热点话题畅所欲言，发表各自看法。

2014年，中国舞协始终紧紧围绕努力繁荣舞蹈事业、共同建设和谐文化的主题，齐心协力开创中国舞蹈新天地，为推动社会主义文化大发展大繁荣、建设社会主义文化强国、实现中华民族的伟大复兴的宏伟画卷增光添彩。

中国民间文艺家协会

综　述

2014年，中国民协在中国文联党组的正确领导下，按照党中央的统一部署，高举中国特色社会主义伟大旗帜，深入贯彻落实党的十八大和十八届三中、四中全会精神，不断巩固党的群众路线教育实践活动成果，充分发挥以冯骥才主席为学术引领的主席团的作用，团结广大民间文艺工作者，在民间文艺的丰富实践中积极贯彻落实习近平总书记的一系列重要讲话精神，各项工作在稳步推进中取得了丰硕成果。

习近平总书记在文艺工作座谈会上的讲话中指出："文艺是时代前进的号角，最能代表一个时代的风貌，最能引领一个时代的风气。实现'两个一百年'奋斗目标、实现中华民族伟大复兴的中国梦，文艺的作用不可替代，文艺工作者大有可为。"习近平总书记对新时期文艺工作重大意义的定位和期望，不仅使广大民间文艺工作者进一步认识到了自己所担负的历史使命和责任，还在服务全局的工作中拓展了民间文艺事业发展的新路径。

重大活动

【用民俗形式开展社会主义核心价值观宣传】

根据中央领导同志宣传和践行社会主义核心价值观要在"结合融入"上下功夫的要求，4月25日，中宣部、中国文联、中国民协召开了"用民俗形式开展社会主义核心价值观宣传工作座谈会"。会上，民间文艺专家围绕了解运用民俗，关注传统节日，增强文化自觉、文化自信等议题为核心价值观宣传建言献策。

【名诗词、名故事、名折子戏推荐】

7月初，按照中宣部的统一部署和中国文联的安排，中国民协组织专家从中国口头文学遗产数据库中精心挑选出300余篇名故事作为基础篇目，参加"聚焦核心价值观——中国传统名诗词、名故事、名折子戏推荐活动"。7月25日，推荐活动正式在人民网、新华网、光明网上线。推荐结束后，中国民协组织专家参加了12月1日中宣部召集的百篇名故事评语撰写及评审工作，评选结果向社会公布。冯骥才主席题写书名、罗杨书记作序的《聚焦社会主义核心价值观——中国传统名故事百篇》由人民出版社出版发行。

会议与活动

【中国民协八届主席团第六次会议召开】

2月28日，中国民协八届主席团第六次会议在京召开。会议主题是学习贯彻落实中央精神，安排部署全年工作。冯骥才主席在总结发言时指出，深入学习贯彻习近平总书记一系列重要讲话精神、党的十八大和十八届三中全会精神、全国宣传思想工作会议精神和全国宣传部长会议精神是今年民协工作的主线。

【庆祝新中国成立65周年唱响《东方红》】

由中国文联民间文艺艺术中心主办的大型音乐舞蹈史诗《东方红》50周年纪念演出10月2日在北京人民大会堂举行。王昆等一批老艺术家聚首舞台，共同再现《东方红》盛景，唱响中国梦豪情。

【民族民间民俗文化传承弘扬工程】

按照中宣部和中国文联的要求，中国民协将历年培育的品牌工作、重点专项纳入"民族民间民俗文化传承弘扬工程"，其中包括"利用传统民俗节日弘扬核心价值观项目""古村落民间文化传承创新项目""培育、推介民间文化代表性杰出人物项目""民间特色文艺之乡建设项目""口头文学遗产数字化分类传播项目"。

【民间文艺志愿服务演出】

春节期间至5月下旬，中国文联、中国民协主办的“我们的中国梦——送欢乐下基层”系列文艺志愿服务活动分别在江苏溧阳、厦门同安区等地举行。为当地群众呈上的高水平文艺演出、精美书画作品和民间手工艺品既为人们的节日生活增添了文化氛围，又深入推进了以中国梦为主题的宣传。与此同时，参加慰问活动的民间文艺工作者也从丰富多彩的民俗活动中汲取了营养。

正月初七至初八，中国民协组织民间文艺工作者来到江苏溧阳社渚镇，冒着雨雪春寒与当地群众一起分享傩文化民俗展演活动带来的喜庆文化氛围。活动展示了列入国家级非遗名录的蒋塘村的“竹马灯”、荣获中国民间文艺山花奖的嵩里村的“跳幡”、乘马圩村的“冻煞窠”、大田村的“跳五猖”、刘家边村的“跳祠山”、东升村的祭鼓等十多项省、市级非遗项目。有关专家对傩文化的传承环境、传承人发展现状等进行了多方调研。

2月14日，由中国民协主办的“送欢乐、下基层——情系百姓”同安小坪慰问演出活动，在厦门市同安区莲花镇小坪村举行。女高音歌唱家宗庸卓玛、舞蹈家王小燕、信天游歌王雒胜军和煤矿文工团相声演员宋德全、王玉等为村民献上了独唱、舞蹈、相声等精彩节目。

5月6日，中国民协、四川省文联、四川省民协以甘孜州藏族一年一度的盛大节日——康定转山会为契机，在甘孜州非物质文化遗产博物馆联合举办了民间文艺大讲堂活动，将民间文艺志愿服务送到被誉为“藏区门户”“民族走廊”的康定县。主讲人四川省民协副主席王川以“茶马古道及其文化价值”为题，对西南地理与茶马古道的关系，茶马古道的内涵、现状以及川藏茶马古道的经济文化价值等作了深刻阐述。

5月23日， 由分党组书记罗杨率队，带领河南省民协主席夏挽群，清华大学美术学院教授王连海，河南省群众艺术馆研究员倪宝诚，吉林通化师范学院副教授王纪等十余名专家学者组成的文艺志愿服务团，赴河南省三门峡市陕县开展全国剪纸艺术创作培训志愿服务主题活动。活动期间，志愿者开展了剪纸艺术论坛、民间艺人剪纸创作培训等惠民活动，还带领来自全国17个省份的民间剪纸艺人深入陕县南沟村地坑院进行文艺创作采风活动，与当地民间艺人和剪纸爱好者开展交流互动。

【“冰蹴球”纳入申办冬奥活动】

由中国民协提出的《把“冰蹴球”项目纳入申办冬奥会活动的建议》，被2022年冬奥会申办委员会采纳，并同意将该项目纳入到冬奥申办宣传活动中。10月22日，冰蹴球申奥第一次工作会议在北京体育大学召开。

节日文化建设

【2014年海峡两岸元宵褒歌会】

2月14日，2014年海峡两岸元宵褒歌会暨厦门市第八届褒歌赛总决赛在同安区莲花镇小坪村举行。分党组书记罗杨与小坪村村委代表一起敲响了总决赛的开赛锣。区别于往届的是，本届褒歌赛邀请了来自台湾的同胞，与厦门的褒歌爱好者一道进行表演交流，向观众展现了台湾褒歌的魅力。

【我们的节日·西畴女子太阳节】

3月1日，我们的节日·西畴女子太阳节在云南文山壮族苗族自治州西畴县上果村举行。女子太阳节又称女人节，是西畴县上果村的传统节日。活动期间，中国民协、云南省和文山州文联领导、民间文化遗产保护专家考察了壮族的民风民俗，观看了上果村壮族原生态文化展示和未来规划，实地观摩了“女子太阳节”的整个祭祀过程。

【2014开封清明文化节】

4月3日，“开封清明文化节”在河南开封清明上河园如期举行。除延续往届采集新火、折柳踏青、民艺展示、踩街巡游、祭拜烈士等传统项目外，今年特设了全国首届木偶展演大赛，旨在对民间“木偶戏”这一国家级非物质文化遗产项目进行深入挖掘与继承。中国民协组织并遴选了全国13个省（市、区）26支代表队的130余名艺术家参加全国首届木偶展演大赛，表演阵容基本涵盖了国内主要木偶类型和表演流派。除各地专业院团外，本次比赛汇聚了国家级非物质文化遗产代表性传承人、知名木偶艺术家，尤其注重对民间木偶戏艺人的选拔与发动。

【第三届中国培田春耕节】

4月5日，以“耕读并作，天人共生”为主题的第三届中国培田春耕节暨南山书院揭牌仪式在福建培田古村举行。培田春耕节分两个部分，共举办10项活动：一是仪式部分，包括游五谷神、游神牛等春耕民俗活动、民间艺术表演、开犁仪式、插秧比赛、社会创新论坛、水与人居论坛、乡土文学论坛、影像与乡土论坛等，体现“耕读并作”的文化传统；二是学习部分，包括环保酵素培训班、人际沟通培训班、民宿设计与经营工作坊、乡土集市、爱故乡图文展等，体现了“天人共生”的时代精神。有关学者呼吁把“春耕节”作为农民的法定节日。

【2014屈原故里端午文化节】

5月30日，2014届原故里端午文化节开幕式暨祭祀仪式在湖北宜昌举行。本届端午文化节以“中国端午 诗意宜昌”为主题，重在纪念屈原、弘扬爱国主义精神、传承屈原故乡传统民俗。从5月29日到6月2日，在宜昌市及秭归县，同期举行了“屈原故里·诗意宜昌”首届中国屈原诗歌奖颁奖暨端午诗会、2014届原故里端午文化节开幕式暨祭祀仪式、龙舟竞赛、中国端午习俗图片展、屈原故里端午习俗展演、“诗在民间”诗歌朗诵、“根的记忆”台湾屈家故里行等多项活动。

【我们的节日·端午看云龙大型民俗活动】

6月2日，由中国民协主办的“我们的节日·端午看云龙”大型民俗活动在浙江宁波举行。在“中国龙舟文化之乡”命名仪式暨龙舟竞渡民俗活动上，中国民协授予鄞州区云龙镇“中国龙舟文化之乡”称号，罗杨将“中国龙舟文化之乡”铜牌授予云龙镇。同期举办的还有“端午与龙舟——2014中国端午节日文化高峰论坛”。来自全国的端午习俗研究专家集中探讨了传统节日的流变和形态，展望其未来走向，挖掘其文化内涵，积极推动新形势下端午文化的传承和保护。

【第九届洞头“渔家乐”民俗风情旅游节】

8月1日，第九届洞头“渔家乐”民俗风情旅游节开幕式暨温州望海楼建楼1580周年纪念活动在浙江省温州市望海楼隆重开幕。分党组书记罗杨，分党组成员、副秘书长周燕屏，洞头县委副书记、县长董智武，县人大常委会主任叶永辉等出席了开幕式，并举行“中国七夕文化之乡”和“中国历史文化名楼——温州望海楼”授牌仪式。《千年之恋望海楼》3D实景史诗舞蹈在望海楼前上演。洞头传统七夕节集孩儿节、成人节、感恩节、爱情节和乞巧节于一体，尤以成人节最具特色。活动期间举办的“海峡两岸七夕文化与成人礼学术研讨会”对这一特色传统进行了深入研讨。

【我们的节日——中国七夕民俗文化艺术节】

8月2日晚，由中国民协、陕西省文联主办的“我们的节日——中国七夕民俗文化艺术节”开幕式在西安关中民俗艺术博物院举行。艺术节以传统七夕文化的内涵为主题，充分展示原汁原味的泡巧芽、缚巧姑、磨巧碗等当地传承多年的七夕乞巧活动。

【我们的节日——中国重阳民俗文化艺术节】

10月2日，由中国民协、陕西省文联主办的“我们的节日——中国重阳民俗文化艺术节”在陕西举办。艺术节开幕式在铜川新区申河香谷湿地举行，中国民协领导与当地老寿星一起赴药王山登高赏景，并前往申河村看望了全国劳动模范李伯虎和该村70岁以上的老人，还送去了慰问品。

抢救工程工作

【中国口头文学遗产数字化工程（一期）结项】

经过三年的努力，从2010年底开始的中国口头文学遗产数字化工程（一期）顺利完成并结项。一期工程建成的数据库共收录口头文学资料4905本116.5万篇（条），囊括了新中国成立以来所收集、保存在中国民协资料室的口头文学县卷本资料，总字数达8.878亿。数据库对神话等十一个类别提供了按地区和故事主题等多种路径的检索方式。2月28日，由中国民协主办的中国口头文学遗产数字化工程（一期）成果演示会在中国文联举行。随后，数据库二期工程前期工作陆续展开。

【中国传统村落立档调查启动】

中国传统村落立档调查专项旨在发挥民间文艺家和摄影家的独特作用，采用现代科技手段，从人类学、民俗学等学术视角，用文字、录音、录像、图片相结合的方式对传统村落进行抢救，把典型村落各方面的原生态信息记录下来，为国家这一重大历史文化资源立档。4月24日，由冯骥才主席主持的中国传统村落立档调查项目论证会在天津大学冯骥才文学艺术研究院召开。6月10日，由中国民协、中国摄协、中国文学艺术基金会共同组织实施的“中国传统村落立档调查”项目在京启动，中国传统村落网同时正式开通上线。启动仪式后，冯主席主持了中国传统村落立档调查第一次工作会。7月上旬，分党组领导罗杨、周燕屏，副主席索南多杰，以及民间文艺专家深入到青海海南、果洛等藏族自治州的乡村，对照《手册》进行现场记录和检验登记。8月3日，罗杨、周燕屏一行6人对温州永嘉的古村落楠溪江畔林坑村、暨家寨、埭头村、芙蓉村进行了实地考察。目前，河北、北京、天津、重庆、江西、黑龙江、辽宁、吉林、陕西、山西、河南、福建、广东、江苏、四川、湖北、海南、青海、新疆、西藏等省市自治区传统村落立档调查工作已经先后启动，并成立了工作领导小组、专家委员会和办事机构，相关培训工作也相继展开。中国文学艺术基金会特别资助的《中国传统村落3D影像档案》项目，由中国民协聘请东北大学赵琛教授带领中央电视台编导与专业技术团队实施。8月，《中国传统村落立档调查范本》出版，为各地的调查立档工作提供了科学规范的依据。同时，对试点村落汕头市濠江区马滘街道凤岗村原始信息和素材记录的全部成果也通过了专家组审核验收，以此为起点启动了“中国古村落档案馆”数据库建设。此项工作还引起了很多社会人士的关注，山西民协会员臧云翔自筹资金组建了专业摄制组，租用航拍设备，与平遥梁村合作拍摄了《平遥梁村——传统古村落》立档调查专题片。

【中国唐卡文化档案项目稳步推进】

年内，《拾零卷》、《年都乎卷》完成了中期普查；《藏娘卷》进入补充调查阶段；《山南卷》《阿里卷》陆续启动；《拉萨卷》《苯教卷》《日喀则卷》完成初期普查；《昌都卷》基本完成终稿，送审总课题组，12月进入出版流程。针对各地反馈的普查编撰过程中遇到的问题，9月23日，中国民协、西藏自治区文联在拉萨召开了《中国唐卡文化档案》项目推进工作会议。《昌都卷》主编康•格桑益西、《拉萨卷》主编阿旺晋美等10个卷本的代表在会上发言，汇报卷本普查工作最新进展，总结普查经验和已取得成绩并提出具体困难和问题。全国社科规划办相关负责人充分肯定此次会议对项目工作深入开展的重要意义并提出建议。

【中国民间剪纸集成进展顺利】

年内，中国剪纸集成项目已启动的总卷数超过20个，进度较快的《陕北卷》《湖湘卷》年中已完成初审，浙江《乐清卷》、河南《豫北卷》即将送初审，《山西下卷》、内蒙古《包头卷》、福建《闽南卷》已转入编撰阶段。《和林格尔卷》预计2015年上半年出版。为加快剪纸集成进展，项目组于7月10至11日在北京召开了全国《中国民间剪纸集成》项目培训暨经验交流会，并着手编制剪纸项目工作手册。

【“中国剪纸研究中心”成立】

7月10日，中国民协成立了“中国剪纸研究中心”，举办了《中国民间剪纸集成》项目培训班。来自黑龙江、吉林、辽宁、陕西、山西、山东、内蒙古、福建等14个省区的几十位代表和专家参加培训活动。

【木版年画申遗有序推进】

“中国年画制作技艺及社会实践”申请人类非物质文化遗产代表作名录的文件已经过四次专家会审议，中国民协正与有关部门专家共同修改申报文件，木版年画申遗工作取得了较大进展，正在有序推进中。

【“中国民间口头文学采集资料”申报“中国档案文献遗产名录”通过初评】

研究资料部按照分党组要求向国家档案局申报“中国档案文献遗产名录”的材料已通过初评。根据初评专家的建议，将申报项目名称由“中国口头文学遗产”更改为“中国民间口头文学采集资料”。

艺术节、博览会与评奖

【第六届中国（鹤壁）民俗文化节】

2月11日至15日，以“逛千年庙会，赏中原民俗，感春节文化，享旅游盛宴”为主题的第六届中国（鹤壁）民俗文化节在河南鹤壁举行。本届民俗文化节以弘扬春节文化为主线，以浚县正月古庙会为依托，集中展示中原民俗文化资源，营造喜庆、欢乐、祥和的节日氛围。

【第二届民俗文化节·沙湾飘色艺术节】

4月2日至3日，广东省番禺区第二届民俗文化节•沙湾飘色艺术节在沙湾古镇举行。本届民俗文化节旨在通过民俗文化展演、民间工艺展示、民间艺术巡游等方式，恢复中断多年的“北帝诞迎神赛会”，生动再现极具地域特色的迎神赛会盛况。为期两天的活动包括鱼灯巡游、私伙局、折子戏、龙狮、唱龙舟、舞台南音等民间艺术展演。重头戏飘色巡游队伍的主体由14板飘色和传统的龙狮舞、鳌鱼舞、净瓶队等组成，巡游穿行于狭长的古街古巷，吸引数万群众夹道观赏。

【第三届中国汉牡丹文化节】

4月25日，“第三届中国汉牡丹文化节”在中国牡丹文化之乡——河北省柏乡县中国汉城国际文化产业园拉开帷幕。本届文化节以“弘扬汉文化，共赏汉牡丹”为主题，借中国牡丹文化之乡、中国汉牡丹文化品牌优势，深入挖掘汉文化资源。

【首届中国宣威（杨柳）山歌展演】

8月5日，由中国民协、云南省文联主办的“首届中国宣威（杨柳）山歌展演”在云、贵两省交界的宣威市杨柳乡举办。来自全国各地的25支山歌队伍、10个民族的63位歌手云集杨柳，大展歌喉，充分展示了原生态山歌文化的无穷魅力。

【第四届中国滦河文化节】

9月2日至3日，由中国民协、河北省委宣传部、河北省文联等主办的第四届中国滦河文化节在河北滦县成功举办。此次文化节以“滦河文化与产业发展”为主题，通过文化节开幕式、第四届中国滦河文化论坛、地方民俗文化展演、龙舟赛等系列活动，全面展现滦县独具特色的民俗文化底蕴。

【2014“赛乌素黄金杯”全国二人台大赛】

9月14日，由中国民协、中国群众文化学会、中国文化传媒集团、包头市人民政府共同主办的2014“赛乌素黄金杯”全国二人台大赛在包头市达茂联合旗落幕。这次二人台大赛共有来自全国各地的18个团体56人参赛，共演出了14场。大部分参赛者来自民间，属于“民间业余”演唱者，不以演出为生；还有一部分属于专业团体，是国家支持培养的人才，演出剧目以创新经典剧目为主。人们在体察这种民间艺术的生动、鲜活、厚重的同时，还体会出民间艺术给人们带来的放松与快乐。

【“匠心神韵”中国寿山石雕新秀创作大赛】

10月23日至27日，由中国文学艺术基金会、中国民协、福建省委宣传部、福建省经济和信息化委员会、福建省文联主办的“匠心神韵”中国寿山石雕新秀创作大赛系列活动获奖作品展在福州举行。中国民协向福建省文联授予了中国寿山石文化研究发展中心的牌匾。中国文学艺术基金会副理事长姜昆、中国民协分党组书记罗杨等出席展览开幕式。

【“中国梦”农民画、剪纸艺术创作活动】

作为中国文联以中国梦为主题宣传系列活动的组成部分，中国民协组织了农民画、剪纸艺术创作系列活动。

5月18日至23日，中国梦“大黄河•风情陕州”全国剪纸艺术大赛获奖作品展及颁奖仪式在河南省三门峡市陕县地坑院景区举行。此项活动由中国文联、中国民协、中国文学艺术基金会、河南省文联、三门峡市委和市人民政府共同主办。本次大赛有五个特点：一是作者年龄跨度大；二是作者职业面涵盖广；三是参评作品主题鲜明、风格多样；四是作品表现手法多样；五是作品样式多。《中国梦“大黄河•风情陕州”全国剪纸大赛作品集》作为赛事成果，收录了几百幅获奖作品。

7月24日至25日，“青山绿水中国梦”全国农民画展在杭州市工艺美术博物馆举行；7月25日至27日，“中国梦”——城镇化进程中全国农民画发展论坛及培训班在上海举行；9月2日至4日，“我们的中国梦•全国农民画展”在江西省万安县高陂镇田北农民画村举行；由中国民协主持的“五彩斑斓的梦想•2014中国农民画学术研讨会暨全国农民画培训”同期举行；9月12日，“中国梦•我心中的梦——2014•全国剪纸艺术名家精品展”在江苏南京开幕；9月17日至18日，“中国梦•情之乡土”中国农民画、剪纸艺术大赛优秀作品展开幕式暨颁奖仪式在陕西省美术博物馆隆重举行，“中国梦•情之乡土”中国农民画、剪纸艺术培训班同期举行。从4月开始，在河南省陕县、浙江秀洲、江西万安县、陕西安塞县、上海金山、江苏等地的农民画创作基地及剪纸艺术创作基地，共组织培训全国的农民画家、民间剪纸艺术家350多人次。综合培训围绕“中国梦”主题进行政治、文化、艺术等内容，聘请有关方面专家授课，并结合艺术实践进行参观、考察、讨论、座谈，为举办“中国梦”项目展览进行创作。中国梦系列展览共收到全国各地寄来的农民画、剪纸艺术应征作品3600多件套，展出作品约800幅。

【2014中国（青岛）工艺美术博览会】

7月，“中国创新设计文化展暨2014中国（青岛）工艺美术博览会”在青岛国际会展中心举行。博览会展品涵盖了工艺美术行业的11个大类。中国民协书画艺术交流委员会携手著名书画家参加了本届博览会。参展的近50幅作品主题鲜明、内涵丰富、艺术视角独特，表现了当代艺术创作风格。

【首届安徽民间工艺精品展】

8月19日，由安徽省文联、省民协主办的首届安徽民间工艺精品展在合肥开幕。本次精品展以中国梦为主题，以描绘祖国秀美山川，反映安徽地域文化特色，展示江淮大地人文风貌，讴歌建设美好安徽的火热生活为主旨。

【2014中国玉雕品牌博览海派玉雕艺术大展】

9月18日至21日，由中国民协、上海市文联主办的2014中国玉雕品牌博览海派玉雕艺术大展暨第七届中国玉石雕神工奖在上海展览中心举行。本次大展以“海上逐梦”为主题，来自全国各主要玉雕产区及流派的400余件白玉、翡翠、昆仑玉、独山玉、金田黄、水晶、玛瑙、灵璧石等传统玉石品种和南红、北红、金华玉、鸡血玉、福彩冻石、琥珀、绿松石等玉石门类新秀竞相斗艳。海派玉雕非遗系列丛书《海派玉雕新传人》新书首发式同时举行，展览期间还举办了“变局中的中国玉石雕”主题论坛。

【第四届中华（天津）民间艺术精品博览会】

10月11日，由中国文联、天津市人民政府、中国民协主办的第四届中华（天津）民间艺术精品博览会暨第十二届中国民间文艺山花奖•民间工艺美术作品奖评奖活动在天津举行。本届民间艺术精品博览会以评选“中国民间文艺山花奖•民间工艺美术作品奖”为龙头，以民间艺术系列精品展览为重点，吸引了全国各地近百个艺术门类的民间艺术精品数万件（套）亮相民间文艺盛会。

【2014中国（烟台）民间工艺品博览会】

10月17日至20日，由中国民协主办的2014中国（烟台）民间工艺品博览会暨第十二届中国民间文艺山花奖•民间工艺美术作品奖评选活动在烟台国际博览中心举行。本届博览会以传承、交流、合作、发展、创新为主题；以“让民间文艺来源于民间，回归于民间”为宗旨。博览会期间，来自全国28个省、市、自治区的近千名民间艺术家携近年来新创作的精品力作亮相，其中的优秀作品参加了“山花奖”角逐。

【首届中国（苏州）民间艺术博览会】

12月，由中国文联、中国民协、江苏省文联、江苏省民协等主办的首届中国（苏州）民间艺术博览会暨第十二届中国民间文艺山花奖•民间工艺美术作品奖评奖活动在苏州国际博览中心举行，来自全国20余个省市的3000余名民间艺术家携创作精品齐聚苏州。

【山花奖专家座谈会】

3月28日，围绕中国民间文艺山花奖评奖机制改革这一主题，中国民协组织召开了山花奖专家座谈会。与会专家围绕山花奖评奖现状、存在的问题、今后评奖的对策建议等踊跃发言并进行了分组讨论，就修改山花奖章程和评奖细则等进行了深入细致的切磋，提出了大量建设性意见。

【山花奖评奖工作会议】

4月17日至18日，中国民间文艺山花奖评奖工作会议在安徽省歙县举行。中国民协就山花奖评奖的组织工作对各省民协给予具体指导。

【第十二届中国民间文艺山花奖·民间艺术表演奖（舞龙）评奖】

6月27日，中国文联、中国民协、江苏省文联、江苏省民协和苏州市人民政府联合主办的“全国舞龙展演暨第十二届中国民间文艺山花奖•民间艺术表演奖（舞龙）评奖活动”开幕式在苏州举行。开幕式结束后，参加活动的人员和志愿者一起观看了精彩的舞龙展演。当天下午和晚上，15支舞龙展演团队、志愿者又分别在苏州乐园进行了展演。

【第十二届中国民间文艺山花奖·民间艺术表演奖广场歌舞评选】

9月22日至25日，由中国民协、广西文联联合主办的第十二届中国民间文艺山花奖•民间艺术表演奖广场歌舞评选活动在“中国民间文艺之乡”广西百色田东县举行。这次活动将评奖与展演相结合，欢快锅庄、羊皮鼓舞、老虎笙、巴当舞、卫拉特神韵、金锣舞等参评节目，田东民间文艺瑰宝嘹歌、侬歌、师公戏、唐皇等展演节目，共同构成一台斑斓多彩、原汁原味的民间文化盛宴。

调研采风

【扑灰年画调研】

1月19日至22日，分党组成员、副秘书长张志学带领研究资料部一行赴“中国扑灰年画之乡”山东省高密市调研扑灰年画的传承与保护现状。其中扑灰年画国家级代表性传承人吕蓁立一家三代创作型活态传承的现状，以及他们搜集保护历代扑灰年画的做法，给非遗的传承与保护提供了独特的研究个案。

【妙峰山庙会调研】

4月30日至5月1日，分党组成员、副秘书长张志学一行8人来到妙峰山庙会，感受传承近400年的原汁原味的古民俗，从中发掘传统价值观和精神信仰的当代意义及作用。作为北京民间文化的重要载体，重新焕发活力的妙峰山庙会继承了古民俗，做到了原汁原味：各路文武香会朝顶进香、献艺、施舍粥茶；无论服饰、旗帜、乐器、各类生活用品、杂耍道具，还是进香敬神仪式、见面问候用语，都恪守清代、民国时期的传统，让人真正感受到老北京人的民俗信仰和精神世界。

【端午习俗调研】

6月2日，副主席韦苏文、副秘书长周燕屏和有关专家对广西端午节龙舟竞技进行了调研。南宁市郊汉族“平话人”聚居在江南区扬美古镇，“上水节”是他们独特的端午节俗，而一江之隔的下楞村古老的壮族有着“龙舟节”民俗，下楞“龙舟节”的高潮是“跨天桥”祈福仪式。这些习俗以其强大的民俗文化品格魅力，传递着凝心聚力的民族精神和力量。

【阿尼玛卿转山会调研】

7月17日，中国民协组织专家对青海果洛地区阿尼玛卿转山会中的民俗事项、民间信仰以及当地的民间故事和民间传说、藏族情歌拉伊比赛等进行了考察。阿尼玛卿转山活动在安多藏区是一种传承久远的民俗，是藏族同胞表示敬畏与虔诚的一种自修方式。全国藏族情歌大赛当天在美丽的阿柔草原唱响，它不仅鼓励了众多喜爱文艺的藏族青年热爱拉伊、学习拉伊、演唱拉伊、传承优秀民间传统文化，也为丰富群众文化活动，助推和谐社会建设和民族团结进步起到了积极作用。同时，“我们的节日——阿尼玛卿转山会”活动启动，让传统节日文化走进人们的日常生活。

【滇西传统民居典型聚落调研】

12月，中国民协联合云南省民协组织清华大学建筑学院、中国社会科学院、山东工艺美术学院、厦门大学等科研院所、高等院校的专家学者奔赴云南腾冲，对滇西传统民居典型聚落进行了专题性考察调研。此次调研由分党组书记罗杨和副主席潘鲁生任领队，对列入国家传统村落名录的和顺镇水碓村、大庄社区、十字路社区，腾越镇热海社区下绮罗、董官村，固东镇江东银杏村等传统村落的保护现状、存在问题和对策进行了深入的调查与探讨。

学术研究

【中国民协与北京城市学院签署战略合作协议】

1月14日，中国民协与北京城市学院在中国文联大楼签署战略合作协议。双方将根据学科特点及人才需求共同研讨制定该专业的人才培养计划、教学大纲与教学计划；共同开展相关科研工作，以及共同完成教材、调研报告、资料的编写等。

【2014全国古村落经验交流会】

3月23日至25日，由中国民协、广东省文联、广东省民协共同主办的2014全国古村落经验交流会暨第四届中国古村落保护与发展研讨会在广东省佛山市南海区西樵镇松塘村举行。本次研讨会的议题为“数字化时代的中国古村落保护与文化遗产资源利用”。古村落文化的研究专家、学者针对大数据时代的古村落保护如何借助现代技术手段更好地对海量信息进行整理、运用、保护和保存这一新的议题展开了广泛讨论。

【第三届“田园松阳”论坛】

3月27日下午，第三届“田园松阳”论坛在浙江松阳县会议中心举行，与会专家学者围绕“建设田园乡村，创建省级美丽乡村先进县”的主题展开研讨。

【《南通原生态民歌集成》研讨会】

4月11日，《南通原生态民歌集成》研讨会在江苏南通大学召开。该集成由南通大学艺术学院南通民间音乐研究所所长詹皖主编，共收录南通民歌1068首。

【郑一民学术成就暨长篇历史小说《神医扁鹊》研讨会】

4月15日，由中国民协、河北省委宣传部等主办的郑一民学术成就暨长篇历史小说《神医扁鹊》研讨会在京召开。与会专家学者肯定了郑一民的学术成果和长篇历史小说《神医扁鹊》，对河北重拳推介人才构建“文艺冀军”领军人物的措施给予高度评价。

【首届中国家书文化论坛】

5月，首届中国家书文化论坛在中国人民大学举行。此次论坛的主题是家书、家风与社会主义核心价值观。与会代表围绕家书文化的内涵与外延、家书文化的抢救与传承、如何看待传统家书的价值以及当前形势下抢救民间家书的重要意义等议题进行了探讨。

【中国民协网站建设座谈会】

5月15日，研究资料部按照分党组的安排召开了网站建设座谈会，就网站定位、服务对象、资料来源等问题进行了深入探讨。与会专家认为，网络空间是传播中国民协声音、展现工作成果、弘扬民族民间优秀传统文化的主要窗口和渠道，中国民协应致力于增强网站凝聚力，集聚更多热爱民间文艺的忠实用户；扎实推进网络建设，努力提升网站工作创新能力和服务能力。

【中国民俗文化产业发展研究中心揭牌】

5月18日，由中国民协批准成立的中国民俗文化产业发展研究中心在北京师范大学文学院举行了揭牌仪式。中心建成后，中国民协将依托北京师范大学文学院、北京大学、中央民族大学、中国社科院等单位的专家学者，着力民俗文化产业的探索、思考、研讨、实践和理论总结，为民俗文化的学术研究建设提供基础性的调查成果和专业服务，并为我国民俗文化产业发展建立可以依托的数据资料库，制订民俗文化产业分类目录，编写并发布中国民俗文化产业发展年度报告。

【“中国民间文学三套集成”启动30周年纪念】

5月28日是“中国民间文学三套集成”启动30周年纪念日，中国文联民间文艺艺术中心、中国民协研究资料部在北京举办座谈会，邀请三套集成全国编辑委员会部分委员、分卷主编代表和总编辑部的部分工作人员，以及三套集成研究专家，畅谈在编纂三套集成过程中的深刻记忆、三套集成在中国文化史上的意义以及将来对三套集成的研究和利用方式。作为数据库的基础，三套集成启动30周年有着特殊的纪念意义。

【第六届中国（陇南）乞巧女儿节与妇女发展国际论坛】

8月1日，第六届中国（陇南）乞巧女儿节与妇女发展国际论坛在北京举办。此次活动由中国民协、文化部非遗司、甘肃省委宣传部等共同主办。期间，国际妇女组织代表及民俗专家分两组展开学术研讨，并观看了乞巧文化产品实物展，麻纸制作工艺、刺绣、剪纸和麻纸书画现场展示。

【孝文化名城城市大联谊】

9月19日至20日，2014中国孝感中华孝文化旅游节孝文化名城城市大联谊活动，在湖北省孝感市湖北职业技术学院举行。此次活动由中国民协、孝感市委、孝感市政府主办，主题是孝文化传承与城市建设。专家和代表们对孝文化进行了符合时代精神的阐释，对各地的孝文化之乡建设经验进行了介绍，对城市建设与孝文化的结合提出了可行的方法和思路。

【2014洮砚文化研讨会】

9月25日至27日，2014洮砚文化研讨会在甘肃岷县召开，与会专家就洮砚的文化价值及历史意义、洮砚的雕刻和制作技艺、洮砚制作技艺的传承保护发展及如何提高其文化内涵、知名度与影响力等诸多问题进行了探讨。

【中国民间手工艺传承人高级研修班】

11月14日至17日，由中国民协、中国文学艺术基金会、中国文联人事部主办，中国美术学院纺织服装研究院、浙江省民协承办的2014“传承•燎原”中国民间手工艺精品展暨第二期中国民间手工艺传承人高级研修班，在杭州中国美术学院象山校区举行。来自全国23个省市自治区的近百位民间手工艺杰出传承人、民间文化产业经营者及管理者与民艺专家、艺术设计领域的资深学者齐聚一堂，围绕民间美术的基础理论、设计与实践、传承与创新等诸多课题进行专业授课和专题研讨。

【中国传统村落文化遗产保护高峰论坛】

11月17日至19日，中国传统村落文化遗产保护高峰论坛在福建省屏南县举行。此次论坛以“传统村落保护与美丽乡村建设”为主题，由中国民协、福建省文联和宁德市人民政府联合主办。活动期间，与会嘉宾与当地群众一起观看了屏南县非物质文化遗产项目展示，专家学者交流了传统村落保护的方法、经验、重点问题，探讨了中国传统村落文化遗产保护与新农村建设的新成果、新思路。

【2014全国村落文化论坛】

11月26日至27日，由中国民协、江西省文联、景德镇人民政府联合主办的2014全国村落文化论坛在江西景德镇召开。专家们围绕“城镇化进程中的古村落保护”这一主题，就传统村落保护的方法、经验、重点等问题，探讨城镇化进程中传统村落保护的途径和方法，为更好地保护和发展传统村落建言献策。

【中国孝文化研究中心成立】

12月2日至4日，中国民间文艺家协会中国孝文化研究中心成立仪式在浙江仙居举行。中国孝文化研究中心旨在进一步挖掘、继承和弘扬中华优秀传统文化，开展中国孝文化研究和学术交流，促进民间文艺发展，培育社会主义核心价值观。

【纪念田兵诞辰100周年暨作品讨论会】

12月5日至7日，由中国民协、贵州省文联、兰陵县文化广电新闻出版局共同举办的纪念田兵诞辰100周年暨作品讨论会在山东兰陵召开。田兵曾任中国民间文艺研究会第二、三届理事和贵州分会主席，后当选中国文联委员、中国民间文艺家协会常务理事。

【城镇化进程与传统村落保护研讨会】

12月12日，城镇化进程与传统村落保护研讨会暨《闽西乡村丛书》首发式在福建省龙岩市举行。副主席刘华、福建省文联副主席罗训涌以及龙岩市近百位专家学者出席会议。

对外及港澳台文化交流

【北美首届中国传统民俗文化节——欢乐春节文化周】

2月9日至3月1日，分党组成员、副秘书长吕军率中国民协民间工艺代表团一行22人赴美参加“北美首届中国传统民俗文化节——欢乐春节文化周”，这是中国驻旧金山总领馆马年“欢乐春节”系列活动之一。2月10日，活动开幕式在萨克拉门托加州州府广场隆重举行。在开幕式现场，中国民间工艺家为美国观众展示了面塑、京剧脸谱、泥塑、内画、皮影、糖画、微雕、根雕、撕纸等近20个门类的民间艺术，受到了热烈欢迎。活动期间，代表团先后在萨克拉门托斯托克顿商会、圣荷西国际艺术中心广场、旧金山启明中文学校等地进行了多场展演活动，民间工艺家们利用活动间隙走进校园多次开展教学互动。借助此次活动，北美文化艺术联合会向加州政府正式提出将中国春节设为加州法定假日的申请。

【2014“今日中国”艺术周暨摩纳哥中国节】

2月14日，由中国文联和摩纳哥政府联合主办的2014“今日中国”艺术周暨摩纳哥中国节在摩纳哥正式启动。参展的民间工艺品种包括灯彩、风筝、面塑、内画、剪纸、葫芦烙画、料器、泥彩塑等十几个门类。

【第48届年度美国史密森尼民俗文化节】

6月25日，第48届年度美国史密森尼民俗文化节在华盛顿拉开帷幕。本届民俗文化节分两个时段，分别于6月25日至29日、7月2日至6日在华盛顿市中心的国家大草坪露天广场举行。中国成为本年度史密森尼民俗文化节的主角。120名来自中国各地的民间艺术家和非物质文化遗产传承人应邀参加了文化节，向近百万名游客展示了“中国：生活的传统和艺术”。

【第39届以色列耶路撒冷国际艺术和手工艺艺术节】

8月11日，分党组成员、副秘书长张志学率中国民协手工艺代表团一行7人前往以色列，参加2014年第39届以色列耶路撒冷国际艺术和手工艺艺术节。本届艺术节为期两周，中国民协代表团受到了以色列耶路撒冷市长巴尔卡特先生的亲切接见。中国工艺家的现场表演非常精彩，除了展示自己的工艺精品，还现场展示工艺品的制作过程。不少观众对中国工艺家所用的工具产生了浓厚的兴趣，工艺家们邀请他们进行体验，手把手地教授绘画要领，现场俨然成为中国艺术的体验课堂。

【“布艺霓虹”中国滕氏布糊艺术展】

9月，在中法建交50周年之际，“布艺霓虹”中国滕氏布糊艺术展在巴黎中国文化中心拉开帷幕，为法国观众提供了一个能够身临其境、充分全面地了解当代中国民间艺术的窗口。滕氏布糊画以失传的古老的满族传统民间工艺“补花”为母体，由河北丰宁民间艺术家滕腾创立。

【2014中国民间艺术展】

10月9日，由中国文联、中国民协、中国对外文化交流协会联合主办的2014中国民间艺术展在维也纳奥地利会展中心开幕。此次中国民间艺术展为期4天，由中国民协组团，分党组成员、副秘书长吕军率17位工艺家参展，共展出作品近千幅，内容涵盖泥塑、剪纸、布艺、年画、瓷器、石雕等十几个门类。展厅内不仅展示了大量生动鲜活的图片资料，还有民间艺术家精彩的现场演示。

文艺之乡

考察与认定民间文艺之乡、建立民间文化保护与传承基地，是有效整合地方特色文化资源，抢救保护各地的民族民间文化遗产，促进地域文化和新农村文化建设的有效途径，也是“记住乡愁”的有效手段。多年来，这项工作得到了全国众多市、县、乡、镇政府和基层群众的欢迎与支持。2014年，中国民协组织民间文艺领域的专家深入特色鲜明的民族民间文化聚居地，共命名民间文艺之乡和建立民间文化保护与传承基地34个，范围覆盖全国城乡各地。

会员队伍建设

截至年底，中国民协会员已达9000多人，会员队伍的不断壮大对服务和管理提出了更高的要求。按照中宣部有关通知精神和中国文联关于加强行业服务、行业管理、行业自律的要求，中国民协分党组基于对民协会员队伍现状的调研，制定了管理目标和措施。其中包括：一、拓展沟通渠道，搭建交流平台，为会员提供优质服务；二、加强制度建设，以正确的政治导向引导会员践行“爱国、为民、崇德、尚艺”的文艺界核心价值观；三、发挥团体会员管理优势，形成齐抓共管的管理模式；四、关注体制外会员合法权益，简化在京流动艺术家入会手续；五、加强专业委员会管理，确保对二级学术组织监管到位；六、加强民间文艺之乡管理，确保民间文艺之乡品牌文化的地域性、学术性和群众性。

机关建设

2014年，中国民协分党组带领全体机关工作人员，认真学习贯彻党的十八大和十八届三中全会、四中全会精神以及习总书记一系列重要讲话精神，按照中国文联的统一部署和安排，以党的群众路线教育实践活动成果促进机关党的建设和工作作风建设，形成清正廉洁的工作机制，以齐心协力、昂扬向上的精神状态完成了全年工作。

办公室充分发挥纵向沟通、横向协调、对内对外联络服务的职能，协助分党组和职能部门共同完成了围绕中心、服务大局的工作；财务室按照中国文联要求精心掌控预算执行进度并据此获得表彰，为机关工作正常运转提供经费保障；国内联络部继续做好山花奖评奖、艺术节、博览会、调研采风等活动，以服务会员、惠及会员的理念增强协会凝聚力，使会员队伍逐渐壮大；国际联络部以周密组织、精心协调、热忱服务完成了全年多项出访交流工作；研究资料部多次参与和组织全国范围的学术研讨和论坛活动，并在公文写作、网站建设、学术调研、学术成果出版、组织撰写《中国民间文艺发展报告》等方面做出了较大贡献，由于参与第九届中国文联文艺评论奖评选富有成效，获得了中国文联颁发的第九届中国文联文艺评论奖组织工作奖；权益保护部与文联权保部围绕“中国民间文艺作品著作权保护案例调研”工作，对广西、江西、福建、江苏、上海、安徽、宁夏等地的民间文艺维权情况进行了调研和咨询，并起草了“调研报告”，为中国文联《关于进一步推进文艺维权工作的若干意见（征求意见稿）》提供了咨询建议，就《民间文学艺术作品著作权保护条例（征求意见稿）》与文联权保部共同召开座谈会，向业内专家征求意见建议，参加“第五届国际版权博览会”“2014全国文联文艺维权研讨会”等相关活动，积极了解国内外民间文艺维权方面的新成果和新情况，积极探讨民间文艺维权的方法和途径；民间文艺（化）之乡管理办公室通过组织专家开展考察命名工作，为各地民间文化资源的开发、利用、保护和品牌创建付出了努力；人事老干处顺利完成了离退休党支部的改选工作，征集到5名老干部的9幅绘画、书法、摄影作品参加纪念新中国成立65周年和中国文联成立65周年——中国文联老同志书法美术摄影作品展，并以敬老、爱老之心为老干部提供服务，组织春游秋游疗养体检、上门报销医药费等温暖人心的工作。

直属单位

在分党组的不断关心下，《民间文化论坛》经过编辑部和业内专家学者的共同努力，无论学术水准、编刊质量和社会影响都有了较大的提升。4月22日，在中国社会科学院创新工程综合协调办公室发布的《关于创新工程科研评价及核心期刊增补有关事项的通知》中，《民间文化论坛》被列入核心期刊评价系统名录。《民间文学》在保障刊物正常出版发行的同时，投入大量精力编辑《中国艺术报·中国民间文艺专刊》。他们采编稿件、设计版面，经常加班加点，全年共编发12期48个版。同时，杂志社还在河北省张家口市万全县召开题为“古城万全•万全故事”的故事创作研讨会。《缤纷》杂志社在保持良好运行和发行量的情况下，承担了抢救工程重点专项《中国民间剪纸集成》的普查编撰组织工作、新疆生产建设兵团三套集成编辑出版协调工作，并取得了阶段性成果。

文化思考

【传统村落是中华民族的美丽乡愁】

1月17日，冯骥才在接受《中国艺术报》记者采访时表示，“乡愁”出现在政府的施政蓝图中，体现了政府对人文的尊重，对文化的尊重，对人们精神情感生活的尊重。“乡愁”不是简简单单诗意化的语言，它的内涵很深，它是中华民族情感的维系，更是中华民族凝聚力和向心力所在。中国是农耕大国，那些具有重要历史与文化价值的传统村落是中华民族无比珍贵和不可再生的文化遗产，也是中华文明接续不断的极为重要的传承载体。村落不是一个人的家园，它是整个中华民族的精神家园。保护传统村落，留住的不是个人的乡愁，而是整个中华民族的乡愁。传统村落的消失，不仅是灿烂多样的历史创造、文化景观、乡土建筑、农耕时代的物质见证遭遇到泯灭，大量从属于村落的非物质文化遗产也随之灰飞烟灭。冯骥才说，“我不反对城镇化，相反还很赞成，但要有度，不能一味地图快。应该有个文化层面的过度，不能让农村人丢掉原有的文化财富，要关心他们的文化精神和情感世界。”

【涵养社会主义核心价值观】

3月19日，冯骥才在《中国艺术报》上撰文指出，传统文化有助于涵养社会主义核心价值观。我们的传统文化里面有很多东西实际是核心价值观的一个支撑，我们核心价值观的很多概念比如说诚信、和谐、友善、爱国等这些词汇，在我们的传统文化里都有深刻的含义。例如，今年春节有36亿人次参与了春运，什么力量能够调动36亿人次呢？团圆、欢乐、和谐文化。这说明传统文化的根在老百姓的心里，不需要外界的注入，这些都是根深蒂固的。这些价值观就来自于我们数千年文化的积淀。所谓的民族价值观一定不能有“钱”这个字，一个只为钱的民族是没有希望的，一个民族必须有精神。

【文化遗产保护的专业人才面临困境】

8月29日，冯骥才接受中央纪委监察部网站《聆听大家》系列访谈时提到，文化遗产保护有一大问题，一边是专业人士极缺，一边专业人才又“报效无门”。我们现在国家级的非物质文化遗产是1219项，但这些国家重要的文化财富的后面，80 %以上是没有专家保护的。保护必须有科学的指导和科学的方法，我们现在极度缺乏这方面的专业人才。地方政府申遗成功后，便把“非遗”扔在那里没人去管，这是一个严重的问题，令我们担忧。但是，现在不少大学的研究生在学习“非遗”保护，每年都会有一些“非遗”研究专业和方向的博士生、硕士生毕业，但是不少研究生毕业后却找不到工作。为什么一边极缺专业人士，一边专业人才又“报效无门”？其实，很多地方的政府都有“非遗”的保护单位，比如保护中心、“非遗”博物馆等等都有编制。但这些岗位里，有的把编制给了关系户，给了一些与“非遗”和文化不相干的人。这种事已经不属于文化自身的事，但是它关系着文化事业的发展乃至成败。坦率地说，这种情况在整个文化界都很普遍，不少文化部门的人不懂文化，有损文化事业的发展，这是不正之风在组织和人事上突出的表现，也是迫切需要解决的问题。

【必须建立传统村落严格和科学的保护体系】

12月12日，在全国政协双周协商座谈会上，冯骥才对传统村落的保护提出了六点建议：一、传统村落的科学认定，认定的第一工作是制定明确的标准，并要求评定的专家必须到现场做全面的详尽的科学考察；二、传统村落要有责任保护人，传统村落的管理权是属于当地政府的，政府在申报列入国家名录时必须书面承诺保护，获准后要签署《保护承诺书》；三、监督是科学保护的重要保证，日常的监督工作主要在地方政府，国家主管部门对监督结果应进行年度审评；四、传统村落保护必须有法可依；五、传统村落一俟确定，首要的工作就是科学的保护规划，规划包括保护与发展两大内容，要由历史、人文、建筑、农业、经济、文物与非遗等各方面学者集体参与，反复论证，慎重制定长远与近期规划，防止规划性破坏；六、传统村落最终应是老百姓（特别是原住民）保护，一个有文化自觉的传统村落才是真正保护好的村落，首要的工作是对传统村落的相关政府领导进行培训，启发文化自觉，确定正确观念，继而是对各村落监督人员的培训，掌握科学标准，树立文化责任，进而是对村落原住民的文化自觉的启蒙工作。传统村落保护不是单纯的事务性工作，也是一种文明的普及、建设与复兴。

中国摄影家协会

综　述

2014年恰逢摄影术发明175周年，新中国成立65周年。这一年是全面贯彻落实党的十八届三中、四中全会精神、深化改革的重要一年，也是文艺界深入学习贯彻习近平总书记在文艺工作座谈会上的重要讲话精神的重要一年。全国摄影界深入学习贯彻讲话精神，改革创新，锐意进取，创造了许多新成绩，引发了诸多新关注。

一年来，中国摄协坚持以人民为中心的创作导向，坚持以社会主义核心价值观为引领，深入社会生活，扎根人民实践，发挥摄影优势，不断开拓创新，推动摄影事业的大繁荣大发展；组织召开《摄影评论：方向与责任》座谈会，引导评论工作要坚守学术道德，践行以人民为中心的评论导向；举办了“中国梦”的影像表达与传播为主题的学术研讨会、“农民•影像•中国梦”主题研讨会、“当代中国著名摄影艺术家风光摄影精品展”暨“摄影艺术作品市场发展高端座谈会”等活动，以理论评论促进创作发展，以艺术的魅力和影像的力量讲述“中国故事”。其中，“中国梦”主题影像创作和展示活动影响深远，并成为摄影界最受关注的内容之一。

中国摄协还举办了“追梦足迹——庆祝新中国成立65周年、改革开放35周年摄影大展”、“历史不容忘却：影像的占领——1894至1945日本侵华影像采集研究”(预展)、“岁月深处•名家经典——庆祝新中国成立65周年摄影收藏展”、“追寻历史影像、重走复兴之路”、“中国•杨柳青第一届国际民俗摄影大展”、“致青春——2014高校摄影专业毕业生邀请展”、第3届“徐肖冰杯”全国摄影大展和第4届“伯奇杯中国创意摄影展”；参与主办以“视界•无界”为主题的“北京国际摄影周2014”、“云南鲁甸抗震救灾摄影美术书法作品展”；继续推进“中国摄影推介计划”，举办了“往事散记——袁毅平摄影回顾展”；开展国外摄影交流活动，宣传中国形象，扩大中国摄协影响力；在摩纳哥举办“梦想•记忆——中国改革开放35年民生变迁摄影展”、“中国摄影家眼中的纳米比亚”“中国摄影家眼中的阿拉伯”“中国摄影家眼中的坦桑尼亚”摄影展、“中国-东盟国际摄影季”摄影展，以及聚焦“海上丝绸之路”等有影响力和学术定位的展览。

一年来，开展了“送欢乐、下基层”志愿服务慰问活动，“惠民、为民、乐民”文艺志愿服务活动，共建“摄影曙光学校”公益活动；发展和完善了“中国摄影金像奖”的评选规则，改进了“第二届全国青年摄影大展”的评选制度，拓展“第四届全国农民摄影大展”的渠道和视角，拓展会员发展，完善会员结构；调整了中国摄协专业委员会，进一步细化分公，明确定位；更新中国摄影家协会网、影像中国、影像国际即中国摄协网站群，以全新的面貌、全新的功能、全新的定位集体上线；2014年第一个具系统资料的艺术家数字艺术馆——袁毅平摄影数字艺术馆网站也正式上线。

一年来，摄影史论的编写得到重视，分别完成了第十一届全国摄影理论研讨会论文集的编辑工作，以及袁毅平和林少忠两位前辈的学术成果整理工作；摄影出版频传佳绩，《世界摄影艺术史》《中国影像史》入选“十二五”国家重点图书出版规划，《国家记忆——共和国65个难忘瞬间》入选由中央宣传部和国家新闻出版广电总局共同评选的“庆祝新中国成立65周年重点优秀出版物”；摄影理论新人辈出，后生可畏，一批无时间限制、无规定出版周期、碎片式内容提供、互动形式丰富、阅读快捷、组织活动迅速、运营成本低、效率高的自媒体和公众媒体创立，给摄影理论争鸣提供了新话题；其中协会所属媒体《大众摄影》《中国摄影报》，以及其他行业媒体《摄影之友》《摄影世界》《影像视觉》杂志相应开辟了新媒体平台，腾讯《活着》等网络媒体开辟的移动终端媒体，这些新媒体的整合有利于摄影理论的深入探讨和深入拓展。

一年来，摄影创作从形式到手法的变换，无论是传播价值的影像，还是艺术价值的影像，都更大程度探索和实践了数字影像在移动互联网上的新表现空间。同时，在数字化时代，传统影像工艺、银盐等旧视觉体系影像生产方式得到采用，对新时代审美表达进行了探寻。从刘铮的《自拍Selfie》系列作品因其创作手法、影像内容涉及隐私等话题引起了巨大的反响，到戴翔的以宋本张择端的《清明上河图》结构为蓝本创作的《清明上河图•2013》；从刘涛的注重对日常生活中普通人的观察、戏剧化幽默的瞬间呈现时代与中国社会风貌的《遗失在街边的“幽默”》，到张克纯沿黄河入海口逆流到黄河源头、从相机微小的镜头与广袤辽阔的西北大地对话创作的《北流活活》作品；从黎朗创作的照片上写满了数字的《父亲》作品，到朱岚清从收集到的故乡记忆与现实的碎片组合成一本可以翻阅也可以被展示的书的作品《家乡书》等有影响力的作品，恰恰是在移动互联网媒介和数字影像创作的可能性方面进行了有意义的尝试甚至突破。

摄影创作的适应性的调整，坚守纪实摄影的新闻摄影在国家主流媒体传播获得更多肯定和表彰，中国摄协理事于文国、中国摄协会员贾国荣、李靖分别获得中国新闻社长江韬奋奖长江系列奖项，成为历届长江韬奋奖获奖摄影记者人数最多的一次。中国摄协全新打造的新闻摄影年度评选学术项目“记忆2013・中国新闻摄影盛典”成功举办，反映了当下中国新闻摄影的现实业态，体现出协会的专业水准，具有一定代表性。新闻摄影及时跟踪重大突发事件，摄影人全方位聚焦云南昭通，体现了摄影人的坚守和影像传播的意义。

第五届中国国际版权博览会上首次推出了为摄影作品、摄影图书进行限量鉴证服务，重申摄影作品版权的重要性。影像艺术品成为投资和投机资金关注的对象。市场上已出现有影像艺术品地产、影像艺术品会所、影像艺术品企业品牌、影像艺术品抵押、影像艺术品固定资产折旧、影像艺术品融资、影像艺术品信贷、影像艺术品银行、影像艺术品众筹、影像艺术品开发增值等成熟商业模式。社会上已出现两个亿元规模和多个千万以上数量级的投资基金，影像艺术品作为金融产品或衍生品，即将在信贷、融资、抵押、担保、保险等环节出现新的商业模式和产业链。

会议与活动

【中国摄协开展“送欢乐下基层”志愿服务活动】

1月8日至10日，中国摄协副主席罗更前，分党组成员、副秘书长顾立群，新华社高级记者、中国图片期刊社总编辑于志新，中国铁路文联副主席、秘书长才凡，山东省摄影家协会副主席田凤仙，中国铁路摄影家协会副主席、秘书长原瑞伦，摄影家张德文等奔赴青岛，慰问铁路系统一线职工。1月13日，中国摄协主席、分党组书记王瑶，副主席王达军，陕西省文联党组成员、副主席兼秘书长黄道峻，陕西省文联副主席、陕西省摄影家协会主席胡武功，陕西省摄协秘书长仵晓中，河北省摄协副主席、秘书长杨越峦，新华社资深摄影师郝远征，铜川市委常委、宣传部部长闫旭等来到陕西省铜川市耀州区照金镇，看望和慰问老党员、老红军、留守老人、留守儿童和困难群众。1月16日至19日，中国摄协分党组副书记王郑生，工人日报摄影部主任于文国，法制日报摄影部主任居杨，中国知识产权报摄影部主任王文扬，摄影家刘英毅，贵州省摄影家协会副主席孙蓓红、卢现艺等来到贵州省黔西县洪水镇解放村开展慰问活动。1月20日至23日，中国摄协副主席李舸、雍和，中国摄协组联部主任包旭东，摄影家张风、白景生，江西省文联副主席鄢平原，江西省摄影家协会主席徐渊明等来到江西省丰城市，先后慰问“全国五一劳动奖章”获得者杜根发、退伍军人杨春福、“中国好人”任履兴、市义工联会长邹平力和贫困户陈建水、熊国龙、杨冬根，走访丰城民政局福利院、梅林镇敬老院。

【“梦想・记忆——中国民生35年之变迁”摄影展摩纳哥展出】

2月14日至19日，由中国文联主办、中国摄协承办的“梦想・记忆——中国民生35年之变迁”摄影展在摩纳哥的安东尼一世码头展场展出。展览以“梦想·记忆”作为主干线，运用“对比”、“70,80年代”、“90年代”、“2000年以后”、“家庭记忆”以及“美丽中国”六大板块对中国这35年来的民生变迁进行了阐述和诠释。此次展览内容丰富、形式多样，展厅里144幅（组）摄影作品用中国传统的书画卷轴形式进行展示，配以中国特色的莲花灯装饰，使观众一进展厅便感受到一股“中国风”。中国文联党组书记、副主席赵实，摩纳哥政府总理大臣米歇尔·罗杰，摩纳哥驻华大使凯瑟琳·福特里埃等参观展览，并给予高度评价。

【2014中国云南罗平（国际）摄影节正式开幕】

2月15日，2014中国云南罗平（国际）摄影节正式开幕。本次摄影展由中国摄影报社、云南省摄影家协会主办，云南省摄影家协会大型展览活动部、曲靖市摄影家协会、罗平县旅游开发公司承办，主题为“云岭花潮·东方花园——魅力罗平”。摄影展分中国摄影报社摄影精品板块、云南省摄影家协会精品板块、曲靖市摄影家协会板块、罗平风光摄影精品板块、西南六省（区）摄影联展板块，集合纪实、人物肖像、观念、风景等众多摄影形式。本次活动期间还举办摄影专题讲座、专家见面会等活动普及大众摄影技术。同时还举行图书《新风景摄影从罗平开始》首发仪式。

【“聚焦中国梦”中国沈阳旅游摄影大展在沈阳举办】

2月27日，由沈阳市旅游局、辽宁省青年摄协主办的“聚焦中国梦”中国沈阳旅游摄影大展在沈阳盾安新一城1F中庭举办。这次活动旨在推出摄影优秀作品，打造摄影展示品牌，通过镜头展示美丽沈阳、美丽辽宁、美丽心灵，通过摄影倡导热爱旅游、热爱自然、热爱生活。

【2014年中国文联出版报刊业改革工作会议在文联召开】

2月27日，2014年中国文联出版报刊业改革工作会议在文联召开。中国摄协所属《大众摄影》杂志社、中国摄影出版社被授予“2013年度中国文联出版报刊业改革发展先进单位”荣誉称号，赵迎新、徐艳娟、杨小华、陈凯辉四位同志被授予“2013年度中国文联出版报刊业改革发展先进个人”荣誉称号。

【“历史不容忘却：影像的占领——1894-1945日本对华影像采集的研究”在中国摄影展览馆举办】

3月12日，由中国摄协主办，华辰影像和影易时代协办，中国摄影展览中心、北京设计之都发展有限责任公司承办的“历史不容忘却·影像的占领——1894-1945日本对华影像采集的研究”(预展）在中国摄影展览馆举办。此次影展以时间为序，以重要战争为节点展示目前所掌握的1894-1945年日本侵华期间重要的摄影活动，展出的100多张照片和数百本报刊画册全部出自日本官方、军方、间谍、研究机构、学者、探险家、新闻媒体和侵华士兵的私人相册。展览在揭露日本由来已久侵略中国的战略野心的同时，在学术层面上，也为中国历史、中国影像史和中国摄影史的研究和构建提供大量影像资料。作为“历史不容忘却”主题影展的预展，主办单位仍在不断丰富和扩充中国方面的图片资料，以更大量和更全面的影像实物证实日本侵华罪证。

【2014“伯奇杯”中国创意摄影展在佛山市大沥镇拉开帷幕】

3月30日，由中国摄影家协会、广东省摄影家协会、广东省佛山市南海区人民政府联合主办，中国摄影报社、南海区文体旅游局、南海区大沥镇人民政府承办的2014“伯奇杯”中国创意摄影展正式启动。在保留广告摄影、插图摄影、创意沙龙等专业方向以及学院特别收藏作品等基础上再次创新样式，首次推出“十佳创意摄影师”评选，将对在创意摄影方面取得突出成绩，作品有着广泛传播力、影响力的摄影师进行表彰。此外，还首次设立“梦想”主题单元，征集以实现中华民族伟大复兴的中国梦或群体、个人的梦想和追求等围绕“梦想”主题展开的创意摄影作品。2014“伯奇杯”中国创意摄影展共收到2299人的12717幅(组)有效参评作品,其中300余幅作品入选展览。这些作品运用设计、扮演、挪用、拼贴等多种艺术手段,显现出中国当代创意摄影的现实生态和水平。

【“中国摄影家眼中的纳米比亚”摄影展在中国摄影展览馆开幕】

4月7日，为纪念中纳建交24周年，“中国摄影家眼中的纳米比亚”摄影展在中国摄影展览馆开幕，活动由中国摄协、中国驻纳米比亚大使馆主办，中国摄影展览中心、北京设计之都发展有限责任公司承办，纳米比亚中国旅行社支持。60余幅摄影作品与观众见面，这是中国摄影展览馆自开馆以来首次推出以一个国家自然人文景观为内容的主题影展。纳米比亚总理哈格·根哥布，中国文联党组书记、副主席赵实，中国文联党组成员、副主席李前光，中国驻纳米比亚大使忻顺康和中国摄影家协会主席、分党组书记王瑶，副主席邓维、李舸、罗更前，分党组副书记王郑生，分党组成员、秘书长高琴，分党组成员、副秘书长顾立群，以及来自社会各界的嘉宾400余人出席了展览开幕式。

【第四届全国农民摄影大展获奖揭晓】

4月13日，第四届全国农民摄影大展评审会在京举行。大展自2013年11月4日起征稿，收到580名作者共11592幅来稿。其中纪录类“田园美类”作品3576幅、“留守老人与儿童类”作品1617幅、“走进都市的新农民类”作品1137幅、“其他类”作品651幅；艺术类作品3611幅。纪录类金质收藏品是：梁勇《渴望》（组照）、刘克俭《回家过年了》、占有兵《“90后”打工妹陈倩》，纪录类银质收藏品是：胡征洋《父母的收藏品》（组照）、陈红波《收获的春天》、朱军校《瞧——什么来了……》、石礼海《高原牧歌》、王琤琦《塞上马》、金文荣《台州大东鞋火灾纪实》（组照）。

【中国摄协第八届主席团第三次会议在京召开】

4月16日，中国摄协第八届主席团第三次会议在京召开。会议传达了中国文联第九届全委会第六次会议精神，听取并审议了中国摄协2013年工作报告及2014年工作安排，并就会员发展工作、在会员系统中开展“争先争优评选表彰”活动、中国摄影金像奖奖项设置调整、中国摄协各专业委员会调整及协会未来发展等征求了建议和意见。中国摄协主席、分党组书记王瑶，副主席王悦、王文澜、王达军、邓维、李舸、李伟坤、李学亮、李树峰、张桐胜、罗更前、索久林、雍和出席会议。中国摄协分党组副书记王郑生，分党组成员、秘书长高琴，分党组成员、副秘书长顾立群列席会议。中国摄协各部室、各直属单位负责同志旁听会议。中国文联国内联络部副主任李培隽到会指导。

【中国摄协成立以来第一次基层工作交流会召开】

5月6日至9日，中国摄协成立以来第一次基层工作交流会召开。来自中国摄协49个团体会员单位和41个基层摄影组织的代表，与中国摄协有关部室、直属单位负责人等120余人参加会议。会议就如何在新时期新形势下更好地适应摄影事业发展需要，创造性地开展工作，提高服务大局、服务人民的能力和水平进行了深入探讨和经验交流。中国文联党组成员、副主席李前光，中国摄协主席、分党组书记王瑶，分党组成员、秘书长高琴，山东省委宣传部副部长王红勇，省文联党组书记于钦彦，东营市委常委、副市长、宣传部长张润国，市委常委、河口区委书记聂建军，山东省委宣传部文艺处处长葛长伟，河口区委副书记、区长苟增杰等出席会议。同期授予东营市河口区“中国摄影创作基地”称号。

【中国摄协继续开展共建“摄影曙光学校”公益活动】

5月15日，中国摄协在北京市西城区的北京启喑实验学校（聋人学校），为该校创建“摄影曙光学校”，并向学校捐赠摄影器材和教材，发动摄影志愿者走进校园辅导孩子们摄影，为残疾儿童送去摄影文化，送去温暖与爱。

【中国摄协开展“惠民、为民、乐民”文艺志愿服务活动】

5月23日，在中国文联设立的首个“中国文艺志愿者服务日”当天，中国摄协组织20余位摄影志愿者来到北京市昌平区百善镇，开展“惠民、为民、乐民”文艺志愿服务活动，向文化站捐赠个人摄影作品，向影友赠送“追寻中国梦”画册，摄影志愿者解海龙现场为影友进行摄影辅导。

【“往事散记——袁毅平摄影回顾展”开幕暨数字艺术馆开馆仪式在中国摄影展览馆举办】

6月5日，由中国摄影家协会、中国文联文艺资源中心和北京电影学院摄影学院共同主办的“往事散记——袁毅平摄影回顾展”在中国摄影展览馆举办。展出了近200张照片及珍贵实物。展出内容主要包括20世纪50年代密云水库等水利工程建设和工业生产发展状况，1962年困难时期过后江苏角直的农村面貌，1963 年河北涿鹿县“送文艺下乡”影展的热闹景象，1964至1965年山东曲阜孔村“四清运动”和1969年天津静海“五七干校”特殊环境中的人情百态，1966年阿尔巴尼亚的社会主义建设情况以及各个历史时期天安门广场上的春夏秋冬等。同时，由中国文联文艺资源中心主办的袁毅平摄影数字艺术馆网站于当日正式对外开放。

【中国摄协举办“追寻历史影像、重走复兴之路”活动】

6月27日，中国摄影家协会在位于山东沂蒙腹地的沂南县马牧池乡常山庄村沂蒙红色影视基地举办“追寻历史影像、重走复兴之路”活动，山东沂南县、江西井冈山、福建古田、安徽霍山、陕西延安、陕西铜川耀州区、贵州遵义、山西兴县、湖北大悟县和河北西柏坡等10处革命圣地和老区被授予“中国摄影创作基地”称号。

【“中国梦”影像公益广告主题展在中国文艺家之家开幕】

7月4日，由中国文联、中国文学艺术基金会、中国摄协联办，中国摄影报社承办的“中国梦”影像公益广告主题展在中国文艺家之家展览馆开幕。展出的50幅作品，是以摄影作品为主体，提炼主题要素，并辅以设计制作打造而成的独具影像特色的公益广告作品。第十一届全国政协副主席、中国文联主席孙家正，中国文联党组书记、副主席赵实参观展览，并对展览作品样式和内容主题等给予充分肯定。中国文联党组副书记、副主席李屹，中国文联党组成员、副主席左中一、夏潮、李前光，中国文联党组成员、书记处书记郭运德，中宣部文艺局巡视员、副局长孟祥林以及中国新闻摄影学会名誉会长于宁，《求是》杂志社副秘书长魏天顺等出席影展开幕式。

【2014中国（青海）三江源国际摄影节开幕】

7月12日，由国务院新闻办、中国文联、中国摄协、青海省委宣传部主办的2014中国（青海）三江源国际摄影节在青海国际会展中心开幕。中国文联党组成员、副主席、书记处书记李前光，青海省委常委、宣传部长吉狄马加，中国作协原书记处书记施勇祥，中国摄协荣誉主席朱宪民，中国摄协副主席索久林，中国摄协秘书长高琴等领导与嘉宾出席开幕式。副省长张建民主持开幕式。摄影节邀请到国内外600多名摄影师的近万幅作品。其中，“影像世界·国际展”由美国、德国、英国、意大利、南非、科威特等60多个国家的国际摄影组织和国际摄影大师31个展览组成；“影像中国·国内展”由国内摄影名家的36个展览组成；“大美青海·被镜头记忆的光影世界”专题展有近千幅作品参展。

【“追寻中国梦·庆祝中国文联成立65周年”全国文联干部职工美术书法摄影展在中国文艺家之家开幕】

7月16日，由中国文联主办，中国文联国内联络部、中国美协、中国书协、中国摄协承办的“追寻中国梦·庆祝中国文联成立65周年”全国文联干部职工美术书法摄影展在中国文艺家之家开幕。此次展览共有中国文联各团体会员选送的185件美术书法摄影作品入选，作品集中展示了65年来，特别是改革开放以来，我国文艺事业和文联工作取得的辉煌成就，充分反映了文联人紧扣时代脉搏、紧跟时代步伐，奋发有为、拼搏奉献的精神风貌，是广大文联干部职工追梦、筑梦、圆梦奋斗历程的艺术写照。

【第四届全国农民摄影大展中国摄影展览馆开幕】

7月23日，由中国文联、农业部农村社会事业发展中心、中国摄协共办的第四届全国农民摄影大展在中国摄影展览馆开幕，200余幅原汁原味的农民摄影作品配以古香古色的卷轴装裱方式亮相。第四届全国农民摄影大展赢得了摄影人及农民群众的积极参与和热烈欢迎，共收到来自全国31个省、自治区、直辖市的580位农民摄影人投送的10592幅作品。征稿类别设置延续了上届分主题的方法，其中纪录类“田园美”主题作品3576幅，“留守老人与儿童”类主题作品1617幅，“走进都市的新农民”主题作品1137幅，其他作品651幅；艺术类作品3611幅。中国文联党组成员、副主席李前光，农业部农村社会事业发展中心主任王秀忠，中国摄协主席、分党组书记王瑶等领导嘉宾，以及本届农民摄影大展的获奖者和志愿者等近150人出席开幕活动并参观影展。

【中国工业摄协第一次全国会员代表大会在沈阳中国工业博物馆举行】

7月26日，中国工业摄协第一次全国会员代表大会在沈阳中国工业博物馆举行，中国工业摄协正式成立。“中国梦 工业情 劳动美”的全国工业影展同期亮相，展出500余幅作品。

【中国摄影展览馆大同中心挂牌仪式在大同市中国雕塑博物馆内举行】

9月7日，中国摄影展览馆大同中心挂牌仪式在大同市中国雕塑博物馆内举行，“文化大同影像之都”摄影展同期开展。活动由中国摄影展览中心、大同市委宣传部、大同市文联主办，大同市企业家摄协承办。

【首届中国·东盟国际摄影季“共建21世纪海上丝绸之路”摄影展南宁开幕】

9月16日，首届中国·东盟国际摄影季“共建21世纪海上丝绸之路”摄影展在第11届“中国·东盟博览会”主会场（南宁国际会展中心）开幕。活动由中国摄协、人民网、中国·东盟博览会秘书处主办，包商银行股份有限公司冠名总赞助，影像国际网等单位承办。摄影季活动包括共建21世纪“海上丝绸之路”摄影展、海上丝绸之路文化旅游论坛、中国－东盟国际摄影季颁奖仪式三大组成部分。以共建21世纪“海上丝绸之路”摄影展的开幕，全面拉开活动的序幕。

【“岁月深处·名家经典——庆祝新中国成立65周年摄影收藏展”在京举办】

9月20日，为庆祝中华人民共和国成立65周年，由中国摄影家协会主办，中国摄影发展中心、乐凯胶片股份有限公司承办的“岁月深处•名家经典——庆祝新中国成立65周年摄影收藏展”在北京举办。本次展览致力于挖掘和梳理摄影家真实记录生活、积淀于岁月尘封之下、经过时间磨洗而被重新定义的影像，以65位摄影名家的65幅经典之作来系统呈现中国社会65年的发展历程，体现以影记史的独特功能。

【“中国梦”影像公益广告主题展大栅栏开幕】

9月26日，为庆祝中华人民共和国成立65周年，更好地践行社会主义核心价值观，由中国摄协主办，中国摄影报社、北京市西城区大栅栏街道承办的“中国梦”影像公益广告主题展在大栅栏商业街面向广大北京市民和中外游人展出。本次展览展出的60幅“中国梦”主题影像公益广告作品，除每期刊载在中国摄影报1版重要位置外，还曾在中国文联文艺家之家等地进行了专题展示，受到摄影界及社会各界的关注和好评。中国摄影家协会主席、分党组书记王瑶，北京摄影爱好者协会会长、北京市西城区人大常委会原主任王敏荣，中国摄协副主席邓维、李舸、罗更前，北京市西城区副区长李岩，北京市西城区大栅栏街道工委书记田静、宣传部部长高新贞等出席展览开幕式。

【“追梦足迹——庆祝新中国成立65周年、改革开放35周年摄影大展”在中国摄影展览馆开幕】

9月29日，在新中国成立65周年、改革开放35周年来临之际，由中国文联、中国文学艺术基金会、中国摄协联办的“追梦足迹——庆祝新中国成立65周年、改革开放35周年摄影大展”在中国摄影展览馆开幕。展览共展出300余幅摄影作品，以65个小专题和新旧影像对比的形式，从国家民族不同的生动记忆侧面，展现了新中国不断发展的追梦足迹，引起社会各界广泛关注。与展览同期开幕的还有“镜像瞬间文艺家——罗更前摄影艺术展”。全国政协常委、中国文学艺术基金会理事长胡振民，中国文联党组成员、副主席李前光，中国摄协主席、分党组书记王瑶，部分参展作者、摄影家，主办单位领导嘉宾以及近40家新闻媒体记者出席开幕式并参观了展览。

【中国摄协召开“中国摄影之乡”、“中国摄影创作基地”工作会议】

10月11日，由中国摄影家协会主办的首次中国摄影之乡、中国摄影创作基地工作会议在黄山召开，会议就贯彻落实中国文联《关于规范命名“文艺之乡”和创建“文艺创作基地”暂行办法》精神进行交流和研讨。安徽省黄山市等14个地区分别被命名为“中国摄影之乡”、“中国摄影创作基地”，为河北省承德市等23个曾经由中国摄协命名的“中国摄影之乡”、“中国摄影创作基地”的地区进行重新授牌。制订了《中国摄影家协会关于规范命名“中国摄影之乡”和创建“中国摄影创作基地”办法（暂行）》，对命名、创建条件和申报、审批等程序进行了规定，对双方的权利和义务做了明确要求。

【“北京国际摄影周2014”大型摄影主题活动在北京中华世纪坛举办】

10月12日至18日，由中华人民共和国文化部、北京市政府主办的“北京国际摄影周2014”大型摄影主题活动在北京中华世纪坛举办。本届摄影周以“视界·无界”为主题，同时有摄影讲堂、图书角计划、摄影嘉年华、摄影技术体验坊、专家见面会、颁奖等活动呈现。

【“中国摄影家眼中的坦桑尼亚”摄影展在北京开幕】

10月15日，为庆祝中坦建交50周年、新中国成立65周年，进一步增进中坦两国人民的传统友谊，由中国文联、中国摄协共同主办的“中国摄影家眼中的坦桑尼亚”摄影展在北京中国摄影展览馆开幕。本次摄影展共展出9位摄影家此前赴坦拍摄的77幅优秀作品。2014年5月，以策展人——中国摄协副主席罗更前为首的十几名中国摄影家自行组团赴坦桑尼亚进行为期十几天的拍摄创作，这是中国摄影家首次组团赴坦拍摄。跟随拍摄者的镜头，观众可以品味坦桑尼亚独特的人文风情和雄奇秀美自然风光，丰富对坦桑尼亚独特历史文化的了解和感知。坦桑尼亚驻华大使认真观看了展出的作品，对此给予了高度评价。

【“关注民生 聚焦梦想”为主题的“百位摄影家看国寿”在中国人寿中心启动】

10月31日，以“关注民生 聚焦梦想”为主题的“百位摄影家看国寿”活动在中国人寿中心启动。活动由中国人寿保险（集团）公司与中国摄协共办，中国摄影出版社承办。中国摄协组织百位摄影家深入到中国人寿的各基层机构、各业务领域，记录与关注中国人寿的助学、扶贫、慈善捐助、志愿者等活动。同时，摄影专家交流讲座也将走进人寿各基层机构，并在摄影成果展中展示。

【2014中国首届“金驹奖”世界大学生摄影展上饶开幕】

11月16日，2014中国首届“金驹奖”世界大学生摄影展在江西上饶开幕，900件入选作品全部参展。当晚，“金驹奖单元”（包括图片摄影、多媒体影像、面向指导老师的金驹伯乐奖）、“感知上饶单元”、“平面模特单元”、最佳组织院校奖等最终获奖名单在颁奖典礼时悉数揭晓，共有6件作品获得本届影展最高奖“金驹奖”。其中，陈柯帆《高三的那些日子》、王淳平《Absolut Vodka》、凯·凯默雷尔（Kai M Caemmerer）《Places in flux and transition》分别获得金驹奖图片摄影单元纪实类、商业类以及艺术类最高奖项；文郁的《爷爷的小戏文》获得金驹奖多媒体影像单元剧情类奖项；张涛的《衡器》获得金驹类多媒体影像单元记录类奖项；伊利奇的《回草原》获得金驹奖多媒体影像单元实验类奖项；侯砚卿《造纸艺术》获得金驹奖“感知上饶”单元金质奖；胡佳乐《中国最美乡村》、黄中昱《放飞童年》获得金驹奖“感知上饶”单元银质奖；江欣芷《仙山系列》、杨锦炎《秀美三清山》、王述津《上饶风骨》获得金驹奖“感知上饶”单元铜质奖，同时还评出金驹奖平面模特单元十佳10名，金驹伯乐奖3名，金驹奖组织奖5名。

【第三届“徐肖冰杯”全国摄影大展评选揭晓】

11月17日，由中国摄协和浙江省桐乡市政府共办的以“在路上”为主题的第三届“徐肖冰杯”全国摄影大展评选结果出炉。王伟涛《高原村小》、黄利平《黄河故乡》、宁舟浩《毛家工业园》、贺肖华《启示》、彭振戈《时代记忆（1981-2006)》等5幅作品被评为典藏作品；王向阳《高中生》被评为深度专题；支雷鹰《呼吸的距离——记大学生异地恋》被评为影像探索佳作；崔新钰《埃及：路向何方》被评为新人佳作，同时还评出入选佳作10组。

【第25届全国摄影艺术展览启动仪式湖北武当山举行】

11月28日，第25届全国摄影艺术展览启动仪式在湖北武当山举行。仪式上中国摄协授牌武当山为“中国摄影展览馆武当山中心”，并首发《武当山与中国大一统文化》摄影集。此次展览由中国摄协、武当山特区管委会主办，中国摄影展览中心、武当山特区党政办公室、武当山摄协承办，湖北省摄协、十堰市摄协等单位协办。

【“nubia智能手机杯”第二届全国青年摄影大展评选揭晓】

12月24日，“nubia智能手机杯”第二届全国青年摄影大展评选工作已结束。经过评委会认真评选，共选出拟入选作品：主单元：杨宁《万象》（选自组照）、王敬《北京“废品村”》（选自组照）等最具潜力新人10名；陈谢浩《昆虫头部》等最具潜力新人提名17名；谭佩里《遗忘地》等优秀新人99名；手机摄影单元：王思博《陪你看夜空中最美的风景》等手机摄影新锐3名；王丽莉《伦敦 伦敦》等手机摄影新锐提名6名；汤建斌《食物》等手机摄影优秀青年10名。公示期为2014年12月24日至12月30日，共7天。

艺术节与评奖

【第一届“腾讯影像力·青年摄影师计划”评

选在京举行】

1月4日，第一届“腾讯影像力·青年摄影师计划”评选在北京举行。经过5位业内专家的三轮投票与激烈讨论，最终产生了5个图片大奖，2个纪录片大奖及10个优秀摄影作品奖。第一届影像力比赛颁奖盛典于2月底在京举行，期间还举办参赛作品大展、摄影论坛等活动。

【“非洲中东之旅”摄影展甘肃省图书馆开幕】

1月4日，由甘肃省摄协、甘肃省图书馆主办的“非洲中东之旅”摄影展在甘肃省图书馆开幕，展出18位摄影家作品150幅。

【“在水一方”2014年西双版纳国际影像展开幕】

1月8日，云南省摄协等单位协办的“在水一方”2014年西双版纳国际影像展，在景洪市告庄西双景开幕，本届影像展共有150个影展，其中国外展28个，不论参展作品数量和参展摄影家人数均比往届有增加，内容和题材更加广泛。

【贵州省摄协“大篷车下基层”年度总评选在贵州省文联揭晓】

1月15日，2013贵州省摄协摄影“大篷车下基层”年度总评选在贵州省文联揭晓，唐可可的《穿云拨雾》摘得头奖。本次参评作品是分别在贵阳、安顺、黔西南、毕节、黔东南、遵义6站的获奖作品。一年来，贵州省摄协组织9个团体会员单位具体承办，全年共收到参赛作品近万幅，培训基层会员600余人。

【江苏“百姓百事”纪实摄影大展在南京开幕】

1月16日，由江苏省摄协、南京市摄协、龙虎网联办的江苏“百姓百事”纪实摄影大展在南京梅园新村纪念馆开幕。此次展出的照片既有《知青到农村去》《行家》《陪读》等经典老照片，也有反映当今生活的新作。

【第九届“亚洲大学生摄影展”揭晓】

1月27日，由亚洲教育北京论坛、中国青年报社、中国高校传媒联盟共办的第九届“亚洲大学生摄影展”正式启动，面向海内外高校学子征集作品。本届主题为“俭”。最终评选出获奖作品37件，其中一等奖1名，二等奖3名，三等奖8名，优秀奖25名。华南师范大学宋世江同学拍摄的作品《玩耍》拔得头筹。

【2014中国·杨柳青第一届国际民俗摄影大展杨柳青开幕】

2月13日至15日，2014中国·杨柳青第一届国际民俗摄影大展在天津杨柳青开幕。大展以“传承民俗文化，弘扬时代精神”为主题，包括“中国·杨柳青第一届国际民俗摄影获奖作品展”在内的40余场国内外民俗摄影作品展览同期亮相。此次大展由中国摄协和天津市西青区政协共办，中国摄影出版社、西青区文联等单位承办。

【第57届世界新闻比赛“荷赛”揭晓】

2月14日，第57届世界新闻比赛“荷赛”揭晓。本届共有132个国家的5754位摄影家的98671幅作品参选，三位中国摄影师的作品获奖，中国新闻社摄影记者贾国荣拍摄的《COMPETITION ON BARS》获得体育动作类组照一等奖，《南方都市报》摄影记者陈坤荣作品《健身》获得体育特写类组照二等奖，尚图坊摄影师樊尚珍《荒原狼》获得自然类单幅三等奖。

【“My Love摄影秀”大展揭晓】

2月19日，中国建设银行携手中国摄协网站共同举办的“My Love摄影秀”大展获奖名单公布。被评为一级收藏品的是《黄河壶口》，二级收藏品的是《古刹夜雪》。

【第十六届天津市摄影艺术展览在津展出】

3月7日至11日，由天津市文联、天津市摄协主办的第十六届天津市摄影艺术展览在天津市美术展览馆展出。展览共收到作品5000余幅，报送作品的数量和质量均高于往届。本届展览分为艺术和纪录两大类，评审委员会本着公开、公平、公正的原则，最终评选出200余幅获奖作品。

【首届“红河哈尼梯田世界文化遗产国际摄影双年展”在云南举行】

3月17日至20日，首届“红河哈尼梯田世界文化遗产国际摄影双年展”在云南省红河哈尼族彝族自治州元阳县举行。双年展以“云上梯田·梦想红河”为主题，包括哈尼梯田世界遗产摄影大会、手机摄影竞艺活动、摄影会展、哈尼梯田现场摄影、摄影讲座、颁奖大会等内容。本次活动由云南省委宣传部、中国摄影著作权协会、云南省文联、云南省摄协、中共红河州委宣传部主办。

【第18届河南省摄影艺术展览获奖名单揭晓】

3月18日，由河南省摄协主办的第18届河南省摄影艺术展览获奖名单揭晓。大赛共收到来自全省1300多位作者的10000余幅/组作品。获奖作品中A类一等奖是：崔灵洛《商都塔影》组照、和来贵《郑州东风渠上的椅子》组照、刘辰《寻找平衡的女孩》、赵丙元《中学生运动会》组照；B类一等奖是：赵荣生《西沙印象》组照、李宗献《中原山魂》组照、麻江盟《雪之舞》、张炳如《殇林冬寒》组照、胡国和《太行初冬》；C类一等奖是：张洪斌《梦中的鸟》组照、高辉《祈愿之石》组照。

【“长安逸动”杯第5届重庆市摄影艺术展览在重庆美术馆开幕】

4月1日，由重庆市文联、重庆市摄协举办的“长安逸动”杯第5届重庆市摄影艺术展览在重庆美术馆2号展厅开幕。展览分纪录类、艺术类、多媒体三大类别，共展出230幅获奖作品。

【“记忆2013·中国新闻摄影盛典”在江苏省苏州市吴中区举行】

4月19日，“记忆2013·中国新闻摄影盛典”在江苏省苏州市吴中区举行。这是由中国摄协全新打造的新闻摄影年度评选学术项目，旨在总结回顾一年一度的新闻摄影成就，打造新平台、传播正能量，为实现中华民族伟大复兴的中国梦留存更多影像史料，推出更多优秀的新闻摄影人才和作品。最终评出的“2013年度十佳摄影记者”10人、“2013年度十佳图片编辑”10人、“2013年度十佳多媒体作品”10件，反映了当下中国新闻摄影的现实业态，体现出相当的专业水准，具有一定代表性。

【“当代中国著名摄影艺术家风光摄影精品展”在山东淄博开幕】

5月1日，当代中国著名摄影艺术家风光摄影精品展在山东淄博云志艺术馆隆重开幕。本次展览囊括了18位当代中国顶级风光摄影艺术家的近二百张代表作品，可谓精品荟萃，称得上是多年来难得的一次中国当代风光摄影艺术最高水平的集中展示。中国文联党组成员、副主席李前光等领导嘉宾出席开幕式。

【“中国梦·海关情”中国海关摄影艺术展在中国海关博物馆开展】

5月13日，中国海关摄协主办的“中国梦·海关情”中国海关摄影艺术展在中国海关博物馆正式开展。此次影展是中国海关落实党的群众路线教育具体措施之一，所有参展作品均为海关关员创作。同期展出的还有汕头海关举办的“潮关潮风”摄影展。

【“美丽河南”摄影展在河南省文联开幕】

5月19日，“美丽河南”摄影展在河南省文联开幕。本次活动于2013年5月面向摄影工作者、摄影爱好者征稿，最终评委从万余幅稿件中，评选出荣获一等奖的作品：潘跃运的《琼楼玉宇》、张书玉的《地下龙》，荣获二等奖作品：沈丽丽的《预备役国防力量》组照、洪牛的《神垕古镇》、李跃宇的《云中太行》、阎长聚的《第二届中华轩辕龙舟大赛》。“美丽河南”摄影展获奖作品集也同期面世。本次活动由中共河南省委对外宣传办公室、河南省文联合办，河南省摄协、时代报告杂志社承办。

【第二届“多彩福田”全国摄影大展评选揭晓】

5月21日，由深圳市福田区摄影家协会组织开展的首届“多彩福田”全国摄影大展，收到来自全国各地摄影爱好者近6000千张照片，施颖芳《鸟瞰大美福田》、马靖培《求知》分获风光类、纪实类金奖。

【第八届中华宝钢环境奖颁奖典礼在京举行】

5月23日，第八届中华宝钢环境奖颁奖典礼日前在人民大会堂新闻发布厅举行。中国摄协会员单位中国金融摄协副主席葛玉修获得中华环境奖宣教类优秀奖。

【“工商银行杯”首届南京摄影艺术节暨第八届玄武摄影论坛南京开幕】

5月24日，“工商银行杯”首届南京摄影艺术节暨第八届玄武摄影论坛开幕式在南京举行。主办方南京市摄协邀请国内外摄影人、精品力作到南京交流、展出。

【“中国·东南亚·南亚摄影、美术、书法邀请展”在昆明长水机场开幕】

6月4日，在第2届中国·南亚博览会暨第5届中国·东南亚·南亚电视艺术周开幕前夕，“中国·东南亚·南亚摄影、美术、书法邀请展”在昆明长水国际机场文化艺术长廊开幕，展出了中国摄影家在尼泊尔拍摄的70余幅人文、风光佳作。展览由云南省文联、云南机场集团主办，云南省摄协等单位承办，是云南省摄协首次以专门针对一个国家的形式，向公众全力推介南博会轮留主题国优美的自然风光和多姿多彩的民风民俗。

【“致青春——2014高校摄影专业毕业生邀请展”在北京开幕】

6月6日，“致青春——2014高校摄影专业毕业生邀请展”在北京乐凯大厦中国摄影画廊开幕。来自中国人民大学、中央美术学院、北京电影学院、北京印刷学院、大连医科大学、广州美术学院、西安美术学院和沈阳城市学院的32名摄影专业毕业生的68幅作品组成了中国摄影画廊试运行的首个影展。

【光阴的故事“艺术无疆——中国·波兰摄影视觉艺术展”在杭州展出】

6月11日，光阴的故事“艺术无疆——中国·波兰摄影视觉艺术展”在杭州抱华楼何水法美术馆展出，本次影展由波兰居里夫人大学、浙江省摄影家协会、浙江工业大学、杭州抱华楼国画研究院主办。

【“天地”木月自然摄影作品展中国摄影展览馆开幕】

6月21日，“天地”木月自然摄影作品展在中国摄影展览馆开幕，中国摄影家协会秘书长高琴主持开幕仪式。中国摄影家协会主席王瑶、甘肃省人大副主任马青林分别致辞。励小捷、李前光、洛桑灵智多杰和王瑶共同按动了象征展览开幕的水晶球。开幕式现场还举行了中国摄影展览馆收藏木月作品的交接仪式。构成这次展览的作品90余幅，几乎涉及地球自然风貌的所有形态。

【“中国梦——我心中的梦”摄影作品征集评选揭晓】

7月1日，由江苏省委宣传部、江苏省文联主办，江苏省摄协承办的“中国梦——我心中的梦”摄影作品征集评选结果揭晓。王惠良《嫦娥落月》、王冠军《铸梦》、阙名芬《昆曲红泥关》、方南祺《五星红旗飘扬在心中》、贲道春《中国梦-强军梦》、王海燕《绿色畅想曲》等6幅作品被评为金奖，陆立仙《成才之路》等12幅作品被评为银奖，陆华春《码头春光》等20幅作品被评为铜奖，同时还评出了佳作奖30名，优秀奖100名。

【2014无锡金快门国际摄影节开幕】

7月2日，由无锡市委宣传部、江苏省摄影家协会等联合主办的2014无锡“金快门”国际摄影节开幕，两届“荷赛”评委、世界华人摄影领袖王身敦任艺术总监，中国摄影家协会副主席雍和任评委会主席，江苏省摄影家协会主席沈遥任评委会副主席。

【“第七届中国·西南六省区市摄影联展”毕节举行】

7月20日，由西南六省区市摄协主办，贵州省摄协和毕节市摄协承办的“第七届中国·西南六省区市摄影联展”，在“洞天湖地、花海鹤乡”的美丽毕节隆重举行。中国·西南六省区市摄影联展是1980年在贵州省摄协的倡导下与四川、云南、西藏、广西、重庆摄协共同启动的一项摄影活动。

【2014“天翼手机杯”全国手机摄影大展评选揭晓】

7月31日，由中国摄协、中国通信摄协、中国电信摄协主办的2014“天翼手机杯”全国手机摄影大展评选结果揭晓，金质收藏作品是：封丹琴《人勤渔欢》、武家华《真情》、刘莉《草根戏班》、吴国荣《皖南深秋》、汤懿《韵律》；银质收藏作品是：毛社军《大厦美容师》、王大禾《窗影》、杨锦炎《说书场》、骆善新《霾高的！》（组照）、张兵《奇幻仙人烟囱》、周峻《我的民工兄弟》、宫兵《马路诊所》、王国强《沙尘暴来袭》、危涛《三人行》、赵冬荣《灯》（组照）。

【“红色胜地 魅力庆阳全国摄影大展”评选揭晓】

8月8日，由中国摄影家协会、中共庆阳市委、庆阳市人民政府、甘肃省摄影家协会共同主办，中国摄影家协会网、中国摄影手机报、中共庆阳市委宣传部、陇东报社、庆阳市文联承办“红色胜地 魅力庆阳全国摄影大展”最终评出165幅（组）入选及以上作品，任永华《烙印》、王善超《香包传人雪秀梅》组照、王旭《结婚》、张步农《巧手绘皮影》、张新合《黄土高原奇观》获得金奖。

【“顾棣从影七十周年特别展”在中国摄影画廊开幕】

8月18日，由中国摄协和中国文联文艺资源中心主办的“顾棣从影七十周年特别展”在中国摄影画廊开幕，展览依照历史顺序，展出了顾棣在不同时期拍摄的珍贵作品，分别收录了他从影70年来的70张摄影作品和70张生平照片。此外，大量珍贵且从未公开的资料也一并展出，包括顾棣自1944年至今从未间断的日记，个人收藏的红色摄影文献史料、画册、老照片等。

【2014雪花纯生·中国古建筑摄影大赛全国影

展扬州展出】

8月19日，由华润雪花啤酒(中国)有限公司、清华大学建筑学院共同主办，色影无忌、扬州个园承办的2014雪花纯生·中国古建筑摄影大赛全国影展扬州站在扬州个园展出，本届摄影大赛作品征集历时4个月，吸引了近136万人参赛，征集作品238万余幅，无论参赛者还是作品数量，均为历届最高。

【“中国人·中国梦”摄影艺术展国家博物馆开展】

8月24日，由中国艺术研究院主办、《中国摄影家》杂志社承办的“中国人·中国梦”摄影艺术展在国家博物馆开展。本次展览以“汇聚正能量，抒写中国梦——摄影创作塑造中国梦”为主题，展出作品240余幅（组）。

【“中国·兴安盟第三届中俄蒙国际摄影节”暨“中国·阿尔山冰雪摄影大展”中国摄影展览馆展出】

8月26日，由中国摄协、内蒙古自治区旅游局、中共兴安盟委、兴安盟行政公署联办的“中国·兴安盟第三届中俄蒙国际摄影节”暨“中国·阿尔山冰雪摄影大展”在中国摄影展览馆展出，同时展出的还有部分中国摄影名家的阿尔山冰雪作品。本次大展历时6个月，吸引了近2万名国内外摄影家和摄影爱好者到阿尔山摄影，共收到7000多幅参赛作品。经评选公示，一级收藏作品是王金《星耀不冻河》，二级收藏作品是郭柏林《冰古奇观》、柏亚斌《如玉玲珑》，三级收藏作品是王松雨《阿尔山之夜》、闫君《天池人家》。

【第二届中国中铁四局杯“农民工·我的兄弟姐妹”全国摄影大赛合肥终评】

8月31日，第二届 中国中铁四局杯“农民工·我的兄弟姐妹”全国摄影大赛在安徽省合肥市终评结束。经评选，大赛共评出151幅获奖作品，其中特等奖1幅，金奖1幅，银奖2幅，铜奖4幅，优秀奖143幅。

【中国首个国际艺术影像博览会“上海艺术影像展”在沪举行】

9月5日，中国首个国际艺术影像博览会“上海艺术影像展”在上海市地标上海展览中心举行。来自全球的近70家摄影画廊和艺术机构齐聚上海，集中展出诸多国际摄影师的经典之作，重点推出亚洲当代摄影作品。

【深圳十名摄影家国际巡展广东首展】

9月11日，深圳十名摄影家国际巡展于广东省立中山图书馆展览厅首展。陈富、贺建华、孙成毅、王琛、王石、余海波、杨延康、张晖、钟国华、赵青参展。展览由广东省摄协主办，深圳企业家摄协承办，由广东省摄协副主席郭小宁策展。

【《中国人眼中的阿拉伯》摄影展陕西开展】

9月18日，《中国人眼中的阿拉伯》摄影展在陕西省美术博物馆展出。此次《中国人眼中的阿拉伯》摄影展是文化部和中国摄影家协会合作，在全国征集并评选出优秀摄影作品，重点展示中国人眼中的阿拉伯世界，表现了中国人对阿拉伯国家自然风光、文化遗产以及现代社会发展的关注和友好，将有助于增加中阿双方的相互了解和传统友谊。“中国人眼中的阿拉伯”摄影展，除在银川、西安、泉州举办外，还亮相北京首都机场“文化国门”，巨大的旅客吞吐量让中外友人共同见证中阿友好精彩瞬间。

【第14届中国平遥国际摄影大展开展】

9月20日，第14届中国平遥国际摄影大展在平遥古城开展。大展由五大板块十九个单元组成。21日，2014第14届中国平遥国际摄影大展颁奖盛典在“又见平遥”剧场举行。晚会共揭晓了10类奖项，共有80人获奖。其中资助奖由金海岸《钢的城》和王晴《生命的回声》获得，优秀摄影师评审委员会大奖由王争平《马语者》和徐波《鲲鹏极目》获得，4人奖金各10万元。老摄影家袁毅平获得本届致敬奖。

【“2014上海国际摄影节暨上海第十二届国际摄影艺术展览”在沪公展】

10月13日，由上海市文联、上海市摄协主办的“2014上海国际摄影节暨上海第十二届国际摄影艺术展览”，在上海主展馆中华艺术宫、分展馆上海国际航运中心和宝山美兰湖区域同期公展。除传统展项“上海国际摄影艺术展”和核心展项“国际摄影邀请展”的摄影佳作展出，还有“国际摄影名家论坛”、“致摄影·主题摄影互动”和10个“系列展”，将全市摄影节文化氛围推向高潮。

【“大湖印象——中国梦·合肥情”庆祝新中国成立65周年摄影展合肥举行】

10月13日，由合肥市委宣传部、合肥市文联主办的“大湖印象——中国梦·合肥情”庆祝新中国成立65周年摄影展在合肥政务中心阳光大厅举行。摄影展分“中国梦”和“合肥情”两个篇章，展出的160幅优秀摄影作品从2000多幅应征作品中精选出来。

【“云南鲁甸抗震救灾摄影美术书法作品展”在云南开展】

10月27日，由云南省委宣传部、中国摄影家协会、云南省文联、昭通市委市政府主办的“云南鲁甸抗震救灾摄影美术书法作品展”在云南省美术馆（原云南省博物馆）开展。本次展览共征集到来自全省摄影家协会会员、部队官兵、新闻媒体记者等单位和个人的5000多幅抗震救灾作品，经过评选，遴选出160余幅作品（摄影作品140余件、美术作品8件、书法作品16件）参展。本次展览的图片是这场英勇的抗震救灾的一个缩影，从中可睹党中央、国务院，云南省委、省政府对灾情的高度重视、对灾区人民的亲切关怀；可感受到部队官兵和灾区人民在灾难而前面勇顽强、奋力抢险的感人场景；可触摸到全国各地、社会各界与灾区人民心心相连、捐款赈灾的拳拳爱心。

【第五届济南国际摄影双年展在济南开展】

10月31日，第五届济南国际摄影双年展在济南山东工艺美术学院美术馆、济南市美术馆、济南园博园展览馆三个展区同时展出。摄影展共收到世界57个国家和地区的3000多位摄影家作品共32165件，共评出获奖作品44幅（组）、入选作品252幅（组）。双年展学术成果《影子的影子》、《伊人伊像》、《显影》（第二季）、《非常像》、《华山论》、《乾坤湾》共6部学术出版物在活动期间首发。11月2日，第五届济南国际摄影双年展奖项公布。

【“乘物游心——1839-2014直接摄影原作展”中国美术馆开幕】

11月14日，由中国摄协、中国美术馆共办的“乘物游心——1839-2014直接摄影原作展”在中国美术馆开幕。展览以53位国际摄影家的200余幅摄影原作，呈现175年国际摄影史中“直接摄影”这一脉络的发展历程，首次梳理展现亨利·福克斯·塔尔伯特、安塞尔·亚当斯、迈克尔·肯纳、基姆·韦斯顿等国际摄影家的脉络关系，探讨由纯艺术为目的摄影流派的诞生、流变与发展。展期至12月10日。

【第十届连州国际摄影年展开幕】

11月21日，第十届连州国际摄影年展开幕式于广东连州文化广场举行。活动由清远市政府、连州市政府、中国艺术摄影学会以及羊城晚报报业集团主办，持续日期至12月22日。11月24日，第十届连州国际摄影年展颁奖晚会在连州二鞋厂展区举行，经由摄影年展10位学术委员会委员评选，分别评选出三项大奖。

创作与研究

【“同筑中国梦　百年跨越史：中国摄影与科技”大型影像展主题研讨会在中国摄影展览馆举行】

1月3日，“同筑中国梦　百年跨越史：中国摄影与科技”大型影像展主题研讨会在中国摄影展览馆举行。中国摄影展览馆于2013年12月20日开馆以来，在摄影界引起了较大反响，研讨会围绕中国摄影展览馆开馆以来的各项工作，以及展览馆今后的展览、展品的学术支撑、硬件设施等各方面进行了深入的探讨。

【“新风景摄影　从罗平开始”为主题的中国摄影高端论坛在云南罗平举行】

2月16日，由中国摄协主办，中国摄影报社、曲靖市摄影家协会、罗平县旅游开发总公司共办的以“新风景摄影　从罗平开始”为主题的中国摄影高端论坛在云南罗平举行。

【《中国摄影史：中国摄影师1844-1879》正式出版】

3月1日，中国摄影出版社的《中国摄影史：中国摄影师1844-1879》正式出版，本书是“中国摄影史”系列丛书的第三卷，通过14个章节的内容，讲述了1844-1879年间中国本土摄影师和照相馆的活动，对于摄影在中国的起源和发展、中国摄影的特点，以及分地域摄影活动等，进行了详细的考证，对于中国早期摄影版图的完整，做出了非常重要的补充。

【《南方都市报》图片总监王景春举办主题讲座】

3月22日，《南方都市报》图片总监王景春举办题为“荷赛多媒体和南都多媒体实践”的讲座，与来自省内的50多位摄影师、摄影爱好者分享了荷赛的多媒体作品、评选过程以及《南方都市报》的多媒体创作实例。

【中国摄协专业委员会由8个调整为12个】

4月16日，中国摄影家协会第八届主席团第三次会议在北京召开。会上通过了关于专业委员会调整的建议和意见。中国摄协专业委员会分公更加细化，定位更加明确。将原设定的8个专业委员会调整为12个专业委员会，分别是纪实摄影委员会、艺术摄影委员会、自然生态摄影委员会、摄影教育委员会、摄影史研究委员会、新闻摄影委员会、技术与器材委员会、商业摄影委员会、理论委员会、新媒体委员会、图片产业委员会、策展委员会。

【“摄影艺术作品市场发展座谈会”在山东淄博云志艺术馆举办】

5月1日，“摄影艺术作品市场发展座谈会”在山东淄博云志艺术馆举办，会上，各界人士从行业不同角度表达了中肯的意见。

【“摄影志愿服务暨深圳残疾人风光摄影讲座”在深圳市举办】

5月24日，“摄影志愿服务暨深圳残疾人风光摄影讲座”在深圳市举办，吸引了百余名残疾人摄影爱好者参加。讲座由深圳企业家摄影协会副主席张晖主讲，深圳市残疾人摄协主席王琛、执行主席兼秘书长黄建华等出席。

【“四川摄影百年发展与探索”项目宣布启动】

6月20日，“四川摄影百年发展与探索”项目宣布启动，四川摄影理论成果整理、史志系统梳理、百年摄影作品选及口述历史影像等课题进入实质阶段。

【举办以“中国梦”的影像表达与传播为主题的学术研讨会】

7月4日，由中国文联、中国文学艺术基金会、中国摄协联办，中国摄影报社承办的《“中国梦”影像公益广告主题展》在中国文艺家之家展览馆举办，结合“中国梦”影像公益广告主题展，主办方在当天召开了以“中国梦”的影像表达与传播为主题的学术研讨会，邀请文学艺术界、摄影界、传播界及相关行业的近20位专家学者，围绕“中国梦”主题影像公益广告的创新之道，摄影艺术如何更好地服务于“中国梦”主题文艺创作，影像媒介在“中国梦”主题传播中的独特作用和价值等主题展开讨论，为“中国梦”影像公益广告主题创作展示活动出谋划策。“中国梦”主题影像公益广告的策划及创作方向、传播价值及其渠道也成为当天热议的话题。

【举办“农民·影像·中国梦”主题研讨会】

7月23日，第四届全国农民摄影大展开幕当日，中国文联、农业部农村社会事业发展中心、中国摄影家协会在中国摄影展览馆举办了“农民·影像·中国梦”主题研讨会，邀请摄影评论家、摄影家、获奖者和农民摄影爱好者代表近80人，就农民摄影的定位与方向，摄影志愿服务的价值与方式，以及如何用影像诉说农民的“中国梦”等话题进行探讨和交流。

【2014“影像国际互联峰会”在济南召开】

11月1日，由中国摄协信息资源部主办，影像国际网承办的2014“影像国际互联峰会”在济南市召开。来自世界各地20多个国家和地区的摄影组织、图片机构、摄影院校等相关代表出席了本次会议。会议以“交流、分享与合作”为主题，围绕如何促进各国摄影文化的交流，如何建立常态化的相互交流、沟通机制等话题进行了讨论。中国文联摄影艺术中心主任刘宇做主旨发言，介绍了中国摄协网站群，并提出面对网络化浪潮，应当借助互联网和社交媒体平台，促进各国摄影文化的交流与合作。会议现场，影像国际网与24家摄影机构代表签署了以网站内容互转为主要内容的合作备忘录。

【中国摄影理论评论界学习贯彻习总书记文艺工作座谈会重要讲话精神研讨会召开】

11月18日，中国摄影家协会邀请部分在京专业委员会委员、摄影评论家以及中国文联文艺评论奖获得者，在京召开中国摄影理论评论界学习贯彻习近平总书记在文艺工作座谈会上重要讲话精神研讨会。本次研讨会旨在号召广大摄影评论工作者认真学习贯彻习近平总书记在文艺工作座谈会上的重要讲话精神，科学分析当前摄影理论评论工作面临的任务，深入研讨摄影理论评论工作发展的一系列重大问题，努力构建科学的摄影评价体系，更好地发挥摄影评论引导创作、提高审美的重要作用。

【《摄影评论：方向与责任》座谈会召开】

11月18日，为了加强摄影理论评论工作，中国摄影家协会理论委员会召开《摄影评论：方向与责任》座谈会，引导评论工作要坚守学术道德，践行以人民为中心的评论导向。

【“中国影像尖峰论坛”第二期论坛在中国传媒大学举行】

12月3日，“中国影像尖峰论坛”第二期论坛在中国传媒大学举行，本期论坛的主题是“摄影媒体的未来之路”。活动由新华社图片中心、新华网、中国传媒大学艺术学部主办，中国影像门户、中国传媒大学艺术学部戏剧影视学院摄影专业承办，中国传媒大学艺术学部戏剧影视学院学生会协办。

机关建设

【加强党员干部作风建设】

1月开始自上而下，对“党的群众路线教育实践活动”活动进行回顾和总结，召开总结大会，进行群众评议。加强监督检查，定期通报整改情况，推进作风建设长效化。根据整改方案，上半年择时通报整改情况，对立行立改的成果加强宣传，对近期和中长期整改工作积极推进，确保整改措施落实到位。继续完善制度机制，确保作风建设常态化。加强制度建设，努力形成用制度管权，按制度办事，靠制度管人的工作局面。

【开展中国特色社会主义和“中国梦”宣传教育】

深化中国特色社会主义理论体系学习教育，开展马克思主义哲学和党史、国史、社会主义发展史学习教育，进一步增强党员干部道路自信、理论自信、制度自信。3月份，开展学习月活动，主要学习习近平在省部级专题研讨班上的讲话和中央其他领导讲话精神，参加中国文联机关党委和文艺研修院联合举办的处以上领导干部学习培训班。中心组成员集中研讨交流学习体会。

【建立健全与民主党派基层组织加强联系的制度】

第一季度对民主党派人士基本情况进行摸底，建立登记表，加强统一战线工作，发挥民主党派作用，加强与他们联系的制度。

【传达学习习近平总书记在文艺工作座谈会上的重要讲话精神】

10月17日，中国摄协召开党组扩大会，专题传达学习习近平总书记在文艺工作座谈会上的重要讲话精神和中国文联学习贯彻习近平总书记在文艺工作座谈会上的重要讲话精神座谈会精神。当天下午，协会机关各部室、各直属单位立刻行动起来，分别组织传达学习讲话精神。协会网站、《中国摄影报》、《中国摄影》、《大众摄影》杂志迅速开展一系列相关宣传活动。10月20日，中国摄协又一次在更大范围内组织摄影界的工作者集中学习座谈，号召广大摄影家认真学习习近平总书记在文艺工作座谈会上的重要讲话精神，切实把思想和行动统一到讲话精神上来，充分认识摄影家所担负的历史使命和责任，大力推动摄影事业的大繁荣大发展。

【开展形式多样的学习活动】

全年深入学习习近平总书记系列重要讲话精神，坚持把学习总书记重要讲话作为首要政治任务。以协会分党组中心组为“龙头”、以处级以上领导干部为重点，开展形式多样的学习活动，引导党员干部深刻理解习近平总书记在十八大以来一系列讲话中提出的新思想、新观点、新论断，把握精神实质，领会精髓要义，切实增强紧跟党中央、维护党中央的自觉性和坚定性。制定印发了《中国摄协机关党委2014年工作计划》按照学习计划组织党员学习。

【抓好十八届三中、四中全会精神学习贯彻】

制定2014年协会分党组理论中心组学习计划，共9个专题的学习，并组织实施，抓好落实。

【学习中国文联党组赵实同志在九届六次全委会上的讲话精神和九次文代会精神】

协会分党组带头，多次积极组织协会全体党员干部深入学习文联党组赵实同志在九届六次全委会上的讲话精神和九次文代会精神，努力把学习成果转化为解放思想、开拓进取的强大动力和创新活力，转化为推动摄影工作和摄协工作的具体措施，为奋力开创摄协发展新局面，进一步推动我国摄影事业大发展大繁荣贡献智慧和力量。

【协会非时政报刊稳步转企改制稳步推进】

按照国家有关主管部门的安排，《中国摄影》杂志、《大众摄影》杂志和《中国摄影报》转企改制工作加紧推进。关于协会媒体的转企改制，中国摄协分党组高度重视，提出不仅要转变工作的机制和体制，更要转变思想观念。

【推进基层党组织建设】

继续开展“基层组织建设年”活动。做好转企改制单位基层党组织建设工作。做好机关党委党组织换届工作。目前，已经有4个支部完成换届。加强党员干部教育、管理和服务。做好党员轮训工作，2014年，选派1名处级党员干部到中央党校中直分校脱产学习。落实党内生活各项制度，特别是党员领导干部参加双重组织生活会制度，提高组织生活质量。重点加强对年轻干部的教育管理，促进年轻干部坚定理想信念、树立群众观点、提高履职能力。重视和改进发展党员工作，优化党员结构。建立健全党内激励、关怀、帮扶机制，帮助生活困难党员解决实际困难。推进党内基层民主建设。进一步落实党内情况通报、党内选举等制度，切实保障党章规定的党员各项权利。推进基层党建工作创新，开辟党建工作新平台，提高机关党建工作信息化水平。加强机关党建理论和实践问题研究，不断提高机关党建工作科学化水平。

【加强反腐倡廉建设】

加强人财物关键环节和重点领域反腐倡廉制度建设，形成用制度管权、管事、管人的有效机制。建立和完善评奖办节、展演、展览展示、出版、国内外摄影交流等活动工作规则，加强对项目立项、核准、决策、资金安排的管理。落实领导干部述职述廉、报告个人有关事项等规定。

【抓好党风廉政建设责任制落实】

第一责任人职责的意识，形成一把手负总责、分管领导齐抓共管的工作格局。研究制定加强和改进纪检监察组织建设的具体办法，推进机关纪检组织建设。严肃查处违纪违法案件，认真查处发生在领导干部中的违纪案件。

【推进和谐机关建设】

按照有关章程，拟在适当时机团支部换届，筹备中国摄协机关青年联合会。坚持党建带工建、带团建、带妇建，进一步加强群团组织建设，在扩大组织覆盖、强化作用发挥、推进重点工作上取得新进展，不断巩固党执政的组织基础和群众基础。认真贯彻中央精神，努力做好服务职工群众工作，继续深化“以人为本、真情关爱”和“送温暖、献爱心”活动，推进职工健康计划和职工文化生活计划的实施，进一步推动转企改制单位工会组织和职代会建设。

【注重机关党委自身建设】

认真履行工作职责。强化督促检查职能，健全机关党委与各部门联系沟通机制，推动形成责任明确、领导有力、运转有序、保障到位的党建工作长效机制。切实加强内部管理。加强制度建设，完善工作机制，规范工作程序，转变工作作风，改进文风会风，提高工作效率。提高自身综合素质，形成爱岗敬业、求实创新、团结和谐的良好氛围。

中国书法家协会

综　述

2014年，中国书法家协会在中国文联的有力领导下，紧紧围绕实现中华民族伟大复兴的中国梦时代主题，贯彻落实习近平总书记在文艺工作座谈会上的重要讲话精神，坚持以人民为中心的工作导向，大力培育和践行社会主义核心价值观，积极进取，勇于担当，扎实推动协会工作改革创新，团结引导广大书法家和书法工作者追求德艺双馨、多出精品力作，进一步推动书法事业的发展繁荣。

一年来，中国书法家协会立足书法本体，注重提升当代书法的文化含量。协会通过完善全国书法展览的评审机制，评审更为客观、公正，引领全国书法评审工作的新风气。“第五届中国书法兰亭奖”“全国第十届书学讨论会”成为近年来书法创作与理论研究成果的集中汇展。书法教育工作有所创新，书法培训工作得到加强。协会通过举办“翰墨薪传工程”和“国学修养与书法高研班”，对全国中小学书法教育师资和书法创作人才进行教育培训。举办“全国高等书法教育论坛”等活动推动高等书法教育迈上新台阶。中国书法出版传媒有限责任公司及中国书法出版社、中国书法报社的揭牌，开创了中国书法事业在出版、传媒等领域的新局面。

重要会议与活动

【“我们的中国梦——送欢乐下基层，中国书法进万家”系列活动之一——走进雅安地震灾区】

1月6日，中国文联、中国书协“我们的中国梦——‘送欢乐、下基层’、中国书法进万家”走进四川雅安地震灾区暨雅安“兰亭学校”捐建命名仪式在雅安市雨城区上里中心学校举行。中国书协分党组书记、驻会副主席赵长青，中国文联国内联络部副主任李培隽，中国书协副主席申万胜、何应辉，中国书协分党组成员、副秘书长张陆一，中国文联书法艺术中心主任刘恒，来自全国各地的书法家以及四川省相关部门领导参加了授牌仪式。

中国书协向上里中心学校颁授了“兰亭学校”奖牌，捐款200万元用于雨城区上里镇中心学校“兰亭中学”建设；捐款100万元用于雨城区兴贤小学“兰亭小学”建设。仪式结束后，30多位书法艺术家来到上里古镇，现场书写春联800余副。

【“我们的中国梦——送欢乐、下基层，中国书法进万家”系列活动之二——走进武警陕西总队】

1月14日，“我们的中国梦——送欢乐、下基层，中国书法进万家”走进武警陕西省总队开展笔会。中国书协顾问钟明善，中国书协分党组书记、驻会副主席赵长青，中国书协副主席张改琴、聂成文，中国书协分党组成员、副秘书长张陆一，中国文联书法艺术中心主任、中国书协展览部主任刘恒，陕西省书协主席周一波，中国书协部分理事以及书法家等汇聚武警陕西省总队，创作了若干作品和春联。

中国书协理事、武警陕西省总队司令员王春新主持笔会。武警陕西省总队政委雷群昆发表讲话。结束后，书法家们来到武警陕西省总队二支队，慰问执勤一线的武警官兵，并向官兵赠送了书法作品。

【“我们的中国梦——送欢乐下基层，中国书法进万家”系列活动之三——走进北京大兴敬老孝村养老院】

1月20日，我们的中国梦——“送欢乐下基层，中国书法进万家”新春慰问团一行30余人走进北京大兴敬老孝村养老院，为老人们送上新春的祝福。中国文联党组成员、书记处书记、国内联络部主任罗成琰，中国书协顾问、中国书协中直分会会长张飙，中国书协分党组副书记、秘书长陈洪武，中国书协分党组成员、副秘书长潘文海、张陆一，中国文联国内联络部协会处处长苗宏，中国书协中直分会副会长兼秘书长白煦，中国楹联学会会长孟繁锦，中国书协组联部副主任段军，中国书协培训中心副主任、党支部书记章巧珍等书法家出席了这次公益活动。

活动启动仪式上，大兴区北藏村副镇长王丽娜首先向参与活动的书法家们致欢迎词，陈洪武代表中国书协讲话，罗成琰代表中国文联讲话。书法家们用饱含激情的笔墨，书写了精美的书法作品和春联。

【“我们的中国梦——送欢乐、下基层，中国书法进万家”系列活动之四——走进昌平武警支队】

1月24日，我们的中国梦——“送欢乐、下基层，中国书法进万家”活动正式启动。出席启动仪式的文联、书协领导有：罗成琰、张飙、赵长青、李培隽、胡抗美、陈洪武、潘文海、张陆一、刘恒、李世俊、苗宏、白煦；参加仪式的中国书协理事有：王志安、龙开胜、刘文华、刘俊京、杨明臣、高庆春、张杰、张艺群、张铜彦；参加仪式的中国书协部门相关领导有：段军、章巧珍、郭志鸿、刘连山、谷向阳、陈联合等。上午九时，启动仪式在中国文联四楼报告厅举行，罗成琰发表讲话，赵长青等书协领导为启动仪式授旗，张飙宣布活动正式开始。

上午十点，50余位书法家慰问昌平交警支队。昌平区委常委、宣传部长余俊生、昌平交警支队党委书记、支队长张国平、赵长青书记分别讲话。欢迎仪式后，书法家们挥毫泼墨为昌平的交警官兵们书写了近百副春联和五十余副书法作品。罗成琰、赵长青等代表中国文联、书协向昌平支队赠送了春联。此外，罗成琰、赵长青、张飙等一行还专门看望了工作在一线的交通干警，并为他们送去了精心书写的春联。

【漳浦县被命名为“中国书法之乡”】

2月18日，“中国书法之乡”授牌仪式在福建省漳浦县隆重举行。中国书协分党组成员、副秘书长张陆一，中国文联书法艺术中心主任刘恒，中国书协组联部副主任、中国书法名城（之乡）联谊会秘书长段军，中国书法名城（之乡）联谊会副会长李木教、吴行，中国书法名城（之乡）联谊会副秘书长杨西湖，福建省文联顾问、省书协主席陈奋武，福建省文联副主席、书记处书记王来文，福建省文联副主席、省书协驻会副主席兼秘书长柯云瀚以及漳州市、漳浦县委、县政府有关领导和书法爱好者300余人参加了授牌仪式。仪式结束后，参加授牌仪式的领导一同观看了百人书法现场创作活动。

【中国书协六届八次主席团会议在京召开】

2月21日，中国书协六届八次主席团会议在京召开。会议深入学习贯彻了党的十八大、十八届三中全会精神和习近平总书记系列重要讲话精神；学习贯彻了全国宣传思想工作会议和全国宣传部长会议精神；认真审议了协会工作报告，总结去年工作，部署今年工作。会议由中国书协主席张海主持，中国文联党组成员、书记处书记罗成琰出席会议并讲话，中国书协分党组书记、驻会副主席赵长青传达了中国文联九届六次全委会精神，分党组副书记、秘书长陈洪武代表秘书长工作班子向主席团汇报《中国书协2013年工作总结与2014年工作安排》。

会议围绕如何深入贯彻落实中央精神，大力开展以中国梦为主题的“翰墨中国”书法创作活动，精心组织第五届中国书法兰亭奖，积极推动中国书法出版传媒产业发展，扎实推进书法志愿服务活动等重点工作，展开深入讨论和研究。与会主席团成员畅所欲言，积极贡献智慧。通过会议，大家进一步统一了思想，为集中精力做好当前及下一阶段工作指明了方向。

中国书协副主席申万胜、苏士澍、吴东民、吴善璋、何应辉、何奇耶徒、言恭达、张业法、张改琴、胡抗美、聂成文出席会议，王家新、陈振濂因事请假。中国书协分党组成员、副秘书长潘文海、张陆一以及协会机关各部室中层干部列席了会议。

【中国书法进万家活动及中国书法名城(之乡)联谊会2013年工作总结会在京举行】

2月22日，2013年中国书法进万家工作总结会在京召开。中国文联党组成员、书记处书记罗成琰，中国书协分党组书记、驻会副主席赵长青，中国书协副主席申万胜、吴善璋、言恭达、张业法，中国书协分党组成员、副秘书长潘文海、张陆一，中国文联书法艺术中心主任刘恒出席。会议由中国书协分党组副书记、秘书长陈洪武主持。

会上，赵长青回顾了一年来书法进万家活动的策划与组织情况，从协会的角度对一年的工作做了全面总结。罗成琰代表中国文联作重要讲话，对中国书协的工作给予了充分肯定。潘文海、张陆一分别宣读了关于表彰2013年中国书法进万家活动先进集体和先进个人的决定，并为南京市书协等75个基层先进集体及刘洪彪等149个先进个人颁奖。浙江省书协驻会副主席兼秘书长赵雁君代表浙江省书协作大会经验交流。

随后，又召开了中国书法名城（之乡）联谊会2013年工作总结会。中国书协分党组书记、驻会副主席赵长青，中国书协副主席申万胜、言恭达、张业法，中国书协分党组副书记、秘书长陈洪武，中国书协原分党组成员、副秘书长戴志祺，中国书协分党组成员、副秘书长潘文海、中国书法名城（之乡）联谊会会长宋华平，中国书法名城（之乡）联谊会副会长顾亚龙等出席，会议由中国书协分党组成员、副秘书长张陆一主持。赵长青在讲话中回顾总结2013年中国书法名城（之乡）联谊会工作，研究部署2014年度工作任务。

【“中国书法之乡”授牌仪式在海南省万宁市举行】

2月25日，“中国书法之乡”授牌仪式在海南省万宁市隆重举行。中国书协分党组书记、驻会副主席赵长青，中国书协副主席吴东民，中国书协组联部副主任、中国书法名城（之乡）联谊会秘书长段军，中国书协理事、吉林省书协主席毕政，海南省政协副主席王应际，海南省书协副主席兼秘书长陈洪以及海南省书协、万宁市委、市政府有关领导和书法爱好者800余人参加了授牌仪式。

【第五届中国书法兰亭奖新闻发布会在绍兴举行】

4月2日，第五届中国书法兰亭奖新闻发布会在绍兴举行。第五届中国书法兰亭奖由中国文联和中国书协主办，绍兴市政府与浙江省书协联合主办。本届活动将延续第四届中国书法兰亭奖的奖项设置方法，设终身成就奖、艺术奖、理论奖、佳作奖四个奖项，以作者综合修养和创作水平作为评审依据。入展作品200件左右。中国文联党组成员、书记处书记罗成琰，中国书协分党组书记、秘书长陈洪武，中国书协副主席胡抗美，中国书协分党组成员、副秘书长张陆一，中国文联书法艺术中心主任刘恒，绍兴市委常委、副市长姚远等出席。

会上，罗成琰、陈洪武分别讲话，他们都给予了兰亭奖很高的评价，并表示为第五届兰亭奖的举办做好了充分的准备工作。此次新闻发布会的举行，表明第五届中国书法兰亭奖各项工作已全面启动。即日起征稿，截至10月31日结束。评选结束后，相关作品将于2015年兰亭书法节期间展出。

【中国书协六届四次理事会在京召开】

4月26日至27日，中国书协六届四次理事会在京召开。中国文联党组成员、书记处书记罗成琰，中国书协主席张海，中国书协分党组书记、驻会副主席、秘书长陈洪武，中国文联人事部主任郑希友，中国文联国内联络部主任刘尚军，中宣部干部局干部处处长张宝库，中国书协副主席王家新、申万胜、苏士澍、吴东民、吴善璋、何奇耶徒、言恭达、张业法、张改琴、陈振濂、胡抗美、赵长青、聂成文，分党组成员、副秘书长曹建明、潘文海、张陆一以及中国书协理事共200余人出席会议。

罗成琰代表中国文联党组充分肯定了中国书协两年来所取得的成绩，对协会下一步工作提出了更高的要求和期望。张海主持会议并作总结讲话。陈洪武受第六届主席团委托，作题为《努力书写实现中华民族伟大复兴中国梦的书法事业新篇章》工作报告。会议选举陈洪武为中国书协第六届驻会副主席。会议通报了中国书协六届九次主席团会议《关于任命曹建明为中国书协副秘书长的决定》和确认增补更替曹建明、葛昌永为第六届理事，湖北书协张明明因退休不再担任理事。会议还通报了中国书协六届七次主席团会议同意增补新接纳的团体会员代表全国公安书协蔡安季、中国职工书协桑金科为第六届理事；同意增补新成立的中国书法出版传媒有限责任公司董事长李世俊为第六届理事；确认内蒙古书协李力更替为第六届理事，包星光因工作变动不再担任理事。

【中国书法出版传媒有限责任公司及中国书法出版社、《中国书法》报社揭牌仪式在北京举行】

4月28日，中国书法出版传媒有限责任公司及中国书法出版社、中国书法报社揭牌仪式在北京举行。全国人大常委会原副委员长周铁农，中国文联党组书记、副主席赵实，国家新闻出版广电总局副局长孙寿山，中国文联党组成员、副主席李前光，中国文联党组成员、书记处书记罗成琰，中共中央宣传部文艺局局长汤恒，中央文资办主任、中国书协副主席王家新，新闻出版广电总局报刊司司长艾立民，新闻出版广电总局规划发展司副司长孔德龙，江西省委原书记舒惠国，公安部政治部原主任、全国公安文联名誉主席蔡安季，中央军委办公厅原副主任曹育民，全国政协书画室副主任赵学敏，中国记协书记处书记肖东升，国家民航总局纪委书记梁潮平，中国人民革命军事博物馆政委孟世强，中国红十字总会事业发展中心主任江丹，民建中央联络部长金德安，中国文联出版办主任范小伟，中国书协主席张海，中国书协顾问李铎、佟韦、张飙、林岫、谢云，中国书协分党组书记、驻会副主席兼秘书长陈洪武，中国书协副主席申万胜、何奇耶徒、张改琴、胡抗美，中国书协分党组成员、副秘书长曹建明、潘文海、张陆一，中国文联书法艺术中心主任刘恒，中国书协原副秘书长戴志祺、白煦，中国出版集团公司前总裁、中国韬奋基金会理事长聂震宁，中国出版集团工会主席王云武，中国曲协分党组书记、驻会副主席兼秘书长董耀鹏，中国音协分党组副书记、秘书长韩新安，中国影协分党组成员、秘书长饶曙光，中国摄协分党组成员、副秘书长顾立群，中国美协分党组成员、副秘书长陶勤，中国民协分党组成员、副秘书长吕军，中国杂协分党组成员、副秘书长肖世革，中国书法出版传媒有限责任公司董事长、总经理李世俊，辽宁省新闻出版广电局副局长高建，中国书法出版传媒有限责任公司副董事长、副总经理王利明，辽宁日报传媒集团副总编辑、辽报传媒文化艺术有限公司董事长褚少研，辽宁省文联主席郭兴文，辽宁省农委副主任杨军，北方出版传媒股份有限责任公司董事长李家巍、总经理班丰，吉林省出版工作者协会主席胡宪武，北京市委组织部原常务副部长史绍洁，北京西城区副区长范宝，北京天竺综保区机关党委书记、副主任庄杰，首都机场资产管理公司总经理王作义，首都机场资产管理公司书记马骏兴，北京市市政市容管委会副主任柴文中，北京市消防局副局长潘建军，原武警重庆总队政委董书民，河北省文联主席、书协主席刘金凯，浙江财经大学副校长黄建新，湖北省文联副主席、书法报社社长舟恒划，以及部分中国书协理事、各界代表等300余人参加揭牌仪式。

会议由全国政协委员、中国书协副主席、中国书法出版传媒资产管理委员会主任赵长青主持。李世俊介绍了中国书法传媒有限责任公司的筹备情况以及所做的初步工作。陈洪武代表中国书法家协会致辞。李前光代表中国文联党组发表讲话。中国曲艺家协会分党组书记、驻会副主席、秘书长董耀鹏宣读贺信。发来贺信、贺电的单位还有中国剧协、中国音协、中国舞协、中国杂协、中国影协、中国摄协、中国文学艺术基金会、北方传媒集团等。

中国书法出版传媒有限责任公司及中国书法出版社、中国书法报社的揭牌，是书法界的一次盛举，开创了中国书法事业在出版、传媒、教育等方面的崭新局面。

【“中国书法之乡”命名授牌仪式在辽宁省昌图县举行】

5月6日上午，“中国书法之乡”命名授牌仪式在辽宁省昌图县隆重举行。中国文联副主席、中国书协顾问、中国书法名城（之乡）联谊会名誉会长段成桂，中国书协分党组成员、副秘书长张陆一，中国书协组联部副主任、中国书法名城（之乡）联谊会秘书长段军，中国书法名城（之乡）联谊会副会长胡崇炜，中国书法名城（之乡）联谊会副秘书长杨西湖以及辽宁省文联、铁岭市、昌图县有关领导和书法爱好者600余人参加了命名授牌仪式。

【中国书法媒体联谊会举办2014年“传承·发展”年会】

5月25日，由中国书协主办，中国书法出版传媒有限责任公司、浙江财经大学、中国书法产业研究所承办的中国书法媒体联谊会2014年“传承·发展”年会在浙江财经大学举行。

全国政协委员、中国书协副主席、中国书法出版传媒资产管理委员会主任、中国书法媒体联谊会会长赵长青，经济日报社原社长、总编辑武春河，中国书协原分党组成员、副秘书长戴志祺，新华社浙江分社原社长费强，浙江省人大财经委主任楼小东，中国书协分党组成员、副秘书长潘文海，中国书法出版传媒有限责任公司董事长、总经理李世俊，中央数字电视书画频道董事局主席王平，浙江财经大学副校长、中国书法产业研究所所长黄建新，中国书法出版传媒有限责任公司副董事长、副总经理王利明，中国集邮总公司原党委书记赵春原，中国出版集团工会主席、中国新闻出版界书协主席王云武等及中国书法媒体联谊会理事130多人出席。年会由中国书协副主席、杭州市人大副主任陈振濂主持。

会上，黄建新致辞，赵长青做工作报告，李世俊以振奋精神、迎接挑战、做好国家级书法媒体新工作为题作专题报告。赵春原做了关于调整中国书法媒体联谊会理事的说明，同时进行了有关人事调整事项；王利明在会上介绍了中国书法出版传媒有限责任公司筹备及成立的情况；连江州、王登科、朱培尔分别对中国书法出版社、中国书法报、《中国书法》杂志具体业务进行了介绍；陈振濂做总结讲话。

【中国书协“书法进万家——走进西藏”活动成功举办】

7月3日至8日，在中国文联统一部署下，中国书法家协会组织由书法家组成书法志愿服务团赴西藏开展“书法进万家——走进西藏”活动。书法志愿服务团由中国书协分党组成员、副秘书长曹建明带队，成员为宁夏书协常务副主席李洪义，中国书协楷书专业委员会委员、浙江省书协顾问杨西湖，中国书协新闻出版工作委员会委员容铁，中国书协行书专业委员会委员、重庆市书协驻会副主席漆刚，中国书协教育工作委员会委员、河北省书协副主席肖建科，以及中国文联原离退休干部局局长王守明、中国书协组联部工作人员等参加了活动。此次活动由中国书协与西藏文联、书协共同举办，活动期间共举办了3场书法笔会，1场书法讲座。志愿服务团从拉萨驱车350多公里来到了班久伦布村为乡亲们现场书写作品，江孜县委常务副书记赤列坚赞、副县长加央、县文广局局长阿旺洛桑及日喀则文联负责人及当地群众共同参加了活动，取得了良好的社会反响。

【山东省高青县被命名为“中国书法之乡”】

7月22日，“中国书法之乡”授牌仪式在山东省高青县举行。张业法、张陆一、刘恒、段军、王红勇、葛长伟、顾亚龙、孟鸿声、靳永等领导和专家参加了授牌仪式。高青县高度重视书法教育，将信息技术与传统书法相融合，建成全国首家数字书法教育基地，成为全国书法教育的典范。

【“中国书法城”命名揭牌仪式在湖北省黄冈市博物馆举行】

7月28日上午，“中国书法城”命名揭牌仪式在湖北省黄冈市博物馆举行。中国书协副主席赵长青，中国书协组联部主任段军，中国书协理事、中国书法名城（之乡）联谊会副会长李木教、吴行，中国书协理事、中国书法名城（之乡）联谊会副秘书长杨西湖，湖北省委宣传部副部长陈连生，湖北省文联副主席罗丹青，湖北省书协主席徐本一，湖北省书协驻会副主席兼秘书长葛昌永，黄冈市委书记刘雪荣及书法爱好者近200余人参加了命名授牌仪式。仪式结束后，来宾与书法爱好者共同参观了黄冈市第三届书法篆刻作品展。

【中国书协书法志愿服务团——走进301医院进行慰问活动】

7月31日，中国书协书法志愿服务团——走进301医院开展“八一”建军节慰问活动。解放军总医院副政委桑福金，中国书协分党组书记、驻会副主席、秘书长陈洪武，中国书协分党组成员、副秘书长潘文海，中国书协理事白景峰、杨明臣、张杰、张艺群、郭雅君参加活动。慰问现场，书法家们挥毫泼墨，创作了书法作品，无偿赠送给部队官兵。

【“翰墨西藏光明行”——九位书法家组织开展白内障患者重见光明捐助行动】

8月23日至9月1日，在中国书协副主席赵长青的带领下，中国书协理事李宴清、张杰、白秋晨、容铁，中国书协会员高宝玉、程智勇、王振、张筱曼等九位书法家以及晋唐书画院院长马三喜等一行来到西藏组织开展“翰墨西藏光明行”活动，选择在白内障高发区的萨迦和仲巴县,为西藏白内障患者重见光明提供捐助。捐赠仪式由援藏基金会副秘书长桑珠次仁主持，书法家们向患者捐助96万元善款用于免费医疗手术，受到当地干部群众一致好评。

展览与评奖

【全国第三届草书作品展在太原隆重开幕】

1月15日，全国第三届草书作品展在太原美术馆开幕。中国书协和山西省相关领导及专家聂成文、张陆一、刘恒、周然、王雅安、杜学文、张根虎、李太阳，全国第三届草书展优秀作品获奖书法家，太原书法界艺术家等出席了开幕式。山西省文联党组副书记、省书协主席石跃峰主持仪式。

本次草书展由中国书协、山西省文联主办，中国书协草书专业委员会、山西省书协、晋中龙湖紫云轩艺术研究院承办。展览共收到来自全国各省市、自治区的投稿作品6000余件，共评出294件入展作品，其中28件优秀作品。

【第八届中国·万宁中小学生书法节评审工作在海南万宁市举行】

2月24日，第八届中国·万宁中小学生书法节评审工作在海南万宁市举行，本次书法节由中国书协、海南省文联、海南省万宁市政府主办，《中国书法》杂志社、晋唐投资集团·晋唐书画院、海南省书协承办。

本届书法节共征集书法、篆刻作品10610件，其中教师组作品2324件，中学组作品3174件，小学组作品5112件。此次评审坚持公开、公平、公正，做到阳光评审、和谐评审，经过评委们认真细致工作，共评出小学组优秀作品49件，入展215件；中学组优秀作品50件，入展177件；教师组优秀作品50件，入展195件。

【全国书法名家向中国文学艺术基金会捐赠书法作品展开幕】

4月3日，由中国文联、中国书协、中国文学艺术基金会联合主办的“功德天品——全国书法名家向中国文学艺术基金会捐赠书法作品展”开幕式暨捐赠仪式在中国文艺家之家隆重举行。此次活动是为纪念启功先生，筹资拍摄电影《启功》而举办的。

中国文联主席、中国文学艺术基金会名誉主席孙家正，中国文联党组书记、副主席赵实，中国文学艺术基金会理事长胡振民，中国文联党组成员、副主席左中一、夏潮、李前光，中国文联副主席、中国美协副主席冯远，中国文联党组成员、书记处书记郭运德、罗成琰，著名书法家欧阳中石，中国书协主席张海，中国书协分党组书记、秘书长陈洪武，中国书协副主席赵长青、王家新、苏士澍，著名导演丁荫楠和来自国家新闻出版广电总局电影局、北京师范大学、全国各文艺家协会、中国文联机关各部室和各直属单位的嘉宾以及启功先生的家属等出席活动开幕式。开幕式由中国文学艺术基金会副理事长兼秘书长姜昆主持。

本次展出的近200件作品全部由中国书协第六届主席团成员、中国书协顾问、中国书协第六届理事会理事以及中国书协各专业委员会委员创作并捐赠，主办方向捐赠作品的书法家代表颁发了捐赠证书。

【“古稀新声”——张海书法展在河南博物院开幕】

5月10日，由文化部、中国文联、河南省委宣传部、中国书协主办，河南省文化厅、省文联、省书协、郑州大学协办的“古稀新声”——张海书法展在河南省郑州市河南博物院开幕。

十一届全国政协副主席陈宗兴，中国文联党组书记、副主席赵实，文化部副部长董伟，全国政协人资环卫委副主任、中国人民武装警察部队原司令员吴双战，国家人力资源和社会保障部副部长杨士秋，中国文联党组成员、副主席左中一，中国文联党组成员、书记处书记罗成琰，中国国家博物馆馆长吕章申，中宣部文艺局局长汤恒，河南省委常委、宣传部部长赵素萍，河南省十二届人大常委会副主任张大卫，河南省副省长徐济超，原河南省政协主席王全书，河南省政协副主席靳绥东，中国书协分党组书记、驻会副主席、秘书长陈洪武，中国书协副主席王家新、申万胜、吴善璋、何奇耶徒、言恭达、张业法、张改琴、赵长青、胡抗美，中国书协分党组成员、副秘书长曹建明、潘文海、张陆一，以及各主办方协办方负责人、河南省各界知名人士、书法界人士以及港澳台地区艺术领域的代表出席了开幕仪式。赵实、董伟、陈洪武、赵素萍分别致辞。开幕式由罗成琰主持。

本次展览展出的50余件作品，是中国书协主席张海在年过古稀的近3年多时间中精心创作的，包括楷、行、草、隶、篆各种书体；尺幅大至八尺十联屏、丈二横幅，小至扇面、册页。

【首届“刘禹锡杯”全国书法作品展】

5月23日上午，首届“刘禹锡杯”全国书法作品展在郑州美术馆开幕。本次展览由中国书法家协会主办，河南省书法家协会协办，河南德泽乐文化传播有限公司承办。中国书法家协会分党组成员、副秘书长曹建明，中国书法家协会理事、中国书协直属分会常务副会长兼秘书长白煦，中国书协楷书委员会委员卢中南，河南省政协副主席、河南省书协名誉主席晋绥东，河南省文联主席杨杰，河南省书协主席宋华平，郑州文联主席钟海涛等领导、嘉宾及书法展的获奖作者等数百人出席了展览开幕式。

【生态大连全国书法篆刻作品展开幕】

6月28日，由中国书法家协会、大连市委宣传部、中国书法研究院、甘井子区委区政府、大连市文联共同主办，大连市书法家协会、北京同道文化艺术中心承办的“生态大连全国书法篆刻作品展”在大连现代博物馆隆重开幕。辽宁省政协主席夏德仁，省委常委、市委书记唐军，市政协主席肖盛峰，中国书协副主席赵长青、聂成文等出席开幕式。3月3日至6日，由中国书法家协会组成的专家评委会在大连金石滩文化博览广场艺术展示中心，对7111件来稿进行了认真细致的评审，共评出入展作品305件，其中20件作品获优秀奖。

【“弘道养正——培育和践行社会主义核心价值观书法展”在北京海淀区民族小学举行】

9月19日，在中华人民共和国成立65周年前夕，由中国文学艺术界联合会、中国书法家协会、教育部语用司共同主办的“弘道养正——培育和践行社会主义核心价值观书法展”在海淀区民族小学开始首场展出。中国文联党组副书记、副主席、书记处书记李屹，中国书协分党组书记、驻会副主席、秘书长陈洪武，中国书协副主席胡抗美，教育部语言应用管理司副司长彭兴颀，海淀区教工委副书记乔键，海淀区民族小学校长马万成，著名书法家李刚田、杨明臣、卢中南等参加展览与交流活动。

开幕式上，中国书法家协会向民族小学授予“翰墨薪传中小学书法培训示范学校”，十位当代优秀书家现场示范辅导，与民族小学师生交流切磋。讲座生动，师生互动，取得了良好的效果。

【第三届“四堂杯”全国书法大展开幕】

9月21日，第三届“四堂杯”全国书法大展开幕式在河南安阳中国文字博物馆举行。中国书法家协会副主席张业法，中国书法家协会分党组成员、副秘书长张陆一，河南省文联副主席、河南省书法家协会主席宋华平，中国文字博物馆党委书记、常务副馆长冯克坚等领导出席，并为获奖作者颁奖。此次书法大展由中国书法家协会与中国文字博物馆共同主办，中国文字博物馆书法院、安阳市文联承办，河南省书法家协会等单位协办。本届“四堂杯”全国书法大展共征集书法作品1万余幅，经本届评审委员会和监审委员会综合评定，共有295幅作品入围，其中优秀作品28幅。

【第二届“赵孟頫奖”全国书法作品展开幕】

9月24日，第二届“赵孟頫奖”全国书法作品展在湖州博物馆开幕。中国书法家协会副主席申万胜宣布开幕，市委书记马以致辞。浙江省文联党组书记、副主席田宇原，湖州市领导和省市有关协会负责人、各界嘉宾代表等参加活动。本次展览评选工作于7月13日至16日在湖州市进行。共评选出入选作品284件，其中优秀作品20件。

【翰墨中国——全国书法作品大展在国家博物馆隆重开幕】

9月27日，在中华人民共和国成立65周年前夕，由中国文联、中国书协、中国文学艺术基金会共同主办的“翰墨中国——全国书法作品大展”亮相中国国家博物馆。

中国文联党组书记、副主席赵实，中国国家博物馆馆长吕章申，中国文学艺术基金会副理事长兼秘书长冯双白，中国书协主席张海，中国文联荣誉委员、首都师范大学教授、博士生导师欧阳中石，中国文联荣誉委员、中国书协顾问、解放军书法院院长李铎，中国书协顾问邵秉仁、谢云，中国书协副主席申万胜、苏士澍、胡抗美，中国文联办公厅主任陈建文，中国书协分党组成员、副秘书长曹建明、潘文海，参展书法家孙伯翔、张荣庆、李刚田、白煦、刘洪彪、王友谊、卢中南等以及来自全国各地的嘉宾、书法爱好者、媒体记者500余人参加了开幕式。开幕式由中国书协分党组书记、驻会副主席兼秘书长陈洪武主持。

赵实同志在讲话中对这次展览给予高度评价。大展形式新颖、阵容强大，展出以沈鹏、张海、欧阳中石、李铎等为代表的老一辈书法家、中国书协主席团成员以及经过民主投票产生的代表书家共100多位创作的书法作品。展览分为三个板块。第一个版块为“辉煌千载”。第二个版块为“求索百年”。第三个版块为“复兴今朝”。

【“天下大同·魏碑故里”全国书法作品展】

10月14日至16日，“天下大同•魏碑故里”全国书法作品展评审工作在大同市圆满结束。本次展览共收到作品6362件，其中山西省来稿616件，河南省来稿609件，山东省来稿489件，江苏省来稿391件。经评委会严格评审，共有193件作品入展，其中优秀作品18件。

【国学修养与书法·首届全国青年书法创作骨干高研班学员作品观摩展举行】

10月22日，由中国书协主办，中国人民大学国学院、艺术学院承办的“国学修养与书法•首届全国青年书法创作骨干高研班学员作品观摩展”在炎黄艺术馆开幕。中国书协分党组书记、驻会副主席兼秘书长陈洪武，中国书协分党组成员、副秘书长潘文海，中国书协副主席申万胜、胡抗美，中国人民大学艺术学院党委书记兼副院长郑晓华，中国书协理事刘文华、刘洪彪、李刚田，中国人民大学国学院教授吴洋以及首届高研班全体学员和相关专业媒体出席了开幕式。开幕式由潘文海主持。

经过严格评审，首届国学高研班从来自全国27个省、市、自治区近300位报名者中遴选出51名学员。本次展览，是对前一阶段学习成果的一次集中检验，每位学员创作六件作品，经中国书协组织专家评审，每位学员入选三件作品，其中一件为自作诗文。开幕式没有剪彩仪式，没有嘉宾致辞，仅总结了高研班前一阶段的学习概况并介绍了本次展览的具体情况。为了让学员的学习达到最佳效果，展览现场分成了以胡抗美、李刚田、刘洪彪、刘文华为导师的四个评审小组，分别对学员的作品进行了打分和点评。吴洋教授就学员自作诗文的情况进行了总结和点评。申万胜对本次展览进行了总结，对学员们提出了希望。

【首届“长江杯”全国书法作品展开幕】

10月24日，由中国书法家协会、湖北省委宣传部、湖北省文联联合主办，湖北省书法家协会、湖北美术馆承办的首届“长江杯”全国书法作品展在湖北美术馆举行开幕式。全国人大环境与资源保护委员会副主任、湖北省委原书记、湖北中华文化促进会名誉会长、湖北省书协名誉主席罗清泉，中国书协副主席聂成文，中国书协党组成员、副秘书长张陆一，湖北省老领导韩忠学、杨斌庆，湖北省直有关单位领导以及来自全国各地的书法家、评论家、书法爱好者近2000人出席了开幕式。开幕式由湖北省文联党组成员、副主席罗丹青主持。

首届“长江杯”全国书法作品展共收到全国各地来稿12483件，其中湖北省来稿达2400余件。7月1日至4日，经过中国书协组织的评审专家严格认真、公平公正的评审，共评选出28件优秀作品和282件入展作品。

【“金山岭长城杯”全国书法展开幕】

11月19日，“金山岭长城杯”全国书法展在国家博物馆西大厅隆重开幕，来自全国各地的书法爱好者500余名出席开幕式。展览由中国书法家协会、中共滦平县委、滦平县人民政府主办，中共滦平县委宣传部、北京徽文化书法艺术学会协办，河北省书法家协会、融和集团承办。展览征集到11698件作品，评审工作于8月17日至20日在北京举行。经过评委会的严格评审、监委会的严格监督，最终297件作品入展，其中优秀作品18件。

本次展览对评审制度进行重大调整。建立展览承办方不再担任评委和监委的“属地回避制度”，使“东道主”现象得到有效控制；增设文字审读环节，提倡文化内涵，注重文字规范，抑制重技轻文、重形式轻内涵的现象；评审坚持艺术学术至上，对风格雷同作品经评审组讨论坚决拿下，鼓励书法艺术多元化；着力解决展赛作假问题。

【第四届中国西部书法篆刻作品展】

11月20日上午，第四届中国西部书法篆刻作品展览在眉山会议中心开幕。展览由中国书法家协会和眉山市人民政府主办，四川省书法家协会、中共眉山市委宣传部、眉山市文联承办，展览共征集书法篆刻作品8136件。经过评委会公开、公平、公正的评审，共评选出入展作品298件，其中优秀作品16件。

【“弘道养正——培育和践行社会主义核心价值观书法展”在中国人民大学巡展】

11月24日，由中国文学艺术界联合会、中国书法家协会、教育部语用司主办，中国人民大学艺术学院、中国人民大学图书馆协办的“弘道养正——培育和践行社会主义核心价值观书法展”在中国人民大学图书馆举行巡展。中国书协副主席胡抗美，中国书协分党组成员、副秘书长曹建明，中国文联书法艺术中心副主任高庆春，中国人民大学艺术学院党委书记兼副院长郑晓华，教育部语用司文字处干部张艳出席活动。展览展出的70件作品，围绕社会主义核心价值观这一主题，书写中华民族经典的诗词文句，传承中华文化精神，大力彰显时代责任。

【首届“欧阳询杯”全国书法展】

11月28日，中国（长沙）“欧阳询杯”全国书法展在长沙市博物馆隆重开展。中国书法家协会副主席吴善璋、中国文联书法艺术中心主任刘恒，省市领导欧阳斌等出席开幕式并观看展览。书法展由中国书法家协会、中共长沙市委、长沙市人民政府联合主办，中共长沙市委宣传部、中共长沙市望城区委、望城区人民政府、长沙市广播电视台、长沙市书法家协会承办，湖南省书法家协会、长沙市文联协办。

征稿共收到参赛作品近7000件，11月7日至9日，中国书法家协会在望城欧阳询文化园组织评审、监审委员会进行了评审，共评出入展作品193件，其中优秀作品20件。

【“祭侄文稿杯”全国书法大展开幕】

11月29日上午，由中国书法家协会、中共河北省委宣传部、河北省文联、河北省书协联合主办的“祭侄文稿杯”全国书法大展在河北博物院隆重开幕。中国书协副主席聂成文、全国政协科教文卫委员会副主任刘德旺、河北省文联名誉主席旭宇、河北省委宣传部副部长武鸿儒、河北省书协主席刘金凯等众多省会书法界领导、名家齐聚一堂，对大展的成功举办表示祝贺，现场为大赛获奖作者颁发了奖金、证书。展览收到投稿作品8660件，共评选出297件入展作品，其中优秀作品22件。

【中国·万宁第八届中小学生书法节开幕】

11月29日，由中国书协和海南省文联、海南省万宁市政府共同主办的中国·万宁第八届中小学书法节在万宁市开幕，中国书协副主席赵长青、吴东民，万宁市委书记张美文，中国书法出版传媒有限责任公司副董事长、副总经理王利明及来自全国的中小学生和家长近千人参加了开幕式。赵长青在开幕式上讲话。

本届中小学书法节从去年开始筹备征稿，到今年三月评审，六月进行复审，期间经历了近一年的时间，收到来自全国各地中小学生和教师的作品一万多件。经评审，共展出中小学生和教师的获奖、入展作品近六百件。本届获奖作者中15名学生到日本进行书法交流。

【首届“朝圣敦煌”全国书法大展开幕】

12月4日上午，由中国书法家协会、省委宣传部主办，省书法家协会和敦煌市委、市政府承办的首届朝圣敦煌全国书法大展在敦煌市大唐美术馆开幕。甘肃省委常委、宣传部长连辑出席开幕式并讲话。中国书法家协会副主席何奇耶徒，杜煌、敦煌市委常委、敦煌市委书记詹顺舟，市委常委、副市长吴基伟出席开幕式。此次书法大展共征集书法作品近6000件。经评审，193件作品入展，其中优秀作品19件。

【丝绸之路·全国书法作品展开幕】

12月12日，由中国书协、中共陕西省委宣传部主办，陕西省书协承办的“丝绸之路·全国书法作品展”在陕西省美术博物馆开幕。聂成文、张陆一、李刚田、王彦、白云腾、吴丰宽、王改民、罗宁等来自各界的艺术家出席了开幕式。本次展览组委会共收到作品6658件，其中陕西省来稿1821件，河南省来稿519件，山东省来稿416件。经中国书协评委会严格评审，共有196件作品入展，其中优秀作品20件。

【第五届中国书法兰亭奖评审工作圆满结束】

12月15日至21日，第五届中国书法兰亭奖评审工作在浙江绍兴举行。本届中国书法兰亭奖由中国文联、中国书协主办，绍兴市政府、浙江省文联联合主办，浙江省书协、绍兴市旅游集团承办。

本届中国书法兰亭奖分设终身成就奖、艺术奖、理论奖和佳作奖四个奖项，共评选出终身成就奖2名，艺术奖10名，理论奖20名（其中一等奖3名、二等奖5名、三等奖12名）、佳作奖（含篆刻、刻字作品）入展作品198件（其中一等奖5件、二等奖10件、三等奖15件）。

中国文联、中国书协高度重视中国书法兰亭奖的评审工作。12月15日，本届兰亭奖评审预备会在绍兴举行，中国文联国内联络部主任刘尚军、中国书协主席张海讲话，全体组委会、评委会、监委会、学术观察和媒体观察人员参加。会议由中国书协分党组书记、驻会副主席兼秘书长陈洪武主持。

本届兰亭奖的评审工作强调评审纪律、强化

监审制度、细化督查职责。监审委员对评审各个流程以及作品复议、违规作品筛查、现场考核等环节进行全程监审，保证评审公平、公正、阳光、透明。同时，积极引入学术观察和媒体观察制度，以专家的视野对评审过程进行观察分析和学理梳理，以媒体的视角对评审工作跟踪监督并作客观公正报道。

【全国第十一届书法篆刻作品展览正式启动】

12月30日，全国第十一届书法篆刻作品展览组委会召开新闻媒体通气会，发布《征稿启事》，标志着这项备受全国书法界瞩目的大展正式拉开帷幕。

全国第十一届书法篆刻作品展览由中国书法家协会主办，华影传媒有限公司联合主办。作品征集自《征稿启事》公布之日起，至2015年4月30日截稿。展览定于2015年8月在北京中国美术馆举办，届时将展出入展作品约700件（含优秀作品）。同期还将举办名家学术邀请展、国展论坛等活动，出版《全国第十一届书法篆刻作品展览作品集》。

学术与教育

【首届中国书法产业高峰论坛在浙江财经大学举行】

5月25日，由中国书协、《光明日报》社主办的首届中国书法产业高峰论坛在浙江财经大学同期举行。中国文联副主席段成桂、书法界有关领导赵长青、武春河、陈振濂、李世俊、潘文海、王利明、楼小东、浙江省政协原副主席徐鸿道、《光明日报》社副总编辑刘伟、外交部军控司副司长李杨、《光明日报》出版社社长潘剑凯、北京大学文化产业研究院副院长陈少峰、浙江省委宣传部副部长鲍洪俊、浙江科技学院党委书记王建华、浙江省文联书记处书记柳国平、浙江财经大学党委副书记朱永康等专家学者、论坛论文获奖者及新闻媒体150余人出席。论坛由黄建新主持。赵长青发表讲话。

论坛现场同时进行了颁奖活动。与会专家学者而及获奖作者对当今书法产业现实情况、存在问题、发展方向、书法产业在当今社会的文化价值和行业现状等作了深入、专业的探讨与研究。论坛还发布了中国书法产业高峰论坛宣言。陈振濂对论坛征稿评审过程进行了介绍并对此次论坛进行总结。

【国学修养与书法·首届全国青年书法创作骨干高研班在京开学】

6月18日，由中国书协主办，中国人民大学国学院、艺术学院承办的“国学修养与书法·首届全国青年书法创作骨干高研班”在中国人民大学正式开课。中国文联党组成员、书记处书记罗成琰，全国政协常委、中国书协主席张海，中国人民大学党委常务副书记张建明，中国书协分党组书记、驻会副主席兼秘书长陈洪武，中国书协分党组成员、副秘书长潘文海，中国人民大学孔子研究院院长、博士生导师张立文，吉林大学古文字研究所教授、博士生导师丛文俊，中国人民大学国学院党委书记兼副院长徐飞，中国人民大学艺术学院党委书记兼副院长郑晓华，中国人民大学艺术学院副院长王英健以及首届高研班全体学员和相关专业媒体参加了简短的开班仪式。开班仪式由陈洪武主持。张建明代表中国人民大学致欢迎辞。张海和罗成琰分别讲话。

本次高研班在课程设置上，专门为学员量身打造，开设了《论语》等原典选读作为主打课程，由中国人民大学国学院梁涛、陈壁生、林光华等授课讲解。邀请沈鹏先生、欧阳中石先生以及张立文、丛文俊、王一川、陈传席等开设讲座。本期参加学习的51名学员来自全国17个省、市、自治区，是从近300名申报者中严格评审而录取的。

【翰墨薪传 师资为先——“翰墨薪传工程”中小学书法师资首批培训开学】

7月16日，中国书协组织实施的“翰墨薪传工程”中小学书法师资首批培训在全国12个省、市、自治区同时开学，此举使1000名中小学书法老师就近接受书法专业教学培训。

北京的“翰墨薪传工程”中小学书法师资培训开学仪式，在丰台培训基地举行。中国文联党组书记、副主席赵实，全国政协常委、中国书协主席张海出席并讲话。中国书协顾问邵秉仁、林岫，中国书协分党组书记、驻会副主席兼秘书长陈洪武，中国书协副主席王家新、赵长青，中国文联理论研究室副主任徐粤春，中国书协分党组成员、副秘书长曹建明、潘文海，“翰墨薪传工程”授课教师、全体学员及相关新闻媒体记者参加了简短的开学仪式。开学仪式由陈洪武主持。

赵实在讲话中充分肯定实施“翰墨薪传工程”对于继承和弘扬中华传统文化的重要意义。中国书协主席张海介绍了实施“翰墨薪传工程”的具体情况。

中国书协组织实施的“翰墨薪传工程”是一项公益性活动，2014年的启动经费由张海主席捐资200万元。首批培训选择北京、内蒙古、吉林、江苏、安徽、江西、山东、湖北、广东、四川、甘肃、青海等12个省、市、自治区先行试点，在各自首府城市进行为期一周的集中培训。活动以《中小学书法教育指导纲要》的精神为指导，注重书法基本知识与技能培训，突出书法文化和审美知识学习。中国书协“翰墨薪传工程”专家团由具有丰富教学经验的书法家组成，负责培训的指导与评估工作，并制定、修正培训方案和课程。各省、市、自治区也参照中国书协得模式组建自身的“翰墨薪传工程”专家团，负责本辖区的具体集中培训工作。学员由各省、市、自治区教委在辖区内各地中小学专（兼）职教师中选派，优先考虑边远、贫困地区的中小学书法教师参加学习。

【全国第十届书学讨论会论文评审结果揭晓】

2014年9月，由中国书法家协会、中国文字博物馆主办，中国文字博物馆学术研究中心、安阳市文联承办，北京天图文化创意产业集团、河南泰富珠宝有限公司、安阳天和文化产业有限公司协办的全国第十届书学讨论会在河南省安阳市进行了论文评审。经过评委会、监委会认真有序的初评、复评、终评，评出入选论文78篇（含优秀论文30篇）。

本届书学讨论会涉及书法篆刻艺术的理论、史论、美学、技法、批评、教育、对外交流以及工具材料等各个方面研究，为推动当代书法艺术的发展，鼓励作者针对当前书法创作情况、审美理念、风格取向以及创作方法等与创作密切相关的问题，进行认真、深入、客观和具有学理性的研究，弘扬学术精神，深化书学研究，推出研究人才起到了积极的作用。

【“弘道养正”——培育和践行社会主义核心价值观书法展举办学术讲座】

11月26日下午，“弘道养正”——培育和践行社会主义核心价值观书法展中国人民大学巡展，在中国人民大学图书馆报告厅举行“中国公益书法大讲堂”讲座。邀请中国书协副主席、中国书协草书专业委员会主任胡抗美先生作了题为《书法的造型元素》的专题讲座。通过作品展示和名家讲座相结合的形式，陶冶情操、感化心灵，受到前来参观的大学生的广泛好评。

“弘道养正”——培育和践行社会主义核心价值观书法展在北京民族小学、北京师范大学、首都师范大学和平谷举行巡展时，也邀请了李刚田、杨明臣等书法家、学者举办讲座，进行学术交流活动。

【首届敦煌书法论坛学术研讨会】

12月4日，首届敦煌书法论坛学术研讨会在敦煌召开。会上，本次书法论坛优秀论文获奖者宣讲了论文。评委介绍了论文评审情况并作学术点评。中国书法家协会副主席何奇耶徒出席研讨会。中国书法家协会、省书法家协会和酒泉市、敦煌市相关人员参加研讨会。

【首届全国高等书法教育论坛在京开幕】

12月23日，首届全国高等书法教育论坛在首都师范大学隆重开幕。论坛由中国书法家协会主办，中国书法家协会教育工作委员会执行主办，首都师范大学中国书法文化研究院、东南大学中国书法研究院、长春大力纳米技术开发有限公司联合承办。教育部副部长刘利民，中国文联副主席杨承志，中国书协分党组书记、秘书长陈洪武，中国书协副主席申万胜，教育部语用司司长姚喜双，中国教育学会副会长郭振有，四川大学校长谢和平，首都师范大学纪委书记潘亮，原国家行政学院副院长周文彰，东南大学艺术学院院长王廷信，书画频道董事局主席王平，中国教育部语用司文字处处长孟庆瑜，中国书协教育工作委员会副主任苗培红、曾来德、王岳川、杨广馨，秘书长王元军，本次论坛论文评审委员黄惇、张金梁、祁小春、任平、黄君、张天弓，《中国书法》杂志主编朱培尔，《书法报》社长舟恒划，吉林省书协副主席刘成，长春大力纳米技术开发有限公司总经理孙伟，以及来自全国八十多所高校的书法学科负责人、学生代表、社会其他各界人士等共计400余人出席论坛开幕式。

本次全国高等书法教育论坛共收到全国113所高校206人提交的217篇学术论文，本着“科学、规范、学术、民主”的理念，经评委会严格评审，共评选出15篇优秀论文，14篇入选论文。在开幕式上，为获奖者举行了隆重的颁奖仪式。刘利民副部长、杨承志副主席、陈洪武书记和申万胜副主席共同启动了高校书法网和高校微信公众平台。

对外及对港澳台地区文化交流

【我们爱和平——两岸四地书画名家作品展在香港举行】

3月7日，“我们爱和平——两岸四地书画名家作品展”在香港中央图书馆开幕。此次展览由中国外文局、中国书协国际交流委员会、中国文化传媒集团主办，人民画报杂志社、中国书协香港分会、香港和平文化交流中心承办。中央人民政府驻港联络办副主任杨健，中国书协香港分会主席施子清，出版家蓝真，香港特区政府康文署助理署长吴志华，香港美术协会主席萧晖荣，台湾中国书法学会理事长沈荣槐，香港和平文化交流中心总裁谢刚，中国书协理事白景峰、高庆春、包俊宜、陈钦硕等两岸四地书法家、各界人士共500多人出席开幕式。

此次活动以世界和平为主题，展出两岸四地二百位艺术家创作的书画作品近300件，中国书协顾问欧阳中石、刘艺，中国书协副主席赵长青、王家新、申万胜、言恭达、吴东民、张业法、张改琴，台湾著名书法家沈荣槐、谢季芸，澳门书协主席连家生及100位中国书协理事提供了作品。

【中国书协代表团受邀赴澳观展】

3月24日至3月27日，应澳门书协邀请，中国书协副主席赵长青、胡抗美一行书法代表团赴澳门出席由澳门书协举办的“书中识理，笔下传情——连家生诗文书法展”，澳门社会各界的书法家及书法爱好者数百人参加了开幕式。活动期间，中央人民政府驻澳门特别行政区联络办公室主任李刚接见了代表团一行，并就澳门书法发展情况与赵长青作了交谈。

3月26日，交流团一行前往中国书协在澳门挂牌的首所“兰亭学校”——澳门濠江兰亭中学参观，并向学校捐赠了书法作品、图书和毛笔，与师生们进行了书法交流。

【中国书协代表团出访日本】

4月1日至4月6日，应日本成田山全国竞书大会邀请，以中国书协顾问钟明善为团长的中国书协代表团一行3人赴日出席了第30届成田山全国竞书大会颁奖活动，向日本获奖青少年颁发中国书协授予的“兰亭新星奖”。

【台北书协文化交流团来京交流】

4月9日，应中国书协邀请，以台北书协理事长李熙华先生为团长的台北书协文化交流参访团一行16人来北京与大陆书法家进行座谈，双方就两岸书法发展及青少年书法教育进行了深入交流。中国书协副主席赵长青、苏士澍，中国书协分党组成员、副秘书长潘文海，中国书协理事赵学敏、张志和、高庆春、白景峰，《中国书法》杂志副主编朱培尔出席。

【第25届中日友好自作诗书交流展在京开幕】

由中国书协、日中友好自咏书交流会主办的“第25届中日友好自作诗书交流展”于5月27日上午在北京炎黄艺术馆开幕。中国文联党组成员、书记处书记罗成琰，中国书协主席张海、中国书协顾问刘艺、邵秉仁、张飙、林岫、谢云，中国书协分党组书记、驻会副主席兼秘书长陈洪武，中国书协副主席赵长青，中国书协分党组成员、副秘书长曹建明、潘文海、张陆一，中国书法出版传媒有限责任公司副董事长、副总经理王利明和日中友好自咏诗书学会访华团顾问石川芳云率领的日方代表团及首都部分书法家出席了开幕式。开幕式由潘文海主持。

张海和菅原有恒分别致辞。在开幕式上，罗成琰、陈洪武分别向日本参展作者代表和中方参展作者代表颁发了中国书协授予的入展证书。罗成琰、张海、刘艺、邵秉仁、张飙、林岫、谢云、赵长青和石川芳云、菅原有恒为开幕式剪彩。本届展览共展出中日两国书法家所创作的汉诗书法作品152件，其中中方54件，日方98件。此次展览在中国展出后，将于2014年9月初在东京展出。

【台湾“两岸合编中华语文工具书”项目代表团到访中国书协】

8月28日，在教育部的安排，以蔡信发先生为团长的“两岸合编中华语文工具书”项目台湾代表团一行5人到访中国书协，中国书协驻会副主席兼秘书长陈洪武会见了该团。中国书协副秘书长潘文海，中国书法出版传媒有限责任公司董事长、总经理李世俊，中国书协外联部主任张艺群，《中国书法》杂志社副主编朱培尔等参加了会见。双方就两岸传承、发扬书法艺术方面的情况进行了交流。

【“首届海峡两岸女书法家作品联展”系列活动在京举行】

11月7日，由中国书法家协会主办，中国书法家协会妇女工作委员会承办，台湾女书法家学会协办的“首届海峡两岸女书法家作品联展”在北京民族文化宫开幕。中国书法家协会顾问刘艺、林岫，中国书法家协会分党组书记、驻会副主席兼秘书长陈洪武，中国书法家协会副主席、妇女工作委员会主任张改琴，中国文联国际部主任董占顺，陕西省书法家协会主席周一波，中国书法家协会分党组成员、副秘书长曹建明，中国书法家协会妇女工作委员会副主任宋慧莹、肖丽，中国书法家协会妇女工作委员会秘书长王冰，台湾女书法家学会名誉理事长谢季芸，台湾女书法家学会理事长张松莲，台湾女书法家学会秘书长杨玉如以及各地女书法家等300余人出席了开幕式。开幕式由中国书法家协会妇女工作委员会副主任杨杰主持。林岫讲话并宣布展览开幕，陈洪武、张改琴、谢季芸分别致辞。

开幕式后，在中国文联会议室举行了“首届海峡两岸妇女书法理论研讨会”，妇女工作委员会副主任宋慧莹主持了研讨会。来自两岸的八位女书法家，就女性书法的定位，发展妇女书法事业的意义、实践、展望等议题展开研讨。研讨会后，在中国文联报告厅举行了“海峡两岸女书法家交流笔会”，将40余幅书法作品捐赠给中国妇女发展基金会，用以资助贫困地区。

【中国刻字艺术代表团赴新加坡交流】

由国际刻字联盟、新加坡狮城书法篆刻会共同主办的第十五回国际刻字艺术大展于12月20日在狮城新加坡的义安文化中心隆重举行。中国书法家协会刻字委员会应邀组成了以中国书协刻字委员会副主任张之为领队、中国书协刻字委员会副秘书长崔宝堂、中国书协刻字委员会委员蔡劲松、张广金及全国入展作者一行32人赴新加坡出席开幕式。

展览共展出5个国家的315件现代刻字艺术作品，中国共有80幅作品参展。中国、新加坡、日本、韩国、马来西亚作者及狮城艺术界约300余人参加并观展，开幕式由国际刻字联盟副会长、新加坡狮城篆刻会副会长兼秘书长陈美娟女士主持，新加坡国会议员成汉通先生致欢迎词。中国代表团领队张之在开幕式上发表讲话，日本刻字协会会长薄田东仙、韩国刻字协会理事长廉光燮等也相继致辞。中国驻新加坡大使馆文化参赞肖江华先生参加开幕式并与中国代表团成员合影留念。

机关建设

【中国书协荣获“中国文联2013年度舆情信息工作先进集体”称号】

3月30日至4月2日，由中国文联主办，中国文联理论研究室、贵州省文联承办的全国文联文艺舆情信息工作会议在贵州省贵阳市召开。中国书协荣获“中国文联2013年度舆情信息工作先进集体”称号。中国文联党组成员、副主席夏潮出席会议并讲话。会上进行了经验交流和分组讨论，并组织了《舆情信息工作与网络舆论生态》专题培训。

【中国书协召开书法家学习习近平总书记在文艺工作座谈会上重要讲话精神座谈会】

10月21日，中国书协在北京召开书法家学习习近平总书记在文艺工作座谈会上重要讲话精神座谈会。

中国书协分党组书记、驻会副主席兼秘书长陈洪武，中国书协副主席申万胜、苏士澍、何奇耶徒、胡抗美，中国书协顾问邵秉仁，中国书协分党组成员、副秘书长曹建明、潘文海，中国文联书法艺术中心主任刘恒及中国书协理事于恩东、王学岭、龙开胜、叶培贵、李一、李刚田、张继、张坤山、张铜彦参加座谈会。中国书协主席张海因随全国政协赴外地考察，提交了书面发言。中国书协副主席王家新、赵长青因公务未能出席，也提交了书面发言。座谈会由陈洪武主持。

大家表示，习近平总书记在文艺工作座谈会上的重要讲话，为新时期文化艺术的发展指明了方向，也为艺术家如何在当前形势下，更好地服务提出了明确要求。广大书法家和书法工作者将处理好文艺与人民、社会效益与经济效益、继承与创新等关系，不辜负党的期待和人民的期望。

中国杂技家协会

综　述

2014年是深入贯彻落实党的十八届三中、四中全会精神，进一步深化文化体制改革的关键一年，也是习近平总书记在文艺工作座谈会上发表重要讲话、推动文化强国建设的重要一年。在中宣部、中国文联的正确领导下，中国杂技家协会认真落实中国文联统一部署和中国杂协六届七次主席团会议确定的工作计划，科学统筹，突出重点，扎实推进，为服务党和国家工作大局，繁荣发展中国杂技事业，推动建设社会主义文化强国作出了积极贡献。

重大活动

【深入学习领会习近平总书记在文艺工作座谈会上的重要讲话精神】

10月15日，习近平总书记在京主持召开文艺工作座谈会并发表重要讲话，精辟阐述了文艺工作的重要地位和作用，以及广大文艺工作者肩负的历史使命和时代责任，为繁荣发展文艺事业明确了任务、指明了方向。中国文联副主席、中国杂技家协会主席边发吉，中国杂技家协会副主席阿迪力•吾休尔，广州军区战士杂技团国家一级演员吴正丹作为杂技界代表出席了座谈会，亲身感受习总书记和党中央对文艺工作的关怀，倍感温暖与振奋。习总书记的重要讲话在杂技界引发强烈反响。杂技艺术家们一致认为习总书记的讲话立意高远、思想深刻，既以战略眼光指引文艺发展方向，又对当前文艺存在的诸多问题提出切中要害的批评；既是对文艺工作者的巨大鞭策，也是对文艺工作者的总动员令。

10月20日，中国杂技家协会分党组书记、驻会副主席邵学敏主持召开协会机关全体干部会议，组织学习习近平总书记在文艺工作座谈会上的重要讲话精神。协会结合工作实际，与建设学习型党组织相结合，聚焦“四风”问题，明确指出学习习总书记在文艺工作座谈会上重要讲话精神是中国杂技家协会首要的政治任务，并对实施方案和步骤进行了认真部署和周密安排。协会重点抓好领导班子和处以上党员干部的学习，通过集中学习与个人自学、精读文件与专题研讨相结合，以分党组理论学习中心组学习会、组织生活会、讨论交流会等形式和方法，将学习、宣传、贯彻、落实工作不断引向深入。

中国杂技家协会还积极倡导杂技界做社会主义核心价值观的坚定守护者，积极践行文艺界“爱国、为民、崇德、尚艺”的价值要求，更加自觉更加主动地将社会主义核心价值观体现到杂技创作和实践中，修身律己、磨砺品行，为社会注入正能量，做践行社会主义核心价值观的表率。

【开展以“追寻中国梦”为主题的杂技创作活动】

为贯彻落实中宣部、中国文联等五部门联合印发的《关于开展以“中国梦”为主题的文艺创作活动的通知》精神，中国杂技家协会开展了以“追寻中国梦”为主题的杂技作品创作活动，通过杂技节目、剧目的创新，推出优秀作品，艺术地再现人民群众寻梦、追梦、筑梦的过程，激发人们为实现中国梦而努力奋斗的热情。经作品征集、筛选评估，最后重点推出了由广州军区战士杂技团创作的军事题材杂技舞台剧《破晓》、中国杂技团创作的情境杂技剧《金小丑的中国梦》、济南市杂技团创作的杂技剧《中国梦•红色记忆》、中国广播艺术团刘全利、刘全和创作的滑稽小品《我的梦》等3台杂技剧目和1个滑稽小品。这些作品将“中国梦”这一主题贯穿始终，通过杂技艺术把人们寻梦的理想展示出来，把人们追梦的奋斗表现出来。作品注重突出思想性、艺术性，充分体现了广大杂技工作者践行和弘扬社会主义核心价值观的自觉性。这些新作一经上演，产生了良好的社会效应，引发各界的好评。中国杂技家协会通过积极与国外各大杂技赛场联系，推荐优秀节目参赛；在协会网站开辟专栏进行宣传报道；在《杂技与魔术》杂志上发表有关评论文章，对作品进行了大力推介。

【赴第二炮兵“常规导弹第一旅”开展采风慰问演出活动】

5月5日至6日，由中国文联主办，中国杂技家协会、中国文艺志愿者协会、中国文联文艺志愿服务中心承办的“中国梦•强军梦”送欢乐下基层采风慰问演出活动在第二炮兵“常规导弹第一旅”举办。

由中国文联各艺术门类百余名知名艺术家组成的中国文联文艺志愿服务团走进军营，开展“中国梦•强军梦”采风慰问演出。赵实、李屹、左中一、郭运德、罗成琰、边发吉等中国文联有关领导与2000多名官兵一起观看了演出。杂技、滑稽、歌舞、曲艺、戏剧等艺术门类的18个节目依次上演，鼓掌声、喝彩声不绝于耳。此外，美术家、书法家们还和基层官兵举行了书画笔会。书画家们现场传授创作经验，并挥毫泼墨创作作品赠予官兵。演出之余，艺术家们还观摩了该旅武器装备操作演示、刺杀操训练等课目，参观了旅史馆、育才中心等场所，接受了爱国主义和国防知识教育。

【赴北京市昌平区在京务工子弟学校举办中国文艺志愿者服务日“文艺惠民、为民、乐民”主题活动】

5月23日，是毛泽东同志发表《在延安文艺座谈会上的讲话》72周年纪念日，也是中国文联宣布设立的首个中国文艺志愿者服务日。由中国杂技家协会、中国文艺志愿者协会、中国文学艺术基金会主办的“文艺惠民、为民、乐民”主题活动在北京市昌平区南七家实验学校（在京务工子弟学校）举行。姜昆、邵学敏、廖恳等有关领导与1400多名师生观看了演出。

滑稽艺术家刘全利、刘全和把新创的节目《谁是主角》带到了师生们中来，他们夸张幽默的表演令孩子们捧腹大笑；罗秉松、徐秋、徐凤美、沈娟、李彦培等艺术家表演的魔术出手神奇、变幻莫测，让同学们深切体会了魔术的神奇魅力。演出期间，商务印书馆还为学校捐赠了最新出版的《小学生成语词典》，为孩子们送上精神食粮。此外，魔术师们还在学校开展了文艺支教活动。

【赴福建省福州市、宁德市开展采风慰问演出活动】

12月20日至21日，中国文联、中国杂协组织在国内外重大赛场摘金夺银的精品杂技、魔术和曲艺节目，来到福建省福州市、宁德市开展“我们的中国梦——送欢乐下基层”采风慰问演出活动。

演出由著名相声表演艺术家牛群、中央电视台主持人鞠萍联袂主持。杂技节目以新奇绝美的高难技艺，将唯美震撼的演出氛围推向高潮；魔术师杨晓磊、沈娟、李彦培的表演神奇美妙，让人耳目一新；李金斗、付强合说的相声《欢歌笑语》为观众带来了无尽的欢笑。慰问演出圆满结束时，观众们向艺术家们起立致意，依依不舍的掌声、欢呼声在现场久久回荡。

中国文联党组成员、书记处书记郭运德，中国文联副主席、中国杂协主席边发吉，中国杂协副主席邓宝金、宁根福、齐春生、李西宁、阿迪力•吾休尔、程海宝、戴武琦，与文化部艺术司、福建省委宣传部、福建省政协、福建省文联、福建省文化厅、宁德市政府、宁德市政协等有关领导和数千名各界群众一起观看了演出。

【开展第九届中国杂技金菊奖第五次终身成就奖、第八次理论作品奖评选活动】

中国杂技家协会于3月至9月组织开展第九届中国杂技金菊奖第五次终身成就奖评奖活动。按照《中国杂技金菊奖章程》和《终身成就奖评奖细则》的规定，经全国各团体会员单位组织推选，终身成就奖评奖办公室资格审核，中国杂技家协会秘书长办公会酝酿、讨论，报中国杂技家协会分党组研究，产生了提名候选人名单。9月25日，终身成就奖评委会召开评选工作会议，经过认真审议和充分讨论，评委以无记名投票表决，王亚非、艾尼瓦•麦麦提、侯泉根3名同志获得第九届中国杂技金菊奖第五次终身成就奖。

第九届中国杂技金菊奖第八次理论作品奖评奖工作自5月下发通知起，共有来自24个省、自治区、直辖市、解放军的116篇论文报名参评，参评论文的数量和质量较往届都有较大幅度提升。11

月22日，终评会议在京召开，最终，《中国文化思维之于杂技》（聂翠青）荣获金奖，《论<时空之旅>对地域文化的审美塑造》（王岩）等3篇论文荣获银奖，《杂技的哲学意味》（李丹）等5篇论文荣获铜奖。此外，45篇论文获得中国杂技家协会优秀论文奖。河南省杂技家协会等10个单位获得组织工作奖。

【开展第七次德艺双馨会员评选表彰活动】

根据中国杂技家协会第七次德艺双馨会员评选工作程序和要求，全国26个团体会员单位推荐参评德艺双馨会员人选28人。同时，未获得过德艺双馨会员的终身成就奖报名人选转入德艺双馨会员参评人选。评奖办公室汇总了各地推荐意见，经中国杂技家协会秘书长办公会研究，并报中国杂技家协会分党组审议通过，产生了40名候选人提名名单。9月25日，德艺双馨会员评委会召开评选工作会议。最终林防、王桂琴、周良田等40名同志荣获德艺双馨会员称号。

【开展中国杂技之乡命名活动】

中国杂技家协会于4月至8月组织开展中国杂技之乡命名活动。共有江苏省淮安市淮安区、安徽省阜阳市临泉县、广西壮族自治区玉林市博白县等3个地区申报参评中国杂技之乡，深圳华侨城欢乐谷旅游公司申报参评中国魔术文化创意产业基地。协会领导分别率领考察小组赴上述申报地区，着重从当地杂技艺术发展历史、现状、传承、社会影响等方面进行了实地考察。

【举办第九届中国杂技金菊奖颁奖仪式】

12月20日，由中国文联、中国杂协主办的第九届中国杂技金菊奖颁奖仪式在福州举行。中国文联党组成员、书记处书记郭运德，中国文联副主席、中国杂协主席边发吉，中国杂协副主席邓宝金、宁根福、齐春生、李西宁、阿迪力·吾休尔、程海宝、戴武琦，与文化部艺术司、福建省委宣传部、福建省政协、福建省文联、福建省文化厅等有关领导出席仪式并为获表彰命名的单位和个人颁奖。中国杂协分党组书记、驻会副主席、秘书长邵学敏主持颁奖仪式。

颁奖仪式上，揭晓了第九届中国杂技金菊奖第五次终身成就奖；揭晓了第九届中国杂技金菊奖第八次理论作品奖，包括1个金奖、3个银奖和5个铜奖；表彰了10个获理论作品奖组织工作奖的团体会员单位及45名获优秀论文奖的个人。颁奖仪式上，还对40名中国杂协第七次德艺双馨会员进行了表彰，并命名江苏省淮安市淮安区、安徽省临泉县、广西壮族自治区博白县为中国杂技之乡，深圳华侨城欢乐谷旅游公司为中国魔术文化创意产业基地。

【举办第十一届中国武汉光谷国际杂技艺术节】

由武汉市人民政府和文化部外联局、艺术司、中国杂技家协会、中国对外文化集团共同主办的第十一届中国武汉光谷国际杂技艺术节，于10月31日至11月6日在武汉举行。本届艺术节参赛国家和地区创历届之最，共有来自俄罗斯、匈牙利、哥伦比亚、中国等17个国家和地区的28个节目300多名演员参加比赛演出。杂技节期间举行了开幕式、杂技产品交易会、中国杂技发展论坛、颁奖仪式、优秀杂技节目展演等多项活动，同时开展杂技艺术进社区、进学校、进广场、进企业等“四进”惠民联欢活动。

经过激烈角逐，最终俄罗斯的《抖杠》、中国新疆生产建设兵团杂技团的《生命之旅•男子倒立技巧》、朝鲜的《浪桥跳板》获得黄鹤金奖，福建省杂技团的《灵魂向远方•绳技》获得荣誉金奖，武汉杂技团的《童梦•独轮车技》获芳草金奖。中国杂技家协会名誉主席、杂技节评委会主席夏菊花及冠名单位代表等为获奖节目颁奖。

【举办第四届中国西湖国际魔术交流大会】

由中国杂技家协会、浙江省文联、浙江日报报业集团主办，浙江省杂技家协会、钱江晚报共同承办的第四届中国西湖国际魔术交流大会于11月7日至10日在浙江省杭州市举行。本届大会魔术比赛分为舞台魔术和近景魔术两部分，共有21位选手参赛，分设金银铜奖。大会期间还举办了国际魔术大师舞台交流展演、国际魔术大师近景魔术展演、国际魔术大师讲座、国际魔术道具展示、国际魔术论坛等活动。

【举办首届南方五省（区）青年魔术新秀展演】

5月17至18日，由中国杂技家协会、广西文联主办的首届“南方五省（区）青年魔术新秀展演”系列活动在广西桂林市举办。边发吉、邵学敏等协会领导出席了开幕式。来自广东、广西、四川、云南、贵州五省（区）的青年魔术新秀汇聚一堂，参加展演比赛和颁奖晚会。活动期间还举行了魔术创新与发展研讨会、青年魔术精英文艺志愿者辅导讲座等活动。

对外文化交流

【参加第38届蒙特卡洛国际马戏节、第35届“明日”世界杂技节、第3届摩纳哥“新一代”国际青少年马戏节】

2014年年初，中国杂技家协会组团分赴摩纳哥和法国参加第38届蒙特卡洛国际马戏节、第35届法国“明日”世界杂技节以及第3届摩纳哥“新一代”国际青少年马戏节，再创佳绩。

1月16日，第38届蒙特卡洛国际马戏节率先拉开帷幕。本届马戏节共有来自俄罗斯、捷克、荷兰、法国、意大利、德国、乌克兰、美国和中国等20个国家的30个节目参赛。中国杂协选派四川遂宁杂技团的《力量——双人倒立技巧》、武汉杂技团的《飞轮炫技——蹦床蹬人》两节目参加了本届马戏节比赛。经过激烈角逐，中国两节目双双获得“银小丑”奖。中国杂技家协会副主席、大连杂技团团长齐春生应邀担任本届马戏节的评委。

1月23日至26日，第35届“明日”世界杂技节在法国巴黎举行。来自委内瑞拉、以色列、西班牙、巴西、波兰、加拿大、法国、阿根廷、中国等16个国家的24个节目参赛。中国杂协选派的中国杂技团有限公司的《协奏•黑白狂想——男子技巧》节目荣膺金奖。中国文联杂技艺术中心主任宓鲁应邀担任本届马戏节的评委。

第3届摩纳哥“新一代”国际青少年马戏节于2月1日至2日举行。参加本届比赛的有来自德国、法国、美国、荷兰、比利时、葡萄牙、俄罗斯、瑞士和中国九个国家的18个节目。中国杂协选派的吴桥杂技团的《独轮车手技》节目获得银奖。

此外，在本届蒙特卡洛国际马戏节上，中国杂技家协会设立的专业奖项“长城杯”颁给了俄罗斯的《三人滑稽组合》节目。在本届“明日”世界杂技节上，中国杂协“长城杯”颁给了美国的《女子晃圈》节目。

【参加第13届莫斯科青少年国际马戏节】

9月4日至7日，第13届莫斯科青少年国际马戏节在俄罗斯首都莫斯科举行。

莫斯科青少年国际马戏节创立于2000年，由莫斯科市政府、尼古灵马戏团以及非营利性组织“莫斯科青少年国际艺术节马戏艺术管理委员会”共同主办，每年举办一届。本届马戏节共有来自法国、德国、俄罗斯、加拿大、美国、中国、乌兹别克斯坦、埃塞俄比亚等四大洲12个国家的38个节目参赛，参赛节目有高空杂技、地面杂技、滑稽、马戏等多个门类。由中国杂技家协会选派的四川省遂宁杂技团的《顶碗》《肩上芭蕾》两个节目代表中国参加了本届马戏节。中国杂技家协会副主席程海宝应邀担任马戏节国际评委。

马戏节的比赛分成年组和少年组进行。每个节目分别进行两场比赛，综合两场表现以技术分和艺术分进行打分评定。当《顶碗》演员以精湛的技艺表演完毕后，莫斯科青少年国际马戏节主席马克西姆•尼古灵带头起立鼓掌，随后全体评委、全场观众起立，为中国演员的精彩表演回报以经久不息的掌声。经过激烈角逐，《顶碗》获得成人组金奖——金象奖；《肩上芭蕾》获得少年组铜奖——铜象奖。马克西姆•尼古灵还亲自为他喜爱的《顶碗》演员颁发金象奖，摩纳哥蒙特卡洛国际马戏节主席斯蒂芬妮公主为《肩上芭蕾》演员颁发特别奖，并发出了邀请他们参加摩纳哥“新一代”国际马戏节的邀请信。中国杂协“长城杯”颁发给了法国的优秀杂技节目《球技》。

【参加第16届意大利拉蒂那国际马戏节】

第16届意大利拉蒂那国际马戏节于10月13日至20日在意大利中部城市拉蒂那举行。中国杂技家协会选派的浙江曲艺杂技总团《头顶技巧——禅•武》《转毯——梨园春色》参加角逐，最终有着极高技术难度的《头顶技巧——禅•武》荣获本届国际马戏节银奖。

意大利拉蒂那国际马戏节是当今意大利举办的规模最大的马戏节。由意大利著名的朱里奥•蒙蒂克文化协会于1999年创办，迄今已成功举办15届。拉蒂那市政府将其列为该市的重要文化活动，给予了大力支持。马戏节期间，观众踊跃购票，场场演出座无虚席。本届马戏节作为政府支持的项目，还为当地的小学生进行了两天的公益性演出。

本届比赛设金奖2名、银奖2名、铜奖4名。共有来自17个国家和地区的25个节目参加奖牌的角逐，节目涵盖了地面杂技、空中杂技、滑稽、驯兽各个马戏门类。评委会由来自法国、美国、俄罗斯、匈牙利、比利时、乌克兰、中国、西班牙等9个国家的12位业界知名人士组成。中国杂技家协会分党组成员、副秘书长肖世革应邀担任国际评委，并为俄罗斯《抖杠》节目颁发了中国杂技家协会在本届国际马戏节上设立的“长城杯”评委会特别奖。

【加强与国际杂技界的交流互访】

应中国驻克罗地亚大使馆邀请，中国杂技家协会分党组书记、驻会副主席邵学敏，中国杂技家协会副主席齐春生，中国文联杂技艺术中心主任宓鲁组成的考察小组一行，于9月11日至19日赴克罗地亚考察剧院、酒店，并落实2015年中国文联对外交流文化品牌“欢乐春节”活动相关事宜。

理论研讨和调查研究

【举办第六届东北三省杂技理论研讨会】

8月20日至22日，由中国杂技家协会、辽宁省文联、吉林省文联、黑龙江省文联共同主办，辽宁省杂技家协会承办的第六届东北三省杂技理论研讨会在沈阳举办。研讨会为探索杂技艺术发展规律，促进杂技学科体系建设起到了积极的推动作用。本次研讨会共收到三省杂技家协会上报的论文31篇。根据评委会认真评选，最终《论杂技发展的科学选材》等6篇论文获一等奖，《探索杂技后备人才培养的新途径》等8篇论文获二等奖，《关于杂技艺术创新的点滴认识》等9篇论文获三等奖。

【加强调查研究和文艺舆情】

为深入贯彻落实中央关于改进工作作风、密切联系群众的八项规定，巩固党的群众路线教育实践活动成果，中国杂协在杂技界深入开展调查研究工作。协会领导先后分别率领考察小组赴江苏省淮安市淮安区、安徽省阜阳市临泉县、广西壮族自治区玉林市博白县以及深圳华侨城欢乐谷旅游公司，与当地党委政府、文化单位，以及杂技院团、协会的主要领导进行工作交流，听取工作汇报，并深入杂技团校训练、演出一线，观看杂技表演，开展走访座谈，对当地杂技艺术发展进行了实地考察。

此外，协会完成了中国文联2014年重点课题“中青年文艺工作者思想状况调查”（杂技界）的问卷调查；承担了中国文联课题《文艺作品评价体系研究》《金菊奖评奖机制改革研究工作》，并形成报告；撰写了《2013中国文联年鉴（杂技卷）》；继续做好杂技舆情信息工作，为上级领导机关及时掌握杂技界动态，进行科学决策和指导工作提供了有效的服务。

【组织撰写《2014中国杂技艺术发展报告》】

中国杂技家协会委派协会研究部、大连市艺术研究所、广西艺术学校相关人员撰写《2014中国杂技艺术发展报告》，并先后召开专家论证会、报告统稿会。报告立足于翔实的数据和充分的论述，全面系统地反映2014年中国杂技艺术发展概况，展示杂技艺术最新的创作实践、理论研究和交流活动成果，揭示杂技艺术各门类创新与突破的特点成因，提出并思考杂技艺术创作表演实践进程中亟待解决的若干问题，并对未来中国杂技艺术发展趋势加以研判，提出具有参考价值的对策建议，以便更好地指导中国杂技艺术创作实践活动，推动中国杂技事业繁荣发展。

【大力培养杂技理论人才】

2014年，协会先后选派李艳参加第四期全国中青年文艺人才高级研修班学习，选派任娟参加第八届全国中青年文艺评论家高级研修班学习，选派许蕊、郑巧莉参加第六期全国中青年文艺人才（编导）高级研修班。推荐徐秋、尹力、李艳、许蕊、任娟加入中国文艺评论家协会。推荐7篇杂技论文参评第九届中国文联文艺评论奖，最终尹力、林宏伟分获文章类一、二等奖。通过一系列抓队伍、建阵地、搭平台的措施，切实加强和改进了杂技理论研究工作，培养出一批杂技理论人才。

【参与制作协会形象宣传片及北京电视台国庆特别节目《与共和国一起走过》（杂技篇）】

根据中国文联的工作部署，协会积极参与制作协会形象宣传片及北京电视台国庆特别节目《与共和国一起走过》（杂技篇）。几度召开工作会谈，撰写修改脚本及解说词。组织、联络、协调夏菊花、边发吉等协会领导、杂技界老中青三代艺术家、杂技理论学者、杂技教学科研人员以及杂技演出行业经营者共22人次在京参与宣传片及特别节目录制工作。《与共和国一起走过》（杂技篇）于10月6日在北京电视台播出，受到杂技界广泛好评。协会形象宣传片样片已经完成，正在进行后期修改与完善。

【推动新闻出版和信息服务】

《杂技与魔术》杂志全年共出刊6期，发稿约42万字，照片450余幅；杂志社组建2014年度董事会，成员达34个团体单位；完成《中国杂技老艺术家传略》收尾工作，并出成果报告书；策划并申报《中国杂技艺术院团发展纪略》精品图书出版项目；完成赴河南濮阳、赴第二炮兵常规导弹第一旅以及赴福建省福州市、宁德市“送欢乐下基层”慰问演出活动的中国艺术报特刊出版工作；向《文明》杂志“文明人物·中国文艺家”专栏推荐边发吉、宁根福2名杂技名家作专题介绍。此外，编辑出版《中国杂协简报》3期、《杂协通讯》2期。

队伍建设

中国杂技家协会通过不断加强和改进服务杂技界的能力和水平，把广大杂技工作者团结在协会周围，努力把协会建设成为杂技工作者的温馨和谐之家。

一年来，中国杂协积极配合中国文联文艺志愿服务工作，选派广州军区战士杂技团《肩上芭蕾》赴西昌卫星发射中心慰问演出，选派北京杂技团《妙舞——炫竹》赴山西平朔煤矿慰问演出，选派广州军区战士杂技团《力与美》赴大兴安岭慰问演出，选派刘全利、刘全和、罗秉松、徐凤美、沈娟、曲蕾等参加中国文联组织的分赴全国6地“到人民中去”中国文艺志愿者深入基层服务采风活动。

中国杂协还利用中央部委组织的各类大型国际文化交流活动，积极推荐优秀节目参加对外文化交流、展演；借“百花迎春——中国文学艺术界2014春节大联欢”等大型活动召开时机，开展杂技界的联谊和交流活动。

按照中国文联统一部署，积极起草上报了《中国杂协加强行业服务、行业管理、行业自律的建议》。为加强会员管理，规范入会工作，促进队伍建设，修订了《中国杂协吸收个人会员细则》，并形成了会员发展工作情况报告。按照中国文联文艺评奖机制改革研究工作部署，组织专家、评委研讨，起草了改革工作报告，对中国杂技金菊奖章程和细则进行了全面修改。

中国杂协把加强自身建设，重视基础管理作为协会开展工作、发挥作用的基本前提和重要保障。通过采取各项有效措施，切实加强协会各方面的建设和管理，努力形成用制度管人、按规矩办事的长效机制，协会机关凝聚力和战斗力不断增强。协会充分发挥党组织、工会组织、妇女组织的优势和作用，认真做好老干部工作。在中国文联党组的领导和统筹安排下，协会机关干部全年6人次提职、2人次正常晋级。2014年，中国杂协办公室获中国文联先进集体嘉奖，协会多名同志获得中国文联的各类表彰。协会上下凝聚起积极进取的正能量，展现出中国杂协蓬勃向上的崭新形象。

中国电视艺术家协会

综　述

2014年，中国视协在中国文联党组的有力领导下，认真学习贯彻党的十八大和十八届四中全会精神，深刻把握、全面理解习近平总书记在文艺工作座谈会上的重要讲话精神，团结广大电视艺术工作者，明确时代责任，积极践行文艺界核心价值观，更加自觉地担负起繁荣电视文艺的崇高使命。按照中国视协五届四次主席团会议确定的工作任务和要求，组织艺术家和文艺志愿者赴山东、四川、江西、湖北等地和军营进行“送欢乐·下基层”慰问活动；成功举办第27届中国电视金鹰奖、第10届中国金鹰电视艺术节、第5届中国大学生电视节、第6届新农村电视艺术节、第七届中国旅游电视周、第五届中国•东南亚•南亚电视艺术周、第十四届中日韩电视制作者论坛、第三届海峡两岸电视艺术节、“全国卫视进临沧”采访报道等活动；召开学习习近平总书记重要讲话精神切实推进电视评论工作座谈会，举办热播电视剧创作研讨会12场。这些活动突出了“中国梦”这一时代主题，把高质量的艺术盛宴和主流价值观传播给社会，引领健康的价值追求和审美取向，唱响了主旋律，传递了正能量，为推动我国电视事业的发展做出了积极的贡献。

会议与活动

【中国文联、中国视协“送欢乐·下基层”活动在山东滨州举行】

1月23日，中国文联、中国视协“送欢乐、下基层——文艺志愿者走进博兴慰问活动”在山东省滨州市博兴县举行。

中国文联副主席、党组成员、书记处书记夏潮，中国文联副主席、中国视协主席赵化勇，中国视协分党组书记、驻会副主席、秘书长张显，中国视协分党组成员、副秘书长范宗钗，山东省文联副主席张桂林，山东省视协常务副主席兼秘书长戴文江以及滨州市、博兴县的相关领导出席活动。艺术家王奎荣、陈逸恒、温玉娟、刘全和、刘全利、耿为华、闫羽如、魏金栋、杨云阁、水晶女子乐坊等参加文艺演出。

【中国电视艺术家协会五届四次主席团会议在京召开】

3月15日，中国电视艺术家协会五届四次主席团会议在北京召开。会议由中国视协主席赵化勇主持。会议审议通过了中国视协2013年工作总结及2014年工作要点；任命黄皓同志为中国视协副秘书长；同意李川、李明、王跃华更替为中国视协理事；建议增补吕焕斌同志为中国视协理事，按照程序办理手续；听取了中国电视艺术发展基金2013年运行情况的汇报。

【中国视协民营影视工作委员会在京成立】

3月17日，中国电视艺术家协会民营影视工作委员会在北京召开成立大会。中国文联党组成员、副主席、书记处书记夏潮出席会议并授牌。中国视协分党组成员、副秘书长范宗钗在会议上讲话。民营影视工作委员会主任、凤凰卫视集团执行副总裁王纪言，民营影视工作委员会常务副主任兼秘书长、中国传媒大学教授张雅欣以及北京大陆桥文化传媒有限公司、浙江华策影视股份有限公司、良友（北京）文化传媒有限公司、苏州福纳文化科技股份有限公司等近二十家民营影视机构代表出席会议。

与会者回顾了我国民营影视发展的历程，重点讨论了民营影视的发展现状和存在的问题，并就今后如何发挥民营影视工作委员会的积极作用进行了深入交流。

【中国视协2014年工作会议在北京召开】

3月18日，中国电视艺术家协会2014年工作会议在北京召开。中国视协领导赵化勇、张显、张彦民、范宗钗、黄皓以及来自全国30余个省、自治区、直辖市、新疆生产建设兵团、中央台分会等电视艺术家协会的秘书长和专业委员会相关负责人参加会议。会议总结了中国视协2013年的工作，通报了2014年的工作安排。

【“我的中国梦——送欢乐·下基层”文艺志

愿服务活动在北川举办】

3月24日，由中国文联、中国视协、四川省文联联合主办的“我的中国梦——送欢乐•下基层”文艺志愿服务活动在四川北川举办。赵化勇、张显、谢力、范宗钗、黄皓、蒋东生、陈华、李兵、纪小荃等有关方面负责同志出席活动。

卢奇、王霙、臧金生、高发、苏丽、丁柳元、韩延文、李殊、杜旭东、李薇、耿为华、宗庸卓玛、刘全和、刘全利、刘捷、牛成志、李飞、马渲子、刘君侠、王爱奉、李艳秋、尹浩、君龙等艺术家参加演出。刘劲、岳红主持。

【我的中国梦——中国文联 中国视协“送欢乐·下基层”走进鹰潭龙虎山】

3月29日，由中国文联、中国视协、中国文学艺术基金会、中国文艺志愿者协会主办，中国文联国内联络部、中国文联理论研究室、江西省文联、鹰潭市人民政府等单位联合承办的我的中国梦——中国文联“送欢乐·下基层”走进鹰潭龙虎山文艺志愿服务表演活动在江西省鹰潭市龙虎山脚下举行。夏潮、赵化勇、姜昆、张显、李兴国、陈建文、李培隽、范宗钗、陈兴超、熊茂平、彭世东等有关方面领导出席活动。

本次活动中，中国文联向鹰潭图书馆，龙虎山逸夫小学捐献了价值数十万元的图书。姜昆、戴志诚等艺术家参加演出，鞠萍和周炜主持。

【第九届中国（三亚）国际广告艺术节暨第四届中国三亚海棠湾A8论坛在三亚举办】

3月28日，由中国文联、中国视协、三亚市人民政府、中央电视台广告经营管理中心联合主办的第九届中国（三亚）国际广告艺术节暨第四届中国三亚海棠湾A8论坛在海南三亚拉开帷幕。张彦民、程宏、许振凌等主办单位负责人出席论坛。三星电子大中华区、宝洁大中华区、北京大学汇丰商学院、中央电视台广告经营管理中心、博世（中国）投资有限公司、东风日产等相关企业负责人在会上发言。

【“全国卫视进临沧”采访报道活动在云南临沧正式启动】

4月8日，“全国卫视进临沧”采访报道活动在云南临沧正式启动。在为期5天的采访活动中，来自中央电视台等17家全国各省级电视台的18个摄制组以深度专题报道的方式，围绕水韵傣乡、零界边城、岁月驿站、滇红茶缘等15个选题分别前往临翔、凤庆、镇康、耿马、沧源、双江6县（区）开展专题采访活动。赵化勇、张显、张彦民以及主办方领导出席启动仪式。

【“影视小屋”托起藏区孩子的艺术梦】

6月30日，由中国文学艺术基金会资助，中国视协、四川省视协等单位支持创建的阿坝州民族高级中学、红原县寄宿制藏文中学“影视小屋”正式授牌成立。

原中国文联副主席王兆海，中国文联副主席、中国视协主席赵化勇，中国视协分党组书记、驻会副主席、秘书长张显，中国视协副主席、四川省视协主席陈华等相关领导出席授牌仪式，并向两所学校赠送了一批DV摄像机、电视艺术影像制品及专业书籍，藏区“影视小屋”指导老师和学生近千人参加。中央电视台节目主持人鞠萍、朱迅分别为甘孜、阿坝藏区的师生授课，鼓励学生要勇敢地追求自己的艺术梦想，受到师生们的热烈欢迎。

【中国视协传达学习习近平总书记在文艺工作座谈会重要讲话精神】

10月17日上午，中国视协召开全体会议，传达学习习近平总书记在文艺工作座谈会上的重要讲话精神。会议要求全体干部职工把学习习近平总书记的重要讲话精神当做当前头等大事来抓，认真领会讲话的精神实质，用讲话精神指导和推动当前工作。中国视协网站、报刊和电视艺术手机报也将总书记的重要讲话作为当前宣传工作的重点。

【中国视协召开学习习近平总书记重要讲话精神切实推进电视评论工作座谈会】

10月21日下午，中国视协在京召开学习习近平总书记重要讲话精神，切实推进电视评论工作座谈会。中国文联党组成员、副主席夏潮，中国视协领导赵化勇、张显、张彦民、范宗钗、黄皓及中国视协全体干部职工参加会议。李准、曾庆瑞、陈先义、向云驹、张德祥、李春利、高小立等专家学者就学习习近平总书记重要讲话精神，推进电视评论工作进行了深入的探讨和交流。

【中国视协召开全体会议传达党的十八届四中全会精神】

10月28日上午，中国视协召开全体会议，向全体干部员工传达了党的十八届四中全会精神，并就学习习近平总书记在文艺工作座谈会上的讲话精神进行个人的学习体会与交流。

【中国视协 四川省视协举行“影视小屋”授牌仪式】

11月11日至13日，由中国文学艺术基金会资助，四川省视协发起，中国视协支持创建的“影视小屋”分别在四川省通江县、平昌县、康定县、泸定县正式授牌。

中国文联副主席、中国视协主席赵化勇，中国视协分党组书记、驻会副主席兼秘书长张显，四川广播电视台党委书记、台长陈华、四川省视协常务副主席纪小荃等相关领导出席授牌仪式并向所在学校赠送一批DV摄像机，受到师生们的热烈欢迎。

【中国视协企业电视分会第七次全国会员代表大会在杭州召开】

11月15日至16日，中国视协企业电视分会第七次全国会员代表大会在杭州萧山召开。中国视协分党组书记、驻会副主席兼秘书长张显，中国视协分党组成员、副秘书长张彦民，中国视协分党组成员、副秘书长范宗钗出席换届大会。东风汽车电视台台长史国强当选为第七届企业电视分会会长，来自全国各地的百余位企业电视工作者代表参加会议。

【“情系土家之源——送欢乐下基层”文艺志愿服务慰问演出在湖北举行】

11月15日至17日，由中国文联、中国视协、中共湖北省委宣传部、湖北省文联、湖北省新闻出版广电局和湖北省广播电视台共同主办的“情系土家之源——送欢乐下基层”文艺志愿服务慰问演出及采风活动在湖北省恩施州土家族来凤自治县举行。中国视协分党组书记、驻会副主席兼秘书长张显，中国文联国内联络部巡视员李培隽，中国视协分党组成员、副秘书长张彦民，中国视协分党组成员、副秘书长范宗钗，湖北广播电视台总编辑、湖北省视协常务副主席雷刚，湖北省文联党组成员、副主席易熙君等出席本次活动。11月15日下午艺术家们走进来凤县三胡乡，慰问了当地的特困户，并与老乡们一起共跳土家族摆手舞。蒋大为、卢奇、杜旭东、汪正正、吕薇等近三十位艺术家参加演出，受到当地群众的热烈欢迎。

【中国视协行业电视委员会2014年度工作会议】

11月24至28日，中国视协行业电视委员会2014年度工作会议在贵阳召开。中国视协领导张彦民、黄皓，贵州省视协副主席兼秘书长洪江平出席会议，来自全国各行业的电视工作者代表百余人参加活动。会议期间还邀请了中国传媒大学教授王甫对部分获奖作品进行点评，并就“优秀节目选题策划”做了专题培训。

【中国视协、四川视协为甘孜州“影视小屋”学生送温暖 寄关怀】

11月22日、25日，四川省甘孜藏族自治州康定县先后发生6.3级、5.8级地震。震后，四川省视协第一时间与甘孜州“影视小屋”所在的三所学校相关负责人取得联系，了解了学校的受灾情况。严寒将至，甘孜藏区气温较低，为了让“影视小屋”的同学们感受到来自电视艺术工作者的关怀，中国视协、四川省视协紧急购置了100套防寒服并送到甘孜藏区同学们手中。

【影视艺术家下基层走进军营大拜年】

12月25日，由中国文联、中国视协、解放军电视宣传中心主办的“送欢乐·下基层”军营大拜年活动在济南军区叶挺独立团举行。中国视协领导赵化勇、张显，中国文联国内部副主任谢力及主办方相关同志出席活动。

【“送欢乐、下基层”慰问演出活动走进中国人民解放军6916工厂】

12月27日，为贯彻落实习近平总书记在文艺座谈会上的重要讲话精神，中国文联、中国视协组织艺术家邓玉华、胡宝善、刘佳妮、杨树泉、丁柳元，主持人杨柳、周宇等50余人赴中国人民解放军6916工厂，进行了以“发扬两弹一星精神，共圆爱国强军中国梦”为主题的“送欢乐、下基层”慰问演出活动。

艺术节与评奖

【中国纪录片年会暨第十九届中国电视纪录片颁奖仪式】

2月28日，中国纪录片年会暨第十九届中国电视纪录片颁奖仪式在广西南宁举行。颁奖活动表彰了2013年度中国优秀电视纪录片作品、人物和栏目。中国文联副主席、中国视协主席赵化勇，广西壮族自治区党委常委、宣传部长沈北海，中国视协分党组书记、驻会副主席、秘书长张显，国家新闻出版广电总局宣传管理司司长高长力，中国视协分党组成员、副秘书长范宗钗，广西壮族自治区新闻出版广电局副局长黄著诚，中国视协电视纪录片学术委员会会长刘效礼，中央电视台纪录频道总监刘文，广西电视台台长周文力，著名学者胡智锋、张同道等数百位业内专家和创作人员齐聚一堂，共同探讨纪录片产业的创作、发展与现状。

【第五届中国大学生电视节新闻发布会暨启动仪式】

4月28日，由中国电视艺术家协会、中国传媒大学主办的第五届中国大学生电视节新闻发布会暨启动仪式在北京举行。中国文联、中国视协、中国传媒大学、北京视协等主办方领导出席。

本届电视节与往年相比，除涵盖全国大学生电视作品大赛、主题单元青年创作训练营、年度“最受大学生瞩目”电视节目及电视剧评选、影视教育论坛、“电视人进校园”系列讲座、闭幕式暨颁奖典礼等内容外，还新增了国际赛区法国站，邀请海外大学生共同参与盛会。

【第二届中国西安金丹若国际微电影艺术节】

5月8日，由中国电视艺术家协会、中央新影集团等单位主办，西安大奥影视文化传媒有限公司、中国视协微视频（微电影）专业委员会等单位联合承办的第二届中国西安金丹若国际微电影艺术节启动暨百部微电影“中国梦”之《太阳村的故事》开机仪式在北京举行。

【中国大学生微电影创作大赛在京启动】

5月10日，由共青团中央学校部、中国电视艺术家协会、中央新影集团、中国传媒大学等单位以及亚洲微电影艺术节组委会联合主办的中国大学生微电影创作大赛在北京启动。中国视协领导赵化勇、张显、范宗钗，中央新影集团总裁高峰，中国传媒大学领导田维义、高福安，共青团中央学校领导石新明等及老师和同学们共计400多人参加活动。

【第27届中国电视金鹰奖评选作品初审工作会议】

5月22日，第27届中国电视金鹰奖评选作品初审工作会议在北京举行。中国视协和来自全国20多个省（市）、自治区、直辖市、新疆生产建设兵团视协的有关负责人参加初审会议。该会议对本届金鹰奖评选作品进行了初步审核。

【第27届中国电视金鹰奖、第10届中国金鹰电视艺术节启动仪式暨新闻发布会】

5月29日，由中国文联、湖南省人民政府、中国电视艺术家协会主办，长沙市人民政府、湖南省广播电影电视局、湖南广播电视台联合承办的第27届中国电视金鹰奖、第10届中国金鹰电视艺术节启动仪式暨新闻发布会在北京中国文艺家之家举行。

中国文联党组成员、副主席、书记处书记夏潮，中国文联副主席、中国视协主席赵化勇，湖南省文联主席谭仲池，中国文联国内联络部主任刘尚军，中国视协分党组书记、驻会副主席兼秘书长张显，中央电视台副台长、中央新影集团董事长兼总裁高峰，北京电视台台长赵多佳，中国视协分党组成员、副秘书长张彦民，中国视协分党组成员、副秘书长范宗钗，中国视协副秘书长黄皓，湖南省广播电影电视局党组成员、副局长蒋新建，湖南广播电视台副台长、总编辑、卫视频道总监张华立，湖南广播电视台副台长罗伟雄，新浪执行副总裁、总编辑陈彤等主办方领导和嘉宾出席活动。导演丁荫楠、李三林等，艺术家斯琴高娃、李明启等，编剧李汀、冯骥等以及来自全国百余家卫视和媒体记者出席活动。启动仪式由北京电视台主持人栗坤和总政话剧团著名演员刘劲主持。

经过第27届中国电视金鹰奖评选作品初审工作会议初审，共有电视剧103部，电视文艺节目158部，电视纪录片164部，电视动画片28部，公益广告72部以及58位主持人符合参评资格，将角逐金鹰奖各个奖项。

第10届中国金鹰电视艺术节将于10月10日至12日在湖南长沙举办，中国电视金鹰奖的各个奖项将在颁奖晚会上揭晓。

【第六届新农村电视艺术节优秀农村题材电视剧颁奖典礼在河南举行】

8月24日，由中国电视艺术家协会与CCTV-7农业节目联合主办的第六届新农村电视艺术节优秀农村题材电视剧颁奖典礼在河南省濮阳市举行。本届颁奖典礼搬到了田间地头，使活动更加接地气。

中国文联、中国视协、中国农业电影电视中心的相关领导出席活动。范伟、孙松、王茜华、颜丹晨、王力可、句号、邵峰、王丽云、王丽丽、毕畅、张楚楚、申奥等影视演员摘得本届新农村电视艺术节优秀农村题材电视剧的获奖奖杯。

【第27届中国电视金鹰奖评选结果新闻发布会】

9月10日，第27届中国电视金鹰奖评选结果新闻发布会在北京中国文艺家之家举行。中国电视艺术家协会分党组成员、副秘书长张彦民通报了第27届中国电视金鹰奖评选情况。新华社、中央电视台、人民日报、光明日报等各大媒体参加新闻发布会。

【第10届中国金鹰电视艺术节于湖南长沙举行】

10月10日至12日，第10届中国金鹰电视艺术节在湖南长沙举行。中国文联党组书记、副主席赵实，湖南省委书记、省人大常委会主任徐守盛，湖南省政协主席陈求发，中国文联副主席、中国视协主席赵化勇等领导出席闭幕式并为获奖者颁奖。

【第27届中国电视金鹰奖获奖作品评选结果发布】

电视剧类

最佳电视剧（2部）

《焦裕禄》上海电影（集团）有限公司

《寻路》天津广播电视台

优秀电视剧（19部，以首字笔划为序）

《大秦帝国之纵横》西安曲江大秦帝国影业投资有限公司
《毛泽东》湖南和光传媒有限责任公司
《父母爱情》新丽传媒股份有限公司
《长白山下我的家》延边广播电视艺术家协会
《叶问》苏州福纳文化科技股份有限公司
《打狗棍》北京完美建信影视文化有限公司
《母亲 母亲》安徽广播电视台
《壮士出川》四川星空影视文化传媒有限公司
《妈祖》中央电视台电视剧频道
《老有所依》北京鑫宝源影视投资有限公司
《我们的法兰西岁月》幸福蓝海影视文化集团股份有限公司
《我的土地我的家》吉林省影视剧制作集团有限责任公司
《国家命运》浙江华策影视股份有限公司
《赵氏孤儿案》中国国际电视总公司
《原乡》北京国立常升影视文化传播有限公司
《聂荣臻》西部电影集团有限公司
《营盘镇警事》中国电视剧制作中心有限责任公司
《精忠岳飞》东阳盟将威影视文化有限公司
《舞乐传奇》云南广播电视台
电视文艺节目类
最佳电视文艺节目（1部）
《最强大脑》江苏省广播电视总台
优秀电视文艺节目（8部，以首字笔划为序）
《2013光荣绽放系列》中央电视台音乐频道
《2013年中央电视台春节联欢晚会》中央电视台
《2014上海新年倒计时外滩4D灯光秀》上海广播电视台
《2014年北京电视台春节联欢晚会》北京电视台
《中国汉字听写大会》中央电视台
《汉字英雄》河南电视台
《爸爸去哪儿》湖南广播电视台卫视频道
《爱我中华自治区第三届少儿双语口语大赛颁奖晚会》新疆电视台
电视纪录片类
最佳电视纪录片（1部）
《苦难辉煌》中国人民解放军电视宣传中心
优秀电视纪录片（14部，以首字笔划为序）
《习仲勋》中央电视台纪录频道
《千里进疆采棉记》中国农业电影电视中心
《大黄山》安徽广播电视台
《大鲁艺》陕西广播电视台
《不能忘却的伟大胜利》南京广播电视集团
《天府》四川广播电视台
《北京凹头蚁》中央电视台科教频道
《曲山艺海》济南广播电视台
《吾守尔大爷的冰》新疆电视台
《青春一九三零》吉林电视台
《变形计》湖南广播电视台卫视频道
《指点江山--毛泽东诗词故事》江苏省广播电视总台
《茶，一片树叶的故事》中央电视台纪录频道
《楚国八百年》湖北广播电视台
电视动画片类
最佳电视动画片（1部）
《新大头儿子小头爸爸》央视动画有限公司
优秀电视动画片（3部，以首字笔划为序）
《老子道德三百问》河北亚神影视艺术有限公司
《郑成功》浙江中南卡通股份有限公司
《淮南子传奇第二季》淮南广播电视传媒产业发展中心
电视公益广告片类
最佳电视公益广告片（1部）
《筷子篇》中央电视台
优秀电视公益广告片（3部，以首字笔划为序）
《中国传统节日民俗皮影篇》北京电视台
《关爱失智老人》中央电视台
《关爱家人之〈手机篇〉》贵州天马传媒有限公司

【第10届中国金鹰电视艺术节获奖电视论文发布】

理论类
一等奖
《新世纪谍战剧中人物塑造之十年流变》
杨洪涛 中国传媒大学
二等奖
《论当代电视剧中的微观政治》
张爱凤 扬州大学
《论中国影视艺术的基本价值准则》
盖　琪 首都师范大学
评论类
一等奖
《从〈舌尖上的中国〉看中国纪录片发展新径》
黄耀华 广东电视台
二等奖
《〈悬崖〉:展现谍影背后的人性世界》
武丹丹 中视影视制作有限公司
《“雷剧”高收视率的文化悖论》
赵　晖 中国传媒大学
《〈回家〉：电视人的文化担当》
冯　晨 吉林广电局

【第六届新农村电视艺术节魅力新农村颁奖典礼】

9月10日，第六届新农村电视艺术节魅力新农村颁奖典礼在云南宾川举行。中国文联、中国视协、中国农业电影电视中心等主办单位的领导、嘉宾和获奖代表以及牛犇、于月仙、陶慧敏、汤潮、常思思、朱明瑛、林萍等演员参加活动。颁奖典礼对获得本届新农村电视艺术节十佳魅力县市和十佳魅力乡村的代表进行了表彰。

【第七届中国旅游电视周拉开帷幕】

9月22日，由中国电视艺术家协会、常熟市人民政府主办，常熟市广播电视总台、常熟虞山尚湖管委会承办的第七届中国旅游电视周优秀旅游电视作品暨"2014缘来常熟"旅游电视短片邀请赛颁奖仪式在江苏省常熟市举行。本届旅游电视周优秀旅游电视节目共推选出优秀旅游电视作品140部。"2014缘来常熟"旅游电视短片邀请赛共邀请了包括美国ICN国际中文卫视在内的十家电视台到常熟进行创作，经过专家推选，共选出十部优秀旅游电视作品。

【第五届中国大学生电视节闭幕式】

10月25日，第五届中国大学生电视节闭幕式暨颁奖典礼在北京举行。中国文联副主席、中国视协主席赵化勇，中国视协分党组成员、副秘书长张彦民，中国视协分党组成员、副秘书长范宗钗，中国传媒大学党委书记陈文申，副校长廖祥忠，中国传媒大学戏剧影视学院院长李兴国等领导出席闭幕式晚会并为获奖者颁奖。本届大学生电视节期间还举办了大学生电视作品大赛、最受大学生瞩目的电视节目评选、主题单元青年创作训练营、影视教育高峰论坛等活动。

【第二届亚洲微电影艺术节"金海棠奖"颁奖盛典】

11月7日，第二届亚洲微电影艺术节"金海棠奖"颁奖盛典在云南省临沧市举行。全国政协原副主席张怀西等领导和嘉宾以及韩国、印度、泰国、新加坡、缅甸、西班牙、加拿大、英国等十余个国家的参会代表和百余名获奖代表参加颁奖晚会。斯琴高娃、刘威、温玉娟、王馥荔、王志飞、杨童舒、姜超、张千一、程前等影视界艺术家出席晚会。晚会由朱迅、张泽群主持。

【第二届中国西安金丹若国际微电影艺术节颁奖盛典】

11月28日，由中国视协、中央新影集团、共青团中央网络影视中心、陕西省广电网络传媒（集团）有限公司共同主办的第二届中国西安金丹若国际微电影艺术节颁奖盛典在陕西西安举办。

中国视协领导赵化勇、张显、张彦民，中央新影集团领导高峰、郭本敏，共青团中央网络影视中心吴劲松等领导及来自全国各地文化影视界的著名编剧、导演、获奖代表、企业家、新闻媒体记者和观众2000多人出席活动。

创作与研究

【电视剧《壮士出川》创作研讨会】

1月6日，由中国电视艺术家协会、四川广播电视台、四川省电视艺术家协会联合主办的电视剧《壮士出川》创作研讨会在北京中国文艺家之家举行。

中国视协领导赵化勇、张显、张彦民，四川广播电视台党委书记、台长、四川视协主席陈华，四川视协副主席、秘书长寒露及该剧出品方嘉宾、主创人员和多家媒体代表出席会议。李准、仲呈祥、阎晶明、彭程、袁晞、李舒东等出席研讨会。

【CCTV-7新闻纪实节目《千里进疆采棉记》研讨会】

2月21日，由《当代电视》杂志社、中国农业电影电视中心联合主办的CCTV-7农业节目《聚焦三农》栏目新闻纪实节目《千里进疆采棉记》研讨会在北京中国文艺家之家举行。

中国视协领导赵化勇、张显、张彦民、范宗钗，中国农业电影电视中心领导傅玉祥、汪小青等以及《聚焦三农》制片人钟倩和多家媒体代表出席会议。文艺评论家李准、仲呈祥，专家刘效礼、曾庆瑞、石世仑、向云驹、彭程、刘琼等对该片的创作给予了高度评价并对节目的社会价值、创作导向、纪录视角进行了评鉴和探讨。

【第七届中国电视南方论坛暨2013年度中国电视满意度博雅榜发布会】

3月22日，由中国电视艺术家协会、广东电视台、湖北广播电视台主办的第七届中国电视南方论坛暨2013年度中国电视满意度博雅榜发布会在湖北武汉举办。中国视协分党组成员、副秘书长张彦民，广东电视台台长曾国欢，湖北广播电视台总编辑雷刚等主办单位领导以及北京大学视听研究中心主任陆地等博雅榜评委、博雅榜上榜单位代表、学界与视听市场研究专家、电视理论期刊代表共120多人出席活动。

【"2014年北京电视台春节联欢晚会"研讨会在京举行】

3月14日，2014年北京电视台春节联欢晚会研讨会在北京中国文艺家之家举行。赵化勇、赵多佳、张显、张彦民、范宗钗、仲呈祥、李准、陈建文、刘玉琴、向云驹、张德祥、高小立等出席。

【“字词河南·底蕴中国”《汉字英雄》《成语英雄》学术研讨会】

4月15日，由中国视协、河南电视台、河南影视家协会主办的“字词河南·底蕴中国”《汉字英雄》、《成语英雄》学术研讨会在北京举行。

中国视协领导赵化勇、张显、张彦民、范宗钗，中共河南省委宣传部、河南省广播电影电视局、河南电视台、河南省影视家协会的领导以及节目出品方嘉宾、主创人员和多家媒体代表等出席会议。

【电视剧《我在北京，挺好的》创作研讨会】

5月4日，电视剧《我在北京，挺好的》研讨会在北京梅地亚中心举行。

【电视剧《勇士之城》创作研讨会】

6月27日，由中国电视艺术家协会、黑龙江广播电视台、贵州广播电视台联合主办的电视剧《勇士之城》创作研讨会在北京中国文艺家之家举办。

中国视协领导赵化勇、张显、张彦民，中国广播电视学会电视制片委员会副主任李洋，黑龙江卫视购片常务主任翟文刚，贵州广播电视台投资总监廖云飞等主办方领导以及该剧出品方代表和多家媒体单位等相关人员出席会议。

【电视剧《湄公河大案》创作研讨会】

7月22日，由中国电视艺术家协会、中央电视台电视剧管理中心、中国电视剧制作中心有限责任公司主办的电视剧《湄公河大案》创作研讨会在北京中国文艺家之家举行。

中国视协领导赵化勇、张显、张彦民，中央电视台副总编辑彭健明、中国电视剧制作中心有限责任公司副总裁芶鹏、中央电视台电视剧管理中心项目部副主任王浩等主办方领导及该剧主创代表、公安部领导、专家和多家媒体单位出席会议。王伟国、丁临一、何涛涛、彭程、张德祥、宋强、徐健、张成等学者出席。

【电视剧《离婚律师》创作研讨会】

8月21日，由中国电视艺术家协会、上海耀客文化传媒有限公司主办的电视剧《离婚律师》创作研讨会在北京中国文艺家之家举行。

中国视协领导赵化勇、张显、张彦民，上海耀客文化传媒有限公司总经理吕超以及该剧出品方代表、主创人员和多家媒体单位出席会议。李准、仲呈祥、向云驹、李舫、高小立、赵彤等专家对该剧的创作成果从多个角度进行了探讨。

【纪录片《五大道》研讨会】

10月19日，中国视协、天津市委宣传部、中央电视台纪录频道和天津广播电视台联合主办的纪录片《五大道》研讨会在天津举办。

中国视协领导赵化勇、张显、张彦民，天津市委常委、市委宣传部部长成其圣，天津电视台台长万克以及刘效礼、张同道、尹鸿、俞虹、韩毓海、路红、罗澍伟、刘运峰等出席研讨会。

【电视剧《战神》创作研讨会】

12月4日，由中国电视艺术家协会主办的电视剧《战神》创作研讨会在北京中国文艺家之家举行。

中国视协领导赵化勇、张显、张彦民，出品单位及主创代表周经、国建勇、康丽雯和多家媒体单位代表出席会议。李准、曾庆瑞、边国立、苏毅、梁鸿鹰、陈超英等专家学者对该剧的创作成果从多个角度进行了评鉴。

【电视剧《清网行动》创作研讨会】

12月6日，由中国电视艺术家协会、中央电视台电视剧管理中心主办的电视剧《清网行动》创作研讨会在北京中国文艺家之家举行。

中国视协领导赵化勇、张显、张彦民，中央电视台电视剧管理中心项目部副主任王浩以及出品单位代表李京、张志，特邀公安部领导和专家孙洁、王志刚还有多家媒体单位代表出席会议。李准、仲呈祥、高小立、王志刚、宋强、缪爱社、赵彤等专家学者对该剧的创作成果从多个角度进行了评析。

【纪录片《东湖梅岭毛泽东》创作研讨会】

12月25日，由中国视协主办的纪录片《东湖梅岭毛泽东》创作研讨会在北京中国文艺家之家举办。

中国视协分党组成员、副秘书长张彦民，出品方嘉宾及主创李东珅、周音、赵启辰、邓建永以及人民日报、光明日报等十余家媒体代表出席会议。李准、刘效礼、向云驹、张德祥、高小立、李浩洋等学者出席。

对外及对港澳台地区文化交流

【张显副主席兼秘书长会见美国ICN国际卫视董事长兼总裁】

2月20日，中国视协副主席兼秘书长张显，副秘书长张彦明会见来访的美国ICN国际卫视董事长兼总裁李燕女士、副总裁孙太泉先生一行。双方就进一步开展多领域合作深入交换了意见。

【中国电视艺术家代表团访问美国和加拿大】

5月，以胡玫副主席为团长的中国电视艺术家代表团一行5人，访问了美国和加拿大。此次访问旨在促进国际间的文化交流，拓展影视创作新视野，促进与美、加两国影视界的合作。

【第五届中国·东南亚·南亚电视艺术周】

6月5日，第五届中国•东南亚•南亚电视艺术周在昆明开幕。本届艺术周包含开幕式，南亚电视纪录片的交流与合作论坛，南亚电影观摩研讨活动，云南美术、书法、摄影展邀请赛，昆明作家论坛5项内容。

中国文联党组成员、副主席夏潮，中国文联副主席、中国视协主席赵化勇，中共云南省委常委、宣传部长赵金，中国视协分党组书记张显，中央电视台副台长胡恩，中国视协副秘书长张彦民，中共云南省委宣传部副部长李茜，云南广播电视台台长覃信刚等相关方面领导以及老挝、柬埔寨、越南、印度、缅甸、印度尼西亚、尼泊尔、泰国、俄罗斯等9国电视、文学界艺术家、作家；来自香港、台湾、央视、北京、上海、江苏、重庆等电视机构负责人共计200余人参加开幕式。

【第十四届中日韩电视制作者论坛在日本横滨举行】

9月15至19日，由中国视协、韩国导演及制作人联合会和日本放送人会共同主办的“第十四届中日韩电视制作者论坛”在日本横滨举行。中国视协副秘书长范宗钗率中方代表团出席了本次活动，并代表中方在论坛上致开幕祝辞及做论坛总评。共有来自中、日、韩三国的百余名电视界代表出席该活动。三国代表共同观摩研讨了各国选送的作品。中方代表团选送的节目《茶，一片树叶的故事》、《生活永远沸腾》、《汉字英雄》等分别代表纪录片、电视剧、综艺节目三个类别进行交流，受到好评并获论坛奖。

【第三届海峡两岸电视艺术节暨首届海峡两岸艺术家书画展在京开幕】

10月21日上午，由中国文联、中国文学艺术基金会、中国视协、台湾中华广播电视节目制作商业同业公会主办，中国视协艺术家诗书画学会、台湾文创媒体艺术推广协会承办的第三届海峡两岸电视艺术节暨首届海峡两岸艺术家书画展在北京中国文艺家之家开幕。

中国文联及有关部门领导郭运德、陈建文、刘尚军、庞井君、郑希友、刘国强、黄啟均、傅亦轩、薛伶、潘和平、张晓辉、邵志军、郭希敏，中国视协领导赵化勇、张显、张彦民、范宗钗、黄皓，台湾中华广播电视节目制作商业同业公会理事长俞晓佩，台湾著名水墨画家、嶺南画派大师欧豪年，中国视协艺术家诗书画学会会长唐国强，国家新闻出版广电总局电视剧司司长李京盛，中国影协副主席明振江，国台办交流局副处长林子章以及艺术家马精武、李嘉存、张金玲、高放、雷恪生、闫月明、卢奇、杜旭东、李三林、赵保乐、韩月乔、丁柳元、臧金生、周宇等出席开幕式。会后，部分台湾和大陆艺术家共同举行了书画笔会。

【第六届海峡两岸电视主持新人大赛——单项奖比赛在福建开赛】

11月23日，由中国视协、福建省文联、福州市永泰县人民政府联合举办的第六届海峡两岸电视主持新人大赛——单项奖比赛在福州市永泰县开赛。

本次总决赛邀请到中央电视台著名主持人朱迅、李晓辉、刘国冬，中国视协主持人专业委员会会长沈竹音，中国传媒大学教授游洁、李立宏以及台湾世新大学广播电视电影系教授丘岳担任评委。参赛选手来自福建、贵州、台湾、香港等全国各地。

【中国电视艺术家代表团访问土耳其、保加利亚、希腊】

10月26日至11月4日，以中国视协分党组书记、驻会副主席兼秘书长张显为团长的中国电视艺术家代表团一行6人，访问了土耳其、保加利亚、希腊。就华语电视节目的播出及电视节目联合制作等方面的合作与上述三国电视机构进行交流。

【第三届海峡两岸电视艺术节暨海峡两岸电视论坛】

12月7日至12日，由中国电视艺术家协会和台湾中华广播电视节目制作商业同业公会共同主办的“第三届海峡两岸电视艺术节暨海峡两岸电视论坛”在台北举行。中国文联党组成员、副主席、书记处书记夏潮，中国文联副主席、中国视协主席赵化勇，中国视协分党组书记、驻会副主席兼秘书长张显，台湾中华广播电视节目制作商业同业公会创会理事长汪威江，中国视协分党组成员、副秘书长范宗钗等出席本次活动。该论坛主题为“3D技术的应用与发展”，中央电视台技术管理中心高级工程师路晓俐，中国视协立体影像专业委员会秘书长、中国传媒大学教授王甫，台湾吉羊数位公司导演曲全立，台湾朕宏国际实业有限公司技术经理张展铭、台湾华电网新媒体应用研发处副总石佳相分别做了专题报告。

中国文艺评论家协会

综　述

2014年，是中国文艺评论家协会工作开局之年。2014年10月15日，习近平总书记亲自主持召开文艺工作座谈会并发表重要讲话，明确要求高度重视和切实加强文艺评论工作。总书记重要讲话为文艺评论工作创造了大好机遇，在中国文联党组坚强领导下，中国文艺评论家协会扎扎实实打基础，紧紧围绕协会组织建设、文艺作品评价体系建设和文艺评论阵地建设，在组织建设、人才队伍、学术研究、作品研讨、评奖征文、论坛活动、媒体宣传和成果出版等方面开展了一系列卓有成效的工作，取得较好成绩，得到上级领导充分肯定和文艺评论家和文艺评论工作者广泛好评。

组织建设

【中国文艺评论家协会成立，中国文联文艺评论中心揭牌】

5月30日，在中央领导的亲切关怀和中宣部、民政部等部门的指导下，中国文艺评论家协会成立大会顺利召开，孙家正、黄坤明、赵实等领导同志出席大会，来自全国各地涵盖各艺术门类的近四百名文艺评论工作者参加大会。黄坤明同志、赵实同志发表重要讲话，对文艺评论工作和中国文艺评论家协会建设提出明确要求。大会讨论通过协会章程，选举产生中国文艺评论家协会第一届理事会理事和主席、副主席，表决聘任中国文艺评论家协会秘书长、副秘书长，推选了名誉主席。仲呈祥当选中国文艺评论家协会主席，于平、王一川、王丹彦、王次炤、毛时安、尹鸿、向云驹、张德祥、陈振濂、范迪安、庞井君、夏潮、郭运德、崔凯、傅谨、路侃等16名同志当选为协会副主席。同时，会议推选李准为中国文艺评论家协会名誉主席，聘任于润洋、冯远、冯骥才、刘厚生、沈鹏、张炯、陆文虎、陆贵山、邵大箴、罗杨、袁毅平、资华筠、黄会林、童庆炳、曾庆瑞、谢冕、蓝天等17名同志为中国文艺评论家协会顾问。9月19日，中国文联文艺评论中心正式揭牌。赵实和李屹、夏潮等领导同志出席揭牌仪式。赵实同志发表讲话，对文艺评论中心的工作提出明确要求。作为中国文艺评论家协会开展工作的重要依托，文艺评论中心成立以来，大力加强内部建设，制定了中国文艺评论家协会标识，配备了骨干干部队伍，落实了办公场所及基本办公设施，制定了一系列规章制度，在此基础上，围绕评论评奖、作品研讨、理论研究、阵地建设等开展了一系列工作，为加强文艺评论组织领导、凝聚文艺评论工作者、有组织开展文艺评论奠定了坚实基础。

【中国文艺评论家协会一届主席团二次会议】

7月25日，召开一届主席团二次会议，审议通过并公布了个人会员入会细则。经协会研究，正式批准个人会员285名，截至2014年共有会员490名（理事157名）。

【加强文艺评论人才队伍建设】

以“深入学习中央关于文化和文艺工作的新思想、新论断、新要求，联系实际，共同研讨文艺评论发展的理论与实践问题”为主题，8月10日至17日，在浙江杭州举办第八届全国中青年文艺评论家高级研修班，来自中国文联所属各文艺家协会、各省区市文联、高等院校以及体制外的中青年文艺评论家80余人参加研修，仲呈祥、童庆炳、李德顺、陈振濂等知名专家为学员授课，得到学员一致好评，并在社会上产生较大影响。

【组织文艺评论家为制定重要文艺政策出谋划策】

11月2日，中宣部副部长黄坤明同志在北京主持召开关于做好文艺工作的有关文件起草改稿座谈会，专门听取中国文艺评论家协会在京主席、副主席的意见，中国文艺评论家协会主席仲呈祥，副主席郭运德、路侃、庞井君、于平、王一川、王丹彦、王次炤、向云驹、张德祥、傅谨，副秘书长周由强参加会议，为中央制定文艺政策提供咨询。

【中国文艺评论家协会专业委员会建设】

积极推进中国文艺评论家协会专门艺术委员会建设，首批设立理论委员会、戏剧戏曲艺术委员会、音乐舞蹈艺术、曲艺杂技艺术委员会、美术设计艺术委员会、书法篆刻艺术委员会、视听艺术委员会、民族民间艺术委员会、传媒工作委员会、艺术产业研究委员会、青年工作委员会、网络文化委员会、国际交流委员会等专业委员会，进一步发挥各艺术门类文艺评论家的作用。

【指导推动各地文艺评论家协会组织建设】

中国文艺评论家协会成立以来，大力指导、推动各地各行业各艺术门类文艺评论机构和组织体系建设，目前已成立23家省级评论家协会，联系凝聚了6000余名文艺评论家。山西、上海等地文艺评论家协会筹备工作进展顺利。

学术研讨和理论研究

【组织开展系列研讨活动】

6月30日，在京组织召开电影《兰辉》作品研讨会。9月9日，在京组织召开“文艺评论：方向与责任”座谈会。10月25日，在湖北恩施召开“社会主义核心价值观与文艺创新”大型研讨会。11月5日，在江苏苏州举办第七届当代中国文艺论坛，邀请仲呈祥、资华筠等著名文艺家和文艺评论家围绕“新形势下文艺评论的责任与作为”作主旨演讲，并以“文艺的评价标准”、“文艺与市场”为主题，组织王一川等10名专家参加圆桌论坛。12月20日，在京组织召开“中华美学精神”专题研讨会。12月24日，在京组织召开“向人民报告——庆祝新中国成立65周年暨说唱中国梦优秀曲艺节目展演”座谈研讨会等。文艺评论家协会成立以来，共召开举办各类研讨活动10余次，在文艺界、文艺评论界和社会上形成一定影响，为打造文艺评论工作品牌营造了良好氛围。

【文艺作品评价体系研究】

完成“文艺作品评价体系研究”并形成11个子课题和1个总报告。完成31个中国文联部级课题研究工作，组织力量对影视、美术、文学、曲艺、音乐、舞蹈、非物质文化遗产、书法、杂技、戏剧等艺术门类的理论问题进行比较深入研究。

【出版文艺评论系列成果】

组织“2014中国艺术发展报告”研究及报告编写工作。编辑出版《文艺评论文选（2013年度）》和《中青年文艺评论文选（2013年度）》两本文集，集中展示文艺评论成果。编辑完成第八届中青年文艺评论家高级研修班学员论文集、第九届中国文联文艺评论奖获奖文集、第七届当代中国文艺论坛文集等，集中推出了一大批有价值、有分量、有影响的研究成果，壮大主流文艺评论声音。

阵地建设

【《中国文艺评论》（月刊）创刊筹备及协会内刊建设】

创造条件启动《中国文艺评论》创刊工作，与有关部门有效协调沟通，申请各项工作进展顺利。定期编发《中国文艺评论家协会简报》，及时向会员通报协会工作动态，增强协会的凝聚力。

【文艺评论新媒体阵地建设】

开通“中国文艺评论网”中英文域名，大力推动网站框架设计和内容准备工作。开通并运营“中国文艺评论”官方微信，推送多条有广泛影响的微信，努力探索文艺评论新媒体传播规律。

【与传统主流媒体合作开办专版专栏】

围绕学习贯彻总书记重要讲话精神，与《中国艺术报》合作开办“学习文艺工作座谈会讲话笔谈”。结合文艺评论家学习习近平总书记重要讲话精神座谈会、第八届全国中青年文艺评论家高级研修班、第九届中国文联文艺评论奖颁奖典礼暨第七届当代中国文艺论坛、“中华美学精神”专题研讨会等重点活动，与《光明日报》、《中国艺术报》、《北京青年报》、人民网、新华网等推出多期专题专版。与文明杂志社合作推出《文明人物—中国文艺家》专栏，推动与中央人民广播电台在文艺评论领域深化合作，不断扩大文艺评论的社会影响力。

对外交流

【与越南文艺理论家评论家进行学术交流】

按照中国文联部署，组织中国文艺评论家协会专家学者参与中越文艺评论家交流活动，与越共中央文学艺术批评理论委员会副主席丁春勇率领的越共中央文学艺术批评理论委员会代表团进行学术交流，介绍和推广我国文艺评论工作经验，扩大我国文艺工作的国际影响力。

机关建设

【建章立制，后勤保障】

完成中国文艺评论家协会及中国文联文艺评论中心注册登记、人事调动、办公设施配备、经费协调、制度建设等各项工作。完成协会社会团体法人、组织机构代码、税务登记、印章刻制、协会负责人和章程的备案以及财务工作等各项手续。积极参加中国文联主办的各项活动，与中国文联机关各部室、直属单位以及全国各文艺家协会开展交流与合作，努力建设文艺评论工作者的温馨和谐之家。

【党群工作，有序开展】

组织中国文艺评论家协会秘书处全体职工参加机关工会庆祝文联成立65周年“中国梦”职工摄影展，获得一、二、三等个人不同奖项及优秀组织奖。参加机关工会庆祝文联成立65周年“中国梦”职工征文比赛，1名职工获得一等奖；组织职工为鲁甸地震捐款；参加机关党委举办的第五届职工乒乓球赛。

北京市文学艺术界联合会

1 2
3 4 5
6 7
8

1. 3月21日至23日，华北五省区市杂技新人新作展演在京举行，图为开幕式现场。
2. 5月16日至27日，援藏文化交流，图为领导与交流团演员合影。
3. 6月19日，京津冀三地文联领导出席签字仪式。
4. 7月28日，首都艺术家采风团赴丹江口大坝参观了解工程建设情况。
5. 8月24日，纪念杨沫同志诞辰100周年座谈会现场。
6. 9月3日至9日，举办第二届北京文学艺术品展示会，图为李伟、王海平、陈启刚观看皮雕艺术家现场制作。
7. 9月20日，“东方少年·中国梦”第二届新创意中小学生作文大赛颁奖大会暨小作家分会拜师会。
8. 12月29日，“中国精神·中国梦”——首都艺术家“深入生活、扎根人民”赴北京市延庆县张山营镇演出。

天津市文学艺术界联合会

1. 9月26日至10月19日，第十二届全国美展中国画展区作品展览在天津美术馆隆重展出。展览囊括了我国五年来中国画的精品力作，共展出591件中国画佳作。图为开幕式现场。
2. 由中国文联、天津市人民政府、中国民间文艺家协会和国际民间艺术组织（IOV）主办，中共天津市委宣传部、天津市文联、天津市民间文艺家协会、中国艺术报社、今晚报社、中国书画报社等承办的第四届中国国际民间艺博会暨第四届中华（天津）民间艺术精品博览会于10月11日至15日在天津梅江会展中心隆重举行。图为展览现场。
3. 1月30日，由天津市音乐家协会、天津文艺广播与和平区文化和旅游局共同主办的“室内乐系列公益音乐会”首场演出在天津市和平文化宫举行。图为首场演出结束后，主办单位领导与艺术家们合影。
4. 5月21日，天津市文艺志愿者协会正式成立，先后组织了“天津市文艺志愿者慰问城市建设者首场演出”以及“天津市文艺志愿者协会舞蹈团‘送欢乐下基层’文化惠民舞蹈专场演出”“天津市文艺志愿者协会朗诵艺术团慰问开发区建设者朗诵专场晚会”“庆祝中华人民共和国建国65周年与共和国同行——‘卫士情·中国梦’天津市文艺志愿者协会武警文工团文化惠民晚会”等活动，组织艺术家深入社会生活，积极参与公益活动，为人民群众送温暖献爱心。
5. 7月10日至15日，由北京、天津、河北、山西、内蒙古文联、中国舞蹈家协会共同主办，由天津市文联、天津市舞蹈家协会承办的第七届华北五省区市舞蹈大赛在天津举行。
6. 2月5日，天津市书法家协会组织该市32位书法名家，到市公交1路车长春道终点站，向公交职工表示慰问。
7. 2月6日晚，由天津市音协、剧协、曲协、舞协、杂协的艺术家组成的文艺志愿慰问团到市公安交通管理局直属支队慰问。图为演出现场。
8. 10月20日，由天津市文联、天津市摄影家协会、韩国写真作家协会仁川广域市支会共同主办的第二十二届中韩国际摄影交流展隆重开幕。图为开幕式现场。
9. 天津市文学艺术界联合会第四次代表大会于1月23日至25日在天津隆重召开。中共天津市委书记孙春兰，中国文联党组书记、副主席赵实，以及天津市委、市人大、市政府、市政协、市直有关部门、人民团体的负责同志和来自天津市的410位文学艺术家代表出席开幕式。

河北省文学艺术界联合会

1. 3月13日，河北省文联九届二次全委扩大会议在石家庄召开。
2. 3月12日，河北省文艺志愿者协会在石家庄成立。图为成立大会现场。
3. 2月17日，"中国梦·赶考行"河北省首届农民书画作品展在石家庄举行。图为中共河北省委常委、宣传部部长艾文礼与获奖者等合影。
4. 5月23日，河北省文联主办，河北省文艺志愿者协会、河北省戏剧家协会、河北省舞蹈家协会、河北省音乐家协会承办的纪念"5.23"讲话——河北省文艺志愿者走进地铁施工现场慰问演出在石家庄中山广场站工地举行。
5. 10月20日，河北省文艺界学习贯彻习近平总书记重要讲话座谈会在石家庄召开。
6. 5月21日，河北省文艺评论家协会在石家庄成立。图为成立大会现场。
7. 11月17日，中国文联、中国剧协、河北省委宣传部、河北省文联等单位联合主办裴艳玲戏剧艺术研讨会。
8. 7月8日，"管道杯"庆祝新中国成立65周年河北省企业（行业）界员工第十一届书法、美术、摄影大型展览在石家庄河北美术馆举办。
9. 5月24日，河北省委宣传部、河北省文联、河北省戏剧家协会、河北省文艺志愿者协会等联合主办的"梅花争艳·温塘行"——河北省戏剧梅花奖艺术团文化惠民巡演在平山温塘举行。

山西省文学艺术界联合会

1. 1月24日，山西省文联八届二次全委会会议在太原召开。
2. 1月26日，山西省文联召开党的群众路线教育实践活动总结大会。
3. 5月23日，山西省文联举办了“科伦之春”文化惠民、文化为民、文化乐民大型公益文化活动。
4. 7月1日，召开了“省文联纪念建党93周年暨‘七·一’表彰大会”。
5. 7月16日，“我们的价值观——曲艺走基层全国百场巡演山西专场”的首场演出在太原小井峪街道三益社区干打垒小区举行。
6. 9月11日，“追梦兰亭——中国书法兰亭奖历届山西作者精品展”在山西美术馆隆重开幕。
7. 10月17日，山西省文联举行学习座谈会，传达学习习近平总书记在文艺工作座谈会上的重要讲话精神。
8. 1月17日，山西省文联开展“送欢乐·进军营”活动，为部队官兵送文化。

内蒙古自治区文学艺术界联合会

1. 5月9日至10日，内蒙古文联七届五次全委会。
2. 6月23日，内蒙古自治区“书法名家进校园”活动启动仪式。
3. 6月26日，第三届朵日纳文学奖在呼和浩特颁奖。
4. 8月20日，全区“一旗一品”文化品牌创建活动现场交流会。
5. 8月26日，内蒙古第十七届“三少”民族文学笔会暨首届猛犸论坛。
6. 8月，内蒙古舞蹈家协会文艺志愿者服务团东部行。
7. 9月24日，乌兰部长亲切接见第六届鲁迅文学奖获得者肖亦农。
8. 10月20日，自治区文艺界学习习近平总书记在文艺工作座谈会上重要讲话精神座谈会。
9. 9月22日至23日，庆祝内蒙古文联成立60周年我们的中国梦——“送欢乐、下基层”文艺志愿服务演出。

辽宁省文学艺术界联合会

1. 召开学习习近平总书记在文艺工作座谈会上的重要讲话精神座谈会。
2. 中国文联党组书记、副主席赵实一行来辽宁调研。
3. 省委常委、宣传部部长范卫平到省文联机关考察指导工作。
4. 举办"纪念延安文艺座谈会讲话发表 72 周年——我们的中国梦"歌曲新作品音乐会。
5. 举办"向上向善"弘扬社会主义核心价值观辽宁省全国获奖作者书法展。
6. 举办庆祝建国 65 周年暨迎接第十二届全国美展——辽宁优秀美术作品展。
7. 召开《2012–2013 辽宁艺术发展报告》出版发布暨理论研讨会。
8. 举办"中国梦·我的梦"中华传统经典咏诵大赛。

吉林省文学艺术界联合会

1. 1月8日至9日，在长春召开全省基层文联工作经验交流会。
2. 5月，省摄影家协会志愿者深入农村为农民义务拍照，现场为乡亲们打印照片。
3. 7月4日，首届吉林省市民文化节“百姓健康舞”大赛。
4. 7月8日，“中国梦·赤子情”——庆祝中华人民共和国成立65周年吉林省美术作品展览开幕式。
5. 8月18日，时任吉林省委书记王儒林、省长巴音朝鲁参观吉林省农民画、农民摄影、民间艺术作品展。
6. 9月，第二届吉林省青少年戏剧大赛暨吉林省评剧票友荟萃。
7. 9月13日，第六届中国马来西亚书法交流展笔会交流活动。
8. 10月19日，吉林省文艺家学习习近平总书记在文艺工作座谈会上重要讲话座谈会。
9. 10月29日，省民间文艺家协会主办的“吉林我爱你”故事会活动现场。
10. 12月26日，省文联文艺志愿服务团“文化惠民直通车”演出走进东丰县。

黑龙江省文学艺术界联合会

1. 黑龙江省文联主席傅道彬作报告。
2. “我们的中国梦”·黑龙江省文联“送欢乐、下基层”文艺志愿服务系列活动省文联、哈尔滨铁路局送春联到基层活动举办。
3. 省文联六届四次全委会议现场。
4. 全国美术馆藏品普查试点经验交流会暨标准规范讨论会在黑龙江省召开。
5. “色彩的绽放——拥抱澳大利亚土著艺术”在黑龙江省美术馆举办。
6. 第三届中俄油画家写生活动在贝加尔湖拉开帷幕。
7. 黑龙江省美术馆馆长张玉杰在美术讲堂上与小朋友们互动。
8. 黑龙江省民协启动中国传统村落立档调查项目。
9. 黑龙江省文联开展“送欢乐、下基层”活动，送福到民家。

上海市文学艺术界联合会

1. 第 31 届上海之春国际音乐节。
2. 第 24 届上海白玉兰戏剧表演艺术奖。
3. 第六届“上海文学艺术奖”颁奖典礼。
4. 第四届中国校园戏剧节。
5. 2014 上海国际摄影节。

江苏省文学艺术界联合会

1. 第八届中国曲艺“牡丹奖”颁奖活动在南京莫愁湖公园举办。
2. 9月26日，江苏省现代美术馆正式开馆。图为江苏省现代美术馆开馆仪式暨法兰西院士·吴为山雕塑作品联展开幕式现场。
3. 江苏艺术剧场集精品剧目演出、高端艺术培训、优秀电影观摩为一体，图为在剧场演出的为配合“2014南京大屠杀死难者国家公祭日”创作的话剧《中山码头》。

4–6. 2014中国百家金陵画展以“多彩中国梦”为主题，描绘和展现了当代中国的伟大实践、多彩生活和人文风貌。

7. 第八届中国曲艺“牡丹奖”颁奖活动在南京莫愁湖公园举办现场。

1 2 3
4 5
6
7

安徽省文学艺术界联合会

1. 安徽省第六次文代会。
2–3. 中国文联党组书记、副主席赵实一行来合肥调研安徽文艺工作。
4. 安徽省第十九届摄影艺术展隆重开幕。
5. 省文联举办广场演出纪念《讲话》发表72周年。
6. 首届安徽民间工艺精品展隆重开幕。
7. 文艺盛宴惠平民－安徽省文联开展平价艺术月活动。
8. 我们的沃土我们的梦——安徽省千名文艺家下基层采风。

福建省文学艺术界联合会

1. 12 月 17 日，全省文联系统学习贯彻习近平总书记在文艺工作座谈会上的重要讲话精神专题读书班在连江县举办。图为福建省文联党组书记张作兴作学习辅导。
2. 9 月 1 日，第十二届全国美术作品展暨漆画作品展在福州海峡国际会展中心开幕。图为全国政协常委、中国文联副主席覃志刚，福建省委常委、福州市委书记杨岳，省委常委、宣传部部长李书磊，省政协副主席、省文联主席张帆等领导启动开幕式。
3. 3 月 16 日，鲁迅文学院福建中青年作家班在福州八闽书院举办。图为 3 月 28 日，中国作协党组副书记、副主席、鲁迅文学院院长钱小芊，福建省委常委、宣传部部长李书磊，省政协副主席、省文联主席张帆出席结业仪式。
4. 8 月 13 日，在北京中国现代文学馆召开中国梦·海峡情第二届海峡两岸文学创作网络大赛高峰论坛"文学在互联网时代的地位与应对方式"。
5. 9 月 27 日，在福州举办"文艺批评的变革与创新"——2014 闽派文艺理论家批评家高峰论坛。
6. 12 月 5 日晚，在福清市洪宽工业村体育馆举办"送欢乐、到基层"惠民演出活动，同时举行了福建文艺志愿者艺术团成立仪式。
7. 11 月 16 日至 22 日，"2014 海峡两岸曲艺欢乐汇"系列活动在台湾成功举办。图为两岸艺术家合影。
8. 8 月 23 日至 26 日，第五届海峡两岸青年舞蹈嘉年华活动在福建省晋江市举办。图为嘉年华活动——海峡两岸青年优秀舞蹈校园大联欢现场。
9. 1 月 6 日上午，福建省文学艺术界联合会第七次代表大会在福建会堂隆重召开。图为中国文联党组书记赵实、福建省委书记尤权等省领导出席开幕式并致辞。

江西省文学艺术界联合会

1. 8月22日，中共江西省委常委、宣传部部长姚亚平与江西省文联新一届领导集体合影。
2. 5月7日，中国文联党组书记赵实、中共江西省委常委、宣传部部长姚亚平为江西省文联“八一起艺”文艺创作工程之瓷板画、国画、摄影、书法长卷揭幕展揭幕。
3. 2月24日，“江西风景独好”江西省文联“八一起艺”原创文艺作品汇报演出在江西艺术中心举行。
4. 为纪念红军长征八十周年，江西省文联、江西美术院组织创作了长80米、高1.1米的国画长卷《万里长征新画卷》。
5. 9月25日，江西省文艺工作者带头践行社会主义核心价值观座谈会在南昌召开。
6. 8月下旬，江西省文联党组书记汪天行牵头组织书画义卖笔会，筹集20多万元救助贫困脑瘤患者。
7. 12月26日，江西省文艺志愿者协会成立大会在南昌召开，江西省文联党组书记汪天行为协会授牌。
8. 12月27日至30日，由中共江西省委宣传部、江西省文联主办的2014江西青年作家改稿会在江西省展演中心举行。
9. 5月6日，江西省文联组织文艺家赴上饶二炮基地举行文艺志愿服务活动。
10. 8月21日，江西省文学艺术界联合会第八次代表大会在南昌隆重开幕。

山东省文学艺术界联合会

1. 中国文联党组成员、副主席左中一（左三）、山东省政府副省长季缃绮（右三）共同启动第七届山东国际大众艺术节。
2. 第七届山东省泰山文艺奖颁奖典礼暨山东国际大众艺术节闭幕式。
3. 情系桑梓·王林旭现代水墨超象艺术作品展。
4. 泗水县摄影家为百姓拍全家福。
5. 我的故事 我的梦·东方朔杯首届山东省小品新作大赛。
6. 中共山东省委常委、宣传部部长孙守刚（右六）、山东省政协副主席王新陆（左五）为艺术突出贡献奖获得者颁奖。
7. 和平颂 中国梦·山东省群众交响合唱音乐会。

河南省文学艺术界联合会

1. 河南省委书记、省人大常委会主任郭庚茂到河南省文联、省文学院、省书画院等文艺单位调研，并主持召开全省文艺工作座谈会。
2. 全省文艺工作者践行社会主义核心价值观培训班在郑州举行。
3. 追梦历程——河南书法美术摄影精品展。
4. 河南省文艺工作者“深入生活、扎根人民”主题实践活动在社旗启动。
5. 戴高乐基金会副主席俊马访问省文联。
6. 第八届河南省戏曲红梅奖大赛。
7. 第十二届河南省美术作品展。
8. 在希望的田野上——黄河滩村民摄影展。
9. 河南省文艺志愿者协会成立。
10. 河南省第四届杂技“百戏奖”暨河南省第九届杂技大赛颁奖晚会。

湖北省文学艺术界联合会

1. 3月16日，丹青楚韵——湖北省中国画作品展在中国美术馆开幕。
2. 3月18日，湖北省文联九届三次全委会召开，会上表彰湖北省首届十佳“民间文化守望者”。
3. 5月24日至30日，“夏之风”东湖戏剧惠民展演周活动举行并取得圆满成功。
4. 5月29日，由文化部和湖北省政府主办的首届“中国屈原诗歌奖”颁奖暨端午诗会在宜昌举行。
5. 9月27日，第十二届全国美术作品展在武汉美术馆开幕。
6. 10月9日，首届海峡两岸中华诗词论坛暨聂绀弩诗词奖颁奖大会在武汉洪山宾馆举行。
7. 10月24日，首届“长江杯”全国书法作品展暨第三届湖北书法艺术节在湖北美术馆举行。
8. 10月25日，“学习习近平总书记在文艺工作座谈会上的重要讲话精神暨社会主义核心价值观与文艺创新研讨会”在恩施举行。
9. 1月13日，“2014湖北文艺界‘百花迎春’暨‘金凤奖’惠民演出”在湖北剧院举行。社区居民、产业工人1000余人，欢聚一堂，喜迎新春佳节。

湖南省文学艺术界联合会

1. 8月20日下午，湖南省委书记、省人大常委会主任徐守盛走访湖南省文联。
2. 10月22日，湖南省文艺界学习习近平总书记文艺工作座谈会重要讲话精神座谈会在长沙召开。省文联主席谭仲池、省委宣传部巡视员魏委等出席。
3. 5月13日上午，“诗苑译林”编委会在长沙成立，同时还举行了“当前诗歌翻译中存在的主要问题”研讨会。省文联主席谭仲池出席并作讲话。
4. 6月6日，湖南省文艺人才扶持“三百工程”首批青年艺术家培训班在长沙开班。湖南省委宣传部副部长魏委、省文联党组书记、副主席江学恭等出席开班仪式。
5. 4月10日，中国文联、湖南省文联文艺支教项目启动仪式在古丈县举行。
6. 10月13日上午，中国文联党组书记、副主席赵实等一行专程到湖南省文联调研。湖南省委常委、省委宣传部部长许又声，省文联主席谭仲池等出席了座谈会。
7. 庆祝新中国成立65周年、第12届全国美术作品展览——湖南展区、湖南省优秀美术作品展览7月15日在长沙开幕。

1 2 3
4 5
6
7

广东省文学艺术界联合会

1	2	3
4	5	6
7	8	9
	10	

1. 5月21日，广东省委常委、宣传部部长庹震向广东文艺名家志愿服务团授旗。
2. 5月21日，广东省委常委、宣传部部长庹震向文艺志愿者协会授牌。
3. 6月25日，广东省文联与广东广播电视台签署战略合作框架协议。
4. 7月17日，“海上丝绸之路——诗书画印作品展”首展开幕式上程扬书记讲话。
5. 8月30日，“2014第二届粤港澳台魔术节”启动开幕仪式。
6. 9月23日，“第十二届全国美术作品展览——版画作品展”开幕式领导嘉宾合影。
7. 11月29日晚，广东省文联百名舞蹈家在东莞惠民演出暨第四届岭南舞蹈大赛颁奖活动。
8. 12月13日，广东省民间艺术团赴洛杉矶进行艺术展演·瑶族耍歌堂表演。
9. 12月22日，学习贯彻习近平总书记在文艺工作座谈会重要讲话精神主题培训班。
10. 7月4日，广东省文联召开七届三次主席团会议。

广西壮族自治区文学艺术界联合会

1. 2月10日上午，广西壮族自治区党委书记、自治区人大常委会主任彭清华到广西文联看望慰问干部职工。
2. 4月29日，由广西文联、广西书法家协会主办的“广西书法理论研讨会”在南宁市跨世纪大酒店举行。
3. 7月10日至27日，由中国摄影家协会、广西文联主办、广西摄影家协会承办的2014'中国摄影家汽车拉力摄影东盟3国行活动，在广西南宁拉开帷幕。
4. 8月18至19日，由广西桂学研究会举办的首届漓湘文化研讨会在桂林市举行。
5. 9月29日，“庆祝中华人民共和国成立65周年2014广西壮族自治区艺术作品展览”在广西美术馆开幕。
6. 11月12日晚，由中国文联、教育部、上海市人民政府主办第四届“中国校园戏剧节”展演和评选在上海揭晓，由广西戏剧家协会选送的大学生的话剧《秋声赋》荣获优秀导演奖、优秀剧目奖、优秀组织奖。
7. 11月17日至21日，“广西文联文艺支教志愿服务项目——都安瑶族自治县中小学音乐教师培训班”在都安县举行。
8. 12月9日至15日，由广西文联主办，广西美术家协会、广西书法家协会、广西摄影家协会承办的“中国梦”主题文艺创作广西美术书法摄影作品展在南宁举办。
9. 5月20日，广西文联纪念“5.23”首个“中国文艺志愿者服务日”系列文艺志愿服务活动贵港市进行。

海南省文学艺术界联合会

1. 10 月 27 日，“中国梦 海南美”优秀美术书法摄影作品展在中国文联文艺家之家开幕。图为省文联作协党组书记、省文联主席张萍向中国文联党组书记、副主席赵实介绍参展作品。
2. 2 月 17 日，“中国之美”感动世界——何家英画展在省博物馆开幕。图为领导嘉宾观众参观画展。
3. 5 月 7 日，“南天情——两岸四地书画名家作品邀请展”在海南省博物馆开幕，海南省政协主席于迅，中国文联副主席杨承志，海南省文联作协党组书记、省文联主席张萍等观看作品展。
4. 12 月 15 日至 17 日，全国文联新闻宣传工作媒体交流会在海口市举行，代表就如何深入学习贯彻习近平总书记在文艺工作座谈会上的重要讲话精神，进一步做好文艺工作和文联工作宣传报道、推动文艺事业繁荣发展进行深入探讨和交流。
5. 11 月 20 日，海南省文联五届五次全委会在海口召开。
6. 11 月 19 日，海南省第四届优秀美术作品展暨参加第十二届全国美展汇报展在省博物馆开幕，省委常委、宣传部长许俊，省文联作协党组书记、省文联主席张萍等领导嘉宾参观展览。
7. 12 月 10 日，正大气象——刘培军中国画展海口开展在省博物馆开展。省委常委、宣传部长许俊（中），省文联作协党组书记、省文联主席张萍（右二）等领导嘉宾与作者在入选全国 12 届美展、表现红色娘子军历经的艰难岁月的作品《血色青春——共和国记忆》前合影。
8. 8 月 22 日，省文联响应中国文联精神，积极开展文艺志愿服务活动，在琼中黎族苗族自治县民族思源实验学校启动“民歌民舞民服”进校园活动第二阶段支教活动，图为支教老师梁智给琼中学生上专业舞蹈课。
9. 5 月 22 日，省文联在定安县举行纪念毛泽东同志《在延安文艺座谈会上的讲话》发表 72 周年文艺志愿慰问演出。图为海口市艺术团表演歌舞《南泥湾》。

重庆市文学艺术界联合会

1 2 3
4 5 6
7
8
9
10

1. 1月10日，文艺志愿者“送欢乐下基层”慰问演出。
2. 1月14日，组织音乐家赴巫山开展文艺惠民活动。
3. 1月14日，组织音乐家组成“追寻三峡梦”文艺小分队赴三峡进行采风创作，创作了大型音诗画作品《梦回三峡》。
4. 5月23日，举办放飞中国梦大型原创音乐作品《三峡梦里我唱歌》试听会。
5. 5月23日，中国文联党组书记、副主席赵实参加重庆文联在首个文艺志愿服务日举办的以“惠民、为民、乐民”为主题的文艺志愿服务活动。
6. 9月16日，开展“党的群众路线教育实践活动——身边好干部，群众贴心人”纪实摄影创作活动。
7. 9月23日，举办重庆文艺工作者带头践行社会主义核心价值观座谈会。
8. 10月1日，中国美术家协会“送欢乐下基层”走进重庆开县开展文化惠民活动。
9. 12月5日，中国文艺志愿者协会组织全国知名文艺家赴重庆两江新区开展“深入生活、扎根人民”“到人民中去”“送欢乐下基层”主题文艺志愿活动。
10. 9月29日，举办“聚焦新重庆”五大功能区域建设摄影艺术展。

四川省文学艺术界联合会

1. 4 月，在泸州举办合唱指挥培训班。
2. 4 月，四川省书法名家进校园。
3. 6 月 26 日，四川省委常委、原宣传部长吴靖平（左二）在省文联党组书记、常务副主席蒋东生（右三）等领导的陪同下参观画展。
4. 8 月，在阿坝州开展摄影惠民活动。
5. 9 月，举办第四届四川电影发展高峰论坛。
6. 9 月，举办四川省首届魔术大赛。
7. 10 月，三位青年扬琴演员激情演唱四川扬琴《宝山脊梁》。
8. 戏剧进校园。
9. 4 月，省文联艺术团走进彭山。

贵州省文学艺术界联合会

1. 中共贵州省委常委、宣传部部长张广智在省文联党组书记、副主席李碧川的陪同下在省文联调研。
2. 11月7日，贵州省文联文艺志愿者“送欢乐·下基层”暨“第四届乌江文学奖”颁奖文艺晚会现场。
3. 4月25日，在中国美术馆举行的“多彩贵州——中国美术作品展”开幕式现场。
4. 12月7日，贵州文艺界“心系建设者”慰问演出活动在兴义浙江商贸城隆重举行。
5. 9月13日，省文联出席活动的领导和“2014国学音乐演唱·讲座”演职人员合影。
6. 贵州省书法家协会为中南社区孤寡老人书写春联。
7. 贵州省文艺志愿者汤应梅在为农民工子弟学校的学生进行音乐教学。

云南省文学艺术界联合会

1. 1月15日、云南省文艺志愿者服务团走进易门。
2. 9月7日、云南省文联文艺志愿者在中秋佳节来临时走进大观公园与群众联欢。
3. 3月1日、中国民协组织全国民间文艺专家志愿者服务团走进文山壮族自治州西畴县上果村。
4. 9月18日、第八届山茶花奖颁奖晚会在昆明举行。
5. 10月27日、云南省鲁甸“8·03”地震抗震救灾摄影美术书法展览在昆明举行。
6. 11月9日、云南省2014花灯艺术周隆重闭幕。
7. 11月5日、云南省学习贯彻习近平总书记在文艺工作座谈会上重要讲话座谈会在昆明召开。
8. 11月28日、云南省文艺界深入生活、扎根人民主题实践活动暨“三百”采风创作启动会议在昆明召开。
9. 12月29日、中国文联文艺志愿服务团走进云南鲁甸地震灾区，受到群众热烈欢迎。

西藏自治区文学艺术界联合会

1. 2月21日，西藏自治区文学艺术界联合会第五次代表大会在西藏人民会堂隆重举行。图为西藏文联主席扎西达娃作工作报告。
2. 西藏文联党组书记、副主席沈开运同志在会上致开幕词。
3. 西藏自治区文学艺术界联合会第五次代表大会选举产生的西藏文联第五届主席团成员。
4. 2月21日至22日，西藏作家协会第五次代表大会在拉萨召开。
5. 7月8日至16日，中国剧协梅花奖艺术团一行赴藏慰问演出。
6. 8月24日，第七届中国西藏珠穆朗玛摄影大展在布达拉宫广场举行。
7. 12月6日，西藏摄影家协会在普玛江塘乡完全小学成立摄影小组。
8. 西藏文联第五届委员会委员合影。
9. 西藏自治区文学艺术界联合会第五次代表大会现场。

陕西省文学艺术界联合会

1. 4月5日，“清明秋千文化艺术节”活动现场。
2. 5月19日，陕西文联文艺志愿服务团书画家在铜川王家砭向先进群众赠送书画作品。
3. 5月21日，陕西文联文艺志愿服务团在延安新区建设工地慰问演出。
4. 8月18日，陕西文联文艺志愿服务团在洛川京兆苹果采摘园采风。
5. 5月22日，陕西文艺志愿服务团在南泥湾采油厂慰问演出。
6. 8月18日，著名艺术家刘文西在洛川京兆苹果园采风。
7. 12月11日，“到人民中去”文艺志愿服务团在汉中市南郑县民乐园文化广场慰问演出。
8. 10月2日，“我们的节日中国重阳民俗文化艺术节”在铜川新区举行。

甘肃省文学艺术界联合会

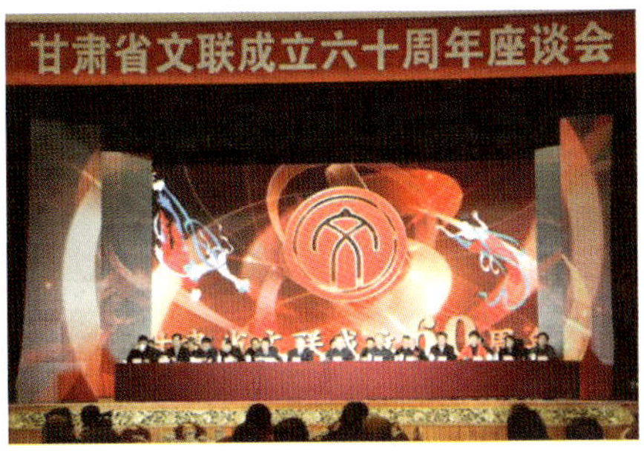

1. 中共甘肃省委书记、省人大常委会主任王三运，中国文联党组副书记、副主席李屹在省委常委、省委宣传部部长连辑，省文联党组书记马少青陪同下接见甘肃省五次文代会代表。
2. 甘肃省文联学习《中共甘肃省委关于进一步加强和改进文联工作的意见》座谈会。
3. 中共甘肃省委书记、省人大常委会主任王三运在甘肃省文联调研。
4. 甘肃省文联举办的“深入生活、扎根人民”联村联户为民富民书法美术摄影展。
5. 由甘肃省文联承办的中国文联办公室业务培训班。
6. 甘肃省文联成立六十周年座谈会。
7. 甘肃省文联领导给获得鲁迅文学奖的甘肃作家叶舟颁发奖金。
8. 甘肃省文联第五次代表大会在兰州召开。

青海省文学艺术界联合会

1. 3月28日，省文联七届三次全委会议在西宁召开。
2. 4月12日，由中共青海省委宣传部、中国美术家协会、中国书法家协会、中国摄影家协会、青海省文联、中共玉树藏族自治州委、州人民政府联合主办的“玉树·涅槃重生”——玉树灾后重建美术书法摄影展，在青海会议中心开幕。
3. 5月22日，省文联成立青海省文艺志愿者协会并召开第一次会员代表大会。省委常委、宣传部长吉狄马加，中国文联文艺志愿服务中心副主任、中国文艺志愿者协会副秘书长邵志军出席会议并分别作了主旨讲话，吉狄马加部长代表省委、省政府亲授会旗。

4–8. 5月23日，省文志协组织省内著名艺术家及文艺工作者开展文艺志愿服务活动。

9. 11月26日，青海省第七届（庆祝新中国成立65周年）文学艺术奖颁奖大会，在青海西宁举行。省委书记骆惠宁，省委常委、宣传部长吉狄马加，省委常委、省委秘书长王小青，副省长张建民等领导接见全体获奖作者及终评委成员并合影留念。
10. 1月15日，省文联组织省内著名艺术家及文艺工作者40余人，在乐都区寿乐镇新堡子村举行“我们的中国梦‘送欢乐、下基层’文艺慰问活动及文艺志愿服务启动仪式”。

宁夏回族自治区文学艺术界联合会

1 2 3
4 5 6
7
8

1. 11 月 24 日，宁夏文艺界"深入生活扎根人民"主题实践活动启动仪式。图为宁夏区党委常委、宣传部长蔡国英为文艺采风创作小分队授旗。
2. 1 月 30 日，宁夏文联七届六次全委会在银川召开。
3. 9 月 22 日，宁夏文联在中卫市石空镇开展"送欢乐迎国庆筑梦奔小康"慰问演出，图为宁夏文联党组书记、主席郑歌平为石空镇赠送音响设备。
4. 1 月 21 日，自治区文联"送欢乐 下基层"文艺志愿慰问演出在中宁县石空镇锦宁巨科公司举行（情景剧《农民，俺就是农民》）。
5. 7 月 6 日，"中国文联文艺培训志愿服务试点项目摄影培训项目宁夏计划"在宁夏同心县开班。
6. 11 月 27 日，宁夏文联、宁夏摄影家协会组织采风小分队深入吴忠市乡镇企业参观。图为和企业部分职工合影。
7. 8 月 31 日，宁夏文联组织作家、摄影家到中卫市中宁县进行采风创作。图为文艺家与当地文艺爱好者进行座谈交流。
8. 5 月 23 日，第一个"中国文艺志愿者服务日"来临之际，宁夏文联开展文艺"惠民、为民、乐民"志愿服务活动。

新疆维吾尔自治区文学艺术界联合会

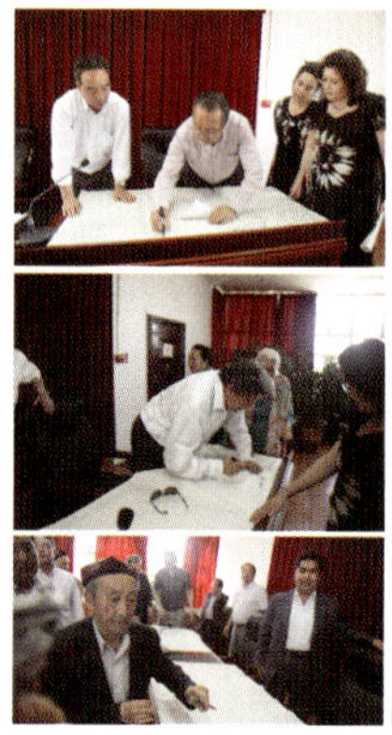

1. 自治区文联领导赴“三民”驻村工作组慰问调研。
2. 向自治区文艺志愿服务队授旗。
3. 自治区文联“我的中国梦”文化进警营活动。
4. “唱响时代最强音—诗歌全疆行”诗歌朗诵活动。
5. 维吾尔族作家致维吾尔同胞的一份信。
6. 访民情驻村工作组在麦盖提县了解蔬菜种植。
7. 自治区文联“送欢乐下基层”走进焉耆。

新疆生产建设兵团文学艺术界联合会

1. 12月29日，兵团文化系统召开座谈会，进一步学习贯彻习近平总书记在文艺工作座谈会上重要讲话精神。兵团副司令员、兵团党委宣传部部长成家竹出席会议并讲话。
2. 12月29日，“为兵团放歌”——兵团第一届“绿洲文艺奖”颁奖仪式在乌鲁木齐和平都会举行。兵团副司令员、兵团党委宣传部部长成家竹出席颁奖活动并与获奖作者、演员合影。
3. 12月29日，“为兵团放歌”——兵团第一届“绿洲文艺奖”颁奖仪式在乌鲁木齐和平都会举行。图为兵团副司令员、兵团党委宣传部部长成家竹出席颁奖活动并为获奖作者颁发奖杯。
4. 12月29日，“为兵团放歌”——兵团第一届“绿洲文艺奖”颁奖仪式在乌鲁木齐和平都会举行。图为兵团现场表演。

1

2 3

4

China Federation of Literary and Art Circles Group Members (Ⅱ)

2015

中国文联各团体会员（二）

北京市文联

综　述

2014年，市文联围绕学习贯彻习近平总书记重要讲话精神，团结凝聚首都文艺工作者，突出中国梦的时代主题，围绕中心，服务大局，认真履行联络协调服务管理职能，精心组织主题文艺活动，扶持重点文艺创作，拓宽服务渠道，扎实推进各项工作，为首都文艺事业繁荣发展作出了积极贡献。

会议与活动

【送欢乐·下基层】

年内，围绕学习宣传贯彻党的十八届三中全会精神，开展系列主题文艺活动。元旦春节期间，组织文艺家深入街道、村镇、军营、企业等地，开展21场文艺演出及“送春联·贴窗花·传祝福”慰问活动。

【北京文房四宝协会成立】

1月23日，北京文房四宝协会成立大会暨第一次会员代表大会在北京召开，这是市文联主管的第32家社团组织。

【首都艺术家新春联谊座谈会】

1月24日，由市委宣传部、市文联主办的“响应时代召唤　放飞文艺梦想”——2014年首都文艺家新春联谊座谈会在文联剧场隆重举行。首都文学艺术界近300名文艺家及非京籍文艺家代表到场欢聚。

【举办“第十四届京味文化之旅”】

4月7日至16日，由市文联与市台办、市政府新闻办共同主办的京台文化交流暨“第十四届京味文化之旅”活动在台湾台中、台南、彰化、嘉义、桃园等地举行，共举办了7场大型文艺演出、6场书画交流笔会和5场“魅力北京”图片展，创作并赠送书画作品200余幅，百余位艺术工作者参加活动，为台湾观众送去舞蹈、杂技、曲艺、音乐、书法、美术等多种艺术形式的40多个节目，观众达7000余人，受到热烈欢迎和高度称赞，加深了京台两地人民的深厚感情和对中国优秀传统文化的认同，活动安全、圆满、顺利。

【东方少年阅读基地授牌活动】

4月23日，由市文联主办，东方少年杂志社、西城区第二图书馆联合承办的“滋养浩然之气，圆梦东方少年”活动在北京市文联礼堂举行。活动现场对首家“东方少年阅读基地”西城区第二图书馆进行授牌，东方少年杂志社和西城区第二图书馆向62中同学们现场赠送了书籍和杂志700册。

【“东方少年·中国梦”第二届新创意作文大赛房山赛区颁奖会】

4月26日，由市文联主办，北京作协和东方少年杂志社负责承办的“东方少年·中国梦”第二届新创意作文大赛房山赛区颁奖会暨房山区小作家协会成立大会在北京中铁二中加州水郡分校举行。

【首都优秀中青年文艺人才库建设】

5月8日，市文联启动“首都优秀中青年文艺人才库”建设。截至2014年底，共有700余人报名入库，涉及文学、戏剧、美术、书法、摄影、民间文艺、音乐、舞蹈、曲艺、杂技、电视、电影、文艺评论和动漫、网络视听节目制作等十几个领域。旨在联络、团结、凝聚和推出更多优秀中青年文艺人才，为本市“百人工程”文艺人才的选拔和培养储备后备力量，促进首都文艺事业繁荣发展。

【文化援藏援疆援蒙】

围绕落实市对口援建工作部署，实施市支援合作地区文化援建。加大文化援疆、援藏、援蒙工作力度，市文联组织首都文艺家分别于5月16日至27日、7月7日至17日、8月9日至23日赴西藏拉萨、新疆和田、内蒙古开展文化援藏（疆）蒙活动。先后举办36场慰问演出、35场书画艺术交流笔会，深入藏（维）蒙族群众家庭看望慰问、体验生活和座谈交流，受到当地政府、少数民族同胞和援建干部热烈欢迎和高度称赞，促进了边疆地区与内地文化的融合，促进了各民族对中华主体文化的认同。

【京津冀文艺事业协同发展合作框架协议签字仪式】

6月19日，北京市文联与天津市文联、河北省文联在北京文联大厦举行共同推进京津冀文艺事业协同发展合作框架协议签字仪式，标志着京津冀三地文艺事业发展步入具体合作和项目实施的实质阶段。

【赴“南水北调”工程库区文化交流】

围绕市南水北调工程建设宣传工作部署，组织首都文艺家分别于7月23日至31日、10月19日至26日、12月2日至7日赴南水北调工程库区开展“饮水当思源感恩进库区”慰问及创作采风活动，创作报告文学、诗歌、戏曲、歌曲等文艺作品159部，积累摄影素材万余张，为库区移民群众和干部献上了10场慰问演出、10场书画笔会和10场摄影图片展，与水源地各市县签订了40余项文化事业和产业合作支援项目，举办首都文艺家南水北调原创作品讲唱会，深情传递首都人民感恩之情和诚挚谢意。

【举办文艺人才培训班】

8月至12月期间，市文联共举办第二期青年文艺人才高级研修班、第四期优秀中青年编剧导演研修班、第二期基层文联干部培训班、首都文艺界深入学习习近平总书记在文艺工作座谈会上重要讲话精神的专题研讨班等4期培训班，百余人参加培训。

【开展宣传社会主义核心价值观活动】

8月2日，由中国曲艺家协会、市委宣传部、市文联联合主办的“唱美德，颂新风——社会主义核心价值观主题巡演”首场演出在房山区阎村镇举办，拉开了市文联百场社会主义核心价值观主题文艺活动的序幕。

【2014年老舍文学奖颁奖会】

8月6日，由北京作家协会、北京戏剧家协会、北京老舍文艺基金会联合主办的2014年老舍文学奖颁奖会在北京市文联礼堂举行。徐则臣的《耶路撒冷》，林白的《北去来辞》获得优秀长篇小说奖；格非的《隐身衣》，蒋韵的《朗霞的西街》，荆永鸣的《北京房东》，文珍的《安翔路情事》获得优秀中篇小说奖；万方的话剧剧本《忏悔》，李静的话剧剧本《鲁迅》获得优秀戏剧剧本奖；刘庆邦的小说《东风嫁》等12部作品获提名奖。

【纪念杨沫同志诞辰100周年座谈会】

8月24日，由市委宣传部、市文联联合主办的纪念杨沫同志诞辰100周年座谈会在文联剧场举行。首都文艺界代表等各界人士300余人出席会议。

【举办第二届北京文学艺术品展示会】

9月3日，由市文联主办的“第二届北京文学艺术品展示会”在中华世纪坛隆重开幕。此次艺展会主题是“展示文艺精品、绽放中国梦想”。展示了文学、美术、书法、摄影、民间艺术五大艺术门类的150位文艺工作者创作的2500件文学艺术作品。各文艺家协会艺术家代表和嘉宾共500余人参加开幕式并观看展览。本届艺展会历时7天，9日落下帷幕。

【开展中华优秀传统文化进中小学校园活动】

9月5日，由市文联、市教委共同主办的“中华优秀传统文化进中小学校园”活动，在市文联剧场正式启动，并向市第六十二中学学生代表赠送了《非物质文化遗产丛书》。

【“东方少年·中国梦”第二届中小学生作文大赛颁奖大会】

9月20日，在文联剧场举办“东方少年·中国梦”第二届中小学生作文大赛颁奖大会暨小作家分会拜师会。本届大赛分别设立命题作文组和文学创作组，最终3000多名参赛者获奖。出版《“东方少年·中国梦”第二届新创意中小学生作文大赛获奖作品集》两卷。

【“烈士纪念日”缅怀追思活动】

9月30日，首个“烈士纪念日”，中国文联、北京市文联共同组织党组成员、各艺术门类艺术家代表、文联机关各部室党员干部80余人来到李大钊烈士陵园，向李大钊烈士敬献花篮，表达缅怀追思。

【京津冀民间艺术精品联展】

10月11日，由北京市文联、天津市文联、河北省文联共同举办的“京津冀民间艺术精品联展”在天津梅江会展中心举办。此次展览，北京市文联甄选了十五个艺术门类近百件作品参加。

【第七届老舍散文奖颁奖活动】

10月14日，由市文联、北京文学月刊社主办，江苏省泗洪县人民政府协办的第七届老舍散文奖在江苏泗洪隆重颁奖。周大新的《在苏格拉底被囚处》、张亚丽的《京城的告密》、马步升的《鸠摩罗什的法种与舌头》、怡霖的《苍穹之王》、王必胜的《单位》、刘醒龙的《抱着父亲回故乡》、田珍颖的《冬天的记忆》、任林举的《西塘的心思》、杨文丰的《雾霾批判书——自然笔记》、杜怀超的《苍耳：消失或重现》等十篇作品获奖。

【首都文艺界座谈会】

10月17日，市文联组织召开首都文艺界学习习近平总书记在文艺工作座谈会上重要讲话精神座谈会。谭利华、刘庆邦等60名艺术家参会并发言。

【开展文艺志愿服务】

10月18日，在西城区广安门外街道社区服务中心举办北京市文联文艺志愿服务工作启动仪式。年内将组织首都文艺志愿者开展了一系列的走进北京基层、社区、学校等地的文艺支教和文艺演出志愿服务活动。11月21日至12月2日，市文联组织首都师范大学等院校5位优秀的教授、老师志愿者前往内蒙古包头市九原区定点培训140名区县中小学文艺老师。

【召开“梦想与文艺·2014北京文艺论坛”】

11月20日至21日，市文联主办的“梦想与文艺·2014北京文艺论坛”在怀柔召开。开设了两个分论坛：“邹静之：一个文学家的艺术梦想”，“青春与文艺”。将文艺评论工作与市文联宣传和弘扬“中国梦”的一系列文艺创作和文艺演出活动相结合，进一步推动文艺评论发挥“引领创作、多出精品、提高审美、引领风尚”的重要作用。70余位各艺术门类的专家学者出席会议并做主题发言。

【举办优秀原创文艺节目展演】

11月23日、27日和28日，分别赴朝阳、通州和海淀三区举办由市文联主办的“中国精神·中国梦”——2014北京市区县（局）、产（行）业文联新创文艺节目展演，36个节目参加了展演。

【原创作品讲唱会】

12月11日至13日，在北京文联小剧场举行面向首都市民的“上善若水 思源感恩”——首都文艺家深入生活·扎根人民原创作品讲唱会。15部原创作品展现。

【第二届剧本推介会】

12月17日，由市委宣传部、市文联主办的北京第二届剧本推介会开幕式暨“网上剧本超市”启动在中华世纪坛举行。会期五天共有65部作品正式签约，300部作品签订合作意向书，作者个人与公司对接有合作意向的180部，600多家影视、文化公司、文艺院团参与。

【第二届百姓健康舞展演活动】

12月26日，“中国精神·中国梦”北京市第二届百姓健康舞展演活动在北京电子科技职业学院体育馆成功举办。本届健康舞大赛共有来自北京10个区县的30个代表队，1000多人参加。

【开展宣传“中国精神·中国梦”文艺活动】

年底，组织文艺家深入街道、村镇、军营、企业等地，完成“中国精神·中国梦”——首都艺术家“深入生活、扎根人民”10场系列演出活动。

【举办40场文艺大讲堂】

年内，由市文联主办，以“传递文艺正能量、共筑精彩中国梦”为主题的2014年北京文联大讲堂系列讲座，共邀请舒乙等艺术名家举办讲座40场，内容涉及文学、戏剧、美术、书法、民间艺术等，听众达50000余人。

对外文化交流

【民间艺术家参加民俗节】

6月22日至7月13日，由中国对外文化交流协会和美国史密森学会共同主办的“中国：传统与生活的艺术”主题活动在美国史密森民俗节和加拿大中国民俗节上亮相。文化部邀请北京民协艺术家哈亦琦、张宝琳作为北京地区民间艺术家代表参加此次活动。在为期三周的时间里，两位艺术家在北京市文联人事部的带领下，与来自十五个省市自治区的近百名民间艺术家，向来自世界各地的游客展示了丰富多彩的中国传统民间手工艺，把中国的民俗文化推向世界。

【北京作协赴法国、古巴文化交流】

应古巴哈瓦那大学文学与艺术学院和法国文学与作家之家协会的邀请，北京作家代表团一行6人，于12月13日至20日出访古巴、法国两国，开展中国文学“走出去”和文学交流活动。在哈瓦那大学，北京作家与当地作家和学者深入探讨了近两百年来、特别是中国改革开放以来中国文学对古巴的影响；在法国作家之家协会，法国作家介绍了中国文学作品在法国传播的现状和存在的问题，双方就如何进一步拓展文学交流和传播进行了有益探讨。

创作与研究

【出版《非物质文化遗产丛书》】

1月15日，由北京文联民间文艺家协会编纂的第一批《非物质文化遗产丛书》出版。此书涉及民俗学、民间传统手工技艺、民间文学等方面的十个北京市级非物质文化遗产项目。

【长篇报告文学《西望胡杨》首发式】

5月28日，长篇报告文学《西望胡杨》首发式在中国现代文学馆举行。本书由著名作家孙晶岩撰写，是首部全景式反映北京援疆人精神风貌的长篇报告文学，是北京作协的精品文学项目，也是北京市文联文化援疆的一个重要项目。

【出版《北京人艺之前途与传统》】

研究部完成中国文联“文艺评论工程”部级课题的4个重点课题之一《北京人艺之前途与传统》，共计13万字，对以北京人艺为代表的首都戏剧历史、现状、未来走向进行了研究探索。

【出版《“网络与文艺·2013北京文艺论坛”论文集》】

研究部出版的《“网络与文艺·2013北京文艺论坛”论文集》收录约40位文艺评论家的专题论文，约30万字。

【出版《新中国北京文艺60年》】

研究部出版的《新中国北京文艺60年》，共出版各艺术门类分卷12卷，近400万字，收录了各艺术门类近500名专家的理论文章。

获奖情况

1. 在第九届中国文联文艺评论奖评奖中，《中国戏剧的价值重建》（作者：傅谨，北京剧协推荐）、《舞林争霸到底争什么》（作者：许锐，北京舞协推荐）两篇文章获得一等奖；《时代呼唤“时代大片”》（作者：侯光明，北京影协推荐）、《探求传统节日的真与善——评萧放〈传统节日与非物质文化遗产〉》（作者：张勃，北京民协推荐）两篇文章获得文章类二等奖；北京市文联获得组织工作奖。

2. 在第十三届哲学社会科学优秀成果评奖中，《梁启超传》（上、下）（作者：北京文艺评论家协会副秘书长解玺璋）获得“北京市第十三届哲学社会科学优秀成果奖二等奖。”

3. 北京杂技家协会团体会员中国杂技团的《一品一三绝》在第八届中国杂技“金菊奖”第三次剧目奖颁奖晚会上，获得“金菊奖·优秀剧目奖”。

4. 北京杂技家协会团体会员中国杂技团选送的曹凯表演的《激踏·球技》荣获第三届西班牙菲格罗斯马戏节金奖，为中国杂技团赢得建团后的第59金。

5. 在中国作协公布第六届“鲁迅文学奖”获奖名单中，周晓枫的《巨鲸歌唱》获得散文奖，徐则臣的《如果大雪封门》获得短篇小说奖，格非的《隐身衣》获得中篇小说奖，孟繁华的《文学革命终结之后——新世纪文学论稿》和贺绍俊的《建设性姿态下的精神重建》获得文学理论评论奖。

6. 在2014年老舍文学奖中，作协会员徐则臣的《耶路撒冷》、林白的《北去来辞》获优秀长篇小说奖，荆永鸣的《北京邻居》、格非的《隐身衣》等获优秀中篇小说奖，万方的《忏悔》获优秀戏剧剧本奖。

7. 在中国文联主办的第九届中国文联文艺评论奖颁奖典礼暨第七届当代中国文艺论坛中，由北京剧协推荐报送的著作类作品《当代小剧场三十年（1982—2012）》获得著作类一等奖。

8. 在第六届全国少儿曲艺大赛中，北京曲协报送的相声、快板、京韵大鼓、北京琴书等曲种的6个节目参加了大赛。其中，4个节目进入决赛，并取得一等奖一个、三等奖两个、新苗奖两个、优秀奖两个、园丁奖三个，及组织奖。

9. 在第八届中国曲艺牡丹奖中，京韵大鼓演员张曦文获得表演奖，评书表演艺术家连丽如获得终身成就奖。由秦永超、甄齐创作的山东快书《一碗饺子》获得创作奖提名。

10. 在第35届法国明日国际杂技艺术节上，北京杂技家协会团体会员中国杂技团选派的《协奏・黑白狂想-男子技巧》获金奖。

11. 在第九届中国杂技金菊奖理论奖中，北京杂协获得理论作品奖组织奖，由协会推荐的柴莹获理论作品银奖，张红、黄介农获理论作品优秀奖；同时，张红、傅琰东、王桂琴等3位获德艺双馨会员。

12. 北京文联下属单位东方少年杂志社荣获团中央和新闻出版广电总局颁发的“青少年维权岗”称号。

13. 北京文联下属单位北京文学月刊社在北京市新闻出版局2014年度报刊出版引导资金资助项目评审中，申报的“贯彻落实党的群众路线教育实践活动作品专题、专版”获得期刊类二等奖。

14. 北京文联被中国文联评为2014年度舆情信息工作先进单位。

机关建设

1. 2014年，经过党政领导干部选拔任用的一系列程序，选拔任用了文艺指导和维权部主任、机关党委专职副书记、办公室副主任（财务）、北京曲艺家协会秘书长、北京舞蹈家协会副秘书长、北京民间文艺家协会副秘书长、北京作家协会副秘书长、宣传部主任、宣传部副主任、组联部副主任等10名正副处级领导干部，提拔任用了2名副调研员。

2. 2014年，招录参公管理人员3人，招录遴选参公管理人员1人，以高级专业人才引进的方式，调入驻会专业作家1名，招聘事业单位人员6人，接收副团职军转人员1人，及时完成2名局级领导干部人事行政关系转入工作。

3. 文联八届二次理事会议上，增补文联党组副书记刚杰，区县产行业负责人王立群、王铁英、张中茂、张永明、彭天和、樊淑玲同志为文联理事。

各文艺家协会

【作家协会】

1月20日，在现代文学馆召开北京作协第一届理事会主席“阮章竞百年诞辰纪念会”。

3月27日，在文联会议室召开了“凸凹乡土小说三部曲”研讨会。

5月9日，在中国作协五层会议室召开了“祝勇散文集《故宫的风花雪月》”研讨会。

5月15日，北京作协与江苏作协共同策划举办了“中国网络文学南北对话论坛”，唐家三少、辰东等来自北京、江苏的20位网络文学作家和20多名传统文学作家、评论家，就网络文学的现状、问题、发展方向等网络文学的热点问题进行了讨论，在网络文学界受到较高关注和好评。

7月3日，在文联会议室召开了“孙晶岩长篇报告文学《西望胡杨》”研讨会。

10月22日，在中国人民大学文学院召开了“宁肯长篇小说《三个三重奏》”研讨会。

7月16日，作协将1000余本图书捐赠给十三陵温馨老年公寓。

7月23日至8月3日，组织10名作家参加“首都文艺家南水北调创作采风活动”，共创作出报告文学2篇、散文3篇及诗歌十余首，其中的优秀作品在《北京日报》《北京青年报》等媒体刊发，并在文联组织的“首都文艺家南水北调慰问演出”活动中进行展演，宣传库区人民的奉献精神，倡导节水意识，增强了首都和库区人民的感情。

9月1日、2日，组织小说委员会赴白洋淀采风创作，小说作家围绕“症候式写作与症候式阅读”等话题进行了专业性的研讨。

9月15日、16日，组织散文和报告文学委员会赴青山关采风创作，散文作家围绕“当前散文的处境、机遇和来路、去向”等话题进行了专业性的研讨。

9月28日、29日，组织儿童文学委员会赴青山关采风创作。

9月30日，组织青年作家赴陕北，到延安革命圣地，分别与延安市和延川县作协座谈，并到习总书记插队的文安驿镇梁家河村参观。

10月27日、28日，组织诗歌委员会赴定州曲阳，诗人和儿童文学作家也分别围绕队伍建设和人才培养等问题进行了深入座谈。

11月27日，为贯彻落实中宣部在文艺界广泛开展“深入生活、扎根人民”主题实践活动号召，组织40余名小说、散文、诗歌、网络文学等创作方向的青年作家深入基层，参观北京市朝阳循环经济产业园。

12月25日，在市文联组织召开“服务人民，书写时代”首都文学工作座谈会，北京市委常委、宣传部部长李伟同志，市委宣传部常务副部长王海平同志，市文联主席张和平同志，市文联常务副主席、党组书记陈启刚同志等领导及三十余名首都作家代表参加会议。会议对5位获第六届鲁迅文学奖的首都作家进行表彰，同时激励和引导首都文学工作者树立“服务人民，书写时代”的信念，全身心投入到实现中华民族伟大复兴中国梦的宏伟事业中去。

【戏剧家协会】

3月22日，北京戏剧家协会召开五届六次理事会议，会议审议并通过了北京剧协2013年工作报告并部署了2014年工作安排，北京剧协30余位理事出席会议。

4月20日，北京戏剧家协会主办的“新剧作朗读”系列活动在蓬蒿剧场上演，朗读的剧本是青年戏剧导演顾雷的《顾不上》和何雨繁的《澡堂》。戏剧界的专家制作人与戏剧爱好者近100人参与了此次活动。

4月26日，由北京戏剧家协会、北京市朝阳区文化馆主办、北京9剧场策划2014“非非”演出季在“9剧场”拉开帷幕。

8月17日，由北京戏剧家协会、北京市朝阳区文化馆主办，9剧场承办的2014金刺猬大学生戏剧节闭幕式在北京9剧场小梨园剧场举行。华南师范大学华师菁菁剧社凭借话剧《江城子•董生中举》夺得了本届大戏节的金刺猬大奖。

8月12日，参加中国剧协第十八届“小梅花”荟萃活动，协会推荐参加终审的15名选手全部夺得“金花”称号。

9月2日至28日，由北京戏剧家协会、中国国家话剧院、共青团北京市委主办的2014北京青年戏剧节在京举行，本届戏剧节共有来自11个国家的50部作品在北京的10个剧场和艺术空间演出近百场。

10月14日，由市文联、北京戏剧家协会主办的2014年体制外优秀青年戏剧推荐展演启动。展演共11部戏剧作品以及13部戏曲作品，10月21日开始在八家剧场上演，为期两个月，共计上百场演出。

11月12日，参加中国剧协第四届“校园戏剧节”活动，其中由北京戏剧家协会报送的京剧《少年马连良》（北京戏曲艺术职业学院演出）以及话剧《绽放》（北京科技大学演出）分别获得专业组和普通组的“优秀剧目奖”。

【美术家协会】

2月1日至12月15日，组织举办2014年第十二届全国美术作品展览活动。共收中国画、油画、版画、水彩粉画1200余幅，经过专家初评复评北京地区向全国各展区推荐四大画种358幅，有87幅作品分别获奖，其中：有5幅获得银奖、11幅获得铜奖、17幅获得优秀奖、54幅被组委会选为获奖提名作品，此次推荐作品参展活动，荣获了第十二届全国美展优秀组织工作奖。

10月1日至19日，组织了部分美术家赴山西、陕西两地采风写生，与陕西省文联、美术家进行了交流，慰问了陕西省铜川煤矿，与矿工进行了广泛交流，拓展了画家的创作视野。

11月7日至15日，在国艺美术馆成功举办“第十三届北京新人新作展览活动”。此项展览共征集作品近400余幅，经过专家评审有105幅作品参加了展览。

11月12日，市文联、北京美协和北京援疆和田指挥部共同组织首都部分美术家到北京市对口援建地区—新疆和田开展创作采风和文化交流活动。这次活动历时一周，除创作采风外，艺术家们还将为当地画家和美术爱好者举办讲座，并向和田地区文化中心赠送美术作品。

11月19日至27日，北京市文联、北京美协与丰台区委区政府合作，在中国美术馆成功举办了第五届“北京意象·丰台华彩”主题绘画创作活动。此项活动先后组织美术家150人次、分9批走进丰台，深入20多个村镇采风写生创作，有105幅精品参加了展览。

年内，组织美术家参加16场“深入生活，扎根人民”进一步弘扬社会主义核心价值观慰问活动，累计创作绘画及书法作品600多幅，受到群众好评，实现了“三满意”。

【书法家协会】

1月13日，为深入宣传和贯彻党的“十八届三中全会”精神，积极开展“送文化下基层”惠民活动，组织书法家来到朝阳区黑庄户乡，开展“送春联、贴窗花、传祝福”慰问活动。

1月16日，组织书法家到北京市大兴区开展“迎新春·送祝福”慰问活动。

2月26日，由北京书法家协会、首都图书馆和北京市监狱联合主办的“笔酣墨畅昭正途、文化育人奔光明”北京市监狱服刑人员书法教育成果展，在首都图书馆开幕，共计300余幅作品展出。

3月13日，北京书协五届八次理事会在北京市文联召开。会议深入贯彻学习党的十八大、十八届三中全会精神和习近平总书记系列讲话精神，认真审议了协会工作报告，总结2013年工作，部署2014年工作。

3月13日，由北京市文联、北京书法家协会、北京朗诵艺术团联合主办的“美文金声”名家名篇诗歌朗诵会在北京市文联小剧场举行。

3月13日，在文联会议室举办了妇女书法创作品评会。60多位女性书法家和书法爱好者参与活动。

3月27日，由北京日报社与日本白扇书道会联合主办，北京晚报承办、北京书协支持的“中日名家书法联展”在北京市劳动人民文化宫东配殿开幕，共展出中日两国书法名家作品105幅。

6月10日，2014年“寻找最美乡村教师”大型公益活动在北京正式启动。启动仪式上，林岫和田伯平代表北京书法家协会志愿者团队向两位“最美乡村教师”代表赠送了两幅书法佳作，并通过主办方向其他“最美乡村教师”转赠了34幅书法佳作。

7月30日，组织书法家深入南口武警基地慰问部队官兵，送书法送祝福。

9月23日，由市文联、北京书协主办，北京庆历云天文化发展有限公司承办的“翰墨中国”第十七届北京书法篆刻精品展在中国人民革命军事博物馆隆重开幕。此次精品展是北京市文联庆祝中华人民共和国成立65周年系列活动的重要组成部分，共征集稿件近3600件，245件作品入展。

10月20日，首都书画家一行10人应河北邯郸市李连庄村邀请，在当地举办“展新农村风采，享艺术盛宴”书画交流活动。

10月26日，由市文联、北京书协、乌海市委宣传部、乌海市文联、乌海市书协共同主办的“书艺缘·北京-乌海书法精品联展”在乌海举办，展出150幅作品。

11月15日，由市文联、北京书协、中共北京市密云县委员会、北京市密云县人民政府主办的“美丽密云”第五届北京美丽乡村书法艺术展在密云蔡家洼盛大开幕。此展共展出来自京郊10个区县作者的作品165幅，特邀作品23幅。

11月27日，组织书法家一行8人，赴四川省什邡市开展书法大讲堂、文化援建交流活动。

12月12日，在首个南京大屠杀死难者国家公祭日来临之际，中国人民抗日战争纪念馆、首都互联网协会、北京市文联、北京书协在抗战馆共同举行中国人民抗日战争网上纪念馆专题发布暨北京书协向网民现场赠送书法作品活动。

12月27日，由中国行为法学会廉政行为研究会、国纪廉政传媒宣传教育中心、北京书法家协会等单位共同举办的第二届廉政文化书画展在北京国艺美术馆开幕。

【摄影家协会】

3月21日，北京摄影家协会召开第五届第六次理事会议。会议听取审议并通过了北京摄影家协会2013年工作总结和2014年工作计划。

4月1日至15日，举办“镜头里的中国梦”摄影新人新作在线影展，在全面展示首都摄影新人创作成果的同时，为首都摄影事业繁荣发展培植丰厚的群众土壤。

5月23日，北京摄影家协会、北京华日摄影文化沙龙联合举办的纪念延安文艺座谈会讲话72周年暨“艺术为人民”首都十六区县纪实摄影精品展在北京摄影家协会网站正式上线。展出的百余幅作品均出自基层摄影家与青年摄影新锐之手。

9月24日，由市文联主办，北京摄影家协会承办的庆祝中华人民共和国成立六十五周年“影随当代—北京人纪实摄影展览”在首都图书馆开幕。300余幅作品展出，展期五天。

【民间文艺家协会】

5月13日，北京民协召开了第五届主席团第十四次会议和第五届理事会第六次会议。会上，听取审议并通过了2013年北京民协工作报告，确定了2014年工作要点，为北京民协新一年的工作指明了方向。批准了101名民间文艺家成为北京民协新会员，使北京民协涵盖的艺术门类由九大项114类增加到十二大项121类，扩充了协会的会员队伍，为进一步开展工作做了良好的准备。

5月28日，为了宣传中华民族传统文化，丰富社区居民的文化生活，北京民协在通州区玉桥街道办事处举办了“粽叶飘香·情浓端午——我们的节日端午节”主题活动。

7月5日至10日，北京民协于首都图书馆举办了“承忆指尖——民间手工艺新会员及新增艺术门类专场汇报展”，展示了民间手工艺类新会员的200余件作品。

10月18日、19日，于怀柔区钟磬山庄举办了首届“面对面”民俗学学术交流活动。活动主题为“区域社会发展与社区文化建设”。来自北京师范大学、中国传媒大学、中央民族大学等七所知名高校及中国社会科学院的32名民俗学者及9名民俗学方向的硕士研究生参加了交流活动。

【音乐家协会】

1月10日，由市文联、北京音乐家协会、北京交响乐团主办的“《群星璀璨——我的中国梦》北京新人新作音乐会”在中山音乐堂举行。

3月11日，由市文联、北京音乐家协会、北京建筑大学主办“《群星璀璨——我的中国梦》北京新人新作独唱音乐会”在北京建筑大学大兴校区上演，近千名师生观看演出。

5月30日，在北京民俗博物馆举办了《端午魂》——爱国音乐诗歌演唱会，300多名观众观看演出。

9月29日，由市文联、北京音乐家协会主办的“我的祖国 我的中国梦”北京中老年声乐比赛获奖选手音乐会在北京文联小剧场举行。

10月24日，北京音乐家协会组织市、区30名词曲作家走进了顺义区龙湾屯镇峪子沟进行采风创作、座谈交流活动。

10月25日，为纪念《为人民服务》发表70周年，北京音乐家协会参与主办的“为人民服务讲唱汇”在人民大会堂举行。

11月22日，由市文联、北京音乐家协会、天津市音乐家协会、河北省音乐家协会共同主办的2014北京民族器乐大赛部分获奖节目音乐会在中山音乐堂剧场上演。

12月11日至13日，在北京文联小剧场举行面向首都市民的“上善若水 思源感恩”——首都文艺家深入生活·扎根人民原创作品讲唱会。15部原创作品展现。

【舞蹈家协会】

7月15日，第七届华北五省区市舞蹈大赛闭幕式暨颁奖晚会在天津市海河剧院举行。北京54个作品，参加五个组别角逐，大获全胜。

8月16日至28日，由协会主席陈维亚担任总导演，多名舞协理事及会员共同参与下，完成了第二届青奥会开、闭幕式。

11月15日，由北京市文联、北京市顺义区政府主办，北京舞蹈家协会、北京市顺义区文委、北京市顺义区文联承办的第五届北京国际标准舞大赛在北京市顺义牛栏山一中体育馆内圆满落幕，此次比赛经过北京16区县和部分艺术高校三个月来近万名选手的层层选拔，共计35组选手获奖，20个代表队荣获了优秀组织奖，牛栏山一中和顺义区文联荣获了特别贡献奖。

12月26日，由市文联主办，北京舞蹈家协会和市文联事业发展部共同承办，由大兴区文联、大兴区舞蹈家协会具体组织实施的百姓健康舞展演活动在大兴区亦庄北京电子科技职业学院体育馆举行。本届展演共来自北京10个区县的30个代表队，1000多人参加。

【曲艺家协会】

2月10日至17日，北京曲艺家协会组织的“京台两岸少儿曲艺交流活动团”赴台分别与“台北曲艺团”、“吴兆南剧艺社”的曲艺小学员们进行了演出交流，扩大北京传统曲艺在台湾青少年中的影响。

6月7日、8日，“2014北京少儿曲艺邀请赛”在老舍茶馆举行。覆盖相声、快板、京韵大鼓、北京琴书、评书、单弦等曲种的36个节目，近百名中小学生参加了比赛，共评选出一等奖6个，二等奖8个，三等奖10个，园丁奖14个，特殊奉献奖5个。

6月15日，“2014年北京少儿曲艺邀请赛”颁奖仪式暨获奖节目展演在老舍茶馆举行。

8月2日起至2015年2月12日，我会承办了由中国曲艺家协会、中共北京市委宣传部、北京市文联联合主办的首都文艺家宣传社会主义核心价值观十场巡演活动。演出活动围绕“国是家”、“勤为本”、“俭养德”、“诚立身”、“孝当先”五个主题展开。组织艺术家175人次，赴房山、顺义、密云、延庆、门头沟、丰台等地的城市广场、郊区农村、社区、学校、部队，用相声、快板、歌曲、魔术、杂技、故事、鼓曲等十余种艺术形式宣传社会主义核心价值观，观众达到10000人次以上。

9月13日、14日，在北京民族宫大剧院举办了四场青年优秀曲艺人才展演。分别为相声新人新作专场、传统相声专场、曲艺综合节目专场、鼓曲专场。涵盖相声、快板书、山东快书、京韵大鼓、梅花大鼓、北京琴书、单弦、河南坠子、铁片大鼓、西河大鼓等11个曲种，29个节目，近80名优秀青年演员在展示北京曲艺薪火传承的同时，为京城百姓奉献了质量上乘的传统和新创曲艺节目。

10月11日、12日，在北京民族宫大剧院，老中青三代艺术家同台献艺传承曲艺薪火，举办四场老艺术家优秀剧目展演。分别是：相声艺术家专场、鼓曲艺术家专场、曲艺艺术家专场和曲艺经典节目展演师生专场。

11月30日，在北京民族宫大剧院举办了“听曲艺，品京味——北京曲艺唱北京”特色节目专场演出。

12月2日，李金斗、张蕴华、王树才、崔继昌、付强等艺术家来到密云文化馆，为当地的鼓曲爱好者进行培训，并演出。

【杂技家协会】

3月21日至23日，“炫技华北　筑梦启航——2014华北五省区市杂技新人新作展演”在北京天地剧场、北京文联剧场隆重举办。来自五省区市的近20家专业院团、民营院团及20多位体制外演员近200人参加本届展演。40个精心选送的杂技、魔术、滑稽节目，展示了2008年以来6年间，华北五省区市杂技（魔术）在创编、表演上的最新成就。展演活动分为开幕式暨精品节目展演、杂技新人新作、魔术新人新作，文艺志愿者走基层惠民演出、闭幕式暨优秀作品展演等6台系列专场演出及主题为“杂技的综合呈现与观众的情感共鸣”的理论研讨会。

6月1日，在文联小剧场举办“开朗少年少儿魔术比赛”。

7月17日，协会参与召开“国际魔术合作促进会成立研讨会”，讨论修订促进会的章程、公约、共识和首都魔术产业的发展及与国际魔术资源对接等问题。

8月24日，由北京杂技家协会主办、魔法巨人魔术培训承办、中国高校魔术联盟协办的“魔法小巨人首都魔术比赛”在北京天桥杂技剧场举办。15名8至12岁京籍选手参加，最终评出金奖1名，银奖2名，铜奖3名。

9月5日至7日，“第二届中国北京国际魔术大会”在昌平举办。本次大会共有11项内容，33场魔术活动，近20个国家的50位魔术师参加了各类魔术比赛和嘉宾表演，直接参与者超过10万人次。

【电视家协会】

4月17日，在北京电视台成立中国视协编剧工作委员会，共有326名编剧入会，为服务“非京籍和体制外文艺人才”，打造编剧人才高地，促进影视精品工程奠定创作人才基础。同日，举办电视精品项目创作交流年会。

9月19日，召开京津冀110微电影征集评优展播活动策划会。

9月20日至29日，北京视协为期一周的“编剧创作大讲堂”活动成功举办。北京视协顾问、导演翟俊杰，编剧、制片人彭三源、编剧张永琛等就中国影视政策解读、影视市场现状分析、电影剧本创作的规律与技巧结合成功案例等，进行了为期10天的组织专题讲座和研讨。

9月22日至29日，由编剧、教授、制片人等会员代表9人组成北京视协赴台代表团与台湾同行共同举办“2014海峡两岸影视合作论坛及创作采风活动”，签订了“两岸电视艺术合作战略协议”，还举行北京视协会员台湾创作基地揭牌仪式活动。两岸电视行业负责人、电视制作业机构以及台湾海基会有关代表共30多人出席交流活动。

9月30日，北京视协组织20多名编剧深入怀柔影视基地等创作采风。

10月12日，北京视协组织会员参评第27届中国电视金鹰奖，北京视协推选出会员近百部优秀电视作品参评，共获得14项金鹰大奖。

10月15日至19日，北京视协组织会员代表赴韩国与亚洲电视合作举办“第9届亚洲电视剧研讨会”。

10月26日，视协第十一届全国大学生电视作品大赛圆满落幕。共有上百所高校500余部作品参评，并从中推选出入围奖26个，优秀作品17个奖。

10月至12月，北京视协策划系列电视剧《猎狐》（暂定名）40集。该剧反映国家重大反腐题材电视系，以宣传配合党中央反腐工作，受到中纪委的肯定。

11月5日，召开首都电视界学习十八届四中全会和习近平总书记在全国文艺工作座谈会重要讲话精神座谈会。会议就落实习近平总书记重要讲话精神，促进与加强德艺双馨队伍会员建设、首都影视精品工程工作进行座谈，60多名会员代表出席。

11月3日，第十八届北京影视春燕奖作品征集评选工作正式启动。从上千部申报“春燕奖”作品中筛选符合条件参评作品373件、电视十佳工作者和电影十佳工作者参评人选43名，共推选出《周恩来的四个昼夜》等72个获奖作品，推选出张国立等“影视双十佳”工作者19人。

11月5日至20日，策划录制了关于学习宣传总书记重要讲话的电视专题节目。同时，北京视协向全国影视工作者发出了《反对文化雾霾，坚持影视作品创作主旋的律倡议书》。

3月至11月，北京视协组织会员参评全国各类电视类奖项评选活动。在“第六届新农村电视艺术节”、“第二届亚洲微电影艺术节”、“第六届全国女性题材优秀电视作品推选展播”、“第七届中国电视旅游周”、“人文中国第三季——电视纪录片专题片展评展播”、“第九届中国文联文艺评论奖”评奖中，北京视协推荐作品共获得各类全国性综合奖及单奖项57个。

12月30日，视协与总后电视艺术中心联合摄制40集电视剧《彭德怀元帅》，经过数月的策划达成共识并达成联合摄制意向。

【电影家协会】

4月23号，启动第五届“北京大学生影评大赛”活动，“大学生影评大赛”是“大学生电影节”的重要组成部分，截至10月31号，本届影评大赛共收到全国各地高校近三百多篇参赛作品，经过初选、终评选等环节，最终评选出本科组、研究生组各50篇作品入围获奖。

6月12日,召开北京电影家协会一届五次理事会。会上，听取了北京影协2013年工作总结，讨论审议了2014年工作计划，并审议增补市民委副主任、民族电影展组委会主席牛颂，北京市广电局副巡视员赵志勇为理事,43人参会。

9月23日至30日，北京影协组织首都电影艺术家赴兰州参加金鸡百花电影节，观摩电影节组织的相关活动，并与甘肃省电影家协会进行交流活动。

10月30日，第五届影协杯剧本评选活动共收到360位作者投寄的近四百部剧本，共评选出40部优秀剧本进入终评，最终入围获奖作品，一等奖1部，二等奖2部，三等奖6部，入围奖20部。

12月3日，由市文联、北京电影家协会主办的“公益电影放映活动启动仪式暨由艺恒东方（北京）国际文化传媒有限公司承制电影《腊月的春》观摩研讨会”在北京文联剧场举行。

天津市文联

综　述

2014年，在中国文联的帮助支持下，在天津市委市政府的关心指导下，天津市文联开创新局面、营造新风气，稳中求进、奋发有为，努力推进天津市文艺事业的科学发展。

重要活动

【天津市文联第四次代表大会】

天津市文联第四次代表大会于1月24日至25日隆重召开。来自天津市各艺术门类的艺术家及有关方面代表汇聚一堂，共绘天津文化大发展大繁荣宏伟蓝图。全体代表以高度的责任感和使命感，不负重托，认真履职，集思广益，畅所欲言，圆满完成了会议各项任务，结束了25年未换届的局面，得到天津市委领导充分肯定、中国文联高度评价及艺术家们的热情称赞。

会议通过了《天津市文联第三届委员会工作报告》、审议通过了新的《天津市文学艺术界联合会章程》、选举产生了新一届主席团。冯骥才被推举为天津市文联第四届名誉主席。陈洪当选为新一届天津市文联主席，寇士恺当选为常务副主席，万克、王大方、王书平、关牧村、刘颖、李锦河、张建会、孟广禄、侯泉根、赵鸿友、傅长圣、籍薇当选为天津市文联副主席。赵洪俊、商移山当选为主席团委员。商移山被聘任为天津市文联秘书长。

【第十二届全国美术展览中国画作品展】

第十二届全国美术展览中国画作品展是新中国成立以来，天津市首次承办最高规格的国家级美术大展，无论是展览本身的艺术魅力，还是对天津美术事业今后的发展以及营造该市高端文化环境等，均有着十分特殊的重大意义。此次展出的国画精品佳作共有591件，是从全国各地选送的1300多件作品中经严格评审确定的。入选作品题材丰富、风格多样，具有独特的艺术魅力和鲜明的时代气息，展现出五年来中国画创作的丰硕成果和崭新风貌。此次，天津市共有39件作品入选全国美展中国画展览，是该市参加历届美展入选作品最多的一次，入选数量在全国名列前茅。在“第十二届全国美术作品展览”中国美术奖•创作奖评选中，天津市获得五个大奖，创历史佳绩。

为在此次全国美展中取得佳绩，推出更多的美术人才，创作出更多更好的优秀作品，充分展示天津市的美术成就，天津市文联与天津市文广局、天津市美协共同举办了“第十二届全国美展作品征选暨天津市美术作品展览”。展览收到应征稿件2000余件，其中中国画作品达1000余件，入展作品数量和展览规模均创历史新高。展览共评出7个美术门类的金、银、铜奖153名，充分展示了天津市美术创作的实力和新成果。

【“第四届中国国际民间艺博会暨第四届中华（天津）民间艺术精品博览会”】

“第四届中国国际民间艺博会暨第四届中华（天津）民间艺术精品博览会”是集艺术展示、学术交流、艺术品交易为一体的大型艺术盛会，共吸引了15个国家和地区以及全国近30个省、市、自治区的民间艺术家前来参展，荟萃精品佳作达数十万件，涉及百余个艺术门类，其中既有民间工艺美术大师、民间工艺传承人的精品绝活，也有民间艺术新锐的新品佳作，琳琅满目，繁花似锦。民博会期间举办了“第四届中国民间艺术精品展”“京津冀民间艺术精品展暨第四届天津民间艺术展”“海内外民间文艺家书画家联展”和“‘鲜于璜碑’全国书法名家作品邀请展”及“‘鲜于璜碑’天津市第八届书法篆刻展览”等十余项大展，将技艺精绝的国内外民间艺术精品和书画佳作呈现给各地观众，民间艺术的鬼斧神工，翰墨丹青的大气典雅，将整个展会现场装点成艺术的海洋，令人流连忘返。本届民博会展馆面积11000平方米，共设504个展位，5天展期里，超过15万人参观了展览，尤其是展会最后一天，展馆内人头攒动，成交量达到高潮，不少商家的展品都销售一空，民博会呈现展销两旺的良好势头。

【第七届华北五省（区）市舞蹈大赛】

第七届华北五省（区）市舞蹈大赛历时六天，来自五省（区）市156支专业和业余舞蹈队的4000余名选手齐聚津门，248个舞蹈节目依次上演，为天津观众奉献了一场精彩纷呈的舞蹈艺术盛宴。本届大赛参赛作品精品荟萃、题材丰富，在继承的基础上有创新，涌现出一大批主题突出、特色鲜明的原创作品，体现了较高的艺术水准。参赛演员艺术功底扎实、舞蹈技巧娴熟，配合默契，表演张弛有度，具有强烈的舞台感染力，充分展示了舞蹈艺术的独特魅力。

【文艺志愿活动】

成立天津市文艺志愿者协会，并先后组织了“天津市文艺志愿者慰问城市建设者首场演出”以及“天津市文艺志愿者协会舞蹈团‘送欢乐下基层’文化惠民舞蹈专场演出”“天津市文艺志愿者协会朗诵艺术团慰问开发区建设者朗诵专场晚会”“庆祝中华人民共和国建国65周年与共和国同行——‘卫士情·中国梦’天津市文艺志愿者协会武警文工团文化惠民晚会”“圆梦行动——天津市文艺志愿者走进农村为耄耋老人圆一生戏曲之梦”等活动，组织艺术家深入社会生活，积极参与公益活动，为人民群众送温暖献爱心。

【“最美中国梦”优秀剧本征集活动】

“最美中国梦”电影、电视剧、戏剧优秀剧本征集活动，旨在推出一批富有浓郁时代特色、生活气息的鲜活作品，展示人们寻梦、追梦的奋斗精神。在“中国梦”这一主题的感召下，一些知名作家、艺术家和工人、农民、教师热情高涨，收到来自全国各地的作品335部。经过初评、复评和终审，最终评选出电影、电视类一等奖2名，二等奖3名，三等奖6名；话剧、戏曲类二等奖3名，三等奖6名，一等奖空缺。获奖作者分别来自北京、天津、上海、深圳、吉林、甘肃等，遍及祖国东西南北诸多地方。

创作与研究

【获奖情况】

（1）在中宣部“五个一工程”歌曲评选活动中，天津市组织创作的歌曲《把爱捧给你》再次获奖，取得“九连冠”的佳绩；

（2）在“第十二届全国美术作品展览”中国美术奖•创作奖评选中，陈治、武欣的中国画作品《儿女情长》获得金奖，这也是七个金奖作品中唯一的一幅中国画作品；徐展的中国画作品《郎木寺的节日》获得铜奖；景育民的雕塑《黑雨》、于小冬的油画《燃灯节》和董克诚、董瑀强的连环画《格桑与卓玛》获得优秀奖；

（3）孙伯翔荣获中国文联第十一届造型表演艺术成就奖，这是继王学仲、孙其峰之后天津市第三位获此殊荣的书法家，使该市在全国获奖省市中排名第一；

（4）侯泉根荣获第九届金菊奖第五次终身成就奖；

（5）在第十八届中国少儿小梅花大赛上，天津市选送的十位小演员全部获金奖，天津市剧协获优秀组织奖；

（6）在第四届民博会《中国民间艺术精品展》中，天津5位民间艺术家获国际民间艺术组织（IOV）授予的“国际民间工艺美术大师”称号，7人获“国际民间工艺美术家”称号；18人获博览会精品展金奖，21人获银奖；

（7）在第二届“荷花·少年”全国（中学）校园舞蹈展演活动中，舞蹈《秀美图》获得星光少年奖；

（8）在第九届中国舞蹈“荷花奖”校园舞蹈大赛上，舞蹈《卫妞》荣获十佳作品奖；

（9）张蕴和论文《中国相声在当代社会环境下的发展取向》荣获第九届全国文艺评论奖一等奖。

（10）夏冬论文荣获第九届金菊奖第八次理论作品优秀奖；

（11）电视剧《寻路》荣获中宣部十三届精神

文明建设“五个一工程”奖以及第27届中国电视金鹰奖长篇电视剧特别奖；

（12）《泊客中国》栏目获得广电总局第23届星光奖电视文艺栏目大奖。

【理论研究】

一是不断扩大刊物影响。《文学自由谈》坚持选稿“六不”思路，即：不推敲人际关系，不苛求批评技法，不着眼作者地位，不体现编者好恶，不追随整齐划一，不青睐长文呆论，及时挖掘新作者，不断开发稿件来源，研究新选题，办刊风格更加鲜明，品牌效应进一步提升，在文学批评领域和读者中的积极影响持续扩大，已成为能够代表天津期刊界和文学界最高水平的期刊品牌之一。

二是《天津文艺界》成功改版，全面反映天津市文艺界的动态和信息，总结推广各艺术门类的经验和做法，展示该市艺术家取得的艺术成就，成为各级领导、有关部门和广大文艺家、文艺工作者了解文联动态和信息的重要载体。

三是完成一系列研究课题项目。编辑完成了由中国文联立项的部级研究课题项目《赵大民的戏剧艺术初探》；完成了《粤声津渡——天津广东音乐在津100年》系统工程，对天津广东音乐在津100年的流行、发展和形成具有天津特色的广东音乐等方面，进行了全方位的梳理，并且征集了大批文字、曲谱资料，为研究天津民间音乐历史留下一份宝贵资料；出版了《音乐知识与中国民歌军歌》一书等。

文化交流与合作

【签署《京津冀协同推进文艺事业发展的合作意向》】

6月19日，天津市文联与北京市、河北省文联签订《京津冀协同推进文艺事业发展的合作意向》，三地文联在京津冀一体化框架内的全面合作正式拉开帷幕。按照协议，三地文联将在共同打造文艺品牌活动、加强人才队伍培养等9个方面建立长效合作机制，促进京津冀文艺事业协同发展、共享发展。天津市文联先后与北京市和河北省文联主办了“京津冀民间艺术精品展”，与河北省文联主办了“八十写心—田人先生书法展”等，展现三地文艺协同发展新风貌。

【签署《艺术文化交流协议书》】

4月10日至13日，应天津市文联主席陈洪邀请，韩国釜山广域市艺术文化团体总联合会考察团对天津进行了为期4天的考察访问。考察团参观了天津市的文化场馆，游览了市容景区，并与该市艺术家举行了座谈，就艺术创作和推进文化的繁荣发展进行了深入探讨。双方签署了《艺术文化交流协议书》，为进一步促进天津市与韩国釜山两个城市之间在文化艺术领域的友好交流与合作打下坚实的基础。

文艺队伍及机关建设

一是开展天津市第七届中青年“德艺双馨”文艺工作者和第十一届文艺新星评选活动，评出“德艺双馨”文艺工作者18名、文艺新星28名，积极推动我市文艺界培育和践行“爱国、为民、崇德、尚艺”的价值观。

二是举办“李霁野诞辰110周年纪念座谈会”“梁斌诞辰100周年书画展和纪念活动”“骆玉笙诞辰100周年纪念活动”“马三立诞辰100周年纪念活动”“王学仲先生艺术座谈会”“八十抒怀——孙伯翔书画艺术展”“纪念著名京剧表演艺术家李荣威诞辰八十八周年暨李荣威舞台表演艺术研讨会”等，组织青年文艺人才积极参与，为他们搭建学习平台、树立学习榜样。

三是注重加强思想政治建设，强化党员干部培训，扎实推进文联机关建设。先后举办“机关干部素养培训班”和“贯彻落实习近平总书记在文艺工作座谈会上的重要讲话精神培训班”。

经市编办批准成立了文艺资源部、权益保障部和事业发展部，促进文联机关工作科学发展。

各文艺家协会

【音乐家协会】

1月12日，启动由中宣部文艺局、人民网、新华网、光明网联合主办的“我们的中国梦——讲述中国故事”征歌活动。

2月10日，召开《粤声津渡——广东音乐在津100年》综述讨论会。

2月14日，举办北辰征歌活动颁奖音乐会。

3月8日，举行第九届中国音乐金钟奖合唱比赛天津赛区选拔赛。

3月27日，召开吉他考级教材研讨会。

4月18日，与天津交响乐团联合举办的“‘中华情’——名家名曲系列音乐会”举行。

5月18日，召开《粤声津渡——广东音乐在津100年》综述研讨会。

5月27日，开展“公益讲座进社区”活动。

6月5日，组织词曲作家赴天津市开发区进行采风创作。

6月23日，举办“合唱艺术”公益讲座。

7月5日，举办“中国音乐‘小金钟奖’暨第二届全国钢琴比赛天津赛区选拔赛”。

7月11日至17日，主办“‘和平杯’天津市第三届合唱艺术节比赛”。

8月12日，邀请著名词作家邬大维来天津讲学。

8月19日，主办“爱乐之声”男生四重唱音乐会。

9月13日，邀请著名钢琴家鲍蕙荞女士来津讲学。

9月23日，主办“和平杯”天津市合唱比赛决赛。

9月27日至28日，主办“中国梦暨第十一届城市之光合唱音乐会”。

10月15日，举办“河北好声音”比赛。

10月25日，主办“‘青春梦·中国梦’天津青年歌曲演唱大赛”。

11月12日，召开天津市音乐家协会第五次代表大会。会议通过了上一届理事会的工作报告、审议修改通过了新的《天津市音乐家协会章程》、选举产生了新一届理事会和主席团。肖云翔被聘为名誉主席；关牧村当选为主席；孙光军、朱胜民、李青、李瑛、肖嘉喜、徐昌俊、高久林、曹德森、靳学东（以姓氏笔画为序）当选为副主席；于淑珍、王钧时、石惟正、杨今豪、陈继续、姚盛昌、徐荣坤等被聘为顾问；王仲祥、王树生、孙建中等18人被聘为名誉理事。

12月6日 ，主办“天津市‘郎朗杯’钢琴大赛”。

【戏剧家协会】

1月，由天津市戏剧家协会、天津市艺术咨询委员会、天津京剧院举办的“纪念著名京剧表演艺术家李荣威诞辰八十八周年暨李荣威舞台表演艺术研讨会”在天津京剧院召开。来自京津冀等地的京剧名家、戏曲专家、戏曲爱好者等数十人出席会议。戏曲专家们剖析总结李荣威艺术上的造诣和成就，追忆他生前为京剧传承和发展做出的贡献，并纷纷表示要把他“唱好戏、做好人”的精神发扬下去。

2月，天津市戏剧家协会五届八次主席团（扩大）会议在天津京剧院召开，天津市剧协主席团成员、各艺术院团负责同志参加了会议。

3月，和天津市文联创作策划中心、天津市剧本创作室共同主办的最美“中国梦”电影、电视剧、戏剧（戏曲、话剧）优秀剧本征集活动启动。

8月，第十八届“中国少儿戏曲小梅花荟萃”在江苏泰州落下帷幕，天津市剧协报送参赛的十名小演员全部获金奖，其中三人获得业余组十佳称号，一人夺得全国业余组状元。天津市剧协获优秀组织奖。

9月，由天津市戏剧家协会、天津人民艺术剧院、天津曹禺故居纪念馆联合举办的“永远的曹禺——2014天津戏剧周”拉开帷幕。戏剧周期间上演了曹禺的经典剧目《雷雨》《日出》和两场“曹禺作品朗诵会”。此外，曾在曹禺剧目中担任主要角色的天津人民艺术剧院部分导演和演员走进天津小说广播《正午杂谭》栏目的直播间，以“我在曹禺剧目中成长”为题，讲述他们与曹禺剧目之间的故事。戏剧周期间，天津曹禺故居纪念馆举办了“曹禺与《雷雨》专题展览”并免费向市民开放。

11月，由天津北方演艺集团、天津人民艺术剧院、天津市戏剧家协会主办的“绽放青春演绎人生”天津市第三届大学生戏剧展演活动启幕。本届展演活动吸引了来自天津市近20所高校的30余个剧组报名，经过初选与复评，最终参演剧目多达14部，为历届展演中参与团体与参演剧目数量最多的一次，展演活动规模远超前两届。14部参演剧目中包含3个原创剧目、6个改编剧目和5个非原创剧目。本届大学生戏剧展演坚持公益性的原则，以“弘扬话剧文化，鼓励原创剧目，提供交流平台，扩大校园影响”为目标，提升大学生人文素养，弘扬高雅艺术，繁荣高校校园文化。

12月8日，与天津滨海新区汉沽街后坨里社区开展了“结对子、种文化”活动，充分利用协会的各类资源，为社区送去了专业的艺术指导，令社区文艺活动的组织者们获益匪浅。

12月12日，“‘激荡青春’天津市第三届大学生戏剧展演”开幕。本届展演活动吸引了天津市近20所高校的30余个剧组报名。经过初选与复评，最终登上舞台的剧目多达13部，为历届展演中参与团体与参演剧目数量最多的一次。此外，展演还设置了剧本朗读会、主题讲座、主创人员座谈等内容，为喜爱戏剧的观众普及戏剧知识、丰富观剧体验。

【美术家协会】

2月28日，承办的“‘澄杯·观象’——当代青年水墨名家邀请展”开幕。

4月14日，组织中青年画家赴滨海新区及天津市其他标志性景点深入生活采风创作。

5月9日，与天津市妇联、天津市妇女儿童基金会共同主办的“‘感恩母亲情·书画献爱心’——为困难母亲捐赠书画义卖优秀作品展”在天津美术馆开幕。

5月10日，主办“大风时代·天津市书画名家纪念张大千诞辰115周年书画作品展”。

7月10日，由天津市文广局、天津市文联、天津市美协主办的“第十二届全国美展作品征选暨天津市美术作品展览”在天津美术馆开幕。

7月11日，天津市美术家协会第五次代表大会召开，会议通过了上一届理事会的工作报告，审议修改通过了新的《天津市美术家协会章程》，选举产生了新一届理事会和主席团，王书平当选为主席。

10月11日，主办“天津当代中国画名家合作巨制经典作品展”和“天津国画小品展”。

12月11日，由天津市美协主席王书平带队到天津市北辰区双街村社区，与当地农民美术爱好者结对子，开展美术辅导及文化帮扶活动。

12月12日，与共青团天津市委员会、天津市教委、天津市文广局、天津市青联共同主办的“天津市第五届青年美术节展览”在天津美术馆开幕。

12月12日，与天津图书馆共同主办，天津市美协钢笔画专业委员会承办的“天津第二届钢笔画展”开幕。

12月17日，召开“学习习总书记文艺工作座谈会讲话”研讨会。

12月20日，主办“天津市第五届油画双年展”。

12月24日，由天津市美协和天津市静海县政府共同主办的“‘大地行’送书画下乡活动”在静海县唐官屯镇小学举行。

12月29日，召开2015年天津市美术创作动员会。

【书法家协会】

1月8日，“王学仲艺术研讨会暨天津大学王学仲人文教育基金启动仪式”在天津大学王学仲艺术研究所举行。

1月17日，“天津市第四届硬笔书法大展”开幕。

1月27日，天津市书法家“新春走基层送春联”活动在天津市西青区文化中心举行。唐云来、张建会、邵佩英、冉繁英、董士林、沈宪民、杨建军和张晓强八位书法家，为居民代表书写春联、福字、横批等一百余件。

3月8日，举办“天津市书协庆三八国际劳动妇女节书法讲座”，邀请安徽省书法家协会副主席韦斯琴来津，为妇女书法委员会和全市妇女书法家讲课。

4月13日，召开天津书协刻字委员会会议，研究部署刻字创作工作。

5月20日至22日，天津市书协文艺志愿者惠民服务主题活动分别在天津市河西区和北辰区举办。张建会、李锋、邵佩英、冉繁英、窦宝铁、徐如衍、田树仁、沈宪民等为当地书法爱好者进行了书法点评和辅导。

5月27日，由天津市文联、河北省文联主办，天津市书协、河北省书协等单位承办，的“八十写心——田人书法展”在天津市美术展览馆开幕。

5月至7月，天津市书协组织书法家分别深入到天津市河东区、河西区、西青区、东丽区、滨海新区、宝坻区、静海县和天津港等区县，举办书法讲座，为广大书法爱好者进行辅导并点评作品，受到热烈欢迎。

10月11日至15日，“‘鲜于璜碑’——天津市第八届书法篆刻展览”开幕，共展出获奖作品十件，获奖提名作品十六件，入展作品一百一十九件和入选作品一百二十件。

10月11日至15日，举办“全国名家书法邀请展”。

10月14日，王学仲先生逝世一周年纪念活动在天津大学王学仲研究所举行。

11月9日，由中国书法家协会、天津市文联共同主办的“‘八十抒怀’——孙伯翔书画艺术展”在天津美术馆开幕，展出作品八十幅。

11月23日由天津市文联、天津市文史馆、天津市书协共同主办的“单体乾书法展”在天津市美术展览馆开幕。

12月6日，“上官守一书法展”在天津市美术展览馆开幕。此展由天津市文联、天津市书协共同主办。

12月13日，天津市书协硬笔书法培训基地举行挂牌仪式。

12月19日，“天津市书法界贯彻习近平总书记在文艺座谈会上的讲话精神学习交流会”在天津广播电视大学召开。

【舞蹈家协会】

4月26日，由中共天津市委宣传部、天津市文联主办，天津市舞协承办的“天津市第七届舞蹈艺术节”开幕。舞蹈节期间举办了天津市第七届少儿舞蹈比赛、第285届中国舞蹈家协会少儿舞蹈教学成果展（天津赛区）、第七届华北五省（区）市舞蹈大赛天津赛区选拔赛、天津市第六届群众中老年比赛、天津市第七届广场舞暨服饰大赛、天津市艺术院校新人新作品展演及教学成果汇报等一系列舞蹈展演活动。

5月23日，举办“纪念《毛泽东在延安文艺座谈会上的讲话》发表72周年暨天津市文艺志愿者舞蹈团送欢乐，下基层的舞蹈专场慰问演出”，参加演出的节目全是天津市第七届舞蹈艺术节获奖作品。

8月1日，开展夏季中国舞蹈考级工作。

10月29至30日，召开“学习习总书记在文艺工作座谈会上重要讲话精神暨第七届天津舞蹈艺术节和华北五省市舞蹈比赛的总结座谈会”。

12月19日，为深入开展“深入生活，扎根人民”主题实践活动，天津市舞协副主席蔡勤，秘书长程伟航、副秘书长崔岩到天津市西青区大寺镇王村与当地舞蹈队结对子，并与舞蹈队成员进行了交流。

【曲艺家协会】

1月5日至6日，开展“相声校园行”活动。

2月13日，召开“‘南开杯’第三届全国（天津）相声新作品大赛”筹备会。

4月18至19日，组织曲艺家到天津理工学院进行慰问演出。

5月1日，与天津市振北曲艺团共同举办慰问劳动者专场演出。

5月18日，“‘南开杯’第三届全国（天津）相声新作品大赛”新闻发布会在北京政协礼堂举行。

5月22日，举办“第六届全国少儿曲艺大赛天津赛区选拔赛”。

5月24日，天津曲艺家协会、天津杂技家协会赴天津武清区梅厂村进行慰问演出。

【摄影家协会】

1月至2月，积极响应天津市文联“走基层、送欢乐”及中国摄协“万名摄影志愿者 万幅作品进万家”文艺志愿活动的号召，在春节期间积极组织开展摄影公益活动，先后赴红桥区西于庄地区，为军烈属、孤老户及居住了几十年的老住户拍照并赠送照片；深入到西青区杨柳青镇开展“新春走基层 文化进社区”摄影服务活动，入户为村民拍摄全家福，为五保户老人、先进代表、社区服务员拍摄了标准照、合影照，发放照片100余张，受到广大群众欢迎；与东丽区、西青区、北辰区天穆镇、开发区、蓟县、静海县等多个区县摄影组织联合组织会员开展“走基层、送欢乐”摄影公益活动。

3月7日至11日，“第十六届天津市摄影艺术展览”举行。

3月29日至6月30日，“中国古建筑摄影大赛•2014光影园林天津赛区（天津赛区）”举行。

5月1日，会员赴天津滨海新区动漫展采风创作。

5月26日至30日，“第26届中国华北摄影艺术展览”在天津举行。展览期间，天津市摄协组织五省市摄影家代表赴天津滨海新区、蓟县采风创作。

6月21日至7月8日，分别在天津北辰区天穆村和静海县西双塘村成功举办了“第26届中国华北摄影艺术展览精品巡回展”。

8月2日，举办“北京摄影函授学院天津分院第24期结业式暨师生作品展”。

8月25日，与天津市房管局联合主办的“‘不老的家、宜居的梦’—天津市旧楼区综合提升改造摄影作品有奖征集活动”正式启动。

8月30日，由天津市文联、天津市摄协、天津职业大学等主办的“《本源》—天津当代摄影艺术展”展出。

10月20日至25日，“第二十二届中韩国际摄影交流展”在天津市美术展览馆开幕，中韩两国摄影家先后赴安徽、江西开展摄影创作交流等活动。

11月14日，与天津市武清区文广局联合主办“第二届美丽武清金秋摄影展”。

【民间文艺家协会】

1月2日，召开天津市民协第四届第九次主席团会议。

3月21日，召开“张宝义彩塑作品《茶馆相声》论证会”。与会专家学者对张宝义原作进行了细致的观察，提出了中肯的意见和建议，使作者打开了全新的创作思路。

4月8日，天津市民协葫芦艺术专业委员会第二次会员代表大会举行。会议选举产生新一届专委会的领导机构：名誉顾问崔锦；顾问何丽荣；名誉会长孟昭连；会长赵伟；副会长刘卫东、李新明、张福来；秘书长李月，副秘书长崔志强。

5月7日，举办《传承民族文化，共筑美好未来》——天泰小学千人共剪“中国梦”活动。

5月30日至6月1日，由天津市文联、天津市民协主办的“天津市第二届葫芦艺术大赛”举行。共有来自全国150名葫芦艺术爱好者的200余件作品参赛。本届大赛获奖作品在10月份天津市举办的“第四届中国国际民间艺博会暨第四届中华(天津)民间艺术精品博览会”上进行了展出。

6月13日，举办“非遗项目‘福禄斋’张家锦彩泥塑传承人张宝义作品展”。

9月，主办“天津市布雕艺术大赛”和“天津市印石艺术展”。

10月12日至15日，举办民间艺术公益讲座，并组织艺术家现场制作表演。

【杂技家协会】

2月7日，由天津市杂协、天津市杂技团、天津市评剧白派剧团等联合主办的“新什样杂耍——非遗专场”在天津海河剧院小剧场火爆上演。“什样杂耍”是指一台演出中囊括鼓曲、相声、口技、杂技等多种艺术形式，上世纪三四十年代活跃于天津舞台，让观众在一台演出中就能欣赏到形式多样的节目。本次活动既有杂样快板、口技、相声、古典戏法、近景魔术，会员肖桂森、朱喜清、王迎等参加了演出。

2月20日，天津市杂协三届九次主席团会暨三届十次理事会举行。会议由天津市杂协主席侯泉根主持。会议传达了中国杂协2014年工作会议精神，讨论通过了天津市杂协2013年工作总结及2014年工作计划。

3月21日至23日，由华北五省区市文联、杂协共同主办，北京市文联、北京市杂技家协会承办的“炫技华北 筑梦启航——2014华北五省区市杂技新人新作展演”在北京举行，天津市杂协、天津市杂技团派出强大阵容参加了此次活动。天津杂技团的杂技《垓下雄风——蹬人》、《倒立技巧》；魔术《雪韵》以及滑稽节目受到观众的热烈欢迎，好评如潮。

3月25日，为繁荣天津市魔术事业，由天津市杂协主办的“著名魔术家杨新英艺术交流会”隆重举行，天津市魔术界新老艺术家出席了本次活动，并进行了艺术交流。他们畅谈天津魔术的历史和现状及未来魔术的发展，同时新老艺术家们还进行了交流展演，共同切磋魔术技艺。

5月21日至24日，组织会员参加了由天津市文联、天津市文艺志愿者协会主办的“走进天津市开发区慰问演出”和“走进天津市武清区贫困村慰问演出”活动。

5月30日，天津市杂协、天津市杂技团组织艺术家走进校园，来到天津市河西区新会道小学和孩子们共庆“六一”儿童节。会员肖桂森、朱喜清、支德福、徐子正、杨金波等参加了演出，他们的表演受到学校师生的热烈欢迎。

【电影家协会】

一是完成《泰恋》、《国旗阿妈啦》、《秦香莲》、《诡劫》四部影视作品创作，预计2015年即可报审公映。

二是成立了“天津电影家协会微电影工作委员会”和“天津电影家协会影迷交流分会”，使天津影协能够更具体、更直接的履行工作职能，开展电影创作、学术研讨、影片展映、惠民服务等各类活动，推动电影事业发展。

三是积极参加中国影协和天津文联组织的各类培训和活动。

【电视家协会】

一、组织报送各类电视艺术作品参评各类奖项及活动并取得优异成绩：在第27届中国电视金鹰奖评选中，《寻路》获长篇电视剧特别奖，《蝴蝶之家》获得纪录片三等奖，《国色天香》获得电视文艺节目三等奖，《幸福城市梦 家家快乐年——2014美丽之冠中国城市春晚》获得电视文艺节目三等奖；在第23届星光奖评选中，视协报送的《泊客中国》栏目获得电视文艺栏目大奖、《今夜戏满天——2013全国15省市电视台元宵戏曲晚会》获电视戏曲节目大奖；纪录片《情暖凉山》获得中国电视艺术家协会举办的第六届女性题材优秀电视作品一等奖；在第七届中国旅游电视周优秀电视节目推选活动中，由视协推荐的《HELLO 天津》获旅游栏目类最佳栏目奖、《皇帝的新餐》旅游电视专题优秀作品奖、天津卫旅游广告获得旅游广告宣传片 最佳作品奖、主持人董昊获得旅游电视节目主持人类优秀主持人奖；在第六届“中国新农村电视艺术节”中，推荐的《乡村帮——寻找不吐皮的神奇葡萄》获得对农电视节目优秀作品奖、《乡村帮》主持人纪洋获得主持人提名奖；推荐纪录片参加四川电视节“金熊猫”奖评选以及广州国际纪录片选片会。《拾遗保护》之《木拱廊桥》获得2014年度四川“金熊猫”国际纪录片入围奖。

二、承办中国电视金鹰奖电视剧评选工作。

三、协助召开纪录片《五大道》研讨会。

四、组织评选2013年度天津市优秀电视艺术作品，共评选出22部一等奖作品。

【文艺志愿者协会】

5月21日，经天津市社团局批准，天津市文艺志愿者协会正式成立，关牧村任主席。天津市文艺志愿者协会成立大会打破了以往程式化的会议形式，以天津市文联文艺志愿服务团“送欢乐·下基层”，走进天津开发区慰问建设者和社区居民的形式举行。

6月13日，天津市文艺志愿者协会率领以天津广播电视台众多朗诵艺术家和著名主持人为主组成的朗诵分团，以“诗抒泰达”为主题走进天津泰达社区，为社区居民奉献了一台“诗与歌”的精彩晚会。一首首中国经典的“诗与歌”赢得了观众热烈的掌声。天津市文艺志愿者协会理事、天津朗诵协会会长、著名朗诵表演艺术家何佳老师还专门为开发区朗诵爱好者进行了现场朗诵指导。

7月25日，天津市文艺志愿者协会武警志愿分团为开发区建设者和社区居民奉献了一台精彩纷呈的“兵之歌”，以文化惠民的特殊的方式纪念中国人民解放军建军87周年。

9月28日，举行“庆祝中华人民共和国建国65周年‘与共和国同行，与共和国同颂，与共和国同梦’天津市文艺志愿者协会武警文工团文化惠民演出”。

10月2日重阳节，举办“为耄耋老人圆一生京剧之梦”的圆梦行动。邀请数名天津市京剧名家到天津市津南区一位九十高龄的老人（女）家中进行慰问演出。

10月10日，邀请天津广播电视台播音部副主任、播音指导胡月老师走进开发区实验小学，为广大师生和开发区朗诵爱好者进行朗诵艺术公益讲座。

10月24日，组织文艺志愿者深入到天津市静海县瀛海中学和大邱庄镇中小学进行公益讲座。

10月31日，组织文艺志愿者深入师范大学公益辅导社团文艺节目。

基层文联

【和平区文联】

一、切实紧贴市区重大艺术活动，为精神文明建设提供艺术支持。每逢“元旦”、“春节”、“三八”、“七一”等宣传活动期间，积极组织各类艺术人才积极参与文艺汇演、书画展览、诗歌朗诵、征文比赛等各类文艺项目，累计选派50多人/次，参与艺术活动10多场次。

二、借助全国知名作家影响力，展示“美丽和平”风采。成功举办了“全国作家看和平”大型文学采风活动，来自北京、上海、广东、山西、江西、陕西、甘肃、天津等20多个省市的蒋子龙、从维熙、邵燕祥、柳萌等100多名作家、学者、诗人和编辑参加。在《作家文摘》《散文选刊》《中国文化报》《天津日报》《今晚报》《都市文化》等10多种报刊杂志上刊登作家们采风的成果。并在《天津日报》开设“全国作家看和平”专栏，集中展示了近30篇。通过散文、随笔等形式，以和平区的人文历史、风俗民情、商业品牌以及政治、经济、文化活动中的新事物、新风尚为表现主题，撰写弘扬主旋律、体现正能量，热情讴歌了和平区的崭新风貌和巨大变化。

三、组织艺术家深入生活，为基层群众提供艺术服务。和平区文联采取采风与生活、出作品、群众路线相结合的特点，走入生活、走近社区、深入群众，创作油画、速写、素描、书法等作品共计百余件，采集照片资料万余张。

四、丰富培训手段，提高艺术家素质。积极组织20余人协会骨干参加了各项培训、座谈活动，组织艺术家观摩来津演出的经典剧目，共计累计受训300多人次，极大地扩展了各类艺术人才视野，提升了文艺素养。

【河西区文联】

1月至10月，举办西岸文化大讲坛公益讲座。门类涵盖国学、文学、美术、摄影、曲艺、戏曲等多种艺术门类，吸引了五万余人次听众前来聆听。讲座邀请了全国和天津文化艺术领域的专家、学者，举办了近百场讲座，使广大听众受益匪浅，让广大听众感受了中国传统优秀文化的无穷魅力。

1月4日,“师法自然——迎新春太行写生作品展”隆重举行。此次展览共展出王作飞、赵玉山、孟宪奎、郑世著、李学亮、高山、徐庆举、柳河等8位画家的新作60余幅,作品均是他们赴河南高家台和山西穿底两个位于太行山大峡谷的写生基地采风归来创作。

1月23日,举办河西区迎新春楹联笔会。楹联笔会的主题是“龙马精神　好梦成真”。来自天津市河西区书协、河西区各街书画社的书法爱好者和中小学生书法爱好者百余人一起挥毫书写新春楹联，共同祝福新年幸福吉祥，场面热闹，气氛热烈。

3月24日，举办“‘艺韵贯古今　水墨共传承’书画展”，展览囊括人物画、山水画、花鸟画和书法等150余幅作品，为青年学子和爱好者搭建了交流展示的平台。

5月1日至5月11日，举办“瞳画少儿美术活动基地17人联展”。画展展出瞳画少儿美术活动基地成立以来学期满3年以上并有一定的水平的优秀作品学员的作品300多幅。

5月17日，“西岸之春”诗歌朗诵会隆重举行。诗友们共同聆听了《西岸的风景西岸的诗》、《河西，让我感动的地方》、《梦想河西》等诗歌，在天津诗社朗诵团的激情朗诵中，一起感受着城区的发展变化、百姓安居乐业的风貌。

5月29日，“第十二届全国美术展览河西区优秀作品推荐展”举行。此次展览作为天津市河西区的一项文化惠民活动，共征集优秀推荐作品60余幅，集中展示了河西区美术水平的艺术造诣和精湛技艺，展现了社会经济发展成果和人民群众在实现伟大中国梦的过程中表现出来的精神风貌。

5月至9月，“西岸第九届社区文化擂台赛”举行。本届擂台赛共设民乐、舞蹈、曲艺和歌手四项专场。历时三个多月的比赛吸引了近百个群众文化社团和近千名文艺爱好者踊跃报名参加。

6月至12月，西岸文化志愿者评剧敬老行活动举行。志愿者们为老人们送去了他们最喜爱的评剧艺术，更是为他们送去了美好的生活祝福，将该区的惠民服务推向了高潮。

6月27日，“‘党群同携手·共筑中国梦’迎‘七一’暨党的群众路线教育实践活动专场演出”成功举行。河西区文化系统干部职工、文艺骨干及社区居民代表500多人观看了演出。

8月21日至24日，组织艺术家到内蒙古乌海市开展天津市河西区与内蒙古乌海市区域文化联动活动。

7月至8月，“2014西岸艺术节暨西岸广场演出季启动仪式”在天津大剧院歌剧厅举行。此次系列晚会共举办了包括13个街道专场在内的20场演出活动，每周更有免费电影送进社区，为河西区创建全国公共文化服务体系示范区做出应有的贡献和努力。

9月16日，“‘读书 爱书 藏书’第三届天津市河西区中小学生藏书票作品展”开幕，共征集作品500余幅，作品展出300余件。

9月28日，举办“‘弘扬社会主义核心价值观’暨庆祝新中国成立65周年楹联展”。

11月29日，召开“‘西岸实力’文学作品研讨会”。10位来自天津市的著名作家和评论家对河西区作家协会会员王军强等5人的作品进行了认真深刻的点评和分析，既肯定了他们所取得的成绩和发展潜力，也面对面地指出了其不足和弱点。专家们还对河西作协队伍的创作走势发表见解。

【河东区文联】

1月21日，举办“‘翰墨情’文化拥军迎春笔会”。书画家们当场挥毫泼墨即兴书写春联和福字，把新春的祝福融入到作品当中带给部队官兵。

3月9日，召开“杜明岑长卷出版论证座谈会”，就著名画家杜明岑两幅长卷画作衍生品走向高端市场进行研讨。

3月17日，“‘手足情’李萼群李向群书画展”开幕。此展共展出百幅作品，题材广泛，形式多样，格调高雅，时代气息浓厚，是他们创作成果的一次集中展示。

6月6日，召开“河东区诗词楹联协会第二届会员代表大会”。

6月18日，“‘把楹联写在党旗上，将核心价值观落在行动中’联墨展”开展。此展共展出93副楹联作品，作品从家风、社区风、民风等不同角度写出了对党和祖国的热爱，对新时期社会主义核心价值观的理解，接地气，入民心，代表了广大人民群众的心声。

6月21日，举办书法创作培训作品点评会，中国书协理事、天津市文联副主席、天津市书协常务副主席张建会，天津市书协副主席李峰，天津市书协秘书长冉繁英，天津市书协理事刘洪洋分别围绕当前书法创作的发展趋向，阐述了书法创作理念，强调了书法章法、形式构成的重要性。讲座之后，书法家们分别对学员创作的近百幅作品进行了逐一的点评，对作品用笔、用墨、章法、内容选取进行做了具体的指导，对每幅作品存在的问题进行了具体深入的解析，并提出有针对性的改进意见，使大家受益匪浅。

7月17日，在“八一”建军节即将到来之际，开展书画家走进警营慰问活动。范扬、杜明岑、孙长康、李向群、赵桂中、王义常、郝金宝、李建华等20余名天津市著名书画家冒着酷暑，来到武警医院进行慰问，现场展纸泼墨、挥毫献艺，创作了花鸟、山水、人物画、书法作品共70余幅。活动中书画家还与部队书画爱好者进行了艺术交流，受到官兵们的高度称赞。

9月4日，举办天津市河东区“2014年迎中秋京剧专场演出”。

9月12日，“‘迎国庆 扬国粹’—书画、印石、葫芦艺术名家精品展”开展。本次展览书画、印石联袂亮相，珠联璧合，相得益彰。展览期间还举办了印石艺术专题讲座。

【河北区文联】

1月2日，开展“送书法进基层”慰问活动。

1月16日，举办“文化进校园”活动，慰问天津市十四中新疆和田班广大师生。振北曲艺团的演员们表演了京东大鼓、相声等精彩节目，让维吾尔族学子们感受到了传统曲艺的魅力。

4月10日，“拜访庄子—庄子名言书法提名展”开幕。天津市71位书法名家以横批的格式创作了71幅记录庄子经典名言的书法作品，作品涵盖真草隶篆不同的书体，充分展示了天津市书法家的艺术风采。

4月18日，天津市河北区朗诵协会正式成立。

5月6日，“文化惠民美术作品展”开幕。

5月19日，举办“天津市河北区首届社区歌唱家电视大奖赛”，共有330余名选手参加了比赛。

6月13日，“《复辟》六人画展”开幕。

9月3日，“‘文艺惠民 幸福河北’天津市河北区首届文化艺术节开幕式暨曲艺专场演出”隆重举行。

9月9日，主办“南风北舞——国画大师陈少梅艺术研讨会”。

9月12日，举办社区摄影巡回展。展览共展出80余幅优秀作品，还组织了知识讲座和有奖问答等活动，受到了社区群众的热烈欢迎。

9月26日，举办“‘爱祖国　爱家乡　爱生活’——庆祝新中国成立65周年诗歌朗诵会”。

10月22日至25日，举办“天津市河北区文学讲习班”，聘请了来自《天津日报》等天津市主流媒体以及南开大学的知名专家学者担任讲师。讲座内容涉及公文写作、新闻通讯、诗歌散文和国学知识等诸多方面。

10月23日，召开文艺界人士专题座谈会。会议传达了习近平总书记在文艺座谈会上的重要讲话精神。与会的文艺工作者纷纷表示，要通过学习贯彻习近平总书记重要讲话精神，进一步激发文艺工作的积极性和创造性。

10月24日，成立天津市首家萨克斯管学会。

11月20日，“第三届‘津门曲艺　唱响河北’曲艺专场演出暨天津市河北区首届文化艺术节闭幕式”举行，全区各单位分管领导，宣传、文化科长，以及各文艺协会、教育系统师生、社区群众和文化企业代表近500人观看了演出。

12月7日，举办“中国视角——学院派艺术家绘画作品中美巡回联展”。

12月10日，举办“‘群众大舞台，快乐展风采’2014年河北区社区优秀文艺团队展演”。

【东丽区文联】

一、参与组织天津市东丽区六进社区宣传活动。

二、积极开展天津市东丽区文联“送文化给群众　种文化到基层”文化惠民专项服务活动。东丽区文联、东丽区书协作为天津市东丽区预防青少年犯罪“阳光助力工程”合作单位，对全区青少年增加书法培训内容，让广大青少年在研习中国传统文化的同时增强民族使命感。东丽区文联下属七个协会34名专家申报的文化惠民专项服务专家讲座课题和9个文化惠民专项服务活动自此陆续展开，先后组织艺术家深入到社区、企业开展文化惠民活动，进行艺术辅导，受到群众欢迎。

三、举办“‘青春放歌　共筑梦想’天津市东丽区勤廉歌曲合唱比赛”。

四、邀请天津市评剧院著名表演艺术家刘凤华到东丽区业余评剧团现场指导，与票友们互动交流，对评剧戏迷们演唱的传统曲目《刘巧儿》等唱段逐个点评指导。

五、组织艺术家深入社区开展“‘爱心　梦想’才艺培训班”活动，丰富农民工孩子的暑期生活。

六、成立天津市东丽区群众文学沙龙。

【西青区文联】

一、开展面向基层、服务群众的文艺惠民活动。借助元旦、春节、清明、五一、端午、国庆等重要节日，组织开展系列主题突出、影响广泛的群众性文化活动。年画协会常年开展“杨柳青年画进大学”系列活动，组织优秀艺人参加了深圳文博会、上海民间艺术博览会等国际文化交流活动，推进杨柳青年画产业化发展，使杨柳青年画的艺术影响力得到进一步提升。杨柳青摄影家协会组织并参与了中国杨柳青第一届国际民俗摄影大展；开展了新春走基层文化进社区摄影服务活动和“美丽王兰庄”百姓生活摄影大赛。硬笔书法协会举办了天津市西青区中小学生硬笔书法大赛。西青区美协、书协、企业家书友会定期组织开展美术、书法作品展，多次组织会员深入基层，走进部队、敬老院送书画到群众手中，今年2月西青区书法家协会荣获中国书法家协会“书法进万家”先进集体称号。

二、强化精品意识，进一步繁荣文艺创作和文化交流活动。作协组织会员围绕年画文化、精武文化等八大文化和“中国梦我的梦”进行主题创作采风活动。诗词楹联学会开展的西青区民俗旅游诗词楹联大赛，共征集了全国19个省市200多幅楹联作品，80多首诗词作品。《今晚报》、《天津日报》文艺周刊多次刊登杨柳青诗社社友创作的反映西青深厚历史文化底蕴和经济社会发展的诗词作品。此外，西青区文联着力塑造包括新春书法摄影国画艺术展、西青摄影人作品展、杨柳青木版年画节等文化活动品牌，通过品牌活动来锻炼队伍，增强活力，扩大影响，塑造良好的社会形象。

三、开展各类培训，提升文联各协会会员素质。依托自身资源和优势，西青区各协会自身建设得到加强。摄影协会、作家协会、年画协会定期邀请天津市著名专家进行讲座，年画协会以赛促练，举办了西青区“金画笔”大赛。书协成立“书法沙龙创作班”等。

【北辰区文联】

一、天津市北辰区文联刊物《北斗星》出刊6期，共刊登小说、诗歌、散文、评论、剧本、童话等文学作品240多篇，约100万字，刊登摄影、绘画、篆刻、根雕等艺术类作品近百幅。在栏目编排上特色突出，重点推出和宣传了《黄金祥》这一有天津北辰地域特色的长篇小说，推出了有培养潜力的刘萍、陈瑞蛟、马菊芳、刘再伟等4位青年作者，为他们提供优良的文学氛围。

二、举办“2014优秀散文作品评选”活动，共评出优秀作品28篇，其中一等奖3名，二等奖6名，三等奖9名，优秀奖10名，并召开获奖作品颁奖会。

三、举办小说、散文、诗词楹联、文学评论、诗歌讲座、研讨交流、个人作品朗诵会等活动20余项（次）。并坚持举办文学沙龙即“文学下午茶”活动。

四、通过举办讲座、大讲堂、搞活动、成立书法沙龙等方式，加强队伍建设，引导书法爱好者由自娱自乐式的书写，逐渐转向学习经典、继承传统、把握当代发展。书法队伍也由原来以老年人为主而逐步年轻化。

五、组织协会骨干，深入社区、深入乡镇、深入军营、深入基层，通过普及书法知识、赠送书法作品和春联等方式让社区群众感受到书法的魅力，让艺术贴近生活贴近百姓。

六、举办摄影骨干学习班、培训班。

七、组织摄影骨干赴冀东革命老区采风，创作摄影作品100余幅。

八、举办“天津市北辰区‘流动的史诗’运河题材专题摄影展”，征集作品180幅，展出作品120幅。

九、举办“国家京剧院著名表演艺术家、首席姜派小生于万增先生教学展演”。

十、举办“‘望江南、步步娇’西岸昆曲清唱会”。

河北省文联

综　述

2014年，河北省文联深入贯彻落实党的十八届三中、四中全会精神，认真学习贯彻习近平总书记重要讲话精神，以做大做强文联舞台为目标，以“三足两翼五创新”为抓手，紧紧围绕“中国梦”的时代主题，强化以人民为中心的工作导向，深入开展了“中国梦·赶考行”、“善行河北”、“助力申奥”、“志愿服务”、“艺术星火·三一行动”等活动，各项工作取得了显著成效，有力推动了河北文艺事业繁荣发展，为建设文化强省、“三个河北”做出了积极贡献。

重要会议与活动

【“中国梦·赶考行”河北省首届农民书画作品展】

2月17日，河北省委宣传部、河北省文联主办的河北省首届农民书画作品展在石家庄市美术馆开幕。展览参展作品以“中国梦·赶考行”为主题，反映了新时代新农村新风貌，抒发了农民群众“敢于有梦、勇于追梦、勤于圆梦”的情怀，彰显了广大农民群众对文化艺术的热烈追求和创作激情，展现了农民群众对美好未来的憧憬和坚定的信念，全面反映出农村书画创作百花齐放，生机勃勃的良好局面。

农民书画展共征集1400余幅风格多样，内容和艺术水平俱佳的书画作品。经组委会评委认真评选，在参选作品中评出130幅优秀书法和美术作品入围展览。河北省委常委、宣传部长艾文礼，副部长武鸿儒，河北省文联党组书记、副主席解晓勇，巡视员潘学聪等领导同志与省会市民一道参观展览。

【白润璋美丽中国自然风光摄影作品赴美展汇报展】

2月25日，中国摄协、河北省人大办公厅、河北省文化厅、河北省文联、河北省新闻出版广电局、河北省对外文化交流协会、河北省人民对外友好协会等单位主办，河北省摄协等单位承办的“亲吻大地——白润璋美丽中国自然风光摄影作品赴美展汇报展”在河北博物院开幕。展览展出了白润璋近十年来创作的自然风光摄影精品。河北省委常委、常务副省长杨崇勇，省委常委、政法委书记张越，河北省人大常委会常务副主任宋恩华，河北省政府副省长杨汭，河北省原常务副省长、省政府顾问、河北省摄协名誉主席陈立友，河北省人大常委会原副主任、河北省摄协名誉主席王加林等观看了展览。随后，在河北博物院学术报告厅召开了白润璋摄影作品座谈会。座谈会由河北省摄协主席刘瑞新主持，河北省文化厅党组书记王离湘，河北省文联党组书记、副主席解晓勇，河北省文化厅副厅长李建华，河北博物院院长罗向军，河北省摄协副主席兼秘书长杨越峦等参加了座谈会。中国摄协副主席、著名摄影家王文澜、张桐胜、罗更前、李树峰，中国摄协党组成员、副秘书长解海龙，中国摄影出版社原总编辑宋建民，中国摄影报副总编辑柴选，河北科技大学党委书记、博士生导师计卫舸，分别就白润璋摄影作品的艺术特点、人文精神、文化影响和社会意义等方面发言。

2月28日，河北省委常委、省长张庆伟专程来到河北省博物馆参观“白润璋美丽中国自然风光摄影作品赴美展汇报展”。原省人大副主任、省摄协名誉主席白润璋，向张庆伟省长介绍了河北省与美国艾奥瓦州友好往来史及“亲吻大地”赴美展览盛况。张庆伟省长在认真听取情况介绍时，不时向在场的省摄协主席刘瑞新、副主席兼秘书长杨越峦了解河北摄影工作情况。他祝贺“亲吻大地”摄影作品展览取得巨大成功，肯定了河北摄影工作的成绩并与在场的摄影家们合影留念。

【河北省文艺志愿者协会成立】

3月12日，河北省文艺志愿者协会在石家庄成立，近150位艺术家代表和有关部门主管领导出席成立大会。省文联主席裴艳玲，党组书记解晓勇，名誉主席旭宇，省老干部局局长张增良、省文联党组副书记、副主席刘金凯，省文明办专职副主任李社军，省民政厅副厅长郭百服，省文联副主席柴志华、祁海峰，中国文联文艺志愿者协会副秘书长邵志军等出席会议。大会按照《社会团体管理条例》完成相关议程，通过了协会《章程》，选举产生了河北省文艺志愿者协会第一届理事会理事和负责人，旭宇、武鸿儒、解晓勇、李社军被聘请为名誉主席，裴艳玲当选主席，刘金凯当选常务副主席。

【河北省文联九届二次全委扩大会议】

3月13日，河北省文联九届二次全委扩大会议在石家庄召开。河北省委常委、宣传部部长艾文礼，中国文联副主席、河北省文联主席裴艳玲，河北省文联党组书记、副主席解晓勇，河北省委宣传部副部长、河北省文联副主席武鸿儒，河北省文化厅厅长张妹芝，河北省作协党组书记魏平，河北省文联党组副书记、副主席刘金凯，河北省文联党组成员、副主席柴志华、祁海峰，河北省文联巡视员潘学聪，副主席王力平、周喜俊、刘素卯，河北省文化厅副厅长李建华，河北省新闻出版广电局副局长部世泽等领导出席，全体委员、拟增补委员、各艺术家协会主席团成员等参加会议。

会议由裴艳玲主持，艾文礼发表重要讲话，刘金凯作《关于调整和增补河北省文联第九届全委会委员的情况说明》，解晓勇作《工作报告》。会议审议、讨论、通过工作报告，审议、接纳定州市文联、辛集市文联为河北省文联团体会员，审议、讨论、通过《关于进一步振奋精神，凝聚力量，提升文联工作水平的意见》，增补了省文联全委会委员，裴艳玲发表总结讲话。

【京冀文艺事业协同发展工作座谈会】

4月3日，为进一步贯彻落实习近平总书记在2月26日京津冀协调发展座谈会上的讲话精神，充分发挥文化艺术事业在京津冀一体化发展中的重要作用，北京市文联领导班子成员及相关职能处室负责人一行10人来到石家庄，与河北省文联领导班子成员及有关处室负责人举行座谈会，就如何推动京津冀文艺事业协同发展达成重要共识，为今后的京津冀三地文艺事业协调联动、共谋发展奠定良好基础。

会上，双方从合作机制、资源整合、人才培养、精品生产、文化惠民、活动策划、品牌打造、宣传推介、对外交流、文艺志愿服务等方面进行深入交流与探讨，就如何建立长效合作机制、实现资源效益最大化提出许多具有指导性与可操作性的意见。

【河北省文艺评论家协会成立】

5月21日，河北省文艺评论家协会在石家庄成立，来自全省各地的100多位文艺评论家代表参加会议。省委宣传部副部长武鸿儒，省文联党组书记解晓勇出席大会。解晓勇主持会议，省民政厅民间组织管理局副局长郭百服宣读《关于河北省文艺评论家协会筹备成立的批复》。省文联巡视员潘学聪作《河北省文艺评论家协会筹备工作报告》。大会审议通过《河北省文艺评论家协会章程（草案）》，并选举产生河北省文艺评论家协会第一届理事会。著名书法家、评论家潘学聪当选主席，王力平、周大明、庞彦强、桑献凯、邢建昌、刘宗超、陈建忠当选副主席，陈建忠兼任秘书长。

【举办河北省文艺界学习贯彻习近平总书记重要讲话座谈会】

10月20日，河北省文艺界学习贯彻习近平总书记重要讲话座谈会在石家庄召开。会议由河北省文联党组副书记、副主席刘金凯主持，党组成员、副主席祁海峰等领导出席，河北省文艺界30多位代表畅谈学习总书记文艺工作座谈会重要讲话精神心得体会，为河北省文艺繁荣发展出谋划策。与会代表纷纷表示，习近平总书记的讲话立意高远、思想深刻、生动丰富、振奋人心，是做好文艺工作的行动纲领，一定要认真学习好、领会好、把握好、贯彻好，把思想和行动统一到讲话精神上来。扎实学习、务实推进，认清使命，抓好导向，把为人民服务作为文艺工作者的天职，要肩负起文艺工作者的使命和担当，深入生活、扎根人民，传承和弘扬优秀传统文化，努力成为时代风气的先觉者、先行者、先倡者，推动河北省文化大发展大繁荣。

机关工作

【召开群众路线教育实践活动总结会议】

1月27日，河北省文联在石家庄召开群众路线教育实践活动总结会议。省文联党组班子全体成员，机关全体干部职工、离退休老干部代表、各艺术家协会艺术家代表及省委第七督导组成员参加会议。会上，省文联党组书记、副主席解晓勇代表党组就省文联群众路线教育实践活动的开展情况向与会人员通报。

【组织处级干部集中轮训】

5月19日至23日，河北省文联对全体处级干部集中轮训。河北省文联党组书记、副主席解晓勇，党组副书记、副主席刘金凯，副主席柴志华、祁海峰，巡视员潘学聪出席。此次轮训以《习近平总书记重要讲话专题摘编》和《党的十八届三中全会〈决定〉学习辅导百问》为基本教材，通过原原本本学习、领导授课辅导、交流研讨等形式集中学习，对习近平总书记系列讲话和党的十八届三中全会精神有了深刻认识；通过学习，大家结合群众路线教育实践活动，对照讲话和全会精神，为进一步做好理想信念、发展理念、工作方法、工作作风等方面的整改打下坚实基础，达到了进一步深化认识、改造思想、消除疑惑、明确方向的目的。

【河北省文联党组书记解晓勇到帮扶点调研】

7月11日，河北省文联党组书记解晓勇到阜平县砂窝乡盘龙台村调研驻村帮扶工作。省文联驻村工作组组长、巡视员潘学聪陪同调研。在省文联帮扶兴建的文化活动中心施工现场，认真听取驻村工作组有关资金筹措使用、工程施工进展和村民开展文体活动情况的汇报，走访了解村史村情、乡风民俗等现状，对帮扶工作进行谋划部署。

【召开培育和践行社会主义核心价值观工作推进会】

9月12日，河北省文联在石家庄召开培育和践行社会主义核心价值观工作推进会。省文联党组书记解晓勇，副书记刘金凯出席，60多名艺术家代表参加会议。刘金凯主持会议，艺术家代表彭蕙蘅宣读倡议书，解晓勇发表总结讲话。与会艺术家代表纷纷表示，一定努力创作文艺精品，争做社会主义核心价值观的传播者，用自己熟悉和擅长的艺术形式，创作人民群众喜闻乐见的文艺精品，承担起引领文明道德风尚的社会责任，让文艺界成为培育和践行社会主义核心价值观的重要园地。

创作与研究

【第十二届河北省文艺振兴奖】

1月22日，第十二届河北省文艺振兴奖揭晓，该奖项为省委宣传部主办的文艺类综合奖项，是全省权威性极高的专业奖项。评奖分作品类和人才类两类奖项。共评出获奖人才13人、获奖作品74件。河北省文联在此次评奖中成绩卓著。省文联及各协会担任出品、创作、制作或推荐获奖的作品共有6类9件、6人入选，分别是：

一、人才奖：（一）关汉卿奖：郑一民（民间文艺家），崔砚君（曲艺家）；（二）青年人才奖：1、青年作家奖：刘新圈（词作家）、陈建忠（编剧）；2、青年导演奖：刘治宗（舞蹈编导艺术家）；青年表演奖：3人，拓鹏（指挥艺术家）。

二、文艺作品奖：1、摄影作品《中国•野长城》（作者：杨越峦）；2、民间文艺作品《居落文化的明珠》（作者：杨荣国），《承德民俗》（作者：朱彦华）；3、影视作品：原创剧本《人鹿情未了》（作者：汪帆、汪洋）；电视纪录片《国旗阿玛拉》；4、杂技作品：《憨憨猫和皮皮鼠》；5、书法作品：《篆刻》（作者：刘永清），《草书》（作者：刘京闻），《篆书古诗三首》（作者：贾微）；6、美术作品《选举》（作者：张立农）。

【郑一民学术成就暨长篇历史小说《神医扁鹊》研讨会】

4月15日，中国民协、河北省委宣传部、河北省文联等单位主办的郑一民学术成就暨长篇历史小说《神医扁鹊》研讨会在北京召开。罗杨、赵文鹤、武鸿儒、刘锡诚、陶立璠、雷达等60多位领导和专家到会发表精彩评论，20多家新闻媒体到会采访报道。研讨会上，各位专家争相发言，一致认为《神医扁鹊》是一部立意高远，表述生动准确，故事跌宕起伏，融史实、传说、虚构为一体，成功塑造了一代旷世神医、奇医、医圣扁鹊的形象，颂扬了中华医学始祖扁鹊惊天伟业和传奇人生的大型史诗力作。

【动画片《老子道德三百问》创作研讨会】

5月9日，中国视协、河北省委宣传部、河北省文联、河北省新闻出版广电局共同主办的动画片《老子道德三百问》创作研讨会在北京召开。中国视协分党组书记、驻会副主席兼秘书长张显主持，河北省新闻出版广电局局长、省影协主席王景武致辞。省影协副主席兼秘书长、《老子道德三百问》总编剧、出品人汪帆畅谈创作体会，中国传媒大学艺术研究院院长、博士生导师、中央文史馆馆员仲呈祥发言。中国视协分党组成员、副秘书长张彦民，中国视协分党组成员、副秘书长范宗钗，《人民日报》文艺部主任刘玉琴，《光明日报》文艺部主任彭程，北京电影学院副院长、著名动画导演、《老子道德三百问》总导演孙立军，《文艺报》艺术评论部主任高小立，《当代电视》杂志社主编张德祥，中央电视台少儿频道《动画城》制片人周晓丽等出席座谈会并发言。河北省文联党组书记、副主席解晓勇代表制作方致答谢词。中国文联副主席、中国视协主席赵化勇总结讲话。

【河北启动大型文艺基础工程《河北艺术史》】

6月25日，《河北艺术史》编委第一次全体大会在石家庄召开。河北省文联党组书记、副主席解晓勇，河北省文联巡视员、省文艺评论家协会主席潘学聪出席，全省文艺界专家学者80余人参加大会。潘学聪主持会议，专家学者们就丛书的编纂出版工作发言，解晓勇总结讲话。

《河北艺术史》是河北省文联组织编写的一套大型艺术史丛书，是对5000年来河北艺术发展的一次集中梳理。内容涵盖戏剧、音乐、舞蹈、曲艺、杂技、美术、书法、摄影、影视、民间文艺等10个艺术门类，每卷一本。另有《河北艺术史简明读本》和《河北艺术史名家名作简明读本》，共计12分卷。整个编写和出版过程将历时4年完成。

【旭宇艺术研讨会】

7月24日，中国书协、河北省委宣传部、河北省文联等主办的旭宇艺术研讨会在北京召开。全国政协副主席、中国文联主席孙家正为旭宇题写“德艺双馨”表示祝贺，中国文联党组成员、副主席、书记处书记左中一宣读贺信，河北省政府副秘书长苏蕴致辞，中国书协主席张海，中国书协分党组书记、驻会副主席兼秘书长陈洪武出席研讨会并讲话。出席会议的领导专家还有中国书协顾问张飙、中国作协副主席高洪波、中国书协副主席申万胜、胡抗美、张改琴、何奇耶徒，中国书协分党组成员、副秘书长潘文海，解放军总装备部原副政委朱增泉，内蒙古军区原政委吴合春，河北省人大原副主任龚焕文，河北省委宣传部副部长武鸿儒，河北省文联党组书记解晓勇，河北省作协党组书记魏平，河北省文联党组副书记、河北省书协主席刘金凯及来自全国各地的专家学者及新闻媒体近百人参加研讨会。旭宇曾先后担任第四、五届中国书协副主席和第三、四、五届河北省书协主席。先后出版诗集10部、书法作品集十多部、学术著作《旭宇艺术随谈》《今楷论丛》等多部。研讨会从其诗、书、学、德四个方面进行深入研讨，高度评价其对当代艺术、学术的贡献和高尚的为人品德。

【裴艳玲戏剧艺术研讨会】

11月17日，中国文联、中国剧协、河北省委宣传部、河北省文联、河北省文化厅主办的裴艳玲戏剧艺术研讨会在天津举行。中国文联党组副书记、副主席李屹，河北省人大常委会副主任宋太平、原副主任张群生，中国文联副主席、中国剧协副主席、河北省文联主席裴艳玲，中国文联原书记处书记、副主席仲呈祥，河北省委宣传部副部长武鸿儒，河北省人大科教文卫副主任郑爱军，河北省文联党组书记、副主席解晓勇，天津市文联党组书记、常务副主席寇士恺，河北省文化厅党组书记王离湘，河北省文联党组成员、副主席柴志华，河北省文化厅副厅长李建华，中国剧协分党组成员、副秘书长崔伟，天津市文联副主席、天津市剧协副主席、秘书长李鹏，河北省文联秘书长张海英，河北省剧协副主席兼秘书长贾吉庆等，艺术家刘长瑜、刘锦云、安志强、庚续华、于兰、凌珂、孙德民、周大明、汪帆、麻利哲等以及新闻媒体记者100多人出席研讨会。会议由解晓勇主持，李屹、宋太平、崔伟致辞。与会专家仲呈祥、刘长瑜、刘锦云、安志强、于兰、孙德民等对裴艳玲在戏剧艺术探索、创新与发展上做出的巨大贡献给予高度赞扬和充分肯定。

文艺惠民与服务基层

【河北省文联赴行唐县开展文化三下乡惠民服务活动】

1月9日，河北省文联赴行唐县开展文化三下乡惠民服务活动。省文联党组副书记、副主席刘金凯带领艺术家们向行唐县赠送电脑、打印机、字画、书刊、春联等9.5万元慰问品；前去送温暖的书法家还现场挥毫泼墨，当场为群众书写书法作品、春联100多幅，受到当地群众的热烈欢迎。

【“中国梦·赶考行”省文联、省摄协文化惠民基层行活动】

1月23日，省文联、省摄协以“面向基层、服务群众、务实求新、注重实效”为主题，组织9名艺术家赴革命老区邢台沙河市柴关乡王硇村举办“中国梦•赶考行”文化惠民基层行活动。活动为贫困孩子捐赠书包文具盒等慰问品、向王硇村小学捐赠课外辅导书及摄影作品集、给农户们拍摄赠送全家福合影，并向村委会赠送王硇村风光照片；同时通过摄影艺术对王硇村进行旅游文化推介和宣传，受到了王硇村百姓的热烈欢迎。

【省文联、省文艺志愿者协会走进地铁施工现场慰问演出】

5月23日，河北省文联主办，河北省文艺志愿者协会、河北省剧协、河北省舞协、河北省音协、中铁十七局集团石家庄工程指挥部联合承办的纪念5•23讲话——河北省文艺志愿者走进地铁施工现场慰问演出在石家庄中山广场站工地举行。参加文化惠民慰问演出的演员全部是近年来活跃在河北舞台的优秀文艺志愿者。艺术家们都拿出看家本领，为一线建筑工人师傅们热情演出。在互动环节中，地铁工人兄弟自己精心编排的节目更引起现场阵阵共鸣。此次演出活动选择一线地铁建设工人，是为纪念毛泽东同志在《延安文艺座谈会上的讲话》发表72周年，同时也在全国文艺志愿者服务日当天，把欢乐送给基层，把温暖送给人民，把党的文化惠民政策落到实处。

【“百花乐万家”文化惠民活动·阜平行】

9月19日，河北省委宣传部、河北省文联主办的“百花乐万家”文化惠民活动阜平行在省文联扶贫点阜平县砂窝乡盘龙台村举行。省文联党组书记解晓勇，巡视员潘学聪，秘书长张海英等与1000多名观众观看演出。活动由潘学聪主持，阜平县领导致辞，盘龙台党支部、村委会向省文联赠送锦旗表示感谢，张海英代表省文联接旗，解晓勇讲话。此次惠民演出活动，是庆祝省文联盘龙台扶贫工作组筹资60万元援建的文化活动中心竣工的首场慰问演出，贫困闭塞的盘龙台群众在属于自己的文化活动中心，第一次享受到高水准的文艺大餐。

【“中国梦、校园情”文艺支教河北涉县汇报演出】

10月23日，由中国文联、河北省文联、邯郸市文联在邯郸革命老区涉县河南店小学举行了“中国梦、校园情”文艺支教河北涉县汇报演出。来自省、市的众多艺术家们参加了此次活动，在音乐、舞蹈、朗诵、曲艺、美术、书法等艺术门类尽展其长，把缤纷多彩的文化艺术大餐送到革命老区孩子们的身边。传递了艺术的正能量，提升了当地整体艺术水平。

【省文联组织文艺志愿者赴军营慰问演出】

12.5日国际志愿者日当天，河北省文联、河北省文艺志愿者协会组织艺术家到省军区教导大队，为600余名官兵带来歌曲、戏曲、魔术、曲艺等形式的慰问演出。一个个精彩的节目博得了在场观众的热烈掌声，为新兵在训练之余提供了精美的精神食粮。省文联副主席柴志华、省军区政治部副主任赵福艳、河北大学人武学院政委彭国强同官兵一起观看演出。

各文艺家协会

【戏剧家协会】

2014年河北省剧协先后在廊坊、温塘、邯郸、沙河、邢台、宁晋、南宫、宁晋等地举办了9场梅花奖艺术团文化惠民巡演。共有100余人次的梅花奖演员现场献艺，裴艳玲、刘秀荣、许荷英、彭蕙蘅、袁淑梅、罗慧琴、刘凤岭、赵玉华、王红、刘莉沙等梅花奖演员多次参与活动，活动受惠观众多达十万人次。

3月10日至11日，河北省剧协第五次会员代表大会在石家庄召开。省委宣传部副部长武鸿儒，省文联党组书记、副主席解晓勇，省文化厅副厅长李建华，省文联党组成员、副主席柴志华，省军区政治部副主任刘素卯等出席大会。大会审议通过了《站在新起点 实现新跨越 努力开创戏剧工作和剧协工作新局面》的工作报告和新修订的《河北省戏剧家协会章程》，选举产生了协会新一届领导机构。裴艳玲当选协会新一届主席。

5月30日至6月2日，“第十八届中国少儿戏曲小梅花大赛河北省选拔赛”在邯郸举办。比赛共有全省60多名小选手参加比赛。经过精彩角逐，共有8位小选手脱颖而出，代表河北省参加全国大赛。

6月10日晚，由河北省文联、省剧协等单位主办的“人民的艺术家齐花坦师生大型戏曲演唱会”在石家庄举行。演唱会现场，省剧协副主席兼秘书长贾吉庆宣读了《关于授予齐花坦同志河北戏剧终身成就奖的决定》。河北省文联党组书记、副主席解晓勇，省文联党组成员、副主席柴志华为齐花坦颁发了“河北戏剧终身成就奖”奖牌和证书。

8月在全国“小梅花”大赛上，常嘉浩荣获第十八届中国少儿戏曲小梅花“全国十佳”称号，翟晗冰荣获“金花”称号。

10月27日至29日，由省委宣传部、省文联、省剧协等主办的第三届河北省戏曲票友大赛在邢台市举行。中国剧协《剧本》杂志社主编黎继德，原省政府法制办主任、省剧协顾问张国钧，省文联党组书记、副主席解晓勇，省文联党组成员、副主席柴志华等领导出席颁奖晚会。

11月21日至23日，第27届中国戏剧梅花奖河北省选拔赛在石家庄举办。共评选出：一度梅2名：邱瑞德、张亚君；二度梅5名：彭蕙蘅、石家庄市刘莉沙、张俊玲 、罗慧琴、苗文华；三度梅1名：刘秀荣。

【音乐家协会】

2014年在中宣部第十三届“五个一工程”评选中，河北省音协组织参与的歌曲《天下百姓》排名第二；《我的梦中国梦》、《我们的美好时代》、《射手座的雷锋射手座的我》、《敬老院的月季花》等歌曲也分别在中宣部、文化部、中国音协举办的“中国梦”等歌曲征集比赛中荣获大奖，并在中央电视台等国家级媒体展播。在中国音乐“小金钟”奖——长江钢琴第二届全国钢琴比赛中，河北选手田容获得业余D组金奖。这是河北省第一次获得钢琴专业的金奖，实现了零的突破。来自石家庄的李博文获得了获得专业组银奖、吕黄金获得了专业组优秀奖，河北省音乐家协会获优秀组织奖。

省音协还与省电台、省音协打击乐艺术委员会、省音协管乐艺术委员会等联合在石家庄分别举办了“河北省原创歌曲音乐会”、“河北省第四届打击乐艺术节”、“河北省第三届非职业管乐团队展演”等。

2014年省音协共发展省级会员42名，中国音协会员23名。成立了古筝艺术委员会，完成了音乐文学委员会的换届工作。

【美术家协会】

2014年河北省美协紧紧围绕“庆祝建国六十五周年河北省美术作品展览暨第十二届全国美术作品展览”展开。全省共收到参评作品1400余件，经过评选，河北省选送了109件作品参展，在全国评选中共入选第十二届全国美展各画种作品90余件，其中获奖提名1件。并于9月16日在石家庄美术馆举办“庆祝建国六十五周年河北省美术作品展览暨第十二届全国美术作品展”。

为了进一步激发美术家的创作热情，先后参与组织了“第十二届全国美术作品展览综合材料绘画展”在石家庄展区的工作、“中国梦”塑造中国新形象美术作品巡展,“新世纪新风度”21世纪中国画名家学术(全国巡回)展等全国大型活动。

以展览的形式促进社会各界的文化交流，先后组织了“百名画家画廊坊•百名摄影家拍廊坊”、对“画”大师——2014中国近现代书画名家作品展、2014年河北省“牵手国寿成就未来”少年儿童绘画作品展活动、“燕赵情怀——河北大学艺术学院师生书画作品展”、“中国梦 • 赶考行 • 劳动美——河北省职工书画作品展”、“善行定州星耀古城”河北省网络书画展等十余场活动。

为了给美术家搭建展示平台，主办不同形式的个人作品展。“绿水青山总是情”段朝林青绿山水画艺术沙龙、浭庐工笔画马展、“十年绘事徐福厚油画作品展”、“造化心源”张之光山水画作品展、“祁海峰绘画作品展”、“燕赵风 • 中国画五人作品展”、“翰墨情怀——李智纲花鸟画作品展”、“花非花　山非山——王加林绘画作品展”“同行——艺术名家作品展”、三人行艺术作品展、《劲风郎怀——李琦书画展》、《狂野之路》安耀华、安熠美术作品展等。

【曲艺家协会】

6月11日，河北省曲协、省文艺志愿者协会、河北艺术职业学院联合主办了“琴韵书声”河北省曲艺进校园•走进河北艺术职业学院演出活动。省文联党组成员、副主席柴志华出席活动并讲话。文联副秘书长、省曲协主席、秘书长陈小平，省曲协副主席、副秘书长袁冀民，河北艺术职业学院党委副书记延凤宇、副院长李建锁等观看演出。

9月20日至21日，河北省曲协四届主席团第二次委员扩大会在邯郸市召开。省曲协主席、副主席、主席团委员及新增补的理事40余人参加会议。省曲协主席陈小平报告四届曲代会召开近一年来的工作，传达省文联艺术星火三一行动方案、省曲艺人才工程调整方案、《河北艺术史•曲艺卷》编纂方案、创办首届“中国河间西河书会”的设想和实施方案。会议还增补古松、石占坡、李哲、陈丹辉、林会如、陈晨6位同志为省曲协四届理事；并就几年来河北曲艺的发展、创作与表演水平的提高问题进行研讨。大家踊跃发言，献言献策，为如何继承河北曲艺传统、创新发展、面对未来提出合理化建议。

10月23日，河北省曲协学习习近平总书记在文艺工作座谈会上的讲话座谈会在石家庄召开。河北省曲艺家协会主席、秘书长陈小平，副主席马维彬、伍振英、刘毛毛、杜增群、袁冀民等与省直会员代表一起座谈，深入学习、领会讲话精神。

11月18日，河北省曲协，河北省群艺馆、河间市政府等主办的首届“中国河间西河书会”在河间光明戏院举行。全国政协委员、中国文联副主席、中国曲协名誉主席、评书表演艺术家刘兰芳出席并做了精彩演出。来自北京、天津、山东、山西的近50位曲艺名家演唱了精彩的西河大鼓。

【舞蹈家协会】

1月20日，河北省舞协第五次会员代表大会在石家庄召开。中国舞协、省委宣传部、省文联及省直有关单位领导出席会议并讲话。省舞协第四届主席团成员和来自全省各地的80位会员代表参加会议。大会通过《河北省舞蹈家协会第四届主席团工作报告》和《河北省舞蹈家协会章程（修改草案）》，选举产生新一届领导机构。

3月6日，省舞协推荐的《赵县扇鼓》在中央电视台“舞蹈世界”录制并播出，深得评委和观众的喜欢；舞蹈《花之语》参加了“第二届荷花•少年全国（中学）校园舞蹈展演”，获得银奖。

3月26日，省舞协邀请中国舞协分党组副书记、副主席、舞蹈学博士罗斌，举办关于《中国舞蹈的立场》的专题讲座。

5月8日至11日，举办品牌赛事“第六届河北省舞蹈大赛”，多年来省舞协秉承公平公正公开的组织原则，使参赛的人数和节目质量有了很大的提升，参加优秀综合场的演员达到了837人，通过比赛推出了一系列具有导向性、思想性、艺术性的精品力作，发现了一批优秀舞蹈人才，凝聚了舞蹈队伍；同时，首次与中华艺术人才网进行合作，把参赛节目进行网络展播和观众“我最喜欢的舞蹈”网络评选，拓宽了宣传平台，得到了广大网民的积极参与，扩大了活动的影响力和覆盖面。

5月9日，邀请北京舞蹈学院附中教授、中国古典舞教学领军人物杨勇教授关于课堂教学的讲座。

6月至9月，承办了“唱响核心价值观 • 共跳百姓健康舞”大型文化惠民活动，选择16支节奏鲜明，旋律优美的反映“核心价值观”、“中国梦”等内容的歌曲，组织舞蹈编导编排成百姓广场舞，录制成教学光盘，免费发放到省内农村、社区舞蹈队。

7月10日至15日，省舞协与北京、天津、山西、内蒙文联、舞协联合举办了“第七届华北五省（区）市舞蹈大赛”，共选送51个作品参赛，专业组3个作品获创作一等奖，4个作品获表演一等奖；业余组15个作品获一等奖；付嵋、张志波、王海燕三位老师荣获“园厅奖”；河北艺术职业学院等5个参赛单位获“优秀组织奖”。

7月26日至27日，举办了“我们都是好朋友——城乡孩子手拉手”活动。来自邯郸大名县的小朋友们从农村来到省会，与石家庄付嵋舞蹈艺术培训中心的小朋友一起举行了丰富多彩的“手拉手”活动。这是省舞协继“新农村少儿舞蹈美育工程——新农村舞蹈教室”之后实施的又一项文化惠民活动。

8月31日至9月2日，举办了“全省基层文艺骨干培训班”，全省206名基层文艺骨干参加了培训，按照文联“一点一徒一事”的要求，学员们回到基层，每人负责一个基层舞蹈队，进行义务辅导培训，让群众在健身娱乐的同时，进一步凝聚广大人民同心同德、团结奋进的精神力量。

8月至9月份，省舞协与省委宣传部、河北电视台等单位联合举办了“2014‘未央广场杯’河北省广场舞电视大赛”，在保定、石家庄、邯郸、沧州、衡水、秦皇岛六大赛区设初赛场，9月23日，在满城未央广场进行了总决赛。

12月30日，省舞协参与了“我们的中国梦——河北省文化进万家启动仪式”并派志愿者到井陉现场教授“百姓健康舞”。

【民间文艺家协会】

1月10日，由中国民协、省委宣传部、省文联主办，省民协等单位承办的“非物质文化遗产·华夏行·燕赵之旅走进滦县启动仪式暨新闻发布会”在滦县滦州古城开幕。滦县以非遗大集、非遗集中展示和滦县地秧歌汇演等活态非遗观摩形式，将特色非物质文化遗产呈现给大众。

2月25日至26日，省民协第五次会员代表大会在石家庄市召开。来自全省各地的95名代参加会议。省委宣传部副部长武鸿儒，省文联党组书记、副主席解晓勇，省文联党组成员、副主席祁海峰等领导出席大会。与会代表审议通过了《工作报告》及修改后的章程。选举出新一届领导机构。郑一民同志当选为主席，王志军、冯雪生、任淑辉、刘萍、李晓英、杨荣国、苏靖懿、张增楼、邹洪利、周宝忠、周鹏、柴秀敏、晏文光、滕国生当选为副主席。

4月25日至26日，由中国民协、省委宣传部、省文联等主办，省民协等单位承办的第三届中国汉牡丹文化节在柏乡县举行。中国民协分党组成员、副秘书长张志学，省文联党组书记、副主席解晓勇，省民协主席郑一民等及社会各界人士一千余人参加了开幕式。张志学、解晓勇分别在开幕式讲话，郑一民现场宣布了“中国梦·汉城梦·汉牡丹梦新故事作品大赛”获奖名单，出席开幕式的有关领导向获奖作者颁发了获奖证书。文化节期间，还举办了汉光武帝刘秀与柏乡学术研讨会、最美汉牡丹书画摄影大赛等13项系列活动。

8月8日，由省委宣传部、省文联、等单位主办，省民协、省摄协承办“河北省加快传统村落立档调查工作推进会”在石家庄召开。省民协主席郑一民代表领导小组通报了河北省传统村落立档调查工作进展情况。中国传统村落立档调查专家委员会委员马知遥、王晓岩用多媒体解读了传统村落立档范本的各项要求，省摄协副主席兼秘书长杨越峦对拍摄图片技术进行了具体指导。

9月2日至3日，由中国民协、省委宣传部、省文联、省文化厅等单位主办，省民协承办的“第四届中国滦河文化节”在滦县举办。全国政协委员、中国文联原副主席胡珍、中国民协副秘书长张志学、省文联党组书记解晓勇、省文化厅党组书记王离湘、省民协主席郑一民以及来自滦河流域27个市、县、区、旗的代表、专家学者、客商、新闻媒体和滦县各界代表一千余人出席活动。文化节期间还举办了第二届中国北方旅游文化精品博览会、“走进滦县·携手发展”招商洽谈会、百名书画家同绘滦州梦、“品味生活、创意未来”民俗文化展演、龙舟赛等活动。

10月11日至18日，由中国文联、中国民协等主办的“第四届中国国际民间艺博会暨第四届中华（天津）民间艺术精品博览会”中，省民协组织126名艺术家参展参评，入选博览会精品馆的作品32件，入选京津冀民间艺术精品展的作品50件。易砚雕刻大师邹洪利、内画艺术大师张增楼荣获“国际民间工艺美术大师”称号。博览会上，涿州蛋雕艺术家蒲德荣、安新芦苇画艺术家刘永乐、黄骅纸雕艺术家李家震、衡水剪纸艺术家刘建国等四位艺术家的作品还荣获第四届博览会艺术精品展金奖；无极剪纸艺术家赵陟、晋州铜雕艺术家高锁印、保定石雕艺术家卢兰卿等三位艺术家荣获银奖；蔚县剪纸艺术家刘海滨荣获铜奖；郑有才、王群英等二十一位艺术家荣获优秀奖。博览会期间由河北省文联、北京市文联、天津市文联三家联合主办的“京津冀民间艺术精品展”中，我省共有14位艺术家荣获金奖；12位艺术家荣获银奖；10位艺术家荣获铜奖；11位艺术家荣获优秀奖。河北省民协被组委会授予保护、传承、创新和组织工作“特别奖”。

2014年省民协申报并组织专家考察通过了雄县为“中国仿古石雕文化之乡”、“中国仿古石雕艺术研究中心”、唐县“中国唐尧文化之乡”、“中国唐尧文化研究中心”、平乡县“中国梅花拳文化之乡”、“中国梅花拳文化研究中心”。

【摄影家协会】

1月2日，省摄协主办的“雄浑壮美嶂石岩—千年古县赞皇”全国摄影大展评选揭晓。最终产生金质收藏作品3幅、银质收藏作品6幅、铜质收藏作品10幅。

1月17日，省摄协主办的“东方神秘古城”广府古城第二届全国摄影大展评选揭晓。最终产生一等奖1名、二等奖3名、三等奖10名。

3月6日至10日，省摄协派出12名摄影家参与配合国家和省申奥办赴张家口崇礼县拍摄申奥宣传照片。

3月21日，省摄协等单位主办的“中国梦·赶考行·劳动美”河北省职工摄影大赛启动。

5月4日，2013年度“河北摄影十杰”评选结果揭晓（按姓氏笔画排序）：纪录类：王子中、刘立昌、佟忠生、宋朝兴、李君放、杨德增；艺术类：王骞、刘晓冬、张彦彬、盖少华。

5月19日，省摄协主办，邯郸市摄协等协办的“太行明珠七步沟”全国摄影大赛启动。同时，省摄协文艺志愿者服务日活动在武安市七步沟村展开。30余位摄影家在省摄协副主席兼秘书长杨越峦的带领下，来到七步沟村，为乡亲们拍摄家庭合影与肖像照，并现场打印出来赠送给村民。

5月23日，省摄协主办的河北摄影公开课第二季邀请著名摄影家祝天华在河北传媒学院（栾城）校区举办题为《影像的力量》讲座。

5月31日至6月14日，省摄协等单位主办的“美丽河北——精品旅游风景名胜”全国摄影大展获奖作品展在河北博物院举办。

7月18日至20日，2014河北省中青年摄影人才研修班举行。三届“河北摄影十杰”获得者、“梦想·发现”导师制摄影精英班入选学员、部分省摄协副主席、副秘书长共60余人参与。

9月2日，省委宣传部、省农工部、省老区建设促进会、中国摄影报社主办，省摄影协等承办“河北美丽乡村”全国摄影大展启动。

9月21日，2014平遥国际摄影大展在山西平遥开幕，河北共有近十个专题的500多幅作品入选。省摄协副秘书长霍志强获平遥国际摄影节“优秀摄影师奖”。

9月21日，省摄协副主席兼秘书长杨越峦应邀随中国文联“视觉艺术策展人研修班”代表团赴美国纽约、费城两地进行为期两周的学习。

10月9日，省委宣传部、省旅游局、省摄影家协会主办的以“赶考”精神建设美丽河北主题摄影大赛暨采风活动启动。

10月18日，“2014洛杉矶中国摄影节”在美国洛杉矶开幕。省摄协参展的《魅力河北摄影作品展》，展现了河北省深厚的文化底蕴：古老巍峨的长城、浓郁淳朴的乡风、独特的打铁花民俗以及现代河北的发展等等，摄影家们通过摄影镜头向观众传播推广了河北文化。

10月30日，省摄协召集在石的部分省摄协领导、顾问及摄影家代表在石家庄召开摄影界学习习近平总书记在文艺工作座谈会上的重要讲话座谈会。

11月15日，省摄协在石家庄召开主席办公会，学习习近平总书记在文艺工作座谈会上的重要讲话精神，中国摄协主席王瑶出席会议并做重要讲话。大家结合河北摄影实际，就如何贯彻落实好习近平总书记的讲话精神进行了座谈。

11月30日，省摄协邀请著名摄影家王敬民举行人像公开课。省摄协副主席杨越峦、赵宇等出席活动。省25期摄影函授班、秦皇岛辅导站、石家庄辅导站共计70多名学员和省内400多位摄影爱好者参与。

【书法家协会】

1月16日和2月18日，省书协分别召开了河北省书法家协会六届二次扩大会议和河北省书法家协会六届一次秘书长会议。组建了省书协艺术指导委员会、评审委员会等15个专业委员会；组建了创作部、理论部等秘书处日常工作机构，出台了《关于全省书法人才培养建设的意见》、《秘书长工作会议制度》等10项工作制度。

3月份，省书协在西柏坡举办了“‘中国梦·赶考行’河北省书法名家作品邀请展”。省委书记周本顺、省长张庆伟、省委常委、宣传部部长艾文礼等省领导参观展览并给予高度评价。

5月18日，河北省首届临书展在唐山迁安举办。河北省文联党组副书记、河北省书协主席刘金凯，河北省书协副主席兼秘书长刘月卯，唐山市文联主席袁宁，河北省书协副主席兼唐山市书协主席张国栋等参加开幕式并观看展览。河北省首届临书展展出名家作品、评委作品、获奖作品和入展作品100多件，是一次全面检阅河北书坛临帖水准的展览。

5月23日，河北省书协在河北省书协培训中心举办“迎国展”重点作者作品点评会，河北省文联党组副书记、省书协主席刘金凯，副主席兼秘书长刘月卯，副主席肖建科、吴占良、刘宗超、薛择邻，主席助理王厚祥，副秘书长胡湛、魏兵然、边建国、刘庆来、颜敏忠、刘京闻、赵恒、刘斌、寇学臣、侯猛与各地市书协负责人及重点作者近100人参加活动。

【杂技家协会】

3月20日至23日，省杂协参与组织策划了“炫技华北、筑梦起航”2014华北五省区市杂技新人新作展演活动。精选出杂技、魔术5个获奖的节目，60余名演职人员的队伍赴京展演。

5月15日，由省杂协、省杂技团新编儿童杂技剧“白雪公主”在省杂技团首演，受到了杂技同仁的广泛好评。

5月31日，中国杂协主席、省杂协主席边发吉在河北艺术中心音乐厅举办《燕赵文艺大讲堂—我们所处的时代与文化发展》讲座。

9月16日，省杂协组织报送第九届中国杂技金菊奖第八次理论作品评选中6篇论文参评，齐志义撰写的《杂技人才呼唤现代教育理念》和骆天撰写的《刍议如何打造新时期中国品牌的杂技文化产业》荣获银奖和优秀奖，省杂协获组织工作奖。

10月20日，在中国杂协两年一届的德艺双馨会员评选中，我省推荐的周良田、齐志义、黄桂刚、时金亮4人入选。

【影视家协会】

1月10日，中国电视艺术委员会主办、河北省委宣传部、河北省新闻出版广电局、河北省影视家协会等单位联合参与承办的《影视剧创作“河北现象”专家研讨会》在北京举办。李准、仲呈祥、刘润为、李京盛、王丹彦、王伟国、刘玉琴、彭程、高小立、张德祥、明振江、喇培康、周振天等数十位专家参会。

2月24日，河北省影协第四次会员代表大会在石家庄召开。省委宣传部、省新闻出版广电局等单位的领导以及来自全省各影视机构、广播电视台、各市影视家协会的百余名会员代表出席大会。省委宣传部副部长武鸿儒出席大会开幕式并讲话。会议通过了新修订协的章程，选举产生了新一届领导机构。王景武当选协会新一届主席。王亚飞、王砚梅、申晓义、刘喜、孙琳琳、李冠熙、李森池、李锦云、杨正义、杨国钧、杨谦辉、汪帆、陈力、郭靖宇（按姓氏笔画排序）当选为副主席。

第27届中国电视金鹰奖的评选中，《焦裕禄》荣获最佳电视剧奖；《打狗棍》、《聂荣臻》和《营盘镇警事》荣获优秀电视剧奖；《老子道德三百问》荣获优秀电视动画片奖。《丑角爸爸》、《先遣连》和《守望》荣获电视剧三等奖；副主席郭靖宇因执导《打狗棍》荣获最佳导演提名奖；《绝对有戏——南北群英会》荣获电视文艺节目三等奖；《国旗阿妈啦》荣获电视纪录片三等奖。第15届中国人口文化奖影视类评选中动画片《老子道德三百问》荣获电视节目类三等奖，电影《一诺千金》荣获电影类二等奖。第13届中宣部“五个一工程”评选中，河北影视团队再创佳绩。电影《周恩来的四个昼夜》、电视剧《先遣连》、《营盘镇警事》、《我的故乡晋察冀》等入选。第12届河北省“五个一工程”奖评选中，电视动画片《老子道德三百问》、电影故事片《一诺千金》、传统相声轻喜剧《常开笑口》、电视纪录片《国旗阿妈啦》、《武强年画》五部影视作品奖。

【企业（行业）文联】

2月23日，河北省企业（行业）文联第四次代表大会暨第四届第一次理事工作会议在廊坊召开。省委宣传部副部长武鸿儒，河北省文联党组书记解晓勇，巡视员潘学聪，省企业（行业）文联主席赵景之，河北省国资委党建研究会会长范玉书，中国石油天然气管道局党委书记丁建林，河北省企业（行业）文联副主席兼秘书长范硕等相关领导出席了会议。来自我省31家大型企业、行业的代表100余人参加了此次会议。会议由范玉书主持，会议审议通过了工作报告，修改了章程，选举产生了新一届理事、常务理事、主席团成员。武鸿儒、解晓勇分别作了重要讲话。范硕当选新一届河北省企业（行业）文联主席；解永会、曹海燕、卢彦君、张雨良、刘万义、杨洪池、金海龙、孙全军、郭建业、营新录、靳海河当选新一届河北省企业（行业）文联副主席；聘请赵文鹤、解晓勇、赵景之为名誉主席。

7月8日，“管道杯”庆祝新中国成立65周年河北省企业（行业）界员工第十一届书法、美术、摄影大型展览在石家庄河北美术馆举办。省企业（行业）文联主席兼秘书长范硕主持开幕式，省文联党组书记解晓勇，省文联党组副书记、副主席刘金凯，省国资委副主任曹海燕，年度执行主席中国石油天然气管道局党委副书记孙全军，省文联巡视员潘学聪等领导出席了开幕式。孙全军致开幕词，解晓勇讲话。展览共展出书画摄影作品三百余幅，近300名企业（行业）领导、艺术家及艺术爱好者前来参观学习。

山西省文联

综　述

2014年，是我国文艺发展史上具有里程碑意义的重要一年。以习近平总书记亲自主持召开文艺工作座谈会并发表重要讲话为标志，我国文艺事业的又一个春天已经到来。在省委、省政府的坚强领导下，在中国文联和山西省委宣传部的有力指导下，省文联及各团体会员，认真学习贯彻习近平总书记系列重要讲话精神，坚决贯彻落实中央和省委、省政府各项重大决策部署，紧紧围绕省文联八届二次全委会议以及省委省政府下达的年度考核指标的目标任务，坚持以人民为中心的创作导向，以社会主义核心价值观为引领，以满足我省人民不断增长的精神文化需求为出发点和落脚点，以创作生产优秀作品为中心任务，出精品、出人才，为推进我省文艺事业繁荣发展做了大量工作，并取得了实实在在的成效。

重要会议

【山西省文联八届二次全委会议在太原召开】

1月23日，召开了省文联八届二次主席团会议。会议审议通过了《省文联八届二次全委会会议议程》、《更替和增补省文联第八届委员会委员事项》和《省文联八届二次全委会会议工作报告（审议稿）》。1月24日，省文联八届二次全委会会议在太原召开。与会人员深入学习贯彻党的十八大和十八届三中全会精神，传达学习贯彻中国文联九届六次全委会会议精神、全省宣传部长会议精神、省十二届人大二次会议和省政协十一届二次会议精神等。省委宣传部副部长杜学文出席会议并讲话。会议由省文联主席张根虎主持。省文联党组书记、常务副主席李太阳作了题为《追寻中国梦唱响主旋律谱写山西文艺繁荣发展新篇章》的工作报告。报告对2013年工作进行了回顾与总结，对2014年工作做了部署。省文联党组副书记、副主席石跃峰通报了省文联第八届委员会委员增补、调整的有关事宜。

【省文联召开党的群众路线教育实践活动总结大会】

1月26日，山西省文联召开党的群众路线教育实践活动总结大会。省文联党组书记、常务副主席、书记处第一书记李太阳

代表党组在会上作总结发言。省文联是第一批参加党的群众路线教育实践活动的单位，自2013年7月正式开展活动以来，党组精心制定方案，部署活动开展。历时7个月的活动中，在党中央和省委的带动下，我会紧扣为民、务实、清廉主题，按照“照镜子、洗洗澡、正衣冠、治治病”的要求，组织学习教育，认真听取意见，积极查摆问题，严把批评与自我批评、整改措施、建章立制三个环节，以贯彻落实中央八项规定为契机，对涉及我单位的四风问题进行了整改，取得了实实在在的效果。

【山西省文联首场文艺学习沙龙开讲】

3月14日，我会首场文艺学习沙龙开讲。在文艺学习沙龙开讲仪式上，李太阳书记要求大家，要把理论学习和业务学习结合起来，使学习起到真正的作用。“文艺学习沙龙”就是山西省文联创建学习型机关采取的措施之一。仪式结束后，党组一班人与大家一起观看了北京师范大学教授于丹的讲座录相“《论语》感悟”。

【省文联召开首场党组中心组（扩大）学习报告会】

为了广大党员干部职工深入学习领会习近平总书记系列讲话精神，省文联党组决定每个季度召开一次党组中心组（扩大）学习报告会。首场党组中心组（扩大）学习报告会于3月24日开讲。中共山西省直机关党校科学社会主义教研室主任

陈辉教授为全体干部职工作了一场生动精彩的辅导报告。会后，党组书记李太阳就我会今后一个时期的理论学习提出了要求。

【省文联开展“博爱一日捐”活动】

按照山西省直工委、省文明办、省红十字会《关于继续开展2014年度“博爱一日捐”的募捐活动的通知》精神，我会于3月24日上午在十六楼会议室，组织全体干部职工，开展了“博爱一日捐”募捐活动。现场共有162人进行了捐赠，筹集善款8110元，所捐款项已由机关党委全部上交山西省红十字会。

【举办首届景德镇陶瓷艺术品鉴赏会】

5月23日，由山西美术馆、江西省工艺美术学会等单位主办，为期12天的山西首届（2014）景德镇陶瓷艺术大师作品鉴赏会在山西美术馆开展。此次品鉴会是我省首次举行、陶瓷精品最集中、南北陶艺大师云集的一次盛会。品鉴会期间，景德镇陶艺大师还现场烧陶。

【省文联召开纪念建党93周年暨“七·一”表彰大会】

7月1日召开了“省文联纪念建党93周年暨‘七·一’表彰大会”，李太阳书记作了讲话，会上，还表彰了三个优秀党支部、十九位优秀共产党员和八位优秀党务工作者。

【省文联传达学习习总书记在文艺工作座谈会上的讲话】

10月17日，山西省文联举行学习座谈会，传达学习习近平总书记在文艺工作座谈会上的重要讲话精神。山西省文联党组书记、常务副主席李太阳传达精神并讲话。山西省文联党组副书记石跃峰主持会议。省城部分老艺术家、省文联机关副处以上干部、下属单位负责人等参加了座谈会。李太阳指出，习近平总书记在文艺工作座谈会上的重要讲话在文艺界引起强烈反响，广大文艺工作者积极响应，认真学习。习近平总书记的讲话既高屋建瓴，又接通地气，为文艺工作者今后工作指明了方向，明确了任务，增强了信心，令广大文艺工作者为之感到振奋。我们要深刻领会总书记的重要论述，准确把握文艺工作的重要地位。参加座谈的老文艺家们和机关、协会负责人都畅谈了自己的感言。

重要文艺活动

【全国第三届草书作品展在太原举办】

1月15日，由中国书法家协会、山西省文学艺术界联合会主办，中国书协草书专业委员会、山西省书法家协会、晋中龙湖紫云轩艺术研究院共同承办的全国第三届草书作品展在太原美术馆举办开幕式。展览共收到投稿作品6000余件，共评出294件入展作品，其中28件优秀作品。

【中国剧协梅花奖艺术团赴我省慰问演出】

2月18日晚，“我们的中国梦”——梅花奖艺术团“送欢乐、下基层”山西行慰问演出在山西大剧院拉开帷幕。千余名环卫工人、交警、武警和驻晋部队的代表观看了演出。整场晚会共有16个节目。随后，他们到大同市灵丘县演出，为那里的父老乡亲送去新春祝福和美好祝愿。

【山西省文联主办“文化山西大讲堂”】

3月7日，承办了由山西省文联、中国文化促进会、中国（太原）煤炭交易中心主办“文化山西大讲堂”第三讲，邀请了著名书画家、鉴藏家、中国艺术研究院博士生导师崔如琢先生。他演讲的题目是“中国书画的现状与未来”。各大院校学生、专业人士听讲。4月26日，由清华大学历史系教授、博士生导师张国刚讲了“资治通鉴与中国智慧”。

【华北五省区市杂技新人新作展演落幕】

3月21日至23日，由山西省文联、山西省杂技家协会与北京、天津、河北、内蒙古共同主办的“炫技华北，筑梦启航——华北五省区市杂技新人新作展演”在北京天地剧场、北京市文联剧场成功举办。来自华北五省区市杂技家协会的团体会员20余家单位的200余名演职人员参与了展演活动。山西选送的杂技《软钢丝》等四个节目，参加了开幕式等六场演出。

【中国文联艺术家赴中煤平朔煤矿开展志愿服务和慰问演出】

4月28日至29日，中国文联“送欢乐·下基层”文艺志愿服务团，来到中煤平朔公司进行慰问演出。28日，在平朔图书馆举办了书法、美术、摄影交流及现场创作活动。29日，以“我们的中国梦——送欢乐·下基层”文艺志愿服务活动在中煤平朔集团安家岭矿观礼台举行。

【省文联举办纪念《讲话》发表72周年系列活动】

为纪念毛泽东同志《在延安文艺座谈会上的讲话》发表72周年，省文联开展“惠民、为民、乐民”系列文艺活动。一是召开《笔墨情怀》温幸诗词座谈会。由省政协副主席阎爱英题写书名，潘建业书画的《笔墨情怀》，是已故原省文联主席、诗家温幸先生的诗词著作。5月8日，《笔墨情怀》温幸诗词座谈会在文联会议室召开。二是举办中国曲艺快板名家、名段精品展演。5月12日，名家名段精品展演、中国曲艺快板艺术论坛暨名家“惠民、为民、乐民”慰问活动在大同举行。活动由中国曲协快板艺术委员会、山西省文联、省曲协、中共大同市委宣传部、大同市总工会共同主办。三是举办“春之约”朗诵音乐会。5月16日晚，2014“春之约——山西省纪念毛泽东同志《在延安文艺座谈会上的讲话》发表72周年经典作品朗诵音乐会”在太原天一宫隆重举行。朗诵音乐会由山西省文联、省电影家协会、山西黄土地文化艺术研究院主办。四是举办“惠民·为民·乐民”曲艺专场演出 。5月19日，由山西省文联、省曲协、山西省演艺集团等主办，“晋人乐”艺术团走进山西省交通技师学院，“惠民·为民·乐民”《曲艺专场》在晋中太谷县山西省交通技师学院成功举办。五是开展书画名家“送文化·下基层”活动。5月21日，由山西省文联主办、山西省美协、山西省书协、山西大众书画院、格盟国际山西瑞光热电有限责任公司承办的纪念5·23讲话发表72周年山西省文联书画名家“送文化·下基层”活动在榆次格盟国际山西瑞光热电有限责任公司举行。省美协18位画家，省书协14位书法家，大众书画院14位书画家与新闻工作者参加了活动。六是召开老文艺家纪念毛泽东同志《在延安文艺座谈会上的讲话》发表72周年座谈会。5月22日，省文联和省老文学艺术家协会举办的纪念毛泽东同志《在延安文艺座谈会上的讲话》发表72周年座谈会在梅兰芳剧院召开，来自省城近两百位老文学艺术工作者参加了座谈会。七是开展书法名家进学校活动。5月22日，由省文联、省教育厅、省语言文字工作委员会、省书协等单位主办的我省“书法名家进校园”活动启动仪式暨首场活动在太原幼师举行，21名省、市知名书法家与15所学校结对子，走进校园对师生进行最专业的书法指导。八是开展“摄影走进寻常百姓家”活动。5月23日，为纪念毛主席《在延安文艺座谈会上的讲话》发表72周年，由山西省文联、山西省摄协举办的“摄影走进寻常百姓家”活动在忻州正式启动。30余名摄影家和摄影爱好者出席了启动仪式。九是召开山西省民间文艺界5.23座谈会。5月23日，二十余位民间艺术工作者参加了省民协举办的“山西省民间文艺界5.23座谈会”。座谈会围绕着民协工作的重心及发展方向举行。十是举办送欢乐到农村“科伦之春”大型公益文化活动。5月23日，省文联、省农村文化促进会组织百余名省内知名书画家、表演艺术家，赴阳泉市郊区西南舁村，举办了“科伦之春”文化惠民、文化为民、文化乐民大型公益文化活动。“山西书画名家走进农村文化惠民笔会”在西南舁村小学举行；晚上，举行了文化惠民、文化为民、文化乐民“科伦之春”名家演唱会，6000余名观众观看了演出。

【举办“第十六届山西省美术作品展”】

7月2日，适逢纪念中国共产党成立九十三周年之际，由山西省委宣传部、省文化厅、省文联、省美协联合举办的“第十六届山西省美术作品展”在太原美术馆隆重开幕。此次展览共展出各类美术作品697件。选送全国92件作品、18件照片、入选44件。向中国美协推荐理论评论文章6人7篇。中国美协副主席何家英带队的专家组一行，参加了第十六届山西省美术作品展开幕式，并对展览作品进行了观摩、点评、指导。

【黄河魂·太行情——山西山水画展】

7月9日，由中共山西省委宣传部、山西省文学艺术界联合会联合主办的“黄河魂·太行情——山西山水画展”在北京中国人民革命军事博物馆隆重开展。画展共收录了当代山西山水画领域极具代表性的19位老中青画家的80余幅作品。

【“我们的价值观”活动】

7月16日 由山西省委宣传部、文明办、省文联主办，省曲协、太原市文联、太原市群众艺术馆承办的“我们的价值观——曲艺走基层全国百场巡演山西专场”的首场演出在太原小井峪街道三益社区干打垒小区举行。随后，此项活动先后在山西省群众艺术馆、山西交通大厦及长治、晋城等地进行了10余场演出。

【省文联召开八届三次主席团会议】

7月25日，山西省文联召开八届三次主席团会议，省文联党组书记、常务副主席李太阳在会上作了《凝聚力量 扎实工作 进一步推动山西文艺的繁荣发展》的工作报告，主要是总结2014年上半年的工作情况，分析当前面临的新形势新任务，共同谋划下半年的工作任务。

【中国书法兰亭奖历届山西作者精品展】

9月11日，由山西省文联主办，山西省书协、山西省晋艺嘉和文化艺术基金会承办的“追梦兰亭——中国书法兰亭奖历届山西作者精品展”在山西美术馆隆重开幕，这次展览是为在历届中国书法兰亭奖中获奖、入展的山西作者举办的。

【组织晋京曲艺展演】

9月20日，由中国曲协、山西文联主办的“向人民报告——庆祝新中国成立65周年暨说唱中国梦优秀曲艺节目展演”演出在北京民族文化宫大剧院上演。演出翼城说唱“鼓舞中华”等8个节目。

【山西省第20届摄影艺术展开幕】

9月21日，由山西省文联主办，山西东辉集团协办，山西省摄影家协会承办的“我们的中国梦·五台山杯”山西省第20届摄影艺术展在山西美术馆开幕，一共收到来自全省11个市、省直和解放军1107人的作品11157幅（组），展览分为纪录、艺术、商业三个艺术门类。

【重阳节山西省文联举办系列活动】

由山西省文联主办、离退休人员管理处承办的“欢度2014重阳节——山西省文联离退休干部职工美术书法摄影展”9月23日在山西美术馆开展，这次展出的作品70余幅，丰富多彩，艺术水平很高。开展后在文联10楼会议室召开了欢度重阳座谈会。

【我们的中国梦——山西省美术作品展】

为庆祝中华人民共和国成立65周年，由山西省文联、山西名人联合会主办，山西省美术家协会承办的“我们的中国梦—山西省美术作品展”于9月24日在山西美术馆举行。展览共展出两百多件美术作品。

【第十二届全国美术作品展览雕塑作品展】

9月25日，由国家文化部、中国文学艺术界联合会、中国美术家协会共同主办，太原市人民政府承办，山西省文化厅、山西省文学艺术界联合会、山西省美术家协会、太原市文化广电新闻出版局、太原美术馆共同协办“第十二届全国美术作品展雕塑作品展览”在太原美术馆隆重开幕。

【我们的中国梦——山西省书法作品展】

9月29日，由山西省文联、山西省名人联合会共同主办，山西省书协承办的“我们的中国梦——山西省书法作品展”在山西美术馆隆重开展。此次展览旨在弘扬社会主义核心价值观，传承中华文化精髓，丰富人民的精神文化生活，为实现民族复兴的中国梦汇聚力量，共展出227件作品。

【“中国梦·太行魂”大型太行山采风活动】

10月16日，由中国美术家协会、文化部艺术司、山西省文化厅主办“中国梦•太行魂”大型太行山采风写生活动在山西省举行。本次采风写生活动是为2015年于中国美术馆、太原美术馆举办的“中国梦•太行魂”大型太行山优秀国画作品展暨“太行艺术论坛”做准备，以纪念抗日战争胜利70周年。

【全国产（行）业文联美术精品展览】

由中国文联主办、中国美术家协会和山西省文联协办、山西省产业（企业）文联工作委员会承办的“情系中国梦——庆祝新中国成立65周年全国产（行）业文联美术精品展览”于10月27日在山西美术馆开幕。收到各有关产（行）业文联和省级企业文联选送的美术作品350余幅。共评出最佳作品26幅、优秀作品236幅。

【举办“全省职工书画展”】

11月2日，由山西省总工会、山西省文学艺术界联合会、山西省书法家协会和山西省美术家协会共同举办了“全省职工书画展”。共展出324幅作品，其中一等奖10幅、二等奖20幅、三等奖35幅及优秀作品226幅。

【山西文艺网开通暨第三届山西省校园艺术大赛启动仪式】

12月29日，山西文艺网开通暨第三届山西省校园艺术大赛启动仪式在山西美术馆举行，省委宣传部副部长杜学文点击开通“山西省文学艺术界官方网站——山西文艺网”。由山西省教育厅、团省委、省文联主办，通过山西文艺网在线举办的“第三届山西省校园艺术大赛”同时启动。在启动仪式上，省文联领导和省委宣传部领导等嘉宾为列入“山西省艺术家资源库”的12名艺术家代表颁发了《艺术家证书》。

文化惠民活动

【美术家赠送书画作品】

1月17日，山西省美术家协会组织省城美术家赴六二二部队大本营仓库储备部参加“山西省文联送欢乐·进军营”活动，为部队官兵送文化。1月26日，组织省美协主席团十二人赴山西省安科院参加“山西省书画名家送文化·下基层”活动，为干部职工送文化。12月5日，由山西省文联及机关党委、山西省美协赴阳煤集团和顺新大地煤矿举行“深入生活·扎根人民”山西省文联文艺志愿者服务主题活动启动仪式，为矿工赠送书画作品。

【开展书法家进万家活动】

1月17日到26日，省书协先后组织百余名书家赴山西省太原市66211部队、北京军区部队、山西省第一附属医院、岢岚卫星发射基地、浑源县文庄村、山西省安全检查局开展了“书法进万家”活动，共书写春联、书法作品1500余幅。1月23日，在平遥举行了平遥中国年第五届“百名书法家现场泼墨送春联活动”。

【摄影家为村民拍全家福】

1月8日，山西省文联、省摄协2014“送欢乐，下基层”暨摄影走进双合成启动仪式在双合成工业园区隆重举行。在启动仪式颁发中国摄影家协会“万名摄影志愿者，万幅作品进万家”活动先进个人奖和中国摄影家协会服务基层优秀会员奖。还参观了“中国梦·三晋魂”山西省摄影家协会团体会员作品展览。下午，摄影家们还与双合成的职工举行迎春联谊活动。“五台山”杯2014′山西省第20届摄影艺术展览也同时启动。并举行了《山西摄影》丛书首发式。正月初四，由山西省文联、摄影家协会、太原市文明办等单位主办，色无界摄影网、直方图艺术微喷工作室承办的2014“共圆中国梦”大型摄影公益活动，在太原市阳曲县泥屯镇东青善村举行。来自全省的300多名摄影人深入到全村各家户为他们拍摄了全家福，并在现场打印装框赠送。摄影人还为村里的贫困户捐赠了白面、大米和食用油。11月8日，山西省摄影家协会开展贯彻落实习总书记在文艺工作座谈会上讲话精神的公益摄影活动，在运城市临猗县庙上乡王上村举行，摄影家们为全村200多户村民拍摄了全家福，为60岁以上老人拍摄了半身像。

【龙城空竹庆佳节】

正月十一，山西省文联，山西省杂技家协会组织的“抖空竹，闹元宵”来到太原市劲松社区为居民们演出。正月十二，山西省文联、山西省杂技家协会在太原市第一公园迎泽公园的标志性建筑藏经楼前组织了2014年“抖空竹，闹元宵”杂技慰问演出。正月十四，“抖空竹，闹元宵”慰问演出在太原市老军营社区再一次为居民们奉献了“欢乐空竹喜迎春”等精彩的空竹表演。

创作与研究

【第九届山西省文艺评论奖圆满完成】

山西省文艺评论奖评选每两年评选一次。此次共收到全省各文艺单位推荐、报送的参评文章130篇，涵盖文学、戏剧、音乐、舞蹈、书画、摄影、曲艺、杂技、影视等各个艺术门类。经全体评委严格按照程序认真评选，共评出一等奖11篇、二等奖21篇、三等奖34篇，组织奖10个。

【省文联党组书记、常务副主席李太阳到晋宝斋调研】

7月23日，省文联党组书记李太阳、党组副书记石跃峰到省文联直属企业晋宝斋及下属装裱公司、晋宝拍卖公司进行调研。党组成员、晋宝斋总经理靳忠，办公室主任岳云，文研室主任崔莹玺等同志随同调研。在先后考察调研了营业部、装裱车间、拍卖公司后，李太阳书记及调研成员与晋宝斋中层以上管理人员，部分职工代表举行了座谈。

【省文联党组书记、常务副主席李太阳到大同调研】

7月30日，山西省文联党组书记、常务副主席李太阳到大同进行深入调研。在省文联扶贫点大同市浑源县蔡村镇文庄村调研时，李太阳书记一行同文庄村两委、村民代表、党员代表进行了座谈、并进行政策宣讲，进一步探讨富民方略，面对面了解他们所急、所盼、所怨，听取了他们对文联改进工作作风的意见建议。

对外及对港澳台地区文化交流

【台北书法家协会参访团来汾并交流】

4月14日，山西省书法家协会在三晋国际饭店迎来了一行13人的台北书法家协会参访团。山西省文联党组副书记、副主席，山西省书协主席石跃峰代表山西省文联和山西省书法家协会致欢迎辞，在笔会上，大家广泛接触，深入交流，提升扩大了书法艺术在两岸和平发展中的作用。

【举办“中国山西·韩国电影周”】

4月26日，在省城举办“中国山西·韩国电影周”，本次活动由中国电影家协会、山西省新闻出版广电局、韩国光州国际电影节组委会主办，山西省电影家协会、山西传媒学院、山西电影制片厂、太原华邦影城承办。期间，为广大观众放映了《随风而逝》等4部韩国优秀影片，并就电影类型化创作、文化表达、市场开拓等进行了交流。

【平遥传统文化作品展在法国普罗万展出】

6月13日，开幕的法国普罗万中世纪节展出了《文明的交融》——平遥传统文化艺术作品，这些来自地球东方的作品为中法两座古老城市搭建起连接友谊的桥梁。这是平遥县应普罗万市政府邀请，进行的又一次友城交往活动项目。在古色古香的普罗万凯撒教堂，《文明的交融》共展出平遥题材的摄影老照片、书画、剪纸、刺绣、皮影40件。展览期间让法国友人深入体会中国传统文化的独特魅力，普罗万市领导和8万名来至欧洲各地的观众参观了展览。

机关建设

【圆满完成“专项治理”任务】

一是按照省委组织部的要求，完成了全省干部人事档案专项清理检查工作。组织部进行了验收检查，我会为合格单位。还制定了《省文联干部人事档案管理制度》。二是按照省委组织部《关于开展超职数配备干部专项整治工作》的要求，对我会的职数配备情况进行自查，完成了摸底、统计，汇总、制定消化方案等工作。三是组织完成了机关、协会及所属事业单位有关“吃空饷”、“编外用工”的专项治理工作。四是完成了全省开展的“领导干部在企业任职（兼职）的专项治理”工作。

【进一步严格干部管理】

一是文联党组认真学习贯彻新修订的《干部任用条例》，制定下发了《省文联进一步加强干部管理和干部选拔任用工作的意见》，完成了机关、协会、所属事业单位的18名同志的干部选拔任免和调整工作。二是按照中组部、省委组织部关于对领导干部个人事项报告情况抽查核查的工作要求，完成了我会53名处级干部《个人事项报告信息》的录入工作。三是按照全省开展的《机构编制实名核查专项整治》的工作要求，完成了机关、协会、11个事业单位的人员、编制、工资等信息采集、上报工作。四是选派了我会的“四个一批”人才参加了省委宣传部的专题培训学习。五是完成了我会招录10名公务员的考察等工作任务。六是上报省编办“关于成立山西省评论家协会、志愿者协会”的报告。

【加强干部学习教育】

一是按照省委组织部年初规划，完成了“干部自主选学”任务，有12名同志参加了北京大学、省委党校的专题自主选学。二是建立了‘干部在线学习通报’制度，按照《2014年干部自主选学统筹培训计划》和省委组织部要求。全体干部完成学时3271.66课时，完成了2014年度的学习任务。三是结合老干部活动室的改造工作，为老干部提供活动、阅读、学习琴棋书画的场所，新增了乒乓球活动场地，购置了电钢琴、电子琴和书画学习用具，与省文联艺创中心、省美术家协会一起举办了20余次键盘音乐讲座，12次美术绘画讲座；8次书法学习活动，文联机关在职同志和离退休干部有60多人参加了学习。

直属单位

【山西文艺大厦管理服务中心】

一是改造维修顺利完成。对西展厅、一楼卫生间、大厅后门、贵宾接待室、过厅等改造升级，在大厅安装了电子显示屏，优化办公环境。4月，对原地下车库进行职工餐厅改造，改善职工就餐环境。对大厦后家属院进行绿化，并安装健身器材。11月，对大楼玻璃幕墙及景观灯进行清洗维修。二是保障设备维修维护。三是狠抓展厅经营管理。年初，被太原市公安局评为“2013年度平安单位”。

【山西文化艺术传媒中心】

一是建章立制。3月，李太阳书记带队，李有生主任、曲志榕支部书记先后赴《黄河之声》《记者观察》等6家杂志社调研。调研中摸清了历史情况，分析了现状，提出了完善管理的建议与要求。8月13日，山西文化艺术传媒中心举办“山西省文联期刊出版业务培训班”。20日，传媒中心邀请省委宣传部、省新闻出版广电局的专家型领导做评委，对6名入围人选进行面试答辩，6名同志顺利走上副主编、副社长岗位。出台了《山西省文联期刊出版管理办法（试行）》和《山西省文联期刊出版管理办法（试行）实施细则》。二是圆满完成专项大型活动。承办了由中国音协主办的2014年度的青少年音乐考级，山西考区的报名、考试工作等。

【山西艺术研究创作中心】

1月，组织了研究员、创作员到基层开展了送春联活动。2014年共举办了三场文化大讲堂，听讲人次近千人。承办了由山西省文联主办的每月一次艺术沙龙学习，2014年举办艺术沙龙讲座11场，共计1100人次听讲。

【山西省产业（企业）文联】

4月21日，由山西省煤矿工会和省产业（企业）文联共同主办，第一期山西省煤矿企业职工书画艺术骨干培训班在太谷县梅园山庄举办。

【山西省晋宝斋艺术总公司】

1月12日，在龙城国际举办了晋宝2014迎春拍卖会。2月举办“迎新春”晋宝斋第二届员工书画展、“咏石悟道”文人赏石艺术展。4月19日，举办“画坛伉俪—祝焘•汪伊虹新作展”。6月14日，举办晋宝斋首届百姓收藏珠宝玉器竞买会。15日，在迎泽宾馆举办晋宝2014春季艺术品拍卖会。7月，举办了“艺术生活，生活艺术”展览、晋宝斋第二期百姓收藏珠宝玉器竞买会。8月28日，晋宝斋周年店庆酬宾活动。10月，举办了“雅室清韵——书房文玩珍品展”、“含道应物”霍春阳书画展及由霍春阳先生主讲的《中国画的欣赏》讲座。11月22日，在恒大华府举办《晋宝2014秋拍——当今艺术梦》预展开幕式及无底价竞买会。29日至30日，在龙城国际举办晋宝2014秋季艺术品拍卖会。

各文艺家协会

【美术家协会】

1月15日，山西省美术家协会年会暨第十二届全国美展创作动员会在太原锦麟东方酒店举行。承办“山西省第十届版画暨藏书票作品展——大美柳林巡回展”在柳林县文化馆开幕。同时组织召开学术研讨会。3月8日，承办了“‘真水无香’——三八妇女节省城女书画家作品展”。4月2日，以“美丽山西晋情绽放”为主题的我省著名书画家李国维先生个人书画展在山西省美术馆开展。4月6日，由山西省美协花鸟画艺委会组织“美丽河东、大美运城”著名画家走进运城采风活动。举办了“祝焘八十画展”、“丹青雅怀——山西当代中国画作品展”绽放于洛阳。4月24日，山西省美协山水画艺委会组织省内部分优秀山水画家60余人赴阳城县进行了“走进蟒河采风”活动。5月6日，“山信杯”第六届山西漫画展在太原市晋商博物馆举办。5月16日，“赵梅生画展”在深圳关山月美术馆展出。6月17日，由山西省美术家协会主办的赵南南、张洁于在太原晋商博物馆举办画展。26日，“姚天沐从艺六十五周年美术作品展”在中国美术馆展出。9月20日，山西省工笔花鸟画会在凤凰之城—北魏故都大同隆重举办题为《中国梦•大同情》的第十一届工笔花鸟画展。10月10日，《彩墨画家——谭兴渠九十华诞暨从艺七十年画展》在山西美术馆展出。11月5日，《形象对话——山西省第十届油画写生展》在山西大学美术学院开展。11月17日，“山西省第三届小幅水彩画展”在晋中师专举行开幕仪式。11月27日，“山西省第四届山水画大展”在太原市美术馆开幕。

【书法家协会】

4月24日，在山西省文联16层会议室举办中国书法兰亭奖山西作者书法作品汇报展第二次看稿会。7月24日，省书协第五届主席团六次会议在山西省文联十六楼会议室召开，省书协主席团及主席团委员共计33人参加。8月21日至24日，书法临摹与创作培训班在省书法考级中心举办，共有50余学员参加了培训。11月23日，由山西省文化厅、山西省书法家协会主办的“晋通达杯”山西省第十二届书法临摹展在山西省民俗博物馆隆重开幕，本次展览共展出作品210件。

【摄影家协会】

5月26日，协办第26届中国华北摄影艺术展。6月15日，第二届大美山西系列文化活动拉开帷幕，主办单位在太原万科蓝山召开新闻发布会。6月26日，共同举办了第十一届五台山国际摄影大展在普化寺开展。共同举办了第三届中国科普摄影大赛。27日，中国摄影家协会在临沂沂南县马牧池常山村沂蒙红色影视基地举办“追寻历史影像、重走复兴之路”活动，我省兴县被命名为首批10个摄影创作基地之一，这是中国摄影家协会在山西命名的第一个摄影创作基地。9月19日，在第十四届平遥摄影大展上开展并颁奖。举办了“幸福在身边”山西省第六届网络摄影大赛，11月21日，在太原市美术馆开展并颁奖。举办并先后组织了晋中社火、五台山春夏秋冬四季大型摄影采风活动。组织了山西省循环经济摄影采风活动。运城市天鹅、地窨院摄影采风活动。建立了五台山、雁门关、霍山、文峰塔景区4个摄影创作基地。

【曲艺家协会】

组织节目参加在河南举办的马街书会。李彦生、刘娟表演的小品《生日》获一等奖。组织参加中部六省曲艺大赛。组织第六届山西省少儿曲艺大赛并选送8个节目参加全国赛，其中对口快板《我的梦》、山东音乐快书《美丽祖国我的梦》参加全国少儿曲艺大赛，分获一等奖二等奖，协会获组织奖。《美丽祖国我的梦》同时获得首届“高元钧”杯山东快书大赛金奖。组织节目参加中国曲协主办的第八届中国曲艺牡丹奖大赛，承办第八届中国曲艺牡丹奖（鼓曲类）大赛。在本届曲艺牡丹奖评比中，我省柴京云、柴京海兄弟创作演出的大同数来宝《你幸福吗》荣获节目奖，马小平、李彦生、弓瑞创作的相声《我爱山西》和暴玉喜创作的长子鼓书《腊月天儿》荣获创作奖，我省山东快书泰斗李鸿民先生荣获了终身成就奖。在江苏连云港举行第八届中国曲艺节，我省柴氏兄弟大同数来宝《你幸福吗》和弓瑞、耿麟合说的相声《山西好声音》参加展演。在山西长治县，承办中国曲艺之乡20年系列活动。活动由展演、座谈交流、现场参观学习等内容组成。在山西省沁县，举办为期三天的“沁州书会”。书会上一是举行鼓曲唱曲优秀作品展演，二是召开沁洲三弦书（老州调）传承与发展研讨会。

【音乐家协会】

一是创建音乐创作基地。我会已选定山西大学音乐学院、中北大学艺术学院等若干条件成熟的单位为音乐创作基地。二是举办会员个人音乐会。举办了山西大学2014届研究生刘培毕业二胡独奏音乐会、山西艺术职业学院声乐系教师梁婧宇个人独唱音乐会、山西大学2011级艺术硕士研究生梁琴毕业独唱音乐会、晋中学院音乐系管弦教研室康乐老师师生音乐会、庆祝孔繁洲从教50周年暨学生郑斌独唱音乐会、中北大学艺术学院钢琴专业教师王小侠学生钢琴音乐会、太原大学青年声乐教师、会员郭建秀独唱音乐会、山西大学青年声乐教师、会员周娜独唱音乐会。三是参加“中国梦”全国原创歌曲征集活动。组织30位山西省有实力、有影响力的优秀曲作家参加中国音协举办的“中国梦”全国原创歌曲征集活动，上报中国音协原创歌曲十八首。四是举办第六届“神州唱响”全国高校声乐比赛与山西大学音乐学院声乐系合作举办第六届“神州唱响”全国高校声乐比赛山西选拔赛。五是经山西省音乐家协会合唱联盟推荐和选拔，报送阳泉爱乐合唱团和长治学院爱乐合唱团两支参赛队参加第九届中国音乐金钟奖合唱比赛。六是组织参加中国音乐“钢琴小金钟”奖、“琵琶小金钟”奖。与山西省音乐家协会钢琴学会联合举办中国音乐“钢琴小金钟”奖山西选拔赛。与山西省音乐家协会琵琶学会联合择优推荐山西选手参加中国音乐“琵琶小金钟”奖。还主办了“第三届晋陕蒙冀民歌、二人台大赛”。8月29日，主办了“山西大学青年声乐教师郑斌喜获全国声乐比赛金奖（第一名）座谈会”。

【戏剧家协会】

正月期间省剧协联合文化厅分别在西山矿务局、太原市实验晋剧院排练场、星光剧场、榆次文化艺术中心举行了十场“二度杏”的剧目举办展演活动。组织我省各市艺术学校的戏曲学生，8

月份参加第十八届中国少儿戏曲小梅花评比。有七名选手荣获小梅花称号。比原计划超额了三名获奖名额。在全省范围内选拔出二至三台有基础新创剧目，并组织专家进行研究、讨论、加工、修改。备战2015年第十四届中国戏剧节。在全省范围内选拔出三人，有一定基础的戏剧表演新秀，组织专家对其表演和剧目进行了打磨提高，并推荐了成凤英参加2015年第二十七届中国戏剧梅花奖“二度梅”评比。王越、郭安存参加2015年第二十七届中国戏剧梅花奖评比。组织了我省忻州师院的短剧《把希望带上》，参加在上海举办的第四届中国戏剧奖“大学生校园戏剧节”，韩宇荣获中国校园戏剧节校园戏剧之星荣誉称号。

【电影家协会】

山西影协把送欢乐到基层常态化，于2012年开始，坚持每周六上午九点在太原解放数码影院为广大电影爱好者免费放映艺术电影，每次规模为200人左右。至今已经放映了200多场。与有关部门联合，向中学生推荐《说谎的山歌》影片，并组织观影活动，地点在太原市和朔州市，观影人数累计5000以上。6月15日，山西省文联、山西省电影家协会举办“山西省首届微电影大赛”，共收到来自全国各地的90余部作品和50余部剧本。12月25日，在太原煤炭交易中心举办颁奖典礼。7月4日，山西省电影家协会组织省内32名编剧、导演、摄影、演员等有关微电影创作人员，深入太原市农业行业知名企业——山西骏业农业有限公司进行创作采风。9月30日，山西省电影家协会和山西省新闻出版广电局电影处，在山西剧院举办了“向祖国汇报，请人民观看——山西优秀影片公益展映周”。办好山西影视网。对山西影视网的栏目进行了调整，并安排专人负责采集信息和更新，点击量不断增加。

【电视家协会】

1月10日，山西省电视艺术家协会组织山西省获得全国和省“德艺双馨电视艺术工作者”等一行18人深入到晋北的忻州原平市、朔州山阴县，先后走访了原平市西镇乡田家庄村，山阴县广武村，原平广播电视台等基层单位，分别召开了城乡两个座谈会，访问了16户村民，亲临现场慰问了正在山阴广武古城拍摄电视剧<徐向前三战阎锡山>的百余名演职人。组织了山西省“第二十届电视艺术评奖”和“第六届全省德艺双馨电视艺术工作者”活动。第二十届电视艺术评奖评选出电视剧作品奖、电视文艺节目奖、纪录片奖、美术动画作品奖、公益广告片作品奖共五大类奖项，79个获奖作品；第六届全省德艺双馨电视艺术工作者共评出11名获奖者。省电视家协会在中国视协组织的四次全国大型评奖活动中，先后获得10项大奖，取得了历史性的突破。全国电视专题片、纪录片奖：山西广播电视台《飞越山西　晋善晋美》获得一等奖；太原广播电视台《好一座古城》获得二等奖；阳泉广播电视台《大泶》吕梁广播电视台《大山里的擀毡人》、长治广播电视台《根在太行》分别获得三等奖。第二十七届中国电视金鹰奖：山西广播电视台《正午阳光》获得电视剧三等奖；太原广播电视台《幸福城市梦家家快乐年——2014美丽之冠中国城市春晚》获得电视文艺节目三等奖；太原广播电视台《龙城八叙》获得电视纪录片三等奖。第七届《中国旅游电视周》奖：长治电视台《八路军的故乡——武乡》获得优秀奖。第二届亚洲微电影艺术节（山西省获奖名单）《小巷》。

【舞蹈家协会】

3月7日，参加了太原市教育局召开的第24届活动月赛前筹备会议，4月网上报名，4月19日在山西艺术职业学院星光剧院进行比赛，此次比赛共计有616个节目，5000余名来自全市的校学生参加，达到历届之最。4月30日第七届华北五省市区舞蹈大赛山西赛区选拔赛在太原山西艺术职业学院星光剧院拉开帷幕，最终确定推荐获得了创作一等奖和表演一等奖的39个节目参加天津总决赛。7月4日，在天津召开了第七届华北五省市区舞蹈大赛新闻发布会。7月10日，在天津海河剧院举办了“梦想中国·华彩天津——第七届华北五省市区舞蹈大赛”，我省共获得一等奖14个，二等奖11个，三等奖13个，评委会特别奖一个。7月20日，由中国舞蹈家协会主办的“荷花少年·星光灿烂——第二届‘荷花少年’全国（中学）校园舞蹈展演”在北京大学百年大讲堂举办，协会推荐选送的太原市少年宫具有山西风格特色原创群舞《那一片田野》荣获“荷花少年”一等奖，协会获优秀组织奖。7月24日，由中国文联、中国舞蹈家协会主办的“第五届中国舞蹈节暨第九届中国舞蹈‘荷花奖’当代舞、现代舞评奖”在北京举行。协会推荐选送的太原师范学院舞蹈系编创的双人舞《老夫老妻》荣获十佳作品称号，协会获优秀组织奖。“第七届山东国际大众艺术节——青春中国梦·山东、江西、福建、山西、宁夏、海南六省区青年舞蹈精英展演”于8月28日晚在山东剧院举办。协会推荐的太原市群众艺术馆女子独舞《鹊仙桥》参加并荣获精英奖（金奖），协会获优秀组织奖。在山西省文联驻地劲松社区开展了“百姓健康舞周周进社区”志愿培训活动，9月开始，每周为社区群众进行辅导。确定太原师范学院舞蹈系为我会舞蹈创作基地并挂牌。

【杂技家协会】

协会继续将理论研究作为协会工作的重点和亮点，在完成《山西民间杂技》一书的文字编写与图片拍摄搜集工作的同时，组织论文参加中国文联、中国杂技家协会主办的“第九届中国杂技金菊奖第八次理论评奖”，聂翠青撰写的论文《中国文化思维至于杂技》荣获唯一金奖；山西省文联、山西省杂技家协会于2013年在劲松社区等社区建立了“群众杂技活动基地”，组织会员到社区进行常态化辅导，辅导居民们练习空竹、魔术等易于在群众中普及的杂技项目。3月21日，由山西省文联、山西省杂技家协会与北京、天津、河北、内蒙古共同主办的“炫技华北，筑梦启航——华北五省区市杂技新人新作展演”在北京天地剧场、北京市文联剧场成功举办。4月29日，第二届“山西杂技金菊奖·空竹大赛”颁奖仪式暨闭幕式在青春滨秀园举行。颁奖仪式暨闭幕式上，优秀选手们还为观众表演了《叠罗汉》等精彩的空竹节目。5月14日，协会组织17名会员组成“山西省杂技家协会代表队”，参加了在保定举行的“2014中国·保定国际空竹艺术节”。协会代表队在空竹技艺展示中荣获金奖。5月29日在劲松社区举行了端午节进社区演出暨社区辅导开班仪式，仪式结束后，在社区花园进行了辅导。与此同时，协会将辅导范围扩展至社区非公企业——风味大王。

【民间文艺家协会】

3月1日，在吕梁召开了彩家庄艺术采风基地座谈研讨会，会上为基地今后的发展方向、发展规模做出了指导。3月16日成立了山西民间艺术研发中心。4月26日，参加在郑州举行的“民俗文库”研讨会。5月15日，在大东关山西省民协剪纸艺术基地召开了山西省剪纸艺术家作品研讨会。来自我省各个地区的二十三位剪纸艺术家参加了会议。6月21日，联合七彩云南有限公司举办了“七彩云南民间文化艺术节”。“全国舞龙展演暨第十二届中国民间文艺山花奖·民间艺术表演奖评奖活动”于6月27日在江苏苏州相城体育中心开幕，来自14个省市自治区的15支代表队共计600余人现场展演。9月2日，为迎接柬埔寨国王一行来并参观，民协在太原美术馆组织数十件艺术精品展出，并有33位艺术家表演多个节目。9月19日，组织艺术家代表参加在陕西西安举行的“中国梦 情之乡土——中国农民画、剪纸艺术大赛”颁奖。10月9日，组织4位艺术家参加“天津民间工艺精品博览会”。11月6日，组织12位艺术家参加“广州民间工艺品博览会”。

内蒙古自治区文联

综　述

2014年，在自治区党委、政府的正确领导和宣传部的有力指导下，内蒙古文联牢牢把握“高举旗帜、围绕大局、服务群众、改革创新”的总要求，认真学习贯彻党的十八大、十八届三中、四中全会和习近平总书记系列重要讲话精神，紧紧围绕多出精品、多出人才的工作重心，着力引导提高文艺创作水平和创造活力，着力抓好重点项目和品牌活动，进一步推动文艺品牌建设，推动文艺创作繁荣，推动文艺人才成长，推动文化惠民，推动文联自身建设，各方面工作都取得了较好成绩。

重要会议与活动

【党的群众路线教育实践活动总结大会】

1月23日，内蒙古文联党的群众路线教育实践活动总结大会在文联办公楼五楼会议室召开。王金喜书记对文联党的群众路线教育实践活动的开展情况进行了全面总结，表示文联要继续以“照镜子、正衣冠、洗洗澡、治治病”的总要求为标准，牢牢把握“五个坚持”的基本原则，扎实做好“回头看”和总结工作，继续完善整改落实和建章立制，使教育实践活动取得更大成效。维平同志代表自治区第二督导组对文联开展党的群众路线教育实践活动的情况给予了充分肯定。最后，根据督导组的安排，与会人员对文联教育实践活动开展情况进行了民主评议。

【阿云嘎长篇小说《满巴扎仓》作品研讨会】

2月21日，由中国少数民族作家学会、人民文学杂志社、民族文学杂志社和内蒙古文联、内蒙古作家协会联合主办的阿云嘎长篇小说《满巴扎仓》作品研讨会在中国现代文学馆召开。中共青海省常委、宣传部部长、中国少数民族作家学会会长吉狄马加，中国作协党组成员、书记处书记阎晶明，内蒙古文联党组书记王金喜，内蒙古文联主席巴特尔，中国少数民族作家学会常务副会长叶梅，人民文学杂志主编施战军，民族文学杂志主编石一宁，内蒙古作协主席特·官布扎布等出席了会议。与会专家学者高度赞赏《满巴扎仓》以母语汉译不失民族特色的风格样式，在少数民族文学走向世界的旅程中具有深远的启示意义。

【第三届朵日纳文学奖】

4月23日至27日，由中国少数民族作家学会、内蒙古文联、内蒙古作协主办，内蒙古鄂尔多斯东方控股集团协办的第三届朵日纳文学奖评奖会在京举行。本届评奖会共收到来自内蒙古文联、作协、地方作协、民委，以及全国各地出版单位推荐的154部申报作品，经过评奖办公室审核，共筛选出109部参评作品，其中蒙古文作品79部，汉文作品30部，最终以实名投票方式评选出获奖作品12部，其中朵日纳文学奖大奖1部，朵日纳文学奖7部，朵日纳文学奖翻译奖2部，朵日纳文学奖新锐奖2部。内蒙古文联原主席阿云嘎的蒙古文长篇小说《满巴扎仓》荣获朵日纳文学奖大奖。

【内蒙古文联七届五次全委会】

5月9日至10日，内蒙古文联七届五次全委会在呼和浩特市召开。自治区党委宣传部副部长、文化厅厅长周纯杰出席会议并讲话，对文联工作提出四点希望和要求。内蒙古文联党组副书记、主席巴特尔作工作报告，全面总结了2013年文联工作，并对2014年工作进行了安排部署。自治区文联党组书记、副主席张宇同志作会议总结，对内蒙古文联2014年工作提出了具体要求。包头市文联、呼伦贝尔市文联、乌海市文联、察右后旗文联、内蒙古作家协会、内蒙古书法家协会进行了典型发言。会议审议通过了巴特尔主席所作的《工作报告》和《内蒙古文联2014年工作要点》，增选内蒙古文联七届主席团副主席一名，更替、增补全委会委员九名。

【第三届乌兰夫基金民族文化艺术奖】

5月16日，由乌兰夫基金会主办，内蒙古文联承办的乌兰夫基金民族文化艺术奖第三届颁奖仪式在内蒙古人民会堂鄂尔多斯厅举行，自治区原常务副主席、乌兰夫基金会名誉会长周德海、自治区人大原常务副主任、乌兰夫基金会会长雷·额尔德尼以及有关单位领导出席了颁奖仪式，自治区文联党组书记张宇主持颁奖仪式。《拓跋鲜卑》、《青草地》、《锡林郭勒·汶川》、《总有一天》4部作品，以及王占新、乌拉汗、要红宇、何奇耶徒、阿日滨贺希格、塔拉、乌兰7人分别获奖。

【首届内蒙古歌词大赛颁奖晚会】

6月21日，由内蒙古旅游局、内蒙古文联主办的“心灵之歌 心灵之旅”首届内蒙古歌词大赛颁奖晚会在呼和浩特乌力格尔艺术宫举办。自治区党委常委、统战部部长布小林出席并观看了晚会，内蒙古文联党组书记、副主席张宇，内蒙古文联副主席吴迎春，自治区旅游局副巡视员黄平为获得最佳旅游形象歌曲的作品颁奖。本届大赛共收到来自全国29个省区市的参赛作品2100余首，最终有54首作品分别获得了本次大赛的一、二、三等奖和新人新作奖、优秀作品奖、“最佳旅游形象歌曲”奖。

【内蒙古“书法名家进校园”活动】

6月23日，内蒙古自治区“书法名家进校园”活动启动仪式暨首场活动在呼和浩特市第六中学举行。自治区政协副主席郑福田，自治区文联党组成员、副主席吴迎春，自治区教育厅副总督学、汉语委副主任张志宽等出席了启动仪式并参加了首场活动。闫双全、顾景云、王润成、逯志强等十余位书法家以及呼市六中教师和学生代表参加了启动仪式。启动仪式上还宣布了自治区首批开展活动的23所中小学校名单，为29名首批聘请的自治区书法家颁发了聘书，内蒙古书法家协会为呼市六中赠送了书法作品。

【2014《民族文学》蒙古文版作家翻译家改稿班】

6月27日至7月1日，由民族文学杂志社、内蒙古文联、内蒙古作家协会主办，中国少数民族作家学会、中国民族语文翻译局、通辽市文联协办的2014《民族文学》蒙古文版作家翻译家改稿班在通辽市举行。中国作家协会党组成员、书记处书记白庚胜,《民族文学》主编石一宁，内蒙古文联副主席、作协主席特·官布扎布等领导出席开班仪式。37位活跃在蒙古族文学翻译领域的老中青三代翻译家代表参加学习。

【翰墨草原—内蒙古书法名家作品展】

6月28日，第十一届中国·内蒙古草原文化节“翰墨草原—内蒙古书法名家作品展”在呼和浩特市博物馆开展。自治区党委常委、宣传部部长乌兰，自治区人大常委会副主任吴团英，自治区政协副主席郑福田，自治区党委宣传部副部长、文化厅党组书记、厅长周纯杰，党委宣传部副部长韩昀祥，自治区文联党组书记张宇，自治区文联主席巴特尔，内蒙古广播电视台台长赵春涛等领导与首府市民共同观看了展览。本次展览展出的65件汉文、20件蒙文书法作品均以反映草原文化的历史诗词、文曲、箴言、谚语等为创作内容，充分展现“崇尚自然、践行开放、恪守信义”的草原文化核心理念。

【中国文联乡村艺术教师培训项目固阳县美术培训班】

7月5日至15日，由中国文艺志愿者协会、内蒙古文联主办的中国文联乡村艺术教师培训项目—固阳县美术培训班在包头市固阳县举办。来自中央美院的3名文艺志愿讲师、内蒙古美协的7名文艺志愿老师以及固阳县、达茂旗、白云区三地的61名学员参加了此项培训活动。培训班结业时举办了培训班教学成果展，共展出学员优秀作品160幅。

【纪念著名胡尔齐乌斯夫宝音诞辰100周年学术研讨会】

7月24日至25日，由内蒙古文联、内蒙古师范大学主办的著名胡尔齐乌斯夫宝音诞辰100周年学术研讨会在呼和浩特举行。中国社科院、内蒙古文联、内蒙古师范大学等有关单位的专家学者共100多人参会。研讨期间，学者们回顾了乌斯夫宝音对蒙古族乌力格尔、好来宝特色曲种的卓越贡献，并对其说唱艺术中的口头韵文体、押韵方法、语言修辞与格律等方面进行了多角度跨学科的研究。

【纪念纳·赛音朝克图诞辰100周年座谈会】

7月25日，由自治区党委宣传部、自治区文联、内蒙古作协举办的纪念纳·赛音朝克图诞辰100周年座谈会在呼和浩特举行。自治区党委常委、宣传部部长乌兰出席座谈会并讲话。会议由内蒙古文联党组书记张宇主持。内蒙古文联主席巴特尔介绍了纳·赛音朝克图先生基本情况，阿云嘎、刘成、特·官布扎布、王海梅、乌·纳钦等专家学者和纳·赛音朝克图的亲属代表分别发言，从多个角度对纳·赛音朝克图的高尚道德及文学造诣进行了深入广泛的座谈。

【2014呼和浩特“墨醉草原·行草十家展”】

7月27日，“墨醉草原·行草十家展”在呼和浩特市博物馆举行。自治区党委常委、宣传部部长乌兰，自治区人大副主任吴团英，自治区政协副主席郑福田，内蒙古文化厅厅长、党组书记周纯杰，自治区文联党组书记张宇，自治区文联主席巴特尔等与自治区各界书法爱好者500余人出席了开幕式。此次共展出胡传海、张学群、陈洪武、王厚祥、洪厚甜、李远东、张纬东、刘京闻、王乃勇、林峰等10位当代行草名家的100幅新作，代表了“行草十家”的最新创作成果。

【第二届中国扬琴艺术节】

7月31日至8月5日，由中国民族管弦乐学会扬琴专业委员会、内蒙古音乐家协会、包头市音乐家协会主办的第二届中国扬琴艺术节暨全国第八届扬琴艺术研讨会及2014全国扬琴邀请赛在包头师范学院音乐学院举行并圆满落幕，来自全国各地（含港台）的740多名选手、160多位专家教师，以及学生家长共约1500人齐聚包头，参加艺术节的各项活动及赛事。

【2014年全区蒙古语曲艺创作、研讨、展演培训会】

8月9日至15日，2014年全区蒙古语曲艺创作、研讨、展演培训会在包头市百灵庙镇举行。来自通辽市、兴安盟、赤峰市、呼和浩特市、巴彦淖尔市、鄂尔多斯市和当地作者50多人参加。本次活动共征集到70多部作品，经专家组评委老师的认真研读和评比，最终评选出优秀奖19个、参与奖6个。研讨会后，艺术家和学员们在牧民移民村、学校、广场等地举行了三场优秀节目展演。

【南国书香节——“内蒙草原与岭南文学之夏”文学活动】

8月16日至17日，广东省作家协会、内蒙古作家协会、花城出版社在广州联合举办了南国书香节——“内蒙草原与岭南文学之夏”文学活动。16日上午，内蒙古作协与广东作协在广东省文学艺术中心举行了《优秀蒙古文文学作品翻译出版工程第一辑》（共8册）与《广东文学作品精选丛书》（四卷）的互赠仪式。17日上午，两地作家在“南国书香节”琶洲会馆举行了作品签售活动，内蒙古作家特•官布扎布、白涛、张雅琴和广东作家孙丽生、杨克、熊育群、艾云、鲍十、黄金明、郑小琼、廖华强、西篱、徯晗、王威廉联袂进行签赠。签售活动之前，特•官布扎布就“蒙古秘史解读”、熊育群就“岭南文化与中国现代国家转型”做了精彩的文学讲座。

【全区“一旗一品”文化品牌创建活动现场交流会】

8月20日，全区“一旗一品”文化品牌创建活动现场交流会在乌兰察布市察右后旗召开。自治区文联主席巴特尔全面回顾总结了近年来全区“一旗一品”文化品牌创建活动的内容和做法以及取得的成果，就下一步“一旗一品”文化品牌创建活动提出了具体要求。自治区文联党组书记张宇做总结讲话，归纳总结了“一旗一品”文化品牌创建活动对文联工作的四点启示，使广大与会代表深受启发、深受鼓舞。来自察右后旗、乌拉特中旗、乌审旗、和林县、满洲里市、阿左旗的与会代表在大会上作了交流发言。会上自治区文联还为27个“一旗一品”文化品牌所在的旗县区授予“一旗一品”文化品牌牌匾。

【庆祝内蒙古文联成立六十周年我们的中国梦——“送欢乐、下基层”文艺志愿服务演出】

9月22日至23日，由内蒙古文联党组书记、副主席张宇率领的文艺志愿服务团先后走进达茂草原和包钢集团，举行了两场庆祝内蒙古文联成立六十周年我们的中国梦——“送欢乐、下基层”文艺志愿服务演出，为1400多名边防战士、牧民兄弟和一线工人送去了欢乐。慰问演出节目丰富、群星璀璨，来自国内、区内60余位知名文艺工作者一一登台，其中有赵林平、阿拉泰、武利平、张凤莲、何小菊、李继春、王占昕、哈斯敖登、奇附林等10余位国家一级演员。演出以近年获奖作品为主，荟萃音乐、舞蹈、戏剧、杂技、曲艺、魔术等艺术门类，精彩纷呈，受到观众热烈欢迎。

【乌兰部长亲切接见第六届鲁迅文学奖获得者肖亦农】

9月24日，自治区党委常委、宣传部部长乌兰亲切接见了著名作家、第六届鲁迅文学奖获得者肖亦农。自治区党委宣传部副部长、文化厅厅长周纯杰，自治区党委宣传部副部长郭宇，自治区文联党组书记张宇，自治区文联主席巴特尔，自治区文联副主席、内蒙古作协主席官布扎布，自治区党委宣传部文艺处处长包银山等参加了接见活动。乌兰部长代表自治区党委、政府向肖亦农表示热烈的祝贺，充分肯定了肖亦农同志的文学创作成就。乌兰部长也充分肯定了全区广大作家为推动文学事业发展所作的重要贡献，充分肯定了文联、作协坚持不懈的开展重点扶持工程、不断推出精品力作取得的成绩，对全区广大作家、艺术家提出了要求。

【《毛乌素绿色传奇》荣获鲁迅文学奖座谈会】

9月25日，内蒙古文联、内蒙古作协主办的《毛乌素绿色传奇》荣获鲁迅文学奖座谈会在呼和浩特召开。内蒙古文联主席巴特尔出席会议并讲话，《毛乌素绿色传奇》作者、著名作家、鲁迅文学奖获得者肖亦农，内蒙古文联副主席、作协主席官布扎布，原内蒙古文联主席、著名作家阿云嘎等40余人出席座谈会。会议由内蒙古文联党组书记张宇主持。与会领导、专家、学者苏那嘎、官布扎布、李悦、额尔敦哈达、满全、铁军、刘文斌、吴玉英、陈曦、乌力吉布林、阿云嘎先后在座谈会上发言。鲁迅文学奖获得者肖亦农也饱含深情地谈了自己的创作历程和创作体会，提出了今后自己的奋斗目标。

【内蒙古第十七届“三少”民族文学笔会】

8月26日，内蒙古第十七届达斡尔、鄂伦春、鄂温克民族文学创作笔会暨首届猛犸论坛在猛犸之乡——扎赉诺尔举办。中国作家协会原副主席、当代著名作家蒋子龙，中国作家协会书记处书记、著名作家和评论家阎晶明，《作家》杂志主编、著名作家宗仁发，内蒙古文联主席巴特尔，著名作家许淇，呼伦贝尔市委常委、宣传部部长汪海涛等同呼伦贝尔市各界文学艺术工作者欢聚一堂，共襄盛会。笔会期间，蒋子龙、阎晶明、宗仁发就“如何写好小说”“创作中的灵魂如何把握”等作了专题讲座。

【第二期内蒙古基层文联负责人研修班】

10月14日至20日，内蒙古文联和中国文联文艺研修院在北京共同主办了第二期内蒙古自治区基层文联负责人研修班。来自全区12个盟市的68名基层文联负责人参加了研修班。内蒙古文联党组书记张宇、中国文联文艺研修院常务副院长傅亦轩出席并讲话。研修班安排中国民协分党组书记、驻会副主席罗杨，中国文联理论研究室主任庞井君，中国文艺志愿者协会副主席兼秘书长、中国文联文艺志愿服务中心主任廖恳，中国剧协副主席、著名表演艺术家濮存昕，中国文联书法艺术中心主任、中国书协理事刘恒，中国舞协副主席冯双白作了六场专题讲座，邀请了中国文联文艺研修院常务副院长傅亦轩和河北省文联副主席、石家庄市文联主席周喜俊作了案例教学，并组织学员走进北京市密云县文联、首都博物馆和宋庄原创艺术集聚区进行了现场教学。

【全区首届电视节目主持人培训班】

10月16日至19日，由内蒙古电视艺术家协会、内蒙古中华文化学院共同主办的全区首届电视节目主持人培训班在呼和浩特市举行。内蒙古文联党组成员、副主席尚贵荣，内蒙古电视艺术家协会副主席杜梅分别在开班式上讲话。来自全区的83名学员参加了培训班的学习。培训班聘请了全国知名主持人海霞、内蒙古著名主持人苏日娜等进行有针对性地服务指导，邀请了内蒙古社会主义学院院长乌恩、内蒙古大学艺术学院教授李树榕讲课。

【内蒙古文联学习习近平总书记在文艺工作座谈会上的重要讲话精神专题会议】

10月17日，内蒙古文联召开中心组（扩大）学习会，专题学习习近平总书记在文艺工作座谈会上的重要讲话精神。张宇书记首先传达了媒体上报道的关于文艺工作座谈会和习近平总书记重要讲话精神。官布扎布、尚贵荣、仁钦道尔吉、毕力格图、王亚军、李力结合工作实际，从不同侧面、不同角度就学习讲话精神的体会先后发言。张宇书记在总结讲话中就进一步学习贯彻习近平总书记重要讲话进行了安排部署。

【内蒙古文艺界学习习近平总书记在文艺工作座谈会上重要讲话精神座谈会】

10月20日，内蒙古自治区文艺界学习习近平总书记在文艺工作座谈会上重要讲话精神座谈会在呼和浩特召开，自治区党委宣传部副部长、文化厅厅长周纯杰出席会议并讲话，自治区文联主席巴特尔出席座谈会。部分文艺家代表、自治区各文艺家协会负责人及有关单位的负责同志共70多人参加会议。会议由自治区文联党组书记、副主席张宇主持。自治区文联副主席、内蒙古作家协会主席官布扎布，中国舞蹈家协会副主席、内蒙古舞蹈家协会主席赵林平，内蒙古音乐家协会主席阿拉泰，内蒙古电视台电视剧制作中心主任王新民，内蒙古文艺评论家协会主席、内大艺术学院副院长宋生贵，内蒙古曲艺家协会副主席、内蒙古曲艺团团长乌力吉图，内蒙古作家协会名誉副主席邓九刚，内蒙古民族艺术剧院一级演员朱虹等9位文学艺术家代表在座谈会上先后发言。周纯杰部长介绍了中宣部学习贯彻习近平总书记在文艺工作座谈会上的重要讲话精神工作会议情况，传达了刘云山书记的重要批示和刘奇葆部长的讲话精神，并就下一步如何做好学习宣传贯彻习近平总书记重要讲话精神做了安排部署。

【内蒙古自治区第四届写生作品展】

11月4日，由内蒙古美术家协会主办的自治区第四届写生作品展在内蒙古美术馆开幕，这是近年来内蒙古自治区美术工作者长期深入生活、深入基层采风写生艺术实践成果的一次集中展示。本次展览共展出370余幅作品，是从全区12个盟市美术工作者的1300余幅作品中经过初评、复评后精选而来的，共有60幅作品获奖，其中，中国画李立军的《米脂写生系列》，油画张鹏的《有羊的风景》、那顺孟和的《肖像》、陈冬的《并木林道》，版画博艳图的《青山北坡》，以及水彩画张曙光的《故乡的路》等8幅作品获得一等奖。

【“中国梦·草原情”内蒙古剪纸艺术展】

11月18日至22日，“中国梦·草原情”内蒙古剪纸艺术展在内蒙古美术馆成功举办。内蒙古文联主席巴特尔、副主席吴迎春、内蒙古民协主席铁木尔布和与来自全区的剪纸艺术爱好者、获奖代表出席了开幕式。此次展览共展出130件作品，其中15件作品分获一、二、三等奖，16件作品获优秀奖。活动期间，全国著名剪纸艺术专家、中国民协副主席乔晓光做了专题讲座，来自全区各地的100余名民间文艺工作者和剪纸爱好者现场聆听了讲座。

【内蒙古自治区舞蹈家协会第七次代表大会】

11月21日至22日，内蒙古自治区舞蹈家协会第七次代表大会在呼和浩特召开。自治区党委宣传部副部长、文化厅厅长周纯杰出席开幕式并讲话，自治区文联党组书记、副主席张宇，自治区文联党组副书记、主席巴特尔出席会议并讲话，自治区文联党组成员、副主席吴迎春出席会议。大会选举产生了内蒙古自治区舞蹈家协会第七届理事会和主席团。赵林平再次当选主席，李玉玺、何燕敏、张永胜、呼格吉勒图、哈斯、哈斯敖登、满都呼、娜娜、莎仁高娃、彭飞10人当选副主席，聘任李力兵、吉木斯、朱朝霞、曼德尔娃、厚瑞杰为名誉副主席，聘任南飞雁为秘书长，白玉云、赵小丁、朱虹为副秘书长。

【中华情·中国梦庆祝建国65周年全区书法篆刻作品展】

11月25日，由内蒙古书法家协会主办的“中华情·中国梦”庆祝建国65周年全区书法篆刻作品展在内蒙古美术馆开幕。自治区党委宣传部副部长、文化厅厅长周纯杰，内蒙古文联副主席吴迎春及百余名自治区书法家、入展作者和书法爱好者参加了开幕式。本次展览共展出120件作品，是从全区近千幅投稿中精选出来的书法篆刻精品，作品风格类型广、审美情趣高、创作理念新，代表了当今内蒙古书法创作的艺术水平。

【妥木斯先生油画新作展】

11月28日，由中国美术家协会、内蒙古文联主办的妥木斯先生油画新作展在成吉思汗美术馆举行。自治区党委副书记、自治区主席巴特尔，自治区党委常委、宣传部部长乌兰出席开幕式并观看画展。妥木斯先生的作品深沉而富韵律感，题材广泛而充满生活气息，特别是对草原、蒙元文化内涵的刻画，将东西方绘画技巧巧妙结合，摸索出一条中国油画的新途径。本次展览共展出妥木斯先生的53幅新创作品。

【“到人民中去——中国美术家作品系列展”鲍凤林中国画作品展】

11月28日，由中国美术家协会、中国文学艺术基金会、内蒙古文联共同主办的“到人民中去——中国美术家作品系列展”鲍凤林中国画作品展在中国文联文艺家之家开幕。中国文联党组成员、副主席、书记处书记左中一，中国舞蹈家协会副主席、中国文学艺术基金会副理事长兼秘书长冯双白，中国美术家协会分党组副书记、秘书长徐里，内蒙古文联党组副书记、主席巴特尔，赤峰市人大常委会主任钱荣旭等领导参加开幕式并参观展览。此次展览共展出鲍凤林国画作品90余幅。

【"奥淳杯"第三届内蒙古青年书法篆刻作品展】

12月1日，由内蒙古书法家协会、内蒙古奥淳酒业有限责任公司共同主办的"奥淳杯"第三届内蒙古青年书法篆刻作品展在内蒙古美术馆举办。内蒙古文联党组书记张宇等领导以及百余名自治区书法家、入展作者和书法爱好者参观了展览。本次展览共展出143人的286件临摹和创作的书法篆刻作品，全面反映了近年内蒙古青年书法篆刻队伍的发展现状，为发现和推出青年书法人才搭建了公开公正的展示平台，有力地推动了自治区书法事业健康有序发展。

【内蒙古文学界学习习近平总书记在文艺工作座谈会上重要讲话】

12月2日，内蒙古作家协会召开文学界座谈会，学习习近平总书记在文艺工作座谈会上的重要讲话。内蒙古作协主席特·官布扎布传达了中国作协主席团扩大会议和中宣部"深入生活、扎根人民"电视电话会议精神，并就如何落实两个会议精神，与作家进行了探讨。与会作家代表就文学的创新性、文学的价值、文学的灵魂做了发言，作家们表示要"深入生活、扎根人民"，创作出无愧于时代的优秀作品。

【纪念内蒙古文联成立六十周年座谈会】

12月23日，纪念内蒙古文联成立六十周年座谈会在呼和浩特召开。自治区党委常委、宣传部部长乌兰出席座谈会并作重要讲话，自治区政协原副主席、自治区文联原主席云照光，自治区党委宣传部副部长宫秉祥等共150余人参加了座谈会。座谈会由自治区文联党组书记、副主席张宇主持。

座谈会上，乌兰部长充分肯定了自治区文联60年来取得的工作成绩，总结回顾了自治区文艺事业的发展成就，指明了当前和今后一个时期文艺事业的发展方向，进一步明确了新时期文联工作的努力目标和文艺工作者的历史使命。自治区文联党组副书记、主席巴特尔全面回顾了内蒙古文联60年来走过的发展历程，总结了自治区文联工作取得的宝贵经验，提出了今后一个时期文联工作的发展思路和主要任务。自治区政协原副主席、自治区文联原主席、著名作家云照光，自治区文联名誉主席、著名作家阿云嘎，自治区文联副主席、内蒙古作家协会主席官布扎布，自治区文联副主席、内蒙古戏剧家协会主席武利平，自治区文联副主席、内蒙古电影家协会主席麦丽丝，自治区文联副主席、内蒙古文艺评论家协会主席宋生贵，内蒙古音乐家协会副主席、内蒙古大学艺术学院音乐学院副院长杨玉成等7位领导和老中青艺术家从不同领域、不同层面、不同角度作了发言。

【内蒙古文联第六次党员大会】

12月31日，中共内蒙古自治区文联第六次党员大会召开。自治区文联党组书记、副主席张宇讲话，党组成员、副主席、机关党委书记尚贵荣作工作报告。会议审议通过了《内蒙古文联第六届机关党委委员、第一届机关纪委委员选举办法》，选举产生了内蒙古文联第六届机关党委和第一届机关纪委。会后，内蒙古文联第六届机关党委、第一届机关纪委分别召开第一次全委会，尚贵荣、陈杰分别当选内蒙古文联机关党委书记、副书记，陈杰当选内蒙古文联机关纪委书记。

获奖情况

2014年文联和各协会在全国、全区评奖比赛活动中，共有367部作品获奖，其中全国奖93个，自治区奖12个，提名奖60个。肖亦农的长篇报告文学《毛乌素绿色传奇》获第六届鲁迅文学奖，这是鲁迅文学奖自设立以来自治区作家首次荣获该项荣誉；李树榕和王宏伟的文艺评论文章分别荣获第九届中国文联文艺评论奖一等奖，内蒙古文联获组织工作奖；鄂尔多斯蒙古剧《蒙古象棋传说》荣获"格根木扎-11国际蒙古语戏剧节"三项大奖，内蒙古文联荣获特别贡献奖。艺如乐图的作品《九曲黄河》获全国第十届刻字艺术作品展优秀奖；内蒙古师大音乐学院学生合唱团获第九届金钟奖合唱比赛银奖；《卫拉特神韵》获第十二届山花奖·民间广场歌舞银奖。群舞《迷尼呼日嘎》获第二届“荷花少年”创作金奖，舞蹈《迷尼呼日嘎》、群舞《卫拉特青年》分别荣获第九届中国舞蹈“荷花奖”校园舞蹈比赛创作金奖、表演银奖。电影《警察日记》获第十三届全国“五个一工程”入围作品国内奖；电影《草原英雄小姐妹》荣获2014年世界民族电影节最佳儿童电影奖。电影《诺日吉玛》、《警察日记》分获第21届北京大学生电影节民族题材特别奖、最佳编剧奖。电视纪录片《中国有个敖鲁古雅》获中国电视金鹰奖电视纪录片三等奖、中国人口文化奖一等奖；6部作品荣获全区第十二届精神文明建设“五个一工程”优秀作品奖。何奇耶徒、要红宇、乌拉汗获第三届乌兰夫基金民族文化艺术奖。

对外及对港澳台地区文化交流

2014年内蒙古文联及所属部门共组织了对外文化交流活动28次。作协召开了粤蒙两地作协“结对子”工作座谈会，与广东作协联合举办了南国书香节—“内蒙草原与岭南文学之夏”活动；音协与中国民族管弦乐学会扬琴专业委员会联合举办了“第二届中国扬琴艺术节”，参加了三省一区音协联席工作会议；影协参加了2014年全国少数民族题材影视创作研讨会；美协举办了第十二届全国美展内蒙古创作指导交流活动，举办了“俄罗斯·中国内蒙古文化周——内蒙古美术作品展系列活动”；摄协举办了“俄罗斯·中国内蒙古文化周暨天堂草原摄影展”、“澳大利亚·中国内蒙古文化周暨美丽的草原我的家摄影展览”；书协举办了“何奇耶徒书道艺术·东京展”、“第25届中日友好自作诗书交流展”、“俄罗斯·内蒙古文化周书画展”；剧协参加了在蒙古国举行的“格根木扎—11国际蒙古语戏剧节”；杂协携“蒙派杂技”赴北美、匈牙利等国家和地区演出。

各文艺家协会

【作家协会】

《草原文学重点作品创作扶持工程》2011、2012、2013年入选作品45部，已出版20部（册），其中，汉文作品出版15部，蒙古文作品出版5部。2014年度《草原文学重点作品创作扶持工程》申报作品80多部，已评选上报16部。继续实施作家签约制，与完成创作任务的50名优秀中青年作家签约。报送24部作品参加第六届鲁迅文学奖评选，7部作品顺利进入所属体裁和门类的前40名，《毛乌素绿色传奇》以全票获第六届鲁迅文学奖。3月15日，内蒙古作家协会与澳大利亚作家座谈会在呼和浩特举行。4月23日至27日，第三届朵日纳文学奖评奖会在京举行，共有9位作家作品获奖。举办两期“内蒙古文学大讲堂”，分别于7月20日、9月7日邀请著名文学评论家雷达、《人民文学》主编施战军作学术讲座。10月17日至19日，主办“亮丽风景线”——走进额济纳文学采风活动。向内蒙古党委宣传部申报5部文学类图书作品参评全区十二届“五个一工程”奖，最终满全的评论专著、郑茂文的长篇小说获十二届“五个一工程”奖。举办纳·赛音朝克图诞辰100周年研讨会、评论家刘成作品研讨会、签约作家包金长篇小说《天边的绿洲》、乌力吉胡图噶作品研讨会、文集《感悟》作品研讨会等10多次。推选作家参加中国作协鲁迅文学院高研班、2014年度鲁迅文学院少数民族作家培训班、马克思主义文艺观暨重点文艺创作培训班、广东作家培训班学习。开展“中国梦”主题征文活动，共收到90多部作品，结集出版优秀作品集《草原人与中国梦》。编辑出版内蒙古自治区文学创作“索龙嘎”奖获奖作品集蒙汉文两册，召开“索龙嘎”奖获奖作品研讨会，在《内蒙古日报》开设专刊，进一步扩大优秀作品的影响力。编纂《内蒙古自治区志·文学艺术志》，撰写《内蒙古蒙古文年度发展状况报告》，编写《内蒙古作协六十年画册》、《内蒙古作协年度大事记》，编辑出版《草原文学》报四期。2014年度发展内蒙古作协会员138人，向中国作协推荐36名会员。

【音乐家协会】

承担自治区党委宣传部民族文化长廊建设工程的马头琴、四胡、三弦、雅托克、口弦和经典民歌六个项目通过初步验收。5月，与内蒙古电视台蒙语卫视频道、成吉思汗陵管委会联合举办“星光草原我的梦”2014·音乐夏令营。7月5日至6日，承办了“第十一届中国·内蒙古草原文化节”闭幕式“璀璨星空”新创作草原歌曲演唱会。7月21日，与内蒙古大学艺术学院联合举办的“21世纪草原乐派暨草原风格音乐创作学术研讨会”。8月25日至29日，组织内蒙古知名词曲作家和各盟市音协负责人在乌海举办了“中国梦·放歌草原书写百姓”主题创作笔会和深入生活创作采风活动。9月20日，举办“共性与特色传承与创新”科尔沁风格音乐创作研讨会，期间成功举办科尔沁风格原创作品音乐会。11月7日至9日，举办首届全区蒙古族三弦大赛。举办了《难忘的歌》呼格吉夫作品音乐会、“琴声中的草原”李世相作品音乐会。完成了《草原歌声》全年4期的编辑出版和发行工作。完成了2014年全年的音乐考级工作。组织“金钟奖”内蒙古地区的推荐和选拔，选送的内蒙古师范大学音乐学院学生合唱团荣获第九届中国音乐“金钟奖”合唱比赛银奖。推荐报送5首歌曲作品参加全区第十二届精神文明建设“五个一工程”奖评选，二部作品获优秀作品奖。2014年发展新会员81人，并向中国音协成功推荐30名全国会员。

【书法家协会】

1月21日，开展了“走进警营送春联”活动。2月起，在呼和浩特市党校举办了6场“书法名家大讲堂”。2013年5月至2014年6月5日，与内蒙古日报社合作推出《内蒙古青年书法家作品系列展示专栏》，共刊登三十六位青年书法家的优秀书法作品。5月18日至22日、10月21至25日，第二期内蒙古书法研修班第一、二次面授在呼和浩特铁路局党校举行，全区各盟市书法家和书法爱好者160余人参加了学习。7月14日，“走进赤峰——全区书法篆刻观摩展”在赤峰开展，共展出作品60件。7月15日，“崇古尚法——何奇临习经典书法汇展”在赤峰美术馆举行。7月16日，“翰墨薪传工程”中小学书法师资（内蒙古）培训班开班。9至10月，举办了“放歌草原·书写百姓——走进兴和”书法辅导讲座、“走进乌拉特中旗——全区书法篆刻艺术观摩展”及书法辅导讲座、“走进伊金霍洛——全区书法篆刻艺术观摩展”及书法辅导讲座。

【美术家协会】

3月4日至16日，《王济达·金高作品展》在中国美术馆举办。6月，组织了第十二届全国美展内蒙古创作指导交流活动。7月6日至12日，举办《庆祝中华人民共和国成立65周年内蒙古自治区美术作品展览》，共展出美术作品476件。为第十二届全国美展推荐送选作品130件（含评委作品），最终62幅作品入选第十二届全国美展，其中6幅作品入选第十二届全国美展进京作品展。参加由中国美术家协会主办的全国性美术展览12个，送展作品200余件，入选作品100余件，其中数件作品获得“百家金陵美展”、“第三届少数民族美展”等全国主要专业美术展览金奖和其他重要奖项。完成了《内蒙古重大历史文化题材美术创作工程作品集》的编辑、出版工作。编辑、印制2014年《内蒙古美术家通讯》。

【摄影家协会】

1月18日，主办“内蒙古摄影50年”系列摄影展，召开纪念内蒙古摄影50年座谈会，举办纪念内蒙古摄影家协会成立50周年暨2014年迎春联谊会。4月，“美丽内蒙古”摄影展在北京机场T3行站楼举办，展出作品286幅。5月18日，举办《美丽草原我的家——内蒙古人游内蒙古摄影展》。6月，举办“美丽内蒙古”自然生态摄影展。6月28日，举行“草原情•牧民心中的梦”牧民摄影作品展暨摄影大赛颁奖仪式。9月5日，举办“全区首届农牧民摄影巡回展览暨额尔敦乌拉嘎查团妇老年那达慕”。10月12日，“情系内蒙古”全区首届“老年杯”摄影展在呼伦贝尔市民族博物馆开展。出版《内蒙古摄影史》和2期《北国风光》摄影专刊。组织摄影理论研讨会3次。2014年新发展会员250人，向中国摄影家协会成功推荐15名会员。

【民间文艺家协会】

9月，承办了“赛乌素黄金杯第二届全国二人台大赛”。11月，“中国梦·草原情”内蒙古剪纸艺术展及剪纸艺术培训班在内蒙古美术馆成功举办。《内蒙古文化遗产抢救工程》项目“内蒙古民间故事集成·察右中旗卷”等10卷即将出版。《内蒙古文化艺术长廊建设计划2013年度第一批重点项目》“民间文化”项目（7项40册）和“曲艺文化艺术长廊建设计划2013年度第一批重点项目”工程已全面启动。库伦旗、莫力达瓦达斡尔族自治旗、西苏旗、鄂托克前旗分别被中国民协命名为“中国荞麦文化之乡”、“萨满文化之乡”、“中国骆驼文化之乡”、“鄂尔多斯搏克文化之乡”，内蒙古民协命名并授予巴彦淖尔市临河区为“内蒙古民间文艺研究基地”。

【戏剧家协会】

深入通辽市、兴安盟开展进行为期10天的蒙古剧创作演出情况调研活动。二人台小戏《太春发财》入选第四届中国校园戏剧节，演员获优秀表演奖，内蒙古剧协荣获组织奖。组织召开“全区新创蒙古剧会演暨理论研讨会”，对蒙古剧的定位有了较科学的统一认识。辅导3部蒙古剧参加第十一届中国•内蒙古草原文化节，《蒙古象棋传说》和《黑缎子坎肩》荣获优秀剧目奖。9月，首家“内蒙古自治区蒙古剧创作实验基地”在察右后旗揭牌。10月，召开“全区蒙古剧签约剧本审定会”，对全区8部重点剧本进行论证和审定。

【曲艺家协会】

7月，内蒙古曲艺家协会等四家单位联合举办的八省区首届“乌斯夫宝音杯”蒙古语好来宝大赛在巴林右旗大板镇举行，最终评选一等奖1名、二等奖2名、三等奖3名、优秀奖4名、鼓励奖15名。7月28日至31日，2014全区汉语曲艺创作、研讨、展演培训班在伊金霍洛旗举行，最终《王婆圆梦》等9部作品获优秀奖，《艺考之后》等6部作品获参与奖。积极参加第六届全国少儿曲艺大赛、“韩起祥杯”首届中国西部优秀曲艺节目展演等活动并有多部作品获奖。

【舞蹈家协会】

7月2日，承办的第十一届中国·内蒙古草原文化节项目——“舞悦内蒙古”舞蹈精品展演在呼和浩特市乌兰恰特大剧院精彩上演。7月3日，召开第十届草原文化节“舞悦内蒙古”舞蹈精品展演学术研讨会。精心挑选50部优秀作品参加了7月10至15日在天津海河剧院举行的第七届华北五省（区）市舞蹈比赛，多部作品分获各个组别的创作、表演一、二、三等奖。8至10月，组织全区舞蹈编导骨干先后深入锡林郭勒盟、兴安盟、赤峰市、阿拉善盟开展基层文艺志愿者服务活动，对当地艺术表演团体进行了舞蹈讲座与实践指导。11月21日至22日，内蒙古自治区舞蹈家协会第七次代表大会在内蒙古职工之家举行。2014年新增中国舞蹈家协会会员14人，新增内蒙古舞蹈家协会会员49人。

【电影家协会】

5月27日，举行《诺日吉玛》内蒙古自治区首映礼。9月3日至14日分8次深入呼市周边的乡村、城镇、武警部队、敬老院、街道社区、文化广场等地开展“放歌草原书写百姓”送民族电影到基层志愿服务活动，放映电影16场次，观看人数千余人。举办“尽责为美”主题短片征集大赛活动，历时7个月共征集作品102部，最终评选出7个奖项的13部获奖作品。举办全区影视编剧培训班，邀请国内外影视界知名专家举办专题讲座。完成草原《新剧本》编辑出版发行工作。

【电视艺术家协会】

完成全区优秀影视剧本的评审工作，共审阅37部约5000万字的电影电视剧本，评选出5部优秀电视剧本、10部优秀电影剧本。推荐的电视纪录片《克什克腾》荣获全区“五个一工程”奖优秀奖。完成全国“金鹰奖”推荐工作，二部作品荣获三等奖，三名电视节目主持人获提名奖。推荐的纪录片《中国有个敖鲁古雅》获全国人口文化奖一等奖。成功举办全区电视节目主持人培训班，86位来自基层的电视节目主持人参加培训。成功举办了全区影视策划工作会议，27名区内外著名影视界制片人、导演、演员共商自治区成立70周年大庆影视剧选题策划工作。完成了全国旅游电视周、中国（青海）世界山地纪录片评奖、全国农村小康电视节作品等的推荐工作。

【杂技家协会】

3月21日至23日，选派魔术《昭君出塞》、杂技《五人踢碗》、《套马杆的传说》三个节目参加“炫技华北筑梦启航—2014华北五省区市杂技新人新作展演”，展示草原杂技艺术风采。协助中国杂技家协会编撰《中国杂技老艺术家传略》。积极组织杂技文艺工作者参加文艺志愿服务活动，深入内蒙古工业大学、内蒙古艺术学院、武警警犬基地、托县河口村等地进行“送欢乐、下基层”内蒙古文联志愿服务团慰问演出。

【文学翻译家协会】

完成2012年度优秀蒙古文文学作品翻译出版工程，9部图书约300万字的翻译作品付梓面世。2013年度优秀蒙古文文学作品翻译出版工程入选作品翻译工作已近收尾。完成2014年度优秀蒙古文文学作品翻译出版工程评审工作，3部长篇小说、8篇中篇小说、23篇短篇小说、7篇报告文学、110首诗作入选。9月17日至22日，内蒙古文学翻译经验交流会暨呼伦贝尔市首届“十佳文学翻译工作者”表彰大会在呼伦贝尔市举办，蒙古族、鄂温克族、达斡尔族等基层少数民族翻译工者68人参加了培训。在2014年第8期《草原》杂志上开设“中国梦·草原情”文学翻译家深入基层体验生活优秀翻译作品专栏。

【理论研究室】

“草原艺术研究”工程9个艺术门类的《当代草原艺术年谱》编撰工作已基本完成，其中，《音乐卷》《艺术理论与评论卷》《舞蹈卷》《美术卷》已出版发行，电影、电视、戏剧、艺术设计四个分卷即将出版。推荐一部著作和5篇文章参评第九届中国文联文艺评论奖，两篇文章获得一等奖。完成《草原·文艺论坛》《金钥匙》和《内蒙古文艺界》的编辑出版工作。赴赤峰地区就地方文艺理论评论概况开展调研。选派学员参加第四届中国文联文艺人才高级研修班、第八届中国文联中青年文艺评论家高级研修班。

【职工文联】

4月18日，协助内蒙古北重集团组织了2014年职工文化系列活动。5月26日至28日，协助内蒙古电力职工文协筹办文学讲习班。6月至10月，参加“情系中国梦——庆祝新中国成立65周年全国美术、书法、摄影和舞蹈展演活动”，共有25件作品获奖，内蒙古职工文联四次被评为优秀组织奖。7月20日至27日，组织作家艺术家采风团对锡林浩特市、霍林河市和呼和浩特市进行实地采风活动。创建内蒙古职工文联会员艺术档案，建立个人艺术档案和单位艺术档案两种。改版《内蒙古职工文化报》，全年出版六期。如期完成“第四届内蒙古自治区职工文学创作奖”评奖活动，50部（篇）作品获奖，16个单位获优秀组织奖，并出版《第四届内蒙古职工文学创作奖获奖作品集》。

直属单位

【《草原》杂志社】

全年完成《草原》正常出刊12期，约170万字。4月4日至7日，《草原》杂志主编任建赴巴彦淖尔市、乌海市调研，并授课，与广大作者交流。6月1日至4日，参加阿尔山圣水节，并举行座谈会。6月12日至20日，参加“中国当代散文现状与发展研讨会”。10月21日至22日，召开《草原》2015年刊物全区现场发行会，自治区文联主席巴特尔出席并讲话。11月15日至16日，在乌海市金沙湾旅游区举行“《草原》文学作家创作基地”揭牌仪式。

【《花的原野》杂志社】

完成了《花的原野》、《世界文学译丛》两个刊物的出版发行任务。8月20日，《花的原野》杯蒙古文短篇小说、散文、纪实文学大赛在达茂旗颁奖，共有30部作品获奖。第五届《八骏》杯大赛决赛于12月初圆满结束并召开了“八骏”杯大赛全国性研讨会，约50000名学生参加了本次大赛。12月初，召开了《花的原野》、《世界文学译丛》文学翻译工作者经验交流会，50余名翻译工作者参加会议。《花的原野》网站基本建成，已进入试运行阶段。

【内蒙古美术馆】

全年共完成各种艺术作品展览共计40个。与宁波美术馆联合主办了1949年——2013年宁波水彩文献展；与上海美术馆、福建美术馆、深圳美术馆、常熟美术馆、东莞莞城美术馆等联合主办了美术馆馆长九人摄影展。策划并主办了“中国梦·草原梦”全区青年国画家提名展，并出版了画集。主办内蒙古海归艺术家作品展，免费承办了陈晗晟、赵福、胡德尔、张国才、宝音、赵志生、路福祥、孟喜元、白智全、鲍凤林等画家画展。继续推进新美术馆的建设。完成了年度美术作品的收藏工作。

辽宁省文联

综　述

2014年，辽宁省文联及各团体会员认真学习贯彻党的十八大和十八届三中、四中全会精神，学习贯彻习近平总书记系列重要讲话精神，团结带领全省文艺工作者，坚持以人民为中心的工作导向，大力培养和践行社会主义核心价值观，弘扬新时期辽宁精神，为推进辽宁文艺事业繁荣发展和辽宁文化强省建设做了大量成效显著的工作。

重要会议与活动

【中国文联党组书记、副主席赵实一行来辽宁调研】

4月23日至25日，中国文联党组书记、副主席赵实等一行5人来辽宁调研。23日，省委书记、省人大常委会主任王珉在友谊宾馆会见了赵实书记一行。24日上午，调研组在辽宁友谊宾馆召开了文艺家座谈会，全省近20名文艺家、文艺工作者参加。会上赵实对辽宁文艺、文联工作提出了把握时代脉搏、坚持正确导向、坚守中华文化立场、培养更多人才、推进体制机制创新等希望。调研期间，赵实书记一行在省委常委、宣传部部长范卫平陪同下视察了省文联摄影、书法、民间文艺等艺术门类的部分文艺基地。调研组还观看了“中国梦·劳动美”辽宁省文联文艺志愿服务艺术团劳动节专场慰问演出活动。

【中国文联党组副书记、副主席李屹来辽宁考察】

7月24日、25日，中国文联党组副书记、副主席李屹一行来辽宁考察。李屹参观了丹东市抗美援朝纪念馆，到凤城市大梨树文艺基地进行了实地察看。在沈阳，李屹一行观看了“弘扬社会主义核心价值观——老理儿老话”辽宁省剪纸作品展。25日上午，李屹出席了第六期中国文联地县级文联负责人开班式并作报告。考察期间，李屹与省文联党组书记李春晓等有关领导进行了座谈交流，对省文联“中国梦”主题创作、文艺惠民、文艺评论等工作表示肯定，并就强化文艺人才队伍建设、推进“中国梦”主题创作、加强机制创新发挥文联组织功能以及加强文艺志愿服务等方面提出了意见建议。

【省委常委、宣传部部长范卫平到省文联机关考察指导工作】

2月18日，省委常委、宣传部部长范卫平到省文联机关考察指导工作，同时出席了省文联第七届主席团第六次会议并作重要讲话。讲话中，范卫平指出省文联2013年的工作具有导向正确、思路清晰、内容丰富、形式多样、服务到位、亮点迭出“六个特色”。他希望新2014年省文联从学习宣传阐释习近平总书记系列重要讲话精神、贯彻落实党的十八届三中全会精神、弘扬和践行社会主义核心价值观、文艺精品创作生产、人才队伍建设、加强文联自身建设六个方面积极作为、发挥作用。

【省文联第七届委员会第四次（扩大）会议】

2月18日，省文联在沈阳辽宁工会大厦召开第七届委员会第四次（扩大）会议。会上第一时间传达了省委常委、宣传部部长范卫平在当天上午召开的省文联第七届主席团第六次会议上所作的重要讲话。省文联党组书记、副主席李春晓代表主席团作了题为《自觉用社会主义核心价值观引领文联工作，努力在推进辽宁文艺事业大发展大繁荣中作出新贡献》的工作报告。省委宣传部副部长丁宗皓代表省委宣传部讲话。会议更替、增补了尹伟达、邢培红等5名同志为省文联第七届委员会委员，选举胡崇炜为第七届主席团副主席，为省文联名誉主席郭兴文颁发了聘书。会上还对2013年度全省文联系统80名优秀文艺志愿者进行了表彰。

【“向上向善”弘扬社会主义核心价值观辽宁省全国获奖作者书法展】

3月5日，由省文联、省书协举办的“向上向善”弘扬社会主义核心价值观辽宁省全国获奖作者书法展在辽宁美术馆开幕。省文联组织2009年至2013年期间在全国各项书法展中获奖的40位作者，以习近平同志系列讲话中所引用的经典诗词警句作为内容，书写书法作品120幅，广泛传播社会主义核心价值观。当天还召开了由全体获奖作者和省内部分书法理论骨干参加的创作研讨会。

【“纪念延安文艺座谈会讲话发表72周年——我们的中国梦”歌曲新作品音乐会】

5月19日，由省委宣传部、省文联共同主办的“纪念延安文艺座谈会讲话发表72周年——我们的中国梦”歌曲新作品音乐会在沈阳音乐学院音乐厅举行。省委常委、宣传部部长范卫平等相关单位领导参加。《北方的天空》等13首作品围绕“我们的中国梦”主题，从不同侧面深入描写波澜壮阔的社会主义建设伟大进程中丰富鲜活的动人故事。

【庆祝建国65周年暨迎接第十二届全国美展——辽宁优秀美术作品展】

由省文联主办的庆祝建国65周年暨迎接第十二届全国美展——辽宁优秀美术作品展7月5日至13日（油画、版画）、20日至27日［国画、水彩（粉）画］在辽宁美术馆展出，共展出近800幅作品。期间，由中国美协副主席韦尔申、吴为山等人组成的第十二届全国美展专家组观摩指导团，对油画、版画作品进行观摩指导。展览结束后，从中遴选了近90幅油画和版画作品、40件国画作品、26件水彩（粉）画作品晋京参加全国第十二届美展。

【“弘扬社会主义核心价值观 老理儿老话”辽宁省剪纸作品展】

7月25日，“弘扬社会主义核心价值观 老理儿老话”辽宁省剪纸作品展在沈阳举办。中国文联党组副书记、副主席李屹等观看了展览。展览共展出剪纸作品100幅，展览分“家庭和睦”“邻里和谐”“互助友爱”“勤俭节约”“教子成长”5部分，用生动形象的剪纸画面和“老理儿老话”的文字释义，将社会主义核心价值观内涵转化为民间语言。

【第六期中国文联地县级文联负责人研修班暨辽宁省市县（区）文联负责人研修班】

7月25日至8月1日，第六期全国地县级文联负责人研修班在沈阳举办，来自全国各地的70余名地县级文联负责人参加研修。辽宁省文联市县（区）文联负责人研修班同期举办，近50名学员参加了中国文联研修班所开设部分课程的学习。

开班式上中国文联党组副书记、副主席、中国文联文艺研修院院长李屹作了动员讲话和题为《学习贯彻落实党的十八届三中全会精神和习近平总书记系列讲话精神，努力推动文联工作创新发展》的主旨报告。中国民俗学会荣誉会长、国家非遗专家委员会主任乌丙安，中国曲协副主席、中国评论协会副主席、辽宁省曲协主席崔凯分别作了文化讲座；中国文联文艺研修院常务副院长傅亦轩、辽宁省文联党组书记李春晓和石家庄市文联主席周喜俊分别进行了案例教学。学员们还赴沈阳铁西区中国工业博物馆、九一八历史博物馆、丹东市等地进行现场教学，并围绕“基层文联工作的新思路、新举措、新成效”等进行了分组讨论。

【辽宁文艺工作者带头践行社会主义核心价值观座谈会】

为学习贯彻由中国文联发起的《文艺工作者践行社会主义核心价值观倡议书》，9月4日，省文联举办了辽宁文艺工作者带头践行社会主义核心价值观座谈会。与会人员代表全省2万多名省级艺术家协会会员在《倡议书》上签名，省文联副主席胡崇炜现场宣读了《倡议书》。王向峰、姚志忠、白长鸿等艺术家表示，文艺工作者应带头践行社会主义核心价值观，在工作中积极弘扬正能量，在生活中规范自身的言行。

【“心系民生，情暖百姓”辽宁棚户区改造成果摄影展】

9月26日，由省文联主办的“心系民生，情暖百姓”辽宁棚户区改造成果摄影展在辽宁美术馆开幕。展览共展出200余幅作品，分“旧貌”“建设”“成果”“关怀”4个主题，展示了辽宁人民在建设富庶文明幸福新辽宁、同心共筑美丽“中国梦”征程中取得的丰硕成果。副省长薛恒、省政协副主席高鹏观看了展览。

【“我们的中国梦”第三届辽宁省优秀曲艺节目调演】

10月16日、17日，由省文联、省曲协共同主办的“我们的中国梦”第三届辽宁省优秀曲艺节目调演在沈阳举行。参演的17个节目全部为辽宁曲艺作者以“我们的中国梦”为主题的原创曲艺作品。调演还特别增设了优秀创作奖。活动最终评出节目一等奖7个，节目二等奖10个，优秀创作奖4个，优秀组织奖10个，组织奖5个。

【省文联学习贯彻习近平总书记在文艺工作座谈会上的重要讲话精神主席团扩大会】

10月20日上午，省文联召开主席团扩大会议学习贯彻习近平总书记在文艺工作座谈会上的重要讲话精神。12个艺术家协会主席团部分成员、艺术家代表相继发言。大家认为，习总书记的讲话深刻阐述了文艺工作的重要地位和作用，充分体现了党对文艺工作者的亲切关怀，科学回答了事关文艺繁荣发展的一系列重大问题，继承和发展了马克思主义文艺理论体系，是指导新时期社会主义文艺繁荣发展的纲领性文件。大家表示，要以习近平总书记在文艺工作座谈会上重要讲话精神为指引，坚持以人民为中心，不能在为什么人的方向上发生偏差，不能在市场经济大潮中迷失方向，创作出更多无愧于时代的优秀作品。

【辽宁省庆祝建国65周年“中国梦·我的梦”中华传统经典咏诵大赛】

10月30日，由省文联、省财政厅、大连市文联主办的辽宁省庆祝建国65周年“中国梦·我的梦”中华传统经典咏诵大赛在大连市金州新区市民文化活动中心举行。包括社区居民、机关工作人员、外来务工人员、学生、部队官兵等千余人参与其中。参赛者从学习传统经典中提升了自我的人文素质。最后，金州新区董家沟街道代表队以优异的表现夺得大赛头筹。

【“唱响中国梦 舞出我精彩”辽宁省百姓健康舞展演】

8月末至10月末，省文联、省舞协与各市文联、市舞协共同举办了以“唱响中国梦 舞出我精彩”为主题的百姓健康舞展演活动。此次展演以中国舞协百姓健康舞辽宁版专辑为主要内容，展示了独具东北地域民族特色的舞蹈文化和辽宁百姓健康向上的精神风采。全省14市共计近13000名舞蹈爱好者参加了此次活动。展演活动同期还举办了第七届“舞协杯”群众舞蹈大赛。

【“勿忘国耻 圆梦中华”美术摄影书法主题展】

11月12日，由省文联主办的“勿忘国耻 圆梦中华”美术摄影书法主题展在辽宁美术馆开展。展览共展出美术作品20件、摄影图片50幅、书法作品62件。展出作品记录了中国人民为争取世界和平的伟大事业所作的贡献，表达了人们对和平的热爱，反映了全党全国各族人民朝着中华民族伟大复兴的中国梦奋勇前进的信心和勇气。

【辽宁省首届公务员书法作品展】

12月22日，由省委组织部、省人力资源和社会保障厅、省公务员局、省文联联合主办的辽宁省首届公务员书法作品展在辽宁美术馆举行。展览共收到全省700余名公务员投稿近千件。最终评出特邀作品35件，获奖作品29件，入展作品108件，入选作品98件。

【文艺志愿服务活动】

成立省文联文艺志愿服务艺术团并举办10场大型惠民演出，观众2万余人。组织我们的中国梦·辽宁文化进万家——“送欢乐下基层”、“送戏下乡”、古典室内乐系列音乐会、星期爱乐大讲堂、第三届千名书法家走基层送春联等惠民演出慰问活动超过100场。

成立戏剧等10个艺术门类文艺志愿辅导队，定期深入基层开展辅导。围绕“5.23”首个中国文艺志愿者服务日和“12.5”第29个国际志愿者日，组织全省文联系统开展“到人民中去，让艺术贴近生活”文艺志愿者服务日主题系列活动，3000多名文艺志愿者深入基层开展活动近300场，受益群众超过5万人。

11月25日至12月26日，省文联与省美协、省摄协、省书协在辽宁美术馆举办第三届辽宁省文联文艺基地美术、摄影、书法优秀作品展。展览从140余个文艺基地挑选美术作品160幅、摄影作品225幅、书法作品210幅进行分期分类展出。作品反映出群众积极向上昂扬的精神面貌，体现了基层群众对文化艺术的热爱和追求。

创作研究与奖项

【中国·铁岭首届东北二人转邀请赛】

6月1日、2日，由中国文联曲艺艺术中心，辽宁、吉林、黑龙江省三省文联，铁岭市委市政府主办的中国·铁岭首届东北二人转邀请赛在铁岭举办。邀请赛特邀姜昆、赵本山担任总监评，崔凯、曲华江担任评委会主任，马力、黄晓娟等担任评委。最终张春丰、孙晓凤、闫丰、陆媛媛4人获大奖，郭金杰等11人获一等奖，邢艳明等25人获二等奖。比赛期间，主办方还组织部分参赛演员进行了两场惠民演出。

【第十届“金州新区杯”东北三省戏剧小品大赛】

6月11日至13日，由辽宁、吉林、黑龙江三省文联，大连市文联及三省剧协主办的第十届“金州新区杯”东北三省戏剧小品大赛在大连市举办。大赛邀请宋国锋担任评委会主任，孙浩、刘美华等担任评委。最终评出李铭等31人获编剧一等奖，杨军等33人获导演一等奖，高永强等20人获表演金奖，汪雷等32人获表演一等奖，赵春玲等37人获舞美设计一等奖，《二手烟》等20个剧目获剧目一等奖。期间，还召开了第十三届东北三省戏剧理论研讨会。

【第四届辽宁省少儿曲艺大赛】

6月14日，由省文联、省曲协、鞍山市铁东区政府主办的“鞍山铁东杯”第四届辽宁省少儿曲艺大赛在鞍山市矿山活动中心举办。大赛邀请了于清涌、崔立君、王敏等曲艺专家担任评委。最终评出少儿组一等奖4个、二等奖5个，少年组一等奖11个、二等奖10个、三等奖15个，优秀指导教师奖19个，优秀作品奖9个，优秀组织奖4个，组织奖11个。

【《2012-2013辽宁艺术发展报告》出版发布暨理论研讨会】

由省文联组织编写的《2012-2013辽宁艺术发展报告》一书，于7月3日印刷出版。该书是首部由省级文联编写的艺术发展报告。7月11日，省文联在辽宁大厦举办了图书出版发布暨理论研讨会。省内各艺术门类专家学者，部分艺术家协会秘书长和省内相关新闻媒体人员等出席。大家认为，该书体现了省文联组织的担当意识、具有极高的史料档案价值、可为党委政府部门提供资政参考帮助。

【第四届辽宁省书法兰亭奖作品展】

7月29日，由省文联、省书协主办的第四届辽宁省书法兰亭奖作品展在凌源市开幕。第四届兰亭奖从来自全省的2500余件作品中评出优秀奖10件，入展作品260件。获奖作品风格多样、书写自然，是近年兰亭奖中质量较高的一届。

【第六届东北三省杂技理论研讨会】

8月20日、21日，由中国杂协与辽宁、吉林、黑龙江三省文联共同主办的第六届东北三省杂技理论研讨会在沈阳举行。研讨会期间，评审组对东北三省杂协上报的31篇论文进行了评审，评选出一等奖6篇、二等奖8篇、三等奖9篇。研讨会上，参加人员主要围绕杂技创新、演员培养和演出市场化等问题进行讨论。

【第六届中青年文艺评论骨干读书班】

10月22日至24日，省文联在金星宾馆举办第六届中青年文艺评论骨干读书班。本届主题为“艺术的内在本质与生成动力”，学员们围绕经典艺术作品的内核所在、艺术传承与发展的内在动力、当代艺术的价值担当、数字时代艺术的生存与选择等议题展开讨论。大家认为，回到艺术本身来思考艺术的生成，其最深层的动力是永恒存在的灵性智慧。

【第十五届辽宁戏剧玫瑰奖评选】

由省文联、省剧协共同主办的第十五届辽宁戏剧玫瑰奖评奖活动自3月开始启动，截至10月30日，共有50人进入综评。11月12日、13日，经过以宋国锋为评委会主任、省内戏剧界知名专家组成的评委会的最终评选，评出贾毅宁等26人获玫瑰奖、殷之声获二度玫瑰奖。12月22日，第十五届辽宁戏剧玫瑰奖颁奖仪式在沈阳华人国际酒店举行。

【2014辽宁文艺论坛】

11月25日，2014·辽宁文艺论坛在辽宁大厦举行。本届论坛的中心议题为“新媒体时代的艺术创新”。论坛就新媒体时代艺术的变与不变、艺术家的选择与坚守、艺术创新的路径等议题展开讨论。与会者认为，当下新媒体使艺术作品图像化，艺术呈现出崭新的审美特征。在此背景下，艺术创新成为迫切需要解决的话题。

【第四届辽宁省魔术比赛、第三届辽宁省大学生魔术比赛】

12月8日、9日，由省文联、省学联共同主办的第四届辽宁省魔术比赛、第三届辽宁省大学生魔术比赛在沈阳师范大学星河剧场举行。最终杨贺然、李雪冬获得大学生比赛近景类一等奖，刘政言获大学生比赛舞台类一等奖；张诺格、闫海龙分获省比赛近景类、舞台类一等奖；大连市杂协等13个单位获组织工作奖。10日晚，在沈阳师范大学星烁礼堂举行了比赛颁奖晚会暨辽宁省文联“魔术杂技进校园”慰问演出。

【组织创作的歌曲在“五个一工程”评选中获奖】

12月27日，辽宁省第十三届精神文明建设“五个一工程”表彰大会在沈阳召开。由省文联、省音协组织创作并报送的歌曲《旗帜》在全国第十三届精神文明建设“五个一工程”评选中获奖。歌曲《旗帜》《梦想的翅膀》《晨星》《有梦的感觉真好》《梦想开花》《今晚夜色很好》《为你启航》等7部作品获辽宁省第十三届精神文明建设“五个一工程”奖，省文联获组织工作奖。

【文艺微评】

打造“辽宁文艺微评论”品牌，针对正在线上、台上、频道上、纸媒上、舆论上呈现的文艺作品、文艺现象、文艺思潮，组织文艺理论工作者，撰写篇幅短小的评论性文章，在辽宁文学艺术网等媒体上开辟“文艺微评”专栏，全年以“《满腹经纶》火了，相声去哪儿”等8个话题组织微评论45篇。

【艺术对谈】

全年共举办5期艺术对谈，分别就“门罗对于我们的意义”“数字时代的艺术选择”“孔子的人文思想对当代文艺发展的影响”“电影《黄金时代》的生命思考”“‘青春叙事’与生命成长”等话题进行对谈研讨，针对当前艺术创作生产和人民群众文化接受领域亟需做出理论回答的问题设计论证。

【一剧一评】

开展“一剧一评”活动，围绕央视一套黄金时段播放的《毛泽东》《历史转折中的邓小平》等电视剧展开评论研究。并在《辽宁日报》“文化观察”版开设“一剧一评”栏目，邀请全国中青年影视评论家、大学影视研究专家等对热播电视剧、电影等做出新鲜而深刻的评论研究。全年发表文章近20篇。

对外及对港澳台地区文化交流

【辽宁文化代表团赴美国、加拿大开展文化交流活动】

6月3日至10日，省文联党组书记、副主席李春晓为团长的文化代表团一行5人，赴加拿大、美国进行文化交流。在加拿大埃特蒙顿，代表团出席了中国辽宁艺术家美术作品展开幕式，与当地美术界人士进行研讨，并看望了辽宁籍美术家代表。在美国伊利诺伊州，代表团与州政府官员及文化人士以“讲好中国故事、传播中国声音、树好中国形象”为主旨进行会谈，并就扩大双方文化艺术交流等议题进行了交流。

【辽宁文化代表团赴日本开展文化交流活动】

为纪念辽宁省与富山县缔结友好省县30周年，应日本富山县艺术文化协会邀请，9月12日至16日，省文联副主席林建宇率领由13名书画家组成的辽宁文化艺术团赴日进行文化交流。代表团参加了在渔津新川美术馆举办的富山县·辽宁省友好美术交流展开幕式。展览展出辽宁51幅美术、50幅书法作品和日本百余件插花作品。富山县知事石井隆一先生观展。代表团在日期间还与富山县艺术文化协会进行艺术交流，并参观了富山县水墨美术馆、京都美术馆等。

【纪念辽宁省·富山县友好省县30周年美术书法交流展】

10月19日，由省文联主办的纪念辽宁省·富山县友好省县30周年美术书法交流展在鲁迅美术学院美术馆开幕。辽宁省人民政府副省长贺旻、日本富山县知事石井隆一出席开幕式并致辞。辽宁省、富山县议会及文化团体相关人员及两省县书画艺术家近百人出席开幕式。展览是纪念辽宁省与富山县缔结友好省县关系30周年系列活动的重要组成部分，展出美术、书法作品288幅，包括辽宁省艺术家的书画作品188幅，富山县艺术家的书画作品100幅。

【第三届中韩美术书法交流展】

10月27日，由省文联和韩国江原道艺术文化团体总联合会主办的第三届中韩美术书法交流展在辽宁美术馆开幕。本次展览共展出美术、书法作品238幅，其中包括韩国艺术家书画作品50幅，中国艺术家书画作品188幅。通过展览观众能感受到作品中所表达的对自然、生命、生活的热爱与追求。

【美国伊利诺伊州政府远东局局长李乐民先生到访省文联】

10月31日，美国伊利诺伊州（以下简称伊州）

政府远东局局长李乐民先生到访省文联，省文联党组书记李春晓与李乐民一行进行了座谈。省文联拟于2015年在伊州举办以“今日辽宁美丽乡村”为主题的美术摄影作品展，并组织交流创作活动。李乐民先生代表远东局对省文联到伊州举办展览表示欢迎，并建议双方在音乐、舞蹈等其他艺术门类进行深入交流与合作。

【日本佐贺县国际观光部代表团到访省文联】

11月19日，日本佐贺县国际观光部代表团一行4人到访省文联，商讨2015年与省文联联合举办书法展相关事宜。省文联副主席胡崇炜向来宾介绍了辽宁省书法界的相关情况。佐贺县国际观光部副部长村山仁志表示会将商谈的意见汇报给佐贺县政府，并通过交流活动推动两省县书法事业的共同发展。代表团还参观了辽宁美术馆。

机关建设

【党的群众路线教育实践活动】

做好省文联机关第一批教育实践活动的总结和整改落实工作，制定并上报整改落实方案，抓好“回头看”及整改落实工作。开展第二批教育实践活动，对直属单位班子问题进行梳理和研究，制定整改措施、健全规章制度。

【“学习型、服务型、创新型”机关、党组织建设】

建立以中心组学习为龙头、各类培训为依托、个人自学为基础的学习体系，全年组织中心组学习12次，组织省直机关工委党校各类培训20余人次。

【“在职党员进社区”“机关转作风、为民四服务”实践活动】

领导班子成员赴各自基层党建联系点慰问调研，帮扶拨款6万元。全体班子成员赴善友村调研慰问。全体党员及部分书法家为宝环社区书写春联，帮助社区订阅报刊杂志200余份。

【文明机关建设】

举办七一新党员入党宣誓及老党员重温入党誓词仪式、庆祝建国65周年省文联工作回顾图片展及书法美术摄影展等多项活动活跃机关氛围。

【党组织建设】

不断壮大党组织队伍，新发展党员2人，转正2人。

【干部队伍建设】

晋升副巡视员1人、接收军转干部2人、调出1人、退休3人，事业单位聘用10人、退休2人，艺术广角发展有限公司聘用1人，成立省文联国有资产管理委员会，向善友村选派驻村工作队。

直属单位

【辽宁省文艺理论研究室】

《艺术广角》刊物策划组织一系列贴近文艺创作实践的栏目，约请省内外批评家撰写有针对性的文章，探讨“消费时代的经典创造”等话题。编写、出版《2012-2013辽宁艺术发展报告》，负责总报告、文艺理论家协会分报告共5万余字的编写，以及全书的编辑出版工作。结合“辽宁文艺微评论”品牌，组织省内文艺理论工作者，撰写篇幅短小的评论性文章，在辽宁文学艺术网“文艺微评”专栏发表，全年分8个话题组织评论文章45篇。完成中国文联“大众消费语境下的国产电视剧精神品质研究”课题等。

【《音乐生活》杂志社】

新增“群文之星”栏目，每一期介绍一位在群众文化战线上工作的一线文艺工作者。关注大众音乐，通过“爱乐传习”等栏目加大音乐问题研究、音乐现象的分析，服务普通音乐爱好者。继续连载《中国革命音乐的先驱——吕骥》，大量文字和照片首次发表，为研究吕骥的音乐生涯提供详尽史料。与万方数据合作，建立杂志网络数据库。在原有基础上，继续开发杂志手机、平板电脑客户端，扩大杂志影响力。

【辽宁美术馆】

全年坚持精品办展，共举办21场次展览，接待观众数万人次。继续做好美术作品的典藏和保护研究工作，共收取藏品150件。积极开展“送文化下基层”活动。对展馆进行整体装修改造，完善硬件设施。及时做好局域网建设和网站日常管理维护及网页的编辑更新工作，实现网站报道与展览信息同步。全年出版印刷《辽宁美术馆》杂志2000册，印制《辽宁美术馆馆藏作品集》500册。

【辽宁画院】

以创作研究为中心，广泛开展学习交流工作。

赴北京进行学习交流，先后参观10余场中外美术展览，在北京画院进行调研并开展座谈研讨，组织6位画家在清华大学美术学院举办油画联展。全院画家参与全国及省内重要艺术创作活动，作品近百件，4位画家作品入选由文化部主办的“中华文明历史题材美术创作工程”。根据创作计划赴西欧、俄罗斯、日本，国内革命老区、少数民族地区等开展写生创作活动。

【辽宁图片资料馆】

完成省“两会”、第十三届国际制造博览会、全国农博会等重要会议、事件的拍摄。延续跟踪拍摄辽河治理改造进程、辽宁省国家级非物质文化遗产及项目传承人、红山文化遗址群、沈阳市城市建设等专题内容。承办辽宁棚户区改造成果摄影展。完成常规化馆藏资料录入、编目3000余张。与《廉政视野》《今日辽宁》等刊物合作，开办专栏介绍辽宁历史，讲述辽宁故事。

各文艺家协会

【辽宁省戏剧家协会】

1月，协办辽宁生活广播“好声音总动员”活动；走访戏剧界老艺术家。4月，举办著名表演艺术家、导演苏金榜从艺45周年纪念活动；组织凌源市评剧团辅导基地成员赴凌源市瓦房店乡三家子村演出《大政殿》等剧目，共18场；举办凌源市评剧团辅导基地新剧《凌水湾》排演启动仪式；举办中国戏曲推广日·辽宁省第二届戏剧节，演出10场；举办第十八届辽宁省少儿戏曲小梅花荟萃活动评审。5月，在大连交通大学建立文艺辅导基地并举行授牌仪式。6月，举办第十届东北三省戏剧小品大赛；举办第十三届东北三省戏剧理论研讨会。7月至11月，举办第九届辽宁少儿小戏剧家才艺大赛沈阳赛区、锦州赛区比赛。8月，赴大连沙河口区李家街道文艺辅导基地调研，观看汇报演出；组织选手参加中国剧协第十八届中国少儿戏曲小梅花荟萃终评，获佳绩；举办首届东北“天马时代广场杯”评剧票友大赛；召开《2012-2013辽宁艺术发展报告》研讨会。10月，举办第二届辽宁戏剧教育现状与未来发展论坛；承办“中国梦·我的梦”中华戏剧艺术门类传统经典咏诵大赛。11月，在大连市金州新区市民文化活动中心建立文艺辅导基地并举行授牌仪式。12月，组织文艺志愿者分赴沈阳、本溪、大连、凌源等地开展“到人民中去”辽宁文艺志愿者深入基层服务采风活动；在大连市金州新区开展“深入生活、扎根人民”采风辅导活动；举办第十五届辽宁戏剧玫瑰奖颁奖仪式；在沈阳音乐学院艺术学院建立文艺辅导基地并举行授牌仪式。全年开展星期六剧场演出，包括京剧票友演出月、宫静评剧专场、东北大学专场、辽宁大学专场、沈阳音乐学院专场等；开展高雅艺术进校园演出，组织大连话剧团等院团排演的《雷雨》等经典剧目在大连工业大学、辽宁轻工职业学院、大连交通大学、大连外国语大学等高校演出。

【辽宁省音乐家协会】

1月，组织参评第九届中国音乐金钟奖作品奖比赛，2部作品获奖；召开“五个一工程”歌曲创作研讨会；赴金州创作基地举办“我们的中国梦”音乐创作笔会；承办中国音协在辽宁冬季考级工作。2月，组织词曲作者赴葫芦岛举办“我们的中国梦”第二轮创作笔会。3月，组织参评“情系雷锋”原创作品征集活动，1部作品获金曲奖、2部作品获入围奖；组织音乐家赴丹东评选省全运会会歌。4月，举办陈涤非声乐作品音乐会暨歌曲集首发式；邀请北京音乐专家与省内专家共同对全省新创作的“五个一工程”歌曲作品进行指导；主办周晓飞独唱音乐会。5月，举办第五届辽宁省“棍棒玩家”青少年打击乐表演赛；举办声乐青年演员沙龙研讨；举办本溪市钢琴教师辅导培训活动；承办“我们的中国梦”歌曲新作品音乐会。6月，完成第六届神州唱响高校声乐比赛选拔推荐工作；举办《编配手风琴伴奏体会》公益讲座；组织音乐家到阜新为钢琴教师辅导培训。7月，举办近期音乐创作总结与交流会；举办青年声乐演员沙龙；举办青年词作者沙龙。7月至8月，承办中国音协在辽宁暑期考级工作。8月，组织参加第九届中国音乐金钟奖单簧管比赛，1人获优秀奖；组织创作并参评“中国梦”全国原创歌曲评选，1部作品获最佳作品、1部作品获入围奖；完成24首“培育和弘扬社会主义核心价值观主题”群众合唱推荐歌曲的创作、筛选、改编、印刷工作；举办辽宁省第七届“柏笛杯”手风琴大赛；举办中国音协钢琴“小金钟”奖选拔赛；举办首届东三省双排键电子管风琴教师培训班。9月，组织参评第九届金钟奖合唱比赛，1个合唱团获银奖。10月，举办“星期爱乐大讲堂音乐学术讲座圆满结束”座谈会；组织参评中国音乐“小金钟”奖——第二届全国钢琴比赛，多人获奖；召开创作笔会及李建军歌曲作品研讨会。11月，举办中国音乐“小金钟”奖——第二届全国钢琴比赛辽宁获奖选手音乐会。12月，组织钢琴家赴营口市进行讲座辅导；举办第二期歌词沙龙；赴大连金州、瓦房店开展“深入生活、扎根人民”主题实践活动。全年共举办古典室内乐系列音乐会12场，举办星期爱乐大讲堂20场。

【辽宁省美术家协会】

1月，赴台湾开展两岸生态艺术美文化交流活动；在沈阳大道艺术馆举办爱心圆梦义卖活动；成立辽宁省青年美术家协会大连分会；走访美术界老艺术家。4月，组织专家团赴各市进行第十二届全国美展草图观摩指导。5月，赴本溪考察桓仁版画基地；到抚顺市特教学校开展文艺志愿服务活动。6月，在加拿大举办第六届走进经典辽宁画家画世界交流展；举办乡情·郭常信油画展。7月，举办庆祝建国65周年暨迎接第十二届全国美展辽宁优秀美术作品展及座谈会；迎接中国美协观摩指导团对参加第十二届全国美展作品进行指导；组织儿童画作品参加日本富山县举办的国际儿童艺术节；组织作品赴日本参加富山县·辽宁省友好美术交流展。8月，举办张辉“得于象外”中国画作品展；举办“大美朝阳”优秀美术作品展。9月，接待中国文联专家组，对入选“中华文明历史题材美术创作工程”的作品进行现场观摩、评议、指导。10月，组织画家为人民大会堂辽宁厅创作巨幅油画《红海滩》；组织画家赴康平县扶贫点绘制宣传墙；承办纪念辽宁省·富山县友好省县30周年美术书法交流展及交流笔会；承办第三届中韩美术书法交流展；举办“耕云种月”桓仁农民版画进京展。11月，举办庆祝建国65周年辽宁优秀美术作品展；承办“勿忘国耻 圆梦中华”美术摄影书法主题展；成立辽宁省青年美术家协会盘锦分会。12月，举办辽宁省美术界贯彻落实习近平讲话精神理论研讨会；举行“大美之德”美术创作工程动员大会及签约仪式；举办“博鸿杯”首届辽宁青年画家优秀作品展；举办“致青春”美术作品展；开展“深入基层、扎根人民”主题实践活动；主办第三届辽宁省文艺基地优秀成果作品展（美术部分）。

【辽宁省摄影家协会】

1月，组织摄影家到盘锦大洼县采风创作；举办第二届中国辽宁卧龙湖“大辽文化冬捕节”摄影大赛；走访省内老摄影家；开展“送欢乐下基层”文化惠民活动；组织摄影家到抚顺望花区、康平县等文艺基地进行辅导讲座。2月，组织作品参加天津杨柳青首届国际民俗摄影大展。3月，完成中国摄协摄影函授学院在辽宁招生工作。4月，组织摄影家到北镇摄影创作辅导基地采风创作；举办“都市万象，梦想力量”摄影展。5月，组织摄影家在营口采风创作；举办“大沈河　新沈河”摄影大赛；开展“万名摄影志愿者，万幅作品送万家”活动；开展“到人民中去，让艺术贴近生活”文艺志愿服务活动；6月，在沈阳城市学院建立摄影辅导基地并举办讲座；举办首届辽宁旅游摄影金像奖评选活动；推荐作品参加第七届佳能典藏摄影大赛；举办老摄影家冀焕发摄影作品展。7月，主办第三届辽宁旅游摄影节。8月，在辽河油田建立摄影创作辅导基地并举办讲座；举办以“关心您保护您帮助您”为主题的沈阳市预防职务犯罪主题摄影展。9月，举办第十六届辽宁省摄影艺术展评选会；举办“走进营口北海海洋公园”影友联谊会；组织作品参加2014年平遥国际摄影大展，2人获优秀摄影师奖，1人获凤凰卫视优秀摄影画册奖；承办“心系民生　情暖百姓”辽宁棚户区改造成果摄影展。10月，组织参加上海国际摄影节；举办红海滩国家风景廊道摄影展；组织摄影家赴台湾花莲县进行交流访问；推荐申报第十届中国摄影金像奖，1人获奖。11月，举办“美丽盖州”全国摄影大赛评选会；举办第十六届辽宁省摄影艺术展；承办“勿忘国耻　圆梦中华”美术、摄影、书法主题展；举办“观陵山·蒲河源”摄影展；主办第三届辽宁省文艺基地优秀成果作品展（摄影部分）；举办“发现灵光—方向与价值”青年影像品鉴会；举办2014“走进沈阳”影友联谊会。12月，召开主席团会议，学习习近平总书记在文艺座谈会上的讲话精神；组织文艺志愿者开展“到人民中去”文艺志愿者深入基层服务系列活动；在灯塔县建立摄影辅导基地并举办讲座；举办第四期辽宁省中青年摄影骨干培训班；组织摄影家赴基层开展“深入生活、扎根人民”主题实践活动；主办“河海营口”全国摄影大展评选会；编辑出版《辽宁棚户区改造成果摄影展作品集》画册。全年编辑出版《辽宁摄影》杂志4期。

【辽宁省书法家协会】

1月，承办辽宁省第三届千名书法家走基层送春联活动。3月，主办“向上向善——弘扬社会主义核心价值观”辽宁省全国获奖作者书法展。5月，开展“到人民中去，让艺术贴近生活”文艺志愿服务活动。5月至6月，与辽宁广播电视台联合举办“中国好书法 ——向上向善”辽宁省青少年书法电视大赛活动。6月，在辽中县潘家堡学校建立兰亭学校并举行授牌仪式；举办辽宁省首届大学生书法大赛优秀作品展。7月，主办辽宁省第四届书法兰亭奖作品展；在驻辽宁省凌源市65156部队建立创作辅导基地并举行授牌仪式，同时开展慰问活动。8月，举办辽宁书法火炬百人班。10月，承办纪念辽宁省·富山县友好省县30周年美术书法交流展；承办第三届中韩美术书法交流展。11月，赴大连进行辽宁书法火炬百人班书法作品观摩；承办“勿忘国耻 圆梦中华”美术摄影书法主题展。12月，主办第三届辽宁省文艺基地优秀成果作品展（书法部分）；承办辽宁省首届公务员书法作品展；举办辽宁省第三十届书法临帖班；在大连市甘井子区小辛寨子小学建立兰亭学校并举行授牌仪式。

【辽宁省舞蹈家协会】

2月至8月，在各市开展百姓健康舞辽宁版A版培训推广工作。3月，举办第十三期基层舞蹈教师培训班。3月至11月，开展各文艺辅导基地的舞蹈辅导工作。5月，完成2014年舞蹈专业论文评选工作；举办辽宁省中青年舞蹈编导创作讲习班；推荐作品参加第九届中国舞蹈荷花奖校园舞蹈评奖、第二届“荷花·少年”全国中学校园舞蹈展演，并获奖。5月至8月，启动百姓健康舞辽宁版B版创编工作，并举行创编交流会和汇报展演。9月，举办辽宁舞蹈艺术发展规划座谈会，并在此基础上撰写完成《2015-2018辽宁舞蹈艺术发展规划》；率辽宁参赛单位赴大庆市参加第二届东北地区电视舞蹈大赛决赛，7个舞蹈获金奖、3个舞蹈获银奖、2个舞蹈获铜奖。9月至10月，在14市分别举办“唱响中国梦 舞出我精彩”百姓健康舞辽宁版展演暨第七届“舞协杯”群众舞蹈表演赛。11月，推荐作品参加第九届中国舞蹈“荷花奖”当代舞、现代舞评奖，获当代舞组作品铜奖。12月，召开省舞协主席团扩大会，学习习近平总书记在文艺工作座谈会上的讲话精神；组织省内专家、青年编导赴沈阳茂泉社区、本溪溪湖区舞蹈辅导基地开展采风、学习和艺术指导活动；举办百姓健康舞辽宁B版的全省基层骨干辅导员培训班。

【辽宁省曲艺家协会】

2月，组织参加在河南宝丰举办的第九届马街书会全国曲艺邀请赛，3部作品获奖。3月，组织参加首届中国好故事（走马）邀请赛，2部作品获奖；开通协会微信公众平台“辽宁曲艺”；完成《辽宁省优秀曲艺节目调演作品集（2012-2013）》编印工作。4月，举办重点作者创作研讨会；组织参加第二十六届韩国马山国际演剧节，4人获个人表演金奖，3人获个人表演银奖，铁岭市民间艺术团获得优秀剧目金奖。5月，在沈阳大学举办“曲艺进校园——相声专场”演出。6月，承办中国·铁岭首届东北二人转邀请赛，期间还组织部分参赛演员进行了两场惠民演出；主办东北二人转艺术生存与发展研讨会；举办“鞍山铁东杯”第四届辽宁省少儿曲艺大赛；在鞍山市铁东区文化馆建立省曲艺创作演出基地。7月，举办2014辽宁省曲艺精品创作培训班。8月，组织参加在四川彭州举办的第六届全国少儿曲艺大赛，5部作品获奖，2人获优秀指导教师奖，省曲协获组织奖。9月，推荐参评第八届中国曲艺牡丹奖评奖。1部作品获创作奖，1人获终身成就奖。10月，主办“我们的中国梦”第三届辽宁省优秀曲艺节目调演；推荐参评中国曲艺之乡创建20周年表彰活动，大连市西岗区人民政府获“创建中国曲艺之乡标兵单位”称号，5人荣获“创建中国曲艺之乡优秀曲艺工作者”称号，5人获“创建中国曲艺之乡工作先进个人”称号。12月，组织文艺志愿者开展“到人民中去”文艺志愿者深入基层服务系列活动；举办祝贺杨振华先生荣获第八届中国曲艺牡丹奖终身成就奖颁奖活动；推荐参评“中国梦”全国优秀曲艺节目推选活动，2部作品获奖。

【辽宁省民间文艺家协会】

3月，召开全省剪纸作者参加的社会主义核心价值观主题创作座谈会。5月，组织艺术家在省级文艺基地开展文化惠民活动，并组织艺术家在阜新、辽阳、盘锦、大连的学校、社区开展剪纸、刺绣等艺术辅导活动。7月，举办“弘扬社会主义核心价值观·老理儿老话”辽宁省剪纸作品展。9月至12月，进行“弘扬社会主义核心价值观·老理儿老话”辽宁省剪纸作品展巡展。

【辽宁省电影家协会】

1月，举办电影剧本《真相》研讨会；走访老艺术家；举办影协迎新春电影观摩。2月，组织电影艺术家观摩活动；组织电影剧本参加2014“夏衍杯”电影剧本奖评选。5月，编辑出版《辽宁优秀电影剧本选集》（2012－2013）；观看电影《谁来陪伴我》样片，并组织专家为影片提出修改建议；观摩电影《归来》并举办座谈会；推荐作品参评中国电影金鸡奖理论评论奖评选。6月，推荐作品参加“新时期以来中国电影”学术论坛论文征集；组织观摩法国电影周系列电影。8月，与省文艺理论家协会举办电影《黄金时代》主题艺术对谈。9月，组织报送参评的2014“夏衍杯”电影剧本评选揭晓，辽宁4人获奖。10月，举办电影《黄金时代》观摩及研讨会。11月，完成第四届东北三省电影评论奖论文评选活动。12月，举办迎新年电影观摩会。

【辽宁省电视艺术家协会】

3月至4月，完成第二十七届中国电视金鹰奖辽宁地区的作品征集、初评与推介报送工作。5月，与辽宁大学广播影视学院共同主办“新媒体时代影视传播的新变化”论坛；举办第八届辽宁农村小康电视节目征集评选活动；报送作品参加第六届新农村电视艺术节;举办第七届中国旅游电视周辽宁地区作品的征集工作。5月至6月，与辽宁大学广播影视学院联合举办第八届“新V度”影像大赛。6月，完成“人文中国第三季——传承中国”全国电视专题片及纪录片推选、展播活动辽宁地区的作品征集与报送工作。9月，组织参加在郑州举办的第六届新农村电视艺术节颁奖典礼，1人获优秀主持人奖;召开《2012—2013辽宁艺术发展报告》电视艺术门类研讨会。10月，组织参加在长沙举办的第二十七届中国电视金鹰奖颁奖活动暨第十届中国金鹰电视艺术节，获4个类别奖项。11月，组织参加在深圳举办的“人文中国第三季——传承中国”全国电视专题片、纪录片表彰活动，3部作品获奖；与辽宁师范大学影视艺术学院共同举办第四届“鸿宝杯”影像大赛。全年开展“一剧一评”活动，对《毛泽东》《父母爱情》《十送红军》《湄公河大案》《历史转折中的邓小平》《铁血红安》等电视剧作品进行评论。

【辽宁省杂技家协会】

5月，组织魔术、杂技演员到沈阳浑南四小、朝阳一校、大南二校、万莲小学、保工二校开展文艺演出。8月，承办第六届东北三省杂技理论研讨会。9月，推荐选手参加第二届北京昌平国际魔术节，1人获奖。10月，组织魔术艺术家到辽宁大学、沈阳大学、沈阳建筑大学、鞍山科技大学等高校进行慰问演出、辅导讲座活动。11月，推荐选手参加在杭州举办的第四届中国西湖国际魔术节，1人获奖。12月，承办第四届辽宁省魔术比赛、第三届辽宁省大学生魔术比赛，并举办颁奖晚会暨“魔术杂技进校园”慰问演出；组织参加在福州举办的第九届中国杂技金菊奖第八次理论作品奖颁奖仪式暨中国杂协“送欢乐下基层”活动，3篇论文获奖，省杂协获组织工作奖，1人获中国杂协第七次德艺双馨会员称号。全年，建立的辽阳魔术辅导基地共开展慰问演出12场、魔术讲座10次；大连魔术辅导基地开展慰问演出4场、魔术讲座7次，观众及参加培训、辅导人员人数达5千余人。

【辽宁省文艺理论家协会】

3月至4月，进行中国文艺评论奖作品征集。5月，在大连爱政书店建立文艺创作辅导基地；赴北京参加中国文艺评论家协会成立大会。7月，完成全国文艺评论人才统计工作，选拔推荐10名省内优秀的文艺评论工作者上报省委宣传部。8月，与省社科联、省传记文学学会联合主办徐光荣文学创作55周年学术研讨会。9月，与省传记文学学会联合主办辽宁省人物传记作品研讨会；征集“新形势下文艺评论的责任与作为”主题评论文章。10月，举办第六届中青年文艺评论骨干读书班。11月，参加第九届中国文艺评论奖颁奖典礼暨第七届当代文艺论坛，2篇文章获奖。11月，举办2014·辽宁文艺论坛；与省文艺理论研究室、辽宁国际文化交流中心联合主办“消费时代的经典创造”研讨会。全年举办4期艺术对谈。

吉林省文联

综　述

2014年，是全省上下深入学习贯彻党的十八大，十八届三中、四中全会精神，深入学习贯彻习近平总书记系列重要讲话精神，深入学习贯彻省委十届三次全会精神的一年。在中共吉林省委、省政府的坚强领导下，在吉林省委宣传部的有力指导下，吉林省文联按照省委、省政府的统一部署，围绕中心、服务大局，深入生活、扎根人民，面向基层、服务群众，以践行“爱国、为民、崇德、尚艺”的文艺界核心价值观为主题，切实履行联络、协调、服务职能，充分发挥文联优势，紧紧围绕打造品牌、多出人才的工作重心，着力提高文艺创作水平和创造活力，着力扩大文艺志愿服务的覆盖面和影响力，着力提升文艺工作者的思想道德修养和文学艺术素养，着力发挥文联组织在社会管理和服务中的重要作用，进一步团结动员广大文艺工作者为繁荣吉林文艺事业，为把吉林建成文化大省作出新的贡献。

重要会议与活动

【全省基层文联工作经验交流会】

1月8日至9日，在长春召开全省基层文联工作经验交流会，省文联和各市（州）、县级文联负责同志出席会议。此次会议是吉林省文联自1991年召开县级文联工作会之后，23年来第一次召开。在这次会议上，来自全省的9个基层文联作了主题发言，介绍和探析了各自的做法和经验，对如何更好地提升各级文联组织的工作水平做了深入积极的探讨。中共吉林省委宣传部转发了省文联起草的《关于加强和改进基层文联工作的意见》。会议对基层文联组织进行了表彰，授予长春市文联等26个单位“吉林省文联工作先进集体”荣誉称号，其中品牌活动先进集体12个，文艺创新先进集体8个，志愿服务先进集体4个，网络建设先进集体2个。同时，成立吉林省文联文艺志愿服务团。

【省文联八届二次全委会】

3月6日，省文联第八届委员会第二次全体委员会议在长春召开。会议传达学习了中国文联第九届全国委员会第六次会议精神和吉林省宣传部长会议精神。省文联党组书记、主席尹爱群作了题为《为人民筑梦，塑时代辉煌，奋力开创吉林文艺事业繁荣发展新局面》的工作报告。

【吉林省文艺家学习习近平总书记在文艺工作座谈会上重要讲话座谈会】

10月19日，吉林省文艺家学习习近平总书记在文艺工作座谈会上重要讲话座谈会在长春举行，省内十余位知名艺术家参加会议。与会的艺术家纷纷畅谈学习心得体会，大家一致认为，习近平总书记的重要讲话精辟阐述了文艺“以人民为中心”的根本方向，明确提出了文艺弘扬“中国精神”的历史使命，立意高远、思想深刻、振聋发聩，是新时期文艺工作者的基本遵循和价值航标。艺术家们表示，今后要坚持文艺“以人民为中心”的根本方向，牢记文艺工作者的责任和历史使命，把最好的精神食粮奉献给人民。

【中国传统村落立档调查东北三省启动会议】

6月23日，中国传统村落立档调查东北三省启动会议在长春召开。此次立档调查是为进入“国家传统村落名录”的村落建立档案，建立中国传统村落电子图文档案和编辑《中国传统村落图典》，并对新发现的优秀传统村落进行立档。会议由吉林省文联民间艺术家协会和摄影家协会联合举办。共有200多位领导和专家学者出席会议。中国民间文艺家协会副主席、省民间文艺家协会主席曹保明主持会议；省摄影家协会负责人荆宏宣读了中国文联民间文艺家协会、摄影家协会关于开展中国传统村落立档调查的通知；省文联副主席孙凤平向东北三省参会代表发放了中国传统村落立档调查手册、立档调查工作组队旗，并为新组建的“中国传统村落立档调查工作吉林省办公室”揭牌。7月初，由省民间艺术家协会专家和省摄影家协会摄影家组成的前线工作组即开赴蛟河市富江村落一线，开展中国传统村落立档调查工作。

【首届吉林省市民文化节“百姓健康舞”大赛】

7月4日，由中国舞蹈家协会、中共吉林省委宣传部、吉林省文联、吉林省文化厅、长春市政府主办，吉林省舞蹈家协会、长春市文化广电新闻出版局联合承办的首届吉林省市民文化节“百姓健康舞”大赛在长春市体育馆举行。本次大赛共有从全省选出16支优秀健康舞代表队参加，参赛队员多数是60岁左右的老年人。大赛最后评选出若干集体奖和个人奖。首届吉林省市民文化节“百姓健康舞”大赛作为吉林省市民文化工程的一部分，从拉开序幕到现在，历时几个月，共有10多万人参加。

【“中国梦·赤子情”——庆祝中华人民共和国成立65周年吉林省美术作品展览】

为庆祝中华人民共和国成立65周年，由省文化厅、省文联、省美术家协会、东北亚艺术博物馆共同举办的“中国梦·赤子情”——庆祝中华人民共和国成立65周年吉林省美术作品展览于7月8日至13日在长春举行。中国美术家协会副主席、鲁迅美术学院院长韦尔申，中国美术家协会副主席、中国艺术研究院美研所所长吴为山等中国美术家协会相关领导，国内部分著名美术家，吉林省及长春市相关部门的领导与参展的艺术家们出席了开幕式。展览汇集了我省美术家近年来精心创作的中国画、油画、版画、水彩（粉）画、雕塑、艺术设计、连环画、漫画、综合材料、陶艺等500余件美术作品。本次展览评选出部分优秀作品参加第十二届全国美展。

【2014吉林省歌曲创作研讨会暨采风活动】

7月18日至21日，由省音乐家协会、辽源市文联共同主办，省音乐文学学会、辽源市音乐家协会承办的2014吉林省歌曲创作研讨会及采风活动在辽源市举办。全省30余位词曲作家对60余首歌词作品进行了深入细致的研究与交流，经过两轮的讨论与修改，最终有20余首歌词作品得到了专家与领导们的一致肯定。会上，省音乐家协会邀请中国音乐文学学会副主席晨枫为参会作者们进行了关于我国近代歌曲创作的发展与歌词创作理念的专题讲座。

【首届吉林省农民文化节农民画、农民摄影、民间艺术作品展】

8月18日，吉林省农民画、农民摄影、民间艺术作品展在长春市农博园开幕。本次展览是首届吉林省农民文化节的重点活动之一，由中共吉林省委宣传部、省文联主办，省民间文艺家协会和省摄影家协会承办。此次展览共展出农民画作品100幅，农民摄影作品610幅，省民间文艺家协会还组织15名民间文艺家现场展示包括葫芦雕、剪纸、农民画、木雕、皮画、葫芦画、石雕石刻等丰富多彩的民间技艺。省民间文艺家协会还将8月定为“吉林省民间文艺家协会农民活动月”，组织了杰出民间文艺家和文化遗产传承人评选等一系列活动。

【全国文联系统理论研究室业务培训班】

8月27日至29日，全国文联系统理论研究室业务培训班在长春开班。本次培训班由中国文联理论研究室主办，省文联、省文艺理论研究室承办。开班式上，中国文联党组成员、副主席、书记处书记夏潮和省文联党组书记、主席尹爱群分别致辞。培训班邀请北京大学艺术学院院长王一川教授、吉林大学文学院院长张福贵教授分别以《中国现代艺术思潮概况》《转型社会的四种文化意识》为题作了培训讲座。在分组讨论环节，大家结合各自工作，就如何做好新形势下文联理论研究室的工作作了深入讨论和交流。在大会交流环节，中国电影家协会、中国曲艺家协会、吉林省文联、新疆维吾尔族自治区文联、江西省文联、辽宁省文联分享了各自经验。

【第六届马来西亚·中国书法交流展】

9月12日至21日，由省书法家协会和马来西亚书艺协会联合主办的第六届马来西亚·中国书法交流展在马来西亚吉隆坡举办。本次展览共展出中国书协特约书法作品10幅，吉林省优秀书法家作品40幅，马来西亚书法家作品58幅。省政协常委、省文联名誉主席、省书法家协会主席毕政率代表团赴吉隆坡参加了展览开幕典礼及相关书法交流活动。省书法家协会副主席张金梁为马来西亚书法爱好者做了题为“当代中国书法多元发展简论”的主体讲座，受到听众的一致好评。马来西亚当地媒体对活动盛况进行了报道，活动取得了圆满成功。

【第七届吉林省大学生戏剧节】

9月22日，第七届吉林省大学生戏剧节在吉林动画学院青春剧场拉开帷幕。本届戏剧节由省文联、省文化厅、共青团吉林省委共同主办，省戏剧家协会承办，吉林动画学院等全省十几所高校协办。本次戏剧节，共有15个高校17个剧社团参与活动，共演出25台剧目，观演学生达到数万人次，经过两个月展演角逐，评出了诸多单位及个人奖项，吉林艺术学院创排的《生命速递》获得了优秀剧目奖。11月25日，第七届吉林省大学生戏剧节在吉林艺术学院现代剧场落下了帷幕。闭幕式上，还颁发了第二批戏剧家志愿者聘用证书。

【第三届中·韩国际摄影展暨第四届吉林市百姓摄影展】

10月1日，第三届中·韩国际摄影展暨第四届吉林市百姓摄影展在吉林市艺术中心隆重开幕。摄影展由韩国江原道写真作家协会、省摄影家协会、吉林市文联联合主办。展览旨在以摄影作品喜迎国庆65周年的到来，全面促进中韩文化交流，推动吉林省、吉林市摄影技术的创新发展。本次展览，共展出吉林市和韩国江原道摄影家、摄影爱好者共150幅作品，摄影内容包括自然风光、人文习俗和百姓生活。吉林市摄影家及摄影爱好者共200余人观看了摄影展。

文艺志愿服务

【“我的中国梦、文化送万家”——文艺志愿服务者走进农安】

1月22日，省文联组织36名演员来到农安县，为农民带来二人转、相声、歌曲等精彩的节目，送上新年的祝福。此次省文联文艺志愿者走进农安活动名为“我的中国梦，文化送万家”，采取小分队的形式，文艺志愿者们兵分四路，以农安县宝华骨科医院为主会场，为医护人员、患者和当地百姓献艺献唱，作书作画。同时，派下三支小分队，到农安县农安镇铁西村的农民家中，为他们送春联、照全家福、表演节目。著名二人转表演艺术家韩子平、董玮，著名演员王明明参加演出。

【艺术家走进舒兰市开展文艺支教和“送欢乐、下基层”文艺志愿活动】

5月22日，省文联文艺家进校园支教试点项目启动仪式暨文艺志愿服务团“送欢乐、下基层”慰问演出在舒兰市新安乡联合村万寿小学举行。省文联党组书记、主席尹爱群在启动仪式上致辞，并为省文联文艺志愿服务基地——万寿小学授牌；第一批支教进校园艺术家代表与万寿小学进行了对接；万寿小学少先队员代表向艺术家致辞献礼；省文联向万寿小学捐赠善款15000元；中共吉林市委宣传部、吉林市文联向万寿小学学生捐赠笔墨纸砚等书法学习用品56套。

启动仪式结束后，省文联文艺志愿服务团为万寿屯乡亲送上了一台文化惠民专场演出。国家一级演员刘春梅和村民一起演唱歌曲；著名杂技演员冯付伟、左辉带来杂技《小丑》；著名二人转表演艺术家董玮、金平带来二人转《回杯记》；京东大鼓表演艺术家王大海带来《打的》，节目引得现场阵阵喝彩。

同日，“中国梦、家乡情——多彩舒兰、美丽乡村”主题摄影展在万寿小学拉开序幕，现场展出的162幅摄影作品集中展示了舒兰的大美风光和欣欣向荣的新农村景象以及舒兰人民热爱家乡、建设家乡的奋斗历程。省书法家协会副主席刘成，理事刘福生、宋旭安为小学生们上了一堂别开生面的书法课。

【中国曲协文艺志愿服务团“送欢笑——走进黄龙府”暨省文联2014“送欢乐、下基层”专场演出】

8月22日，作为首届吉林省农民文化活动节和第四届长春（农安）农民节的重要活动之一，中国曲艺家协会文艺志愿服务团“送欢笑——走进黄龙府”暨省文联2014“送欢乐、下基层”专场演出在农安县龙府广场举行，这次演出内容包括相声、快板书、二人转、舞蹈、歌曲等节目，演员阵容强大，姜昆、戴志诚、牛群、李金斗、李建华、闫书平、佟长江、刘全和、刘全利等著名演员为现场万余名观众带来了阵阵笑声。

【“送欢乐、下基层”惠民演出走进德惠】

为庆祝建国六十五周年，切实践行文艺界核心价值观，9月29日，由省文联、长春市文联、中共德惠市委宣传部主办，德惠市文联、德惠市总工会、德惠市广播电视台承办的吉林省文联文艺志愿服务团“送欢乐、下基层”惠民演出在德惠市文化宫举行。这次演出汇集了吉林省的文艺名家和德惠市的原创歌曲曲目，有魔术、相声、二人转、歌舞等艺术形式，著名二人转表演艺术家董玮、闫书平、徐振武、佟长江，魔术师王云、冯付伟、左辉，著名相声演员刘伟利、曲东振，著名主持人、吉林省慈善大使王明明等参加了演出。

【文艺志愿服务团深入基层创作服务采风活动暨“文化惠农直通车”走进东丰】

12月26日，由省文联、辽源市文联、东丰县人民政府主办，东丰县文化广电新闻出版局、东丰县文联承办的省文联文艺志愿服务团“文化惠民直通车”活动走进东丰县。这次活动内容丰富，包括送演出、送培训、送春联、送全家福、送剪纸等。上午，省文联文艺志愿服务团的艺术家们，以小分队形式到东丰县拉拉河镇敬老院、南屯基镇北屯基村张家文化大院、东丰农民画馆分别进行文艺演出和书画辅导交流活动。下午，省文联艺术家们在东丰二中礼堂举办了一场精彩的专场演出。在这次活动中，东丰县农民画馆被省文联确定为“吉林省文艺志愿者创作服务基地”。省文联向农民画馆捐赠了书法作品，并向辽源市文联和东丰县文联文艺志愿服务团授旗。

【摄影志愿者深入农村服务活动】

2014年元旦、春节期间，省摄影家协会在全省广泛开展“文化惠农直通车”活动，组织全省559位摄影志愿者深入到100多个贫困村，为贫困农民拍摄“全家福”“全村福”总计2000多幅。四平市、吉林市、白城市摄影家协会在拍摄全家福的同时把影展办到农村，深受农民欢迎。

为进一步调动广大志愿者为农民服务的积极性和创作热情，省摄影家协会组织了“文化惠农、福送万家”主题摄影比赛。吉林市、四平市和延边州三个市（州）摄影家协会被评为文化惠农先进单位。省摄影家协会还向559位志愿者颁发荣誉证书。

省摄影家协会还下发60台数码相机，组织多支志愿者服务小分队常年深入农村向农民传授摄影知识。

【曲艺家志愿者走进延边大学、珲春边防部队慰问演出】

9月25日和28日，由延边州文联、省曲艺家协会、省曲艺团组织曲艺家志愿者先后来到延边大学和驻珲春某基层边防部队进行慰问演出。省曲艺家协会主席王明明带领省内多名曲艺家为师生和官兵们献上了相声、快板、杂技等精彩的节目，赢得了观众的阵阵掌声。

自身建设

【机关建设和帮扶工作】

2014年，省文联圆满完成了党的群众路线教育实践活动，得到督导组的肯定。加强学习型机关建设，制定《党组理论中心组学习2014年度学习计划》，自学和集体学习结合，分八个专题进行学习，并组织了5次集体学习。领导干部网络学习率100%，排名第一位。加强效能型机关建设，认真完成目标责任制考评工作。加强机关制度建设，修改制定了包括《理论中心组学习制度》《党组研究决策重大事项议事制度》《领导班子党风廉政建设规定》等19项规章制度。努力提升省文联干部队伍综合素质，省文联工作人员有32人次获得55项省、国家级表彰。认真做好帮扶工作，为帮扶村维修村级公路和村部、添置音响设备、设计定制了100个环保厕所、维修水毁涵洞，帮扶三年共落实50余万元帮扶资金。在“千名处长进千村”活动中，获得“先进集体”和“先进个人”荣誉。11月25日至2015年1月10日，省委巡视办公室专项巡视二组对省文联展开专项巡视工作，省文联领导班子高度重视，积极配合，精心组织，立行立改，得到巡视组的好评。

【组织建设】

省文联重视发展会员工作，2014年发展省级会员636人，国家级会员114人，截至2014年底，我省已有国家级会员2514人，省级会员15636人。组织完成了省摄影家协会、省戏剧家协会、省广播电视艺术家协会、省曲艺家协会、省杂技家协会、省舞蹈家协会、省美术家协会和省电影家协会等8个协会的换届工作，选举产生了新一届领导机构。

各文艺家协会

【戏剧家协会】

4月3日，省戏剧家协会第七届代表大会在长春召开。大会听取了第六届理事会的工作报告，选举倪茂才为新一届主席，并选举产生了新一届理事会和主席团。上半年，组织完成《吉剧发展口述实录》的采访撰稿工作，采访人员87人，该书已由时代文艺出版社出版发行。6月，组织7支队伍、11个节目参加第十届东北三省戏剧小品大赛，并参加第十三届东北三省戏剧理论研讨会。8月至9月，举办第二届吉林省青少年戏剧大赛暨吉林省评剧票友荟萃，本次青少年戏剧大赛参赛范围广泛、内容丰富，全省五个市（州）戏剧家协会、群众艺术馆派出的50多位热爱戏剧的青少年选手参加大赛。8月，组织参加在辽宁省朝阳市举办的首届东北“天马时代广场杯”评剧票友大赛。吉林省选手分获十大名票、表演金奖、表演银奖等奖项。在8月12日闭幕的第18届“中国少儿戏曲小梅花荟萃”活动中，省戏剧家协会组织选送的两名小选手获得金花奖。9月28日，在由中国文联、中国剧协和中国文学艺术基金会共同主办的“中国梦想·百姓梦想·我的梦想——庆祝建国65周年原创小戏小品汇报演出”中，省戏剧家协会组织推荐的吉剧小戏《非诚误扰》参演。在11月12日闭幕的第四届中国校园戏剧节上，省戏剧家协会组织报送的吉林艺术学院话剧《生命速递》荣获专业组“优秀剧目奖”，省戏剧家协会获组织工作奖。11月25日，由省文联、省文化厅、共青团吉林省委共同主办，省戏剧家协会承办的第七届吉林省大学生戏剧节在吉林艺术学院现代剧场落下帷幕。

【电影家协会】

5月31日，长影博物馆“休闲消夏·魅力长影暨长影老影迷群众文化晚会”在长影电影院门前隆重举办。省电影家协会艺术团参加晚会并为观众奉献了《十送红军》《万泉河水》《蝴蝶泉边》《好人好梦》《花儿为什么这样红》《我爱你中国》《红星闪闪》《卖报歌》等十几首经典电影歌舞节目，晚会演出取得圆满成功。7月2日，组织长影新片《老男孩之猛龙过江》“回家”点映活动。7月21日，组织参加著名音乐指挥家尹升山先生的艺术墓碑揭幕仪式。8月19日，组织代表参加长影旧址博物馆开馆仪式。11月25日，吉林省电影家协会第六次代表大会圆满完成各项议程，在清华宾馆胜利闭幕。老艺术家代表和来自全省电影制作、放映、经营单位的代表共140余人出席了大会。大会选举产生了新一届理事会和主席团。张笑天、赵国光被推举为省影协第六届主席团名誉主席，毕述林当选为吉林省电影家协会第六届主席团主席。

【音乐家协会】

2月，受吉林省委宣传部的委托，组织省内专家对征集的吉林省精品歌曲作品进行评选，最终评出15首报省委宣传部作为“五个一工程”备选作品。其中，《乘梦飞翔》《儿女情长》获中宣部“五个一工程”奖。3月，由省老龄办、文明办、群众艺术馆、省音乐家协会和长影集团（电影频道）共同举办的以“金色晚晴，老年好声音”为主题的“吉林省首届老年好声音”评选活动顺利结束，分别评选出一、二、三等奖和优秀奖，并评选出若干优秀组织奖。4月，开展组织征集吉林省优秀音乐论文评选工作，全省共征集音乐论文82篇。7月16日至19日，承办的第三届“乐海·中信杯”东北三省扬琴艺术大赛暨东北音乐扬琴学术研讨会在长春市举行。7月18日至21日，由省音乐家协会、辽源市文联共同主办，吉林省音乐文学学会、辽源市音乐家协会承办的“2014吉林省歌曲创作研讨会及采风活动”在辽源市举办。9月，承办东北三省一区音乐家采风活动。9月21日，东北师范大学音乐学院学生合唱团在“美丽中国梦”第九届中国音乐金钟奖合唱比赛中表现优异，取得了第十名、获铜奖的佳绩，实现了吉林省合唱在国家级重大音乐专业赛事上获奖零的突破。10月，组织出版《吉林省音乐家名录》。

【美术家协会】

2月20日至26日，主办的“感谢生活——戈沙水墨 油画 版画展”在省博物院举行。此次展览共展出83岁高龄的著名画家戈沙从艺六十五年创作的水墨、油画、版画作品152件。3月4日，承办的“关东之韵——陈涤中国画作品、二人转系列作品巡回展”在吉林省博物院开幕，吉林省老领导、有关部门领导、省内外专家学者、书画家、书画爱好者数百人参加开幕式并观看了展览。5月22日，与吉林省博物院和中共集安市委主办的“水墨集安——顾林画展”在省博物院开展。展览共展出顾林创作的中国画作品50余幅。6月9日，主办的“谭全昌《长白千里图》百米长卷作品赏析会”在吉林省博物院举行，有关领导、省内画家学者和收藏家共30多人参加了此次活动。6月21日，作为吉林省首届市民文化节的重要组成部分，吉林省全民阅读主题文化展览之一，“中国梦·吉林省装帧艺术作品展”在长春市图书馆拉开帷幕。这次展览以反映我省新闻出版时代特征和放飞“中国梦”为主题，面向全省征集图书、报刊封面、插图及书票作品，精选出120幅作品展出，并颁发证书。7月2日至4日，主办的“中国·龙潭之子”美术作品展在吉林艺术学院美术馆举行，此次展览共展出43位在吉林市出生或青少年时代在吉林市龙潭区参加美术学习的美术家作品100余件。为庆祝中华人民共和国成立65周年，由省文化厅、省文联、省美术家协会、东北亚艺术博物馆共同举办的“中国梦·赤子情——庆祝中华人民共和国成立65周年吉林省美术作品展览”7月8日至13日在长春举行。12月4日，由吉林艺术学院、省美术家协会和省美术馆联合主办的“三人行·乡间长白”——赵开坤、吴向东、孙昌武油画作品展在吉林艺术学院美术学院举行。这次展览是吉林艺术学院终身教授赵开坤先生、吉林大学教授吴向东先生和吉林艺术学院副教授孙昌武先生多年来创作成果的一次集中展示。

【曲艺家协会】

2月13日，“吉林相声俱乐部成立一周年纪念演出”在长春市南关区文化馆相声剧场举行，此次演出是吉林相声俱乐部2014年的开箱演出，特邀40多位盲人观众前来欣赏。4月17日至18日，省曲艺家协会第七次代表大会召开，会议通过了新的《吉林省曲艺家协会章程》，选举产生了省曲艺家协会新一届领导机构，王明明当选为省曲艺家协会主席。6月29日，在长春举办第六届全国少儿曲艺大赛“易视顿”杯吉林赛区选拔赛。8月22日，作为首届吉林省农民文化活动节和第四届长春（农安）农民节的重要活动之一，省曲艺家协会与中国曲艺家协会、中共长春市委宣传部、长春市文化广电新闻出版局、长春市文学艺术界联合会、长春广播电视台、中共农安县委宣传部联合承办中国曲艺家协会文艺志愿服务团“送欢笑——走进黄龙府”暨省文联2014“送欢乐、下基层”活动专场演出。9月25日和28日，与延边州文联、省曲艺团共同组织吉林省曲艺家志愿者先后来到延边大学和驻珲春某基层边防部队进行慰问演出。11月10日，在南关区文化馆举行学习习近平文艺工作座谈会重要讲话的研讨会。吉林相声俱乐部全体成员出席会议。

【舞蹈家协会】

5月，组织推荐的四平市艺术团舞蹈作品《花棍舞》代表吉林省参加了2014年“五彩连厢·角直飞扬”全国连厢舞邀请大赛。7月4日，在长春市体育馆成功举办了吉林省“百姓健康舞”展演活动。7月，在第九届“荷花奖”校园舞蹈大赛中，由省舞蹈家协会推荐参赛的吉林艺术学院舞蹈学院的舞蹈作品《勇敢的鄂温克人》获得作品银奖、编导奖、网络最佳评选奖，《乡音》获得铜奖；东北师范大学音乐学院的舞蹈作品《婆媳之间》获得优秀作品奖。7月17日至19日，在长春市东方大剧院举办第十七届吉林省少儿舞蹈大赛，参赛人数达到数千人，涌现出多个优秀少儿舞蹈作品。8月13日，省舞蹈家协会第七次代表大会在长春市春谊宾馆召开，会议选举产生了省舞蹈家协会新一届主席团，王晓燕再次当选为省舞蹈家协会主席。8月20日，由省舞蹈家协会主办的第七届吉林省少儿舞蹈（独、双、三）大赛在吉林省交响乐团音乐厅举行。9月19日至26日，在由中国舞蹈家协会、黑龙江省文联、吉林省文联和辽宁省文联共同主办，东北三省舞蹈家协会共同承办的“第二届东北地区舞蹈大赛”中，吉林省参赛作品获得金奖13个，银奖14个，铜奖7个，优秀奖13个。吉林省舞蹈家协会获优秀组织奖。11月24日至12月4日，组织部分会员参加“2014年中国文联文艺志愿者培训服务项目”——民族舞蹈的传承、保护与创新（云南班）。12月，与吉林电视台生活频道共同举办2015年吉林省少儿元旦舞蹈晚会，共有26个单位，57个舞蹈作品，1200多名演员参加录制工作。2014年，省舞蹈家协会共推荐中国舞蹈家协会会员20名，发展审批省级会员43名。

【民间文艺家协会】

2月1日至10日，组织参加在台湾省台中市举办的“海峡两岸民俗庙会”，吉林省的剪纸、泥人、刀画、葫芦画、柳编、烙画、石刻等民间艺术项目展示了独特的文化魅力。2月，吉林省最美传统村落普查评选及卷本编撰工程全面开始，《木屋村》首卷本已出版。3月，组织国家级非物质文化遗产“森林号子”传承人王守用等参加在福建省仙游县举行的“2014世界木材日中国非物质木文化展示会”，省民间文艺家协会主席曹保明在会上作了《长白山森林文化的价值和意义》的报告。4月，开展中国民间剪纸东三省吉林卷的普查工作。4月，组织专家学者编纂《吉林省文艺艺术发展报告·民间文艺卷》（两卷本），共计70万字。5月，配合吉林省农民文化周，开展吉林省民族民间文艺精品展演活动，开展走入生活系列工程，走进通化、延边、白山、松原等地，举办“天下吉品特产旅游文化街”民间工艺展示活动。6月23日，与省摄影家协会联合举办中国传统村落立档调查东北三省启动会议。7月初，与多名摄影家共同组成前线工作组开赴蛟河市富江村一线，开展中国传统村落立档调查工作。7月，组织参加在浙江举办的“青山绿水中国梦”全国农民画展，刘丹作品《窗户纸糊在外》获得优秀作品奖。7月，组织参加“中国梦·我心中的梦”2014′全国剪纸艺术名家精品展。梁铭作品《中国民俗十二月》（组画）获得银奖。8月，开展“吉林省民间文艺家协会农民活动月”。8月15日至24日，组织15名知名民间艺术家及作品参加长春市农博会，在农民活动月中，精选出吉林省各地100幅具有代表性的农民画艺术品展出，评选出一批杰出民间文艺家和文化遗产传承人。9月，组织参加在陕西省举办的“中国梦·情之乡土”中国农民画、剪纸艺术大赛活动，多幅作品入围，省民间文艺家协会获优秀组织奖。9月，在江西省吉安市万安县举办的“‘我们的中国梦’全国农民画展”上，高静作品《国富民强》获得优秀奖，省民间文艺家协会获得组织奖。10月29日，由《民间故事》杂志社主办，万达影城承办，吉林省朗诵艺术学会、正阳小学协办的“吉林我爱你”——故事会在长春举行，来自全省各地的民间艺术家、大中小学师生、抗联老战士和市民群众等百余人参加了这次盛会。11月，组织10名剪纸艺术家的36幅作品参加申报第五届中国剪纸艺术节暨‘剪彩冰雪、热盼冬奥’王老赏剪纸艺术奖全国剪纸艺术作品征集活动。11月至12月，启动编纂《中国民间剪纸集成·吉林卷》。12月，组织志愿者参加省文联文艺志愿团“惠农直通车”走进东丰活动。三位剪纸艺术家为东丰群众送去精彩的剪纸艺术。12月，选送 8幅东丰农民画，报送中国民协参加奥地利农民画展。

2014年，在第十一届吉林省“长白山文艺奖”评奖中取得硕果：省民间文艺家协会会员关云德剪纸作品《天宫大战》获得作品奖，王迅获得成就奖，董咏啸获得新星奖。省民间文艺家协会主席曹保明专著《东北生死场》获优秀作品奖。

【摄影家协会】

2014年两节期间，省摄影家协会积极参加“文化惠农直通车”活动，组织559位摄影志愿者深入到吉林省100多个贫困村，为贫困农民拍摄“全家福”“全村福”总计2000多幅。同时，组织“新睿航杯”吉林省“文化惠农、福送万家”主题摄影比赛。春节期间，配合省对外友好协会，在台湾省台中市举办“大美吉林摄影展”。2月28日，举办2014“雪花纯生·中国古建筑摄影大赛”吉林赛区选拔赛。6月5日，与新浪吉林共同承办吉林省市民文化节“发现爱·传递爱”随手拍活动，从活动启动至作品征集结束历时近两个月，组委会收到了来自省内网友、市民的作品2780幅。6月23日，与省民间文艺家协会联合在长春举办中国传统村落立档调查东北三省启动会议。共有200多位领导和专家学者出席会议。7月初，组织多名摄影家与省民间文艺家协会专家共同组成前线工作组开赴蛟河市富江村一线，开展中国传统村落立档调查工作。6月27日，启动“吉林365影像工程——随手拍”活动。7月27日，举办“天怡杯”网络摄影大赛。8月中旬，在长春市农博园举办吉林省第二届农民摄影展，展出吉林省11位在全国有影响的农民摄影家近期创作的150余幅摄影作品，并授予他们“吉林省优秀农民摄影家”称号，这是中国第一次农民个人摄影展。9月5日，在长春国际会展中心举办“东北亚摄影展”。9月22日，举办金塔杯“辣椒红了”摄影比赛。9月30日到10月4日，接待韩国江原道写真作家协会7位摄影家来吉林省访问，并在吉林市举办第三届中·韩国际摄影展暨第四届吉林市百姓摄影展。11月5日，荆宏的摄影专题《中国东北沦陷区文化人群像》、李钟杰的摄影作品《向着太阳的人们》在韩国首尔仁寺洞传统文化艺术区耕仁美术馆展出。受中共吉林省委宣传部委托，承办长白山“雪之魂”国际摄影大展。11月18日，在广东连州摄影节举办长白山“雪之魂”国际摄影大展启动仪式。12月6日，在吉林省图书馆举办长白山“雪之魂”国际摄影大展吉林省摄影界启动仪式。12月20日，在延边举办第五届延边摄影文化周。

【书法家协会】

2014年“两节”期间，积极开展“文化惠民直通车”送书法到乡村活动。组织吉林省几百名书法名家，深入省内四百余个贫困村，共送出书法、春联作品四万七千余幅，受到农民群众的热烈欢迎。4月5日至14日，在长春市华联古玩城举办吉林省第四届临帖（碑）书法展，共三百余件作品参展。6月至10月，吉林——新疆——河北三省书法联展分别在吉林、乌鲁木齐、石家庄三地展出，集中展示了三省区书法家的200多幅书法作品。7月5日，省文联、省书法家协会、长春乾元酒店集团共同承办的“乾元杯”全国书法篆刻作品展在长春开幕。本次展览是中国书法家协会在吉林省举办的首次大规模、综合性书法展览，最终评选出27件获奖作品，317件入展作品。7月16日至22日，承办在长春举办的“翰墨薪传工程”吉林省中小学书法师资培训，邀请知名书法家组成专家团队授课，来自省内各个区县的50名基层书法教师参加了培训。“八一”建军节期间，联合长春市书法家协会共同举办“吉林省书法名家送书法进军营”拥军笔会活动，组织18位著名书法家到省军区八一宾馆，为广大官兵书写了数百幅书法作品。9月12日，与马来西亚书艺协会联合主办的第六届马来西亚·中国书法交流展在马来西亚吉隆坡举行。省政协常委、省文联名誉主席、省书法家协会主席毕政同志率代表团赴吉隆坡参加了展览开幕典礼及相关书法交流活动。9月20日，中国书法家协会分党组成员、副秘书长曹建明亲赴集安对好太王碑进行了“中国书法名碑”授牌。好太王碑成为东北地区唯一入选的一块书法名碑。同时，为纪念好太王碑立碑1600周年，省书法家协会联合集安市委、市政府组织举办了“翰墨集安”纪念好太王碑1600周年全国书法名家邀请展。12月27日，“卫道·尚德·游艺”吉林省书法家协会成立30周年系列成果汇报展在长春华联古玩城启动，将分阶段展出省书协会员优秀作品。2014年，省书法家协会会员刘成、刘福生、张伟城获得第十一届吉林省“长白山文艺奖”作品奖；在中国书协举办的书法展览中，王洪宇、李致远、高智慧、王颖军、张伟城等十余人获得首届“刘禹锡杯”全国书法作品展、第二届“赵孟頫奖”全国书法作品展、“天下大同·魏碑故里”全国书法作品展、“生态大连”全国书法篆刻作品展等全国大展优秀作品奖。

【杂技家协会】

4月24日，省杂技家协会第六届代表大会在长春市清华宾馆举行。会议总结了前五年的工作，提出了今后五年的工作目标，修改了协会章程，并按照民主程序选举产生了新一届理事会和主席团。6月28日，在长春市杂技宫成功举办第六届吉林省魔术比赛，来自吉林省各市、县23位选手参赛，参赛选手以年轻人居多，大学生选手占了一定的比例，本次比赛最终评出一、二、三等奖和优秀表演奖若干。8月21日，参加在沈阳举办的第六届东北三省杂技论坛，在论坛上，省杂技家协会共选送10篇论文，2篇获得一等奖，3篇获二等奖，3篇获三等奖。11月，参加中国杂技家协会第九届中国杂技“金菊奖”第八次理论奖评奖，吉林省共报送8篇论文，《论经典杂技对地域风情与文化的审美塑造》获二等奖，四篇获优秀论文奖，省杂技家协会获优秀组织奖。

【广播电视艺术家协会】

3月，启动第27届中国电视金鹰奖吉林省初评及推选工作，组织专家评委对第27届中国电视金鹰奖吉林省参评作品进行初评，向金鹰奖组委会推选报送31部作品。在10月举行的第27届中国电视金鹰奖评比中，吉林省共获9个奖项，《我的土地我的家》《长白山下我的家》《回家——青春1930》等作品获优秀电视剧、优秀电视纪录片和电视剧最佳编剧奖等9个奖项，获奖数取得史上最好成绩，得到中共吉林省委书记巴音朝鲁、省委宣传部部长庄严的表扬与肯定。4月12日，省广播电视艺术家协会第六次代表大会在长春召开，共有140余位代表出席会议。大会选举产生新一届理事会和主席团，冯晨当选省广播电视艺术家协会主席。8月，组织参加第六届中国新农村艺术节颁奖典礼。在本次艺术节上，吉林电视台《二人转总动员》、磐石广播电视台《三万居民喝上放心水》获最佳专题片奖，吉林电视台龚海获优秀主持人奖，吉林省共获得奖项12项。9月，组织参加第七届中国旅游电视周优秀旅游电视作品颁奖典礼，吉林省共有5部作品获奖。10月29日至31日，在松原市举行第26届吉林省电视文艺“丹顶鹤”奖评奖活动，此次评奖活动共有160余部作品参评，采取评委分组看片、充分评议、无记名投票方式，共评出综合电视文艺、电视专题纪录片、电视文艺栏目、单项奖等十类奖项。组织出版了《吉林省广播电视论文集粹》论文集。

【二人转艺术家协会】

2月14日，组织推荐梨树县戏曲剧团拉场戏《没事找事》参加河南省文联、河南省文化厅、中共平顶山市委共同举办的第九届马街书会，获得本届马街书会第一名。6月1日至3日，在辽宁铁岭举办的东北三省二人转邀请赛中，由省二人转艺术家协会推荐的《杨三姐告状》获得金奖，《清心汤》获得一等奖，《观花》和《马前泼水》获得二等奖。7月，在第八届牡丹奖山西长治赛区的比赛中，由省二人转艺术家协会推荐的二人转作品《天下娘亲》表演者闫书平获得金牡丹奖提名；二人转作品《清心汤》获得了节目奖提名，表演者徐振武、周春艳获得表演奖提名；二人转作品《方圆之间》的表演者王冰冰获得新人奖提名。4月至7月间，组织参加全国道德模范基层巡演活动，演出作品《天下娘心》。8月11日，推荐吉林省大东北二人转学校二人转作品《对花》参加第六届全国少儿曲艺大赛，获得二等奖。10月27日，组织参加在山西长治举办的中国曲艺之乡创建20周年优秀节目展演活动。12月31日，承办“送欢乐、下基层”“文化惠农直通车”走进长春市兰家镇二人转专场演出活动。此次二人转专场演出活动特别选择了《西厢观花》《回杯记》等广受人们喜爱的传统唱段，著名二人转演员韩子平、董伟、闫书平、佟长江、徐振武、奚春梅等参加演出活动，受到当地百姓的热烈欢迎。

【民俗学会】

清明节期间，与长春市民政局联合开展清明节文明祭祀引导活动。组织全省村落民俗文化志调查，走进珲春敬信、安图石门、九台其塔木、吉林市丰满区等市县4个村镇20个自然屯。并组织撰写完成全省村落民俗文化志《珲春·敬信卷》。10月，参加中国民俗学会第八届代表大会暨2014年年会。12月4日至7日，参加2014中国少数民族民俗研究高层论坛，在论坛上，省民俗学会理事长施立学做了《满族与朝鲜族刺绣文化之比较》的报告。2014年，组织专家走进长春平阳社区、净月社区讲《二月二》《清明》《端午》《中秋》《重阳》习俗，宣传地方民俗文化。省民俗学会理事长施立学的民俗著作《东北年节》获中国近现代史史料学会著作一等奖，施立学被吉林省社科联评为吉林省优秀社会科学普及专家。

直属单位

【吉林省书画院】

2014年，省书画院积极组织画家参加“中国梦·赤子情”——庆祝中华人民共和国成立65周年吉林省美术作品展览，共创作大型作品12件，送选全国8件，入选4件，获吉林省美术作品展览一等奖3件，二等奖4件。省书画院画家创作的三件作品参加长白山画派画家作品晋京展。画家于飞获长白山文艺奖“青年之星”奖。画家刘向久获首届长春君子兰文艺奖作品奖。在省书画院全体画家和工作人员的努力下，编辑出版《吉林省画院建院三十周年——云卷云心画家作品集》，合计25册。组织全体画家观摩第十二届全国美展，开阔视野，提升思想认识。创建图书资料阅读室和艺术家信息管理室。

【文艺期刊】

把握刊物导向，打造品牌，注重刊物质量，按照刊物的定位，出好每期刊物。2014年，中文核心期刊《文艺争鸣》成为吉林省文艺评论主阵地、主力军、主渠道，其学术性、专业性和权威性得到了全国评论界的认可，全年所刊载文章有7篇被《新华文摘》转载，文章转载率稳居全国同类期刊前列。《文艺争鸣》创新工作机制，建立包括国内100多位文艺评论名家的名家档案库，编辑登门拜访约稿，并在国内率先采取向名家预支稿酬约稿的方式，得到了作者的一致好评，有效提高了杂志发文质量。7月，《文艺争鸣》杂志社与新疆师范大学联合承办的刘亮程研究中心挂牌。2014年，《民间故事》坚持办刊方向，保持说古道今、生动有趣、雅俗共赏、老少皆宜的风格，发表了大量民间故事、神话、传说、传奇、新故事、关东山故事、民俗故事、谜语故事、民间笑话、少数民族民间故事及优秀外国民间故事等。继续开展各种栏目的创新，加大新故事的质量和信息度，进行广泛社会宣传和对外视野的拓宽，开设了农民工故事专栏和反腐倡廉故事专栏，并开展了为农家书屋赠送杂志的活动。《小说月刊》始终以“创办中国畅销小说王牌杂志”为目标，在坚持以往工作方针的基础上，又兼顾市场需求和时代变迁，选稿既侧重“趣、情、奇、讽、绝、妙”的风格特点，更着力打造“才情”与“趣味”并重的小说作品，使其更具可读性，在维护老读者群需要的同时，也考虑新读者群的品位。所选稿件均出自名家之手，转载率高，口碑好。很多稿件在刊登后被《特别关注》《幽默与讽刺》《小说选刊》《意林》《小小说选刊》《微型小说选刊》等杂志转载，并有作品入各类合集选本出版成书或被改编成漫画。

黑龙江省文联

综 述

2014年是以习近平为总书记的党中央带领全国人民全面推进小康社会建设，努力追寻中国梦，开创新局面，营造新气象，取得新成就的一年。一年来，在黑龙江省委、省政府、中国文联的亲切关怀和中共黑龙江省委宣传部的直接领导下，黑龙江省文联高举文艺服务人民的伟大旗帜，以党的十八大、十八届三中、四中全会精神为引领，认真学习习近平总书记的系列重要讲话精神，扎实开展党的群众路线教育实践活动，以“我的中国梦”为主题，坚持文艺服务人民的正确导向，开展广泛的文艺活动，各项工作取得重要进展和显著成绩。

重要会议

【黑龙江省文联召开党的群众路线教育实践活动总结大会】

1月27日，黑龙江省文联召开了党的群众路线教育实践活动总结大会。省委第七督导组组长李逢春出席总结大会。会议全面回顾了省文联群众路线教育实践活动各个环节的工作，总结了取得的主要成效、启示和经验，指出了存在的不足，提出了今后的努力方向。参加会议的省文联领导指出，通过群众路线教育实践活动，省文联党员素质和政治觉悟有了明显的增强，领导干部解决重点问题的能力进一步提高，为民务实清廉的理念更加明确。省委督导组组长李逢春对省文联群众路线教育实践活动给予了高度评价。他回顾了6个多月的教育实践活动，大家善作善成、善始善终，教育实践活动圆满结束。他说，省文联党组织坚持围绕为民、务实、清廉的主题，认真贯彻工作要求，认真组织开展党的群众路线教育实践活动。做到了准确把握目标，强化组织领导，严格质量要求，聚焦“四风”问题，以整风精神深入开展批评与自我批评，切实解决了领导班子和党员领导干部存在的问题。群众路线教育实践活动取得了多方面的成果，圆满完成了省委提出的目标任务。文联党组织增强了凝聚力，提高了党员领导干部的政治觉悟，密切了党同群众的联系，团结一致、干事创业的局面形成了，成绩可圈可点，可喜可贺。

【黑龙江省文联召开第六届委员会第四次全体会议】

2月25日，黑龙江省文联在哈尔滨市召开了六届四次全委会议。会议总结回顾2013年工作，研究部署2014年工作，变更、增补省文联委员，增选省文联第六届主席团副主席。中共黑龙江省委宣传部副部长赵德信，省文联主席傅道彬，省文联党组成员、副主席计世伟，省文联党组成员、副主席张戈等领导出席会议。省文联六届全委会委员、各团体会员单位主要负责同志、机关各处室负责同志62人参加会议。会议由省文联副主席计世伟主持。会议传达了中国文联九届六次全委会议精神、2014年黑龙江全省宣传部长会议精神；省文联主席傅道彬代表第六届主席团作2013年度工作报告。随后召开了地市文联、产业文联和省各文艺家协会对接工作会。各地市文联、产业文联、省文联各文艺家协会、各处室、各直属单位负责人等参会。各单位负责人汇报本单位2014年度重点工作，积极探讨本单位与各协会共同开展工作的事宜。

【省美术家协会召开五届十三次主席团工作会议】

1月22日，黑龙江省美术家协会五届十三次主席团工作会议在哈尔滨召开。会议由省美协主席吴团良主持，省美协驻会副主席、秘书长赵丹琪，副主席田卫平等及省美协组联部工作人员共十五人出席了会议。赵丹琪作2013年工作总结和2014

年工作安排的报告；并学习《关于转发<中共中央宣传部等关于开展以“中国梦”为主题的文艺创作活动的通知>的通知》和《文化部、中国文学艺术界联合会、中国美术家协会关于举办第十二届全国美术作品展览的通知》，领会文件精神。会议审议制定省美协艺委会条例、省美协关于主办美术活动的若干规定、省美协申请入会条件细则等规章制度。审议通过增补郑连侠等9人为省美协理事，增补黑龙江省建设艺术书画院为省美协理事单位。审议通过徐辉等178人为省美协会员。

【省剧协召开2014年主席办公会】

2014年黑龙江省戏剧家协会主席办公会于4月17日召开。黑龙江省文联副主席、党组成员计世伟、省剧协主席白淑贤、省剧协副主席费守疆、邢美珠等领导参加了会议。会议由白淑贤主持，剧协副主席、秘书长欧阳秀芝总结了2013年省剧协主要工作，汇报了2014年省剧协工作设想，关于剧协开展的重要活动向各位领导征求了意见，经商讨，大家一致通过了关于增补王晓玲、白光艳、张锐等11人为省剧协理事的决议。

【省音协召开五届十次主席办公会】

4月25日，为贯彻落实党中央关于“简化会议流程、精简会议内容”的重要指示，省音协首次以网络会议的形式召开了五届十次主席办公会议。会议审议了2013年省音协工作总结及2014年全年工作计划，并审批了2014年第一批待批会员18人。音协驻会人员又召开了全省音协网络工作会议，将通过的2013年工作总结向各地市传达，并部署了2014年工作计划。

【全国美术馆藏品普查试点经验交流会暨标准规范讨论会在黑龙江省召开】

5月6日，全国美术馆藏品普查试点经验交流会暨标准规范讨论会在黑龙江省召开。会议由黑龙江省美术馆承办，全国美术馆藏品普查工作办公室工作人员、普查领导小组成员、普查标准规范编制咨询专家、各试点美术馆分管普查工作的领导和具体负责普查项目的工作人员参会。全国美术馆藏品普查是文化部于“十二五”期间实施的“国家美术收藏工程”的重要组成部分，主要内容包括国家美术藏品的普查和档案及数据库建设，国家美术收藏规划的研究制定、保护修复、展览推广和研究扶持计划，以及相关政策和法规的研究制定等工作。本次会议是对试点美术馆普查信息采集阶段进展情况的一次总体检验与经验交流。

【省美协中国画学会成立大会召开】

7月22日，黑龙江省美协中国画学会成立大会召开。黑龙江省中国画学会是在国家中国画学会指导下，由从事中国画研究的专家学者自愿组成的学术性、专业性、全省性的非营利性社会组织。旨在团结黑龙江省的国画家，努力创作，为繁荣发展美术事业做出贡献。黑龙江省原人大副主任刘东辉，中国画学会副会长、秘书长孙克，中国画学会副秘书长张桐瑀，黑龙江省文化厅厅长宋宏伟，黑龙江省文联主席傅道彬等出席会议。会议审议通过了章程及组织机构人选，聘请于志学、刘振铎、卢禹舜为学会名誉会长，推选吴团良为会长，徐焕昌等十一人为副会长，聘任匡伟光为学会秘书长。

【省艺术设计协会冰雕设计分会成立大会召开】

黑龙江省艺术设计协会冰雕设计分会成立大会于11月16日在哈尔滨举行，来自省内高校专业冰雕教师、职业冰雕艺术家、高校学生冰雕的代表出席了成立大会。哈尔滨是中国冰灯艺术的发源地，多年以来，冰灯艺术繁荣了冰雪旅游，提升了城市品位，促进了文化交流和国际交往。因此，成立冰雕设计专业组织是十分必要的，是业界多年以来的愿望。黑龙江冰雕队伍庞大，急需行业管理，在新成立的冰雕设计分会的带领下，将把将致力于整合黑龙江省各地的专业和业余的冰雕设计队伍，潜心研究冰雕设计。以哈尔滨为中心，辐射全省。会议期间，举行了黑龙江省艺术设计协会冰雕设计分会挂牌仪式。

品牌活动

【文艺志愿服务活动】

元旦春节期间，黑龙江省文联举办了“我们的中国梦”•黑龙江省文联“送欢乐下基层”文艺志愿服务系列活动。活动由省戏剧家协会慰问演出、省美术家协会送美术下基层、省书法家协会送书法到革命老区尚志，省文联、哈尔滨铁路局送春联到基层、省摄影家协会送摄影进乡村等内容组成。1月19日，省文联、省剧协组织戏剧工作者二十余人，来到宾县满井镇江南村，为当地群众送去一场精彩纷呈的演出。1月20日，省美术家协会送美术下基层活动在肇东市昌五镇农民画创作基地举办，吴团良、刘文华等省内知名美术家参加了慰问活动。1月21日，在尚志市乌吉密乡九北村，来自省书法家协会的6位书法文艺志愿者为当地群众书写春联，把美好的祝愿和温暖的祝福送进千家万户。1月24日，省文联、哈尔滨铁路局送春联到基层活动在哈尔滨西客站候车大厅举行。省文联副主席、书法家张戈，以及省书协、铁路书协的11位书法家和书法工作者参加活动。

【黑龙江畔春意浓——“我们的中国梦”文艺创作采风活动】

5月5日至11日，黑龙江畔春意浓——“我们的中国梦”文艺创作采风活动在黑龙江省举办。本次活动由中共黑龙江省委宣传部、黑龙江省文联共同主办。本次活动历时7天，行程1500公里，从哈尔滨出发，经黑河市、五大连池市、北安市、绥化市，沿黑龙江一线进行采风创作。采风过程中，结合各门类艺术家“我的中国梦”主题创作规划，采风团有针对、有重点地深入到黑龙江流域城镇、乡村、边防哨卡、少数民族村落采风，深入考察了黑龙江边境地区城乡建设发展成就。每到一地，采风团成员们都积极与当地群众进行交流，了解当地群众的文化生活，倾听群众对文化艺术的需求。同时，开展培训、辅导、讲座等活动，对当地群众和基层文艺工作者进行专业辅导，帮助分析、解决艺术创作实践中出现的各种问题。

【中国梦·龙江情——黑龙江省“中国梦”主题文艺创作美术、书法、摄影作品展】

为庆祝新中国成立65周年，9月30日，中国梦·龙江情——黑龙江省“中国梦”主题文艺创作美术、书法、摄影作品展在黑龙江省美术馆开幕。中共黑龙江省委宣传部部长张效廉到会并致辞。中宣部等中央和国家有关部门自2013年12月开始在全国范围内组织开展了以“中国梦”为主题的文艺创作活动。2014年3月，由省委宣传部主持，省文联等多家单位联合开展的黑龙江省“中国梦”主题文艺创作采风活动在全省热烈展开，近千位文艺工作者分赴龙江大地，深入基层一线，挖掘创作素材，汲取创作灵感，将黑龙江“中国梦”主题文艺创作采风活动开展得有声有色。同时，各市地、系统的广大文艺工作者和部分高校师生也踊跃参与，新创作推出了具有龙江地域文化特色的“中国梦”主题的各类文艺作品千余件。

【第十二届黑龙江省美术作品展览——获奖作品展】

今年适逢第十二届全国美术作品展览。五年一届的全国美展，是国家级水平最高、规模最大、影响最广的美术展览。抓住这一重大契机，黑龙江省文联、省美协举办了第十二届黑龙江省美术作品展览-获奖作品展，集中展示全省美术家和广大作者五年来的创作成绩。7月9日，展览在哈尔滨制药厂美术馆举行。第十二届全国美展专家组组长中国美协副主席韦尔申、吴为山，著名画家李宝林等11人专程赶来参加开幕式。黑龙江省政府副省长孙东生、省委宣传部副部长赵德信、省文联主席傅道彬等出席。共有542件作品参展，包括102件选送到十二届全国美展参选作品。囊括中国画、油画、版画、水彩粉画、雕塑、年画、连环画、插图、漫画、漆画、壁画、综合材料、艺术设计等美术门类，全面反映出黑龙江省美术事业蓬勃发展的新成就。

【惠民文艺志愿服务活动】

为纪念毛泽东同志《在延安文艺座谈会上的讲话》发表72周年，牢固树立“以人民为中心”的创作导向，始终坚持“文艺惠民、文艺为民、文艺乐民”的文艺志愿服务宗旨，紧紧围绕“中国文艺志愿者服务日”设立的契机，5月23日，纪念毛泽东同志《在延安文艺座谈会上的讲话》发表72周年——黑龙江省文联文艺志愿者走进振兴社区慰问演出举办。本次活动由黑龙江省文联主办，省文艺志愿者协会、省剧协、省摄协、省舞协、省民协、省杂协、省书协、北大荒文工团共同承办。文艺志愿者们走进哈尔滨振兴社区，倾情献艺，为社区居民献上了一场精彩的文艺演出，受到了社区群众的热烈欢迎和一致好评。

【祖国颂——庆祝建国65年全省警民书法美术摄影作品展】

为了庆祝建国65周年，活跃警营文化生活，展示公安文化建设成果，省公安厅与省文联于2014年3月决定联合举办“祖国颂——庆祝建国65年全省警民书法美术摄影作品展”。在各地公安机关认真组织推荐和社会作者积极参与下，共收到各类作品一千余件。经省文联组织省书法家协会、省美术家协会、省摄影家协会的专家对作品进行认真评选，共评选出获奖作品256件。9月15日，由“祖国颂——庆祝建国65年全省警民书法美术摄影作品展”在哈尔滨举办。展览分为书法、美术、摄影三个展区，参展作品中书法类作品约100件，美术类作品约65件，摄影类作品约100件，公安民警的作品约占展出总量的80%左右。参展作品充分展示了龙江公安文化特色、龙江社会生活和风土人情，有着浓郁的公安文化特色和强烈的时代精神。

【文艺志愿服务】

12月5日，国际志愿者服务日前后，省文联广泛动员全省广大文艺工作者投身文艺志愿服务，深入人民、深入生活。12月5日，省文联组织文艺志愿者送书法和摄影艺术到革命老区尚志市帽儿山镇大房子村。书法家们挥毫泼墨，为村民题写对联、福字、寿字、吉祥语、家风家训等。摄影艺术家们向当地群众赠送了优秀摄影作品和摄影作品集，并走访多个村民家庭，为他们拍摄肖像、全家福。艺术家们还进行了现场辅导与培训。当地的书法和摄影爱好者纷纷拿出自己的作品，请参加此次活动的艺术家们点评、指导。通过此次活动，当地群众得到了艺术家们的作品，增强了对艺术的兴趣，同时也提升了当地艺术爱好者们的技艺和水平。

获奖情况

在2014年，黑龙江省艺术创作成果喜人，由省各文艺家协会组织推荐的作品、节目获得289项国家级奖项。

其中，在第十二届全国美术作品展览中国美术奖•创作奖评奖中，黑龙江省美术家刘德才的作品荣获金奖，这是黑龙江省美术家自1984年后再次荣获桂冠。同时，黑龙江省有6件作品获奖。在“多彩中国梦——2014中国百家金陵画展（中国画）”和“中国百家金陵画展十年获奖作品展”中，画家王斌以《查干湖之冬》获得金奖。

在第五届中国舞蹈节•第九届中国舞蹈“荷花奖”当代舞、现代舞比赛中，历史题材群舞《松花江上》获银奖；现实题材双人舞《继母》荣获十佳作品奖。在“2014全国连厢舞邀请赛”中，齐齐哈尔库勒村满族花棍秧歌舞捧回金牌。

在中国电视艺术家协会主办的“全国卫视边疆行——云南临沧大型采访节目评奖”活动中，黑龙江省视协参与创作的《白云深处有人家》荣获一等奖。

在第九届中国音乐金钟奖评选中，黑龙江省取得突破性的成绩，共有4人获奖。

省书协推荐的作品在全国各项大展中入展人数55人，在全国名列前茅。

文理室推荐的论文在中国文联文艺评论奖中荣获二等奖。

《章回小说》连续6年蝉联进入国家新闻出版总署和黑龙江省“农家书屋”重点报刊推荐目录。

创作与研究

【第十三届东北三省戏剧理论研讨会】

由东北三省文联、东北三省戏剧家协会主办的第十三届东北三省戏剧理论研讨会于6月12日在辽宁省大连市召开。研讨会对戏剧小品的现状及发展进行了充分交流。鹤岗市创作评论研究室杨雅梅、省农垦总局宝泉岭分局于量代表黑龙江省发言，杨雅梅从戏剧理论角度探讨了小品未来的发展；于量作为资深编剧，结合自己的创作经历畅谈了关于行业戏的创作问题。研讨会近百篇戏剧理论、评论文章参与评奖。经评选，我省有10篇文章荣获研讨会一等奖，6篇文章荣获二等奖。

【孙维本摄影作品集《人类家园》出版研讨会召开】

6月25日，孙维本同志摄影作品集《人类家园》出版研讨会在哈尔滨召开。原黑龙江省委书记、省摄协名誉主席孙维本，省文联有关领导及各地市、各行业摄协主席、摄影家、摄影爱好者参加研讨会。《人类家园》是由中国摄影出版社出版，以人类生态为主题的大型摄影作品集，是一部生动形象的生态环保作品，也是一部意韵厚重的摄影艺术品。与会的摄影评论家、学者先后发言，一致认为，《人类家园》是一部题材重大，立意深刻，有极强视觉冲击力和艺术感染力的上乘佳作。《人类家园》的出版其意义远远超出了一部摄影作品集的价值，是当代摄影家、当代人类社会对人与自然关系的一种觉悟、一种品位、一种热切的期望和美好。

【“传承·创新——赖少其艺术回顾（黑龙江）展暨学术研讨会”举办】

7月18日，“传承•创新——赖少其艺术回顾（黑龙江）展暨学术研讨会”在黑龙江省美术馆举办。赖少其是中国新兴版画运动的开拓者和奠基人之一，二十世纪三四十年代，积极投身于鲁迅倡导的新兴版画运动，1959年后长期担任安徽省文艺界主要领导，成为“徽派版画”和“新安画派”的重要继承者和发扬者。在此期间，创作出一批具有“中国新徽派美术”特色的大幅版画作品。1986年回归故里，古稀之年仍然在国画艺术的道路上寻求新的突破。本次展览共展出赖少其的140件作品。展览持续到8月18日。配合此次展览，龙江美术讲堂还为公众准备了一堂亲子活动的公共课：“传承•创新——美术馆亲子夏令营”。

【“赵长青诗歌作品研讨会”召开】

“赵长青诗歌作品研讨会”于8月10日在哈尔滨召开。与会的有学者、文学评论家黄益庸、周蒙、曲胜德、王端阳、王宏波、张智深。词人、诗人邢赖（女）、冯晏（女）、陈太灸、马如营、李光照（女）等。与会者发言踊跃，对赵长青的文品人品诗品给予高度评价，一致认为赵长青人格高尚，注重思想修养，诗歌作品成就斐然，为人民代言，唱响时代主旋律。诗歌歌颂民族伟大复兴的“中国梦”，以强烈的思想性、艺术性、时代性相统一的艺术诗风，感染着读者的心灵。研讨会赞赏“赵长青诗风”，提倡积极向上，具有高雅艺术品位的新诗歌作品。倡议当代诗坛继承发扬中华文化传统，百花绽放，让诗歌走出书斋，走向大众，贴近生活。赵长青本人出席研讨会，并致感谢词。

【《黑龙江省摄影史》工作座谈会召开】

9月11日，由黑龙江省摄影家协会与齐齐哈尔大学共同编写《黑龙江省摄影史》工作座谈会，在齐齐哈尔大学召开。出席座谈会的有中国摄协副主席、黑龙江省摄协主席，齐齐哈尔大学党组书记等有关领导，以及齐齐哈尔大学各大学院院长、摄影界、新闻界的学者和嘉宾。与会者一致认为，撰写《黑龙江省摄影史》是黑龙江省摄影界、黑龙江文化界的一件大喜事，填补摄影界历史史料的空白。《黑龙江省摄影史》已经初具框架，编写计划方案、研究工作等各个方面都已经准备就绪，希望全省的摄影家、艺术家都主动积极的投入到这项事业上。

【《黑龙江民间工艺百家典藏》出版发行】

5月，黑龙江省民间文艺家协会编写的《保护弘扬龙江非物质文化遗产丛书——黑龙江民间工艺百家典藏》由黑龙江美术出版社出版发行。黑龙江是多民族聚居地区，孕育产生了丰富多彩的民间工艺美术。为了全面展现龙江民间工艺，省民间文艺家协会评选出近百位工艺名家、百余类工艺名品，经历两年多的整理、编辑，汇成《保护弘扬龙江非物质文化遗产丛书——黑龙江民间工艺百家典藏》。全书共六万余字，收录图片一千八百余辐。内容丰富、图文并茂，介绍了生活在黑龙江省的民间工艺名家的简要生平、艺术成就，梳理了各个民间工艺品种的历史源流，概括其艺术特征和文化价值，力求形成黑龙江省民间工艺的全景式描述。

对外及对港澳台地区文化交流

【“我们的土地·我们的身体——澳大利亚土著艺术展”】

4月22日至5月3日，“我们的土地•我们的身体——澳大利亚土著艺术展”在黑龙江省美术馆展出。本次展览由黑龙江省美术馆、澳大利亚沃伯顿艺术社区主办。展出92件作品，包括绘画、影像、摄影等多种艺术类型。这一展览是澳大利亚在中国举办的澳大利亚文化年“想象澳大利亚”的重要部分，已经连续展出了三年之久，是继上海、南京、杭州等城市之后的第十四站。展览全面地呈现了澳大利亚原住民的文化世界，让观者充分体会别样的文化氛围。此次参展的艺术家是来自澳大利亚的原住民，在自己家庭式的空间中进行创作，构造出属于他们的艺术意义和艺术重要性。省美术馆还举办了两次公共教育活动。主讲均为沃伯顿艺术计划策展人盖瑞•帕罗克特，为观众讲解并进行互动。

【风景的变换——英国当代铜版画名家邀请展】

5月14日至6月14日，由黑龙江省美术馆主办的“风景的变换——英国当代铜版画名家邀请展”在黑龙江省美术馆开幕。展览展出了英国著名版画家约翰•普雷斯顿、珍妮•桑德名家版画作品71幅。约翰•普雷斯顿从1980年开始铜版创作，多次参加国际展览并获奖。作品力图捕捉当时的气氛。约翰•普雷斯顿创作的版画没有固定的草图，而是随着版上的变化而变化并逐渐成熟。珍妮•桑德擅长铜版，尤其擅长于表现古老的城市和原始的自然风景区。自2004年至今，多次参加英国年度展并举办个展。为了更为直观地展示版画家的艺术历程，参展画家约翰•普雷斯顿向大家分享了他的艺术经历，并与黑龙江版画家们展开互动交流。

【2014第三届中俄画家俄罗斯站—贝加尔湖写生活动】

9月，由黑龙江省美术家协会和俄罗斯哈巴罗夫斯克美术家协会共同举办的“2014第三届中俄画家俄罗斯站—贝加尔湖写生活动”如期举行。中俄双方共有十余位油画家参加了此次为期十天的写生活动。贝加尔湖的风光激发了画家们的创作灵感。俄罗斯画家们的作品体现了浓郁纯正的俄罗斯油画风貌，黑龙江省油画家则展现了各自不同的风格。这项活动是黑龙江省与哈巴边区美协共同创办的两年一届的两国艺术家写生活动，也为两省、边区艺术家开阔眼界、深度交流、相互学习、增进友谊提供了一个良好的平台。

【2014黑龙江省・北海道国际交流美术展】

10月23日，由黑龙江省美术馆、北海道文化团体协议会主办的“2014黑龙江省•北海道国际交流美术展”在黑龙江省美术馆开幕。日方代表阿部典英、西田阳二、波田浩司、铃木秀明、下沢敏也、李铁君，黑龙江省美术馆馆长张玉杰、中方策展人田卫平及参展艺术家参加了开幕式。

机关建设

【集中开展“四风”问题专项整治工作】

针对省委确定的7个专项整治项目及“会所中的歪风”、干部“吃空饷”等问题集中进行专项治理。对做好中央八项规定和省委省政府九项规定执行贯彻情况进行自检自查，对存在的问题做到及时发现及时处理。继续完善制度体系，抓好“除四风”活动的整改落实。目前，省文联已经建立健全各项规章制度共四大类，涵盖党务建设、人事管理、行政管理、业务开展等各个方面，全方位的规范文联各级职工的工作行为。

【强化思想政治理论学习】

着力建设学习型、发展型、开放型、服务型、和谐型的“五型文联”机关，着力加强思想政治理论学习。采取召开中心组（扩大）会议和观看电教片等形式，共组织10次、6个主题的集中学习。继续办好“文联大讲堂”，倡导文联工作者“一人一艺”。抓好党员的经常性教育，观看影片《焦裕禄》和《农民的儿子——于海河》，在广大党员中组织开展加强理想信念、党性修养的集中教育。组织全体党员干部观看电视专题片《在回归中前行——甘南现象解读》。组织全体党员干部学习《五大规划》及党建知识，参加全省网上测试答题。组织学习习近平总书记系列重要讲话精神。通过播放电教片的方式，历时一个月，分5讲学习了中共黑龙江省省委书记王宪魁、省政府省长陆昊等五位领导对习近平总书记系列讲话精神的解读。省文联主席傅道彬、党组成员、副主席计世伟、张戈带领机关全体干部以及直属事业单位处级以上领导干部共计47人参加了培训学习。组织学习《党政领导干部选拔任用工作条例》，进行全面深入的解读，要求文联系统全体党员要准确把握新《条例》的主要精神，牢牢把握新时期好干部标准，牢牢把握深化干部人事制度改革的基本要求，牢牢把握党要管党、从严治党的要求。专题学习十八届四中全会精神，深刻把握十八届四中全会精神的重大意义和重要论断，增强做好文艺工作和文联工作的责任感使命感，把十八届四中全会精神落实到工作当中去。专题传达学习习近平总书记在10月15日召开的文艺工作座谈会上的重要讲话精神，使文联广大党员干部充分认识到学习好、宣传好、贯彻好、落实好总书记的重要讲话，是当前和今后一个时期文艺界以及广大文艺工作者的重大政治任务，是指导我们做好当前和今后一个时期文艺工作和文联工作的行动纲领。

【积极参与各类“创先争优”活动】

继续申报2014年度省直机关先进职工之家。

在取得2012年度省直机关先进职工之家的基础上，继续改善办公环境，努力营造良好的工作氛围。在2014年底，顺利完成了省直工委对文联的检查。在省直工委组织的各类评优工作中，一人获得省直机关“五一巾帼奖”，二人获得省直机关工委优秀共产党员称号，一人获得省直机关工委优秀党务工作者称号，一人获得省直机关工委先进工会积极分子称号，一人获得省直机关工委先进工会工作者称号。

直属单位

【文理室暨《文艺评论》编辑部】

文理室完成了两项中国文联理论研究室的调研报告，上报了《文艺人才队伍建设情况报告》和《关于开展文艺理论评论工作情况的调研报告》。《文艺评论》全年正常出刊12期，单双月刊合计共发表论文近五百篇，二百五十余万字。加强全国核心期刊《文艺评论》的阵地作用，以阵地出精品。每年至少以两个月的版面，设立专栏推出专题，加强精品创作。一方面把研究的目光投向社会实践中的热点、焦点、难点问题，另一方面要坚持主流文化的宣传、引导和提高的宗旨。

【黑龙江省美术馆】

3月10日，主办“隐喻的风景—周利群绘画作品巡展”，并举办了“龙江美术讲堂：艺境——水彩艺术漫谈”公益讲座。4月3日至15日，主办“翻山道情——纪念黄公望逝世660周年常熟美术馆藏山水画展”。黄公望是“元四家”之一，作品《富春山居图》开创了浅绛淡彩风格的山水画风。5月9日至31日，举办“深圳水彩画双年展”，得到了国际水彩画界的广泛关注，共收到了来自54个国家与地区的2825件作品参选。6月6日至30日，举办“拙朴风骨——尚连璧画展”。尚连璧是当代优秀中国画家，开创大写意花鸟和山水画并驾齐驱的格局。7月3日至13日，“熔铸再造——相见迟书画作品展”在黑龙江省美术馆展出。相见迟，本名张健池，现任美国富国银行投资总监，以商养艺，打开一方艺术天地。8月22日至9月12日，承办“大山回响——李宝林、陈雅丹、李九红回乡画展”。9月15日，“艺道可观——陈其和从艺40年学术回顾展”在黑龙江省美术馆举办。9月16日，举办“无为至乐——陈宗麟意象作品展”。11月10日至12月10日，“2014年全国美术馆馆藏精品展出季项目”：“人迹板桥霜——黑龙江省美术馆馆藏颜仲艺术文献展”在省美术馆展出。颜仲先生是我国文化名人木刻肖像创作的集大成者，展览除木刻作品以外其他作品及实物均为首次展出。开展当日，同步举办了“龙江美术讲堂：画说美术馆”，展览期间省美术馆还陆续举办了多场“龙江美术讲堂”系列公共教育活动。12月20日至2月28日，“路德维希的艺术课——中国美术馆馆藏作品巡展•黑龙江”展出。彼得•路德维希是享誉世界的德国艺术收藏家。1996年，路德维希夫妇捐赠了89件117幅国际艺术作品给中国美术馆。其中包括毕加索在内的很多具有世界影响的艺术家的作品。此次展览从中精选出41件，在黑龙江省美术馆52年的建设发展历程中尚属首次。12月23日，省美术馆组织艺术家赴绥棱进行志愿服务活动，为绥棱人民送去了“人迹板桥霜——黑龙江省美术馆馆藏颜仲艺术文献展”。

【《章回小说》杂志社】

编辑、出版《章回小说》上旬刊·文学版、中旬刊·看小说版、下旬刊•最推理版，共36期，计720万字。申办增刊号，出版了“淘漫画小说”两期。加强了“黑龙江文府章回小说文化公司书刊部”，经营书刊零售业务，增加创收。解决刊社编辑发行人员力量不足的现状，面向社会招聘合同制职工。筹备开办网络数字手机版业务，扩大网络读者群体，拓宽发行及阅读平台，为刊物由传统出版向数字化转型平稳过渡。举办第五届“订章回小说，中现金大奖”活动。经全球中文电子期刊协会认证，2014年《章回小说》在龙源网三千种期刊网络传媒中，荣晋TOP100中国联通阅读第3名。经数字报刊发行博看网评定，入选“最具影响力百强期刊”。

各文艺家协会

【美术家协会】

1月20日，省美协送美术下基层活动在肇东昌五镇农民画创作基地举办。美术家现场创作多幅作品，与基层美术爱好者认真交流。3月28日，举办美术史论家王维芳先生追思会。纪念王维芳为中国水彩画理论研究做出的重要贡献。举办“第十二届黑龙江省美术作品展览”暨选送作品参加“第十二届全国美术作品展览”。为了办好展览，省美协克服困难，投入大量人力物力，确保了展览的顺利进行。7月18日，举办第十二届黑龙江省美术作品展览-环境设计作品展。8月18日，省美协组织部分十二届省美展获奖作者和志愿者奔赴大庆举办了为期四天的志愿服务活动。9月26日，开展“牵手国寿 成就未来”第四届少儿绘画省级评选活动，共征集22257幅少儿绘画作品参与评审展出。省美协与黑龙江工程学院共同举办第一届油画作品展。主办2014中国•哈尔滨青年文化博览会•书画艺术展。参与举办第三届全省人大代表、政协委员庆祝建国65周年书画评比展。参与主办庆祝中华人民共和国成立65周年黑龙江省集邮美术书法展。参与主办“拙朴风骨——尚连璧画展”、“笔墨韵动——吴龙春作品巡展（深圳）”、“2014哈尔滨张翔得•台湾彭坤炎当代艺术联展”等活动。12月11日、12日省美术家协会组织艺术家赴大庆油田进行志愿服务活动。

【书法家协会】

5月23日至27日，在大庆市举办黑龙江省书法骨干创作培训班，邀请书法名家主讲。6月6日至8日，在牡丹江市举办“迎接全国第十届刻字艺术展培训班”，来自全省各地的书刻学员60余人参加了学习。10月10日，“龙江书刻”创作基地授牌仪式暨“匠心镂月”——牡丹江市第四届刻字艺术展在黑龙江幼儿师范高等专科学校举行。省文联、省书协领导为黑龙江幼儿师范高等专科学校授予“龙江书刻”创作基地牌匾。11月20日主办“黑龙江省第七届新人新作书法展”。新人新作书法展是省书协两年一届的重要展览活动，是全省书法新人新作的又一次集中展示，为培养、鼓励、发现书法新人，提供了一个平台。12月26日，组织书法家走进黑龙江省边防总队训练基地，开展了笔会交流采风慰问活动。

【摄影家协会】

6月25日，主办“黑龙江省摄影家协会成立50年摄影精品展暨第25届黑龙江省摄影艺术展”。省级已退休领导、省委宣传部、省文联主要领导、省摄协主席团成员、全省各地市摄协主要负责人、会员、摄影爱好者近千人出席开幕式。展览共展出摄影作品500余幅，荟萃了黑龙江省50年光影艺苑的精品。精品展分别于8月、9月在齐齐哈尔、大庆巡展，受到影友们的一致好评。精心组织黑龙江省冰雪摄影作品参加俄罗斯交流展，台湾摄影协会年展。选送作品参加“北京国际摄影周2014”，《冰雪神韵》摄影专题展览在主展区展出，作品120幅。联手网站“光影视界”，共同举办“龙江之冬”摄影大赛。联合齐齐哈尔大学，共同编撰《黑龙江省摄影史》。承办《留存历史 成就梦想 创新未来》——“邀你走进香坊摄影周”为主题的摄影活动。主办“鑫锚门业杯”龙江之冬摄影大赛。

【戏剧家协会】

成立了黑龙江省“小梅花”戏剧培训中心，7月8日开始授课。目前中心拥有一间排练厅、三间独立教室。聘请省直专业戏剧院团的多位国家一级演员带班传艺。目前成人班开设程派、梅派、马派京剧班；青少儿班开设荀派京剧班。中心还在历届小梅大赛、票友大赛中选拔人才成立“小梅花”艺术团，以演代练。5月9日至11日，举办黑龙江省戏剧大赛暨第十四届“小梅花奖”评选，大赛共有200多名选手参赛。6月10日至13日，参与举办东北三省戏剧小品大赛，黑龙江省有12个小品入选决赛。6月20日至22日，举办黑龙江省戏剧大赛暨第三届名家名票评选活动。8月10日至14日，参加举办首届东北“天马时代广场杯”评剧票友大赛，黑龙江省有10名票友入选决赛，姜淑云、左树臣获“十大名票”称号。从黑龙江省小梅花奖评选的获奖选手中选拔推荐6名选手参加第十八届“中国少儿戏曲小梅花荟萃”活动，8月在江苏泰州的决赛中，张明昊获小梅花“金花”称号，另有二人获“银花”称号。推荐9名票友参加第十二届“和平杯”中国京剧票友邀请赛，有3名选手获中国京剧“优秀票友”称号。推荐省艺校话剧《师爱芬芳》参加第四届中国校园戏剧节，夺得“中国戏剧奖暨校园戏剧优秀剧目奖”，主演张梦瑶荣获专业组“校园戏剧之星奖”。

【曲艺家协会】

6月1日至3日，参加举办“铁岭新城杯”中国•铁岭首届东北二人转邀请赛。共有来自东北三省的4支参赛代表队60多名演职人员参赛。本次大赛评委会聘请中国曲协主席、著名相声表演艺术家姜昆，著名表演艺术家赵本山担任总监评，中国曲协副主席崔凯等担任评委会主任。马力、黄晓娟、闫学晶、闫淑萍、孙静波等11人担评委。黑龙江省二人转演员孙晓凤荣获本次大赛大奖，黑龙江省崔景文、毕海燕、赵晓君荣获一等奖，徐海燕等6人荣获二等奖，石文良等荣获伴奏一等奖。在比赛的同时，还举办了两场文化惠民演出。6月3日，众专家齐聚一堂，就二人转艺术生存和发展问题进行研讨。

【舞蹈家协会】

9月20日至26日，在大庆举办了第二届东北地区电视舞蹈大赛。本次大赛由黑吉辽三省舞蹈家协会承办，进入决赛的节目为121个，演员3000余人。决赛分为国际标准舞、少儿、群文中老年、群文青年、专业院校、专业院团六个组别进行。大赛共评出金奖38个，民族舞蹈传承金奖2个。中国文联副主席赵化勇，中国舞蹈家协会分党组书记、驻会副主席兼秘书长罗斌，中共黑龙江省委宣传部副部长张翔、吉林省文联党组书记尹爱群等出席了颁奖典礼。本届大赛全程市场化、过程网络化、比赛全民化。

【音乐家协会】

2月7日至11日，在哈尔滨市举办2014年东北地区钢琴、双排键师资培训系列活动。4月14日，在哈尔滨举办第五期中国音协音乐听力考级培训教程（三级）教师培训。4月22日，在齐齐哈尔市举办第五期（二批）中国音协音乐听力考级培训教程（一、二级）教师培训。5月，举办第八届黑龙江省音乐大赛。6月16日，举办“中国梦”腾飞龙江歌词作品征集评选活动。7月《北方音乐》年初更换执行主编，聘任段艳文为执行主编。随着刊物发行量的增加，《北方音乐》于7月份开始按半月刊出版。7月19日，举办第五届黑龙江省小提琴、中提琴比赛。7月24日，在齐齐哈尔举办“北大仓杯”第三届东北三省合唱节。7月22日，在哈尔滨道里区人民广场举办了葫芦丝、巴乌专场演出。7月26日至8月6日，开展中国音乐家协会音乐考级黑龙江考区的考级工作。考级工作立足哈尔滨，已辐射至十个市、近百个县，建立了十一个考区，几乎覆盖了黑龙江全省。考生人数接近9000人，比去年增长330人。8月12日，黑龙江省1141名葫芦丝爱好者在哈尔滨市人民广场挑战吉尼斯世界纪录成功，同奏《金孔雀轻轻跳》、《婚事》两首乐曲。活动由省音协葫芦丝、巴乌委员会发起。9月19日至21日，第九届金钟奖合唱比赛在苏州举行。此项赛事每两年举办一次，是国内层次、水平最高，影响力最大的音乐赛事。黑龙江音协推荐的齐齐哈尔大学合唱团进入决赛。12月4日，天津市音协与黑龙江音协进行了音乐座谈交流活动。12月9日，第29个国际志愿者日前后，集中开展“到人民中去”音乐志愿服务系列活动——乡村音乐工程。3名专家前往哈尔滨市阿城区亚沟镇亚沟小学，为学生送去了生动的音乐课，省音协还向学生们赠送了音乐器材。12月22日，在哈尔滨举办“为时代放歌”黑龙江省第八届迎新年合唱音乐会，有14个合唱团参加了演出。

【电视艺术家协会】

6月10日至15日，宁夏回族自治区文联副主席胡建国带队对黑龙江省电视艺术家协会青少年播音主持考级基地、播音主持艺考教育基地开展了专项交流学习。11月14日至16日，在齐齐哈尔举办“中国梦·龙江梦”全省微电影评奖，有192件作品参评。11月23日，在第六届海峡两岸电视主持新人大赛中，黑龙江视协选送的参赛选手杨春君荣获大赛银奖。11月25日至12月7日，举办第二届全省高校播音主持新人选拔赛暨校园金话筒电视大赛，这是对接华东及全国部分省市电视主持人大赛、中国海峡两岸电视主持新人大赛等全国赛事而举办的全省活动。12月8日启动了“到人民中去—电视艺术工作者深入基层·扎根人民系列公益活动”项目，邀请了中国电视金鹰奖、全国校园金话筒评委朱可欣围绕播音主持教学，并进行了广泛深入的探讨和互动。

【民间文艺家协会】

习近平总书记在2013年12月召开的全国城镇化工作会议上提出：“要让居民望得见山、看得见水、记得住乡愁”。为了落实习近平总书记的指示精神，中国民协于2014年6月启动了中国传统村落立档调查项目，黑龙江省有3座村落列入“中国传统村落”名录，分别为：齐齐哈尔市富裕县友谊达斡尔族满族柯尔克孜族乡宁年村富宁屯、友谊县达斡尔族满族柯尔克孜族乡三家子村、黑河市爱辉区新生乡新生村。7月7日至9日，由黑龙江省文联副主席计世伟率队，省民协成立专门的考察小组前往富宁、三家子两村，开展实地踏查。考察小组访问文化传承人，拍摄大量照片，掌握第一手资料，为进一步进行立档调查做好了充分准备。6月30日至7月4日，首届哈尔滨对俄文化艺术博览会暨第十五届哈尔滨民间民俗艺术博览会在哈尔滨市成功举办。今年的“哈博会”适逢中俄博览年，同步举办了首届对俄文化艺术博览会，着力在对俄宣传和文化交流上实现新突破。俄罗斯克拉斯诺达尔市市长，俄中友好协会及俄罗斯画家代表团等俄方嘉宾，省委宣传部、省文联、哈尔滨市委宣传部领导参观了展会。本届“哈博会”在三个方面有所突破，进一步扩大了规模，优秀作品佳作显著增多，革新了展会形式。

【电影家协会】

6月至10月，省影协与中共黑龙江省委宣传部、省文化厅、省电视台共同开展了“全民电影•映像青春”黑龙江赛区选拔赛暨2014年黑龙江青少年微电影大赛优秀作品展映工作。共征集包括故事片、纪实片、公益宣传片等多个类型的微电影作品210余部，题材内容涉及青春、梦想、创业、情感等多方面。经过专家评审、网络投票，最终30部作品分获金、银、铜奖和单项奖。

【企业文联】

中国文联于8月至11月举办“情系中国梦—庆祝新中国成立65周年全国产（行）业文联展演活动”。黑龙江省企业文联根据相关要求，共组织选送优秀作品149件。经大赛活动组委会评选，荣获5个最佳作品奖。7月20日，举办“中国梦•少年梦”黑龙江省首届少儿绘画、书法大赛，面向全省幼儿园、小学、初中学生。大赛组委会精心设计活动，让小选手和家长们共同参与其中。大赛设立“优艺学院”，在暑假期间，企业文联组织优艺课堂写生活动共计20余堂。在国际志愿者日前后，参与组织艺术团志愿者们组成文艺家慰问演出团，来到齐齐哈尔热力集团，进行了慰问演出。艺术家们为集团职工奉献了京剧、乐器演奏、曲艺小品、魔术、书法展示等文艺节目。

【杂技家协会】

5月8日，启动魔术艺术家进校园“魔幻之旅”系列活动。活动由黑龙江省杂技家协会、黑龙江大学学生社团联合会主办。活动期间，邀请专业魔术师为大学生奉献了精彩的演出，举办了魔术讲座。8月12日，主办黑龙江省杂技大赛第三届杂技作品评奖，参赛作品共46件，评出节目类金奖3名，单项奖一等奖14名，二等奖17名，三等奖12名。

上海市文联

综　述

2014年，在党的十八大精神和全国文艺工作座谈会精神的指引下，在市委、市委宣传部的正确领导下，上海市文联以“凝聚共识、深化联系、丰富载体、分类服务”为主线，扎实推进各项任务，取得了新进步。

坚持社会主义核心价值观导向，倡导文艺工作者唱响时代主旋律。在文联党组、党员、主席团、文艺家协会等不同层面召开学习座谈会，认真传达学习习近平总书记系列讲话精神,在上海文艺界营造了昂扬向上的积极氛围。组织举办“上海文艺界践行社会主义核心价值观‘提高道德修养·弘扬社会正气’座谈会”，号召全市广大文艺工作者传播先进文化，弘扬社会正气。积极配合做好奖项评选的各项筹备工作，为活动的顺利举办发挥了重要的推动作用。元旦至2月中旬，组织艺术家和文艺工作者1700余人次，开展“我的中国梦”文艺进万家系列活动40余项110多场。开展“中国梦”主题文艺创作活动并取得丰硕成果，为凝聚实现中国梦的时代正能量贡献了力量。

精心筹备、有序开展，专业艺术活动质量进一步提升。在社会主义核心价值观的指导下，第24届上海白玉兰戏剧表演艺术奖评选、第31届上海之春国际音乐节彰显了繁荣上海文艺、培养文艺人才的积极作用；第四届中国校园戏剧节、2013上海设计艺术展、2014上海国际摄影节和第四届世界华人收藏家大会受到舆论积极评价，为上海城市文化增添了光彩。在“一会一品”倡导下形成的一批协会标志性活动创新发展，有效活跃了各艺术领域的创作氛围；80余场流派、作品、优秀人才研讨、沙龙、座谈等文艺评论活动，积极助推文艺创作繁荣；组织优秀作品和文艺家跨越地域、走出国门，向国际国内同行展示上海文艺作品和上海文艺家的风采。

科学指导、分类服务，提高为文艺界服务的质量和水平。承办市委宣传部、中国文联主办的中青年文艺家研修班，以朗读会、创作笔会、展演、展览、专场、座谈会等多种形式，为优秀文艺人才的培养、中青年文艺家的展示、交流提供平台；组织推荐优秀作品参加中国文联及全国协会举办的文艺评奖、艺术赛事，努力发挥评奖表彰对促进人才成长的作用；组织艺术家前往各省市及上海区县开展采风活动，为文艺工作者深入生活、深入人民创造条件；发挥《上海采风》、《上海戏剧》、上海文艺网、上海音像出版社的阵地作用，对文艺大家、文艺名家和文艺新秀进行宣传报道，帮助扩大社会影响。全年走访慰问艺术家600余人次，使节假日慰问和平时探望，成为倾听艺术家心声、征询艺术家意见、传递党和政府关怀的重要手段；举办老艺术家艺术成就研讨、座谈，纪念、追思活动，拍摄制作《文联名家谈艺录》，编辑出版《海上谈艺录》，在文艺界营造了敬老崇文的良好氛围。组织近百位艺术家开展一系列文化惠民和文艺志愿活动，在普及文艺知识的同时，扩大了艺术家的社会影响力,提升了艺术家的社会使命感；分别以专业与群文，专业与教育相结合的方式，不断深化公共文化配送的惠民内涵。一年一度的“绿色通道”、艺术专业技术水平认定工作和维权服务项目，继续为人才引进和创业发展提供强有力的保障；各专家协会将工作触角延伸至文艺“海漂”，帮助优秀文艺“海漂”成长为文艺海派。

加强建设、夯实基础，努力打造温馨和谐的文艺家之家。按照发扬民主、统一思想的要求，顺利完成音协、曲协、舞协、译协换届工作。组织对区县文联及行业文联的考察调研，推动成立了普陀、金山2家区县文联，文联的组织网络覆盖面进一步扩大。文艺活动中心改扩建项目稳步推进，1号楼装修工程也接近尾声。

上海市文联实行团体会员制。至2014年底，有团体会员14家，各协会会员总数约18405人。

会议与活动

【当代中国戏剧现状与发展论坛】

3月21日上午，由中国剧协、上海市文联、静安区政府等主办，上海市剧协、静安区文化局等承办的“当代中国戏剧现状与发展论坛”在沪举行。中国剧协主席尚长荣，中国剧协分党组书记、驻会副主席季国平，上海市文联党组书记、专职副主席宋妍，中国剧协党组副书记、秘书长刘伟红，中国剧协副秘书长周光、崔伟，静安区区委常委、副区长邓小冬等出席。中国剧协主席团成员、中国剧协理事、各地剧协负责人以及相关媒体和沪上部分戏剧院团负责人等120余人参加。

会上，大家就人才培养、剧目创作对于院团和剧种乃至区域戏剧发展的重要作用；城市气质、区域文化特色对戏剧发展的影响；市场环境下，戏剧表演艺术的文化意义与商业价值的关系；传统戏曲文化传承、传播对弘扬社会主义核心价值观和扩大中华文化影响力的作用等议题展开了深入研讨。

【参与2014市民文化节】

3月23日，2014上海市民文化节拉开序幕，并按春、夏、秋、冬四个阶段推进。本届市民文化节推出公共文化资源配置系统升级版，建立三级配送体系，市民赛事围绕“听、说、读、写”四大系列展开，设计了中华经典诵读、传统知识大赛、演讲朗诵、沪语大会、相声大会、写作大赛、演奏大赛等项目，更加注重培养和提升市民的文化涵养。

市文联在春季活动中申报了4个类别、34个活动项目。还根据17个区县、203个社区文化活动中心的不同需求，“订制”符合各个区县现有基础和发展方向的艺术品类，指导市民文艺团队的创作和演出，助推形成“一区一品”、“一街一品”、“一村一品”。

【第24届上海白玉兰戏剧表演艺术奖】

第24届上海白玉兰戏剧表演艺术奖共有来自全国各地35个剧团的56台剧目、20个剧种87名优秀演员参评。经过评委三轮投票，产生了主角奖提名演员17名、配角奖提名演员9名；新人主角奖提名演员4名、新人配角奖提名演员4名；集体奖提名剧组1个。著名沪剧表演艺术家王盘声荣获本届“白玉兰”奖特殊贡献奖。

4月8日至10日，本届“白玉兰”奖颁奖系列活动举行，包括获奖演员展演、上海白玉兰戏剧论坛和颁奖典礼。

【第31届上海之春国际音乐节】

4月28日晚，第31届上海之春国际音乐节在上海大剧院开幕。著名指挥家曹鹏和青年舞蹈家吴虎生共同开启开幕装置。中国音协分党组书记、常务副主席徐沛东宣布开幕。市人大常委会副主任钟燕群、副市长翁铁慧、市政协副主席方惠萍、市政府副秘书长宗明、市委宣传部副部长陈东以及著名文艺家吕其明、朱践耳、施大畏、陆在易、凌桂明等出席开幕式。担纲本次开幕式演出的11位中、青年独奏、独唱音乐家皆是历届金钟奖各单项金奖获得者。

本届音乐节举办至5月18日，音乐和舞蹈等参演节目共计37台，另有展演类节目20台，5项赛事，1个论坛，2个“节中节”，8项群文活动等。来自十余个国家的乐队、音乐家、舞蹈家们纷纷登台献演。

【纪念杜宣诞辰100周年系列活动】

4月28日，在著名剧作家、散文家、诗人、国际文学活动家杜宣诞辰100周年之际，市文联、市对外文化交流协会、市作协、市剧协、上海鲁迅纪念馆、中国左翼作家联盟成立大会会址纪念馆、《文学报》社、东方卫视中心等单位共同举办系列纪念活动。市委宣传部副部长陈东，市文联党组书记、专职副主席宋妍，市作协党组书记、专职副主席汪澜，上海市对外文化交流协会党组副书记、副会长邓晓贤等领导出席活动并讲话。中国剧协主席、上海剧协主席尚长荣发来书面贺词。多位专家学者和杜宣同志生前同事友好等参加会议并发言。

当天上午，“杜宣诞辰100周年纪念会”和“难忘岁月——杜宣生平回顾展”在上海鲁迅纪念馆举行。下午，“杜宣作品朗读会”在中福会儿童艺术剧院马兰花剧场举办。著名表演艺术家们朗读杜宣创作的部分诗歌、散文片段，生动展现了这位革命文化老人的人生理想和艺术追求。

【《上海市志（1978—2010）》四卷编纂工作动员会】

5月14日，市文联召开《上海市志（1978—2010）》四卷编纂工作动员会。市文联专职副主席、秘书长沈文忠出席，并与参编的各协会秘书长作了研究和探讨。

上海市第二轮地方志修志已于2010年起全面展开准备工作。根据市方志办安排，市文联及相关8个协会承接《上海市志（1978—2010）》四个分卷的编纂工作，分别为《戏剧卷》（剧协承编）、《音乐·舞蹈卷》（音协、舞协承编）、《曲艺·杂技卷》（曲协、杂协承编）、《美术·书法·摄影卷》）（美协、书协、摄协承编），每卷80万字左右。

【“鉴古融今·推陈出新”昆剧《景阳钟》学术研讨会】

5月19日，由中国戏曲学会、市文联、上海文化发展基金会、上海戏曲艺术中心主办，市剧协、上海昆剧团承办的“鉴古融今·推陈出新——昆剧《景阳钟》学术研讨会”在沪举行。中国剧协主席、市剧协主席尚长荣，中国戏曲学会副会长、中国剧协顾问徐晓钟，中国剧协分党组书记、驻会副主席季国平，中国戏曲学会会长、中国剧协顾问薛若琳，市文联党组书记、专职副主席宋妍，上海文化发展基金会秘书长郦国义等领导和评论家龚和德等人以及艺术家蔡正仁、张静娴等主创人员共同展开研讨。

大家指出，该剧从被禁演到被改编成具有积极意义的好戏，对昆曲的传承和发展意义重大，希望将该剧打造成剧本改编和表演传承的典范、古典与当代审美结合的昆曲典范。

【2014上海国际摄影节暨上海第十二届国际摄影艺术展览】

10月13日，由市文联、市摄协主办的2014上海国际摄影节暨上海第十二届国际摄影艺术展览在主展区中华艺术宫启幕，同时在分展区上海国际航运中心、宝山美兰湖区域展出。

本届摄影节共收到52个国家，全国31个省、自治区、直辖市和港澳台地区的摄影者投稿共计57962幅。7月31日，2014上海国际摄影节邀请展进行遴选，评选出国外和国内作品共40件参加展览。

8月9日至11日，上海第十二届国际摄影艺术展览进行评选。评选分为艺术类、纪实类和商业类三个类别，来自包括中国在内的40多个国家和地区的作者共投稿4万余幅作品，经二十多位国内外知名摄影家评选，最终评选出三个大类的金、银、铜奖、评委推荐奖和入选作品600余幅。

除艺术展和邀请展外，本届摄影节另有三大项内容：一是由上海三位著名摄影评论家分别主持的“海上摄影论坛”；二是突出强调与市民的互动交流，以“致摄影”为主题，与观众展开多角度的互动；三是以“中国梦”为主题，在宝山美兰湖国际美术馆及十余个周边展馆开辟上海基层摄影团体主题会展等。

【第四届世界华人收藏家大会】

11月1日至4日，第四届世界华人收藏家大会在上海召开。

11月1日至2日，大会组织境外和外埠嘉宾参观了余德耀美术馆、龙美术馆、震旦博物馆、韩天衡美术馆，欣赏收藏家的私人藏品。11月3日上午，大会在上海国际会议中心开幕，并举行主题论坛。

本届大会主题为“收藏家的责任与素养”，论坛分三个专场，分别“大会主题专场”、“博物馆专场”和“收藏人物专场”。

全体大会上，上海博物馆馆长陈燮君宣读了《大会宣言》，倡议收藏家应以特有的热诚和道义担当使命，完善自我，引领收藏事业健康发展。

【第四届中国校园戏剧节】

11月3日至12日，由中国文联、教育部、上海市人民政府主办，中国戏剧家协会、上海市文联、上海市教育卫生工作委员会、上海市教育委员会、上海市剧协承办的第四届中国校园戏剧节在上海举办。

中国校园戏剧节每两年举办一次，以“中国梦·青春梦”为主题，在为期10天的时间里，来自全国22个省区市的33所高校的剧目（包括23台大戏和由10个短剧组成的2台短剧专场）登上校园戏剧节的舞台，戏剧节还邀请了罗马尼亚锡比乌大学演出话剧《四川好人》，举办了一次罗马尼亚戏剧工作坊活动，观众近两万人次。

11月12日晚，本届戏剧节在上戏剧院闭幕。清华大学的话剧《马兰花开》、上海视觉艺术学院的音乐剧《妈妈再爱我一次》分别领衔普通组和专业组的“优秀剧目奖”，曲妍、吴鹏等获得单项奖。中国剧协、上海剧协主席尚长荣，中国剧协分党组书记、驻会副主席季国平，市委宣传部副部长陈东、市文联党组书记、专职副主席宋妍及市教卫党委、市教委、市文广局等单位领导出席闭幕式并为学子们颁发了“中国戏剧奖·校园戏剧奖”各大奖项。颁奖仪式结束后，与会观众共同欣赏了上海歌剧院带来的音乐剧《国之当歌》。

【“心中的梦”诗歌征集大赛】

11月8日下午，由市文联、市作协、东方网联合主办，市民协等单位承办的“心中的梦——上海市诗歌征集大赛获奖作品朗诵会暨颁奖典礼”在上海图书馆举行。市作协副主席、大赛评委会主任赵丽宏宣读了获奖名单。市文联副主席、巡视员迟志刚，市作协党组副书记、秘书长马文运，市文联副主席、民协主席何承伟，东方网党委副书记金丹，上海图书馆副馆长何毅等为获奖者颁奖。梁波罗、陈少泽、俞洛生、刘广宁、方舟等沪上知名演员和主持人朗诵了获奖诗歌。

本次征集大赛于3月1日启动，共收到抒情诗、格律诗、民歌、童谣等诗歌作品1364首，最终选出56首获奖作品，其中袁雪蕾的抒情诗《所有梦想都开花》、钱雪冰的抒情诗《梦想的重量和形状》、洪昌庭的格律诗《沁园春·追梦长图经百春》获得一等奖，另外大赛还评出二等奖11首、三等奖14首、优秀奖28首，并将56首获奖作品编辑成书。

【第六届“上海文学艺术奖”颁奖典礼】

12月17日晚，由市委宣传部、市文广局主办，市文联等单位承办的第六届“上海文学艺术奖”颁奖典礼在上海大剧院举行。方增先、吕其明、陈佩秋、尚长荣、贺友直、草婴、徐中玉、徐玉兰、钱谷融、秦怡、舒巧、焦晃（按姓氏笔画排序）等12位老艺术家获“终身成就奖”，于本正、王安忆、陈少云、陆谷孙、李莉、周慧珺、施大畏、赵丽宏、奚美娟、黄蜀芹、蔡正仁、廖昌永（按姓氏笔画排序）等12位艺术家获“杰出贡献奖”。

本届评选于10月15日启动，采取组织推荐、个人推荐、本人自荐相结合的方式进行申报，共有458人参评，其中申报“终身成就奖”78人，申报“杰出贡献奖”226人，申报“青年文艺家培养计划”154人。获奖名单于12月10日揭晓，评选出文学、影视、音乐舞蹈、戏剧、美术五个领域的“终身成就奖”12人，“杰出贡献奖”12人，并产生“上海青年文艺家培养计划”入围名单。

时隔12年重启“上海文学艺术奖”评选，是上海贯彻落实习近平总书记文艺工作座谈会精神的重要举措，也是上海率先进行城市文艺“荣典制度”的一次积极探索，以此助推上海文化的发展。

对外文化交流

【韩国釜山艺术团体总联合会代表团访问市文联】

5月12日至17日，以韩国釜山艺术团体总联合会（以下简称艺总）会长、著名美术家宋泳明为团长的釜山艺总代表团一行6人对市文联进行交流访问，市文联主席施大畏，文联专职副主席、秘书长沈文忠，市音乐家协会主席陆在易，市舞蹈家协会主席凌桂明，市摄影家协会主席穆端正等代表市文联会见代表团。代表团成员还包括釜山艺总副会长、著名文学家郑英子、釜山音乐协会会长高贞华、釜山音乐协会副会长裴日焕、釜山摄影协会会长成相庆、釜山舞蹈协会常务副会长郑美淑等。

宾主双方对多年来的友好交流进行了回顾，并对今后的合作发展进行了热诚探讨。在沪期间，代表团先后观摩了“上海之春”国际音乐节演出，与上海音乐家交流切磋；参观了上海中华艺术宫，观摩馆内近期的美术、摄影等展览；并实地体验中国民俗风情，加深了对中国文化的了解。

【上海市文联戏剧家代表团出访克罗地亚、捷克】

9月24日至10月1日，以市文联党组书记、专职副主席宋妍为团长的上海市文联戏剧家代表团出访克罗地亚和捷克。代表团一行拜会了克罗地亚萨格勒布国际戏剧节和捷克布拉格之春国际音乐节，观摩了演出，考察了克罗地亚杜布罗夫尼克老城、捷克克鲁姆诺夫等世界文化遗产。

交流团此行大力推荐上海剧协团体会员单位上海昆剧团携经典剧目《牡丹亭》，为此剧参加2016年布拉格之春音乐节相关事宜进行了具体磋商。

【上海美术作品希腊展】

10月16日晚，上海美术作品希腊展在雅典美术学院开幕。中国驻希腊使馆文化专员张展、上海市美术家协会副主席兼秘书长陈琪、希腊美术家协会主席爱娃·梅拉、希腊美协国际关系部主任娜娜·洪塔以及中希各界友好人士、雅典美术学院师生等300余人出席开幕式。本次展览市美协组织精选了88位艺术家的中国画、油画、版画及水彩作品，参展画家中有享誉国内外的著名艺术家，也有上海美术界的中青年代表。

访问期间，代表团参观了雅典美术学院版画工作室和艺术图书馆，并与希腊艺术家进行交流；前往土耳其著名画家依克迈提的工作室观摩交流。

【上海艺术界青年代表团赴日本访问交流】

应全国友协和日中友好会馆的邀请，上海市文联下属各协会推荐了29位青年艺术家组成“上海艺术界青年代表团”，于10月14日至19日访问日本东京、京都等地，开展文化交流。

代表团10月14日下午抵达东京，与来自北京方面的30名青年艺术家代表汇合后，组成了“中国艺术界青年代表团”。访问期间，代表团与日本艺术家就传统艺术面临的困境与出路进行了热烈讨论，京沪两地艺术家们也开展了交流学习活动，同时为日方展示了精彩的节目片段。

此次交流活动是日本于2013年开始实施的“21世纪东亚青少年大交流计划”后续计划中的重要一环，旨在促进国际社会对日本社会、文化及价值观的了解。

文艺协会

【“情系上海”海内外著名书法家作品展暨论坛】

1月5日，由市文联、市书协主办的“情系上海”海内外著名书法家作品邀请展在上海图书馆拉开帷幕。市文联副主席、巡视员迟志刚，市文联副主席、市书协主席周志高，市书协副主席张淳、刘一闻、戴小京、徐正濂、张伟生、李静、宣家鑫、王国贤、晁玉奎及傅申等18位参展作者出席开幕式。周志高、傅申、迟志刚先后致辞。

开幕式后，抵沪参展作者与上海书法家进行了座谈交流。本次展览共展出作品60余件。

【纪念配音表演艺术家李梓追思会】

1月5日，著名配音表演艺术家李梓因病去世，享年84岁。3月6日，上海电影家协会与上海电影译制厂联合召开“纪念著名配音表演艺术家李梓追思会”。市文联专职副主席、秘书长沈文忠，影协常务副主席许朋乐，著名配音表演艺术家赵慎之、童自荣、刘广宁、程晓桦、孙渝烽、王建新，上影厂离休干部杨公敏、王苏江，译制厂现职人员狄菲菲、程玉珠，著名节目主持人刘家桢、王玮、郭易峰以及粉丝代表等60余人参与了本次活动。会议由上海电影译制厂副厂长、上海影协副主席刘风主持。

追思活动由2006年拍摄的《魅力人声》短片作为引子，高度概括了李梓同志的一生。

【“说说唱唱百姓乐”长三角地区曲艺展演活动】

1月7日下午，由市曲协、市群艺馆、嘉定区文广局、安亭镇人民政府共同主办的“说说唱唱百姓乐”长三角地区曲艺展演活动在嘉定区文化馆举行，拉开了曲协2014年惠民文化活动的序幕。

本次活动齐聚了江、浙、沪三地近年来创作的优秀曲艺作品，其中近半成作品是2013年度全国各类曲艺比赛的获奖作品，展现出了长三角各地区不同曲种的精彩风貌。

【“尼康在中国”2013视界摄影活动】

1月20日下午，“尼康在中国”2013视界摄影活动颁奖典礼暨闭幕式在上海举行。市文联副主席张元民、市摄协副主席陈海汶、尼康映像仪器销售（中国）有限公司市场部总监井川峪喜等出席典礼并为获奖者颁奖。

此次摄影活动由市摄协、尼康映像仪器销售(中国)有限公司等主办，《上海摄影》杂志社承办，于2013年10月在上海正式启动，截至2013年12月10日，共有全国30个省市2000多人参加，参赛作品达2万余幅/组照。1月6日，经六轮评选，最终评出金、银、铜奖9幅，优秀作品10幅，入围作品100幅。

【莎士比亚诞辰450周年研讨会暨《莎士比亚全集》发布会】

3月31日下午，由上海译文出版社、上海翻译家协会、中国莎士比亚研究会联合主办的纪念莎士比亚诞辰450周年研讨会暨《莎士比亚全集》新书发布会在世纪出版集团举行。市文联专职副主席、秘书长沈文忠，上海译文出版社总编史领空，副总编、市译协副会长吴洪与部分译者等领导、嘉宾和媒体代表出席了会议。

由方平主编、主译的第五套《莎士比亚全集》是第一个用诗体翻译的译本，堪称华语界搜罗最全、校勘最精，兼具学术性与可读性的首部诗体汉译莎士比亚全集。

【第六届华东专业舞蹈比赛】

3月31日下午，华东地区舞协代表汇聚上海，对各省市通过初审的近百个作品进行了集中评审。经选拔，64个作品进入决赛，其中有2个来自民营舞蹈团体的原创作品。会议还审议了第六届华东专业舞蹈比赛评奖细则，对大赛点评会的专家人选等问题作了讨论，并以抽签方式初步确定了决赛作品的比赛场次。

【上海广播电视奖首次评选】

4月30日，2013年度上海广播电视奖“电视文艺奖”、“电视剧奖”首次评选工作结束。市文广局局长胡劲军，市文广局艺术总监、上海视协主席滕俊杰，以及产生自视协评委专家库名单的10位评委出席终评会，以无记名投票方式展开终评，最终评选结果在市文广局与市文联网站上公布。

此次评选共收到上海广播电视台、上影集团、上海教育电视台和嘉定、闵行、宝山等8家区县广播电视台以及新文化传媒等11家社会民营电视制作机构递交的参评作品62个。

上海广播电视奖是上海广播电视领域的政府奖，旨在检阅全市广播电视节目创作年度业绩，展示全市广播电视节目创作的丰硕成果，促进广播电视媒体提高节目质量和影响力。同时，参照国家广播影视政府奖“中国广播电视大奖”的奖项设置，上海广播电视奖的评选自2014年起调整为电视文艺奖、电视剧奖和广播电视节目奖三个子项，一年一评。其中电视文艺奖、电视剧奖两奖项由上海视协承办。

【2014 CBDF中国杯国际标准舞全国巡回赛——上海站】

5月1日，为期两天的“2014 CBDF中国杯国际标准舞全国巡回赛——上海站”在浦东新区源深体育馆开启。该比赛由上海之春国际音乐节组委会与中国国际标准舞总会联合主办，市舞协、上海敦煌国际文化艺术公司、港龙舞蹈文化机构等联合承办。市委宣传部副部长陈东，市文联党组书记、专职副主席宋妍，上海戏剧学院党组书记楼巍，市文联党组副书记王依群，市文联副主席、市舞协主席凌桂明等领导和嘉宾出席开幕仪式，并为获得前6的选手颁奖。

该比赛作为第31届上海之春国际音乐节正式的舞蹈赛事之一，是迄今为止在上海举办的规模最大、水平最高的全国性国际标准舞赛事，汇集了众多国内顶尖的国际标准舞选手。包括2012、2013年度前12选手在内的逾1500对选手参加了96个组别的比赛。职业组和甲A组的摩登、拉丁四大组别的冠军奖选手还在获奖之后为观众进行了精彩的表演。

【2014上海少儿戏曲小白玉兰展演暨颁奖活动】

6月1日下午，“2014上海少儿戏曲小白玉兰展演暨颁奖活动”在兰心大戏院举行。来自上海戏剧学院附属戏曲学校、上海好小囡少儿京剧团、上海静安小百花越剧团等团体的35名专业和业余选手，经过初赛、复赛、决赛，从百余名选手中脱颖而出，荣获第三届上海少儿戏曲“小白玉兰”和“小白玉兰提名”称号。

该活动始自2012年，市剧协结合全国少儿戏曲“小梅花荟萃”的推荐工作，在全市少儿戏曲中创办了“小白玉兰”称号评选，旨在发现培养更多的优秀少儿戏曲人才，推动中国戏曲艺术的传承传播。

【2014年度上海市社会文艺工作者艺术专业技术水平认定】

6月13日，2014年度上海市社会文艺工作者艺术专业技术水平认定颁证仪式暨会员座谈会在陈云故居召开。市文联党组副书记、纪检组组长王依群出席,并为通过本年度中级专业技术水平认定的社会文艺工作者颁发证书。

本年度社会文艺工作者专业技术水平认定共有48人报名，46人通过初审进入现场认定，实际认定41人，最终有37人通过认定取得证书。座谈中，与会人员围绕本年度中级认定工作、在上海的创业发展和艺术创作、演艺工作者的权益保障等问题建言献策。

【从生活到艺术——沪剧《挑山女人》大型研讨会】

6月13日上午，由中国戏曲现代戏研究会、上海文化发展基金会、市剧协、宝山区文广局共同主办的“从生活到艺术——沪剧《挑山女人》大型研讨会”在沪举行。中国剧协主席、上海剧协主席、京剧表演艺术家尚长荣，市文联党组书记、专职副主席宋妍，以及主办方相关领导出席。来自全国各地的30余位专家学者参加研讨。

与会专家肯定该剧在现代戏创作中阐发了戏剧人在弘扬社会主义核心价值体系中的责任担当，同时就院团的剧目建设、人才建设等话题展开交流，给出了思考和建议。

【上海设计作品展暨第十二届全国美展设计展上海地区作品展】

8月10日至16日，由上海市创意设计工作者协会和上海美术家协会共同举办的“中国梦——为中国设计”上海设计作品展暨第十二届全国美展设计展上海地区作品展在美协创作中心举办。

此次展览作为第十二届全国美术作品展的一个大类，收集了近5年来上海优秀设计作品，涵盖多种创意形式。自年初发动以来，共收到应征作品300余件，经协会各专业委员会评审，共有110件作品入选展览，其中部分优秀作品入围第十二届全国美术作品展设计展，并角逐中国美术界的最高奖“中国美术奖”设计奖。

【第二届上海民间工艺成果展】

9月28日下午，上海民间文艺家协会、上海工艺美术行业协会、上海工艺美术学会、上海工艺美术博物馆联合主办的“第二届上海民间艺术成果展”在上海市工艺美术博物馆揭幕。市文联副主席、民协主席何承伟等主办单位领导与上百位民间艺术家、工艺美术家及市民一起参观展览。

大展自3月起以会员定向征集和社会征集相结合的方式，3个月内共收作品近300件，经初评、终评后，最终94件作品入围。揭幕当天，主办方向观众赠送了《上海民间艺术成果集2》一书。

【杨可扬百年诞辰纪念活动】

8月20日起，上海市美术家协会、上海市人民美术出版社、上海市鲁迅纪念馆与浙江遂昌县人民政府联合举办杨可扬先生诞辰100周年纪念活动。在上海举办了杨可扬诞辰100周年纪念展览、杨可扬诞辰100周年纪念文集首发式、杨可扬诞辰100周年纪念座谈会等。

8月21日上午，“百年可扬”纪念杨可扬先生诞辰100周年祭扫活动在西畈乡举淤口村举行，活动主办方与杨可扬家人及版画界人士参加祭扫活动，并在祭扫结束后为西畈乡中心小学版画传承学校授牌，观看了《可扬百年》纪念片。

【第七届上海大学生魔术大会】

9月13日，由市杂协主办，杂协魔术专业委员会、上海欢乐谷、上海炫焰魔术玩具有限公司和上海文艺网共同承办的第七届上海大学生魔术大会总决赛暨颁奖演出在欢乐谷亚瑟宫剧场举行。市文联党组副书记、纪检组组长王依群，市文联副主席、杂协主席程海宝等出席大会并为获奖的大学生颁奖。来自本市近20所高校魔术社团的大学生爱好者及社会观众观摩了比赛。

经现场比拼后，浙江科技学院的胡安洲凭借近景魔术《This is coin》荣膺金奖；上海杉达学院的王曼琳和上海行健学院的陶瑞峰分别以《古韵幻彩》和《魔》摘得银奖；上海对外经贸大学翁子捷的《少年的梦》、上海大学马挺俊的《近景魔术》和上海视觉艺术学院李东津的《imagination》荣获铜奖；徐思捷、周鑫等四名选手获优秀奖。历时一周的网络投票结果同时揭晓，上海视觉艺术学院的李东津以507张选票获得最佳人气奖。

【“我的中国梦”上海市第八届书法篆刻大展】

9月16日上午，由市文联和市书协主办的上海市第八届书法篆刻大展开幕式在上海图书馆展厅举行。市文联党组书记、专职副主席宋妍，书协顾问钱茂生，上海博物馆馆长陈燮君，市文联副主席、书协主席周志高等出席，并为16位大展获奖、提名作者颁发获奖证书。《我的中国梦——上海市第八届书法篆刻大展作品集》在开幕式上同时发行。

本次展览以“我的中国梦”为主题，共收到来稿作品802件，含书法作品720件，篆刻作品82件，首次对入展非会员开展了面试工作，共评选出优秀作品9件（其中篆刻印屏2件），提名作品7件（其中篆刻印屏2件），入展作品210件（其中篆刻印屏29件）。

上海书法篆刻大展每两年举办一次，旨在展示上海书法艺术的最新最高成果，推动上海书法创作和理论繁荣发展。

【漂移·海上——“海漂”艺术家作品邀请展】

9月28日，市美协在中华艺术宫召开漂移·海上——“海漂”艺术家作品邀请展座谈会。市文联主席、市美协主席施大畏，市美协副主席兼秘书长陈琪，理论艺委会主任毛时安等和30余名“海漂”艺术家出席会议。会议对画展进行系统的学术梳理和总结，围绕“海漂”艺术家的现状和发展展开讨论。

本次邀请展于9月10日在中华艺术宫开幕，展出52位“海漂”艺术家的182件作品，从平面、雕塑、装置等多个维度展示其艺术实践，一定层面上反映了“海漂”艺术家的思考和创作情况。

【上海欢乐谷国际魔术节暨第五届长三角地区“金手杖奖”魔术大会】

10月1日至3日，由上海市文联、上海华侨城投资发展有限公司主办，上海市杂技家协会、江苏省杂技家协会、安徽省杂技家协会、浙江省杂技家协会承办，上海魔术团、上海星光杂技艺术团协办的2014上海欢乐谷国际魔术节暨第五届长三角地区“金手杖”奖魔术大会在上海欢乐谷亚瑟宫剧场举办。

来自江、浙、沪、皖四地的近100位魔术师，分别在少儿魔术比赛、青少年魔术比赛、精英近景魔术比赛、精英舞台魔术比赛等各个奖项中激烈角逐。最终，少儿组钱晟扬（上海）的《彩韵》、青少年组许扬（上海）的《幻手》、新秀舞台组朱程程（江苏）的《梅花三弄》、新秀近景组胡安洲（上海）的《This is coin trick》、精英舞台组孙秀芝（江苏）的《羽》、精英近景组刘志赫（江苏）的《简爱》分别夺得各组别金奖。由上海欢乐谷特别推荐、唐国晖表演的《天使之翼》获组委会特别奖。

市文联党组书记、专职副主席宋妍，党组副书记、纪检组组长王依群出席10月2日晚颁奖仪式并颁奖。三省一市的杂协领导担任大赛监审并宣布获奖名单。

【“海上电影论坛”系列活动】

10月17日下午，由上海电影家协会主办的“‘海上电影论坛’第一讲：主题的拓展 戏魂的开掘”在银星皇冠假日酒店举行。著名导演于本正和文艺评论家毛时安、吕晓明及中青年导演郑大圣、梁山进行互动对话。中青年导演、电影艺术家、高校影视专业学生、社会影评人等近百人参与活动。

11月21日上午，“海上电影论坛第二讲：当代电影声音创意与制作”在上海电影博物馆艺术影厅开讲。论坛在上海大学设有分会场，由国际电影大师为大学生们进行授课并互动交流。

“海上电影论坛”由上海电影家协会主办，旨在倡导“爱国、为民、崇德、尚艺”的文艺界核心价值观，弘扬电影人严谨、科学的创作态度，培育和引导更多年轻人继承传统，开拓创新。

【“心中的梦”长三角地区农民画精品展】

10月18日，由市群艺馆、市民协、金山区文化广播影视管理局、江苏省民间文艺家协会、浙江省民间文艺家协会、金山农民画院等单位主承办的“心中的梦”长三角地区农民画精品展在群众艺术馆开幕，并持续至10月24日。

画展展出了来自江、浙、沪农民画作者的60幅作品，对促进民间艺术交流，发展农村文化，推动新农村建设有着重要的作用。

【上海音乐家协会第九次会员代表大会】

12月2日下午，上海音乐家协会第九次会员代表大会在延安饭店召开。中共市委宣传部副部长陈东出席会议并讲话，市文联主席施大畏，市文联党组书记、专职副主席宋妍，党组副书记王依群，著名音乐家周小燕、吕其明等出席会议。中国音乐家协会和全国各省市兄弟音乐家协会发来贺信、贺电。

大会审议并通过了上海市文联副主席、音协主席陆在易所作的第八届理事会工作报告和《关于〈上海音乐家协会章程〉修改的报告》，选举产生了上海音乐家协会新一届理事会和常务理事会，许舒亚当选为第九届主席，王甫建、李聪、杨燕迪、张亮、张国勇、罗小慈、徐孟东、郭强辉、廖昌永、魏松当选为副主席（以姓氏笔画为序）。

【第23届金秋诗会】

12月6日下午，上海翻译家协会第23届金秋诗会在华东师范大学逸夫楼报告厅举行，市文联专职副主席、秘书长沈文忠，华东师范大学外语学院党委书记俞黎阳，译协副会长张伊兴、郑体武、袁莉及常务理事和多位资深翻译家出席。

本届金秋诗会以“时间·人生”为题，在表现形式上有所突破。诗会特别设置了致敬单元，回顾诗会自1992年创始以来的历届情景，向见证

“金秋诗会”创办和成长的老翻译家们致敬，并向亲临现场的三位元老冯春、黄杲炘、张秋红献花。

【上海市曲艺家协会第七次会员代表大会】

12月12日下午，上海市曲艺家协会第七次会员代表大会在上海美丽园龙都大酒店召开。市委宣传部副部长陈东，市文联主席施大畏，党组书记、专职副主席宋妍，著名曲艺理论家吴宗锡和表演艺术家童双春、李青、赵开生、徐檬丹等出席。中国曲艺家协会和全国各兄弟曲艺家协会发来贺电贺函。

大会审议通过了曲协主席王汝刚所作的工作报告和《上海市曲艺家协会章程修改说明》，选举产生了上海市曲艺家协会第七届理事会理事49名，王汝刚当选为第七届主席，王昕轶、吴新伯、钱程、秦建国、黄震良当选为副主席（以姓氏笔画为序）。

【上海市舞蹈家协会第六次会员代表大会】

12月16日下午，上海市舞蹈家协会第六次会员代表大会在延安饭店召开。市委宣传部秘书长姜迅出席会议并讲话，市文联党组书记、专职副主席宋妍，党组副书记、纪检组组长王依群，著名舞蹈艺术家舒巧、林泱泱等出席会议。中国舞蹈家协会和全国各省市兄弟舞蹈家协会发来贺信、贺电。

大会审议通过了舞协主席凌桂明所作的工作报告，审议通过了《关于〈上海市舞蹈家协会章程〉修改的报告》，选举产生了上海市舞蹈家协会新一届理事会和常务理事会，辛丽丽当选为第六届主席，朱洁静、杨新华、吴虎生、张玉照、陈飞华、陈白桦、陈家年、黄豆豆当选为副主席（以姓氏笔画为序）。

【上海翻译家协会第六次会员代表大会】

12月18日下午，上海翻译家协会第六次会员代表大会在延安饭店召开。市委宣传部副部长陈东，市文联党组书记、专职副主席宋妍，专职副主席、秘书长沈文忠出席会议。中国翻译协会、全国各省市兄弟翻译协会发来贺信、贺电。

大会审议通过译协会长谭晶华所作的第五届理事会工作报告和《关于〈上海翻译家协会章程〉修改的报告》，选举产生了上海翻译家协会新一届理事会和常务理事会，谭晶华当选为第六届会长，吴正、吴洪、张伊兴、郑体武、袁莉、袁筱一、柴明颎、魏育青当选为副会长（以姓氏笔画为序）。

【2014“中国梦”小戏小品创作征集颁奖暨展演】

12月18日下午，由市剧协、上海市剧本创作中心、虹口区文联主办，虹口区文化馆、市剧协虹口区小戏小品创作基地联合承办的“浦江情怀——2014‘中国梦’小戏小品创作征集颁奖暨展演”在上海剧协（虹口）小戏小品创作基地举行。市文联副主席、巡视员迟志刚，虹口区委常委、宣传部部长刘可，中国剧协副主席、市剧协副主席罗怀臻，虹口区委副部长、文广局局长、文联主席陆健等为获奖代表颁奖。颁奖结束后，还展演了获奖小品。

本活动于3月启动，分剧本征集、加工提高、展演颁奖三阶段进行，共收到45位作者的86部作品，经评审，20部作品分获创作阶段各奖项，12部作品投入二度创作并获演出阶段各奖项，其中淮剧小戏《星空之约》、小品《一个车位》获演出一等奖；上海京剧院、上海沪剧院、上海淮剧团、上海话剧艺术中心获本次主题创作征集活动优秀组织奖，虹口区文化馆获特别奖。

【第十一届CASIO杯翻译竞赛】

12月25日下午，由市文联和上海世纪出版股份有限公司联合主办、上海翻译家协会和上海译文出版社《外国文艺》杂志社承办、卡西欧（中国）贸易有限公司和沪江网协办的第十一届CASIO杯翻译竞赛颁奖典礼在上海外国语大学松江校区举行。市文联专职副主席、秘书长沈文忠，上海译协会长谭晶华，译文出版社社长韩卫东，上海译文出版社副总编兼《外国文艺》主编吴洪，以及多位英语、日语组评委出席颁奖仪式。吴洪、高宁代表评委组进行点评，获奖选手沈颖、代珂分别发表了参赛感言。

本届竞赛设英语和日语两个语种。英语组原文出自素有英国“文坛教父”之称的马丁·艾米斯之手。日语组原文为日本评论家、哲学家、思想家唐木顺三创作的小品文『鳥と名と』。两个语种的一等奖空缺，但译稿总体质量较高。

竞赛首次与沪江网合作，共收到网络投稿501份，其中英语组341份，日语组160份。上海最多，其次为浙江、广东。大赛还收到了来自美国、加拿大、日本的多份稿件。

事业单位

【我们的中国梦·文化进万家系列活动】

1月19日晚，由市文联主办，文联艺术促进中心和中国人民解放军61486部队联合承办的“我们的中国梦·上海文艺家慰问61486部队文艺演出”在该部队礼堂举办。市文联党组副书记王依群等出席活动并讲话。该活动是“我们的中国梦·文化进万家——春季百场文化活动”的首演项目。

1月20日下午，陆家嘴金融城文化中心启用仪式举行，随后举行了“温暖进万家——上海市文艺家慰问孤老残困新春文艺演出”。市文联艺术促进中心还为文化中心的启用策划了一系列“我们的中国梦”文化惠民活动，其中包括市民协组织的“祝福进万家”工艺美术名家送剪纸、送窗花公益活动，市书协组织的“高雅进万家”著名书法家迎新笔会和市美协组织的中外美术精品邀请展。

【2014上海书画艺术馆首届书画作品展】

2月28日下午，恰逢上海书画艺术馆落成，“2014·上海书画艺术馆首届书画作品展”在艺术馆开幕。此次展览是展示厅落成后的第一个画师群展，系统收藏了全体画师精心创作的作品，对上海书画院研究方向和艺术推向性的明确具有指导性意义。

【2014上海美术·书法·摄影中青年艺术家作品邀请展暨社区巡展】

6月20日至26日、7月1日，我们的中国梦“浦江流芳”2014上海美术·书法·摄影中青年艺术家作品邀请展暨社区巡展分别在奉贤区文化馆和武警政治学院举行。展览是由市文联主办，东方宣教中心、市文艺培训指导中心承办，市美协、市书协、市摄协协办，展出了包括美术、书法、摄影作品共计79件。

【《海上谈艺录》丛书写作与编辑研讨会】

12月19日，上海文学艺术院召开2014《海上谈艺录》丛书写作与编辑研讨会，丛书部分作者、上海文化出版社编辑人员和文学院全体人员参加研讨。市文联专职副主席、秘书长沈文忠及上海世纪出版集团相关领导出席。

截至2014年12月，《海上谈艺录》已出版丛书28部，另有20余位艺术家已列入丛书组稿写作计划。在12月评选出的第六届上海文学艺术“终身成就奖”和“杰出贡献奖”获得者中，方增先、尚长荣、草婴、徐玉兰、秦怡、周慧珺等六位艺术家正是《海上谈艺录》丛书的传主，贺友直、蔡正仁、黄蜀芹等艺术家传记正待出版。

江苏省文联

综　述

2014年，是中国文艺发展史上具有里程碑意义的重要一年。以习近平总书记亲自主持召开文艺工作座谈会并发表重要讲话为标志，中国文艺事业的又一个春天已经到来。江苏省文联及各团体会员，认真学习领会习总书记系列重要讲话精神，坚决贯彻落实中央和省委、省政府各项重大决策部署，牢记新使命，树立新目标，明确新思路，落实新举措，开展“两大主题活动”、优化“四大文艺品牌”、构建“六大文艺平台”文艺事业和文联工作取得了新突破、新进展、新成效。

三大特点

一是围绕中心抓重点。在文艺发展中，坚持以人民为中心的创作导向，做到文艺创作以人民为老师，文艺作品以人民为主角，文艺服务以人民为主体。在文联工作中，坚持以党和政府的中心工作来确定工作重点，做到在大局中布局，在全局中定位，自觉服从服务于党和政府的中心任务。二是围绕创作强队伍。按照“创作是中心任务，作品是立身之本”的要求，高度重视文艺的创作与生产，以创作强化队伍，以作品检验人才，力争实现作品与人才双丰收。三是围绕职能建平台。始终把服务作为文联组织的主要工作职能，努力延伸工作手臂，积极搭建服务平台，创造各种条件，更好地为文艺事业服务，为文艺家服务。

学习习总书记重要讲话精神

2014年，省文联把组织学习习总书记系列讲话精神贯穿于全年工作的始终，特别是习总书记在文艺工作座谈会上的讲话发表后，省文联组织全省老中青文艺家代表近30人召开座谈会，围绕讲话精神，结合各自的成长经历和艺术实践，畅谈学习体会，交流学习感悟。中国文联赵实书记在苏州召开了座谈会，全省20多位文艺家在会上汇报学习习总书记讲话的心得，并就如何贯彻落实讲话精神，更好地推动文艺事业发展提出了意见和建议。除了组织座谈和集中学习之外，省文联还下发了有关学习资料，帮助全体艺术家和干部职工进行个人自学、相互交流，进一步加深对讲话精神的理解。同时，充分利用《江苏文化艺术周讯》《江苏文艺研究与评论》、江苏文艺网等宣传平台和理论阵地，全方位、多角度地宣传、解读、阐释习总书记的讲话精神，在全省文艺界迅速掀起学习贯彻讲话精神的热潮。

“中国梦”主题创作活动

以“中国梦”为主题的创作展示活动是贯穿2014年的主要工作。省文联先后开展了“中国梦江苏新篇章”中青年艺术家采风创作活动、“中国梦·我心中的梦”文艺作品征集活动、“中国梦·江苏篇”全国摄影名家看江苏作品邀请展、“茉莉芬芳——江苏曲艺专场”晋京演出、“多彩中国梦”2014中国百家金陵中国画展览等活动。经过全省广大文艺工作者的共同努力，以“中国梦”为主题的创作展示活动取得了丰硕的成果，共创作美术书法作品578件，摄影作品562件，音乐作品539件，舞台艺术作品96个，影视作品40个，民间文艺作品280件。其中，优秀音乐作品《美丽中国梦》《美丽中国》《感动》《梦梦相牵》荣获2014“中国梦”全国原创歌曲征集活动最佳作品奖；美术作品《东方之珠》《山花无界》荣获2014“多彩中国梦”中国百家金陵画展金奖；曲艺作品《梦在江南》《兰考情》《圆梦》《党恩在民心》荣获“中国梦”全国优秀曲艺节目奖；摄影作品《钢花的梦想》荣获“中国人·中国梦”大型摄影艺术展优秀作品奖。在抓好“中国梦”主题创作的同时，配合第二届江苏文化艺术节、国家公祭日等活动，推出了话剧《中山码头》《二月兰》等优秀作品。省各文艺家协会组织参赛、参展、参演的88件作品在全国性文艺奖项评选中获奖。其中，中国戏剧奖6项，中国音乐“金钟奖”3项，第十二届全国美展12项，中国曲艺“牡丹奖”7项，中国舞蹈“荷花奖”4项，中国摄影“金像奖”1项，中国书法“兰亭奖”32项，中国电视“金鹰奖”16项，中国文联文艺评论奖7项，电影故事片《一号目标》入选中宣部“五个一工程”奖。

核心价值观主题教育践行活动

根据中央《关于培育和践行社会主义核心价值观的意见》，结合中国文联《文艺工作者践行社会主义核心价值观倡议书》，省文联及时制定了《深入开展文艺界核心价值观主题教育践行活动的实施方案》，组织全省文艺工作者，围绕社会主义核心价值观和文艺界核心价值观进行学习、讨论和交流；邀请专家、学者和德艺双馨艺术家代表座谈，共同探讨实践中遇到的有关问题；在《江苏文化艺术周讯》上开设专栏，由艺术家笔谈学习践行文艺界核心价值观的认识和体会，连续登载了28篇文章。通过主题教育践行活动，全省文艺工作者不仅对核心价值观的内涵理解得更深刻、把握得更准确，而且能够自觉主动地将其融入到文艺创作和文艺实践中去，提升了艺术家的道德修养和整体素质，也增强了文艺作品的思想性和感染力。

优化文艺品牌

以活动为抓手，以活动促工作，以活动树品牌，不断丰富文艺品牌内容，提升其美誉度和影响力。第八届中国曲艺“牡丹奖”颁奖活动打破了以往晚会形式的常规做法，从室内移至室外，从礼堂走向社区，在内容和形式上都进行了较大的调整，把阳光作灯光，把草坪当舞台，真正做到曲艺为民、惠民、乐民。2014中国百家金陵画展以“多彩中国梦”为主题，描绘和展现了当代中国的伟大实践、多彩生活和人文风貌。创建了综合性艺术品牌“百花金陵”，并经省委宣传部批准增设了江苏美术奖、江苏电影奖、江苏书法奖、江苏杂技奖。经过努力，全省12个文艺家协会都有了本艺术门类的江苏最高奖项。首届江苏书法奖打破原来评奖的常规做法，设立了评委会和监委会，增设了笔试、面试环节，不仅评定书法作品本身，同时考量作者的知识水平、文学水准和现场书写能力，杜绝了弄虚作假的现象，让一大批有实力的青年才俊脱颖而出，为改革艺术评奖开了先河，得到了业界好评和全国关注。全力打造“千帆行动”文艺志愿服务品牌。成立了江苏省文艺志愿服务中心，成功招募文艺名家志愿者达2000余人，组建文艺志愿服务团50个，其中省级文艺志愿服务团38个。2014年，以“文化进万家、共筑中国梦”为主题，开展了161场文艺志愿服务和文艺惠民活动，惠及群众达20多万人次。

构建文艺平台

按照省文联八届五次全委会要求，省文联整合资源，发挥优势，争取支持，在构建服务平台，延伸工作手臂上下功夫，有计划、有重点地打造高标准的创作平台、展示平台和传播平台。江苏省现代美术馆于9月26日正式开馆，先后举办了“大地之梦”——江苏现代农民画优秀作品展、庆祝中华人民共和国成立65周年江苏省美术作品展览、法兰西院士·吴为山雕塑作品联展、“牢记历史、珍爱和平”2014南京大屠杀死难者国家公祭日摄影书法作品展、首届江苏书法奖获奖作品展、“追梦历程”庆祝江苏省文联成立60周年全省文联干部职工美术书法摄影作品展等21场展览活动。江苏艺术剧场集精品剧目演出、高端艺术培训、优秀电影观摩为一体，承办各类演出和相关活动21项。江苏省茉莉花艺术团于7月正式挂牌成立，以文艺志愿者服务总队为基础，组织带领全省文艺志愿者，走进农村集镇、工厂车间、街道社区、军营校园等人民生产生活第一线，开展了15场文艺志愿服务和文艺惠民活动。为了更多更快地传播文艺信息，将《繁荣》月刊改版为《江苏文化艺术周讯》，并对栏目设置进行了调整，使信息发布更加快捷，内容定位更加合理，全面及时地反映文联工作动态，并为全省文联文艺交流和展示提供了平台。

文艺人才队伍建设

2014年，省文联启动“千峰工程”，以打造江苏文艺人才高峰为目标，开展各类文艺人才培养、推荐、评选等活动。举办了“共话文艺情、同筑中国梦”第18期全省文艺家读书班、第24期知名演员读书班、第6期苏、浙、皖三省编剧研修班，近300名文艺家和文艺工作者参加了培训。积极组织推介优秀艺术人才参加“五个一批”人才培训班、“333工程”专题培训班和中国文联各类文艺研修班，为江苏省高层次文艺人才的涌现提供推介通道和成长平台。结合省文联成立60周年，进行了“江苏省艺术贡献奖”和“江苏省艺术成就奖”的评选，共评出艺术贡献奖获得者124名和艺术成就奖获得者19名。开展江苏省优秀中青年文艺评论人才评选、首届江苏省紫金文艺评论奖评选，举办江苏省中青年中国画作品展、江苏省第九届新人书法篆刻作品展、江苏省美术家协会第五次新人美术作品展览等展赛活动，进一步规范艺术人才遴选办法，创新艺术人才评奖机制，使一批具有真才实学的艺术新人脱颖而出，成为江苏文艺事业发展的有生力量。

基层基础建设

2014年，全省各市、县文联认真履行职能，充分发挥优势，在各项工作中取得了新成绩。南京市文联确立“两个中心、一个主体”的工作模式，引领全市文艺创作和文艺活动，并在全国“五个一工程”评选中取得了突出成绩。无锡市文联积极参与2014中国上海国际艺术节无锡分会场的工作，组织承办各类展示展演、文艺惠民活动，为百姓提供了丰富多彩的文化产品。徐州市文联成功举办“汉风墨韵——李可染暨‘彭城画派’书画作品晋京展”等展览活动，扩大了“彭城画派”在全国的知名度和影响力，文艺品牌建设效果明显。常州市文联加大文艺惠民力度，参与主办“精彩龙城——文化100·大型惠民行动”，为人民群众奉献了一系列高品质的精神文化食粮。苏州市文联参与承办了第九届中国音乐“金钟奖”合唱比赛、第九届中国文联文艺评论奖颁奖等有特色、有影响的文艺活动，为推出精品力作和优秀人才搭建了平台。南通市文联注重抓好自身建设，顺利完成了各文艺家协会和市文联的换届工作，加快“南通文艺家之家”建设，推动文联工作更上新台阶。连云港市文联聚焦“中国梦”和“沿海开发三十年”两大主题，策划美术、摄影等文艺创作展示活动，用文艺的形式凝聚实现中国梦的强大力量。淮安市文联将宣传推介文艺名家作为文联工作的重要任务，采取立体推介的方式，扩大了淮安文艺名家名作的社会影响。盐城市文联积极为文艺活动和文艺创作搭建服务平台，加强自身建设，进一步提升了工作的水平，促进了文艺的繁荣。扬州市文联推进实施“一园八村”、“九大平台”、“一会一品”等创新性文艺项目的建设，为文艺精品创作和文艺人才成长创造了良好的条件，提升了文联的凝聚力和美誉度。镇江市文联着力加强文艺精品创作，原创戏剧《小花旦当官》公演受到专家和群众的一致好评，产生了良好而广泛的社会反响。泰州市文联积极挖掘整合各类文艺资源，突出自身特色，举办“祥泰之州”美术书法摄影展等活动，进一步加强了文艺品牌建设。宿迁市文联通过举办文艺家读书班、建立文艺家人才库等途径，团结文艺人才，培养文艺骨干，文艺人才队伍建设展现新局面。全省基层文联、行业产业文联的工作和活动也相当活跃，提高了文联的覆盖面和影响力。2014年，全省各市、县文联还按照省委统一部署，扎实开展了党的群众路线教育实践活动，进一步巩固了思想建设、组织建设、作风建设的成果。许多市、县（区）文联在人力、物力、财力相对不足的情况下，不仅自身的工作开展得有声有色，而且还配合中国文联和省文联开展了很多活动，做了大量工作，为全省文联工作的顺利开展作出了积极的贡献。

各文艺家协会

【戏剧家协会】

第21届中国戏剧奖·曹禺剧本奖。由中国文联、中国剧协主办的第21届“中国戏剧奖·曹禺剧本奖”9月在曹禺故里湖北潜江揭晓。该奖项两年一届，是中国戏剧剧本创作的最高奖，在戏剧界具有崇高声誉和广泛影响。省剧协报送的两部作品双双斩获殊荣。罗周的锡剧《一盅缘》获戏曲剧本奖榜首。陆伦章的滑稽戏《探亲公寓》获非戏曲剧本奖。省剧协选送的陈世海、戴珩《中国当代戏剧：突破历史隘口的机遇和选择》获得理论评论奖，省剧协由此获得最佳组织奖。

第八届“江苏戏剧奖·小戏小品奖”大赛。由省文化厅、省文联主办，省剧协和省文化厅剧目工作室承办，自2003年始迄今已成功举办了七届。大赛着力于从剧本创作的源头抓起，多年来成功推出了一大批优秀作品，已成为江苏省的一个文化品牌项目，对于推动小戏小品创作和江苏舞台艺术的繁荣产生了积极的影响。第八届“江苏戏剧奖·小戏小品奖”大赛自2014年1月启动，对225个申报作品的初评、复评，最终25个作品脱颖而出入选决赛，全省13个代表队约270名演员，在南通市通州区进行了四场决赛，决出小戏类优秀剧目一等奖3个、二等奖4个、三等奖5个，小品类优秀剧目一等奖4个、二等奖5个、三等奖4个。另外，共有23名演员获优秀表演奖，33名演员获表演奖，7人获优秀编剧奖，10人获编剧奖，9人获优秀导演奖，10人获导演奖，3支乐队伴奏获优秀音乐奖，6人获优秀音乐奖，4人获音乐奖，1人获优秀舞美奖，8人获舞美奖，优秀组织奖2个，组织奖3个。

第四届中国校园戏剧节。中国校园戏剧节由中国文联、教育部、上海市人民政府联合主办，是新中国成立以来唯一一个面向校园、以学生为主体的全国性戏剧活动。戏剧节设立的“中国戏剧奖·校园戏剧奖”是国家校园戏剧的最高奖，是“中国戏剧奖”子奖项之一，分为专业组、普通组。南京林业大学水杉剧社演出的话剧《探长来访》荣获中国戏剧奖·校园戏剧奖普通组优秀剧目奖，学生演员刘婧获得校园戏剧之星普通组表演奖；沙洲职业工学院学生剧社演出的短剧《生日聚会》获得中国校园戏剧节普通组优秀剧目奖。这是江苏在历届中国校园戏剧节中获得的最好成绩。

第六届（张家港）长江流域戏剧艺术节。“长江流域戏剧艺术节”是省剧协与张家港共同打造的长江戏剧品牌活动，已成功举办了五届，是唯一一个由县级市成功打造、关注长江流域传统戏剧繁荣共生的艺术盛会，已成为长江流域戏剧创作与研讨交流、合作、互动、发展的平台。第六届（张家港）长江流域戏剧艺术节，由中国文联、中国戏剧家协会、张家港市人民政府主办，江苏省戏剧家协会、张家港市委宣传部、张家港市文化广电新闻出版局承办，长江流域的西藏、青海、四川、云南、贵州、重庆、湖北、湖南、江西、安徽、上海等各省区市戏剧家协会协办。本届艺术节有12个省（区市）的五十多个剧团参加并演出长江流域最有特色的地方戏剧。其中，省剧协将第八届省小戏小品奖大赛中评选出的小戏小品优秀剧目一等奖共7个作品推荐、报送参加了增设的“首届长江流域小戏小品展演”活动，其中三个作品获得了“十佳作品”的好成绩。特别推荐选送的由梅花奖得主周东亮主演的锡剧《草命天子》入选为第六届（张家港）长江流域戏剧节闭幕式剧目。

【电影家协会】

微电影征评。4月，根据省委宣传部、省文联等部门的统一要求和部署，省影协结合自身特点，承办策划了“中国梦·我心中的梦”微电影征集评选活动。此次活动历时6个月，共征集剧情片、纪录片两个类别300余部作品，评选出39部获奖作品，专题网站点击量突破40万次，取得了良好的艺术效果和宣传效应，作为全国范围内最早开展的以“中国梦”主题的微电影活动之一，本次活动无论是赛事规模、作品数量还是创作水平，均在全国各省领先。

电影故事片《一号目标》。由省文联、省影协主导创作的电影故事片《一号目标》，在中宣部第十三届精神文明建设“五个一工程”评选中，从全国数百部影片中脱颖而出，成为此次江苏省唯一一部获此殊荣的影片，在27部获奖作品中位列第三名，并被作为庆祝新中国成立65周年重点推荐影片之一在全国展映展播。该片是省文联实施“文艺精品工程”以来首次直接参与创作取得的成果。省影协全程介入，从选材伊始，就牢牢把握正确的创作导向，对影片的题材、剧本进行多次论证，反复打磨，并直接参与组建拍摄团队等大量细致、具体的工作，历经近三年最终完成。

影视研修班。11月24日至28日，由江苏省文联和江苏省影协、浙江省影协、安徽省影协共同主办，省影协、宜兴市文联承办的第六期苏、浙、皖三省影视文学编剧研修班在宜兴举行。来自江苏、浙江、安徽以及全国数十省影协的影视编剧、导演、评论家80余人参加了研修班活动。该研修班已经连续开办了六期，以“围绕电影创作，坚持为创作服务”作为一以贯之的追求目标，对影视编剧人才队伍的建设与培养起到了积极的推动作用。

【音乐家协会】

“盛世金钟·璀璨江苏”——江苏“金钟奖”获奖选手音乐会。10月11日，“盛世金钟·璀璨江苏”——江苏“金钟奖”获奖选手音乐会在省文联江苏艺术剧场举行。自2001年举办至今，中国音乐最高奖“金钟奖”已历时九届，江苏在多个项目上共荣获46个奖项。音乐会既是获奖选手的一次集中展示，又是一场精彩的成果汇报惠民演出。获得第九届中国音乐金钟奖合唱比赛金奖的苏州科技学院音乐学院合唱团，以一曲气势磅礴的《人民解放军占领南京》拉开整场音乐会的序幕,之后20多位金钟奖获奖演员陆续登场，在近两个小时的音乐会中，艺术家们用他们纯熟的技巧、倾情的投入、富有感染力的表现，折服了在场的每一位观众。这些歌曲的作者也来到现场和观众一起欣赏演出。台上台下真情互动、感人至深。

“舞台春晖”——江苏省中青年歌唱家音乐会。10月19日，“舞台春晖”——江苏省中青年歌唱家音乐会在江苏紫金大戏院成功上演。音乐会集中展示了江苏12位中青年歌唱家的演唱风采，展示了江苏声乐的较高水平。

第九届“中国音乐金钟奖”合唱比赛。9月，由中国文联、中国音乐家协会、江苏省委宣传部、江苏省文联、苏州市委宣传部主办，江苏省音乐家协会、苏州市文联、苏州日报报业集团、苏州广电总台联合承办的第九届中国音乐“金钟奖”合唱比赛在苏州举行。合唱是群体艺术，最能反映一个地区的文化综合实力，以中国音乐金钟奖合唱比赛作为契机，狠抓江苏合唱队伍建设，采取了多项措施。江苏选送的苏州科技学院音乐学院合唱团、常熟江南云水合唱团、中国工商银行苏州苏韵合唱团在全国35支合唱队，近2500人激烈的角逐中，最终获得了一金、两铜的辉煌成绩。这是金钟奖合唱比赛我省历史上的最高成绩。

第三届江苏省青少年音乐“小茉莉花奖”大赛。省音协在2012年创建了“小茉莉花奖”。通过比赛、展演、专题讲座，为学习音乐表演的青少年提供了交流与展示的平台。10月5日第三届江苏省青少年音乐“小茉莉花奖”声乐大赛在常州举办，100余名参赛选手经过2轮激烈的角逐，分组别共产生金奖3名，银奖9名，铜奖11名。11月8日，第三届江苏省青少年音乐“小茉莉花”奖二胡、琵琶大赛在盐城举办。来自全省各市的近百名选手经复赛和决赛两个轮次的激烈角逐，分组别决出一等奖1名、二等奖3名、三等奖5名。11月23日，第三届江苏省青少年音乐“小茉莉花奖”钢琴大赛在苏州落下帷幕，最终评出一等奖3名、二等奖5名、三等奖7名、优秀奖11名。

【美术家协会】

第十二届全国美术展览。12月15日，第十二届全国美术展览获奖作品展在中国美术馆开幕。全国美术作品展览是由中华人民共和国文化部、中国文学艺术界联合会和中国美术家协会共同主办的规模最大、参与范围最广、作品种类最多、最具影响力和权威性的国家级综合性美术大展，每五年举办一次，迄今已举办11届。代表了国家美术创作的最高水平，同时也是对全国美术界每五年的发展阶段的全面检阅与展示。此届展览，江苏有12件美术作品获奖，其中，银奖1件，铜奖4件，优秀奖7件，入选作品235件，入选获奖数居全国第一，取得江苏历史上最好成绩，省美协荣获组织工作奖。

多彩中国梦——2014年中国百家金陵画展（中国画）。11月18日至30日在江苏省美术馆举办，由中国美术家协会、江苏省委宣传部、江苏省文化厅、江苏省文联主办。本届画展共收到参选作品3500件，初评入围308件。终评入选作品100件，其中10件作品荣获金奖。江苏中国画作品共有17件入选，其中2件作品获金奖：高鸣《东方之珠》、刘毅《山花无界》。本次画展以“多彩中国梦”为主题，赢得全国中国画家的广泛关注和积极参与。画展适逢中国百家金陵画展举办十周年，前9届中国百家金陵画展90件金奖作品一并展出，对中国百家金陵画展十年历程进行了一次回顾和总结。

第五次新人美术作品展览。12月27日在宿迁市博物馆举办，由江苏省美术家协会主办。新人美术作品展览为两年一次，前已成功举办4次，从中发现和推出了一批颇具实力和发展潜力的优秀人才，并在随后省内外和全国性大展中取得很好的成绩。共收到3000余件作品照片。画种包括中国画、油画、版画、水彩（粉）、雕塑、漆画、插图、连环画、漫画等10余类。经过认真的初评和终评，确定入选作品650件，其中获新人奖130件，佳作奖170件。本次展览在基层举办，是新人新作展创办以来的第一次。

【曲艺家协会】

第八届中国曲艺牡丹奖。10月18日，第八届中国曲艺牡丹奖颁奖仪式暨惠民演出在南京莫愁湖公园隆重举行，取得圆满成功。“牡丹奖”自2005年长期落户江苏以来，省委、省政府和省委宣传部高度重视，把它列为重点文化品牌建设项目。活动做了很大的创新和改变：从地点上来看，把演出由剧场搬到了广场；从形式上来看，把原来的颁奖晚会改成了惠民演出；从内容上来看，原来是以明星大牌为主体，现在是以人民群众为主体，所有的节目都源于生活，表现人民。颁奖仪式的举行，云集了来自全国曲艺界高端人士聚会南京，利用这个契机，颁奖系列活动集学术讲座、研讨会、获奖曲目展演等为一体，打造出一个全方位的立体曲艺盛会。在第八届牡丹奖评选活动中，江苏再次取得获奖总数全国第一的好成绩。分别是：中篇苏州弹词《绣神》获节目奖；金曾豪、陆建华创作的《招牌菜》获创作奖；袁小良、夏吉平获表演奖；康尔撰写的《巧智之美与相声艺术》获理论奖；康康获新人奖；中篇苏州弹词《江南第一燕》获特别节目奖。

向人民报告——庆祝新中国成立65周年暨说唱中国梦优秀曲艺节目展演。9月17日至26日在北京民族文化宫大剧院举行。展演围绕新中国成立65周年，会同中国文联、中国曲艺家协会、江苏省文联等单位举办。9月18日，扬州曲艺作为江苏曲艺代表亮相“江南曲美”江苏曲艺专场，这台演出是本次展演的10台演出中唯一以一个城市曲艺团队组团代表省级的专场，由省曲协、扬州市委宣传部承办。扬州曲艺的三朵“奇葩”——扬州清曲、扬州评话、扬州弹词艺术绽放首都舞台，扬州老中青三代曲艺演员同台演绎，为首都观众呈现了一场美轮美奂的江南说唱盛景，获得好评如潮。

江苏少儿曲艺大赛。7月12日，由江苏省曲协、靖江日报社、中国靖江网主办的第五届江苏省少儿曲艺大赛颁奖晚会暨获奖节目惠民演出在泰州靖江举行。本次大赛的选拔工作从4月就已经全面展开，各市共报送134个项目，为历届之最。经过激烈角逐，《一字的学问》等8件作品获得一等奖；《孝心之花满天下》等获得节目奖；窦大康、杨明坤、穆传方、季逢春获得优秀园丁奖；靖江、苏州、扬州、连云港获得优秀组织奖。8月14日，由中国关心下一代工作委员会办公室、中国曲协、四川省文联共同主办的第六届全国少儿曲艺大赛在四川成都彭州举行，省曲协荣获组织奖，选送的由芦家伟表演的快板《晒钱包》、苏北渔鼓《红帆船》获得节目二等奖，同时《红帆船》还获得了作品奖。

第八届中国曲艺节。10月21日，由中国文联、中国曲艺家协会、江苏省文联、连云港市委、市人民政府共同主办，江苏省曲艺家协会、连云港市委宣传部、连云港市广播电视台、连云港市文联等单位承办，第八届中国曲艺节在连云港艺术中心剧院拉开帷幕。本届曲艺节主要包括精心打造的开闭幕式晚会、7场专场演出、2场“送欢笑到基层”慰问演出和1场学术研讨会等。

【舞蹈家协会】

江苏省第四届社会舞蹈大赛暨第六届少儿舞蹈比赛。10月19日，江苏省第四届社会舞蹈大赛暨第六届少儿舞蹈比赛在扬州大剧院举行。省社会舞蹈大赛暨少儿舞蹈比赛是省文联艺术品牌活动之一，每两年举办一次。参赛节目共计170多个，进入决赛节目有81个，参赛队伍有60多家，参赛人数多达5000余人，是历届比赛中参赛人数、参赛节目、参赛队伍最多的一届。一批思想性、艺术性、观赏性俱佳，深受群众喜爱的优秀节目，以及一批优秀的表演人才脱颖而出。

“中国梦·我心中的梦”江苏舞蹈新人新作比赛。截至6月共收到来自全省专业、业余各组别的作品130多个，经评委会通过DVD评出53个作品进入决赛。6月28日来自全省各地、各艺术院校、院团和各业余团队1000多人、53个节目、5个组别在无锡人民大会堂经过两天紧张的决赛，分别决出创作及表演金、银、铜奖。此次参赛的所有作品以舞蹈艺术的形式再现了江苏人民在“两个率先”征途中寻梦、追梦、圆梦的奋斗历程。

2014年全国连厢舞邀请大赛。6月7至8日，在江南名镇角直古镇举行了决赛。省舞协作为主办单位，与全国各省舞协广泛、多次联络，寻找活跃在中国各个角落的风格迥异、民族民间特色浓郁的连厢舞蹈，多次召开会议选拔、确定参赛作品。来自全国的二十多支队伍角逐激烈，精彩纷呈，共同传承、保护和发展连厢这项非物质文化遗产。

【民间文艺家协会】

2014全国剪纸艺术名家精品展。9月12日至18日，2014全国剪纸艺术名家精品展在省现代美术馆举行。此活动由中国民协、中国文学艺术基金会、省委宣传部、省文联主办，省民协承办。共收剪纸作品815件（套），经过初评，有280件（套）作品进入终评，最终有120件（套）作品获奖，其中金奖5件（套）、银奖10件（套）、铜奖20件（套）、优秀奖85件（套）。另评出优秀组织奖若干。此次展览得到众多观众和在校师生的喜爱和好评，是一次时尚的装裱与别致的展陈相结合、传统的技艺与现代的思想相结合、古朴的艺术与伟大的梦想相结合的展览。12月26日，“大美民间纸上春秋——全国剪纸艺术名家精品展巡展”又走进扬州中国剪纸博物馆。

2014中国·江苏农民画优秀作品展。5月22日在省美术馆开幕。此展由省委宣传部、省文联主办，省民协承办。作品主要选自江苏六个农民画之乡，初选后有300幅作品进入终评，经评审，有120幅作品获奖，包括金奖5个，银奖10个，铜奖20个，优秀奖85个。此次参展选取了其中90幅，同时入展的还有近年来在全国农民画大赛获奖作品30幅。7月1日，这批作品进入新改建后的江苏省现代美术馆进行展览，得到了众多观众，特别是来自全省文联读书班学员的普遍赞许，并应邀前往江苏盐城、上海、江西等地进行巡展，10月17日，江苏倾力打造的对外文化交流品牌活动“感知江苏”文化节在圣彼得堡的俄罗斯博物馆开幕，其中就省民协选送的代表江苏最高艺术水准的50幅农民画。

全国舞龙展演暨第十二届中国民间文艺山花奖•民间艺术表演奖。6月27日，由中国文联、中国民协、江苏省文联、江苏省民协和苏州市人民政府联合主办的全国舞龙展演暨第十二届中国民间文艺山花奖•民间艺术表演奖评奖活动在江苏苏州举办。来自全国14个省、自治区、直辖市的15支舞龙队共计600余人在这里展现了中华民族博大精深的龙舞文化，角逐中国民间文艺最高奖“山花奖”。江苏苏州龙舞《稻花香》获本次全国舞龙展演金奖，江苏昆山陆家段龙舞获银奖。

【摄影家协会】

“中国梦·江苏篇”全国摄影名家看江苏作品邀请展。9月28日，“中国梦·江苏篇”全国摄影名家看江苏作品邀请展在江苏省现代美术馆隆重开幕。作为省文联2014年重点文艺活动项目，由江苏省委宣传部、省文联、《中国摄影家》杂志社共同主办，省摄协承办。公开向社会展出优秀作品220幅。本次展览邀请了全国100位摄影名家，包括中国摄协副主席王文澜、李舸、张桐胜、雍和，中国艺术摄影学会主席杨元惺，人民摄影报社社长温晓晗，著名摄影家朱宪民、贺延光、解海龙和来自香港、澳门、台湾的著名摄影家简庆福、黎荣清、翁庭华等。这次展览活动吸引了《中国艺术报》、《繁荣》、《人民摄影报》、《中国摄影家》杂志、《中国摄影报》、《江苏摄影通讯》、江苏文艺网、中国江苏网等20多家媒体的高度关注，并对展览盛况进行了重点报道，在江苏乃至全国产生了广泛的积极影响。

“铭记历史、珍爱和平”2014南京大屠杀死难者国家公祭日摄影书法作品展。12月10日，由省委宣传部、省文联主办，省摄影家协会、省书法家协会具体承办的“铭记历史、珍爱和平”2014南京大屠杀死难者国家公祭日摄影书法作品展在江苏省现代美术馆对市民公开展出。其中展出的120多幅摄影图片分为四个部分：永不忘却的国家记忆、幸存者、铁证、守望和平。展出的摄影图片是从60多位摄影家专题创作和向社会广泛征集的3000多幅作品中挑选和审议产生出来的。

“中国梦·我心中的梦”摄影作品展览。9月，由江苏省委宣传部、省文联主办，省摄影家协会承办的“中国梦·我心中的梦”摄影作品征集评选活动，共收到来自全省投稿的5300多幅参评摄影作品。本着“公开、公正、公平”的原则，对来稿进行了认真的评选。获奖摄影作品在9月举办的庆祝中华人民共和国成立65周年“中国梦·我心中的梦”书法摄影剪纸作品展中亮相，展出的作品受到大家广泛好评。

【书法家协会】

中国书法十大双年度人物。1月22日，由书法报、书法杂志、中央数字电视书画频道共同主办的跨世纪•2013——2014中国书法十大双年度人物评选在武汉揭晓，江苏省言恭达、孙晓云当选为2013——2014中国书法十大双年度人物。此评选，旨在评选出2013——2014年在专业（书法创作与研究）、职业（协会、教育等工作）及服务社会（公益、慈善事业等）方面成绩突出、有较大影响的书法家；9月22日，第五届全国杰出专业技术人才表彰大会在京举行，江苏省文联副主席、省书协主席孙晓云作为全国书画界首位获得此项殊荣的人才代表上领奖台，为江苏宣传文化系统争得了荣誉。

第五届中国书法“兰亭奖”江苏获奖、入展名列全国第一。12月15日至12月21日，历时7天，第五届中国书法兰亭奖评审工作在浙江省绍兴市圆满结束。本届兰亭奖包含终身成就奖、艺术奖、理论奖、佳作奖四个奖项。在本届中国书法最高奖——“兰亭奖”的艺术奖、理论奖、佳作奖三个奖项中，江苏书家1人荣获艺术奖，7人荣获理论奖，4人荣获佳作奖，24人入展。获奖总数占全国五分之一；理论奖获奖、佳作奖获奖、入展人数均名列全国第一。省书协副主席徐利明教授荣获兰亭奖艺术奖。金丹、盛东涛荣获理论奖一等奖，薛龙春荣获理论奖二等奖，王学雷、朱友舟、顾工、陈书国荣获理论奖三等奖。王卫军荣获佳作奖一等奖，仇高驰荣获佳作奖二等奖，谢少承、王家任获佳作奖三等奖。陈克年等24人入展。

首届“江苏书法奖”评选。“江苏书法奖”是经江苏省委宣传部批准，由江苏省文学艺术界联合会、江苏省书法家协会主办的与中国书法“兰亭奖”相衔接的江苏书法最高奖项，最终评出“江苏书法奖”10名，提名奖10名，入展84人，12月30日，“江苏书法奖”作品展在江苏省现代美术馆开幕。首届江苏书法奖打破原来评奖的常规做法，设立了评委会和监委会，增设了笔试、面试环节，不仅评定书法作品本身，同时考量作者的知识水平、文学水准和现场书写能力，杜绝了弄虚作假的现象，让一大批有实力的青年才俊脱颖而出，为改革艺术评奖开了先河，得到了业界好评和全国关注。

大有文章——章剑华新文人、新章草书法作品展。10月28日至11月10日，由江苏省文联主办，江苏省书协、江苏省现代美术馆承办的“大有文章——章剑华新文人、新章草书法作品展”在江苏省现代美术馆展出。与其他展览不同，此次“大有文章”显得新意十足。在展览结构上有独特的创意：展览分为三个部分——本体展、实体展和媒体展。被广大参观者誉为展览“有文化、有创新、有思想，书法跟上时代的步伐，永远焕发青春活力。”

惠风和畅——徐利明书画篆刻台湾地区展。应台湾佛光山文教基金会邀请，在星云大师的直接关心与热情支持下，“惠风和畅”徐利明书画篆刻台湾展于5月10日上午，在佛光山佛陀纪念馆隆重开幕。星云大师欣然为徐利明书画篆刻展题写展名“惠风和畅”，并出席开幕仪式。此次展览展出徐利明教授书法、篆刻、中国画、自作书画青花瓷器、自刻书画紫砂壶五个部分的作品共计85件。

“翰墨薪传工程”江苏省中小学师资培训。7月16日上午，由中国书法家协会、江苏省书法家协会、省教师培训中心组织的“翰墨薪传工程”中小学师资培训（江苏）班在南京开班。“翰墨薪传工程”是经教育部教师工作司同意，由中国书法家协会主办，旨在贯彻教育部关于在全国中小学开设书法课的要求，提高中小学书法师资的专业能力和教学水平，推动书法基础教育工作，为普及与推广书法艺术，弘扬中华优秀传统文化，培养更多的书法人才作出积极贡献。首批培训选择北京、江苏等12个省（区/市）为先行试点，在此基础上，2015年在全国逐步推开，用3至5年时间建立覆盖全国的中小学书法师资专业培训网络体系。

【杂技家协会】

杂技剧《梦餐厅》。精心组织省有关方面的专家对杂技剧《梦餐厅》进行了全新的编排工作。在编排过程中，杂技技巧上有了新突破、道具运用有了新发展、表演形式有了新变化，并把幽默滑稽和魔术元素溶入到剧中，打破了传统杂技表演单纯追求技巧展示的模式，使传统的杂技艺术与现代艺术元素相结合，展现给观众的是一台面貌一新的杂技节目。

创建“中国杂技之乡”。2014年，江苏淮安区人民政府向中国杂技家协会申报命名“中国杂技之乡”。淮安区作为历史文化核心保护区，江苏省群众文化先进县，淮安区的文化活动蓬勃发展。全区民间特色文化项目异彩纷呈，其中尤以杂技最为典型。淮安杂技在走南闯北演出实践中，表演艺术不断提高，杂技影响不断扩大。区政府还兴建了杂技表演人才培训学校，每年培养输送杂技表演人才100多人，并举办杂技艺术节，为广大杂技工作者提供了学习交流的机会，这些活动促进了当地文化事业的繁荣和发展。经过验收组考察，给予了“南有仇桥，北有吴桥”的高度评价。中国杂技家协会于12月20日在福州正式命名淮安区为“中国杂技之乡”。

第四届江苏高校大学生魔术比赛。5月22日，由江苏省杂技家协会、南京工业大学团委主办的第四届江苏高校大学生魔术比赛在南京工业大学江浦校区隆重举行，受到在校学生的喜爱。在高校举办魔术比赛不仅给同学们提供了一个展现自己的平台，让更多的同学近距离感受到魔术的神奇魅力，是培养他们兴趣的方法之一，也是为江苏地区挖掘魔术人才储备后备力量的一种方式。

【电视艺术家协会】

电视“金凤凰奖”评选。第30届电视“金凤凰奖”评选活动于5月初在南京举行。本届评奖共收到全省各级电视台、电视制作单位报送的参评作品1077部、集（包括电视剧、纪录片、电视文艺、文学专题、文艺晚会、音乐电视〈MTV〉、动漫、栏目、广告片等），参评电视节目主持人22人。省视协组织3个组别的46位评委，在为期4天时间里，通过“一看、二议、三投票”的规定程序，评出6大类11门类共171个奖项。

小微大学生动漫节。12月上旬，省视协会同中视协微视频（微电影）专业委员会、南京广播电视集团、省新闻出版广电局、中国传媒大学南广学院、南京小微视频网、中国江苏高校传媒联盟等单位，联手举办第2届南京·小微大学生动漫节评奖系列活动，来自全国近百所高校的1800多件作品参与角逐，共评出四大项目18个奖项。12月10日，第二届“南京·小微大学生动漫节”颁奖典礼在中国传媒大学南广学院举行。

【文艺评论家协会】

评选“江苏省优秀中青年文艺评论人才”。6月，省评协启动了江苏省优秀中青年文艺评论人才评选工作，由省各文艺家协会和各市文联（或文艺评论家协会）组织推荐，省评协组织各门类专家进行评审，最终评选出13名优秀中青年文艺评论人才。获奖者来自文学、影视、美术、书法、摄影、曲艺、民间文艺等多个艺术门类，年龄大都在45岁以下。通过活动，发掘了一批优秀青年文艺评论人才，为今后加大对他们的培养、推介力度，使他们成名成家打下了基础。

首届“江苏紫金文艺评论奖”评选。2014年，省委宣传部联合省文联、省作协，整合原来两家各自的评奖，共同设立了“江苏省紫金文艺评论奖”，省评协承担了“首届江苏省紫金文艺评论奖”的艺术类作品初评和三大类作品的终评组织工作。最终评选出31篇（部）获奖作品，其中一等奖5篇（部）、二等奖10篇（部）、三等奖16篇（部）。

第九届中国文联文艺评论奖颁奖典礼暨第七届当代中国文艺论坛。11月5日，由中国文联主办，中国文联理论研究室、中国文艺评论家协会、江苏省文联、苏州市文联承办，江苏省文艺评论家协会、苏州市文艺评论家协会协办的第九届中国文联文艺评论奖颁奖典礼暨第七届当代中国文艺论坛在江苏苏州举办。在第九届中国文联文艺评论奖评选中，江苏再次喜获丰收，组织申报的参评作品共有7篇文章获奖。其中，3篇获文章类一等奖，4篇获文章类二等奖，江苏省文联（文艺评论家协会）也获得组织工作奖，获奖总数在全国名列前茅。

安徽省文联

综　述

2014年是省文联60华诞。在省委、省政府、中国文联和省委宣传部的直接领导之下，省文联紧紧围绕推进“文化演艺强省”这个核心任务，按照“出精品、获大奖、推人才、强服务”的总体思路，履行职责、勇于担当、开拓创新、狠抓落实，着力提高文艺创作水平和创作活力，抓好重点文艺项目和品牌活动，推动文艺人才成长，推动文化惠民活动，改进文联自身建设，各项工作都取得了较好成绩。

会议与活动

【安徽省第六次文代会召开】

12月26日至27日，安徽省文学艺术界联合会第六次代表大会在合肥召开。大会听取和审议了安徽省文联第五届主席团工作报告，修改了《安徽省文联章程》，通过了安徽省文联第六次代表大会决议，选举产生了安徽省文联新一届委员会和主席团。吴雪当选主席，王艳、王长安、许辉、李慧桥、张居淮、陈田、陈坚、林勇、唐跃、盘龙、韩再芬当选副主席。聘请季宇为名誉主席。中国文联党组书记、副主席赵实，安徽省委书记张宝顺出席会议并讲话，安徽省领导王学军、王明方、李锦斌、唐承沛、曹征海、臧世凯、谢广祥出席会议。赵实在讲话中指出，当前，文艺界最重要的任务就是把习近平总书记重要讲话精神深入学习好、领会好、贯彻好、落实好。希望安徽广大文艺工作者坚持以人民为中心的创作导向，高扬社会主义核心价值观的旗帜，聚焦中国梦的时代主题，真诚创作、展示和传播更多人民群众喜爱的优秀作品，把最好的精神食粮奉献给人民。要自觉追求德艺双馨，不断提高职业素质，积极践行“爱国、为民、崇德、尚艺”的文艺界核心价值观，处理好义利关系，认真严肃地考虑作品的社会效果，讲品位，重艺德，努力以高尚的职业操守、良好的社会形象、文质兼美的优秀作品赢得人民喜爱和尊重。安徽省文联要认真履行“团结引导、联络协调、服务管理、自律维权”的基本职能，切实在行业建设中发挥主导作用，努力把文联和各文艺家协会建成广大文艺工作者的温馨和谐之家。张宝顺在讲话中说，当前，安徽正处在全面建成小康社会关键时期，既呼唤文艺事业大发展大繁荣，也为文艺创作提供了大空间大舞台。希望广大文艺工作者坚持以习近平总书记系列重要讲话为引领，立时代潮头，举精神之旗，强文化自信，努力创作生产更多无愧于历史、无愧于时代、无愧于人民的优秀作品。要坚持先进文化的前进方向，高扬中国梦的主旋律，从江淮儿女追梦圆梦的生动实践中汲取营养、挖掘素材、提炼主题，推出更多具有安徽元素、安徽风格、安徽气派的精品力作。要坚持以人民为中心的创作导向，唱响为民放歌的好声音，始终把人民放在心中最高位置，笔触伸向人民、镜头对准人民、文艺献给人民，真正解决好“为了谁、依靠谁、我是谁”的根本问题。要坚持向上向善的价值取向，彰显以文化人的正能量，把社会主义核心价值观生动活泼、活灵活现地体现在文艺创作之中，打造更多思想性、艺术性、观赏性相统一的传世佳作。要坚持德艺双馨的崇高志向，恪守职业道德，牢记社会责任，不断提高学养、涵养、修养，坚决同低俗、庸俗、媚俗之风作斗争，争当时代风气的先觉者、先行者、先倡者。来自安徽省各地、各艺术门类的380余名文艺工作者代表参加了大会。

【中国文联党组书记、副主席赵实一行来合肥调研安徽文艺工作】

12月26日，中国文联党组书记、副主席赵实一行到合肥调研安徽文艺工作。省委常委、宣传部部长曹征海，省文联党组成员、书记处书记林勇，安徽省书协主席李士杰一起陪同调研。赵实一行考察了徽园的安徽文学馆、安徽美术馆、安徽书法馆和徽茶艺术馆，参观了纪念安徽省文联成立60周年美术、书法展，了解了徽园平价艺术月活动情况，对安徽省有效整合资源、搭建文艺精品创作和展示平台、丰富群众文化生活的创新做法给予充分肯定。赵实一行参观了正在建设中的中国书法大厦，中国书法大厦是由中国书协批准的全国首座综合性书法创研基地。赵实详细了解大厦主体功能和配套服务情况，希望安徽将其打造成集书法创作、理论研究、展览展示、教育培训、艺术品交易于一体的高层次专业化平台。赵实在调研中希望安徽省文联团结带领广大文艺工作者，深入贯彻落实习近平总书记在文艺工作座谈会上的重要讲话精神，高扬社会主义核心价值观的旗帜，聚焦“中国梦”的时代主题，深入火热实践，服务基层群众，创作更多无愧于时代和人民的精品力作。

【“我们的沃土我们的梦——安徽省千名文艺家下基层采风”活动】

为深入贯彻落实习近平总书记在全国文艺工作座谈会上的重要讲话精神，按照省委的指示，省文联组织开展“我们的沃土我们的梦——安徽省千名文艺家下基层采风”活动。11月6日，活动正式启动。在为期一个月的集中采风活动中，省文联及所属11个文艺家协会与市县文联上下互动、整体联动，组织了1300多名艺术家，20多个小分队，开展了300多场文艺活动，举办了100多场基层文艺骨干专题培训班。广大文艺工作者深入基层采风体验，从群众的火热实践和丰富多彩的生活中汲取营养、激发灵感，做到吃住在基层、生活在基层、创作在基层，以实际行动纪念省文联成立60周年。这项活动，引起热烈反响，取得丰硕成果。11月9日，在中宣部召开的“深入生活、扎根人民”主题实践活动电视电话会上，安徽作为省级宣传文化部门的唯一代表，以《生活沃土滋养艺术之树》为题，作了经验交流。活动受到中央媒体的高度关注，《人民日报》、新华社、中央人民广播电台、《光明日报》、《中国文化报》、《中国艺术报》、《文艺报》等相继刊发专访文章，对活动进行充分报道，12月9日晚，中央电视台《新闻联播》和随后的《焦点访谈》栏目，聚焦安徽千名文艺家“接地气找灵感”，生动反映采风活动的进展成效。今后，活动会转入常态化安排，形成长期的工作机制。

【省文联举办广场演出纪念《讲话》发表72周年】

为纪念毛泽东同志《在延安文艺座谈会上的讲话》发表72周年，引导广大文艺工作者坚持以人民为中心的创作导向，更好地服务文化民生，根据中国文联的统一部署，5月23日即中国文艺志愿者服务日上午，省文联与合肥市文联共同组织文艺家在合肥徽园举办“舞动徽园 梦圆江淮”文艺志愿者大型文化惠民活动。省政协副主席李卫华，省文联书记处书记吴雪、王章好、王艳，合肥市文联党组书记陈飚，副主席刘晓明等领导及广大市民、游客等近千人观看了演出。吴雪代表省文联讲话，他说，今天，由省文联组织开展的以“惠民、为民、乐民”为主题的文艺志愿者大型文化惠民活动，是全省文艺界重温讲话精神、服务人民群众的一次积极行动，是广大文艺工作者汲取艺术营养、磨砺优秀品质的一次生动实践，是省、市文联和各文艺家协会认真履行联络协调服务职能、大力推动群众性文艺活动的一次有效探索。他强调，徽园是人文安徽的精华、是秀美安徽的浓缩，今后也将是展示徽文化精品的文化园区、文艺家采风创作和影视剧拍摄基地、市民休闲娱乐的文化综合体、安徽重要的文化旅游目的地。在这里开展文艺志愿服务主题活动，一定能够让广大市民和游客朋友在领略安徽各地名胜风采的同时，感受浓厚的文化氛围、享受艺术之美。演出开始前，省市领导向安徽省文艺志愿服务团授旗。安徽省文艺志愿服务团由文学、音乐、美术、书法等11个艺术门类的文艺志愿者组成，其宗旨是以慰问演出、文艺支教、文艺培训、展览展示等丰富多彩的文艺志愿服务活动，弘扬社会主义核心价值观，不断满足人民群众的精神文化需求。省暨合肥市文艺团体的优秀演员分别为观众表演了花鼓灯、歌曲、相声、魔术、戏曲等精彩文艺节目。演出开始前，省市文联和合肥经开区负责同志还向基层干部群众、先进工作者代表赠送了书籍、书画、摄影、电影及音乐光碟、民间工艺等优秀文艺作品，让广大群众分享文化发展新成果。演出现场还进行了文艺作品抽奖活动。

【首届安徽民间工艺精品展隆重开幕】

8月19日，由省文联、省民协主办的首届安徽省民间工艺精品展在中国徽文化艺术馆开幕。中国民间文艺家协会分党组书记、秘书长罗杨，省文联党组书记、书记处第一书记陈田，省文联党组成员、书记处书记王艳和全省200余名民间工艺师参加了开幕式。此次精品展以中国梦为创作主题，作品充分展示了江淮大地人文风貌，反映了安徽地域文化特色。活动经过长达4个多月的精心筹备，共征集黄山竹雕、砖雕、木雕，文房四宝、阜阳剪纸等各具地域特色的工艺精品1200余件。另外，为了更加直观地展示工艺精品的创作过程，在开幕式现场还特意邀请10位工艺大师现场展示瓷版画、剪纸、徽墨、核雕、蛋雕、面塑、根雕、撕纸等手工艺的制作过程，并且还组织了皮影戏表演，深受前来参观的领导和群众喜爱。

【“翰墨薪传工程”安徽班圆满结束】

7月16日，由中国书协主办、安徽省教育厅和安徽省书协承办的“翰墨薪传工程”中小学书法师资（安徽）培训班在合肥开班。中国书协副主席苏士澍，首都师范大学副教授、著名书法教育家、中国书协委派督导组组长卜希旸，省教育厅总督学李明阳，省教育厅师资处副处长卢鹏以及来自全省各基层学校的50名书法老师出席开班仪式。省书协副主席、秘书长王亚洲主持开班仪式。苏士澍在开班仪式上讲话，他说，书法教育要提高，书法师资是关键。“翰墨薪传工程”首批培训选择安徽等12个省市区先行试点，就是要改变边远、贫困地区书法师资严重匮乏的现状，使书法教育成为传承中华优秀文化、培养中小学生审美情趣、增强青少年文化修养的重要途径。李明阳希望参加培训的各位老师把握难得机会，努力提高自身认知水平，把所学知识和方法运用到具体的实践中去，让“书法进课堂”事业在安徽开花结果。培训期间，中国书协分党组书记、驻会副主席兼秘书长陈洪武一行和省书协主席李士杰亲临培训现场，聆听相关课程，与学员进行交流，鼓励学员珍视机会、认真学习，努力在“翰墨薪传工程”中有所作为、大有作为。中国书协青少年工作委员会委员、中国书协培训中心教授、省书协行书专业委员会主任王金泉，中国书协楷书专业委员会委员、省书协副主席韦斯琴，中国书协会员、省书协隶书委员会秘书长杜鹏飞，中国书协青少年工作委员会委员、省书协学术工作委员会副主任兼秘书长陈智，中国书协会员、省书协楷书专业委员会秘书长石海松，中国书协会员、第四届中国书法“兰亭奖”佳作一等奖获得者凌海涛，中国书协会员、省书协篆书专业委员会副主任蒋兴华，中国书协会员、省书协篆书专业委员会委员马端兵等8位老师，将分别担纲行书、楷书、隶书、书法美学、青少年书协教学方法以及篆书的教学任务。培训班历时一周，于7月22日结束。

文艺志愿服务

【名家倾情新徽园　文艺盛宴惠平民——安徽省文联开展平价艺术月活动】

金秋徽园，人流如潮，歌舞欢腾。10月1日上午，伴随着欢庆伟大祖国65华诞的礼炮，让艺术走进寻常百姓家的安徽省文联平价艺术月活动，在合肥徽园拉开帷幕。省委宣传部常务副部长郎涛，省文联党组书记陈田、主席季宇、书记处书记吴雪；巡视员王章好和合肥市人大常委会副主任林存安、安徽出版集团副总经理虞海宁以及省书协主席李士杰等出席了开幕式。此次活动由广场演出、原创文学图书购、美术书法摄影作品和民间工艺品展销以及普及艺术鉴赏知识的艺术沙龙等内容组成，以“原创、平价”为特色。艺术家们主动降低艺术品消费门槛，以社会大众能够承受的价格销售艺术品，让更多的人走近艺术、消费得起艺术。平价艺术月活动赢得了广大市民和游客的关注和参与，国庆假期近5万人次前往徽园参加展销活动，有2000多件艺术品被市民选购。

【“农民工拍农民工”摄影活动】

为弘扬劳动光荣主旋律，传播社会正能量，4月29日，由省文联、省互联网宣传管理办公室、中铁四局集团有限公司、中共合肥市委宣传部主办，省摄影家协会、中铁四局党委宣传部承办的第二届“农民工·我的兄弟姐妹”摄影大赛的子项活动“农民工拍农民工”摄影活动在合肥地铁1号线中铁四局工地正式启动。省文联副主席、书记处书记吴雪，中国中铁四局集团有限公司董事长、党委书记张河川，省摄影家协会主席陈志勇，以及省摄影家协会其他领导出席了启动仪式。吴雪、张河川分别代表主办单位向活动致辞，并预祝活动取得成功。中央驻皖部分媒体、省市主要新闻媒体以及网络媒体出席了此次启动仪式。开展“农民工拍农民工”摄影活动，旨在希望农民工兄弟自己举起相机，用自己的镜头、自己的思考、更加深入和原生态的角度来拍摄和记录他们自己的生活。为了能够让更多的农民工拿起相机，省摄影家协会专门为“农民工摄影师”发放相机，进行专业培训并向“农民工摄影师”颁发了聘书。此次活动共设为四站，除启动仪式活动地点外，还将分别在环卫、保洁公司、工厂等农民工较为集中且具有代表性的地点挑选农民工摄影师。活动情况在中安在线、安徽摄影家网、中铁四局摄影协会网等网站实时公布。农民工拍农民工摄影活动的开展，充分体现了省文联、省摄影家协会以实际行动贯彻落实“二为”方向和“双百”方针，遵循新时期艺术创作规律的新举措。培养“农民工摄影师”，必将极大地密切摄影艺术和人民群众的关系，丰富农民工的精神文化生活，呼吁全社会更多的关注关爱和帮助农民工，共同做好“中国梦”农民工篇章，让农民工都拥有人生出彩的机会；同时鼓励广大摄影家、文艺志愿者走进工地、走进基层、走进百姓开展创作活动，在普及摄影艺术的同时创作出更多紧随时代、源于生活、富有表现力和艺术内涵的精品力作，以推动安徽摄影事业的快速发展。

【省影视协举办“经典电影大家看”主题观影活动】

为进一步推进公共文化服务，丰富市民精神文化生活，省影视家协会自7月初开始，面向社区、敬老院、福利院、康复院及学校开展以“经典电影大家看”为主题的文化惠民活动。为庆祝中国共产党成立93周年，弘扬革命优良传统，配合正在开展的第二批党的群众路线教育活动，应省新四军研究会淮海委员会邀请，7月1日上午在安徽医科大学老干部活动室，为新四军老战士和社区老党员放映了影片《焦裕禄》。老同志冒雨提前赶到现场等候观影。放映前，省影视家协会副主席、秘书长朱晓光向老同志送上美好的祝愿，他说，没有前辈们、包括在座老同志的浴血奋战、辛勤劳作，就没有我们今天的幸福生活，为老同志奉献精神食粮是文艺工作者义不容辞的责任。下午，在合肥市瑶海区红光街道为200多位基层老党员放映电影《黄土情》，当毛主席的扮演者、知名特型演员项学和出现在现场并用毛主席口音向大家问好时，气氛热烈，掌声不断，老同志纷纷走上前来与他合影留念。之后几天，又分别到蜀山区龙居社区、稻香村街道文化活动中心和合肥市残疾人联合会康复中心等单位放映《孔繁森》、《战火中的青春》和《战地之星》等影片。作为省影视家协会“送电影，到基层”公益品牌活动的一部分，“经典电影大家看”主题观影活动延续至2014年年底。

【太和县舞蹈培训班】

4月21日，由太和县教育局、县文联、团县委主办，省舞协组织实施的太和县舞蹈培训班开班仪式在太和县第二职业中学举行，来自全县各中心学校、县直幼儿园和群文单位的80多名教师参加培训。省舞蹈协副主席、秘书长邓晓焰致辞，共青团太和县委书记李飞代表主办方讲话。太和是省直单位定点帮扶县，作为帮扶单位之一的省文联对此高度重视，根据文联特点制定了定点扶贫太和县规划，主要是充分发挥职能优势，助推太和县文艺事业繁荣发展，为太和县美好乡村建设提供艺术咨询、艺术美化等方面服务，同时每年都挤出经费用于慰问、帮扶生活困难群众。作为省文联扶贫重点工作和省舞协舞蹈惠民工程，培训班旨在提高基层幼儿园、农村小学教师及群文工作者舞蹈教学水平和技能，进一步普及和推广舞蹈美育，让更多的农村孩子感受舞蹈体验、提升综合素质。为期5天的培训班邀请中国舞协注册教师、志愿者杨飞飞、赵瑞担任培训教师。主办单位和参培学员一致反映，本次培训目的明确、内容得当、训练得法，效果好、收获大。省舞协还向太和县舞协赠送《中国民族民间舞蹈·安徽花鼓灯》《首届安徽省新农村少儿舞蹈汇演》等教学教材和演出光碟。

创作与研究

【安徽省油画作品晋京邀请展举办】

由省文联、正东玉器城、省美协联合主办的

安徽省油画作品晋京邀请展于3月9日起亮相北京中国徽文化展示中心。中国文联党组书记赵实专程观看展览；中国文联党组成员、副主席左中一，中国美协分党组副书记、秘书长徐里，安徽省文联党组书记、书记处第一书记陈田，正东玉器董事长王胜等出席开幕式。本次展出的安徽本土油画中坚力量和皖籍油画名家的近200件作品，集主题性、艺术性、探索性、创新性于一体，题材广泛、形式多样、意韵丰沛，富有鲜明的徽文化元素。

【第五届中国书法兰亭奖安徽成绩喜人】

12月15日至21日，第五届中国书法兰亭奖评审工作圆满结束，本届兰亭奖包含终身成就奖、艺术奖、理论奖、佳作奖四个奖项。中国书法兰亭奖是书法界的最高奖项。安徽省的李明荣获佳作奖二等奖，晁亚洲等12位入展佳作奖。

【安徽省第十九届摄影艺术展隆重开幕】

9月19日，由省文联、省摄影家协会主办的第十九届安徽省摄影艺术展在中国徽文化艺术馆隆重开幕。本次摄影展于新中国成立65周年之际开展，是安徽文艺界和广大摄影家、摄影爱好者献给伟大祖国65华诞的厚礼。省委常委、省军区政委宋海航，省人大常委会原副主任郭万清，省文联书记处书记吴雪，解放军陆军军官学院副院长许永祥等领导出席开幕式并为获奖者颁奖，来自全省各地的数百余名摄影家及摄影爱好者参加了开幕式。

【安徽3位作家荣获冰心散文奖】

5月31日，第六届冰心散文奖在山东济南揭晓。安徽作家许辉的散文集《和自己的淮河单独在一起》、许泽夫的散文集《牧人吟》、武稚的散文《江南古镇》榜上有名。冰心散文奖是根据冰心先生遗愿于2000年创立，由中国散文学会主办，是中国散文界的最高奖项。

【安徽歌手获首届中国宣威（杨柳）山歌展演银奖】

8月5日，由中国民协、云南省文联，在云南宣威举办的首届中国宣威（杨柳）山歌展演中，安徽省民协选送了山歌《徽州民歌联唱》。歌手操明花、雷玉君以优美动听的歌声、朴实大方的台风，征服了观众和评委，一举夺得银奖。

【歌曲《温暖岁月》获“中国梦”全国原创歌曲征集评选最佳作品奖】

由中国文联、中国音乐家协会、中国文学艺术基金会共同主办的2014“中国梦——全国原创歌曲征集评选活动”评选结果揭晓，最终评选出最佳作品15首、优秀作品20首、优秀报送单位5个。由省音协主席、作曲家盘龙作曲、孙中明作词、空政文工团著名歌唱家王莉演唱的歌曲《温暖岁月》荣获最佳作品奖。

【第六届华东专业舞蹈比赛安徽获三银一铜】

5月11日，历时3天的第六届华东专业舞蹈比赛决赛在上海落下帷幕。经过激烈角逐，由省舞协选送，合肥市演艺公司歌舞团和黄山市演艺有限公司参赛的双人舞《有了》、《挑山》以充满生活气息的幸福演绎和立意突出的舞蹈编排赢得专家评委及舞蹈界的一致好评。《有了》获得创作、表演二等奖，《挑山》获得创作二等奖、表演三等奖。第六届华东专业舞蹈比赛由上海之春国际音乐节组委会、上海市文学艺术界联合会主办，华东六省一市舞蹈家协会承办。

【中国舞协少儿舞蹈展演在合肥落幕】

7月6日，“童心向党　舞梦飞翔——中国舞协第286届少儿舞蹈展演”在合肥安徽大剧院举行。来自全省各地近60多家单位的125个节目参加展演，有近2400名小舞者参与演出。经过专家评委的现场打分，最终评出舞蹈《我是红领巾》、《时针时针快快跑》、《自由呼吸》等18个节目荣获表演一等奖，《最美的红卓玛》、《中国好儿郎》、《雨中的微笑》等33个节目获得表演二等奖，《异域天使》等39个节目获得表演三等奖，淮南市、宿州市舞协等单位获得优秀组织奖。中国舞协少儿舞蹈展演由各省舞协与中国舞协社会舞蹈教育委员会共同主办。安徽省舞蹈家协会迄今已连续举办了八届。

【余同友小说创作研讨会】

3月28日，安徽省青年作家余同友小说创作研讨会在合肥召开，研讨会由安徽省作家协会、安徽大学当代文学评论中心联合主办，来自全省的30余位评论家参加了研讨。与会作家、文学评论家对余同友的作品进行了深入的文本分析，认为余同友的中短篇小说创作取得了较为突出的成绩，是安徽青年小说家中的佼佼者。他在小说作品中做出了有意味的尝试，是安徽省一位有潜力、有实力、文学感悟力很强的70后青年作家。

【《中国岳西高腔剧目集成》正式出版发行】

3月，由岳西高腔传承中心编辑人员历经数年挖掘、采集、整理编辑的《中国岳西高腔剧目集成》，由安徽文艺出版社正式出版。《中国岳西高腔剧目集成》是首批国家级“非遗”保护项目岳西高腔的剧目总集，共收入300余出剧目。岳西高腔是岳西县独存的古老稀有剧种，由明代青阳腔沿袭变化而来，有300多年的传承历史，其戏曲文学、戏曲音乐、表演艺术及基本活动形式都自成体系，风格独特，具有较高的文化品位和文学价值。岳西高腔曾几度兴衰。新中国成立前夕已处于濒危境地。新中国成立后，岳西县政府组建专业高腔剧团，卓有成效地进行岳西高腔剧目的整理汇编工作。十一届三中全会以后，随着国家“十大文艺集成志书”编纂工程的实施，岳西高腔剧目搜集、整理、研究工作出现了新局面。特别是2006年以后，由于岳西高腔“申遗”的成功和岳西高腔传承中心的成立，《中国岳西高腔剧目集成》编辑工作终于启动，付梓面世。

【《程长庚评传》出版】

6月，由安徽省文联文艺理论研究室王灵均撰写的学术专著《夫子继圣　春泥护花——程长庚评传》出版。该书是上海古籍出版社出版的《中国京昆艺术家传记丛书》之一，约20万字，并配有珍贵图片30多幅。作为“京剧鼻祖”、“乱弹巨擘”的程长庚（1811年——1880年），是安徽人的骄傲。由于他去世时，没有录音、录像、相片传世，相关文献资料也不如谭鑫培、梅兰芳等人丰富，这给后人的学术研究带来了很多困难。作者从大量的文献中剔抉爬梳，提炼材料，以京剧表演艺术的传承为线索，从程长庚与昆曲、皮黄的渊源等方面入手，深入挖掘，又对其身后的艺术流脉进行了分析和提炼，真实地展现了传主的生平与艺术，揭示了程长庚在中国戏曲史的重要地位和深远影响。该书以文献考证为基础，廓清了以往戏曲史的很多以讹传讹之处，学术性较强。著名剧作家、京剧学者翁思再为本书作序，并给予高度的学术评价。该书参加了上海书展，《中华读书报》、《中国出版传媒商报》予以介绍，《中国艺术报》、《中国文化报》、《上海戏剧》等刊登了北京、上海两地专家的专业书评。

【金子鑫荣获国际奖】

9月14日，省杂技团的金子鑫表演的杂技“顶板凳”，在俄罗斯莫斯科举行的“莫斯科2014偶像杂技节”中，获得了“优秀创新节目奖”，这是省杂技团转企改制后获得的首个国际性奖项。

对外文化交流

【“安徽摄影艺术交流访问团·英国之旅”系列活动】

应英国方面邀请，省摄协于2014年11月5日至15日在英国举办“魅力安徽走向世界——安徽摄影艺术交流访问团·英国之旅”活动，组织60位摄影家和摄影爱好者在英国举办以反映安徽省自然风光、历史人文、民俗风情为主题的“魅力安徽摄影艺术展览”，和英国摄影界开展摄影交流，并深入英格兰和苏格兰等地进行摄影创作。11月7日，展览开幕式在英国最高学府剑桥大学隆重举行。本次影展共展出安徽摄影家拍摄的88幅作品，受到了中国驻英国大使馆、剑桥大学、英国新闻媒体的高度重视和热切关注，也成为了安徽摄影家协会与英国摄影界展开交流、搭建合作、资源互通、整合共赢的活动平台，这也是安徽省摄影家协会成立36年以来首次在国外举办的大型摄影展览活动。

【安徽省舞蹈工作者赴柬埔寨采风】

12月2日至7日，省舞蹈家协会组团前往柬埔寨进行佛教舞蹈采风交流，来自全省的舞蹈工作者29人组团前行。采风团深入金边、吴哥窟等地，开阔了艺术视野，增进了中柬两国之间的民间文化交流。

各文艺家协会

【省作家协会】

组织安徽省第二届小说对抗大奖赛；组织“风起中文杯”安徽省首届散文大奖赛；组织“大陆作家台湾采风交流团”，于4月21日至27日，在台湾进行7天的交流参访活动；组织首届中篇小说精品创作工程和首届长篇小说精品创作工程；组织召开2014全省文学内刊主编联席会议暨安徽作家看宣城采风活动；组织全省作家积极参加首届大型原创文学图书展销签售活动。

【省美术家协会】

举办“首届安徽粉画作品展优秀作品苏州特展”；“第五届安徽省美术大展”在合肥、芜湖、铜陵开幕；《艺术中国——中国画走进联合国》在维也纳联合国总部举办，安徽省30余名画家的作品入选；省美协秘书长杨国新带队，一行15人赴宿州采风；纪念省文联成立60周年，“艺林千秋”美术作品展在徽园举办。省美协不断加强协会机关建设，强化服务意识，完善机制，提高工作质量，保质保量地完成了各项工作任务。

【省书法家协会】

全年举办了17个地市（包括省直）的晋京展，共计作品3000余件；举办安徽省书协理事展；举办安徽省书协第11届新人新作展，共计展出作品300余件；举办敬亭书风书法作品展；举办安徽省第三届书法大展；与上海书协联合举办皖军书法华夏行上海站；与江西、湖南、湖北三省书协联合举办长江流域四省展；与澳门书协联合举办安徽澳门书法联展。培训：连续举办3期百名人才培养工程的培训活动；组织4批书法骨干赴京参加业务培训。另外，积极参加省文联的各项文化惠民活动。

【省摄影家协会】

成功举办“中国中铁四局杯”第二届农民工·我的兄弟姐妹全国摄影大赛；积极参加各项惠民文化活动，走进基层服务影友；助力地方经济文化发展，“中国摄影之乡”授予黄山市，“中国摄影基地”落户霍山县；完成了“安徽摄影网”的全面改版和升级工作；开通“安徽摄影家协会”公众微信号。

【省戏剧家协会】

创立“安徽戏剧剧本双年奖”，于上半年成功开评首届，6个剧本获奖；实施《安徽优秀剧本选2005——2014》的选稿编辑工作；与安徽演艺公司等单位合作，推出《江淮好少年》、《鱼水情深》等作品，社会反映良好；创立“安徽戏剧理论评论双年奖”，于上半年成功开评首届，6篇论文获奖；与有关单位合作，编写黄梅戏进校园的高校教材；设立开展“安徽戏剧人才提升工程”，开评首届“安徽戏剧表演奖”，有6名演员获奖；联手湖北、江苏等地剧协，开展“第四届全国黄梅之星大赛”活动；完成了第18届“少儿戏剧小梅花”评选工作，30名选手获奖；与长江流域各省剧协联合主办第6届长江流域戏剧节。

【省杂技家协会】

组织参加了长三角地区“金手杖奖”魔术大赛，这是三省一市魔术界一年一度的最高赛事，安徽省4名选手获奖，是历年赛事成绩最好的一届；安徽临泉县被中国杂技家协会授予“杂技之乡”称号，临泉县韦小庄被授予为“杂技专业村”。

【省音乐家协会】

由中国音协《歌曲》杂志举办的2014词曲新作“晨钟奖”，安徽省时一林作曲的《美丽中国》、陈兴玲作词的《洛神赋》获奖；中国音协举办的“小金钟”第二届全国钢琴比赛，安徽省小选手张雨欣荣获铜奖，吴宁宁教授获优秀教师奖，省音协获优秀组织奖；中国音乐“金钟”奖全国合唱比赛，安徽黄山合唱团荣获优秀奖；举办安徽省高校声乐比赛暨“神州唱响”全国高校声乐比赛，共有200余名选手参加；举办安徽省第11届小提琴比赛，共有1400余名选手参赛；为胡华清、鲁超钢、李晓舒、张研、赵艳艳、黄凤霞、储向前等艺术家举办音乐会；音乐考级工作稳步推进；多次组织音乐采风，推进音乐创作；安徽省音协声乐专业委员会第二次代表大会召开，选举邝实为会长。

【省舞蹈家协会】

举办2014安徽省舞蹈创作研习班，来自全省各单位的200余名学员参加，社会反映良好；第九届中国舞蹈“荷花奖”校园舞蹈大赛，省舞协选送的《蒙古骑兵》获表演银奖，省舞协获优秀组织奖；第二届“荷花·少年”全国（中学）校园舞蹈展演中，省舞协选送的《挑花舞》荣获“星光·少年”演出奖（银奖），省舞协获优秀组织奖；举办第六届“杜鹃花奖”安徽省中老年社区舞蹈汇演，有27个节目入围，近500人参加活动；选送《茶歌》参加“五彩梦·中韩青少年才艺展演”，荣获展演特等奖和创作奖；选送《舞动兰花》参加上海举办的“第三届国际民间民俗健身舞蹈大赛”，荣获最佳风尚奖；举办“我阳光·我快乐”全省乡村少年儿童才艺展示活动。

【省影视艺术家协会】

举办庆祝新中国成立65周年全省电影评论比赛，收到论文近300篇，涉及全国10余省市区，31

篇论文获奖；面向全省开展优秀电影文学剧本征集活动，从中选出优秀剧本12部，编辑出版剧本集；义务放映电影15场次，观众达2000余人，地点有福利院、敬老院、建筑工地、社区老党员活动中心等，观影群众有敬老院老人、孤残儿童、建筑工人、老党员、新四军老战士等；与江苏、浙江两省电影家协会联合举办第六期苏浙皖三省影视编剧研修班；参与主办首届中国长三角地区微电影大赛；协助合肥学院举办中韩影视文化学术研讨会；与合肥市委宣传部联合举办2014安徽影视创作论坛暨安徽第二届电视电影剧本大奖赛；积极参与第二届鲁彦周文学奖评选工作。

【省曲艺家协会】

积极筹备第七届安徽省曲艺节；开展第八届中国曲艺“牡丹奖”全国曲艺大赛合肥赛区的大赛活动；中国曲协主办的第六届全国少儿曲艺大赛中，省曲协推荐的相声《小女神灭黑客》荣获三等奖；中国曲协主办的全国曲艺之乡建设20周年系列活动之中，“曲艺之乡”凤阳县的刘汉寿、姚广德二位同志分别被授予先进曲艺工作者和先进工作者，受到中国曲协表彰；由中国文联、中国文学艺术基金会、中国曲协共同主办的“中国梦”全国优秀曲艺节目推选活动中，省曲协推荐的相声《都是为你好》和安徽大鼓分《美梦成真》别荣获二等奖和三等奖。

【省民间文艺家协会】

全国木偶展演活动中，省民协选送的《程氏选夫》荣获表演金奖；组织近百名民间文艺家参加中国民间艺术博览会；安徽省工艺大师蒋雨金石雕《福满人间》、肖淑琴的剪纸作品《和谐中国》荣获中国民间艺术博览会金奖，杜平的刻铜《吕布与貂蝉》获得精品奖。

直属单位

【安徽文学艺术院】

举办第二届“龙川杯”安徽小说新星奖，安徽无为籍70后女作家李凤群获奖；皖北地区重点小说作家座谈会在淮北师范大学举办，来自亳州、阜阳、六安、淮南、蚌埠、淮北、宿州六地市四十余位小说作家参加了会议；芜湖地区小说改稿会在南陵举办，三十余位小说作者参加了会议，现场改稿一百余万字；俄罗斯圣彼得堡大学孔子学院院长罗季奥诺夫出访中国期间，安徽文学艺术院与其就《中国安徽作家小说精品集》俄文版相关细节进行洽谈，授权并签订《中国安徽作家小说精品集》在俄罗斯出版的合同；安徽文学艺术院第四届签约作家会议在肥西岱山湖举办，签约十三位作家：沙玉蓉、陈文秀、李凤群、余后华、朱斌峰、阮德胜、马仁杰、杨　飞、曹　潇、许多余，张诗群，陈巨飞，王连侠；举办“中国作家写蚌埠”暨淮河笔会活动，有十余位作家参加，拟出版报告文学《印象珠城》一书。

【安徽文艺理论研究室】

开展第五届安徽省文联文艺评论奖评选，14篇（部）作品获奖；积极向第九届中国文联文艺评论奖报送参评作品，杨四平的《现代中国文学海外传播与接收的差异性问题》、陈智的《近现代江淮书风的文化品格》荣获二等奖；举办第三届安徽省中青年文艺评论家高研班；50余名学员进行了为期有一周的培训；召开省文艺评论家协会主席团扩大会议；编辑出版6期《安徽文艺界》和1期《文艺百家谈》。

文艺期刊

【《清明》杂志社】

由《清明》牵头，联合《艺术界》、《传奇传记》、《恋爱婚姻家庭》和《未来》等杂志下基层采风；开展秋季发行工作，挖掘文学新人；和《四川文学》等刊物联合举办“西部文学对接活动”，交流文学经验，获益良多；加强与全国名家的约稿工作，《小说月报》、《小说选刊》、《中篇小说月报》分别四次选载了《清明》2014年刊登的两篇中篇小说《我的丈夫姚向前》、《黑夜长于白天》；召开《清明》文学创作、发行会议，来自全省各地的作家、学者共计50余人参会，与会者就这些年《清明》的发展和取得的成果进行了热烈的探讨，总结交流了发行工作的经验，提出了很多建设性的创意。

【《艺术界》杂志社】

严格遵守编辑制度；实现了网络化管理模式，

杂志的采稿、编稿、审稿、印刷发行以及日常管理分散于北京、上海、广州、合肥等地，已经实现了网络顺畅链接；大力开拓市场，2014年我刊参加的国内外知名艺术展达17个，还深入校园，在各地高校开展讲座16场，发展和培养了一批年轻读者；我刊设计师黄灵子凭借“复古”专题设计，荣膺亚洲出版人协会颁发的“卓越杂志设计奖”。

【《传奇·传记文学选刊》杂志社】

加大栏目调整力度，提高刊物质量，贴近社会现实和读者文化需求，提升读者阅读水平；抓好期刊延伸产品和相关文化活动的开发，加强与天方茶叶有限责任公司等企业的合作，扩大市场占有率，举办“天方杯”——“慢点人生”美文大赛等活动，注重更新传奇博客和手机版传奇；2014年，选刊主编王浙英获省政府津贴，《传奇·传记文学选刊》入选全省农家书屋书目。

【《诗歌月刊》杂志社】

按时圆满、保质保量地完成了全年的编辑任务；刊登的优秀作品先后被《中国诗歌年度选》、《中国诗歌年鉴》、《中国好诗榜》、《中国诗歌排行榜》等权威选刊、选本选登，选载率居全国同类刊物之首；积极开展各类赛事，收到参赛作品20000余件，60多名诗人获奖；设立“诗歌月刊年度奖”、“中国诗歌慈航奖”等多个奖项；积极与国内外诗人交流，召开多次对话会和诗歌朗诵会，扩大对外交流平台；组织多次深入基层采风活动。

【《安徽文学》杂志社】

坚持以“青年性、现代性、原创性”为办刊宗旨，贴近现实，关注民生，立足安徽，面向全国，倾力打造老百姓喜闻乐见的文学精品，并通过坚持“服务于基层，打造文学皖军，扶持文学原创”的办刊方向，在栏目特色、刊物质量和发行上努力挖潜，不断创新，向省内外推荐了一大批安徽作家和作品，赢得了广泛的社会关注，具体如下：推出了一系列富有创新意识的栏目，为刊物不断制造亮点和阅读兴趣点；刊物整容改版，不断提升刊物的美学价值，与省内外大刊抢美誉度，争眼球；创办新生代专号，大力推举新生代作家，不遗余力、不失时机地展示新生代作家的文学作品；建立改稿会制度，定期组织作家作品，开展互评互助活动，效果显著；对“本期主打”和“皖籍作家”等重点栏目推出的小说作家，进一步跟进，为他们提供集中培训；杂志社全体编辑在做好本职工作的同时，开始有计划，有步骤地走出办公室，深入基层，通过采访和体验生活，观察民情，倾听民声。

福建省文联

综　述

2014年，福建省文联以党的十八大、十八届三中、四中全会和习近平总书记在文艺工作座谈会等系列重要讲话精神为根本遵循，以唱响福建为根本着眼，以开展社会主义核心价值观和“中国梦”、“福建精神”主题文艺实践为根本抓手，以履行联络协调服务管理自律为根本职能，认真抓好文联组织自身建设，认真抓好文艺创作和精品生产，凝心聚力，团结奋进，为推动文艺繁荣发展、建设新福建作出了应有贡献。

会议和活动

【重要会议、事件】

福建省文联第七次代表大会：1月5日至7日，省文联第七次代表大会在福州召开。中国文联党组书记、副主席赵实，福建省委书记尤权出席开幕式并致辞。省领导苏树林、袁荣祥、叶双瑜、刘群英、李红、张帆，老同志何少川、王耀华等出席开幕式。省政协副主席、省文联第六届主席张帆致开幕词和闭幕词，团省委书记何明华代表群团组织致贺词，省文联党组书记张作兴作工作报告，省委常委、宣传部部长袁荣祥在闭幕式上讲话。大会审议通过了福建省文联第六届委员会工作报告，修改了省文联章程，选举产生了123人组成的福建省文联第七届委员会和13人组成的省文联第七届主席团，其中张帆当选省文联主席，张作兴、林瑞发、陈毅达、王来文、杨少衡、陈秋平、范碧云、罗训涌、柯云瀚、唐晓燕、舒婷、曾静萍当选副主席；聘请了17位德高望重的老艺术家和文艺界老领导担任省文联第七届顾问，顺利实现了省文联主席团的新老交替。来自全省各市（县、区）文联、行业文联、各文艺家协会、人民团体、省直有关部门和驻闽部队的463名代表，以及近20位台港澳及美国等海外闽籍文艺家嘉宾、30多个省直单位负责人参加了开幕式；赵实书记、袁荣祥部长、省人大常委会副主任刘群英、省政府副省长李红、省政协副主席张帆与全体代表嘉宾合影；全国11个文艺家协会、30个省（市、自治区）文联、6个国家以及台港澳文艺社团发来贺电、贺信；会议期间，举办了书画笔会和“放飞梦想”文艺界联欢会，营造了热烈隆重的氛围。

出台进一步加强新形势下文联工作的意见：2月18日，中共福建省委出台了《关于进一步加强新形势下文联工作的意见》（闽委发〔2014〕4号），明确提出了加强和改进文联工作的指导思想、总体目标、主要任务和保障措施。这在福建文艺史上尚属首次，充分体现了省委高度重视文艺工作、推进文化强省的战略部署和实际举措。文件出台后，省文联紧紧围绕学习宣传贯彻落实，召开了省文联处级干部学习会、繁荣文艺创作务虚会、省文联艺委会全体会议和第七届主席团（扩大）会议等4场专题会，研究制定了165条贯彻落实的举措分工及推进方案，取得了一批见得着、成效佳、反响好的具体成果。

全省文联系统学习贯彻习近平总书记在文艺工作座谈会上的重要讲话精神专题读书班：12月17日至20日，省文联在福州连江举办全省文联系统学习贯彻习近平总书记在文艺工作座谈会上的重要讲话精神专题读书班。省委宣传部副部长马照南，省文联党组书记张作兴，党组成员、书记处书记、副主席罗训涌、林瑞发、陈毅达、王来文，副主席范碧云、柯云瀚、唐晓燕，顾问蒋夷牧、张宇、章绍同、陈奋武，各省级文艺家协会负责人、各协会文艺家代表，全省各市、县（区）文联、各行业文联、平潭综合实验区党群工作部以及省文联各处室负责人等百余人参加了读书班。

马照南副部长以“实现中国梦的文化力量”、中山大学著名教授谢有顺以“文艺复兴与民族复兴”为题分别授课。张作兴书记与大家一起交流学习体会、研讨贯彻意见。大家通过学习，结合各自创作实践、工作领域就如何自觉运用总书记讲话精神指导实践，更好推动文艺事业的发展提出了思考建议。12月中旬，出台《福建省文联关于深入学习贯彻习近平总书记在文艺工作座谈会上重要讲话精神的实施方案》。

西藏林芝地区行署代表团一行到省文联考察调研：9月11日下午，西藏林芝地区行署副专员石玉辉带领林芝地区行署代表团到福建省文联考察。省文联党组书记张作兴会见代表团一行，双方进行亲切友好座谈，并议定：建立福建省文联与西藏林芝地区文艺交流合作的常态互访机制，福建省文联在西藏林芝地区设立文艺采风创作基地等事项。省文联党组成员、书记处书记、副主席罗训涌，林芝地区行署副秘书长、福建援藏干部苏功庭，林芝地区文广局党组副书记、局长、文联副主席扎西洛布等林芝地区行署代表团及福建省文联相关处室、协会负责人参加了座谈。

重要文艺活动

【鲁迅文学院福建中青年作家班】

3月16日，由中国作协鲁迅文学院、福建省文联联合主办的鲁迅文学院福建中青年作家班在福州开班。省文学院院长吕纯晖主持开班仪式，鲁迅文学院常务副院长成曾樾，省文联党组成员、书记处书记、副主席陈毅达，省文联副主席、省作协主席杨少衡出席并讲话。本次作家班为期13天，来自全省各地的50名中青年作家参加了学习。课程包括课堂教学、马尾船政文化社会实践、《人民文学》编辑部主任与作家的文学对话、《福建文学》《台港文学选刊》《故事林》《中篇小说选刊》四家刊物组稿座谈会、福建作家沙龙诗歌专场、学员文艺联欢活动等。张帆、孙绍振、刘庆邦、谢有顺、阎晶明等13位著名文学家、评论家从文学欣赏、创作、发展等方面为学员们奉献了一堂堂精彩讲座。28日上午，举行鲁迅文学院福建中青年作家班结业仪式。中国作协党组副书记、副主席、鲁迅文学院院长钱小芊，福建省委常委、宣传部长李书磊，省政协副主席、省文联主席张帆出席并讲话，省委宣传部副部长马照南，省文联党组书记张作兴，省委办公厅厅务会议成员、省委政策研究室副主任王金福，省文联党组成员、书记处书记、副主席陈毅达等领导出席了结业式。

【中国梦·海峡情第二届海峡两岸文学创作网络大赛高峰论坛】

8月13日，中国梦·海峡情第二届海峡两岸文学创作网络大赛高峰论坛“文学在互联网时代的地位与应对方式”在北京中国现代文学馆召开。活动由福建省文联、省互联网信息办公室、省作协联合主办，福建省政协副主席、省文联主席张帆主持会议。中国作协领导李敬泽、阎晶明、张胜友，知名文艺评论家和学者谢冕、孙绍振、张陵、白烨、黎湘萍、陈晓明、王光明、李洱、张柠、马季、谢有顺、朱双一、刘小新等，省文联领导张作兴、陈毅达，以及福建省作家、评论家林那北、哈雷、何强、张冬青、吕纯晖、曾章团等30多名领导、专家、学者出席活动。张作兴书记介绍了省文联开展海峡两岸文学创作网络大赛的相关情况，福建省出版物监测与研究中心主任何强通报本届大赛的收稿情况。与会专家针对海峡两岸网络文学创作进行了深入研讨与交流。本届大赛自1月份启动，历时半年，共收到参赛稿件3374部，其中小说有2112部，不论是稿件数量、质量，还是参赛人数均胜第一届。

【2014闽派文艺理论家高峰论坛】

9月27日，2014闽派文艺理论家批评家高峰论坛在福州举行。这次高峰论坛由中国作协创研部、《文艺报》和福建省文联主办，福建省文学院、福建文艺网承办。来自全国各地的闽籍和在闽工作的文艺批评家以及部分闽籍作家、文学界人士共80多人齐聚福州，共论“文艺批评的变革与创新”。中国作协党组成员、副主席、书记处书记李敬泽，福建省委常委、宣传部部长李书磊，省政协副主席、省文联主席张帆，中国作协党组成员、书记处书记阎晶明，中国作协原党组成员、书记处书记张胜友，中国作协办公厅主任胡殷红，《文艺报》总编梁鸿鹰，中国作协创研部副主任何向阳，中国文联理论研究室主任、中国文艺评论家协会副主席、秘书长庞井君，《人民日报》文艺部副主任李航，福建省委宣传部副部长马照南，省文联党组书记张作兴，省文联党组成员、书记处书记、副主席陈毅达出席本次高峰论坛。这是福建文艺批评史上极具规模和规格的一次盛会，李书磊部长在开幕式上致辞，四代“闽派批评”家集体亮相，包括谢冕、张炯、孙绍振、张陵、王光明、南帆、陈晓明、吴子林、黄发有、谢有顺等等。舒婷、杨少衡、林那北、须一瓜、李师江等著名福建作家也前来参加。

【陈礼忠寿山石雕刻艺术展】

11月30日，福建省文联与中国艺术研究院、中国美术馆、福建省文化厅等单位共同主办的“文心点石——陈礼忠寿山石雕刻艺术展”在中国美术馆揭幕。全国政协副主席、民进中央常务副主席罗富和，全国台联会长汪毅夫，福建省人大常委会副主任刘群英，福建省副省长郑晓松，中央美术学院院长、中国美协副主席范迪安，中国美术馆馆长吴为山、省文化厅厅长陈秋平、省文联党组书记张作兴等领导及多位知名书画家出席艺术展开幕式。该展览为期11天，集中展出了中国工艺美术大师陈礼忠近年来创作的150余件寿山石雕刻艺术精品，苍鹰、残荷、天鹅等多个具有人文关切与情怀的寿山石雕系列作品，将中国传统文人艺术的精髓通过寿山石雕表现得淋漓尽致，吸引了大批艺术爱好者前往观看。12月8日，中共中央政治局委员、中宣部部长刘奇葆，中共中央政治局原常委、全国政协原主席贾庆林，省委书记尤权观看了“陈礼忠寿山石雕刻艺术展”，文化部副部长杨志今、中国文联副主席左中一、中国艺术研究院院长王文章、北京市政协副主席陈平、中国美协主席刘大为，省领导叶双瑜、李书磊、李红等一同观看展览。

【福建文艺志愿者艺术团成立暨赴福清开展“送欢乐到基层”惠民演出】

12月5日晚，省文联在福清市洪宽工业村体育馆举办“送欢乐到基层”惠民演出活动，同时举行了省文联文艺志愿者艺术团成立仪式。来自各省级文艺家协会的文艺家们为群众献演了包括合唱、歌舞、杂技、小品、戏剧等多个艺术门类14个节目。省文联党组书记张作兴，省文联党组成员、书记处书记、副主席陈毅达、王来文，省文联副主席、文联文艺志愿者艺术团团长范碧云，省文联顾问、省书法家协会主席陈奋武，省文联副主席柯云瀚、唐晓燕，省文联各处室、协会负责人、福州市文联领导及福清市委常委、宣传部长陈丹参加了艺术团成立仪式并观看了惠民演出。王来文同志代表省文联致辞。张作兴、陈毅达、王来文、陈奋武等省文联领导向福清市赠送了省知名书法家、美术家们创作的书画精品。随后，张作兴书记宣布福建文艺志愿者艺术团成立。之后，艺术团还走进福清特殊教育学校进行慰问演出。此次活动是省文联践行习近平总书记在文艺工作座谈会上的重要讲话精神、推进艺术家“深入生活、扎根人民”的系列活动之一。

【承办或联办全国性文艺活动】

承办全国组联工作会议：4月1日至2日在福州召开全国组联工作会议，来自全国各省、市、自治区文联，副省级城市文联的领导和组联干部以及各地基层文联负责人代表150余人共襄盛会。本次会议由中国文联主办，中国文联国内联络部、福建省文联承办。福建省委常委、宣传部长李书磊，中国文联党组成员、书记处书记、中国文联国内联络部主任罗成琰出席开幕式并讲话；福建省文联党组书记张作兴在开幕式上致辞；中国文联办公厅副主任刘尚军宣读中国文联党组书记赵实对本次全国文联组联工作会议的批示；福建省委办公厅厅务会议成员、政研室副主任王金福，省委宣传部副部长马照南，中国文联国内联络部副主任李培隽、谢力等出席会议。两天的会期中，代表们紧紧围绕以中国梦为主题的文艺创作活动和文艺家协会会员发展工作等展开热烈讨论，对福建文联工作给予高度评价。代表们还考察了马尾船政文化和林则徐纪念馆以及福建省海峡民间艺术馆。

承办第十二届全国美术作品展暨漆画作品展：9月1日上午，由文化部、中国文联、中国美协主办，福州市人民政府、福建省文联、福建省美协、福建拓福文教基金会承办的第十二届全国美术作品展览漆画作品展在福州海峡国际会展中心开幕。全国政协常委、中国文联副主席覃志刚，福建省委常委、福州市委书记杨岳，省委常委、宣传部长李书磊，省政协副主席、省文联主席张帆，中国美协党组副书记、秘书长徐里，中国美协漆画艺委会主任冯健亲，省委副秘书长陆开锦，省委宣传部副部长马照南，福州市政府市长杨益民，省文化厅厅长陈秋平，省文联党组书记张作兴，省台联党组书记蔡尔申，福建拓福文教基金会董事长林云，福州市委常委、宣传部长何静彦等，以及来自中国文联、中国美协、全国各省市、港澳台地区美术界和省、市社会各界的领导及嘉宾出席开幕式，省文联党组成员、书记处书记、副主席王来文主持开幕式。本次漆画展为期10天，共展出第十二届全国美术作品展览漆画展区入选作品308件，并从中评出34件晋京作品。开幕当天，举办了“海峡两岸当代漆画艺术发展高峰论坛”。

联办全国古村落保护高峰论坛：11月18日，由中国民间文艺家协会、福建省文联和宁德市人民政府联合主办的中国传统村落文化遗产保护高峰论坛在屏南县举行。来自全国多所高校、研究机构的200多位专家学者参会。与会专家围绕“传统村落保护与美丽乡村建设”主题，就传统村落文化保护的方法、经验、重点问题进行深入交流，探讨了中国传统村落文化遗产保护与新农村建设的新成果、新思路。

创作与研究

【创作情况】

精心组织社会主义核心价值观文艺和“中国梦”、“美丽福建”等主题文艺实践活动，推进“海上丝绸之路”、“记得住乡愁”等重大主题文艺创作，大力传播社会主流价值观和福建科学发展跨越发展新成就。

精心开展文艺创作引导指导，实施第二批福建省文联文艺创作题材库优秀题材的申报工作，共收到申报题材83项。举办首届福建省大学生戏剧节、第二届福建高校文学作品大赛等评奖活动，面向全国、海峡两岸开展了以“闽派”文艺为重点的培训指导和创作引导活动。

召开福建省文联艺术委员会2014年第二次全体会议暨文艺创作题材库优秀题材评选工作会议。7月29日在省文联举行，省文联党组书记、艺委会主任张作兴，省文联艺委会常务副主任范碧云、陈济谋，省文联书记处书记、艺委会副主任罗训涌，省文联书记处书记、艺委会秘书长陈毅达，省文联书记处书记、造型艺术委员会委员王来文等领导出席会议，省文联艺委会文学创作委员会、舞台艺术委员会、造型艺术委员会委员近40人参加会议。会议通报了省文联艺委会2014年上半年工作情况及下半年的工作思路，对2014年省文联文艺创作题材库优秀题材的申报、初评和终评工作情况作了说明，并评选出2014年度省文联文艺创作题材库优秀题材重点作品拟资助项目3项，分别为历史人文系列电视纪录片剧本《涨海声中万国商——福建海上丝绸之路历史巡礼》、长篇小说《海的那头是中国》和纪实文学《朱子与他的时代》。

【获奖情况】

文学创作：中篇小说《龙舟》入围第六届鲁迅文学奖提名奖；散文集《人约黄昏后》和理论文章《冰心的生态美学思想及其审美意义》、《散文的末路与未来》等3个作品荣获第六届冰心散文奖。

戏剧创作：校园话剧《上大学》捧得我国校园戏剧大赛的最高荣誉奖项——“中国戏剧奖·校园戏剧奖”优秀剧目奖，实现福建省该奖“三连冠”；话剧《哥德巴赫猜想》荣膺中国校园戏剧节“优秀剧目奖”，2位演员荣获“校园戏剧之星”称号。

音乐创作：歌曲《海峡月光曲》荣获第十三届全国精神文明建设“五个一工程”优秀作品奖，为福建省争得该奖“四连冠”殊荣；歌曲《同圆中国梦》、《浪花跳到台湾岛》、《方圆故里》、《开满鲜花的海峡》、《拉拉手》等5部作品被授予福建省“五个一工程”贡献奖。

美术创作：216件作品入展第十二届全国美展，跻身全国第一方阵。在“中国美术奖·创作奖”中，福建省获得一金一银二铜三优秀的好成绩。其中，张玉惠漆画作品《织情叙意》获得金奖；沈克龙漆画作品《花事千年》获得银奖；林智勋、黄建坤漆画作品《旧时光》、熊礼斌油画作品《草原上的人们》获得铜奖，获奖数量与浙江、辽宁并列全国前茅，创福建省参加全国美展历史最好成绩。美术作品《大海的渔情》被“追寻中国梦—庆祝中国文联成立65周年全国文联干部职工美术、书法、摄影展”评为特别优秀作品。

书法创作：蔡宝国、陈胜凯、龚子猛、林传生、林玉梅、叶韶霖、曾锦溪等7人的作品入展第五届中国书法兰亭奖，曾锦溪作品获二等奖，陈胜凯、林玉梅作品获三等奖，叶梅的《晚明嘉兴项氏法书鉴藏研究》专著获理论奖一等奖，获奖人数居全国第三，取得历史最好成绩。此外，12人次在全国书法篆刻作品展等荣获优秀奖（最高奖）。

舞蹈创作：在第九届中国舞蹈“荷花奖”评选中荣获三项大奖，其中女子群舞《香扇春情》获作品银奖，独舞《方志敏》获表演铜奖，论文《泉州民间舞蹈及其生态研究》荣获舞蹈理论铜奖，实现“零的突破”；参加第六届华东专业舞蹈比赛，获创作三等奖3个、表演三等奖2个、入围奖2个。

曲艺创作：在第八届中国曲艺牡丹奖评选中获得历史最好成绩，杨雪莉荣获牡丹表演大奖、庄丽芬获表演新人大奖，3个参评作品捧回4项牡丹入围奖项；在第六届全国少儿曲艺大赛中，共获得1个一等奖、2个二等奖、1个三等奖，金银铜奖牌数位居全国第二。

摄影创作：《台东夜渔》在“追寻中国梦——庆祝中国文联成立65周年全国文联干部职工美术、书法、摄影展”中评为特别优秀作品；《梨香墨韵》应邀参加2014上海国际摄影节展览。

电视艺术创作：在第27届中国电视金鹰奖中，《朱哲琴·世界看见》获电视文艺节目三等奖，《百年学村中国梦》获电视纪录片三等奖；在第二届华东六省一市暨全国部分省市微电影（微视频）大赛评选中，17部作品获奖，省视协微电影《哭砂》获微视频故事组一等奖。

民间文艺创作：舞龙表演《五龙呈祥庆太平》在全国民间舞龙大赛暨第十二届中国民间文艺“山花奖·民间艺术奖”评选中勇夺金奖；农民画《酿酒》在全国农民画展中喜获金奖；推荐5个作品参加全国木偶大赛获2金1银；民俗群舞《迎春牛》荣获第十二届中国民间文艺“山花奖·民间艺术表演奖”银奖；剪纸《荷塘情韵》在全国剪纸艺术大赛夺得银奖。在“山花奖·民间工艺美术奖”中，获得金奖23个、银奖18个、铜奖9个、优秀奖12个。

杂技创作：《灵魂向远方——绳技》参加俄罗斯偶像国际马戏节的杂技比赛荣获银奖（第一名），该节目同时还在武汉光谷国际杂技艺术节获得荣誉金奖，另一节目《博——抖杠》获得铜奖。

文艺评论创作：在第九届中国文联文艺评论奖中获得三项大奖，朱立立、刘小新的《近20年台湾文学创作与文艺思潮》获著作类二等奖；吴思富的《音乐的“温度”及其意义立场》和徐东树的《试论“字如其人”的历史合理性及其现实困境》荣获文章类二等奖。

此外，在中宣部举办的“我们的中国梦——讲述中国故事”文艺作品征集活动中，1部文学作品获全国一等奖(第一名)、2首歌曲获音频类二等奖。在福建省第七届“百花文艺奖”中荣获佳绩，54件作品获奖，获奖数量名列全省首位。

对外及对港澳台地区文化交流

【2014两岸青年诗歌创作座谈会暨海峡诗会】

5月24日，由中国作协港澳台办公室、福建省文联主办，福建省作协、诗刊社、台湾创世纪诗杂志、台港文学选刊杂志社等协办的2014两岸青年诗歌创作座谈会暨海峡诗会在福建会堂南平厅拉开序幕。福建省委常委、宣传部部长李书磊，中国作协书记处书记、《文艺报》总编辑阎晶明，省委办公厅厅务会议成员、政研室副主任王金福，省委宣传部副部长马照南，省文联党组书记张作兴，《诗刊》常务副主编商震，《诗刊》副主编李少君，台湾创世纪诗杂志编委古月，省政府台湾事务办公室副主任林江玲，省文联党组成员、书记处书记、副主席陈毅达参加座谈会。本次活动为期5天，在福州、武夷山两地举行，内容包括两岸诗人创作谈、诗歌朗诵会、诗歌创作、“三坊七巷”与“朱子文化”采风等，既是一次华文诗人心连心的聚会，也是两岸同胞共同弘扬中华文化传统、发展现代诗学的盛会。特邀出席的海峡两岸“60后”、“70后”、“80后”青年诗人共25位，其中来自台湾的有纪小样、陈克华、杨佳娴等10位。

【第五届海峡两岸青年舞蹈嘉年华】

8月23日至26日，由中国舞协、福建省文联、台湾两岸关系发展促进会、晋江市人民政府主办的国台办对台文化交流重点项目——“第五届海峡两岸青年舞蹈嘉年华活动”在福建省晋江市举办。

本次活动紧扣“海丝”文化内涵，以“寻梦、追梦，同圆中国梦”为主题，内容丰富、形式多样，活动包括：嘉年华开幕式暨大美晋江海峡两岸青少年优秀舞蹈展演、海峡两岸舞蹈发展与合作论坛、海峡两岸青少年“海丝文化”舞蹈研习创作采风、海峡两岸民族民间舞蹈现场教学研习等。开幕式由福建省文联党组成员、书记处书记、副主席林瑞发主持，晋江市人民政府副市长丁峰致欢迎词，台湾两岸关系发展促进会理事长郑昭明致辞，中国舞蹈家协会副主席丹增贡布宣布嘉年华活动开幕。来自海峡两岸的14支队伍、近400名青少年，为1000多名现场观众奉上了一场融合两岸青少年时尚、青春、激情的获奖节目。活动期间，福建省舞协分别与台北华冈艺术学校、台湾枫香舞蹈团、台北体育运动舞蹈总会互赠“海峡两岸舞蹈交流合作单位”；同时，授予晋江市青少年宫为“海峡两岸青少年舞蹈交流研习基地”；授予台湾枫香舞团、台北华冈艺术学校、福建师范大学音乐学院、厦门歌舞剧院、厦门小白鹭民间舞艺术中心等14支参演单位“优秀组织奖”。

【2014海峡两岸曲艺欢乐汇】

11月16日至22日，由中国文联、中国曲协、福建省文联共同主办的国台办对台文化交流重点项目——“2014海峡两岸曲艺欢乐汇”系列活动在台湾成功举办。活动由中国文联党组成员、书记处书记郭运德带队，7天时间共举行了6场演出、1场研讨会、1场拜会研讨活动。40余名大陆曲艺名家兵分台北、台中、台南3路，开展“海峡水暖·曲艺情浓”优秀曲艺作品宝岛巡演，为台北文化大学、台南南宁高中、台南应用科技大学、嘉义大学民雄校区的学生们、台北润福亲象敬老院的老人们，献上多场高水准的曲艺表演，让学生近距离感受到中华曲艺的博大精深，为老人们带去久违的乡音和快乐。巡回演出共计50多个节目，既有相声、独角戏、评书、快板书、京韵大鼓、山东琴书、二人转等北方曲种，也有南音、答嘴鼓、粤曲、文枕琴说唱、客家竹板歌、漳州锦歌等极富南国风韵的曲艺形式，惠及数千名台胞。期间，郭运德书记会见了台湾国民党代表，受到中国国民党台北市委员会主任委员钟则良及台湾文艺界知名人士的热情接待。双方围绕两岸文艺事业畅所欲言，共叙同胞友谊，共话和平愿景。

【其他对台文艺交流活动】

首次邀请了台湾校园戏剧入闽演出，成功举行了海峡两岸校园剧交流展演，在两岸文艺界和社会产生良好反响。举办第五届海峡两岸电视主持新人赛、第二届海峡两岸文学创作网络大赛、“我的中国梦——闽台新童谣”福建省少儿歌手赛，联办或承办“海风华韵·海峡文学笔会”、首届“中华情——闽台两地大学生魔术大赛”、第三届“海峡文缘学术研讨会”、海峡两岸清新文艺之旅、闽台首届客家文学与文化发展学术研讨会等。开展海峡两岸民间音乐整理创作活动；推进“海峡两岸故事”新故事大奖赛评选活动，出版《香浓的桂花酒——海峡两岸故事集3》；入台摄制播出《海峡艺术名家》之“台湾专辑”。

【对外及港澳文艺交流活动】

在福州高标准举办第九届亚太青少年电影节，吸引亚太地区众多影人、文艺工作者前来观展交流，福建文艺在亚太地区初露风采。以“站在海上丝绸之路的历史新起点上”为抓手，开展了福建海上丝绸之路历史文化资源创作、“海上丝绸之路”书画艺术精品创作等活动，推进了“一带一路”相关文艺创作和交流宣传。联合东南亚华文社团开展征文比赛，着力推动东南亚乃至世界各地华文创作。

自身建设

【机关建设】

出台进一步加强文联党建工作的意见，加强所属事业单位党组织建设。建立健全党组议事规则、书记处工作规则等26项制度，印制《福建省文联工作手册》，完善处级干部廉政档案、资产申报制度，着力建设“阳光文联”，巩固党的群众路线教育实践活动成果。严格按程序选拔任用和培养干部，全年共选拔任用6名干部，遴选5名选调生入会工作，选派2名优秀处级干部到基层或外省挂职锻炼，安排4名党组成员参加中组部、省委举办的“厅局级干部加强党性教育”等学习培训，选派11名同志参加省委党校培训班等学习，完成所属事业单位分类改革初步分类意见划定工作。全面推进工青妇工作，加大老干部工作力度，文联机关建设取得明显成效，荣获第十二届省级文明单位称号。

启动建立福建省文联信息资源中心平台，推动省文联业务管理系统和文化产品项目数字化工程建设，推进文联数字化、网络化、信息化建设。整合文学杂志资源，推动刊物发展。与《东南快报》合办《文周刊》，创办文艺专刊《艺品》杂志，改版《福建文艺界》。成立省文联“文联阁”收藏中心，完成冰心文学馆数字化建设和展览馆提升改造、海峡民间艺术馆展厅建设、画院整修等，加大文艺传播和宣传报道力度，扩大福建文艺的覆盖面和影响力。

【服务文艺家、服务基层、服务群众】

加大人才培养推介力度：设立“文艺人才培养推广工程补助经费”，精心开展“走出去、请进来、树起来”宣传推广。联办“八闽神韵——福建当代书画名家作品海内外巡回展”在济南、福州成功展出；邀请李敬泽、仲呈祥、阎晶明、何建明、谢冕、谢有顺、陈晓明等全国重量级学者来闽授课；举办“绿叶增春”——中国文联著名表演艺术家书画联展等，在中国美术馆隆重举办了“文心点石——陈礼忠寿山石雕艺术展”，积极推荐优秀人才参加全国性培训活动，组织选送优秀作品全国各类文艺评奖赛事、展览展演。积极举办各文艺门类培训班、研修班，在省内举办“八闽丹青奖”——福建省美术书法双年展、福建省首届“丹桂奖”曲艺大赛、第三届“海洋杯”中国霞浦国际摄影大赛等评奖活动，加强后备人才培养。完善各文艺家协会发展会员制度，筹建福建青年画院，并关注不同领域和体制的文艺工作者，精心为文艺工作者服务。

扶持基层文联和文艺工作发展：开展第四批福建省特色文艺示范基地评选工作，评定了19个基层特色文艺示范基地。协调中国文联在福建成立中国寿山石文化发展研究中心、中国客家民俗文化之乡和中国民间文艺之乡等文艺基地，协助成功申创漳浦县“中国书法之乡”、东山县“中国曲艺之乡”称号，拓展了基层文艺对外展示空间。

成立福建文艺志愿者艺术团，坚持利用传统节日，组织各门类文艺家下基层开展写春联、开笔会、办培训、采风调研等。组织开展“追寻中国梦”送欢乐到基层、青年文艺小分队“中国梦•军民情”文艺慰问、高雅音乐走进校园等公益演出20余场，安排文艺家进校园送欢笑、到孩子身边演出和组织校园讲座表演30余场，举办“八闽书院名家大讲坛”、“作者寻找读者”、“诗歌寻找朗诵者”、“厦门文艺大讲堂”等活动百余场，为各界群众送上丰富的精神食粮。

直属单位

【文艺理论研究室】

2月，汇编完成福建省文联第七次文代会资料——《放飞梦想》。3月，与《东南快报》合办《文周刊》，定期刊发全省文艺资讯动态，扩大宣传福建文艺。4月，举办2014年福建文艺论坛。9月，合办全省第八期“文学艺术高级讲习班”。此外，改版《福建文艺界》，实施文联数字化网络化建设和《福建文艺网》升级工作，建设“网上文联”新阵地；编辑出版文艺理论研究与“海峡文缘采风调研系列活动”科研成果论著、论文集3本。

【文学艺术对外交流中心】

办理省文联领导及文艺家赴香港参加第三届“紫荆杯”青少年书画大赛颁奖，赴台举办“海峡两岸曲艺欢乐汇”、第五届舞蹈嘉年华，随同中国书协赴日本参加书画展等活动的相关手续。做好办理和接待新西兰文学艺术界联合会秘书长一行访问福建省文联等的相关工作。

【省文学院】

全年，成功举办“八闽书院名家大讲堂”、“作者寻找读者”、“诗歌寻找朗诵者”等大型公益文学活动16场，邀请省内外著名作家王宏甲、朱大可、蒋夷牧、朱以撒、孙立顺等开讲授课。3月，联合鲁迅文学院首次举办“鲁迅文学院福建中青年作家班”，邀请了13位全国重量级学者来闽授课，为支持福建省文学创作、繁荣发展文学事业奠定了良好基础。第一季度，高标准完成了福建省委宣传部主办的“我们的中国梦——讲述中国故事”文艺作品的组织创作、征集评审工作。

【省画院】

2月，举办“2013年福建省画院年度创研展”，验收年度创作成果。8月，参加第十二届全国美展，18位本院画家20幅美术作品入展。10月至11

月，举办“记得住乡愁——首届福建省画院油画、中国画提名展”，展出50余位福建籍画家百余件“乡愁”主题的精品力作。11月，举办“惠风和畅——全国名家惠安女国画学术邀请展”，展出80余件美术作品，并作为泉州“东亚文化之都”系列活动应邀办展。12月，举办“美丽福建·魅力海丝——福建海上丝绸之路历史文化资源美术创作展”，展出60余位画家60余件作品。此外，4月，组织画院艺术家到漳平市开展艺术惠民活动；7月，到驻闽某部举办庆“八一”拥军书画笔会；9月，组织画院19人赴贵州交流采风并举办“福建省画院赴黔书画作品展”。

【冰心文学馆】

做好开放、宣传、讲解工作，全年免费接待观众5万余人次；首次对建馆以来的2万余册图书资料进行规范整理和录入上架。4月，举办《走进冰心爱的世界》展览，上千名师生参观。5月，举办“相聚福州、相约文学博物馆”主题活动，全国50余位专家、学者参会；举办“博物馆藏品架起沟通的桥梁暨博物馆与学校第二课堂研讨会”，全国专家、师生200余人参会，收到论文30余篇。12月，成立该馆第一支大学生志愿者队伍，20位大学生成为首批志愿者。此外，还举办了“20世纪文化名人的中国梦”大型图片展、“我们的节日”等宣教活动。

【《福建文学》杂志社】

成功完成杂志改刊工作，持续推动福建诗群巡展、研讨会活动和刊发闽派评论家专辑等。上半年，承办了首届福建高校文学作品大奖赛，收到全省50多所高校的参赛稿件6000余篇，扩大了高校学子参与文学创作热情。5月，举办了庄逢时海内外微文学奖。10月，推出“美丽乡愁”散文专号。11月，联办福建省文学艺术高级讲习班。

【《台港文学选刊》杂志社】

正常出刊12期，推出“与幸福干杯”、“穿过硝烟的宁静——走近马祖”等特别策划12个，“情态小说”、“喜剧小说”等小说专题12个，杂志被评为“2014中国最美期刊”。6月至12月开展了“行履与见证——我与《台港文学选刊》”征文活动，举办了“《台港文学选刊》与海外华文文学”座谈会、“《台港文学选刊》创办30周年座谈会”、台港澳暨海外华文诗文朗诵会等庆祝创刊30周年系列活动。7月，赴政和县基层举办文艺讲座，接受革命传统教育，开展送书活动等。联办“海洋视野下的妈祖文化与华文文学国际学术研讨会”，征集论文，编辑出版增刊一期。

【《故事林》杂志社】

按时保质完成期刊编辑、出版及发行任务。编制完成“福建省三套集成口头文学遗产数据库工程资料总目”。开展“美丽乡愁”首届福建民间文艺“山茶花”奖·民间文学奖评奖暨第五届福建省民间文学作品评选活动，取得良好社会反响。编辑出版《香浓的桂花酒——海峡两岸故事集3》。组办第九届“海峡两岸采风”全国故事大赛，促进两岸文化交流合作。此外，参加“我的中国梦——讲述中国故事”作品征集推介活动，2篇作品获福建省委宣传部授予的优秀作品奖，杂志社获“优秀组织工作奖”。

【第三产业服务中心】

认真做好“福建文艺网”、“海峡国际艺术网”两个微信公众号和两个新浪微博的资讯编辑、日常推送更新等工作。9月，承办首届中国（厦门）国际艺术品投资博览会福建省文联项目。10月，投资开发“海峡（武夷山）艺术创作交流中心”，并签定合作框架协议；组织省内艺术家前往西藏林芝地区参加援藏20周年纪念画展暨赴藏交流采风活动，协助举办了书画作品展。全年，共配合承办30余项评奖赛事活动，开展60余项展览及出版画册等工作。

各文艺家协会

【作家协会】

4月，举办2014两岸青年诗歌创作座谈会暨海峡诗会，增进了两岸文艺交流。8月，联办中国梦•海峡情第二届海峡两岸文学创作网络大赛之“文学在互联网时代的地位与应对方式”高峰论坛。9月，联办2014闽派文艺理论家批评家高峰论坛。11月，举办纪实报告文学福建作家读书班，来自海峡两岸的43位作家参加培训。此外，与福建省旅游局等联办“I在福建”清新文艺之旅系列活动，举办福建省第28届优秀文学作品奖暨第10届陈明玉文学奖、“中国梦·海峡情”第二届海峡两岸文学创作网络大赛以及首届福建高校文学作品大赛等活动，扩大宣传福建、展示八闽大美。

【戏剧家协会】

5月，举办首届福建省大学生戏剧节暨海峡两岸校园戏剧交流展演，13天20部剧目吸引上万观众观看，并首次引入台湾校园戏剧来闽演出。11月，参加第四届中国校园戏剧节评奖荣获佳绩，校园话剧《上大学》捧得“中国戏剧奖•校园戏剧奖”优秀剧目奖，实现该奖“三连冠”；话剧《哥德巴赫猜想》荣膺中国校园戏剧节“优秀剧目奖”；2位演员荣获“校园戏剧之星”称号。12月起，启动举办第十二届福建省“水仙花”戏剧传统唱腔（名家名段）比赛暨第二十七届中国戏剧梅花奖福建选拔赛。此外，举办了“送欢乐到基层”——“梅花奖”获得者宁化专场演出、情系漳浦——省文联“送欢乐下基层”文艺慰问演出等活动。

【美术家协会】

全年，围绕参加全国第十二届美术大展精心组织创作，营造浓厚氛围，取得历史佳绩，216件作品入选国展，跻身全国第一方阵；在“中国美术奖•创作奖”中，福建省获得一金一银二铜三优秀的好成绩。3月至9月，完成“八闽丹青奖”评选和出版画册展览工作。7月，举办“丝路之情”——福建省当代美术精品展暨第十二届全国美展福建省作品选拔展活动，收到全省美术家的作品近800件。9月，高标准承办第十二届全国美术作品展览漆画展，圆满举办“海峡两岸当代漆画艺术发展高峰论坛”活动。12月，举办“福建省首届油画写生作品展”、“福建省第18届东海浪（新人新作）美术作品展”等活动。

【音乐家协会】

1月，举办“中国梦•音乐情”金钟奖福建省获奖选手颁奖音乐会。5月，参加中宣部的“我们的中国梦——讲述中国故事”文艺作品征集活动，2首歌曲获音频类二等奖；参加福建省第七届“百花文艺奖”，13部音乐作品获奖。6月至8月，举办第二届海峡青少年古筝演奏比赛。7月，主办“我的中国梦•闽台新童谣”少儿歌手赛，吸引两岸数百名少儿选手参赛。9月，选荐作品参加全国第十三届精神文明建设“五个一工程”奖，1首歌曲荣获优秀作品奖；另有5部作品被授予福建省“五个一工程”贡献奖；举办福建省少儿钢琴大赛暨中国音乐“小金钟”奖福建选拔赛。10月，举办福建省首届海峡二胡和国韵古琴表演比赛，参加中国音乐“小金钟”奖第二届全国钢琴比赛决赛，获得1金3铜3优秀佳绩。此外，组织音乐家赴福鼎、建瓯开展送欢乐到基层慰问演出暨采风创作活动，以及“庆八一”慰问演出、“高雅音乐——走进校园”专场演出等活动。

【电影家协会】

4月，成功举办三次电影音乐金鸡奖获得者章绍同表彰会暨福建省首届电影音乐创作讲习班。9月，举办福建省首届两岸电影出品制片人总裁研讨班。第四季度，开展了福建省两岸首届电影、微电影演员选拔培训活动，共计1000余人参加。

【摄影家协会】

3月，协办福建省委宣传部“美丽福建　美丽梦想”摄影赛。5月，与福建省旅游局合办“清新福建•行摄四季”旅游摄影大赛。6月，与国家海洋局、中国摄协等合办“海上丝绸之路——过去与现在”摄影图片展暨摄影大赛。8月，参加上海第十二届国际摄影艺术展，入选76幅，占全部13%。11月，联办“记得住乡愁•福建”——美丽乡村摄影展。12月份，举办第24届福建摄影展优秀作品展。此外，全年共组织10批200余人次的摄影“送文化、送培训、送服务下基层”活动。

【曲艺家协会】

3月至7月，举办福建省首届“丹桂奖”少儿曲艺大赛暨第六届全国少儿曲艺大赛福建赛区选拔赛，全省共计100多个作品、400多名儿童参赛；从中精选的10个作品参加全国少儿曲艺大赛，荣获1金2银1铜、位居全国第二的佳绩。5月，编辑出版2013卷《海峡曲艺》。7月，参加中国曲协“中国梦”全国优秀曲艺节目推选展演，2件作品获奖。9月，选荐作品、选手参加第八届中国曲艺牡丹奖全国曲艺大赛，荣获1个牡丹表演大奖、1个表演新人大奖，另有3个作品捧回4项牡丹入围奖项。11月，赴台举办“第四届海峡两岸曲艺欢乐汇”，精选的10件福建本土特色曲艺作品受到台湾民众热评。

【舞蹈家协会】

5月，参加第六届华东专业舞蹈比赛，荣获创作三等奖3个、表演三等奖2个、入围奖2个的佳绩；成立福建省舞蹈家协会中青年舞蹈创作委员会。7月，参加第五届中国舞蹈节暨第九届中国舞蹈“荷花奖”校园舞蹈大赛，荣获1银1铜。10月，在福鼎市举办庆祝建国65周年福建省青少年优秀舞蹈展演。11月，参加第五届中国舞蹈节第九届中国舞蹈“荷花奖”理论奖评奖，1篇论文荣获铜奖，实现福建省该奖项“零的突破”；举办“美丽乡愁”——福建省舞蹈精品创作乡村行系列活动，全省40余名舞蹈编导参加。8月至12月，在闽台两地举办第五届两岸青年少舞蹈嘉年华，两岸20余家单位、400多名青少年舞者专家欢聚一堂，规模空前，影响巨大。10月至12月，组织开展了“走进美丽乡村——福建新农村少儿舞蹈美育进校园”、“福建省优秀民族民间舞蹈进课堂”等活动。

【民间文艺家协会】

2月，举办2014年海峡两岸民俗文化节。4月，参加全国木偶大赛，2个作品获得金奖，1个获得银奖。6月，参加全国民间舞龙大赛暨第十二届中国民间文艺“山花奖•民间艺术奖”，1个节目荣获金奖。9月，参加第十二届中国民间文艺“山花奖•民间艺术表演奖”，1个节目获得银奖；举办“匠心神韵”中国寿山石雕新秀创作大赛。10月至12月，参加2014年中国民间工艺暨第十二届“山花奖•民间工艺美术奖”，获金奖23个、银奖18个、铜奖9个、优秀奖12个，展示福建省民间工艺的良好风采。11月，举办中国传统村落文化遗产保护高峰论坛，海峡两岸200余名专家、学者参加活动；在广东举办“福建省民间艺术岭南行”。12月，在中国美术馆举办“文心点石——陈礼忠寿山石雕艺术展”。

【书法家协会】

举办了第二届“中华情•中国梦”海峡两岸书画交流展、“妈祖杯”全国第二届书法大展、全国第三届“海峡杯”书画大赛等活动。参加中国书法兰亭奖，7人作品入展获奖，取得历史最好成绩。参加香港“紫荆杯”两岸四地青少年书法大赛，获得等级奖5名、优秀奖25名。成功助推漳浦县授予中国书协“中国书法之乡”称号。

【电视艺术家协会】

组织开展了第十六届福建省电视艺术奖评选活动，收到参评作品287件、评出获奖作品100余件。推荐福建省优秀电视作品参加全国电视金鹰奖、全国旅游电视节目优秀奖、全国优秀电视纪录片奖、新农村电视节评奖等，共有20余部作品获奖。11月，成功举办了第九届亚洲国际青少年电影节系列活动；举办了第六届海峡两岸电视主持新人大赛，海峡两岸80多名选手参赛。

【杂技家协会】

4月，举办了福建省首届大学生魔术大赛暨闽台高校大学生交流大会。9月，参加俄罗斯偶像国际马戏节杂技比赛，1个节目荣获银奖。10月，参加武汉国际杂技艺术节，1个节目获荣誉金奖，1个获铜奖。11月，举办首届海峡两岸闽台高校大学生魔术大赛。12月，承办中国文联、中国杂协“我们的中国梦”——送欢乐、下基层慰问演出活动。

基层文联

【三明市文联】

2014年，三明市文联认真贯彻落实习近平总书记在文艺工作座谈会上的重要讲话精神，聚集正能量，引领新风尚，扎实开展文艺创作活动，着力建设高素质文联队伍，开创三明文艺新局面。

高屋建瓴，加强对文艺的组织领导。10月16日上午，第一时间召开了“宣传贯彻习近平总书记在文艺工作座谈会上的重要讲话精神学习座谈会”，率先就学习贯彻讲话精神作出统一部署。以市委名义下发了《中共三明市委关于进一步加强新形势下文联工作的实施意见》，为推动全市文化大繁荣大发展提供强大的精神动力。隆重召开三明市文学艺术界联合会第五次代表大会，选举产生了市文联新一届领导班子，同时指导全市11个文艺家协会圆满完成换届工作。

突出重点，加强文艺精品创作传播。开展以“中国梦”为主题的文艺实践活动，选送的散文《父亲心中的社稷》获中宣部举办的“我们的中国梦——讲述中国故事”征文活动文学作品一等奖，编辑出版了第一部以集群品牌命名的诗歌作品集《三明诗群》、《三明作家文丛》、《三明优秀歌曲集》等。加大文艺评论评奖评价，举办三明市首届摄影艺术展、“文艺出新人”音乐舞蹈艺术大赛等活动，出刊诗学理论评论集《大时空大心境大技巧——三明诗群理论与评说选萃》，发挥理论引领功效。同时，注重做好文艺成果的应用利用使用，为全市生态新城、城市绿道、综合开发等市委、市政府重大决策部署提供了重要文创策划和文化支持。

面向基层，践行以人民为中心的工作导向。推动清流县灵台山现代刻字基地、建宁县莲乡文学创作基地、三元区万寿岩民间文艺传承创作基地、尤溪县联合梯田摄影创作基地、将乐县南词艺术研究传习基地等成功创评“福建省特色文艺示范基地”。举办了“全国文艺名家走进建宁——莲乡音画诗会”采风、“同心共创文明城”文艺采风等活动，让文艺家走入基层、扎根人民；深入开展文艺“四到基层”活动，组织参加了“走进社区、走进百姓”送春联送祝福、“走进警营——送欢乐下基层”拥军慰问、“文化惠民·圆梦三明”群众广场文化等系列文艺惠民活动，丰富基层文艺生活；制定了《团体会员信息工作制度》，切实帮助基层文联、协会组织解决实际问题。

【集美区文联】

2014年，集美区文联紧紧围绕中心，服务大局，面向群众，认真开展“美丽厦门·人文集美”等系列主题文艺活动，为推动文艺扎根基层、扎根人民、繁荣发展起到积极作用。

注重引导，丰富基层文化生活。围绕“人文集美”发展理念，丰富“一精神三文化”（嘉庚精神、华侨文化、闽南文化、学村文化）内涵，组织开展了元宵民俗庙会、海峡两岸（集美）龙舟文化节、海峡两岸（集美）端午文化论坛、“清风鹭岛·美丽厦门”文艺巡演等百余项文艺活动。特别是主办的“2014 中国·荷兰（厦门）当代艺术学术交流展暨集美大学美术学院国际艺术交流十周年回顾展”，赴台城隍庙“绕境巡游”等活动，丰富了民间文艺生活，增进了对外民间文化交流。

注重创作，推动文艺精品生产。高质量办好《集美风》综合性文艺刊物；创作的大型电视动画系列剧《陈嘉庚的故事》，在中宣部举办的“我们的中国梦——讲述中国故事”文艺作品征集活动中，获视频类二等奖，在央视少儿频道《银河剧场》栏目首播；当代校园励志青春电影《侨女日记》，入选全国第33批向全国中小学生推荐优秀影片片目；专题创作两套弘扬嘉庚精神践行核心价值观的“图说嘉庚精神”公益广告，收到很好的社会反响。

注重服务，践行为民惠民宗旨。定期举办“集美文艺讲堂”，组织基层文艺工作者采风。举办为期三个月的“首届集美学村文化艺术节”，展示了当代校园风采和文化艺术成果，打造了“集美学村”特色品牌。积极拓展文联工作新渠道，成立厦门市第一个镇街文联组织--集美区灌口文艺工作者联合会，成立集美区民间艺术家协会，新建厦门美术家协会集美交流基地，出台了《集美区民间文艺团队扶持暂行办法》。

江西省文联

综　述

2014年，江西省文联认真贯彻落实党的十八大、十八届三中、四中全会精神和习近平总书记系列重要讲话精神，紧紧围绕中共江西省委“十六字”方针，紧扣“出作品、出人才、出影响”工作主线，积极开展文艺创作和文艺实践活动。一是学习贯彻习近平总书记文艺工作座谈会重要讲话精神，召开江西省文艺工作者带头践行社会主义核心价值观座谈会，组织书画义卖笔会筹集善款20余万元救治罹患脑瘤的单身贫困母亲；二是召开江西省第八次文代会，顺利完成省文联领导班子新老交替；三是组织引导文艺创作，推出了《万里长征新画卷》等一批优秀作品，音乐、书法、曲艺等多个艺术门类在国内外权威评奖中取得突破；四是举办了“八一起艺”四大长卷景德镇揭幕展和南昌汇报展、全国农民画展、“问道丹青”书画展、音乐“映山红奖”大赛等一系列有主题有影响有特色的文艺活动；五是承办中国文联四场大型慰问演出，成立江西省文艺志愿者协会，启动“到人民中去——沿着母亲河行走”采风、创作、展演、志愿服务系列活动；六是加强机关、协会和基层文联建设，被评为江西省省直文明单位奖，综治目标管理先进单位和公共机构节能工作考核奖（优秀单位）。

会议与活动

【江西省第八次文代会】

8月21日至22日，江西省文学艺术界联合会第八次代表大会在南昌召开，来自全省各地、各艺术门类的500余名代表出席会议。中共江西省委书记强卫参加开幕式并作重要讲话，中国文联党组书记赵实专程来赣并向大会致词，江西省领导鹿心社、姚亚平、赵爱明、马志武、朱虹、熊盛文、汤建人和老同志朱英培、王林森等出席开幕式，姚亚平出席闭幕式并讲话。会议审议通过了江西省文联七届委员会工作报告和《章程（修改草案）》，选举产生了新一届文联领导班子，叶青当选为主席，汪天行当选为常务副主席，鄢平原、张越、龙红当选为驻会副主席，杨金星、温燕霞、邓伟民、熊纬、余志华、毛国典当选为不驻会副主席。大会聘请陈世旭、刘华、余达喜、曹杭、陈俐、赖大仁、何炳钦7人为江西省文联第八届委员会荣誉委员。

【展示“八一起艺”工程成果】

江西省文联组织开展了系列展演活动，集中展示“八一起艺”文艺创作工程成果。1月17日，在江西省文联举行“八一起艺”文艺创作工程成果观摩汇报会，江西省副省长朱虹出席汇报会。2月24日，在江西艺术中心举办“江西风景独好”江西省文联“八一起艺”原创文艺作品汇报演出，中共江西省委常委、宣传部部长姚亚平观看演出。5月7日，在景德镇市举行“八一起艺”文艺创作工程之四大长卷首展，中国文联党组书记赵实，中共江西省委常委、宣传部部长姚亚平为展览揭幕。8月21日，配合江西省第八次文代会的召开，在南昌滨江宾馆举办了“八一起艺”四大长卷汇报展览，出席江西省第八次文代会的中国文联领导、江西省委省政府领导观看了展览。

【组织书画家为脑瘤患者举行义卖笔会】

8月下旬，江西省文联党组书记汪天行通过微信得知南昌一位贫困单亲母亲罹患恶性脑瘤，因缺少手术费生命危在旦夕。虽然素未平生，汪天行书记立即组织江西著名书画家进行了一场书画义卖笔会。笔会筹得善款20多万元，全部用于资助手术开支。文艺工作者大爱无疆、无私奉献的精神给受助病患深深的感动，使她重新点燃了生活的勇气，癌症奇迹般的得到痊愈。《中国艺术报》（头版）、《经济晚报》（2个专版）分别以《一场动人的生命救援》、《为生民立命　为天地立心》为题作了专题报道，此次爱心活动的牵头人发起人江西省文联党组书记汪天行还被《中国书画报》评为“2014中国书画年度十大人物”。

【全省文艺界带头践行社会主义核心价值观座谈会】

9月25日，江西省文艺工作者带头践行社会主义核心价值观座谈会在南昌召开，中共江西省委宣传部副部长梅毅出席座谈会。会上发出了《江西省文艺界培育和践行社会主义核心价值观倡议书》，60余位老中青文艺家代表与会并在倡议书上签名，10多位艺术家做了充满使命感和正能量的发言。座谈会上，江西省民协会员刘阳洋讲述了江西省文联组织艺术家救助单身患病母亲的爱心故事。活动中，书法家还现场展示了他们创作的以社会主义核心价值观、文艺界核心价值观为主要内容的书法作品。

【“礼敬革命文化　弘扬核心价值”主题研讨会】

10月10日，江西省文联和中国文联理论研究室在赣州瑞金市共同主办了“礼敬革命文化　弘扬核心价值”研讨会，中国文联原副主席、中国文艺评论家协会主席仲呈祥，中国文联理论研究室主任庞井君等20余位全国著名的文艺理论家和党史专家莅会指导，江西省文联主席叶青主持研讨会。与会专家一致认为，长征为后人留下了宝贵的历史遗产，在纪念中央红军长征出发80周年之际，在红都瑞金召开“礼敬革命文化　弘扬核心价值”研讨会非常具有理论意义、现实意义和文化意义，此次会议是对社会主义核心价值观研究的寻根寻源之举。会上，与会专家围绕革命文化的自觉与自信、抵制西方文化转基因、革命历史转化为文艺作品、红色歌谣的历史风貌等话题开展深入研讨。

【江西省文艺志愿者协会成立】

12月26日，江西省文艺志愿者协会成立大会在南昌举行，来自全省各地各艺术门类的艺术家代表，以及热心公益事业的爱心人士120余人出席大会。会议审议通过了《江西省文艺志愿者协会章程（草案）》，选举产生了江西省文艺志愿者协会第一届理事会理事和主席团，熊纬当选为江西省文艺志愿者协会主席，毛国典、邓伟民、郐成香、余志华、张跃明、张斯栋、李晖、沙甲先、罗小勇、赵小元、钟小平、徐安祥、徐渊明、高希希、章学方当选为副主席。大会同时举行了“到人民中去——沿着母亲河行走”采风展演系列活动启动仪式。

【江西书法五年回顾展】

1月15日，由江西省文联主办、江西省书协承办的“放飞梦想”——江西书法五年回顾展在江西省文联艺术展览中心展出。中共江西省委宣传部副部长马玉玲，江西省高级人民法院党组副书记、常务副院长方晓春，省文联党组书记汪天行，省文联副主席鄢平原、曹杭出席开幕式并参观了展览。此次展览通过丰富的图片、详实的文字资料展示和介绍了江西书法五年来走过的风雨历程，展现了五年来江西书法作者入展全国书法展的优异成绩，集中展出了五年来江西省入展全国书法展两次以上的中国书协会员作品。

【“梦之江西”主题歌舞晚会】

9月29日，为庆祝中华人民共和国成立六十五周年，由江西省文联主办，江西省舞协承办的“梦之江西”主题歌舞晚会在南昌市经典剧场举行，江西省文联党组书记汪天行、主席叶青，副主席鄢平原、张越、龙红，以及江西省妇联、总工会、团省委有关领导出席并观看演出。晚会分为《红色江西》《绿色江西》《自豪江西》三个章节，以江西原创音乐为主旋律，通过历史的回放，将写实与写意、现实与历史、生活与艺术相结合，演绎出了一个让人为之喝彩的江西。

【第三届“小白鹭”少儿舞蹈比赛】

10月5日，由江西省文联主办，江西省舞协、萍乡市文明办承办的江西省第三届“小白鹭”少儿舞蹈比赛颁奖晚会在萍乡学院音乐厅举行。江西省文联副主席龙红，萍乡市领导李江河、王开贵、陈朝清等出席晚会并颁奖。本届比赛以“拥抱中国梦”为主题，得到了全省幼儿园、中小学、少年宫、少儿舞蹈学校和少儿艺术团的积极响应，共有来自120所学校326个节目超过1万名选手参加。经过初赛、复赛的严格选拔，65个节目1500名选手入围决赛。本次比赛共产生30个“白鹭之星奖”，35个“白鹭新秀奖”，6家单位被评为“最佳组织奖”。

【全国农民画展暨中国农民画学术研讨会】

9月24日，由中国文联、中国文学艺术基金会、中国民协、江西省文联、吉安市人民政府主办，江西省民协、吉安市文联、万安县人民政府承办的“我们的中国梦·全国农民画展暨中国农民画学术研讨会”在万安县举行。中国文联主席团委员、中国民协分党组书记、驻会副主席罗杨，中国民协副主席刘华，中国民协分党组成员、副秘书长周燕屏，江西省政府副秘书长宋雷鸣，中共江西省委宣传部副部长梅毅，省文联主席叶青，中共吉安市委书记王萍、市长胡世忠等领导，以及全国农民画展获奖作者代表出席开幕式。活动收到来自全国28个省（直辖市、自治区）的作品959幅，评出入展作品300幅，其中金奖作品5幅、银奖10幅、优秀奖285幅。

【第23届摄影艺术展览】

11月1日至23日，由江西省文联、江西省摄协、中共九江市委宣传部主办的江西省第23届摄影艺术展在庐山区南山公园举行。江西省政府党组成员、顾问熊盛文宣布开幕，省文联副主席鄢平原致辞。九江市领导潘熙宁、唐舒龙、吕斌、李军，以及来自全省各地的获奖作者、各设区市摄协和周边省市摄协负责人、摄影爱好者近500人出席开幕式。展览共收到1600名作者选送的2.6万幅（组）作品，评选出社会生活纪录类、自然风光纪录类、社会生活艺术类、自然风光艺术类四类入选作品500幅（组）。

【全国道教题材美术书法名家精品展】

11月24日至26日，由江西省文联、江西省旅发委、江西省民宗局联合主办的“问道丹青——全国道教题材美术书法名家精品展”在鹰潭市龙虎山举行。全国政协副主席马飚宣布展览开幕，江西省政协主席黄跃金讲话。江西省副省长胡幼桃，河南省政协党组副书记、副主席靳绥东，江西省政协副主席刘晓庄，国家宗教事务局副局长蒋坚永，江西省文联党组书记汪天行，鹰潭市市长熊茂平、市委副书记彭世东、市政协主席潘赞海等出席开幕式，江西省文联副主席鄢平原主持开幕式。本次活动共有150余件作品入展，在鹰潭展出部分精品。参展的艺术家来自国内外，作品内容包括国画、油画、雕塑、陶艺等品种，题材内容丰富，表现手法多样。艺术家们围绕道家行道立德、济世利人、顺应自然、天人和谐的思想观念，从不同的角度展现了对道家思想的理解。

【中国古村落保护现场会暨村落文化论坛】

11月26日至28日，由中国民协、江西省文联、景德镇市政府主办，江西省民协、景德镇市文联、浮梁县政府承办的2014中国古村落保护现场会暨村落文化论坛在景德镇召开。会议开幕式在“中国历史文化名村”浮梁县严台村举行。中国民协分党组书记、驻会副主席罗杨，江西省文联党组书记汪天行，中国民协副主席刘华，中国民协分党组成员、副秘书长周燕屏，景德镇市领导汪立耕、沈薇、周建新等出席开幕式。景德镇市副市长熊皓主持开幕式。来自全国各地的古村落保护研究专家学者，各省市民协及中国代表性村落的负责人参加开幕式及论坛。

【第四届音乐“映山红奖”评选】

4月至11月，江西省文联、江西省音协在南昌举办了第四届江西省音乐“映山红奖”评选大赛。此次评选包括小型器乐作品、二胡、古筝、声乐、管乐五个项目，受到了全省各设区市音协、省直院校、艺术院团等单位的热烈响应，近万人参加比赛。大赛共举办了4场音乐会。11月28日晚，江西省副省长朱虹、江西省政协副主席汤建人出席了第四届江西音乐“映山红奖”系列评选——管乐颁奖音乐会。

【80后青年作家改稿会】

12月27日至30日，由中共江西省委宣传部、江西省文联主办的2014江西青年作家改稿会在江西省展演中心举行，来自全省各地的37名青年作家参会。《北京文学》《青年文学》《散文》《散文海外版》等刊物主编参与授课改稿。

【文艺志愿服务活动】

江西省文联邀请中国文联文艺志愿服务团来赣，先后到鹰潭龙虎山、南昌华南城、上饶二炮部队、赣州瑞金进行了四场大型慰问演出。争取了中国文联文艺支教服务项目落户赣州瑞金和“翰墨薪传工程”中小学书法师资培训项目在南昌实施。在南昌小蓝经济技术开发区、上饶军营举行“送欢乐 下基层”慰问演出。组建“红云舞蹈团”，进行公益演出10余场，还先后赴中国人民解放军防化学院、空军指挥学院、首钢影剧院进行了5场演出，观众8000余人，广获好评。省作协向全省职工书屋捐赠了作家图书约12000册，价值35万元。省各文艺家协会利用春节、五一、七一、国庆等节庆日和5·23文艺志愿服务日等重要时间节点，积极开展丰富多彩的志愿服务活动。5月25日中央电视台《新闻联播》对江西文艺志愿服务活动进行了报道。

创作与研究

【国画长卷《万里长征新画卷》】

为纪念红军长征八十周年，江西省文联、江西美术院组织创作了国画长卷《万里长征新画卷》。作品全长80米，寓意着纪念中央红军长征出发80周年，高1.1米，寓意着中央红军长征经过的11个省。长卷创作工作于3月开始，期间经过了两次草图创作和一次草图研讨。11月3日至6日，创作者们还亲赴赣南瑞金、于都、龙南、信丰等地实地采风。汪天行、游新民、刘杨、詹艺等省内20余位著名画家参与创作。长卷以《七律·长征》对红军经历的叙述为主线，按时间顺序，通过穿越时空、地域、气候、季节的方式，再现了长征沿途的山水风情、城市新貌、重要旧址等，并将重大事件、重大战役寓意风景之中。

【文艺创作与繁荣工程】

江西省文联申报了文艺创作与繁荣工程《江西山水入梦来》江西主题散文集、“赣鄱情　家国梦”长篇小说丛书、寻找历史深处的梦想——大型书法名家写江西活动、南昌方言精品相声集、宜春创建中国书法名城书法作品集、“江西知名文艺家”研究文丛等创作项目，重点宣传推介江西厚重的人文历史和优越的自然环境，各项目进展良好。长篇小说征集评选获奖作品（4部）、“走向田野”文化大散文丛书（7部）、“当代长篇小说经典丛书”（4部）、“红色岁月”丛书（5部）、“农村改革开放长篇小说”丛书（2部）、“江右新散文文丛”（7部）、“民俗江西”丛书（1部）、“江西文艺评论家丛书”等已正式出版。

【文艺创作成果丰硕】

江西省文艺创作成绩斐然，文学作品在《人民文学》等全国重要期刊频频亮相；2件戏剧作品在“首届长江流域小戏小品展演”上获奖；3件电视作品获“中国电视金鹰奖”，8件作品获亚洲微电影“金海棠”奖；音乐“映山红奖”金奖获得者邹志刚荣获第45届意大利“贝里尼国际声乐比赛”冠军；1件舞蹈作品获中国舞蹈“荷花奖”；86件作品入选第十二届全国美展；164人次入选全国书法展，排名全国前列，青年书法家贺炜炜荣获第五届中国书法兰亭奖二等奖；摄影作品获国际金奖31个、银奖13个、铜奖20个；1件作品获第八届中国曲艺“牡丹奖”；民间文艺在中国文联、中国民协主办的全国赛事中获得金奖9个、银奖14个、铜奖8个。

机关建设

【落实党建工作责任制】

江西省文联党组认真落实党建工作责任制，推动了机关党建工作上台阶上水平。年初召开专题会议对落实机关党建责任制工作进行了研究部署，制定工作计划，确定工作重点和落实措施。党组还定期听取党建工作汇报，破解难题，明确方向。认真落实“三会一课”制度，落实领导干部参加双重组织生活要求，班子成员、支部委员带头参加机关讲堂为干部职工授课；严格党员教育和管理，开展民主评议党员和优秀党员评选，做好党员发展和党费的收缴、上交、使用等工作；落实党建带群建工作要求，举办干部职工美术书法摄影展、青年干部赴革命烈士纪念堂参观、妇女健步竞走等活动，丰富机关生活，推动精神文明创建。以党的群众路线教育实践活动“回头看”为重点，认真梳理、盘点、分析领导班子专题民主生活会整改方案、专项整治方案和制度建设计划的落实情况，统筹推进中长期整改任务的落实。

【党风廉政建设和反腐败工作】

印发《中共江西省文联党组关于落实党风廉政建设党组主体责任和纪检监督责任的实施意见》，制定《省文联2014年度党风廉政建设责任制和惩防体系建设工作要点》，开辟廉政文化宣传栏，组织干部职工赴豫章监狱开展警示教育，开展“为官不为”、收送“红包”和群众办事难等专项整治工作。党组书记与班子成员和各协会、部门签订廉政承诺书，实行“一岗双责”，切实把党风廉政建设和反腐败工作落到实处，实现一级抓一级、层层抓落实的工作局面。

各文艺家协会

【作家协会】

江西省作协组织全省作家撰写以中国梦为主题的作品参加了中宣部文艺局、光明网、新华网等组织的“我们的中国梦——讲好中国故事”征文活动，有1000多篇文章参加了活动。

3月1日，由江西省作协组织实施、江西省文艺创作与繁荣工程资助的2013年江西长篇小说征集评选获奖作品一套四本由江西人民出版社出版发行。分别是：刘建华《天宝往事》、樊健军《桃花痒》、林岚《爱民太守况青天》、乌安诗云《西北望》。

3月4日，为丰富活跃职工文化生活，支持江西省总工会推进全省职工书屋建设，江西省作协在洪都集团举行图书捐赠全省职工书屋志愿服务活动。洪都集团、江中集团、方大特钢等职工书屋代表接受了捐赠。此次活动共捐赠江西作家创作的图书12000册，价值35万元。

3月30日，江西省作协、江西省诗词学会、江西省民协、九江市文联、中共九江县委宣传部、九江县文联等单位在九江县举办了江西诗人清明祭扫田园诗派鼻祖、东晋大诗人陶渊明墓园活动。

4月8日至9日，江西省作协、江西省评协、江西人民出版社、中共宜春市委宣传部等单位在宜丰县天宝古村举办了江西女作家刘建华长篇小说《天宝往事》首发式和研讨会，江西省文联主席、省作协主席刘华出席相关活动。

4月18日至19日，谷雨期间，江西省作协、江西广播电视台综合新闻频率、三清山风景名胜区管委会联合在世界自然遗产地、世界地质公园三清山举办了2014年江西省谷雨诗会，来自全省各地的100多位诗人嘉宾参加活动。诗会以“谷雨诗中国梦”为主题，组织了“梦见三清山”诗歌朗诵会、“理想主义与诗歌”高峰论坛、《山花》《星星诗刊》杂志社编辑名家讲坛、三清山诗歌采风等系列活动。

5月11日，由江西省作协，中共湾里区委区政府、梅岭国家级风景区管委会、江西林恩茶业有限公司主办，林恩·茶研园、江西广播电视台绿色之声FM98.50频率等单位承办的第二届江西“林恩”谷雨茶诗会在梅岭镇举行。90余位诗人、嘉宾出席茶诗会。

6月16日，由江西省作协策划和组织创作、江西省文艺创作与繁荣工程经费支助的《走向田野》文化散文丛书，在省文联举行首发式暨创作座谈会。《走向田野》文化散文丛书一套七本由三联书店出版，分别是：洪忠佩的《婺源的桥》、陶江的《银的镇》、周小鹏的《谷村沧桑》、杨振雩的《庐山往事》、李桂平的《赣江十八滩》、毛小东和刘志明的《千年封禁铜钹山》、杨廷贵的《番人后裔》。

6月18日，由江西省作协和上饶市文联举办的“夏磊散文集《一枕清霜》研讨会”在上饶市三清山举行。20余位作家、评论家、编辑出席了研讨会。

6月25日至30日，江西省作协与中国电建文学协会在南昌举办文学培训班。来自中国电建集团公司近50名文学作者参加了学习。

7月25日，由中国作协、作家出版社主持出版的《中国历史文化名人传》丛书第二批图书出版发布会在京举行。江西作家聂冷创作的长篇传记文学《花红别样——杨万里传》为此次出版的10部作品之一。

9月10日，由江西省文联、南昌大学主办，景德镇市焦化工业集团、江西省作协等单位承办的“胡辛执教47周年、从文习艺31周年回顾展”在江西景德镇美术馆举行。

10月21日《光明日报》发表《江西：作家要远离“二手生活”》文章，报道了江西作家学习习近平同志在文艺工作座谈会上的讲话情况。

10月25日，由中国作协等主办的第五届中华宝石文学奖评选结果在京揭晓，江西作家、省作协常务理事夏磊凭借散文集《一枕清霜》获奖。

10月24日，《十月》杂志社为阿袁等作家举办了研讨会。会上，评论家们对阿袁小说进行了深入研讨，并提出了许多建设性的意见建议。

【戏剧家协会】

3月27日，江西省剧协召开了八届一次常务理事会。会议总结了省剧协2013年工作，商议了2014年计划，审议了江西省剧协新会员名单、中国剧协会员推荐名单，各设区市剧协负责人进行了工作交流。

4月16日至26日，由中国剧协、江西省文联主办，中国剧协《剧本》杂志社、中国剧协组联部、江西省剧协承办的中青年戏剧人才研修班在井冈山成功举办。中国剧协主席尚长荣，中国剧协分党组书记、驻会副主席季国平，中共江西省委宣传部副部长梅毅，江西省文联党组书记汪天行，省文联党组成员、副主席曹杭等领导出席开班仪式。本届研修班由“第三届梅花奖演员读书班”、“第六届中青年编剧研修班”组成，共有学员42名。

10月31日至11月5日，“首届长江流域小戏小品展演”在张家港市举行，江西省剧协选送的南昌大学赣剧文化艺术中心表演的《南柯梦寻》、江西赣州艺术剧院演艺有限公司表演的《砸锅卖铁》获小戏类最佳推荐剧目奖；江西赣剧院表演的《夜梦冠带》、江西抚州市文化艺术中心表演的《桃花今又开》分获小戏类优秀推荐剧目、推荐剧目奖。

【电影家电视艺术家协会】

2013年3月至2014年4月，江西省影视协与江西省纪委、江西广播电视台等开展“反对‘四风’微电影优秀作品展播”。活动得到了全省纪检监察系统、电影电视艺术工作者、高校师生等大力支持，共收到微电影作品51部，这些作品主题突出、创意新颖，从不同的层面、不同的角度，深刻揭示了“四风”的危害，褒扬了各地清正廉洁之风。4月2日，江西省反对“四风”微电影作品颁奖仪式在江西广播电视台演播大厅举行，七家单位获得本次活动组织奖，《联中廉》获得特别奖，《罪与罚》等十件作品获得“十佳作品奖”。

4月8日，由江西尚世星河传媒、江西电影制片厂有限责任公司出品，江西省文联、江西省影视协、中共赣县县委、县人民政府等单位联合摄制的年代情感谍战大戏《破阵》在江西赣县开机。江西省文联党组书记汪天行出席开机仪式并致辞。电视剧主演富大龙、陈昭荣、王珂、刘长纯、李亚凝等带装亮相，并进驻赣县古村落拍摄。

8月28日至30日，第五届华东六省一市电视主持新人赛在山东安丘举办，江西影视协推荐的杨晨旭获得银奖，黄震获得铜奖。

8月31日至9月2日，第二届华东六省一市微电影大赛在山东青岛举行。江西省影视协精选了22件作品参赛。作品《选择》《老师的礼物》荣获故事类一等奖，《罪与罚》《清风不染尘》荣获故事类二等奖，《传承》荣获纪实类一等奖，另有两件作品获三等奖。

10月10日至13日，由中国文联、中国视协举办的第27届中国电视金鹰奖评选揭晓。江西省荣获三个奖项，刘蔚获最佳主持人提名。《2013年中国红歌会总决赛》获电视文艺节目三等奖，《赣风——婺源傩舞》获电视纪录片三等奖。

11月6日至7日，在云南省临沧市举办的第二届亚洲微电影艺术节上，江西省影视协推荐的以反对“四风”为主题的8部优秀微电影作品分别荣获“金海棠”奖。

【音乐家协会】

2月24日，江西省文联举办“江西风景独好”——江西省文联“八一起艺”原创文艺作品汇报演出。为配合此次专场汇报演出，江西省音协积极组织筹备，将“歌声起艺”全国征集获奖的十首歌曲进行编配、录音、制作，并在协调各单位以及演职人员方面做了大量积极有效的工作，保证了演出的顺利进行。同时，省音协通过《心声歌刊》面向全国进行了广泛宣传和报道。

3月20日，江西省音协举办赣、川两地新民歌音乐研讨会。此次研讨会就赣、川两地民间音乐的传承与发展、教学与演唱的方式方法等进行了深入的讨论与交流。

4月中旬，著名音乐家付林来赣座谈，来自全省各地的文艺工作者、高校教师、学生等聆听座谈。

6月22日，江西省音协管乐专业委员会在南昌召开成立大会，会议审议并通过了《江西省音协管乐专业委员会章程》，选举产生了委员会领导机构，邹建林当选为会长，李琦、朱黎生、肖承军、徐国立、黄池为副会长。

8月10日，由江西省音协、江西省艺术中心联合主办的“江西艺术中心2014第一届钢琴大赛暨李云迪《王者幻想》全国巡回演奏会南昌站琴童选拔赛”正式启动，来自全省各地的360多名选手参加比赛。

4月至11月，江西省音协举办了第四届江西音乐“映山红奖”系列评选活动。活动历时7个多月，分为声乐、二胡、古筝、管乐、小型器乐作品类五大项内容，近万人参加比赛。11月份陆续举办了四场颁奖音乐会。

由江西省文联、省音协选送的作品《又唱一支〈请茶歌〉》（黄小名词　刘安华曲）荣获中共江西省委宣传部“五个一工程”奖，江西省音协主席团部分成员徐向东、葛平波、熊纬、邬成香等人担任执导、编创、主演的原创民族歌剧《回家》，获中宣部第十三届“五个一工程”奖。江西省音乐“映山红奖”美声组金奖获得者邹志刚荣获第45届意大利“贝里尼国际声乐比赛”冠军。江西省音协选送的龙思羽、戴小雨获中国音乐“小金钟奖”全国琵琶比赛高校组优秀奖。

《心声歌刊》稳步发展。全年刊发歌曲歌词新作200余首，论文40余篇，举办了“心声歌刊”全国歌曲创作大赛。

【舞蹈家协会】

3月下旬，江西省舞协采风团一行十人，赴赣州市、兴国县、瑞金市等地开展以中国梦为主题的文艺创作采风。

5月11日，第六届华东专业舞蹈比赛在上海举办，江西省舞协推荐的作品《赣韵悠悠》（江西中山舞蹈学校选送）获得群舞组创作三等奖。

5月15日，江西省舞协召开了“2013年度江西省舞蹈考级工作总结表彰大会”，各设市区舞协负责人、省内舞蹈专家、教师及有关培训学校负责人100余人参加了会议。

6月25日，江西省舞协在省文联多功能厅举办“江西文艺·名家讲坛”，邀请著名青年舞蹈家、国家一级编导、文华大奖获得者王舸作题为《舞蹈创作新思维的探究》的专题讲座，来自江西省各高校艺术院系、文艺院团负责人及省内中青年编导近100人聆听了讲座。

7月27日，江西省舞协推荐群舞《生如夏花》（南昌大学选送）参加由中国文联、中国舞协主办的第五届中国舞蹈节暨第九届中国舞蹈“荷花奖”校园舞蹈评奖，获得“编导奖”和“表演铜奖”。

8月31日，“第七届山东国际大众艺术节——青春中国梦·山东、江西、福建、山西、宁夏、海南六省青年舞蹈精英展演”在山东剧院举办，来自6省的15个节目参加了此次展演。江西省舞协推荐的青年演员黄明亮，凭借舞蹈《行旅图》的出色发挥获得展演金奖，青年演员史飞飞表演舞蹈《燃烧的血液》获得精英展演银奖。

10月5日，由江西省文联主办，江西省舞协、萍乡市文明办承办的江西省第三届“小白鹭”少儿舞蹈比赛在萍乡学院音乐厅圆满落幕。本次比赛共产生30个“白鹭之星奖”，35个“白鹭新秀奖”，萍乡市舞协、新余市舞协、鹰潭市文联、宜春市舞协、南昌市少年宫、江西中山舞蹈学校6家单位被授予“最佳组织奖”。

10月25日至26日，江西省舞协、萍乡市文联、萍乡市体育局主办，萍乡市国标舞专业委员会、萍乡健与美舞蹈学校承办的2014年江西省第三届国际标准舞锦标赛暨全国国际标准舞（体育舞蹈）邀请赛在萍乡市体育中心举行。

11月27日至12月4日，江西省舞协红云舞蹈团先后来到中国人民解放军防化学院、空军指挥学院、首钢影剧院进行了5场演出，为首都部队官兵、高校师生和社区群众8000余人献上了由江西老中青三代舞蹈工作者自编自演的大型情景歌舞《红色记忆》，重温80多年前苏区那段可歌可泣的峥嵘岁月。

【美术家协会】

江西省美协围绕参加第十二届全国美展，先后多次召开主席团会，研究制定创作方案，组织重点作者深入鄱阳县大岛渔村、长山岛、老街等地进行写生创作，到南昌地铁建设工地第一线进行采风，并多次组织草图观摩研讨会，帮助作者提升构思、完善创作。6月14日，邀请中国美协副主席、著名画家李翔等专家来赣指导观摩，提出宝贵意见。经过努力，江西省共有87件作品入选第十二届全国美展，涵盖除动漫、实验艺术之外的国画、油画、版画、雕塑、壁画、水彩水粉、漆画、陶艺、艺术设计、综合画种、综合材料等11个画种。入选数量排前三名的陶艺、油画、漆画，分别为35件、15件、9件，陶艺作品入选数量居全国第二。

6月至9月，江西省美协组织了第十四届江西省美展的收件、评选、展览等一系列工作，从中评选出优秀作品参加第十二届全国美展。7月16日，由江西省文化厅、省文联、省美协主办的第十四届全省美展在江西省美术馆开幕。江西省政协主席黄跃金、副主席汤建人，江西省文联党组书记汪天行等领导以及艺术家代表、记者600余人参加开幕式。本次展览涵盖国画、油画、版画、雕塑、水彩水粉、漆画、壁画、陶艺、艺术设计以及动漫等综合画种，展出作品近1000件。

5月4日，江西省美协在南昌举办第八届江西省青年美术作品展览。筹备历时半年，得到各地美协和有关院校广泛关注，青年美术作者围绕中国梦和“发展升级、小康提速、绿色崛起、实干兴赣”的主题，积极创作，踊跃投稿，组委会共收到1000余件作品。经过评选，共有400余件作品入选，其中10件作品荣获一等奖，20件作品荣获二等奖，30件作品荣获三等奖。

11月24日至26日，在鹰潭市龙虎山举办了“问道丹青”——全国道教题材美术书法名家精品展，共150余件作品入选本次展览。

江西省美协还举办了首届中国画名家瓷画双年展、“投石问路”全国版画邀请展、江西国画名家七人作品展、江西国画名家六人作品展、“生命之舞”——冯向杰体育绘画作品展、“秀美江西——共筑梦想”江西省少年儿童体验美术作品大赛、“印痕——自说自话的行走”版画展、第一届和第二届当代艺术展、第十二届全国美展江西省入选作品汇报展等。

【书法家协会】

4月11日，江西省书协三届四次主席团会、三届四次常务理事会在江西省文联召开，省文联党组书记汪天行，党组成员、副主席鄢平原，省书协主席团成员及常务理事，共三十余人参加会议。会议总结了2013年工作，研究部署2014年任务，审批新会员，通过人事事项。

5月27日至29日，江西省第八届青年书法作品展在江西省文联艺术展览中心展出，此次展览共评出一等奖5名，二等奖11名，三等奖15名，优秀奖30名，入展141人。此次青年展共收到全省各地稿件442件，作品涵盖了篆、隶、楷、行、草各种书体。

6月4日，江西省文联、省书协在省文联艺术展览中心举办了江西省第五届楹联书法展。此次展览共收到参展楹联600余副，经过评审评出一等奖5名，二等奖10名，三等奖16名，优秀奖32名，入展156人。

7月30日，由中共抚州市委宣传部、抚州市文联、江西省书协主办的第三届“临川之笔”全国书法大赛获奖作品展览在抚州博物馆开展。本次大赛共收到1200余幅参赛作品，经过评审，200多幅作品入展。

8月20日，由江西省书协主办，深圳宝安书法艺术研究社策划的“问道江右”——深圳书法十家书法作品展在江西省文联艺术展览中心开幕。此次展览共展出来自深圳的10位书法家的60余幅作品。

9月9日，由江西省文联、省书协主办的江西省第二届现代刻字艺术、篆刻艺术作品展在江西省文联艺术展览中心开展。共有100余件作品展出，评出一等奖8名，二等奖16名，三等奖28名，入展55名。

12月12日至16日，江西省书协在南昌举办第四届全省老年书法作品展览。展览共收到来自全省各地书法作品300余件，199件作品入展。

【摄影家协会】

1月至3月，江西省摄协开展了2013年度江西摄影十大新闻、“十佳”年度人物、“十佳”组织工作者、“十佳”理事等年度评选。

2月20日，经江西省摄协第五届主席团第五次会议审议通过，于2014年3月1日起正式施行新修订的《江西省摄影家协会个人会员入会细则》。

4月1日，召开江西省摄协五届三次常务理事会暨2014年度摄影工作总结表彰大会。

4月2日，组织150余名全省各地市县摄协负责人及常务理事赴凤凰沟景区进行创作采风。

4月17日，启动了“中国梦•高速美”江西省第六届赣粤高速杯摄影艺术展。

4月17日，启动了“世界之美・三清山”首届三清山国际摄影大赛。

4月18日，启动了“醉美婺源”2014年国际摄影大展征稿。此次展览由中国摄协主办、江西省摄协协办，征稿分为三期，主题为“多彩婺源”、“缤纷婺源”、“徽韵婺源”。

4月26日，与江西省总工会在省文联展览中心共同举办了“中国梦・劳动美”全国摄影大赛获奖作品展。

4月30日，与中国摄影报共同举办了“上栗花炮杯”全国摄影大展。

5月13日，与莲花县共同举办了“秀美莲花”全国摄影大赛。

5月22日，举办了以“惠民、为民、乐民”为主题的“送文化进社区”文艺志愿服务活动。

6月21日，举办《江西摄影》杂志“走进安福”影友联谊会。

2014年7月10日至2015年4月30日，与文化遗产影像协会共同举办“文化遗产在江西”全国影像大赛。

9月17日，邀请著名摄影家周梅生在南昌举办了文化遗产专题摄影讲座。

9月27日，与中国摄影报共同举办了中国南昌·凤凰沟风景区“四季风光”全国摄影大展。

10月29日，启动了江西省首届风光摄影作品展。

11月1日至4日，与中国摄影报在三清山举办“纯美三清山”全国摄影大展。

11月16日至23日，在九江市举办江西省第23届摄影艺术展览。

11月28日，与庐山管理局共同举办了“梦回庐山”全国摄影大赛。

12月8日，启动了“中国福山——安福羊狮慕景区”全国摄影大赛。

12月10日至11日，组织摄影家赴永新县开展“到人民中去”——走进永新公益服务活动。

12月20日，与江西省委教育工委、江西省教育厅、江西省高等学校摄影学会共同举办了第13届江西省高校摄影艺术作品展。

12月25日，主办了“域外之光”——江西省获国际摄影大奖优秀作品展，本次摄影展展出的126幅摄影作品，均为近年来江西省摄影家在国外摄影组织举办的国际性摄影赛事和展览，以及中摄协举办的中国国际摄影展、上海国际摄影展中，获得金银铜奖的精品力作。

12月27日，与九江市旅游局共同举办2014年“庐山西海杯”九江旅游摄影大赛及展览。

江西摄影家共获得国际摄影组织颁发的摄影展赛金奖31个、银奖13个、铜奖20个，获得中摄协颁发的摄影展赛金奖8个、银奖10个、铜奖14个。

编辑出版了4、5、6期《江西摄影》杂志并邮发全国各地及全省会员。编辑出版了《江西省第23届摄影艺术节作品集》《中国梦·劳动美摄影大赛获奖作品集》等6本大型画册。通过努力，将井冈山景区申报成为中国摄协首批10个“中国摄影创作基地”之一。

【民间文艺家协会】

5月31日至6月3日，由江西省民协和景德镇市文联共同举办的“景漂故事”——中国梦·景漂梦陶瓷文化巡礼展在省文联艺术展览中心展出。展览遴选了陈轻舟、钱大统等19位“景漂”艺术家130多件陶瓷艺术精品，集中反映了“八方汇向景德镇”的艺术现象。

6月10日，中国传统村落立档调查工作在北京启动，江西省民协积极争取各地方党政领导的重视，调动民间文化学者和摄影工作者走进全省山水深处、田野腹地，对江西省两批共89个村落进行立档调查。

7月12日，由江西省民协主办的国内首家夏布绣博物馆开馆仪式暨中国夏布绣传承与发展学术研讨会在新余举行。文化部非遗司司长马文辉，中国民协副主席刘华、新余市有关领导以及中国四大名绣顶级大师郝淑萍、杨坚平、陈水琴等出席开馆仪式。

9月2日至4日，江西省民协在吉安市万安县承办了“我们的中国梦·全国农民画展暨中国农民画学术研讨会”，新华社、人民日报、中央电视台等数十家权威媒体对活动进行了关注和报道。

11月26日至28日，由中国民协、江西省文联、景德镇市政府主办，江西省民协和景德镇市文联、浮梁县政府承办的2014全国古村落保护现场会暨村落文化论坛在景德镇举行。全国古村落文化论坛的主题为“城镇化进程中的古村落保护”，来自清华大学、东南大学、中国艺术研究院等高等院校和研究机构的专家进行了深入探讨。

11月29日至12月2日，由江西省文联和江西省民协主办的“逐梦人生——江西工艺美术大师张小红、孙立新、陈文武三人艺术作品展”在省文联艺术展览中心展出。展览展示了三位民间艺术家在夏布刺绣、陶瓷艺术、石雕艺术方面的成就。

推出一批高质量、有影响的民间文艺精品图书。江西省民协主抓的庐陵文化古村大型图文书《钓源村》，列入中国民协“中国最美古村落”项目，由中国文史出版社出版；江西省文艺创作与繁荣工程项目“民俗江西”丛书《江西南丰傩文化》出版，《江西庙会》《广昌孟戏》已创作完成；“魅力古村落”丛书《江西省婺源县·虹光村》《江西省龙南县·栗园围》创作完成，与中州古籍出版社合作，出版10本《华夏文库·民俗书系》，包括《浒湾：漕仓、商埠与书街》《吉安灯彩》《龙南客家庙会》《中国风水第一村：三僚》《赣傩文化价值》《赣南客家礼俗文化》《婺源茶俗》《净明道俗》《吉安年俗》《傅氏慈萱会》（太婆会）等，整体推出江西民俗研究成果。

通过江西省民协努力，江西获得中国文联和中国民协命名的“中国民间文化之乡”2个，分别是万安县“中国农民画之乡”，铅山县“中国连四纸传统造纸工艺之乡”。组织会员和作品参加全国民间文艺赛事和展示，获得全国金奖9个，银奖14个，铜奖8个。

【曲艺家协会】

7月19日至20日，由江西省文联、江西省曲协主办，赣州市文联、赣州市文广局执行主办，赣州市群众艺术馆承办的江西省第七届少儿曲艺大赛在赣州市举行，来自全省8个设区市的163个节目200多名小选手参加比赛。

8月11日至15日 ，由中国关心下一代工作委员会、中国曲协、四川省文联主办的第六届全国少儿曲艺大赛在四川成都彭州举行，江西省曲协选送的鄱阳大鼓《没完成的特殊作业》荣获节目二等奖、优秀作品奖。

第八届中国曲艺“牡丹奖”经过报送、初评、分赛区比赛、终评四个阶段的评选，江西省曲协选送的南昌清音《傲雪红梅》获得节目特别奖，填补了江西曲艺“牡丹奖”的空白。

10月21日，江西省曲协选送的萍乡渔鼓说唱《老阿姨》“江南雅韵——第八届中国曲艺节南方曲艺专场”演出。该节目还荣获了由中国文联、中国文学艺术基金会、中国曲协举办的“中国梦”全国优秀曲艺节目一等奖。

【文艺评论家协会】

4月9日，江西省评协在宜春市举办了女作家刘建华作品《天宝往事》研讨会。

5月5日至9日，组织评论家参加由中宣部主办的“全国文艺评论工作培训班”。

10月10日，组织评论家参加在江西瑞金举办的“礼敬革命文化，弘扬核心价值”主题研讨会。会议就如何珍视红色文化基因，继承发扬革命精神，培育和弘扬社会主义核心价值观等议题进行了研讨。

11月7日，组织评论家参加了第九届中国文联文艺评论奖颁奖暨第七届当代中国文艺论坛，江西省评协会员周明聪的论文获“优秀论文奖”。

【企业文联】

3月16日，江西省企业文联第三届六次理事会在南昌华南城召开。江西省企业文联理事近80人出席会议。会议表决通过了增补更替理事、常务理事、副主席的意见，批准了团体会员入会申请，宣布南昌华南城为2014年执行主席单位并进行了交接仪式。

4月26日，江西省文联在南昌承办了“我的中国梦·献给劳动者的歌”——中国电影家协会文艺志愿服务团走进江西南昌慰问活动。中国文联主席团委员、中国电影家协会分党组书记、驻会副主席康健民，中国文联国内联络部副主任谢力，中国文联电影艺术中心副主任李倩，江西省文联党组书记汪天行，江西广播电视台党委书记、台长、江西省影视协主席杨玲玲，江西省文联副主席、省企业文联主席鄢平原以及劳模代表、企业职工2000余人观看了演出。

5月29日，江西省企业文联在江西省投资集团公司召开了企业文化工作交流会，省企业文联部分团体会员单位领导参加了会议。

11月4日至7日，由江西省文联、省国资委联合主办，江西省企业文联承办的“我的中国梦——美丽祖国好风光”全省企业职工摄影作品展在江西省文联艺术展览中心举行。展览展出由江西省企业职工拍摄的优秀摄影作品200余幅。活动自6月份开展以来，江西省企业文联各团体会员单位高度重视、精心组织，广大企业职工积极响应、踊跃投稿，在近30个单位参评的近700幅作品中，评选出了一等奖5个，二等奖19个，三等奖22个。

11月20日，江西省企业文联组织主席团成员一行30人，到江西中烟工业有限责任公司南昌卷烟厂进行学习、交流。

山东省文联

综　述

2014年，在山东省委、省政府及中国文联的坚强领导下，省文联及所属省戏剧、音乐、曲艺、舞蹈、杂技、电影、电视、美术、书法、摄影、民间文艺家协会等单位，认真贯彻落实党的十八大精神和习近平总书记文艺工作座谈会重要讲话精神，团结拼搏，开拓创新，圆满完成各项工作任务。

重要会议与活动

10月30日，省委宣传部、省文联等单位联合召开全省文艺界学习习近平总书记在文艺工作座谈会上的重要讲话精神座谈会，在第一时间迅速掀起学习习近平总书记重要讲话的热潮。广大文艺工作者纷纷表示，习总书记的讲话令人振奋、令人鼓舞，我们一定要按照总书记的要求，为人民抒情，为人民放歌，创作更多有筋骨、有道德、有温度、体现中国精神、凝聚中国力量的优秀作品，把最好的精神食粮奉献给广大人民群众。

11月3日，省文联召开全省文联系统深入学习习总书记文艺工作重要讲话精神座谈交流会，交流前段学习体会，讨论和研究如何进一步做好文联工作和文艺工作，为繁荣发展文化艺术事业、加快山东经济文化强省建设献计献策。

9月1日，由省委宣传部、省文联等单位联合举办，由12支合唱队伍、500多位合唱队员参与的“和平颂•中国梦——群众交响合唱音乐会”在省会大剧院隆重演出，全部演唱抗战歌曲和歌颂祖国、歌颂党、讴歌新时代的歌曲，精彩的演绎受到现场2000余观众的好评。

9月21日，由省文联、省政协科教文卫体委等单位联合举办了“共绘中国梦•庆祝新中国成立65周年暨人民政协成立65周年书画大展暨文艺晚会”，本次展览共展出160多幅作品，具有很强的观赏性和感染力。晚会激发了各族各界人士凝心聚力、共筑中国梦的热情和干劲。

2014年，省文联及各艺术家协会包括部分二级协会全年共举办、承办168项各具特色的文艺展演活动。

品牌活动

【第七届山东国际大众艺术节】

由中共山东省委宣传部和山东省文联主办的第七届山东国际大众艺术节，遵循“艺术走近大众、大众共享艺术”的宗旨，着力提升思想性、艺术性、群众性和创新性，以“志愿服务行，追寻中国梦”为主题，组织广大文艺工作者深入全省各地开展了50项、123场次形式多样、丰富多彩的艺术活动，参与演出的艺术家、文艺工作者和文艺爱好者、国外艺术家及作品近万人（件），吸引到场群众20万余人次，赢得了广大人民群众的热烈欢迎和普遍赞誉，为庆祝新中国成立65周年营造了浓厚的文化氛围，为推动山东省文化事业和文化产业繁荣发展做出了积极贡献。省委书记姜异康在年底代表省委常委会所作的全年工作总结报告中，充分肯定了第七届山东国际大众艺术节。

获奖情况

2014年，美术、书法、摄影、歌曲、舞蹈及微电影等艺术门类共创作生产了9万余件（项）艺术作品。同时，各协会积极组织向全国推荐艺术精品和优秀人才，角逐全国的各项大奖。其中，在“我们的中国梦——讲述中国故事”文艺作品征集活动中，获得9个奖项，其中歌曲《北京时间》（王建词、赵新曲、皓天演唱）获一等奖，微电影作品《一生守候》（孟傲编导）获一等奖，2部获二、三等奖；组织推荐的京剧《项羽》荣获“第四届中国戏剧奖•曹禺剧本奖”，6名选手在“第18届中国少儿戏剧小梅花”比赛中，5人获金花奖，1人获银花奖；在2014•“中国梦”全国原创歌曲征集活动中，歌曲《中国抒情诗》（翟琮词、李云涛曲）获最佳作品奖；舞蹈作品在第九届中国舞蹈“荷花奖”校园舞蹈评奖中山东代表队获得一金、二银、一铜的好成绩，其中《脊梁》获作品金奖；曲艺作品《十字路口》（申振柱表演）在中国曲协主办的全国曲艺邀请赛中荣获一等奖，作品《缘分》（孙艾佳表演）在首届中国好故事（走马）邀请赛中荣获一等奖，山东曲协获得优秀组织奖。快书作品《幸福路》（王长安表演）、《随份子》（阴军表演）在首届“高元钧杯”全国山东快书大赛决赛中荣获一等奖；电视剧《知青》参加第27届中国电视“金鹰奖”获得三等奖，在“中国梦”之“我梦最美”为主题的全国赛事中电视专题片、纪录片多部作品获奖；美术作品在第十二届全国美展中获得2项铜奖、4个优秀奖；书法作品（蒋乐志书）获第五届中国书法兰亭奖佳作奖一等奖，2篇书法论文在全国第十届书学讨论会中获奖，20余件作品在全国各类书法大赛中获奖；摄影作品《黄河故乡》（黄利平摄）、《毛家工业园》（宁舟浩摄）获第三届“徐肖冰杯”全国摄影大展荣获典藏作品奖；民间文艺作品《西游记新传》参加“全国木偶展演活动”获银奖，雕塑作品《放个梦想》参加“第四届中国国际民间艺博会暨中华（天津）民间艺术精品博览会”荣获金奖，“中国民间广场歌舞大赛暨第12届山花奖•民间广场歌舞评奖活动”参赛曲目《加鼓通》获一等奖。各艺术门类都取得了较好的成绩。2014年，省文联11个艺术门类共荣获100余项（件）全国性各类艺术大奖。

【第七届山东省泰山文艺奖】

7月至8月，组织承办了全省文艺界综合性的政府奖第七届“山东省泰山文艺奖”评选。经过认真严肃、公开公正、科学规范的评选，评选出京剧《瑞蚨祥》等3部作品为荣誉奖，吕剧《李二嫂的新故事》等19件作品为一等奖，歌曲《泉水吟》等47件作品为二等奖，国画《林园清夏》等82件作品为三等奖，微电影《汉画像石》等16件作品为单项奖。薛中锐等11人获得艺术突出贡献奖。

文化艺术惠民活动

2014年，在劳动节、“5•23”延安座谈会讲话纪念日暨全国志愿服务日、建党节、建军节、“国庆节”、“元旦”、“春节”等重要节点，组织了60余场次、近千名文艺志愿者参与的文化进农村、进企业、进社区、进军营的艺术惠民、志愿服务活动。在“5•23”全国志愿服务日和“12•5”国际志愿服务日组织文艺志愿者赴西客站等地开展了10余次文艺志愿服务活动，组织艺术家走进峄城、泗水开展送文化走基层活动，组织梅花奖艺术团成员分别到广饶、宁津、淄川、长岛部队等地进行多次慰问演出活动，组织20多位中青年艺术家到利津县陈庄镇慰问演出，组织曲艺文艺志愿者小分队到省交通学院开展送文艺进校园活动，组织青年舞蹈家走进山师大校园与艺术院校师生交流演出，组织杂技文艺志愿者一行60人到济南仲宫镇北杨家村为村民演出，组织画家走进黄岛、菏泽、临沂、东营等地举办了多次大型采风创作活动，第四届全省“百县千村”书法下乡活动在相公村启动，“一得阁”墨液生产线试投产揭牌，全省700多名书法家同时开展书法下乡活动，组织书法家开展送万福进万家等大型活动，并筹集资金10万元看望社区困难群众；组织全省300余名摄影家赴泗水县柘沟镇、齐河县焦庙镇等地农村深入开展“走百村、入千户、送万照”文艺惠民活动，为160户拍摄了全家福，拍摄照片1000余幅；组织历届山东青年微电影大赛中获奖作品走进50多所高校和社区放映100场；承办了中国文联、中国视协联合组织的走进山东博兴“送欢乐、下基层——文艺志愿者走进京博慰问活动”；组织文艺志愿者走进日照外国语学校把民间艺术送进校园等。

对外及对港澳台地区文化交流

5月，应联合国总部和中国常驻联合国代表团的邀请，组织山东省20余位书画家的作品在美国纽约联合国总部大厦举办了“翰墨中华•中国书画名家作品联合国总部大展”，展示了山东省书画家创作的100余幅精品，在纽约产生了较大反响。这是山东书画家首次在联合国总部举办大型书画艺术展。6月，组织山东省青年舞蹈家舞蹈团一行16人前往韩国庆尚北道进行交流演出活动。9月，应韩国艺总会的邀请，组织艺术团赴韩参加假面舞艺术节、济州岛艺术节的交流演出活动，受到了韩国友人的热烈欢迎；组织14人的摄影代表团赴韩国全罗北道进行了摄影艺术交流，举办了中韩国际摄影作品交流展、第三届齐鲁百家当代摄影艺术展暨2014中荷摄影艺术交流展及青海三江源国际摄影节交流活动；组织两个摄制组赴云南采风创作，对鲁滇文化交流产生了积极的影响。在省委宣传部的组织领导下，组织有关单位赴新疆喀什联合举办了“齐鲁文化喀什行”启动仪式暨鲁喀书画摄影名家联展，慰问山东援疆干部，并向喀什援助了100万元文化建设扶持资金。

机关建设

文联机关各部室认真做好行政服务工作，在思想政治建设、基础设施建设和后勤服务等方面都做了大量工作。文联东大楼经过长期的不懈努力，克服很大困难，争取到各有关部门的大力支持，房产证、土地证手续基本办完，“山东文化艺术之家”新楼土建安装进展顺利。召开了首次全省文联办公室主任会，为各市文联搭建工作交流平台。组织2名干部下派驻村第一书记挂职锻炼，扶贫工作取得一定成绩。及时印发《文联信息》，网络和舆情信息工作有新的进步。对《音乐大观》、《羲之书画报》进行改革和改版。积极组织开展文艺评论、研讨及调研活动。

各文艺家协会

【戏剧家协会】

1月5日，由省剧协、省戏曲艺术发展促进会、省演出公司、省演出协会主办，天津青年京剧团、济南市京剧院承办的“2014新年京剧折子戏”在山东剧院举办。

1月20日，由省剧协、省戏曲艺术发展促进会主办的“2014我们的中国梦——文化进万家暨山东省梅花奖艺术团送戏进西王迎春晚会”，送去了新春的慰问和祝福。

2月20日，省政协办公厅、省戏剧家协会、省广播电视台团委、临沂市委宣传部、山东临沂柳琴艺术剧院等部门，赴省政协机关选派的“第一书记”帮扶村所在乡——临沂市郯城县泉源乡政府驻地举行了“2014我们的中国梦——文化进万家”省政协委员艺术团送文化进乡村暨山东省梅花奖艺术团送戏进郯城文艺演出活动。

3月28日、29日，由省剧协主办、省演出公司承办的“骨子老戏精选剧目展演 • 济南演出”在山东剧院举办。

6月1日，由省政协主办，省戏剧家协会承办的“山东省梅花奖艺术团送戏下乡”赴宁津演出，受到了当地老百姓的热烈欢迎。

6月14日，大众文艺讲堂在山东省图书馆报告厅开讲，主讲人是由省剧协推荐的山东艺术学院戏曲学院院长王文清，讲座题目是《京剧经典剧目赏析》。

6月14日，由省文化厅主办，省剧协、省柳子戏艺术保护传承中心承办的“2014‘美丽非遗 • 文化山东’柳子戏经典剧目演出”在东柳剧场举行。

7月4日，由省剧协承办的“庆七一 • 迎八一共圆中国梦”山东省政协科教文卫体委员会、山东省梅花奖艺术团走进淄川，惠民演出在淄川区鲁泰体育广场举办，给淄川人民献上了一场精彩绝伦的戏曲盛宴。

7月18日，由省中华文化促进会、省政协文史资料委员会、省剧协梅花奖艺术团共同组织的“齐鲁文化进军营”文化拥军团走进长山岛要塞区，慰问驻防官兵。

7月25日，由省剧协承办的“儒风齐韵 • 纪雷光京胡交响音乐会”在济南梨园大戏院隆重举行。

7月31日，省政协委员艺术团、省剧协梅花奖艺术团与山东画院一起赴济南军区联勤部直属部队组织“庆八一·山东艺术家走进军营”军民联谊书画笔会及文艺演出活动。

8月15日，第七届大众艺术节——吕剧《百姓书记》在济南百花剧院演出。

8月30日，由省剧协承办的“牡丹之约”慈善公益演出在珍珠泉礼堂举行。

9月22日，由中国剧协主办、山东省戏剧家协会承办的“2014第十一届中国小戏节”在滨州开幕。

10月20日，省剧协推荐临沂市柳琴戏传承保护中心刘莉莉、菏泽市地方戏曲传承研究院祝凤臣申报第27届中国戏剧梅花奖，推荐山东省吕剧院高静申报第27届中国戏剧梅花奖“二度梅”。

省剧协推荐的6名参赛选手在“第十八届中国少儿戏曲小梅花”比赛中，5人荣获金花，银花1人；推荐的“京剧《项羽》（王勇）”荣获“第四届中国戏剧奖·曹禺剧本奖暨第21届曹禺戏剧文学奖”。

11月初，由剧协推荐，山东艺术学院戏曲学院演出京剧《虫虫历险记》荣获第四届中国校园戏剧节优秀剧目奖，主演王青荣获大赛唯一优秀表演奖，省剧协、戏曲学院荣获优秀组织奖。

11月16日至20日，第七届山东国际大众艺术节暨山东省第五届戏曲红梅大赛在汶上县举办。

【音乐家协会】

3月19日至20日，由省音协、人民音乐出版社主办，在济南举办了2014•山东地区“钢琴之旅”教师研修班，140余名钢琴教师和高校专业学生参加了培训。

5月1日至3日，省音协在青岛举行了《海韵杯》第五届山东省管乐大赛。

5月，在参加中宣部举办的“我们的中国梦——讲述中国故事”文艺作品征集评奖中，省音协报送的歌曲《北京时间》（王建词、赵新曲、皓天演唱）获一等奖；《假如你今天还在》（秦新民词、魏黎光曲）获二等奖；《老百姓的爱》（王晓岭词、戚建波曲、王莉演唱）获三等奖。

5月，在中国文联、中国音协、中国文学艺术基金会共同主办的2014•“中国梦”全国原创歌曲征集活动中，省音协选送的歌曲《中国抒情诗》（翟琮词、李云涛曲）获最佳作品奖（共有3343首作品参评，15首获最佳作品奖）。

7月，在第七届山东省“泰山文艺奖”音乐类评奖中，共征集作品74件，其中《北京时间》等16首作品分获一、二、三等奖。

7月19日至21日，由省音协主办，省音协打击乐专业委员会承办，在山东艺术学院举办了第三届山东省打击乐比赛。选拔出来的优秀选手在第九届全国青少年打击乐大赛中获得一等奖8名，二等奖11名，三等奖11名，优秀奖28名；薛凯、刘志刚双双荣获“全国十佳打击乐教师”；组合类全国参赛88支队伍中，荣获5金2银1铜的好成绩。山东在全国各省中，总获奖数、一等奖数均排在第一位。

8月13日至15日，由中国手风琴学会、山东省文联、山东省音协主办，在泰安举办了“第七届山东国际大众艺术节——第三届《佰笛杯》全国手风琴大赛”。

8月20日至22日，由山东省文联、山东省音协、省音协电子键盘专业委员会主办，在济南举办了“第七届山东国际大众艺术节——2014•《美得理杯》山东省电子键盘大赛”。

9月1日晚，在首个“中国人民抗日战争胜利纪念日”即将到来之际，在省会大剧院音乐厅，由省委宣传部、省委省直机关工委、省文化厅、省文联、山东广播电视台主办，山东省音协等承办了山东省“和平颂•中国梦”群众交响合唱音乐会。本次音乐会是第七届山东国际大众艺术节的重要活动之一。

9月上旬，由山东省青少年宫、山东省音乐家协会主办，山东省青少年活动中心承办，济南兴联琴行协办了“山青音乐奖”（济南赛区）山东省青少年全类别音乐大赛，10月在济南举行总决赛。

9月18日至21日，组织山东艺术学院合唱团在苏州参加全国音乐金钟奖合唱比赛荣获三等奖。

9月18日至20日，由山东省文联、中共东营市委宣传部主办，山东省音协、东营市广播电视台承办，在东营市举办了“第七届山东国际大众艺术节暨2014•山东省首届流行音乐大赛”。

9月28日、30日，由山东省文联、山东国际大众艺术节组委会主办，山东省音协、山东艺术学院音乐学院承办，分别在山东艺术学院音乐厅和山东星光国际文化艺术学校演出了“第七届山东国际大众艺术节——尼古拉•兰斯洛特四重奏音乐会”。

10月14日至21日，组织山东选手在宜昌参加中国音协主办的全国音乐“小金钟”奖钢琴比赛，山东艺术学院音乐学院学生王秋懿获得了专业组优秀奖。

10月28日至11月26日，由中国演出行业协会、山东省音协、山东演艺集团主办，山东演艺联盟发展有限公司、山东文化娱乐中心承办，在济南历山剧院推出了“世界艺术之窗”之立陶宛、爱沙尼亚、拉脱维亚、美国、意大利舞台艺术展演活动。来自5个国家9台艺术精品，各具特色，精彩纷呈。

【曲艺家协会】

1月19日，省曲协与省杂协及青州市有关单位举办首届青州市农民春节晚会，广受群众欢迎。

2月11日至12日，由中国曲艺家协会主办的第九届河南宝丰马街书会全国曲艺邀请赛中，山东曲协选送申振柱表演的山东快书《十字路口》荣获一等奖；山东琴书《魂系桃花庄》，河南坠子《妻子泪》获得二等奖。

3月19日至22日，由山东曲协推荐孙艾佳表演的《缘分》在中国曲艺家协会主办的首届中国好故事（走马）邀请赛荣获一等奖。

4月18日，省曲协举办“心系百姓情暖乡村——省曲协送文化下乡走进晏城”专场演出。

5月18日，由山东省曲协联合省龙视传媒等单位主办的“山东少儿才艺大赛”在省电视台成功举办。

5月23日，山东曲协承办的“山东文艺志愿服务惠万民——山东曲艺进高校”活动在省交通学院成功举办。

8月1日，泰山文艺奖·曲艺类评奖经过评委及各个部门的辛勤工作顺利完成：孙立生获得曲艺突出贡献奖；小品《抢车位》获得一等奖。

8月12日，由中共山东省委宣传部，省文联主办，省曲协承办的《俺们山东人》孙立生曲艺作品演唱会在济南成功举办。中国曲艺家协会主席姜昆以及有关领导参加活动。

8月14日至18日，由山东曲协推荐的儿童快板《老人、儿子、狗》，在由中国关心下一代工作委员会和中国曲艺家协会主办的第六届全国少儿曲艺大赛决赛中获得作品奖。山东曲艺家协会获得优秀组织奖。

8月18日至20日，在由中国曲艺家协会主办的首届“高元钧杯”全国山东快书大赛决赛中，山东曲协推荐的《幸福路》（王长安表演）、《随份子》（阴军表演）荣获一等奖，《野猪林》（蓝海表演）、《名师永恒》（赵福海、李东风表演）、《岳父来了》（朱忠振表演）获得二等奖。刘旭、赵学声、刘金堂、申振柱获得最佳创作奖。

9月24日，“‘我的故事我的梦’——东方朔杯山东省首届小品大赛”在陵县成功承办，小品《抢车位》获得一等奖。

10月1日至8日，在中央电视台举办的第七届相声大赛中，山东选送的选手大新、韩蕾、腾飞成功进入大赛决赛并取得优异成绩，为山东曲艺争得了荣誉。

10月18日至20日，在由中国文联、中国曲协共同主办的全国性曲艺专业最高奖——第八届中国曲艺牡丹奖评选中，由山东曲协主席团委员郭学东撰写的论文《山东曲艺音乐概论》荣获理论奖。

10月21日至25日，第八届中国曲艺节在江苏连云港成功举办，山东曲协推荐的省曲协副主席李连伟表演的《西湖情缘》、济宁刘士福表演的山东琴书《农家春》应邀参加演出，并获得优秀节目奖。

11月14日，山东曲协举办的“山东文艺走基层，共筑中国梦——山东曲艺进校园”活动成功举办。

11月16日，山东曲协联合肥城文联曲协在肥城边院镇运河村举办送欢笑进基层惠民演出。

12月1日至2日，省曲艺家协会组织部分知名的曲艺家在杨枫副主席的带领下赴高密市慰问演出，基层采风创作，受到高密市观众的欢迎。

【舞蹈家协会】

4月1日、2日，在山东剧院举办了“一条路——傅小青个人作品舞蹈晚会”。

5月19日，在山东剧院举办了“舞缘·舞韵——秦巧、魏东舞蹈晚会”。

4月19日、4月26日、5月23日、8月30日、11月30日，先后在山东师范大学、莱钢、滕州、烟台、肥城举办了宣传“中国梦”文艺志愿服务系列活动，为一线的工人同志们、学生、大众献上了一台精彩的舞蹈盛宴。

5月17日，由省委宣传部、省文联举办的大型系列讲座“大众文艺讲堂”在山东省图书馆举办，我省舞蹈家张荫松在“大众文艺讲堂”主讲《山东民间舞》。

6月8日、9日，山东省第九届青少年舞蹈比赛在山东剧院举办，本次比赛共有来自全省五千余名演员参赛，评选出“一、二、三等奖”、“优秀表演奖”和“金牌指导教师奖”。

6月7日，“鲁尚艺缘”中韩交流舞蹈晚会在韩国庆尚北道文化艺术殿堂拉开帷幕。山东省舞协带领山东省青年舞蹈家舞蹈团一行16人前往韩国进行再一次交流。

7月26日，山东舞协副主席、秘书长孙晓茹在“大众文艺讲堂”上主讲了《舞蹈—大美有形》。

7月28日至8月1日，在济南举办第七届泰山文艺奖（舞蹈类）评奖终评。

8月17日、18日，山东省第十届《小飞天》奖儿童舞蹈大赛在山东剧院举办。共有70余个作品，一千三百余选手参加了此次比赛。

8月28日，在山东剧院举办“青春中国梦——山东、江西、福建、山西、宁夏、海南六省青年舞蹈精英展演”，韩国著名音乐剧演员李承旭参会进行了艺术交流。

9月22日，韩国全罗北道交流团来访山东，举办了“相约泉城”中韩交流晚会。此次晚会由山东省人民对外友好协会、山东省舞蹈家协会主办。

9月29日至10月4日，应韩国艺总会副会长李炳国先生的邀请，省舞协组织山东省青少年舞蹈团赴韩参加假面舞艺术节、济州岛艺术节的访问交流演出活动，送去的山东民间舞蹈作品受到了韩国友人的热烈欢迎。

11月21日，在第九届中国舞蹈“荷花奖”校园舞蹈评奖中，山东代表队获得一金、二银、一铜的好成绩。《脊梁》获作品金奖；《春知沂蒙》、《大鼓小妞》获银奖；《相依唯梦》获表演铜奖；《谷雨》获十佳作品荣誉称号。在中国舞蹈“荷花少年”（中学）舞蹈比赛中，山东报送的作品《山妞、扭》、《渔歌声声》荣获星光少年奖。在第九届中国舞蹈“荷花奖”现、当代舞评奖中，山东省参赛作品《海拔6000米》、《为你守候》获银奖，《沂蒙那座桥》获评委会特别奖，十佳优秀作品奖。

【美术家协会】

2014年新年伊始，省文联党组书记于钦彦带队，省美协常务副主席朱全增等山东省著名画家十余人到黄岛“送文化下乡”。

3月30日下午，第十二届全国美术作品展山东创作调度会在济南召开。

4月9日至10日，省美协水彩艺委会2014年工作会在曲师大美术学院（日照校区）召开。

5月9日至11日，省美协组织山东省美术家走进临沂、菏泽，本次活动由朱全增带队，知名画家何乃磊、刘玉泉、任勤林、赵安民等二十余人参加。现场创作美术作品50余幅。

6月19日，第十二届全国美术美展山东初评会议在济南召开。本次评选共选出中国画325件，油画200件，水彩、粉画100件，版画50件。7月28日，第十二届全国美展山东作品展评选工作圆满落下帷幕。本次活动由省委宣传部、省文化厅、省文联主办，省美协、山东美术馆承办，终评评选出了全国美展选送作品130件、选送照片46件及省展入选作品368件。

8月3日，由省委宣传部、省文化厅、省文联主办，省美协、山东美术馆承办的“艺术齐鲁·第十二届全国美展山东作品展”山东美术馆隆重开幕。

9月4日，翰墨齐鲁•首届全国花鸟画作品展暨山东省美术家协会花鸟画艺委会成立仪式在临沂举行。

10月8日至14日，“第九届仁川·山东国际美术交流展”在韩国仁川成功举办。

10月18日至19日，“情系黄河口——山东美术家走进东营大型艺术采风活动暨雪莲画院开展仪式”成功举办。

12月5日，由省文联党组书记于钦彦带队，省内知名画家朱全增、韦辛夷、刘书军、宋丰光等组成的文艺志愿服务团，来到济南城建集团开展采风和慰问活动。

【书法家协会】

1月6日，“送欢乐、下基层”中国书法进万家活动走进雅安地震灾区，40多名书法家现场挥毫泼墨，为灾区群众写送春联。中国文联、中国书协、山东省书协还向雨城区上里中心校和兴贤小学捐款，援建两所“兰亭学校”。

1月22日，由山东省文联、山东省文艺志愿服务团、山东省书法家协会主办，济南市市中区四里村街道办事处承办的“山东省文艺志愿服务团扶贫救困、共筑和谐进社区活动暨山东省书协王羲之书法特色社区授牌仪式”在济南市中区四里村街道办事处举行。

2月11日，“鲁籍外地青年书法家座谈会”在济南八一山庄举行。

2月22日，著名学者型书法家、画家梁修先生的书法绘画作品展，在山东省博物馆隆重开幕。展览共展出梁修先生近年来精心创作的书法作品110件、绘画作品20件、篆刻作品50方，其中，所书自作诗词20余件。

2月28日，山东省书协第二期书法创作高级研修班在济南市新世界珠宝古玩城开班。中央美术学院博士、中国艺术研究院中国书法院副研究员张羽翔应邀担任主讲嘉宾。

3月26日至30日，山东省书协首届国展冲刺班暨第六期书法创作提高班在莒县举行。

3月29日，山东省书法家协会主席顾亚龙主讲的大型系列公益讲座“大众文艺讲堂”在山东省图书馆举行。本次讲座的主题是《中国书法经典赏析》。

3月30日，由山东省互联网信息办公室、山东省书法家协会主办，中国山东网承办的“‘骏马东风中国梦’马年春联征集暨命题春联书法网络大赛”评选工作结束。

4月12日，由山东省青年联合会、山东省书法家协会、山东省青年书法家协会联合举办的“第二届山东青年书法（篆刻）小品展”评选揭晓。

4月27日，由北京水墨公益基金会主办，山东省书法家协会承办，《中国书画》杂志社、宝续堂、泰丰汇协办的“山东省十大青年书法家作品展”在中国水墨艺术馆开幕。

5月6日，来自全省各地的240多名书法教育工作者汇聚泰安青松宾馆，参加山东省“书法名家进校园”活动暨第四期省级骨干书法教师培训班，这是省教育厅和省书协为推动国家语委和中书协关于开展“书法名家进校园”活动举行的开班仪式。

5月12日，山东书法国展精英作品展评选活动在济南举行。

5月20日，山东省王羲之书法特色学校授牌仪式在青岛市黄岛区第三实验小学举行。

5月23日，由山东省文艺志愿服务团主办的“‘5·23’山东文艺志愿服务惠万民——一得阁生产线落户相公庄暨书画名家爱心帮扶捐赠仪式”在济南市历城区相公庄举行。

5月24日，由山东省青年联合会、山东省书法家协会、山东省青年书法家协会联合举办的“第二届山东青年书法（篆刻）小品展”开幕式暨颁奖仪式在济南市美术馆举行。

5月28日，山东省书协第二届国展研讨班暨第七期创作提高班在高密市文学艺术中心举行。

6月20日，“王羲之书法特色学校”命名揭牌仪式在莱芜市钢城区艾山一中举行。

6月26日，南北峰汇——浙江省书法家协会2013年度“新峰计划20家”作品山东展在济南市美术馆隆重开幕。

6月27日，东营市春晖小学隆重举行“山东省王羲之书法特色学校”授牌仪式。

7月12日至13日，山东省书协驻会副主席孟鸿声赴琉球群岛那霸市，为冲绳高校生艺术文化国际交流班讲授了《书统谱系》、《书法款识与笔墨开合》及书法创作课程。

7月16日，由中国书法家协会主办、山东省书法家协会承办的“翰墨薪传工程”中小学书法师资培训在济南市新世界珠宝古玩城隆重开学。来自山东省50名学员参加了培训。

7月18日，山东省书法家协会主办的山东省女书法家作品展评审工作在济南举行。

7月20日，中国书协分党组书记、驻会副主席兼秘书长陈洪武一行数人到山东开展“翰墨薪传工程”中小学书法师资培训调研活动。

7月21日，省委宣传部副部长王红勇，省委宣传部文艺处处长葛长伟，省文联副主席、省书协主席顾亚龙等一行冒着40度酷暑到淄博市高青县常家镇蓑衣樊村考察调研。

7月22日，“中国书法之乡”命名授牌仪式在淄博市高青县举行。迄今山东省已有十三个区县被中国书协命名为“中国书法之乡”。

7月24日至25日，中国文联文艺志愿服务中心主任、中国文艺志愿者协会副主席兼秘书长廖恳一行在山东省文联副主席、省书协主席顾亚龙等的陪同下，对潍坊市奎文东上虞社区、青州市宋城文化古街、寿光市逢源小学等文艺志愿服务项目进行了实地调研。

7月26日，由山东省书法家协会、中共菏泽市委宣传部主办的“我们的中国梦”第二届“牡丹奖”山东省书法作品双年展评审工作在济南举行。本展收到作品3700多件，评出235件入展作品，其中获奖作品20件。

8月17日，山东省书协“王羲之书法特色社区”授牌暨新民书画社、高新老年艺术协会成立揭牌仪式在滨州市邹平县高新街道办事处举行。

8月20日，“齐鲁文化喀什行”启动仪式暨鲁喀书画摄影名家联展在喀什科技文化馆隆重开幕。

8月28日，一得阁文化城(济南)有限公司成立暨揭牌仪式在济南市新世界珠宝古玩城隆重举行。这是北京一得阁集团首次在外地成立的合资企业，同时也是第一次将一得阁墨汁生产线落户外地。

9月4日至5日，山东省书法家协会主办的第四届王羲之书法论坛暨导师工作室在济南举行。

9月5日，“崇德尚艺”第二届山东省书协会员千人书法作品双年展在山东省图书馆开幕。

9月10日，第七届山东国际大众艺术节——山东书法“国展精英”作品展在荣宝斋济南分店举行。展览共展出书法、篆刻作品近140件。

9月26日，由山东省文联、山东国际大众艺术节组委会主办，山东省书协妇女工作委员会承办的山东省女书法家作品展暨座谈会在山东省图书馆举行。本次展览共展出书法、篆刻作品280件。

9月29日，由中国民主促进会山东省委员会、山东省教育厅、山东省中华文化促进会、山东省书法家协会联合主办的“书法进校园”活动启动仪式在济南市博文小学举行。

10月8日，由山东书法家协会、莱西市市委宣传部主办，中国书法展览馆、北京国艺美术馆支持，青岛月湖书院承办的“齐风鲁韵——山东书坛菁英作品展暨山东省书法家协会备战兰亭奖研讨班开班典礼”在青岛月湖书院举行。

10月10日，第六届王羲之书法论坛——纪念魏启后先生诞辰95周年学术研讨会在济南魏启后展览馆举行。

10月13日，“首泰弘文书苑”揭牌仪式暨“大美泰山——书法艺术展”开幕式在泰安市文化大厦隆重举行。欧阳中石被聘请为弘文书苑名誉院长，顾亚龙被聘请为顾问。

10月19日，省书协参与承办的“驿道题壁——于茂阳书法作品展”在山东省美术馆开展。

10月20日，由山东省书法家协会、中共菏泽市委宣传部共同主办的“我们的中国梦”第二届“牡丹奖”山东省书法作品双年展在中国牡丹之都菏泽市曹州书画院开幕。本次展览展出入展作品236件，其中获奖作品20件。

11月16日，“王羲之书法创作培训基地”命名活动在泰安市东平县白佛山景区举行揭牌仪式。

12月4日，“王羲之书法特色社区”授牌仪式在博兴县博昌街道乐安社区举行，授牌仪式在博兴县曹王镇中心小学举行。

12月6日，“北大时代”杯第四届山东青年临书大展开幕式暨颁奖仪式在济南市美术馆举行。

12月16日，由中共山东省委宣传部、省文化厅、省文联、省史志办、山东省档案局、首都师范大学联合主办的“欧阳中石书中华美德古训展”在山东省美术馆隆重开幕。展览由山东省书法家协会、山东省美术馆、首都师范大学中国书法文化研究院、舜耕山庄集团、大舜文化艺术馆、山东大厦美术馆承办。

12月16日，由山东省纪委宣传部主办、齐鲁网承办的山东首届廉政书画漫画大赛评选工作在山东电视台举行。省文联副主席、省书协主席顾亚龙，省书协驻会副主席孟鸿声等参加了评选活动。最终评出18幅书法作品、6幅绘画作品、12幅漫画作品分获一、二、三等奖，90幅作品获得优秀奖，50幅作品获得网络人气奖。

12月17日，省书协“王羲之书法特色学校”揭牌仪式在枣庄师范附属小学举行。

12月24日，中宣部、文化部、国家新闻出版广电总局、中国文联联合举办的2015年“我们的中国梦”——文化进万家活动在著名革命老区沂蒙地区莒南县启动。

12月28日，“我们的中国梦、文化进万家”山东省书协第四届“百县千村”书法文化下乡活动启动仪式在济南历城区相公庄隆重举行。“近墨者·一得阁创建150周年书法名家作品（山东）邀请展”同期举行。

12月30日下午，“我们的中国梦、文化进万家”山东省书协送书法进铁路活动在济南西站举行。

【摄影家协会】

1月3日，省摄协主办的“我们的中国梦”系列活动走进济南市阳光100小学。

1月26日至3月11日，山东省摄影家协会与济南铁路局工会联合主办“铁路春运行”系列活动。组织30余名知名摄影家春节期间多次分批深入济南铁路局各个站段创作。

3月29日，山东省摄影家协会邹平樱花山摄影创作基地揭牌。

3月31日，山东省摄影家协会与山东省交通厅公路摄影协会联合主办“济菏高速”杯“跨越时空——齐鲁古桥”摄影大赛在济南启动。

4月8日，由山东省摄影家协会和中国（寿光）国际蔬菜科技博览会组委会主办，寿光市摄影家协会承办的“瑛赛尔杯”山东省首届蔬菜摄影大赛颁奖仪式在寿光举行。

4月11日至13日，北京摄影函授学院山东分院第24期毕业暨第25期开学典礼在济南军区第五招待所隆重举行。北京摄影函授学院副院长许喜占，山东省摄影家协会主席侯贺良、常务副主席田凤仙等出席了本次典礼。

4月12日至16日，华东六省一市摄影家协会协办的2014上海桃花节“浦东小上海风情”摄影邀请展在上海浦东开幕。山东摄协副主席桑鲁成出席了开幕式，刘建华等8人在影赛中获奖。

4月12日，由山东省摄影家协会和山东高速绿城莱芜雪野湖开发有限公司主办的首届“桃花源杯”摄影大赛在莱芜雪野湖启幕。

4月19日，由山东省摄影家协会、博山区委宣传部、淄博开元溶洞旅游有限责任公司、齐鲁晚报联合主办的“开元溶洞杯”第一届樱花节摄影大赛在淄博博山开幕。

4月22日，由省摄协和《金桥》杂志联合主办的“环翠楼红参杯”回家随手拍全国摄影大奖赛评选揭晓。最终，666幅获奖作品脱颖而出。

4月29日，山东省摄影家协会创作基地落户泰安国山。

5月1日，由中国摄影著作权协会，山东省摄影家协会，淄博市摄影家协会，临淄区人民政府主办的“当代中国著名摄影艺术家风光摄影展”在临淄云志艺术馆举行，邀请冯建国、侯贺良、姜平、李少白等十八位中国当代著名风光摄影艺术家参展，并开展学术研讨和交流。

5月6日，由中国摄影家协会指导，山东省人民政府新闻办公室、山东省海洋与渔业厅、山东省摄影家协会、山东省广告摄影研究会联合主办的2014“海上山东”全国网络摄影大展、2014山东3000公里海岸线摄影年活动、新之航海上摄影基地启动仪式在青岛奥帆中心举行。

5月7日至9日，中国摄影家协会基层工作交流会在东营河口隆重举行。并在河口区成立山东省摄影家协会创作基地。

5月11日，由山东省摄影家协会，济宁市摄影家协会，泗水县摄影家协会主办的山东泗水“千年古镇 美丽陶乡”摄影大赛启动仪式在柘沟镇老窑窑址举行。

6月6日至8日，“5•23”山东文艺志愿服务惠万民——山东省摄影家协会百名摄影家走进泗水采风创作。

6月13日，由济南广播电视台、中国重汽集团房地产公司、山东省摄影家协会主办的第二届重汽1956“印象泉城”摄影大赛启动仪式在济南电视台举行。

6月17日，由济南市委宣传部和山东摄影家协会共同举办的“寻找城市之美——民生济南”摄影大赛活动正式启动。

6月27日，中国摄影家协会在沂南县举办“追寻历史影像、重走复兴之路”活动，为山东沂南县在内的10处革命圣地和老区授牌“中国摄影创作基地”。

7月4日至6日，北京摄影函授学院山东分院第三期省级会员提升班在滨州惠民开学。

7月28日至8月1日，第七届山东省泰山文艺奖评选。邹本东获摄影类突出贡献奖、车吉心《世界名人故居》获得作品一等奖。

7月31日，由山东省广告摄影研究会、山东省摄影家协会、人民摄影报主办的“龙大杯”龙大系列产品全国广告摄影大赛作品征集与评选工作圆满结束。粟伟《当季新花生、新鲜龙大油》获全场大奖。

8月15日，第七届山东国际大众艺术节“文艺志愿服务行——山东摄影家走进济铁”摄影展暨“济铁梦 劳动美 聚焦齐鲁大动脉”铁路摄影大赛展览在济南铁路文化宫开幕。

8月20日，由山东省互联网信息办公室、山东省旅游局、山东省摄影家协会联合主办“黑虎山狩猎场杯”山东省首届“最美乡情 印象山东”网络摄影大赛启动。

8月20日至26日，“齐鲁文化喀什行”活动启动仪式暨鲁喀书画摄影名家联展在喀什开幕。

8月29日至31日，第七届山东国际大众艺术节“文艺志愿服务行——山东摄影家走进乡村”暨山东省乡村文明摄影大展在省文化馆展出。

10月8日至13日，省摄协代表团一行14人赴韩国进行文化艺术交流，并举办中韩国际摄影交流展。

10月10日至12日，由山东省老龄工作委员会办公室、山东省文学艺术界联合会、山东省摄影家协会主办的第二届山东省老龄主题摄影大赛获奖作品展在济南展出。

10月14日至16日，上海国际摄影节暨上海第十二届国际摄影艺术展。宁舟浩的《百年好合》专题、李林的《湿地》专题代表山东参展。

11月6日，由山东省文学艺术界联合会、荷兰华人摄影家协会、世界摄影家联盟荷兰分会、山东省摄影家协会、山东美术馆、齐鲁摄影学会主办的第三届齐鲁百家当代摄影艺术展暨2014中荷摄影艺术交流展在山东省美术馆开幕。

11月25日至30日，省摄协组织60名摄影家先后在济宁市泗水县、潍坊市临朐县、临沂莒南县为老百姓拍摄全家福，赠送摄影照片和生活用品，服务群众1500余人。

11月30日，中国摄影函授学院建院30周年庆典在北京举行，山东函授分院被授予“坚如磐石奖”；田凤仙主席被授予“中流砥柱”奖。

12月12日至14日，山东省摄影家协会常务副主席田凤仙，省摄协副主席、临沂市摄影家协会主席吕全新带领150余名摄影家来到了临沂市沂水县院东头镇桃棵子村，参观老区爱国主义教育基地，为村里的老百姓拍摄全家福。

【电影家协会】

5月，省影协组织参加了由中宣部、文化部、国家新闻广播出版总局、中国文联、中国作协等五部委联合举办的“我们的中国梦——讲述中国故事”文艺作品征集活动。共征集视频类作品738部，获奖作品10部，其中一等奖2部，二等奖4部，三等奖4部，省电影家协会报送的微电影《一生守候》、《最美的声音》和《乡村娃的梦》分别获得一、二、三等奖。

5月到10月，山东省文联、山东师范大学主办，省电影家协会、山东师范大学传媒学院、山东舜网联合举办了“山东文艺志愿服务惠万民——微电影进社区”活动。陆续走进省内50多所高校和社区，放映100场在历届山东青年微电影大赛中获奖的25部优秀微电影，受到广大市民的欢迎。

8月至10月，影协和山东新农村数字电影院线公司联合举办了“文艺志愿服务行—电影进社区”活动。此次活动覆盖全省300个社区（广场），放映场次达到5000场以上，受益观众250万人次以上。

9月、10月，威海影协组织创作的纪录片《雅鲁藏布江边的通灵者》，分别入选韩国DMZ纪录片电影节参赛影片和多哈半岛国际纪录片节参展影片。

9月12日，由山东省文联、中共济南市委宣传部、济南报业集团主办，山东省电影家协会和舜网联合承办的第七届山东青年微电影大赛颁奖盛典，在济南百丽宫影城隆重举行。本次大赛作为2014年第七届山东国际大众艺术节的重要活动之一，以“放飞梦想”为主题，共收到参赛作品500余件。经过为期一个月的网络投票及专家评选，51部影片分获32个奖项。

11月，省影协推荐的山东师范大学传媒学院拍摄的《大金鹿》，获得金丹若国家微电影艺术节最佳影片奖；济南影视家协会组织拍摄的《绿皮火车》、《梦回东平》，分别荣获第二届亚洲微电影艺术节金海棠奖一等奖和好作品奖。

12月，青岛影视家协会组织拍摄的微电影《咖啡短剧》系列，获得了北京国际微电影大赛金奖。淄博市影视家协会创作的电影短片《让爱领航》，荣获中国第23届金鸡百花电影节学院奖“观众最喜爱短片”奖。

【电视家协会】

1月23日，由中国文联、中国电视艺术家协会主办，京博控股、省视协承办的“送欢乐、下基层”——文艺志愿者走进京博慰问活动在山东省滨州市博兴县举办。

3月22日至27日，省视协在济南举办第二十六届山东省电视艺术“牡丹奖”评奖。本届评奖活动，参评单位是来自省直及十七地市的电视制作单位约50多家，参评作品电视文艺类223件，电视剧类40部、350部集，广告192条。

4月8日至14日，省视协带领山东广播电视台两个摄制组赴云南临沧参加“全国卫视边疆行——云南临沧采风作品推选活动”，作品《最后的原始背影》获得二等奖，《滇红茶缘》获得三等奖。

6月13日至15日，由中国文联、中国视协共同主办，省视协、济南广播电视台联合承办的第27届中国电视金鹰奖纪录片评选在济南举行，省视协推荐的长篇电视剧《知青》等获得三等奖。

8月14日至17日，由省视协联合全省十七地市广播电视台主办，济南广播电视台承办的“山东省第六届小主持人金话筒电视大赛全省总决赛”在济南市广播电视台举行。

8月23日至25日，由省文联、省视协主办，日照电视台承办的，大众艺术节系列活动之一“美丽山东·活力日照”山东省第六届泳装、沙滩装模特电视邀请赛决赛暨中国超级模特大赛山东总决赛在日照举办。

8月25日至27日，省视协主办、安丘广播电视台承办的“山东省电视主持新人大赛”在潍坊安丘举办。

8月28日至30日，由华东六省一市主办，省视协、安丘广播电视台共同承办的“第九届华东及全国部分省市电视主持新人赛”在山东安丘举行。

8月31日至9月3日，第二届华东六省一市暨全国部分省市微电影（微视频）大赛在青岛进行评选。

9月18日至21日，省视协、青岛市文联、青岛市广播电视台联合主办，青岛市广播电视台承办的2014全国部分城市电视模特邀请赛暨青岛市第三届全民电视模特大赛在青岛举行。

10月12日至17日，省视协在潍坊安丘县举办第七届（2014年度）山东省县(市、区)级电视艺术评奖活动。来自全省近40个县（市、区）级电视台报送作品近200部作品参评。

10月17日至20日，由中国视协主办，中国视协市县电视委员会、寿光广播影视集团承办，省视协协办的第二届“银河杯”全国市县电视台电视艺术作品推优颁奖活动在寿光举办。

【民间文艺家协会】

3月，在山东潍坊举办“山东省民俗文化博览会”。参加“全国木偶展演活动”，荣获银奖。

5月23日，在日照举办“民间艺术进校园公益活动”。

6月，派选参赛队伍参加“全国舞龙展演暨第十二届中国民间文艺山花奖舞龙评奖”活动，山东代表队荣获银奖。组织民间手工艺人参加天津“第四届中国国际民间艺博会暨中华（天津）民间艺术精品博览会”，山东作品《放飞梦想》荣获金奖，傅绍相获得联合国教科文民间艺术国际组织授予的“民间工艺美术家”称号。

7月，在“中国(百色·田东)民间广场歌舞大赛暨第十二届山花奖·民间广场歌舞评奖活动”中，省民协参赛作品《加鼓通》荣获金奖。

9月，在淄博举办“第七届山东国际大众艺术节·山东省民间手工艺大师精品展”。在济南山东新华美术馆举办了第七届山东国际大众艺术节“山东实力派书画大家精品展”。

组织艺人参加“‘中国梦·情之乡土’——中国农民画、剪纸艺术大赛”，山东民协荣获最佳组织奖。山东民协在“我们的中国梦·全国农民画展”活动中荣获组织奖。山东民协在日照东港区南湖镇中心初级中学举办了“民间艺术进校园活动”。

12月，组织邀请中国民协中国文化之乡考察组对山东民协申报的招远、栖霞两县“中国文化之乡”进行了考察。

河南省文联

综 述

2014年，在省委和省委宣传部的正确领导下，省文联及各团体会员认真学习贯彻习近平总书记系列重要讲话精神，深入落实省委各项重大决策部署和全省文联工作会议安排，高扬社会主义核心价值观旗帜，突出中国梦的时代主题，坚持以人民为中心，大力开展系列主题文艺活动，创新工作机制、延伸服务手臂，扎实推进文艺志愿服务和文化惠民活动，勇于担当、真抓实干，团结引导全省广大文艺工作者深入社会实践，努力创作优秀作品，不断提升思想道德素质和艺术素养，加强文艺队伍建设，提升文联工作水平，为服务大局、服务人民、繁荣河南文艺事业作出了新的贡献。

重要会议与活动

【坚持开展文化惠民】

2014年，省文联坚持文艺为人民服务的正确方向，多次组织艺术家深入到基层、社会各界为人民大众送去精神食粮。元旦春节期间，河南名家艺术团的著名艺术家赴河南能源化工集团赵固矿区慰问演出。著名画家到“中国画虎第一村”商丘市民权县王公庄村，辅导农民画师，并现场创作了多幅书画作品。书法家到漯河市临颍县杜曲镇岗张村，为村民写送春联。艺术家到南水北调移民新村——中牟县官渡镇北沟、石井移民新村，为村民写春联，拍全家福照片，送上歌舞表演，慰问在南水北调建设中做出贡献的移民们。八一前夕，书画名家先后到武警河南省总队直属支队和河南省军区慰问。书画家即兴创作书法、水墨画作品，表达了军民团结一家亲的浓浓情意。8月3日至4日，省文联主席杨杰率领“乡音乡情”河南名家暨梨园春明星擂主赴新疆乌苏慰问演出，送去河南家乡人民对屯垦戍边的河南籍在疆人的深情厚谊。11月29日，河南省文艺工作者“深入生活　扎根人民”主题实践活动启动仪式在社旗县举行，同时社旗县被定为“河南省文联文艺采风创作基地”。河南文艺志愿者先后多次开展新农村少儿舞蹈美育工程、“放歌中原”送欢乐进校园演出、梅花奖艺术团赴乡镇开展“我们的中国梦——文化进万家”慰问演出等活动，举办文艺支教、专业培训，为基层文艺单位捐赠物品、图书等物资。

【2014年马街书会】

2月10日至12日，由中国曲协、河南省文联、平顶山市委、平顶山市政府主办，省曲协等承办的“第九届河南宝丰马街书会全国曲艺邀请赛”在宝丰举行。中国曲协王汝刚、马小平、曲华江，省文联副主席张剑锋以及平顶山、宝丰领导出席展演开幕式。来自全国20个省市的19个曲种、25个节目分获一、二等奖。宝丰的河南坠子演员黄艳芳夺得2014年马街书会“书状元”。中国文联副主席边发吉，中国曲协分党组书记、驻会副主席、秘书长董耀鹏，省文联主席杨杰为获奖演员颁奖。书会期间还举行了“2014河南宝丰马街书会青少年曲艺展演”，演出19个节目，受到群众热烈欢迎。

【第六届中国（鹤壁）民俗文化节】

2月11日晚，由中国民协和河南省文联主办的第六届中国（鹤壁）民俗文化节在鹤壁市艺术中心开幕。中国作家协会党组成员、副主席、书记处书记廖奔，河南省副省长张广智等领导出席开幕式。

本届民俗文化节的主题为“逛千年庙会，赏中原民俗，感春节文化，享旅游盛宴”，以弘扬春节文化为主线，以浚县正月古庙会为依托，集中展示中原民俗文化资源，营造喜庆、欢乐、祥和的节日氛围。文化节每年吸引晋、冀、鲁、豫、皖等地400多万游客前来观光旅游，高峰时期日客流量多达50余万人。

【全省文联工作会议】

3月4日，2014年全省文联工作会议在郑州召开。会议深入学习了党的十八大、十八届三中全会和习近平总书记系列重要讲话精神，传达了中国文联九届六次全委会和全省宣传部长会议精神，回顾总结了2013年工作，研究部署了2014年工作。省委宣传部常务副部长王耀到会讲话，省文联主席杨杰作了题为《肩负时代使命 推动文艺繁荣 为打造文化强省、建设文明河南贡献力量》的工作报告。会上，还接纳了河南省地矿系统文学艺术联合会、河南省法院系统文学艺术界联合会和巩义市、兰考县、汝州市、滑县、长垣县、邓州市、永城市、固始县、鹿邑县、新蔡县等10个省直管县（市）文联为省文联团体会员，增补邵玉龙、姚凤奇、相黎丽、徐慧根、钞艳霞、闫俊玲、蔡鑫、赵家义、王红梅、谢石华等10位同志为省文联七届委员会委员。

省文联党组书记吴长忠主持会议，主席团成员苗树群、张剑锋、邵丽、宋华平、范军、何弘、李仲党、刘杰、程建军等参加会议。

【甲午年黄帝故里拜祖大典荣宝斋中国近现代书画名家展】

4月2日至8日，由国务院侨务办公室宣传司、河南省政府外侨办、河南省文联联合主办，荣宝斋（香港）有限公司承办、中原侨商会协办的“甲午年黄帝故里拜祖大典荣宝斋中国近现代书画名家作品展”在郑州举办。赵素萍、张广智、龚立群、卢大伟、宋丽萍、杨杰等领导参加了开幕式。展览展出的既有吴昌硕、齐白石、徐悲鸿、张大千、黄宾虹、李可染、黄胄、关山月、启功等60多位近现代大师级艺术家的精品真迹百余件，也有刘大为、黄永玉、沈鹏、欧阳中石等10多位当代书画大家的丹青力作，以及17个国家和地区的华侨华人书画艺术家和河南本土书画艺术家的作品，共计250余件。

【2014中国（开封）清明文化节】

4月3日上午，2014中国（开封）清明文化节开幕式暨“宋韵清明 民俗记忆”表演在清明上河园举行。李屹、赵素萍、王保存、高体健、罗杨、杨杰、吉炳伟、阎红心等领导出席活动。

2014中国（开封）清明文化节由中国文联和河南省政府主办，中国民协、河南省委宣传部、省文明办、省文联和开封市委、市政府承办。本届清明文化节继续以“传承文明、拥抱春天”为主题，以展示“宋韵清明、美丽开封”为目标，进一步突出民俗文化和群众参与，把弘扬文化、宣传开封、促进招商、带动旅游贯穿始终。

【刘延东视察文艺支教志愿服务点告成镇中心小学】

4月11日上午，中共中央政治局委员、国务院副总理刘延东在国务院副秘书长江小涓、教育部副部长杜玉波、河南省副省长徐济超等领导同志的陪同下，冒雨来到河南省登封市告成镇中心小学视察。中心小学韩朝阳校长向刘延东介绍了学校的基本情况，同时汇报了中国文联、河南省文联在该校支教服务点文艺支教工作的开展情况。

【中国文联文艺支教志愿服务河南项目启动】

4月29日，中国文联文艺支教志愿服务河南项目点启动仪式在登封市告成镇中心小学举行。省文联主席杨杰，副主席苗树群参加启动仪式，并向学校捐赠了价值2.5万元的4000册中小学读物。

9月4日，中国文联文艺支教志愿服务河南第二个项目启动仪式在兰考县裕禄小学举行。省人大常委会副主任、省文艺志愿者协会名誉主席王保存，省文艺志愿者协会主席王笑南向裕禄小学授予文艺支教志愿服务项目点牌匾，省文联党组书记、省文艺志愿者协会常务副主席吴长忠讲话。省文联《故事家》杂志社、《时代报告》杂志社、《书法导报》向裕禄小学赠送了4100册、价值近4万元的图书。至此，中国文联在河南选定的两个文艺支教志愿服务点均已启动，全国共有12个文艺支教服务地。

【河南省第四届杂技“百戏奖”魔术专业奖】

5月6日，由河南省文联、平顶山市委宣传部主办，省杂协、平顶山市文联、宝丰县委、宝丰县政府承办的河南省第四届杂技“百戏奖”魔术专业奖暨中国·宝丰第六届魔术文化节河南赛区选拔赛在中国魔术之乡宝丰县落下帷幕。本届比赛，56个节目参赛，共产生3个金奖、7个银奖、7个铜奖、1个创新奖、6个组织奖及各单项奖。省杂协与宝丰方面达成协议，河南省杂技“百戏奖”魔术专业奖将永久在宝丰举办。

省文联党组书记吴长忠，平顶山市委常委、

宣传部长唐飞等出席颁奖晚会。

【“古稀新声”张海书法展】

5月10日，“古稀新声”张海书法展在河南博物院开幕，全国政协原副主席陈宗兴，中国文联党组书记赵实、副主席左中一，文化部副部长董伟，全国政协人口资源环境委员会副主任吴双战，人力资源和社会保障部副部长杨士秋，省委常委、宣传部部长赵素萍及有关省领导出席开幕式。

该展由文化部、中国文联、河南省委宣传部、中国书法家协会主办，河南省文化厅、省文联、省书法家协会、郑州大学协办。展期10天，展出作品50余件，作品规格大至八尺十联屏、丈二横幅，小至扇面、册页，包含了楷、行、草、隶、篆等各种书体。这是张海任中国书法家协会主席以来首次在家乡郑州举办大型个人书法展。

【情凝厚土——曹新林油画展】

5月16日至27日，由中国美术馆、中国美协、河南省委宣传部、河南省文联等主办的“情凝厚土——曹新林油画展”在北京中国美术馆展出。展览共分厚土苍生、守护家园、历练图谱三个部分，呈现了曹新林近60年的油画代表作。中国美术馆馆长范迪安担任策展人。

曹新林曾任河南省书画院院长、河南省美协副主席、河南油画学会会长，现为中国油画学会理事，是河南省优秀专家，并享受国务院“政府特殊津贴”，被誉为“改革年代里脱颖而出的一位今日中州高士和载誉全国的油画名家”。

【美术书法摄影主题展】

5月，河南省委对外宣传办公室、省文联主办的“美丽河南”摄影展在省文联展览厅举行，展出的图片是从11000余幅征稿中精选的获奖作品，从自然风光、民俗风情、建设成就等多方面展示了“美丽河南”新形象。“追梦历程——河南美术书法摄影精品展”在河南省美术馆举办，共展出老中青三代艺术家精心创作的美术、书法、摄影作品150余幅。赵素萍、何彧、吴长忠、杨杰等领导分别观看了展览。

【全国剪纸艺术大赛】

5月24日，由中国文联、中国民协、中国文艺基金会、河南省文联、三门峡市委、市政府主办，河南省民协、三门峡市文联、陕县县委、县政府承办的中国文艺志愿服务主题活动“中国梦—大黄河·风情陕州”全国剪纸艺术大赛颁奖仪式在三门峡陕县地坑院举行。大赛共收到全国27个省区市的589名剪纸艺术家和剪纸爱好者的作品1059幅。最终评出了金奖5名，银奖5名，铜奖10名，优秀奖100名。活动期间，参加中国文艺志愿服务的专家学者对剪纸爱好者进行了专题培训，举办了以陕县黑色剪纸为主题的动态论坛。

【河南省文艺志愿者协会成立】

5月24日上午，经河南省民间组织管理局批准，河南省文艺志愿者协会在郑州成立。省委常委、宣传部部长赵素萍，省人大常委会副主任王保存，副省长张广智，省政协副主席靳克文，中国文艺志愿者协会副主席兼秘书长、中国文联文艺志愿服务中心主任廖恳等出席成立大会。

大会选举王笑南为河南省文艺志愿者协会主席，吴长忠为常务副主席，苗树群、范军、何弘、李仲党、刘杰、程建军、吴行、赵洪、董焕琳、于德水、陈涌泉、谢安钧、鲁银海、孔夏、李锦利、谢冰毅、李强、屈松记、丰兴运等19人为副主席，178人当选第一届理事会理事，申慧生当选秘书长。王保存、靳克文、胡葆森被聘为协会名誉主席，王耀被聘为协会顾问。

【第三届黄河戏剧奖评出戏剧文学奖、理论评论奖】

6月，由河南省文联、河南省剧协主办的“第三届黄河戏剧奖”评奖工作圆满结束。15部作品获“黄河戏剧奖·戏剧文学奖”，其中《兰考往事——焦裕禄》《阿丑选婿》获得金奖，《刘青霞》等8部作品获得银奖，《李师师》等5部作品获得铜奖。获奖者中青年剧作者占三分之一，标志着河南省主创人员队伍正在壮大发展。22篇作品获“黄河戏剧奖·理论评论奖”，其中《当代戏剧创作的三个命题：尊重传统、重塑经典与跨文化交流——新编豫剧〈程婴救孤〉作为一种“文化现象”的解读》等6篇文章获得一等奖；《河南戏曲现代戏婚恋题材的发展演变》等8篇文章荣获二等奖；《锣戏之生成与发展状况钩沉》等8篇文章荣获三等奖。

【第二期“教你一招”培训班】

6月21日至25日，由河南省委宣传部、河南省文联主办，省杂协、省名家艺术团承办的全省第二期“教你一招”群众文艺活动基层文艺骨干培训班在郑州举办。来自全省18个省辖市和10个直管县市的200名基层文艺骨干参加了培训。中国文联文艺研修院常务副院长傅亦轩，省文联主席杨杰来到培训现场，观看学员学习情况并和学员交流。

【第十二届河南省美术作品展】

7月5日至25日，“第十二届河南省美术作品展”在省美术馆、郑州美术馆、升达艺术馆同时展出。中国美协领导何家英、尼玛泽仁，省领导赵素萍、蒋笃运、张广智、靳克文等与800余名观众参观了展览。

本届展览由河南省文联、河南省文化厅、河南省美协主办，作品涉及中国画、油画、水彩水粉画、版画、雕塑、招贴设计、年画、漫画、连环画、插图等十多个画种，共1071幅作品。展览期间，主办单位对作品进行了评选，103件获得一等奖，174件获得二等奖，197件获得三等奖，入选作品597件。

河南省美术作品展每五年一届，是河南省美展中规模最大、画种最全、水平最高、最具权威性的综合性大展。

【曲艺走基层河南专场演出】

7月16日，由中国曲协主办，河南省委宣传部、河南省文联、河南歌舞演艺集团、河南省曲协、郑州市金水区政府共同承办的“我们的价值观——曲艺走基层全国百场巡演”河南专场系列演出在郑州市文博广场启动。之后，全省曲艺家相继在原阳县新城区、太康县城关镇、太康县上集镇、济源市、宝丰县、方城县、邓州市、桐柏县程湾镇、社旗县、叶县、沈丘县巡回演出十余场，受到群众热烈欢迎。

【第八届河南省戏曲红梅奖大赛】

9月12日至15日，河南省文联、河南省剧协、驻马店市委宣传部、驻马店市文化新闻出版局、河南电视台新农村频道联合主办的“天中杯”第八届河南省戏曲红梅奖大赛在驻马店举办。演唱组吕军帅等26人荣获金奖、王二震等49人荣获银奖、卞凤玲等22人荣获铜奖，器乐组李长江等9人荣获金奖、周洲等16人荣获银奖、陶晓辉等5人荣获铜奖，驻马店市演艺中心和漯河市豫剧团荣获组织奖。

【全省文艺工作者践行社会主义核心价值观培训班】

9月18日、19日，全省文艺工作者践行社会主义核心价值观培训班在郑州举行，学习贯彻习近平总书记关于培育和践行社会主义核心价值观系列重要论述精神，落实中央培育和践行社会主义核心价值观工作经验交流会精神，引导全省广大文艺工作者模范践行社会主义核心价值观，在大力推进文明河南建设中建功立业。省委常委、宣传部部长赵素萍出席开班仪式并讲话。

中国文联副主席夏潮应邀为培训班作报告，就当前我国文艺发展情况和文艺工作者的时代责任作了讲解。

中国剧协主席、著名京剧表演艺术家尚长荣应邀作报告。

与会同志还围绕会议主题进行大会发言和分组讨论。

【河南曲艺进京展演】

9月22日，由河南省文联、河南省曲协、宝丰县委、县政府组织的“马街书会——河南曲艺专场”在北京民族文化宫大剧院演出。解放军总政治部副主任贾廷安上将，全国妇联原党组书记黄晴宜，中国曲协主席姜昆，中国曲协分党组书记董耀鹏，省文联主席杨杰，省文化厅厅长杨丽萍等领导和首都1000余名观众观看了演出。

作为“‘向人民报告’——庆祝新中国成立65周年暨说唱中国梦优秀曲艺节目展演”的一部分，河南曲艺专场以“向祖国献礼，为人民说唱”为主题，由九个节目板块连缀而成，以评书小段和情景小品为串联，样式别开生面，令人耳目一新。90分钟的演出，为北京观众献上了一台充满河南味道、中原气魄的曲艺节目，受到现场观众的热烈欢迎及中国曲协的高度评价。同时，这也是马街书会700多年来，首次被打造成一台节目搬上北京舞台。

【中国·宝丰第六届魔术文化节】

10月15日至16日，由中国杂技家协会、河南省文联、平顶山市委、平顶山市政府主办，河南省杂协、平顶山市委宣传部、宝丰县委、宝丰县政府承办的中国·宝丰第六届魔术文化节在宝丰县举行。期间，甘肃、天津、黑龙江等十余个省份的41个节目参加了比赛，举行了魔术道具展销、魔术发展高端论坛。中国杂协副主席宁根福、省文联副主席张剑锋等参加了活动。

【省文联慰问贫困乡村】

10月17日，在全国首个“扶贫日”到来之际，省文联主席杨杰、副巡视员刘鲁豫一行到省文联对口帮扶贫困村商丘市宁陵县孙迁村慰问，为贫困乡亲带去了总值一万五千余元的慰问品。

【学习习近平总书记在文艺工作座谈会上的重要讲话精神座谈会】

10月20日上午，河南省文联召开“学习习近平总书记在文艺工作座谈会上的重要讲话精神座谈会”。党组书记吴长忠主持会议并讲话，对学习、贯彻、落实习总书记讲话精神作出部署，主席杨杰作了题为《牢记使命，忠诚履职　与人民同行，为时代放歌》的发言。省文联所属12个文艺家协会的主席、秘书长和老艺术家、青年艺术家代表与会座谈，畅谈学习习近平总书记重要讲话的体会。南丁、二月河、马国强、李佩甫、李树建、周虹、宋华平、范军、王洪应、夏挽群、乔叶、米闹等表示，要把讲话精神融入心间、融入实践，为中华民族伟大复兴的中国梦，为中原崛起河南振兴富民强省做出应有的贡献。

【河南省第四届杂技“百戏奖”暨河南省第九届杂技大赛】

10月21日至22日，由河南省文联、河南省文化厅、濮阳市政府主办，省杂协、濮阳市委宣传部、濮阳市文联、濮阳市文广新局承办的河南省第四届杂技“百戏奖”暨河南省第九届杂技大赛在濮阳市举行。中国杂技家协会程海宝、邓宝金、齐春生、李西宁、邹玉华，河南省政协副主席靳克文，以及吴长忠、李霞、段喜中、赵瑞东等领导出席活动。大赛共有39个节目参赛，评出节目金奖11名、银奖16名、优秀奖12名、创新奖2名、组织奖6名及各单项奖。由于适逢省杂协成立30周年，省杂协对在河南杂技艺术发展中贡献突出、成就显著的29位先进个人进行了表彰。

【郭庚茂在河南省文艺界调研座谈】

11月13日，河南省委书记、省人大常委会主任郭庚茂到河南省文联、省书画院、省文学院等文艺单位调研，并主持召开全省文艺工作座谈会。

在省文联、省书画院，郭庚茂与多位艺术名家亲切交流，了解大家的创作情况，并参观了“与人民同行、为时代放歌——河南省书法美术摄影名家精品展”。郭庚茂认真听取介绍，不时驻足观看，并与艺术家探讨作品风格、创作手法等文艺问题，称赞这些作品主题鲜明、底蕴深厚、生动传神，描绘了人民的精神风貌，折射了时代前进的步伐。有感于广大文艺家的精神和业绩，郭庚茂欣然题词“与人民同行　为时代放歌”，对大家寄予期望。

在省文学院，“河南文学史展”以丰富、生动的图文资料、实物，勾勒出了3000年河南文学史的发展脉络。郭庚茂为一个个诞生于河南的文化巨人感到自豪。在与专业作家交流创作体会时，郭庚茂深有感触地说，当前，河南正处在由农业文明向工业文明迈进的过程中，处在改革开放和全球化的时代背景下，各种思想文化相互激荡，作家应该站在时代的最前沿，紧扣时代脉搏，凝聚人们的思想共识，提振大家的发展信心。

郭庚茂还先后到河南省歌舞演艺集团、河南省豫剧院调研。

在下午召开的全省文艺工作座谈会上，杨杰、何南丁、马国强、周虹、邵丽、李树建、李利宏、范军、何弘、姚金成、金不换等11位同志先后发言。大家围绕学习习近平总书记在文艺工作座谈会上的重要讲话精神，畅谈体会、提出建议，郭庚茂认真听取发言，不时插话，与大家共同探讨如何更好推动河南文艺事业繁荣发展，座谈会气氛十分活跃。

在听取大家发言后，郭庚茂作了重要讲话。他说，近年来特别是党的十八大以来，全省广大文艺工作者认真贯彻中央和省委决策部署，根植中原文化沃土，通过各种文艺样式讴歌人民、讴歌时代，凝聚力量、凝聚人心，河南文艺事业呈现出一派繁荣发展的生动景象。可以说，河南文艺界和广大文艺工作者为弘扬民族精神和时代精神、满足人民群众精神文化生活需求、展示河南形象作出了重要贡献，为全省经济社会发展营造了良好氛围。

就进一步做好河南文艺工作，郭庚茂强调要学好习近平总书记重要讲话精神，把握新时期文艺工作的行动指南；推动中原文化繁荣兴盛，促进中原崛起河南振兴富民强省；坚持继承创新，促进中原文艺繁荣发展；加强和改进党的领导，支持保证文艺繁荣发展。

省领导赵素萍、王保存、张广智、靳绥东参

加调研座谈。

【第二届黄河戏剧奖·梅花表演奖大赛】

11月，由河南省文联、河南省剧协主办的“第二届黄河戏剧奖·梅花表演奖大赛”在郑州举行。经过评委评选表决，最终史茹、张艳萍将代表河南参加第二十七届中国戏剧奖·梅花表演奖一度梅的评选；汪荃珍、贾文龙、王惠参加第二十七届梅花表演奖二度梅的评选；李树建参加第二十七届梅花表演大奖的评选。

【第四届河南曲艺牡丹奖颁奖】

12月23日，河南省文联、河南省曲协主办的第四届河南曲艺牡丹奖在周口沈丘县颁奖。省文联副主席张剑锋，省文联副主席、省曲协主席范军出席颁奖晚会并为获奖者颁奖。

本届评奖参评对象系2011至2013年内在曲艺创作和曲艺表演中成绩突出的作者和演员，共评出各类奖项24个。其中节目奖9个、表演奖10个、创作奖5个。

【“河南文艺网”上线】

11月，河南省文联官方网站“河南文艺网”（网址为www.hnwy.org.cn或www.hnswl.org.cn）上线试运行。“河南文艺网”在播报文艺界信息的同时，着重反映河南文艺工作和文联工作的重点，展示河南作家艺术家和艺术作品的风采。网站通过进一步完善和持续建设，将努力成为河南文艺界展示形象、发出声音，促进文艺发展繁荣的网络平台。

创作与研究

文学、影视剧等创作方面，出版新书二百余部，在全国各大文学期刊（不包括网络作品）发表小说等作品三百余篇。长篇小说《一个农民的中国梦》入选2014年度少数民族作家重点作品扶持选题，《一个农民的中国梦》《文鼎中原——中国文学中的中原作家群》《疙瘩岭今年无故事》《秘方》等作品入选省委宣传部“中原人文精神精品工程”2014年度重点项目。

文学研究方面，中国文联“文艺评论工程”部级研究课题项目重点资助课题——河南省文艺评论家协会申报的《网络化背景下的文学艺术研究》完成结项。

戏剧研究方面，省剧协联合省文化艺术研究院等单位先后主办了“豫剧豫东调研讨会暨商丘豫剧院建院65周年成果展”，“导演罗云从艺60年艺术研讨会”和“《高洁评传》首发式座谈会”。

曲艺研究方面，针对国家级非物质文化遗产项目——河南坠子的传承和保护工作，中国曲协、省曲协联合举办河南坠子传承与发展研讨会。

影视研究方面，省影视协组织专家先后对电视剧《大秦名相百里奚》《一品百姓》剧本举办研讨会。4月15日，中国视协、河南电视台、省影视协联合主办的“字词河南·底蕴中国”——《汉字英雄》、《成语英雄》学术研讨会在京召开。

民间文艺研究方面，2月，“河南民俗经典——宝丰马街书会座谈会”在宝丰举办；在鹤壁举行“第五届中国（鹤壁）春节文化高层论坛”，并形成“中国春节申报世界非物质文化遗产鹤壁共识”。5月，省民协到平顶山宝丰县调研汝官瓷文化和漯河市舞阳县农民画创作发展情况，对如何打造汝官瓷文化品牌，创建汝官瓷文化之乡等提出了意见和建议；对舞阳县如何利用民间艺术创作以社会主义核心价值观为主题，体现人民群众生产、生活的优秀作品提出了具体意见。9月24日至25日，省民协考察调研淮阳县泥泥狗文化，就淮阳泥泥狗文化的深度研究、传承发展，中国泥彩塑（泥泥狗）艺术之乡申报以及文化旅游产业构建等提出了建设性意见。省民协先后撰写并上报了上万字的专题报告“河南省运用优秀传统文化培育践行社会主义核心价值观”和“运用优秀传统文化，培育和践行社会主义核心价值观体系建设”。通过调研，及时总结和推广了济源市运用“愚公文化”播扬时代主旋律，弘扬坚韧不拔的创业精神；鲁山县运用“七夕”文化培育新婚习俗新风尚，践行社会主义核心价值观；上蔡县运用“重阳文化”，倡导敬老、爱老、敬贤、孝德，践行社会主义核心价值观；虞城县运用“木兰文化”培育传承社会主义核心价值观的做法和经验，收到了很好的效果。

获奖情况

文学：李佩甫的《生命册》获第三届“慈溪·《人民文学》长篇小说双年奖”，邵丽的《第四十圈》、马新朝的《乡村诗志》荣获人民文学奖。小说《劳丁大传》《辛亥女杰刘青霞》获得河南省第十届精神文明建设“五个一工程”奖。

戏剧：姚金城、何中兴的剧本《兰考往事——焦裕禄》荣获第21届“中国戏剧奖·曹禺剧本奖”提名奖；贺宝林的文章《当代戏剧创作的三个命题：尊重传统、重塑经典与跨文化交流——新编豫剧〈程婴救孤〉作为一种“文化现象”的解读》荣获第五届“中国戏剧奖·理论评论奖”。

音乐：歌曲《小村人的婚礼》（许会峰 词 宋军 曲）荣获中宣部第十三届“五个一工程”入选作品奖。歌曲《老焦》（刘林 词 李仲党 曲）荣获河南省第十届精神文明建设“五个一工程”奖。河南职业技术学院合唱团荣获第九届中国音乐金钟奖合唱比赛优秀奖。河南省教师合唱团荣获第七届海峡两岸合唱节金奖。

摄影：河南摄影家李英杰作品《太极》、高辉作品《无形》、范霖《红外幻境》荣获第十届中国摄影金像奖艺术类摄影奖。马静坡凭借作品《宋陵·元像》获得第14届平遥国际摄影大展社会生活类优秀摄影师奖。

曲艺：白军宣荣获“第八届中国曲艺牡丹奖·表演奖”，张凌怡荣获“第八届中国曲艺牡丹奖·终身成就奖”。

影视：电影《天职》获得河南省第十届精神文明建设“五个一工程”奖。第十届中国金鹰电视艺术节荣誉大典暨第27届中国电视金鹰奖颁奖，河南6部作品、1人获奖，其中，《汉字英雄》获得优秀电视文艺节目奖，《绝对有戏——南北群英会》《幸福城市梦 家家快乐年——2014美丽之冠中国城市春晚》获得电视文艺节目三等奖，《花木兰传奇》《大法王寺之聪明小空空》获得电视剧三等奖，《姥姥》获得电视纪录片三等奖，关枫荣获优秀电视节目男主持人提名奖。

舞蹈：第五届中国舞蹈节暨第九届中国舞蹈“荷花奖”校园舞蹈评奖颁奖，许昌学院《红旗渠故事》获表演金奖，河南大学《霓裳翘旋》获表演银奖，许昌学院《与阳光牵手》获作品铜奖。

杂技：第九届中国杂技金菊奖第八次理论作品奖颁奖，文章《融入旅游演出是杂技赢得未来的必由之路》（作者：岳献甫、张玉玺）获铜奖，《论杂技艺术的人文内涵》（作者：闫玉静）等5篇论文获优秀奖，省杂协获组织工作奖。

民间文艺：“2014中国（广州）民间工艺博览会”暨第十二届中国民间文艺山花奖·民间工艺美术作品奖评选颁奖，洛阳王丽敏作品“释迦牟尼佛”荣获山花奖。

文艺评论：第九届中国文联文艺评论奖颁奖，河南孟会祥《书法直言》获著作类二等奖，谭静波《〈程婴救孤〉锻造出崭新的豫剧“袁派”艺术》、王思琦《“谁的好声音”？——由〈中国好声音〉看中国流行音乐的审美取向及其他》获文章类二等奖。

对外及对港澳台地区文化交流

【戴高乐基金会副主席俊马访问省文联】

3月26日，法国戴高乐基金会副主席俊马访问河南省文联。省文联主席杨杰、副主席张剑锋、何弘等会见俊马。双方回顾了中法友好交流的历史，探讨了在中法建交50周年之际，举办书画展览、文艺演出、民间文艺展演等文化交流项目的可行性。俊马表示欢迎到法国举行此类活动，并愿意提供一切帮助。

【德国客人访问省文学院】

4月，德国汉学家顾彬，德国科学院院士、海涅大学校长蜡碧士，德国杜塞尔多夫孔子学院院长培高德及北京外国语大学国际汉学研究中心教授李雪涛一行来到河南省文学院，与河南作家、诗人交流探讨。

【豫台作家交流座谈】

6月5日，台湾著名诗人余光中一行，来到河南省文联和河南文艺界座谈交流，共同探讨现代语境下的中国诗歌。

11月，台湾诗人洛夫一行到河南省文学院，与河南诗人见面并切磋诗艺。

【河南民间工艺家赴中东欧三国交流】

10月9日至15日，河南12名民间工艺家与福建、上海的艺术家组成中国文联艺术团赴奥地利、斯洛伐克和匈牙利三国进行了展览和交流访问。期间，中方举办了“中国民间艺术展”，河南的艺术家以图片和作品展览、实际操作演示等方式，展示了他们的优秀作品。此次活动是河南民间艺术走进中东欧的一次尝试，初步打开了交流窗口并建立了直接沟通的渠道，为今后推动河南民间艺术在中东欧地区的展示展销打下了良好的基础。

各文艺家协会

【“网络作家状况”专题调研】

5月12日至13日，中国作协党组成员、书记处书记白庚胜带领调研组到河南，就网络文学状况进行调研。会上，河南近30位知名作家、评论家与网络作家代表一起，就网络作家的现状、存在的问题及困难；网络作家的主要需求及对作协的期望；对网络文学评价标准、网络文学评奖等问题的意见及建议；作协培养引导网络作家的主要经验和存在的困难等问题进行了热烈的讨论。

【河南省第五届青年作家创作会议】

10月16日，由省作协、团省委联合召开的“河南省第五届青年作家创作会议”在省文联召开。

省委常委、宣传部部长赵素萍，省文联党组书记吴长忠到会并讲话，省文联主席杨杰，团省委副书记、党组副书记李若鹏分别致辞，省作协主席李佩甫做了工作报告，会上，传达了全国青年创作会议的精神，新老两代作家代表发言。青年作家就青年文学创作进行了广泛而深入的讨论。

【中国剧协授予太康县“中国太康道情之乡”】

9月26日，中国剧协授予太康县“中国太康道情之乡”称号，中国剧协分党组书记季国平出席了授牌仪式。太康道情以唱功为主，擅长叙事抒情，以声腔塑造人物，极富艺术魅力。

【第二届河南音乐金钟奖】

第二届河南音乐金钟奖比赛于6月底全部结束，其中，声乐比赛在郑州大学西亚斯国际学院举行，评选出金奖8名、银奖15名、铜奖19名、优秀奖65名，音乐理论评论奖评选出金奖25件、银奖35件、铜奖29件。

【首届河南省戏曲声腔音乐大赛】

12月12日至14日，首届河南省戏曲声腔音乐大赛在河南职业技术学院音乐学院举行。大赛设专业院团组、高校中职院校组、戏迷组等三个参赛组，共有来自河南、山西等地56个单位的185名选手参赛。32人获一等奖，39人获二等奖，19人获三等奖。

【河南省第十二届中国画艺术展】

1月27日，河南省第十二届中国画艺术展在郑州美术馆展出，这次展览是对十二年来河南省中国画发展的一次重要的回顾和总结，也是河南省中国画创作成果的又一次检阅，共展出河南国画家的精品力作352幅。

【荷乡情——全国中国画获奖作品展】

9月6日，“荷乡情——全国中国画获奖作品展”在周口淮阳开幕。此次画展共征集全国各地画家作品700余幅，共评出参展作品222幅，其中获奖作品49幅，入选作品173幅。

【河南省第二十三届群众书法作品展】

5月31日至6月7日，河南省第二十三届群众书法作品展在郑州市升达艺术馆开幕。省文联和省书协领导杨杰、张剑锋、宋华平等出席开幕式。展览展出作品3000余件，作品数量再创新高，作品质量稳步提升。

【书法之乡建设】

5月，永城市被中国书协命名为“中国书法之乡”。10月，省书协授予西平县为“河南省书法之乡”。

【在希望的田野上——黄河滩村民摄影展】

1月3日，“在希望的田野上——黄河滩村民摄影展”，在河南博物院开幕。省文联党组书记吴长忠，主席杨杰等领导与河南摄影界100余人出席了展览开幕仪式。仪式上，村民代表向河南博物院赠送了28幅摄影作品，河南博物院院长田凯接受捐赠并向村民颁发了收藏证书。

2012年11月，省摄协选择长垣县和温县共28名爱好摄影的村民，通过赠送照相器材、志愿者定期辅导，让村民凭着本真的兴趣与观察，记录、表现生活，拍摄了大量摄影作品。

【第十八届河南省摄影艺术展览】

3月29日至31日，第十八届河南省摄影艺术展览在省文联展览厅举行。展览分社会生活、自然风光、艺术创意等三个类别，展出的200幅（组）

是从1万余件征集作品中评选出来的获奖作品。

河南省摄影艺术展览每两年举办一届，是河南摄影界规格最高、影响最大、最受关注的大型综合性摄影展览。

【人民摄影报《中原影像》专刊创刊】

从7月30日起，由人民摄影报与河南省摄影家协会联合主办的《中原影像》专刊正式与读者见面。《中原影像》每两周一期，每期四版，随人民摄影报面向全国发行。

人民摄影报是国内第一份公开发行的摄影专业报刊，以其专业性、权威性、学术性、知识性、可读性，在国内摄影界有着广泛影响力。省摄协本着创精品、出人才的发展战略，在原有网站、图片库、摄影学校和摄影报刊等省内专业平台基础上，又着眼长远，与人民摄影报强强联手，合作创办《中原影像》，为河南打造“摄影强省”开辟了一块走向全国的新阵地与新平台。

【农民摄影爱好者成为省摄协会员】

在第三届全国农民摄影大展中，河南黄河滩的长垣县和温县，成为以“感动大地的故事”为主题的四个影像实验单元拍摄地之一。来自长垣的苏群喜等17位农民摄影爱好者，被随机挑选参加本次活动。他们用志愿者赠送的相机，凭着本真的兴趣与观察，拍摄记录自己生活的点滴。历时半年多，他们拍摄了大量反映农村、农民、农业的摄影作品。部分优秀作品入选第三届全国农民摄影大展作品集。苏群喜等17位农民摄影爱好者被河南省摄影家协会集中吸收为会员，在全省尚属首次。

【第六届中国新农村电视艺术节颁奖】

9月4日至6日，“第六届中国新农村电视艺术节暨第八届小康电视节目工程颁奖典礼”在河南电视台举行。中国文联副主席、中视协主席赵化勇，河南省副省长张广智等领导出席活动。

本次颁奖典礼共颁发年度优秀对农电视最佳作品奖20部、优秀作品奖30部、好作品奖60部。河南21部电视作品获奖，其中节目类17个，栏目类2个，最佳频道1个，主持人类1个。省影视协获组织奖。

活动期间还举行了“新丝绸之路与河南作为”电视高端论坛。

新农村电视艺术节是经中国文联批准，由中国电视艺术家协会、中国农业电影电视中心联合主办的国内唯一服务三农的国家级大型电视艺术节庆活动，本次颁奖活动是新农村电视艺术节首次在北京以外的省市举行。

【河南首届百姓电影艺术节】

10月31日，“首届百姓电影艺术节暨河南省第二届微电影大赛”在郑州举行。本届微电影大赛增设了民间电影的竞赛单元，升级为百姓电影艺术节。征集的208部影片和32部剧本来自全国15个省（区、市），共评出特别影片奖、最佳影片奖、最佳导演奖、最佳编剧、剧本奖、最佳摄影奖、最佳男、女主角奖、最佳男、女配角奖、优秀影片奖等25个奖项。

【舞蹈活动】

5月1日至3日，由省舞协主办的第八届“舞动中原”国际标准舞全国公开赛在郑州举行，全国169个代表队的6800对选手一展国标舞风采。

8月15日，由省舞协主办的“舞动中原”河南省青少年电视舞蹈大赛在郑州举行，评出10个一等奖、17个二等奖及5个单项奖。

8月，“美丽中原”河南省第二届青少艺术展演暨全省首届学生舞蹈节社会舞蹈培训机构专场复赛，评出了4个原创类节目一等奖、7个学习类节目一等奖等。

10月，社会舞蹈培训机构原创作品专场比赛，评出5个一等奖、12个二等奖、15个三等奖。

12月，省舞协邀请美国舞蹈节中国艺术总监、著名现代舞蹈家侯莹来郑授课，全省近百位舞蹈工作者前来听课，纷纷表示受益匪浅。

【“中国梦·乡土情”河南民间艺术展演赛系列活动】

国庆节期间，省民协、郑州市文联、郑州绿化博览园等联合举办了庆国庆“中国梦•乡土情”河南民间艺术展演系列活动。其中，河南民间唢呐大赛暨第二届“金鼎奖•民间表演奖”成为本次活动的重头戏，34支优秀表演队参加，共有16支唢呐队荣获金奖，10支唢呐队荣获银奖，8支唢呐队荣获优秀奖。“中国梦•我心中的梦”2014全国剪纸艺术名家精品展成为展示优秀民间剪纸艺术的窗口。

河南民间工艺绝活邀请展汇集了近百位民间工艺家现场制作演示泥塑、烙画、指画、糖艺、面塑、木版年画等技艺。河南老字号、中原贡品邀请展为广大游客提供了独特的风味特产。这些源于传统手工工艺生产的特色产品得到了游客的青睐，一半以上的产品展出当天便被抢购一空。

【“中国民间文化之乡”建设】

2月25日至26日，中国民协专家组到驻马店市遂平县实地考察，并通过了该县的申请，同意命名遂平县为“中国女娲文化之乡”并建立“中国女娲文化研究基地”。全省中国民间文化之乡达44个，位居全国首位。

【民间文化遗产抢救】

6月13日，在禹州市神垕镇，宋代三大名瓷“钧、汝、官”同窑柴烧成功开窑，开创了一窑多瓷种烧制的先河，填补了多瓷种同窑柴烧技艺的历史空白，在中国烧瓷史上具有里程碑的意义和深远影响，为中国非物质文化遗产的生产性保护提供了有益的借鉴。此次同窑柴烧汇集了汝瓷、官瓷、钧瓷精品85件，开窑成品率达40%，钧、汝、官各有数件精品问世。

通过实施河南老字号、中原贡品常态化申报认定，截至11月底，全省已申报河南老字号、中原贡品36家，经评审认定22项入围。同时，为促进河南老字号、中原贡品的传承发展，启动了对已认定的河南老字号119家、中原贡品64家开展回访调研和最具魅力河南老字号、中原贡品的评定工作。

《中国民间故事全书》卫辉卷、焦作市中站区卷等已进入河南文艺出版社出版，《中国民间文化之乡丛书》西平县中国嫘祖文化之乡、民权县中国庄子文化之乡、武陟县中国黄河文化之乡、荥阳市中国嫘祖文化之乡单卷本已送中国文联出版社出版。

【当代文艺家的文化担当座谈会】

7月11日，由河南省文艺评论家协会、中州学刊杂志社联合举办的当代文艺家的文化担当座谈会在河南省社科院召开。来自省文艺评论家协会、省社科院、高等院校等方面的专家、学者与会座谈。与会者从经济利益驱动、法制不够健全、管理不够到位、公共文化服务缺位、外来文化冲击和影响、传媒推波助澜等方面分析了当代文艺低俗化的原因。并表示，对不同的“俗”要分级、分类予以不同处理，在反对“三俗”的同时，应该进一步重视民间大众文化。

湖北省文联

综　述

2014年，湖北省文联认真学习贯彻习近平总书记系列重要讲话精神，高扬社会主义核心价值观旗帜，突出中国梦的时代主题，坚持以人民为中心，创新工作机制、延伸服务手臂，团结引导全省广大文艺工作者深入社会实践，努力创作优秀作品，为服务大局、服务人民、繁荣全省文艺事业作出了新的贡献。组织了“社会主义核心价值观与文艺创新研讨会”等10多次重大文艺研讨、湖北“文化产业跨越发展”评选等12项文艺评奖活动和“第十二届全国美展水彩粉画展区”等5个省部合作项目，举办了第3届湖北省中青年文艺评论家高级研修班等20多个文艺培训班，开展了“中国梦”主题文艺作品创作征集等20多个创作展演活动，组织我省文艺家参加全国性文艺展演评奖活动，110多件文艺作品获全国大奖。

会议与活动

【2014湖北文艺界“百花迎春”惠民演出】

1月13日，省文联在湖北剧院举办“2014湖北文艺界‘百花迎春’暨‘金凤奖’惠民演出”。省委、省人大、省政府、省政协和省委宣传部的领导、全省文艺界的文艺家们和省文联团体会员单位负责人，以及社区居民、产业工人、武警官兵等各界代表约1000余人，欢聚一堂，喜迎新春佳节。此次演出活动以第3届湖北舞蹈金凤奖颁奖晚会中的优秀节目为主，再加戏曲、歌曲、杂技等共14个文艺节目。

【湖北省文联开展文艺志愿服务活动】

1月16日，由中国文联文艺志愿服务中心、湖北省文联、孝南区委区政府主办的我们的中国梦——“送欢乐、下基层”文艺志愿服务小分队赴孝感丹阳古镇慰问演出在孝南区丹阳古镇隆重举行。中国文联文艺志愿服务中心副主任邵志军，省文联党组成员、副主席罗丹青，孝感市委常委、宣传部长涂明珍，孝感市孝南区有关领导出席了活动。

【丹青楚韵——湖北省中国画作品展在京开幕】

3月16日，由省委宣传部、省文化厅、省文联与中国美术馆联合举办的“丹青楚韵——湖北省中国画作品展”在中国美术馆开幕。文化部副部长董伟，中国文联党组成员、副主席、书记处书记左中一、夏潮，湖北省委常委、宣传部部长尹汉宁等出席了开幕仪式并参观展览。展览集中展出了周韶华《九龙奔江》（之一）、邵声朗《石桥奔泉图》、徐勇民《云霓》、董继宁《情系神农架》等96位湖北知名画家的96幅精品力作。当天上午，《丹青楚韵——湖北省中国画作品展》学术研讨会在中国美术馆报告厅举行。4月9日，该展览回汉又在湖北美术馆展出。

【湖北省文联九届三次全委会】

3月18日，省文联第九届委员会第三次会议在东湖之滨召开。会上，省委宣传部秘书长别业超宣读了《关于表彰“湖北省首届十佳民间文化守望者”的决定》。省文联巡视员朱莎莉宣读了《关于成立湖北省文艺志愿服务辅导站的决定》。省文联党组书记、常务副主席刘永泽向大会作了题为《推进文联工作创新发展努力唱响实现中国梦的时代最强音》的工作报告。省文联党组成员、副主席罗丹青宣读《关于进一步加强基层文联建设的实施办法》(征求意见稿)。省文联党组成员、纪检组长聂为斌宣读《关于增补、替换湖北省文联第九届委员会部分委员的决定》（草案），省文联副主席彭志敏宣读《关于通过〈湖北省文联九届三次全委会工作报告〉和〈湖北省文联2014年工作要点〉的决议》（草案）；并经大会表决通过。会议还通报了2013"湖北音乐年度人物"评选结果。

【唐小禾程犁艺术回顾展在武汉开展】

4月19日，《大风大浪——唐小禾、程犁艺术回顾展》在湖北美术馆开展。省委常委、宣传部部长尹汉宁，省人大常委会副主任周洪宇、省政协副主席刘善桥等出席了开展式并参观展览。出席开幕式的还有周韶华、钱林祥等著名艺术家、评论家。本次展览由中国美协、省委宣传部、省文化厅、省文联主办，集中展出了著名艺术家、美术教育家唐小禾、程犁的油画历史巨作、壁画创作手稿和写生作品300余件。

【《十大行书赏析》赠书仪式】

5月13日，省文联、省中华文化促进会在武昌举行《十大行书赏析》赠书活动。省委、省教育厅、省文联、省文促会领导出席捐赠仪式，对这次赠书公益活动寄予了赞扬和肯定，来自武汉大学、武汉市第二职教中心、襄阳市米公小学等30所受赠学校的代表和书法爱好者参加了赠书仪式。受赠单位每校领取了50册《十大行书赏析》，现场共赠书1560册。

【甲午年世界华人炎帝故里寻根节】

5月24日，农历甲午年四月二十六，备受世人瞩目的甲午年世界华人炎帝故里寻根节开幕式暨拜祖大典在湖北随州隆重举行。全国人大、政协领导，主办单位负责人及湖北省领导出席大典。中国文联党组成员、副主席夏潮在大典上敬献了花篮。此前，由湖北省文联、随州市人民政府主办，随县人民政府承办的甲午年炎帝文化庙会在湖北省随县厉山镇举行。庙会紧扣"民俗"主题，汇聚了随县的精品民俗文化资源，为参加寻根节的游客及市民献上了一场精彩丰富的文化盛宴。

【"夏之风"东湖戏剧惠民展】

5月24日至30日，由中国剧协、湖北省文联、省文化厅、省演艺集团有限责任公司、省中华文化促进会、武汉市东湖生态旅游风景区管委会、武汉市文联主办，省剧协、湖北长天楼文化交流中心承办的"夏之风"东湖戏剧惠民展演周活动在武汉东湖举行并取得圆满成功。此次活动，是以湖北戏剧牡丹花艺术团及部分中国戏剧梅花奖得主为骨干的中青年艺术家领衔担纲的一次系列演出活动，是一次由京剧、汉剧、楚剧、花鼓戏、黄梅戏、歌剧、豫剧、话剧小品、湖北越调、阳新采茶、南剧、提琴戏等15个剧种联合打造的戏剧艺术盛宴，同时也是在湖北省委、省政府领导下，践行"我们的中国梦"文化进万家的惠民举措。全国人大环境与资源委员会副主任委员罗清泉，中国文联党组成员、副主席夏潮，湖北省委常委、宣传部部长尹汉宁，省人大常委会副主任王建鸣，中国杂协名誉主席、著名表演艺术家夏菊花，中国剧协秘书长刘卫红，省老领导王生铁、陈春林、李宗柏，省文联主席、省文促会主席熊召政，省文联党组书记、常务副主席刘永泽，以及有关厅、委、办、协会领导出席并观看了节目。

【"中国书法城——黄冈"正式命名揭牌】

7月28日，"中国书法城——黄冈"命名揭牌仪式在黄冈市博物馆举行。中国书协副主席赵长青，中国书法名城（之乡）联谊会副会长李木教、吴行，中国书法名城（之乡）联谊会副秘书长杨西湖，湖北省文联副主席罗丹青，湖北省书协主席徐本一，湖北省书协驻会副主席葛昌永，黄冈市委书记刘雪荣，市委副书记、市长陈安丽，市委常委、宣传部部长、统战部长王立兵，市人大常委会副主任王建明，市政府副市长詹旺民等领导和嘉宾出席命名揭牌仪式。中国书协组联部主任、中国书法名城(之乡)联谊会秘书长段军宣读中国书协关于命名黄冈为"中国书法城"的决定。

【湖北戏剧精品剧目展演暨"湖北楚剧之乡"福星授牌仪式】

8月15日，由湖北省剧协和湖北福星集团共同主办的湖北戏剧精品剧目展演开幕式暨"湖北楚剧之乡"福星授牌仪式在汉川市沉湖镇举行。湖北省委宣传部、省文化厅、省文联、省剧协、湖北福星集团等单位的领导和孝感市、汉川市党政部门主要领导出席开幕仪式。展演持续到9月15日，由湖北省京剧院、湖北省黄梅戏剧院、湖北戏曲艺术剧院（楚剧团、汉剧团、黄梅戏剧团）、武汉楚剧院、武汉汉剧院、湖北省豫剧团、咸丰县南剧团、福星楚剧团等10个戏剧院团共同展演了6大剧种计32台经典剧目。

【湖北省荣获"中国楹联文化强省"称号】

9月20至21日，在广东省召开的中国楹联学会第七次代表大会上，湖北与湖南、山东、广东省一道被中国楹联学会授予"中国楹联文化强省"称号。

【第三届中国（潜江）曹禺文化周】

9月24日，由中国文联、湖北省人民政府主办，中国文艺志愿者协会、中国剧协、北京人艺、湖北省文化厅、湖北省文联、潜江市人民政府共同承办的第三届中国（潜江）曹禺文化周在潜江开幕。海内外嘉宾齐聚曹禺故里，缅怀戏剧大师，共襄文化盛举。中国文联党组成员、副主席、书记处书记李前光，政协十一届全国委员会提案委员会副主任、政协湖北省第九届委员会主席王生铁，湖北省委常委、省委宣传部部长尹汉宁，副省长郭生练，省第十一届人大常委会副主任林志慧，中国剧协副主席孟冰，潜江市委书记张桂华，市长黄剑雄等市“四大家”领导以及海内外嘉宾1万多人出席了开幕式。文化周期间，湖北省文联“百名牡丹下基层”演出好戏连台，曹禺国际学术研讨会、全省剧本创作座谈会、知名剧作家讲座博大精深，“送文化设施下基层”捐赠活动、京剧、黄梅戏等多剧种《雷雨》和话剧《报警者》演出、花鼓戏惠民展演、摄影展、书画展、中外大学生专场演出惠民乐民。

【中国文联开展“送欢乐下基层”活动】

9月26日，由中国文联、中国文艺志愿者协会、湖北省文联主办的“送欢乐下基层”活动在恩施州鹤峰县拉开帷幕。中国文联副主席杨承志，中国文联文艺志愿服务中心副主任邵志军，湖北省文联党组书记、常务副主席刘永泽，省文联秘书长彭华，恩施州委常委、宣传部部长杨陈清等领导参加活动，现场观看演出的群众达2万人次。参加1979年对越自卫反击战的罗新明等一批革命老战士以及县劳动模范、评选出的“最美鹤峰人”、老干部代表、环卫工人等受邀观看演出。

【《楷书经典赏析》赠书暨湖北中小学教师书法协会授牌仪式】

9月28日，由湖北省教育厅、省文联、湖北中华文化促进会联合主办的让书法艺术走进校园——《楷书经典赏析》赠书暨湖北中小学教师书法协会授牌仪式在武昌举行。湖北省委常委、宣传部部长尹汉宁及姚中凯、别业超、刘传铁、余学敏、何文、刘永泽、罗丹青等领导，湖北书法界金伯兴、徐本一、葛昌永、张天弓、王军、李劲松等120余位代表出席活动。尹汉宁及省直有关部门负责人向与会的各地市州的10所中、小学及武汉市内的40所大中专院校分别赠书，并为湖北中小学教师书法协会授牌。

【首届“长江杯”全国书法作品展暨第三届湖北书法艺术节】

10月24日，首届“长江杯”全国书法作品展暨第三届湖北书法艺术节在湖北美术馆举行开幕式。全国人大环境与资源保护委员会副主任委员、湖北中华文化促进会名誉会长罗清泉，中国书协副主席聂成文，中国书协党组成员、副秘书长张陆一，省老领导韩忠学、杨斌庆，省直有关单位领导以及来自全国各地的书法家、评论家、书法爱好者近2000人出席了开幕式。展览得到了全国广大书法家和书法爱好者的广泛关注和积极参与，共收到来自全国各地的稿件12400件，其中湖北书法作者为本次展览投稿2483件。经评委会认真评审共评出优秀作品29件，湖北省有8件。本次展览共展出310（含获奖）件作品，湖北省39名作者位列其中。

【社会主义核心价值观与文艺创新研讨会】

10月25日，由中国文艺评论家协会、中国文联文艺评论中心、湖北省文学艺术界联合会、恩施州委州政府联合主办的“学习习近平总书记在文艺工作座谈会上的重要讲话精神暨社会主义核心价值观与文艺创新研讨会”在恩施举行。来自全国20多所大专院校、研究机构、文艺部门及文艺报刊等近百名文艺理论家、评论家、作家艺术家和新闻工作者，齐聚一堂，畅叙学习习近平总书记讲话精神的深刻体会，围绕社会主义价值观与文艺创新的主题，交流各文艺门类理论研究的新成果。湖北省委常委、宣传部部长尹汉宁致贺信，中国文艺评论家协会副主席路侃，湖北省文联党组书记、常务副主席刘永泽，恩施州委书记王海涛，恩施州委宣传部部长杨陈清出席会议。

【2014湖北电影系列论坛在汉举办】

11月11日至13日，湖北省电影家协会、省电视家协会、省文艺理论家协会联合在武汉举办“2014湖北电影系列论坛”，本次论坛的主题是“践行习近平讲话精神 提升影视文化内力”。文化学者、中国影协分党组副书记许柏林，著名电影评论家、中国影协秘书长饶曙光，著名编剧赵葆华，省文联党组成员、副主席罗丹青，省电影家协会主席唐源涛等近百位来自全国各地和湖北的专家、学者、导演、编剧、影视制片人出席了本次论坛。

【“调水源头·生态十堰”主题影展】

11月19日，由中国摄影家协会和十堰市人民政府共同主办，中国摄影报社、十堰市委宣传部承办，湖北省摄影家协会和十堰市文联、旅游局、摄影家协会协办的“调水源头·生态十堰”主题影展在北京举行。155幅展出作品选自南水北调中线工程“调水源头·生态十堰”全国摄影大展优秀来稿以及知名摄影家到十堰采风的佳作。十堰市委常委、宣传部部长吴世杰，十堰市政协副主席刘运梅，十堰市文联党组书记、主席杨启国，十堰市摄影家协会成员等参加展览开幕式。北京市文联党组书记、常务副主席陈启刚，中国摄影家协会党组书记王瑶，中国摄协副主席、人民日报摄影部主任李舸，《中国摄影报》总编、社长曾星明，北京市部分区、县部门负责人参加了开幕式。

【湖北省第二届青年书法篆刻作品展开幕】

11月29日，由湖北省书协、监利县人民政府主办，省书协青年书法家联谊会、湖北长江嘉宝文化艺术发展有限公司承办，省档案局、书法报社协办的“青春放歌——湖北省第二届青年书法篆刻作品展”在湖北省档案馆亮相展出。湖北省政协原副主席杨斌庆，省文联党组书记、常务副主席刘永泽，省文联党组成员、副主席罗丹青，监利县委副书记、县长黄镇，省书协主席徐本一，部分省书协顾问、副主席出席了展览开幕式。本次展览展出的书法、篆刻作品共208件，186件入展作品（含优秀奖作品20件，提名奖作品9件），其中特邀与评委作品22件。另有入选作品66件。本次展览也是第三届湖北书法艺术节的闭幕展，标志着第三届湖北书法艺术节圆满谢幕。

【《荆楚画派中国画名家作品集》出版发行】

12月，大型画集《荆楚画派作品集》正式出版发行。这是湖北省为促进中国画的繁荣发展，努力彰显荆楚特色的国画艺术，积极推动“荆楚画派”艺术品牌形成的一项重要举措。湖北省国画院在省文联指导下，承担了画集的整体汇编工作。画集惠纳了张肇铭、王霞宙、张振铎、汤文选、周韶华、冯今松、陈作丁、张善平、鲁慕迅等一批湖北名家的作品。画集由中国美协主席刘大为题字，《美术》杂志主编尚辉作总序，湖北省文联党组书记、常务副主席刘永泽，党组成员、副主席罗丹青任主编。全套画集分三辑，共48卷，采用了湖北省48位知名国画家的近1500幅作品。

【“雅园翰墨七人书法展”在武汉开幕】

12月21日，由湖北省文联、省中华文化促进会、省书协、省书法院、湖北书法报社联合主办，省书协学术委员会和湖北省书协高校分会承办，湖北了凡艺术文化艺术有限公司协办的“雅园翰墨七人书法展”，在湖北美术学院（昙华林校区）美术馆开幕。省政协副主席王振友，省老领导韩忠学、杨斌庆，武汉市政协主席刘善璧、省委宣传部秘书长别业超，以及相关部门的领导和书法家、书法爱好者600余人参加了开幕式。本次展览是继省中华文化促进会的“十大楷书首发仪式暨让书法走进校园”活动后推出的系列活动之一。展览共展出书法作品200件，真、行、草、隶、篆五体具备，风格各异，形式多样。

文艺创作与研究

【湖北籍书法家李胜洪在中国美术馆办个展】

4月10日，由中国艺术研究院、中国书法家协会、中国美术馆主办，中国书法院承办的“自有我在——李胜洪书法展”在中国美术馆开幕。开幕仪式由中国艺术研究院副院长田黎明主持。包括诺贝尔文学奖得主莫言的各界嘉宾及来自全国各地的书法爱好者五百余人出席了展览开幕式。开幕式之后，在中国美术馆七层报告厅举行了由中国书协副主席胡抗美主持的“李胜洪书法艺术学术研讨会”。

【2013“湖北音乐年度人物·湖北音乐年度大事”揭晓】

4月28日，2013“湖北音乐年度人物”表彰会在武昌召开，2013“湖北音乐年度人物”和“湖北音乐年度大事”在会上揭晓。2013“湖北音乐年度人物”终评结果：丁爱萍、华晨宇、孙晓辉、朱才勇、牟廉玖、邹敏、金婷婷、龚华华、龚爽、操奕恒、薛彦卓等11人获2013“湖北音乐年度人物”；王希翀、刘明坚、梁和平等3人获2013“湖北音乐年度人物”提名。

【第二届“红色老区灵秀大悟”全国摄影大展】

5月17日，“红色老区·灵秀大悟”全国摄影大展颁奖暨第二届“红色老区·灵秀大悟”全国摄影大展启动仪式在武汉举行。中国摄影家协会主席、分党组书记王瑶，中国摄影家协会理事、中国摄影报总编辑曾星明，湖北省摄影家协会主席杨发维、孝感市摄影家协会主席何健等知名摄影家和大悟县四大家领导等参加并为55名获奖作者颁奖。

【首届“中国屈原诗歌奖”揭晓】

5月29日，由文化部和湖北省政府主办的首届“中国屈原诗歌奖”颁奖暨端午诗会在宜昌举行。诗集《个人史》、组诗《垂怜之诗》等20部中国当代诗歌优秀作品分获金、银奖，当代著名诗人李瑛获得首届“中国屈原诗歌奖·桂冠诗人奖”，中国诗歌学会授予宜昌“中国诗歌之城”荣誉称号。全国政协副主席马培华，中国作协副主席李敬泽，文化部原副部长、故宫博物院院长郑欣淼，湖北省委常委、宣传部部长尹汉宁，省委常委、宜昌市委书记黄楚平，副省长郭生练，省政协副主席郭跃进等出席诗会。著名诗人、作家郑愁予（台湾）、顾爱玲（美国）、郑欣淼、叶梅、熊召政、袁绍姗（澳门）分别给“桂冠诗人奖”、“金奖”作者、“大美宜昌特别奖”获得者颁奖。

【第十二届湖北省美术作品展览】

7月22日，由湖北省文化厅、湖北省文联、湖北省美协共同举办的“第十二届湖北省美术作品展览”在湖北美术学院美术馆隆重开幕。本届展览共收到1300余件作品，包括中国画、油画、版画、雕塑、水彩·粉画、壁画、漆画等数个画种。经评审委员会评审，共评选出入展作品600余件，优秀奖作品67件，铜奖作品29件，银奖作品20件，金奖作品10件。

【第十二届全国美术作品展水彩·粉画展】

9月27日，由中国文化部、中国文联、中国美协共同主办，湖北省委宣传部、湖北省文化厅、湖北省文联、武汉市委宣传部协办，湖北省美协、武汉美术馆承办的第十二届全国美术作品展水彩·粉画展在武汉美术馆开幕。中国文联、湖北省委宣传部和武汉市委宣传部领导相继致辞，中国文联副主席、中国美协主席刘大为，中国美协党组成员、副秘书长陶勤、杜军等出席了开幕式。来自全国33个地区的入选作品319件参与展出，包括进京作品41件，获奖作品14件。湖北省有22件入选作品，3件进京作品。

【第二届湖北杂技金菊奖·高校魔术比赛】

10月3日，由湖北省文联主办，湖北省杂协、武汉欢乐谷、武汉杂技团共同承办的第二届湖北杂技金菊奖·高校魔术比赛颁奖典礼在武汉欢乐谷凯撒宫举行。本届高校魔术比赛从6月正式启动，共有来自全省30多所高校的40余件作品参赛，通过严格的初赛、复赛和决赛，共有17件作品入围决赛。李斯阳、梁陈获金奖，张雅濛等4人获银奖，田甜等6人获铜奖。

【第五届“湖北音乐金编钟奖”（非职业类）颁奖盛典】

10月6日，由湖北省文学艺术界联合会、湖北省音乐家协会、湖北省群众艺术馆主办，湖北音协音乐考级委员会、湖北省群艺馆文艺部、江城壹号文化创意园承办，武汉新音乐艺术中心、湖北音协相关专委会、音乐考级点和市州音协协办的第五届“湖北音乐金编钟奖”（非职业类）表演奖评奖比赛在武汉举行。3月20日至7月10日，来自全省17个地市州共有4012名选手报名参赛，经过42场海选、复赛，共评选出75个表演奖：声乐组25个、钢琴组24个、其他器乐组26个；组织奖15个；优秀指导老师30名。

【首届海峡两岸中华诗词论坛暨聂绀弩诗词奖颁奖大会】

10月9日上午，首届海峡两岸中华诗词论坛暨聂绀弩诗词奖颁奖大会开幕式在武汉举行。来自海峡两岸近300名专家学者、诗人词人，就中华诗词的创作与研究、传承与创新进行交流探讨。十一届全国人大常委会副委员长、民革中央原主席周铁农宣布论坛开幕，并与湖北省委书记李鸿忠，国台办原主任、第二届海峡两岸关系协会会长陈云林一道，为首届聂绀弩诗词奖获得者代表颁奖。全国人大环境与资源保护委员会副主任委员、湖北省中华文化促进会名誉主席、聂绀弩诗词奖组委会名誉主任罗清泉，十一届全国政协提案委员会副主任、荆楚文化研究会名誉会长王生铁，全国政协常委、港澳台侨委员会副主任、民革中央副主席刘凡，国台办原常务副主任李炳才，原建设部副部长、《心潮诗词》杂志社社长赵宝江，湖北省委常委、省委宣传部部长、聂绀弩诗词奖组委会主任尹汉宁，省政协副主席郑心穗，省老领导韩忠学、李明波、罗辉等出席开幕式。刘征获聂绀弩诗词成就奖，刘庆云、吴荣富（台湾）获聂绀弩诗词创作奖，丁国成、叶文福获聂绀弩诗词评论奖。本次论坛由中华文化促进会、中华诗词学会、光明日报社、湖北省文联、湖北省作协、湖北省中华诗词学会、湖北省台办、武汉大学、成功大学、香港诗词学会等单位共同举办。

【文艺创作人才培养工程成效显著】

2014年，湖北省文联坚持“育为先”，着力实施文艺创作人才培养工程。将2014年确定为全省文联系统培训工作年，先后举办了第3届湖北省中青年文艺评论家高级研修班、湖北戏剧舞台美术创新人才高级研修班、湖北迎国展美术创作人才高级研修班、第12届全国美展作品创作研讨班、第2届湖北中国画高级研修班、湖北中青年书法创作骨干培训班、备战“长江杯”全国书法展培训班、湖北省魔术人才高级研修班、全省青年电视人才培训班、湖北省文艺管理人才高级研修班、湖北民间文化高级研习班、湖北曲艺创作高级培训班、书法“兰亭奖”研修班等20多个文艺培训班，培训各类文艺人才1000多名。主办了“学习习近平总书记在文艺工作座谈会上的重要讲话精神暨社会主义核心价值观与文艺创新研讨会”等10多个文艺专题研讨会。加强基层文艺人才队伍建设，在17市州挂牌成立了湖北省文艺志愿辅导站，组建了10支文艺辅导小分队赴全省各基层文联开展文艺辅导培训。制定了湖北文艺家工作室管理办法和湖北省文艺家联系制度，组织了湖北文艺家工作室文艺项目申报评审和2014年度湖北省文联中青年优秀文艺人才库人才推荐工作，吸纳100多名中青年文艺人才入库，为文艺家创作提供良好条件。在湖北首批文化名家评选中，王原平、方石等22位文艺名家入选。

【文艺创作精品佳作迭出】

2014年，湖北省文联大力实施文艺创作繁荣工程，加强文艺精品创作的研究与规划，组织实施重大题材文艺作品的创作攻关，推出了一批文艺精品。在中华文明历史题材美术创作工程入选项目攻关中，湖北共入选3幅中国画作品。开展“中国梦”主题文艺作品创作征集活动，共征集13个艺术门类的300余件作品。电视连续剧《别让我看见》、电影《万家星火》、歌曲《走进百姓家》等60个文艺作品被评为2014年湖北省签约制文艺作品创作扶持项目，其中《别让我看见》于2015年春节期间在央视一套晚间黄金档播出。周韶华在莫斯科举办“天人交响”美术展。熊召政领衔创作了话剧《台北新娘》。“丹青楚韵——湖北中国画作品展”在京展出。湖北国画院编辑出版了《荆楚画派》丛书、湖北书法院在京举办了“荆风楚韵书法展”。湖北书法节、文艺论文奖、舞蹈金凤奖、音乐金编钟奖、少儿金蕾奖、戏剧牡丹花奖、摄影艺术展、电影剧本赛等系列专题文艺创作评奖展演活动全面开展。特别是“第十二届全国美展水彩粉画展”、“首届长江杯——全国书法作品展”在汉成功举办，我省获奖等次和数量均居全国前列。

【文艺鄂军参加全国文艺评奖成绩斐然】

2014年，省文联组织我省文艺家参加全国性文艺展演评奖活动。据不完全统计，全省文艺工作者、文艺团体共获得全国性文艺奖项110多个，主要有：戏剧：《海底捞月》获第5届中国戏剧奖·曹禺剧本奖，张立景、曾冰冰获第18届“中国少儿戏曲小梅花荟萃”金奖，省剧协获优秀组织奖；王刚获第4届“黄梅之星”全国黄梅戏青年演员电视大赛“黄梅二度星”。音乐：《八月桂花遍地开》获第2届中国歌剧节“优秀剧目奖”和“优秀音乐创作奖”，歌曲《江河恋》获中宣部第13届精神文明建设“五个一工程”奖，歌曲《柴米油盐酱醋茶》获“中国梦”全国原创歌曲征集活动“最佳作品奖”，电影《我的渡口》获“平壤国际电影节”最佳音乐奖。舞蹈：论文《从“反传统”到“返传统”——论中国现代舞之“传统”走向》荣获第九届中国舞蹈“荷花奖”理论奖银奖。曲艺：《沙套子的怪事》获首届中国好故事邀请赛银奖，易晗月表演、徐华创作公安说鼓子《七扯八拉》获第六届全国少儿曲艺大赛一等奖，相声《孩子的梦》获二等奖、作品奖、园丁奖，湖北大鼓《学文化》获三等奖、新苗奖。美术：水彩画《亮宝节上的人们》获第12届全国美术作品展中国美术奖·创作奖金奖，服装《年轮》获铜奖，工艺《印象——轨迹系列》、水彩画《山火》获优秀奖；理论（著作）《水墨变象》获第2届“中国美术奖·理论评论奖”三等奖；省美协获第12届全国美术作品展组织工作奖。书法：徐本一获第5届中国书法兰亭奖艺术奖，王祖龙获第5届中国书法兰亭奖理论奖二等奖，张天弓获第5届中国书法兰亭奖理论奖三等奖，葛蒲南、刘卫东、吴永斌、肖启富获第5届中国书法兰亭奖佳作奖，陈新亚获聘第五届中国书法兰亭奖佳作奖评审委员会委员。摄影：宋刚明获第十届中国摄影金像奖理论评论奖。民间艺术：根书作品《三国演义开篇词临江仙》获第12届中国民间文艺山花奖·民间工艺美术作品奖博览会精品奖，卢珊瑚根雕作品《太白醉酒》获金奖、《高山流水》获银奖、根书毛泽东诗词《沁园春·长沙》获金奖、王维诗词《山居秋冥》获银奖，云梦县楚剧团《三节龙·跳鼓》获舞龙大演展演银奖。杂技：论文《杂技的哲学意味》获第9届中国杂技金菊奖第八次理论作品奖铜奖。影视：电视剧《领袖》获中宣部第13届精神文明建设“五个一工程”奖，《楚国八百年》获第27届中国电视金鹰奖“最佳纪录片奖”、中宣部“五个一工程”奖；《阿丕书记》、《幸福城市梦——中国城市春晚》获第27届中国电视金鹰奖，《百年辛亥》获第23届星光奖电视纪录片大奖。电影《拐杖》获第6届欧洲万象国际电影节优秀原创故事片大奖。

采风与文化交流

【书画家赴新疆博州采风创作】

6月上旬，湖北省12名书画家组成代表团赴博州开展了创作采风活动。书画家们与湖北省援疆干部、建设者和当地文艺家进行了座谈，参观了湖北省援疆建设项目和兵团农五师，与当地书画家开展了书画笔会，现场创作了一批书画作品，参加当地组织的书画展览。

【第二届《凝望·对话》国际展赴美巡展】

6月10日，由湖北省委宣传部指导，湖北省外宣办和湖北日报、湖北省文联、湖北省广电台等单位主办的第二届《凝望·对话》——“洞·察天下”中国腾龙洞·美国猛犸洞国际影像艺术交流展赴美巡展在美国第三大城市芝加哥著名的周氏兄弟艺术馆隆重展出。中国驻芝加哥副总领事王永、文化领事王雪与数百位中美嘉宾共同出席了开幕式。

【荆楚风·黑土情——湖北文艺家赴黑龙江开展创作采风活动】

9月10日至17日，在湖北省文联党组书记、常务副主席刘永泽的带领下，湖北省25名文艺家赴黑龙江开展了创作采风活动。采风期间，湖北省书画家与黑龙江书画家开展了书画笔会，现场创作了一批书画作品，并举行了互赠仪式。举办了荆楚风·黑土情——湖北文艺家走进黑龙江“送欢乐、下基层”文艺惠民演出。

【中国文联知名艺术家采风团赴湖北采风调研】

9月21日至26日，中国文联知名艺术家赴湖北采风团在湖北省宜昌市、神农架林区等地开展系列采风调研活动。采风团一行15人，由中国文联副主席杨承志同志任团长，中国书协副主席聂成文、中国视协顾问苏子龙、中国文联原党组成员邓兴器、中国民协顾问常嗣新、杨继国等老艺术家参加。湖北省文联党组书记、常务副主席刘永泽，省文联副巡视员、文学艺术院院长刘书平，省文联秘书长彭华等领导参加了采风调研活动。

市州与产（行）业文联

【市州与产（行）业文联工作凸显特色、亮点纷呈】

2014年，湖北省文联加强对基层文联工作的服务指导，出台了《加强基层文联建设的实施办法》，不断提高基层文联的自身建设水平。武汉市文联参与创作推出的48集电视剧《十送红军》在“央一黄”首播，该剧是中央电视台“中国梦”展演的首部电视剧，还成为韩国电视台购买的第一部中国红色题材电视剧。襄阳市举办了“筑中国梦·抒襄阳情”系列文艺活动。宜昌市、黄冈市、孝感市、鄂州市文联积极开展创建全国文艺之乡活动，使当地分获“中国钢琴城”、“中国书法城”、“中国孝文化之乡”、“中国三国文化之乡”称号。随州市、潜江市文联分别协办了甲午年世界华人炎帝故里寻根节、第三届中国（潜江）曹禺文化周。荆州市文联举办了“荆风楚韵故乡情”——旅京荆州籍书画家作品展。十堰市文联协助北京文联赴十堰丹江口采风。黄石市文联承办了湖北省第1期跨地区合唱交流音乐会。咸宁市文联举办了首届“香城泉都文艺奖”（文学奖）评审。荆门市文联组织“情系大柴湖——荆门文艺界走进大柴湖”文艺采风活动。恩施州文联承办了学习习近平总书记文艺工作座谈会重要讲话精神暨社会主义核心价值观与文艺创新研讨会。天门、仙桃、神农架等地文联承办了党委政府交办的大型主题性文艺活动。全省各地文联深入推进“一县一品”文化品牌创建活动，红安县的中国将军县·红安文化城获优秀品牌奖，蔡甸区的知音文化之乡、咸安区的风雅向阳湖、铁山区的矿冶之都、公安县的公安三袁等24个项目获品牌奖。湖北省各产（行）业文联在“情系中国梦——庆祝新中国成立65周年全国产行业文联精品展演活动”中亮点纷呈、成绩斐然，省文联被中国文联授予舞蹈、书法、美术、摄影优秀组织奖。省诗词学会承办了首届海峡两岸中华诗词论坛暨聂绀弩诗词奖颁奖活动。省楹联学会为我省争得“中国楹联文化强省”称号。省水利文协举办了全省水利系统“湖北水利人”文学征文活动。武钢文联举办了“万名职工欢乐行”活动——方言喜剧《信不信由你》展演。武铁文联组织开展了文化列车千里行等系列慰问演出。

机关建设

【认真开展群众路线教育实践活动深化整改】

2014年，湖北省文联领导班子和领导干部发扬钉钉子的精神，切实抓好群众路线教育实践活动深化整改。一是建设学习型文联组织。将2014年确定为学习年，在省文联机关开展“抓学习提素质促发展”活动。以“三抓一促”活动为载体，组织机关党员干部和文艺家深入践行“爱国、为民、崇德、尚艺”的文艺界核心价值观。二是搭建为文艺家服务的平台。研究制定了湖北文艺家工作室管理办法，启动了湖北文艺家工作室文艺项目申报评审工作，建立健全了湖北省文艺家联系制度，积极为文艺家排忧解难。三是开展“门难进、脸难看、事难办”等机关作风问题专项整治活动，推进“连心桥”计划，组织召开了全省文联系统党的群众路线教育实践活动经验交流会，积极为基层文联和协会做好事、办实事、解难题。四是建立健全省文联作风建设长效机制，在认真调研的基础上从六个方面建立和完善了50多项规章制度，并将其编为《湖北省文联机关规章制度汇编》。

【抓好省文联班子自身建设】

省文联党组严格执行民主集中制原则，在干部任用、经费开支、重大文艺活动等问题上注重广泛征求大家的意见，坚持党组集体研究决定。切实加强党组一班人思想政治建设，彰显“清廉为官、事业有为”导向，坚决反对党内生活庸俗化倾向，让严肃的党内政治生活成为新常态。严格执行分工合作制和交心通气制度，各位党组成员以身作则，勤于服务，甘于奉献，廉洁自律，党组成员之间各负其责、相互配合、相互支持，定期交心谈心，沟通情况，形成党组班子党内生活和作风建设新常态。

【从严抓好干部选拔任用工作】

2014年，省文联严格执行干部选拔任用工作程序，提高干部选拔任用工作质量，推进干部选拔任用工作的科学化、规范化、制度化，共选拔任用了1名巡视员，提任了3名副处级领导职务干部、2名副处级非领导职务干部和2名正科级、1名副科级年轻干部，完成了1名副处级领导干部试用期满转正测评工作，同时根据文联工作需要，经报相关领导部门同意，调入了1名正处级干部和1名副处级干部。

【坚持“一岗双责”抓好党风廉政建设】

2014年，湖北省文联出台了《省文联党组纪检组工作职责》、《省文联机关纪检监督办法》等文件，修订了2014年党风廉政建设责任书，党组书记、常务副主席刘永泽与各部室、协会、单位负责人签订了党风廉政建设责任书，使党组主体责任形成一个横向到边、纵向到底的责任体系；同时积极支持文联纪检组转职能、转方式、转作风，纪检组对省文联“三重一大”事项从决策到执行进行全程监督，从而形成一个各司其职、各负其责、齐抓共管、共同推动党风廉政建设的工作局面。同时，积极推进惩防体系建设，认真开展第十五个党风廉政建设宣传教育月活动，党组书记、常务副主席刘永泽作了《党政领导干部选拔任用工作条例》专题学习辅导报告，组织党员干部观看影片《焦裕禄》、参观“红星照耀中国——外国记者眼中的中国共产党人”展览、参加新党员集中宣誓仪式等，加强对党员干部党性党纪党风教育，坚持不懈反对四风。

企事业单位

【今古传奇传媒集团有限公司（省文联业务主管）】

2月，《今古传奇》人物版出版时政合集《中国报告》。3月，数字新媒体公司成立白金作者工作室。4月，编辑培训中心正式开课。6月，影视公司与北京天承旺林影视公司共同筹备《紫烟羊楼》电影拍摄。9月，人物版秋季精华本《中国反腐报告》出版发行；《新传奇》改周刊；《速读》更名《时代人物传奇》工作启动。10月，“传奇中文网”、《幻界APP》正式上线运营。今古传奇集团公司获得省委宣传部发改办的优势文化产业发展扶持资金120万。数字新媒体公司制作的“传奇中文网”项目获得湖北省新闻广电局的数字扶持资金40万。

湖北画报社：2月，出版《神韵随州》专刊。4月，与湖北省委宣传部合作出版了《湖北概览》。6月，与湖北省旅游局合作出版了《灵秀湖北旅游手册》、《灵秀湖北旅游画册英文日文韩文俄文版》画册。11月，由湖北画报承办的中国专业旅游媒体联盟醉美金秋行走进随州采风活动在随州千年银杏谷景区拉开序幕。12月，启动了湖北图片资料馆140M²基建项目及“抢救湖北珍贵图片资料”项目。

书法报社：3月，举办书法报30年“巴山夜雨杯”全国书法篆刻大赛。4月，在厦门举办第六届全国硬笔书法骨干教师高级研修班。5月，在绍兴举办首届全国教师现场书画创评暨教学论坛，与湖北省佛教协会联合举办湖北佛教八大法师书画作品捐赠展览。7-8月，在广州和济南分别举办书法报第六届全国中小学生硬笔书写大赛，在天津、宜昌、湖州分别举办书法报第十届全国少儿书画现场大赛。9月，在武汉举办第七届中国重阳书画展。12月，与湖北省文联文学艺术院联合举办书法报传媒人才培训班。

戏剧之家：举办了湖北首届文化产业跨越发展系列评选活动颁奖典礼，主动积极开展学术期刊资格认定的申报工作，并成功地入选国家新闻出版广电总局认定的首批学术期刊。

【文学艺术院】

4月至11月，先后举办了“湖北省中青年理论人才高级研修班”、“湖北省文艺管理人才高级研修班”等15个艺术人才培训班，培训各类文艺人才1000多人次；完成2014年度湖北省文联中青年优秀文艺人才库的人才推荐、遴选、审核、评定工作，共评定144名中青年文艺人才纳入2014年湖北省文联中青年优秀文艺人才库；

湖北省书法院聘请了首批研究员29人、首批创作员21人，选送100余幅作品参加“我们的中国梦——全国优秀艺术作品展‘荆风楚韵’——湖北省书法院首届院展”，成功举办韩忠学、刘永泽、葛昌永个人系列书法展，刘永泽、孟庆星、吴永斌三人参加“雅园翰墨七人书法展”。

湖北省国画院：1月，主办“遗爱湖十二景”活动成果汇报会，举办谭崇正现代水墨人物作品展；3月，举办第二届湖北省中国画高级研修班；4月，承办“丹青楚韵”湖北省中国画作品展、举办“山水魔方”——叶利平水墨山水作品展；7月，参加“第十二届湖北省美术作品展”；10月，主办“秋之韵·湖北中国画九人展”暨第二届湖北省国画院高级研究班结业典礼、主办“湖北画家画湖北”活动走进天门；11月，主办“湖北画家画湖北”活动走进罗田、“湖北画家画湖北”活动走进丹江口系列活动；出版《“荆楚画派”作品集》一套（48卷），收录48位画家1500幅作品。

各文艺家协会

【戏剧家协会】

5月，开展“夏之风·东湖戏剧惠民展演周”活动；《湖北戏曲传承与发展的新视域》理论文集由长江文艺出版社正式出版。8月，在汉川福星集团成功主办湖北戏剧精品展演活动，共有全省10个戏剧院团、6大剧种的32台经典剧目参演；与湖北省文联文学院主办“湖北戏剧舞台美术创新人才高级研修班”。9月，在潜江剧院成功承办了第三届中国（潜江）曹禺文化周闭幕式暨“百名牡丹下基层”文艺演出活动。

【音乐家协会】

1月，与省企业文化促进会、省楚商发展促进会联合主办“神磁杯”首届湖北企业歌曲大赛活动；3月，开展“中国梦”主题歌曲采风创作征集活动；举办第五届“湖北音乐金编钟奖”（非职业类）评奖活动；4月，举行“2013湖北音乐年度人物”表彰会；7月，报送10件作品参评“中国梦”全国原创歌曲征集活动最终4件作品获奖；8月，与柏斯钢琴集团联合主办中国音乐小金钟奖钢琴比赛湖北赛区选拔赛；10月，协助宜昌市向中国音协申报授予“中国宜昌钢琴城”称号；获中国音乐小金钟奖——“长江杯”第二届全国钢琴比赛优秀组织奖；开展“走进鄂西土家”主题歌曲创作暨基层音乐培训活动。

【美术家协会】

3月16日，“丹青楚韵——湖北省中国画作品展”在北京中国美术馆开幕。4月19日，在湖北美术馆举办“大风大浪——唐小禾、程犁艺术回顾展”开幕式活动。7月22日，在湖北美术学院昙华林校区美术馆举办第十二届湖北省美术作品展，金奖作品包括陈勇劲《山火》、李瑾《吾土吾民》、许海刚《亮宝节上的人们》、李峰《唯韵清扬》、谢晓虹《春望》、程春利《渔舟著岸》、邸可新《期待》、朱健翔《截面之十一·宽度》、谭崇正《墨华氤氲》、邓涵《物件儿》。9月30日，第十二届全国水彩、粉画作品展览在武汉美术馆开幕。第十二届全国美展中湖北省在全国各省中取得了第六名的好成绩。

【曲艺家协会】

1月，组织征集以中国梦为主题的曲艺创作作品的活动。推动武汉市说唱团曲艺茶座惠民演出活动，组织优秀节目参加由中国曲协主办的首届中国好故事（走马）邀请赛。组织优秀曲艺作品参加由中国曲协主办的中国曲艺牡丹奖余杭分赛区的比赛，天门莲花落《张舒爽娶儿媳》、郧西三弦《丹水橘香》两个节目获提名奖。组织第六届全国少儿曲艺大赛湖北少儿曲艺作品评选活动。8月，与湖北省文联文学艺术院联合举办2014湖北曲艺创作高级培训班；与武汉说唱团联合筹建湖北地方曲艺博物馆。11月，与相关单位联合主办徐荣耀从艺50年成果汇报会。全年共组织我省曲艺专家开展小型创作座谈会5次，产生新创作曲艺作品5件，修改曲艺作品2件。大力推进2014湖北曲艺创作精品提升工程。

【摄影家协会】

3月，与中国摄影家协会联合举办中国·湖北“楚园春”杯“美丽远安、村村诗画”全国摄影大赛。4月，湖北省摄影家协会八届四次理事会暨百名摄影家襄阳创作采风活动在襄阳举行。6月，“千年银杏　诗画安陆”全国摄影大展颁奖暨开幕式在湖北省美术馆举行；与湖北省档案局联合举办“中国梦　湖北情”首届湖北记忆摄影展。7月，与广东、上海、福建等10省摄影家协会联合举办2014卡西欧杯“魅力中国”全国摄影大奖赛；10月，与中国摄影家协会、中国摄影报社等单位联合举办第二届“千年银杏诗画安陆”全国摄影大展；“2014·湖北摄影高级研修班”在武汉举行。11月第25届全国摄影艺术展览启动仪式在武当山隆重举行。

【舞蹈家协会】

6月，在武汉市艺术学校举办了“我的中国梦”舞蹈教学交流国际论坛；10月，在武汉梨园大酒店举办了“我们的中国梦——湖北省舞蹈创作教学高级研修班”；11月，在咸宁成功举办“咸宁惠民帮扶行专家专题授课活动。”

【民间文艺家协会】

3月，中国民协命名郧西为“中国天河七夕文化之乡”。5月，组织专家组实地考察铁山区矿冶文化，命名铁山区为“湖北省矿冶文化之乡”。7月，组织专家组考察了通城县现有的瑶民生活遗存，命名通城县为“湖北省瑶文化之乡”。9月，举办“2014湖北民间文化高级研习班”，正式启动了湖北省古村落立档调查工程；在“我们的中国梦、全国农民画展”上，版画作品《暖冬》获银奖。10月，在“第四届中国民间艺术精品展”中，孙禄顺的刺绣作品《九狮戏彩珠》及荣延东的《中华钜剑》获优秀奖。11月，认定鄂州为“湖北省三国文化之乡”。在“2014首届中国（张家港）长江流域民间艺术博览会”上，湖北取得了一金、两银、三铜、九个优秀奖的佳绩。

【书法家协会】

1月，举办2014首届百名中国书法名人堂书法展和中国梦•文化进万家——阳春气象湖北省楹联书法邀请展。4月，举办备战“长江杯”全国书法展书法骨干培训班。7月，组织首届“长江杯”全国书法展的评审和举办“翰墨薪传工程”中小学书法师资培训班。8月，“湖北省十大青年书法家”作品展在北京中国水墨艺术馆隆重开幕，成立湖北书协少年分会。9月，成立湖北中小学教师书法协会。10月，举行首届“长江杯”全国书法作品展暨第三届湖北书法艺术节开幕式。11月，举办“青春放歌——湖北省第二届青年书法篆刻作品展”。

【电影家协会】

4—9月，与楚天都市报联合举办2014年“创青春”楚天微电影大赛，共收到省内外微电影作品近300部。5月14日，召开了电影《一粒米》剧本研讨会。9月,举办湖北电影理论系列大赛；召开湖北本土电影《孕城》研讨会，电影《孕城》改编自武汉作家彭建新的同名小说。11月，2014年“湖北电影系列论坛”在武汉举行。

【文艺理论家协会】

举办第三届湖北省中青年文艺评论家高级研修班，并结集学员论文出版《湖北中青年文艺评论文选》。策划、组织李传锋长篇历史小说集《武陵王》首发式暨研讨会，策划并举办“学习习近平总书记在文艺工作座谈会上的重要讲话精神暨社会主义核心价值观与文艺创新”全国学术研讨会，并出版《学习习近平总书记讲话精神 推动社会主义文艺繁荣发展》专刊。联合三峡大学成立“湖北电影电视文化研究中心”。

【杂技家协会】

6月，在武汉举办为期一周的“湖北省魔术艺术人才高级研修班”。7月，湖北高校各魔术社团联合举办“湖北高校魔术联盟第一次会员代表大会”，宣布成立“湖北高校魔术联盟”，李柘翰当选主席。7月20日，武汉杂技团排演的大型杂技剧《凤舞楚天——九头鸟的传说》举行首演。10月，第二届湖北杂技金菊奖•高校魔术比赛在武汉欢乐谷举行颁奖典礼。11月，省文联党组成员、纪检组长聂为斌率领省杂协工作人员赴江苏省调研江苏杂技与魔术的发展情况。

【电视家协会】

1月，举办《福到东西南北中——2014中国农民春节联欢会》。2月，完成第12届“春满楚天”湖北省地方春节文艺节目展播评奖活动。4月，完成《春满楚天》颁奖典礼并倡议发起创立了“湖北省青少年艺术教育志愿者联盟”。9月，完成第十九届湖北省广播电视文艺奖评选和“长江杯”中三角四省青年电视（微电影）大赛等评选活动。10-11月，举办“创青春”全国大学生创作大赛；举办全省播音员主持人“弘扬社会主义核心价值观”高级研修班。

湖南省文联

综　述

2014年，是贯彻落实党的十八届三中、四中全会精神、全面深化改革的开局之年，也是湖南省文艺工作和文联工作创新发展、稳步前行的一年。一年来，在省委的坚强领导和省委宣传部的有力指导下，湖南省文联及各团体会员深入贯彻落实党的十八大和十八届三中、四中全会精神，深入贯彻习近平总书记系列重要讲话精神特别是文艺工作座谈会重要讲话精神，坚持以人民为中心的工作导向，高扬社会主义核心价值观旗帜，突出中国梦的时代主题，紧紧围绕抓精品、出人才、强基础、惠民生，认真履行联络、协调、服务、指导职能，团结带领全省广大文艺工作者，服务大局、服务人民，开拓进取、奋发有为，推动各项工作取得了可喜成就，为繁荣发展社会主义文艺事业，推动文化强省建设作出了积极贡献。

会议与活动

【学习宣传贯彻习近平总书记在文艺工作座谈会上的重要讲话精神】

习近平总书记重要讲话发表的第二天，湖南省文联立刻组织了党组专题学习，把学习宣传贯彻讲话精神作为首要政治任务，制定了切实的学习宣传贯彻方案，对全省文联系统和文艺工作者的学习进行了布置安排，并在文艺创作、惠民活动、人才培养、协会和机关建设方面提出了36条贯彻意见。通过组织党组学习、中心组专题学习、支部学习、各文艺家协会集中学习，举办全省文艺界学习讲话精神座谈会和全省文艺界学习讲话精神专题研讨班，配合省内主流媒体做好讲话精神阐释的宣传报道，组织文艺评论工作者撰写发表学习理论文章等方式，引导广大文艺工作者准确把握讲话核心要义，领会思想精髓，自觉用讲话精神指导艺术实践。《创作与评论》杂志、《文坛艺苑》和湖南艺术网开辟专版专栏，及时刊发文艺家的学习体会，深入报道各地、各文艺家协会的学习活动，在文艺界掀起了学习贯彻热潮。广大文艺工作者进一步强化了精品意识和责任担当，更加主动地以饱满的热情、生动的笔触去反映生活、书写时代、讴歌人民。

【“中国梦”主题创作活动】

湖南省文联以“中国梦”主题创作活动为工作重点，精心组织创作。按照中宣部等五部委的通知要求，联合省委宣传部等五部门下发了《关于开展以“中国梦”为主题的文艺创作活动的通知》，明确了活动内容、工作安排和方法步骤，要求各市州文联、省各文艺家协会根据自身实际，研究确定重点作者、重点创作项目，跟踪关注创作进展。围绕“中国梦”的主题，举办了湖南省第二届青年词曲作家采风创作笔会和歌曲创作笔会，开展了全省民间故事征文活动，联合六省摄协举办了“中国梦·百姓梦”首届全国摄影大展等创作活动。该次主题创作活动，共收到中国梦主题文艺作品459件，评出优秀作品131件，以艺术的方式生动展示了三湘儿女追梦、筑梦、圆梦的鲜活实践，集中呈现了向上向善的价值追求。其中美术、书法、摄影、民间文艺、设计等5个门类的优秀作品在湖南省画院美术馆进行了展出，得到观众好评。在全国文联九届七次全委会上，湖南省文联主席谭仲池代表湖南省文联专门做了大会发言，向全国文艺界介绍了湖南省文联狠抓“中国梦”文艺主题创作的经验。

【文艺人才扶持“三百工程”实施】

遴选优秀人才，完善扶持机制，扩充推介平台，建设一支德艺双馨的文艺人才队伍，是繁荣文艺事业的根本保证，也是湖南省文联多年以来的努力方向。2014年，湖南省文联举办了湖南省文艺人才扶持“三百工程”首批青年艺术家培训班，邀请了董学文、毛国典、盛和煜等十余名专家进行授课，首批培训中青年艺术家92人。编印出版了《湖南省文艺人才扶持“三百工程”首批入选者名录》，在《湖南日报》上出专刊20期，宣传推荐了首批入选艺术家。制定了《湖南省文艺人才扶持“三百工程”扶持资助办法》，完成了首批44个扶持项目评审工作。

【文艺志愿服务及文艺惠民活动的开展】

湖南省文联积极参与中国文联倡导的“到人民中去”“深入生活、扎根人民”等文艺采风和志愿服务活动，以省文艺志愿者协会为主体，各文艺家协会积极配合，开展了一系列文艺支教、采风创作、慰问演出等活动。先后组织两批共20名文艺志愿者前往古丈县义务支教，共教授音乐、美术课3000多课时，受益学生达4000余人。组织文艺志愿者赴浏阳周洛村支教扶贫，组织了文艺志愿者赴湘西开展惠民演出5场，观众达8000多人；组织了文艺志愿者高校巡演13场；举办了“大美津市”文艺创作采风活动、探源母亲河创作采风活动；主办了我们的中国梦——中国剧协梅花奖艺术团“送欢乐下基层”到湖南惠民演出。同时，继续加大文艺惠民基地建设力度。对全省已授牌的17个文艺惠民服务基地进行了评估验收，又新创建19个文艺惠民服务基地，并进行了资金扶持。2014年10月，中国文联党组书记赵实来湘调研时，专门听取了省文联的工作汇报，对湖南省文艺惠民基地建设工作给予了高度肯定，并指示总结经验，在全国文联系统推广。

【湖南省文联第九届委员会第四次会议召开】

3月6日上午，湖南省文联在长沙召开省文联九届四次委员会。省文联主席谭仲池、省委宣传部副部长魏委出席会议并讲话，党组书记、副主席江学恭向大会报告工作。省文联党组、主席团领导，省文联第九届委员会委员，省文联机关副处以上干部，受表彰的全省文联系统先进单位负责人、先进个人，第二批湖南省文艺惠民服务基地负责人共160多人出席会议。会议由谭仲池主持。

会上，江学恭传达了中国文联九届六次全委会精神及全省宣传部长会议精神，作了题为《弘扬主旋律 抒写中国梦 努力开创湖南文艺繁荣发展新局面》的工作报告，回顾和总结了省文联2013年的工作和取得的成绩，部署了2014年的工作。

省委宣传部副部长魏委在会上讲话，要求广大文艺家和文艺工作者充分发挥自身创造力，为推动湖南省文艺事业大发展大繁荣作出更大贡献。

谭仲池希望广大文艺工作者要以“中国梦”的主题创作活动为契机，打造更多的优秀作品。一是学习好典型，把基层文联工作做得丰富多彩。围绕中心顾大局，坚持以人民为中心的工作导向，坚持为当地的社会经济发展服务。二是面向群众、面向基层、面向生活，发挥协会、基地、展赛、网络、杂志等平台的作用，更好地促进湖南文艺事业繁荣发展。三是通过打造精品力作来扶持人才成长，来创造尊重艺术、尊重人才的良好氛围。要注重题材为主、内容为王、思想为核；要把握时代要求，注重作品的群体选择和生活向往；要注重作品形态结构，遵循艺术规律，创新文艺发展。四是注重地域特色、自然形态、湖湘特色的人文情怀。五是广大文艺工作者要真心奉献、潜心原创、精心雕刻。

会议对2013年度全省文联系统先进单位、先进个人进行了表彰，对第二批湖南省文艺惠民服务基地进行了授牌并通过了省文联第九届委员会委员的替补。

【“回归自然——黄铁山水彩画展”在巴黎举行】

4月8日至22日，《回归自然——黄铁山水彩画展》在巴黎中国文化中心举行，中国驻法国大使翟隽出席了开展仪式并观看了整个展览。

黄铁山对大自然有深厚的情感，一直坚持深入原生态的山野，以执着的现实主义手法真诚地表达自己的真情实感。他从事水彩画的创作和研究60年，认真继承中国画的优秀传统，学习借鉴西洋水彩画的优点，坚持面向生活，致力创作出具有中国特色的水彩画。

巴黎中国文化中心主任殷福介绍，油画、水彩画等西方画种传入中国已有百年历史，中国艺术家在学习中融入了中国艺术的技巧、特点和优势，形成了目前独特的艺术风格，这是一种中西文化艺术交流的成果，邀请国内著名油画、水彩画艺术家来巴黎办展交流，一方面是纪念中法建交50周年，同时展示中法文化交流的具体成果。

【“诗苑译林”编委会成立】

5月13日上午，“诗苑译林”编委会在长沙成立，同时还举行了“当前诗歌翻译中存在的主要问题”研讨会。来自全国30余位诗人、翻译家、学者共聚一堂，探讨中国当代诗歌现状和未来发展方向。湖南省文联主席谭仲池出席并作了讲话。

成立会上，还为“诗苑译林”编委会成员卫茂平、王家新、田原、江学恭、刘文飞、陈黎（台湾）、夏义生、树才、姚风、高兴、黄运特、北岛、谭仲池、薛庆国共14人颁发了聘书。

当晚，湖南省文联、湖南文艺出版社、中南大学文学院还在中南大学联合主办了“良宵无界•诗苑译林”诗歌朗诵会。

【第十二届全国美展——湖南省优秀美术作品展览举行】

庆祝新中国成立65周年、第十二届全国美术作品展览——湖南展区、湖南省优秀美术作品展览，7月15日至20日在湖南省展览馆举行。湖南省委常委、省委宣传部部长许又声，省政府副秘书长黄卫东，省文联主席谭仲池，中国美协理事、办公室主任刘健，省委宣传部副部长魏委，省文联党组书记、副主席江学恭，省文联党组副书记、副主席、秘书长夏义生等领导与全省文艺界代表参加开幕式并参观了展览。

该次展览以“庆祝新中国成立65周年”为主题，以湖南重大历史事件、重要历史文化人物、风俗民情、历史变迁、人文景观为创作源泉，着重发掘湖南深厚的红色历史资源，艺术描绘了湖南厚重的文化底蕴和湖南人民的美好期待、幸福向往，求索创新、图强担当。现场展出的800余件美术作品，是在全省14个市州报送的1545件作品中评选产生的，涵盖了中国画、油画、版画、水彩画等多个门类，题材多样，风格各异，全面展示了湖南美术工作者近五年的新思考、新探索和新成就。展览结束后，评选了118件优秀作品代表湖南参加全国美术作品展暨中国美术奖•创作奖的评选。

【省委书记徐守盛走访省文联】

8月20日下午，湖南省委书记、省人大常委会主任徐守盛轻车简从到省文联走访。在湖南省文联主席谭仲池，党组书记、副主席江学恭，党组副书记、副主席、秘书长夏义生等陪同下，徐守盛视察了省文联机关处室、协会办公室和报刊编辑部，并与干部职工、艺术家代表杨霞、朱训德、谢璞、大兵等进行了亲切交流。

【湖南省文艺工作者践行社会主义核心价值观座谈会召开】

9月5日下午，全省文学艺术工作者践行社会主义核心价值观座谈会在长沙召开。省文联领导、主席团成员，省作协党组、主席团成员，老、中、青文艺家代表，省文联、省作协处室及直属单位负责同志近50人参加会议。会议由省文联主席谭仲池主持。

会上，省文联党组书记、副主席江学恭宣读了《湖南省文学艺术工作者践行社会主义核心价值观倡议书》，向全省广大文学艺术工作者倡议，要主动学习习近平总书记系列讲话精神，正确理解社会主义核心价值观的内涵；始终坚持正确的政治方向，始终坚持高远的艺术追求；坚持把社会主义核心价值观融入作品之中，用擅长的文学艺术形式发掘和表现真善美、凝聚和传播正能量，做弘扬主旋律的主乐手、坚守主阵地的生力军、聚集正能量的工程师；要牢固树立以人民为中心的创作导向，贴近实际、贴近生活、贴近群众；要带头维护文化发展繁荣的良好环境，积极践行“爱国、为民、崇德、尚艺”的文学艺术界术核心价值观，提升涵养，砥砺品行，做道德风尚的引领者、社会进步的推动者。与会作家、文学家、艺术家及代表积极响应，在倡议书上郑重签署自己的名字，做出了庄严承诺。

文学艺术工作者代表谢璞、龚爱林、欧阳常林、余三定、王跃文、大兵、欧阳友权等分别作了发言。省文联主席谭仲池在总结讲话中指出，社会主义核心价值观在激发社会正能量、营造积极向上的社会风气等方面，发挥越来越多、越来越大的作用。湖南文学艺术湘军要勇当践行社会主义核心价值观的排头兵、先遣团、主力军。

【中国文联党组书记、副主席赵实来湖南省文联调研】

10月13日，中国文联党组书记、副主席、书记处书记赵实等一行专程到湖南省文联调研。湖南省委常委、省委宣传部部长许又声，省文联主席谭仲池等陪同调研。

在当天上午湖南省文联举行的座谈会上，湖南省文联党组书记、副主席江学恭向赵实一行汇报了近年来湖南省文联的主要工作。接着，许又声发表了讲话，他指出，湖南省委、省政府及省委宣传部一直高度重视文联工作和文艺工作。近年来，省文联在出精品、出人才方面下了很大的气力。“湖南省文学艺术奖”的设立和文艺人才扶持“三百工程”的实施，对于推动出精品、出人才发挥了积极的作用。湖南省委、省政府十分重视文化基础设施建设，要抓紧做好湖南省美术馆的土建工程的开工准备。

赵实对湖南省文联60年来走过的发展历程、取得的辉煌成绩给予了充分肯定。她在讲话中指出，湖南省文联近年来的工作取得了好成绩，文艺创作保持蓬勃发展的良好势头，各个艺术门类硕果累累；文联工作坚持以人民为中心的导向，文艺志愿服务开展得很有特色；在文艺人才培养和省美术馆、文艺家之家等文化基础设施建设上让人为之振奋。这些成绩的取得，是湖南省委、省政府及省委宣传部对文化建设、文艺事业的高度重视的结果。当前，文艺界要认真组织学习习近平总书记系列重要讲话，要努力担负起带头践行社会主义核心价值观的时代责任，坚持以人民为中心的创作导向和工作导向，积极开展以“中国梦”为主题的文艺创作，坚持德艺双馨建设文艺队伍，坚持依法治会，搞好自身建设。

座谈会结束后，赵实一行还考察了湖南省湘绣研究所、后湖国际艺术园区、湖南省美术馆项目工地。

【中国（长沙）国际雕塑文化艺术节举行】

9月15日至10月30日，中国（长沙）国际雕塑文化艺术节在长沙举行，雷宜锌、吴为山、卡罗尔·特纳（美国）、帕斯奎勒（意大利）、索瑞亚·乔迪（法国）等17个国家的21位雕塑大师共赴长沙，在洋湖湿地景区进行了长达45天的创作活动。艺术节期间，广大市民零距离地欣赏了大师的现场雕刻，体验了创作艺术作品的神奇过程。

全国政协港澳台侨委员会副主任委员喻林祥，中国国际文化传播中心党组书记、执行主席龙宇翔，省领导和老同志李微微、易炼红、李江、刘莲玉、谭仲池、王晓琴、杨忠民出席了9月16日的启幕仪式。

本届艺术节由中国国际文化传播中心、湖南省文联、长沙市政府主办，以“城市精神·城市文化·城市创造”为主题，是湖南第一次以雕塑为纽带组织国际文化交流盛事。艺术节完成的雕塑作品，永久落户于长沙洋湖湿地景区，成为了长沙的城市景观。

创作与获奖

【戏剧】

黄骏泓、胡昭陵、周天煌等3名小演员获得第十八届中国少儿戏曲小梅花金花称号。湘剧《谭嗣同》获第二十一届中国戏剧奖·曹禺剧本奖提名奖。

【电影】

电影《毛泽东与齐白石》获第15届中国电影华表奖优秀故事片奖提名奖、中宣部第13届精神文明建设“五个一工程”奖、湖南省第十二届精神文明建设“五个一工程”奖、第十届中美电影节“金天使”奖；电影《青春雷锋》《湘南起义》、动画电影《少年毛泽东》荣获湖南省第十二届精神文明建设“五个一工程”奖；电影《老腔》获第38届蒙特利尔国际电影节“世界民族文化贡献影片”。

【音乐】

黎晓阳作曲、金沙作词的《湘江飞出一首歌》获中宣部第十三届精神文明建设“五个一工程奖”。《我奉献我快乐》《雷锋朝我们走来》等4首作品获湖南省第十二届精神文明建设“五个一工程奖”。《簸箕上的麻雀》《绿鸟鸟》分别获第九届中国音乐金钟奖声乐作品组合演唱最佳作品奖、优秀作品奖。

【美术】

79件作品入选全国美展，5件获提名奖，创湖南省美术作品入国展数量之最。

【舞蹈】

群舞《八班教室》获第九届“荷花奖”校园舞蹈比赛普通院校组金奖，为湖南省首夺荷花大奖。《烟花龙舞》获第十二届山花奖金奖。广场舞《大庸阳戏》获第十二届山花奖民间广场歌舞类银奖。

【摄影】

摄影家陈利的作品《古城听雨》获索尼世界摄影奖评选中国大陆赛区冠军和全球旅游组冠军，并登顶索尼世界摄影奖世界总冠军。摄影家蒋志舟的作品《岁月》获第九届乌克兰“关爱妇女”国际摄影展美国摄影学会金牌，《月色》获第五届保加利亚索非亚国际数码摄影展国际影艺联盟金牌，《革故鼎新》获第四届IPA国际摄影协会艺术展览广告创意类金牌。

【书法】

陈华的作品获第五届中国书法兰亭奖二等奖，何宗国的作品获三等奖，实现了湖南书法家在中国书法最高奖“兰亭奖”等级奖上“零”的突破。

【电视】

在第27届中国电视金鹰奖评选中，《毛泽东》获优秀电视剧奖，《爸爸去哪儿》获优秀电视文艺节目奖，《变形计》获优秀电视纪录片奖，《心得乐体验》获电视纪录片提名奖。

【评论】

在第九届中国文联文艺评论奖评选暨第七届当代中国文艺论坛活动中，晏杰雄的专著，聂茂、李蒲星的评论作品获得二等奖。

机关建设

【群众路线教育实践活动】

坚持不懈打好群众路线教育实践活动整改落实攻坚战。按照整改时间表、任务书和专项整治方案，将整改落实责任层层包干、细化到人。承诺的28项整改任务已全面完成，取得了实实在在的效果。三公经费支出降低12.7%，会议费下降54%，发文量减少18%。整修了院内大门、管网和道路，新建了机关食堂，对困难职工进行了帮扶。清理制度性文件42个，保留13个，废止9个，修订9个，合并11个。对应“四风”突出问题，制定出台新制度14项。干部群众对整改工作给予了高度肯定。

【湖南省美术馆建设】

湖南省美术馆工程是文联工作的重中之重。2014年，在省委、省政府领导的关心支持下，省文联按照省委常委、宣传部长许又声同志“只争朝夕，加快省美术馆建设进程”的指示，攻坚克难、步步推进，省美术馆建设取得了突破性进展。拆迁工作已经完成，施工围墙已经建立，初步设计已经批复，桩基工程已经正式开工，主体工程建设也在加紧推进。

【文联大院提质升级】

收回了办公楼的出租门面，按照文化产业一条街的理念进行整体装修，带动文化产业提质升级。完成了机关院内维修改造。严格遵照党政机关办公用房建设标准，对原人华宾馆进行改造，解决文艺家协会和直属事业单位办公用房紧张的问题。

【队伍建设】

严格按照《党政领导干部选拔任用条例》，认真完成了机关4名正处级干部的竞岗选拔工作，8名处级干部的选任工作，5名处、科级干部的交流调整工作。完成了机关党委和工会的换届选举工作，组织了新进人员培训、青年干部培训，积极选送文艺家、机关干部参加省委党校、省直工委、中国文联举办的各类培训班学习。严格按照德艺双馨的原则，选好配强协会领导班子，认真完成了省杂协、省书协、省视协、省音协的换届工作。举办了两期市州、县市区文联文艺骨干培训班。

直属单位

【文艺理论研究室】

继续办好《创作与评论》杂志，为人才培养和推介搭建平台。2014年，杂志共出刊24期，刊发文艺作品、评论文章400余万字。《新华文摘》《小说选刊》《人大复印资料》等权威选刊选载文章38篇次，转载量在全国同类刊物中排名前列。省委宣传部《阅评简报》载文《繁荣文艺的好推手》对该刊进行了专门表扬。

召开了《创作与评论》2013年年度奖评选活动，表彰了8部优秀作品，团结了一批优秀作者，集聚了一批优质文艺资源，进一步扩大了刊物的影响。

与湖南省美术出版社、湖南省美术家协会在长沙联合主办了马建成《口述湖南美术史》研讨会。国内外部分高校学者、文艺评论家、美术家、收藏家、设计家等四十余人参加研讨会。与会专家学者围绕《口述湖南美术史（1949-2009）》一书的学术意义、社会意义、湖南美术的现状与未来进行了热烈研讨。会议引起了文艺界的广泛关注。

【湖南省画院】

湖南省画院美术馆全年接纳各类展览30余个，免费接待观众近2万人次。

各文艺家协会

【湖南省戏剧家协会】

主办了“快乐戏迷、我要来唱戏”第二届快乐戏迷票友大赛、湖南省首届湘剧票友艺术节，组织了“艺苑金秋”湘剧名家名剧专场演出。

【湖南省电影家协会】

参加了《盘鼓英雄》《里耶·情简》《老腔》等多部电影的拍摄，重点影片《共和国检察官》《贺绿汀》《国酒》等多部电影的剧本创作讨论，举办了湖南省首届常德主题电影展暨常德市首届湖南人物电影展。

【湖南省音乐家协会】

承办了“锦绣潇湘·快乐湖南”——首届原创旅游歌曲大赛和音乐听力师资培训班。

【湖南省音乐家协会】

主办了庆祝新中国成立65周年第十二届全国美术作品展览——湖南展区暨湖南省优秀美术作品展览，承办了“印象·桃花源”全国名家书画作品展。

【湖南省曲艺家协会】

成立了“湖南省高校曲艺联盟”，建立了9个高校曲艺基地。

【湖南省舞蹈家协会】

联合主办了“湘灵”郭贝贝原创舞蹈作品专场晚会。

【湖南省民间文艺家协会】

开展了民间文艺进校园活动和寻找湖南最美“古村镇、老手艺”活动。

【湖南省摄影家协会】

主办了“光影·文明·责任”全省摄影大赛、“印象溆浦”全省摄影大赛、“新韶山新印象”全国摄影大赛、“锦绣潇湘·快乐湖南”首届旅游摄影大赛、“中国梦·百姓梦”首届全国摄影大展和“美在湖南”全省两型摄影大展。

【湖南省书法家协会】

举办了省书协成立三十周年书法展、中部四省书法作品联展。

【湖南省杂技家协会】

参加了中国侨联主办的“中国文化周”文化艺术交流活动和文化部组织的赴澳大利亚“欢乐春节”慰侨演出活动。

【湖南省电视艺术家协会】

组织了第十届湖南电视小金鹰奖评选及2014湖南电视艺术论文评选。

【湖南省设计艺术家协会】

主办了湖南省设计艺术家协会十周年系列活动、2014湖南省设计艺术年会、《跨界·设计·融合》——湖南文化创意和设计融合发展论坛、湖南文化创意和设计融合发展恳谈会、第二届湖湘景观设计大赛暨2014景观原创作品邀请展。

【湖南省文艺评论家协会】

完成了中国文联部级课题一般资助项目《“新文学湘军”现状与展望研究》专题报告，举办了“从平常生活中发现诗意——当代散文创作研讨会”“湖南省文艺评论家协会书评委员会成立大会暨《与子书》作品研讨会”“学习习近平总书记在文艺工作座谈会上的讲话暨郭林春‘农民梦’文学创作研讨会”等系列活动。

【湖南省企事业文联】

在《企业观察报》开设“湖南专版”，关注和推荐湖南企业改革与发展成果，策划编纂《文脉千年湖湘书院图志》大型人文图书。

广东省文联

综　述

2014年，在中共广东省委、省政府的领导下，按照中国文联和广东省委宣传部的有关部署，省文联以推进文化强省建设为目标，深入贯彻落实科学发展观，认真学习贯彻习近平总书记在文艺工作座谈会上的重要讲话精神，认真履行联络、协调、服务、沟通、指导的职能，围绕中心，服务大局，以建设社会主义核心价值体系为根本任务，以满足人民群众精神文化需求为出发点和落脚点，以改革创新为动力，团结奋进，狠抓落实，较好地完成了全年各项任务。文艺创作喜获新丰收，文艺惠民活动得到新拓展，文艺人才队伍建设取得新成果，文艺评论、网络文艺建设等工作实现新突破，全省文艺事业和文联工作迈上了新台阶。

重要会议与活动

【中国文联副主席左中一一行到广东省文联调研】

7月10日，中国文联党组成员、副主席、书记处书记左中一一行4人到广东文学艺术中心与省文联部分文艺家协会、省文联直属单位和广东省文艺志愿者协会主要负责人进行了座谈。省文联党组书记程扬向调研组一行简要介绍了省文联基本情况和第七次文代会换届以来广东省文艺和文联工作的主要进展。在听取大家意见后，左中一充分肯定了广东省文艺和文联工作取得的成绩，并谈了几点体会。他认为，广东省文联在新领导班子的带领下，各项工作围绕服务，突出创新，有声有色，富有成效。特别是广东文艺名家服务团的成立，发挥了文艺名家的效应和作用，有助于推动文艺志愿服务的可持续发展。与当地综合媒体共谋并进，利用现代媒体的宣传优势，逐步打造岭南文艺品牌，提高了文联的社会影响力，这些创新做法都值得学习和借鉴。他强调，当前我国正处在文艺大繁荣大发展阶段，文联的社会地位和影响力与过去相比显著提升，社会各界对文联的关注度日益提高，要抓住这个有利契机，肩负起时代赋予的职责，找准自己的工作定位，积极探索和发现新形势下文艺和文联工作的发展规律，围绕党委和政府的中心工作，大力创新工作思路、内容、措施、渠道，积极拓宽服务新领域，不断增强文联的影响力和凝聚力，为繁荣社会主义文艺事业、建设文化强省作出贡献和示范。

【“中国梦”主题系列活动】

推进“中国梦”主题文艺创作，成立“中国梦”广东文艺理论研究创作中心，收集文艺创作作品300多件，选出54件优秀作品报省委宣传部和中宣部。组织“中国梦”散文和纪实文学的创作，选编80件优秀作品结集出版。1月，省摄协启动“中国梦•南粤情”摄影展。9月、11月，省音协组织中青年词曲作家创作骨干分别赴青海、黑龙江进行“美丽中国梦”广东中青年音乐家采风创作交流活动，并编录出版“共圆中国梦——广东原创音乐新作品集”CD专辑（合装一套加CD伴奏，共9张）。12月30日，由中国文联、中国民协、省文联、省民协、汕头市文联、汕头市民协联合主办的“我们的中国梦文艺志愿服务团送欢乐下基层”慰问演出在汕头市风岗村举行。各地文联按省文联部署也开展系列活动。韶关举办“畅想中国梦•共筑广乐情”美书摄（诗词）作品展、“中国梦•我的梦”音乐活动、“中国梦•南国情”摄影大赛，佛山举办“致祖国合唱音乐会”等10场“我们的中国梦”文化进万家活动，茂名举办“中国梦•茂名情”迎春美书摄展览，揭阳举办“中国梦•诗意潮汕”古村落画卷创作。

【广东省文联七届二次全委会暨2014年全省文联工作会议】

2月27日，省文联七届二次全委会暨2014年全省文联工作会议在广州召开。省文联全体委员以及港澳文艺界代表、直属单位领导班子成员和领导嘉宾等共160余人参加会议。省委宣传部副部长、省文明办主任顾作义出席会议并讲话，省文联党组书记、专职副主席程扬向大会作工作报告，省文联党组副书记、专职副主席曹利祥传达了中国文联九届六次全委会和2014年全省宣传部长会议精神，省文联主席许钦松最后作会议小结。会议任命孙秋峰为省文联七届主席团秘书长，李明、樊广莲为副秘书长。

【广东省文联一行前往中国文联汇报工作】

3月7日，由省文联党组书记程扬率队，专职副主席刘小毅及副秘书长樊广莲、省美协专职副主席王永、省书协专职副主席纪光明、省舞协专职副主席汪洌、省书法院院长李远东一行前往中国文联向中国文联党组书记、副主席赵实，党组成员、副主席夏潮，党组成员、书记处书记罗成琰和国内联络部、中国美协、中国书协等部门（协会）汇报工作。程扬向赵实书记汇报了省文联近期开展的以“中国梦”为主题的文艺创作以及“我们的中国梦”文化进万家系列惠民活动等工作。赵实书记对省文联开展的以“中国梦”为主题的文艺创作等工作给予了充分的肯定。

【广东省文联七届三次主席团会议】

7月4日下午，省文联七届三次主席团会议在广州召开。省文联第七届主席团成员共63人出席会议。省文联党组书记程扬在会上报告了省文联上半年工作情况和下半年工作计划。与会人员就省文联代拟的《中共广东省委关于加强和改进文艺和文联工作的意见》（征求意见稿）进行讨论。会议增补李劲堃为省文联第七届专职副主席，增补李建军、宋枭楠、陈碧英、林金洲等4人为省文联第七届委员会委员。

【我为大师画素描·李岚清素描艺术展】

2月19日上午，由省文化厅、省文联主办的“我为大师画素描——李岚清素描艺术展”在广东美术馆开幕。李岚清同志出席开幕式并讲话。省委副书记、政法委书记马兴瑞在开幕式上致辞，省委常委、宣传部部长庹震主持开幕式，省领导肖志恒、陈云贤等出席开幕式并参观了展览。此次展览展出了李岚清同志创作的128件素描艺术作品，作品生动地刻画了我国近现代128位已故文化艺术大师，其中包括李铁夫、何香凝、冯钢百、林风眠、李桦、萧淑芳、关山月、赖少其、罗工柳、古元，萧友梅、青主、吕文成、冼星海、何士德、马思聪，红线女等17位广东籍文化艺术名人。

【贯通融会——刘斯奋书画诗文艺术展】

3月7日，中国文学艺术界联合会、中国作家协会、中共广东省委宣传部主办的“贯通融会—刘斯奋书画诗文艺术展”在中国美术馆开幕。第十一届全国政协副主席、中国文联主席孙家正等领导出席开幕式并参观了展览。

【美味广东——寻找广东十大传统美食之乡】

5月1日，由省文联、南方日报社、省民协共同主办的“美味广东——寻找广东十大传统美食之乡”经过跨年评选，在广州番禺沙湾古镇举行颁奖典礼。最终评选出广州市荔湾区、番禺区沙湾镇、潮州市湘桥区、潮州市潮安庵埠镇、梅州市大埔县、佛山市顺德区、云浮市罗定市、阳江市阳东县、中山市沙溪镇、茂名市高州市、清远市连州市为“广东十大传统美食之乡”。评选期间，共举办了7场美食节，并对广东省一些独具特色的传统节庆饮食习俗进行挖掘、整理，让群众在享受特色美食的同时了解了这些美食背后的文化背景、历史渊源。

【省文联与广东广播电视台签署战略合作框架协议】

6月25日，省文联党组书记、专职副主席程扬与广东广播电视台台长、党委书记张惠建共同签署《广东省文联和广东广播电视台战略合作框架协议》。双方以此次战略合作协议的签订为契机，整合优势资源，未来5年将共同探讨合作开展以下活动：一、共同探讨策划举办“美声中国”大型电视选秀节目；二、依托广东广播电视台岭南戏曲频道、儿童动漫等专业频道推介宣传省文联12个艺术门类的文艺精品或品牌活动；三、利用广播、电视等媒体平台联合举办“广东省十大德艺精英”、“寻找民歌王”活动，推介广东文艺人才；四、合作开办《文艺大讲坛》、开设美术书法摄影艺术鉴赏等专题节目。省文联相关领导和艺术家代表、省广播电视台有关领导和专家出席了签约仪式。

【海上丝绸之路——诗书画印作品展】

7月17日，“海上丝绸之路——诗书画印作品展”首展在省文联艺术馆开幕。本次展览展出了省书协主席团成员以及部分省内知名书画家创作的作品100多件，展现了“海上丝绸之路”的历史、现实和未来，体现了不同文明之间的碰撞和民间的友好往来、以及中国传统诗书画印艺术的独特魅力。8月14日，“海上丝绸之路——诗书画印作品展”巡回展第二回展在阳江市美术馆开幕。8月17日“海上丝绸之路——诗书画印作品展”巡回展结束展在惠州市博物馆开幕。

【中国文联权益保护部赴广东省文联调研】

8月4日，中国文联权益保护部副主任暴淑艳一行3人在省文联召开文艺界自由职业者社会保障状况调研座谈。省文联党组书记程扬出席座谈会，他表示文艺界自由职业者是发展广东文艺事业的中坚力量。省文联党组副书记曹利祥，省文联兼职副主席、广州市文联主席乔平在座谈会上分别代表省、市文联介绍了广东省及广州市文艺界自由职业者的整体规模、队伍构成、从业状况等基本情况。来自各艺术门类的14名广东省文艺界自由职业者代表参加座谈讨论，与会者发言踊跃，就自身关心的生存发展状况、社会保障与权益诉求等突出问题和困难提出意见建议。暴副主任在讲话中，对广东省文联率先成立了文艺界自由职业者服务部给予了充分肯定。

【2014第二届粤港澳台魔术节】

8月30日至9月1日，由文化部艺术司、省文化厅、省文联主办的“2014第二届粤港澳台魔术节”在广州中山纪念堂举行。来自粤、港、澳、台及内地的魔术团队、选手、专家、评委等200多人参加了此次魔术节。魔术节继续强化粤港澳台魔术文化特色，整合更加广泛的社会资源和力量参与，积极探索新的办节模式、宣传方式和市场机制，为加强粤、港、澳、台魔术艺术家的往来与合作创造了新平台。

【第十二届全国美术作品展览——版画作品展】

9月23日，由文化部、中国文联、中国美协主办，中共广东省委宣传部、省文化厅、省文联协办，省美协、广州美术学院、广东美术馆承办的“第十二届全国美术作品展览——版画作品展”在广东美术馆开幕。本次版画展区共收到各地推选作品共778件，经过严格的评选，最终入选349件。

【王楚材书画作品展】

11月1日，由中国书协、中央文史馆书画院、省文联、省人民政府文史研究馆主办的“王楚材书画作品展”在北京中国人民革命军事博物馆开幕。中国文联党组成员、副主席、书记处书记左中一等领导出席开幕式并参观了展览。

【2014中国（广州）民间工艺博览会暨第十二届中国民间文艺山花奖·民间工艺美术作品奖】

11月6至10日，中国文联、中国民协和省文联主办，省民协承办的“2014中国（广州）民间工艺博览会暨第十二届中国民间文艺山花奖·民间工艺美术作品奖”活动在广州琶洲会展中心举行。此次博览会是中国民间文艺山花奖·民间工艺美术作品奖评奖活动首次落户广东，吸引了全国17个省市100多位民间工艺大师和传承人参加、200多个种类民间工艺精品参展，观众人数近十万人次，成交金额达1亿多元。“第七届广东省民间工艺精品展（青年专场）与博览会”同期举行。

【广东省第四届岭南舞蹈大赛】

11月24至29日，“广东省第四届岭南舞蹈大赛”在江门和东莞举行。大赛设小舞剧、群舞（职业组、非职业组、院校专业组、院校非专业组）、独舞、双人舞、三人舞等组别，分别进行评奖。本次大赛小舞剧组别的增设受到了舞蹈界的一致好评。本次大赛共收到报名参赛作品208部。群舞《过山瑶》、《围屋女人》、《大英歌》、《回响.麻石街》，独舞《日出》、《梳起》等获作品金奖；小舞剧《兰花花》获表演金奖，《连山大哥》、《南狮梦》获作品银奖。

【电影艺术进校园暨第十一届广州大学生电影节】

12月29日，省文联、省影协、广州市演出电影有限公司、暨南大学、广州金逸影视传媒股份有限公司联合主办的“电影艺术进校园暨第十一届广州大学生电影节”落下帷幕。此次电影节以“激情电影梦，绽放我青春”为主题，举办了包括原创微电影大赛、原创微剧本大赛、电影配音大赛、影评大赛、微影评大赛、摄影大赛、“我的银幕至爱”——最受大学生欢迎的华语电影评选活动，电影剧组明星见面会、电影专家名人专题学术讲座等等。活动贯穿全年，吸引了海内外约百余所大学参与，为大学生提供了展示才华的机会和平台。

【全省文联一张网建设】

升级广东文艺网和12个文艺家协会门户网站，扩容5个直属单位网络系统，组建全省文艺网站集群，全省21个地级以上市文联网络全部开通，实现了全省文联一张网的目标。开通广东文艺界官方微信（截至年底，共有18个官方微信），省文联和各协会及直属单位微信服务平台全覆盖。省文联机关办公场所开展了信息免费服务和实施wifi福利，为文艺家开辟网络文艺学习园地，为文联干部职工提供网络学习平台。建设网络文艺家新邨，为文艺家开设1000间艺术小屋，向文艺家提供精品创作、艺术简述、作品欣赏、视频介绍、艺术品交易等平台。

【加强文艺维权】

8月14日，依据《中国文联关于进一步加强文艺维权工作的意见》制定出台《关于加强文艺界自由职业者权益保障与服务的实施意见（试行）》，从维权机制和法制层面，加强对包括文艺界自由职业者在内的文艺工作者的权保工作。

文化惠民活动、文艺志愿服务与扶贫开发

【广东省文艺志愿者协会】

5月21日，广东省文艺志愿者协会成立暨广东文艺名家志愿服务团启动大会在广州越秀文化艺术中心召开。中共广东省委常委、宣传部部长庹震，中国文联文艺志愿者协会副主席刘全利等领导和郭兰英、张良、郑秋枫、金敬迈、潘鹤等艺术家，约150人出席了成立大会。大会通过了协会《章程》，选举产生了广东省文艺志愿者协会第一届理事会81名理事和负责人，广东省文联专职副主席李仙花当选为广东省文艺志愿者协会会长。郑秋枫任广东文艺名家志愿服务团团长。广东省现已组建文艺志愿服务团（队）45个、创建“广东省文联文艺志愿服务者创作基地”5个。全省21个地级以上市文联均建立了文艺志愿者协会或文艺志愿服务团，正式在册文艺志愿者20000多人。

5月，在广州承办“走进东湖社区惠民演出”。7月，与省杂协在云浮共同举办“广东省文联文艺惠民演出暨东方天鹅小学员汇演”。11月，成功举办“追寻中国梦——文艺家赴东莞清溪镇采风创作基层行”及“广东省文艺家赴东莞麻涌镇采风创作基层行”，省文联与清溪镇荔横村签订了合作意向书、在清溪镇文化中心设立“广东省文联文艺志愿者创作基地”。12月，与梅州市文联赴梅县、大埔县、蕉岭县共同承办6场“到人民中去——广东省文艺志愿者深入基层服务暨精品创作采风活动”，并与石湖村、汇城村、侯南村、南福村、长教村等5村分别签订《广东省文艺家精品创作深入基层采风活动合作意向》、设立“文艺家创作基地”。

【春风化雨——广州监狱志愿帮教演出】

6月5日，在省文联领导带领下杨子春等多位享誉全国的广东艺术名家往广州监狱举办“艺术启迪人生——第十四届服刑人员监区文化艺术节暨帮教晚会”。晚会在服刑人员乐队表演的《歌曲串烧》中拉开帷幕。本场晚会为全监的警察和服刑人员献上了一场轻松、欢乐的视觉盛宴，让服刑人员感受到社会爱心人士的热情和温暖。

【广东扶贫济困日暨文艺惠民扶智活动】

6月30日，在省文联党组书记程扬的带领下，省文联领导、扶贫工作组、省文艺志愿者协会以及妇委会成员来到扶贫对口村——韶关市新丰县回龙镇塘村村，开展“广东扶贫济困日暨文艺惠民扶智活动”。活动中，省文艺志愿者协会成员进行了朗诵、滑稽、声乐、二胡演奏等表演并举办了文艺培训班，省摄协举办了小型摄影作品展，省文联妇委会给孩子们带来一批包括各类学习文具在内的“爱心捐赠物资”。此外，省文联还特意组织医疗队开展义诊活动。活动结束后，程扬一行探望慰问了村里的老党员，为他们送上慰问金、米、油等生活用品；省文联还为塘村村委会捐赠了改善村委会办公设施经费。

【书法艺术惠民】

7月，省书协组织书法家义务为河源百姓书写姓氏家训书法作品63幅。8月，组织书法家赴龙门县龙田镇小径村开展家训进厅堂书法活动，为村民义务挥写姓氏家训及励志名言书法作品数百幅。春节期间，省书协在全省开展送春联活动超过30次，送出春联10000多副；21个地级市以及县、区基层书协举办迎春挥毫活动200多次，送出春联3

万多副，参加活动的书法家超过3000人次。

【新农村少儿舞蹈教室】

在中国舞协的倡导下、省委宣传部的大力支持下，省文联、省舞协举办了“2014—2015年广东省新农村少儿舞蹈教室”活动。省舞协工作人员在2个月内跑了近3万公里的路程进行实地考查，分别在阳江、云浮、梅州等8个地级市选定了25所偏远农村小学设立“新农村少儿舞蹈教室”。一方面改善舞蹈教室硬件设施，为每个舞蹈教室铺上专用地胶，安装镜子、音响和电风扇等；给参与此次活动的1000余名孩子们提供专业舞蹈训练服装。另一方面为农村学校输送舞蹈师资力量。9月，省舞协举行了为期5天的“新农村少儿舞蹈教室”师资培训班，50余名乡村教师参加培训；此外，在全省招募了25名专业舞蹈教师担当志愿者，每周定期赴农村为学生们上舞蹈课，由当地学校教师担任助教。通过培训和助教的方式，使乡村教师掌握基本的舞蹈教学和排练方法，真正意义上实现了将舞蹈艺术的种子“种”在农村，扎根农村。

理论研究

【文艺志愿服务研究】

5月27日，中国文联文艺志愿服务中心主任、中国文艺志愿者协会副主席兼秘书长廖恳一行赴广东省文联开展关于中国文艺志愿服务制度化课题调研座谈会。省文联党组书记程扬，省文联专职副主席、省文艺志愿者协会会长李仙花等参会座谈。程扬书记指出广东省文艺志愿者协会要在三个建立上下功夫：一要建立明确分工；二要建立调研计划制度；三要建立服务平台。廖恳主任表示通过此次调研座谈会，充分了解了广东省文艺志愿者协会的现状及发展情况，对中国文艺志愿服务制度化建设很有借鉴意义。

【文艺理论研究】

省评协编辑出版《广东文艺评论文选》第三辑，收集2012年至2014年广东省约60位文艺评论家，公开发表或未公开发表的优秀文艺理论评论文章约60篇，共约60万字。

【参评第九届中国文联文艺评论奖】

在第九届中国文联文艺评论奖评奖活动中，广东省取得6件作品奖和一项组织工作奖，在48个中国文联团体会员中名列第一。6件作品奖分别为：蒋述卓《流行文艺与主流价值关系初议》获文章类特等奖，谢有顺《重构中国小说的叙事伦理》、陈志平《笔中有诗——文学因素对黄庭坚书法的影响》获文章类一等奖，申霞艳《“梁庄”与中国想象》、蔡乔中《朱践耳交响乐创作技法的民族化思维》获文章类二等奖；柳冬妩《打工文学的整体观察》获著作类二等奖。

【舞蹈理论研究】

省舞协出版四期舞蹈理论刊物《舞蹈研究》。

【书法理论研究】

广东书法院全年编辑出版8期书法理论报《书法教育》。发行2008年创刊至2014年每年《书法教育》合订版。

【摄影理论研究】

在第十届中国摄影金像奖评选中，广东省杨莉莉获摄影理论研究类奖、谢琳获摄影理论史志类奖。

民间文化保护与发展

【第三届广东省花灯文化节】

3月3日（农历正月十三），在东莞市洪梅镇举办“第三届广东省花灯文化节”。花灯节汇集众多广东各地的花灯作品，全面彰显了花灯文化的魅力。本届花灯节增加了传统的龙狮表演、猜灯谜、迎春挥毫等活动。

【古村落保护】

1月4日，举行2014广东（花都）古村落保护与发展论坛。3月23至25日，2014全国古村落工作经验交流会暨第四届中国古村落保护与发展研讨会在佛山市西樵镇松塘村举行，这也是广东省第四次承办全国性古村落保护工作研讨会，来自全国和省内60多位专家共同就“数字化时代的中国古村落保护与文化遗产资源利用”等课题进行研讨，并启动“古村落数据云服务平台建设”。与此同时，开展第四批“广东省古村落”的评定和民间艺术之乡、传承基地的评选工作，对梅州、江门等13个市的56个村落进行考察、评定，并推荐汕头市澄海区程洋岗、前美村为“中国古村落”，推荐广州市番禺区沙湾镇为“中国鱼灯艺术之乡”、东莞市大朗镇为“中国编织艺术传承基地”。

【2014龙舟文化论坛】

6月10日，省文联、省民协、东莞市文联、东莞市民协和中堂镇政府主办的“2014龙舟文化论坛”在东莞中堂镇举行。来自全省各地龙舟文化研究领域的著名专家、学者共同交流和探讨龙舟文化，深度挖掘龙舟民俗文化，助力中堂镇传承和发扬好龙舟文化，进一步擦亮龙舟文化品牌。

对外及对港澳台文化交流

【广东梅花戏剧团赴欧洲演出】

9月26至10月5日，省文联党组成员、专职副主席，国家一级演员、中国戏剧“梅花奖”二度获得者李仙花应邀率广东梅花戏剧团一行22人赴法国、荷兰、德国参加庆祝中法建交50周年暨“中华韵•法国情”第21届全球华人粤剧文化节展演。出访期间，“广东梅花戏剧团”为观众表演了经典剧目，与来自全球的华人戏剧票友及当地华人戏曲爱好者交流座谈。

【粤港澳影视产业与美国电影合作项目投融资峰会】

3月25日，由省粤港澳合作促进会、省影协、美国驻广州总领事馆商务处、美国驻香港总领事馆商务署联合主办的“粤港澳影视产业与美国电影合作项目投融资峰会”在香港会展中心举行，峰会共邀请了6家美国电影公司参加，共商中美合作拍片、开拓市场等事宜。

【赴法国参加第4届“中国银幕”纪录片节】

9月26日至10月5日，第4届“中国银幕”纪录片节在法国巴黎举行。本届纪录片节被法国政府纳入“中法建交50周年庆典活动”。省视协副主席王首程、纪录片和学术委员会主任黄慰汕应邀出席并担任本届电影节国际评委。由省视协推送的《老李的九次生命》、《金星之约》、《中国父亲》、《家园——台山侨墟的故事》和《惠能大师》等5部纪录片入围本届纪录片节并进入终评，其中《老李的九次生命》获评委会特别奖。

【广东省民间艺术团赴美国洛杉矶进行艺术展演】

12月9日至17日，广东省民间艺术团应邀赴美国洛杉矶进行艺术展演及文化交流活动，访问期间，通过广东连南瑶族长鼓舞、瑶族民歌、瑶族耍歌堂等原生态民间艺术表演形式展示了广东民间、少数民族传统文化。

自身建设

【举办学习贯彻习近平总书记在文艺工作座谈会讲话精神主题培训班】

10月15日，习近平总书记在文艺工作座谈会上发表重要讲话。省文联党组迅速组织学习贯彻。省文联先后组织召开了8次学习座谈会。12月22日至24日，举办全省文联系统领导干部专题培训班，组织省、市、县区、乡镇四级文联领导干部共200多人参加学习培训。省委宣传部副部长、省文明办主任顾作义参加开班仪式并作讲话。培训班邀请了中国文联、省委宣传部领导和文艺家代表为全省文艺工作者作专题辅导，邀请亲历者畅谈聆听习近平总书记文艺工作座谈会上的讲话体会，各级文联领导干部代表发表学习心得体会。10月至12月间，在邀请新老艺术家参加座谈后，将老艺术家的学习体会汇编成《为人民的文艺点赞——广东文艺名家学习习近平总书记在文艺工作座谈会上重要讲话的心得体会》文集，印发全省文艺工作者学习。

【全省文联舆情信息与调研工作会议】

6月6日，全省文联文艺舆情信息与调研工作会议在广州召开。省文联党组书记程扬等领导同志，省文联各团体会员、省文联各部室、直属单位分管文艺舆情与调研工作的负责同志、承担舆情和调研工作的工作人员，共78人参加了会议。会议表彰了2013年全省文艺舆情信息工作先进个人和文艺舆情好信息。

【广东省文联第二期艺术讲座】

8月5日，省文联直属机关党委与省文艺志愿者协会联合举办广东省文联第二期艺术讲座，学习主题为“南岭山脉与客家族群”，主讲嘉宾为省民协主席、中山大学党委副书记、常务副校长陈春声教授。陈春声教授从客家的定义、南岭山脉与客家地理分布、民族走廊、“客家”之前的南岭、聚落形态的变化、宗族的形成与祖先来源的故事、“迁海”与移民、土客之争与客家认同的形成、近代城市生活的影响以及现代知识传播与客家身份的建构等9个方面讲述了客家族群的发展历程。省文联机关全体干部职工、各直属单位领导班子成员、部分协会会员等100多人参加了讲座。

直属单位

【广东文艺职业学院】

完成2014招生录取工作，共录取1691人。本省招收1485人，面向河南、广西等11个省（区）招收200人，是学院转制以来生源最好的一年。共开设课程471门，其中国家级精品资源共享课1门（《戏剧表演》）、省级精品资源共享课2门（《合唱训练》和《包装创意与制作》）。2月，学院艺术团一行64人应邀赴越南进行了为期8天共4场的文化交流演出。9月30日，在阳东县雅韶镇举行阳江漆艺产业基地启用暨广东文艺职业学院教学实习基地挂牌仪式。10月，在第三届中国环境艺术“青年设计师奖”中，艺术设计系获最佳指导教师奖2人，学生作品分别获2项铜奖、3项优秀奖。11月，举办第七届就业指导服务月之“百家企业进校园招聘会”，邀请企业143家，提供招聘岗位2000多个，比2013年增长近一倍，截至12月，就业率达85.36%。12月，陈学希院长的《广东戏曲教育模式研究》获2014年度广东省高等职业教育教学改革立项。《广东文艺职业学院创新强校工程规划（2014-2016年度）》的编制工作完成。

【岭南美术出版社有限责任公司】

全年销售码洋8千多万，图书出版328种，整体业务维持稳定，年利润总额87万多元。组建数字出版部、负责出版社的整体网络化出版流程建设。5月18日，协办的“写意江山——中国写意油画名家作品展”在岭南美术馆开幕，负责出版的《写意江山——中国写意油画名家作品集》一书受到好评。12月，完成国家级义务教育《美术》教材教师参考用书（每册约20万字，共18册）的修订和编审工作。

【广东省文艺研究所】

2月，广东省当代文艺研究所更名为广东省文艺研究所。6月，汇编《“中国梦”·广东散文、纪实文学作品精选》。9月，推出的歌曲《梦就是方向》荣获2014年广东省第九届精神文明建设“五个一工程”奖。

【广东书法院】

7月，参加“墨醉草原——第八届行草十家展”、并观摩西夏文字、西安碑林等数十个书法文化点。8月，广东书法院汕头书法创作基地挂牌暨汕头首届书法导师高研班开班。9月12日，举办第六届岭南书法大讲坛。9月13日，承办“游目骋怀——李远东书法艺术展”。11月，广东书法院梅州书法创作基地挂牌暨梅州市首届书法高研班开班。12月2日至8日，应邀出访斯里兰卡、出席“中国当代名家书画邀请展”系列活动。

【广东省文联艺术馆】

进一步完善场馆设施，馆容馆貌焕然一新，展览数量质量得到大幅度提高，展览的艺术性、学术性和多样性不断加强。全年，共举办展览40次、经济收入达110万元、较2013年增长26.4%。

各文艺家协会

【戏剧家协会】

6月，举办第五届广东省戏曲小梅花荟萃活动，梅蕊盈、邓子峰、潘晴、曾琳佳、李明哲、韦嘉宜、陈锦淳、陈峥、陈天乐、林家熙等10位获“金花十佳”称号，陈焕佳、孙恺情、温洁文、吴居烨、黄允怡、谢晴、梁志莹、潘悦、杨志鑫、肖遥等10位获“金花”称号。8月，在中国戏曲小梅花荟萃大赛中，推荐的梅蕊盈荣获“金花十佳”称号，邓子峰、林家熙、曾琳佳等3人获“金花”称号。8月，举办首届广东民营剧团表演培训班，来自粤剧、汉剧、雷剧、花朝戏、白字戏等7个剧种的50名学员进行了为期12天的集中培训。9月，推荐的唐栋、蒲逊的话剧《幸存者》获“第二十一届中国戏剧奖·曹禺剧本奖”、李新华的话剧《康梁》获提名奖。11月25日至27日，与广东粤剧促进会、省繁荣粤剧基金会等单位联合主办“纪念薛觉先诞辰110周年系列活动”。“粤剧文化广场”全年共上演百场，惠及观众5.1万人次。12月25日、26日，大型广东汉剧《金莲》在梅州市亮胜艺术中心上演。中国剧协专家、省文联领导、梅州市委市政府的主要领导给予了高度评价和肯定，认为该剧情节和叙事更加符合现代观众的审美情趣，具有鞭挞社会丑恶、弘扬人性真善美的积极意义。

【电影家协会】

7月，成立“广东省电影家协会大学生协同创新委员会”，借助青年学生在接受新文化、新技术方面的先锋性，为协会工作和广东电影文化带来新的能量和活力。9月，已故著名电影艺术家王为一的著作《我的电影艺术观》获中国电影金鸡奖理论评论奖著作类三等奖，广东电影评论实现了“金鸡理论奖”专著类获奖的新突破。2013年5月启动的“魅影中国”微电影大赛持续进行中，大赛包括作品征集、展播、演员和晚会主持人选拔、优秀作品展映、颁奖晚会等，力图突破传统，实现大时代、大展现、大宣传、大造就的“四大”目标，使电影进入“艺术体验时代”。

【电视艺术家协会】

8月28日，举办“媒体整合论坛”，系统地介绍了习近平总书记关于新闻工作的论述和意义。本次论坛由副主席王首程主讲，省视协领导、各专业委员会主要负责人及副秘书长出席。与广东电视台联合制作电视纪录片《强军梦，学子情》，10月4日在广东广播电视台新闻频道播出。该片以全新视野、全新角度弘扬哈军工传统，诠释“报国、强军、忠诚、奉献”的哈军工精神，深刻展示了哈军工作为中国教育史上一座丰碑的现实意义。电视剧专业委员会承办了电视剧《金山》剧本创作座谈会，座谈会由国家新闻出版广电总局宣传管理司副司长王丹彦主持，国家新闻出版广电总局电视剧管理司司长李京盛做总结发言，他肯定了《金山》剧本的突破和阶段性成果，认为该剧可列入“中国梦”创作的重点项目。继续完成广东省第一部反映全省性电视事业大型文献纪录片《广东电视风云录》的摄制工作。

【音乐家协会】

5月，协办由中国口哨协会、省文联、羊城晚报报业集团主办的“‘中国好口哨’——‘大沥杯’首届中国口哨大赛”系列活动。6月，启动“‘中国梦·客乡情’广东省首届客家新民歌作品征集”。7月，主办“2014广东珠三角咸水歌会”。7月，主办“唱响大埔”主题歌曲征集活动。8月，主办了“2014年全国第十一届少儿小提琴邀请赛”。10月，主办广东省“马思聪杯”小提琴邀请赛。12月，主办“龙门县2014年原创歌曲作品征集评选”、“第六届广东星海音乐奖”、“曹光平教授钢琴及室内乐作品音乐会”，“粤西第一声——封开袁巧平原创音乐演唱会”、“第九届2014年度十大发烧唱片榜颁奖典礼”、“第五届广东音乐邀请赛暨年度优秀团队展演”等活动。

【舞蹈家协会】

7月，主办“首届广东省青少年舞蹈大赛暨第二届‘荷花·少年’全国（中学）校园舞蹈展演广东省选拔赛”，推荐其中7部作品参加“第二届‘荷花·少年’全国（中学）校园舞蹈展演”、其中5部获金奖，省舞协获“优秀组织奖”。8月，推荐“2012-2013广东省新农村少儿舞蹈教室汇报演出”优秀原创少儿舞蹈作品《瑶族布袋木狮舞》参加“全国新农村少数民族舞蹈展演”。11月21日至23日，与省文联、省文化馆联合主办“首届广东省中老年舞蹈大赛暨首届全国中老年舞蹈展演（广东展区）”，大赛参赛节目分为学习节目和创作节目两大类，近800名中老年朋友参加此次活动。

【美术家协会】

“1荐1”是广东美术界选拔人才的一项新举措，即由许钦松、李劲堃、方土、王永、林永康、郭润文、黄启明、董小明、黎明、梁宇等10位广东现任的中国美协理事担任导师，每人推举一名45岁以下有成长潜力、品艺兼优的美术人才，并制定长期计划进行培养。作为汇报展览，4月29日，“1荐1——广东省美术名家荐才行动”展览开幕。展览展出了张东、陈朋、罗寒蕾、许晓彬、陈向兵、王卓、宋光智、李康、夏天、陈海宁等10位广东中青年艺术家的50件代表作品。6月，与省委宣传部、省文化厅、省文联联合主办“庆祝中华人民共和国成立65周年——广东省美术作品展览”，共收到参评作品照片5113张，最终评选出展出作品719件、其中优秀作品108件。在第十二届全国美展中，广东入选总数294件、排名全国第四，其中获奖作品13件，位居全国第三。13件作品分别是：李智华油画《老广东、小生活》获银奖；曾春平中国画《我把春天带回家》，李康版画《城·惊蛰》，宋光智版画《渡船》，郑峰版画《奔月颂》，苏军权水彩粉画《日出而作，日入而息》，余松潮漆画《温暖前行之三》，冯峰环艺《国家遗址公园中轴线标识性建筑宣政殿、紫宸殿的设计》，肖勇插图《昆虫记》等6件作品获铜奖；胡贤武版画《多重猜想·2014》，余平陶艺《瓷儿系列·同行》，陈文智插图《灰面人》，汪晓曙、王蒐、李茂宁、熊中华及皮宪文合作连环画《一个人的长征》等6件作品获优秀奖。9月25日，在广州承办了“中华文明历史题材美术创作工程草图分片指导会”。工程组委会副主席兼秘书长冯远主持了会议，中国国家博物馆研究员、历史学家孙机，中国社会科学院考古研究说研究员杨泓、副研究员赵连赏等专家、学者以及来自湖北、湖南、广东的13位草图入选作者参加了会议。会上，专家、学者对每件作品进行了点评，对创作中存在的历史事实、古代建筑、服装等进行了详细的讲解，以帮助作者创作出真正符合历史的作品。12月，与中国美协、中共深圳市委宣传部、深圳市文联、中共龙岗区委、龙岗区人民政府联合主办“中国梦——实干兴邦”第三届全国（大芬）中青年油画展。

【书法家协会】

5月，举办“广东•重庆书法联展”（广州站）。6月，举办“广东•重庆书法联展”（ 重庆站），联展展出了广东精心挑选的书法作品100件、重庆选送的书法精品102件。7月16日至22日在广东第二师范学院、肇庆学院、韩山师院举办“翰墨薪传工程”中小学书法师资培训班。12月，举办第六届广东省新人新作书法展，共展出省直机关、部队和21个地级市书法作者的书法篆刻作品500余件。12月，赴北京举办“岭南三人行”程扬、纪光明、陈钦硕书法篆刻作品展。编印会刊《岭南书坛》共六期。

【摄影家协会】

3月，启动“仁化杯”广东省第25届摄影展览。4月，启动“伯奇杯”中国创意摄影展，首次推出“十佳创意摄影师”评选、设立“想”主题单元、组成推荐委员会向本展推荐优秀创意摄影师及创意摄影作品，自荐与推荐双轨并行——即采用摄影人自荐和名家推荐“双管齐下”的方式广开渠道多方网罗优秀作品。6月，启动“梦里的古村”——广东省古村落摄影大展。10月，启动“我看见”——第二届全球华人摄影大奖。11月，省摄协启动与湖南省文联及湖南、湖北、广西、海南、云南等六省(区）摄影家协会主办的广药王老吉杯“中国梦·百姓梦”首届全国摄影大展。12月启动“城市变奏曲”——改革开放的广东摄影大展。推送“绚丽广东摄影大展”与“古典·古朴——郭小宁、梁力昌俄罗斯摄影作品展”参加“2014中国·杨柳青第一届国际民俗摄影大展”并获优秀展览奖。继续开展“摄影大篷车下基层”活动，组织摄影志愿者走进丰顺、新丰、电白、盐田、云浮、信宜、台山、江门、深圳南山、五华、和平、新会睦洲、肇庆高新区、蕉岭等地进行摄影讲座、比赛、展览等系列惠民活动。

【曲艺家协会】

2月21日，举办曲韵新声——广东省曲艺新作品展演，开创了广东省曲艺界南腔北调大荟萃演出的先河。8月，组织的粤曲《穆桂英巡营》、粤曲《小心过马路》和相声《获奖之后》在“第六届全国少儿曲艺大赛”中获二等奖、三等奖省曲协获组织奖。8月20日，召开第八届主席团第六次会议，会议通过肖小青任专职副主席、何萍任副主席。6月至9月，举办第三届广东省曲艺大赛。9月，粤曲《南国桥韵》和快板《醒狮》分别获“中国梦”全国优秀曲艺节目推选活动二等奖和三等奖。10月，在中国曲艺之乡创建20周年系列活动中，顺德区人民政府获“创建中国曲艺之乡标兵单位”称号，东莞市中堂镇人民政府获“创建中国曲艺之乡先进单位”称号，27名曲艺工作者获“优秀工作者”和“先进个人”称号、占全国获奖人数的三分之一。10月，在第八届中国曲艺牡丹奖评选中，推荐的赵梓琳荣获新人奖，南音说唱《生命时速》、数来宝《特战尖兵》获节目提名奖，李小玲、吕智锦创作的木鱼歌《木鱼情歌》和吴金富的快板书《良心债》获创作提名奖。报送的潮州歌册《唱潮州新八景》入选第八届中国曲艺节展演。11月22日和29日，在佛山和深圳举行第八届广东省青少年曲艺“明日之星”选拔赛粤语曲种专场和综合曲种专场比赛。

【杂技家协会】

4月至5月，与广东文艺职业学院联合主办，由广东高校魔术联盟承办的第五届广东高校魔术大赛在广东文艺职业学院举办，共有57所高校参与。7月，和IMS国际魔术师协会、东莞市清溪镇文广中心共同举办中国区魔术大赛，为期3天的活动举行了两场舞台、近景比赛和三场讲座，吸引了全国各地60多名魔术师参加。

【民间文艺家协会】

7月25日，与省岭南民间工艺研究院共同主办的“南粤东瀛非遗民间工艺展”在广州二沙岛岭南会开幕，展览汇集广东省的牙雕、玉雕、广彩以及日本石川县的陶瓷、漆器、铁器等民间工艺品。8月18日，由省文联、省民协、民盟广东省委、佛山市文联等7家单位联合举办的《黄志伟陶塑艺术》首发式在省文联举行，该书图文并茂地介绍了作者精湛的手工艺以及独创的“线塑”手法。11月8日，在南岗千年瑶寨主办中国规模最大的瑶族长鼓舞展演活动，共1030名瑶族长鼓舞者同时进行表演，获“大世界基尼斯之最”。11月22日“广东民间工艺大师精品展”在北京中华世纪坛开幕。完成高州卷、连山卷、新兴卷、龙门卷广东民间故事全书的编撰工作，出版《广东省民间工艺精品集（第五册　青年专场）》和《首届广东剪纸艺术作品展作品集》。

【文艺评论家协会】

3月，在广州从化举办第10期广东文艺沙龙：理想城市和理想居住，在广州举办第11期广东文艺沙龙：广东书法收藏。8月，在广州举办第12期广东艺术家沙龙：魔术的手段VS手艺。10月，在深圳大学举办第13期“广东艺术家沙龙”：流行音乐——艺术走向与产业空间。与广东电台共同主办“好听周末”之《诗人在线》栏目，推荐和点评诗人诗作100多期，曾获广州同时段节目收听率第一的好成绩。举办“青春的声音和梦想——南方诗歌艺术之夜”诗歌朗诵和鉴赏活动，作为《诗人在线》栏目的年终总结性舞台版节目，晚会的部分节目在广东电台转播。

广西壮族自治区文联

综　述

2014年广西文联有团体会员41个，其中自治区级文艺家协会14个，地级市文联14个，产（行）业文联13个；有个体会员14918人。广西文联内设机构6个，自治区级文艺家协会办事机构12个。各级文联认真学习贯彻党的三中、四中全会精神，学习习近平总书记10月15日在文艺工作座谈会上的讲话精神。持续开展文艺志愿服务活动和深入实施“千村万户文艺惠民工程”和文艺志愿服务活动。组织发动文艺家开展“中国梦”主题文艺创作活动，实施文艺创作重点项目扶持工程。组织开展“美丽广西•清洁乡村” 及“我们的中国梦•美丽西江”采风创作活动。举办各类文艺培训、文艺展览展示活动。年内，自治区文联主办刊物《广西文学》《南方文坛》《美术界》在国内外公开发行。

会议与活动

【党的群众路线教育实践活动总结会】

2月11日上午，广西文联召开党的群众路线教育实践活动总结会。自治区党的群众路线教育实践活动领导小组第十督导组副组长、自治区政协提案委副主任韦彩英，广西文联领导班子成员、全体干部职工共六十余人参加了会议。韦彩英代表督导组对广西文联开展的党的群众路线教育实践活动进行了总体评价。广西文联全体干部职工还对广西文联开展党的群众路线教育实践活动进行了民主测评。

【第九届委员会第三次全体委员会议】

2月20日，广西文联第九届委员会第三次全体委员会议在南宁召开。广西文联党组书记、主席韦守德作了题为《胸怀中国梦，唱响主旋律，为建设民族文化强区做出新贡献》的广西文联工作报告。总结了广西文联在过去一年中各项工作取得的进展和成效，并提出今年广西文联的工作思路和要着力抓好七个方面的重点工作。会议还通过了接纳广西区直机关文联为广西文联团体会员单位的决议，更替、增补了广西文联第九届委员会委员。

【“广西文艺家深入学习习近平总书记在文艺工作座谈会上的重要讲话精神专题研讨班”】

12月18日至19日，广西文联在南宁举办“广西文艺家深入学习习近平总书记在文艺工作座谈会上的重要讲话精神专题研讨班”。此次专题学习班，是为了深入学习习近平总书记在文艺工作座谈会上的重要讲话精神，把握讲话精髓，联系实际讨论交流。韦守德、赵如锋分别作主题讲座。各全区性文艺家协会主席、各市文联党组书记、主席、各产（行）业文联负责人及广西文联全体在职人员共77人参加学习讨论。

【彭清华到广西文联看望慰问干部职工】

2月10日上午，广西壮族自治区党委书记、自治区人大常委会主任彭清华在自治区党委副书记危朝安和自治区党委常委、秘书长范晓莉的陪同下，来到广西文联看望慰问干部职工，感谢大家过去一年为广西的文艺事业和改革发展作出的积极贡献，并向全区的文艺工作者送上新春的祝福和问候，希望广西文联坚持“二为”方向、“双百”方针和“三贴近”原则，引导广大文艺工作者创作出更多精品力作。

【“中国文艺志愿者服务日”系列活动】

5月20日，广西文联纪念“5.23”首个“中国文艺志愿者服务日”系列文艺志愿服务活动在贵港市进行。主办方分别举办了美术书法摄影作品展、文学讲座、音乐辅导、摄影技巧讲座，并组织文艺家们深入当地厂矿企业、农村进行采风。

【歌海元宵——2014年广西文艺界大型联欢晚会】

1月18日，由广西文联、广西电视台共同举办的歌海元宵——2014年广西文艺界大型联欢晚会在广西电视台1000平方米演播大厅正式录制。晚会以“我们美丽的家园”为主题，也展现了广西文艺界的创作成果。晚会于元宵节当天在广西电视台播出。

【广西文联重点文学创作项目扶持工程】

11月17日，广西文联重点文学创作项目扶持评审委员会公布获扶持作品。广西文联根据《广西2014－2015年重点文学创作项目扶持评审工作方案》，组织评委分别对148件申报作品进行评议和投票，评出了广西2014—2015年重点扶持作品49部。其中长篇小说10部，中短篇小说集8部，散文集10部，诗歌集10部，儿童文学2部，文学理论3部，报告文学5部，壮文文学1部。

【“我们的中国梦·美丽西江”文艺创作采风活动】

5月19日至22日，广西文联、广西西江集团联合主办了“我们的中国梦·美丽西江”文艺创作采风活动。广西文联党组书记、主席韦守德，广西文联党组副书记、副主席赵如锋，和广西作协、音协、美协、摄协、书协、理协等协会的知名作家、艺术家、摄影家共30多人参加此次采风活动。采风团先后在南宁港六景港区码头、西津水电站、贵港航运枢纽船闸、贵港港口、台湾产业园、江南工业园、西江工业园和贵港港南区木格君子垌客家围屋参观采风。采风团成员创作了一批文学、戏曲、歌曲、美术、摄影、书法文艺作品。

【2014年全区文联系统文艺家读书班】

6月24日至27日，由广西文联主办的2014年全区文联系统文艺家读书班在南宁举行。广西文联主席团成员，全区各市、县（市、区）、产（行）业文联负责人，各全区性文艺家协会负责人，以及广西文联机关的干部职工等120多人参加了此次读书班。

全区文联系统文艺家读书班自2007年首次开班，每年一次，至今已是第8期。本期读书班主要采取专题讲座、经验交流、学习讨论等方式进行。读书班专门聘请广西桂学研究会会长潘琦讲解努力提升文联干部的文化艺术素养，自治区党校的专家学者朱革新教授解读党的十八大、十八届三中全会报告精神，著名评论家、作家、《出梁庄记》作者梁鸿讲解文学如何重返现实，广西民族大学民族研究中心主任李富强教授做《从民族学谈发展观》讲座。四位老师以自身研究与经验，从不同角度与读书班学员交流，分享创作经验，提高文联系统干部文化素质。读书班还安排了小组学习讨论和市县文联工作经验的交流报告。

【“千村万户文艺惠民工程”（南宁）文艺村文艺辅导员培训班】

7月15日至17日，广西文联“千村万户文艺惠民工程”（南宁）文艺村文艺辅导员培训班在武鸣县委党校举办。来自武鸣、马山、隆安县和邕宁区的文艺村文艺领头人、文艺骨干、文艺户等72人参加了音乐、舞蹈、民间文艺、戏剧小品等文艺门类的培训。这是全区举办的首个广西文联“千村万户文艺惠民工程”文艺村文艺辅导员培训班。

广西文联“千村万户文艺惠民工程”自2012年开始，至2014年中，全区已命名“千村万户文艺惠民工程”文艺村303个，推荐文艺村文艺辅导员404个参加辅导培训。培训工作分片进行，计划于9月份全部完成。文艺村文艺辅导员培训旨在改送文艺下基层为“种”文艺在村屯，提高基层文艺骨干和爱好者的艺术辐射传播能力。

获奖情况

【两作品获第九届中国音乐“金钟奖”声乐作品组合演唱优秀作品奖】

第九届中国音乐“金钟奖”声乐作品颁奖典礼和创作座谈会于1月15日在北京举行。由广西音乐家协会选送的歌曲《月亮湾》（词 ：苏宏发 曲 ：苏宏发 、刘艺）;《嫁给山歌》（词：郭庆宣 曲：黄朝瑞）获得第九届中国音乐“金钟奖”声乐作品——组合演唱优秀作品奖。

【《南方文坛》获2012-2013年度广西期刊奖】

2月上旬，2012-2013年度广西期刊奖评选结果揭晓，共评出期刊奖15种、提名奖25种。《南方文坛》荣获年度广西期刊奖。被誉为“中国文坛批评重镇”的文论期刊《南方文坛》，改版十六年，在坚持社会效益第一，社会效益与经济效益结合的品牌办刊之路上日益精进，影响日增。论文转载量平稳上升，《人民日报》、《新华文摘》、人大复印中心频频转载、摘要及报道，多篇上《新华文摘》封面重点推荐，如《光明日报》公布的中国人大书报资料中心文章转载排行榜，《南方文坛》近十六年来，转载量一直保持在语言文学类期刊前十名。

【2014广西壮族自治区艺术作品展览】

9月29日，“庆祝中华人民共和国成立65周年2014广西壮族自治区艺术作品展览”在广西美术馆开幕。此次大型展览由广西壮族自治区人民政府主办，自治区党委宣传部、自治区工业和信息化委、自治区文化厅、自治区文联、自治区二轻工业联社承办，广西美协、广西书协、广西工艺美术协会、广西美术馆协办。自治区党委常委、宣传部部长沈北海宣布展览开幕。

此次艺术作品展览包括美术作品、书法作品、篆刻作品、工艺美术作品4个门类，组委会组织评委从全区推荐选送的近2万件参展作品中，评选出900件作品获得本届展览提名，其中90件优秀作品入选展览。展出作品代表了自治区近年来艺术作品的创作水平，展示了广西美术、书法、篆刻和工艺美术事业的发展成就。

【《秋声赋》获第四届“中国校园戏剧节”奖】

11月12日晚，由中国文联、教育部、上海市人民政府主办第四届“中国校园戏剧节”展演和评选在上海揭晓，由广西戏剧家协会选送的大学生的话剧《秋声赋》(由广西师范大学在校生演出）荣获优秀导演奖(总导演林超俊)、优秀剧目奖(广西师范大学)、优秀组织奖(广西剧协和广西师范大学)。

话剧《秋声赋》是国歌词作者田汉先生70多年前抗战时期在桂林创作并排演的经典抗战之作。七十年之后由广西师大戏剧社重排并于5月在桂林“新西南剧展”话剧展演活动正式公演，6月获得第五届“广西校园戏剧节”优秀演出剧目奖，并被作为广西推荐参加第四届中国校园戏剧节剧目评选。

理论评论

【“广西书法理论研讨会”】

4月29日，由广西文联、广西书法家协会主办的“广西书法理论研讨会”在南宁市跨世纪大酒店举行。广西文联党组副书记、副主席赵如锋，广西书法家协会主席郑军健，广西书法家协会常务副主席刘德宏，广西书法界名家专家孔繁森、甘霖、闭理书、农恒云、黄文勇、黎东明、潘继坦等50余人参加了研讨会。

研讨会共收专家学者的学术论文30余篇，专家学者们就“八桂书风”理论思想研究成果，包括书法理论研究、书学思想、书法教育、书法创作、书法评论、作品考据、技法研究、工具材料等有关各方面的研究成果进行了深入全面的探讨和交流。

【首届漓湘文化研讨会】

8月18至19日，由广西桂学研究会举办的首届漓湘文化研讨会在桂林市举行。广西桂学研究会会长潘琦，以及广西、湖南相关研究领域的学者、专家近100人参加研讨。

漓湘文化，是指以漓江、湘江为主流，以湘桂走廊为大致范围，经过历史长河的交替、交流和交融，形成一种具有中原文化特征，融山地文化和水域文化、汉文化与少数民族文化、自然生态文化与历史人文文化、本土文化与外来文化于一体的文化形态。研究漓湘文化，将为21世纪海上丝绸之路提供文化凝聚力。推动湘桂经济走廊经济区的加快形成，实现湘南、桂北经济的整体快速发展。

首届漓湘文化研讨会的召开对厘清漓湘文化研究的范围、目标、意义，整合研究力量，推动漓湘文化的传承与发展将起到积极的推动作用。

创作情况

【《广西少数民族新锐作家丛书》出版发行】

1月，由广西作家协会组织、策划，由广西人民出版社出版的《广西少数民族新锐作家丛书》10卷出版发行。丛书收录了6部中短篇小说集，包括梁志玲的《微凉的逃跑》、陶丽群的《风的方向》、黄土路的《醉客旅馆》、周末的《飞入天中的梯田》、杨仕芳《我看见》、潘小楼《秘密渡口》，散文集有何述强的《隔岸灯火》、林虹的《两片静默的叶子》，诗集分别是费城与黄芳的《往事书》、《仿佛疼痛》。10位少数民族青年作者近年来显示了不俗的创作实力和潜力，受到全国文坛的关注和尊重。《广西少数民族新锐作家丛书》旨在大张旗鼓地对广西少数民族青年作家进行宣传和推介，为广西文学事业的长足发展增添力量。

【“中国梦·美丽广西”——广西美术家走进“清洁乡村”采风创作活动】

5月28日至6月2日，由自治区党委宣传部、广西文联主办，广西美术家协会承办的“中国梦·美丽广西”——广西美术家走进“清洁乡村”采风活动在广西境内展开，参加采风的美术家共37名，组成三个采风小分队，分别赴百色（田阳、隆林），河池（大化、都安），桂林（龙胜、临桂）采风创作。7月1日，采风成果《中国梦·美丽广西——广西美术家走进“清洁乡村”采风写生创作作品展》在广西博物馆开幕。165幅优秀作品参加本次展览。

【“中国梦”主题文艺创作广西美术书法摄影作品展】

由广西文联主办，广西美术家协会、广西书法家协会、广西摄影家协会承办的“中国梦”主题文艺创作广西美术书法摄影作品展，于12月9日至15日在跨世纪大酒店书画美术馆举办。

根据《中共中央宣传部等关于开展以“中国梦”为主题的文艺创作活动的通知》(中宣发〔2013〕33号)精神和自治区党委宣传部的部署，广西文联自2月开始组织广大文艺家开展以“中国梦”为主题的文艺创作活动，创作包括美术、书法、摄影、文学、音乐、民间文艺等艺术样式。经过组织文艺骨干进行专题创作，并广泛征集主题文艺作品。到11月，共组织、征集到主题文艺作品2800多件，其中美术作品800多件，书法作品660件，摄影作品1200多件，经过美协、书协、摄协组织专家评审，共选出180多件优秀美术书法摄影作品，入选本次展览。

对外及对港澳台地区文化交流

【2014’中国摄影家汽车拉力摄影东盟3国行】

7月10日至27日，由中国摄影家协会、广西文联主办，广西摄影家协会承办的2014’中国摄影家汽车拉力摄影东盟3国行活动，在广西南宁拉开帷幕。15位中国摄影家驾驶8辆越野车，从南宁出发，历时18天，行程约6800公里，先后到达老挝、泰国、柬埔寨等3个东盟国家进行摄影采风创作，并与当地摄影团体和摄影家进行交流。

2014’中国摄影家汽车拉力摄影东盟3国行，是中国-东盟文化交流年活动内容之一。年底，本次采风创作中的优秀作品分别在北京、南宁举办专题展览，并编辑出版《2014’中国摄影家汽车拉力摄影东盟3国行作品集》。

【中国广西与马来西亚摄影交流作品展梧州巡展】

3月12日至15日，由中国广西摄影家协会、马来西亚摄影家协会主办的“中国广西与马来西亚摄影交流作品展梧州巡展”在梧州市举办。巡展共展出中国广西和马来西亚两地秀美自然景色、风土人情摄影作品90多件。

【蒙古国音乐家代表团访问广西】

3月26日，蒙古国音乐家协会副主席、著名作曲家、首届总统奖获得者B·希拉布，蒙古国音乐家协会副主席、著名作曲家S·塔拉等一行四人，在中国音协外联部干部李红东陪同下，对广西音乐家协会进行友好访问，双方在广西文联举行了交流座谈。蒙古国音乐家代表团随后对广西艺术学院进行了访问交流，并赴北海、桂林进行采风创作活动。

机关建设

【廉洁从业警示教育活动】

7月3日，广西文联组织全体干部职工到南宁市监狱开展廉洁从业警示教育活动。扎实深入的开展好“党的群众路线教育实践活动”，进一步增强干部职工的廉洁从业意识，筑牢拒腐防变思想防线，端正思想作风。

【谈文说艺讲坛】

2月27日，广西文联举办谈文说艺知识讲座第十讲，广西美术家协会主席谢麟应邀作“广西美术发展与漓江画派的生成”专题讲座。6月18日，广西文联谈文说艺知识讲座第十一讲开讲，由著名评论家、鲁迅文学奖获得者、《小说选刊》副主编王干教授做“《红楼梦》与当代文学”主题讲座。11月18日，广西文联谈文说艺讲坛第十二讲邀请到著名歌词作者张名河老师主讲歌词创作。

【广西宣传文化系统领导干部提升综合能力专题培训班】

8月20日至24日由广西区党委宣传部、广西文化厅、广西文联与清华大学公共管理学院联合举办的“广西宣传文化系统领导干部提升综合能力专题培训班”在清华大学举办，广西文联20余人参加了学习培训。

各文艺家协会

【广西作家协会】

9月9日，由广西作家协会举办的第十二期青年文学讲习班（高研班）在南宁开班。9月13日至14日，广西青年作家文学交流座谈会在南丹召开。

【广西戏剧家协会】

6月，由广西戏剧家协会主办的第五届广西校园戏剧节·大学生戏剧作品评选活动在南宁举行。10月8日，广西戏剧家协会文艺志愿服务基地授牌仪式在广西师范大学举行，广西剧协首个高校文艺志愿服务基地落户该校。10月17日至19日，2014广西小戏小品青年骨干培训班在南宁举办

【广西音乐家协会】

3月3日，“中国梦”主题歌曲创作研讨会暨广西新创作歌曲《我们的中国梦》开播仪式在广西人民广播电台举行。广西音乐家协会组织创作的《美丽的中国梦》《我们的中国梦》等5首歌曲，被推荐参加中宣部文艺局主办的“我们的中国梦——讲述中国故事”歌曲征集活动。9月9日，“美丽教师　幸福梦想”广西音协文艺志愿者与田东县音乐教师结对帮扶交流活动在田东县举行。

【广西美术家协会】

5月18日至22日，唐玉玲中国画作品展，在广西美术馆举办。12月15日，由文化部、中国文联、中国美术家协会主办的“第十二届全国美术作品展览暨中国美术奖·创作奖、获奖提名作品展”在北京中国美术馆开幕。本届全国美展，广西美术创作取得了优异的成绩，共有77件作品入选，入选数量是广西历届全国参评入选最多的一届。

【广西摄影家协会】

1月15日，由广西摄影家协会主办的“我们的中国梦——广西摄影家协会摄影创作基地联展”开幕式，在自治区博物馆举行。

【广西书法家协会】

1月6日至13日，“我们的中国梦·文化进万家”广西文联文艺支教志愿服务项目平南县中小学教师书法培训班在平南县举行。郑军健、刘德宏等10余位书法名家作为文艺志愿者，为全县百余名专职和兼职中小学书法教师授课、指导、培训。

【广西杂技家协会】

5月16日至18日，以“追寻中国梦，精彩南国风”为主题的首届“南方五省（区）青年魔术新秀展演”系列活动，在广西桂林市举办。11月17日，广西杂技家协会组织召开了“新桂军魔术工作室”成立暨首次工作会议。12月1日，中国杂技家协会正式命名广西博白县为“中国杂技之乡”，并将择期举行授牌仪式。博白县由此成为长江以南地区目前唯一的“中国杂技之乡”。12月21日，在福州中国杂技家协会“第九届中国杂技‘金菊奖’第八次理论作品颁奖活动”上，由广西杂协推荐的七篇论文有五篇获奖。

【广西曲艺家协会】

由中国文联、中国曲艺家协会、陕西省文联主办的首届中国西部优秀曲艺节目展演于11月10日至12日在陕西省西安市举行。广西曲协选送的广西文场《莲花雨》获节目一等奖；龙舟鼓说唱《村官赞》获节目三等奖。

【广西舞蹈家协会】

5月10日至11日，由广西文联、广西国标舞协会主办的2014中国（广西）国际标准舞蹈全国公开赛在南宁市第三中学逸夫体育馆举行。广西国际标准舞全国公开赛是广西舞蹈家协会创办的中国重要国标舞比赛之一。这项赛事的举办到2014年已是第19届。11月18日至20日在北京举行第五届中国舞蹈节·第九届中国舞蹈“荷花奖”当代舞、现代舞评奖活动中，由广西舞蹈家协会推荐、南宁市艺术剧院有限责任公司创作演出的舞蹈《骆越先歌》获得了当代舞作品银奖，广西艺术学院舞蹈学院创作演出的舞蹈《晓晓的幸福生活》获得现代舞十佳作品奖。

【广西民间文艺家协会】

9月23日至24日中国（百色·田东）民间广场

歌舞大赛暨第十二届山花奖·民间文艺表演评奖活动在广西百色市田东县举办。5月15日由广西民间文艺家协会主办的纪念文化名人蓝鸿恩先生诞辰九十周年座谈会在南宁举行。区内文艺界的民间文艺专家、学者等三十余人出席座谈会。

10月26日由广西文联、广西民协主办的第二届广西刘三姐民间文艺奖颁奖仪式在南宁举行。共有34件作品获奖。

【广西文艺理论家协会】

11月5日，第九届中国文联文艺评论奖颁奖典礼暨第七届当代中国文艺论坛在苏州召开。广西文艺理论家协会推荐李仰智的论文《真实：花非花——一个问题、两部小说、三点启发》获得文章类二等奖。

【广西文艺志愿者协会】

10月29日上午，广西文艺志愿者协会召开一届二次理事会。11月17日至21日，由广西文联、广西文艺志愿者协会、广西音乐家协会主办，的“广西文联文艺支教志愿服务项目——都安瑶族自治县中小学音乐教师培训班”在都安县举行。11月26日上午至12月1日，由广西文联、广西文艺志愿者协会、广西书法家协会主办的“广西文联文艺支教志愿服务项目——宁明县中小学书法教师培训班”在宁明县举行12月5日至6日，在“12.5”国际志愿者日活动中，广西文艺志愿者协会组织40多位文艺志愿者，深入广西忻城县，开展慰问演出、辅导讲座、文艺评奖等“送欢乐 下基层”文艺志愿服务系列活动。

海南省文联

综　述

2014年，海南省文联加强政治理论思想学习教育，引导文艺家和广大文艺工作者坚持文艺工作的正确方向，坚持党的文艺方向和文艺方针，践行“爱国、为民、崇德、尚艺”为内容的文艺界核心价值观。围绕中心服务大局、发挥优势，整合资源、精心组织开展文艺活动。以“送欢乐、下基层”为内容的文艺志愿服务活动，让文化发展成果惠及广大人民群众，在社会上产生了积极的影响。积极开展对外交流活动，发挥文艺在服务大局、丰富活跃群众精神文化生活中的独特作用。抓住出作品出人才的根本任务，组织开展采风交流活动，举办各类研讨观摩学习培训活动，为出作品出人才提供优质服务，以积极有效方式推动精品创作。文艺家围绕“中国梦”的时代主旋律，以海南题材创作了一批优秀作品，在全国和省内各类权威性展演专项评比中捷报频传。

重要活动

【“中国梦·海南美”优秀作品中国文艺家之家展出】

10月27日至11月2日，由中国文联、中国文学艺术基金会、海南省文联主办的“中国梦·海南美”全国优秀美术书法摄影作品展在中国文艺家之家举办。

中国文联党组书记、副主席赵实，中国文联党组成员、副主席、书记处书记左中一，海南省政协副主席陈成，海南省政协副主席、省委统战部部长王应际，国家行政学院原副院长周文彰出席开幕式并参观了展览。姜昆、冯双白、吴长江、王瑶、陈洪武、韩新安等国内知名文艺家、评论家也出席了开幕式。

此次展览集中展示的100多件优秀美术书法摄影作品，是海南省文联从当地文艺家们近两年来创作的作品中精心挑选的。作品大多取材于海南本土，内容丰富，既有椰风海韵的自然风光，也有黎村苗寨的民族风情，更有记录海南经济社会发展和普通百姓幸福生活的现实视角，具有鲜明的海南时代精神风貌、浓郁的海南地域文化特色、质朴的海南民族人文风情，思想性、艺术性俱佳，展现了近年来海南文艺界在美术、书法、摄影创作中所取得的成就。

【第二届闽南语戏剧交流研讨会海口开幕】

12月11日晚，为期3天的第二届琼闽粤台及东南亚地区闽南语戏剧交流研讨会在海南省歌舞剧院开幕。来自新加坡、泰国等东南亚国家及我国福建、广东、海南三省和港澳台的闽南语戏剧剧种的表演艺术家、研究机构的专家学者齐聚椰城，共襄盛会。开幕式后，省琼剧院以新编历史琼剧《海瑞》为远道而来的嘉宾展现了底蕴深厚的海南戏剧文化。

本届研讨会共征集到学术论文20余篇，内容涉及闽南语系剧种的多样性和独特性的传承与保护等课题，相较往年数量更多、指导性更强、影响面更广。

本届研讨会共有学术交流、专家讲座、闽南语戏剧集锦展示三个环节。来自海南省琼剧院、福建省梨园戏实验剧团、广东省潮剧院、新加坡秀玉剧团等13个表演团体的名家新秀在海南戏院登台展示各自剧种的经典绝活。其中，首次亮相研讨会的福建南音、广东海陆丰西秦戏、新加坡歌仔戏会有不俗表现。

本届研讨会由中国戏剧家协会、海南省文联、省文体厅主办。老干部张海国出席并宣布研讨会开幕。

【“中国之美”感动世界——何家英画展海口开幕】

2月17日，“中国之美•感动世界”——何家英画展在省博物馆开幕。展出了《秋冥》、《魂系马嵬》、《酸葡萄》等79幅何家英多年来创作的精品作品。海南省政协、省委宣传部、中国文联、中国美协、中国艺术研究院等领导嘉宾出席开幕式。省文联作协党组书记、省文联主席张萍主持开幕式。

中国美术家协会秘书长徐里代表主办方致辞赞扬何家英“热爱生活，通过绘画表现生活、开拓生活、创作生活。何老师的画作记录了这个时代，表现了这个时代，无论是通过淳朴的少女还是伟大的历史人物。何老师创造了自己的风格，为许多人所学习和模仿。通过这次画展，我们可以全面地了解何老师三十年创作历程和他的画风。”

“好东西不能丢，绘画语言是能经得起品鉴推敲的东西。艺术家最可贵的是真实，在作品里要说真话，对已有的东西要传承、演进。但要有原则，有核心的价值观。”何家英在会上谈到对艺术的见解。

展览由中国美术家协会、中国艺术研究院、中国国际文化艺术中心、海南省文学艺术界联合会、海南省文化广电出版体育厅等单位联合主办。

开幕式结束后，来自国内美术界的艺术家、评论家进行研讨。来自国内美术界的多名艺术家、评论家对何家英在继承和发扬传统文化、将中国画和西洋技法相结合所取得的成就，给予了高度评价。

【“大海之南”海南专场合唱音乐会在国家大剧院举行】

11月8日晚上，“大海之南”海南专场合唱音乐会在北京国家大剧院举行。音乐会分两个篇章——“大海的呼唤”和“永远的邀请”，由20个曲目组成，从《大海啊，故乡》《请到天涯海角来》《万泉河水》，再到民歌《摇篮曲》、《舂米谣》《调声》、《哩哩美》等饱含海南元素的作品，展示了海南独有的民族和地方特色。

省委常委、宣传部长许俊，民航总局原局长、原党组书记刘剑锋，国务院三峡办原主任汪啸风，国家能源局副局长刘琦，省政协副主席陈成，全国侨联原副主席林明江，全国总工会书记处书记、党组成员郭军，中宣部文艺局局长汤恒，著名声乐教育家、博士生导师金铁霖教授，以及中国音协、中国合唱协会、全国民航工会、省委宣传部、省文体厅、省文联、省总工会有关领导观看演出。

著名声乐教育家金铁霖教授更是由衷赞叹：“唱得好！有特色，唱出了一个音乐的海南！”

省文体厅、省文联和海航集团联合主办。海南爱乐女子合唱团由4个分团、共200名团员演出。

【庆祝中华人民共和国成立65周年民族经典音乐会】

9月29日晚，为庆祝新中国成立65周年，由省文联主办、省音乐家协会和省民族管弦乐学会承办的“海南省庆祝中华人民共和国成立65周年民族经典音乐会”，在海口市人大会堂举行，广大民族音乐工作者和海口人民欢聚一堂，共同庆祝共和国的生日。

海南省民族管弦乐学会乐团 、琼海市万泉河民族乐团联合演奏了《在希望的田野上》、《好日子》、《万泉河之夜》、《赛马》等观众熟悉的乐曲。

整场音乐会有揺琴独奏《胶林晨曲》，笙重奏《阿细欢歌》，竹笛演奏《扬鞭催马运粮忙》，古筝曲《云裳诉》、《酒狂变奏》、《彝族舞曲》，二胡齐奏《战马奔腾》，葫芦丝独奏《孤独的黑骏马》，琵琶独奏改编的《牧马人》及中国箜篌艺术领军人物鲁璐演奏的独奏曲《湘妃竹》和《清明上河图》等15个民族经典乐曲，整场音乐会精彩纷呈，展示了“奏响中国梦、民乐进万家”系列活动的成果。

【中国南方少数民族文学首届陵水论坛】

12月26日至27日，由中国少数民族作家学会、海南省文联、作协主办，《民族文学》杂志社、陵水县委宣传部协办的中国南方少数民族文学首届陵水论坛在陵水黎族自治县举行。中国文联副主席、中国作协少数民族文学委员会主任丹增，中国少数民族作家学会会长，青海省委常委、宣传部长吉狄马加，中国少数民族作家学会常务副会长叶梅等发来贺信，认为本次会议是在今年中央民族工作会议和文艺工作座谈会召开以后，落实会议重要精神、繁荣发展少数民族文学研究与评论事业的一项具体举措。

来自全国各地的各民族作家、评论家就我国南方少数民族文学创作现状及发展趋向、全球化与中国少数民族文学、少数民族文学理论与评论现状及新的学术观点、少数民族新生代作家创作透视、海南黎族文学研究等议题进行了深入研讨。

同时，中国少数民族作家学会、《民族文学》杂志社还分别给陵水授牌，成立陵水创作基地。

【省第四届优秀美术作品展暨参加第十二届全国美展汇报展海口展出】

11月19日上午，海南省第四届优秀美术作品展暨参加第十二届全国美展汇报展在省博物馆开幕，集中展示海南省美术工作者创作的152件精品力作。省委常委、宣传部长许俊参观了展览。

本次展出的152件作品，是从海南省备战第十二届全国美展的215件作品中精心挑选，涉及中国画、油画、版画、水彩画四大画种。这些作品展示美丽海南，讲述海南故事，见证了海南美术家深入生活、扎根人民，遵循内心的诉求，坚守平凡的心态以及弘扬地域文化精神的创作状态，同时记录了美术家们坚守现实主义创作风格，从传统和现代艺术中吸取创作灵感，发掘海南特色艺术符号所付出的努力。

本次展览由省文联、省文化广电出版体育厅、省美术家协会共同主办，展览为期5天，于23日闭幕。

【中国文联电影艺术中心与省文联商洽拍摄电影】

6月15日，中国文联电影艺术中心主任胡子光、副主任刘浩东一行二人来海南就“海南人的幸福生活”系列数字电影创作活动如何加强合作进行交流商讨。他们对海南省文联围绕海南人的幸福生活主题创作的，具有浓厚的黎苗文化、海洋文化等海南本土文化元素，反映海南本土文化的影视剧本《青春作伴好还乡》、《我们的海》和《奔格内》给予了高度评价，认为这三部电影切合当下中国梦的创作主题。10月15日，中国文联电影艺术中心副主任刘浩东和编剧喻彬前往琼中黎族苗族自治县，对电影《奔格内》进行实地采访和剧本修改。在第23届中国金鸡百花电影节中国电影论坛上，中国文联电影艺术中心与海南文联签订合作协议，共同摄制《奔格内》、《我们的海》和《青春作伴好还乡》等三部海南题材电影，响应国家五部委号召，打造以“中国梦”为主题的电影作品。按照中国文联电影艺术中心与省文联的合作协议，这三部电影的剧本初稿由省文联负责创作，中国文联电影艺术中心在全国范围内挑选合适的编剧、导演等主创人员，对剧本进行修改提高。《奔格内》计划于今年底或明年初正式开机，包括《奔格内》在内的这三部电影都将全程在海南拍摄。

【“牡丹杯”中国梦·海南美—海南省当代中国书画名家作品展】

4月20日，应山东省菏泽市国际牡丹旅游文化节组委会的邀请，由山东省菏泽市人民政府、海南省文学艺术界联合会、山东省菏泽市委宣传部、山东省美术家协会、海南省美术家协会联合主办，山东省菏泽市文化广电新闻出版局、海南省美术家协会中国画艺术委员会、菏泽文博书画院共同承办的“牡丹杯”中国梦·海南美—海南省当代中国书画名家作品展，在山东菏泽市博物馆开幕。

参展作品题材丰富，风格多样。既有椰风海韵、热带雨林，也有黎苗风情、大海渔村，黎族织女、海上渔民等极具特色的海南元素和民俗风情作品100余幅，充满浓郁地域特色。

省文联作协党组书记、省文联主席张萍出席开幕式。张萍说，这次海南画家在菏泽的集体亮相，是省文联开展“中国梦”主题文艺创作，实施文化“走出去”战略所取得的重要成果。这次走出去办画展，不仅增加了海南画家的信心和海南文化的自信，也给了画家一个启示，要立足本地、坚持发扬艺术风格、转变观念大胆创新。

对外文艺交流

【加强两岸四地及海外文艺交流】

1月18日，海口琼山海韵合唱团应邀赴澳门艺术中心参加“2014相约澳港粤”合唱会；4月21日至25日，应旅港海南同乡会邀请，省琼剧院访港演出团在香港九龙红磡高山剧场演出《晋宫风云》、《春江月圆》、《高阳公主》等5部琼剧，在旅港海南乡亲中掀起了一股琼剧热；5月7日，“南天情——两岸四地书画名家作品邀请展”在省博物馆开展，展出290余幅两岸四地当代知名书画家作品；6月，省舞协名誉主席蒙麓光带领海口艺术团赴美国南加州圣盖博大剧院演出了《来自海南国际旅游岛的亲切问候》海南风情特色晚会。10月20日，台湾文化艺术交流协会理事长、台湾新闻工作者协会理事长陈万好带领13名台湾艺术家来到省文联与艺术家座谈，两岸艺术家们就如何加强交流、促进共同发展进行了交流。陈万好说台湾与海南有地域性的相同性，呈现出岛屿特色，中华传统文化在两岛根深蒂固，加强交流能够促进两地文化艺术共同发展。11月25日，省文联和深圳市对外文化交流协会、深圳市文联联合在海口主办“深圳国际水彩画双年展”——海南交流展，来自世界各国和地区的180幅作品参展。

【送欢乐下基层文艺志愿服务活动】

春节元旦期间，省文联坚持以人民为中心的工作导向，组织文艺志愿者积极走入基层，广泛开展“送欢乐、下基层”文艺志愿服务活动，热情为群众服务，受到群众热烈欢迎。

新年伊始，“海南省文艺志愿服务团美术小分队送欢乐到昌江”活动在石碌镇山竹沟村举行，画家为当地群众现场挥毫泼墨绘画头像、赠送春联。1月8日晚，送琼剧《恩义千秋》到琼山区演丰镇塔市为群众演出。1月12日，文艺志愿者协会组织摄影家赴定安县南部琼崖纵队母瑞山革命根据地的中瑞农场为村民拍摄全家福、赠送风光摄影作品和新年挂历，给孩子们赠送学习用具。有一些故地重游的摄影家，将早些年在母瑞八队为村民们拍摄的照片冲印分送给他们留念。1月13、17日，分别在海口市秀英区业里村、城西镇头铺村举行曲艺专场演出。1月19日至24日，举办“迎新春、送春联”活动，100余位书法家在明珠广场义务为市民书写春联，书法家还组成三个分队，分赴东、中、西线市县开展为期6天的“迎新春、送春联”系列活动。5月22日晚，赴定安县开展纪念毛泽东同志《在延安文艺座谈会上的讲话》发表72周年“送欢乐下基层”文艺志愿服务活动。1月初至7月初，主办“中国梦·海南美”文艺志愿服务巡回活动，在白沙黎苗族自治县、陵水黎族自治县、琼中黎族苗族自治县、万宁市、三亚市、海口市举行6场专场演出，其中琼中黎族苗族自治县琼中县巡演活动特别邀请了第四届全国道德模范、2013感动海南十大人物苏金兰和多次荣获世界特奥冠军的儿子邢诒招到场；另外，晚会还举行了“我爱海南·我爱琼中”有奖知识抢答环节和“中国梦·海南美”超级梦想秀环节，在热情参与的观众中，该县什运乡宏光村农民王进民演唱的黎族歌曲《晒山兰》获得热烈掌声，并赢得了省爱心艺术团演员资格。

“八一”建军节前夕，省文联组织开展一系列拥军志愿服务活动，受到官兵热烈欢迎。7月1日至5日，文艺志愿专家支教团深入武警海南省总队，为武警部队文艺骨干集训队45名来自各基层连队的文艺骨干进行艺术培训。课程上精心设计，开设了受到年轻战士欢迎的声乐、舞蹈、曲艺、绘画四大门类课程，安排合唱、竹竿舞、广场舞、街舞、快板、相声、小品等专题，对学员美术作品进行点评和指导。在授课方式上，根据不同专题的特点，采取了示范教学、表演教学、互动教学、现场指导、专家讲座等多种方式，很受战士的欢迎。

8月22日，为保护和弘扬民族文化，培养优秀民族文化传承人，省文联和琼中黎族苗族自治县政府启动“民歌民舞民服”三进校园第二阶段活动。邀请梁智、陈晶晶、陈程、曾强永等业务精、专业强、素质高、具有奉献精神的专业老师，以文艺支教的形式进行系统的驻点教育，同时对各个学校相关教师、辅导员进行同步培训。通过打造一校一品、拍摄琼中十大经典民歌MV、录制琼中十大经典民间故事音频、开展摄影大赛等措施来提高活动的水平和质量。为扩大社会影响力，开通活动微信公众号，对活动的开展情况进行及时跟踪报道，并通过网络、微博、微信等新媒体手段向全球华人推广海南优秀的黎族苗族传统文化。

在7·18超强台风赈灾救灾活动中，省文联心系文昌灾区，号召组织和动员艺术家、文艺工作者积极参加各类赈灾义演义卖活动。同时，组织文艺志愿者组成慰问演出队伍，深入抗灾救灾一线，开展2场慰问演出。灾区群众说，看了演出，有了大灾以后的第一次笑容，让他们忘却了台风带来的伤痛，增强了救灾重建家园的勇气与信心。

研讨学习培训

【长篇小说《远古大帝》研讨会北京举行】

10月25日，由中国文联出版社和省文联主办的长篇小说《远古大帝》新书发布会暨研讨会，在北京现代文学馆举行。来自文学界、出版界、新闻界的专家学者以及各界来宾40余人参加了会议。在《远古大帝》的研讨会上，著名评论家，中国作家协会创研部原主任雷达、《长篇小说选刊》副主编、文学博士鲁大光、中国文联出版社社长兼总编辑朱庆等许多知名专家学者和评论家畅所欲言，发表各自的见解和感受。在他们看来，《远古大帝》中所表现出的对中华传统道德文化的挖掘和敬仰，正是当今社会所要大力弘扬的。

中国文联出版社社长兼总编辑朱庆把《远古大帝》定义为一部颂扬中华民族远古先贤创世济民的英雄谱，一部弘扬中华民族优秀传统道德的教科书。

【全省文联系统干部培训】

3月22日，全省文联系统全员培训班在海口开班，来自各市县文联干部、省各文艺家协会秘书长、省文联机关各处室干部、省文联挂靠社团主要负责人等60余人参加为期3天的业务知识培训。

省文联对培训课程做了精心安排，在培训课程上精心设计，既有专业业务课程，也有艺术欣赏及艺术家爱国情怀等人文情操熏陶。邀请专家分别就《合唱的魅力》、《摄影技术与摄影艺术的关系》、《明古识今——大美的中国山水画》和《家国情怀的红色经典作品欣赏与收藏》等专题进行深入解析及互动交流。

省文联作协党组书记、省文联主席张萍要求参训人员珍惜机会，认真端正学习态度，会上静心学习体会，会后抓住机会相互交流，以切实达到提高专业素质、加强艺术修养、扩宽行业眼界、增长业务才干，通过学习培训，进一步提高做好文联和文艺工作的能力。

重要会议

【学习习近平总书记文艺座谈会重要讲话精神工作座谈会】

10月21日，省文联召开文艺界学习习近平总书记文艺座谈会重要讲话精神工作座谈会。各市县文联主席、省文艺家各协会主席及秘书长、文艺家代表、省文联全体机关干部50余人参加会议。

会议传达了习近平总书记在文艺座谈会上的重要讲话精神。省文联作协党组书记、省文联主席张萍作了题为《主动作为 勇于担当》的讲话，对贯彻落实习近平总书记重要讲话精神提出了具体要求。一是精心组织学习，利用各种形式、有效平台宣传讲话精神，增强做好文艺工作和文联工作的责任感、使命感。二是始终坚持以人民为中心的创作导向，调动艺术家和广大文艺工作者的积极性、创造性，以改革创新的精神和务实清廉的作风推动文艺精品创作。三是继续开展践行文艺界核心价值观活动，以德艺双馨为标准加强文艺工作者队伍建设。引导文艺工作者自觉承担起弘扬先进文化和引领社会文明道德风尚的历史责任，努力为人民创作更好更多的精品力作。

与会代表结合实际，畅谈学习心得体会，为海南省文艺繁荣发展出谋划策。他们表示，要通过学习贯彻总书记重要讲话精神，进一步激发做好文艺工作积极性和创造性，创作出更多的精品力作。

【省文联五届五次全委会】

11月20日，省文联五届五次全委会在海口召开。省文联作协党组书记、文联主席张萍代表省文联第五届主席团作工作报告，对2014年省文联工作进行总结。省委宣传部副部长林光强出席会议并作讲话。

与会代表认真履行职责，审议通过了《2014年海南省文联工作报告》。按照《章程》，选举王艳梅为省文联专职副主席，增补和更替了部分全委会委员，彭忠学、陈志强、杨少雄、戎海新当选第五届省文联委员。

林光强在讲话中肯定了省文联一年的工作，对2015年省文联、文艺工作提出要求。一要认真深入学习、全面贯彻习近平总书记在文艺座谈会上的重要讲话精神。二要全面启动开展深入生活、扎根人民的主题文艺实践活动。通过丰富而有效的方式，推动、引导、组织文艺家深入生活、扎根人民，在生活实践中汲取源泉，创作优秀作品，为人民欢呼、为人民歌唱、为人民抒写。三要以创作为中心，突出重点，狠抓精品创作。文艺工作要坚持出作品出人才的根本任务，在精品创作上下工夫，找准切入点，做出规划，抓住重点，努力实施。四要切实抓好文艺评论和文艺评奖工作。通过文艺评论促进精品创作，抓好南海文艺奖评选表彰工作，不断创新奖励激励机制，在文艺界营造优秀人才、优秀文艺作品竞争涌现的良好氛围。五要切实抓好文艺建设。既要抓好文联机关干部队伍建设，更要抓好文艺家队伍建设，要按照中央和省委的要求，培养造就一支德艺双馨文艺家队伍，在文学艺术界各个门类，形成良好的人才成长态势。

会上，与会代表还聆听了专家依法治国专题辅导报告。

【旅琼艺术家文艺迎春座谈会】

1月22日下午，旅琼艺术家文艺迎春座谈会在海口召开，三十余名来自全国各地、旅居海南的和海南本土的著名文艺家畅所欲言，抒发对海南的特殊情感，为海南文化的发展建言献策。省委常委、宣传部长许俊出席座谈会并讲话。

许俊说，旅琼文艺家积极参与海南文化建设，为海南文化发展繁荣作出了特殊贡献，是海南可遇不可求的宝贵文化人才。当前海南正在全力推进国际旅游岛建设，正努力建设既有自然生态美景、又有独特文化魅力的"文化岛"，一定要打好文化攻坚战，着力建设海南文化工程。希望旅琼文艺能深入挖掘海南独特的文化资源，创造出更多具有海南特色和文化元素的精品力作。同时，省有关文化部门也要进一步健全组织联络服务机制，提升服务保障水平，搭建创作交流平台，建立荣誉和奖励机制，为旅琼文艺家施展才华，参与海南文化建设创造更好的社会环境。

著名作家、省文联名誉主席韩少功说，文化创作千万不能泡沫化、更不能垃圾化，不能过于急功近利。对于文学艺术工作者本身来说，最重要的是出精品，出人才。精品与人才炼成的一要着天，二要着地。"着天"就是要有很好的文化修养、学识修养以及广阔的艺术视野；"着地"就是要深入民众、深入生活、深入实际，有充分的经验感受积累。文艺工作者应该为中华民族积功、积德、积善，要对克服普遍的"土豪"现象负有重大责任，对自己有高要求，对自己的作品有高要求。

【全国文联新闻宣传工作媒体交流会】

12月15日至17日，由中国文联理论研究室、省文联共同主办的全国文联新闻宣传工作媒体交流会在海口市举行，中国文联理论研究室、部分省市文联领导和新闻宣传工作负责人、部分文艺刊物负责人及新华社、《人民日报》《光明日报》等媒体记者出席了会议。

与会代表结合各自工作实际，就如何深入学习贯彻习近平总书记在文艺工作座谈会上的重要讲话精神，进一步做好文艺工作和文联工作宣传报道畅所欲言，进行了深入探讨和交流。大家表示，新闻宣传工作是文联工作的重要组成部分，对于扩大文联的影响力，推动文艺事业繁荣发展具有重要作用，而新闻媒体是做好文联宣传工作的重要载体和平台。随着全媒体时代的到来，文联系统必须切实提高对新闻宣传工作的重视程度，坚持正确的宣传导向，树立责任意识，在媒体融合发展的新常态下，加强与新闻媒体的紧密联系，积极策划，在利用传统媒体的同时，积极发挥新媒体的作用。

各文艺家协会

【省美术家协会】

元旦，组织小分队深入昌江黎族自治县石碌镇山竹沟村送欢乐，为当地群众绘画头像，在昌江举办第二届海南省中国画写生作品展；3月，启动海南省历史文化重大题材美术创作工程；4月，协办海南省当代中国画名家作品山东菏泽展；5月至6月，举办海南师范大学美术学院毕业生作品展暨第四届"学院奖"优秀作品展、琼台师范高等专科学校"青春·艺彩"2014届美术教育、艺术设计专业毕业生创作展；7月，省美协组织美术院校师生，深入海南武警部队开展美术支教活动，培养部队文艺骨干；7月至9月，在岛内外主办、协办、承办"根植海岛，行者无疆"乡土系列之二："乡土的芬芳·王家儒水彩作品展"、"乡情·谢耀庭中国画作品展"、"南北对画——齐英石、郑山麓人物·山水画北京展"、"百川入海——邓子敬中国画作品展"、"南岛风情——阮江华山水画作品展"、"南岛风情——阮江华山水画作品展"、"雨林神韵·生命乐章——方宝价热带雨林作品展"、"心灵墨韵——李长生中国画展"系列活动；8月，举行《百川入海——邓子敬乡情画作品展》学术研讨会；10月，海南省历史文化重大题材美术创作工程向社会公告，开始申报和征稿工作。画家积极进行采风和收集创作材料，并投入创作；11月，与海南省国际文化交流中心在新加坡联合举办“纪念海南乡团联谊会成立25周年——2014世界海南书画作品交流展”；11月，举办庆祝中华人民共和国成立六十五周年---海南省第四届优秀美术作品展暨参加第十二届全国美展汇报展；11月，在海口主办“深圳水彩画双年展”海南交流展；12月2日，在海口举办“美丽乡村·风情小镇”全国景观雕塑邀请展暨陈学博雕塑展；12月10日，在海口举办“正大气象——刘培军中国画展”；12月17日，在海口承办“南岛情韵——阮江华山水画作品展”；12月20日，在海口举办“南北对画——齐英石、郑山麓人物·山水画海南展”；12月21日，在海口举办“璀璨中华故土情—易至群书画作品展”；12月，举行海南省第十二届全国美展研讨会；12月，与海南师范大学美术学院主办的刘羲林“文心妙想”主题讲座；年内，组织画家深入市县、赴省外参加采风创作交流活动，与琼台师专、海南师范大学、海口桂林洋立有美术职业技术学校等高校合作共建，开设版画、国画、水彩画、工笔画创作基地。

【省文艺评论家协会】

1月11日，在省文联举行电视纪录片《海之南》专题研讨会，来自海南省多所高校的有关学者以及文艺界代表，从不同的角度和层面，畅谈了《海之南》对传播海南文化。1月22日下午，协助省委宣传部、省文联举办旅琼文艺家迎春座谈会，文艺评论家代表畅谈近年来海南文艺评论情况，抒发了对海南的特殊情感，也为海南文艺发展前景和方向给出了诸多建议。海南日报开辟两个版面报道并发表文艺评论家感言。年内，积极与海南省美术界继续合作，举办形式多样的研讨会，不仅仅在海南举办，还在内地举办。切实根据海南美术自身发展的需要，努力整合创作的、理论与评论的、教学的、组织工作的各方力量，推动海南美术发展。关注海南少数民族文艺成果。11月7日，在海南大学举办黎族诗人郑文秀创作的诗集《可贵的迹象》、《梦染黎乡》首发仪式及研讨会，对土生土长的黎族诗人郑文秀以独特的视角，高度浓缩了黎族发展的历史、描写黎族人自强不息、对生命渴求、对未来充满希望的诗歌创作进行了研讨。11月，开展南海文艺奖评论奖评选工作。

【省舞蹈家协会】

2月，组织群舞《红蓝军》参加全国第四届中小学生艺术展演；5月，群舞《姥姥与小狗》参加海口市第13届少儿蒲公英音乐、舞蹈比赛；6月，组织舞蹈参加省委宣传部主办的海南省东西南北中广场文艺汇演；7月20日，三亚市小海花舞蹈团的小选手们赴香港参加“星光耀香祖”2014全国校园综艺大赛，表演群舞《椰壳舞》、《竹凳舞》；7月—9月，组织颜业岸副主席编创、琼海加积男子舞蹈团表演的原创舞蹈《椰魂》，白金峰、王友强、杨艺、王莎创编、海口市琼山中学舞蹈团表演的原创舞蹈《春风知又生》，韩雷光编创、文昌华侨中学表演的原创舞蹈《潜海姑娘》参加由中国舞蹈家协会主办的第二届“荷花·少年”全国（中学）校园舞蹈展演；8月，舞协首次和省外舞协的合作开展以“中国梦”为主题的文艺活动，组织舞蹈赴山东济南参加由海南、山东、福建、江西、宁夏、山西六省舞蹈家协会联合主办的“青春中国梦”青年舞蹈精英展演，选派的独舞《长调》、双人舞《云迢水杳》、独舞《橘子红了》三个作品获得了一金两银的好成绩，并获得组织奖；8月9日，由彭煜翔副主席编导，省歌舞团表演的群舞《力神》在参加国家民委、文化部主办的首届全国少数民族优秀舞蹈作品展。8月，组织群舞《搏鳌》在新加坡应邀参加中国优秀青年舞蹈家展演暨国际舞蹈大赛；8月11日，舞协理事辜杰红率领红蜻蜓艺术团的21名选手们赴京参加了2014中国青少年儿童文化艺术展播全国总决赛，表演群舞《去看调声啰》、《姥姥与小狗》，独舞《俏妞妞》、《快乐女孩》。开展本土舞蹈的保护和发展，配合并与省群众艺术馆合作，从3月至7月进行了海南原创广场舞的音乐、舞蹈的创编，完成了《黎族织锦舞》、《苗族平安舞》、《文昌总盘舞》、《儋州调声舞》、《临高织网舞》教学片的录制。

【省戏剧家协会】

1月8日，开展“送欢乐、下基层”文艺志愿服务活动，送琼剧到美兰区演丰镇塔市村委会，为当地老百姓演出琼剧《恩义千秋》，受益观众近2000人；2月11日至13日，在海口承办第二届琼闽粤台及东南亚地区闽南语戏剧交流研讨会，搭建国家级闽南语戏剧交流平台；4月，协助省琼剧院访港，发挥地方艺术对外交流优势，持续保留海南戏剧的亲和力与影响力。演出五台琼剧，其中三台是新剧目，两台是经典剧目，既有新戏欣赏，又有老戏回味，一连五晚的琼剧演出，吸引了五千多人次前来观看，大受好评；8月，选送林小园、吴雨圣小选手参加第十八届中国少儿戏曲小梅花荟萃全国总决赛，分别演唱琼剧《长乐宫》选段、现代京剧《打虎上山》唱段，双双荣获"金花"称号；9月，选送琼剧《海瑞》剧本参加"中国戏剧奖——曹禺剧本奖"评选活动；9月19日，召开海南省戏剧家协会第五届主席团第三次会议，号召全省戏剧工作者培育和践行社会主义核心价值观；年内和海南大学海棠剧社联合创排的原创话剧《鹦哥岭》，上海参加演出评选。

【省民间文艺家协会戏】

5月16日至19日，协办2014中国国际（海口）时尚创意产业博览会暨第九届中国奢侈品展。组织黎锦、木雕、贝雕、沉香、古家具、古陶瓷等民间艺术品参加展出；10月初，启动我省第一批传统村落的立档调查工作，组织民俗摄影师为三亚市崖城镇保平村、文昌市会文镇十八行村等七个传统村落共拍摄采集照片1700余张，收集整理文字近5万字；11月，开展首届"南海文艺奖"评奖各项工作，评选出黎锦、椰雕、木雕、苗绣等六部获奖作品；年内，组织会员开展培训工作。黎锦工艺传承人黄丽琼先后三次赴五指山黎寨、天涯镇、海棠湾镇等地，组织举办黎锦技艺传习培训班，将传统的黎锦纺、染、织、绣四种技能手把手地传授给参加培训的年轻学员，培养了60多名优秀的织锦新秀；年内，组织民间工艺家吴名驹、吴孔德、王家锋、吴名光、黄黎祥、李恒、黄丽琼参加深圳文博会、烟台民间工艺博览会、全国非物质文化遗产展、2014中国（广州）民间工艺品博览会、浙江东阳世界手工艺展览赴外省展览交流。

【省曲艺家协会】

1月，开展'我们的中国梦——文化进万家，2014贺新春"送欢乐、下基层"曲艺专场文艺晚会'13场；3月，曲协组织创作委员会召开社会主义核心价值观专题创作讨论会，布置开展运用曲艺形式践行社会主义核心价值观主题创作活动；4月，配合影视协协办"DV看陵水"民间影像大赛；5月，开展纪念毛泽东《在延安文艺座谈会上的讲话》发表72周年海南省文联"惠民·为民·乐民"文艺志愿服务慰问演出2场；7月份，配合海南省文艺志愿者协会走入武警总队文艺骨干集训队进行曲艺义务支教活动。完成5场省文联赋予的"众志成诚，重建家园"海南省文艺志愿者赴台风灾区慰问抗风救灾军民演出；9月，选拔推荐省曲协曲艺作者战胜、唐世江参加第六期全国曲艺创作高级研修班；10月，召开主席团会议，传达学习贯彻习近平总书记文艺座谈会重要讲话精神；并就南海文艺奖——曲艺奖进行通报，并完成比赛作品征集；11月，完成南海文艺奖——曲艺奖初评工作。

【省影视家协会】

2月14日，承办的首届海南"DV看陵水"民间影像大赛活动在陵水正式启动，征集到来自全国各地共计45部优秀参赛作品，年底举行颁奖典礼；5月14日，组织专家召开了电影《青春作伴好还乡》剧本评审会，11位专家出席对《青春作伴好还乡》电影剧本进行研讨；6月8日，中国电影家协会秘书长、著名学者饶曙光来调研，对协会今后在继续提高专业水准、出专业作品、抓好本土个性化创作等问题上给予了详细指导；6月15日，电影艺术中心主任胡子光、副主任刘浩东来海南，就中国文联目前创作的"中国梦"系列电影项目如何加强合作进行了交流与商讨；9月24日，在第二十三届中国金鸡百花电影节中国电影论坛在兰州开幕式上，省文联、省影视家协会就打造的三部海南本土题材电影与中国文联电影艺术中心签订"中国梦"系列电影项目战略合作协议；8月22日，策划承办"民歌民舞民服"三进校园第二阶段试点活动，在琼中正式启动。该活动旨在传承和弘扬优秀的黎族苗族民族文化，培养优秀的黎苗族文化传承人；5月24日，举办"送欢乐、下基层"文艺演出活动；年内，积极配合省文联做好第一届南海文艺奖的组织筹备工作，做好协会《第一届海南省南海文艺奖影视类评选细则》，组织协会专家召开会议研究商讨制定《第一届海南省南海文艺奖影视奖评选办法》，并组织好作品申报工作。

【省书法家协会】

1月19日至24日，开展"海南文艺志愿服务—迎新春、送春联"活动。省书协主席团及100余位省内书法家亲临现场挥毫，义务为广大市民书写春联，受到广大人民群众的热烈欢迎；2月24日，在万宁承办“第八届中国•万宁中小学生书法节”，共展全国中小学生和教师优秀书法作品600余件；3月5日，举行“弘扬雷锋精神 坚定理想信念”——学习雷锋书法作品展。展出我省书法家以雷锋精神为主题的书法作品80多件； 3月22日，在省博物馆举办周鉴明书法作品展，展出书法作品160余幅；5月7日，承办南天情——两岸四地书画名家作品邀请展在海口隆重开幕，展出两岸四地书画艺术家290余幅书画作品；5月8-11日，举办海南省“迎全国十届刻字展”刻字艺术创作培训班，邀请清华大学美术学院教授、省外专家进行授课。来自全省各市县书协负责人、刻字艺术骨干等参加培训班；12月26日上午，主办“庆祝国庆65周年—海南省第九届书法作品展”，以喜迎国庆65周年为重点的主题性活动，营造建设先进文化良好氛围。展览共收到近千名作者的1000多件作品，评选出获奖作品20件，入展作品128件，入选作品72件；年内，组织专家在琼海、临高、乐东等地开展了书法创作观摩会；8月25日，在海口举办南山情全国书法名家作品邀请展，展出全国各地书法名家、佛教界高僧大德的书法作品150幅；12月11日，举办翰意乡情吴东民扇面书画展，展出扇面书画作品80多件；12月13日，举办海南省第九届刻字艺术作品展览，展出我省刻字艺术作品100件；年内，举办“首届海南省十大中青年书法家”及“十大青少年书法新秀”的评选活动，积极参与社会公益事业。先后多次参与了省文联“送欢乐、下基层”采风慰问活动，参与承办墨海春潮书画展。对省司法系统书画展、海南医学院书画展、全省军旅书画展等公益活动进行艺术指导。这些活动对增强书法家和书法工作者的服务意识，扩大省书协的社会影响起到了积极作用。

【省音乐家协会】

4月，参与协办“三沙梦 • 中国心”三沙网络歌曲征集活动。为进一步宣传三沙，增进人们对三沙的了解，激发热爱三沙的情感，广泛凝聚支持三沙发展的正能量；6月25日晚，举办李璟瑶钢琴独奏音乐会；7月28日，在海南省图书馆报告厅主办中国音乐“小金钟”奖——长江钢琴第二届全国钢琴比赛海南区预选赛，选拔出了3名选手报送中国音乐“小金钟”奖——长江钢琴第二届全国钢琴比赛；9月29日，在海口市人大会堂协办海南省庆祝中华人民共和国成立65周年民族经典音乐会；11月4日上午，选送海口广播电视台罗大明作曲的《甜甜的咧》到江苏省南通市参加“童声里的中国”——全国首届儿童音乐创作奖颁奖典礼活动；12月18日晚，在海大艺术学院音乐厅主办林晓明小提琴独奏重奏音乐会；12月22日，指导“春华秋实”——海南大学2015年新年音乐会。

【省摄影家协会】

2月,开展组织摄影家带100多副摄影作品到定安母瑞山革命老区原生态乡村苗村开展“送欢乐、下基层”摄影服务。摄影师们每到一处，都给村民分发新年年画、帮助村民拍摄全家福；2月，主办的第八届中国（三亚）热带国际兰花摄影大赛，以摄影作品宣传兰博会“兰花文化、美丽产业”的主题；3月，举办“2014年昌化江畔木棉红旅游月”活动，打造“昌化江畔木棉红”文艺创作活动品牌，推动旅游月活动；3月1日，启动首届木棉红美丽白沙摄影大赛“木棉花开白沙美”摄影大赛；4月，承办中国摄影家协会副主席张桐胜摄影展览；4月，联合举办“中铁 • 丽湖半岛杯”最美南丽湖摄影大赛，通过摄影艺术形式宣传推介定安县旅游业和特有的人文景观和深厚的文化底蕴；5月，省摄影家协会大画副委员会在火山口举办第二届海南、广东、广西、重庆大画副摄影联展；6月18日，“木棉花开白沙美”摄影大赛作品展在省博物馆开幕，共展出获奖和优秀作品100幅，展期5天；5月,联合主办的2014第三届“热带天堂杯”美丽梧桐花全国摄影大赛;9月,承办“百年中行杯”海南抗击“威马逊”摄影作品大赛，展出180余幅作品；12月10，举办海南省第六届艺术摄影展，检阅我省第五届摄影家协会五年来的摄影创作成果；12月20日，主办海南省十佳摄影大师挑战赛。

文艺创作表演入展获奖表彰

【戏剧】

琼剧《海瑞》剧本获中国戏剧奖曹禺剧本奖提名奖；省剧协组织创作、海南大学海棠剧社演出的原创话剧《鹦哥岭》，入选第四届中国校园戏剧节，主演王丛丛荣获“校园戏剧之星”称号；省剧协参与创作、海南省边防文工团出品的原创音乐剧《南海情》获全国公安系统文艺汇演金奖，并作为边防系统重点剧目被选为晋京汇报剧目；在第十八届“中国少儿戏曲小梅花荟萃”总决赛中，吴雨圣演唱现代京剧《打虎上山》唱段，林小园演唱琼剧《长乐宫》选段，双双获第十八届“中国少儿戏曲小梅花荟萃”总决赛“金花”称号，指导教师丁志鹏、黄庆萍获特别荣誉园丁奖。省剧协获得组织奖；李芳伟创作的音乐情景戏《离校之前》，许永青创作的小歌戏《谏子归案》荣获“中华颂”第五届小戏小品曲艺大展创作银奖。

【文学】

省文联推荐选送的图书《天涯文化系列丛书》（张萍、尹婕妤主编、海南出版社出版）、图书《一种有远见的生活方式》（许俊主编、张萍执行主编，海南出版社出版），获2012-2014年度海南省优秀精神产品奖。省文联副主席孔见新书《我们的不幸谁来承担》由当代中国出版社出版。省文联委员、作家冷明权创作的长篇小说《远古大帝》出版，由海南大舜影视文化传播有限公司推出了系列衍生作品：连环画《大舜传奇》、电影小小说《远古大冒险》等。根据《远古大帝》改编的电视连续剧和动漫电影也进入筹备阶段。省文联专职副主席王艳梅的长篇小说《遇见》由作家出版社出版。

【民间文艺】

吴名驹获得联合国教科文组织颁发的“2014杰出手工艺徽章认证”，获第三届中国非物质文化遗产博览会优秀创意衍生品、优秀传承人奖，海南民间美术技艺大展一等奖；黄丽琼获“中国优秀织锦工艺传承人”称号；吴孔德木雕《有容乃大》获2014中国（广州）民间工艺博览会精品奖；王家锋木雕《民国才女张爱玲》获2014年中国木（竹）雕展优秀作品金奖并授予作者2014年中国木（竹）雕“金雕手”称号。

【美术】

符嘉臻中国画作品《渔家十月》入选万年浦江全国中国画作品展，陈茂叶中国画作品《印地安人舞者》、《澳门街景》分别入选纪念中美建交35周年当代中国画作品展中国美术家画澳门国画作品展，马杰的装置作品《焰》入选“丝绸之路”首届中国新疆国际艺术双年展，王锐作品《春天的脚步》入选“可见之诗”中国油画风景作品展。卢耀聪钢笔画作品《海南博鳌千舟湾》，入选“第二届世界华侨华人美术书法展”并获得优秀奖；张艳杰的作品《神秘的海南》由中国美协和现代工笔画院共同举办的“精致立场·全国第二届现代工笔画作品展”优秀奖。在第十二届全国美展中，包括丁孟芳油画《南海·祖宗海》、刘培军国画《血色青春—共和国记忆》、符嘉臻油画《2012年·三沙》、齐英石国画《黎家阿婆》、郭红雨版画《渔家沐歌》等共有4个画种的21幅作品入选，其中国画4幅、油画10幅、版画6幅、水粉画1幅。其中王锐的油画作品《黄昏，我来到这里》获国家文化部、中国文联、中国美协共同主办的“第十二届全国美术作品展览暨中国美术奖·创作奖、获奖提名作品展”这是海南画家入选的二十一幅作品中，唯一获得第十二届全国美展暨中国美术奖·创作奖提名的一幅作品。丁孟芳油画《谷仓前的黎妇》、王锐油画《三月踏歌》、周铁利油画《阳光下》、谭龙建油画《相约黄昏》、梁峰油画《寂静的莲》获第三届全国少数民族美术作品展优秀作品奖。省美协名誉主席谢耀庭荣获首届海南省南海文艺奖终身成就奖。丁孟芳、刘培军、段炼获得首届南海文艺奖（美术类）二等奖，周铁利、符祥康、陈为云获（美术类）三等奖。省美协主席陈茂叶获“第十二届全国美展——组织先进个人”刘培军中国画作品《赛马会上》入选由中国美协主办的“吉祥草原-丹青鹿城”全国中国画展览，中国画作品《黎家小调》入选由中国美协主办的“悲鸿精神”全国中国画展览。

【曲艺】

省曲协组织创作了群口快板《社会主义核心价值观》、小品《大山深处的爱》《使命》、音乐说唱《道德模范黄桂提》等15个以海南道德模范为原型的主题作品并已将部分作品搬上舞台；由武警边防文工团创作并演出的小品《请战》、《一个妻子两丈夫》，获得2014公安部文艺创作汇演曲艺小品类银奖；省曲协理事翟俊伟创作和表演的相声《说唱祖国》获得“中华颂”第五届全国小戏小品曲艺大展银奖。

【音乐】

歌曲《南中国海咯喂》（赵明词、冯世全、桑南曲）、《共圆中国梦》（陈道斌词、向建军曲）、《五和中国》（马宪全词、王艳梅曲）、《我的南海我的爱》（王艳梅词曲）、《祖国的南海》（王应际词、刘青曲）、《美丽海口 幸福家园》(王艳梅曲、刘海词)获2012-2014年度海南省优秀精神产品奖。省音协选送的海口经济学院“海之声”合唱团获得第九届中国音乐金钟奖合唱比赛优秀奖；张黎获“亚洲钢琴艺术最佳导师大奖”，其指导的学生，在第五届亚洲青少年钢琴艺术节暨“舒曼艺术奖”国际青少年钢琴公开赛等国际赛中，囊获11个奖项；吴兆萍撰写的《海南黎族传统舞蹈概论》、赵玉生编辑的《海南黎族合唱歌曲集》发表出版；彭子柱歌词《宋朝月》获《歌曲》杂志年度晨钟奖，《小白鸽》获“童声嘹亮”全国首届少年儿童环保歌曲征集汇演“百首新歌”优秀作品奖；罗大明作曲的儿童歌曲《甜甜的咧》，获2014“童声里的中国”儿童音乐奖；吴秉旭所辅导的学生杨浩楠，参加＂教育部全国音乐教育专业本科学生基本功比赛＂获＂钢琴演奏单项奖＂、并进入前五名，辅导学生李星晨获第二届全国音乐小金钟奖，并以海南初赛少年E组第一名身份，进入全国比赛半决赛；张锴获得第32届哈尔滨之夏国际手风琴比赛艺术家组第一名，第三届深圳宝安“霍纳杯”流行手风琴比赛优秀指导教师奖；陈洁如获第七届上海青少年钢琴大赛全国总决赛“优秀指导奖”。

【影视】

DV看琼中作品《你是我的眼》获第六届女性题材优秀电视作品展播活动和“人文中国第三季—传承中国”活动三等奖、获“金熊猫”奖国际纪录片评选提名奖。《自然地馈赠》获第六届新农村电视艺术节优秀新农村电视好作品奖（三等奖）。DV看琼中作品《印象·琼中》获第七届“中国旅游电视周”优秀作品奖。由中国电视艺术家协会选送的《天然氧吧迎客来》获美国国际卫视（ICN）“中国旅游电视周”展播优秀电视节目；电视纪录片《樱花的颜色》，获第27届中国金鹰电视艺术节电视纪录片展播三等奖。《美女车游志-放飞周末》荣获好作品奖、《天堂海南岛 潭门风情小镇》荣获好栏目奖、《探名村——泮边村小记者行》荣获好栏目奖。“DV看陵水”共有《百年神龟》、《烧腊仔》、《我的故乡陵水》、《守护吊罗山》、《带你去看海》、《回到梦开始的地方》、《三步一小汤，五步一大汤》、《十里飘香竹筒饭》、《横看成岭侧成星》、《众生敬仰水口庙》等45部优秀作品入围。

【舞蹈】

彭煜翔编导，省歌舞团表演的群舞《力神》参加首届全国少数民族优秀舞蹈作品展获银奖；颜业岸编创、琼海加积男子舞蹈团表演的原创舞蹈《椰魂》，韩雷光编创、文昌华侨中学表演的原创舞蹈《潜海姑娘》，白金峰，王友强，杨艺、王莎创编、海口市琼山中学舞蹈团表演的原创舞蹈《春风知又生》，分别获第二届“荷花•少年”全国（中学）校园舞蹈展演荣获表演金奖（荷花少年奖），颜岸业、韩雷光、白金峰，王友强，杨艺、王莎获“最佳编导奖”、优秀指导教师奖，省舞协获“优秀组织奖”；群舞《红蓝军》获全国第四届中小学生艺术展演一等奖和精神风貌奖；群舞《搏鳌》在新加坡应邀参加中国优秀青年舞蹈家展演暨国际舞蹈大赛中荣获金奖；首届中国青少年儿童文化艺术展播系列活动暨“中国梦·留守情”大型慈善公益系列活动中，辜杰红理事率领红蜻蜓艺术团表演的群舞《去看调声啰》、《俏妞妞》和《姥姥与小狗》、《快乐女孩》，分获少儿组和幼儿组金奖，《去看调声啰》《姥姥与小狗》参加晚会演出；椰娃艺术团赴北京参加“快乐童年”六一国际少儿歌舞展演，表演《海南岛·长寿歌》获优秀节目奖，表演学生荣获优秀演员称号；三亚市舞协表演群舞《椰壳舞》、《竹凳舞》赴香港参加“星光耀香祖”2014全国校园综艺大赛获金奖。三亚艺术团选送的舞蹈《且行且珍惜》获第九届中国舞蹈荷花奖当代舞、现代舞评奖活动现代舞作品银奖。

【书法】

江寿男、冯伟获第五届中国书法兰亭奖佳作奖。冯宗辉作品入展欧阳询杯全国书法作品展；黎志辉等10人书法作品入选由中国书法家协会、中国书法家协会刻字研究会主办的全国第十届刻字艺术展。

【摄影】

36幅（组）摄影作品获2014第三届“热带天堂杯”美丽梧桐花全国摄影大赛奖，其中一级收藏作品1幅，二级收藏作品2幅，三级收藏作品3幅，优秀作品30幅。

地方文联

【琼中黎族苗族自治县文联】

2014年，琼中文联坚持以人民为中心的工作导向，组织开展丰富多彩文艺活动，努力满足人民群众日益增长的精神文化需求，推动文艺事业再上新台阶。

开展文艺活动 1月，开展“万幅春联赠农家”春联下乡活动，为全县10个乡镇偏远乡村1200多户村民现场书写春联10000余幅。5月，组织影协会员深入黎母山镇永乐坡村、中平镇李桂岭村、营根镇什那难村开展志愿服务活动，为郑玉、庞圣君、纪香等7位百岁老人拍摄生活照。“三月三”期间，开展以“书画黎苗情•琼中行”为主题的书画笔会、交流座谈、艺术采风等系列活动。“五一”期间，举办首届琼中云湖荷花节活动，开展了现场书法创作、苗族风情歌舞表演、黎苗民歌对唱表演、艺术采风活动、广场电影晚会、传统民族武术表演等10项民族特色风情活动。

加强艺术创作 3月，开展市县文联艺术家交流采风活动，组织32名美术爱好者深入红毛镇牙寒村进行采风，创作出优秀作品26幅。5月，创建了云湖书画、民歌、民舞创作基地，为艺术家和艺术爱好者提供采风、写生、创作场地，邀请省内外艺术名家来基地开展采风创作、交流学习、艺术培训。10月，举办美术创作培训班，对县美协会员、各中小学校美术教师、美术爱好者70多人进行专题学习培训，提高创作能力。11月，推荐王清芳创作的舞蹈《招龙舞》、邓志坚创作的诗歌《红色娘了军雕像》参加省文联南海文艺奖评选，有力地调动文艺工作者创作积极性。出版《琼中书法作品集》收录了86副优秀作品，提供给会员进行创作交流，激发书法们创作的热情。编印了《送欢乐·下基层—中国文联文艺志愿服务团海南琼中行纪实》画册，《江源绿韵·秀美琼中》摄影作品集。

文艺队伍建设 组织会员学习习近平总书记在文艺工作座谈会上的重要讲话精神，增强创作意识和历命。为提高广大摄影爱好者的摄影水平，举办了一期摄影知识培训班，邀请专家为全县160多名摄影爱好者、县影协会员讲授相机的基本功能、拍摄技巧。为提升书协、美协会员书画艺术素质，举办了一期书画艺术培训班，作《当代社会环境下书画艺术的现实意义和社会功用》专题讲座。以党的群众路线教育活动为契机，成立美术协会、摄影协会，吸收会员，壮大了文艺队伍。组织人员参加第六期全国地县级文联负责人研修班学习培训，参加省文联系统干部学习培训。

重庆市文联

综　述

2014年，重庆市文联在全国文艺工作座谈会和全市文化工作座谈会精神指引下，以重庆市文艺家活动中心启用为契机，高举中国特色社会主义伟大旗帜，紧扣中国梦的时代主题，强化以人民为中心的工作导向，坚持围绕中心、服务大局，走进基层、服务群众，通过改革创新，培育和践行社会主义核心价值观，广泛开展文艺志愿者服务活动，全力推动全市文联工作上台阶、上水平。

2014年，为贯彻落实习近平总书记在文艺工作座谈会上的重要讲话精神，积极响应中国文联开展“到人民中去——中国文艺志愿者深入基层服务采风活动”的号召，重庆市文联坚持引领正确的文艺导向，面向基层、面向群众，重心下移，主动拓展惠民文化活动覆盖范围，通过建立文艺志愿服务组织保障体系，广泛动员文艺工作者积极参与，保证“为人民、送欢乐、下基层”文艺志愿服务活动品牌化、经常化、制度化。同时，重庆市文联以“中国梦”为主题，为建党93周年、新中国成立65周年营造良好文化氛围，重庆市文联围绕巴渝文化、抗战文化、三峡文化等历史文化资源和丰富多彩的现实生活，深入基层，服务人民，推出了更多优秀作品和优秀人才。面对当前文艺人才队伍构成多样性和社会思潮多元性的新形势，重庆市文联充分发挥“喉舌”和“纽带”作用，抓好文艺人才建设，积极创新组织形式，延伸联系艺术家的手臂，健全落实广交深交朋友制度，加大对文艺工作者尤其是文艺界自由职业者的服务力度。截至年底，重庆市共有全国会员1932人，市级会员14096人，基层会员38198人。

组织建设和业务培训

【巩固发展党的群众路线教育实践活动成果】

重庆市文联于2月13日召开了党的群众路线教育实践活动总结大会，对自2013年7月重庆市文联党的群众路线教育实践活动开展以来，文联工作作风转变等问题进行了认真梳理和总结。中共重庆市委第六督导组组长王秀英出席会议并讲话，重庆市文联党组书记、副主席王超作总结报告。中共重庆市委第六督导组成员、重庆市文联机关全体党员干部、离退休党员代表，各市级文艺家协会负责人、重庆市文艺家活动中心负责人等参加会议。2013年7月重庆市文联党的群众路线教育实践活动召开以来，在中共重庆市委活动办、中共重庆市委宣传部的坚强领导和中共重庆市委第六督导组的有力指导下，在重庆市文联党组的高度重视和全体党员干部的积极参与以及广大文艺工作者的大力支持下，重庆市文联紧紧围绕党的先进性和纯洁性，以为民、务实、清廉为主要内容，把“照镜子、正衣冠、洗洗澡、治治病”的总要求贯穿教育实践活动全过程，把“为民服务”的要求落到实处，把满足人民群众精神文化需求作为文艺工作的根本出发点落脚点，着力解决人民群众反映强烈的突出问题，提高做好新形势下群众工作的能力，打造“服务型、效能型、廉洁型”机关，做到了规定动作不走样，自选动作有特色，取得了良好的工作成效。

【正式启用重庆市文艺家活动中心】

5月23日，重庆市文艺家活动中心正式启用。中国文联党组书记、副主席、书记处书记赵实专程来渝，和中共重庆市委、重庆市人民政府领导以及全重庆市人民一起见证了这一重庆文艺界多年梦想成真的场面。文艺家活动中心面积15840平方米，包含艺术广场、艺术剧场、艺术品展示中心、艺术家活动室、舞蹈排练室、艺术家工作室以及艺术沙龙、艺术家交流厅，还有美术馆和摄影棚、录音棚。重庆市文联利用办公大楼的整体搬迁之机，进一步强化机遇意识、责任意识，细化改革措施，完善制度建设，为全市文艺家打造温馨和谐之家。

【重庆嘉华建设开发有限公司文联成立】

5月19日，重庆嘉华建设开发有限公司文联成立暨第一次代表大会在重庆市长城宾馆召开。这是重庆市首家非公有制民营企业成立文联，标志着重庆市文联组织机构建设取得突破性进展，也是重庆市文联积极延伸文联工作手臂，创新服务手段和联络方式，扩大覆盖面，提高引导力的一次有益探索。重庆嘉华建设开发有限公司是一家股份制中外合资房地产开发企业，非常重视企业文化建设，先后成立了《新嘉华人报》、新嘉华艺术团、新嘉华书画院、新嘉华影视制作中心、交响管乐团等一系列文艺团体。代表大会听取了《重庆嘉华建设开发有限公司成立文联的说明及筹备工作报告》，选举产生了重庆嘉华建设开发有限公司文联委员、秘书长、副主席和主席。公司党委书记王太国当选主席。

【重庆市创意设计家协会成立】

重庆市创意设计家协会经重庆市民政局批准成立，主管单位为重庆市文学艺术界联合会。由重庆市从事创意设计理论与实践工作的专家自愿结成的全市性、联合性、非营利性的法人社会组织。12月3日，重庆市创意设计家协会成立大会暨第一次全体会议在重庆市文艺家活动中心举行。大会审议通过了《重庆市创意设计家协会章程》，产生了由徐刚、闫旭、彭中、曾强、余雷、曾晶、刘迎春、田涌、向雪、向伟、赵国等组成的第一届协会理事会，选举徐刚为协会主席、闫旭为副主席、刘迎春为秘书长。

【文艺界暑期读书班】

重庆市文联把弘扬社会主义核心价值观作为各项工作的主旋律，集中加强了文艺界思想教育，通过举办暑期读书班，帮助文艺家认真解读当前文艺发展形势，正确把握今后文艺创作方向。文艺界暑期读书班为期两天，于8月28日至29日在重庆市文联举办，共有60多位重庆知名文艺家参加。读书班以深入解读、准确把握全市文化工作座谈会会议精神为目的，邀请中共市委宣传部副部长张永才作形势报告，重庆市评论家协会主席周晓风作以《不忘本来，吸收外来，面向未来——文化发展规律学习漫谈》为题的学习报告。学习期间，参会代表分组讨论了中央政治局委员、中共重庆市委书记孙政才在全市文化工作座谈会上的讲话精神，认为重庆文艺界要进一步统一思想，凝聚共识，把学习贯彻孙政才在全市文化工作座谈会上的讲话精神转化为进一步改革创新和健全机制的工作思路和实际举措，转化为实现文艺精品创作重大突破的行动和成果，转化为解决影响和制约文艺事业发展突出问题的信心和动力。

【第六期全国曲艺创作高级研修班】

11月25日，由中国曲艺家协会、中国文联人事部、中国文学艺术基金会、重庆市文联主办的第六期全国曲艺创作高级研修班首次在渝开班。全国政协委员、中国曲艺家协会主席姜昆，中国曲艺家协会分党组书记、驻会副主席董耀鹏，中国曲艺家协会副主席、上海市曲艺家协会主席王汝刚，中共重庆市委宣传部副部长马岱良，重庆市文联党组成员、副主席杨矿等出席了开班仪式。本期曲艺创作研修班邀请了来自山东省、河南省、辽宁省、福建省、浙江省、安徽省、广东省等46名全国各地优秀的曲艺名家以及重庆本土12位曲艺家参加，共带来了100多个24项类别的曲艺作品交流展示。大家齐聚一堂，旨在通过研究与讨论，探索曲艺创作新模式，提升全国曲艺的创作水平。开班仪式结束后，姜昆、董耀鹏、王汝刚分别作了以《相声创作与表演》、《努力做时代欢迎人民喜爱的曲艺家》、《滑稽戏创作漫谈》为题的讲座。重庆市牡丹奖获得者凌琳、刘靓靓分别于11月25日晚、26日晚在重庆市文联艺术剧场为学员们做了“从凌开始”凌琳专场演出和“山水有清音”刘靓靓专场演出。

【重庆文艺工作者带头践行社会主义核心价值观座谈会】

针对近来演艺界明星负面事件频出现象，重庆市文联于9月2日举办了重庆文艺工作者带头践行社会主义核心价值观座谈会，来自重庆市60多名老中青文艺家在《文艺工作者践行社会主义核心价值观倡议书》上签名，并积极发言，表示文艺工作者对于带头践行社会主义核心价值观担负义不容辞的责任。会议由重庆市文联党组成员、副主席陈若愚主持。重庆市文联党组书记、副主席王超在会上指出，文艺工作者不仅是个体创作者，也是城市文化形象的代表，具有公众影响力，应对自己严格要求，做德行高尚、德艺双馨的模范。文艺工作者必须规范自身的一言一行，才能做好社会表率。广大文艺工作者要勇于担当践行社会主义核心价值观的时代责任，努力把社会主义核心价值观融入到文艺工作中去，自觉担负起时代赋予的神圣使命，坚持以人民为中心的创作导向，积极争做德艺双馨的文艺工作者。座谈会上，文艺家代表围绕如何坚持“爱国、为民、崇德、尚义”的文艺界核心价值观纷纷发言，一致认为文艺工作者要坚守社会主义核心价值观，树立正确的人生观、世界观、价值观，加强自律和自身道德修养，弘扬正能量。

【第三届重庆重庆市中青年文艺骨干暨巴渝新秀研修班】

9月11日下午，第三届重庆市中青年文艺骨干暨巴渝新秀研修班在重庆市文联开班，来自全市各区县的57名中青年文艺骨干暨巴渝新秀将集中参加为期半个月的培训学习。研修班聘请全市乃至全国文艺界的知名文艺家、专家和学科带头人授课。研修班分为文学创作、文艺管理、舞台艺术、美书摄影四个组，课程涵盖美术、舞蹈、音乐、戏剧等。学员们不仅听讲座、练技能，还与艺术名家面对面进行交流，并到市内高校、市文艺院团以及艺术家工作室，实地感受艺术创作过程。本次研修班由中共重庆市委宣传部与重庆市文联联合主办。中共重庆市委宣传部常务副部长、中共重庆市委外宣办主任周波在讲话中希望全体学员践行社会主义核心价值观，坚定理想信念，坚定时代担当，树立群众观点，投入火热生活，学以致用，严于律己，创作出流芳百世的作品。

【重庆市基层文联工作会议】

10月23日至24日，重庆市基层文联工作会议在重庆市铜梁区举行。来自全市各区县文联、行业（企业）文联和铜梁区17个文艺家协会负责人共计71人参加会议。重庆市文联党组书记、副主席王超，中共铜梁区委书记陈勇，中共铜梁区委常委屈锐出席会议。重庆市文联秘书长周和平主持会议。会上，围绕深入学习贯彻习近平总书记在文艺工作座谈会上重要讲话的具体举措和深入学习贯彻孙政才在全市文化工作座谈上重要讲话的主要成效这两个主题，铜梁区、九龙坡区、酉阳土家族苗族自治县、开县、沙坪坝区等区县文联，以及重庆市检察官文联进行了交流发言，分别介绍了在各自工作领域里的一些先进经验和创新思路，达到了相互启发、共同提高的目的。会议期间，与会同志参观了铜梁区美术、书法、摄影作品联展，并赴铜梁县安居古城开展了创作采风活动。

【在全市文联系统广泛深入地开展调查研究】

重庆市文联进一步拓展调研深度和广度，切实加强和改进全市文联系统调研工作，在全市文联系统广泛深入地开展调查研究。此次调查研究的目的在于，深入研究把握新时期文艺事业和文联工作的规律，调查了解文联工作的热点和难点问题，总结交流各方面工作的成功经验，及时反映文联工作创新动态，重点对文艺事业发展和文联工作的重点热点难点问题开展调查研究。全市基层文联积极响应，认真调研，形成了一批纵深度高、操作性强的优秀调研报告，主题鲜明、重点突出，强化了促进文艺事业、创作优秀作品、培育优秀人才的理论基础，也对文艺工作和文联工作提出了富有建设性、可操作性的对策建议。

展演活动和创作成果

【2014年重庆文艺界新春茶叙会】

2月13日，重庆市文联在天宇酒店召开2014年重庆文艺界新春茶叙会，重庆市人大常委会副主任沈金强、中共重庆市委宣传部分管文艺工作的副部长张洪斌、重庆市文联党组、各市级文艺家协会主席团全体成员出席，以及来自全市文学、美术、音乐等13个艺术门类、区县（行业企业）文联代表共150余人参加会议。会议由重庆市文联党组成员、副主席陈若愚主持。重庆市文联党组书记、副主席王超发表新春贺词，并率领重庆市文联党组和各市级文艺家协会主席团成员向全市文艺界拜年，送上新春的祝福。张洪斌代表中共重庆市委常委、宣传部部长燕平讲话，高度肯定了重庆市文联去年的工作，提出今年以“中国梦”

为创作主题，坚守在自己的文艺战线上，作出更大的成绩。茶叙会上还献上了由重庆市文联牵头主创的系列组歌《神游三峡梦里歌》片段，获得在场艺术家和文艺工作者们的喝彩声和掌声。

【开展以“中国梦”为主题的文艺创作活动】

2014年，重庆市文联和各市级文艺家协会着重以“中国梦”为主题开展文艺创作活动。一是组织开展“我们的中国梦”讲述中国故事文艺作品网上征集推介活动，强力推进了音乐、微电影、微纪实、曲艺4个门类的征集报送工作，其中由重庆市音乐家创作的歌曲作品《摇一船思念给故乡》入围了百首初选作品。二是组织开展了“中国梦”主题文艺创作。在点上，对5个艺术门类10件作品签约创作；在面上，在全市进行广泛发动，收到短期文艺作品2254件。三是组织音乐家组成“追寻三峡梦”文艺小分队赴三峡进行采风创作，创作了大型音诗画作品《梦回三峡》，包含《旋风三峡》、《远古丛林》、《乡情乡音》等，深入挖掘丰厚的三峡历史资源，充分展现三峡移民精神。此外，重庆市文联还组织开展了“知名文艺家寻梦龙乡”铜梁采风创作活动、电视艺术家“深入生活、扎根人民”武隆采风活动，并确立城口县的亢谷景区为重庆市文联的创作基地。

【“为民、惠民、乐民”文艺志愿服务】

为积极响应中国文联开展“到人民中去——中国文艺志愿者深入基层服务采风活动”的号召，重庆市文联在重庆文艺界掀起了以“为民、惠民、乐民”为主题的文艺志愿服务活动高潮。元旦春节期间，重庆市文联开展了以“我们的中国梦”为主题的“送欢乐下基层”文艺慰问活动，积极组织曲艺、杂技、摄影、音乐、舞蹈、书法、美术等门类知名文艺家，深入沙坪坝区、铜梁县、万盛经开区、巫山县、奉节县、万州区、大渡口区等地的村镇、社区、企业、军营和民族地区、贫困地区、三峡库区、重点建设工程第一线开展慰问演出，受到当地群众热烈欢迎。为引导广大文艺工作者深入生活，创造更多富有重庆特点、体现时代特色、人民群众喜闻乐见的文艺精品力作，由中国文联美术艺术中心大型活动部、重庆市文联、重庆市美术家协会等共同主办的“我们的中国梦”——中国美术家协会“送欢乐下基层”于10月31日至11月4日，走进开县文化惠民活动在开县举行。为纪念第29个“国际志愿者日”，与中国文艺志愿者协会组织全国知名文艺家赴两江新区开展“深入生活、扎根人民”、“到人民中区”、“送欢乐下基层”主题文艺志愿活动。7月8日至9日，由20名知名作家、美术家和摄影家组成的重庆市文联文艺志愿服务团在革命老区涪陵区大顺乡开展了创作采风、辅导交流、专家座谈等文艺志愿服务活动。10月25日，重庆市文联文艺志愿者服务团在武警重庆总队第六支队开展了“拥军共建、唱响重庆”慰问演出。11月29日，由30多名杂技表演家组成重庆市文联文艺志愿服务团为石桥铺街道的居民带去转碟、蹬球、坛技等精彩节目。重庆市文联文艺志愿者服务团还在铜梁、涪陵、武隆等地开展了文艺专家调研咨询活动，积极向当地党委政府领导和相关部门提出加强文化建设，助推旅游经济和社会发展。重庆市文联还组织文艺志愿者积极深入基层学校，社区开展文艺辅导，有力地推进了书法特色学校建设、少儿文艺业余考级等工作。

【纪念毛泽东《在延安文艺座谈会上的讲话》发表72周年暨首个中国文艺志愿者服务日、重庆市文艺家活动中心对外开放系列文艺惠民系列活动】

在毛泽东《在延安文艺座谈会上的讲话》发表72周年纪念日暨全国首个文艺志愿者服务日期间，重庆市文联在全市范围集中开展了“惠民、为民、乐民”为主题的文艺志愿服务活动。5月23日，由重庆市文联主办，各市级文艺家协会协办的纪念《在延安文艺座谈会上的讲话》发表72周年暨首个中国文艺志愿者服务日、重庆市文艺家活动中心对外开放系列文艺惠民系列活动，在新落成的重庆市文艺家活动中心及艺术广场举办。中国文联党组书记、书记处书记、副主席赵实，中国文联办公厅主任陈建文，中国文联国内联络部主任刘尚军，中共重庆市委常委、宣传部部长燕平，重庆市政府副市长谭家玲，重庆市政协副主席谢小军，中共重庆市委副秘书长薛竹等领导与市级相关部门负责人，渝北区、江北区、巴南区党政领导，渝北区相关部门负责人，各市级文艺家协会负责人，主城区及部分产业行业文联负责人，艺术家、艺术机构代表，重庆市文联离退休机关老同志代表，重庆市文艺家活动中心工地建设者代表，社区群众代表等500余人参加了活动。开幕式上，重庆市文联党组书记、副主席王超致辞，重庆市文联主席罗中立宣布活动正式开始。活动期间，举办了重庆市美术书法摄影名家精品展、放飞中国梦大型原创音乐作品《三峡梦里我唱歌》试听会、重庆市文艺志愿者“五大功能区”建设采风创作摄影成果展（巴南篇）、重庆市民间艺术精品展、文联大讲坛《论文艺工作者的修养》，开展了“五彩缤纷”重庆市文艺志愿者民间艺术表演展演活动、“文艺茶叙”重庆舞台艺术创作及表演座谈会，还举办了重庆创意设计作品展、文艺创作成果现场展，开展了重庆市文艺志愿者舞蹈表演、艺术摄影创作、书法创作、美术创作等现场教学活动。全市基层文联也在首个中国文艺志愿者服务日前后集中开展丰富多彩的文艺惠民活动。赵实专程来渝考察重庆的文艺志愿服务活动开展情况，分别考察了沙坪坝区和江北区文艺志愿服务进社区活动，观看了文艺志愿者文艺现场培训教学排练，参观了文艺志愿者版画创作工作室、文艺志愿者版画展览和文联大讲坛进社区等活动，对重庆的文艺志愿服务活动给予高度赞赏，寄语重庆市文联：“在新阵地，新起点上，创造新辉煌！”

【“文联大讲坛”】

“文联大讲坛”是重庆市文联进一步深化文艺志愿服务活动的又一个惠民文艺品牌，通过举办“文联大讲坛”，面向基层、面向大众，普及文艺知识，助推文艺发展。一年来，“文联大讲坛”分别邀请中国书法家协会理事、天津市文联副主席张建会讲授了隶书的发展特点、创作方法、创作理念和创作实践；邀请国家一级演员、中国舞蹈家协会主席赵汝蘅讲解中外舞蹈的发展现状与趋势；邀请亚洲现代舞之父曹成渊讲解现代舞的发展；邀请中国摄影家协会副主席，全国摄影展、摄影金像奖评委邓维讲解当前摄影创作的方向及问题；邀请中国摄影家协会副主席、《人民日报》摄影部主任李舸讲解摄影视角和素养；还邀请重庆市内专家吕进、冯建新、文万立、鲁广峰等进行艺术专题讲座，内容涉及各个艺术门类、贴近现实生活，让广大基层文艺爱好者和百姓喜闻乐见、通俗易懂、受益匪浅。

【首届中国好故事（走马）邀请赛】

由中国曲艺家协会、重庆市文联共同主办，重庆市曲艺家协会、九龙坡区文联承办，九龙坡区走马镇政府协办的首届中国好故事（走马）邀请赛于3月19日至22日在九龙坡区走马镇举行。来自全国各地的故事选手齐汇山城、相聚走马，说古论今、演绎精彩，充分展示了“故事千年、一马当先”的风采。来自全国各地31个演员的27个参赛故事，经过两天三场决赛的激烈争夺，重庆的吴文、上海的黄震良2人荣获“中国故事大王”称号；重庆的刘寒霜，武警河南总队的张飒、郭超、王倩倩，山东的孙艾佳，浙江省军区的张楚君，北京的刘朝5人荣获金奖；另有10人荣获银奖，10人荣获铜奖。本次决赛的参赛故事，形式多样、内容丰富，故事题材广泛、主题鲜明，其中既有优秀传统故事节目，还有大量描述和展现近当代主题的故事节目，为弘扬社会主义核心价值观传递了正能量。在3月22日举行的颁奖仪式上，中国曲艺家协会分党组书记、副主席、秘书长董耀鹏，中共重庆市委宣传部副部长、文明办主任樊伟，重庆市文联党组书记、副主席王超等领导向获奖者颁奖。中国曲艺家协会在走马镇桃花源广场镇组织了一场文艺志愿服务团“送欢笑”惠民演出活动。牛群、郭达、田连元、奇志、翁仁康、杨鲁平等曲艺名家新秀为山城百姓奉献一台精彩的曲艺节目。

【“聚焦新重庆”五大功能区域建设摄影展】

由中共重庆市委宣传部、重庆市文联、新华通讯社新华网重庆频道、重庆市摄影家协会联合主办的“聚焦新重庆——五大功能区域建设摄影艺术展”于9月29日在渝中区人民广场隆重举行。中共重庆市委常委、宣传部部长燕平，中共重庆市委宣传部副部长张洪斌，重庆市文联党组书记、副主席王超，重庆市文联党组成员、副主席杨矿等领导参观了展览。五大功能区域发展战略是全市“五位一体”现代化建设的综合性载体和平台。一年来，主办方多次组织重庆广大摄影家分赴五大功能区域生产、生活一线进行采风，创作了大量鲜活生动的优秀摄影作品，其中100幅作品还在重庆市文艺家活动中心、渝中区、江北区、沙坪坝等地展出，受到了社会各界的好评。为庆祝中华人民共和国成立65周年，用摄影艺术生动诠释重庆五大功能区域发展战略的新成就，主办方精选出150幅优秀作品展出，从五大功能区域的划分、定位，多方面、多角度、艺术化地对五大功能区域的新风貌进行了描绘。展览期间，展场还设置了文艺志愿者服务台，现场为市民和游客进行照相机镜头清洁、现场拍照、摄影技巧咨询等方面服务。

【“党的群众路线教育实践活动——身边好干部，群众贴心人”纪实摄影创作活动】

9月12日，由中共重庆市委党的群众路线教育实践活动办公室、重庆市文联主办，重庆市摄影家协会承办的“党的群众路线教育实践活动——身边好干部，群众贴心人”纪实摄影创作活动启动仪式在重庆市文艺家活动中心举行，18位摄影家分赴江北区、南岸区、北碚区、永川区、万州区、梁平县、云阳县、巫溪县、秀山县、忠县等9个区县，对从“感动重庆”十大人物、重庆市劳动模范和重庆市优秀共产党员中推出的9名先进人物进行为期一周的蹲点跟拍创作，从侧面反映开展党的群众路线教育实践活动以来，党风、政风、社风、民风的转变和人民群众得到的实惠。10月16日在重庆市文联美术馆举办了“党的群众路线教育实践活动——身边好干部，群众贴心人”纪实摄影展览，并在全市部分区县进行巡回演出。

【电影《大顺·1927》首映式】

6月30日，由中央新闻电影纪录片厂（集团）、重庆市文联、重庆市电影家协会联合拍摄的革命题材电影《大顺·1927》在大坪保利同美影城举行首映式。该片的出品人为张晓芳，编剧夏天，制片人西林觉罗·旗晨，讲述了出生在重庆涪陵区大顺乡“站着死的英雄”——李蔚如的英勇事迹，将一个拥有钢铁般意志的革命先烈形象再现于银幕之上。李蔚如，字郁生，号鸿钧，1883年生于涪陵大顺乡。青年时期，他受邹容的《革命军》和宣传民主革命书刊的影响，东渡日本留学，寻求救国救民之道。1906年，他加入中国同盟会，是四川第一个农会组织的领导者。电影《大顺·1927》主要截取了李蔚如从1924年辞官回乡到1927年慷慨赴义期间的故事。李蔚如侄孙李永静作为亲属代表，将题有李蔚如诗句“拼将傲骨撑天地，剩有灵犀照古今”的书法作品赠给剧组。

【“巨变一瞬”时盘棋纪实摄影作品展】

为纪念共和国65华诞和重庆解放65周年，由重庆市文联、重庆市摄影家协会主办，重庆市文艺家活动中心承办的“巨变一瞬”时盘棋纪实摄影作品展于11月30日在重庆市文联美术馆举行。时盘棋，曾任中国摄影家协会和中国新闻摄影学会常务理事、山东省摄影家协会名誉主席。他的作品曾入选“20世纪华人经典作品”，并于2012年80岁时荣获中国摄影金像奖终身成就奖。时盘棋于1948年参加中国人民解放军，次年开始战地摄影生涯。曾先后在解放军二野政治部、三兵团、川东军区和西南军区任摄影记者。作为第一个进驻重庆的解放军摄影记者，时盘棋在1949到1953年期间，拍摄了大量极其珍贵的新闻照片，真实地记录了人民解放军进军大西南的战斗、入城接管重庆、政权建设和巩固、西南剿匪、人民城市的建设、恢复和发展生产等一个个精彩的历史瞬间，形象生动地展现了中国共产党领导人民夺取全国政权，建立新中国的历史进程。本次展览展出的90余幅照片，大部分系第一次向社会公开。这些作品围绕“巨变一瞬”这一主题，分为进军、解放、巩固、建设4个篇章，见证了一段鼎革时代、百废俱兴的光辉足迹。

【第四届重庆重庆市舞蹈比赛】

10月29日，第四届重庆市舞蹈比赛在重庆群星剧院落幕。中共重庆市委宣传部副部长张洪斌，重庆市文化委员会党委书记、副主任郭翔，重庆市文联党组书记、副主席王超，中国舞蹈家协会副主席、国家一级编导、总政歌舞团原团长左青等领导和舞蹈专家出席颁奖晚会，并为获奖选手颁奖。秉承“以赛事为平台，推出优秀作品，推出优秀编导及演员”的宗旨，本届比赛积极紧贴现实生活，努力彰显民族特色，积极承载文化传承。创作质量明显提升、创作新人辈出、表演人才初见端倪，充分展示了当前重庆舞蹈艺术创作的实际水平。自3月启动以来，共收到37个单位申报的参赛作品103件，最终评出“独舞、双人舞、三人舞组”创作一等奖1个、二等奖2个、三等奖3个，表演一等奖2个、二等奖3个、三等奖5个；“群舞组”创作一等奖1个、二等奖2个、三等奖3个，表演一等奖2个、二等奖5个、三等奖8个；优秀组织奖、优秀创作奖和优秀表演奖等奖项。

【第四届重庆市曲艺大赛】

12月27日至28日，重庆市文联、重庆市曲艺家协会共同在重庆市文联艺术剧场举办了第四届重庆市曲艺大赛。这是重庆市曲艺家协会的品牌赛事，已经得到广大会员的普遍认可。经过初评，36个节目参加决赛。最终，会员余书成表演的荷叶《王大伯劝赌》获得特等奖，重庆曲艺团表演的四川清音《重庆好儿郎》、重庆江北文化馆表演的故事《紧急时刻》等7个节目获得一等奖，金钱板《以民为本》等10个节目获得二等奖，谐剧《钓鱼》等12个节目获得三等奖，5个节目获得入围奖。为了鼓励创作，奖励新作，第四届重庆市曲艺大赛设立了创作奖。金钱板《以民为本》、四川清音《家住长江边》等5个作品获得创作奖。

【首届重庆青年戏剧演出季】

12月12日，首届重庆青年戏剧演出季闭幕式颁奖仪式暨优秀剧目展演在重庆市文联艺术剧场举行。中共重庆市委宣传部副部长张洪斌，重庆市文联党组书记、副主席王超，重庆市文化委员会副主任李廷勇，重庆市文联党组成员、副主席陈若愚等相关领导出席了闭幕式。王超代表主办单位致闭幕辞。颁奖仪式后，300余名观众共同观看了由重庆塔利文化传播有限公司303话剧社创作演出的话剧《70・80》。由中共重庆市委宣传部、重庆市文化委员会、重庆市文联联合主办，重庆市戏剧家协会、重庆演艺集团、重庆市文艺家活动中心承办的首届重庆青年戏剧演出季，于11月24日至12月12日在国泰艺术中心剧场、国泰艺术中心音乐厅、重庆市文联艺术剧场举行了近20天的演出活动。演出期间，重庆社会民营剧团、大学校园剧社、专业戏剧院团联袂上演了11部话剧。经认真评选，话剧《毕业季》《青春之歌》被评为特别优秀剧目；话剧《70・80》《梦想进行时》被评为优秀剧目；陈国亮、曾立被评为优秀编剧；赵虎、徐赤、谢莹被评为优秀导演；袁野被评为优秀制作人；重庆市话剧团新编历史剧《大刺客》舞美组被评为优秀舞美；话剧《毕业季》王小花的扮演者张泽平，话剧《70・80》李晨的扮演者荣浩等7名演员被评为优秀表演。首届重庆青年戏剧演出季还举行了3次论坛，就戏剧创作、小剧场发展、戏剧市场探索等互动交流，极大地带动了青年戏剧人士的戏剧热情。

【“艺真杯”第五届重庆重庆市电影剧本征集评选活动】

“艺真杯”第五届重庆市电影剧本征集活动，以现实题材为重，把视野投向全国，不仅因其公平公正公开的评选精神，吸引了全国各地电影编剧的目光，也极大推动了重庆本土电影故事创作水平，培养了一大批本土青年编剧人才。本届征集活动自4月启动以来，共收到来自全国各地电影剧本 126部，其中重庆本土剧本30部，汇集了城乡现代化建设、小人物命运、校园青年励志等方面的现实题材，充分反映了近年来政治、经济、文化、社会发展的巨大变化。经过认真审定，剧本《绝不认输》获一等奖，《青春典礼》《小迪的夏天》获二等奖，《淑女炼成记》《无懈可击》《英雄之城》获三等奖，《风动雾光峡》等5部剧本获提名奖。

【首届重庆青年电影艺术展】

为期两周的首届重庆青年电影艺术展，由重庆市电影家协会、新女报时尚传媒集团、保利万和电影院线共同主办，以推动重庆本土电影力量蓬勃多元化为目的，以“拾光”为活动主题，由“青年短片竞赛单元”“展映交流单元”及“电影艺术沙龙”三个板块组成。“青年短片竞赛”主要面向影像工作者及大学生群体，共收到来自两岸三地的独立青年电影人选送的作品100余部，其中大部分为在校大学生所拍摄，部分电影与重庆密切相关，积极推动了本土电影创作。经认真评审，评出最佳剧情片《别让球赛结束》、最佳纪录片《天索》、评委会大奖《三月》，《大树下的小孩》和最佳艺术贡献奖《草人》、《川剧往事》。“展映交流单元”展出的5部影片分别在法国蒙比利埃电影节、台湾金马奖、香港亚洲电影节、上海国际电影节、瑞士佛里堡国际电影节等大展中获过奖，质量都堪称上乘。在重庆主城七家院线的联动支持下，共展映电影10场，场场爆满。“电影艺术沙龙”邀请香港著名电影制片人丁云山及编剧叶七城，近距离分享拍摄《黑社会》、《车手》、《跟踪》《暗战2》等影片的心得及体会，收到了观众热烈追捧。重庆青年电影艺术展于6月7日在影立方融汇影城落下帷幕。重庆市电影界的专家和学者共200多人参加了颁奖典礼和闭幕式。

【第七届中国西南六省区市摄影联展重庆作品

展】

8月13日，由重庆市文艺家活动中心和重庆市摄影家协会联合主办，重庆市文联美术馆承办的“我的中国梦”第七届中国西南六省区市摄影联展重庆获奖作品展近日在重庆市文联美术馆B厅举办。中国西南六省区市摄影联展是重庆市与四川省、云南省、西藏自治区、广西壮族自治区、贵州省等地摄影家协会共同主办的一项具有较大影响的摄影赛事，迄今已举办第七届。本次重庆作品展倾力奉献40余件重庆赛区获奖作品，题材涉及自然、人文等多个领域，从不同视角真实记录了重庆人生活的点点滴滴，充满着浓郁的时代气息和民族特色，充分表达了摄影家讴歌人间真情、传递社会正能量、践行中国梦的诚挚心声。

【“印象武隆”第二届全国青少年书法大赛】

5月31日至6月1日，由中国书法家协会教育委员会、重庆市文联、重庆市书法家协会、重庆市教育科学研究院、武隆县政府联合举办的“印象武隆”第二届全国青少年书法大赛现场决赛暨展览开幕式在武隆县举行。来自全国各地的获奖候选作者、重庆市书法艺术学校领导和教师500余人参加了活动。随后，举行了印象武隆·第二届全国青少年书法大赛现场决赛。来自全国各地的52名参赛选手以现场命题、现场创作的方式角逐。经认真评审，评出李闹等10名同学为一等奖获奖作者，胡皓一等20名同学为二等奖获奖作者，常其格等22名同学为三等奖获奖作者。会后，与会人员观看了印象武隆· 第二届全国青少年书法大赛书法作品展。

【“重庆·广东”书法联展】

为加强重庆与广东与书法艺术交流，增进两地书法家的情谊，由重庆市文联、广东省文联主办，重庆市书法家协会、广东省书法家协会承办的“重庆·广东”书法联展于6月20日在新落成的重庆市文艺家活动中心美术馆举行。重庆市、广东省两地分处祖国的西南、华南，各自有着丰厚的文化积淀及地域风貌，在书法面貌上也反映出各自的审美追求。新世纪以来，重庆书坛开展了形式多样、内容丰富的各种书法活动，极大推动了西南地区的文化艺术发展，在全国书坛成绩斐然。源远流长的广东书法，绵延着广府文化的血脉，成为岭南文化的一根重要支柱。本次联展采取和征稿结合的形式，精心挑选渝粤两地200余件名家精品力作，为广大重庆市民奉上一顿艺术大餐。

【首届重庆·四川当代艺术跨年展】

为展示川渝两地艺术家的艺术成就，促进川渝当代艺术的融合与交流，由重庆市文联美术馆和四川英盟当代艺术馆联袂举办的首届重庆·四川当代艺术跨年展于12月20日至2015年1月10日在重庆市文联美术馆举办。本次展览集中展示了川渝艺术两地当代艺术家的100余幅油画、水彩、版画、综合材料、雕塑等美术作品，其中既有如何多苓、高小华、邓乐、庞茂琨、张杰、钟飙等川渝两地知名美术家，也有赵晓东、王子奇、王朝，以及在第十二届全国美展上斩获金奖的彭伟等初露锋芒的青年艺术家，为重庆市民带来一场川渝当代艺术盛宴。

【“重庆电影石柱现象”研讨会】

12月29日，重庆市电影家协会与中共石柱县委宣传部在重庆市文联会议室联合举办了“重庆电影石柱现象”研讨会。重庆市文联党组成员、副主席杨矿，石柱县副县长吴韦，重庆市电影家协会主席余纪与石柱县相关部门领导、区县文联负责人、民营影视制作机构代表以及重庆电影界专家学者共40余人参加了研讨会。近年来，在石柱县委县政府的大力支持下，一批优秀的电影作品近年在石柱县诞生，《太阳出来喜洋洋》《黄连有点甜》《山间传来牛铃声》等影片在全国引起很好的反响，也大大提升了石柱县在全国的知名度，业界誉为“重庆电影石柱现象”。会上，与会专家学者逐一对“石柱现象”进行了深入的解读和分析，总结了成因和经验，肯定了石柱县为重庆电影创作所做出的突出贡献，并对重庆电影未来发展路径、区县协拍电影的导向性和可持续性等问题进行了深入探讨和交流。

【方言话剧《闯浦东》剧本研讨会】

12月24日，由陈宇光、王楚华、熊建成创作的反映开县农民工勇闯大上海、建设新浦东的现实题材方言话剧《闯浦东》剧本研讨会在重庆市文联召开。重庆市文联党组书记、副主席王超，重庆市文联党组成员、副主席杨矿，中共开县县委书记李应兰，中共开县县委常委、宣传部长张重新等相关领导，与重庆市戏剧家协会副主席、国家一级编剧夏祖生，重庆师范大学传媒学院教授、国家一级编剧丁松等戏剧专家共同参加了研讨会。研讨会上，《闯浦东》剧本作者对剧本创作情况进行了介绍，与会的专家学者在前期充分阅读剧本的基础上，充分肯定了该剧的创作选题、剧情结构以及对当下文艺创作的启示，并就剧本的主题挖掘与提炼、人物形象塑造、戏剧矛盾冲突构建、主副线布局、语言表达与氛围烘托，以及修改完善和后期排演等进行了认真而坦诚的研讨交流，提出了建设性的意见和建议。大家一致认为，要加强市、县合作，加大艺术创作联动。

【组团参加第十八届香港国际影视展】

为发展重庆本土电影产业，繁荣电影创作，推动重庆电影与国际接轨，受香港贸易发展局邀请，重庆市代表团于3月赴香港参加第十八届香港国际影视展。代表团共24人，由大专院校影视专业代表、国有影视企业代表、民营影视企业代表及协会工作人员组成。在为期4天的活动中，代表们对国际影视的潮流趋势进行了深入调研，了解了影视市场的动态信息，并与参展企业和个人进行了友好的交流。同时，《黄连有点甜》和《八卦宗师》两部重庆产电影也参加了影视展交易，为重庆电影走向国际影视大市场打下良好基础。本次香港国际影视展以推广亚洲及太平洋地区跨媒体、跨行业的商贸合作为目地，吸引了亚太地区电影、电视、动画、数码娱乐/游戏、行业协会、融资、娱乐事业专业服务商等770家参展商，以及来自全世界的6700余名影视买家人士参与，还举办了多达20余场的研讨会和论坛活动。代表们不仅对国内正在崛起的网络视频业界有了深入认识，也开阔了眼界，得到了韩国、泰国、菲律宾和中国香港、台湾地区电影市场的第一手资料。

【重庆市传统村落立档调查工作取得阶段性成果】

6月，“留住乡愁——中国传统村落立档调查”项目在全国范围内启动。该项目由住房城乡建设部特别委托，中国民间文艺家协会、中国摄影家协会、中国文学艺术基金会共同组织实施。到2014年底，国家已公布了三批共2555个传统村落名单，重庆有63个。自8月以来，由重庆市文联牵头，重庆市民间文艺家协会、重庆市摄影家协会先后组织召开重庆市传统村落立档调查启动培训会和中期推进会，对我市16个传统村落进行调查立档，入库中国传统村落电子图文档案和《中国传统村落图典》。期间，16个村落涉及7个区县（自治县）的近百名调查人员分成了7个小分队，行程上万里，深入村落，进入村户，收集整理、采写拍摄、调查立档。经过几个月时间调研、搜集、拍摄，文字图片立档工作得以完成，共拍摄图片近万张，建立归档表32个，取得了阶段性成果。

【第六届重庆艺术奖的评选】

第六届重庆艺术奖的评选，共收到推荐参评作品334件，涉及市文联所属的12个艺术门类。12月24日，评出优秀文艺作品60件，代表了重庆各艺术门类的一流水准。根据全市文化工作座谈会要求，重庆艺术奖于2014年恢复评选。该奖由原重庆艺术专项奖更名而来，今后每两年评选一次。由于本届是首次恢复评选，时间上为了与第五届重庆艺术奖评选后中断的2009年相衔接，故申报作品起止时限达到5年。

【各文艺门类成绩斐然】

2014年可谓重庆文艺界的丰收年，在重庆市文联和各市级文艺家协会的共同努力下，重庆文艺人才脱颖而出，大展风采，美术、曲艺、摄影、杂技、电影、电视、音乐、舞蹈等文艺门类都在全国拿了大奖，为重庆文艺争得了新的荣誉。

美术类：重庆共有5件作品获得中国美术界的最高奖项——第十二届全国美术作品展览中国美术奖·创作奖。重庆市80后美术家彭伟创作的木刻版画《而立之年》获得金奖，这是重庆直辖以来，重庆美术在传统绘画领域收获的首个全国美展金奖。此外，罗中立等共同创作的环艺作品《共生校园——四川美术学院虎溪校区》，周宗凯、周渭淙的连环画《南京》以及焦兴涛的雕塑作品《逐梦》获得铜奖，李龙燕的年画《童谣乐》获得优秀奖。罗中立还获第二届中华艺文奖。

曲艺类：重庆市曲艺家协会副主席、清音传承人刘靓靓获得第八届中国曲艺牡丹奖中唯一一个表演特别奖，重庆市曲艺家协会副秘书长凌淋获得牡丹奖表演奖。在全军野战文艺创演活动中，重庆市曲协副主席曲春雷创作并表演的谐剧《门里门外》、创作的相声《战车交响曲》，分别获得全军曲艺类个人表演一等奖、优秀节目奖和创作三等奖。在第六届全国少儿曲艺大赛上，重庆市曲艺家协会推荐的相声《孔“圣人”》获得了全国少儿曲艺大赛三等奖，这是重庆作品首次入围全国少儿曲艺大赛并获得奖项。在首届中国好故事（走马）邀请赛上，由重庆市曲艺家协会选送的吴文荣获“中国故事大王”称号。

杂技类：重庆市杂技家协会主席王亚非荣获第九届中国杂技金菊奖终身成就奖。魔术节目《伞从扇影》获得“中国好魔术”全国魔王争霸赛暨国际大魔术师杯邀请赛金奖和国际魔术艺术界最高荣誉“梅林”奖，这是近年来国际魔术师协会颁给内地为数不多的“梅林”奖项，更是重庆以及整个西部地区有史以来获得的第一个国际魔术艺术界最高荣誉奖。杂技节目《梦》荣获重庆市第十三届精神文明建设“五个一工程”奖。双人技巧“顶人”连续第二次打破世界吉尼斯纪录。蹬技、古典戏法被评为重庆市第四届非物质文化遗产项目。

电影类：重庆市电影家协会主席、电影艺术家理论家余纪以学术论文《国家意志与少数民族电影——周恩来处理〈内蒙春光〉事件研究》斩获中国电影金鸡奖理论评论奖二等奖，为重庆捧回一只“金鸡”。由重庆市电影家协会推荐的电影《走过雪山草地》和电视剧《毛泽东》成功入选第十三届精神文明建设“五个一工程”奖，开创了重庆影视企业的先河。选送的电影《小学鸡大电影》和纪录片《医院里的中国》分别获得第八届FIRST青年电影展最佳剧情片大奖和最佳纪录长片奖。电影《黄连有点甜》受邀参加第二十三届中国金鸡百花电影节国产新片推介展映，并获得国产新片表彰。微电影《江小迪的夏天》入围第二届亚洲微电影艺术节的金海棠奖。重庆市电影家协会副主席王璐担任国际环保组织野生救援协会公益宣传片《没有买卖就没有杀害之保护大象拟人篇》的编剧兼导演。

电视类：韩咏秋获中国播音员主持人最高奖金话筒奖，填补了重庆获得这一大奖的空白。由重庆市电视艺术家协会推选的电视剧《刘伯承元帅》荣获第二十七届中国金鹰奖电视剧三等奖，综艺晚会《2012感动重庆十大人物颁奖典礼》获金鹰奖电视文艺节目三等奖，主持人周运获优秀主持人奖。

音乐类：由重庆市音乐家协会选拔的重庆西南政法大学学生合唱团在第九届中国音乐金钟奖合唱比赛中获得优秀奖。组织14位选手参加吟飞国际电子管风琴总决赛，获得儿童组二等奖1名、三等奖3名、优秀奖1名，青少组三等奖1名、优秀奖1名的好成绩。

戏剧类：由重庆市戏剧家协会选送的话剧《毕业季》荣获第四届中国戏剧奖·校园戏剧优秀剧目奖，话剧《幸存者》第五届中国戏剧奖·曹禺剧本奖。

舞蹈类：由重庆市舞蹈家协会选送的男子群舞《高山流水》获得第五届中国舞蹈节·第九届中国舞蹈“荷花奖”当代舞表演铜奖。

四川省文联

综　述

2014年，省文联在党的十八大、十八届三中、四中全会和习近平总书记系列重要讲话精神指引下，在省委、省政府的坚强领导下，在省委宣传部的精心指导下，紧紧围绕省委实施“三大发展战略”，实现“两个跨越”的工作思路和奋斗目标，紧扣“出作品、出人才、惠民生”的工作主线，深入实施“六大工程”，加快推进“六型文联”建设，为推进四川文艺事业繁荣发展做了大量工作，并取得了实实在在的成效。

重要会议

【省文联六届六次全委会】

1月8日，四川省文联六届六次全委会在成都召开。省文联第六届主席团成员和全委会委员，各市州文联、行业文联和部分县（区）文联主要负责人，省级各文艺家协会、省文联各处室及直属事业单位负责人共计220余人参加了大会。省委宣传部副部长赵明仁，省文联党组书记、常务副主席蒋东生，省文联党组副书记、副主席李兵出席了会议。赵明仁受省委常委、宣传部长吴靖平同志委托，代表省委宣传部对为全省文艺发展繁荣付出辛勤劳动的广大文艺工作者表示衷心感谢，并致以新春的节日问候。赵明仁在会上作了题为《为党和人民尽责　为梦想中国放歌》的重要讲话，蒋东生作了题为《坚定信心　凝聚力量　多出精品　快出人才　创新发展我省文艺事业》的工作报告，李兵在大会上宣读了《四川省文联关于对2013年文联工作取得显著成绩的单位进行通报表扬的通知》。《通知》对成都市文联等19个市、州文联，成都市金牛区等60个县（市、区）文联，四川石油等11个企业（产业）文联进行了通报表扬。会上还通报了省文联第六届主席团第十二次（扩大）会议确认的省文联第六届副主席。阿坝州文联、遂宁市文联、省曲协、南江县文联等单位在会上做了交流发言。

【党组中心组学习扩大会学习习近平总书记关于意识形态领域工作的重要讲话精神】

6月4日，省文联召开党组中心组学习扩大会议，学习习近平总书记关于意识形态工作的讲话精神。省文联机关副处级以上干部、省级各文艺家协会和直属事业单位负责人参加了学习会。省文联党组书记蒋东生在会上指出：要联系实际，学以致用，推动工作。他提出了六个方面的要求：要坚持正确的政治导向、要大力和繁荣文艺创作、要卓有成效开展好文艺惠民活动、要努力办好报刊网站、要推进核心价值观和法制宣传教育、要不断探索工作职能、工作机制、运行模式的创新。

【传达学习习近平总书记在文艺工作座谈会上的重要讲话精神】

10月16日上午，省文联党组召开党组会，专题研究学习贯彻落实习近平总书记在文艺工作座谈会上重要讲话精神。当日下午，省文联召开了全省文艺界传达学习贯彻《习近平总书记在文艺工作座谈会上的重要讲话》专题会议，省文联党组书记、常务副主席蒋东生主持了会议并讲话。省文联主席团成员，省级各文艺家协会、省文联机关各处室及直属机构全体干部职工，文艺家和文艺工作者代表共123人参加了会议。与会同志一致认为，习近平总书记在文艺工作座谈会上的重要讲话深刻阐述了文艺的作用与力量，文艺的发展与实践，文艺的未来与方向，具有很强的思想性、理论性和指导意义，是新时期文艺工作的行动纲领。

【省文联六届十四次主席团（扩大）会议】

12月26日上午，四川省文联六届十四次主席团（扩大）会议在成都金河宾馆召开。省文联主席团成员，省级各文艺家协会主席及驻会副主席、秘书长，机关各处室和直属事业单位负责人出席会议。会议由省文联党组书记、常务副主席蒋东生主持。会议讨论通过了新修订的《第八届巴蜀文艺奖评奖章程》和《省文联六届七次全委会工作报告》。会上，蒋东生还就学习习近平总书记在文艺工作座谈会上的重要讲话精神提出了相关工作要求，并对深入抓好“深入生活，扎根人民”主题实践活动、抓好四川省第七次文代会召开的各项筹备工作、抓好今年工作总结与明年工作计划以及即将召开的省文联六届七次全委会筹备工作等作出了安排部署。

重要活动

【中国文联、中国书协在雅安雨城区捐建两所“兰亭学校”】

1月中旬，“中国文联　中国书协　我们的中国梦——‘送欢乐　下基层’中国书法进万家——走进四川雅安地震灾区暨雅安‘兰亭学校’命名授牌仪式”在雅安雨城区上里中心校举行。中国文联、中国书协向雨城区上里中心校、兴贤小学捐款、授“兰亭学校”牌，并向雅安市赠送书法作品。“4·20”芦山强烈地震发生后，中国文联在第一时间支援雅安灾区，捐款捐物，组织慰问演出。中国书协积极组织创作，捐赠书法作品，通过义卖筹集资金300万元，在雨城区援建两所“兰亭学校”。中国文联国内联络部副主任李培隽，中国书协分党组书记、驻会副主席赵长青，四川省文联党组书记、常务副主席蒋东生，中国书协副主席申万胜，中国书协副主席、四川省书协主席何应辉，四川省政府副秘书长、省书协副主席王七章，雅安市委常委、宣传部长、市文联主席姜小林，副市长徐旭，市政协副主席李毅等出席活动。

【中国文联“我的中国梦——送欢乐下基层文艺志愿服务活动”走进北川 】

3月24日至25日，中国文联、中国视协、四川省文联在北川县体育馆、禹里乡共同举办了两场“我的中国梦——送欢乐、下基层文艺志愿服务”活动。中国文联副主席、中国视协主席赵化勇，中国视协分党组书记、驻会副主席、秘书长张显，中国文联国内联络部副主任谢力，四川省文联党组书记、常务副主席蒋东生，中国视协副主席、四川省视协主席、四川广播电视台党委书记、台长陈华，四川省文联党组副书记、副主席李兵，绵阳市委常委、北川县委书记刘少敏，绵阳市文联党组书记马培松，北川县县长瞿永安等领导同志赴现场参加了此次活动。卢奇、李飞、杜旭东、刘全和、刘全利、宗庸卓玛、刘捷、牛成志、耿为华、韩延文、马渲子、刘君侠、李三林、臧金生、王霙、高发等艺术家登台为北川人民献演，演出深受广大群众欢迎。

【“中国摄影名家情歌故乡行”采风活动在甘孜举行】

5月4日至10日，由中国摄协、四川省文联、甘孜州政府主办，中国摄影报社、甘孜州文联等承办的“中国摄影名家情歌故乡行”采风活动在甘孜州康定县、泸定县和海螺沟举行。这次活动旨在深入推动中国甘孜首届国际摄影大展，并着重加大甘孜州“转山节”、“四月八”等传统民俗节日和康东著名景区景点的对外宣传力度。18名摄影名家参加了活动，共拍摄了近400幅反映当地风光和人文的照片。

【四川省第二届儿童电影周】

5月23日，由峨影集团、四川省少工委主办，省影协、四川电影公司、太平洋院线等承办的四川省第二届儿童电影周开幕式在太平洋院线峨影1958电影城隆重举行。太平洋院线特别为此次儿童电影周精选了《太空熊猫总动员》、《守候的心》、《潜艇总动员4—章鱼奇遇记》、《猪猪侠之勇闯巨人岛》等多部优秀儿童题材影片，在院线所属川内影城集中展映。

【四川省小牡丹艺术团成立】

5月31日，四川省小牡丹艺术团成立典礼在四川音乐学院礼堂举行，中国曲协主席姜昆为艺术团题写了团名。艺术团的成立旨在立德树人，培养曲艺新苗，发现曲艺新人，传承有四川地域特色的曲艺艺术，推动曲艺事业发展。成立汇演上，18名首批团员用一场精彩的曲艺演出为艺术团成立献礼。艺术团团长由省曲协副主席、秘书长李蓉担任。

【协助中国文联文艺志愿服务团赴小平故里广

安开展慰问活动】

为纪念邓小平同志诞辰110周年，6月15—16日，中国文联党组书记、副主席赵实带领中国文联文艺志愿服务团赴广安开展以“高山仰止--纪念邓小平同志诞辰110周年”为主题的慰问活动。演出在广安思源广场举行。赵实在演出前致辞。中国文联向广安市委、市政府赠送了美术家万山河创作的巨幅邓小平画像、书法家李铎、何应辉等创作的书法作品、摄影家陈谋荃在1979年拍摄的邓小平上黄山的照片、摄影家王达军和李燊拍摄的广安新貌等共计40余幅作品。广安市委、市政府向中国文联回赠锦旗和小平同志铜像。演出分为“我是中国人民的儿子、欢乐送万家、追寻中国梦”三个篇章。在随后举办的书广安画广安笔会上，中国书协向广安市委、市政府赠送书法作品，中国文学艺术基金会向广安赠送艺术书籍。活动期间，全体艺术家还前往邓小平同志故里参观，深情缅怀邓小平同志。四川省文联党组书记、常务副主席蒋东生，省文联党组副书记、副主席李兵随行参加了活动。

【第十二届全国美术作品展评选暨四川省美术作品展】

6月26日，第十二届全国美术作品展评选暨四川省美术作品展在成都文轩美术馆开幕。此次展览共收到作品1105件，经过甄选，共评选出参展作品600余件，其中选送第十二届全国美展作品115件。中国美协分党组书记、副主席吴长江亲率中国美协专家组赴蓉观摩指导，省文联党组书记蒋东生全程参与并担任评选总监审。

【四川省首届魔术交流大会】

6月28日至29日，由省杂协主办的四川省首届魔术交流大会在成都举行。大会邀请美国的著名牌术大师，阿根廷极限逃脱魔术大师，著名近景魔术师郭皓炜等举办了魔术讲座。在28日的魔术比赛中，四川选手沈志鹏的《魔幻时刻》获近景魔术组金奖，湖南选手陈治佐的《斑斓》获舞台魔术组金奖。29日晚举办了颁奖典礼暨嘉宾汇演。

【四川省首届青年舞蹈展演】

7月14日至16日，由省文联主办、省舞协承办的四川省首届青年舞蹈展演在成都举行。大赛分独舞、双人舞、三人舞、群舞，民族舞、现当代舞、古典舞。全省近30个艺术院团选送了近年来新创作的90余件作品前来参赛，进入决赛的有70件。比赛评出创作奖、表演奖、特别奖和组织奖。省文联党组书记、常务副主席蒋东生，省文联党组副书记、副主席李兵出席了17日晚的展演晚会并为获奖作品和选手颁发奖杯和证书。

【第六届全国少儿曲艺大赛】

8月10日至14日，第六届全国少儿曲艺大赛在四川彭州举办。本届大赛由中国关工委、中国曲协、四川省文联共同主办，四川省曲协、成都市文明办、成都市文联、彭州市委宣传部承办，彭州市文联和彭州市文广新局协办。大赛自启动以来，收到全国26个省（市、自治区）推荐选送的节目共150个，涵盖48个曲种，其中选手年龄最大的16岁，最小的5岁。香港特别行政区、台湾地区首次派队参与该大赛。大赛共评出一等奖10名、二等奖20名，三等奖30名。四川荣获一等奖节目3个、二等奖节目2个、获三等奖节目2个，两位选手荣获大赛“新苗奖”，两个作品荣获“作品奖”，一人荣获“园丁奖”。比赛中，还召开了少儿曲艺发展研讨会、少儿曲艺工作座谈会。

【“向人民报告”—— 蜀风蜀韵四川曲艺专场】

9月19日，中国文联、中国文学艺术基金会、中国曲协、四川省文联共同在北京民族文化宫大剧院主办了“向人民报告”——蜀风蜀韵四川曲艺专场演出。演出由12个四川独有的曲艺精品构成。12个节目既有继承又有创新，展现了四川曲艺界以人民为中心、为百姓说唱的真挚情怀。

【四川省首届魔术比赛】

9月25日下午，由省文联、省杂协主办，成都市杂协协办的四川省首届魔术比赛在锦江剧场举行。本次比赛设近景组和舞台组2个类别，共有12个节目根据抽签顺序登台竞演。最终，张旭的《水与油》和刘静的《箩圈戏法》分别获得近景组和舞台组金奖。比赛还评出银奖3个，铜奖5个。

【第四届全国新农村文化艺术展演和四川省首届农民艺术节暨民间艺术节】

10月10日，由中国文联、四川省政府主办，四川省文联参与承办的第四届全国新农村文化艺术展演在达州盛大开幕。由四川省委宣传部、省农工委、省文化厅主办、达州市委、市政府承办的四川省首届农民艺术节暨民间艺术节同步开幕。中国文联党组副书记、副主席李屹，四川省委常委、省委农工委主任李昌平，省人大副主任刘道平，省政协副主席王正荣、罗布江村，省文联党组书记、常务副主席蒋东生，副书记、副主席李兵，达州市委书记焦伟侠等出席开幕式。文化部发来贺电，李屹代表中国文联致辞，李昌平代表省委、省人大、省政府、省政协致辞，省文化厅党组书记、厅长郑晓幸主持开幕式，焦伟侠代表达州市委、市政府致欢迎辞。这次艺术节开展了“群星奖”音乐、舞蹈、曲艺、戏剧小品大赛及“三农”文艺汇演，举办了群众万人摄影体验活动、农村风情书画展、民间文化手艺广场会、《乡村志》作品研讨会等19项文艺活动。10月11日上午，在巴人文化广场举行了达州市巴山书画院的揭牌仪式。

创作、研究、培训

【“中国梦——踏歌四川”重点作品研讨会】

5月28日至30日，省音协组织省内优秀作曲家在成都召开了“中国梦——踏歌四川”重点作品研讨会。来自全省各市州音协、各专业文艺团体创作室、各综合大学艺术学院的专家、学者40余人参加了此次研讨会。这次研讨会，梳理了各类新作，交流了创作背景、使用技巧、后期制作等。

【启动四川摄影史学研究课题】

6月20日，由省摄协、四川传媒学院摄影系发起并具体实施的“四川摄影百年的发展与探索”项目在四川传媒学院正式启动。该项目计划用3至5年时间全面研究和整理四川摄影理论成果、四川百年摄影作品选以及相关口述历史影像，梳理和编撰四川摄影志、史。中国摄协分党组副书记、中国摄影著作权协会常务副主席王郑生，中国摄协副主席、中国艺术研究院摄影艺术研究所所长李树峰等专程来川参加研讨并给予指导。

【省文联文艺创作研讨会】

7月1日至2日，2014年四川省文联文艺创作研讨会在成都召开。各市、州文联，省级各文艺家协会，省文联机关各处室及直属事业单位负责同志参会。省文联党组书记、副主席蒋东生出席会议并作重要讲话，会议由省文联党组副书记、副主席李兵主持。大家主要围绕三个方面展开讨论交流：一是各单位开展艺术四川创作年活动情况；二是今年以来创作的重点文艺作品；三是下一步抓文艺创作的对策措施。此次创作研讨会共收到各市、州和各文艺家协会上报的重大题材作品200余件。

【中国书协“翰墨薪传工程”中小学书法师资四川培训项目】

7月16日，由中国书协组织实施，四川省书协负责承办的“翰墨薪传工程”中小学书法师资四川培训项目在成都举行开班典礼。中国书协副主席、四川省书协主席何应辉，四川大学校长、省书协副主席谢和平，省政府副秘书长、省书协副主席王七章，省教育厅总督学刘东，省文联党组副书记、副主席、中国美协理事李兵，以及参加培训的全省各地的50位基层中小学书法老师出席了典礼。7天的培训中，书法教育专家冯恩旭、向黄、王道义、齐建霞、汤文俊等先后向参培教师认真解读教育部制定颁布的《中小学书法教育纲要》，传播书法专业知识和书法教学方法。

【第9期文联系统领导干部培训班】

8月26日至28日，省文联系统第9期领导干部培训班在成都举办。省文联党组书记、常务副主席蒋东生，副书记、副主席李兵，副巡视员、秘书长钱江平出席，各市、州、县（市、区）文联、省级各文艺家协会、省文联机关各处室及直属事业单位负责人共200余人参加了培训班。开班会上，蒋东生同志作了题为《真心学习　真实做人　真诚待人　真情干事》的重要讲话，李兵同志以《如何认识和做好新时期文联工作》为题作了专题演讲。培训期间，省级各文艺家协会、省文联直属事业单位负责人分别作专题讲座。在分组讨论会上，参加培训的同志就如何进一步做好文艺工作和文联工作等问题进行了研讨。

【辉煌新中国电影65周年展映暨第四届四川电影发展高峰论坛】

9月22日，辉煌新中国电影65周年展映暨第四届四川电影发展高峰论坛在成都举行。省文联党组副书记、副主席李兵，峨影集团副总裁、四川影协常务副主席兼秘书长王春良以及老电影艺术家、影评家和青年电影工作者共60余人出席了此次论坛。会上，专家们就我国文革以前、“文革”期间以及当代电影、新媒体微电影的发展等方面进行了深入探讨，总结出新中国电影发展的问题及成果，对今后四川电影的创作具有理论指导意义。

【承办中华文明历史题材美术创作工程草图指导工作会（成都站）】

9月23日至24日，由中国文联组织召开的中华文明历史题材美术创作工程草图指导工作会（成都站）在成都召开。工作会历时1天半，共点评了四川、重庆、宁夏、陕西作者创作的15件作品。专家组就每幅作品的创意、构图、色彩等进行了全面、深入、细致的点评，对参与创作的老、中、青美术家的努力与创造力给予了高度肯定。

【四川传统村落立档调查工作启动暨培训会】

10月16日，由省文联主办，省民协和省摄协承办的四川传统村落立档调查工作启动暨培训会在成都召开。省委宣传部、省文联、省民协、省摄协有关负责同志，四川省各地市州文联、民协、摄协的有关负责同志参加了会议。大会进行了交流发言，并给四川传统村落专家委员会成员颁发了聘书。

【全省美术人才培训班】

10月21日至25日，四川省美术人才培训班在成都开班。各市（州）、县（市、区）文联推荐的美术人才，省级各文艺家协会、省文联机关各处室及直属事业单位负责人120余人参加了培训班。著名画家史国良、敬廷尧来川授课，两位老师就《素描三要素》、《素描方法的选择》、《速写》、《速写转换水墨》、《水墨写生》、《小品·创作》等内容进行了系统讲授。

【第二届群众喜爱的原创音乐作品沙龙】

11月6日，省音协在成都举办第二届群众喜爱的原创音乐作品沙龙。省音协部分主席团成员，各市州音协、省内艺术院校、文艺团体、音乐文化公司等单位负责人，从事音乐创作、研究、表演的专业人士及媒体参加了活动。民乐合奏《云上尔玛》、女声独唱《那片红叶》、合唱《羊角花开》等18个优秀原创作品在会上一一亮相，部分作品的作者还介绍了创作情况。与会专家、音乐人就作品及原创音乐等方面的问题进行了研讨。

【“大山大水大美四川”美术创作工程启动】

11月14日，“大山大水大美四川”美术创作工程动员会在成都召开。省文联党组书记、常务副主席蒋东生，省文联党组副书记、副主席李兵，以及全省各市州美协、驻蓉各大院校的有关领导出席了动员大会。会上，蒋东生提出要“深化认识，高度重视；发挥优势，形成合力；精心组织，落实责任”的要求。这次美术创作工程旨在进一步表现四川美术家对家乡的挚爱，推动四川美术事业的繁荣发展，为四川美术新馆的开馆献上一份厚礼和一批典藏精品。

【文学作品影视创作专题研讨会】

12月19日，省影协在成都召开了文学作品《末代彝族土司岭光电》和《失去童心的岁月》的专题研讨会。两部作品均为本土作品并具有深刻的时代烙印。作者介绍了创作情况，与会专家就两部作品进行影视创作的可能性进行了探讨。

【省文联文艺大讲堂之魔术讲座】

12月16日，由省文联机关党委、省杂协主办的“文艺大讲堂系列活动之魔术讲座”在省文联四楼会议室举行。资深魔术师徐玉秋讲授了《魔术表演的空间调度及艺术效果》，魔术师杨屹讲授了《魔术表演经验及创新思考》。省内魔术爱好者及省文联机关干部职工共计50余人参加了讲座。

文艺惠民

【省音协赴苍溪开展“走基层”活动】

3月25日，省音协20余人赴广元市苍溪县，与当地音乐创作者、爱好者们开展了“最美梨乡行”作品采风创作、交流及研讨活动，聆听了苍溪县山歌艺术团合唱、拉歌、对歌、乐器伴奏等特色演出。经过考察，省音协还决定在苍溪县建立音乐创作基地。

【省影协赴雅安开展“感恩奋进”大型电影惠民活动】

4月17日至18日，由省影协主办，雅安市雨城区委宣传部、区文联承办的“追光中国梦，逐影雨城情‘感恩奋进’”大型电影惠民活动在雅安举行。主办方向雨城区赠送了38部优秀电影光碟、电影杂志，召开了影视鉴赏培训班和本土电影作品《雨城故事》专题研讨会。

【省文联文艺志愿服务走进彭山】

4月18日，由省文联主办，省文联艺术团承办的“送欢乐·下基层”文艺志愿服务活动在彭山县黄丰镇举行。整场演出持续了近两个小时，前来观看演出的附近村社农民达两万多人。节目赢得了现场观众的阵阵喝彩。

【组织艺术家助力名山区文艺志愿服务活动】

4月21日上午，雅安市名山区文艺志愿服务队在名山区解放乡吴岗村开展“践行群众路线 助推灾后重建 实践伟大中国梦”送文化下乡惠民活动，省文联组织艺术家赶赴名山，助力基层文艺志愿活动的开展。活动在吴岗村村民活动中心举行。省文联党组书记、常务副主席蒋东生，省文联党组副书记、副主席李兵参加了此次活动。

【四川曲艺文艺志愿服务走进遂宁】

4月23日至25日，“培塑核心价值观，实现伟大中国梦——四川曲艺文艺志愿服务走进蓬溪文艺演出”在遂宁的三县两区——蓬溪、射洪县新世纪广场、船山区犀牛提广场、安居区、经济技术开发区、大英县政府广场举行。省曲协带来的四川清音、四川扬琴、四川车灯、琵琶弹唱、谐剧等国家级、省级非遗曲种，以及遂宁本土曲艺精品《杨柳新枝》等受到群众欢迎。

【中国民协、四川省民协文艺志愿服务团赴甘孜州“走基层”】

5月4日至12日，中国民协、四川省民协文艺志愿服务团走基层活动在甘孜举行。志愿服务团由中国民协、四川民协民间文艺专家以及演员、民间艺术家组成。省民协带来的绝技表演《高空足球秀》、魔术表演《伞魂》等节目参加了康定县的“‘四月八’转山会”演出。在甘孜州非物质文化遗产博物馆举办的“民间有大美”——民间文艺学者志愿服务大课堂上，王川教授作了题为《茶马古道及其文化价值》的讲座。民间文艺专家一行还对甘孜地域文化进行了考察调研。

【四川美术志愿者队伍成立】

5月20日，省美协、四川美术馆主办的“四川美术志愿者”队伍成立大会暨首届志愿者培训交流会在蓉隆重召开，来自全省各地的100余名美术志愿者及特邀嘉宾参加了大会。“四川美术志愿者”队伍的成立是四川美术“惠民、为民、乐民”工作的新起点。

【“5·23”四川摄影志愿者服务活动】

5月20日至23日，在省文联、省摄协的组织下，依托“手机摄影乡村辅导站”，全省多地摄影志愿者团结协作在成都市玉林社区、眉山市洪雅县、内江市隆昌县、巴中市南江县、达州市万源市、泸州市古蔺县、凉山州美姑县集中开展摄影志愿服务活动，为群众拍摄“最美全家福”，并用展览、讲座、赛事等形式将摄影志愿服务多样化。

【“中国梦强军梦——四川知名书画家送文化进军营”活动】

7月18日，省文联党组书记、常务副主席蒋东生，省文联党组副书记、副主席李兵带领20余名知名书画家，来到成都军区驻蓉某部和成都军区机关，举行“中国梦强军梦—四川知名书画家送文化进军营”拥军笔会。艺术家们现场挥毫泼墨创作了近百件作品，并与官兵们互动交流、讲解书法知识、绘画技巧和创作体会。成都军区政治部主任刘念光少将到现场看望了书画家。

【“温情阿坝·藏寨羌乡送全家福”走进阿坝】

8月11日至17日，由中国摄影报社、四川省摄协、阿坝州文联联合举办的“温情阿坝——藏寨羌乡送全家福”活动在阿坝州多地展开。在理县、马尔康县、阿坝县、红原县、黑水县、茂县6个惠民点现场为藏羌群众拍摄并赠送照片400余幅，还举办了4场“温暖家园——最美全家福”主题摄影展、5堂摄影讲座以及“走进阿坝影友擂台赛”等内容充实、形式多样的文艺志愿服务活动，受到了藏羌人民以及当地摄影人的欢迎。

【“技炫四川”——省杂协文艺惠民演出走进阿坝】

9月11日，由省杂协、阿坝州文联、阿坝县委、县政府主办，南充市杂技团演出的“技炫四川——四川省杂技家协会文艺惠民演出暨庆祝阿坝县建县六十周年杂技展演”活动在阿坝县文体广场举办。《狮子舞》、《转碟》、《捷克棒》、川北灯戏《嫁妈》、《地圈》、柔术《蓓蕾花开》、《力量》等一系列高强度、高难度、惊险刺激的杂技、绝活，震撼了在场的每一位观众。9月12日，演出队转战马尔康，为群众奉献了同样精彩的演出。

【“四川省第十二届春熙放歌——踏歌四川·走进南充”文艺惠民演出】

10月16日下午，由省委宣传部、省文联主办，省音协承办的四川省第十二届春熙放歌——“踏歌四川·走进南充”文艺惠民演出在南充市蓬安县相如文化公园广场隆重举行，2000多名群众冒雨观看了演出。省文联、省音协组织了省内著名歌唱家、舞蹈家、专业艺术院校的优秀学员共106名演员走进美丽蓬安，以舞蹈《开门红》、《大山里的梦》、歌曲联唱、马头琴合奏《万马奔腾》等16个节目为父老乡亲奉献了一台高品质的文艺惠民演出。

【省文联文艺志愿服务团走进革命老区平昌】

11月3日至4日，省文联党组书记、常务副主席蒋东生率省文联文艺志愿服务团百余名艺术家，赴革命老区平昌县开展慰问活动。笔会上，艺术家们为革命老区创作了200余幅书画作品。在平昌县文体中心大剧场、驷马镇，艺术团为当地群众送上两台文艺演出，精彩的演出令群众赞不绝口。

【省舞协惠民演出走进犀浦镇】

11月4日，由省舞协主办，郫县文广局、犀浦镇承办的四川省舞蹈家协会惠民演出在犀浦镇成犀家园举行，为犀浦镇人民奉上了一场艺术盛宴。演出吸引了附近乡镇上千名群众前来观看。舞蹈《大山里的歌》、《叫我们咋个不快活》、《长鼓舞》、京剧清唱《红灯记选段》、快板《孝亲敬老》等14个精彩的节目纷纷亮相，赢得了现场观众的阵阵掌声。

【省影协大型电影惠民活动走进广安】

12月15日至16日，省影协组织电影艺术家赴广安开展以“追光中国梦·逐影广安情”为主题的大型电影惠民活动，为群众放映最新电影故事片《匆匆那年》，举行影视鉴赏培训班暨广安题材文学作品研讨会。研讨会上，讨论了本土作家罗兴明的电影剧本《走出国门》。

【省曲协文艺志愿者走进革命老区巴中】

12月22日至23日，省曲协文艺志愿者服务小分队一行23人在省文联党组副书记、副主席李兵的带领下，赴革命老区巴中开展惠民演出和创作采风活动。志愿者们与巴中本地的红星艺术团、南江县光雾山文化艺术中心共同奉献了一台精彩的演出，节目涵盖四川清音、扬琴、谐剧、金钱板等曲种，受到了基层群众的广泛赞扬。

各文艺家协会

【四川省戏剧家协会】

3月与青海省剧协等单位联合组建长江文化促进会。4月推荐优秀编剧张勇参加中青年戏剧人才研究班。10月推荐小戏《火焰山》、小品《家恋》、小话剧《永不退色的油彩》、《尘埃落定》参加在张家港举办的第一届长江流域小戏小品展演。11月推荐话剧剧目《一代斯文》参加第四届中国校园戏剧节，并获中国戏剧奖·校园戏剧剧目奖和编剧奖。12月召开重点剧本《家：梅表姐》、《传说陈麻婆》、《草民宋士杰》、《母亲葛来凤》、《巴交龙布》等重点作品研讨会。当年，邓添文和严福昌的戏剧评论作品《臻于至善铸戏魂——谈陈智林在〈巴山秀才〉中的表演创造》、《戏剧小品丛脞论》分获“第五届中国戏剧奖·理论评论奖”的理论评论奖和提名奖。推荐阎飛宇参赛“中国少儿戏曲小梅花荟萃”，并获银奖。继续开展“戏剧进校园”活动，演出52场次，观众达58980人次。与成都市总工会共同举办“职工京剧展演”。

【四川省电影家协会】

电影《哦，爱》取得国家广电总局的公映许可证。故事片《奇葩追梦》报送国家广电总局审核。4月在雅安举办“百花回报沃土，电影扎根人民”系列惠民活动及《雨城故事》创作研讨会。5月举办四川省第二届儿童电影周活动及《天上的菊美》观影活动。6月在西昌举办“百花回报沃土，电影扎根人民”系列惠民采风创作活动及《女儿国末代王妃——肖淑明》创作研讨会。9月举办“辉煌新中国电影65周年展映暨第四届四川电影发展高峰论坛”系列活动。11月在岳池县举办《走出国门》剧本研讨会。12月在广安举办“追光中国梦·逐影广安情”惠民活动暨影视鉴赏活动。

【四川省音乐家协会】

1月召开《走民族音乐之路》著名音乐人陈川音乐作品研讨会暨《追梦》首发式。3月组织重点作品作者赴阿坝采风创作。4月组织优秀声乐人才赴江西考察交流。举办全省歌词创作培训班。5月召开全省音乐创作重点作品研讨会。分别在雅安、攀枝花、宜宾等地举办基层音乐培训班。举办第九届中国音乐“金钟奖”单簧管、长笛、合唱比赛四川赛区选拔赛。6月完成“纪念邓小平诞辰110周年”交响音乐会创作任务。与川庆钻探工程公司共同举办“首届四川省群众歌咏活动合唱指挥培训班”。举办第六届“神州唱响”全国高校声乐及全国高校数码钢琴弹唱组别比赛四川赛区选拔赛。7月对成都市教科文卫系统、德阳市、什郊县基本文化干部进行业务培训。8月举办“中国梦”主题音乐作品改稿会及专题讲座。10月组织四川省第十二届春熙放歌“踏歌四川·走进南充”暨“中国梦·蓬安情”大型文艺惠民演出。参加“中国音乐‘小金钟’奖——长江钢琴第二届全国钢琴比赛”，获银奖及优秀组织奖。11月组织“踏歌四川·走进阿坝、南江”采风活动。12月与雅安市石棉县文体广局共同组织“首届中国四川大熊猫国际生态旅游节开幕式文艺演出”。

【四川省美术家协会、四川美术馆】

1月举办《丰域西南·吾土吾民系列油画邀请展》。4月举办《第二回版画提名展》。5月举办《锦里·蜀中版画展》、《华润·蜀中版画展》、《建院——德阳艺术邀请展》，召开“四川美术志愿者”成立大会暨志愿者培训交流会。6月举办第十二届全国美术作品展评选暨四川省美术作品展。9月承办中华文明历史题材美术创作工程（成都站）草图指导工作会，举办《四川省第十一届漫画双年展》。10月举办四川省美术人才培训班、《川藏之光——四川美术作品交流展》。11月启动“大山大水大美四川”美术创作工程，举办《首届“我眼中的生态四川”》。12月举办《创越地平线——中国首届西部青年版画家主题创作展》、《四川省第七届新人新作展》、《丹青南充——2014四川省名家作品提名展》。选送作品参加第十二届全国美展，获银奖1件、铜奖1件、优秀奖2件。另有一件作品获《百家金陵全国中国画展》金奖。编辑出版《中国近现代版画》（第一部）。继续推进“四川重大题材”美术创作。完成四川美术新馆二次装修、省美协官网、微博、微信建设，出版杂志《四川美术》11期。

【四川省曲艺家协会】

5月成立四川省小牡丹艺术团，在彭州市创建四川第三个“中国曲艺之乡”。6月组织参加“法国巴黎中国曲艺节”，四川清音《杨柳新枝》、四川荷叶《秋江》分获卢浮银奖和铜奖。8月承办第六届全国少儿曲艺大赛，举行“人间天堂与天府之国的生动对话——川浙两省曲艺家开展交流座谈会”。10月在第八届中国曲艺牡丹江评选中，叮当（张旭东）荣表演奖，唐瑜蔓获新人奖。参加第八届中国曲艺节，清音《竹颂》、竹琴《竹情》被评为优秀节目。在山西长治县举办的中国曲艺之乡创建20周年系列活动中，中共岳池县委宣传部获“创建中国曲艺之乡工作标兵单位”称号，中共彭州市委宣传部获“创建中国曲艺之乡工作先进单位”称号，邓庆贵、卢国珍、萧萧获“创建中国曲艺之乡优秀曲艺工作者”称号，雷允树、宋敏、唐明良获“创建中国曲艺之乡工作先进个人”称号。11月在“首届中国西部优秀曲艺节目展演”中，四川盘子《剑门豆腐》、四川竹琴《竹乡茶馆》、四川扬琴《宝山脊梁》分获2个一等奖、1个二等奖。应中国曲协邀请，组织2名曲艺表演艺术家赴新加坡、马来西亚进行文化交流。12月推荐3名中青年曲艺家参加第六届全国曲艺创作高级研修班。先后在“中国曲艺之乡”遂宁、彭州、岳池举办了10场惠民演出。承办中国曲艺牡丹江艺术团走进彭州、邛崃惠民演出。参与中国曲协“我们的价值观——曲艺走基层全国百场巡演”活动。举办“向人民报告——庆祝新中国成立65周年暨说唱中国梦优秀曲艺节目展演”蜀风蜀韵四川曲艺专场进京展演。

【四川省舞蹈家协会】

5月至11月，举办了四川省第十四届国际标准舞锦标赛、四川省首届青年职业舞蹈比赛、四川青春舞新作展演、四川省第六届金秋乐中老年舞蹈展演比赛、举办四川省第八届星光灿烂少儿舞蹈展演比赛。7月组织开展社会艺术水平考级工作。8月至11月，举办了6期“现代舞技术技能”、“岁月如歌”、“舞海情愫”等专题舞蹈讲座及业务论坛。当年，先后在都江堰市少年宫、简阳市望水乡、雷家乡、新区群众广场、中江县瓦店乡、巴中市巴中去增口镇、西昌市月城广场、成都市武侯区莱蒙都会街区广场等地举办了十余场舞蹈惠民演出。组织参加第九届中国舞协“荷花奖”系列赛事，群舞《天梯梦想》获校园舞蹈比赛创作金奖，群舞《魂铸巴山》获当代舞比赛作品银奖，群舞《致青春》获校园舞蹈比赛表演银奖，群舞《龙的传人》获比赛十佳演出奖。

【四川省民间文艺家协会】

1月开启民间文艺学者志愿服务大课堂，聘请著名巴蜀民俗专家袁庭栋以“巴蜀文化的特色”为题开讲第一课。3月出版《四川民间工艺百家制作流程》。5月组织赴甘孜基层调研藏族民俗文化。以“茶马古道及其文化价值”为题，在甘孜非物质文化遗产博物馆举办“‘民间有大美’——民间文艺学者志愿服务大课堂”。6月组织参加“全国舞龙展演暨第十二届中国民间文艺山花奖·民间艺术表演奖评奖活动”，盐亭县水龙队获银奖。8月组织参加中国首届宣威（杨柳）山歌展演，泸州市纳溪滚板山歌《薅海椒》获银奖。9月组织参加“中国（百色·田东）民间广场歌舞大赛暨第十二届山花奖·民间广场歌舞”评奖活动，古蔺花灯《逗幺妹》获银奖。组织参加第四届中国民间艺术精品展，蜀锦蜀绣《交子行市图》、漆器《双耳龙凤瓶》获金奖，核雕《雅集》获银奖。10月与省摄协共同承办四川传统村落立档调查工作启动暨培训会。11月陈云华的青神竹编在长江流域民间艺术博览会上获金奖。

【四川省摄影家协会】

1月召开协会网创作工作会。在洪雅县汉王乡、汉源旧院乡举办手机摄影乡村辅导站迎新春系列活动。2月在美姑县巴普镇举办手机摄影乡村辅导站活动。3月召开省摄协六届二次主席团扩大会，研讨手机摄影、新媒体等问题，补充增加理事会成员。组织四川省第十六届摄影艺术展评。在双流县永和村、兴隆镇举办“学雷锋、送爱心——四川省摄影志愿者为敬老院献爱心”活动。在成都市玉林社区举办“玉林的一天·美丽瞬间”手机摄影活动。四川省摄影家协会微信平台改版上线。5月组织参加中国摄影家协会首次基层工作交流会。在南江县关坝乡开展文艺志愿者服务日活动，建立四川省第六个手机摄影乡村辅导站。6月举办《走进大师影像殿堂》——大师作品研究之纪实摄影主题演讲活动。启动“四川摄影百年的发展与探索”研究项目。在洪雅举办“幸福春节·家乡随手拍”——2014手机摄影乡村辅导站首届摄影赛。7月“四川摄影志愿者网”上线试运行。组织参加第七届中国西南六省区市摄影联展。在古蔺县箭竹苗族乡团结村组织“温暖家园——最美·全家福”志愿服务活动。8月开展“温情阿坝——藏族羌乡送全家福”大型惠民活动。9月在天府广场举办2014年新人新作展。10月历时一年的“圣洁甘孜·情歌故乡”——首届甘孜州国际摄影大展落下帷幕。承办首届川豫摄协交流周。组织《摄影的当代语境》专题讲座。12月在成都摄影公园举办“光影·梦想30”摄影作品展。2014年，廖勇的《异乡的蔺草》在第三节“徐肖冰杯”全国摄影大展中入选佳作，龚雷的《我的同学80后乡村女教师》入选“中国人中国梦”大型摄影艺术展，李杰的《海上》系列在2014年西双版纳国际摄影展中夺得“金孔雀评委会大奖”，吴传明在中国新闻摄影盛典中被评为2013年度十佳摄影记者。

【四川省书法家协会】

1月承办中国文联、中国书协我们的中国梦——“送欢乐下基层”中国书法进万家——走进上里古镇暨“兰亭学校”命名授牌仪式，组织书法家到雅安芦山县参加“2014年迎新春科技、卫生、文化赶场”惠民活动。3月举办篆刻（创作）年会、第四届西部书法篆刻作品展·四川书法创作班。4月启动四川省“书法名家进校园”文化志愿活动。5月指导绵阳仙海水利风景区中心学校成功创建“兰亭小学”。6月完成《我们的中国梦——四川省美术、书法、摄影展》书法部分征稿工作，举办王志安现代刻字艺术讲座。7月承办“翰墨薪传工程”中小学书法师资四川培训项目、西部书界新秀系列研修班。8月举办第十七期临帖（正书）培训班。10月举办四川省首届行草书创作培训班。11月承办第四届中国西部书法篆刻作品展，完成“永逸杯”四川省首届行草书大展的征稿工作。2014年，编撰了《当代四川中青年书法名家系列丛书》，出版发行了《二十世纪四川书法名家研究丛书》的《赵熙卷》和《何鲁卷》。发展省级会员78名，推荐26位作者加入中国书协。

【四川省杂技家协会】

1月《双人技巧》在第38届蒙特卡洛国际马戏节上获得“银小丑奖”。2月《倒立飞砖》荣获第七届西班牙国际马戏节最高奖金奖和特别奖。4月成立四川高校魔术联盟。5月承办首届南方（区）青年魔术新秀展演，《隐形的手》获近景组 、《格迷幻影》获舞台组铜奖。6月举办四川省首届魔术交流大会。8月魔术《电话亭的奇遇》在“2014第二届与港澳台魔术节”上获银奖。10月《梦·种子的力量》在中国·宝丰第六届魔术文化节全国魔术比赛中获铜奖。9月举办四川省首届魔术比赛。在俄罗斯第十三届世界青少年杂技比赛中，《顶碗》获金奖，《男女对手》获铜奖和三项特别奖。在阿坝县、马尔康县举办“技炫四川——四川省杂技家协会文艺惠民演出”。12月举办魔术公益讲座。编辑出版《四川杂技》总第5期。发展省级会员31名，共304人，新增国家级会员8名，共96人。

【四川省电视艺术家协会】

3月组织全省非虚构电视节目（纪录片）制作培训讲座。承办了“我的中国梦——送欢乐下基层”文艺志愿服务活动赴北川慰问演出。5月举办四川省电视节目制片人职业素养研修班。制作完成《纪录四川100双手》第一季，于11月在四川广播电视台文化旅游频道和四川卫视播放。组织参评第27届金鹰奖，共12件作品获奖，位居全国第四。组织第六届全国新农村电视艺术节四川地区评选活动。在甘孜、阿坝等地建立了7个“影视小屋”。举办了15期“影视大讲堂”。发展省级会员165人，团体会员3个，中视协会员96人。

【四川省文艺评论家协会】

1月主办“群众题材的当代书协”理论研讨会。9月承办电视剧《历史转折中的邓小平》评论座谈会。10月组织学习习近平总书记在文艺工作座谈会重要讲话精神座谈会。发表系列评论作品：《在文化体制改革的深水区奋力突围》、《坚定文艺评论的职业操守》、《〈大卫·科波菲尔〉及其插图》等。做好相关对策建议：《关于做好电视剧〈历史转折中的邓小平〉映后宣传，回应网上负面言论的建议》、《关于借助“四川方言热”，推动四川方言文艺作品创作和发展的建议》等。参加了中国文艺志愿者制度建设、四川省构建现代公共文化服务体系路、加强话语体系建设助力文化对外开放等课题讨论研究。启动《评论四川》编委会工作。

直属事业单位

【沫若艺术院】

完成纪录片《天府四重奏》的提纲创作。完成56集电视剧《杜秋娘》的审批、立项并组织拍摄。完成电视剧《公主图兰朵》、《藏茶秘史》的剧本创作。15集微电影《权戒》、10集微电影纪录片《川菜大师》进入拍摄阶段。推进《城市艺术名片》系列推广活动。《中国墨竹史》、《中国精品石刻艺术研究》、《四川美术史·上卷》进入校稿付印阶段。成立了西部花鸟画艺术中心、郭石夫艺术馆、四川省影视文艺促进会。承办“川藏艺术家联盟”的组建工作。组织“海拔五千米”专题画展、四面风书画联展、嘉陵画语——张达煜国画精品展。完成了艺术院装修升级改造。

【民间文学三套集成办】

组织举办以“弘扬张大千、董寿平艺术创作精神”为题的书画作品交流展。协助都江堰市玉堂窑艺术研究中心开发玉堂窑民间陶瓷文化艺术及产业。协助开发藏羌文化产业。协助出版童话故事《熊猫王国》。

【现代艺术杂志社】

进行杂志全面改版。

【文艺家维权中心】

维护四川省文艺家维权中心网的正常运转。编发知识产权宣传资料《维权园地》、《维权合集》。开展法律咨询，做好文艺工作者作品著作权的登记。

【展演中心】

3月组织参加中国文联、中国视协、四川省文联联合举办的“我的中国梦——送欢乐下基层文艺志愿服务活动”走进北川。4月到彭山黄丰镇开展惠民慰问演出。10月组织艺术家参加四川红叶生态旅游节暨黑水冰山彩林节开幕式。11月组织文艺志愿者服务团赴巴中平昌县驷马镇惠民慰问。

【文艺资源中心】

设计完成了《四川文艺资源数据库》框架，其中包括四川文艺人才数据库、四川文艺作品数据库、四川文艺机构数据库，并已获四川省版权局版权注册和登记证书。完成服务器的购置，编制了工作规划方案及意见。

贵州省文联

综　述

全年开展各项文联工作和文艺工作260余项。目前，拥有团体会员单位32个，县级文联88个，乡级文联47个。下设12个文艺家协会、三家杂志社有限责任公司、“四院一室一中心”和机关行政处（室）共计28个部门，在编人员132人，省管核心专家2名，省管专家3名，全国“四个一批”人才1名，贵州省“四个一批”人才13名。全国文艺家协会会员1597人，贵州省文艺家协会会员13461人。

会议与活动

【第二届贵州专业文艺奖·“中国梦”主题文艺创作评选活动】

2013年12月，省委宣传部、省文联联合下发《关于开展第二届贵州专业文艺奖·“中国梦”主题文艺创作评选活动的通知》。制定了《第二届贵州专业文艺奖·“中国梦”主题文艺创作评选办法》，于6月6日在《贵州日报》等省内主流媒体发布评奖公告，并通过省级各文艺家协会、各市（州）文联、行业、高校等多种渠道向社会各界征集有效参赛文艺作品2960件；8月7日至17日集中开展评审，各初评组严格按照《第二届贵州专业文艺奖·“中国梦”主题文艺创作评选办法》和各艺术门类的《评审细则》，经过对作品审读、讨论、复议、实名推荐，完成初评工作报终评委员会领导小组审核，评出获奖作品112件，特等奖35件，优秀奖77件。

【文艺志愿者服务】

1月15日，成立了贵州省文艺志愿者协会。省文联主席顾久当选为省文艺志愿者协会主席，汪信山、徐凡军、李雯、陶江、黄子恒、张其鹤、邓守成、宋静等8人当选为省文艺志愿者协会副主席，汪信山兼任省文艺志愿者协会秘书长，徐凡军兼任省文艺志愿者协会常务副秘书长。结合中国文联文艺支教工作，第四期文艺支教项目学校在8个市（州）开设41所，贵阳市农民工子弟学校15所。共招募了117名文艺志愿者，分别在56所学校开展书法、美术、音乐、舞蹈、曲艺、民间文艺支教服务。据统计，文艺支教开办各类兴趣班120个，志愿者共上课13274课时，受益学生9万余人次，其中有10名文艺特长生被北京陈爱莲舞蹈学校免费招录。省文联筹集用于开展文艺支教志愿服务项目经费共100多万元。

【“我们的中国梦”“送欢乐·下基层”走进福泉】

1月19日，由省文联、中共福泉市委、福泉市人民政府主办，中共福泉市委宣传部、省文化馆、福泉市文体广电旅游局、福泉市文联承办，贵州歌舞剧院、贵州黔剧院协办的“我们的中国梦”文化进万家“送欢乐·下基层”走进福泉慰问演出在福泉市文峰广场举行。书法家义务为老百姓书写春联1000余副；摄影家为老百姓义务拍摄全家福800余张。

【“天下贵州人·情系中国梦”新春联谊活动】

2月13日，由省文联、省工商联、贵州日报、贵州广播电视台、当代贵州期刊传媒集团、省文史研究馆联合主办，鼎锐天下国际资讯发展（北京）有限公司、影响力英才（北京）国际文化发展中心承办的2014年“天下贵州人·情系中国梦”新春联谊活动在贵阳举行。中央委员、中央社会主义学院党组书记叶小文，最高人民检察院原副检察长胡克惠，省政协主席王富玉，全国人大教科文卫委员会副主任、中国作家协会副主席张健，广西壮族自治区党委原副书记丁廷模，省委原副书记曹洪兴，《经济日报》原总编辑艾丰，中国社会科学院学部委员陈祖武，解放军总医院原副院长郭渝成，中国文联副主席李雪健，中国作家协会副主席叶辛，省领导龙超云、王江平、李汉宇、蔡志君，省人大常委会原副主任、省文联主席顾久，省政协原副主席武鸿麟，省文联李碧川、李远刚、汪信山、徐凡军、李崇明、陈加林、彭治力、李雯出席活动。

【省文联七届三次全委会】

2月27日，省文联第七届三次全委会暨2014年工作会在贵阳召开。省文联主席顾久主持会议，省文联党组书记、副主席李碧川作了《努力为同步小康建设提供强大的精神文化力量》的工作报告。省新闻出版广电局局长、党组书记、省文联名誉主席徐圻，省文联李远刚、汪信山、徐凡军、欧阳黔森、李崇明、彭治力、李雯、禄琴、王阿依、包俊宜、殷文霞、姚晓英、龙耀宏、唐亚平、张贵华和省文联七届委员会委员、首届贵州专业文艺奖部分一等奖获奖者共120余人参会。根据《贵州省文学艺术界联合会章程》规定，增补（更换）周忠良、龙险峰、李奇松、邵志庆、陈松、欧德琳等同志为省文联七届全委会委员。

【多彩贵州——中国美术作品展暨2014·多彩贵州国际原生态文化大汇活动】

4月25日，结合省委组织开展的原生态文化大汇主题活动，在中国美术馆举办了“多彩贵州——中国美术作品展暨2014·多彩贵州国际原生态文化大汇活动”启动仪式。本次展览推出的近300幅作品，涵盖了20世纪40年代到21世纪以来以贵州少数民族为美术创作题材的全国美术名作。编撰出版了《多彩贵州——中国美术作品集》。开幕式上，省委书记赵克志，省委副书记、省长陈敏尔发来贺信，时任省委副书记李军、副省长何力以及中国文联、中国妇联、中国作协、中国美协的相关领导出席开幕式。

【“最美是贵州”词曲创作采风活动】

6月26日至7月1日，省文联、省音乐家协会组织了“最美是贵州”词曲创作采风活动，邀请全国词曲作家宋小明、孟庆云、王原平、肖白、浮克、张全复、化方、苏柳、邓永祥、崔文玉、丁时光、柯洪坤、李菲等走进基层，进行音乐采风活动。创作出了《最美是贵州》、《云中恋歌》、《侗乡情歌》、《天地幸福》、《美酒敬花神》、《最美是这样》、《西南行》、《环佩叮当》、《心中的你》等9首优秀歌曲作品。

【蒲公英第十四届（2014）青少年优秀艺术新人贵州赛区选拔活动】

6月28日，由省文联主办，省舞协、省音协承办的蒲公英第十四届（2014）青少年优秀艺术新人贵州赛区选拔活动在贵阳举行。比赛项目包括舞蹈、声乐、器乐三大类。省文联党组成员、副主席汪信山，省文联党组成员、秘书长徐凡军出席了比赛开幕式。

【第四届“乌江文学奖”评奖】

第四届“乌江文学奖”评奖工作从7月份正式启动，参评的作品范围是在2012年1月1日至2013年12月31日期间，由乌江流域作者创作，以汉语言文字公开出版或发表的小说、散文、诗歌、报告文学、影视文学剧本、文学理论评论等作品。乌江文学奖评审委员会全体评委经过认真的初评，于10月20日进行终评投票，推选出8部乌江文学奖、3部《乌江文学》刊物奖。

【“黔桂歌王争霸赛”】

8月21日至24日，由贵州和广西两省区民间文艺家协会主办的“黔桂歌王争霸赛”在贵州省瓮安县举行。来自贵州和广西两省（区）的40多位民间歌手登台角逐，贵定县文联青年歌手耿文福荣获“黔桂歌王”桂冠。省文联副主席李远刚和广西文联副主席韦苏文作为活动顾问和赛事评委参加活动全过程。

【贵州文艺界践行社会主义核心价值观座谈会暨培训】

9月11日，省文联组织召开了贵州文艺界践行社会主义核心价值观学习座谈会。座谈会上，参会的各艺术家代表，紧紧围绕会议主题，结合文艺工作实际作了重点发言。大家一致认为，社会主义核心价值观是中华民族的文化表达、价值导向和精神家园，是中国特色社会主义文化建设的核心所在，也是文化软实力的灵魂。大家纷纷表示，把社会主义核心价值观主要内涵、精神实质融入到文艺创作的全过程，全心全意创作出老百姓喜闻乐见的作品，努力为“科学发展、后发赶超、同步小康”建设呐喊、吆喝、鼓劲，通过作品、镜头、画笔承担起建设社会主义先进文化的责任。省文联主席顾久，省文联名誉主席杨长槐，省委宣传部副部长姚远，省文联李碧川、徐凡军、欧阳黔森、李崇明、陈加林、彭治力、张绪晃以及各艺术门类老中青艺术家代表，各文艺家协会和文联机关部室的同志50余人参加座谈。省文联党组成员、副主席李远刚主持会议。9月19日，顾久主席以“中国价值观的演变”为题，给来自12个省级文艺家协会的100余名文艺家代表讲述了中国核心价值观的演变和文艺界践行社会主义核心价值观的意义。

【国学经典·音乐传承 2014国学音乐演唱·讲座】

9月13日，由贵州省文联主办，贵州音乐时空杂志社有限责任公司、贵阳孔学堂承办，贵阳孔学堂艺术团、贵州省文联山韵合唱团、贵阳市云岩区黔新小学、贵阳市实验四小协办的2014国学音乐演唱·讲座在贵阳孔学堂举行。活动分三个篇章进行：“少年养志”篇、“国风”篇、“爱国”篇。省文联主席、省文史馆馆长顾久担任讲座主讲。省文联党组书记、副主席李碧川，省文史馆副馆长沈志明，省文联汪信山、徐凡军、陈加林、张绪晃等领导和省文联机关干部职工、省内部分高校、贵阳市部分中小学的师生及社会各界群众700余人聆听了本次国学演唱·讲座。

【西部艺术家走进多彩贵州暨第24届西部文联工作交流会】

9月15日，由中国文联主办、贵州省文联承办的“西部艺术家走进多彩贵州暨第24届西部文联工作交流会”在贵阳举行。来自西部的13家文联的40余名代表参加座谈会，围绕如何推动“中国梦”为主题的文艺创作活动、以及加强省级文联组织网络建设的经验和做法展开讨论。中国文联国内联络部副主任谢力，贵州省文联顾久、李碧川、汪信山、徐凡军、彭治力等领导出席会议。会议还协商了第25届西部文联工作会议在新疆召开的决定。此次会议为期5天，工作交流会后，与会人员还赴贵州苗寨、侗寨现场考察民族民间文化艺术。

【第十四届上海南京路雕塑邀请展暨贵州雕塑精品展】

9月20日，由省委宣传部、省委统战部、省政协文卫体委、省文联、省广播电视台、贵州益佰制药股份有限公司、上海市城市雕塑委员会办公室、上海市黄浦区人民政府主办，省雕塑院、贵州广电传媒集团、贵州天马传媒、上海南京路步行街投资发展公司、上海城市雕塑中心承办的上海第十四届南京路雕塑邀请展暨贵州雕塑艺术展在南京路五卅广场拉开帷幕。该展展出50余件作品，展期60天。

【学习贯彻习近平总书记文艺座谈会讲话精神】

10月17日，贵州文艺界召开了传达学习贯彻习近平总书记在文艺工作座谈会上讲话精神的座谈会。省委宣传部副部长姚远，省文联李碧川、李远刚、汪信山、徐凡军、欧阳黔森、李崇明、陈加林、张绪晃、李雯等领导和各省级文艺家协会的会员、老艺术家代表及新闻媒体记者共100余人参加座谈会。省文联各文艺家协会分别组织座谈会7次，专家讲座2次。李碧川书记、欧阳黔森副主席等领导同志和文艺评论家以习近平总书记在文艺座谈会上的讲话精神为主题，撰写理论调研文章16篇，发表在《贵州日报》、《贵州宣传》等多家报刊上。中央和地方电视台及主要网络媒体对学习情况和30余位艺术家进行了专访报道。省委常委、省委宣传部部长张广智对文艺和文联工作作了3次重要批示，给予了充分肯定，要求继续在深入学习习近平总书记的讲话精神上下功夫，推动创作生产出更多更好的精品力作。

【“我们的中国梦”贵州省“第四届乌江文学奖”颁奖典礼暨省文联“送欢乐·下基层”文艺晚会】

11月7日，由贵州省文联、中共铜仁市委、铜仁市人民政府主办，中共思南县委、思南县人民政府、省作协、省文艺志愿者协会、省音协、省舞协、省曲协、铜仁市文体广电新闻出版局承办的“我们的中国梦”贵州省“第四届乌江文学奖”颁奖典礼暨省文联“送欢乐·下基层”文艺晚会在思南举行。省文联副主席、省作协主席欧阳黔森宣布贵州省“第四届乌江文学奖”获奖名单。艺术家牛群、贵州卫视新闻主播窦爱莉登台主持。艺术家郭达、王梦欢、王宏伟、陈明、奇志、张伟、黔籍著名歌手阿鲁阿卓和当地艺术家一起表演了舞蹈、歌曲、相声、小品、杂技等节目。全国人大教科文卫委员会副主任、中国作协副主席张健，贵州省委常委、省委宣传部部长张广智，国家旅游局规划财务司副巡视员郭长增，中国野生植物保护协会秘书长李青文，财政部行政政法司干部卢成，中国地质大学地球科学院副院长曾克峰，省委宣传部副部长姚远，省文联李碧川、李远刚、汪信山、徐凡军、李崇明、张绪晃、李雯，铜仁市委书记刘奇凡及市县相关部门负责人出席颁奖典礼并观看演出。

【海峡两岸电视节目主持新人大赛】

11月17日，由省文联、省电视家协会主办的贵州电视节目主持新人大赛暨选拔参加“海峡两岸电视节目主持新人大赛”在贵阳举行。评出17名优秀选手，其中金奖1名、银奖4名、铜奖5名、优秀奖7名，优秀教师指导奖6名、组织奖6名。选出了5名选手组队参加“海峡两岸电视节目主持新人大赛”。

【心系建设者“送欢乐 ·下基层”慰问演出】

12月7日，由省政协文卫体委员会、省总工会、省文联共同主办，省企业文联、黔西南州文联、省浙黔置业公司共同承办的与祖国同行、与人民同心·心系建设者“送欢乐 ·下基层”贵州文艺界慰问演出活动在兴义浙兴商贸博览城举行。省文联还为工程建设单位省浙黔置业公司赠送了6幅书画作品。省文联党组书记、副主席李碧川，省政协文卫体委专职副主任张忠敏，省文联汪信山、徐凡军、李崇明、彭治力、李雯，省总工会副巡视员郑国斌，黔西南州领导陈国芳、韦琼、黄曼、廖星和兴义浙兴商贸博览城的建设者3000余人观看了演出。

【中国文联、中国曲协文艺志愿服务团贵州行】

12月11日至12日，我们的中国梦——中国文联、中国曲协文艺志愿服务团“送欢乐·下基层”在黔南剧院、都匀绿荫湖产业园区、都匀朱紫布依寨和贵阳市云岩区“中天未来方舟”进行4场慰问演出。中国曲协领导姜昆、董耀鹏、曲华江，省文联李碧川、汪信山、李崇明、李雯，黔南州领导刘建民、刘良、吴丹等领导出席并观看慰问演出。姜昆、戴志诚、巩汉林和金珠夫妇、师胜杰、石富宽、刘全和、刘全利、韩延文、种玉杰等著名艺术家和省艺术家卜小贵、段春林、梁正邦以及都匀市文化馆的艺术家同台表演了相声、小品、魔术、京剧、歌舞等节目。中央电视台《综艺频道》主持人周宇主持。活动由中国文联、中国曲艺家协会、中共黔南州委、黔南州政府、省文联主办，贵州省曲艺家协会、黔南州委宣传部、黔南州文广局、黔南州文联、都匀市政府、都匀市委宣传部承办。

【“思州石砚杯”行草书法大赛】

12月12日，由省文联、省书法家协会、中共黔东南州委宣传部主办，中共岑巩县委、岑巩县人民政府、黔东南州文联承办的“思州石砚杯”省第七届行草书法大赛在岑巩县开展，此次大赛收到作品1000余件，经过省书法家协会组织评审，共评出一等奖作品3件，二等奖作品5件，三等奖作品9件，优秀奖作品126件。同时，特邀了省内31名著名书法家的作品参展，本次大展作品体现了省行草书创作的最高水平，全部获奖作品已结集出版。

【“摄影大篷车下基层”暨双月赛评选系列活动】

由省摄影家协会组织的2014“摄影大篷车下基层”暨双月赛评选分别在贵阳、铜仁、黔南、六盘水、安顺举行，活动共收到各类作品2000余幅。2014年的该系列活动以纪实摄影为主体，紧紧围绕贵州“五个100工程”建设中产生的有历史性、有史料价值以及感人场景、事迹或人物为拍摄重点。

【贵州“翰韵杯”影评征文活动】

省电影家协会主办，贵州翰韵文化传播有限公司、贵州大学、贵州师范大学、贵州民族大学共同承办的“翰韵杯”影评征文紧扣“青春·电影·梦想”的征文主题。征文比赛评出一等奖作品3篇，二等奖作品5篇，三等奖作品7篇。省文联主席顾久，省文联党组成员、副主席李远刚出席颁奖典礼。

创作与研究

【获奖情况】

电视剧《烽火燃情》、歌曲《美丽中国》、《有你》和大型歌舞剧《仰阿桑》获得全省“五个一工程”奖；《云贵高原》获全国“五个一工程”奖；剧本《二十四道拐》获全国广电总局剧本大奖；美术作品《元音》获得12届全国美展优秀奖；卢现艺摄影作品《寻找祖灵之路》获得全国摄影金像奖；肖玛荣获第6届中国国际声乐比赛男声组第二名；舞蹈类《冲刺十环》获第9届中国舞蹈“荷花奖”当代舞、现代舞评奖作品铜奖；越剧《手心手背都是肉》获得第十八届“中国少儿戏曲小梅花”银奖；民间歌舞《四十八寨琵琶歌》获得“中国(张家港)长江文化艺术节”金奖；花灯说唱《我们的小队会》荣获“第六届全国少儿曲艺大赛三等奖”；《铁血警花》获得“韩起祥杯——首届中国西部优秀曲艺节目展演”二等奖；《关爱家人之〈手机篇〉》获得27届中国电视金鹰奖公益广告片优秀（二等）奖；《2014美丽之冠中国城市春晚》获得27届中国电视金鹰奖文艺节目类三等奖；《硬币狂想》获得第四届中国西湖国际魔术交流大会近景魔术铜奖等。

【文艺创作】

4月18日，向中国抗日战争暨世界反法西斯战争胜利70周年献礼的大型电视连续剧《二十四道拐》在晴隆县开机，现正在紧张的后期制作中。11月份，以第一轮“中国梦”为主题的电影《凤凰台》在全国院线上映，电影《不朽的时光》已制作完成，即将上映。微电影《白夜失眠》样片已拍摄完成，以“我们的中国梦”为题材的电影剧本《红石坡刑场》、《杜鹃花之恋》定稿，组织完成省纪委重点推出的反映救火英雄的音乐话剧《我是杨刚》的剧本创作和排练。由贵州省文联雕塑院创作的《北极悲歌》冰雕亮相生态文明贵阳国际论坛2014年会并被生态文明国际论坛永久收藏。全年60余篇《山花》刊发的文学作品被《小说选刊》、《小说月报》、《中篇小说选刊》、《北京文学中篇小说月报》、《作品与争鸣》、《诗选刊》等权威选刊转载，并进入“期刊数字阅读影响力TOP100”排行榜，在中国知网、万方数据、维普资讯、华语文学网、华艺CEPS、博看网等，《山花》也保持了较高点击率。

对外及对港澳台地区文化交流

【贵州第四届魔术交流大会】

4月5日，由省杂技家协会主办，贵阳异次元魔幻文化传播公司承办的贵州第四届魔术交流大会，在省文联召开。来自阿根廷魔术师Diego（德·阿苟），及CCTV年度时尚金牌魔术师许清等武汉最专业的魔术团队与贵州杂协及魔术师们联手，打造国际魔术交流大会。

【美国文学、影视媒体贵州行座谈会】

8月11日下午，美国文学、影视媒体贵州行座谈会在省文联举行。双方就文学创作，影视创作、拍摄、市场运作等进行了友好交流。省文联主席顾久出席座谈会并作讲话。省文联党组成员、秘书长徐凡军，省旅游局原局长杨胜明和美国阿卡那电影公司首席执行官、汉纳电视台长罗玲，许志敏博士，阿卡那电影公司首席执行官Kellie Koppel和各省级文艺家协会及3家杂志社领导30余人参加座谈。

【两岸青年作家座谈会】

台湾青年作家、学生一行，在贵州开展“遵义之旅”活动，对中国近代史和中国共产党史的了解。10月23日，省作协协调相关单位做好接待工作，并在贵阳举办了“两岸青年作家座谈会”。

【2014亲情中华——巴黎·多彩贵州中青年油画家作品展】

11月21日至30日，以省侨联主席吕虹、省委统战部秘书长邵刚为团长，省美协谌宏微、杨斌、孙景、潘闻丞、华世经贸董事长沈权等画家、企业家组成一行16人的贵州文化艺术交流代表团赴法国巴黎组织举办的“2014亲情中华——巴黎•多彩贵州中青年油画家作品展”暨中法建交50周年纪念活动，在法国“巴黎中国文化中心”展出贵州省中青年油画家作品50余件，并在意大利威尼斯、斯洛筏克布拉迪斯拉发进行展示交流活动。

文艺人才培养

【“中国梦”全省小戏小品创作培训班】

5月27日至29日，由省文化厅、省文联主办，省戏剧家协会、省文化馆承办的构建“中国梦”全省小戏小品创作培训班在贵阳市委党校举行。培训内容包括：《小品与生活》、《漫谈小戏小品的创作》、《如何组织小戏小品的矛盾冲突》、《小戏小品的创作体会》、《怎样讲好贵州故事》等。省文化厅副厅长黎盛翔，省文联党组成员、副主席汪信山等领导出席开班仪式并讲话。

【中国文联文艺培训志愿服务项目“摄影培训”】

8月2日至11月30日，以“惠民、爱民、乐民”为主题的——中国文联文艺培训志愿服务“摄影培训”项目贵州站结束。13位老师在贵州省遵义市、黔南州和贵阳市三地进行了十次（共二十天）的摄影志愿辅导培训。培训内容包括纪实、风光、人像、数码后期制作、创意等，培训通过广电网络在全省九个市（州），88个县（市、区）网络公司同步视频实况播出，培训摄影爱好者2000多人次。

【“最美是贵州”舞蹈采风创作培训】

8月2日至12日，由中共贵州省委宣传部主办，省舞协承办的“最美是贵州”舞蹈采风创作培训班在贵阳举办。来自全省各院团、高校及各市州从事舞蹈编创的优秀舞蹈编导共32人参加了为期10天的培训。邀请了北京舞蹈学院院长郭磊，青年舞蹈编导林辰，中央民族大学舞蹈学院教师苏娅菲等专家授课。

【全省民族刺绣艺术传承人高级研修班】

8月4日至9日，由省民宗委、省文联、省民协联合主办的全省民族刺绣艺术传承人高级研修班在榕江开班。培训内容包括：染绘、刺绣、编织、雕刻、陶艺、烹饪、酿造等门类。对来自全省26个县（区）的50名刺绣艺人进行培训。

【“百千万”文艺惠民工程“基层文艺宣传队队长”培训班】

11月12日至14日，省文联在贵阳市委党校举办了第二期“百千万”文艺惠民工程“基层文艺宣传队队长”培训班。来自9个市（州）、43个乡（镇）的46名基层文艺宣传队骨干参加培训。邀请了4位专家就群众文化活动、舞蹈创作与编排等进行专题讲座。并组织学员赴贵阳市中天社区观摩教学及惠民演出。省文联李碧川、汪信山、徐凡军、李崇明、李雯等领导出席观摩教学活动并为44个省文联“百千万”文艺惠民工程第二批“基层文艺宣传队”示范点授牌。

【中小学教师毛笔书写能力与书法教学技能首期培训班】

12月5日，由省教育科学院、省师范大学书法研究与传播中心、省教育学会和省书法家协会联合主办的“贵州省中小学教师毛笔书写能力与书法教学技能首期培训班”在贵州师范大学举行了开班典礼。来自全省中、小学首批即将从事书法教育的100名教师参加了为期5天的培训。省文联主席顾久，省教育厅党组成员、机关党委书记赵廷昌等同志参加开班典礼并讲话。

【推荐45人参加鲁迅文学院学习】

2月和8月分别推荐1名作家到鲁迅文学院22和24届高研班进修学习；3月至12月，分8批选送38名少数民族作家参加“鲁迅文学院少数民族文学创作培训班”学习；5月，推荐5名作家参加第三届“鲁迅文学院西南六省区市青年作家培训班”学习。

机关建设

【党建工作】

一是结合省文联职能要求和各文艺协会特点，科学制定省文联“6+2”职能绩效目标和“作风整顿”、“效能建设”等二项效能建设目标，基层文联38家单位和文联系统9家单位获得表彰；二是扎实推进同步小康驻村工作，派出3名同志进村入户，工作队共深入走访群众439人（次）、组织召开调研座谈会10余次，发放“连心卡”200余张，对贫困农户、农民工子女入学进行结对资助，启动2所农民工学校进行文艺支教。

【机构编制】

参公编制60人，事业编制86人。

【内设机构】

办公室、人事部、组联部、财务处、机关党委、离退休干部处，新增权益保护部。

【所属事业单位】

贵州文学院、贵州美术研究院、省文联文艺理论研究室、省雕塑院、贵州文学艺术研修院、省文联机关服务中心。

【所属企业】

贵州山花杂志社有限责任公司、贵州南风杂志社有限责任公司、贵州音乐时空杂志社有限责任公司。

【夯实基础建设】

成立“文艺志愿者协会”；完成电影家协会、音乐家协会、戏剧家协会换届工作。

各文艺家协会

【作家协会】

2月25日至26日，召开全省青年作家创作会议。6月，与贵阳幼师共同举办黔籍作家捐书活动。8月10日至21日，组织省内部分重点作家赴重庆、西藏学习交流。9月19日，召开作家魏荣钊“行走文学”作品研讨会暨新书《遇见——我的黔边行》新闻发布会。9月20至22日，召开西南六省（区、市）作协工作联席会议，对如何围绕多出文学精品力作进行探讨和经验交流。10月21日，举办“贵州文学界贯彻习近平总书记在文艺工作座谈会上重要讲话精神座谈会”。11月25日，召开贵州文学界贯彻落实“深入生活、扎根人民”座谈交流会。12月11日，组织作家深入高铁沿线采风，深入了解一线工人战天斗地的气魄以及高铁建造中鲜为人知的工程难点与特点。12月20日至23日，举办了第七届贵州少数民族文学创作改稿班，33名少数民族作家参加。编辑出版《贵州作家》、《新世纪贵州十二诗人作品选》、《何文小说集》、《戴冰小说自选集》、《清浪街》、《黔东文学评论集》等。

【美术家协会】

2月12日，与深圳观澜美术馆联合主办“山秀青春·持重当代——贵州青年美术家提名展”，展出作品80余件。4月16日，与中国对外友协、省对外友协、加拿大本拿比艺术家协会、北美贵州总商会等在贵阳主办“‘生态与人文’加拿大本拿比•中国贵州国际艺术联展”。5月17日，与黔东南州美协、黔南民族师范学院共同承办“全国首届民族美术论坛暨2014中国美协民族美术艺委会年会”。6月27日，与省教育厅、省人社厅、贵州日报报业集团、贵阳市委、省文联联合主办的“黔灵毓秀·青春艺术——第三届贵州省高校毕业生美术作品展”在贵阳开展，展出作品280件。7月7日，与省文化厅、省文联、贵州画院、市美协联合主办的“美丽中国梦•多彩贵州风——庆祝建国65周年贵州省美术大展暨第十二届全国美展选拔展”在贵阳开展，选送参加第十二届美展的作品有14件入选、2件获得优秀作品展、1件获得优秀奖。8月30日，组织12位贵州美术家参加“省文联艺术交流及文化产业考察团”赴山东考察交流。9月9日，在贵阳国际会展中心“第四届中国（贵州）国际酒类博览会”会场举办“第三届‘贵州再设计’主题平面设计大赛暨2014绝对贵州‘醉创意’设计邀请展”。10月10日至17日，分别与中国美协、国家画院、北京画院和安徽省美协等在北京、合肥两地举办“无岸之水——杨长槐的水墨艺术”展览和“白云归故乡——已故皖籍画家刘知白中国画展”。11月1日，主办“贵人贵州行——2014全国十省美协主席画贵州活动”，邀请全国十省市美协主席赴贵州采风、写生。

【音乐家协会】

1月20日，由省文化厅、省音乐家协会、中共思南县委、思南县人民政府共同主办的中国·思南乌江风情原创歌曲和形象定位语征集活动获奖作品颁奖晚会在思南县举行。4月3日，与遵义市音协共同举办“黔北明珠文化城杯”首届“红色黔北风、悠悠赤水情”原创歌曲征集评选活动。4月11日至17日，省音协崔文玉、唐德松等赴云南参加“中国梦.云南情”采风创作及西部音协联盟会议活动。5月15日，与南明区联合举办的第二届“黔茶飘香·品茗健康”主题歌征集活动。5月19日，2014中国音协音乐考级贵州考区考级工作正式启动。5月31日至6月1日，2014“吟飞”国际电子管风琴西南大赛在四川举行，获得了两个二等奖，四个三等奖，一个优秀奖。6月4日至7日，省音协组织省内词曲作家丁时光、华建国等词曲作家赴道真进行了“我的中国梦”采风创作活动。6月8日，第六届“神州唱响”全国高校声乐比赛贵州选拔赛在贵大艺术学院举行。7月31日,第二十四届全国图书交易博览会系列子活动之一、上海音乐出版社出版的《崔文玉音乐作品集》赠书活动在贵阳举行。8月10日，由中国文联、中国音协、中国文学艺术基金会共同主办的“中国梦”全国原创歌曲征集活动评选工作中省音协荣获优秀报送单位，作品《我也有个中国梦》荣获优秀作品奖。9月29日，省音协第六次会员代表大会在贵阳举行，殷文霞当选音协主席，柴永兴、唐德松、王德文、张贵华、周正军、刘媛、刘洪英、方玲当选副主席。10月20日至10月31日，由文化部主办的第六届中国国际声乐比赛在宁波举行，肖玛荣获“第六届中国国际声乐比赛”男声组第二名。

【戏剧家剧会】

9月15日，召开省戏剧家协会第六次会员代表大会，共130余人出席。10月31日至11月11日，省戏剧家协会组织了1个花灯大戏、2个小戏、3个小品共120余人，参加了第六届（张家港）长江流域戏剧文化艺术节。铜仁市选送大型花灯剧《严寅亮与颐和园》荣获优秀剧目奖；省武警文工团选送小品《到底是谁》荣获优秀推荐剧目奖；省黔剧院选送小黔剧《青春祭1935》、都匀市歌舞剧团选送小歌剧《乌江魂》、都匀市歌舞剧团选送小品《一封遗书》、铜仁市小品《送礼总动员》荣获推荐剧目奖。11月18日，召开了厦门歌舞剧院音乐话剧《老宅》贵州巡演座谈会。座谈会由省文联副主席汪信山主持，厦门歌舞剧院院长王福立带领音乐话剧《老宅》主创人员及和省地方戏研讨会、省戏剧创作中心、省艺术研究院、省歌舞剧院、省黔剧院的领导、专家参加会议。

【民间艺术家协会】

1月至5月，与省民族宗教委联合进行了一系列调研工作，启动贵州民间工艺人才“千百十”培训及认定计划，制定了《2014－2016年贵州省民族民间工艺领军人才培训培养规划》。9月，由中华文化促进会剪纸艺术专业委员会、中韩（威海）文化创意产业合作交流会组委会联合举办首届“韩乐坊国际剪纸艺术博览会”上，剪纸作品《侗族大歌》获金奖，《傩舞》获铜奖。9月，组织推荐民间歌舞《四十八寨琵琶歌》，在广西南宁举行的“2014年邕宁壮族八音文化旅游节暨首届滇黔桂三省区吹歌艺术邀请赛”上，获得一等奖。11月，民间蜡染作品《鱼跃鸟鸣》，在“2014首届中国(张家港)长江流域民间艺术博览会”上荣获金奖，省民协获组织奖。编撰的“贵州世居民族文化书系”正式出版。其中苗族卷《笙鼓枫蝶》作者为余学军、布依族卷《山水布依》作者为周国茂、侗族卷《鼓楼侗歌》作者为欧阳大霖，书系共18卷，其余大部分卷本亦由李平凡等完成。7月，国家社科基金重点项目《中国苗族古经专题》在省文联召开开题会。10月，省民协青年论文集《发展视野下的黔中文化》由北京民族出版社公开出版。中国民间口头与非物质文化遗产推介丛书之一《黑与白的艺术交响——中国蜡染文化》。

【书法家协会】

1月29日，组织书法家参加孔学堂春节文化庙会首场活动“写春联、送春联”。2月25日，在六盘水开展“书法艺术的发展趋势”书法讲座。2至12月，省书协主席团成员先后深入到贵阳市、六盘水、修文、遵义、桐梓、安顺、印江县、高校等举办讲座。8月29至31日，由省书法家协会主办，省书协隶书专业委员会和安顺市书协承办贵州省隶书临帖班暨隶书创作研讨活动在安顺西秀区党校举办。11月7至10日，由省书法家协会主办，和遵义市书法家协会承办的省行书临帖班暨行书创作研讨活动在遵义举行开班典礼。11月16日，由省文史馆、省书法家协会主办，省书法家协会女子书法委员会，省图书馆承办的“知书达礼•贵州女子书法公益作品展”在省图书馆开幕。9月30日，省书法家协会主办，省书协篆书委员会承办庆祝建国65周年“中国梦・强军梦・我的梦”全国书画名家邀请展在武警贵州省总队开展。3至9月，由省委宣传部、省文明办、省教育厅、省文联、团省委共同主办，省书法家协会承办的2014贵州省中小学生“祖国好•家乡美”主题系列活动——“中国梦•我的梦”书法、绘画大赛圆满完成。10月22日，省书法家协会、省美术家协会、贵安新区联合举办了首届“多彩贵州•美丽贵安”原生态文化大汇美术书法摄影展在贵州轻工职业技术学院开幕。12月12日，由省文联、省书法家协会、黔东南州委宣传部主办，岑巩县委、县人民政府、黔东南州文联承办的“思州石砚杯”省第七届行草书法大赛在岑巩县开展。12月，省委宣传部、省文明办、省总工会主办，省职工文化体育协会、省书法家协会承办单位的“中国梦•劳动美•幸福路”书法、摄影大赛在贵阳开展。12月，由省文化厅、省书法家协会、贵阳黔灵印社主办，贵阳美术馆、市书法家协会承办的省第三届“恒安杯”篆书、隶书、篆刻艺术大展在贵阳举办。

【摄影家协会】

1月16日至19日，省摄影家协会与中国摄影家协会在黔西县开展“我们的中国梦”——送欢乐下基层文艺志愿服务活动。1月20日，省摄影家协会与福泉市委、市人民政府举办了“绿色磷都・幸福福泉”风光风情摄影大赛。3月1日，省摄影家协会与省妇联联合举办了“三八”妇女节摄影志愿者服务活动。3月21日，中国・贵州・绥阳“云贵江南・诗画绥阳”全国摄影大展启动。3月29日，北京摄影函授学院——贵州分院在省师范大学举行了2013第二十四期摄影函授班毕业典礼暨2014第二十五期摄影函授班开学仪式。4月11日，省摄影家协会与平塘县委、县政府在平塘县启动了贵州省“5个100工程”大型纪实摄影系列活动启动仪式及采风创作活动。5月23日，贵州摄影函授分院的志愿者小分队来到贵阳市曦阳老年公寓，为四十余位老人拍摄照片。7月20日，由西南六省区市摄影家协会主办，毕节市摄影家协会承办的《第七届中国西南六省区市摄影联展》，在享有“洞天湖地、花海鹤乡”美誉的毕节举行。8月22日至24日，“美丽中国·贵州之旅”中国摄影报“走进瓮安”影友联谊会在瓮安举行。10月17日至18日，省摄影家协会与开阳县摄影家协会联合组织了30名摄影家，前往开阳县龙岗镇进行“5个100工程”的拍摄创作活动。11月6日，省摄影家协会与上海图书馆联合举办的“西部畅想曲”贵州摄影艺术展策划工作研讨会，在省文联举行。12月27至30日，中国文联文艺培训志愿服务项目“摄影项目”在省广电网络公司举行。

【舞蹈家协会】

12月，由省文化厅、省教育厅、省文联主办，省文化馆、省舞蹈家协会承办的“贵州省首届‘群文杯’大学生舞蹈比赛”在贵阳举行。6月，省舞协选拔推荐《英姿飒爽》、《乌蒙铃》、《插秧舞》舞蹈节目参加由中国舞协主办的第二届“荷花·少年”全国（中学）校园舞蹈展演中进入全国总决赛。8月，由中国文联、中国舞协主办的新农村少儿舞蹈美育工程——“少数民族舞蹈课堂”成果展演在京举行，省舞协打造的《我愿是只吉祥鸟》、《布依小姑娘》、《採韭菜》节目赴京参加展演活动。11月，省舞协选送《冲刺十环》参加第九届中国舞蹈“荷花奖”获当代舞组作品铜奖。4月至5月期间，省舞协先后在威宁县一小、贞丰一小建立中国舞协“新农村少儿舞蹈美育工程——教学基地”，并指派舞蹈教师作为志愿者定期开展培训。

【杂技家协会】

5月3日，由省杂技家协会主办，贵州高校魔术联盟承办的贵州高校魔术联盟换届与贵州魔术发展经验交流会在贵州科技学院举行，周宏杰当选主席，王晶、田涛等为副主席。5月16日至17日，在“追寻中国梦、精彩南国风”南方五省（区）优秀青年魔术展演赛中，《白影奇迹》获金获、《工薪族的情人节》获银奖、《硬币幻想》获银奖、《Somking》获铜奖。1月，选送《力量》参加省妇联、省文联、省文史馆、贵州师范学院联合举办的“话改革、畅梦想、送欢乐、进校园”迎春文艺活动；选派《魔术》节目参加福泉文峰广场“送欢乐·下基础”文艺演出活动；组织杂技节目《捷克棒》参与开阳县委举办的“迎新年、奖劳模”文艺演出及表彰活动。4月，组织杂技节目《太空漫步》参加由省文联、省文联志愿者协会组织的黔东南（中小学校）慰问演出暨授牌仪式。8月，组织参加由中国杂协、浙江省文联、浙江日报报业集团主办的第四届中国西湖国际魔术交流大会。编创、推荐的魔术《硬币狂想》获近景魔术铜奖。完成由中国杂协主编，2014年中国电影出版社出版的《中国杂技老艺术家传略》，贵州省部分的编纂工作。完成《贵州杂技现状的调研报告》。9月，杨艳常被评为中国杂技家协会第七次德艺双馨会员。12月，赵旭撰写的论文《杂技艺术中民俗文化的象征性运用》获第九届中国杂技金菊奖第八次理论作品优秀奖。

【曲艺家协会】

2月，曲艺小品《老同学》荣获“2012年度全国优秀曲艺作品”铜奖。3月，音乐故事《永不灭的灯光》荣获“首届中国好故事（走马）邀请赛”铜奖。6月，都匀市文化馆花灯说唱《英模赞》荣获第八届中国曲艺牡丹奖（余杭赛区）节目入围奖。8月，黔南独山花灯说唱《我们的小队会》荣获“第六届全国少儿曲艺大赛”三等奖；省文化馆花灯说唱《情满校园》荣获优秀奖。11月，刘朝编导、梁颖笳表演评书《铁血警花》荣获“韩起祥杯——首届中国西部优秀曲艺节目展演”二等奖；双福创作，谭三、张莉导演，大海作曲，张莉等表演花灯说唱《茶乡梦》荣获三等奖。12月，王家文等表演贵州花灯小品《同在一片蓝天下》荣获“中国梦”全国优秀曲艺节目三等奖。3月至4月，两次组织赴遵义市寻访“黔北草书”，青岩古镇寻访“青岩唱书”。11月，张勤学、龚翠萍参加“第六期全国曲艺创作高级研究班”。

【电影家协会】

3月13日，省电影家协会和毕节市文联电影家协会组织研讨剧本《红石坡刑场》。4月18日，组织文艺演出队赴南明区消防支队慰问演出。5月4日，组织会员在古艺影城观摩国产优秀影片《同桌的你》。5月16日，组织会员在古艺影城观摩国产优秀影片《归来》。5月27日，省电影家协会在贵阳完成第五届换届工作。6月14日，省电影家协会在省粮油流通商会的协助下为灾区筹集5吨大米，由省文联李远刚、徐凡军带队，赴石阡灾区慰问。6月19日，到习水、毕节调研采风。6月27日，到织金调研采风。8月6日，组织会员在古艺影城观摩外国影片《暴力街区》。8月20日，到白云区、乌当区、金阳、及各个社区送电影下乡活动，送去故事片《太行山上》及科教片。11月19日，省电影家协会在贵大召开学习习近平在全国文艺界讲话座谈会。12月28日，举办贵州“翰韵杯”影评征文活动。

【电视艺术家协会】

4月13日，在省电视台召开第四届理事工作会议暨省第六届“德艺双馨”电视艺术工作者表彰活动。5月8日，贵州7件作品获第六届中国女性题材优秀电视作品奖。6月9日，完成省委组织部交办的300件远程教育电视课件评审。8月13日，贵州8个电视作品获第六届新农村电视奖。8月20日，贵州8个电视作品获“第七届中国旅游电视周”电视奖。8月28日至30日，组队到山东参加全国十三省市电视主持新人大赛，获得1个冠军，1个季军，3个优秀奖。9月28日，《关爱家人之〈手机篇〉》和《2014美丽之冠中国城市春晚》作品获27届中国电视金鹰奖。9月10日，邀请中央电视台拍摄的贵州电视纪录片《让“折翼”天使重新飞翔》在中央电视台七套播出。9月21日至24日，组织获奖代表到江苏参加第七届中国旅游电视评选颁奖及研讨活动。9月24日，贵州5个微电影获第二届亚洲微电影“金海棠”奖。10月12日，组织获奖代表到湖南参加第27届中国电视金鹰奖颁奖活动。10月15日，在省文联举行电视课件终评会，13名专家及领导对300件电视课件进行了终审。11月5日至7日，组队到深圳参加“人文中国”电视评选颁奖活动和优秀电视作品研讨会。11月6日至9日，视协组队到云南参加亚洲微电影“金海棠”奖评选颁奖活动及亚洲“微视频”创作培训及交流会。

基层文联

【安顺市文联】

得到“一个批示”：文艺志愿者陪伴阅读活动对外影响力有提升，时任十八大中央委员、国家新闻出版总局党组书记蒋建国为安顺市文联文艺志愿者阅读活动做了批示。荣获“两个第一”：安顺市在“中国梦”专业文艺奖评选获三个特等奖、两个优秀奖，特等奖获奖总数位列全省九个地州市第一名；全国美术作品展，安顺有三件作品参展，全省共15件作品参展，参展数位列全省九个地州市第一名。开展“四个首次”：举办首届黔中文艺新苗奖评选活动，全市133位青少年，7位指导教师，四个县（区）文联荣获表彰；首次举办安顺文艺界元宵茶话会暨2014黔中全民音乐之声专场文艺演出；首次为市书法家作品结集出书《黔中墨韵·安顺书法家作品系列丛书》；首次举办安顺蜡染LOGO征集活动，评选出3幅优秀作品，并给予表彰奖励。打造“两个志愿服务金质品牌”：举办2014“虹湖音乐季”系列活动，打造公益性音乐活动金品牌；举办“瀑乡因阅读美丽·生命因阅读精彩”2014安顺双阅读活动总结颁奖暨2014世界阅读日双阅读活动启动仪式，打造文艺志愿者陪伴阅读活动金品牌。突出安顺亮点：组织开展安顺第九届屯堡歌王争霸赛，编辑出版画册《龙腾·水灵·石奇花香——最龙宫》；编印安顺市首届旅游产业发展大会文化旅游图书《当飞虎队相遇大瀑布》；召开“2014新春·新书·新知·新阅读”座谈会，组建本土作家专柜，对外推介本土作家及作品；开展第二届黔中文艺新人奖评选活动；对40个第二批艺术名家工作室进行授牌；编辑出版《安顺文艺》6期；积极开展“双拥五个一”工作，即：以“双拥”为主题，开展一首歌、一本书、一本画册、一场音乐会、一次征文活动；组织开展全民阅读馆安顺分馆挂牌仪式暨安顺民俗文化口述史研究传承与出版论坛、黔中书友会志愿者陪伴阅读活动；组织开展2014安顺歌曲创作征集活动；举办第三届黔中端午诗会；举办黔中蜡染艺术作品展。

【黔南州文联】

2014年，黔南州文学艺术界联合会下设办公室、编辑部和组联部3个科室，书记兼文联主席1人、文联副主席2人、工作人员5人。下辖10个协（学）会。

1月12日，州文联参加“德润黔南·科技文化卫生‘三下乡’”活动，在独山县举行。1月13日，成立三都水族自治县交黎乡高平村文联。10月21日，组织文艺界学习习近平总书记在全国文艺座谈会上的讲话精神。1月1日，黔南州首届艺术摄影展览在石板街展出，共展出150幅作品。州民协于6月26日至7月7日，与罗甸县人大教科文卫委合作，邀请四川大学、三峡大学、贵州大学等单位相关专家10人，在罗甸县沫阳镇平岩片区高岚村和逢亭镇纳坪片区翁传村开展民族特色村寨文化普查。8月1至2日，州音协在都匀二小承办全国音乐考级活动。3月20日，由黔南州文联、州直文艺家协会、三都县文联等单位联合主办的州文艺志愿者服务活动启动仪式在三都高硐小学举行。8月17至22日，广东省文联副主席乔平率领采风团到黔南开展文化对口帮扶工作。并深入到荔波县、平塘县和福泉市进行文艺采风。5月17至18日，黔南州文联、黔南州文广局、黔南州作家协会在都匀举办“黔南州首届文学骨干培训班”，来自全州12个县（市）的文学骨干和黔南师院院报记者共47人参加培训。3月1日，应上海音乐学院教授张旭儒的邀请，三都县文联积极联络协调，由九阡镇水各村妇女潘月、吴春花等组成临时水歌演唱组于3月4日晚在上海音乐学院音乐大厅进行实验性演唱，这是水族民歌首次走进上海音乐殿堂。5月18日，都匀二中学生交响乐团启动仪式在二中田家炳大楼举行，学校还为乐团购置音响、灯光、钢琴、谱架、乐队座椅等设备，每周排练2次。电影《近距离击杀》获全国“五个一”工程奖；报告文学《瑶山伙计》等13件作品获贵州省第二届专业文艺奖“中国梦”主题文艺创作奖。

云南省文联

综　述

2014年，在省委、省政府的领导下，在中国文联、中国作协和省委宣传部的指导下，全省文联系统认真学习贯彻习近平总书记在文艺工作座谈会上的重要讲话精神，认真开展“深入生活、扎根人民”主题实践活动，扎实完成党的群众路线教育实践活动，广泛组织文艺惠民和文艺志愿服务，动员文艺家为鲁甸8.03地震抗震救灾赈灾开展义拍义卖、展览、文艺创作活动，云南文苑建设继续推进，一批文艺作品获得全国奖项，省文联被昆明市评为“昆明市文明单位”。文联和文艺工作为服务全省经济社会发展、推动云南民族文化强省建设做出了积极贡献。

重要会议与活动

【高峰副省长到云南文苑建设项目现场调研】

1月8日，省政府副省长高峰到云南文苑建设项目工地现场调研，省政府副秘书长杨杰，省政府办公厅督查专员安南，省发改委副主任饶卫，省财政厅总会计师孙国棋，省重大办副主任（常务副指挥长）柳彬、副主任（副指挥长）陈坤祥，省政府办公厅六处处长张祖武等陪同调研。省文联党组书记、主席郑明，党组成员、专职副主席张维明向高峰副省长汇报了云南文苑项目建设进展情况，高峰副省长充分肯定了项目建设的进展，并强调，要保质保量、全力推进。

【华人慈善家魏基成委托省文联向会泽捐赠1400万元慈善助听器】

1月9日，澳大利亚慈善家魏基成爱心团队“天籁列车”会泽行捐赠仪式在会泽县举行，魏基成先生委托省文联向会泽捐赠1400万元慈善助听器。省文联党组书记、主席郑明，省文联秘书长张碧伟，会泽县委副书记杨卫华、会泽县副县长张明东出席捐赠仪式。会泽县所有年龄在3个月以上存在听力障碍的人士，凭借身份证就可免费领取一副助听器。

【省文联文艺家志愿者服务团送欢乐到易门】

1月15日，由省文联、中共易门县委、县政府主办，省杂技家协会、省产业文联承办的“我们的中国梦文化进万家——云南省文联文艺志愿者服务团送欢乐下基层活动”在易门龙泉文化广场举行。省文联党组成员、专职副主席麻卫军，易门县委副书记、代县长周龙武等领导当地3000多群众观看演出，宗庸卓玛、何纾、高淑琴、王润梅、高爱洁、杨延锋、高洪章、李光军、戚原睿、焦开开、曹园园、夏嘉伟等参加演出，省书法家协会组织的书法家15人，为群众书写并赠送春联2000多幅。云南省摄影家协会组织的摄影家7人，为群众拍摄并当场赠送照片210幅。麻卫军副主席向易门县授予“云南省文联文艺家易门创作基地”扁牌，并向易门县五好家庭全家福赠送照片。

【中国摄影家协会主席王瑶等调研罗平国际摄影展筹备工作】

2月9日，中国摄影家协会主席、分党组书记王瑶，省文联党组书记、主席郑明，中国摄影报总编辑曾星明，曲靖市政协主席赵建华，曲靖军分区司令员卢兴波等领导深入罗平县进行调研。王瑶一行认真听取了罗平国际摄影节筹备情况工作汇报，充分肯定了罗平县委、政府和曲靖市摄影家协会在服务人民，服务大局和推动摄影事业发展方面取得的成绩，希望罗平通过国际摄影节和摄影高端论坛的举办，努力把罗平打造成国内外知名的旅游摄影创作胜地。

【沈洋长篇报告文学《遥远的洛泽河》首发式暨研讨会在昭通举行】

2月25日，沈洋创作的长篇报告文学《遥远的洛泽河》在昭通举行首发式暨研讨会。本次研讨会由省文联和昭通市委宣传部主办，由省作协和昭通市文联承办。省文联党组书记、主席郑明，昭通市委副书记张绍雄，省作协主席黄尧，省作协副主席、秘书长杨红昆等领导出席会议并讲话。昭通市委常委、市委宣传部部长卢云峰主持首发式。郑明、张绍雄等讲话，张永权、夏天敏、李骞、曾令云、陈孝宁、蒋仲文、杨昭、王宁、徐兴正等省内的作家、评论家出席了研讨会并作发言。《遥远的洛泽河》是真实纪录2012年彝良9·7地震抗震救灾始末的长篇报告文学作品。

【中国民协、省文联、省民协组织民间文艺家志愿者服务团赴西畴考察民间文化遗产保护】

3月1日至2日，中国民协、省民协组织全国及省内部分民间文艺专家组成民间文艺家志愿者服务团赴文山壮族自治州西畴县考察壮族民间文化遗产保护工作。中国民协分党组书记、副主席罗杨，省文联党组书记、主席郑明，中国民协分党组成员、副秘书长周燕屏、省文联党组成员、副主席黄映玲等率队，文化部、中国民协、中国社科院、中央民族大学、中国艺术报、中央电视台及省民协、云南大学、省民族博物馆等相关部门的专家、学者、媒体记者200人参加。服务团专家考察了上果壮族村建设、观摩女子太阳节祭祀、壮族原生态文化，召开了西畴女子太阳节暨壮族鸟崇拜文化研讨会，并前往麻栗坡县老山参观学习。

【云南省文联七届二次全委会】

3月6日，省文联七届二次全委会在昆明召开。省文联党组书记、主席郑明，省文联党组成员、专职副主席黄映玲、麻卫军，省文联兼职副主席刘伟、李凡、何侃、宗庸卓玛以及全委会委员近130人出席大会。省文联党组成员、专职副主席张维明主持会议。会议传达学习了全省宣传思想文化工作会议精神， 省文联党组书记、主席郑明向全委会作2013年工作报告。 全委会表彰了“2013年云南省文学艺术工作先进集体”，红河州文联等18个基层文联单位受到表彰。会议增补王会、华莎、朱莉娥、张永刚、沙政成、黄向静、普辉等7人为省文联第七届委员会委员。会议还举行了云南文苑第三次展藏品捐赠仪式。云南文苑此次共收到社会各界捐赠藏品500余件。 目前，云南文苑已收到社会各界捐赠实物4000余件。

【红河哈尼梯田世界文化遗产国际摄影双年展】

3月18日至20日，由中国摄影家协会著作权委员会、云南省委宣传部、省文联、省摄影家协会、红河州委宣传部主办的首届红河哈尼梯田世界文化遗产国际摄影双年展在云南省红河州元阳县举行。中国文联党组成员、副主席李前光，中国摄影家协会著作权委员会秘书长林涛，省文联党组书记、主席郑明等出席。本次展览及创作活动以保护、宣传红河哈尼梯田世界文化遗产为主旨，由摄影展览、摄影讲座、采风交流等活动内容组成。双年展共将举行30个国内国际摄影展和云南摄影家眼中的梯田、红河摄影家眼中的梯田等摄影展，还将邀请平遥世界文化遗产参展。

【李朝德长篇报告文学《乌蒙长歌》首发式暨研讨会】

3月21日，由省文联、省作家协会、曲靖市委宣传部、曲靖市文联主办的长篇报告文学《乌蒙长歌——当代愚公•陆良八老记》首发式暨研讨会在曲靖举行。省文联党组成员、专职副主席麻卫军，曲靖市委副书记李云忠，省作家协会主席黄尧，云南人民出版社社长刘大伟、陆良，县委书记陈锐以及来自昆明、曲靖等地的作家、评论家共80余人出席首发式。曲靖市委常委、市委宣传部部长和亚宁主持会议。首发式上，省文联、省作协向陆良八老代表王家德、王德映及曲靖、陆良、龙海乡图书馆、文化站捐赠长篇报告文学《乌蒙长歌》、画册《陆良八老•当代愚公》。

【《云南百年原创歌曲精选》首发式暨歌曲创作座谈会在昆举行】

3月25号，由著名作曲家杨明主编的《云南百年原创歌曲精选》由云南教育出版社出版发行，音协主持召开《云南百年原创歌曲精选》首发式暨歌曲创作座谈会。省原政协副主席陈勋儒，省文联党组书记、主席郑明，省文联党组成员、副主席张维明，省音协主席陈勇以及我省著名词作家、作曲家、音乐评论家等50余人出席会议。座谈会由省音协副主席罗章斌主持。缪开和、刘晓耕、张桂芬、殷海涛、刘蓝、关庄、王红星、蔡雯、周颜等也先后发言，对该书出版的价值和意义给予好评。

【第15届国际诗人笔会】

4月11日，第15届国际诗人笔会昆明东川区召开，来自世界各地的120余位华文诗人荟萃于被誉为“天南铜都”的东川采风，举办诗歌论坛，共同交流诗艺，以期创作出富有时代感的诗歌精品力作。中国文联副主席、中国作协名誉副主席、中国笔会中心会长丹增，司法部原党组成员岳宣义，省文联党组书记、主席郑明等出席开幕式。本届笔会宣布授予晓雪、刘章“中国当代诗魂金奖”，授予张同吾、李小雨、峭岩、绿蒂“中国当代诗人杰出贡献金奖”。

【省文联组织驻村联户工作队赴基层开展群众路线教育实践活动】

4月15日，省文联党组成员、专职副主席张维明率省文联驻村联户工作队副处副高以上干部16人，前往禄劝县翠华镇新农村挂钩联系点，走访贫困农户，为困难群众送温暖。工作队来到云南省近现代史国情教育基地“普渡河铁索桥红军烈士墓”瞻仰了普渡河铁索桥战场遗址、毛泽东长征路居馆旧址。张维明还现场代表省文联向当地70户农户赠送棉被，向翠华镇赠送了一批文化书籍；省摄影家协会结合摄影志愿者活动，组织摄影家走村入寨免费为各村寨70岁以上村民进行拍照留念，现场冲洗照片，赠送照片；省书法家协会复印百余份书法教材，为翠华镇中心小学50余名小学生进行书法授课，为当地贫困群众送去党和政府的温暖。

【王首麟作品展】

4月27日，由中国美协艺委会、省文联、云南师范大学、九三中央书画院主办，省美协、中国美协民族艺委会、炎黄艺术馆承办的“大观——王首麟作品展”在北京炎黄艺术馆开幕。中国文联党组成员、副主席、书记处书记左中一，九三学社中央副主席、全国政协常委、副秘书长邵鸿，中国作协党组成员、书记处书记白庚胜，省文联党组书记、主席郑明，省文联党组成员、副主席黄映玲等领导、专家学者以及媒体记者近200余人出席开幕式。开幕式由中国美术家协会《美术》杂志执行主编尚辉主持。

【《七彩云南——中国美术作品展》】

4月25日，以云南风土人情和时代进步为主题的《七彩云南——中国美术作品展》在中国美术馆开幕。中国文联党组副书记、副主席、书记处书记李屹，中国文联党组成员、副主席、书记处书记左中一，中国文联党组成员、副主席、书记处书记夏潮，中国文联副主席、中国美术家协会主席刘大为，省委常委、省委宣传部部长赵金，省文联党组书记、主席郑明，省文联党组成员、副主席黄映玲出席开幕式。开幕式由中国美协分党组书记、副主席吴长江主持。

【云南省文联文艺志愿服务团走进驻昆部队开展首个“全国文艺志愿者服务日”活动】

5月23日，省文联党组书记、主席、云南文艺志愿服务团团长郑明，省文联党组成员、副主席、常务副团长黄映玲率云南文艺志愿服务工作团一行30多人赴驻昆某部开展文艺志愿服务活动。我省著名表演艺术家夏嘉伟、土土、达坡玛吉、杨丽霞、金正明、田华、李光军等为官兵表演了精彩的歌舞戏曲节目；著名美术家孙建东、杨鹏、蒋丽萍和著名书法家朱兴贤、张斌挥毫泼墨，当场向部队赠送了书画作品。

【中国·东南亚·南亚电视艺术周——云南美术、书法、摄影邀请展】

6月4日，在第五届中国•东南亚•南亚电视艺术周即将开幕之际，由云南省文学艺术界联合会，云南机场集团有限责任公司主办，云南省美术家协会、云南省书法家协会、云南省摄影家协会、昆明长水国际机场有限责任公司共同承办的中国•东南亚•南亚美术、书法、摄影邀请展在昆明长水国际机场开幕。云南省文联党组书记、主席郑明，云南省书法家协会常务副主席、云南美术书法研究院院长、省人事厅原厅长段增庆，云南机场集团有限责任公司副总裁、昆明长水国际机场党委书记邓喜平，省文联党组成员、专职副主席黄映玲、麻卫军等领导、嘉宾共约200余人出席开幕式。开幕式由云南省文联秘书长张碧伟主持。

【第五届中国·东南亚·南亚电视艺术周】

6月5日，由中国电视艺术家协会、省对外文化交流协会、省文联等单位联合主办的第五届中国·东南亚·南亚电视艺术周在昆明开幕。中国文联党组成员、副主席、书记处书记夏潮，中国文联副主席、中国电视艺术家协会主席赵化勇，省委常委、省委宣传部部长、省对外文化交流协会会长赵金等领导出席开幕式。省文联党组书记、主席郑明主持开幕式。本届电视艺术周，邀请到老挝、柬埔寨、越南、印度、缅甸、印度尼西亚、尼泊尔、泰国、俄罗斯等9国电视传媒机构负责人、作家参加；国内邀请了香港、台湾、央视、北京、上海、江苏、重庆等电视机构负责人，中国文联、中国视协领导及我省有关部门共约200余人出席。同期将举办中国·昆明——南亚电视纪录片交流与合作论坛、第五届中国·东南亚·南亚电视艺术周·电影观摩研讨活动。

【第五届中国·东南亚·南亚电视艺术周昆明作家论坛】

6月5日，第五届中国·东南亚·南亚电视艺术周昆明作家论坛在昆明开幕。中国文联副主席、中国作家协会名誉副主席、国际笔会中国笔会中心会长丹增，省委常委、宣传部部长赵金，国际笔会中国笔会中心副会长张胜友，中国作协主席团成员、四川省作协主席阿来，省文联党组成员、副主席黄映玲，省作协主席黄尧等出席开幕式。柬埔寨政府办公室秘书，高棉作家协会主席辛番那，老挝作家协会主席皮拉万，缅甸作家协会中央执行委员会成员钦茂吞，尼泊尔前财政部部长、作家沙克，泰国作家协会副主席布拉帕，越南作家协会副主席黎广庄，俄罗斯作家协会外委会主任奥列格等38名外国作家及省内外作家共100余人出席开幕式。开幕式由郑明主持。

【2014中国舞蹈创作高级研修班】

6月17日，由中国舞蹈家协会、省委宣传部、省文联主办，省舞蹈家学会承办的2014中国舞蹈创作高级研修班在昆明开班。省文联党组成员、副主席麻卫军，中国舞协组联部部长周祥华及100多名来自全国的优秀中青年舞蹈编导出席开班典礼。

【“哈尼梯田杯”第三届云南本土歌曲创作与演唱大赛】

5月29日至6月1日，由省文联、红河州人民政府、省音协共同主办，红河州委宣传部、红河州文联承办的“哈尼梯田杯”第三届云南本土歌曲创作与演唱大赛在蒙自市举办。共有全省各州市、各高校音乐院系、文艺院团438个节目、685人次报名参赛，经过为期3天的复赛和决赛，评选出各组别的一、二、三等奖及优秀奖，并举行颁奖晚会。省文联党组书记、主席郑明，红河州委书记杨洪波，省音协主席、云南师范大学副校长陈勇，红河州委常委、宣传部部长伍皓等领导出席颁奖晚会。

【鲁迅文学院第十一期少数民族文学创作培训班】

7月15日，鲁迅文学院第十一期少数民族文学创作培训班(理论评论家班)在云南大理结业。中国作协党组副书记、鲁迅文学院院长钱小芊，中国作协名誉副主席丹增，省文联党组书记、主席郑明，大理州委书记梁志敏出席结业仪式并讲话。鲁迅文学院副院长李一鸣、王璇、大理州委常委、宣传部部长张剑萍，省作协副主席杨红昆，大理州文联主席杨子东等出席。

【蒋仲文剧作‘战争五部曲’研讨会】

7月11日，由省文联、中共昭通市委、市人民政府主办，省戏剧家协会、云南艺术学院戏剧学院、昭通市委宣传部承办的“纪念反法西斯战争胜利70周年蒋仲文剧作‘战争五部曲’研讨会”在昆明举行。省文联党组成员、副主席黄映玲，省剧协主席、云南艺术学院院长吴卫民，省作协主席黄尧，省作协副主席杨红昆等有关部门领导、专家和昭通籍在昆作家等近40人出席研讨会。

【“壮丽中华·钟开天美术展”】

8月1日，由中国文联、中国美协、云南省人民政府、云南省军区联合主办的“壮丽中华·钟开天美术展”在北京中国国家博物馆开幕。高占祥、张志坚、左中一、吴双战、吕章申、李翔、宋丹、胡昌明、郑明、刘伟、钟开天等出席开幕式。此次展览展出了其数百件美术书法精品，较为系统全面地展示了他在中国画人物、山水、花鸟，工笔、写意，壁画，线描，速写以及书法等领域的艺术成就。

【杨明音乐作品研讨会】

8月15日，由省文联、省音乐家协会共同主办的“杨明音乐作品研讨会”在昆明举行。省文联党组书记、主席郑明，省文联党组成员、副主席张维明，省音乐家协会主席、云南师范大学副校长陈勇，省文联副主席、省音协副主席宗庸卓玛，省音协副主席、秘书长罗章斌，殷海涛、何纾、丁煜伦、马烁、王正中、业原、关庄、李元庆、李鹏、吴渝林、周国庆、郭大强、唐天尧、碧波、卢云生、任英荣、陈士可、金鸿为、徐演、王硕、尹伟、者建周、刘蓝、任秀蕾、柏桦、李春华等30余位音乐界专家、学者出席研讨会。

【省文联组织书画义拍卖向鲁甸地震灾区捐赠38万余元】

8月24日，由省文联主办，省美协、省书协、省美术书法研究院、昆明雅士得拍卖有限公司承办的“鲁甸抗震救灾书画义卖”活动在昆明陆军讲武堂历史博物馆举行。近百名书画家积极参与，共拍得善款386370元，并当场通过云南省青年基金会全部捐赠给云南鲁甸地震灾区。省文联党组书记、主席郑明，党组成员、副主席黄映玲也带头捐赠了作品参加义卖，彰显了文艺界对灾区人民的深情厚意。

【省文艺志愿者服务工作团中秋开展惠民活动】

9月6日至8日，由省文联主办，昆明市大观公园、盛世大观艺术空间、省朗诵学会共同承办的“诗情画意盛世大观”中秋节系列活动暨云南省文联文艺志愿者服务团进基层活动在大观公园举行，省文联党组书记、主席郑明向大观公园授予“云南文艺志愿服务工作团基地”牌匾，主办了“诗情画意·盛世大观”的主题中秋晚会，近千名观众参与活动。

【省文联成立机关纪委并选举委员】

9月11日，省文联召开全体党员大会，选举产生第一届省文联机关党的纪律检查委员会。

【第八届云南戏剧“山茶花奖”颁奖晚会】

9月18日，由省文联、省剧协会主办的第八届云南戏剧“山茶花奖”颁奖晚会在昆举行。省人大副主任杨保健，省人大原常务副主任、省花灯剧院终身名誉院长晏友琼，省政协原副主席、省滇剧院名誉院长陈勋儒，省文联党组书记、主席郑明，省艺术学院院长、省戏剧家协会主席吴卫民，省文联党组成员、副主席黄映玲等领导出席晚会并为获奖演员颁奖。来自昆明市高速公路交警支队、昆明市公安局交警支队、云南省演讲学会、小喜村收费站、阿惠家政等单位的300多名一线工作者观看了演出。

【中国文联文艺培训志愿服务项目——舞蹈培训班】

9月17日，中国文联文艺培训志愿服务项目之一舞蹈培训班在云南省文联开班。中国舞协副主席、中国文学艺术基金会副理事长兼秘书长冯双白，省文联党组书记、主席郑明，中国文艺志愿者协会副秘书长、中国文联文艺志愿服务中心副主任邵志军，省舞协秘书长温恺等出席开班仪式。中国舞协分党组成员、副秘书长李甲芹主持开班仪式。北京舞蹈学院研究生部主任赵铁春，原云南省舞蹈家协会驻会副主席刘金吾，著名舞蹈家、国家一级编导周培武，云南省舞蹈家协会副主席、国家一级编导王佳敏等专家学者作为志愿者将为首期100多名来自云南基层的舞蹈工作者展开培训。

【庆祝中华人民共和国成立65周年美术书法摄影展】

9月28日，由省文联主办的“中国梦·云南情——庆祝中华人民共和国成立65周年美术书法摄影展”和“水色斑斓·2014云南省美术家协会水彩画家提名展”在昆明市博物馆开幕。中国文联副主席、中国作协名誉副主席丹增，省人大原常务副主任、省美术书法研究院名誉院长晏友琼，著名摄影家吕厚民、张桐胜,省文联党组书记、主席郑明，省文史研究馆馆长王维真，省文联党组成员、副主席黄映玲、张维明，省文联巡视员麻卫军、副巡视员张建林，各门类艺术家代表出席开幕式。省文联党组成员、副主席林政军主持开幕式。现场观众及艺术家代表300余人参加开幕式并参观展出。

【省文联赴鲁甸地震灾区组织文艺工作者学习贯彻习近平总书记在文艺工作座谈会上重要讲话】

10月16至17日，省文联党组书记、主席郑明，党组成员、副主席林政军带队赴鲁甸地震灾区进行捐赠活动，代表中国作协捐赠相机5台、电脑10台，捐赠《边疆文学》8.03鲁甸地震抗震救灾特大专号1500册，并组织昭通和鲁甸40余位基层文艺工作者学习习近平总书记在文艺工作座谈会上的重要讲话。

【省文联组织学习贯彻习近平总书记关于文艺工作重要讲话精神】

10月20日，省文联召开学习贯彻习近平总书记关于文艺工作重要讲话精神会议。省文联党组书记、主席郑明，省文联党组成员、副主席黄映玲、张维明、林政军，省文联巡视员麻卫军,副巡视员张建林等领导出席会议。云南省文艺家协会、省文联机关各部室干部职工参加会议。传达了10月15日习近平总书记在文艺工作座谈会上的重要讲话精神。

【中国作家支援鲁甸灾区人民重建家园书画义卖展】

10月21日，由中国作家协会创联部、省文联主办，省作协、云南美术馆承办的“水墨暖乌蒙·中国作家支援鲁甸灾区人民重建家园书画义卖展”在云南美术馆举办。省文联党组书记、主席郑明，省文联党组成员、副主席黄映玲等领导出席开幕式。黄映玲在开幕式上讲话。莫言，王蒙、贾平凹、陈忠实等80余名在文学上有卓越成就，在书画艺术方面也造诣深厚的全国知名作家积极响应。

【云南鲁甸抗震救灾摄影美术书法作品展】

10月27日，由省委宣传部、中国摄协、省文联、昭通市委、昭通市政府主办，省摄协、省美协等协办的“云南鲁甸抗震救灾摄影美术书法作品展”在省美术馆举办。省委常委、省委宣传部部长赵金，武警云南总队政委张桂柏，省美术书法研究院名誉院长晏友琼，中国摄协组联部主任包旭东，省文联党组书记、主席郑明，昭通市常务副市长何东，省军区政治部副主任邓永东，省卫生厅副厅长徐和平，省公安消防总队政治部主任蔡建波，省文联党组成员、副主席张维明、林政军等出席开幕式。参加鲁甸抗震救灾一线救援的解放军指战员、医护人员代表以及社会各界代表、省文联干部职工300余人参加开幕式。本次展览共征集到来自全省摄影家协会会员、部队官兵、新闻媒体记者等单位和个人约5000多幅抗震救灾作品，经过认真评选，遴选出160余幅作品参展。

【2014年云南省花灯艺术周在宣威拉开帷幕】

11月3日，2014年云南省花灯艺术周在宣威市开幕。省委常委、省委宣传部部长赵金出席开幕式并宣布本届花灯艺术周开幕。黄峻、黄玲、黄映玲、和亚宁、朱党柱等出席开幕式。本届花灯周以“我们的花灯·我们的自豪”为主题，在为期七天的艺术周期间，将推出花灯剧专场演出、花灯小戏和歌舞展演、青年花灯演员演唱比赛、花灯表演及研讨活动、花灯艺术进校园、花灯文化惠民专场演出等。共有来自全省12支代表队参加本届花灯周活动，其中27个花灯小戏、15个花灯歌舞节目参加节目展演，52名青年演员参加演唱比赛。

【全省学习贯彻习近平总书记在文艺工作座谈会上的重要讲话精神座谈会】

11月5日，全省学习贯彻习近平总书记在文艺工作座谈会上的重要讲话精神座谈会在昆明召开。省委常委、省委宣传部部长赵金出席会议并作重要讲话，省级宣传文化系统有关单位负责人黄玲、郑明、梁宗华和艺术家代表彭荆风、钟开天、黄尧、胡春华，就学习贯彻习近平总书记重要讲话精神作了交流发言。

【云南省文联荣获第九届中国文联文艺评论奖组织工作奖】

11月5日，由中国文联主办，中国文联理论研究室、中国文艺评论家协会承办的第九届中国文联文艺评论奖颁奖典礼在江苏省苏州市举办。由云南省文联推荐的《当代西南边疆少数民族文学的主体倾向》（作者张永刚）获文章类二等奖，省文联因组织成绩突出，被中国文联授予组织工作奖。省文联党组成员、副主席张维明到会领奖。

【省文联组织文艺家深入独龙江采风创作】

11月10日至15日，为了认真贯彻习近平总书记在文艺工作座谈会重要讲话精神和省委贯彻意见，省文联党组书记、主席郑明率作家、摄影家前往距昆明1000余公里的怒江州贡山县独龙江乡，采访被誉为“新时期的焦裕禄”的贡山县原独龙族县长高德荣以及独龙江乡建设情况。郑明和作家们与高德荣老县长进行了亲切交谈，走访了孔当村独龙族群众，省文联、省作协将组织文艺家创作反映独龙族人民实现千年跨越和巨大变化的纪实文学作品，举办独龙族大型摄影作品展。

【云南省美术作品展】

11月21日，由省文化厅、省文联、省美术家协会共同主办“庆祝中华人民共和国成立65周年2014·云南省美术作品展”在云南省美术馆、昆明市博物馆、108智库空间美术馆同时开展，并在省美术馆举行开幕式。省人大常委会原常务副主任晏友琼，中国文化部政策法规司司长绕权，省文化厅厅长黄峻，省文联党组书记、主席郑明，省文史馆馆长王维真，省文联党组成员、副主席黄映玲、林政军，省文联巡视员麻卫军等出席开幕式。展览共展出中国画、油画、版画、水彩（粉）画及雕塑共397件作品。

【云南文艺界“深入生活、扎根人民”主题实践活动暨“三百”文艺采风创作活动启动会议】

11月28日，云南文艺界“深入生活、扎根人民”主题实践活动暨“百名作家写云南、百名画家画云南、百首歌曲唱云南”采风活动启动座谈会在昆召开。省委常委、省委宣传部部长赵金出席并讲话，省宣传思想文化系统及受邀出席活动的艺术家代表发言。

【中国文联文艺志愿服务团在巧家灾区开展慰问活动】

12月28日至29日，中国文联文艺志愿者服务团深入地震灾区巧家县开展“送欢乐·下基层”慰问活动。中国文联党组书记、副主席赵实，中国文联党组成员、副主席李前光，省委常委、省委宣传部部长赵金，省文联主席党组书记、主席郑明，昭通市委书记刘建华，市委副书记、市长张纪华，省文联党组成员、副主席张维明，林政军等出席慰问活动。赵实、李前光、赵金同部分艺术家到巧家县白鹤滩镇大坪子村罗盘村民小组、旱谷村刘家田坝村民小组，看望慰问受灾群众陈贵华、刘庭海。赵实在“我们的中国梦”——中国文联文艺志愿服务团“送欢乐·下基层”走进云南巧家地震灾区慰问演出活动上讲话。赵金主持演出活动并讲话。

【中国文联文艺志愿服务团“送欢乐下基层”走进云南景谷地震灾区开展慰问活动】

12月30日，由中国文联、云南省委宣传部主办，中国文艺志愿者协会、中国文联文艺志愿服务中心、省文联、普洱市委、普洱市人民政府承办，景谷县委、景谷县人民政府协办的中国文联文艺志愿服务团来到景谷地震灾区，开展以“我们的中国梦”为主题的“送欢乐·下基层”慰问活动。中国文联党组成员、副主席、书记处书记李前光，中国文联文艺志愿服务中心主任、中国文艺志愿者协会副主席兼秘书长廖恳，省文联主席郑明，普洱市委书记卫星，省文联党组成员、副主席黄映玲、林政军，景谷傣族彝族自治县县委、政府等领导出席活动。中国文联党组成员、副主席、书记处书记李前光讲话致辞。

文联自身建设

【认真学习贯彻习近平总书记系列重要讲话精神，积极开展“深入生活、扎根人民”主题实践活动】

通过组织传达学习、党组中心组学习、个人撰写心得体会文章、召开文艺工作座谈会、组织主题实践活动，自觉用讲话精神武装头脑、指导实践、推动工作。11月，省文联印发了《关于开展“深入生活、扎根人民”主题实践活动的意见》，从11月中旬至2015年元旦、春节期间集中开展“深入生活、扎根人民”主题实践活动，省文联及所属各文艺家协会，联合州市县文联1200多名文艺工作者和文艺家，分别在16个州市县基层共67个活动点，开展慰问演出、小型展览、学习体验、采风创作、文艺支教、专家培训等120多场活动。

【继续扎实开展党的群众路线教育实践活动】

在2013年工作的基础上，省文联在第一批教育实践活动第三阶段，继续抓好整改落实，建章立制。一是认真研究制定了《云南省文联关于厉行节约反对浪费的规定》等18项管理制度，建立了长效机制，确保了省文联各项工作能够依法依规有序开展。组织“回头看”。通过集中学习和自学，组织驻村联户工作队赴基层开展工作。继续改进作风，“三公”经费得到大幅压缩。停办了“春满彩云南”全省文艺界新春大联欢，停办了“春之声”云南新年音乐会和各省级文艺家协会的新春联谊会。省文联在第一批党的群众路线教育实践活动中受到省委督导组的好评，认为省文联的教育实践活动规定动作全部到位，自选动作结合文联特点，建章立制切合实际，整改迅速，有特点，有亮点，取得了明显实效。

【认真开展惩治和预防腐败体系建设暨党风廉政建设】

省文联认真学习贯彻中央、中纪委、省委、省纪委重要指示精神，将惩治和预防腐败体系建设暨党风廉政建设纳入省文联工作的总体安排，把党风廉政建设与党的群众路线教育实践活动有机结合起来，贯彻落实中央八项规定和省委实施办法，加强反腐倡廉教育与制度建设。经省直机关工委批准，成立了省文联机关纪律检查委员会。形成党组统一领导、各协会各部室齐抓共管，机关党委组织协调，发动群众广泛参与的工作格局，较好地履行了党风廉政责任。

【认真做好文艺界意识形态工作】

强化机关党的建设，认真抓好党风廉政建设和反腐败工作，领导班子建设、干部队伍建设进一步加强。强化财政资金预算管理，不闯政策红线，配合省审计厅完成了财政资金管理审计工作。认真落实社会管理综治维稳及平安建设责任制，切实加强档案管理和保密工作，综合管理水平进一步提高。扎实开展扶贫挂钩联系点的扶贫工作，连续四年获得省政府颁发的一等奖。

创作与获奖

省文联积极动员全省文艺工作者和文艺家进行文艺创作，组织参加国家级重大文艺活动，多位文艺家获得国家级和国际文艺奖项。

诗人海男的诗歌集《忧伤的黑麋鹿》荣获第六届鲁迅文学诗歌奖，6部作品入选中国作协重点作品扶持篇目，11部作品获得中国作家协会少数民族重点扶持，晓雪在第十五届国际诗人笔会上获得“中国当代诗人诗魂金奖”，于坚获得由《人民文学》杂志社主办的第三届“朱自清散文奖”。

滇剧《水莽草》、广播剧《打工局长》在第十三届全国精神文明建设“五个一工程”奖评选中获优秀作品奖。

云南文化艺术职业学院的群舞《咿板嘟》获第五届中国舞蹈节暨第九届中国舞蹈“荷花奖”校园舞蹈评奖专业院校组作品金奖，云南民族大学的群舞《跳人之舞》获普通院校组作品银奖，省舞协获优秀组织工作奖。

哈尼族小三弦弹唱《白鹇姑娘》获第八届中国曲艺“牡丹奖·创作奖”，白族大本曲《问花》获得第八届中国曲艺节“优秀节目奖”。

罗江、卢冰的中国画作品《天路》、游宇的版画作品《搪瓷——红双喜》获第十二届全国美展优秀作品奖，何阿平的作品《百年老树系平安》获第八届民族百花奖铜奖，陈流的作品《老马·老厂》获第二届全国青年水彩画展提名奖，白实的作品《红土地·金秋》获第四届中国西部美术展油画年度展一等奖。

楚雄双柏老虎笙获中国民间广场舞大赛金奖；文山州吹歌表演队获“2014首届滇黔桂三省区吹歌艺术邀请赛”银奖；我省民间农民画家、剪纸艺术家参加中国民协主办的“青山绿水中国梦——全国农民画精品展”，5位艺术家获奖，其中一位获金奖，一位获银奖，三位获优秀奖；我省民间工艺家参加“2014首届中国（张家港）长江流域民间艺术博览会”的作品，分获一个金奖，二个银奖。

战旗杂技团《雨中情——抖空竹》在西班牙国际马戏节获金奖，在法国第十六届全明星国际马戏节获金奖头奖；云南省杂技团《蹦床爬杆——都市阳光》在“第三届西班牙国际马戏节”获铜奖；云南省杂技团《流星——小伙 四弦 马缨花》在“俄罗斯伊热夫斯克国际杂技节”获最佳节目“特别奖”。

张永刚《当代西南边疆少数民族文学的主体倾向》、王晓林《秋天往事：露从今夜白——阅读的诗与思》获第九届中国文联文艺评论奖文章类二等奖。省文联获得组织奖。

对外文化交流

12月19日至23日，应老挝外交部、老挝作家协会的邀请，云南省作家代表团一行5人访问了老挝人民民主共和国。代表团与老挝作家执行委员会进行会谈，代表团团长、省文联党组书记、主席郑明介绍了云南省作协的基本情况及云南省作家队伍的发展状况，老挝作协主席披拉万·栾婉娜女士介绍了老挝、泰国、越南、柬埔寨、缅甸等共同举办的“湄公河”文学奖，并希望云南省能代表中国加入这一在东南亚具有重大影响的文学活动。双方就老挝作协提出的合作备忘录草案进行协商并达成了共识。双方签署了每年轮流互访、举行文学座谈研讨、两国文学作品互译等合作备忘录。

4月12日至16日，第15届国际诗人笔会近日在云南省昆明市东川区拉开帷幕。中国文联副主席、中国作协名誉副主席丹增，原司法部副部长、诗人岳宣义，青海省省委常委、宣传部长吉狄马加，诗人高瑛、晓雪、李小雨、朱先树、周良沛等出席笔会。来自中国、美国、澳洲、越南、马来西亚、菲律宾、泰国、新加坡等国家及港澳台地区100多名海内外著名诗人、诗评家共同参加。

6月25日至7月2日，应中华两岸书法教育会邀请，省15位美术书法家赴台湾举办云南美术书法台湾交流展，与台湾美术书法界同仁共同探讨海峡两岸的美术书法交流合作。同时宣传介绍了云南文苑、为云南文苑世界华文文学馆征集了展藏品。

5月20日至27日，应台北市艺术文化交流协会的邀请，云南省文艺评论家协会文化交流团一行10人赴台湾进行文化交流和学习考察。在台举办了“云台文化艺术交流座谈会”，主题是中国远征军入缅甸作战以及云南在抗战中的地位。

各文艺家协会

【云南省作家协会】

坚持以出作品、出人才为中心，在诗歌、小说、报告文学、散文、评论等方面都取得了新成果，我省的作家在全省重点刊物、全国重点刊物上发表了大量的作品，全面展现了云南文学的新实力与新气象。举办了南亚、东南亚昆明作家论坛、全国新时期少数民族文学作品选暨新时期云南少数民族文学作品选编辑会、《乌蒙长歌——当代愚公·陆良八老记》首发式暨研讨会、2014年滇东文学创作年会暨红河州第三届文学创作笔会、中国作家走进怒江暨2014滇西文学创作年会、《遥远的洛泽河》首发式暨研讨会、《乌蒙长歌——当代愚公·陆良八老记》首发式暨研讨会。为帮助鲁甸灾区人民重建家园，联合中国作家协会创联部向全国作家发起了支援鲁甸灾区人民重建家园书画义卖倡议，获得了积极响应和广泛支持。

【省音乐家协会】

举办了《云南百年原创歌曲精选》（上下卷）首发式、云南省首届“音乐学术阅读”读书笔会，与红河州共同主办“哈尼梯田杯”第三届云南本土歌曲创作与演唱大赛，主办第三届全国少儿钢琴大赛云南选拔赛，承办了“情系家园 守望梦想”2014达坡玛吉公益演唱会，协办了中国音乐学院硕士生孔庆学毕业独唱音乐会、文山富宁坡芽山歌合唱团专场音乐会、云南艺术学院声乐教授、著名女高音歌唱家武红梅从艺30周年独唱音乐会。

【省戏剧家协会】

组织举办了2014昆明跨文化戏剧展演、第八届云南戏剧“山茶花奖”颁奖晚会暨云南戏剧“山茶花奖”艺术团文艺志愿者慰问演出活动、2014年云南省花灯艺术周、蒋仲文“战争五部曲”剧作研讨会。

【省舞蹈家协会】

承办了“2014中国舞蹈创作高级研修班”、举办了“同在蓝天下，舞动中国梦”——滇港两地舞蹈交流演出、第一期和第二期中国文联文艺培训志愿服务项目——舞蹈培训（云南班）、“2014年‘送欢乐·下基层’文艺志愿演出”。

【省曲艺家协会】

与曲靖市文联共同主办了第19届少儿曲艺故事大赛，组织“中国梦”主题曲艺作品征文比赛。

【省美术家协会】

组织举办了“七彩云南——全国美术作品展”、“2014·云南省美术作品展”，组织推荐作品参加“第十二届全国美术作品展”。

【省摄影家协会】

协办了“2014年西双版纳国际影像展”，举办了“大美临沧”摄影展、2014年索尼世界摄影奖优胜作品（SWPA）巡展、“寻根南诏·品味巍山”摄影艺术展、“魅力影像专题摄影展”、《云南摄影系列丛书·镜头里的人生百态》座谈会暨捐赠仪式，与省美协、省书协共同承办“云南鲁甸抗震救灾摄影美术书法作品展”，联合《中国摄影报》在腾冲县为基层摄影家举办“名家大讲坛”摄影讲座、举办“环境保护与野生动物摄影”专题培训。

【省书法家协会】

开展了以“走边防连队、访边防战士，学边防精神、送边疆文化”为主题的“云岭军地书法名家双拥边防行”文化服务活动、“送欢乐、下基层、促和谐、树新风”文化下乡节日慰问活动、“中国书法进万家——走进基层部队”慰问活动，举办了“美丽昆明、精彩南博”书法艺术邀请展、2014中韩国际书法交流展暨《作品集》首发式，启动“书法名家进校园”书法教学主题活动。

【省民间文艺家协会】

组织举办了“首届中国宣威（杨柳）山歌展演暨云南省第二届山歌节”、西畴女子太阳节暨壮族鸟崇拜文化研讨会、“找回太阳的地方——谜境西畴”回归文化主题县城规划展、文化文物展和云南知名画家美术作品展。

【省电影家协会】

承办第五届中国·东南亚·南亚电视艺术周电影观摩研讨活动，协助中国影协在昆明召开2014年全国影协秘书长工作会暨少数民族题材影视创作研讨会，组织云南省民营影视机构与香港贸发局交流座谈，探讨影视发展合作事宜。

【省杂技家协会、省产业文联】

积极参与“送欢乐、下基层”活动，参与组织了易门县慰问演出，举办庆祝长征胜利80周年“中国梦.长城魂”书画展，召开了云南省金融文联第一次代表大会，成立云南省金融文联。

【省电视艺术家协会】

承办“第五届中国·东南亚·南亚电视艺术周”。

【文艺理论室、省文艺评论家协会】

注重《边疆文学·文艺评论》杂志的策划和质量，精心策划实施了全面改版，完成了4期《艺术云南》杂志（正刊）和两期《艺术云南·别册》的编辑出版。协助完成了“中国文艺评论家协会成立大会”的相关工作，并参加了“中国评论家协会成立大会”。举办张化忠长篇小说《血殇》《泪殇》《楼殇》创作艺术研讨会，与昆明市文联共同举办“2014云南儿童文学中青年作家读书改稿暨促进本土原创儿童文学繁荣研讨会”，参与省委宣传部举办“中国梦·云南美——百部微电影优秀作品研讨会”，创作完成了“云南少数民族影像志”纪录片《彝族》和图书《彝山寻踪》。

【省美术书法研究院】

举办“2014宜宾——昆明书法提名展”、云南首届新春“艺术淘”书画展，赴台湾举办云南美术书法台湾交流展和学术交流，组织成立篆刻艺术研究社团“云南印社”，在临沧建立“云南省美术书法研究院澜沧江创作基地”，在曲靖建立“云南省美术书法研究院爨乡创作基地”。

【《边疆文学》杂志社】

努力提高刊物和稿件质量，推出了“鲁迅文学院第八届少数民族文学创作培训班学员作品专号”、“8.03”鲁甸地震抗震救灾特大专号，新推出了“短歌行”栏目，发现和培养云南本土文学新人新作，刊物影响力不断扩大。

【云南文艺网】

已初步建立了一支较稳定的信息采编通讯员队伍，已成为省委宣传部重大活动指定宣传媒体之一，已成为省文联和全省文艺界信息资讯发布中心和对外宣传的重要窗口。围绕文联中心工作，文艺网更加注重重点栏目的策划和打造，重点策划并推出了一批栏目和一系列文艺活动，积极参与社会公益性文化活动的宣传道报；更加注重对文艺家资源数据建设，已完成省美协、省民协等会员信息采集、发布工作。加强了网站的安全管理的落实，促进了工作的有序开展。

【云南文苑项目指挥部】

云南文苑馆建设，顺利完成了云南文苑云南文学艺术馆（含美术书法摄影临展厅、云南文学展厅、云南音乐展厅、云南舞蹈展厅、云南戏剧曲艺杂技展厅、云南美术展厅、云南书法展厅、云南摄影展厅、云南电影电视展厅、云南民俗文化展厅、东南亚·南亚展厅、世界华文文学展厅等专题艺术展厅），以及云南文艺家之家的多功能演艺厅、云南文艺图书馆、云南当代书画院等主要设施的设计方案、预算方案的报批工作。目前正在进行分项工程施工，同时把主体建筑建设任务与展藏品征集布展工作同步推进，力争做到同步建成投入使用，实现云南文苑创作、展示、培训、交流、文化旅游为一体的设计功能，使其成为云南文化的又一名片。

基层文联工作

【昆明市文联】

积极开展以“中国梦”为主题的文艺创作活动，举办了以“中国梦”——昆明绽放新光彩为主旨的“唱行中国梦·舞动民族风”主题原创合唱音乐作品大赛，组织创作的纪实文学《智障儿也有春天》、《小巷总理》等“中国梦——云南故事”作品在人民网等多家网络发表。

【昭通市文联】

全力参与8·03地震抗震救灾工作，组织文艺家开展义拍活动，组织了3次义拍活动，300余人参与，捐赠善款379145元。《震不倒的龙头山》、《生路》等文艺作品向社会传递了正能量。完成了中国文联文艺志愿服务团赴巧家地震灾区慰问演出的协调服务工作。

【曲靖市文联】

强化制度建设，健全完善了《党组议事制度》、《会议学习制度》等机关工作15项制度，一批文艺作品获得全国、全省性奖励，全面提升了文联自身建设水平。

【玉溪市文联】

进一步完善文艺管理制度，争取市委出台《关于加强和改进新形势下文联和文艺工作的实施意见》，积极开展“中国梦”主题文艺展演活动，全面加强文联工作。

【保山市文联】

积极利用杨善洲、滇缅抗战等文化品牌资源，围绕“中国梦”主题和党委政府中心工作，充分发挥各文艺门类的作用，开展丰富多彩的文艺活动。

【楚雄州文联】

突出民族文化特色，积极开展“六个一”文艺创作活动，协助设立了被誉为“彝家好表妹”李亚威楚雄州影视演艺工作室。

【红河州文联】

建立了一支思想作风过硬，艺术门类齐全，艺术水平较高，由458名文艺家组成的“文艺志愿者服务队”，为开展文艺志愿服务活动提供了可靠保证，积极打造红河哈尼梯田文化品牌。

【文山州文联】

积极发挥协会和县级文联职能，组织协调州舞协组成的文山州民族文化工作团赴澳大利亚参加第十二届布里斯班中华文化艺术节，成功协办中国民间文艺家走进西畴民族文化考察活动。

【普洱市文联】

充分利用民族、生态、边疆文化资源，打造普洱茶文化品牌，配合组织了中国文联文艺志愿者服务团赴景谷地震灾区的慰问演出活动。

【西双版纳州文联】

在群众路线教育实践活动中认真开展返乡服务，组织文联干部和文艺家深入民族、边远、贫困地区进行返乡文化服务，为民族村寨群众赠送绘画作品、文化器材，文艺创作更加贴近群众需求。

【大理州文联】

积极推动民族文化走向全国，组织开展“北京民族文化周”系列活动，展出了以大理为创作素材的一系列美术、书法、摄影类优秀作品百余幅，文献图书3千多册。近2万名首都观众参观。

【德宏州文联】

充分发挥沿边及民族优势，围绕“沿边特区、开放前沿、美丽德宏”，利用目瑙纵歌节、泼水节、红木节等时机，举办文物、出版物、美术、书法、摄影展，包括缅甸民间美术作品100幅，促进了中缅边境文化交流。

【丽江市文联】

紧紧围绕建设世界文化名市战略目标，立足本土文化，打造《壹读》《丽江》等文化品牌，积极营造文艺发展的良好土壤，配合省文联完成好“百名画家画云南”美术创作采风任务。

【怒江州文联】

以高德荣同志为学习榜样，组织文艺家开展以高德荣同志先进事迹为主题的文艺创作。围绕民族团结边疆稳定和建州60周年举办系列“中国梦”主题文艺活动，积极扩大对外交流，文联的影响力不断提高。

【迪庆州文联】

认真贯彻落实《中共云南省委关于加强和改进新形势下文联和文艺工作的意见》，充分发挥香格里拉文化品牌优势，在摄影、文学、音乐等方面取得新成果。

【临沧市文联】

以文艺作品作为外宣窗口，积极推介“世界佤乡、天下茶仓，恒春之都、大美临沧”的品牌形象，在云南省博物馆成功举办“大美临沧”摄影、美术作品展。积极承办的“亚洲微电影节”、“深入生活，扎根人民——中国文艺志愿者走进临沧”等文艺活动。

西藏自治区文联

综　述

2014年是学习贯彻党的十八大、十八届三中四中全会精神、全面深化改革的开局之年，是落实“十二五”规划的关键之年。一年来，在西藏自治区党委的坚强领导下，在西藏自治区党委宣传部和中国文联的有力指导下，西藏文联围绕中心、服务大局，坚持解放思想、实事求是、与时俱进，坚持贴近实际、贴近生活、贴近群众，紧紧围绕坚持中国道路、弘扬中国精神、凝聚中国力量，认真履行联络、协调、服务职能，以新思路、新机制和求真务实、真抓实干、开拓创新精神创造性地开展工作，在发展繁荣西藏文学艺术事业上取得了新的成绩。

会议与活动

【“最美西藏故事”颁奖仪式在北京国家会议中心举行】

2月19日，由西藏作家协会承办的“最美西藏故事”征文活动颁奖仪式在北京国家会议中心举行。经过网民近1个多月的踊跃投稿，投稿量为232篇，总转发量超过40万次，点击率、总阅读量近200万人次。经网友投票，并由文化传媒、旅行、藏学等各界名家评委最终评选，共评选出38名来自全国各地的获奖作者，其中云端大奖1名，影像大奖1名，最美故事大奖6名，优秀奖30名。此次活动旨在通过新媒体平台，由网友讲述自己在西藏的亲身经历，并邀请名家评委参与点评，名人明星参与转发，发掘每个人的精彩西藏故事，向公众多层次、全方位地展现富裕、和谐、幸福、法治、文明、美丽的社会主义新西藏，宣传西藏独特的文化传统、地理环境给旅行者带来的触动及影响。西藏文联主席、西藏作家协会主席扎西达娃担任本次活动副主任评委。

【西藏文联第四届委员会第七次会议】

2月20日，西藏文联第四届委员会第七次会议在西藏人民会堂召开。文联党组成员、副主席吉米平阶主持会议并在会上通报了第五次文代会、作代会筹备情况，提请会议表决通过西藏文联第五次全区代表大会日程安排。会上对西藏文联四届委员会工作报告和文联章程（修改草案）进行了说明。会议要求与会代表一定认真聆听、理解、落实吴英杰常务副书记、董云虎常委的重要讲话，全面把握会议精神。集中精力开好会议，做好换届选举工作，讨论修改好会议文件，确保会议各项议程的顺利完成。

【西藏文联第五次文代会和作代会】

在西藏自治区党委关心重视和西藏自治区党委宣传部、组织部的直接领导下，2月21日至22日召开了第五次文代会和作代会。中国文联、中国作协领导出席开幕式并致辞，自治区人大、政府、政协、军区、武警部队领导同志出席开幕式，出席会议的代表共350人。西藏自治区党委书记陈全国同志作出重要批示：“换届工作扎实有序、平稳成功”。会议期间，西藏自治区党委常务副书记吴英杰同志出席开幕式并讲话，讲话要求全区广大文艺工作者一要牢牢把握文艺工作之“魂”，大力培育和践行社会主义核心价值观。二要牢牢把握文艺工作之“纲”，奋力助推西藏跨越式发展和长治久安。三要牢牢把握文艺工作之“源”，始终坚持以人民为中心的创作导向。四要牢牢把握文艺工作之“本”，推出更多富有民族特色和时代精神的精品力作。五要牢牢把握文艺工作之“基”，努力建设一支德艺双馨的文艺队伍。西藏自治区党委常委董云虎同志出席开、闭幕式并在闭幕式上讲话，讲话要求全区文艺工作者一要坚持正确的政治方向，二要聚集“中国梦”时代主题，三要讲好“西藏故事”，四要提升文联工作和作协工作的科学化水平。西藏文联党组书记沈开运致开幕词，西藏文联第四届委员会主席团主席扎西达娃作《西藏文联第四届委员会工作报告》。大会选举产生了新一届西藏文联委员会委员、主席团成员和西藏作协主席团成员、理事。一批讲政治、顾大局、讲团结、扬正气，热心协会工作，甘于奉献的文艺家进入到新一届文联和各协会主席团和委员、理事中，实现了让西藏自治区党委放心，让文艺界满意，换出活力、换出团结、换出动力的目的。

【西藏文联第五次文代会召开第一次全体代表会议　西藏文联第五届主席团成员选举产生】

2月22日上午，西藏文联第五次委员会召开第一次会议。会议选举了西藏文联第五届主席团成员。会议由西藏文联党组书记、副主席沈开运主持。会上，西藏自治区党委组织部副部长、区编办主任唐明英同志向大会介绍了西藏文联第五届委员会主席、副主席候选人推选原则和推举过程。表决通过《选举西藏自治区文联委员会主席、副主席选举办法》和选举主席、副主席总监票人、监票人名单。大会选举扎西达娃为西藏自治区文联第五届委员会主席，沈开运、杨世君、吉米平阶、郭守平、美朗多吉、平措扎西、张文龙、高旭波、张治中为西藏自治区文联第五届委员会副主席。

【西藏文联第五次文代会召开第二次全体代表会议　西藏文联第五届委员会选举产生】

2月22日，西藏文联第五次代表大会第二次全体代表会议召开。会议由西藏文联主席扎西达娃同志主持。大会审议通过了关于文联四届委员会工作报告和《西藏自治区文学艺术界联合会章程》的决议，表决通过了《选举西藏自治区文联第五届委员会委员选举办法》和《选举西藏文联第五届委员会委员总监票人、监票人名单》，西藏党委宣传部副部长张晓峰同志向大会介绍了委员候选人推选原则和推举过程。马志德、王跃华等93名委员候选人正式当选为西藏自治区文联第五届委员会委员。

【《极地放歌》大型组歌专题工作会议】

4月27日，西藏文联组织《极地放歌》大型组歌主创人员召开专题工作会议，研究部署有关工作。西藏文联党组书记、副主席沈开运同志出席会议并讲话。沈开运同志在讲话中指出，2014年是中央政府援藏二十周年。为隆重纪念援藏二十周年，展示在党中央、国务院的亲切关怀下，在各兄弟省市的大力支援下，西藏经济社会发生的巨大变化，展现援藏干部胸怀祖国、建设边疆的壮志豪情，传递民族团结的炽热感情，宣传大美西藏壮丽的自然风光与独特的人文景观，西藏文联启动《极地放歌》大型组歌项目具有十分重要的意义。沈开运同志在讲话中强调，《极地放歌》大型组歌既是一部歌颂和赞美西藏的颂歌，也是纪念中央对口援藏20周年纪念活动的组成部分，得到西藏自治区党委宣传部和中信集团的高度重视。为保证此项工作有序开展，活动主创人员一定要统一思想，加强领导，明确职责，各负其责，齐心协力，切实把《极地放歌》大型组歌作为贯彻落实党的十八大、十八届三中全会精神，贯彻落实西藏自治区党委八届五次全委会精神，贯彻落实全区第五次文代会精神的重要抓手，坚定不移，全力以赴推进此项工作顺利实施。

【西藏首次文联工作会议】

4月29日，西藏文联组织召开2014年度全区文联工作会议，贯彻落实全区第五次文代会精神，总结交流全区文联工作取得的阶段成果和主要问题，深入研讨如何加强全区文联工作的思路、任务和机制。西藏文联党组书记、副主席沈开运，西藏文联主席扎西达娃、文联全体党组主席团成员、各文艺家协会、部室负责人及各地市县文联负责人出席会议并座谈交流。通过座谈交流，全区文联不仅沟通了工作情感、艺术情感，还开拓了思路、增加了信心，更了解了很多具有价值性和实践性的工作方法。与会人员一致表示：这次交流讨论，对接下来在各自相关领域的工作开展很有启发和借鉴意义。希望全区文联和文艺家之间加强互访交流，通过更多的联办、联展、联演及组织文艺家采风创作、参训研讨等活动不断挖掘七地市县文化资源，共同推动文艺事业再上新台阶。

【传达学习习近平总书记参加指导兰考县委常委班子专题民主生活会时的重要讲话精神和西藏自治区党委教育实践活动领导小组文件精神】

5月26日，西藏文联机关党委组织全体党员干部认真学习习近平总书记参加指导兰考县委常委班子专题民主生活会时的重要讲话和西藏自治区党委教育实践活动领导小组有关文件精神。西藏文联党组成员、副主席、机关党委书记郭守平主持会议并提出贯彻落实要求：一是要认真学习习近平总书记、刘云山常委、陈全国书记的重要讲话；二是把教育实践活动成果贯穿于日常工作之中；三是不断提高行政工作能力和业务创作能力，为西藏文艺事业的繁荣发展作出积极贡献。

【传达学习西藏维稳工作电视电话会议精神】

5月26日，西藏文联组织召开全体干部职工大会，传达习近平总书记等中央领导同志的重要批示和指示精神，通报孟建柱书记在全国反恐怖工作紧急视频会议上的讲话精神，学习陈全国书记、邓小刚副书记在全区维稳工作电视电话会议上的讲话精神，安排部署西藏文联维稳工作。会议由西藏文联党组成员、副主席郭守平同志主持。会议强调，文联各部室、各协会要不折不扣地落实好西藏自治区党委、政府出台的十项维稳措施，不动摇、不懈怠、不犹豫、不棚架，做到抓早抓小抓快抓好，做到早发现、早处置，切实把各种不安全、不稳定因素消除在萌芽状态，实现“大事不出、中事不出、力争小事也不出”的维稳工作目标。

【西藏文联、西藏书法家协会开展“藏汉同心追梦 军民共步康庄”走基层军旅书法笔会活动】

6月12日，西藏书法家协会老中青三代书法家近20人，在西藏文联党组书记沈开运同志与西藏书法家协会主席杨双举的带领下走进部队，开展走基层军旅书法笔会活动。书法家们纷纷以军旅诗词为创作主题，挥毫泼墨，为部队官兵创作了一幅幅精品佳作，“追梦高原”、“高原铁骑，戍边卫国”、“金戈铁马，威震敌胆”等书法作品深深感染了部队官兵，官兵们一边观赏，一边与书法家交流，现场不时传出阵阵掌声。

【中国戏剧“梅花”在雪域高原绽放】

7月8日至16日，中国剧协梅花奖艺术团一行在中国剧协分党组书记、驻会副主席、梅花奖艺术团团长季国平的率领下，来自各大剧种的戏剧梅花奖获得者们带着家乡戏、带着乡音乡情、带着内地人民的深情厚谊，一路从林芝到拉萨，辗转上千里，走进雪域高原，走进神奇西藏；一路慰问戍边部队和藏族、门巴族、珞巴族等西藏少数民族同胞，一份份精心烹制的戏剧文化大餐献给西藏各族人民。

【新旧对比宣传教育创作座谈会】

7月17日，西藏文联党组成员、副主席郭守平同志组织各部室、各协会负责人召开新旧对比宣传教育创作座谈会。文联主席扎西达娃出席会议并讲话。讲话要求，各协会、部室要在吃透新旧对比这个题材的基础上，思考在当今这个信息化时代如何创作新旧题裁的文艺作品。提出不搞简单的忆苦思甜，要突出工作特点，从更宽的角度、更广的视野思考我们的工作。上报项目要指定专人进行论证，做到有可行性、可控性、真实性和传播影响力。

【中国书法家协会“书法进万家——走进西藏‘送书法、下基层’”】

7月3日至8日，在中国文联统一部署下，中国书法家协会组织5名书法家组成书法志愿服务团赴西藏开展“书法进万家——走进西藏”活动。书法志愿服务团由中国书协分党组成员、副秘书长曹建明带队，成员全部为中国书协理事。此次活动由中国书协与西藏文联、书协共同举办，活动期间共举办了三场书法笔会和一场书法讲座，受到群众欢迎。

【“云端哈达——纪念川藏、青藏公路通车60周年书法展”】

7月26日—30日，由西藏文联、西藏天海集团有限责任公司、西藏书法家协会共同主办的“云端哈达——纪念川藏、青藏公路通车60周年书法展”在西藏博物馆隆重开展。展出的160幅书法作品既有中国书法家协会主席张海、中国书法家协会分党组书记陈洪武的作品，也有四川、青海、陕西、河北、湖南、山西、云南等各省市书协主席、副主席、秘书长的书法作品。每一幅作品都浸透着全国书法界对西藏人民的深情厚谊，饱含着对西藏两路通车60年的辉煌成就，西藏人民幸福生活的热情讴歌和美好祝福。展览期间，国家交通运输部副部长冯正霖在西藏自治区副主席丁业现的陪同下，带领考察团参观书法展。西藏自治区党委常委、组织部部长梁田庚同志参观展览并给予充分肯定和高度评价。

【中国文联文艺志愿服务团赴藏开展“送欢乐下基层”摄影培训活动】

8月10日，中国文联文艺志愿服务团赴藏“送欢乐下基层”摄影培训活动在西藏圆满结束。此次活动由中国文联主办，中国文艺志愿者协会、中国文艺志愿服务中心，中国摄影家协会、西藏自治区文联承办。活动正值全国对口援藏二十周年之际，索久林、刘英毅、黑明、蔡征、卢现艺、宋泽毅等6位国内著名摄影家，作为此次活动的文艺志愿者，为援藏干部和当地的摄影爱好者授课，并走访西藏基层乡村、基层群众家庭、劳动模范、革命前辈家庭等，为他们拍摄工作照、全家福，并开展摄影艺术交流等活动。

【传达学习习近平总书记关于川藏青藏公路建成通车60周年重要批示精神】

8月20日，西藏文联党组书记沈开运同志主持召开理论中心组学习会，传达学习习近平总书记关于川藏青藏公路建成通车60周年重要批示精神，安排部署具体落实措施。会议要求，全体干部职工和文艺工作者要大力弘扬“两路”精神，牢固树立政治意识、大局意识、责任意识，把思想和行动统一到习近平总书记的重要批示精神和西藏自治区党委、政府的部署要求上来，切实增强做好各项工作的思想自觉和行动自觉。

【西藏文艺界培育和践行社会主义核心价值观座谈会】

9月1日，西藏文艺界培育和践行社会主义核心价值观座谈会召开。西藏自治区党委常委、宣传部部长董云虎出席会议并讲话。中国曲艺家协会主席姜昆，中国书法家协会副主席赵长青，中国书法家协会顾问张飙应邀出席会议。西藏文联领导班子成员和各协会专家参加座谈会。董云虎在讲话中强调，文艺工作者要始终坚持德艺双馨，争做社会主义核心价值观的坚定守护者、践行者，以自己的人格魅力、优良品质、高尚情操和良好形象，为全社会弘扬社会主义核心价值观树立榜样、做好表率。要承担起以文载道、以文化人、以文育人的神圣职责，更加主动地将社会主义核心价值观体现到文艺创作和文艺活动中，围绕中国梦、中国特色社会主义等重大主题，创造出更多艺术作品，通过生动形象的故事和群众喜闻乐见的形式，让群众在潜移默化中接受教育，将社会主义核心价值观内化于心、外化于行。座谈会后，中国文联的三位艺术家向西藏曲艺家协会赠送了“中华曲艺民族瑰宝”等书法作品。

【西藏检察官文联成立】

10月9日，西藏检察官文联成立暨检察文化援藏会议在拉萨召开。西藏自治区党委副书记、自治区政府常务副主席、政法委书记邓小刚，中国检察官文联主席、原最高人民检察院党组副书记、常务副检察长张耕出席会议并讲话。邓小刚指出要发挥好西藏检察文化的重要作用，着力提升检察人员的思想境界、精神境界、职业操守和人文素养，履行好检察官文联的职责使命。张耕要求西藏检察官文联要坚持理论武装，坚持正确的方向，坚持创新思维，坚持以人为本，坚持固本强身，努力开创检察文化、检察官文联工作的新局面。西藏自治区检察院检察长张培中代表西藏检察官文联首届常委委员会作了工作报告。西藏文联党组书记沈开运、西藏自治区党委宣传部副部长张晓峰出席会议并分别致辞和宣读贺信。会议选举张培中为检察官文联名誉主席，选举占堆为检察官文联主席，彭光华、沈小丁为副主席。选举王双全等47人为委员，选举占堆等17人为常务委员，马国营为秘书长。

【传达学习习近平总书记在文艺工作座谈会上的重要讲话精神】

10月17日，西藏文联党组书记沈开运主持召开全体干部职工大会，传达学习贯彻落实习近平总书记在文艺工作座谈会上的重要讲话精神。会议指出，习近平总书记的讲话深刻阐明了新时期文艺繁荣的历史使命，深刻论述了关系当前文艺发展迫切需要解决好的五个方面的重大理论和现实问题，提出了很多新思想、新论断、新观点，是新时期中国特色社会主义文艺事业的科学指南，是马克思主义文艺理论和文艺观的最新最好教材，是指导我们做好当前和今后一个时期文艺工作和文联工作的行动纲领。会议要求，要认真学习、深刻领会习近平总书记在文艺工作座谈会上的重要讲话精神，在统一思想，提高认识的基础上，认真实施好精品创作工作、德艺双馨人才工作、文艺惠民工程、“走出去，请进来工程”、履职服务工程，安排艺术家接受媒体采访谈初步学习体会。

【传达学习党的十八届四中全会精神】

10月27日，西藏文联召开全体干部职工大会，传达学习党的十八届四中全会精神。西藏文联副主席吉米平阶同志主持会议并结合党的十八届四中全会精神对文联下一步工作提出要求。会议指出，十八届四中全会以依法治国作为议题，这在党的历次中央全会上是第一次，标志着党的执政理念、执政方式的重大转变，是一次具有里程碑意义的会议。会议强调，文联各部室、各协会和刊物编辑部要深刻领会、科学把握全会主要内容，要把学习贯彻落实十八届四中全会精神作为当前及今后一个时期的重大政治任务，结合学习贯彻中央民族工作座谈会、文艺工作座谈会精神，迅速掀起学习宣传贯彻十八届四中全会精神的热潮，把思想和行动统一到中央的决策部署和自治区的要求上来，结合实际贯彻落实到文联各项工作。

【“西藏团体特邀提名展”在陕西省美术博物馆展出】

10月28日，由陕西省美术博物馆主办的《高原·高原——第四届中国西部美术展油画年度展》大型学术活动中，西藏文联组织的“西藏团体特邀提名展”在陕西省美术博物馆展出。来自西藏的26位艺术家的35幅油画作品，为观众展现了雪域高原传统思想与现代意识相互碰撞交融的现状。

【传达学习董云虎同志在全区培育和践行社会主义核心价值观工作经验交流会上的讲话精神】

11月6日，西藏文联党组成员、副主席吉米平阶同志组织召开各部室、各协会负责人会议，传达学习董云虎同志在全区培育和践行社会主义核心价值观工作经验交流会上的讲话精神，安排部署文联做好社会主义核心价值观培育践行工作。会议要求，文联各部室、各协会要充分发挥文联各艺术门类的职能作用，围绕培育和践行社会主义核心价值观，开展不同形式的主题宣传活动，始终坚持德艺双馨，争做社会主义核心价值观的坚定守护者、践行者，承担起以文载道、以文化人、以文育人的神圣职责，更加主动地将社会主义核心价值观体现到文艺创作和文艺活动中，围绕“中国梦·西藏故事”等重大主题，创造出更多艺术作品，通过生动形象的故事和群众喜闻乐见的形式，让群众在潜移默化中接受教育，将社会主义核心价值观内化于心、外化于行。

【“珠穆朗玛文学艺术基金奖”初评工作正式启动】

11月11日，第六届“珠穆朗玛文学艺术基金奖”评奖工作领导小组办公室召开工作会议，来自西藏宣传文化系统的各艺术门类专家评委与会，研讨第六届“珠穆朗玛文学艺术基金奖”初评工作相关事宜。会议由评奖活动领导小组成员郭守平同志主持。评奖活动领导小组成员吉米平阶同志介绍了本届评奖活动确定、上报、分组等前期筹备情况。评奖领导小组副组长扎西达娃同志强调，第六届“珠穆朗玛文学艺术基金奖”是西藏自治区最高政府奖，经过连续五届的评选工作，已成为知名度很高、公信力很强的品牌奖项，吸引了西藏文学艺术工作者的关注，要坚持公平、公正、公开的原则，从众多作品中评选出最具代表性且经得起时间考验的优秀作品，真正达到评出精品、评出风格的目的，以评奖活动促进文艺创作繁荣，推动人才脱颖而出。

【与西藏自治区党委宣传部共同举办“首届中国唐卡艺术节”高端论坛】

9月26日，西藏文联、西藏美术家协会与西藏自治区党委宣传部、西藏文化发展促进会共同举办“首届中国唐卡艺术节”高端论坛。论坛主题为唐卡艺术的保护传承与创新发展，西藏大学教授、唐卡勉唐派国家级传承人丹巴绕旦、四川大学艺术学院教授、国家一级美术师康·格桑益希、西藏书画院顾问余友心、云南民族大学教授刘冬梅、中国美术家协会会员宗者拉杰、西南民族大学教授根秋登子、台湾中华文物协会藏传佛教艺术联谊会召集人陈百忠、西藏大学艺术学院教授阿旺晋美、吴作人国际美术基金会秘书长吴宁、中国藏学研究中心研究员叶星生、西藏文联名誉主席、西藏自治区美术家协会主席韩书力、李可染艺术基金会理事长李小可、吴作人艺术馆馆长萧慧、西藏大学艺术学院副教授熊永松、《人民画报》编辑王玉庚、西藏自治区美术家协会副主席、民间画师次仁旺加等先后就藏族唐卡艺术的传承与保护、创新与发展进行广泛深入探讨。

【配合西藏自治区党委宣传部完成“西藏和平解放60年”百幅新唐卡，“大美西藏”百幅新唐卡完成30幅】

12月，西藏文联组织西藏美术家协会配合西藏自治区党委宣传部完成西藏和平解放60年百幅新唐卡“西藏和平解放60周年——百幅唐卡工程”。第二期“大美西藏百幅新唐卡”完成30幅作品。

获奖情况

【吉米平阶作品《叶巴村的用电梦》获“我们的中国梦——讲述中国故事”文艺作品活动二等奖】

5月26日，由中宣部文艺局、人民网、新华网、光明网联合举办的“我们的中国梦——讲述中国故事”文艺作品活动评选揭晓，西藏文联副主席吉米平阶同志创作的《叶巴村的用电梦》获文字作品类二等奖。

【电影《雪域丹青》夺云南“金孔雀”奖】

6月27日，2013年度昆明市广播电视政府奖·金孔雀杯点评会暨颁奖大会在昆明举行，由云南民族电影制片厂和西藏昌都地区八宿县委县政府联合拍摄的影片《雪域丹青》捧得“金孔雀杯”影视作品奖。

【纪录片《国旗阿妈啦》入选第二届向全国青少年推荐50种优秀音像电子出版物目录】

7月14日，国家新闻出版广电总局《关于公布第二届向全国青少年推荐50种优秀音像电子出版物目录的通知》下发，由西藏文联杨年华创作的长篇报告文学《国旗阿妈啦》改编的纪录片《国旗阿妈啦》榜上有名。

【西藏美术界12件作品入选第十二届全国美术作品展】

9月6日—29日，第十二届全国美术作品展在全国开展。乌斯玛的《深秋的故乡》、扎西多吉的《牧童》入选水彩、粉画展区，周玉平的《吉祥·丰马》入选版画展区，牛朝的《雪域圣山》入选中国画展区，曹梦的《西藏写生——古村》、旦巴旺久的《云朵轻轻地飘过》、计美赤列的《白玛美朵》、史万杰的《橙色的云》入选油画展区，次仁旺加的《高原雄鹰》、旦增达杰的《神户绿洲》、格桑次旦的《能工巧匠》、桑吉·格松旦巴的《金色原野》入选综合材料绘画展区。

【《西藏天空》、《西藏秘密》、《雪域彩虹》获第十三届精神文明建设“五个一工程”奖】

9月13日，第十三届精神文明建设“五个一工程”表彰座谈会在京召开，揭晓“五个一工程”评选结果。电影《西藏天空》、电视剧《西藏秘密》、广播剧《雪域彩虹》脱颖而出。

【电影作品《雪域丹青》入选第二十三届金鸡百花电影节新片展映】

9月24日至27日，第23届金鸡百花电影节在甘肃兰州举行。由西藏文联杨年华策划、编剧，西藏著名演员多布杰担任主演的电影《雪域丹青》入围民族影片展，它也是西藏唯一入选本届电影节展映的电影。

【由西藏民间文艺家协会推荐的节目《欢快锅庄》获“中国（百色·田东）民间广场歌舞大赛暨第十二届山花奖·民间广场歌舞”金奖】

9月25日，在由中国民间文艺家协会、广西壮族自治区文联、广西百色市田东县文联主办的“中国（百色·田东）民间广场歌舞大赛暨第十二届山花奖·民间广场歌舞”评选活动中，由西藏民间文艺家协会推荐的那曲地区艺术团的节目《欢快锅庄》获金奖。

【群文群舞《阿谐》获第七届全国电视舞蹈大赛三项金奖】

10月20日，第七届全国电视舞蹈大赛颁奖晚会在中央电视台举行。西藏舞蹈家协会推荐的舞蹈《阿谐》获作品奖金奖，编导平措次仁、边巴旺堆获编导奖金奖，演员尼玛顿珠获最佳演员奖。

【西藏青年作家罗布次仁小说《冬虫夏草》获天津“东丽文学大奖”】

10月23日，由中国文化报、天津市文化广播影视局、东丽区人民政府共同主办的第七届东丽全国群众文学小说创作论坛和天津市第二十三届“东丽杯”全国梁斌小说奖颁奖会在天津市东丽区落幕。西藏青年作家罗布次仁的长篇小说《冬虫夏草》喜摘“东丽文学大奖”。

【西藏美术家协会被评为2014年度西藏自治区民族团结进步模范集体荣誉称号】

11月18日，西藏自治区民族工作会议暨2014年民族团结进步表彰大会举行。西藏美术家协会被评为西藏自治区民族团结进步模范集体荣誉称号。

【18幅美术作品分获“第三届全国少数民族美术作品展”金质、银质、铜质和优秀作品奖，西藏美术家协会获特殊贡献奖】

12月14日至22日，由国家民委、文化部、中国文联、中国美术家协会主办的第三届全国少数民族美术作品展在民族文化宫举行。巴玛扎西的国画作品《藏童与玛尼石》获金质作品奖，黄建忠的国画作品《织锦图》、李知宝的国画作品《织女》获银质作品奖，次仁旺加的唐卡作品《护法玛哈噶拉》、次旦的唐卡作品《八思巴》、平措多布杰的唐卡作品《无量光佛》获铜质作品奖，次仁旺加的唐卡作品《释迦牟尼》、次仁罗杰的唐卡作品《白度母》、夏鲁旺堆的唐卡作品《释迦牟尼》、《胜乐金刚》、克珠加措的唐卡作品《四臂观音》、扎西多吉的唐卡作品《红河谷》、格桑的唐卡作品《那唐印经院》、边巴的唐卡作品《高原互助组》、余友心的国画作品《高原天宇阔》、《放生羊》、巴玛扎西的国画作品《节日》、李知宝的国画作品《回家》获优秀作品奖，西藏美术家协会获特殊贡献奖。

理论研究

文艺理论评论工作有了新的推进，发挥了推动文艺创作繁荣、推动优秀作品广泛传播的积极作用。文联党组同志先后为干部职工和区内外有关部门作理论辅导20多场次，包括文联主要领导受西藏自治区党委宣传部委托为教育部培训中心进行了反分裂斗争宣讲、赴那曲、昌都、林芝为地、县两级进行12场次的西藏生态文明建设宣讲。向中国文联理论研究室推荐参加第九届文艺评论奖作品12篇，其中胡沛萍的文艺评论著作《边地歌吟：阿来与扎西达娃的文学世界》获第九届中国文联文艺评论奖二等奖。完成西藏自治区党委宣传部调研课题《用文艺作品讲述中国梦的西藏故事》，完成《西藏自治区文学艺术界联合会第五次代表大会文件汇编》的搜集、整理、编辑、出版任务。

创作情况

【文学创作】

《西藏书》作为中国作协“中国梦”项目专项扶持的唯一一本诗集，列入中国作协文艺创作重点扶持项目。

创作出版了长篇纪实散文《叶巴纪事——驻村故事》，长篇小说《文成公主》、《风雪布达拉》、《天堂上边是西藏》、《远处流逝的小溪》（藏语），散文集《雪莲心语》，诗集《西藏书》，短篇小说集《乡村往事》（藏语）等十多部文学作品。

【美术创作】

承担选题为《八思巴》和《格萨尔王》的“中华文明历史题材美术创作工程”项目，已进入正式创作阶段。

完成“西藏和平解放60周年百幅新唐卡”创作任务，继续配合西藏自治区党委宣传部实施第二个“百幅唐卡——大美西藏创作工程”。

【书法创作】

在举行“藏汉同心追梦　军民共步康庄”走基层军旅书法笔会、“云端哈达——青藏川藏公路通车六十周年书法展”、欢度藏历木马新年书法笔会、首届西藏“藏汉双语春联进万家”活动、“我们的中国梦——万名书法家送万‘福’进万家公益活动”中创作藏汉文书法作品多幅。

【摄影创作】

结合举办“第七届中国西藏珠穆朗玛摄影大展”、“第七届中国西南六省区市摄影作品联展”、“上海国际摄影展览”、“数码摄影大赛”、“中华古塔摄影大赛”、“中国青少年摄影大赛”等摄影活动，组织西藏摄影家协会会员创作摄影作品多幅并参展（赛）。

【音乐创作】

配合日喀则地区创作一首赞颂援藏歌曲《珠穆脚下也是我的家》，协助波密县创作《手足情深》，协助墨脱县创作《墨脱之恋》，配合协助亚东县委宣传部，创作声乐作品《走近亚东》、《欢迎你到亚东来》和舞蹈曲《喜看亚东新貌》。

【舞蹈创作】

舞蹈家协会主席丹增贡布为土登从艺七十周年撰写电视歌舞艺术片《美梦成真》。

12月17日，在中国艺术家协会发表丹增贡布的署名文章《做名副其实的人民艺术家》。

【戏剧创作】

由西藏戏剧家协会和南京市文联联合创作的四集广播剧《雪域彩虹》在中央人民广播电台、江苏故事频率、西藏人民广播电台陆续播出。

【曲艺创作】

创作了反映新农村建设的小品《老农夫的愿望》、驻村工作队帮助特困家庭办养鸡场走上致富之路的小品《养鸡场的梦》。

根据西藏文联“新旧西藏对比”主题文艺作品创作计划，创作一台表现“桑珠村”面貌和百姓生活发生翻天覆地的变化的曲艺晚会。

【民间文艺创作】

《中国故事集成·西藏卷》、《中国歌谣集成·西藏卷》、《中国谚语集成·西藏卷》藏文卷集成工作全部创作完成。

《西藏民俗志》复审稿修改完成。

【影视创作】

将《国旗阿妈啦》改编成电影《卓玛美朵》。

对外及对港澳台地区文化交流

【“文化中国 ·知名华人书画家西藏行”采风团与西藏文联文艺界专家进行座谈交流】

7月15日，西藏著名美术家韩书力等文艺界专家与“文化中国•知名华人书画家西藏行”采风团进行座谈交流。座谈期间，韩书力等艺术家向采风团介绍了西藏美术、书法、摄影发展状况和艺术流派；西藏文联党组书记、沈开运向采风团介绍了西藏文艺工作政策及扶持办法、西藏的自然人文特点等采风团关心的问题。座谈后，采风团与西藏艺术家进行了书法、绘画等艺术切磋与交流。此次海外艺术家西藏采风活动是2013年首次“文化中国·知名华人书画家西藏行”取得成功后，国侨办所确定的制度性采风交流活动。

【西藏文联、西藏作协与山东作协在文化交流方面达成长期深度合作协议】

9月23日，山东、西藏作协交流座谈会在拉萨召开，西藏自治区文联党组书记沈开运，文联党组成员、副主席吉米平阶及西藏文联、作协有关领导、西藏部分著名作家参加座谈。会上，山东作协表示，愿意深化鲁藏两地文学界的友好合作关系，加强沟通交流，共同推动两地文学事业繁荣发展。沈开运同志代表西藏文联、西藏作协对山东作协对西藏作协在改善办公条件、作家培训等方面的无私帮助表示感谢，并表示，西藏文联、作协非常欢迎山东作家赴藏采风创作以西藏为题材的优秀文学作品，将尽力为山东作家采风创作提供服务，并将进一步加强思想交流、信息沟通、资源共享、优势互补，与山东作协共同打造推出更多更好的精品佳作。双方还就新形势下进一步加强鲁藏两地作协交流合作，积极探索在联合培训、作家互访、作品研讨、重点作品扶持及其他方面开展合作的新途径新方式等问题进行了深入的探讨交流。

机关建设

【进一步加强机关内部制度建设】

建立健全和修改完善了《西藏文联学习（会议）考勤制度》、《西藏文联驻村工作纪律管理办法》、《西藏文联公务接待办法》、《西藏文联红机管理办法》等八项制度，严格管理，敢于斗硬，体现干与不干不一样，干好干坏不一样。努力形成想做事、能做事、做成事的良好氛围和鼓励干事的积极导向，形成以制度管人管事的良好局面。

【为驻村点群众办实事解难题】

投资120万元（其中通过著名艺术家捐赠自筹资金40万元）修建了林卡乡叶巴村小学，文联出资3.5万元为村小学修建了教职工食堂，解决了在校教职工的就餐问题；申请资金47.26万元解决了叶巴村水渠灌溉项目；申请资金19.5万元为叶巴、普龙、尼巴三村的村民进行了农技培训，目前还有一些项目和资金正在积极的论证和申请之中；文联党员为驻村点患重病村民捐款11400元，驻村工作队员还自发捐款为村里困难群众解决生活困难共计7000余元，为村民免费发放4000多元药品。

【加强文艺队伍建设】

西藏文联和各文艺家协会把发现、培养、引进人才，发挥现有人才包括体制外文艺人才作用作为一项重要工作，明确要求，抓紧抓实。西藏文联各文艺家协会新增会员近百名，选派5名文艺人才到中国文联和中宣部培训，2名参加鲁迅文学院高级研讨班，5名到山东青年作家培训班交流学习，1名专业人才参加特培，13名干部参加自治区组织的各类培训班，24名作家参加中国作协鲁迅文学院少数民族文学创作培训班；推荐1人作为享受国务院政府津贴人员，2人作为全区“五个一批”人才，目前文联有全国政协委员2人，西藏自治区政协委员6人，其中西藏自治区政协常委3人。

【促成西藏自治区领导前往堆龙德庆县哈达村

对拟议中的“西藏美术馆”、“中国西藏唐卡艺术博物馆”、“中国西藏民俗文化产业园区”的选址进行实地勘察】

西藏自治区党委常委董云虎、齐扎拉亲自到现场了解情况，西藏自治区党委常委、自治区副主席丁业现带领有关部门领导现场办公，拉萨市有关部门积极配合，初步明确了进行项目前期规划、论证和申报工作。积极上报沟通用新思路创立“西藏唐卡发展中心”和“西藏文学艺术创作研究院”的请示材料。

【机关党建工作进一步加强】

理论中心组学习次数、质量和学习纪律较以往明显提高和改进，各支部学习、党员理论学习，“三会一课”制度、支委会、党员大会日趋常态化和规范化，党组织和党员在学习、维稳、工作等方面发挥了战斗堡垒和先锋模范作用。

各文艺家协会

【作家协会】

组织《西藏当代文学史》编撰工作，完成文成公主三卷本丛书《千古绝唱——重走唐蕃古道纪实》送审稿。

举办全区文学笔会，组织60余位作家深入拉萨农村、社区、学校、军营火热生活，创作主题鲜明、各具特色的文学作品。

【美术家协会】

正式启动西藏美术家协会唐卡会员作品展示厅，展出作品136件。

中国美术家协会分党组书记吴长江一行八人赴藏对参加第十二届全国美术作品展的作品进行初审。推荐30多幅作品参加全国第十二届美术作品展，其中12幅作品入选参展。

推荐20幅优秀美术作品参加全国第三届少数民族美展，其中18幅美术作品分获金质、银质、铜质和优秀作品奖。

开展大美西藏“百幅唐卡”作品的正式约稿、审查、研讨。

9月，与西藏自治区党委宣传部、西藏文联、西藏文化发展促进会共同举办“首届中国唐卡艺术节”高端论坛。

组织西藏画家群体参加了陕西美术馆“高原·高原——第四届中国西部美术展油画年度展”。

【书法家协会】

配合中国书法家协会组成书法志愿服务团赴藏开展了“书法进万家——走进西藏‘送书法、下基层’”活动。

在拉萨市城关区蔡公堂乡举办“欢度藏历木马新年书法笔会”。

组织老中青三代近20名书法家，在77626部队举办“藏汉同心追梦，军民共步康庄”书协走基层军旅笔会。

在西藏博物馆举办“云端哈达——纪念川藏青藏两路通车60周年书法展”。

参加庆祝西藏自治区水利厅抢险队成立十周年书法笔会。

组织10名书法爱好者赴河南参加“西部新秀书法研修班”学习。

参加由拉萨市文联、拉萨市书法家协会组织的“全国当代中青年书法名家书法学术邀请展”。

举办首届西藏“藏汉双语春联进万家”活动、“我们的中国梦——万名书法家送万‘福’进万家公益活动”。

【摄影家协会】

藏历新年期间，组织摄影家赴昌都、日喀则、那曲、林芝开展“送欢乐、下基层”文化惠民活动。

在海拔5373米的山南地区浪卡子县普玛江塘学校成立摄影兴趣小组，让老师和学生用手中的相机记录家乡的新发展新变化新成就，并培养一支乡土摄影文化队伍。

中国摄影报12月9日发表署名文章《爱心接力：西藏摄影人的公益情》。

会同中国文联“送欢乐下基层”活动，在拉萨、林芝开展摄影培训交流活动。

在拉萨举办“第七届中国西藏珠穆朗玛大展”、“生态文明·美丽西藏”摄影展、“草原梦·壮美那曲”摄影展，在贵州省毕节市举办第七届中国西南六省区市摄影作品联展，大力宣传西藏摄影家拍摄的以“中国梦”为主题的摄影作品。

配合西藏自治区强基础惠民生活动办公室跟踪拍摄山南地区、那曲地区等驻村工作队的驻村成果。

制订西藏摄影家协会入会细则。

【音乐家协会】

为纪念中央对口援藏20周年，配合西藏自治区党委宣传部、西藏自治区党委组织部、西藏自治区财政厅和中国中信集团成功筹办大型组歌《极地放歌中国梦》音乐会。

受林芝地区文化局委托，组织有关专家对林芝鲁朗题材歌曲进行评审。

协助中央人民广播电台举办《天上西藏》西藏原生态民歌广播歌选和歌手评选活动，组织动员14名歌手并推荐15首原生态歌曲参加比赛。

组织推荐西藏5首音乐作品参加中国音乐家协会《美丽中国》大型征歌活动。

【舞蹈家协会】

舞蹈家协会主席丹增贡布携带东北师范学校艺术团和北京的部分人士代表中国黄埔军校赴台交流演出，获得了中央统战部的嘉奖。

在山南地区民间艺术团举办舞蹈编导知识讲座培训班。

辅导远大农民艺术团排练以中国梦为主题的“好时光”专题晚会。

举办首届全区舞蹈理论研讨会。

【戏剧家协会】

推荐话剧《解放，解放》参加第六届（张家港）长江流域戏剧艺术节长江流域精品大戏展演。

邀请中国剧协组织梅花奖艺术团赴林芝、拉萨两地进行文艺演出活动，活动受到西藏自治区党委领导高度评价。

【曲艺家协会】

组织、协调、引导基层优秀曲艺演员送戏下乡，带动和活跃基层文化生活。

注重基层年轻的曲艺创作人才、表演人才的培养。

认真开展发展会员和为会员服务工作。

【民间文艺家协会】

配合中国民间文艺家协会、中国摄影家协会对日喀则地区吉隆县贡当乡汝村、吉隆县吉隆镇帮兴村，昌都地区芒康县纳西民族乡上盐村、左贡县东坝乡军佣村，拉萨市墨竹工卡县甲玛乡赤康村，林芝地区工布江达县错高乡错高村进行中国传统村立档调配工作。

推荐会员参加第十二届山花奖·民间广场歌舞评奖活动并获奖。

推荐卡嘎多罗藏刀、洛林阿旺陶器、仁青雕刻彩绘唐卡、杨世贞剪纸入选《中国当代民间工艺名家名作选粹》。

陪同中国民间文艺家协会在西藏了解《中国唐卡文化档案》各卷的普查进度。

完成《中国西藏民间文学三套集成（藏文卷)》终审工作。

西藏民间文艺家协会作为主办单位之一，参加首届中国（张家港）长江流域民间艺术博览会。

【影视家协会】

拍摄完成六集专题片《透视达赖》、《国旗阿妈啦》，拍摄电影《皮绳上的魂》。完成电影《皮绳上的魄》外景拍摄工作。

与西藏电视台、山南地委宣传部承办的“纪念3·28西藏百万农奴解放纪念日”文艺演出在山南地区克松村进行慰问演出。

与西藏电视台在林芝地区墨脱县举办西藏自治区“中国梦”系列慰问演出之《中国梦·幸福路》。

与西藏电视台承办的西藏自治区“中国梦”慰问演出《宗山忠魂》，在西藏卫视和西藏藏语卫视同步播出。

陕西省文联

综　述

陕西文联认真学习贯彻党的十八大和十八届三中、四中全会精神，特别是习近平总书记在文艺工作座谈会上讲话精神，紧紧围绕“三个陕西”建设目标，服务大局、开拓创新、奋发有为，有很多创新性的工作亮点，举办了多项有影响力、有品牌效应的文艺活动，在发展繁荣陕西省文艺事业取得突出成绩。

会议与活动

【五届五次全委会】

2月26日，陕西省文联五届五次全委会在陕西省军区招待所召开。会议听取并审议了省文联党组书记、常务副主席吴丰宽代表文联主席团作的题为《围绕实现中国梦　高奏时代主旋律　努力谱写陕西文艺繁荣发展的新篇章》的工作报告；省文联主席赵季平传达了中国文联九届六次全委会精神；省文联党组成员、驻会副主席高建群传达全省宣传部长暨精神文明建设工作会议精神；省文联党组成员、纪检组长陈普宣读了递补省文联五届委员会委员的决定。省文联副主席王广群、王占良、王西京、雷珍民、胡武功、王勇超、冯健雪、刘远出席了会议。会议由省文联党组成员、驻会副主席兼秘书长黄道峻主持。吴丰宽全面总结了2013年全省文艺和文联工作取得的成绩，针对当前形势和面临的问题，提出了全年文联工作的总体思路，强调要重点抓好以下工作：一是把握正确方向、找准工作定位，更加自觉地围绕中心、服务大局；二是深入开展以“我们的中国梦”为主题的文艺创作活动，唱响时代最强音；三是继续坚持面向基层、服务群众，广泛开展文化惠民活动；四是抓好文艺评论和各类赛事活动，扎实推进文艺创作、调研和信息交流工作；五是尊重文艺创作规律和文艺人才成长规律，大力加强优秀年轻文艺人才培养。为扎实做好工作，他对文联工作提出了四点要求：解放思想、更新观念，增强文联工作的实力和社会影响力；尊重规律、坚守责任，把社会主义核心价值体系融入文艺创作；积极引导、热情服务，充分发挥文联组织的桥梁纽带作用；深入群众、转变作风，始终保持昂扬向上的精神状态。会议要求，各团体会员单位委员要认真传达会议精神，根据本地区本部门党委统一部署，紧密结合各自实际，把会议精神贯彻好，落实好。省文联及各团体会员要紧密地团结在以习近平同志为总书记的党中央周围，紧紧围绕省委省政府工作大局，以高度的政治责任感、良好的精神状态和扎实的工作作风，同心同德、顽强拼搏、奋发有为、争创一流，为提升陕西文化软实力、推动“三个陕西”建设做出新的更大贡献。

【社会组织工作会议】

4月18日，陕西省文联召开了社会组织工作会议。会议对在2013年工作中取得突出成绩的陕西省戏剧家协会、陕西省舞蹈家协会、陕西省楹联学会、陕西省漫画研究会、陕西省收藏家协会等五家先进社会组织进行了表彰，陕西省青年书法家协会、陕西省农民诗歌学会、陕西省合唱协会等社会组织法人进行了述职。省文联组联部主任王行舟对2013年文联所属社团工作进行了总结，通报了清理规范党政机关领导干部兼任社会团体领导职务工作的完成情况。组联部副主任许文传达了省民间组织管理局会议精神，安排部署了全年年检工作。省文联党组成员、驻会副主席兼秘书长黄道峻出席会议并讲话。会议由王行舟主持，文联所属45家社会组织负责人参加了会议。

【“到群众中去”陕西文联文艺志愿服务活动】

5月19日，由中共陕西省委宣传部、陕西省文联主办的，纪念毛泽东同志《在延安文艺座谈会上的讲话》发表72周年，“到群众中去”陕西文联文艺志愿服务活动启动仪式在省文联办公楼前举行，中共陕西省委宣传部副部长陈彦出席启动仪式并讲话。启动仪式后，由雷珍民、刘远、刘文龙、李杰民、王定成、胡明军、樊昌哲等陕西省著名表演艺术家、书画艺术家以及青年文艺人才、新闻记者等60余人组成的文艺志愿服务团，在省文联党组成员、驻会副主席兼秘书长黄道峻的带领下，深入铜川市王家砭村、陈炉古镇、延安新区建设工地、宝塔区南市街道、南泥湾采油厂、临镇镇石村、鲁艺旧址、杨家岭革命旧址等地，开展采风学习、慰问演出、书画创作赠送等活动。五天时间里，共开展慰问演出五场，举办为群众创作书画活动三场。在每场慰问演出中间，书画家们都会把精心创作的作品一对一现场赠送给当地先进模范代表，共有45名先进模范代表接受了赠送。5月23日，书画家们集体创作的23米长的“艺为人民”书画长卷捐赠仪式在杨家岭革命旧址举行。省文联党组成员、纪检组长、志愿服务团副团长陈普，省文联副主席、省书协名誉主席、志愿服务团副团长雷珍民代表服务团把书画长卷捐赠给杨家岭革命旧址，杨家岭革命旧址管理处主任高彦红代表景区接受捐赠，并为志愿服务团及各位书画家颁发了收藏证书。

【“走进果乡——洛川”采风写生活动】

8月18日至20日，组织了“到群众中去”文艺志愿服务团“走进果乡——洛川”采风写生活动。由刘文西、戴希斌、乔玉川、胡明军、李杰民、樊昌哲、张红春、宋亚平等30余名陕西省著名书画艺术家组成的文艺志愿服务团，在省文联党组书记、常务副主席吴丰宽的带领下，赴苹果之乡洛川进行了为期三天的采风写生。

活动期间，艺术家们先后来到了蒲荣村苹果采摘园、洛川县苹果博览馆、非物质文化遗产博物馆、民俗博物馆、黄土地质公园、洛川会议纪念馆等地采风学习，充分领略了果乡洛川的美丽自然风光和独特人文风情，感受到了洛川人民勤劳奋进的拼搏精神和积极向上的追梦情怀。艺术家们把所见所闻、所思所感诉诸笔端，创作出了近百幅反映洛川经济新发展、社会新面貌、人民新生活的优秀书法和美术作品，为果乡群众带来了一场艺术盛宴。

【第十二届全国美展艺术设计展、陶艺作品展】

9月6日，第十二届全国美展艺术设计作品展在西安当代美术馆举行。艺术设计展区评选工作从7月初开始，经过中国美协初评，共有765件作品入选陕西展区复评，经过评委两天评审，共评出分展区入选作品480件，进京展览作品80件，提名金奖作品5件、银奖5件、铜奖11件。其中陕西省获金奖提名1个，铜奖提名2个。

9月29日，由文化部、中国文联、中国美协主办，大唐西市集团承办，省美协协办的第十二届全国美展陶艺作品展在西安大唐西市博物馆举行。陶艺展区面向全国共征稿1300余件，评委们经过10多轮的严格评选，共评出分展区入选作品260件，进京展览作品30件。陕西省18件作品入选，是陕西省在历届全国美展中的最好成绩。

【“中国梦·情之乡土”中国农民画、剪纸艺术大赛】

9月18日至21日，“中国梦·情之乡土”中国农民画、剪纸艺术大赛优秀作品展在陕西美术博物馆举办，展出获奖作品118件。大赛共收到来自全国的农民画、剪纸作品1200多幅。初评期间，陕西省委常委、省委宣传部部长景俊海同志高度赞扬这次活动并批示：“要公平公正开展评奖活动，要发现和鼓励农民艺术人才，带动丰富农民文化活动。”陕西民协及时将景俊海部长批示精神向大赛组委会进行了汇报，组委会高度重视，严格按照公平公正原则，经过严格评审，共评出金奖6个，银奖6个，铜奖10个，优秀奖96个，入选奖、优秀组织奖若干。展览期间，还开办了“中国梦·情之乡土”中国农民画、剪纸艺术培训班，来自全国各地80余名民间文艺工作者和民间艺术家参加了培训。

【“走进果乡——洛川”慰问演出活动】

9月27日至29日，组织开展了省文联“到群众中去”文艺志愿服务团“走进果乡——洛川”慰问演出活动。在省文联党组成员、驻会副主席兼秘书长黄道峻的带领下，由冯健雪、刘远、董祥林、蒋瑞征、鲜于越歌等20多名表演艺术家组成的文艺志愿服务团来到洛川，把优秀的文艺作品送到了果乡群众的家门口，为洛川人民带来了艺术的盛宴和精神的享受。28日上午和晚上，艺术家们先后来到洛川会议纪念馆广场和洛川苹果产业园区，为群众奉献了两场大型文艺演出。活动恰逢第七届中国·陕西（洛川）国际苹果博览会开幕，艺术家们精湛的表演，极大的丰富了当地节会活动的内容，活跃了果乡群众的精神文化生活，展现一个充满魅力、生机勃勃的新洛川，对洛川的文化宣传和形象建设具有重要意义。

【“我们的节日”系列活动】

“我们的节日”系列活动由中国民协、陕西文联主办，陕西民协、关中民俗博物院承办。先后分别举办了端午民俗文化艺术节、七夕民俗文化艺术节、中秋民俗文化艺术节、重阳民俗文化艺术节。每次活动期间，都结合当时的节日习俗向广大群众展示花馍、皮影、剪纸、泥塑、布艺、秧歌、草编等手工艺的制作过程，举办了端午文化大讲堂、七夕文化研讨会、民俗风情展，表演了富有陕西特色的华阴老腔和陕北民歌，为铜川申河村广大村民送上了一台精彩纷呈的文艺演出，并向当地群众赠送了书画作品。“我们的节日”系列主题文化活动开启了陕西传承民俗节庆文化的序幕，为传承弘扬传统民俗文化和丰富群众业余文化生活提供了一个良好平台。

【市、县（区）行业文联负责人培训班】

10月13日至16日，陕西省市县（区）行业文联负责人培训班在铜川市照金镇成功举行，来自全省市县（区）行业文联共87名学员参加了此次培训。开班仪式上，省文联党组书记、常务副主席吴丰宽同志做了培训动员，并就“社会主义核心价值体系建设，践行社会主义核心价值观，传统文化与核心价值观的关系”等几个方面作了深入浅出的解读。铜川市委常委、宣传部部长闫旭同志代表铜川市委、市政府致辞，他指出省文联将此次培训班放到铜川照金举行是对铜川文艺工作的重视和支持，并祝愿培训班取得圆满成功。培训当中，学员们学习了中央政治局委员、中央书记处书记、中央宣传部部长刘奇葆和中国文联党组书记、副主席赵实的讲话材料；听取了西北大学经管学院副院长惠宁教授《关于陕西经济社会发展》的专题报告；还观看了著名作家王蒙和著名文化学者余秋雨在“陕西百名青年文艺家第一期培训班”上的讲座录像。同时，来自西安市未央区文联、黄陵县文联、南郑县文联、城固县文联、宝鸡市金台区文联、凤翔县文联的六名区县文联负责同志围绕基层文联体制建设、出精品出人才、群众文化惠民活动、文化服务经济建设等四个方面进行了大会发言和经验交流。学员们还赴陕甘边革命根据地照金纪念馆、薛家寨、陈家坡等革命遗址参观学习，并向陕甘边革命根据地英雄纪念碑敬献了花篮。此次培训班是举办“市县（区）行业文联负责人培训班”七年以来参加培训人数最多的一次。学员们普遍认为，培训班内容丰富多彩，安排六个县区文联的负责同志发言体现了省文联关注基层文联建设和工作，特别是将培训地点选在由刘志丹、谢子长、习仲勋等老一辈革命家创建的陕甘边革命根据地旧址照金举办意义深远。

【陕西文艺界学习习近平总书记在文艺工作座谈会上的重要讲话座谈会】

10月20日，陕西文艺界学习习近平总书记在文艺工作座谈会上的重要讲话座谈会在省文联召开，省文联主席团成员和各省级文艺家协会主席、各艺术门类文艺家代表、“陕西百名青年文学艺术家”代表等60余人参加了会议。会议由省文联党组书记、常务副主席吴丰宽主持。

中国音乐家协会主席、省文联主席赵季平，省作协副主席高建群，中国美协顾问、省美协名誉主席刘文西，省文联副主席刘远，省书协名誉主席吴三大，省美协名誉主席赵振川，省美协副主席、西安美术学院院长郭线庐，陕西广播电视台著名导演万盛华，省文艺评论家协会主席李震，西安秦腔剧院易俗社社长慧敏莉，著名文艺评论家李星，省曲艺家协会副主席王茵等文艺家代表先后发言，畅谈了学习习近平总书记讲话的体会。

大家一致认为，习近平总书记的重要讲话深刻分析了文艺在社会主义现代化事业中的重要作用，精辟阐述了文艺“以人民为中心”的根本方向，明确提出了文艺弘扬“中国精神”的历史使命，在新的时代条件下为文艺工作划定了基本遵循，为广大文艺工作者指明了方向。

【纪念韩起祥诞辰100周年系列活动】

11月10日至11日，共有来自西部地区12个省、市、自治区的34个节目参加了“韩起祥杯”—首届中国西部优秀曲艺节目展演活动。11月12日上午召开了纪念韩起祥诞辰100周年座谈会，来自全国和陕西的近百名曲艺名家和曲艺工作者参加座谈。

11月12日下午，中国曲艺家协会、陕西省委宣传部、陕西省文联举办了陕西相声现象研讨会。11月12日晚，举办了颁奖晚会暨惠民演出活动，为纪念活动划上了圆满的句号。鉴于陕西曲艺各门类齐头并进、百花争艳、蓬勃发展的良好局面，中国曲协破例特别邀请陕西参加全国优秀相声小品展演活动。12月25日，在北京八一剧场举办了陕西曲艺专场展演，演出现场气氛热烈、掌声不断，向北京人民奉献了一场高水准、有特色的陕西曲艺盛宴。

【到人民中去—陕西文联文艺志愿者深入基层服务采风活动】

12月10日至13日，“到人民中去—陕西文联文艺志愿者深入基层服务采风活动”在汉中圆满举行。由刘远、蒋瑞征等表演艺术家和胡明军、樊昌哲、宋亚平、石瑞芳等书画艺术家以及部分“百青”扶持对象组成的文艺志愿服务团，在省文联党组书记、常务副主席吴丰宽的带领下，深入汉中市汉台区和南郑县，以慰问演出、向当地先进模范人物赠送书画作品、采风学习等活动形式，把优秀的文艺作品送到了基层群众身边。

三天时间里，艺术家们先后在南郑县民乐园文化广场和汉台区人民路社区举行了两场慰问演出，开展了两场为先进模范人物创作书画作品的活动，在演出中间，书画家向南郑县和汉台区的20名先进人物和劳动模范赠送自己的作品，表达了对基层人民幸福生活的美好祝愿。在汉台区花果村和移民搬迁安置小区，文联领导和艺术家们深入当地群众家中，嘘寒问暖，拉话家常，了解基层群众的生产生活状况，并向五户群众赠送了精美的书画作品，送上最真挚的关怀和祝福。志愿服务团还来到南郑县红庙镇罗帐岭茶园、川陕革命根据地纪念馆等地进行了采风学习，接受革命传统教育，感受社会主义新农村建设的成果，学习当地城市建设改造的先进经验，在大自然和火热生活中激发创作灵感，积累创作素材，不断创作出人民群众喜闻乐见的优秀文艺作品。

【“丝绸之路”全国书法作品展】

12月12日，由中国书法家协会、陕西省委宣传部主办，陕西文联、陕西书协承办“丝绸之路”全国书法作品展览在陕西省美术博物馆举行。自6月启动以来，得到了全国书法爱好者的积极响应、踊跃投稿，共收到来稿七千余件。展览现场盛况空前，共展出入展作品196幅，邀请作品84幅。作品形式丰富，内容高雅，既有深厚的传统根基,又表现了多彩的时代追求，全面检阅了当代书法创作队伍。中国书协还专门致函陕西文联、陕西书协，对这次活动的组织工作征集工作体现的细致、周到、公平、公正给予高度评价。出版的《丝绸之路全国书法作品展作品集》汇集了这次展览的精品佳作。

获奖情况

（1）歌曲《丝路放歌》获全国第十三届精神文明建设“五个一工程”奖；

（2）高源获第九届“中国音乐金钟奖”长笛专业银奖，西安佳音合唱团获“金钟奖合唱比赛”优秀奖；

（3）在第十二届全国美术作品展览中国美术奖·创作奖评奖中，西安美院与其他院校联合创作设计的环艺项目《为西部农民生土窑洞改造设计》获金奖，杨季的国画作品《榜样》获铜奖，陈振国的水彩粉画《秋醉大巴山》、王檬檬的工艺作品《惑之书》、赵俊峰的中国画《晨曦》获优秀奖；

（4）在第五届中国书法兰亭奖中，岳奇获佳作奖一等奖，张胜伟获佳作奖二等奖，这是陕西省参加此奖取得的最好成绩；

（5）在第八届中国曲艺牡丹奖评比中，陕西省选送的相声《南腔北调》获节目奖，苗阜获新人奖，王茵撰写的理论文章《相声在陕西的传承与发展》获理论奖，这是该奖项2000年设立以来陕西省荣获的最好成绩；

（6）在第七届CCTV相声大赛评比中，苗阜、王声表演的相声《满腹经纶》获得作品金奖，马腾翔、李小龙表演的相声《百家讲坛》获作品铜奖，苗阜、马腾翔获五佳演员奖；

（7）在全国曲协工作会议上，陕西省曲协荣获2014年度全国曲协优秀团体会员称号；

（8）在第十八届中国少儿戏曲小梅花荟萃活动中，蒋嘉勇、王婉君、石若然、刘坤青表现突出，荣获小梅花最高奖“金花”称号，其中蒋嘉勇以优异成绩荣获地方戏专业组“金花十佳”称号；

(9) 在第五届中国戏剧奖·理论评论奖中，杨云峰的文章《戏曲现代戏叙事模式的转变与叙事主体的回归—简论陈彦“西京三部曲”的价值走向》获得中国戏剧奖·理论评论奖提名奖，《当代戏剧》杂志社获得第五届中国戏剧奖·理论评论奖最佳组织奖；

(10) 在第二十七届中国电视金鹰奖中，电视连续剧《大秦帝国之纵横》、《聂荣臻》分获优秀电视剧奖，纪录片《大鲁艺》荣获优秀纪录片奖，张超英获最佳摄像奖；

(11) 在第六届新农村电视艺术节评比中，电视剧《我在北京挺好的》获最佳电视剧奖，专题片《追踪假冒伪劣硫酸钾》获最佳专题片奖；

(12) 在第二届亚洲微电影艺术节中，微电影《黑白之间》、《天堂的声音》、《姐姐的单车》、《娜音西声》获金海棠奖；

(13) 大型航拍电视艺术片《大美陕西之丝路起点》获第七届中国旅游电视周最佳作品奖；

(14)《天下有秦人之马良》、《山沟里的岁月》分获“人文中国第三季——传承中国”全国电视专题片、纪录片一等奖；

(15) 韩晓勇原创的舞蹈作品《再唱山丹花》获第九届中国舞蹈“荷花奖”校园舞蹈奖十佳作品荣誉称号，王俊久的舞蹈作品《兰花花》获新加坡“金狮杯”大赛舞蹈类最高奖；

(16) 在第五届中国舞蹈节暨第九届中国舞蹈“荷花奖”校园舞蹈评奖中，西安音乐学院舞蹈系现代舞《ta说》获当代舞、现代舞大赛十佳作品奖，渭南师范学院舞蹈系的《康巴情》获最受观众喜爱的舞蹈作品奖；

(17) 在第十届中国摄影金像奖中，潘科同志荣获第十届中国摄影金像奖摄影理论奖；

(18) 在第九届中国文联文艺评论奖评比中，孙豹隐、孙昭、谷鹏飞获得二等奖，陕西省文联获优秀组织工作奖。

理论评论

【“李岚清篆刻书法素描艺术展”系列活动】

4月30日至5月1日，“秦风雅韵·李岚清篆刻书法素描艺术展”系列活动在西安隆重举行。系列活动由“秦风雅韵·李岚清篆刻书法素描艺术展”开幕式、“高雅艺术进校园”汇报演出音乐会、李岚清《大众篆刻与保卫汉字》讲座、李岚清篆刻书法素描艺术座谈研讨会、“秦汉印吧”揭牌仪式等活动组成。省文联组织陕西省相关书画界专家、领导，及省美协、省书协和省音协的130余名代表参加了各项活动。

5月1日，由省文联组织召开的李岚清篆刻书法素描艺术座谈研讨会在陕西宾馆举行。来自北京及陕西省的领导和专家及省美协和书协的代表共70人参加了研讨会。座谈研讨会由省文联党组书记、常务副主席吴丰宽主持。会后，李岚清同志看望了全体与会专家和代表，并与大家合影留念。

【陕西文学艺术家践行社会主义核心价值观座谈会】

9月9日，陕西文学艺术家践行社会主义核心价值观座谈会在省委宣传部召开，陕西省文联各协会主要负责人、各门类艺术家代表共30余人参加了会议，省文联党组书记、常务副主席吴丰宽，省文联主席赵季平等8人先后发言，就文艺家如何践行社会主义核心价值观畅所欲言，建言献策。

【陕西深圳两地文艺评论家交流座谈会】

11月3日，陕西深圳两地文艺评论家交流座谈会在陕西省文联会议室召开。由深圳市文联党组成员、专职副主席顾焕金带队的深圳文艺评论家一行9人，与多位陕西文艺评论家共聚一堂，就文艺评论和理论研究工作进行了深入交流。陕西省文联党组书记、常务副主席吴丰宽出席座谈会。座谈会由陕西文联组联部主任王行舟主持。

吴丰宽代表陕西文联向深圳文联一行表示了热烈的欢迎，对陕西文联的基本情况、重大文艺活动的开展和文艺品牌的建设等作了详细介绍。顾焕金简要介绍了深圳文联和深圳文艺评论家协会的基本情况，表示希望通过此次考察，拓展深圳文艺理论工作者的视野，为陕深两地文联的进一步交流与合作奠定基础。

座谈会上，陕西省文艺评论家协会主席李震认真介绍了陕西省文艺评论和理论研究的现状及文艺评论家协会的发展历史、工作情况，阐明了新时期文艺评论工作的重要性；陕西文艺评论家协会副主席、“五个一工程”奖获得者胡煜，深圳市文艺评论家协会副主席、深圳商报文艺部副主任许石林等人分别发言，畅谈对文艺评论事业发展的见解。双方代表一致认为，陕西和深圳具有很深的历史渊源，以后将通过不同的方式，深入沟通交流，增进感情，获得启示，推动两地文艺评论工作和文艺事业取得更大成绩。

【“中国革命艺术家博物馆群”专题论证会】

11月21日，陕西省文联组织召开延安“中国革命艺术家博物馆群”专题论证会。省文联党组书记、常务副主席吴丰宽，延安市委副书记、市长梁宏贤，省文联党组成员、驻会副主席兼秘书长黄道峻，延安市政府副秘书长钟世德，延安革命纪念地管理局局长裴小元，著名学者肖云儒，省作协副主席高建群等相关领导和专家参加座谈。

会议就延安市在桥儿沟鲁艺文化园区内建设“中国革命艺术家博物馆群”的相关事宜进行了深入讨论。在听取了项目介绍之后，与会专家对该项目表示认可和期待，对项目可行性及拟入馆艺术家名单展开了全面的分析、论证、筛选，给项目建设提供了切实中肯的建议和意见。

【中国文联国际部来陕调研座谈会】

11月21日，中国文联国际联络部副主任薛伶、国际联络部亚洲处干部陈镜如来陕调研，省文联组织召开了座谈会，就陕西文联对外交流活动开展、项目建设、远期规划等情况进行了深入交流。省文联党组书记、常务副主席吴丰宽，组联部主任王行舟，办公室主任刘平安，人事处处长陈谦等人参加了座谈。

【陕西文艺界学习柳青创作精神座谈会】

11月24日，陕西文艺界学习柳青创作精神座谈会在常宁宫宾馆召开，省文联党组书记、常务副主席吴丰宽出席会议，著名文化学者肖云儒、著名作家高建群、歌唱家贠恩凤等陕西省著名文艺家参加会议并发言。与会代表拜谒了柳青墓园，共同探讨新时期如何学习发扬柳青精神，促进文艺创作和文艺事业的繁荣发展。

各文艺家协会

【戏剧家协会】

3月28日至4月4日，陕西省戏剧家协会主办了“陕西省小戏小品创作研修班”。研修班特邀中国剧协党组成员、副秘书长周光，中国剧协组联部主任汪刚，山东省剧协副主席、一级编剧王新生以及陕西省部分戏剧专家，中青年编剧共40余人赴安康紫阳县，展开为期6天的“学研产”（讲座、研讨、体验生活）相结合的活动，得到了各方面的广泛好评。

5月29日至30日，由陕西省文化厅、陕西省戏剧家协会主办，陕西书画艺术研究院、陕西艺术职业学院 陕西广播电视台共同协办的陕西省第十届少儿戏曲小梅花大赛，在陕西艺术职业学院举行。本次大赛共收到来自全省各地近100名小选手报名，经过筛选，近三十名选手参加决赛。经过两场决赛，共评出一等奖7名，二等奖9名，三等奖7名以及表演奖若干。

9月21日，由陕西省剧协刘远话剧艺术中心、陕西青年实验话剧团精心打造的大型原创话剧《爱，不殊不忘》在西安铁路工人文化宫隆重推出，富有深刻思想内涵的感人剧情和演员们精彩的表演，赢得观众的高度赞扬。

11月21日，陕西省第五届小戏小品大赛颁奖晚会暨优秀剧目展演在陕西省戏曲研究院剧场隆重举行。本届大赛规模大、辐射面广、参赛剧种多、参赛选手多，自9月1日分赛场演出以来，在全省12个分会场共进行了18场演出，演出剧目100个，参演单位60多家，是历届大赛演出场次、参演单位以及参赛剧种最多的一次。除了专业院团外，本次大赛还吸引了来自农村、社区、企业、高校的戏剧爱好者参加，特别举办了企业专场以及高校专场。

11月25日至28日，陕西省戏剧家协会与中共商洛市委宣传部共同主办“商洛市戏剧人才培训班”，来自商洛的160余名戏剧院团业务骨干参加了本次培训班。省委宣传部副部长陈彦、省剧协副主席兼秘书长甄亮出席开班仪式并作了重要讲话，培训班还特邀陕西省著名艺术家李东桥、惠敏莉、冀福记、李书、杨君老师作了精彩讲座；此次培训班达到了预期的效果。

【音乐家协会】

1月启动实施了“好歌唱三秦”系列公益惠民演出活动。演出111场，足迹遍布陕西省各地市及周边乡镇的大学、社区、医院及农村。

9月6日，陕西音协与西安市委宣传部、西安市民政局、西安市文明办、西安市委外宣办、汇国集团霸陵新区联合主办了第五届“霸陵新区杯”我的中国梦文化进社区大型公益歌会。总决赛上，来自陕北、陕南分赛区的共计24组选手进行了激烈的角逐。阎肃、蒋大为、关牧村、负恩凤、接厚芳等艺术家担任了评委。

10月1日至9日，由陕西省文化厅主办，陕西省音乐家协会、陕西师范大学音乐学院、西安音乐学院共同承办的第七届陕西省艺术节“丝绸之路”西安国际钢琴艺术周在西安成功举办。活动期间，在西安音乐学院音乐厅及西安曲江音乐厅举行了五场钢琴音乐会，开展了30多节大师课、6场专题讲座和钢琴比赛等丰富的内容。同时，艺术周期间的钢琴比赛又是一项促进西北乃至全国钢琴艺术交流的重大赛事，是钢琴演奏艺术与教学水平提升的实践，也提供了陕西钢琴界与省际、国际同行之间进行相互了解、相互学习的机会。

10月4日至6日，由陕西省文联和陕西省音乐家协会共同主办的第四届陕西音乐奖器乐比赛决赛在西安成功举办。比赛吸引了全省近千名选手参加，比赛项目包括键盘类、管乐类、弦乐类和民乐类等8个专业。

10月23日，由陕西省慈善协会、陕西省音乐家协会共同举办的全省“爱心歌曲大家唱”群众歌咏演唱大赛在西安举行，共有15支优秀慈善志愿者合唱团队参加了比赛。

12月19日，在二炮工程大学举办了“畅想新丝路”音乐展演，演出由陕西省歌舞剧院民乐团担任，演奏了赵季平等作曲家的优秀作品，1200余名学员观看了演出。音乐会围绕“丝绸之路”展开，表现了古长安丝路文化的厚重以及充满西域风情的异域文化，再现了古丝绸之路的辉煌，同时展现了新丝绸之路的大气与磅礴。这些曲目成为反映丝路题材的经典之作。

12月20日，在西安音乐学院学术厅主办了“感恩三秦”李小兵独唱音乐会。主办会员音乐会是深入基层、服务会员的一个重要举措，不仅为广大会员提供一个难得的交流学习机会，同时能够增加词曲作家的交流，推动创作。

12月28日，“丝路新交响”2015年陕西新年音乐会在西安音乐学院音乐厅举行，省领导和社会各界群众1000余人共同欣赏了高雅的音乐盛宴。陕西新年音乐会作为陕西省文化品牌，自2007年创办以来，已连续成功举办了八届，历任省委、省政府、省人大、省政协主要领导同志都曾观赏音乐会并给予高度评价。

【美术家协会】

3月18日，由陕西省委宣传部、陕西省文联主办，陕西省美术家协会承办的“长安精神·陕西优秀中青年国画作品提名展”，在北京中国美术馆成功首展，在京掀起强劲的西北风；3月29日在山东省美术馆巡展，在齐鲁大地引起轰动；4月6日巡展至江苏省美术馆，引发当地美术界的热情关注；4月26日在陕西省美术博物馆举办汇报展出，同时为本次提名展活动画上圆满句号，省委宣传部、省文联、省美协负责人，省美协主席团成员，参展画家及各界群众近千人到场观展。

8月2日，“以丹青的名义—守护大秦岭”万鼎山水画汇报展在西安半坡国际艺术区举办。在本次展览上，展出了陕西省美协副主席万鼎应中央办公厅和人民大会堂管理局的邀请，为人民大会堂创作的2.2米高，17米长巨幅山水画作《看山还看祖国山》。这是近期继王西京为人民大会堂金色大厅创作巨作《黄河，母亲河》，王蒙为人民大会堂创作书法作品《赤壁怀古》之后，陕西省又一书画家获此殊荣。在中华人民共和国成立65周年前夕，陕西著名书画家的作品相继亮相人民大会堂，充分体现了是陕西作为书画强省的实力，也成为陕西文化艺术名片。万鼎进行创作《看山还看祖国山》巨幅画作以大秦岭为创作原型，结合了传统国画的青绿手法，又融入了万鼎自己的绘画风格，再现了大秦岭霞光万丈的瞬间、烟雾朦胧的风情以及顶天立地的气势。该画作被永久陈列在人民大会堂二楼东大厅。

9月24日至28日，马来西亚国际艺术博览会在吉隆坡外贸大厦会展中心坡举行，此次盛会吸引了30个国家，75个地区的艺术家和会展机构共同参与。马来西亚王储夫妇及各界相关人士千余人出席开幕式。王西京主席率领陕西美术代表团23人参加马来西亚国际艺术博览会，展出了60多幅极具民族特色的国画作品，并现场挥毫一幅巨作《骊宫春韵图》，倾城大马。王储与王储妃对王西京主席的长卷《黄河　母亲河》给予了高度赞许，并在画卷前与陕西画家合影留念。

9月30日，由陕西省文化厅、陕西省文学艺术界联合会和陕西省美术家协会共同主办的“陕西省庆祝中华人民共和国成立65周年美术作品展览”在陕西省美术博物馆举行。本次展览与全国第十二届美展接续，很多作品是陕西省美术家为冲击第十二届全国美展创作的力作，是陕西省规模最大、参与范围最广、作品种类最多、最具影响力和权威性的综合性美术大展，代表了陕西省美术创作的最高水平，是对陕西省美术发展成果的全面检阅与充分展示，也是陕西美术家们庆祝新中国65华诞的大献礼。展览从陕西省11个地市近2000件美术作品中，评选出了800多位画家近几年来的代表作品，包括中国画、油画、版画、水彩（粉）、雕塑、设计等多个画种。

【书法家协会】

6月24日至29日，举办了“中国梦 劳动美—陕西煤业杯”首届全省职工书法大赛。这项展览由省书协与省总工会联合主办，在陕西省美术博物馆展出，共展出作品200件，向社会展示了全省职工的书法实力。

8月2日，在西安碑林博物馆举办了“秦风书韵---陕西省首届书法篆刻展”。这是本届书协第一次立届的展览，以展示陕西改革开放后陕西书法艺术的新面貌，也是陕西书协会员实力的一次亮相。这项展览从4月份征稿，共收到会员作品2880件。

10月，在法门寺举办了世界佛教书法大展。省书协邀请了国内外众多高僧大德参与活动，派专人到全国各地直接征稿，确保了展览稿件数量和质量，共收到稿件6000余件，经过省书协专家评审团评审及中国书协专家评审，评出获奖及入展作品共200件。

【曲艺家协会】

4月17日至20日，中国曲协分党组书记、驻会副主席、秘书长董耀鹏率中国曲协一行四人来陕调研。召开了“纪念韩起祥诞辰100周年系列活动”具体事宜的协调会；进行小剧场调研及征求对评奖改革的意见建议会议。观看了王木犊剧场、青曲社、天禧苑小剧场的节目，肯定了陕西小剧场的经营模式，并提出了建设性的指导建议，鼓励大家多创作弘扬主旋律方面的作品，积极参加各种大赛。

5月5日，陕西曲协和陕西省艺术馆共同举办曲艺培训班，邀请中曲协副主席、中国艺术研究院曲艺研究所所长吴文科作了“曲艺创作的真善美”专题授课，各地市曲艺工作者、爱好者60余人参加了培训。

9月20日至21日，陕西省首届少儿曲艺（故事）大赛决赛暨颁奖演出在西安王木犊剧场举行。从4月份下发通知起，大赛在宝鸡、咸阳、延安、西安四地五个赛区分别启动，先后有2000多名5-13岁少年儿童报名参加了比赛。经过初赛和复赛的激烈角逐，共有59名小选手53个节目脱颖而出。活动最终共评出一等奖8名，二等奖15名，三等奖18名，优秀奖14名。

11月3日，由陕西曲协快板快书委员会邀请中国快板书委员会副主任、著名快板书表演艺术家李少杰来陕授课。快板演员、快板理论家、作家等70余人参加。

【摄影家协会】

1月13日，在铜川市耀洲区，中国文联、中国摄协、陕西省文联、陕西省摄协、铜川市文联等单位共同举办了“送欢乐下基层”活动，中国摄协主席、党组书记王瑶，省文联副主席、秘书长黄道峻，省文联副主席、省摄协主席胡武功及铜川市有关领导摄影家30多人参加了活动。

4月1日，举办了中国色彩之旅摄影比赛和摄影展览。

4月20日，举办了活龙山摄影大赛，共收到来稿500余幅。

5月18日，在永寿县广场举办最美永寿摄影大赛启动仪式。

6月29日，在西安市长安南路长延堡工业园举办了陕西省摄影家协会网网络中心新址及陕西摄协棚拍基地挂牌仪式。

8月30日，在陕西省图书馆举办了镜像百姓会员摄影作品联展。

9月1日，在西安美院举办了吴炜《假相第二回》摄影作品展。

9月6日，在陕西省图书馆举办了王应超《失联》摄影作品展。

9月30日，在美国洛杉矶尼克松博物馆举办了庆祝中华人民共和国建国65周年及中美建交30周年作品联展。

【舞蹈家协会】

10月20日至25日，陕西省舞协承办了陕西省首届“百姓健康舞”（中老年广场舞）师资培训班，来自西安市53个社区的106名社区广场舞师资骨干参加了为期一周的广场舞免费师资培训班。

10月29日，举行了庆祝中华人民共和国成立65周年暨第四届陕西舞蹈荷花奖大赛颁奖典礼，评选出专业独双三组表演一等奖作品、专业群舞组一等奖作品以及群文组金奖作品若干。本届大赛汇集了来自全省各地的优秀舞蹈作品和优秀舞蹈演员，是对近两年来陕西省舞蹈创作和人才培养的一次全面检阅，涌现出一批思想性、艺术性、观赏性俱佳的优秀作品和具有创新精神的青年人才。

【民间艺术家协会】

1月7日，由陕西省文联主办，省民协、省摄协、西安关中民俗艺术博物院承办的“秦风·汉韵·唐文化陕西老民宅摄影大赛”优秀作品展暨颁奖仪式在西安亮宝楼隆重举行。大赛历时半年多，共收到1300余幅参赛作品。经多轮筛选，共有160幅作品入围，并评出一、二、三等奖和优秀奖。获奖作品真实地反映了陕西古代民居建筑丰富的人文内涵，记录着陕西老民宅的现状和保护情况。5月，陕西省民协编著的《追溯——秦风·汉韵·唐文化陕西老民宅摄影展作品选集》，由陕西出版传媒集团、三秦出版社正式出版发行。

10月16日，由陕西省民协推荐的延川县“中国秧歌之乡”申报工作正式通过中国民协评审，成功被中国民协命名为“中国秧歌之乡”。

11月8日至12日，“国风秦韵——第三届陕西民间文艺山花奖评奖活动暨首届陕西省民间工艺美术作品展”在西安举办。“陕西民间文艺山花奖”是由中共陕西省委宣传部批准的全省唯一民间文艺综合性最高奖项。6月份启动作品征集工作，最终参展的350余件（套）民间工艺美术作品，种类涉及民间雕塑剪刻制作、民间编织刺绣、民间服饰扎彩、民间器具陶瓷四大类，涵盖了木版年画、皮影、剪纸、马勺脸谱、农民画、泥塑等60余种，是陕西省民间艺术最新成就全方位、多视角、大范围的又一次精品荟萃和高水平的全面展示和比拼。经过专家严格评选，共有10件作品获得了此项大奖。活动期间，展厅设置了6个民间工艺体验区，一些大专院校、中小学校组织学生参与了体验活动，进行了一次很好的现场教学。

11月21日，陕西省民协组织专家赴蓝田进行了“蓝田四吕”暨《吕氏乡约》的考察调研。

12月9日，由陕西省文学艺术界联合会主办，陕西省民间文艺家协会、西安关中民俗艺术博物院、陕西省楹联学会、陕西省国学研究会承办的“践行社会主义核心价值观全国春联征集活动”正式启动。

12月12日，陕西民俗文化发掘保护与新媒体传播研讨会召开。本次研讨会的主题为“民俗文化与新媒体融合，聚力弘扬优秀传统文化”。中共陕西省委宣传部（省委网信办）领导、省文联领导、省文化厅领导、陕西日报传媒集团领导、高校相关学院和研究所的专家学者、非遗传承人、基层民俗专家等参加会议并发言。

【电视家协会】

7月初，组织召开了“第十二届陕西电视金鹰奖评审会”。报送作品共计78件，获奖作品共计38件。其中，《聂荣臻》获电视剧特别奖；《大秦帝国之纵横》获电视剧一等奖；《大鲁艺》获纪录片·专题片特别奖；《汉阳陵》获纪录片·专题片一等奖；《“春到长安”2013陕西广播电视台春节联欢晚会》获电视文艺节目一等奖；《电视散文——担当，渭南精神的支点》获电视栏目一等奖；《陕西吃货》第二季获电视形象宣传片·公益广告片一等奖；徐杰获电视节目主持人一等奖；《仙黎谷》获电视动画片一等奖。

7月，“第二十七届中国电视金鹰奖电视节目主持人评选会议”由陕西省电视艺术家协会承办。中国视协的赵化勇主席、张显书记等领导以及来自全国各地的专家评委和工作人员莅临古城西安，参加了第二十七届中国电视金鹰奖电视节目主持人评选会议。陕西省委宣传部陈彦副部长参加了会议开幕式并作了致辞。

甘肃省文联

综　述

2014年是甘肃省文艺事业发展中十分重要的一年，是甘肃省广大文艺工作者应该铭记的一年。这一年，甘肃文艺大事多、喜事多，从中央到省委，把文艺事业都摆在了更加突出的位置。甘肃省文联党组和五届主席团在中共甘肃省委的正确领导和省委宣传部的具体指导下，高举中国特色社会主义伟大旗帜，认真学习贯彻党的十八届三中、四中全会精神和习近平总书记系列重要讲话特别是在文艺工作座谈会上的重要讲话精神，按照《中共甘肃省委关于进一步加强和改进文联工作的意见》和中共甘肃省委书记、省人大主任王三运在省文联调研时的讲话要求，紧抓国家“一带一路”战略机遇，紧紧围绕甘肃省委省政府工作大局，立足甘肃实际，主动作为、勇于作为、善于作为，团结引领全省广大文艺工作者积极投身华夏文明传承创新区和文化大省建设，为甘肃文艺事业的大发展、大繁荣做出了新的贡献。总体来说，2014年甘肃省文联的工作重点突出，特色鲜明，呈现出一些新特点：一是抓学习，干部政治素养不断提高；二是抓作风，机关服务水平逐步提高；三是抓策划，文艺活动效能不断拓展；四是抓宣传，文联社会影响力不断扩大；五是抓双联，文艺扶贫特色不断彰显；六是抓廉政建设，党委主体责任进一步落实。

会议与活动

【甘肃省文联第五次代表大会召开】

2月25日至26日，甘肃省文学艺术界联合会第五次代表大会在兰州隆重召开。中共甘肃省委书记、省人大常委会主任王三运出席会议并作重要讲话。中国文联党组副书记、副主席、书记处书记李屹出席会议并致辞。政协甘肃省委员会主席冯健身，中共甘肃省委副书记欧阳坚，省委常委、宣传部部长连辑，省委常委、组织部部长吴德刚，省委常委、秘书长李建华，副省长张广智，省政协副主席栗震亚等省上领导及来自全省的文艺工作者代表和特邀嘉宾600余人出席了会议。

王三运书记在讲话对全省广大文艺工作者和各级文联组织的工作给予了充分肯定，对甘肃广大文艺工作者和文联系统提出几点希望：一、坚定信念，始终坚持文艺事业的正确方向。二、服务大局，主动融入甘肃科学发展、转型跨越、民族团结、富民兴陇的时代潮流。三、崇德尚艺，始终坚守德艺双馨的崇高追求。四、履职尽责，充分发挥文联的组织、联络、协调、服务作用。

中国文联党组副书记、副主席、书记处书记李屹在致辞中充分肯定了甘肃省文联第四次代表大会以来取得的成绩。他指出，甘肃省四次文代会以来，特别是近几年来，甘肃省文联工作成绩巨大，硕果累累，为促进文艺事业繁荣发展，满足人民的精神文化需求作出了重要贡献；甘肃文艺工作者队伍，是一支具有高度社会责任感和创新精神、充满激情与活力的队伍，是一支值得党和人民信赖的队伍，必将能够为甘肃华夏文明传承创新区和文化大省的建设，为社会主义文化强国建设作出新的、更大的贡献！

中共甘肃省委常委、宣传部部长连辑在讲话中从坚持正确的政治方向和价值导向、促进和繁荣文艺创作、加强文艺人才队伍建设、充分发挥文联的桥梁纽带作用、加强和改进党对文联工作的领导等五个方面对新阶段甘肃文艺主要任务进行了部署。

在甘肃省文学艺术界联合会第五次代表大会上，甘肃省文联第四届主席马西林致开幕词，甘肃省文联党组书记马少青作了题为《投身华夏文明传承创新区和文化大省建设，努力开创甘肃文艺事业的新局面》的工作报告，甘肃省总工会党组书记、常务副主席李学春代表人民团体致祝词。会议审议通过了甘肃省文联第四届委员会的工作报告；修改并通过了甘肃省文联新的《章程》；选举产生了甘肃省文联第五届委员会、主席团。邵明当选甘肃省文联第五届委员会主席，周丽宁、张永基、苏孝林、翟万益、王登渤、程金城、刘夏萍(娜夜)、李宝堂、马刚、马国俊、彭德明、陆金龙、石斌、汪小平、杜雨林、久喜佳、杨长春、曹锐、张勇等19人当选副主席。第五届主席团提名郑怀博为秘书长。大会一致推举连辑、马少青为甘肃省文联名誉主席，聘请张炳玉、赵树德、冯树林、张改琴、康金成、孔庆浩、尕藏才旦、许琪、张文轩、赵逵夫、郭文涛等11人为甘肃省文联名誉委员。

大会号召甘肃广大文艺工作者认真学习和领会中共甘肃省委书记、省人大常委会主任王三运同志，中国文联党组副书记、副主席、书记处书记李屹同志和省委常委、宣传部部长连辑同志的重要讲话精神，牢固树立以人民为中心的创作导向，积极践行社会主义核心价值观，唱响中华民族伟大复兴中国梦的主旋律，努力创作更多无愧于历史、无愧于时代、无愧于人民的精品力作，更加积极主动地投身建设幸福美好新甘肃的伟大实践。

【“影像丝绸之路·中国甘肃摄影展”在韩国首尔举办】

3月6日，由甘肃省文化厅、韩国首尔中国文化中心主办，甘肃省文联、甘肃省摄影家协会承办的“影像丝绸之路·中国甘肃摄影展”在韩国首尔中国文化中心举行。韩中文化协会会长李荣一，韩国摄影家协会副理事长李评洙，韩国著名摄影家朴夏善，韩中摄影交流会会长朴淳永，甘肃省摄影家协会主席李膺，甘肃省文联党组成员、副主席张永基，中国驻韩国大使馆文化参赞兼首尔中国文化中心主任史瑞琳等出席了开幕式。中国驻韩国大使馆文化参赞兼首尔中国文化中心主任史瑞琳、甘肃省摄影家协会主席李膺、韩国摄影家协会副理事长李平洙先后致辞，李膺主席和张永基副主席代表甘肃省摄影家协会向韩中文化协会、首尔中国文化中心赠送了铜奔马及摄影作品集。中韩摄影家及嘉宾在首尔中国文化中心参加了座谈会，韩方对展出作品给于积极评价和肯定，并就今后加强双方互访交流达成了共识。

【“新农村舞蹈美育工程——少数民族舞蹈课堂”甘肃启动仪式】

4月22日，由中国舞蹈家协会实施、甘肃省舞蹈家协会、酒泉市小白杨舞蹈学校承办的“新农村舞蹈美育工程——少数民族舞蹈课堂”甘肃启动仪式在酒泉举行。

“新农村舞蹈美育工程——少数民族舞蹈课堂”项目致力于缩小城乡儿童素质教育差距，让农村孩子享受到和城里孩子一样的艺术教育。甘肃省舞协选取了肃北县民族小学、瓜州县广至乡卓园小学、玉门市小金湾东乡族民族小学作为项目推广单位，建立三个“民族舞蹈课堂”示范点，选拔优秀志愿者到当地长期进行舞蹈教学，邀请舞蹈编导为每个“民族舞蹈课堂”编创一个具有浓郁地方民族特色的舞蹈节目，参加7月北京“全国新农村少数民族舞蹈展演”。中国舞蹈家协会主席赵汝蘅在10月北京文艺工作者座谈会发言中也提及此项活动。

【《中共甘肃省委关于进一步加强和改进文联工作的意见》制定颁布】

为了深入贯彻落实党的十八大、十八届三中全会精神和习近平总书记系列重要讲话精神，充分发挥全省文联组织和广大文艺工作者在推进文化大省和华夏文明传承创新区建设中生力军的作用，满足人民群众日益增长的精神文化需求，推动甘肃文艺事业繁荣发展，中共甘肃省委于5月22日出台了《中共甘肃省委关于进一步加强和改进文联工作的意见》。《意见》的主要内容有：1.充分认识做好新形势下文联工作的重要性；2.准确把握文联工作的指导思想、基本原则和目标任务；2.全面推动文艺事业繁荣发展；4.深入推进体制机制改革；5.加强和改进党对文联工作的领导。《意见》出台后，甘肃省文联也制定下发了《关于学习贯彻〈中共甘肃省委关于进一步加强和改进文联工作的意见〉的实施方案》，召开了学习《意见》精神座谈会，各省级文艺家协会、市州文联分别召集本艺术门类、本地区艺术家召开学习《意见》精神座谈会。大家纷纷表示，在甘肃文联发展史上，《意见》是具有里程碑意义的文件。贯彻落实好这个《意见》，必将对繁荣发展甘肃省文艺事业，整体推动甘肃文联工作上新台阶、新水平产生重要而深远的影响。

【“天·地”木月自然摄影作品展】

6月21日，甘肃省摄影家协会主席李膺“天·地”木月自然摄影作品展在北京中国摄影展览馆举行，共展出90余幅作品。本次展览由中国摄影家协会策展委员会主办，集中展示了李膺先生近年来的摄影创作精品。李膺执着摄影40年，出版有多部摄影专集。中共甘肃省委宣传部副部长、省文联主席邵明，省文联党组副书记、副主席周丽宁，省文联副主席张永基，秘书长郑怀博到场祝贺。部分在甘肃工作过及甘肃籍在京领导陈宝生、励小捷、牟小苏、洛桑·灵智多杰、杨志明、石军等社会各界共800余人出席影展开幕式。开幕式上，中国摄影家协会主席、分党组书记王瑶、甘肃省人大副主任马青林分别致辞，开幕式由中摄协分党组成员、秘书长高琴主持。中国摄影展览馆收藏了木月部分作品。

【冯双白一行赴甘肃考察调研“新农村少数民族舞蹈课堂”活动】

6月26日至29日，中国舞协分党组书记、驻会副主席冯双白和中国舞协韩志昕、汪洋等同志赴甘肃酒泉地区考察“新农村少数民族舞蹈课堂”的开展情况。

“新农村少儿美育工程”是响应中宣部、中国文联、中共甘肃省委宣传部的号召，“贴近实际、贴近生活、贴近群众”，旨在让贫困山区的孩子们先一步实现“中国梦”。此次“新农村少儿美育工程——少数民族舞蹈课堂”调研活动共考察了酒泉地区三个实施基地，分别是玉门市小金湾乡东乡族民族小学、瓜州县广至藏族乡卓园小学、肃州区黄泥堡裕固族小学。中舞协、省舞协以及当地政府领导一起观看了贫困山村里的孩子表演的《吉祥的日子》、《裕固族姑娘》等舞蹈作品。此项活动中，学生们展演的舞蹈作品均是由甘肃省舞协下派编导（志愿者）深入基层、深入酒泉地区创排而成。甘肃省舞协还为各学习基地的小演员们制作了进京展演的演出服。

【“追寻中国梦”甘肃美术作品大展】

6月26日上午，“追寻中国梦”甘肃美术作品大展在兰州隆重开幕。中共甘肃省委宣传部副部长、省文联主席邵明致开幕辞，省文联党组副书记、副主席周丽宁主持开幕式，省美术家协会主席李宝堂对本次展览概况作了介绍。省教育厅总督学、党组成员李晶，甘肃省文化厅党组成员、甘肃画院党委书记安邕江，甘肃演艺集团有限责任公司艺术总监、省文化厅艺术处处长胡豫川，甘肃画院院长李伟，以及兰州商学院、西北民族大学、西北师范大学有关院系师生等300余人参加了开展仪式。当日下午，中共甘肃省委常委、宣传部部长连辑同志在甘肃省文联党组副书记、副主席周丽宁和甘肃省美协主席李宝堂陪同下，来到“追寻中国梦”甘肃美术作品大展第一展馆观看参展作品。

本次展览共征集到各类美术作品3000余件，经过初评和复评，遴选出参展作品404件，包括中国画、油画、版画、水粉水彩和艺术设计、雕塑、综合材料、岩彩画等艺术品类。分别在甘肃美术馆、甘肃艺术馆、兰州美术馆三个场馆展出。

【“翰墨薪传工程”中小学书法师资培训甘肃班开班】

7月16日，由中国书法家协会、教育部教师工作司主办，甘肃省书法家协会承办的“翰墨薪传工程”中小学书法师资培训项目甘肃班在甘肃省委党校开班，来自全省贫困地区的50名中小学书法教师接受了专业的书法教学培训。“翰墨薪传工程”是一项由中国书法家协会发起实施的公益性活动，此项活动由中国书协主席张海先生捐资200万作为启动资金，甘肃作为首批试点的12省份之一。来自全省的中小学书法教学一线的50名教师在省委党校进行了为期7天的免费培训。

【世界著名魔术师埃里克在兰举办魔术讲座】

7月20日下午，由甘肃省杂技家协会主办，甘肃魔术联盟承办的世界著名魔术师埃里克·琼斯魔术讲座在省文联开讲，吸引了来自北京、西安、银川、西宁、兰州等地的多名魔术爱好者参加。

Eric Jones（埃里克·琼斯）是美国著名魔术师，魔术城堡表演嘉宾，在业界具有广泛的声誉。讲座当中，埃里克还和魔术爱好者们进行了交流。

【甘肃美术赴美国巡展交流】

7月25日至8月9日，“绚丽甘肃·甘肃优秀艺术家访美巡展”活动在美国东部和中西部举行。这是在国家建设丝绸之路经济带的新形势下，为在国际上展示甘肃美术独特的地域风格和民族气派，以美术的形式，宣传甘肃丝绸之路神奇壮丽的自然风光、丰富多彩的历史文化积淀、日新月异的现代化建设成就而举办的重要艺术交流活动。

【首届甘肃省藏族舞蹈大赛暨第三届碌曲县锅庄舞大赛评奖活动举办】

由甘肃省文联、甘肃省文化厅主办，甘肃省舞蹈家协会、碌曲县政府、甘肃尕海则岔国家级自然保护区管理局承办首届甘肃藏族舞蹈大赛暨第三届碌曲县锅庄舞大赛评奖活动于8月4日至8月8日在甘南州碌曲县举行。

中国舞协分党组书记、常务副主席冯双白出席开幕式并致词，甘肃省文联党组书记、副主席周丽宁致闭幕辞。中国舞协分党组副书记、秘书长罗斌，甘肃省统战部常务副部长卢鸿志，甘南州委书记魏建荣，中国舞协分党组成员、副主席李甲芹，甘肃省文联党组成员、副主席苏孝林等也出席了本次活动。

在这次活动中，中国舞蹈家协会授予碌曲“中国锅庄之乡”称号。来自四川、青海及甘南州部分县的参赛方队近1800余人身着各色节日盛装表演了千人锅庄舞。本次活动在弘扬藏族传统文化的同时，还吸引了全国各地喜爱藏族舞蹈、热爱藏族文化的朋友们来到美丽的碌曲学习交流、旅游观光。舞蹈艺术的传播对于藏区旅游文化经济快速发展起到了积极的推动作用。

【全国文联系统办公室业务培训班在兰州举办】

8月26日至28日，2014年全国文联系统办公室业务培训班在兰州举办。中国文联党组成员、副主席、书记处书记左中一，中共甘肃省委常委、宣传部部长连辑，中国文联办公厅主任陈建文，办公厅副主任、巡视员金宁宁，办公厅副主任邓光辉，中共甘肃省委宣传部副部长、省文联主席邵明，甘肃省文联党组书记、副主席周丽宁，甘肃省文联党组成员、副主席张永基等及来自中国文联各部室、中国文联各文艺家协会、全国各省区市文联、产业文联、副省级城市文联办公室的负责人80余人参加了开班仪式。

左中一做了题为《在全国文联系统办公室培训班上的动员辅导报告》。连辑代表甘肃省委、省政府对中国文联长期以来关心、支持甘肃省文联工作、文化大省建设以及陇南地区建设表示感谢。培训期间，中共甘肃省委宣传部副部长、省文联主席邵明做了《关于甘肃文艺发展和文化建设》专题报告。清华大学特聘高级讲师林颖做《大型会议活动筹备组织》专题讲座。

【《兰州与中国电影》一书首发式在兰州举行】

9月24日晚，第23届中国金鸡百花电影节开幕式在位于兰州黄河之滨的甘肃大剧院隆重举行。

全国政协副主席卢展工，中国文联党组成员、副主席夏潮出席开幕式。27日晚，电影节圆满落幕，中国文联党组书记、副主席赵实，中国文联党组成员、书记处书记郭运德，甘肃省委常委、副省长咸辉，甘肃省委常委、兰州市委书记虞海燕等出席了闭幕式。

甘肃省文联、甘肃省电影家协会为配合这次电影节的成功举办编撰的《兰州与中国电影》一书首发式9月23日在兰州举行。中国文联主席团委员、中国电影家协会分党组书记、副主席康建民，兰州市副市长曹丕玉出席会议并讲话，甘肃省文联党组书记、副主席周丽宁主持首发仪式。中国电影家协会秘书长饶曙光、中国电影出版社社长宋岱、大众电影杂志社社长翟建农、甘肃省文联巡视员孙周秦、参加第23届中国金鸡百花电影节的部分嘉宾以及新闻媒体记者100余人参加了首发仪式。《兰州与中国电影》是一部记述兰州乃至甘肃电影事业发展的，具有一定文献价值的专业图书。

【“绚丽甘肃·美在民间”全省民间工艺美术系列活动举办】

9月25日，“绚丽甘肃·美在民间”全省民间工艺美术系列活动在兰州创意文化产业园举行。活动内容包括：评选第四届甘肃民间文艺“百合花奖·民间工艺美术奖”、举办“绚丽甘肃·美在民间”全省民间工艺美术展览、举办“中国梦”全省民间工艺美术创作及展览、评选“甘肃省民间工艺美术大师”和“甘肃省优秀民间工艺美术家”等。中国文联党组成员、副主席、书记处书记夏潮，中共甘肃省委宣传部副部长高志凌，中共甘肃省委宣传部副部长、省文联主席邵明，甘肃省文联党组书记、副主席周丽宁，省文联党组成员、副主席张永基等出席了活动。

甘肃民间文艺“百合花奖”共104位作者的107件（组）作品入选，其中，《飞天茶具》等3件（组）作品获一等奖，《草原晨曲》等6件（组）作品获二等奖，《内经图》等12件（组）作品获三等奖，《婴戏图》等30件作品获优秀奖。评出赵翠仙等6位艺术家为“甘肃省民间工艺美术大师”，王飞飞等30位艺术家为“甘肃省优秀民间工艺美术家”。

【甘肃省文联召开学习习近平总书记在文艺工作座谈会上的重要讲话精神专题会】

10月21日，甘肃省文联召开学习习近平总书记在文艺工作座谈会上的重要讲话精神专题会。与会文艺工作者表示，习总书记的重要讲话立意高远、振奋人心，是做好文艺工作的行动纲领。大家纷纷表示，要深刻领会习近平总书记重要讲话精神，深入生活，扎根人民，创作出无愧于人民和时代的伟大作品。要结合自身实际，充分发挥文联职能，努力做好联络、协调、服务工作，为华夏文明传承创新区和文化大省建设贡献力量。甘肃省文联党组书记、副主席作了总结讲话，部署了省文联学习讲话精神的有关工作。

【甘肃省文联双联书画摄影展览暨义拍活动成功举办】

10月28日，汇集了全省150多位艺术名家180余幅作品的甘肃省文联“联村联户、为民富民”书画摄影展览暨义拍活动在甘肃省文联双联点成功举办，共拍得善款258.76万元。中共甘肃省委常委、宣传部部长连辑专门赴现场开笔助捐。义拍开始前，甘肃省文联党组成员、副主席张永基主持了简短的开幕式。中共临洮县委书记石琳致开幕词，甘肃省文联党组书记、副主席周丽宁代表省文联讲话，中共甘肃省委宣传部副部长、省文联主席邵明宣布义拍活动开幕。20余家省直文化单位负责人和各市州委宣传部长也出席了拍卖会开幕式。临洮县公证处为本次拍卖活动全程公证，甘肃省内各大新闻媒体纷纷派员现场采访，新华网、新浪网等知名网络媒体也参加了报道。

【中共甘肃省委书记、省人大主任王三运到甘肃省文联调研】

11月19日，中共甘肃省委书记、省人大主任王三运在省委常委、秘书长李建华，副省长夏红民，省委宣传部常务副部长张建昌等陪同下到甘肃省文联调研学习习近平总书记在文艺工作座谈会上重要讲话精神情况，看望广大文艺工作者，共谋甘肃文艺发展大计。

王书记走进甘肃省文学院、省书法家协会、省美术家协会、省民间文艺家协会和省音乐家协会、电影家协会、理论研究室，观赏优秀文艺作品，分享文艺创作体验，探讨文艺发展规律，共绘甘肃文艺美好蓝图。调研结束时，王书记接见了甘肃省文联全体干部职工。王书记指出，文联同志们的工作很辛苦，但是有很大作为。近年，甘肃的形象有很大提升，外面对甘肃的了解越来越多、认识越来越全面，有的从不了解到逐步了解，有的从不屑一顾到刮目相看。这些都与文联同志们和文艺工作者的努力付出是分不开的。同志们通过自己的努力和独特的艺术造诣，为我们展示甘肃风采塑造甘肃形象都作出了不可磨灭的重要贡献。他强调，将尽一切努力为文艺工作者的工作生活创造应有的条件，使大家的聪明才智能够得到进一步的发挥，为幸福美好新甘肃建设作出更大贡献。

甘肃省文联名誉主席马少青和甘肃省文联领导班子成员邵明、周丽宁、张永基、翟万益、王登渤等陪同调研。

【周丽宁书记作客甘肃省广电总台《新闻透视》节目】

11月3日，甘肃省文联党组书记、副主席周丽宁走进甘肃省广播电影电视总台直播间，做客省电视台《新闻透视》节目，对习近平总书记在文艺工作座谈会上的重要讲话进行详细解读，对甘肃省文艺界和省文联学习贯彻讲话精神情况进行详细介绍。这是甘肃省文联领导首次参加此类专题节目的录制。全国政协委员、中国书法家协会副主席、甘肃省文联原副主席张改琴也参加了节目的录制。张改琴从艺术创作的角度对习近平总书记在文艺工作座谈会上重要讲话谈了自己的看法和理解。这次专题节目11月9日在甘肃电视台公共频道播出。

创作与研究

【弋舟小说研讨会】

6月7日下午，由甘肃省文艺评论家协会和《西部商报》社共同主办的“弋舟小说”研讨会在甘肃省文联举行。研讨会对弋舟的小说进行了较全面的研讨。同时通过研讨弋舟的小说来观察甘肃目前的小说创作状态，对甘肃近年来小说创作的得与失进行梳理，并对症下药，使甘肃小说能更好地向前发展。中共甘肃省委宣传部副部长、甘肃省文联主席邵明，甘肃省文联副主席王登渤，中共甘肃省委宣传部文艺处负责同志，甘肃省文艺评论家协会主席、副主席，《西部商报》社长，甘肃省著名评论家、作家等参加了研讨会。

【甘肃省八骏文艺人才研究会成立】

6月16日，由中共甘肃省委宣传部、甘肃省文联主办，省文学院承办的甘肃省文学院建院30周年庆典活动、《文学陇军八骏金品典藏》丛书首发式暨甘肃省八骏文艺人才研究会成立揭牌仪式在兰举行。中国作家协会副主席高洪波、甘肃省政协副主席黄选平为甘肃省八骏文艺人才研究会揭牌并讲话。中国小说学会会长雷达、中国诗歌学会副会长叶延滨为《甘肃省文学院30周年大事记》启页。会上还选举产生了甘肃省八骏文艺人才研究会领导机构，雷达当选为会长。

【中国（陇南）乞巧女儿节与妇女发展国际论坛举办】

8月1日，由中国民间文艺家协会、文化部非遗司，中共甘肃省委宣传部、甘肃省文化厅、甘肃省旅游局、甘肃省外事办、甘肃省文联、甘肃省妇联、甘肃省民协，中共陇南市委、陇南市人民政府主办，中共西和县委、西和县人民政府承办的第六届中国（陇南）乞巧女儿节系列活动之一——“中国（陇南）乞巧女儿节与妇女发展国际论坛”在北京举办。

第十届全国人大常委会副委员长、中国关心下一代工作委员会主任顾秀莲，第十一届全国政协副主席王志珍，全国妇联、外交部、文化部、中国民协等国家部委相关司局负责同志，中共甘肃省委常委、宣传部部长连辑等甘肃省领导，国内民俗专家代表，国内妇女事业发展研究专家学者及来自白俄罗斯、吉尔吉斯斯坦等6个国家妇女组织的代表，亚美尼亚、奥地利等22个国家的驻华使节共260多人应邀参加论坛。中共甘肃省委常委、宣传部长连辑主持了论坛开幕式。与会专家学者围绕“陇南乞巧文化与妇女发展”这一主题进行了深入研讨交流，对甘肃省在乞巧文化的挖掘、保护、传承和发展等方面所做的工作给予了充分肯定和高度评价，并对今后的保护工作提出了许多非常有价值的建议。

【首届“甘肃文艺论坛”在兰州举办】

8月3日至8月6日，由甘肃省文联主办，甘肃省文艺评论家协会、西北师大传媒学院承办的首届“甘肃文艺论坛”在兰州西北宾馆召开。著名文艺评论家雷达，中共甘肃省委宣传部副部长、省文联主席邵明，省文联党组副书记、副主席周丽宁，省文联副主席王登渤，省文艺评论家协会主席陈春文，省文艺评论家协会常务副主席张存学，省文艺评论家协会副主席管卫中、彭岚嘉、马青山、田伟戈、杨光祖，以及来自全省的文艺评论家、艺术家，省内外新闻界记者80多人参加了会议。省委宣传部副部长、省文联主席邵明同志作了重要讲话。会议由省文联副主席王登渤主持。

此次论坛特别邀请全国文艺界的权威专家仲呈祥、雷达专题讲座。

【甘肃省作家叶舟荣获鲁迅文学奖】

第六届鲁迅文学奖于8月11日在北京揭晓，甘肃省著名作家、甘肃省作家协会副主席叶舟凭借短篇小说《我的帐篷里有平安》登上领奖台，荣获短篇小说奖。这是继王家达获得第一届(1995-1996)鲁迅文学奖优秀报告文学奖，李老乡和娜夜获得第三届(2001-2003)鲁迅文学奖全国优秀诗歌奖之后，甘肃省再次获得鲁迅文学奖。特别值得一提的是，此次叶舟的获奖，填补了甘肃作家在鲁迅文学奖小说领域中的空白，具有里程碑式的重大意义。中共甘肃省委宣传部、甘肃省文联也分别对叶舟获奖进行了奖励。

【“《天马畅想曲》首发式暨叶舟作品研讨会”在兰召开】

11月18日，由甘肃省文联主办，省作家协会、省文学院、省文艺评论家协会、敦煌文艺出版社、兰州晨报承办的“《天马畅想曲》首发式暨叶舟作品研讨会”在兰州宁卧庄宾馆举行。中共甘肃省委宣传部副部长、省文联主席邵明，省文联党组书记、副主席周丽宁，省文联党组成员、副主席张永基、翟万益、王登渤，第六届鲁迅文艺奖获得者叶舟，甘肃省著名作家、评论家等50多人参加了首发式和研讨会。

《天马畅想曲——中国梦主题创作甘肃文学作品选》收录甘肃省作家、诗人围绕中国梦主旨所创作的笔谈、诗歌、散文、报告文学和小说245篇（首），并配有近200幅图片，逾65万字。会上，甘肃省文联向获奖者叶舟颁发荣誉证书以及2万元现金奖励，从而成为《甘肃省文联奖励荣获全国文艺奖的个人和作者的暂行规定》出台的第一“受惠者”。

【甘肃省文联开展文艺志愿服务进社区活动】

12月5日，在第29个国际志愿者日来临之际，甘肃省文联文艺志愿服务团走进兰州市城关区雁南街道天庆嘉园，举办“到人民中去”文艺志愿者深入基层服务采风活动。这是甘肃省文联认真贯彻习近平总书记在文艺工作座谈会上的重要讲话精神和省委书记、省人大主任王三运同志在省文联调研时的要求，积极响应中国文联文艺志愿服务号召所筹划的一项“深入生活、扎根人民”主题志愿活动。这次活动包括捐赠图书、文艺表演、书法辅导、摄影讲座等。社区居民及文艺服务志愿者500余人参加了活动。

【第三届甘肃舞蹈“飞天奖”大赛暨首届甘肃“小桃李杯”校园舞蹈比赛在兰州举行】

12月18日晚8时，第三届甘肃舞蹈“飞天奖”大赛暨首届甘肃“小杯李杯”校园舞蹈比赛在兰州金城大剧院开幕。中共甘肃省委常委、宣传部部长连辑，甘肃省人民政府副省长夏红民，中国舞蹈家协会主席赵汝蘅，中央芭蕾舞团书记王材军，中共甘肃省委宣传部副部长、省文联主席邵明，中共甘肃省委宣传部副部长高志凌，甘肃省文联党组书记、副主席周丽宁，甘肃省文联巡视员孙周秦，甘肃省文联党组成员、副主席张永基、苏孝林、王登渤，甘肃省文化厅副厅长杨建仁等领导出席了开幕式。

甘肃舞蹈“飞天奖”大赛是由中共甘肃省委宣传部批准，由甘肃省文联主办，甘肃省舞蹈家协会承办的省级专业奖项。第三届“飞天奖”大赛的同时增加了首届甘肃“小桃李杯”校园舞蹈比赛的内容，旨在与“飞天奖”一起，打造成为甘肃省舞蹈知名赛事品牌，建立起公平、公正的涵盖基础教育、专业教育、职业从业三个层面的舞蹈赛事体系。

本次大赛由省内外知名舞蹈专家担任评委。决赛将分单双三组、群舞组比赛。“飞天奖”设作品奖、编剧奖、表演奖；“小桃李杯”设编导奖、表演奖、园丁奖。24日晚8点在金城大剧院举行闭幕式暨颁奖仪式。

【中国舞协主席赵汝蘅一行深入兰州开展舞蹈艺术进校园活动】

12月19日上午，应甘肃省文联、甘肃省舞协的邀请，中国舞蹈家协会主席赵汝蘅一行到兰州开展“深入生活、扎根人民”舞蹈艺术进校园活动。

在兰州芭蕾舞团，赵汝蘅听取了甘肃省文联党组成员、副主席、兰州大剧院院长苏孝林对院团和演员情况的介绍并观看了排练情况。在兰州市城关区金塔路小学，赵汝蘅一行在舞蹈活动室观看了孩子们表演的芭蕾舞和新疆舞，并现场对孩子们的动作进行指导，与老师交流。中央芭蕾舞团党委书记王才军及甘肃省舞协部分主席团成员陪同考察。

机关建设

【甘肃省文联参加甘肃省直属机关纪念建党93周年“先锋杯”主题诗朗诵】

7月1日，以“弘扬党的伟大精神，推进富民兴陇大业”为主题的甘肃省省直机关纪念建党93周年“先锋杯”主题朗诵活动在兰州市黄河剧院演出。甘肃省文联参赛作品《文艺之光照耀富民之路》获创作一等奖、表演二等奖。

【甘肃省文联宣传组成立】

7月10日，甘肃省文联下发了《甘肃省文联宣传工作方案》，成立了以甘肃省文联党组书记、副主席周丽宁同志任组长的甘肃省文联宣传工作领导小组，明确了工作职责，提出了工作要求，确定了人员分工，做出了详细部署。甘肃省文联宣传工作领导小组办公室设在组联处。

【周丽宁同志任省文联党组书记】

7月31日，中共甘肃省委决定，周丽宁同志任甘肃省文联党组书记。

【甘肃省文联成立60周年座谈会在兰州举行】

12月26日，甘肃省文联成立60周年座谈会在兰州举行，大会对甘肃从艺60年以上的文艺工作者、第三届中青年德艺双馨文艺工作者、甘肃基层文联先进集体和先进个人进行了表彰。

座谈会上，中共甘肃省委常委、宣传部长连辑对甘肃省文联六十年的工作给予充分肯定并对甘肃省文联工作和文艺工作者提出新要求。座谈会后，甘肃省文联向甘肃文艺工作者发出的倡议书，内容如下：

六十年不懈奋斗，六十年春华秋实。甘肃文艺事业迎来新机遇，站上新起点。在省文联成立60周年之际，我们特向全省广大文艺家和文艺工作者，发出如下倡议：

心向祖国，文以载道。维护民族团结，促进祖国统一，守护共同理想，引领时代风尚，弘扬中国精神，凝聚中国力量。

深入生活，扎根人民。投身基层一线，脚踩坚实大地，情系百姓冷暖，真心惠及群众，勇于担当奉献，书写精彩人生。

立德固本，表里如一。牢记社会责任，坚守艺术良知，磨砺道德品格，提升精神境界，热心回馈社会，塑造美好心灵。

蓄气养文，精益求精。立足陇原文化，塑造甘肃形象，耐得清贫寂寞，经住利欲诱惑，谱写时代华章，勇攀艺术高峰！

【甘肃省文联机关管理机制进一步完善】

2014年，甘肃省文联提升管理水平，增强文联机关凝聚力和战斗力，在推进文联自身建设方面取得了新成效。在机关管理方面，省文联重学习、树正气、讲团结、比奉献。从强调工作纪律到理顺工作程序，从完善财务制度到节假日公车封存，从文件格式规范到公文行文质量严格把关，广大机关干部职工作风不断转变；积极探索建立尊重文艺工作规律的科学管理机制，对考勤、请假、采购、医疗、职工慰问、奖励等多项具体规章制度进行了修订，健全奖优罚劣机制，以制度管人管事，使机关服务水平逐步提升。省文联党组切实担负起党风廉政建设主体责任。领导班子在廉洁自律上严格要求自己，认真执行《党政领导干部选拔任用工作条例》，加强党支部建设，充分发挥党员干部的先锋模范作用，凝聚力、战斗力进一步增强。

各文艺家协会

【作家协会】

年内选编完成《新时期少数民族文学选编·东乡卷》、《新时期少数民族文学选编·保安卷》、《新时期少数民族文学选编·裕固卷》3卷本，计140万字；4月甘肃作家网站启动；4月～12月举办“第五届甘肃黄河文学奖”评奖活动；5月与甘肃省书协联合举办“中国梦”百首诗歌、书法创作活动；12月编辑《甘肃作家·双联文学创作专刊》；12月叶舟获得“鲁迅文学奖”。

【戏剧家协会】

推荐由李维平、王元平创作的话剧剧本《天下第一桥》参加第27届曹禺剧本奖评选，获得曹禺剧本奖提名奖；8月，选送剧目参加第七届西北五省区秦腔艺术节，《大秦文公》、《夏雪》获优秀剧目奖，《轩辕大帝》获优秀剧目特别奖，《汉关飞将》获剧目奖，边肖、张小琴获优秀表演特别奖，袁丫丫、戚贵荣、蒲建民、王鸿斌获优秀表演奖，《大秦文公》编剧杨智、曹锐获优秀编剧奖，《夏雪》导演陈霖苍获优秀导演奖，《轩辕大帝》作曲、唱腔设计杨长春获优秀音乐奖；组织第四届甘肃戏剧红梅奖大赛初评。

【电影家协会】

组织电影界深入学习习近平总书记在文艺工作座谈会上讲话的精神；编辑并出版《甘肃电影文学剧本选》第二集；为了积极配合第23届金鸡百花电影节，组织有关专家编写《兰州与中国电影》图书；与兰州黄土地影视文化公司、兰州电影制片有限责任公司联合拍摄《中国老区》、《丝绸之路》电影纪录片；组织各大专院校学生参加“第23届中国金鸡百花电影节金鸡奖理论评论奖”征文活动；授予中华孔雀苑为“甘肃省电影家协会拍摄基地”；出席了中国电影家协会张掖影视拍摄基地授牌仪式；编辑出版影视评论集《影视心灵维度的思考》一书。

【音乐家协会】

4月，筹备成立甘肃省音乐家协会古筝艺术专业委员会；5月，主办第九届中国音乐金钟奖单簧管比赛甘肃选拔赛；6月，主办第六届“神州唱响”全国高校声乐大赛甘肃选拔赛，第九届中国音乐金钟奖合唱比赛甘肃选拔赛，筹备成立甘肃省音乐家协会长笛艺术专业委员会；7月，举办2014年全国音乐考级甘肃考区考级；8月，举办甘肃省第二届青少年长笛比赛，中国音乐“小金钟”奖长江钢琴第二届全国比赛甘肃选拔赛，中国音乐“小金钟”奖沈肇州杯首届全国琵琶比赛甘肃选拔赛；9月，筹备成立甘肃省音乐家协会钢琴艺术专业委员会；10月，主办甘肃省第八届青少年提琴演奏比赛；11月，组织甘肃省音乐界代表学习“习总书记关于文艺工作座谈会讲话”精神。

【美术家协会】

6月，举办“‘追寻中国梦’——甘肃美术作品大展”，参与举办了中国美协“送欢乐·下基层”走进天水采风活动；7月，“绚丽甘肃·甘肃优秀艺术家访美巡展”活动在美国东部和中西部举行；9月，举办“‘追寻中国梦’——甘肃少数民族美术作品展”，“甘肃省中学教师美术作品展”；10月，举办“‘追寻中国梦·西部阳光’——甘肃·青海·宁夏美术作品联展”；11月，举办“第二届甘肃省十四市州美术作品联展”；多次组织专家、美术家、会员和美术工作者观摩学习，达2000人次。

【曲艺家协会】

4月，报送作品参加第八届中国曲艺牡丹奖表演、创作、节目、新人四大项奖项的评比；7月，报送作品参加“中国梦”全国优秀曲艺节目展演活动；8月，组织报送第三届全省中青年德艺双馨文艺工作者，推荐全国文艺评论人才；协助中国曲艺家协会权益部对甘肃省的曲艺维权现状进行问卷调查，中国曲协共发出问卷500份，问卷回收率66.6%，甘肃省问卷回收率超过了80%；10月，召开主席团扩大会议，深入学习贯彻习近平总书记在文艺工作座谈会上的重要讲话精神，报送的秦安小曲《报春晖》作为优秀节目赴连云港参加了北方优秀曲艺节目专场演出“江北和声”；11月，报送作品参加首届中国西部优秀曲艺节目展演，张钢创作，张钢、白涛表演的相声《夕阳红》荣获二等奖，邱霞、张彤创作，邱霞表演的评书《暖心》荣获三等奖。

【舞蹈家协会】

4月，举行由中国舞蹈家协会实施、甘肃省舞蹈家协会、酒泉市小白杨舞蹈学校承办的“新农村舞蹈美育工程——少数民族舞蹈课堂”甘肃启动仪式；7月，推荐报送的西北民大舞蹈作品《古斯花儿·木拉》和兰州市艺校舞蹈作品《泉水》在“荷花少年”全国校园（中学）舞蹈展演评选中获得“星光少年”奖，省舞协获优秀组织奖；7月，在北京举行的第五届中国舞蹈节暨第九届中国舞蹈“荷花奖”校园舞蹈评奖中，报送的西北民大舞蹈作品《大河行》获作品银奖，《繁弦妙引》获“十佳作品”荣誉称号；8月，承办甘肃省藏族舞蹈大赛决赛，中国舞蹈家协会授予碌曲“中国锅庄之乡”称号；10月甘肃省舞蹈家协会召开主席团扩大会议，认真学习习近平总书记在文艺工作座谈会上的重要讲话精神；12月，第三届甘肃舞蹈“飞天奖”大赛暨首届甘肃“小桃李杯”校园舞蹈比赛在兰州举办。

【民间文艺家协会】

6月，组织《中国民间剪纸集成·庆阳卷》课题组人员，赴庆阳市庆城县、华池县、合水县等地，对民间剪纸进行深入普查，7月中旬在北京召开的“《剪纸集成》项目推进会”上，《甘肃卷》的普查工作得到《中国民间剪纸集成》总编委会的高度评价和肯定，并作为范例向与会各省做了经验介绍；9月，举办“绚丽甘肃·美在民间”全省民间工艺美术系列活动；8月，与中国民协、陇南市委、陇南市政府等单位在北京成功主办了中国（陇南）乞巧女儿节与妇女发展国际论坛；10月，中国民协命名文县为“中国白马人民俗文化之乡”，这是继“中国花儿之乡”（岷县、临夏州）、“中国乞巧文化之乡”（西和县）和“中国傩文化之乡”（永靖县）后，甘肃省第5个全国民间文艺之乡；10月，就临夏州康乐县宏星花儿艺术团申请省文联、省民协命名该团为“甘肃省花儿传承示范团体”一事，组成专家考察组，赴康乐县对宏星花儿艺术团进行了考察；11月，组织召开全省民间文艺界学习习近平总书记在文艺座谈会上的重要讲话精神座谈会。

【摄影家协会】

4月，邀请台湾摄影家阮义忠在兰州大学逸夫科学馆做了“在摄影的路上”专题讲座；5月，第三期摄影创作提高班在省摄影工作者之家举办；7月，授予甘南舟曲、武威天祝、张掖市三地“舟曲巴寨沟摄影创作基地”、“天祝白牦牛摄影创作基地”和“张掖七彩丹霞创作培训基地”，举办了甘肃省国税系统新闻摄影培训班，组织采风创作团到张掖市民乐县扁都口摄影创作基地采风拍照；8月，组织第三期培训班学员赴甘南采风创作；9月，主办“阳关杯”甘肃敦煌摄影大展；10月，主办“红色圣地、魅力庆阳”全国摄影作品展；11月，主办“崛起的兰州新区”第二届摄影大赛作品展；主办“大美金昌”生态文明旅游摄影展。

【书法家协会】

1月，举办了甘肃省第六届青少年儿童书法展；5月，举办了甘肃省首届公务员书法作品展、甘肃省第四届新人书法作品展；举办了甘肃省第十期书法创作提高班学员作品展；举办了“西部书界•甘肃新秀25人书法作品展”；参加了“深入生活、扎根人民”——甘肃省联村联户为民富民美术书法摄影展；举办了第十一期书法创作提高班；设立了甘肃省第十一期书法创作提高班临洮教学点；承办了“翰墨薪传工程”中小学书法教师培训项目甘肃班的培训工作；编辑出版《甘肃书法》（2014年）、《甘肃省第六届青少年儿童书法作品集》、《甘肃省首届公务员书法作品集》、《甘肃省第四届新人书法作品集》、《甘肃省第十期学员作品集》，开通了甘肃书法家协会网站；举办了甘肃省书协学习习总书记文艺工作座谈会上的讲话座谈会；组织书法家参加了“联村联户为民富民”书画摄影展及义拍活动。

【杂技家协会】

5月，邀请甘肃省内知名魔术师李宝东、闫建荣老师开设讲座；6月，邀请国际著名魔术师毛镇凯来兰州举办魔术讲座；7月，主办世界著名魔术师埃里克·琼斯魔术讲座；8月，主办第二届甘肃杂技菊花奖理论评奖；10月，在甘农大举办了“梦想之翼新手杯”魔术大赛；12月，主办以“青少年牵手魔术”为主题的文艺志愿服务活动，分别在兰州大学、兰州商学院、兰州商学院长青学院、兰州文理学院等高校进行演出。

【电视艺术家协会】

协调拍摄“新农村、中国农村小康故事”专题纪录片；协调拍摄旅游专题纪录片，参加全国“第七届中国旅游电视周”的展播评奖活动；报送兰州北方文化影视传媒有限公司2部作品参加“五个一”工程奖；参与甘肃省广电总台、台湾大爱电视台联合拍摄7集大型纪录片“华夏文明之源·甘肃”；推荐常晓丹入选甘肃省中青年德艺双馨文艺工作者；组织召开协会主席团扩大会议，学习习近平总书记在文艺工作座谈会上的重要讲话精神；完成了第三届甘肃省电视金鹰奖的评奖及颁奖活动；上报纪录片《陕甘星火》、《北上——长征在哈达铺》参加“首届中国（广西兴安）国际科学纪录片学术交流大会暨第20届中国电视纪录片十佳十优颁奖活动”，《陕甘星火》荣获“第20届中国电视纪录片长片十佳作品”，《北上——长征在哈达铺》荣获“第20届中国电视纪录片系列片好作品”，这也是甘肃省纪录片首次获得这一中国纪录片界的重大奖项；协调、组织、拍摄了纪念甘肃省文联成立六十周年电视短片。

直属单位

【文艺理论研究室（文艺评论家协会）】

文艺理论研究室：编辑出版了《甘肃文艺》2014年1—6期；4月，出版甘肃省文联五次文代会特刊；10月，完成了《甘肃省文联奖励荣获全国文艺奖项的个人和作品的暂行规定》的起草工作，并对叶舟获奖进行了奖励。

文艺评论家协会：成立了甘肃省文艺评论家协会十个专业委员会；6月，与《西部商报》联合主办了“弋舟小说研讨会”；7月，与甘肃省书法家协会联合举办了“秋子书法暨书学思想研讨会”；8月，承办了首届“甘肃文艺论坛”；10月，与西北师范大学美术学院联合举办了“盛沉油画研讨会”；11月，召开主席团扩大会议，学习习总书记在文艺工作座谈会上的重要讲话；11月，承办了“《天马畅想曲》首发式暨叶舟作品研讨会”；12月，完成了首届甘肃文艺评论奖评奖工作，共有15篇文章获奖。

【文学院】

完成《甘肃文学八骏金品典藏》丛书的具体编辑工作；完成《天马畅想曲——中国梦主题创作甘肃文学作品选》的具体编辑工作；策划、筹备成立了甘肃省八骏文艺人才研究会；筹备举办了2013年甘肃文学十大新闻的评选活动。

【《飞天》编辑部】

4月，《飞天》连续推出“中国梦诗文集粹”五辑；10月，推出甘肃省获得“第六届鲁迅文学奖短篇小说奖”的作家叶舟作品专辑“引舟如叶”及宣传甘肃地方文化的“聚焦大地湾”专辑。

青海省文联

综　述

2014年，青海省文学艺术界联合会（以下简称省文联）在省委、省政府的正确领导下，在省委宣传部的精心指导下，深入贯彻党的十八届三中、四中全会和省委十二届历次全委会精神，坚持以习近平总书记系列重要讲话精神为引领，自觉把文联工作放在全省工作大局中思考谋划，坚持创新发展，全面落实中央、省委关于宣传思想文化工作的各项部署，团结凝聚全省广大文艺工作者，紧紧围绕实现中国梦的宏伟目标和建设文化名省的重大使命，奋发有为，攻坚克难，认真履行联络协调服务职能，创造条件打基础，锐意进取抓提高，齐心协力促繁荣，一岗双责强党建，文艺创作成果更加丰硕，文艺惠民服务更加有效，文艺品牌打造更加成熟，文联自身建设更加扎实，各项工作进一步打开新局面，在谱写青海文艺事业篇章的具体实践中取得了新业绩。

2014年省文联重点工作是：一、认真组织实施“中国精神·中国梦”主题文艺创作；二、广泛开展“深入生活、扎根人民”主题实践活动；三是始终坚持以人民为中心的创作导向，推出更多无愧于时代的优秀作品；四是大力开展文艺人才的选拔培养工作；五是认真开展文艺志愿服务活动，不断增强文艺惠民的针对性和实效性；六是广泛开展文艺交流，努力让青海文艺“走出去”；七是精心组织、举办好文艺展示展演赛事活动；八是切实抓好文艺评论、文艺作品编辑出版工作。

会议与活动

元月15日，省文联组织省内著名艺术家及文艺工作者40余人，在乐都区寿乐镇新堡子村举行“我们的中国梦‘送欢乐、下基层’文艺慰问活动及文艺志愿服务启动仪式”。3月28日，省文联七届三次全委会议在西宁召开。省委宣传部部务会成员刘贵有，省文联党组书记、主席班果，省文联党组成员、副主席张民、马有义、李晓燕，副巡视员、秘书长陈永秀等领导和省文联七届委员会委员以及在宁荣誉委员出席会议，省文联机关、各文艺家协会、事业单位干部职工列席会议。张民同志主持会议，刘贵有同志作重要讲话。会上，班果同志传达中国文联九届六次全委会精神并向省文联七届委员会作了题为《奋力谱写青海文学艺术新篇章　为实现伟大的中国梦增光添彩》的工作报告。4月12日，由中共青海省委宣传部、中国美术家协会、中国书法家协会、中国摄影家协会、青海省文联、中共玉树藏族自治州委、州人民政府联合主办的“玉树·涅槃重生”——玉树灾后重建美术书法摄影展，在青海会议中心开幕。参加开幕式的领导有：全国政协委员　、原国家新闻出版总署副署长、中国新闻文化促进会会长、中国报业协会副会长李东东，中国文联党组成员、书记处书记郭运德，中共青海省委常委、宣传部长吉狄马加，省人大常委会副主任邓本太，省人民政府副省长张建民，中国文联美术艺术中心主任丁杰，中国书法家协会副秘书长张陆一，中国摄影家协会秘书长高琴，参加开幕式的还有省委、省政府相关部门的领导和驻军部队、武警部队领导、省垣文艺工作者和新闻界朋友近千人。开幕式由省文联党组书记、主席班果主持，吉狄马加致辞，中国摄影家协会秘书长高琴代表中国美协、书协、摄协讲话。此次展览展出美术作品170件，摄影作品800多幅，书法作品120幅。5月22日，省文联成立青海省文艺志愿者协会并召开第一次会员代表大会。5月23日省文联组织文艺志愿者广泛开展“走进社区”文艺慰问活动、“走进校园”生态摄影辅导交流、“走进农村”书画辅导交流活动，在西宁中心广场举办省文志协成立后的首场“走进百姓大舞台”文艺慰问演出。7月12日,配合省委宣传部承办2014中国（青海）三江源国际摄影节，此次活动由国务院新闻办公室、中国文学艺术界联合会、中国摄影家协会、青海省委宣传部联合主办。摄影节以“昆仑护佑的疆域—被镜头记忆的光影世界”为主题，共组织大型展览、个人专题展80余个，国内外、省内外600多名摄影家的近万幅作品参展。7月23日至27日，由省文联、中国美术家协会、玉树州委、州政府联合主办的“丹青绘玉树”——全国美术名家玉树采风创作活动在玉树举行。中国美术家协会邀请12位中国知名美术家参加此次活动，美术家们克服高原缺氧，深入玉树部分县乡创作了一批优秀美术作品赠送玉树展览馆。7月17日，2014“中天泰杯”中国藏族情歌大赛在中国最美丽的草原——祁连举行，来自藏区安多方言区的近40位歌手参赛。开幕式上，中国民协分党组成员、副秘书长周燕屏代表中国民协讲话并为祁连县授予“中国藏族情歌之乡”牌匾。这是中国民协在青海命名的第二个“文化之乡”。8月3日至5日，由青海国际诗人帐篷圆桌会议组委会、青海省文联主办，省作协承办的2014·青海国际诗人帐篷圆桌会议分别在海北州金银滩草原、贵德县中华福运轮广场、青海湖诗歌广场举行。来自中国国内及奥地利、南非、西班牙、希腊、加拿大、马其顿、坦桑尼亚、以色列、印度等国家的48位中外诗人、诗歌评论家和学者，参加会议。省委常委、宣传部长吉狄马加在开幕式上致辞。在各分会场分别进行了与会诗人主题演讲、诗歌朗诵会、以“诗歌的本土写作与边缘的声音”为主题的诗歌论坛，以及彝族诗人吉狄马加的诗集《火焰与词语》、演讲集《为土地与生命而写作》的外文版首发仪式。9月,省委宣传部、省文联、青海广播电视台、省红十字会联合举办的“鲁甸救灾·青海奉献大爱”书画义写、义画、义卖活动在西宁中心广场举行，各主办单位相关负责同志、书画家、志愿者等200余人参加活动。30多位书画家踊跃参加，义卖筹备现金6万余元，全部捐赠鲁甸灾区。省书协45位书法家为鲁甸灾区无偿贡献书法作品131幅以支持鲁甸灾后重建工作。10月10日至11月26日，省文联组织完成第七届“青海省文学艺术奖”评选表彰工作。评奖工作修订完善了《青海省文学艺术奖评奖办法》（送审稿），设立了文学、戏剧、音乐、舞蹈等11个文艺门类，同时报请省委宣传部批复，成立了由吉狄马加部长任组长、张建民副省长任副组长，相关委办厅局领导为成员的青海省文学艺术奖评奖领导小组和第七届省文学艺术奖评审委员会，领导小组下设办公室，省文联党组书记、主席班果任主任。为严肃评审纪律，保证评奖工作公开、公平、公正，省文联党组拟定了“关于严肃第七届文学艺术奖评奖工作纪律的规定”和评奖工作纪检监督程序。本届评奖，从11个文艺门类570余件作品中评选出110件优秀作品。11月26日，青海省第七届（庆祝新中国成立65周年）文学艺术奖颁奖大会，在青海胜利宾馆10号楼一楼多功能厅举行。省委书记骆惠宁，省委常委、宣传部长吉狄马加，省委常委、省委秘书长王小青，副省长张建民等领导在青海会议中心一楼四季厅接见全体获奖作者及终评委成员并合影留念。接见仪式由吉狄马加主持，骆惠宁做重要讲话，吉狄马加在颁奖大会上讲话，省委、省人大、省政府、省政协有关领导在主席台就座，班果主持颁奖大会。此项工作的新闻报道被青海省广电局评为2014年“青海十大新闻”之一。10月17日，省文联组织省垣作家、艺术家学习习近平总书记在文艺工作座谈会上重要讲话，全省作家、艺术家代表和省文联党组成员、各文艺家协会驻会主席三十余人参加座谈会。座谈会由班果主持。作家、艺术家畅谈学习习总书记讲话的感受、理解和体会。11月18日，省摄影家协会第六次会员代表大会在西宁召开。全省148名代表参加会议，大会审议通过了协会《工作报告》，修订了《章程》，选举产生新一届主席团，83名代表当选新一届理事。年内，按照中宣部和省委宣传部贯彻年初文艺创作会议的安排部署，全省文艺界广泛开展以“我们的中国梦”为主题的系列文艺创作活动。一是在西宁电视台举办并制作播出“青海省道德模范颂曲艺专场演出”。二是以“花开盛世情·诗咏中国梦”为主题，5月份举办“青春力量·灿然绽放”牡丹诗会，组织全省广大作家和文学爱好者，积极创作弘扬主旋律、传播正能量的文学作品。三是组织音乐家创作“中国梦”系列歌曲：《梦玉树》《梦中的青藏高原》《梦中的情歌飘远了》等。四是征集和创作弘扬“中国梦”和社会主义核心价值观小戏小品，并召开作品研讨改稿会。与中国剧协在西宁联合举办了全国戏剧编导演培训班。五是在城西区商业巷文化广场，为群众倾情奉献了一场浓郁青海民族特色的原生态广场舞蹈。六是围绕习总书记讲话精神和“中国梦”主题，举办首届青海社会主义新农村、新牧区农牧民摄影采风创作活动成果展。同时，出版《神鹰俯瞰的疆域》《野性江河源》大型摄影画册，在可可西里成立“青海省摄影创作基地”和“青海野生动物创作基地”，在尖扎县成立青海省影视创作基地，在黄南州成立省剧协藏戏传播基地。七是举办“中国梦·青海情”全省书画大赛，大赛历时7个月，共收到省内外书画爱好者的书画作品190余件，经大赛组委会评审，评出获奖书画作品32件，入展作品88件。年底我会龙仁青、张海涛、索加本被省委宣传部认定为2014年“四个一批”专业技术人才。

理论研究

5月，省《格萨尔》史诗研究所专业人员参加在北京举办的“国际《格萨尔》唐卡学术研讨会”。6月9日，在省《格萨尔》工作领导小组常务副组长、省文联主席班果带领下，省《格萨尔》史诗研究所所长黄智、省摄协主席蔡征赴西藏阿里进行工作考察，在平均海拔4500米以上高原开展调研，总行程9000多公里，实地考察了扎达土林、古格王朝遗址、狮泉河、日土县班公湖、岗仁布钦神山等地的《格萨尔》文化遗迹，完成2万多字的考察报告，对西藏阿里地区《格萨尔》文化的流传、发展现状进行了详尽描述，填补了我省在西藏阿里地区《格萨尔》文化研究及调研工作的空白。6月22日由省文联、省音协主办，青海旦周文化传播公司承办的首届藏族音乐专家研讨会在西宁举行。中国音协党组副书记、秘书长韩兴安和省委宣传部、省文联有关领导以及来自全国的部分藏族音乐专家、歌手、作曲家参加研讨会。6月26日，由青海省作家协会和北京喜玛拉雅影视文化传播有限公司联合主办的“万玛才旦小说集《嘛呢石，静静地敲》作品研讨会”在西宁举行。《人民文学》副主编、资深编辑、当代著名作家宁小龄，杭州师范大学人文学院院长、著名文学评论家洪治纲及省内外评论家、作家刘大先及来自甘肃和青海的文学评论家、学者、作家等五十余人参加了研讨会。7月20日，由省文联主办，省作家协会承办，《青海湖》编辑部、青海民族文学翻译协会协办的青海少数民族文学创作座谈会在西宁召开。原中国作家协会党组副书记、书记处常务书记、著名作家玛拉沁夫，省委常委、宣传部部长吉狄马加出席并分别作了主题发言和讲话。省政协副主席鲍义志、老同志格桑多杰及省内少数民族作家代表50余人参加座谈。7月25日，由青海省委宣传部、中国美协、青海省文联、青海省美术家协会共同举办“朱乃正先生逝世一周年追思会”和研讨会。10月28日，省文学创作研究室龙仁青应邀赴香港参加“万玛才旦电影、小说与翻译”国际研讨会，并在会上发表题为《民间叙事背景下的文学艺术诉求》的演讲。12月，四川大学、四川文联电影家协会邀请省影视协会副主席张海涛参加四川省第三届西部电影创作与发展战略研讨会。同时参加长篇报告文学《末代彝族土司岭光电》、长篇小说《失去童心的岁月》编剧研讨会，青海本土电影《无手老师》在四川大学、四川华东工学院传媒系放映，受到师生欢迎与好评。

各文艺家协会

【作家协会】

1月10日起，组织我省文学作品及作家申报中国作协文学项目。分别为：组织5部作品申报中国作协重点扶持项目，组织10部作品申报中国作协少数民族文学专项扶持项目，组织5部作品申报中国作协2014年民译汉项目。组织5名作家申报中国作协2014年定点深入生活项目。同时组织2名作家的2部作品申报浙江文学院签约作家项目。推荐1名作家参加鲁迅文学院22届高研班学习。推荐30名少数民族作家分期参加2014年鲁迅文学院文学创作培训班。2月10日，中国作协少数民族文学作品选集《土族卷》开始征稿和编选工作。3月，推荐郭占雄长篇纪实文学《在玉树援建的日子里》参加青海第十届精神文明建设“五个一工程”评选活动。4月20日，组织推荐3部散文集，3部诗集，1部中篇小说，3部短篇小说、1篇评论参加第六届鲁迅文学奖评选活动。5月，中国作家协会公布了2014年作家定点深入生活的50人名单，青海省作协推荐的作家辛茜、居•格桑、豆本加以及由鲁院推荐申报的青海油田作家曹建川获得批准。5月10日至12日，由青海湖国际诗歌节组委会、《人民文学》杂志社、《南方文坛》杂志社、省作家协会联合主办，青海省互助土族自治县人民政府、青海互助青稞酒股份有限公司协办的天佑德杯第二届全国青年作家、批评家主题峰会在互助县威远镇召开，省委常委、宣传部长吉狄马加出席会议并讲话，《人民文学》主编施战军，《南方文坛》主编张燕玲、青海省文联党组成员、省作协主席梅卓、互助县政府县长李青川等领导和全国三十多名青年作家、批评家及青海省中青年作家读书班（春季班）学员参加会议。5月17日，由中共青海省委宣传部、青海省作家协会、西宁城西区委、城西区人民政府主办的“诗咏中国梦，花开盛世情”第二届西宁牡丹诗会在省城文化公园举行。7月23日，青海作协申报的8部作品入选中国作协2014年度少数民族文学重点扶持作品。9月29日，组织第二届青海文学奖评委会，评选出王文泸散文随笔集《在季风中逆行》等六部获奖作品。9月30日，组织青海省文学期刊（副刊）联盟第四届优秀文学期刊、优秀文学编辑评委会，评选出2家获奖期刊、3位获奖编辑。10月20日，第五届青海文学周开幕，省政协副主席鲍义志，老同志格桑多杰，省委宣传部部务会成员刘贵有，省文联党组书记、主席班果，省文联党组成员、省作协主席梅卓和全省作家、文学工作者代表共70人参加开幕式及各项文学活动。12月26日，由省作家协会、青海民族出版社、青海民族文学翻译协会主办的惠民文库•原创选读系列藏族女作家丛书首发式暨研讨会在西宁召开，省文联党组成员、省作协主席梅卓，青海民族出版社社长祁正贤出席并致词。12月30日，青海作协七届委员会第三次会议召开。

【音乐家协会】

4月至10月，省音协组织开展暑期中央音乐学院校外音乐考级工作，近7000人次参加了西洋乐、民乐等18个专业的考评，中央音乐学院考级委员会选派26位专家队伍前来青海考级，我省考生通过率达到80%。5月1日至3日，配合“全国音乐等级《音乐基础知识》考试”，邀请中央音乐学院赵易山、戴嘉枋等教授针对新教材、新教学法、考试大纲及新考试形式，对西北地区骨干教师进行师资培训。7月8日至10日，由省委宣传部、省文联主办、省音协承办的2014青海省首届农民歌手大赛暨第十五届门源油菜花文化旅游节在门源县古城举办。来自黄南，海南，海北、果洛，海西的49名农牧民歌手有20位获得奖项。8月8日，第15届全国少年儿童电子键盘大赛西北地区比赛和青海省第四届“数码钢琴”教育教学高层论坛在青海省文化艺术职业学校音乐厅举行。9月24日至10月16日，开展第七届青海文学艺术奖(音乐类)作品预选组初评工作。《撒拉族音乐文化研究》（苍海平专著）、歌曲《绿地之歌》（多杰央忠曲）等8部作品入选。上报第10届“五个一工程”参赛作品，歌曲《叫一声老师》、《湟水河我的母亲河》、《劳模大哥》、《青海湖，我的母亲湖》等歌曲获青海省第十届精神文明建设“五个一工程”优秀作品奖。

【戏剧家协会】

1月5日，完成省文联交办“中国梦”——青海省道德模范人物颂曲艺专场演出。1月6日至4月3日，开展了我们的“中国梦”——青海省小戏小品创作活动，征集创作37件小戏小品。3月，省剧协赴西宁一中、黄南州同仁县逸夫民族中学就青少年戏剧大舞台活动进行调研，商定策划方案、签订合作项目。5月23日，与省文艺志愿者协会组织、策划、实施了“我们的中国梦——青海省文艺志愿者走进‘百姓大舞台’文艺演出专场”活动。7月20日至8月4日，由中国文联、中国文联文艺志愿者协会主办，中国文联文艺志愿者服务中心、中国文联戏剧艺术中心、中国戏剧家协会、青海省文联承办，青海省戏剧家协会协办的2014中国文联文艺志愿服务项目——戏剧培训班在西宁开班。来自青海、江苏、吉林、广东、黑龙江、河南等省的50余名戏剧工作者参加培训。8月2日，培训班学员选取的优秀小戏小品组成一台晚会，在西宁市中心广场“百姓大舞台”为西宁市民汇报演出。9月19日，以“庆祝中华人民共和国成立

65周年　书写青春托举中国梦”为主题，举办了西宁一中第十二届戏剧大舞台综合实践活动及戏剧专场。10月，圆满完成了青海省第七届文学艺术奖（戏剧类）作品预选组初评工作。10月25日，学习贯彻习近平总书记在全国文艺工作者座谈会上讲话精神，组织我省戏剧创作人员，在省文联湟中群加文艺创作基地召开“青海省戏剧家协会2015年戏剧创作规划会”。11月1日，组织西宁市戏剧艺术剧院演艺公司的大型秦腔《田青春》参加第六届（张家港）长江流域戏剧节，获得优秀剧目奖。11月6日，组织黄南州同仁县逸夫民族中学大型藏戏《卓娃桑姆》赴上海参加第四届中国校园戏剧节，取得短剧组优秀剧目奖。11月26日，召开六届三次主席团会议，全面总结了2014年协会工作，研究讨论了2015年工作规划。12月15日，青海省戏剧家协会藏戏传播中心授牌仪式在黄南州省藏剧团圣雪莲藏戏综合传习中心举行。

【舞蹈家协会】

1月份，组织省舞协德吉民间歌舞团深入西宁社会福利院、老年公寓为老年人、残疾人文艺慰问演出。3月，协会抽派人员赴乐都区寿乐镇新堡子村结合宣讲中央和省委一号文件，为农民演出队编排辅导节目，并随同省文联开展了“送欢乐，下基层”慰问演出活动。5—8月，为创建民族团结进步先进区，丰富和活跃基层群众文化生活，协会组织人员创作编排了德吉锅庄舞，同时组织人力拍摄外景，制作完成德吉锅庄舞光盘，已正式出版发行。5月，为培养我省舞蹈教师队伍建设，协会积极协同西宁市新世纪职业技术学校和西宁市第一职业技术学校举办两期“中国舞”1—6级教师培训班。7月下旬，协会承办2014年北京舞蹈学院考级中心“中国舞”学生考级工作，当年考级工作集中在西宁市、大通县、海东市三个考级点进行。7月26日，由青海省文联、青海省舞协、青海省国际标准舞协会、世界华人体育舞蹈协会主办的“大美青海2014中国·西宁标准舞、拉丁舞国际公开赛暨青海省第六届国际标准舞锦标赛”在西宁举行开幕式，来自国内外的40支参赛队，1300多名选手参赛。8月，为培养我省幼儿舞蹈教师队伍，协会在青海油田开办中国舞协“中国舞”教师1—6级培训班，青海油田幼儿园45名舞蹈教师参加培训。8月，协会推荐青海文化艺术职业学校舞蹈作品《阿姑嗦啰啰》参加中国舞协“荷花奖”校园舞蹈比赛荣获金奖。8月，协会推荐青海油田培训中心第四幼儿园少儿舞蹈作品《放飞梦》，参加中华文化促进会舞蹈艺术委员会举办的“五彩梦”—中韩青少年舞蹈才艺展演，荣获最高奖——表演特等奖和优秀组织奖。9月，积极完成青海省第七届文学艺术评奖预选组初评工作，推荐作品59件，有10件舞蹈作品获奖。9月，协会组织人员参加由省直工委举办的庆祝建国65周年文艺汇演及辅导工作，省舞协德吉民间歌舞团代表省文联参赛，荣获一等奖。11月，推荐玉树藏族自治州治多县苏南滩社区牧民演出队，参加由中华文促会舞蹈艺术委员会举办的“炫舞辉煌——2014全国优秀群众舞蹈展演”，原生态舞蹈《嘉洛牧歌》、《舞动和谐》荣获金奖；锅庄舞《幸福三江源》荣获特等奖。年内，协会人员多方努力、联系，为省文联扶贫点争取20万元扶贫资金。同时，协调健翔生态农业集团有限公司为海南藏族自治州共和县铁盖乡铁盖牧业村的少年儿童投资建校，年底已交付使用。

【书法家协会】

1月22日，省书法家协会召开五届四次理事会，常务副主席陈治元作省书协2013年工作总结及2014年工作要点的报告，增补马虎成同志为省书协副主席。2月2日，中国书法家协会2013年度中国书法进万家活动总结表彰大会在北京召开，海东市书法家协会、中国石油青海销售公司书法家协会被评为先进基层集体，王振宇、李炳筑、王登昌、郭强等四名同志被评为先进个人。3月30日，与山东省临沂市文联联合举办的“墨痕乡情——姚忠宝书法作品展”在临沂市王羲之故居展出。省书协主席王庆元、山东省人大科教文卫委副主任朱绍阳、临沂市书协主席龙岩等领导同志参加开幕式并与临沂市各界群众1000余人参观展览。7月16日，全省书法师资暨玉树兰亭学校书法教师培训班在水电部第四工程局技师学校举办，历时7天，共培训青海中小学一线书法教师50名。9月12日，青海日报第11版专版发表省书协社会主义核心价值观书法作品创作成果。9月26日，与省美协、城西区委、区政府联合主办的“唱响西区，繁荣发展——民族团结进步美术、书法作品展”在城西区文化艺术中心开幕，此次展览收到作品

361件，参展作品120件，20件作品获奖。10月18日，省书法家协会教育培训中心民和基地在民和县挂牌。11月29日，由省书法家协会硬笔委员会、省硬笔书法家协会，甘肃省书法家协会硬笔委员会、甘肃省硬笔书法家协会联合主办的“祁连墨韵——青海、甘肃书法交流展”首展，在西宁市锦云阁美术馆开幕。12月29日，由省委宣传部、省文联、省文明办主办，省美协、省书协、《党的生活》承办的“中国梦·青海情”全省书画大赛颁奖仪式暨获奖作品展在西宁举行。此次展览共展出120幅作品，评出获奖作品32件，其中书法作品20件。12月29日，在西宁小岛教育培训中心召开省书协成立30周年座谈会，省委常委、宣传部长吉狄马加，省文联党组书记、主席班果，省委宣传部部务会成员刘贵有，省文联副主席马有义，省委宣传部文艺处处长王永昌，省书协主席王庆元，省书协顾问林锡纯、王云、李明亮及来自各州、市、行业书法家协会，书法之乡、兰亭学校的代表40余人参加座谈会。

【美术家协会】

1月1日举办“成林视觉——朱成林油画迎春展”。1月9日至28日协办“2014·西宁当代艺术展”。3月13日，由中国文联和政协海南省委员会共同主办，中国美术家协会、中国书法家协会学术指导，海南省文联、海南省美协、海南省书协承办的“南天情”两岸四地美术书法作品展在海南省开幕，我省王利峰、张权、冯秀梅、王筱丽四人作品入选参展。6月初，省美协精选20件美术作品分别捐赠给玉树州地震遗址纪念馆和玉树州博物馆。6月20日，由中国美协分党组书记、常务副主席吴长江带队，组成“第十二届全国美展”专家组抵达西宁，对青海画家创作的部分作品和草图进行观摩指导，就各画种作品与青海美术家们进行了亲切交流和悉心指导。9月26日，与省书协、城西区委、区政府、省民族书画家协会共同在城西区文化艺术中心举办了“唱响西区　繁荣发展　推动民族团结进步”全省美术书法作品展览。10月29日，承办由中国美协主办的“西部阳光——甘肃·青海·宁夏美术作品联展”，共展出作品180幅。11月13日，主办“纪念徐悲鸿诞辰120周年书画家作品展”并召开研讨会。12月29日，由省委宣传部、省文联、省文明办主办，省美协、省书协、《党的生活》杂志社承办的“中国梦·青海情”全省书画大赛颁奖仪式暨获奖作品展在西宁举行。

【摄影家协会】

1月，协会蔡征主席带领摄影家赴海东乐都县寿乐乡“送欢乐下基层”，为当地村民免费拍摄全家福并现场打印赠送30幅，还带去了精心制作的精美摄影图片200余幅，受到群众好评。3月7日，在三八国际妇女节之际，青海省女摄影家协会在青海会议中心隆重成立。青海省文联党组书记、主席班果、副主席张民、中国摄影家协会秘书长、中国女摄影家协会副主席高琴、省文联秘书长陈永秀、省摄影家协会主席蔡征、省民间组织管理局局长于兰斌等参加成立大会。高琴同志作了热情洋溢的致词。大会通过选举韩玉贵为主席，李繁荣、董力好等13人为副主席；聘任刘玉新为秘书长；苏宁、岳世淑、陈瑞珍为荣誉主席；聘请樊光明、蔡征等12人为顾问。4月，为庆祝中国石油青海销售公司成立60周年，由中国石油青海销售公司、青海省摄影家协会共同举办了“绿色青海·生态青海‘中国石油青海销售杯’摄影大赛”，4月28日，在中国石油青海销售公司职工活动中心举办了颁奖大会暨展览开幕式，展出摄影作品208件。5月21日，由省文联、海西州委宣传部和州文联、格尔木市委宣传部和文联、省摄影家协会等部门联合召开樊尚珍荷赛获奖作品座谈会，会议在青海省野生动物园召开。6月7日，由省摄协主办的“佳能摄影大篷车”走进社会青海场地活动，在西宁汇通大酒店多功能厅举行。活动邀请到著名人文纪实摄影家、山东省摄影家协会主席、享受国务院政府特殊津贴专家侯贺良老师，青海300余名影友聆听精彩讲座。7月6日，协会组织“青海省摄影师职业等级资格鉴定考试”，来自机关、部队、社会及院校的104人参考，其中高级摄影师68人、中级摄影师36人。经过考试，103人取得了合格证书，合格率达99%。5月26日，首届社会主义新农村、新牧区农牧民摄影展评奖揭晓。此次活动征得参评作品2800余幅，评出一等奖1幅、二等奖2幅、三等奖3幅、优秀奖10幅、入选284幅。7月至9月本次成果展先后赴玉树、果洛、乐都、循化等地巡展。7月6日，举办第十三届”天佑德青稞酒″国际公路自行车赛摄影大赛，协会组织38名摄影师跟随车队全程拍摄，征集摄影作品万余幅，并进行了评选颁奖。8月2日至10日，省摄协主席蔡征等六名中国摄影家协会金像奖获得者参加中国文联文艺志愿服务团、中国摄影家协会组织的摄影志愿者服务小分队，应西藏自治区文联邀请，前往西藏拉萨、林芝等地区开展“送欢乐、上高原”活动。8月31日，由省摄影家协会、新华网青海频道、青海省艺苑旅游实业股份有限公司主办，青海农牧民摄影学会、青海省旅游摄影协会、青海省女摄影家协会、海南州华意传媒承办的首届“艺苑杯”中国青海龙羊峡摄影大赛颁奖仪式在西宁举行。此次大赛共收到1500余幅参赛作品，经评审会认真评选，共评选出380幅获奖入选作品。10月，积极完成青海省第七届文学艺术奖摄影类预选组初评工作，11位同志获奖。11月18日召开青海省摄影家协会第六次会员代表大会。大会审议通过了协会《工作报告》，修订了《章程》，选举产生新一届主席团，83名代表当选新一届理事。

【民间文艺家协会（曲协）】

2012年5月初正式启动的“青海省道德模范颂曲艺专题创作演出活动”，是经由省委宣传部、省文联、省文明办精心策划，青海省曲协承担具体实施任务的一项重要活动。省曲协组织近年我省曲艺创作方面成绩突出的曲艺作者创作完成37部曲艺作品，经过筛选，确定其中13部作品改编为以我省地方曲艺为主的曲艺节目，并于2014年1月5日在西宁电视台完成了“我们的中国梦——《青海省道德模范颂曲艺专场》”的演出、录制和播出。7月17日至18日，由中国民间文艺家协会、省文联主办，省民协、祁连县人民政府承办的“2014′‘中天泰杯’中国藏族情歌大赛”，在祁连县阿柔草原举行。青海、甘肃和四川安多方言区近40位歌手参赛。最终有12名选手分获一、二、三等奖，并出版发行《2012′“中天泰杯”中国藏族情歌大赛精品选辑》光碟（一套三盘）。中国民协命名祁连县为“中国藏族情歌之乡”。6月，我国传统村落保护工作拉开序幕。7月19日至23日，省民协参加中国民间文艺家协会组织的赴果洛实地考察“我们的节日——阿尼玛卿转山会”系列活动。10月，积极完成青海省第七届文学艺术奖民文类预选组初评工作。民间文艺（曲艺）界10位同志获奖。11月10至12日，在中国曲艺家协会、中共陕西省委宣传部、陕西省文联共同主办的“韩起祥杯”首届中国西部优秀曲艺节目展演中，省曲协选送的青海方言快板《脱贫致富的领头人》获得三等奖，省曲协荣获优秀组织奖。年内，《中国唐卡文化档案》——（青海年都乎卷）、（玉树藏娘卷）启动普查工作，（吾屯卷）也已申报立项。年内，《青海藏族民间故事精选》（索南多杰、彭毛卓玛合编）已编撰完成并交付出版。《果洛格萨尔信仰研究》（索南多杰著）已由民族出版社出版。

【电影电视家协会】

5月，协会副主席张海涛在云南昆明参加全国影协秘书长工作会议暨少数民族题材影视创作研讨会。同月，赴江西井冈山(江西干部学院)瑞金、赣州等地参加中国文联文艺研修院举办的“第五期全国文艺家高级研修班”学习。6月初，完成第27届中国金鹰奖青海作品评审工作及协会2013年度全省社团年检工作。6月下旬，推荐我会中青年(编剧)人才陈俊杰同志参加中国文联第五期全国高研(编剧)班学习。9月，黄南藏族自治州尖扎县被省影视家协会命名为“青海五彩神箭影视文化基地”。同时，举办本土藏语影片《五彩神箭》研讨会。10月，积极完成青海省第七届文学艺术奖影视类预选组初评工作，影视广播艺术(含音像制品)类，9件作品获奖。10月，张海涛与人合作完成长篇励志电影剧本《蓝精灵》，荣获第二届青海省广电局优秀剧本评选奖。11月，协会负责人参加省广播电影电视局关于习总书记在文艺座谈会上重要讲话精神学习会，深入研讨我省加强影视文艺创作工作，张海涛同志作专题发言。同月，公益电影《无手老师》荣获青海省精神文明建设“五个一工程”优秀作品奖。

【文艺志愿者协会】

5月22日，召开青海省文艺志愿者协会第一次会员代表大会暨成立大会。省委常委、宣传部长吉狄马加、中国文联文艺志愿服务中心副主任、中国文艺志愿者协会副秘书长邵志军出席会议并分别作了主旨讲话，吉狄马加部长代表省委、省政府亲授会旗。参会代表187人，大会审议通过了协会《章程》，选举产生了协会第一届理事会和主席团，张民当选为主席，陈永秀、马玉宝、马钧、王筱丽、付晋青、陈治元、屈巧哲、韩青峰、葛玉修、蔡征、增太为副主席，聘请吉狄马加为协会名誉主席，聘任何文青为秘书长，马进彪、雷海为副秘书长。5月23日，省文联组织文艺志愿者广泛开展“走进社区”文艺慰问活动、“走进校园”生态摄影辅导交流、“走进农村”书画辅导交流活动，举办首场走进“百姓大舞台”文艺慰问演出。同月，省摄协副主席、省金融摄协主席、省文志协副主席葛玉修同志，将他荣获中华（宝钢）环境奖的10万元奖金，除用于捐助家乡修路2万元外，其余奖金用于出版表现中华对角羚保护主题的个人摄影画册《青海湖精灵》，并将该画册捐赠社会，扩大环保宣传，荣获2014年“齐鲁英才”十佳人物的称号。7月9日，省文志协参与中国石油文联在青海师大音乐厅为中石油青海省销售公司全体职工举办的“送欢乐、下基层”文艺慰问演出活动。7月26日，在青海师大音乐厅举办由广州昆仑之声艺术团、省音协、省文志协主办的“昆仑山高珠水长”青粤文艺志愿者演唱会。7月，省舞蹈家协会主席、省文志协副主席增太，远赴玉树州治多县开展志愿服务活动，为治多县编排嘎嘉洛风情舞《嘉洛加顿》。8月2日至10日，我省摄协主席、省文志协副主席蔡征参加中国文联文艺志愿服务团、中国摄影家协会组织摄影志愿者服务小分队，应西藏自治区文联邀请，前往西藏拉萨、林芝等地区开展“送欢乐、上高原”活动。8月19日，班果主席、马有义副主席带领美术家、书法家赴乐都扶贫点开展文艺服务，并查看扶贫项目的树苗长势。省美协常务副主席、省文志协副主席王筱丽、省文志协理事、美术家马国章，省书协常务副主席、省文志协副主席陈治元、省文志协理事、书法家郭强、李炳筑、劳建中为干部群众创作并赠送作品50幅。8月22日、12月17日，组织召开省文志协一届二次、三次主席团会议。会议分别就省文志协会费收取、会员证样本审定、建立协会网络主页、购置慰问活动设备以及2014年工作总结、“班玛行”系列活动等相关事宜做了审定和安排。11月15日，由省书法家协会和”竹之梦·青海助学机构”组织书法家、省文志协理事、会员赴互助县五峰乡平峰小学举办书法进校园献爱心活动。12月4日，省文志协副主席陈治元、省文志协理事、书法家任学军、李万西赴玉树州隆宝镇中心学校开展书法教学辅导，并为师生创作赠送书法作品。年内，省文志协理事苍海平、达洛在门源县阴田乡下乡期间，根据自身专业特长，配合门源县创建民族团结进步示范区活动，创制了“阴田我美丽的家乡”音乐光盘。省老年摄影家协会、“我心中的歌”艺术团、省舞协德吉民间歌舞团及省文志协广大会员年内也已开展多次文艺志愿服务活动。

【《格萨尔》史诗研究所】

2月，出版藏文《格萨尔》少儿读物《霍岭大战》（上下册）、《姜岭之战》、《门岭之战》、《北地降魔》等(5本)少儿读物的编写、整理任务，5月正式出版发行。3月至5月，研究所成员联合省电视台藏语部，赴海东市及海西蒙古族藏族自治州天峻县、乌兰县、德令哈市等地，进行《格萨尔》文化考察调研。9月18日至28日，省文联主席班果、《格萨尔》史诗研究所所长黄智，应邀参加果洛藏族自治州成立60周年庆祝大会，并赴果洛州班玛县、玉树州囊谦县、四川省色达县、甘孜县、德格县，西藏自治区昌都地区等地，进行为期10天的《格萨尔》文化考察，总行程5000多公里。5月12日—18日，省《格萨尔》工作领导小组办公室和省《格萨尔》史诗研究所联合在海西州天峻县快玛尔乡格萨尔拉康建立“青海省《格萨尔》史诗研究基地”的授揭牌仪式。5月至10月，完成《格萨尔》数据库建设。6月，副研究员娘吾才让申报的《玉树地区格萨尔文化普查与考证》及索加本申报的《中国藏区民间格萨尔信仰的田野考察》，纳入2014年度国家社会科学基金项目立项，分别获得资助项目资金20万元。7月，经国家文化部审批授牌，格萨尔文化（果洛）生态保护实验区正式成立。7月，“2014青海省《格萨尔》优秀民间艺人演唱会暨学术研讨会”分别在西宁及湟中县群加乡隆重举行，会后颁发了“2014青海省《格萨尔》优秀民间说唱艺人”证书。7月12日，由全国《格萨（斯）尔》工作领导小组办公室和青海省《格萨尔》史诗研究所联合组织相关专业人员组成鉴定专家组，赴果洛州甘德县对果洛地区30多名《格萨尔》艺人进行了学术鉴定。8月10日至17日，副研究员索加本同志参加由中国文联在杭州举办的“第八届全国中青年文艺评论家高级研修班”学习。10月，积极组织作品参加青海省第七届文学艺术奖评活动，《格萨尔》研究4件作品获奖。11月，我省果洛州圆光艺人才智获得青海省第三批省级非物质文化遗产项目《格萨尔》代表性传承人称号。12月，整理出版我省著名《格萨尔》研究专家诺尔德撰写的《玛域格萨尔文化》一书。年内，完成《格萨尔研究》学术期刊的编辑、出版工作，该刊共收录了20多篇最新的《格萨尔》相关论文及活动情况，图文并茂展示年内该所开展的《格萨尔》各类活动及收集的藏汉文《格萨尔》研究相关论文。巷欠才让撰写完成国家社科基金项目“史诗《格萨尔》体育文化研究”，约28万字，已通过全国哲学社会科学规划办公室审核结项，鉴定等级为良好。全所专业人员在省内外各类期刊上发表调研报告、学术论文等文章16篇。

【文学创作研究室】

1月20日，龙仁青受邀为青海民族大学全省初高中藏语文骨干教师培训班授课，题目是《我们为什么需要翻译》。2月15日，龙仁青翻译完成《格萨尔》史诗之《敦氏预言授记》，共16万字，交《格萨尔》研究所付印。3月18日，龙仁青负责组稿编辑《中国当代少数民族文学翻译作品选粹》（藏族卷）交付作家出版社出版。3月31日，第四届北京国际电影节民族电影展开展，龙仁青编剧创作的电影《华锐嘎布》入选展映。完成中国文联第九届文艺评论奖推选工作。5月6日，龙仁青和梅朵创作的《仓央嘉措诗歌地理》（花城出版社出版）一书的同名英译本由美国全球按需出版集团正式出版。7月，与青海美术家协会合作，完成《朱乃正追思集》特刊。9月5日，组织参加万玛才旦新电影《五彩神箭》看片研讨会。9月10日，应邀参加第三届五彩神箭国际民族传统射箭邀请赛开幕式，龙仁青为本次邀请赛创作主题歌《五彩尖扎》。省影视家协会、文艺批评家协会进行了“青海五彩神箭影视文化基地”揭牌仪式。9月25日，组织参与第七届青海文学艺术奖文艺评论奖初评工作，4名同志获奖。12月，龙仁青、张海涛被评为青海省2014年“四个一批”优秀人才。年内，完成两期《文坛瞭望》编辑出版。

文艺惠民活动

1月15日，省文联组织省内著名艺术家及文艺工作者40余人，在乐都区寿乐镇新堡子村举行“我们的中国梦‘送欢乐、下基层’文艺慰问活动及文艺志愿服务启动仪式”。省内部分著名摄影家、书法家先行为新堡子村村民拍摄“全家福”照片、书写春联400多幅，省文艺志愿服务慰问演出及捐赠活动在村小学举行，观众达500多人。5月23日，省文联组织文艺志愿者广泛开展“走进社区”、“走进校园”、“走进农村”等文艺培训辅导及慰问演出志愿服务活动、生态摄影辅导交流、书画辅导交流活动。8月28日，省文联副主席马有义带队，组织美术书法进万家活动，省美协、省书协部分理事走进乐都县羊倌沟村，为村民赠送美术作品10件、书法作品26件。9月，省委宣传部、省文联、青海广播电视台、省红十字会在西宁联合主办“鲁甸救灾·青海奉献大爱”书画义写、义画、义卖活动，主办单位负责人、书画家、志愿者200余人参加活动，30多位书画家踊跃参加，义卖筹得现金6万余元，全部捐赠鲁甸灾区。省书协45位书法家为鲁甸灾区无偿贡献书法作品131幅。11月15日，由省书法家协会“校园之梦·青海助学”活动在互助县五峰乡平峰小学举办，平峰小学师生送上了300余幅励志书法作品和爱心人士捐赠的暖手宝和棉袜。

文化交流活动

4月18日至22日，省文联副主席马有义带领省美协、省书协有关同志先后赴江苏省扬州市、南京市考察展览场馆，交流省、市文联工作经验，与扬州市美术、书法家切磋艺术，促进江苏与青海之间的合作。7月5日，由浙江省作协党组书记臧军任团长的浙江作家代表团一行10人赴青海省进行文学交流活动，分别召开了省、市、县三级作协作家座谈会，并深入海南、海东、海北等地基层作家交流。11月18日，由青海省党组成员、省作协主席梅卓任团长的青海作家代表团一行11人赴浙江进行文学交流活动。

机关建设

2014年，省文联及各团体会员采取一系列有效举措，以党的群众路线教育实践活动为抓手，切实加强思想道德建设和业务能力建设，按照中央要求和省委部署，组织全体干部职工认真学习新修订的《党政领导干部选拔任用工作条例》，切实提高选人用人的公信度与准确度。对30多名领导干部、专业艺术人员、文联干部分级分类进行了以政治理论、业务技能、知识更新等为主要内容的培训，综合素质进一步提高。“七一”前夕，召开优秀党员、党务工作者、工会积极分子、先进工作者表彰大会。进一步完善我会干部队伍的知识结构和年龄梯次结构，年内新招录5名公务员。选派省文联及基层文联艺术家参加中国文联高级研修班。选派干部参加省内宣传理论业务及自主选学等培训班，全年共培训干部20余人次，培训时间40余天（次）。高标准做好我省第七届文艺奖评奖工作，评选出各门类110件优秀文艺作品，评奖工作圆满成功。成功召开省摄影家协会第七次代表大会，完成协会换届。同时，省文联坚持以“三基”建设和机关效能建设为抓手，成立了省文联“三基”建设和机关效能建设领导小组，制定下发了机关效能建设九项制度、机关政务工作运行规则，全面加强干部职工作风、能力、素质建设。积极稳妥地推进人才工作，新增全省宣传思想文化系统“四个一批”优秀人才3名；从美国引进美术高端人才1名，得到省人才办的嘉奖。严格落实中心组学习制度，全年组织学习27次，党员干部人均读书笔记3篇以上。持之以恒抓好正风肃纪，进一步巩固了群众路线教育实践活动成果。为进一步拓展文联发展空间，为文艺家提供良好的创作、交流、服务环境，在湟中县群加乡建设了省文联文艺创作基地，为省内外文艺家创作交流提供平台。扎实配合代建部门抓好青海美术馆工程建设，做好跟踪服务，积极协调解决工程进度中的困难和问题，确保工程质量，美术馆主体已于去年底封顶。

宁夏回族自治区文联

综　述

2014年，宁夏文联及各团体会员在自治区党委、政府的正确领导下，全面贯彻落实党的十八大和十八届三中、四中全会精神，紧紧围绕中国梦的时代主题，认真学习贯彻落实习近平总书记在文艺工作座谈会上的重要讲话精神，大力培育和践行社会主义核心价值观，深入开展党的群众路线教育实践活动，积极推进“为民惠民乐民”文艺志愿服务活动，文学艺术事业取得了长足发展，为建设开放宁夏、富裕宁夏、和谐宁夏、美丽宁夏提供了精神动力和文化支撑。

会议与活动

【“我们的中国梦——送欢乐下基层”赴宁夏慰问演出】

由中宣部、文化部、国家新闻出版广电总局和中国文联在全国范围内组织开展了“我们的中国梦”文化进万家活动，于1月5日赴宁夏西北轴承公司开展慰问演出，为一线工人带来了精彩的慰问演出。中国文联党组成员、副主席、书记处书记李前光，自治区副主席姚爱兴与1000多名工人一同观看了演出。中国文艺志愿者协会主席、著名相声表演艺术家姜昆与著名相声表演艺术家李金斗、李建华、戴志诚等众多大腕登台献艺。

【宁夏文联召开党的群众路线教育实践活动总结大会】

2月18日下午，宁夏文联召开党的群众路线教育实践活动总结大会。宁夏区党委群众路线教育实践第六督导组组长吴建国、副组长周万军出席会议，吴建国作重要讲话。宁夏文联党组书记、主席郑歌平作总结讲话。会上，与会人员对自治区文联班子及厅级党员领导干部开展教育实践活动情况进行了民主评议。

【宁夏文联七届五次全委会召开】

2月21日，宁夏文联七届五次全委会在银川召开。会议认真传达学习了党的十八届三中全会、中国文联九届六次全委会、自治区党委十一届三次全会和全区宣传部长会议精神，会议号召全区广大文艺工作者坚持以人民为中心的创作导向，团结一心、满怀激情，开拓创新、扎实工作，为建设开放宁夏、富裕宁夏、和谐宁夏、美丽宁夏，与全国同步进入全面小康社会作出更大贡献。

自治区文联党组书记、主席郑歌平在会上作了《强化阵地意识，牢记责任使命，努力唱响建设“四个宁夏”时代最强音》的工作报告。

【宁夏区党委宣传部副部长张锋一行调研宁夏文学工作】

3月11日，受宁夏区委常委、宣传部部长蔡国英同志委托，宁夏区党委宣传部副部长张锋带领调研组来到宁夏文联，与作家和编辑们共同座谈，调研宁夏文学工作。来自区内的3家文学刊物负责人和二十多位作家代表参加座谈。宁夏作协副主席、银川市文联主席郭文斌受宁夏作协主席团委托，汇报了近年来宁夏文学取得的成绩和面临的主要问题，建议就基层作家培养和打造文学精品等方面给予更多支持。

【开心广场 百姓舞台】

4月14日，来自全区五个地级市的27名文艺骨干，在银川参加了由宁夏区党委宣传部、宁夏区直机关工委、宁夏文联、宁夏体育局主办，宁夏舞蹈家协会承办的“百姓健康舞”师资培训班。第一届全区百姓艺术健康舞展演推广活动拉开帷幕。百姓艺术健康舞蹈展演推广活动旨在进一步推动群众文化活动，更好地丰富群众文化生活。

【宁夏书法家协会开展“书法名家进校园”系列活动】

为深入开展“中国梦”主题教育活动，落实

国家语委、中国书法家协会开展“书法名家进校园”活动的有关精神。4月14日，宁夏文联党组书记、主席，宁夏书协主席郑歌平，宁夏文联副主席、宁夏美协主席，宁夏美协名誉主席张少山、马建军，宁夏书协常务副主席李洪义，宁夏书协秘书长宋琰来到宁夏艺术职业学院，与美术系的师生开展的面对面的交流。书画家现场创作，与师生零距离接触，交流经验，传授技法，为师生上了一堂生动直观的书画创作课。

【宁夏文联召开机关党员大会进行换届选举】

5月8日，宁夏文联召开机关党员大会。选举产生了中共宁夏文联第三届机关委员会和纪律检查委员会。郑歌平同志为文联机关党委书记、王加玲同志为机关党委副书记、李海荣同志为机关党委专职副书记，李宁华、王文、王月礼、范玉林为机关党委委员，李海荣、杨永圣、马星为机关纪委委员，李海荣为机关纪委书记。大会通过了《中共宁夏文联机关第二届委员会工作报告》、《中共宁夏文联机关党委党费收缴、使用和管理情况的报告》。宁夏区直机关工委书记叶旭莅临指导会议。

【塞上明珠·美丽宁夏——第八届中国西部大地情中国画、油画作品展】

5月16日，由中国美协、宁夏文联会主办，宁夏美协承办的“塞上明珠·美丽宁夏——第八届中国西部大地情中国画、油画作品展”在中国人民革命军事博物馆隆重开幕。中国文联党组成员、书记处书记郭运德，中国文联副主席、中国美协主席刘大为，宁夏区政府副秘书长崔晓华，宁夏文联党组书记、主席郑歌平，中国美协分党组书记、常务副主席吴长江，中国美协分党组副书记、秘书长徐里等，以及各地美术家代表参加了开幕式。开幕式由中国美协副秘书长杜军主持，中国美术家协会分党组书记、常务副主席吴长江、宁夏文联副主席、美协主席宋鸣、参展美术家代表王骞分别作了致辞和发言。

【宁夏文联举行“惠民为民乐民”文艺志愿服务活动】

5月23日，在全国文学艺术界第一个“中国文艺志愿者服务日”来临之际，宁夏文联组织文艺家在银川光明广场举行了“惠民、为民、乐民”文艺志愿服务专场晚会，并以此纪念毛泽东在延安文艺座谈会上的讲话发表72周年。富有地方特色、民族特色的文艺节目，给在广场上休闲的银川市民带来了难得的艺术享受，让人看得如醉如痴，广大群众在家门口都感受到了高规格演出的艺术魅力。

【宁夏文联“送欢乐下基层”文艺志愿服务到乡村】

为积极践行中宣部、中央文明办和中国文联关于开展社会主义核心价值观主题文艺活动的通知精神以及宁夏区党委《关于培育和践行社会主义核心价值观的实施意见》通知要求，6月25日，由宁夏文联组织的“送欢乐下基层”文艺志愿服务慰问演出活动在灵武市梧桐树乡梧桐树村开展。宁夏文联副主席、宁夏美协主席宋鸣带队参加。慰问演出前，宋鸣副主席代表自治区文联向梧桐树村赠送了购置的扩音设备。

【宋琰书法作品获全国文联干部职工美术书法摄影展特别优秀作品奖】

为纪念中国文联成立65周年，由中国文联举办的“追寻中国梦——庆祝中国文联成立65周年全国文联干部职工美术书法摄影展”于7月16日至20日在中国文艺家之家展览馆举办，宁夏文联选送的宁夏书协秘书长宋琰同志的参展书法作品“行书古诗两首”被评为特别优秀作品，并由中国文联展览馆永久收藏，是这次参展的美术书法摄影作品中获特别优秀作品荣誉称号的十件作品之一。宋琰同志受邀参加了展览开幕式。

【第十一届全区少儿“希望杯”舞蹈大赛成功举办】

8月10日，由宁夏区委宣传部、宁夏文联、宁夏教育厅、宁夏文化厅、宁夏广播电视台主办，宁夏舞协承办的第十一届全区少儿“希望杯”舞蹈大赛总决赛在武警宁夏总队礼堂落下帷幕。全区少儿“希望杯”舞蹈大赛是宁夏常设性的艺术活动内容之一，也是宁夏最具权威少儿舞蹈的艺术品牌，它为陶冶少年儿童情操，展示其精神风貌和亮丽的风姿，提供了一个极佳的平台。

【“中国梦·丝路情”陕西宁夏书画名家作品邀请展在银川开幕】

8月22日，“中国梦·丝路情——陕西宁夏书画名家作品邀请展”在银川美术馆隆重开幕，宁夏区人大常委会原副主任黄超雄，中国当代书法大家、陕西省书协名誉主席吴三大，宁夏区党委宣传部副部长马宇祯，宁夏文联副主席、宁夏美协主席宋鸣，宁夏美协名誉主席张少山，宁夏书协名誉主席柴建方等领导和嘉宾出席，黄超雄宣布展览开幕。

此次展览由陕西、宁夏美术家协会和书法家协会主办，书画展紧紧围绕“中国梦·丝路情”主题，以传统的艺术形式和社会发展新思路为契机，为丝绸之路经济带高速发展鼓与呼。两省区书画联袂，集两地精英融书画艺术一炉，彰显了友好互信、合作发展的丝路精神，对省际艺术交流、书画两界的融通和区域文化艺术发展，将起到积极的促进作用。

【2014·中国少数民族当代文学论坛宁夏召开】

8月18日至20日，“中国梦的多民族影视文学呈现——2014·中国少数民族当代文学论坛”在银川召开，中国作协少数民族文学委员会主任丹增、中国作协主席团委员张胜友，宁夏区人大副主任吴玉才、政协副主席田成江，宁夏区党委宣传部副部长马宇桢、宁夏文联党组书记、主席郑歌平，以及在少数民族文学理论与创作领域深耕多年的40余位作家学者与会研讨。这是该论坛首次在国内地方省份举办。

自治区人大副主任吴玉才在开幕式上致辞。他希望各位作家在宁夏多走走、多看看，通过采风活动，继续深入了解宁夏、感受宁夏，运用手中的笔宣传宁夏、推介宁夏，深入挖掘神奇宁夏绚丽多彩的历史文化，生动呈现宁夏人与自然和谐相处的图景，充分反映宁夏人民创造美好生活的精神状态。

【宁夏文联送书画进警营】

9月14日，宁夏文联副主席宋鸣带领我区著名书画家柴建方、张少山、马建军、王系松、李化奎、郭震乾、袁柏生、张志吉、郭佳荣、丁波、傅宁、宋琰等来到银川市公安局交警分局慰问交通民警。这也是宁夏文联为积极践行中宣部、中央文明办和中国文联关于开展社会主义核心价值观主题文艺活动的通知精神以及自治区党委《关于培育和践行社会主义核心价值观的实施意见》通知要求，所开展的系列活动之一。宁夏文联党组书记、主席，宁夏书法家协会主席郑歌平也托人带来了自己的书法作品。接过书画家的作品后，交警分局政委康军说，全体银川交警一定会把书画家的这份深情厚意带到工作中，为银川市民的交通安全贡献自己的力量。

【宁夏文联组织开展“送欢乐 迎国庆 筑梦奔小康”慰问演出】

在新中国即将迎来65华诞之际，为了努力营造健康的文化氛围和欢乐祥和的节日气氛，坚持以人民为中心的工作导向，大力开展文艺志愿服务活动，丰富基层群众的精神文化生活，9月22日，宁夏文联组织艺术家冒雨来到了中卫市宣和镇，开展“送欢乐 迎国庆 筑梦奔小康”慰问演出活动。

宁夏文联党组书记、主席郑歌平在慰问演出前向中卫市宣和镇福兴村、福堂村、赵滩村赠送了购置的扩音设备。把宁夏区党委政府的亲切关怀和全区文艺界朋友的美好祝福送给宣和镇的父老乡亲们。

【郭守中先生书法作品研讨会在银川举行】

9月26日下午，已故著名书法家、宁夏书协原顾问郭守中先生书法作品研讨会在银川举行，《郭守中书法作品集》也在同日发行。宁夏区政府副秘书长崔晓华，宁夏文联党组书记、主席，宁夏书协主席郑歌平，中国书协副主席吴善璋，宁夏书协名誉主席柴建方，宁夏美协名誉主席张少山、马建军，宁夏书协顾问王文均、马学智，宁夏美协副主席兼秘书长郭震乾等书法家以及郭守中先生的亲友等参加了研讨会。

郭守中先生1948年生于银川，因病于2011年去世。历任宁夏书协理事、常务理事、副主席、顾问，银川市书画院副院长，为宁夏书法事业的发展壮大做出了巨大贡献。先生钟爱书法艺术，以此为毕生的事业，取得了卓越的成绩。在真草篆隶等书体皆能深入研究并有所得，在书法创作中尤为重视“以气送力、以力送气，气力相送”，形成了自己迥异时人、深入传统的独特书风。

【宁夏电影集团与上海影视机构联合摄制电视剧《灵与肉》签约】

9月27日上午，“40集电视剧《灵与肉项目合作协议》签约仪式”在银川阅海宾馆举行，电视剧《灵与肉》第一出品方宁夏电影集团与上海文化广播影视集团就联合摄制签订相关合作协议。宁夏区党委宣传部部长蔡国英，副部长李克强、马宇祯，宁夏广电总台台长尤艳茹，宁夏电影集团总经理杨洪涛等领导及媒体工作者100余人出席了签约仪式。

【宁夏文联名誉主席张贤亮逝世】

9月27日，宁夏文联名誉主席张贤亮因病医治无效，在银川逝世，享年78岁。张贤亮同志是中国共产党优秀党员，我国当代著名作家，中国人民政治协商会议第六、七、八、九、十届委员会委员，中国文联第六、七届委员，中国作家协会第四、五、六、七届主席团委员，宁夏文联第三、四、五届主席，宁夏文联原党组成员、副书记，宁夏作家协会第三、四、五届主席，宁夏文联名誉主席，宁夏作家协会名誉主席。

张贤亮同志逝世后，全国政协及国家民委、国家环保部、国务院国资委、新华社、中国文联、中国作家协会等中央有关部委，自治区党委书记、人大常委会主任李建华，自治区政府主席刘慧等，以及各省区市文联、作协和相关单位，还有许多老艺术家、老同志纷纷以不同方式表示哀悼。

9月30日上午11时，张贤亮同志遗体告别仪式在银川市殡仪馆隆重举行，宁夏区党委宣传部副部长马宇祯主持告别仪式。中国作家协会副主席、书记处书记李敬泽同志受中国作家协会主席团委托，专程来宁参加遗体告别仪式。宁夏区政协主席齐同生，自治区党委副书记崔波，宁夏区党委常委、宣传部部长蔡国英，宁夏区党委常委、银川市委书记徐广国，宁夏区人大副主任王儒贵，宁夏区政府副主席姚爱兴，宁夏区政协副主席安纯人等自治区领导与社会各界1500余人参加了告别仪式。

【“第一届全区百姓艺术健康舞展演”圆满落幕】

9月27日，由宁夏区党委宣传部、宁夏区直机关工委、宁夏文联、宁夏体育局主办，宁夏舞蹈家协会承办“第一届全区百姓艺术健康舞展演”在银川市人民广场隆重举行。宁夏区党委宣传部副部长马宇桢、宁夏文联党组书记、主席郑歌平出席本次活动并为获奖者颁奖。

【李建华就学习习近平总书记在文艺工作座谈会上重要讲话精神作出批示】

10月17日，宁夏回族自治区党委书记李建华就学习习近平总书记在文艺工作座谈会上的重要讲话精神作出重要批示。贯彻李建华书记批示要求，宁夏区党委宣传部召开座谈会，组织全区宣传文化系统各单位负责人、文化企业负责人及文艺界代表学习座谈习近平总书记在文艺工作座谈会上的重要讲话精神。宁夏区党委常委、宣传部部长蔡国英出席会议发言并部署学习。

【宁夏召开文艺工作座谈会】

11月24日，宁夏回族自治区党委书记李建华召开文艺工作座谈会。宁夏区党委常委、宣传部部长蔡国英，宁夏区政府副主席姚爱兴参加座谈会，蔡国英主持会议。郑歌平、王志洪、柳萍等6位同志先后发言。大家围绕学习习近平总书记在文艺工作座谈会上的重要讲话精神，结合各自工作实际，谈感受、谈体会、提建议。在听取大家发言后，李建华作了讲话。他指出，习近平总书记在文艺工作座谈会上的重要讲话，内涵丰富、朴实亲切、生动鲜活，有文化高度，有历史厚度，回答了事关文艺繁荣发展的一系列重大问题，政治性、针对性、指导性都很强，是推动文艺事业繁荣发展的基本遵循和行动指南。我们一定要深入学习领会，结合宁夏实际，抓好贯彻落实。

李建华指出，文艺工作者要增强社会责任感，坚持德艺双馨，加强道德修养，做到创作与修身共进，人品与艺品俱佳，以良好的形象赢得社会尊重和群众赞誉。要坚决抵制庸俗、低俗、媚俗之风，专心致志，心无旁骛，加强学习，增长才艺、潜心创作，十年磨一剑，慢工出细活，力争创作出有境界、有格调、有品位的文化精品。

李建华强调，各级党委、政府要高度重视文化艺术事业发展。要加大投入力度，完善政策、健全体制、创新激励机制，努力为文化艺术工作者展示才华、开展创作提供舞台，引导大家不断出精品、出人才。要加强文化艺术工作者队伍建设，加大各种人才培养和引进力度，用事业留人、感情留人、待遇留人，营造善待宽待文化工作者的良好氛围，引导他们在建设“四个宁夏”中作出更大贡献。

【甘肃·青海·宁夏少数民族美术作品联展在兰州开展】

10月29日，由中国美协、甘肃省委宣传部、甘肃省民委、甘肃省文联、青海省文联、宁夏回族自治区文联主办，甘肃美协、青海美协、宁夏美协承办的追寻中国梦•西部阳光——甘肃•青海•宁夏少数民族美术作品联展在兰州创意文化产业园、兰州美术馆开展，共展出三省区美术家近年来创作的中国画、油画作品240件。甘肃省民委党组书记沙拜次力，甘肃文联党组书记周丽宁，宁夏文联副主席、美协主席宋鸣等出席开幕式并致辞。

本次少数民族美术作品展旨在调动各少数民族美术工作者的创作热情，弘扬党的民族政策，促进民族团结，为少数民族地区社会发展进步营造良好艺术氛围。作品内容丰富、形式多样、特色鲜明，从不同的视角表现出丰富多彩的民族文化和奇异多彩的民族风情，展示了甘青宁三省区少数民族群众寻梦、追梦、圆梦的良好精神风貌。

【宁夏文艺界“深入生活 扎根人民”主题实践活动启动】

11月25日，宁夏文艺界开展“深入生活 扎根人民”主题实践活动视频会议正式启动，宁夏区党委常委、宣传部部长蔡国英出席会议并讲话，蔡国英常委还向赴基层的四个文艺采风创作小分队授旗。

按照中央部署，中宣部、文化部、新闻出版广电局、中国文联、中国作协决定在文艺界广泛开展“深入生活 扎根人民”主题实践活动。蔡国英指出，开展主题实践活动是深入贯彻落实习近平总书记在文艺工作座谈会重要讲话精神的一项重要举措。全区文艺工作者要充分认识主题实践活动的重要意义，按照自治区党委书记李建华同志在全区文艺工作座谈会上的讲话要求，在全区文艺界深入开展“深入生活 扎根人民”主题实践活动。宁夏文联巡视员、副主席哈若蕙代表文联作表态发言。

【宁夏文联组织“深入生活扎根人民”文艺采风创作摄影小分队深入基层】

为贯彻落实中央及全区文艺界开展“深入生活扎根人民”主体实践活动视频会议精神，特别是为了响应习近平总书记到生活中去，到人民中间去的号召，自治区文联重点组织文学、戏剧、音乐、舞蹈、美术、摄影、书法、曲艺等门类的作家、艺术家，组成四个采风创作小分队，围绕“四个宁夏”建设，深入基层、深入一线，开展文艺演出、展览展示等各类形式的服务及采访活动。

11月27日，由宁夏文联党组成员、副主席胡建国，党组成员、秘书长庾君带队，组织摄影家小分队一行13人深入青铜峡市峡口镇伊品香食品加工门市店同回族妇女们一同搓馓子，体验生活。在青铜峡市峡口镇一家裘皮厂，文艺志愿服务摄影小分队的摄影家参观了解制作裘皮服装饰品的工艺和流程。摄影家们通过一组组镜头，在真实记录、反映和宣传我区乡镇企业、民族特色食品小作坊等的同时，也在用实际行动践行着习近平总书记在文艺工作座谈会上所讲的“文艺创作方法有一百条、一千条，但最根本、最关键、最牢靠的办法是扎根人民、扎根生活”的要求和精神。

【宁夏作家协会第七次代表大会召开】

宁夏作家协会第七次代表大会12月3日在银川召开。会议回顾总结了十年来宁夏文学发展成果，选举产生了新一届宁夏作家协会领导机构，研究提出今后五年的工作任务。中国作协党组成员、副主席何建明，宁夏区党委常委、宣传部部长蔡国英，宁夏区人大常委会副主任吴玉才，宁夏区政协副主席田成江出席会议。

会议选举郭文斌为宁夏作家协会第七届主席，郎伟、漠月（王月礼）、杨梓、季栋梁、金瓯（李金瓯）、钟正平、李进祥、马金莲为副主席。会议还向全区作家发出了“深入生活，扎根人民”倡议书。

【宁夏文联“深入生活·扎根人民”文艺志愿服务慰问演出进乡村】

为了把全区文艺界开展“深入生活 扎根人民”主题实践活动继续推向深入，12月11日，宁夏文联、宁夏戏剧家协会、宁夏音乐家协会、宁夏曲艺杂技家协会、宁夏摄影家协会组织“深入生活·扎根人民”文艺志愿服务小分队，行程四小时赴同心县张家塬乡汪家塬村进行慰问演出，把欢笑和欢乐送给农民群众。宁夏文联党组成员、副主席胡建国，宁夏了党组成员、秘书长庾君参加活动。演出结束后，部分摄影家还到农户家中进行了采风。

协会工作

【作家协会】

宁夏作协党支部组织党员看望幸平阳光家园智障儿童

在中国共产党成立93周年前夕，宁夏作家协会党支部的12位党员和作家来到银川市西夏区幸平阳光家园残疾人托养服务中心，给残疾智障学生带去了祝福与问候。

党员和作家们与残疾智障学生亲切交流，倾听他们的心声，残疾智障学生表演了精彩的节目并与党员和作家们进行了互动；党员和作家们为托养服务中心带去了救助金和书籍、衣物、水果等物品。宁夏文联党组成员、副主席哈若蕙在捐赠仪式上讲话，希望社会能对该学校予以大力的支持，引起社会和媒体的广泛关注，让更多的人来关心和帮助这些孩子。

宁夏作家首获“五个一工程”奖

宁夏回族女作家马金莲的长篇小说《马兰花开》、季栋梁的长篇小说《上庄记》获第十三届精神文明建设“五个一工程”奖，这是宁夏作家首次获得这一重要奖项。

【戏剧家协会】

吴浙获“中国少儿戏曲小梅花荟萃”银奖

8月8日至11日，由中国戏剧家协会主办的第十八届“中国少儿戏曲小梅花荟萃”在江苏省泰州市进行总决赛。共有来自全国20多个省市的136名少儿戏曲精英入围决赛。宁夏戏剧家协会选送的小选手吴浙虽然只有六岁，但她凭借自身天赋和平时的勤奋努力，最终站在了全国少儿戏曲小梅花决赛的舞台上，获得“小梅花荟萃”银奖。

“中国少儿戏曲小梅花荟萃”比赛是由中国戏剧家协会主办、全国各省市戏剧家协会协办的一项全国性、高规格的少儿戏曲艺术活动，是中国戏剧“梅花奖”的重要组成部分，是中国少儿戏曲和国家艺术教育的最高奖项。为弘扬民族文化，振兴戏曲艺术，培养广大少年儿童对祖国传统艺术的兴趣与爱好，它代表了中国少儿戏曲的最高水平。

【音乐家协会】

中国音乐“小金钟奖”第二届全国钢琴比赛暨英国皇家国际声乐比赛宁夏地区选拔赛落下帷幕

7月10日至12日，由宁夏文联和宁夏音乐家协会联合举办的中国音乐“小金钟”奖第二届全国钢琴比赛暨英国皇家国际声乐比赛宁夏赛区选拔赛在银川市文化艺术剧院隆重举行。宁夏文联党组成员、副主席胡建国参加了颁奖活动。本次选拔赛评选出的优秀选手，将于7月21和25日赴北京参加英国皇家国际声乐比赛和钢琴比赛，同时评选出优秀选手于10月14日赴湖北宜昌参加中国音乐“小金钟”奖第二届全国钢琴总决赛。

宁夏音乐家协会声乐学会成立

10月25日，宁夏音乐家协会声乐学会成立大会暨第一届会员代表大会在北方民族大学隆重举行。宁夏文联党组成员、副主席胡建国、宁夏音乐家协会主席范晋国以及来自全区各院校、群众团体、社会机构中从事声乐演唱、教学的百余名声乐工作者、研究者、爱好者参加了大会。宁夏区政协委员、宁夏音协副主席、国家一级演员赵云台当选为学会会长。

【舞蹈家协会】

宁夏回族舞蹈荣获第九届中国舞蹈“荷花奖”校园舞蹈比赛作品铜奖

由宁夏舞协选拔推荐，北方民族大学编创、表演的回族男子群舞《金沙梦》，荣获第五届中国舞蹈节暨第九届中国舞蹈“荷花奖”校园舞蹈比赛作品铜奖，宁夏舞协获优秀组织奖。该节目是宁夏舞协承办全国回族舞蹈大赛中推出的优秀回族舞蹈作品之一，再次荣登中国舞蹈“荷花奖”领奖台。

《说舞》——回放舞蹈艺术论文集出版发行

宁夏舞蹈家协会经过两年的酝酿和准备，集三届“中国·宁夏回放舞蹈展演”的优秀成果，特邀舞蹈界知名专家和参与回族舞蹈展演的创作者《说舞——回放舞蹈艺术论文集》于1月出版，此论文集图文并茂，收录论文40余篇。该论文集的出版，成为繁荣少数民族文艺创作，弘扬优秀民族文化，创建回族舞蹈艺术交流平台，发挥民族艺术在构建和谐社会中的积极作用，具有十分重要的现实意义。

“青春中国梦”宁夏等六省青年舞蹈精英展演成功举办

为推动山东、江西、福建、山西、宁夏、海南六省舞蹈事业的发展，加强青年舞蹈人才的交流与学习，推选六省优秀青年舞蹈拔尖人才，展示六省舞蹈精英的艺术风采，由山东省舞协、江西省舞协、福建省舞协、山西省舞协、宁夏舞协、海南省舞协联合主办，“青春中国梦”2014六省青年舞蹈精英展演于8月28日在山东剧院举办。由宁夏舞协选拔、推荐，宁夏文化馆李庶熙表演的《五年级我去哪》以生动的现实题材、高超的技术技巧赢得了现场评委的一致好评，最终获得“精英奖”金奖、宁夏舞协获优秀组织奖。本次展演是一项推出优秀舞蹈表演拔尖人才，加强六省协会间的合作交流，共同推动舞蹈事业发展的高水准的评奖活动。

【美术家协会】

第十二届全国美展宁夏美术作品预展在银川展出

7月7日，由文化部、中国文联、中国美协主办的“熔铸中国气派 塑造国家形象——第十二届全国美展宁夏美术作品预展”在银川美术馆展出。在本届全国美展中宁夏有16件作品入选。

【摄影家协会】

宁夏摄协组织摄影家赴同心天台山进行创作

9月15日，宁夏摄影家协会组织20余名摄影家赴同心天台山参加“首届天台山文化生态园摄影展”开展仪式，同时进行“第二届天台山文化生态园摄影大赛”的创作。此次活动由宁夏摄影家协会和同心县摄影协会共同举办，旨在充分展示天台山移民搬迁后的生态恢复和南部山区独特的地域环境、人文景观。在天台山的映衬下，群众表演了腰鼓、唱山歌等民俗活动，摄影家们拍摄了形式多样、内容生动的民俗作品，同时在天台山附近汲取了大量原生态摄影素材。活动将于10月中旬举办“第二届天台山文化生态园摄影大赛”展览开幕式暨颁奖仪式。

首届“美丽宁夏·醉美葡萄”主题摄影大赛圆满落幕

为了让国内外全方位、广泛深入了解宁夏贺兰山东麓葡萄产业的发展，打造和展示宁夏人文景观和旅游品牌，宁夏摄影家协会和贺兰山东麓葡萄与葡萄酒国际联合会共同举办了首届“美丽宁夏·醉美葡萄”主题摄影大赛暨展览。

“宁夏一日定格9·23”摄影大赛暨展览亮相银川

为隆重纪念宁夏解放65周年，进一步展示宁夏解放后65年来在经济社会建设等各方面日新月异的变化和发展成就。宁夏文联、宁夏摄影家协会举办了“宁夏一日 定格9·23”摄影大赛暨展览。

活动收到来自全区各地、市、县摄影家来稿共五千余件，评选出入围作品180件，获奖作品38件。摄影家们以真挚的情感表达了对党对祖国对人民的热爱，用镜头记录身边事，捕获身边的美丽与精彩，作品从不同角度、全方位展示了宁夏欣欣向荣的景象，用瞬间定格永恒，用影像书写宁夏的繁荣。

【书法家协会】

宁夏青年书法家协会召开第二次会员代表大会

5月24日下午，宁夏青年书法家协会第二次会员代表大会在银川召开。宁夏文联党组书记、主席、宁夏书协主席郑歌平，中国书协副主席、宁夏书协名誉主席吴善璋，宁夏团委副书记、宁夏青联主席杨文，宁夏文联副主席宋鸣，宁夏团委统战部部长、宁夏青联秘书长马宗正，宁夏书协顾问王文均、田兵，宁夏文联党组成员、秘书长庾君，中国书协理事、宁夏书协常务副主席李洪义，宁夏书协副主席丁波、魏沁、傅宁出席会议。宋琰当选为宁夏青年书协主席。

践行习近平总书记讲话精神，宁夏青年书协走进基层

为学习贯彻习近平总书记在文艺工作座谈会上的讲话精神，践行“文艺要反映好人民心声，就要坚持为人民服务、为社会主义服务”这个根本方向。10月23日，由宁夏青年书法家协会、宁夏固原市团委主办的“走进丝路古镇，书写秀美六盘”文化惠民活动在固原市回民中学举行。宁夏青年书法家协会的十位书法家现场挥毫泼墨，为数百位师生们创作墨宝，书法家还为喜欢书法艺术的学生现场授课，不少学生们也拿着自己的书法作品请书法家给予指点。

宁夏书协开展学习习近平总书记文艺工作座谈会讲话精神书写活动

在全国宣传文化系统掀起的深入学习习总书记文艺工作座谈会讲话精神的热潮中，按照宁夏区党委宣传部开展贯彻讲话精神活动的要求，宁夏书法家协会积极行动起来，与宁夏日报合作，组织了书协主席团成员以书法的形式书写习近平总书记在文艺工作座谈会上的讲话，并于11月4日在宁夏日报上整版刊登。书法家用楷、隶、行工整抄录了总书记的讲话，展示了宁夏书法界欢欣鼓舞的热情和蓬勃向上的决心。

【民间文艺家协会】

隆德县荣获“中国社火文化之乡”荣誉称号

2月13日，在中国民协的大力支持和协助下，宁夏隆德县“中国社火文化之乡”命名挂牌仪式在隆德县隆重举行，中国民协副主席索南多杰出席挂牌仪式，宁夏民协主席杨继国、副主席杨永圣参加了挂牌仪式。

郑飞雁获联合国教科文组织命名的“工艺美术家”称号

在10月15日结束的由中国文联、中国民协、天津市政府、天津文联共同主办，天津民协承办的“第四届中华（天津）民间艺术精品博览会暨第十二届中国民间文艺山花奖·民间工艺美术作品奖”的评奖活动中，郑飞雁获联合国教科文组织颁发的“工艺美术家”称号，周国霞的剪纸《回族风情》获精品博览会银奖。

【曲艺杂技家协会】

宁夏少儿曲艺节目获全国比赛二等奖

8月15日，由中国关心下一代工作委员会办公室、中国曲协、四川省文联合会共同主办的第六届全国少儿曲艺大赛在四川圆满结束。宁夏曲艺杂技家协会选送的由宁夏曲艺家宋雁波老先生创作、指导，学生张沐、郭大千表演的数来宝节目《我家的梦》荣获二等奖。

首届中国西部优秀曲艺展演宁夏曲艺成绩优异

11月10日至12日，由中国文联、中国曲艺家协会、陕西省委宣传部、陕西省文联联合主办的“韩起祥杯——首届中国西部优秀曲艺节目展演”在西安市成功举办。本次展演活动共有来自我国西部地区12个省、市、自治区的28个节目，160余名演员参演。由宁夏曲艺杂技家协会选送的相声《炒作》荣获一等奖、宁夏坐唱《民生工程为民生》、小品《宠物哲学》获得二等奖。

【电影电视家协会】

宁夏选手在第九届华东六省一市及全国部分省市电视主持新人赛获佳绩

8月30日，第九届“齐鲁酒地”杯华东六省一市及全国部分省市电视主持新人赛在山东安丘举行。来自华东六省一市及黑龙江、四川、重庆、河南、贵州、宁夏等13个省份的优秀参赛选手经过激烈角逐，宁夏选手熊晶晶获季军，徐丹、于海龙、滕戈获优秀奖，宁夏电视总台少儿频道主持人韩雅楠获优秀指导老师奖。

宁夏影视作品在第二届华东六省一市暨全国部分省市微视频作品大赛中获奖

由华东六省一市电视艺术家协会、华人频道（青岛基地）联合举办的“第二届华东六省一市暨全国部分省市微视频作品大赛”于9月2日在青岛举办。来自山东、上海、宁夏等省市的500多部优秀作品参加比赛。我区参赛作品《梦西夏》获MV类一等奖，《我最爱的人》、《放下你的手机生活依然美丽》获三等奖。《公益广告之环卫片》获实验片三等奖。《远去的锯匠》、《黄河金岸诗歌节采风掠影》《五分钟》《隆德古城堡》获纪实类二等奖，《党旗辉映千帆竞结对共建先锋行》、《礼赞》《韵动银川》《海原天都山》《黄河金岸赋》获纪实类三等奖。《交通法规公益片》获动漫类二等奖。

《画皮Ⅱ》夺得首届丝绸之路国际电影节“观众最喜爱影片奖”

10月，由宁夏电影集团拍摄的电影《画皮Ⅱ》一举夺得首届丝绸之路国际电影节“观众最喜爱影片奖”，这是2014年宁夏影视界荣获的一个重要奖项，充分证明了宁夏电影的优质品牌效应，进一步提升了宁夏影视文化界的影响力和自信心。

【《朔方》编辑部】

成功举办首届《朔方》文学奖，并出版《首届〈朔方〉文学奖入围作品集》，《朔方》十余篇（首）原发作品被《新华文摘》、《读者》、《中篇小说选刊》、《散文选刊》、《散文海外版》、《诗选刊》、《好小说》等转载。

组织召开了纪念《朔方》创刊55周年座谈会。

编辑出版了张贤亮纪念专号（珍藏本）。

【文学艺术院】

宁夏文学艺术院第二期文艺（评论）研修班在银举办

7月7日至11日，宁夏文学艺术院第二期文艺（评论）研修班在银川举办。中国文联理论研究室评论处处长、中国文艺评论家协会副秘书长周由强博士出席了开班仪式并讲课，宁夏文联党组成员、副主席哈若蕙出席11日的结业仪式并为学员颁发结业证书。

编辑出版了《新时期中国少数民族文学作品选集》（回族卷上、下）、《肖川诗选》、《冯剑华文选》。

编辑出版了宁夏文学作品年选本（2009—2013），编选宁夏作家在区内外获奖、选载的优秀中短篇小说、散文和文学理论与评论等作品。

新疆维吾尔自治区文联

综　述

2014年，在自治区党委、政府的正确领导下，自治区文联全面贯彻落实党的十八大以来中央各项重要改革举措精神及中央第二次新疆工作座谈会精神，组织各族文艺工作者认真学习了习近平同志在文艺工作座谈会上的讲话，全面落实自治区党委的各项重大决策部署，坚持以现代文化为引领，坚持弘扬社会主义核心价值观，以维护社会稳定和长治久安作为各项工作的着眼点和着力点，不断强化文联的“组织、联络、协调、服务”的基本职能，坚持“围绕中心，服务大局，面向基层，服务群众”的基本方针，在同极端宗教势力、极端恐怖势力作斗争方面，在机关建设、文艺队伍建设方面，在组织文艺创作和文艺批评方面，均取得了可喜的成绩，使自治区的文艺工作呈现出一个欣欣向荣的崭新局面。

重要会议和活动

【七届四次全委会】

2月17日，自治区文联在乌鲁木齐昆仑宾馆召开了七届四次全委会议，自治区党委常委、宣传部长李学军出席开幕式并作重要讲话，自治区党委宣传部副部长、自治区文联党组书记黄永军，自治区文联党组副书记、主席阿扎提・苏里坦，自治区文联党组成员、副主席张君超、阿拉提・阿斯木、叶尔克西・库尔班拜克，党组成员、秘书长马旭国，党组成员、纪检组长胡中平等出席会议。自治区文联七届委员会委员参加会议，自治区文联各文艺家协会、各杂志社及机关各处室负责人列席会议。阿扎提・苏里坦作了《坚持以现代文化为引领，全力谱写新疆多民族文学艺术事业发展新篇章》的工作报告。黄永军在总结讲话中，就做好当前文联工作，特别强调三点要求：一、准确把握形势，深刻理解当前自治区关于宣传思想文化工作的各项安排部署的重大意义；二、紧紧围绕中心、服务大局，充分发挥文联在意识形态领域的主力军作用；三、对李学军部长的讲话及文联2014年的工作安排，要尽快组织广大干部职工进行专题学习讨论，认真贯彻。全委会通过选举，替补和增补了任华、吴国庆、黄繁荣、巴赫提亚・巴吾东、希尔艾力・库尔班、杜梅等7名委员。

【“唱响时代最强音——诗歌全疆行”活动】

为了积极响应自治区党委开展的“访民情、惠民生、聚民心”活动，突出以现代文化为引领，深入宣传现代文化，进一步弘扬社会主义核心价值观，大力推进文化惠民的各项任务，丰富基层群众的精神文化生活，根据自治区党委用民族语言发声亮剑的宣传工作要求，自治区文联组织了“唱响时代最强音——诗歌全疆行”活动。此次活动由自治区文联党组副书记、主席阿扎提・苏里坦带队，有近200名维吾尔族著名作家、诗人参加。从5月至10月，分别在乌鲁木齐、喀什、阿克苏、和田、哈密、吐鲁番、克拉玛依、伊犁等地州市基层举办了16场报告会和诗歌朗诵会，诗人们不但朗诵了各自创作的以弘扬爱国精神、反映改革开放时代精神的诗作，还朗诵了黎・穆塔里甫、尼米希依提、铁衣甫江、阿布都热依木・乌铁库尔等已故著名维吾尔族诗人的传世诗作。这次活动以文艺的形式，旗帜鲜明地揭露了宗教极端主义和暴力恐怖势力的罪恶本质，有力抨击了他们散布的各种歪曲事实的荒谬言论，引导广大群众走向现代文明，在各地均引起强烈反响，深受基层群众的欢迎和称赞。

【永不沉默，发声亮剑——200多名维吾尔族作家、诗人、翻译家联名发表公开信】

6月25日，自治区文联、新疆作家协会组织

220名维吾尔族著名作家、诗人、翻译家共同签名发表了《永不沉默是我们的责任和使命——著名作家、诗人、翻译家致维吾尔同胞的公开信》，向极端宗教势力和暴力恐怖分子发声亮剑。公开信旗帜鲜明地指出："在这样一个历史时刻，在邪恶与罪恶像癌细胞一样正迅速而无情地吞噬我们的良知与纯洁灵魂的时刻，当极少数恐怖分子掀起的黑色风暴妄图毁灭我们的文明的时刻，我们再也不能沉默了！"这铿锵有力的檄文，表现了知识分子的忧患意识和担当精神。公开信甫经发布，即在社会各界及广大群众中引起了强烈反响，为揭露批判暴力恐怖活动的罪恶本质，遏制极端宗教思潮起到了正能量的积极作用。自治区党委书记张春贤对公开信作了批示：这是贯彻第二次中央新疆工作座谈会的有效举措，要予以坚决支持。在公开信的带动下，新疆文艺界的各民族作家、艺术家，还分别在77家公开媒体上发表了260篇具有相当理论深度的文章，以文艺家的政治担当和影响力，向广大群众阐明真相和真理，引领各族群众远离宗教极端势力和暴力恐怖活动。

【开展面向基层，服务群众的文化惠民活动】

秉持文化为民、惠民、乐民的宗旨，自治区文联在全区文联系统广泛开展了"送欢乐下基层"活动，组织文艺家到部队、警营、学校、企业、边防哨卡、偏远农牧区，深入基层，深入一线，向人民学习，为人民奉献。元月20日，在武警新疆总队第六支队举行了"'我的中国梦'文化进警营"活动，包括慰问演出，作家、美术家、书法家、摄影家为部队文艺爱好者举办文艺讲座，为部队官兵照相、赠送书籍等。7月18日，承办了中国文联文艺志愿团"送欢乐下基层"在伊犁新源县的两场演出。9月在焉耆回族自治县，10月在麦盖提县、莎车县分别举办了"送欢乐下基层"慰问演出活动，为基层群众送上了文化大餐，有近百位各族著名文艺家参与到活动中，有效拉近了文艺家与人民的距离和感情，也得到基层群众的普遍赞誉。

【自治区文联派出"访民情惠民生聚民心"驻村工作组】

2月，按照自治区的统一要求部署，自治区文联派出以党组成员、副主席阿拉提·阿斯木为组长的15名干部"三民"工作组进驻"刀郎之乡"麦盖提县巴扎结米乡发展村（也称恰木古鲁克村）和阔什艾肯村，进行为期一年的走访、调研和维稳任务。这15名同志是：阿拉提·阿斯木，马明，黄繁荣，高东红，希尔艾力·库尔班，玉素甫·依沙克，杜梅，马秀娟，塔依尔·达吾提，王涛，艾力江·买买提，玛利亚木古丽·库尔班，张承军，孙卫东，阿不都热依木·阿不力孜。一年来，他们注重访贫问苦，调查研究，扑下身子，贴近群众，为当地做了大量实实在在的工作，圆满完成了既定的驻村任务，得到县委、乡党委和两个村子群众的一致好评。

5月6日，自治区党委宣传部副部长、自治区文联党组书记黄永军和文联党组成员、纪检组长胡中平，专程前往巴扎结米乡发展村和阔什艾肯村，看望慰问文联驻村工作组的同志，并走访了两个村的农民困难户，在阔什艾肯村现代文化夜校为村民作了《以现代文化为引领去宗教极端化》讲演，还抽时间对麦盖提县"刀郎文化"的传承与发展情况进行了调研考察。

【"千人大培训"活动开展得更加深入扎实】

2014年，自治区文联加大了对基层文艺工作者的培训力度，面向基层深入实施了民间文艺、文学写作、文学翻译、戏剧、摄影、美术、舞蹈、书法、音乐、电影、杂技等各门类的专题培训班，着力加强政治坚定性教育，在专业培训中进一步规范和改进办班模式，以及教员选定、学员结构、课程设置、组织形式等，全年培训班次55次，培训人员3500余人。

【开展"到人民中去——新疆文艺志愿者深入基层服务采风"活动】

在12月5日国际志愿者日前后，自治区文联开展了"到人民中去——新疆文艺志愿者深入基层服务采风"活动，组织各门类的文艺家到乌鲁木齐市基层单位、吐鲁番市艾丁湖乡、鄯善县、吐哈油田、吉木萨尔县、五家渠市、武警兵团四支队等地进行慰问演出、辅导培训、采风创作、展览展示等主题活动。

【"新疆民族文学原创和民汉互译作品工程"审读翻译工作完成】

"新疆民族文学原创和民汉互译作品工程"面向全疆各民族文学工作者征集文学原创和翻译作品，共征集到220余部各类书稿，约6000余万字。

经组织各族专家按照优化文学创作资源配置、好中选优的评审标准，从严把文学作品政治关和艺术质量关的角度进行初、复审，经过两轮筛选，共选出55部作品进入出版流程，其中原创30部，民汉互译25部，约1134万字。该项工程自2011年实施以来，共扶持出版了173部优秀文学原创和翻译作品。

【“新疆风情美术摄影展览”赴澳大利亚成功展出】

应澳大利亚大洋洲文联的邀请，中国文联、自治区文联及我国驻墨尔本总领事馆合作，于9月25日至30日在澳大利亚墨尔本市成功举办了“新疆风情美术摄影展览”，受到当地观众的一致好评。为了办好此次展览，美协和摄协向社会征集到美术作品213幅，摄影作品1325幅，经过专家评审，最终选出美术作品45幅，摄影作品50幅参展。通过此次展览，让生活在澳大利亚的人看到一个“民族和睦、社会和谐、文化开放、艺术繁荣”的大美新疆，有效提升了新疆的知名度、美誉度和国际影响力。

【《玛纳斯》演唱大师居素甫·玛玛依逝世】

6月1日，国家级非物质文化遗产项目代表性传承人、自治区文联名誉主席、柯尔克孜族著名玛纳斯奇、《玛纳斯》演唱大师居素甫·玛玛依在他的家乡克州阿合奇县逝世，享年97岁。6月2日，阿合奇县举行了居素甫·玛玛依悼念活动。自治区党委书记张春贤对居素甫·玛玛依的逝世表示哀悼，并向其亲属表示慰问。受张春贤委托，自治区人大常委会副主任约尔古丽·加帕尔前往阿合奇县参加悼念活动。自治区文联领导黄永军、阿扎提·苏里坦、马雄福等也前往阿克奇县，参加了居素甫·玛玛依追悼会。

【举办首届《玛纳斯》国际演唱会暨保护论坛】

9月26日至28日，由新疆文联主办、新疆民间文艺家协会承办的“首届《玛纳斯》国际演唱会暨保护论坛”在乌鲁木齐市举行，并以此次活动纪念不久前去世的《玛纳斯》演唱大师居素甫·玛玛依。会议由自治区文联党组副书记、主席阿扎提·苏里坦主持。中国和吉尔吉斯斯坦的40名专家学者以及《玛纳斯》演唱艺人共同探讨如何进一步传承和保护史诗《玛纳斯》，并举办了第二届中国柯尔克孜民间长诗传承人培训班。

机关建设

【召开学习习近平总书记讲话精神座谈会】

11月26日，自治区文联机关召开座谈会，学习贯彻习近平总书记在文艺工作座谈会上的重要讲话精神。座谈会由党组成员、秘书长马旭国主持，党组副书记、主席阿扎提·苏里坦参加会议并作重要发言，文联及各文艺家协会的负责同志、著名文艺家数十人参加。与会同志表示，要以习近平同志的讲话精神为指导，内化于心，外化于行，把握好文艺与人民、文艺与时代、文艺与市场经济的关系，要真正做到“接地气”，不让自己的作品成为金钱的奴隶，弘扬真善美，鞭挞假恶丑，为人民而文而歌而舞，创作出一个个时代精品。

【强烈谴责“5·22”暴恐，积极开展慰问工作】

5月22日乌鲁木齐暴力恐怖事件发生后，自治区文联各族干部群众以极大的愤慨对暴恐分子丧心病狂的罪恶行径进行了强烈的谴责，纷纷表示，暴徒杀害无辜天理难容，我们各民族要团结一心，同仇敌忾，做好本职工作，维护好各民族共有的幸福生活家园。同时，机关党委积极动员、组织机关干部购买慰问物资，及时送到在“5·22”暴力恐怖事件中遇难、受伤的群众。

【《新疆文艺界》编辑“发声亮剑”专辑】

自200多名维吾尔族作家、诗人、翻译家联名发表《永不沉默，发声亮剑》的公开信，呼吁“维吾尔同胞擦亮眼睛，行动起来，不要给邪恶之徒留下任何筑巢的空间”，在社会各界引起强烈反响。自治区文联领导及各协会、编辑部、机关处室的同志纷纷撰文，强烈谴责极端宗教分子和暴力恐怖分子罪恶行径。《新疆文艺界》第4期特别编辑了“‘发声亮剑’檄文集”专辑，集中刊发了14篇文章，体现了各族文艺工作者高度自觉的责任感和使命感。

【以完善惩治和预防腐败体系为重点，深入推进反腐倡廉建设】

组织党员学习贯彻第十八届中纪委第三次全会和自治区纪委八届四次全会精神，进一步落实《建立健全惩治和预防腐败体系2013—2017年工作规划》等各项制度规定；结合自治区第十六个党风廉政教育月，黄永军书记传达自治区第十六个党风廉政建设教育月精神，并作党风廉政建设专题辅导，党组成员、纪检组组长胡中平作第十六个党风廉政教育月安排部署，党组副书记、主席阿扎提·苏里坦作总结；召开全体党员大会，学习《关于共产党员、党组织违反党的政治纪律行为的处分规定读本》等，观看警示教育片《领导干部廉政教育大讲堂》、《蜕变》、《领导干部廉政教育大讲堂》等；在全文联发起“廉政文化进万家”倡议活动；新春来临之际，向文联全体党员干部发出倡议严格遵守中央八项规定，坚决反对“四风”，勤俭节约、廉洁自律，度过一个文明健康、祥和轻松的节日。

【其他活动】

3月5日，组织文联青年志愿者走进共建单位红十月社区进行冰雪大扫除；组织志愿者分别在红山公园、工人文化宫车站等重要站点作安保工作，进一步完善文联志愿服务体系建设，推动志愿服务规范化、常态化；拓宽文联党支部、共产党员、青年学雷锋志愿服务队的服务领域和服务项目。

“三八”前夕，组织文联各族妇女走进十月社区举行座谈交流会，宣传女性积极奉献、拼搏进取、诚实守信、弘扬美德、传播文明的时代精神，展示积极向上的精神风貌。

在5月的民族团结教育月，举行“中国梦”——我身边的民族团结故事演讲活动，征集了近30 篇（幅）诗歌、音乐创作、美术作品，以群众的视角讲述身边变化、亲身经历和切身感受，引导各族干部群众以现代文化为引领、弘扬新疆精神，传递民族团结真情。

邀请自治区党校教授进行“三个离不开”、“一反两讲”专题讲座；由文联党组成员、纪检组组长、机关党委书记胡中平为全体党员作“四个认同”辅导。

8月5日，在自治区第十六个党风廉政教育月，文联纪检组组织全体干部职工前往自治区党风廉政建设教育基地，参观了廉政建设教育展览。

主要获奖情况

刘亮程的散文集《在新疆》获中国作家协会主办的第六届（2010-2013）“鲁迅文学奖”散文杂文奖。

在呼和浩特举行的首届全国少数民族优秀舞蹈作品展演上，新疆参演的舞蹈《摘葡萄》获金奖，《玉龙河的姑娘》获铜奖。

新疆杂技家协会主席、新疆杂技团团长艾尼瓦·麦麦提获“第九届中国杂技金菊奖终身成就奖”。

克拉玛依作家赵钧海的散文《陪母亲逛街》、哈萨克族女作家阿依努尔·毛吾力提的散文《阿帕》获第六届“冰心散文奖”。

独山子作家罗基础的短篇小说《执拗的老张》获由中国小说学会主办的“文华杯”全国小说大赛二等奖。

电影《伊犁河》在圣地亚哥国际儿童电影节上获最佳影片和最佳原创音乐两项大奖。

阿瓦提县代表队编排的民间广场舞《跳动的火焰》获“中国民间广场歌舞大赛暨第十二届中国民间文艺山花奖·民间艺术表演奖”金奖。

电视片《吾守尔大爷的冰》和《千里进疆采棉记》获第27届中国电视金鹰奖优秀电视纪录片奖，《爱我中华——自治区第三届少儿双语口语大赛颁奖晚会》获优秀电视文艺节目奖。

郤振明创作的《玛纳斯》入选“中华文明历史题材美术创作工程”。

褚晓莉的《琴动帕米尔》入选中国美协主办的“民族百花奖全国美术作品展”并获银奖。

褚晓莉的《薄暮轻岚》在“第三届全国少数民族美术作品展”中获金奖，郤振明的《帕米尔之春》、刘麦收的作品《天山雄姿》获银奖。

戴显祥、苏涛、李尧天、田锡军、岳五海、朱健、李光明等画家的33件作品先后入选由中国美协举办的“重温经典”娄东（太仓）全国中国画作品展、吉祥草原·丹青鹿城——2014年全国中国画作品展、“塞上明珠·美丽宁夏”第八届中国西部大地情中国画、油画作品展等。

童宏琦的中国画《龟兹古道图》在北京高占祥文化艺术基金会和中央数字电视书画频道联合

举办的首届骏马奖大赛中获奖。

作家李娟散文集《阿勒泰的角落》在由羊城晚报社、广州市荔湾区委宣传部共同主办的“2014花地文学榜”中获散文金奖。

在“首届中国西部优秀曲艺作品大赛”上，曲艺作品《欢迎你到新疆来》获三等奖。

李红的报告文学《信仰的力量》，获2014年度中国新闻奖（副刊作品）二等奖。

各文艺家协会

【作家协会】

1月23日，召开主席团会议，批准新入会会员110名，其中维吾尔族会员45名，汉族会员35名，哈萨克族、柯尔克孜族、蒙古族会员30名。

2月14日，分别召开文学翻译分会理事扩大会议和维吾尔族文学评论座谈会。

4月，哈萨克作家网正式开通。

5月25日，与北美洛杉矶华文作家代表团在乌鲁木齐举行座谈会。

5月23日至25日，《新疆柯尔克孜文学》主编多力坤·吐尔迪、副主编加安巴依·阿萨纳勒、办公室主任买买提艾沙参加了在吉尔吉斯斯坦塔拉斯州召开的“当代著名玛纳斯演唱大师居素甫·玛玛依”国际学术研讨会并宣读论文。

5月26日至6月2日，在吉尔吉斯斯坦首都比什凯克举办《新疆柯尔克孜文学30年精品选》（吉尔吉斯文，上下册）发行仪式。吉国有关方面负责人出席此项活动。多力坤·吐尔迪、加安巴依·阿萨纳勒、买买提艾沙参加组织这次首发仪式。吉尔吉斯斯坦国家电视台、广播电台等媒体专门播出《新疆柯尔克孜文学30年精品选》在吉国发行的新闻和专题片。

5月31日，与新疆宜兹高信息科技公司联合举办的首届维吾尔语“宜兹高网络文学颁奖会”在新疆大学学术报告厅举行。在“新疆作家网”上发表的小说、诗歌、报告文学、文学评论、文学翻译等6篇作品获奖。自治区文联主席、作协主席阿扎提·苏里坦和新疆著名维吾尔族诗人、作家、文学翻译家、期刊负责人、媒体共150人参加颁奖会。

5月31日，与新疆大学人文学院联合举办“新时期维吾尔诗歌创作研讨会”，博格达·阿布都拉等20位诗人被命名为“21世纪维吾尔诗坛贡献诗人”称号。

5月，“双翻”工程共征集124部原创作品，其中汉语40部，维语47部、哈柯蒙37部作品，至11月完成复审工作，共计42部进入复审，其中汉语作品10部，维语15部、哈柯蒙17部。翻译类作品共计32部作品完成审读工作。

6月29日，由《西部》主办的“喀拉峻杯·第三届西部文学奖”在伊犁特克斯县举行颁奖仪式，区内外10位作家的作品分获小说奖、诗歌奖、散文奖、评论奖和翻译奖。颁奖活动期间，《西部》杂志社还举办了“2014特克斯笔会”，笔会产生的文学作品编发在《西部》2014年第10期。

8月10日，湖南作协王跃文一行5人来新疆作协进行工作访问。

8月14日，与《曙光》编辑部共同举办哈萨克族作家再努拉·沙尼克作品研讨会。

8月22日，组织哈萨克族作家赴伊犁参加《伊犁河》哈萨克文创刊30周年纪念活动。

8月24日至9月3日，组织部分维吾尔族老作家前往南疆采风，并在阿克苏参加爱国诗人尼米希依提作品研讨会暨诗歌朗诵活动，在库尔勒参加《唱响时代最强音——诗歌朗诵活动暨乌买尔·买买提依明诗歌研讨会》。

9月1日至13日，组织18位哈萨克族、柯尔克孜族作家赴克孜勒苏州一市三县采风，并对文联驻麦盖提县“三民”工作组进行工作访问。

9月9日至19日，上海作协党组书记、副主席汪澜等一行来疆进行工作访问。

10月，在木垒县举办文联原副主席夏木斯·胡玛尔作品研讨会。

10月23日，《文学译丛》杂志社的部分文学翻译家在北京《人民文学》编辑部做客，并与施战军、邱华栋、肖复兴等作家、评论家进行座谈交流。

10月24日至27日，《启明星》编辑部与巴州文联、博湖县政府在博湖县联合举办“2014年度新疆蒙古族中青年作家培训班”，来自全疆各地的40余位诗人、作家参加。

10月底，在布尔津县举办哈萨克族知名诗人马哈孜诞辰90周年纪念活动。

11月2日至8日，《西部》组织部分作家赴塔里木油田进行为期6天的采风活动，深入到沙漠腹地的轮南、塔中、克拉等油田生产作业区，同石油工人进行了多次座谈，向他们赠送了《西部》杂志，并在塔里木油田公司为文学爱好者举办了两场文学讲座。

11月13日，在乌鲁木齐举办新疆当代文学史研讨会。

11月15日至16日，《新疆柯尔克孜文学》举办了2014年度笔会暨第三届“天罡星”文学奖、首届“伊什根”儿童文学奖颁奖仪式，三位作家获得了“天罡星”文学奖，两位诗人获得了首届“伊什根”儿童文学奖。

今年，征集以“中国梦”和反对“三股势力”为主题的文学创作作品214篇；完成少数民族作家重点扶持作品（维、哈、柯）共11部作品推荐工作，中国作协批准通过7部作品； 向中国作协推荐本年度新疆各民族会员20名，中国作协批准通过11名；协助中国作协完成出版中国少数民族发展工程专项扶持作品选集，中国当代文学作品选粹维吾尔族卷5部、哈萨克族卷5部，中国当代少数民族文学翻译作品选粹维吾尔族卷3部、哈萨克族卷1部，新时期中国少数民族文学作品选集维翻汉（维吾尔族卷，上下集）。

千人培训：全年选派40名少数民族作家参加“鲁迅文学院少数民族文学创作培训班”；5月31日至6月30日，组织13名少数民族作家，前往上海文学院参加为期一个月培训；5月至10月，在水西沟镇作家创作中心举办了首届文学翻译理论研讨班、哈族作家培训班，以及伊犁、哈密、喀什地区麦盖提县、吐鲁番地区托克逊县等六期培训班活动；在木垒、奇台、巴州各举办一期作家、翻译家培训班；8月23日至27日，在库尔勒市举办为期5天的翻译家培训班；10月10日至30日，组织26位汉族作家到湖南毛泽东文学院参加培训。全年接受培训的作家、会员近500余人。

【音乐家协会】

元月23日至24日，与自治区文化厅、新疆人民广播电台、新疆电视台联合举办的“德汇之夜——新歌唱新疆·新疆好歌曲2014新春演唱会”在新疆人民会堂开幕，本土知名歌手欢聚一堂，为新疆各族人民奉献民语和汉语两台接地气的喜庆演唱会。

3月2日，与新疆艺术学院音乐系主办的“迎新春儿童音乐会”在新疆艺术学院音乐厅举行。

5月28日，组织数十位艺术家，前往乌鲁木齐市种苗场慰问园林职工和劳动模范，夏米力、巴哈尔古丽、马良玉、查汗、艾热提·艾则孜等著名歌唱家、艺术家演唱了歌曲或杂技。

由音协、音协钢琴学会主办的为期四个月的高雅艺术进校园活动，分别在SOS国际儿童村、乌鲁木齐市第十九中学、新疆师范高等专科学校学前教育学院、昌吉学院、石河子大学、阿克苏地区的艺术院校进行了演出。

8月初，组团赴南非参加中南友好文化年系列活动。

今年，启动了庆祝自治区成立60周年歌曲征集评奖活动暨第三届“新歌唱新疆”歌曲征集评奖活动，征集并选送12首优秀创作歌曲参加“中国梦”全国歌曲评奖活动，并参加“五个一工程奖”，其中歌曲《故乡的伊犁河》获“中国梦”优秀作品奖。

与有关单位及兄弟省（区）联合主办了中国音乐“小金钟奖”新疆赛区钢琴选拔赛，第四届吟飞国际双排键电子琴西北赛区选拔赛，第十届“星海杯”全国钢琴大赛新疆赛区选拔赛，“我是新歌手——最美巴州歌声”歌手大赛，“晚艺杯”新疆少儿才艺大赛等多项赛事。

组团参加了在青岛举办的中国音乐“金钟奖”长笛、单簧管比赛，在宜昌举办的中国音乐“小金钟奖”钢琴比赛，在北京举办的第十届“星海杯”全国钢琴大赛，在西宁举办的第十五届“卡西欧杯”全国青少年电子键盘大赛，在常州举办的第四届吟飞国际双排键电子琴总决赛，共获20余项大奖。

千人培训：全年分别在乌鲁木齐、奎屯、克拉玛依、昌吉、奇台、玛纳斯举办了钢琴、双排键电子琴、音乐赏析等专业门类的八期培训班，来自全疆各地的1800余位老师、学生、音乐爱好者和基层文化带头人参加了培训。

【民间文艺家协会】

3月20日，与新和县政府联合举办为期一年的“寻找新疆乐器王”活动的最后评审及展览，80余件来自全疆十二个地州市八个民族的120余件民族手工制作乐器参加了评比，新和县选送的有近200

年历史的维吾尔族乐器萨塔尔获得了“新疆乐器王”称号。

3月、8月，分别组织中国民协、中国社科院和新疆大学、新疆社科院有关领导和专家到阿勒泰地区福海县、青河县进行实地考察和评审，命名福海县为“中国哈萨克族民间达斯坦之乡”，青河县为“哈萨克族阿肯阿依特斯之乡”。

8月4日，由中国民协在云南宣威举办的山歌展演活动中，昌吉市二六宫乡的回族“花儿”歌手马成获优秀奖。

9月28日，与焉耆县政府联合举办“西部五省区‘花儿’演唱会暨新疆第三届‘花儿’演唱会”，陕甘宁青及新疆各地州的“花儿”歌手参加了演唱。

9月，对列入中国传统村落名录的阿勒泰地区喀纳斯景区禾木喀纳斯蒙古民族乡禾木村、特热克提乡白哈巴村，哈密市回城乡阿勒屯村、五堡镇博斯坦村，鄯善县吐峪沟乡麻扎村等地进行调查，按照有关要求以文字、图片、录像等记录了古村落自然环境、居住环境、历史文化等资料。

9月、11月，分别参加了在南京举办的“中国梦·我心中的梦”全国剪纸艺术名家精品展，在杭州举办的“青山绿水中国梦”全国农民画展，在陕西长安举办的“中国梦·情之乡土”——中国农民画、剪纸艺术大赛，在江西吉安举办的“我们的中国梦”全国农民画展的组织作品创作、组稿等工作。这些作品分别获得2个银奖和1个铜奖，16个优秀奖。

10月中旬，与特克斯县科克铁热克乡柯尔克孜民族乡政府联合举办了“首届新疆特克斯《玛纳斯》国际论坛”。

全年还完成了下列工作：1.《玛纳斯》汉译本第三部的柯汉翻译对照和《玛纳斯》第四部文字加工、审定工作；完成著名玛纳斯奇艾什玛特1961年演唱的《玛纳斯》的汉译本的整理工作。2.筛选、录音听写、编辑《玛纳斯原始记录本》（四卷），筛选、录音听写、编辑居素甫·玛玛依所演唱的16部柯尔克孜民间达斯坦，作为《新疆文库》出版计划送交出版。3.与克州政府联合翻译、校对、审定了《玛纳斯》居素甫·玛玛依第三部《赛台克》。4.编选完成《〈江格尔〉史诗歌手演唱记录本》第三册（包括19位艺人演唱的31章）；编选出版《〈江格尔〉》史诗歌手演唱记录本第一册、第二册；编选出版《卫拉特〈格斯尔〉诗史歌手演唱记录本》；编选完成《巴州江格尔》三册。5.完成维、哈、蒙、柯四民族长诗以及《玛纳斯》、《江格尔》演唱培训项目申报工作。6.编纂完成《哈萨克民间达斯坦》四部，《哈萨克阿肯阿依特斯》两部。7.完成第四届中华（天津）民间艺术精品博览会暨第十二届中国民间文艺山花奖·民间工艺美术作品奖”的组织作品创作工作，其中2位作者获金奖，3位作者荣获银奖，协会获特别奖。

千人培训：6月12日至16日在和静县举办以蒙古族《江格尔》、图兀勒培训班；8月13日至16日在福海县举办第二期哈萨克达斯坦传承与保护专题培训班；9月25日至29日在乌鲁木齐市举办柯尔克孜族《玛纳斯》演唱艺人培训班，并邀请吉尔吉斯斯坦等国外著名《玛纳斯》演唱艺人5名，国内著名《玛纳斯》演唱艺人19名，同台演唱英雄史诗《玛纳斯》，并评选出《玛纳斯》演唱大师。三期培训班共有170多名民间艺人参加培训学习。

【书法家协会】

1月11日，组织书法家慰问援疆干部，书写作品及春联200余幅。

1月20日，组织书法家到武警新疆总队第六支队慰问，为武警官兵书写作品百余幅。

3月26日至28日，根据对已命名的“中国书法之乡”进行复查的要求，组成复查组，对鄯善县“中国书法之乡”近年来的工作、组织建设、场馆设施、书法市场等方面进行检查。

4月10日，在乌鲁木齐举行“第四届中国西部书法展”新疆作者作品点评会，对来自乌鲁木齐、喀什、哈密、吐鲁番、昌吉等地州市30余位作者的书法作品进行评点。

4月21日，前往昌吉市第六小学，就该校申报“中国书法兰亭小学”工作，对该小学书法进课堂、书法教师队伍、书法教学成果及设施建设等进行考察。

6月27日、8月20日、10月13日，与吉林文联、新疆文联、河北文联共同主办的“吉林、新疆、河北三地书法联展”，分别在长春、乌鲁木齐、石家庄三地举办，展出优秀作品210幅 。

8月1日至7日，与新疆军区政治部共同举办的

"墨染边关——王全生书法展"在新疆军区文艺中心展出，共有100余件书法作品展出。

9月14日，组织书法家参加自治区文联开展的"送欢乐、下基层"走进焉耆活动，并与当地书法爱好者座谈、交流、笔会。

10月12日，组织书法家前往兵团监狱管理局西山监狱开展传统文化进警营慰问活动，创作书画作品百余幅。

11月28日，在乌鲁木齐召开"第29届新疆维吾尔书法理论研讨会"。

12月2日、3日，"到人民中去——新疆书法志愿者深入基层服务基层采风活动"，先后到吐鲁番市、鄯善县、吐哈油田、托克逊县，为基层群众书写作品近600幅。

千人培训：7月22日至25日，精河书法培训班在县美术馆举行，来自精河县、博乐市的50名书法爱好者参加，同时举办新疆第十五届临书临印精河巡展；7月24日至27日，在麦盖提县举行维吾尔文书法培训班，来自该县的21名维吾尔文书法爱好者参加，期间还举办了维吾尔文书法展。

【戏剧家协会】

组织乌鲁木齐市秦剧团的《军医庄仕华》参加"第七届西北五省区秦腔艺术节"演出。

5月，在全疆开始征集由新疆剧协和兵团剧协主办的"少数民族儿童舞台剧剧本"活动。

组织新疆师范大学、新疆艺术学院、石河子大学等院校共10部戏剧作品代表新疆参加"第四届中国校园戏剧节"，其中新疆艺术学院的《老院子的新日子》获"短剧专业组"优秀剧目奖，主要演员祖米娜获校园之星奖。

3月、7月，全疆"戏剧朗诵语言艺术"考级工作分别在乌鲁木齐、昌吉、石河子、塔城等地展开。

为健全团体会员单位的资料，收集整理了新疆艺术剧院、新疆艺术剧院话剧团、乌市京剧团、乌市秦剧团、伊犁州话剧团、乌市艺术剧院、新疆曲子剧团、石河子豫剧团等相关团体建团至今的资料。

千人培训：7月，由协会组织的首届曲艺艺术培训班在乌市举办，历时12天；8月20至27日，分别在乌苏市及伊宁市举办了下基层戏剧培训班，参加培训各民族学员170人。

【美术家协会】

按照中国美术家协会第十二届全国美展的安排，征集了 162件作品参加评选。自治区共入选第十二届全国美展作品50件，其中国画8件，油画20件，版画3件，雕塑2件，水彩·粉画2件，壁画4件，陶艺1件，综合画种·动漫5件，漆画1件，艺术设计4件。程林新的油画《莆田初实》、卓然木·牙森的《萨塔尔》获优秀奖。

4月20日至27日，在乌鲁木齐市美术馆举办了"中国梦·新疆迎春美术作品展"，共展出作品124件，包括国画、油画、水彩·粉画、版画和其他美术作品。

4月25日，在新疆师范大学美术学院会议室组织召开"新疆中国画创作研讨会"，有40余位国画家参加了研讨会，

8月4日至12日，在乌鲁木齐军垦美术馆举办了"新疆·山东美术作品交流展"，共展出作品55件，其中我区美术家作品25件，山东美术家作品30件，来自山东的22位画家和我区画家暨美术爱好者110余人参加了开幕式。展览期间，两地33位画家还先后赴赛里木湖、果子沟、那拉提、昭苏、库尔德宁和巴音布鲁克等地写生；期间还深入到伊犁分区边防部队慰问，举办拥军笔会，为部队官兵创作作品百余幅。

9月24日至29日，应澳大利亚大洋洲文联的邀请，和新疆摄协在澳大利亚墨尔本市举办了"新疆风情美术摄影作品展"，展出中国画作品45件。

9月、10月，在乌鲁木齐市新疆军垦美术馆分别举办老画家饶书贵和谢凯的作品回顾展，展出作品60件。

11月28日，组织28位画家到水西沟镇和水西沟中学开展"到人民中去——文艺志愿者服务基层活动"，为学校和学生赠送了价值近2万元的图书和画册，并当场为学生示范写生创作，辅导作品，传授经验，还创作了近百件书画作品捐赠送给镇政府和学校。

9月12日至22日，在库尔勒市巴州美术馆举办了"水彩——2014新疆当代水彩画提名作品展"，展出作品80件。展览期间，组织近30名画家赴巴州的胡杨林、塔里木河、塔克拉玛干沙漠等地写生。

10月16日，在乌鲁木齐亚欧美术馆举办了福建新疆两地的书画交流展，展出作品172件，其

中福建作品90件，新疆作品82件，还编辑出版了“丝路话语”第二届闽疆文化交流书画作品集。

10月12日至17日，协助中央文史馆和新疆文史馆在乌鲁木齐亚欧博览中心组织了“丝绸之路文化行”走进新疆书画作品展，参展作品197件，我区23名国画家的45件作品参加了本次展览，展出的作品收入《逐梦天山——丝绸之路文化行·走进新疆书画联展作品集》。

10月11日，协助独山子油画家付剑峰在北京中国文联美术馆举办油画作品展。

10月23日在新疆奥生文化村组织了“2014新疆版画论坛”，30余位知名艺术家参加了论坛。

千人培训：9月，在巴州举办水彩画展览期间，美协副主席许英武代表美协在巴州组织了“千人培训”美术大讲堂活动，7名画家现场示范，与巴州的美术家和艺术家爱好者互动和交流。

美协各艺委会主要活动：

中国画艺委会：4月25日，在新疆师范大学美术学院组织召开“新疆中国画创作研讨会”，有40余位国画家参加了研讨会。

版画艺委会：9月6日，在克拉玛依市举办“新疆第五届版画作品展”，展出作品85件；随即又在乌鲁木齐七坊街当代美术馆展出，在乌鲁木齐展览期间还组织版画家围绕转变观念、相互交流、推出新人等方面进行了深入的研讨。

油画艺委会：9月，主办了王国德油画展；11月，主办了买修尔·买买提油画展；

版画艺委会：组织了“新疆第五届版画作品展”，召开了“新疆第五届版画作品展”研讨会；11月22日，主办了“崔清风版画作品展”。

雕塑艺委会：6月9日，与乌鲁木齐市雕塑管理办举办了“第九届丝绸之路市长论坛纪念雕塑征集活动”，从300多件作品中评选出3件入围作品。

水彩画艺委会：3月，在乌鲁木齐举办了葛文江水彩画作品展；6月7日，在军垦美术馆举办了美籍华人李双作品展，并召开学术研讨会；9月12日，在巴州美术馆承办了“水彩巴州——2014新疆当代水彩画提名作品展”；9月25日，在乌鲁木齐举办了“行走的风景”苏生疆水彩粉画作品展；9月19日—10月19日在军垦美术馆分别举办了饶书贵、谢凯水彩画作品展。

漫画艺委会：1月，选送的王献忠漫画作品《不堪一击》获第十届全国法制漫画动画微电影作品征集活动三等奖；2月，王献忠的《啄出一个败家子》，周艺、苏炯发合作的作品《秀一时惊艳不如留永久荫凉》，王昕的作品《拔出了萝卜带出了泥》等3幅漫画作品获全国“廉政漫画征集活动”入围奖；6月，在第二十四届新疆新闻奖新闻漫画作品评选中，李渭滨、王献忠、蒋跃新、苏炯发周艺（合作）的作品获一等奖，唐少仪、黄永中、罗孝奎、张晓勤、王艺阳等合作的作品获二等奖，李宝玉、张洁燕等合作的作品获三等奖。

【摄影家协会】

1月20日，在武警六支队举办了“我的中国梦”文化进警营活动，免费为武警六支队打印装裱，赠送200余幅摄影作品。

3月5日，摄协副主席晏先前往麦盖提县全程拍摄自治区文联“三民”工作组工作生活情况。还委派当地的摄影家，对“三民”工作组的工作、生活、学习情况进行跟踪拍摄，拟定三年后在全区举办主题摄影展。

4月27日至5月25日，李学亮、普拉提、孙国福全程参加了由自治区党委宣传部组织的“塔克拉玛干的集体婚礼”活动，为近300对新人拍摄了婚纱照，打印制作装裱，并免费赠送。

9月25日至29日，为了更好地宣传新疆，让新疆走出国门，走向世界，赴澳大利亚举办“新疆风情摄影展”。

10月19日，与中华文化发展促进会、中华艺术摄影家学会、台湾摄影学会联合主办的“西部明珠·大美新疆”摄影展在台北开展。

11月21日至29日，举办新疆第十八届摄影艺术作品展。

12月3日、4日、12日分别到新疆退役军官教训基地和米东区古牧地敬老院、乌鲁木齐沙区十月社区开展文艺志愿者服务活动（摄影讲座和慰问活动）。

千人培训：6月、7月，分别在吐鲁番、伊犁举办了“文化惠民、千人培训”摄影讲座，培训摄影爱好者378人。

【舞蹈家协会】

7月，由协会推荐参加浙江卫视《中国好舞蹈》大赛的新疆艺术学院舞蹈系青年教师古丽米娜夺得总冠军，并被评为“本年度最受欢迎舞者”。

9月，参加自治区文联“送欢乐下基层”文化惠民演出队，组织数十位全疆知名艺术家为主体的慰问团队前往焉耆县演出。

12月4日，与新疆杂协、新疆剧协组成志愿服务队前往吉木萨尔县开展活动。

千人培训：7月9日至22日，在乌鲁木齐市举办中国舞蹈家协会“百姓健康舞”培训班，共有21名学员参加培训，其中16人获得辅导员资格。此次培训教材是在中国舞协组织编创的基础上，新疆舞协又注入了具有新疆特色和时代精神的十三个少数民族的舞蹈元素，并由新疆舞协的编委老师亲自授课。8月3日至10日，与中国舞协共同举办了首期“中国舞”舞蹈教师资格培训班，培训业余教师15人。

【电影家协会】

8月11日至15日，赴塔城举办“百花放映·情系塔城”系列电影惠民活动，在塔城市周边的十个村镇放映《建国伟业》、《焦裕禄》、《美丽家园》等爱国题材、民族团结题材的优秀影片10场，观众上千人。

2月，在巴里坤参加中央电视台数字电影《风雪大营救》的拍摄工作；5月，在宁夏参加中央电视台数字电影《夺命童谣》的拍摄工作；7月，完成煤矿事故纪录片的拍摄工作；完成“唱响时代最强音——诗歌全疆行”活动的全程拍摄工作。

千人培训：8月11日至12日，在塔城市举办基层电影文化工作者培训班，共有40余人参加。

【杂技家协会】

1月25日至28日，参加赴喀什地区的“送欢乐下基层”活动，分别在英吉沙县萨罕乡、城镇、乌哈乡及解放军生产连慰问演出。

10月13日至16日，参加中国第六届魔术文化节全国魔术比赛中获铜奖，协会获组织奖。

10月25日至27日，参加赴喀什地区“送欢乐下基层”演出，以配合自治区开展的“去极端化”活动，分别在麦盖提刀郎演艺剧院、刀郎文化广场、巴扎结米乡举办了惠民演出；在莎车县艾力西湖镇慰问演出。

千人培训计划：1元月25日至28日分别在英吉沙县达瓦孜学校、喀什市杂技团进行培训活动；5月11日至16日，在新疆天山杂技团成立之际，组织新疆杂技团著名演员前往培训辅导，并和专业演员联合演出；10月1日至7日，在五家渠举办了为期7天的培训及演出；10月27日至28日，在喀什地区举办了培训活动。

【电视家协会】

9月，与自治区文联、自治区新闻出版广播电影电视局影视处共同举办“新疆题材影视剧创作研讨会”，邀请疆内影视方面的专家就新疆本土文化的影视创作提出意见和建议。

及时组织报送第27届中国电视金鹰奖参赛作品。我区两部作品《爱我中华自治区第三届少儿双语口语大赛颁奖晚会》、《吾守尔大爷的冰》获第27届中国电视金鹰奖优秀电视文艺节目和优秀电视纪录片奖。

组织“第二届亚洲微电影金海棠奖”参赛作品。《哈拉不拉的记忆》荣获优秀创意微电影奖和优秀作品奖两个奖项。

组织推荐第六届新农村电视艺术节、第七届旅游电视周、第四届北京国际电影节纪录片推优活动等作品参赛。

新疆生产建设兵团文联

综　述

2014年，正值兵团成立60周年，大事多、要事多、喜事多，组织的重大文艺活动多。兵团文联认真学习习总书记在文艺工作座谈会上的重要讲话精神，在兵团党委的领导下，紧紧围绕中心工作，围绕兵团成立60周年、谱写“我们的中国梦·兵团篇章”的重大主题，精心组织，扎实工作，较好完成了文艺创作和大型文艺活动各项任务，振奋了精神，凝聚了力量，形成鼓励和引导文艺创作、文艺为基层群众服务的良好氛围，努力为兵团建设大熔炉和示范区做出贡献。

重要会议与活动

【兵团文联召开四届七次全委会】

2月27日，兵团文联在乌鲁木齐市徕远宾馆召开四届七次全委会议。兵团党委常委、副司令员、宣传部部长成家竹出席会议并讲话。兵团党委宣传部副部长、文联党组书记麻霞代表主席团作了题为《立足屯垦戍边事业，大力推进兵团文艺繁荣发展》的工作报告，总结了兵团文联2013年工作，安排2014年工作任务。兵团文联党组副书记、主席李光武主持会议并传达中国文联九届六次全委会精神。秦安江传达了中国作协八届四次全委会精神。会议增补、替补了兵团文联委员。

兵团各师文联，石河子大学、塔里木大学文联，兵团公安局、兵团法院、兵团检察官文联，兵团各文艺家协会负责人参加了会议。

【兵团文联召开四届八次全委会议】

6月23日，兵团文联四届八次全委会在乌鲁木齐徕远宾馆召开，兵团党委、兵团副秘书长赵广勇、兵团党委宣传部副部长、文联党组书记麻霞、兵团文联党组副书记、主席李光武、兵团文联党组成员、副主席秦安江、兵团文联党组成员、主席助理麻振山、兵团党委组织部援疆工作处处长吕双旗出席会议。

麻霞作了题为《围绕中心，服务大局，发挥文艺传播中华文化的作用》的工作报告，通报了兵团文联上半年工作情况，安排布置了下半年工作任务。李光武主持会议并作会议总结。会议增补了兵团文联四届委员，选举麻振山为兵团文联副主席。

【兵团文联召开文艺家座谈会】

10月17日，兵团文联召开文艺家座谈会，认真学习习近平总书记10月15日在北京主持召开的文艺工作座谈会上的重要讲话精神并进行了座谈。兵团文联主席李光武、副主席苗宏、各协会负责人及文艺家代表参加了会议。各文艺家代表在发言上谈到，总书记的讲话与延安文艺座谈会的讲话精神是一致的，是一脉相承的，对兵团的文艺工作者很有启发，为广大的文艺工作者指出了文艺创作的方向。李光武在总结中指出，学习贯彻习总书记重要讲话是各级文联当前首要的政治任务，要迅速掀起学习热潮。兵团广大文艺工作者和各级文联要进一步增强对兵团体制、兵团文化和兵团文艺队伍的自信，要站在国家战略的高度讲好兵团故事，弘扬中华优秀文化。

【兵团召开文化工作座谈会】

12月29日，兵团文化系统召开座谈会，进一步学习贯彻习近平总书记在文艺工作座谈会上重要讲话精神。兵团副司令员、兵团党委宣传部部长成家竹出席会议并讲话。

成家竹指出，深入学习贯彻习近平总书记重要讲话精神，是兵团推进文化事业发展、做好新时期文艺工作的重要纲领。他要求，兵团文化系统要坚持以人民为中心的创作导向，为屯垦戍边事业讴歌；大力实施兵团文艺精品工程，加强文艺阵地和平台建设，实施文艺队伍建设工程；加强文艺工作机制建设，保护文艺工作者的创作积极性；加强文联系统自身建设，为文艺工作者搭建好阵地平台；加强各级党政对文学艺术工作的领导，不断推动文艺创新，繁荣兵团文艺事业。

兵团党委宣传部副部长、兵团文联书记麻霞及文化系统代表20人参加了座谈会。

【“送欢乐·下基层”——中国文联文艺志愿服务团赴兵团慰问演出】

7月17日至20日，中国文联党组成员、副主席李前光率领70多名艺术家组成的文艺志愿服务团赴兵团和新疆伊犁哈萨克自治州新源县开展“送欢乐下基层”文艺志愿服务活动。在六师五家渠和新源县、兵团第四师72团、伊力特酒厂举行了大型慰问演出。廖恳、邵志军、黄永军、胡中平、麻霞、李光武、麻振山等有关方面负责人参加了此次活动。此次活动由中国文联、新疆维吾尔自治区党委宣传部、兵团党委宣传部主办，中国文艺志愿者协会、中国文联文艺志愿服务中心、中国剧协、新疆维吾尔自治区文联、兵团文联承办。

艺术家们通过书画交流笔会、慰问演出等形式，与兵团广大职工群众欢庆兵团成立60周年。刘兰芳、刘斌、徐涛、吴兢、杨帆、美声四季组合、王红丽、惠敏丽、王琴、迪丽娜尔、斯琴格日乐、哈孜肯、茸芭莘那、阿斯根等艺术家，带来了评书《康熙买马》、诗朗诵《相信未来》、手风琴独奏《中国风》、杂技《手技》以及歌曲《咱当兵的人》、《燕子》、《心愿》、《唱支山歌给你听》、《美丽的草原我的家》等精彩节目。

在书画交流笔会上，毛水仙、杜希贤、徐利明、乔平、邵志军、柴京津、马奔等书画家现场挥毫创作多幅书画作品。

文艺志愿服务团小分队还参观考察了伊力特酒厂陈列馆，在生产车间举行了小型慰问演出。在72团红军团老革命遗孀福利院，艺术家与生活在那里的老人互动表演，现场气氛热烈感人。摄影家刘英毅、魏勇向老人们赠送了自己拍摄的摄影作品。

【中国文艺志愿者服务小分队赴兵团开展“深入生活，扎根人民”主题实践活动】

12月5日“国际志愿日”前夕，由10多名艺术家组成的中国文艺志愿者服务小分队，积极响应“深入生活、扎根人民”主题实践活动要求，奔赴西北边陲城市塔城、奎屯，利用一周时间在新疆兵团第九师团结农场、七师130团、边陲哨所开展采风志愿服务活动。队员们冒着严寒，在风雪交加的路上，两次往返飞行6000多公里，一路乘汽车坐火车，到一地，艺术家们一边展示艺术一边辅导服务，一边叙谈交流一边书写感悟。团场的文艺骨干也准备了自己的拿手节目，与文艺志愿者同台献艺一展风采，交流互动相得益彰。丁晓红、曲蕾、迪丽娜尔等艺术家的表演引来了阵阵掌声和欢呼声。短短5天，惠民服务近30个小时，为屯垦戍边的千余名团场职工送去了一片情谊，带来了一丝温暖，文艺志愿者在无私奉献中提升了境界，群众在期盼满足中享受了快乐。这次采风服务是一项文艺接地气、群众受欢迎的志愿服务活动，艺术家们克服重重困难，因陋就简自己解决住处，不给基层添麻烦，弘扬了主旋律，传播了正能量，丰富了兵团人的文化生活，极大地鼓舞了兵团发挥稳定器、大熔炉、示范区的作用，使大家更好地履行屯垦戍边使命。兵团文联副主席苗宏参加了活动并全程陪同。

【中国美术家协会专家组到兵团指导美展工作】

6月11日，中国美协副主席杨晓阳率中国美术家协会专家组一行到兵团指导“第八届全国美展”作品创作，并与兵团美术骨干举行了作品观摩会。兵团文联主席李光武出席了观摩会活动。

【举办第三届少儿声乐器乐主持大赛】

7月23日至25日，兵团第三届少儿声乐、器乐、主持大赛在兵团文化中心（和平都会）举办。本届大赛由兵团音乐家协会和兵团群艺馆共同主办。来自乌鲁木齐、石河子、奎屯、昌吉、五家渠等地市的200多名小选手参加比赛。本届大赛共设钢琴、电子琴、手风琴、二胡、扬琴、古筝、葫芦丝、小提琴、萨克斯、长笛、单簧管、演唱、主持等14个项目，参赛选手按年龄划分进行分组比赛。

为确保本届大赛圆满成功，兵团音乐家协会和兵团群艺馆领导高度重视，从年初就开始筹划、宣传，并协调兵团群艺馆各部室做好比赛的组织、安保、后勤服务等各项工作。从报名、赛程设计到比赛各环节的工作程序都进行了精心的准备。比赛过程中，赛场内气氛紧张热烈，每一位小选手都全心投入，充分展示自己的才艺。赛场外秩序井然有序，工作人员克服酷暑高温，尽职尽责保证比赛顺利进行。

兵团少儿声乐、器乐、主持大赛两年一届，是兵团级赛事活动之一。以宣传弘扬兵团精神，推动兵团群众艺术繁荣为目的，全面提高青少年的艺术素养，促进青少年全面发展为己任，为广大文艺爱好者提供展示才华、学习、交流的舞台。大赛以专业性与群众性相结合为办赛理念，为少年儿童搭建了一个良好的艺术交流展示平台，激发了孩子们的艺术学习热情，促进了群众文化事业的发展。

【成立兵团诗歌朗诵艺术学会】

8月6日，兵团诗歌朗诵艺术学会正式成立，熊干辉当选为学会主席。兵团文联主席李光武出席成立大会并讲话，要求兵团诗歌朗诵艺术学会要充分发挥朗诵艺术表演者和爱好者之家的桥梁、纽带和窗口作用，组织开展以朗诵为主要内容的语言艺术培训推广活动，大力推进朗诵题材、主题、形式的艺术创新，培养兵团朗诵演讲和播音主持人才。学会成立后，将立足兵团，面向新疆和全国，充分利用现代传媒形式，紧扣兵团精神，弘扬朗诵艺术，积极展示兵团当代文化创作和朗诵艺术风貌，传播先进文化，唱响兵团精神，努力打造具有兵团特色的文化艺术产品。

【举办庆祝兵团成立60周年少儿二胡大奖赛】

8月13日至14日，由兵团文联主办，兵团音乐家协会、新疆二胡协会承办的“庆祝兵团成立60周年二胡大奖赛”在乌鲁木齐和平都会举办。共有500多名选手参加选拔，最终98名选手入围决赛。经过三天紧张激烈的角逐，58名选手分别获得儿童组、少儿组和少年组一、二、三等奖。此次大赛，是为迎接兵团成立60周年，繁荣发展民族音乐事业，进一步推动兵团基层文化事业的发展，发现人才，培养人才，激发广大青少年学习民族音乐的热情而举办。李光武出席并颁奖。

【举办“辉煌六十年——庆祝新疆生产建设兵团成立六十周年美术书法展和兵团第十三届摄影艺术展”】

9月29日至10月14日，由兵团党委宣传部、兵团文联主办，兵团美术家协会、兵团书法家协会、兵团摄影家协会承办的“辉煌六十年—庆祝新疆生产建设兵团成立六十周年美术书法展和兵团第十三届摄影艺术展”在乌鲁木齐美术馆举行。从兵团重大历史题材美术创作工程作品、全国著名书法家和著名摄影家在兵团采风创作的作品以及兵团作者的作品中选出的270幅优秀作品，艺术地展示了兵团60年的发展和成就。兵团党委党委、副司令员、宣传部部长成家竹，兵团党委常委、副政委徐伟华等兵团领导和兵团党委宣传部、兵团文联等部门领导和5000多名观众参观了展览。展出作品结集出版了画册，使优秀的文艺成果与广大职工群众共享。

【“前辈的足迹”—军垦油画作品展在乌鲁木齐展出】

11月6日，由兵团文化中心，兵团第七师党委宣传部、文联等单位共同主办的“前辈的足迹”—军垦油画展在乌鲁木齐兵团文化活动中心展出，兵团党委常委、副司令员、宣传部部长成家竹及兵团党委宣传部副部长、文联党组书记麻霞观看了展览。此次展览共展出军垦题材油画作品三十余幅，均来自七师文联组织创作团队近年完成的作品。作品描绘了前辈的创业史，再现了父辈的形象，不仅反映了老一代军垦人舍生忘死、艰苦创业、乐观豁达的兵团精神，也给观者带来了丰富的视觉、心理体验。这些艺术作品，追求和彰显着理想之美、信仰之美和崇高之美。

【开展“兵团60年歌曲征集”活动】

兵团文联组织开展“兵团60年歌曲征集”活动，得到了兵团音乐家协会和各级文联的积极响应和全力配合，使征集歌曲的过程，成为传唱兵团优秀歌曲、传播中华文化和兵团精神的过程。评选出的优秀歌曲结集出版了《兵团赞歌》歌曲集。

【杂技剧《在那遥远的地方》举行专场演出】

11月26日，由兵团杂技团创作的大型情景杂技剧《在那遥远的地方》在乌鲁木齐举行专场演出。兵团副司令员、宣传部部长成家竹观看了演出。参加兵团第八届文艺汇演颁奖晚会的各师演职人员，兵团机关和直属事业单位的干部职工上千人观看了演出。

全剧以《青梅》《印象》《胡杨》《冰雪》《婚礼》为题，分为5幕，讲述了一对来自江南的青年，为理想和爱情志愿建设新疆、保卫新疆的动人故事。通过丰富多彩的杂技语言，艺术地再现了兵团人肩负神圣使命，建设边疆、保卫边疆的情景；表达了兵团人对党、对祖国、对人民的赤胆忠心。同时，呈现出了新疆独特美丽的西域风情，展示了集红色文化、中原文化、边疆文化于一体的兵团文化的大美境界。

该剧将《天山来客——女子造型》《胡杨魂——男子倒立技巧》《军礼——集体技巧》《对话——击球》等一个个获得过国际国内大奖的杂技节目有机组合，并与故事情节相结合，是兵团杂技团用传统杂技艺术表现宏大主题的一次成功探索。

【召开民情日记《皮恰克松地》作品研讨会】

11月11日上午，由兵团文联主办的《皮恰克松地》作品研讨会在乌鲁木齐徕远宾馆召开。兵团文联主席李光武、副主席秦安江、苗宏，兵团文联机关、文艺创作组、绿洲杂志社相关人员，新疆美术摄影出版社新疆日报、新疆经济报、兵团日报、兵团广播电视台、当代兵团杂志社、天山网、胡杨网乌鲁木齐晚报记者参加了座谈会。

兵团绿洲杂志社副主编郁笛作为“访民情惠民生聚民心”工作组成员，进驻五十三团工作一年，利用业余时间创作完成了民情日记《皮恰克松地》。皮恰克松地，是兵团三师五十三团的地名，维吾尔语意为“刀把子断的地方”。《皮恰克松地》的出版，既是兵团文联“访惠聚”工作的一项重要内容，又是对基层职工群众生产、生活、民情、民风、民俗的真实反映。

【获中宣部“五个一工程”奖歌曲《屯垦爹娘》作品研讨会】

12月23日，兵团文联创研部和兵团音乐家协会在徕远宾馆共同举办《屯垦爹娘》作品研讨会，兵团文联副主席苗宏及新疆自治区、兵团音乐界专家出席研讨会，新疆日报、新疆经济报、兵团日报、兵团电视台、兵团胡杨网等媒体均进行了报道。

《屯垦爹娘》由八师、石河子市党委宣传部干部郭黎作词，石河子市文化馆干部杨松健作曲，新疆天业集团歌手陈光演唱，荣获中宣部第十三届精神文明建设歌曲类“五个一工程”奖，是兵团报送的歌曲中唯一获此殊荣的作品。

《屯垦爹娘》旋律优美，充满了对老一辈兵团人的深情厚意，表达了几代兵团人屯垦戍边、报效祖国、无私奉献的心声。弘扬了主旋律，传播了正能量。

【兵团第一届“绿洲文艺奖”举行颁奖仪式】

12月29日，“为兵团放歌”——兵团第一届“绿洲文艺奖”颁奖仪式在乌鲁木齐和平都会举行。兵团副司令员、兵团党委宣传部部长成家竹出席颁奖活动并为获奖作者颁发奖杯。

“绿洲文艺奖”是兵团文艺界的最高奖项，每三年评选一次，以兵团名义进行表彰奖励。4月初，由兵团党委宣传部、文化广播电视局、文联组织实施，开展了首届兵团“绿洲文艺奖”评选活动。“绿洲文艺奖”评选工作分初评、复评、终评三个步骤。作品申报和初评工作由各师（院校）党委宣传部、文联共同组织专家完成。初评完成后，专家组对初评后的作品进行复评。复评后，兵团“绿洲文艺奖”评选工作领导小组进行终评。

评奖活动历时半年多，评出作品奖34部，特别贡献奖6名，突出贡献奖7名，贡献奖16名，荣誉奖7部。

贺敬之、田歌、艾青、陆天明、许特生、黄戈捷、孟丁山、丰收、韩天航等自兵团成立以来在各个时期对兵团文艺事业的发展作出突出贡献、其作品在全国产生一定影响的文艺家们分别获得了“绿洲文艺奖”贡献奖。小说《牧歌》、《掌心有痣》、《我们的秘密》、话剧《兵团记忆》、歌曲《戈壁母亲》等34部近期思想性、艺术性、可观赏性高度统一、在全国、自治区产生重大影响的作品被评为“绿洲文艺奖”作品奖。

颁奖仪式上，舞蹈《永恒的守候》、歌曲《兵团是我家》等获奖节目和其他各具特色的文艺节目，展现了兵团精神，讴歌了当代兵团人用热血和生命铸就西部边疆繁荣富强的壮志豪情。

文艺创作情况

【完成兵团民间文学三套集成编撰工作】

由中国民间文艺家协会、兵团文联主办，兵团民间文艺家协会、石河子大学文联承办，作为迎接兵团成立60 周年的兵团民间文学重要项目——《中国民间故事、歌谣、谚语集成·新疆生产建设兵团卷》（以下简称《兵团卷》），已纳入中国民间文化遗产抢救工程系列成果之一。《兵团卷》历时三年的收集、整理、编写，目前，编纂工作已经完成。

兵团在60年的发展历程中，各族军垦儿女不仅创造了大量的物质财富，也创造出丰富的具有军垦特色的精神财富，其中民间文学就是其中一朵奇葩。她是几代军垦战士和职工群众集体创作、口耳相传的屯垦文艺资源库。她记录着兵团人屯垦戍边、艰苦创业、生生不息、无私奉献的亦军亦农的生活场景、工作经验和情感追求，饱含着"热爱祖国、无私奉献、艰苦奋斗、开拓进取"的兵团精神，是兵团人发挥"建设大军、中流砥柱、铜墙铁壁"三大作用的核心动力之一，也必将成为兵团人把兵团建设成为"安边固疆的稳定器"、"凝聚各族群众的大熔炉"。

兵团民间文艺家协会成立之初，就将编纂、出版兵团民间文学三套集成工作纳入协会议事日程。兵团文联、民协多次酝酿、研讨，一致认为在 1992-1993年已出版的和内部刊行的兵团各师民间文学分卷本的基础上，再查遗补缺，编纂、出版《中国民间故事集成·兵团卷》、《中国歌谣集成·兵团卷》、《中国谚语集成·兵团卷》。兵团民间文艺家协会主席薛洁担任《兵团卷》主编。

【一批文艺作品入选全国展览、展演并获奖】

一年来，兵团文艺家创作了一大批反映兵团题材的文艺作品，入选全国展览、展演并获奖。一些文学作品在内地刊物发表。

纪实文学《西长城—新疆兵团一甲子》出版发行，中宣部文艺局、中国作协、作家出版社在北京召开了作品研讨会。歌曲《屯垦爹娘》、舞剧《戈壁青春》、杂技剧《在那遥远的地方》、杂技《生命之旅》、豫剧《天山人家》等一批优秀作品与读者和观众见面，分别获中宣部"五个一工程"奖、文化部艺术节优秀剧目和表演奖、国际杂技比赛金奖；有17部作品获兵团"五个一工程"奖。兵团文联"访惠聚"工作组成员创作的散文集《皮恰克松地》，以维汉两种文字出版，满足少数民族读者的需求。一师阿拉尔市拍摄的电影《阿拉尔·我和你》在央视播出。八师石河子市文联出版了诗歌、美术书法、摄影作品集。七师军垦题材《前辈的足迹》油画系列作品在兵团文化中心展出。三师图木舒克市作协会员的作品在国家级文艺期刊发表，两篇小说收入中国作家出版社出版的作品集。四师作协会员的诗歌散文收入《中国年度优秀诗歌散文2013卷》。五师双河市文联协会会员的300多篇小说、散文、诗歌和书画作品在省级刊物发表。九师民协会员的烙画获"第十二届中国民间文艺山花奖"展演展示博览会荣誉金奖。十三师作协会员的散文在国家级期刊《散文》（海外版）发表，书协会员作品入选"丝绸之路"全国书法作品展。石河子大学美协会员的作品参加全军美展。兵团文联3位会员的美术、书法、摄影作品入选全国文联系统美术、书法、摄影展，其中美术作品获优秀奖。一批基层文艺骨干创作的优秀作品，在兵团第八届文艺汇演中得到展示。

【兵团第一届"绿洲文艺奖"获奖作品和人员名单】

作品奖（34件）

（一）文学类

1. 小说

（1）《牧歌》第七师文联 韩天航

（2）《掌心有痣》兵团《绿洲》杂志社 张小痣

（3）《黑碱白碱》第十师一八二团 崔胜利

（4）《我们的秘密》兵团《绿洲》杂志社 刘永涛

2. 诗歌

（1）《新疆诗稿》兵团《绿洲》杂志 郁笛

（2）《山高海阔》第十二师文联 田丁

（3）《草木边关》第八师石河子市文联 刘涛

3. 散文

（1）《遥远的老房子》第七师公安局 张新军

（2）《西域屯垦辞》兵团《绿洲》杂志 虞翔鸣

（3）《天益散文》兵团党委组织部 赵天益

4. 文艺评论

(1)《北国诗品》第八师石河子市文联 彭惊宇

(2)《七封信背后的人生》（一组）兵团《绿洲》杂志 王晖

5. 文学翻译

(1)《博坎传奇》兵团歌舞剧团 姚承勋

(2)《新疆维吾尔文短篇小说选译》兵团党委统战部 苏永成

（二）电视剧类

《化剑》兵团、上海海润文化公司

（三）媒体文艺类

1. 电视文艺晚会《"豫疆情"〈梨园春〉走进新疆哈密走进兵团十三师》第十三师党委宣传部、

广播电视台

2．电视文艺晚会《兵团人不会忘记》 兵团广播电视台

（四）戏剧类

话剧《兵团记忆》第八师石河子市歌舞话剧团

（五）曲艺类

小品《豫疆情》第十三师广播电视台

（六）音乐类

1．乐曲《舞风》（单曲独奏谱） 兵团杂技团吴军、新疆军区文工团 姜一民

2．歌曲《戈壁母亲》 词作者 兵团歌舞剧团姚承勋、曲作者 兵团武警指挥部文工团 石明

3．歌曲《兵团是我家》作词、作曲并演唱 兵团歌舞剧团 艾尼瓦尔江·艾黎根

（七）舞蹈类

舞蹈《永恒的守候》编舞、导演 兵团歌舞剧团 蒋玫

（八）杂技类

1. 节目《绳技》兵团杂技团

2. 杂技剧《在那遥远的地方》兵团杂技团

（九）美术类

1. 版画《红蜻蜓》第八师石河子市画院尤山

2. 版画《律动的青春》石河子大学李军

3. 水彩画《塔吉克葬礼上的女人们》 石河子师范学校 刘锐

（十）摄影类

1.《帕米尔叼羊图》（组照）兵团 宋志国

2.《永恒的事业》 第十三师黄田农场 魏聚山

3.《记忆》（组照） 第七师文联 耿新豫

（十一）书法类

1. 篆书中堂 第八师石河子市文联 孙峰

2. 篆刻 第四师 孙朝军

（十二）民间文艺类

剪纸《兵团女兵》石河子大学 李永梅

特别贡献奖(6名)

田歌，著名作曲家;郭小川，当代杰出诗人、作家;贺敬之，著名诗人、剧作家;袁鹰，著名作家;张加毅，著名音乐家、作家；马寒冰，著名作家。

突出贡献奖(7名)

艾青，著名诗人;邓普，著名作家;杨牧，著名作家;李幼容，著名诗人，词作家;王玉胡，著名作家;陆天明，著名作家;王刚，著名作家。

贡献奖(16名)

许特生，作家;黄戈捷，画家;安静，已故,作家;孟丁山，作家;丰收，作家;董振堂，已故,美术家;赵彦良，书法家;韩天航，作家;姚承勋，作家,戏剧家;朱定，作家;杨树，作家;雷霆，作家、音乐家;邸德民，戏剧家;韩坤仪，戏剧家;周群英，杂技艺术家;周丽英，已故,杂技艺术家。

荣誉奖(7项)

舞蹈作品：《夕阳乐舞人》、《馕儿香香》。

戏剧作品：现代豫剧《天山人家》。

民间文艺作品：摄影散文纪录片《天边部落》、烙画《军垦情系列》。

杂技作品：《天山物语—女子造型》。

电视作品：电视片《千古之策》。

文联机关建设

【加强班子和党员干部的理论学习和思想教育】

兵团文联认真落实党组中心组学习制度，领导干部带头学习，采用专题学习、辅导报告、网上在线学习、撰写体会文章、交流学习体会、参加培训和自学相结合等方式，深入学习贯彻中央和兵团党委的重大决策部署，自觉地围绕中心、服务大局，不断增强学习的针对性和实效性。

【强化深入基层调研制度的落实】

兵团文联认真执行党组制定的深入基层调研制度、密切联系和服务文艺工作者制度，把文艺工作和文联工作调研作为重点工作列入文联绩效目标，由领导带队，对基层文联工作、基层文艺骨干队伍和文艺阵地建设、文艺活动开展情况和存在的困难、问题进行专题调研。组成工作组走访了6个师、12个团场、13个连队和社区、1所大学及所属学院，召开了13个座谈会。经过与350多人面对面交流，了解了基层文联工作、文艺队伍、文艺阵地、文艺活动情况和存在的突出问题，在调研报告中提出改进思路和措施。严格落实“三重一大”决策制度和公务接待、出国出境管理、会议和财务管理制度。每半年自查一次党建目标管理和绩效管理目标落实情况，及时发现问题，弥补不足。邀请老中青文艺工作者参加重要活动，调动各方面的积极性，有效推动了工作。

【注重转变工作作风】

兵团文联在制定重点文艺创作项目计划、文艺评奖办法、重大文艺活动方案、培养文艺骨干工作过程中，广泛听取各方意见，细化措施、强化责任心，任务落实到人、到位。积极参加兵团“访惠聚”活动，兵团文联1位厅级干部和事业单位1名处级干部，在三师53团8连工作一年，积极为连队职工办实事、解难事，提供文艺培训和服务，受到连队少数民族职工群众的欢迎，工作组成员也收获了创作成果。结合文联工作特点和现有资源，为基层文化站、图书阅览室赠送文艺书籍千余册。

【健全文艺志愿者服务队伍】

兵团文艺志愿者协会成立后，广泛动员吸收各艺术门类和不同领域的文艺工作者，为推动文艺志愿服务和文化惠民活动的规范化、社会化、常态化提供了保证。扎实落实兵团文联《深入开展文艺志愿服务活动实施意见》，推进文艺活动进团场、进连队、进企业、进社区、进校园、进单位，形成长效机制，丰富基层群众文化生活。以文艺志愿服务的模式，调动文联和文艺工作者的积极性和创造性，就近、就便开展文艺志愿服务，使“送”文化转变成常态的“种”文化，推动文艺志愿服务成为公共文化服务体系的重要组成部分。

【通过组织活动培养锻炼队伍】

兵团各师、大学和行业文联，通过组织庆祝兵团成立60周年系列文艺活动、“送欢乐下基层”文化惠民活动、文艺志愿服务活动、文艺作品展览展示展播、作品研讨会、广场文化艺术节、少儿艺术教育、建立创作基地、创办文艺刊物、开设文艺专栏专题、设立文艺创作奖励制度，充分发挥文艺资源和文艺骨干的作用，推进文艺创作和文艺活动的开展，并通过文艺活动发现和培养文艺骨干，锻炼文艺工作队伍。兵团文联13个文艺家协会和师团文联协会，发挥自身优势，在组织创作、培训骨干、开展赛事、参加全国艺术作品展、为基层提供艺术辅导、为职工群众和地方各民族群众演出、壮大协会队伍、完善工作机制等方面做了大量工作，取得了良好成效。三师图木舒克市文联完成换届工作；九师文联做了部分协会换届工作；十四师成立了“青年文学创作学会”；七师、十三师文联积极创造条件成立团场文联，延伸了文联在基层开展工作的手臂。

【加大文艺骨干培训力度】

兵团文联组织协会会员全年参加中国文联文艺研修院举办的各艺术门类高层次人才培训班3批5人次，组织10位作者参加了对口援疆湖南省作协毛泽东文学院为期20天的培训。同时，支持各文艺家协会为基层培训文艺骨干，兵团摄影家协会、舞蹈家协会、曲艺家协会，分别为6个师和1所大学举办文艺人才培训班，近300人参加了培训。各师文联邀请美术、书法、摄影艺术家授课，培训师团文艺骨干。这些多层次、跨传统艺术门类、按学员需求设置课程的培训，为学员们带来的是前所未闻的精品范例、创作观念的巨大转变、创作视野的新拓展、文化修养的新提升，从而增强了创作的使命感。

【举办南疆片文艺人才培训班】

7月15日，由兵团文联主办，兵团曲艺家协会、第三师文联承办了为期15天的兵团南疆片文艺人才培训班。图木舒克市和十四师的基层文艺骨干50余人参加了培训。此次活动旨在落实中央第二次新疆工作座谈会，加强南疆兵团建设，充分发挥兵团先进文化示范区的作用，壮大南疆各农牧团场的文艺队伍，推进南疆基层文艺事业的发展。兵团文联党组成员、副主席秦安江参加开班式并讲话。

基层文联工作

【积极开展文化援兵团活动】

兵团第五师双河市文联与湖北省文联建立文学交流培训的长效机制，成为湖北省文化援兵团的项目之一。六师五家渠市、八师石河子市、十三师、十四师，分别与山西省、辽宁省、河南省和北京市达成文化援兵团合作项目，通过开展慰问演出、书画笔会、创作采风、辅导培训和赠送艺术作品活动，为基层群众送上高质量的精神食粮，深受广大职工群众的喜爱和欢迎。

【八师石河子市文联开展“文化石城”篇章主题文艺创作与活动】

围绕兵团成立60周年，开展“我们的中国梦·文化石城”篇章主题文艺创作与活动。一是文化惠民为民。组织开展了“心与群众更近，情与百姓更浓——石河子文艺工作者党的群众路线教育暨送欢乐走基层迎新春”活动。组织文联干部和协会会员20人，赴团场企业街道社区和城市建设单位等，书写春联1000余幅、“福”字500余个、剪纸艺术作品500余幅、赠送摄影艺术作品32幅、文学书籍600本。与河南商会共同主办“文化石城，梨园竞秀——石河子豫剧票友演唱大赛”活动。历时两个多月，400多名选手报名参赛，120人进入复赛，并举办了颁奖晚会。二是展览展演展示。开展了以“诗意石城、绚美绿洲”为主题的诗歌、散文有奖征文活动，召开优秀征文颁奖座谈会，同时将其结集成册。举办了“庆祝兵团成立60周年——首届石河子民间艺术作品展”，共展出60余名作者创作的剪纸、雕塑、衍纸画、葫芦雕刻、烙画、瓷盘平面景泰蓝等十几种艺术表现形式的160件（组）作品。举办了“庆祝兵团成立60周年——首届石河子省级会员美术书法摄影作品展”，共展出省级会员美术书法摄影作品100幅。举办了“冰雪天山——石河子书画院孙秉臣个人画展”。举办了“世界人口日——我爱我家园”为主题的书画摄影作品展。举办了“石河子美丽之夏——创建全国文明城市，聚焦石城家园、定格绚美绿洲、共享发展荣耀”摄影作品展。三是培训采风交流。举办了“石河子第二期中青年文学创作培训班”。培训为期4天，18位学员由作协和各基层文联选派，在一四二团集中培训。举办了“大连阜新铁岭石河子文艺文联工作座谈、书画交流笔会、文艺援疆培训和联合采风考察”系列活动，援疆三市文联主要领导率领18位文艺家与师市文联进行了座谈交流、书画笔会，主讲了包括文学、美术、书法、音乐、戏剧、舞蹈等在内的六个专题，听众达1000余人。举办了“董志华个人诗集《生命的约定》出版座谈会”、“方可《舞台作品集》出版座谈会”、“樊矫健摄影作品和图书资料捐赠座谈会”。召开了著名诗人杨牧见面座谈会。四是创作作品及获奖情况。编辑出版《岁月之风》（2005—2014石河子十年散文选集）、《大连阜新铁岭石河子书画名家作品集》、《庆祝兵团成立60周年——首届石河子省级会员美术书法摄影作品集》等；郝俊文的中篇小说《山路十八弯》入围全国鲁迅文学奖候选篇目。杨松健、郭黎创作的歌曲《屯垦爹娘》，荣获国家“五个一”工程奖。大型史诗话剧《兵团记忆》，进京演出7场获极大成功。李灵亚创作的剪纸作品，被石河子邮政公司发行的兵团成立60周年纪念封采用。

【十三师文联助推书香十三师建设】

一是开展庆祝兵团成立60周年系列文艺活动。出版了一套《闪闪的红星》系列丛书，从20位作家的作品中遴选出了10部优秀作品，由中国文联出版社出版。组织举办书法展，共展出书法作品近50幅。分别与师纪委、师群众路线教育领导办公室、师残联、师妇联等部门联合举办4次专题摄影展；征集兵团、十三师作家作品共计780余本，捐赠给70多个“职工书屋”；举行了“慈干堂”红星艺术基金颁奖仪式，授予12名中小学生“弘扬中华传统文化”校园之星称号；开展“送春联下基层”活动，组织书法家分别到3个团场赠送春联500多幅；举办十三师首届朗诵大赛，来自全师25名选手参加了朗诵大赛，选送8名选手参加了兵团首届朗诵大赛。二是加强文艺人才培训。全师各基层文艺骨干25名学员参加了为期半个月的首届舞蹈编导培训班。师1名作家赴毛泽东文学院参加了为期一个月的研修培训。1名书法家参加了为期一个月的第二期西部书界新秀系列书法研修班。承办兵团第五届“青创会”，为十三师和哈密地区广大文学爱好者提供了一个交流学习的平台。三是一批文艺作品出版、获奖。王善让散文《一千四百年前的春天》在《绿洲》刊发后，被《散文（海外版）》选发。陈斌加入中国书法家协会，其书法作品入展“丝绸之路”全国书法作品展；师摄协选送的40幅摄影作品入展兵团摄影家协会、赵珺的《忆当年》在七师文联举办的摄影文化艺术节获得铜奖；选送的18幅摄影作品入展中国艺术摄影学会、连云港市主办的“首届丝绸之路”全国摄影艺术展，并获得组织奖；十三师文联组织10名声乐爱好者参加庆祝兵团成立60周年2014年兵团二胡大赛，获组织奖，2名选手获一等奖，2名选手获二等奖，3名选手获三等奖；在兵团首届绿洲文艺奖中，十三师有3部作品获奖，排名各师第二，展示了师近年来文化建设的综合实力。四是加强文艺交流。先后与自治区作协、兵团作协、湖南省作协、广东省作协等文艺团体开展了文化交流。《西部》、《作品》等一批省级文学刊物确定在师里挂牌成立创作基地。

中国石油文联

综　述

2014年，石油文联以党的十八大和十八届三中全会精神为指导，坚持科学发展观，坚持贯彻习近平系列讲话精神，坚持“二为”方向和“双百”方针，以员工群众为核心艺术导向，围绕中石油集团公司的中心工作，开展了丰富多彩的群众文化艺术活动。石油文联按照年初制定的工作计划，求真务实、扎实工作，圆满完成了各项任务，并在精品创作、人才培养、基层慰问、组织建设等方面都取得了长足进展，收获了较为突出的成绩。

重要会议、活动

【秘书长工作会议】

3月18日，“中国石油文化艺术工作者联合会2014年秘书长工作会议”于成都召开，中国石油文联主席陈明，石油文联执行副主席李懂章，石油文联副主席樊胜利、路小路、于恩东、杨飚等领导，以及各专业协会的副主席、秘书长，各团体会员单位的文联秘书长共计80多名同志出席了会议，路小路代表石油文联作2013年工作总结和2014年重点工作安排报告，李懂章宣读了“关于聘请关晓红同志为中国石油文联第五届委员会名誉主席的通知”、“关于曲广学同志任中国石油文联第五届委员会常务副主席的通知”文件，陈明主席和李懂章副主席作了重要讲话。参加会议的10个专业协会的秘书长总结了各协会的主要工作，安排了2014年重点工作，大庆油田文联、吉林油田文联、长庆油田文联、云南销售公司文联、青海销售公司文联、独山子石化公司文联、西南油气田公司文联、渤海钻探公司8家单位做“送欢乐、下基层”工作情况经验交流汇报。

【赴大庆石化公司调研】

8月25日至26日，中国文联党组成员、副主席、书记处书记李前光一行，中国石油文联主席陈明、中国石油集团公司思想政治工作部总经理曲广学一行，先后到大庆石化公司开展调研，了解大庆石化对党组有关要求的贯彻落实情况，以及大庆石化党建、思想政治工作、新闻宣传、企业文化、基层建设和群团等方面工作情况，并征求对集团公司党建思想政治等方面工作的意见和建议。大庆石化公司党委书记杨大明及相关人员陪同。

品牌活动

【第六届职工艺术节舞蹈大赛】

5月23日，由中国石油文联、集团公司思想政治工作部主办，中国石油舞蹈家协会、大庆石化公司承办的第六届中国石油职工艺术节“大庆石化杯”舞蹈大赛圆满落下帷幕，这次舞蹈大赛的评委会由全国舞蹈界著名专家组成，采用现场打分亮分的评比办法。经过三天三场公开、公平、公正的评比和角逐，从19个单位、42个决赛作品中，共评选出金奖13个、银奖14个、铜奖15个、优秀奖47个，大庆油田公司文联等19家单位被授予优秀组织奖，大庆石化公司被授予特别贡献奖，大庆石化男子踢踏舞团的群舞《踏舞石化》获得金奖第一名。来自石油系统的19个单位、400多名舞蹈精英，汇聚一堂，激情演绎，为广大员工奉上了一场场精美、震撼的视听盛宴。陈明、周雪静、王小燕等领导和著名舞蹈家，以及大庆地区石油石化企业的主要领导，大庆石化公司领导班子成员、副总师和员工代表等千余人，在石化影剧院参加颁奖晚会。

【职工艺术节美术、书法、集邮、摄影大赛】

7月28日至8月1日，由中国石油天然气集团公司思想政治工作部、中国石油文联主办，兰州石化公司承办的第六届中国石油职工艺术节“兰州石化杯”书法、美术、摄影、集邮作品展，在兰州石化公司成功举办。此次书法、美术、摄影、集邮大赛是第六届中国石油职工艺术节的重要赛事，自大赛筹备以来，经过半年的作品创作、基层推荐、初评筛选，并邀请国内著名专家组成评委会，经过公开、公正评审，评选出书法、美术、摄影、集邮四类作品各50件，共计200件获奖作品，分别获得金、银、铜奖及优秀作品奖。7月28日，陈明、李憧章、樊胜利、甘肃省总工会、省市文联、兰州石化公司主要领导以及集团公司相关部门和单位领导、石油艺术家们出席开幕式，并观看了获奖作品的展示。

【中国文联全国产（行）业文联舞蹈精品展演】

石油文联、石油舞蹈家协会积极承办了由中国文联主办的“追寻中国梦——庆祝新中国成立65周年全国产（行）业文联舞蹈精品展演”初评、终评及颁奖晚会的系列活动。在广泛征集作品的基础上，组委会邀请中国舞蹈家协会冯双白、罗斌等知名专家组成评委会，通过审看演出实况录像，对各单位选送的作品进行了认真评选，共评选出最佳作品22个、优秀作品31个、优秀组织奖25个。

8月25日，“追寻中国梦——庆祝新中国成立65周年全国产（行）业文联舞蹈精品展演暨颁奖晚会”在大庆石化公司隆重举行。中国文联党组成员、副主席、书记处书记李前光，中国石油文联主席陈明，大庆石化公司总经理王德义，大庆石化公司党委书记杨大明出席了颁奖晚会，曲广学、李憧章、路小路以及中国文联、石油文联、全国各产（行）业文联的领导在现场观看了精彩的演出。

【开展中俄文化交流活动】

中国石油天然气集团公司与俄罗斯天然气工业股份公司的合作已有多年历史，内容涵盖天然气工业各个领域，2004年双方缔结了战略合作伙伴关系。为增进友谊，增强互信，双方约定每年举办文化交流活动，从2007年至今已组织了八次联合文艺演出。

9月12日晚，中国石油天然气集团公司和俄罗斯天然气工业股份公司在成都西南大剧院联合举行了文艺演出。俄罗斯天然气工业股份公司董事、副总裁谢列达，新闻局局长别茨巴洛夫，中国石油文联主席陈明，中国石油总经理助理李鹭光等领导及中俄双方艺术团相关工作人员，在蓉的川渝地区石油企业员工代表800余人观看了演出。石油宝石花艺术团、西南油气田和川庆钻探员工表演的《美丽中国梦》、《百花争妍》、《欢天喜地》等节目让远方的客人和观众们领略了中国传统文化和巴蜀文化魅力，中俄双方用中文激情演绎的《我为祖国献石油》，把石油工人气壮山河的豪迈气概表达得淋漓尽致，将联合文艺演出的气氛推向了高潮。联合文艺演出取得了巨大成功。

【中华人民共和国成立65周年书法展览】

10月15日，由中国石油书法家协会、中国金融书法家协会、中国铁路书法家协会、中国电力书法家协会、中国煤矿书法家协会、中国公安书法家协会、中国职工书法家协会联合举办，辽河油田承办的“圆梦中华——庆祝中华人民共和国成立65周年•全国石油、金融、铁路、电力、煤矿、公安、职工行业书法作品展”在辽河美术馆隆重开幕。展出作品形式多样、书体全面，既有雄强朴茂大幅力作，也有俊逸典雅的精致小品。充分表达了石油、金融、铁路、电力、煤矿、公安、职工行业广大职工对祖国的挚爱之情，也是行业书法工作者向祖国65华诞献上的一份厚礼。中国石油、中国文联、中国书协有关领导出席了开幕式。

文艺志愿活动

【赴青海油田慰问演出】

7月4日至7日，在短短的4天时间里，在陈明主席、路小路副主席的带领下，中国石油文联“送欢乐、下基层”慰问团带着集团公司党组的关怀，带着为青海油田建成千万吨高原油气田鼓劲加油的目标，深入到青海油田一线进行慰问演出。慰问演出团克服高原缺氧、旅途劳累等重重困难，穿越柴达木盆地，行程2000多公里，先后在青海油田的敦煌基地、花土沟基地、格尔木基地和一个野外泵站、一个职工餐厅进行了6场慰问演出。慰问演出团所到之处，受到了青海油田广大群众的隆重欢迎。

【赴兰州石化开展慰问】

7月28日，中国石油文联慰问团的艺术家们与兰州石化公司职工艺术团的演员，连袂进行的

“送欢乐、下基层”慰问演出暨第六届中国石油职工艺术节书法美术摄影集邮展览文艺晚会在石化文化宫隆重举行。陈明、李懂章、樊胜利等集团公司领导，兰州市总工会、文联等相关领导出席，石油艺术家代表和广大石化公司一线员工家属一同观看了文艺演出。

【赴重庆销售公司开展专场慰问演出】

9月16日，带着集团公司党组的亲切关怀，中国石油“送欢乐、下基层”重庆销售公司专场演出，在国泰艺术中心上演。公司500余名干部员工和离退休老同志代表，享受了这台精彩纷呈的艺术大餐。路小路副主席、徐青副秘书长，公司班子成员，公司机关和基层一线的干部员工代表、离退休员工代表，以及重庆协调组、昆仑租赁公司、重庆运输公司等兄弟单位的代表及来宾，共计500余人观看了演出。

【开展送欢乐下基层先进评选】

自2011年至今，在各级文联积极开展“送欢乐、下基层”文化演出过程中，涌现出了一大批先进集体和先进个人，为集团公司企业文化建设和职工队伍的和谐稳定做出了贡献。为总结经验，激励先进，石油文联经研究决定，经基层推荐和专家评选，推选出石油文联系统先进集体20个，石油文联系统先进个人30名。

重点文艺工程

【筹办付剑锋石油系列油画展】

10月10日到16日，由中国文联、中国文学艺术基金会、中国石油文联、中国美术家协会艺术委员会、中国石油独山子石化公司联合举办的“我们的中国梦——全国优秀艺术作品展：付剑锋石油系列油画展”在中国文联文艺家大楼展览馆开展，向社会展示了石油人对祖国和事业的炽热情怀和石油文化的丰厚底蕴。这次画展得到中国油画学会的学术支持，共计千余名观众参观。

【文艺精品创作喜结硕果】

一是在由国资委举办的第二届中央企业精神文明建设“五个一工程奖”（2012—2014年）的26件作品获奖作品中，电视剧《中国石油雄师》、歌曲《土豆花儿开》、图书《红色圣地上的呼啸声——习仲勋在陕甘边区》等石油题材作品榜上有名，数量占全部获奖作品的三分之一强，在央企队伍中排名居首。

二是石油书法家在全国产（行）业书法展中摘金夺银。中国石油文联积极组织参加了由中国文联主办、中国书法家协会和中共济宁市委宣传部协办、济宁市文联承办的“情系中国梦—庆祝新中国成立65周年全国产（行）业文联书法精品展览”，获奖等级及数量居全国产业（企业）行业系统之首，并被组委会授予优秀组织奖。

三是石油作协副主席赵钧海的散文《陪母亲逛街》荣获第六届冰心散文奖单篇散文奖，其文笔清新、质朴简约、生动感人，受到评委青睐，被誉为“平淡中隐匿着大爱的深情”之作。5月31日，中国散文学会在济南举行了颁奖典礼。

四是今年以来，根据石油文联组织的大型展览活动，陆续出版了《我为祖国献石油——石油大学建校60周年书法、美术、摄影展图册》，《第六届职工艺术节美术、书法、集邮、摄影大赛图册》，《付剑锋石油系列油画》，《我的书法梦—于恩东书法》等画册，用文艺作品传承弘扬了大庆精、神铁人精神。

中国铁路文联

综　述

2014年，中国铁路文联在中国铁路总公司党组的领导和中国文联、中国作协的指导下，认真履行“联络、协调、服务”职能，积极组织各团体会员单位和铁路作家协会、铁路书法家协会、铁路摄影分会、铁路美术分会等各专业协会会员，以服务铁路干部职工、推动铁路科学发展为宗旨，紧密围绕铁路中心工作，大力开展多门类、多样式、多形式的文学艺术创作、展示活动和文艺志愿者送文艺到基层到职工活动，取得了新的成效。

会议、作品、活动

【第二届八次理事会议暨秘书长会议】

11月21日，中国铁路文学艺术工作者联合会第八次理事会暨全路文联秘书长会议在柳州召开，铁路文联理事、各单位文联负责人32人与会。中国铁路文联副秘书长方铁壁作工作报告。会议总结了2014铁路文联工作，交流了工作经验，研究了2015年铁路文联的重点工作。

【文学创作】

一是按照总公司宣传部的部署安排，铁路文联与西安局文联联合组织李志强、张风奇、李金桃、黄丽荣、川美、赵佰顺、胡煜军等铁路骨干作家，三次深入襄渝线大巴山沿线站区采风，与职工同吃同住同劳动，亲身体验山区铁路职工的工作、生活和情怀，创作出12万字长篇报告文学《巴山纪事》、3200行长篇叙事诗《巴山路》，生动描画了“艰苦奋斗、无私奉献、务实创新”的大山深处普通铁路人的先进群像。

二是铁路文联协助中华全国铁路总工会，组织开展《最美铁路人・劳模风采录》报告文学创作征集活动。各铁路局文联精选先进典型，组织精干力量，全面采访，深度挖掘，精心创作，共报送作品34篇，在此基础上，铁路文联集中组织若干骨干作家对口指导、修改提炼，推出了一部富有文学色彩，能让读者切实感到铁路劳模可敬可学、可爱可亲的报告文学集，以扩大确保安全和优质服务等方面先进典型的感染力影响力。

三是积极参与全路小品大赛，组织推出了一批职工自编自导自演的戏剧小品，把职工身边的人和事以职工喜闻乐见的文艺形式表现出来，起到来自我教育、自我升华的作用。西安局文联组织创作的小品《那年那月那一天》和《美丽的心灵》，参加中国第十届艺术节暨文化部“群星奖”比赛，从全国125个参赛作品中脱颖而出，成功进入决赛，分别成为中华全国铁路总工会和陕西省唯一进入决赛的作品。

四是开展群众性的“中国梦・铁路梦・我的梦”等主题征文活动和微电影创作活动。广铁集团继续组织职工自己写春运、拍春运，并通过多种途径推荐发表职工作品，既培养锻炼了创作队伍，又形成了一定的宣传效应。青藏铁路公司文联实施“美丽中国・大美青海・魅力天路”微电影创作项目，组织骨干创作小组走基层沿线采风拍摄，记录一线职工大量真实素材，并邀请地方名家指导拍摄和参与制作，历时数月创作完成以唐古拉线路车间和拉萨站五彩哈达服务中心为原型的微电影《遥远的唐古拉》、《五彩哈达》。

【书法美术摄影创作展览】

一是铁路文联在去年底协助中华全国铁路总工会成功举办“中国梦・铁路情・劳动美——全国铁路摄影书画大赛”展览活动之后，年初抓紧编辑出版了大赛获奖作品集。

二是铁路文联组织全路书法美术摄影骨干力量参加中国文联举办的“情系中国梦——庆祝新中国成立65周年全国产（行）业文联书法、美术、摄影展”，取得较好成绩，展示了铁路军团的创作实力和行业特色。有5幅书法作品获最佳作品奖、18幅书法作品获优秀作品奖；1幅美术作品获最佳作品奖、9幅美术作品获优秀作品奖；6幅摄影作品获最佳作品奖，26幅摄影作品获优秀作品奖，铁路文联在三项展览中均获优秀组织奖。铁路文联摄影分会组织铁路摄影家参加中华全国总工会举办的“中国梦·劳动美·幸福路——首届全国职工摄影大赛”，共送参赛作品80幅，并在山西平遥国际摄影大展中展出。

三是铁路文联、人民铁道报社与西安局文联联合举办了“巴山魂·铁路人——全国铁路书法美术精品展”。此次展览活动是配合全路弘扬新时期铁路精神重点宣传项目的一个重要组成部分，共征集书画作品500多幅，展出130多幅，书法、美术各评选出最佳作品3幅、优秀作品10幅。其中上海局、沈阳局、郑州局、广铁集团文联发动的力度比较大、组织的参赛佳作比较多，西安局文联作为承办单位更是付出了大量劳动。展出期间，还组织近30名获奖作者到巴山站区进行现场采风创作，赠送书画作品慰问一线职工。铁路文联与郑州局工会、文联联合组织铁路摄影家走进孔庄站区深入采访、拍摄一大批常年坚守在大山沟里的一线养路职工的工作生活情景，先后在北京、郑州举办“揣着梦想守太行”专题摄影展，并出版摄影作品集。

四是在中华全国铁路总工会的支持下组织举办“中国梦、天路情、劳动美——青藏铁路纪实摄影展”。铁路文联摄影分会组织8名铁路摄影家深入青藏铁路及其延伸线拉日铁路沿线和建设工地采风创作，并在全路征集相关摄影作品，共创作和征集作品2000余幅，于12月23日在北京中国铁路总公司展出，展出作品200幅，展期半个月。总公司领导卢春房、王志国、安立敏、李文新、杨宇栋、余卓明以及原铁道部领导孙永福、蔡庆华等同志和铁路干部职工2000余人参观了展览。

五是各铁路局文联以庆祝新中国成立65周年为契机，先后组织开展了一系列美术书法摄影创作和展览活动。西安、郑州等局文联依托文化宫建立美术书法创作基地，举办各类展览活动不断档，为铁路美术书法摄影骨干和爱好者搭建了很好的创作展示平台。呼和浩特局、郑州局、上海局文联还分别支持书法美术摄影骨干举办个人展。北京局文协组织精干力量历时数月潜心创作了反映该局发展成就的大型国画长卷。

文艺志愿服务活动

一是各铁路局文联积极投入“文化线”建设，组织铁路书法家、美术家为美化站区文化环境贡献力量，指导和帮助搞好文化环境的设计布置。

二是开展送欢乐送文化到基层到职工活动。年初，铁路文联铁路书法家协会和摄影分会与中国书协和中国摄影家协会共同组织路内外名家到济南局基层站段和武汉局重点工程工地，给铁路职工和铁路建设者送春联、拍照片。哈尔滨局文联与黑龙江省文联、书协共同举办“我们的中国梦——黑龙江省文联送欢乐下基层活动”，由省文联和局工会领导率领10名省著名书法家和部分铁路书法名家，在哈尔滨西站候车室现场为旅客和铁路职工写春联和大“福”字300余幅，为旅客和铁路职工送上祝福和快乐。广铁集团文联组织书画摄影骨干到交接口偏远小站、工区为职工现场写字作画拍照片。武汉局、呼和浩特局组织职工艺术团到铁路沿线站区、社区开展演出活动，受众多，影响面广，深受职工群众喜爱。

自身建设

一是加强队伍建设。铁路文联选送3名铁路作家参加中国作协鲁迅文学院高级研修班进修深造。据不完全统计，各铁路局文联举办文学创作、书法、美术、摄影骨干培训班近10期，组织采风创作活动10多次。通过重点扶持、协调所在单位提供创作时间和条件等多种途径，鼓励支持铁路作家艺术家进行创作活动，黄丽荣的短篇小说《碎碎念》在11月14日《光明日报》大半版推出，郭保安、田湘、唐沁、李金桃等有路作家均有佳作问世。

二是加强文艺阵地建设。各铁路局文联调动文学骨干积极性，克服专职人员少等困难，基本保证了所办期刊的按期出刊；加强与《人民铁道》报和铁路局报的协作，共同努力办好文艺副刊，推介和发表了一大批铁路文艺新人和佳作；积极协助做好《中国铁路文艺》杂志的组稿和发行工作，为其提高办刊质量、扩大覆盖面给予了有力支持。

三是加强组织建设。10月，哈尔滨局召开了第四次文代会，选举产生了局文联新一届领导机构，部署今后五年的工作任务，会议开的很隆重很成功。各铁路局文联把搭建基层工作平台摆在重要位置，郑州局、西安局、哈尔滨局、广铁集团等文联依靠文艺骨干和积极分子在中心站区或建立分会、或建立兴趣团队，因地制宜开展各类活动，有力的凝聚了队伍，推动了群众性文艺活动的开展。

中国煤矿文联

综　述

2014年，中国煤矿文联认真贯彻落实党的十八大、十八届三中、四中全会和习近平总书记在文艺工作座谈会上重要讲话精神，在中国文联的指导关怀下，认真履行“联络、协调、服务”职能，积极组织各团体会员单位，以立足矿区，服务矿工为宗旨，紧紧围绕煤炭工业中心工作，大力开展门类齐全、形式多样的文化艺术活动，取得了可喜的成绩，为繁荣煤矿文化艺术事业做出了新贡献。

会议与活动

【学习贯彻落实习近平总书记在文艺工作座谈会上重要讲话精神座谈会】

10月，习近平总书记在文艺工作座谈会上发表题为《人民是文艺创作的源头活水》的重要讲话后，中国煤矿文联立即把学习宣传贯彻习总书记讲话精神作为首要工作，第一时间发出通知，汇编学习材料，迅速组织各专业协会、《阳光》杂志、煤矿文化网负责人，在京煤矿作家、艺术家和文艺工作者召开了座谈会。通过集中学习、广泛讨论、大力宣传等方式，引导广大煤矿文艺工作者切实把思想和行动统一到讲话精神上来，高扬社会主义核心价值观的旗帜，坚持为矿区服务、为矿工服务的根本方向，深入基层，深入井下，创作更多无愧于时代的优秀作品，推动煤矿文化艺术的繁荣发展。

【中国煤矿文联第四届理事会第三次会议暨中国煤矿文化宣传基金会第六届理事会第三次会议】

4月17日，中国煤矿文联第四届理事会第三次会议暨中国煤矿文化宣传基金会第六届理事会第三次会议在南京召开。中国煤炭工业协会副会长、中国煤矿文联主席梁嘉琨，中国煤炭工业协会党委副书记、中国煤矿文化宣传基金会监事孙之鹏，中国煤矿文化宣传基金会名誉理事长王广德，中国煤矿文化宣传基金会理事长、中国煤矿文联副主席庞崇娅，中国煤矿文联副主席兼秘书长张强，中国煤矿文化宣传基金会副理事长刘俊，中国煤矿文联（基金会）理事及各煤炭企业集团公司代表、新闻媒体记者等共计150余人参加了会议。

会议由中国煤矿文联副主席、冀中能源集团公司工会主席刘万义主持。庞崇娅理事长代表煤矿文联、基金会向大会作了题为《凝心聚力、务实创新，努力唱响煤矿文化艺术发展繁荣的时代最强音》的工作报告，对煤矿文联（基金会）2013年的工作进行了回顾总结。会上，同煤集团和山东能源新汶矿业集团还就如何开展好矿区广场文化活动作了经验介绍。

【2014年度中国煤矿文联（基金会）主席团会议】

9月23日，2014年度中国煤矿文联（基金会）主席团会议在北京西郊宾馆召开。中国煤炭工业协会副会长、中国煤矿文联主席梁嘉琨主持了会议，中国煤矿文化宣传基金会理事长、中国煤矿文联副主席庞崇娅向主席团报告了前9个月的工作情况和2015年工作思路和安排。中国煤矿文联名誉主席许传播，中国煤矿文化宣传基金会名誉理事长王广德，中国煤矿文联副主席兼秘书长张强，副主席王晞、王中昌、王书强、刘万义、张宇、宿洪涛、戴子平，特聘副主席马占平、马福元、王振芳、田靖安、刘宁、杨先春、邹放鸣，中国煤矿文化宣传基金会副理事长刘俊、中国煤矿文化宣传基金会秘书长张民及煤矿文联（基金会）副主席（副理事长）单位代表30余人出席会议。

中国煤矿文联主席团会议气氛热烈，发言踊跃。大家畅所欲言，对中国煤矿文联2014年前9个月工作给予了充分肯定。一致认为，煤矿文联以饱满的热情、创新的精神、务实的作风，开创了煤矿文联工作的新局面。主席团成员还介绍了各自单位的生产经营情况，文化工作遇到的困难和亟待解决的问题，对进一步做好煤矿文化艺术工作提出了很好的意见和建议。

梁嘉琨主席作了总结讲话，他代表煤矿文联、基金会对基层企业领导在百忙之中参加会议表示衷心感谢，对多年来对煤矿文联工作予以的支持表示真诚的谢意。他梳理了大家提出的建议和意见，认为这些意见和建议都很好，为煤矿文联开展好明年工作、提高工作水平提供了重要参考。主席团会议之后，要召开专门会议，进行深入分析、认真研究，切实把工作落到实处。希望大家一如既往地关心和支持煤矿文联工作，多出主意，想办法，齐心协力把煤矿文化艺术工作搞好，开创煤矿文化建设事业的新局面。

【煤矿文化艺术理论研究会第10届年会暨首届中国煤矿文化理论论坛】

8月21日，中国煤矿文联文化艺术理论研究会第10届年会暨首届中国煤矿文化理论论坛在山东烟台召开。来自全国煤炭行业的工会、文联领导和煤矿文化艺术理论研究会理事、会员及“同煤杯·第三届全国煤矿群众文化理论征文活动”获奖单位代表、作者共50余人参加了会议。会议由中国煤矿文联副主席兼秘书长张强主持。会议总结了最近几年研究会的文化理论研究成果，对今后的工作进行了安排，对“同煤杯·第三届全国煤矿群众文化理论征文活动”获奖单位和个人进行了表彰。在首届中国煤矿文化理论论坛上，此次获得优秀论文奖的作者代表宣读获奖论文，得到了与会者的热烈欢迎。最后，煤矿文联副主席庞崇娅对会议作了总结讲话，她在讲话中对煤矿文化艺术理论研究会第10届年会和首届煤矿文化理论论坛的举行表示肯定，认为此次年会和论坛对下一步的煤矿文化理论研究工作必将起到积极的促进作用，希望广大煤矿文化理论工作者要牢记社会主义核心价值观，积极学习，提高素养，结合煤矿文化工作实际，写出更有价值的理论文章，为繁荣煤矿文化事业作出新的贡献。

【中国煤矿文联摄影家协会第七届理事会第二次会议】

7月28日，中国煤矿文联摄影家协会第七届理事会第二次会议在河南焦作召开，来自全国各地煤炭行业摄影家60多人参加了会议。会议根据章程规定，与各基层单位广泛沟通，调整理事11人，增补理事20人，届中补选副主席5人，河南能源化工集团党委副书记、河南能源文联主席柴绍忠，山西大同煤业集团总医院院长、大同煤业集团摄影协会主席王隆雁，中煤平朔集团公司文化创意产业研究中心主任、文联秘书长庞顺泉，河北冀中能源报社摄影部主任、冀中能源摄影协会副主席、秘书长范林锁，山西潞安矿报社摄影部主任、长治市摄影家协会副主席李永新等五人当选为副主席。同时为中国煤矿文联焦煤集团摄影创作基地进行了授牌仪式。中国煤矿文联副主席、秘书长张强到会并讲话，焦煤集团原副总经理、焦煤集团摄影家协会主席贾建峰、焦煤集团新东股份董事长、党委书记王保才分别致辞，中国煤矿摄影家协会副主席、秘书长高跃冬作工作报告，中国煤矿摄影家协会副主席张兆增宣读授牌决定，焦煤集团新东股份总经理、中国煤矿摄影家协会副主席范霖主持调整增补理事及推选副主席，最后中国煤炭记者协会会长、中国职业安全健康协会副理事长、中国煤矿摄影家协会主席白海金作总结报告。

【中国煤矿书法家协会五届二次主席团（扩大）会议】

1月17日，中国煤矿书法家协会五届二次主席团（扩大）会议暨全国煤矿楹联书法艺术展在安徽合肥举行。中国煤矿文联副主席兼秘书长张强出席会议并讲话，中国文联志愿者协会副主席、安徽省书协主席、中国煤矿书协副主席李士杰致欢迎词。中国煤矿文联副主席、中国煤矿书协主席张宇作了年度工作报告，对2013年的煤矿书协工作进行了总结，对2014年煤矿书协工作做了安排部署。中国煤矿书法家协会副主席、副秘书长及来自煤炭企业集团的部分理事30多人参加了会议。会议由煤矿书协副主席兼秘书长盛军主持。全国煤矿楹联书法艺术展同期举办，此次楹联书法作品展共展出全国煤炭行业书法家的楹联作品300余件。这些作品个性突出、风格多样，是一次高质量、高品位的展览。

【《阳光》杂志编务会暨中国煤矿文化网工作会议】

8月21日，《阳光》杂志编务会暨煤矿文化网工作会议在山东烟台召开，来自全国煤炭行业的工会、文联领导和《阳光》杂志特约编务、煤矿文化网通讯员共80余人参加了会议。中国煤矿文化宣传基金会理事长、中国煤矿文联副主席庞崇娅，中国煤矿文化宣传基金会副理事长刘俊等领导出席会议。会议由中国煤矿文联副主席兼秘书长张强主持。中国煤矿文化宣传基金会副理事长、中国煤矿文化网主编刘俊，《阳光》杂志副主编王树清和姚喜岱分别对2014年度煤矿文化网络宣传工作和《阳光》杂志文学版和艺术版的2014年度编务工作进行了总结。会议还表彰了大同煤矿集团等29家《阳光》杂志编务工作先进单位和杨达等38名优秀个人，表彰了山东能源集团等59家煤矿文化网络宣传先进单位和欧阳宝塔等10名最佳通讯员、32名优秀通讯员和77名先进通讯员。

庞崇娅在总结讲话中首先对全国当前的煤炭经济形势作了简要介绍，对中国煤矿文联今年以来在中煤平朔集团举办的“我们的中国梦——送欢乐到基层”大型文艺志愿演出活动、中国美术家到冀中能源集团写生创作活动、首届煤炭在京职工书画摄影展等活动的情况向与会代表作了回顾；对中煤保险杯·中国梦矿山情新媒体展选活动和《中国煤矿文化艺术志》编纂工作进行了部署，并重点对煤矿文化网开设的微信公众号、微博等新媒体进行了推介，号召大家积极参与到中国煤矿文化网微信、微博等新的媒体传播平台中，加强互动，加强交流；对《阳光》杂志和煤矿文化网多年来得到煤炭企业领导及煤矿文化工作者、爱好者的支持表示感谢，对《阳光》杂志和煤矿文化网一年来的工作给予了肯定，对煤炭企业文化宣传工作今后的发展方向和工作重点提出了具体要求，寄予了殷切期望。

【中国文联就如何做好产（行）业文联工作到煤矿文联调研】

7月1日，中国文联国内联络部主任刘尚军、副主任谢力、群众文艺处处长李岩、群众文艺处调研员李密一行四人来到中国煤矿文联，就在深化文化体制改革和文化大发展大繁荣背景下，如何做好产（行）业文联工作进行调研。中国煤炭工业协会副会长、中国煤矿文联主席梁嘉琨，中国煤矿文化宣传基金会名誉理事长王广德，中国煤矿文化宣传基金会理事长、中国煤矿文联副主席庞崇娅，中国煤矿文联副主席兼秘书长张强，中国煤矿文化宣传基金会副理事长刘俊等煤矿文联、基金会领导和《阳光》杂志、煤矿文化网负责同志参加了调研座谈。座谈会上，梁嘉琨主席就当前煤炭工业的经济形势做了简要介绍。庞崇娅就煤矿文联、基金会开展的主要工作做了汇报，系统回顾总结了近年来煤矿文化建设所取得的成绩和存在的不足。座谈会上大家畅所欲言，介绍了各自的情况并对今后的工作提出了具体意见和建议。最后，刘尚军主任简要介绍了中国文联近期的工作部署，充分肯定了近年来煤矿文联取得的跨越式的发展，同时也对煤矿文联今后的工作提出了希望。希望今后煤矿文联本着立足矿山、服务矿工的宗旨，多开展基层职工喜闻乐见的文化艺术活动，积极培养矿山青年优秀文艺人才，为矿区输送更多更好的文化艺术产品。

【承办中国文联“我们的中国梦——送欢乐到基层”大型文艺志愿服务活动】

五一劳动节前夕，中国煤矿文联具体承办了由中国文联主办的“我们的中国梦——送欢乐下基层”文艺志愿服务活动，该活动在中煤平朔集团安家岭露天矿举行。中国戏剧家协会主席尚长荣，中国曲艺家协会主席姜昆，中国摄影家协会主席王瑶，中国书法家协会副主席陈洪武、胡抗美，著名画家史国良，著名演员温玉娟、丁柳元等著名艺术家70余人，在中国文联党组书记、副主席赵实的带领下来到平朔矿区，带去一台丰富多彩、形式多样的文艺节目，为矿工和家属献上了丰富多彩的艺术精品，并为矿区艺术爱好者点评作品、赠送书画。艺术家们还深入井下、社区，与刚升井的矿工和社区里的家属一同联欢，不仅为平朔的职工家属送去了欢乐，还极大地发挥了文艺凝聚人心、文艺鼓舞士气的作用。

【承办中国美协“中国梦——塑造中国新形象”美术家赴煤矿写生创作活动】

为落实中宣部等五部委《关于开展以“中国梦”为主题的文艺创作活动的通知》要求，2013年5月11日至17日，中国煤矿文联承办了由中国美协主办的“中国梦——塑造中国新形象”美术家赴煤矿写生创作活动在冀中能源集团举行。清华大学美术学院教授代大权，中国美协理事、中国国家画院创研部专业画家、一级美术师孔紫，首都师范大学美术学院教授孙志钧、王珂、彭华竞及著名人物画家李翔、邹立颖、张培成、王新伦、王野翔等12位艺术家，走进冀中能源集团，深入井下采煤工作面、运输大巷和矿区文化广场、家属区等工作、生活场所采风、考察，组织矿工进行个体、群体形象写生，进行了为期一周的用画笔表现时代精神风貌、用水墨塑造中国矿工新形象的艺术创作之旅。写生创作期间，艺术家们还举办了美术作品现场观摩会，对矿区美术工作者、爱好者的绘画作品进行指导、点评，深受职工群众的欢迎。活动结束后，在写生创作的美术作品中精心遴选出290余件在中国人民革命军事博物馆展出，后又在石家庄美术馆进行了巡回展出。

【全国煤矿广场文化推广活动】

4月，中国煤矿文联启动了矿区广场文化推广活动。各集团公司根据活动安排，以矿区文化广场或社区场所为载体，以矿区科学发展、安全发展，建设美丽矿山、和谐矿山，建立幸福美满家庭为主题，利用群众喜闻乐见、广泛参与的多种文化艺术形式，组织开展了内容丰富、形式多样的广场文化活动，真正体现了“我快乐，我参与，我健康”的广场文化活动宗旨。本次推选活动共收到38家集团公司报送的视频片和文字材料52部（件），评出全国煤矿广场文化活动示范单位6家，先进单位28家。

【“中煤保险杯·中国梦　矿山情”新媒体展选活动】

5月，中国煤矿文联与山西中煤财产保险公司在全国煤炭行业联合开展了“中煤保险杯·中国梦　矿山情”新媒体展选活动。此项活动得到了基层煤炭企业及广大煤矿职工的广泛响应和广泛参与，共收到参选作品710件，其中微电影作品47部、视频作品55部、摄影作品608幅。经过网络投票和专家评委客观公正的评审，共评出：优秀组织单位31家，微电影获奖作品22部，视频获奖作品20部，摄影获奖作品37幅。这些自拍、自导、自演的作品，主题突出、题材丰富、立意新颖、风格多样，集中展示了新时期煤矿工人追求幸福的喜悦与欢畅，展示了我国煤炭事业发展的荣耀与辉煌。

【我们的中国梦——全国优秀艺术作品展览煤矿职工美术书法摄影精品展】

9月24日，中国煤矿文联与中国文联联合举办的“我们的中国梦——全国优秀艺术作品展览煤矿职工美术书法摄影精品展”在北京中国文联文艺家之家隆重开幕。中国文联党组书记、副主席赵实，中国煤炭工业协会副会长、中国文联全委、中国煤矿文联主席梁嘉琨，中国煤炭工业协会副会长赵岸青，国家煤矿安全监察局副局长宋元明，中国书法家协会分党组书记、驻会副主席、秘书长陈洪武，中国摄影家协会副主席李舸，中国美术家协会分党组成员、副秘书长陶勤，中国煤炭工业协会纪委书记解宏绪，中国煤炭协会副会长王虹桥等领导出席了开幕式，来自全国煤炭行业的美术家、书法家、摄影家、本次展览获奖作者，兄弟产行业文联的代表150余人参加了开幕仪式。开幕式由中国煤矿文化宣传基金会理事长、中国煤矿文联副主席庞崇娅主持。

本次展览是为贯彻落实中宣部等五部委《关于开展以“中国梦”为主题的文艺创作活动的通知》精神而举办的，共收到来自煤炭企事业单位和广大美术、书法、摄影艺术家及爱好者报送的参展作品1000余幅，经专家评审，评选出乌金艺术奖十佳美术作品、十佳书法作品、十佳摄影作品及50幅优秀作品和154幅入展作品。中国煤矿文联还组织专业力量将此次参展精品结集成册，由现代出版社正式出版发行，深受基层艺术工作者的欢迎。

【首届在京煤炭职工书画摄影展】

5月，由中国煤矿文联、中国煤矿文化宣传基金会联合主办，煤炭信息研究院承办的“首届在京煤炭职工书画摄影展”在煤炭信息研究院开幕。这次展览是首次举办的在京煤炭职工艺术作品展览活动，展出的257件作品是从500件报送作品中评比筛选出来的，其中有美术作品36幅、书法作品29幅、摄影作品192幅，这些作品以不同的艺术形式展示了煤炭工业改革发展进程中取得的成果，展示出当代煤炭职工满怀热情创造新生活的崭新风貌，既是对在京煤炭职工文艺爱好者创作成果的一次展示，也是煤矿文化活动的一次创新。今后，这项活动将继续举办，为在京煤炭职工搭建展示艺术成果的平台。

企业文联

【山东能源集团文联】

1月31日，山东能源肥矿集团举办为期一周的迎新春书法绘画摄影展，共展出169幅作品，其中书法作品70幅、绘画作品49幅、摄影作品50幅。展出的作品题材广泛、风格迥异，具有较强的思想性、艺术性和创新性，体现了广大职工迎接新春的喜悦之情。

2月9日晚，山东能源肥矿集团举办“肥矿我的家园”2014年春节文艺晚会，集团公司职工及家属1600余人观看了演出。晚会在歌舞《狮舞新春》《开门大吉》中拉开序幕，由公司各单位职工自编自演的十余个精彩节目一一登台亮相。相声小品《365-1=0》、民歌联唱《歌声飘四方》、少儿舞蹈《梨园俏妞妞》、音乐说唱《拍客大赛》、魔术《脱逃》、排舞《矿山辣妈》、小品《车位》、情景歌舞《左邻右舍》、舞蹈《春色》、女声独唱《相信》、歌舞《春天，我们放飞心情》等既富有趣味又充满教育意义，再现了肥矿人艰苦奋斗、开拓创新的火热场景。

【陕西煤化工集团文联】

2月19日，陕煤化集团职工书法美术摄影协会成立大会由集团公司党委副书记、纪委书记王海帆主持。会议听取了集团公司工会副主席付晓阳所做的协会筹备工作报告，审议通过了《协会章程草案》，选举产生了第一届协会理事会。会上，集团公司党委副书记、工会主席马富元指出，陕煤化集团高度重视企业文化和职工文艺事业的发展，不断加强文化基础设施建设，调动起广大职工书画摄影爱好者和文化工作者的积极性，有力地促进了集团公司精神文明建设和企业文化建设的繁荣与发展。

7月1日，陕煤化集团彬长矿业公司举办的“爱我彬长·影动青春”第四届电影节隆重开幕。公司此次为期3个月的电影节，推荐影片以《焦裕禄》《勇敢的心》《美丽人生》《奇袭60阵地》《宇宙与人》《四百击》《大峡谷探险河流告急》以及公司团委拍摄的微电影《青春之声》等各类青工易于接受且内容积极向上的各类影片为主。公司通过组织观看优秀电影、召开座谈会、撰写观后感等活动，教育、引导、激发团员青年爱国、爱企、爱岗的热情，以扎实的工作、优秀的业绩，迎接国庆65周年。

【大同煤矿集团文联】

7月，同煤集团文化志愿服务走基层慰问演出分别走进国家矿山应急救援大同队和市容环保处。在这两场演出中，文艺工作者表演了舞蹈、曲艺、独唱等节目。开场舞蹈《光荣属于你》传递出广大煤矿文艺工作者对辛勤工作的矿山救护人员、环卫工人最崇高的敬礼。浓郁地方特色原生态演唱《延安情》，诙谐逗趣的男女相声表演《左右为难》，表现坚毅顽强不屈精神的舞蹈《狼图腾》和《水之灵》不断地将演出一次又一次推向高潮，赢得观众热烈的掌声和喝彩声。最终整场演出在舞蹈《都说同煤好地方》中谢幕。

8月30日，同煤集团第20个矿工节到来之际，同煤集团文体发展中心与同煤电视台共同举办了凝聚向心力，共筑同煤梦庆祝矿工节电视文艺晚会。集团公司领导以及劳模代表、部分老领导和公司各职能部门负责人，共同参加了电视文艺晚会的录制。演出在舞蹈《奋进》中拉开帷幕，嘹亮高亢的《红红的太阳升起来》，具有大同地方特色的数来宝《婆媳之间》，亦梦亦幻的舞蹈《水之灵》，激情荡漾的男声小合唱《矿工万岁》，一个个精彩的节目相继上演，不断博得观众热烈的掌声。演出在现场全体人员高唱《咱们工人有力量》的歌声中结束。

10月，同煤集团燕子山矿老龄委在老年活动室举办文化活动，喜迎老年节的到来。矿老龄委认真组织并全程指导各分会自行开展以大合唱、舞蹈、晋剧、小品、谜语竞猜等为主的小型多样、益智健体的文娱活动，祝贺老年节。活动旨在进一步丰富老年朋友们的业余文化生活，强健老年朋友体魄、增强爱企意识，在生活中老年朋友以昂扬的精神面貌欢度晚年，在活动现场以饱满的精神风貌愉快活动，为企业经营发展继续发光发热做出新贡献。

从11月12日开始至11月底，同煤集团文体发展中心由主要领导带队赴基层开展文化工作调研，此次调研共涉及28个矿、厂、公司，主要调研在开展工作中基层单位遇到的实际问题和困难，分析产生问题的原因，共商解决问题的途径和手段。

在调研中，大家首先共同学习和领会习近平总书记在文艺工作座谈会上的讲话精神，同时与会者结合行业和单位特点，集思广益、畅所欲言，对开展文化工作提出了不少好的建议。更为重要的收获是通过调研，对基层文化工作有了更为深层次的了解，为制定有关安排和意见提供了依据。

【开滦集团文联】

10月10日，开滦集团举办庆祝新中国成立65周年员工美术、书法、摄影展览。这次展览在开滦集团各单位积极组织、大力支持和广大员工的踊跃参与下，历时3个月，共征集到美术、书法、摄影作品500多幅。经过专家筛选，共展出作品240多幅。展出作品用艺术的手法表现了集团公司员工爱党、爱国、爱矿山的真挚情感，展示了开滦企业文化建设的丰硕成果。

12月30日，开滦集团举行迎新年文艺汇演。来自各基层单位的近三百名员工在欢歌笑语中喜迎2015年元旦。各单位对本次活动积极响应、精心准备，上报了许多优秀节目。这些由普通员工表演、创作的文艺节目紧扣主题、积极向上、具有鲜明的时代特色，充分展示了开滦集团发展的新成绩、新形象，热情讴歌了党的群众路线教育实践活动成果，展现了开滦集团员工良好的精神风貌。经过认真筛选最终选出15个具有较高思想性和艺术性的节目参演。蔚州公司的小品《罚款之后》、直属机关的情景剧《开滦几代人》、中润公司的《美丽中国梦》等节目内容丰富、五彩纷呈，为节日期间的矿区职工及家属送上了一道丰盛的文化大餐。

【兖矿集团文联】

8月29日，兖矿集团东滩矿举行2014年金秋文化广场汇演。演出现场高潮迭起，健身排舞《快乐广场》、快板《夸先进》、豫剧《戏比天高》、太极器乐演奏《梁祝》、舞蹈《彩云之南》等节目精湛绝伦的表演，赢得观众阵阵掌声，让职工及家属度过一个愉快而祥和的夜晚。

9月29日，兖矿集团隆重举办庆祝建国65周年职工书画展。集团公司部分离退休老领导、总部机关有关部室的主要负责人、集团公司所属事业发展公司的主要负责人及有关单位的代表300余人参加了开幕式。本次展出的170余幅作品，是从近千幅应征作品中精选出的优秀作品。作品紧扣形势主题，反映了时代特色，抒发了广大职工家属爱国、爱党、爱兖矿的崇高精神情怀，代表了集团公司书画创作较高的艺术水准，为庆祝祖国65华诞献上了一份厚礼，为广大职工和家属献上了一场艺术盛宴和文化大餐。在煤炭企业经济形势异常严峻的情况下，举办这样一次书画展，彰显了兖矿集团上下同心、攻难克艰、逆境崛起的优良品质和深厚的文化底蕴。

11月12日，兖矿集团举办第二届文学创作培训班。中国煤矿作家协会主席、北京作家协会副主席刘庆邦到培训班做了精彩的文学创作讲演，受到前来参加培训学习的一百多名兖矿集团和兖州地区文学创作骨干、文学爱好者的热烈欢迎。刘庆邦以《小说创作的实与虚》为题，依据自己40多年文学创作实践和体会，联系自己成功创作的经典作品里的故事、人物、情节、细节等素材，生动讲授了小说创作的实与虚的关系、中短篇小说创作的技巧等知识，并与到会的文学爱好者们进行了互动交流。

中国电力文协

综　述

2014年电力文协认真学习贯彻文艺工作座谈会精神，以服务为宗旨，加强自身和所属专业协会建设，积极组织推动各专业协会开展活动，在繁荣文艺创作、促进电力行业企业文化建设等方面取得了较好的成绩。

重要工作、会议与活动

【财务账号申领】

经与民政部、中国文联、财政部等部门多次沟通，说明情况，提交材料，圆满完成财务账号及各项票据的申领工作，为今后工作开展打下坚实的基础。

【组织建设、会员发展工作】

中国电力集邮协会新增补3名副会长，7名副秘书长，7名常务理事，充实了协会组织机构；推荐三位优秀电力作家加入到中国作家协会；审批127名电力员工加入中国电力摄影家协会；审批30余名电力员工加入了中国电力书法家协会；审定、批准21名同志为中国电力作家协会新会员，为电力作家协会注入新鲜血液。

【电力文协秘书长办公会议】

4月26日，电力文协组织召开秘书长办公会议。会议贯彻落实民政部下发的《关于贯彻落实国务院取消全国性社团分支机构、代表机构登记行政审批项目的决定》要求，探讨并修订了有关管理制度，进一步明确了2014年度重点工作要求。

【电力作家协会会员代表大会】

11月5日在北京召开了中国电力作家协会会员代表大会。会议总结了2009年以来中国电力作家协会工作，部署今后中国电力作家协会重点工作；审议通过了新一届中国电力作家协会领导组成人员，刘广迎任主席，石玉东任常务副主席，王树民任副主席兼秘书长，张海洋、王静辉、章显明、王万春、冯海鹏、陈乃灼、徐祖永、范秀山、潘飞、王俊生、陈富强、任林举12人任副主席；审议通过《中国电力作家协会章程》《中国电力作家协会会员条件》和《中国电力文学奖评奖办法》。

【创刊大型文学期刊《脊梁》】

11月5日中国电力作家协会会刊——大型文学双月刊《脊梁》创刊，同日首发。中国作家协会副主席何建明撰文《献给我的新朋友——致〈脊梁〉》、著名作家贾平凹为《脊梁》创刊题词“为人民书写，为电力放歌”。

【抓精品力作，长篇小说创作规划初见成效】

共完成（曾幼群的长篇小说《乱世商家》，安力达的长篇小说《毒瘤上的罂粟花》）。

【重视电力作家文学作品保护、利用工作】

共收集整理46名电力作家的文学专著报送中国作家协会并充实进“中国作家数字作品资源库”。

【“中国文艺志愿者服务日”主题摄影志愿活动】

按照中国文联和中国摄影家协会有关通知精神和要求，中国电力摄影家协会在“中国文艺志愿者服务日”前后积极组织开展了“惠民、为民、乐民”主题摄影志愿活动。

【“感动电力”职工主题演讲比赛、“中国梦·电力情”职工书画作品展】

7月26日中国电力主题日活动当天，来自11家电力企业的参赛选手们结合各自企业实际，从不同角度、不同层面，讲述了电力职工在为实现中国梦的过程中，做出的默默无闻、平凡而又伟大的贡献。

电力职工书画展览共展出16家单位选送的70余幅书法绘画作品，是电力职工精神生活现状和艺术文化成果的一次集中展现。

【组织评选、承办庆祝新中国成立65周年全国产（行）业摄影大展】

由中国文联主办，中国摄影家协会、电力文协协办，中国电力摄影家协会、中广核集团承办的情系中国梦——庆祝新中国成立65周年全国产（行）业文联摄影展览作品评选会，于8月1日在北京中国电力企业联合会礼堂举行。全国19家产（行）文联、有关省企业职工文联共选送了1453幅摄影精品,评出最佳作品、优秀作品共250幅。

9月12日上午，“情系中国梦”——庆祝新中国成立65周年全国产（行）业文联摄影精品展览在深圳大亚湾核电基地隆重开幕。中国文联副主席、党组成员、书记处书记李前光，中国文联国内联络部主任刘尚军，中国文联国内联络部副主任谢力，中国文联产行业工作委员会副主任兼秘书长周雪静，中国电力文协副主席中国电力摄影家协会主席沈维春，中国电力摄影家协会常务副主席蔡建平，中国广核集团有限公司党组成员、纪检组长李有荣等嘉宾出席开幕式。来自全国30多个行业的60名全国产（行）业文联成员、文学艺术界代表共聚大亚湾，共同见证这一精彩时刻。

【设立摄影基地 摄影艺术广泛传播】

6月在内蒙古阿尔山市设立了“中国电力摄影家协会内蒙古阿尔山摄影创作基地”；9月11日 中国电力摄协在中广核大亚湾核电基地举行了“中国电力摄影家协会摄影创作基地”授牌仪式。

7月17日 组队参加中国摄影家协会主办、中国摄影报承办的“大美建德”活动。会议期间，中国摄影家协会主席、分党组书记王瑶进行了摄影理论阐述，中国摄影报社总编辑曾星明进行《摄影的力量》讲座。

8月1日 由中国文联主办，中国摄影家协会、电力文协协办、中国电力摄影家协会、中广核集团承办的情系中国梦——庆祝新中国成立65周年全国产（行）业文联摄影展览作品评选会在北京中国电力企业联合会礼堂举行。250幅最佳作品和优秀作品从全国19家产（行）文联、有关省企业选送的1493幅摄影精品中脱颖而出。中国摄影家协会主席、分党组书记王瑶任评委会主任，中国文联国内联络部主任刘尚军主持了评选活动。

【书法活动精彩纷呈】

4月18日，在西安举办“美丽中国、绿色电力”第四届全国电力书法作品展；9月在北京举办“中国梦，电力情”庆祝新中国成立65周年全国电力优秀书法作品展览；10月15日，参与主办“圆梦中华”石油、金融、铁路、电力、煤矿、公安、职工全国七行业书法作品展。

【促进基层集邮文化交流】

9月27日中国电力集邮协会部分理事和会员共7人组成观摩团，前往太仓参观了为庆祝中华人民共和国成立65周年江阴·太仓集邮联展，并参加了由太仓市供电公司工会主办的娄东邮学沙龙活动。

此次江阴·太仓集邮联展共展出了100框展品，太仓市供电公司集邮小组共报名参展了21框展品，其中有二部曾获世界邮展镀金奖和一部曾获全国邮展镀金奖的展品，充分体现了太仓市供电公司集邮小组当前的集邮水平。前往观摩邮展的世界邮展评审员李汇祥先生，对于本次展览所展出的展品，特别是对于几部太仓市供电公司集邮小组的参展展品，给予了相当高的评价。

活动中，中国电力集邮协会观摩团参加了由太仓市供电公司工会主办的娄东邮学沙龙第六期的活动。有来自江苏无锡、江阴、常州、金坛、溧阳、苏州、常熟、吴江、南通、上海、湖北大冶、湖南常德、河南焦作等地的邮友共40多人参加了本次活动。本次活动还进行了三个主题演讲，分别是湖北邹俊主讲《浅谈抗战初期河南省邮局转移档案到陕西》、无锡陆荣泉主讲《“防盗邮票”使用情况探究》、上海周升渊主讲《清代苏州邮品赏析》。主题演讲结束后，来自各地的邮友分别作了探讨发言，其中李汇祥先生和孙克茂先生代表中国电力集邮协会观摩团一行，作了交流发言。

获奖情况

一是组织选送了6部邮集，另外推荐10部电力职工的邮集从地方选送参加了“2014长沙第16届全国集邮展览”。邮协选送的6部邮集全部获奖，其中镀金奖4部，大银奖1部，银奖1部。从地方选送的10部中，大镀金奖1部，镀金奖5部，大银奖1部，银奖2部，铜奖1部。展示了电力职工的集邮水平，培养了一批集邮新人。

二是组织参加“寻梦中国——庆祝中国文联

成立65周年全国文联系统干部职工美术书法摄影展”电力文协推荐摄影作品《长城》获得特别优秀作品表彰。

三是组织审读、审定、推荐电力作家文学作品参加“全国第六届鲁迅文学奖”评奖。任林举的长篇散文《粮道》荣获“全国第六届鲁迅文学奖”；胡厚春的中篇小说《顶罪》，潘飞的报告文学《秦腔精神》，徐祖永、孔庆宝、俞燕山的报告文学《突然失明——人类历史上灾难性大停电纪实》，张富遐的长篇散文《高中三年：一位作家妈妈的陪读手记》，吉建芳的散文集《本命年》，郭志杰的诗歌《审判》（上、下卷），张玉泉的诗歌集《雨夜花园》，彭文瑾的诗歌集《春花秋月》入围。

四是组织参加中国文联“庆祝新中国成立65周年全国产（行）业文联展演活动”，电力文协荣获多项优秀组织奖。其中选送的9幅美术作品，11幅书法作品获优秀作品奖，获奖作品分别在山西省太原市山西美术馆和山东省济宁市曲阜孔子研究院隆重展出。选送的4个舞蹈作品分别荣获最佳作品和优秀作品奖，最佳作品奖获奖单位云南华能澜沧江水电有限公司代表电力行业参加了在中国石油大庆石化公司举行颁奖晚会。另外中国电力摄影家协会、中国广核集团有限公司负责承办了65周年的摄影精品展并获特别贡献奖，其中有7幅摄影作品获最佳作品奖、21幅作品获优秀作品奖。

中国水利文协

综　述

2014年，中国水利文学艺术协会在水利部党组的正确领导和中国文联的业务指导下，在各理事单位的积极参与下，围绕中心，服务大局，以习近平总书记在文艺座谈会重要讲话精神为统领，以深入生活，扎根人民为目标，在水利行业开展群众性的文学创作活动，举办文学培训班，扩大水利优秀文学作品在行业内外影响；组织水利摄影家深入生活，参加志愿者活动；举办水利系统离退休职工、水文系统职工等主题摄影比赛活动。为丰富群众性文化事业，践行社会主义核心价值观，推动水利行业两个文明建设发挥了积极作用。

会议活动与重点工作

【召开水利作家协会工作年会】

2015年1月27日至28日，中国水利作家协会2014年工作会在南水北调中线水源地丹江口举行。会议的主要任务是深入学习贯彻习近平总书记在文艺座谈会上的重要讲话精神，总结2014年度中国水利作协及《大江文艺》杂志的工作，研究分析当前水利文学工作形势，安排部署下一阶段文学创作和文学组织任务，为进一步繁荣和发展水利文学事业，加快推进水利改革和发展提供强有力的文化支撑。

【开展“水利情·中国梦”征文成果系列推介工作】

2013年，水利文协与水利部新闻宣传中心一起成功举办了“水利情·中国梦”大型征文活动。为进一步推进水利文学创作，扩大影响力，由水利文协组织，编辑出版了《水利情·中国梦获奖作品集》、利用《大江文艺》，系统进行了推介，包括发表消息、组织评论、选登作品等，达到较好的宣传效果。

【水利文学创作培训班】

9月，水利文协和水利部新闻宣传中心借举办大型征文的成功之势，为培养水利文学创作队伍，在北京专门举办了为期五天的培训班。来自全国水利基层单位的部分“水利情·中国梦”征文获奖作者、优秀组织单位的代表等50余名文学骨干参加了培训。

【编辑出版“中国水利文艺丛书（第八辑）”】

7月，由中国水利作协《大江文艺》编辑部负责编辑的“中国水利文艺丛书（第八辑）”，由长江出版社出版。第八集收录了水利系统的11位作者的文学作品。题材丰富，体裁多样，从多方面反映了水利人的真实生活和丰富的内心世界。

【多种职工摄影活动】

水利摄影协会分别与水利部离退休干部局联合举办“中国梦·夕阳情”全国水利系统离退休干部摄影比赛；与水利部水文局共同举办“凝聚水文情·实现中国梦”全国水文主题摄影比赛；与水利部精神办、水利部新闻宣传中心共同举办了“水利经典瞬间”影像征稿活动。这些面向不同层面水利爱好者的活动，吸引了大批水利摄影爱好者的参加，不仅丰富了水利文化生活，而且发现了一批摄影人才，促进了水利行业的摄影繁荣。

【坚持文艺惠民，志愿服务基层】

5月23日是中国文艺志愿者服务日。水利摄影协会响应文联“惠民、为民、乐民”摄影志愿服务的号召，组织摄影小分队到北京怀柔清洁小流域示范村——琉璃庙镇西台子村，为留守老人拍照。老人们特意穿上新衣服，早早等在村口，用微笑迎接摄影志愿者的到来。

8月，水利摄协西安分会，得知周至县岭梅村小学教学资料奇缺，就发动水务部门的职工，向该校捐赠了近1000册图书资料。在捐书仪式前，志愿者给280位少先队员在队旗前拍照，并将照片洗印出来免费发给每一个人。他们还把所有同学的头像拼成一颗大红心图案在水务部门展览，鼓励职工多献爱心。

【开展水文化研讨活动】

12月中旬，水利文协水文化工作委员会与水利部水情教育中心（中国水利报社）、浙江省水利厅，在杭州联合举办了“江河文化的传承与创新研讨会”并发表了《杭州宣言》。

【参加文联有关的展览活动】

水利文协积极参加中国文联产（行）业系统“庆祝新中国成立65周年”美术、书法、摄影展览等活动，有15幅作品获奖。水利文协还获得组织奖。

中国石化文联

综　述

2014年，中国石化文联在党组领导下，与各单位文联一起，以巩固党的群众路线教育实践活动成果为契机，牢固树立群众观念，切实履行工作职能，团结带领广大文艺工作者、爱好者，坚持重心下移，力量下沉，以让更多职工更快乐为目标，广泛开展形式多样、丰富多彩文化艺术活动，为活跃职工精神文化生活，服务企业发展发挥了积极作用。

重要会议

1月11日，组织召开中国石化文联专业协会秘书长会议，总结中国石化文联和各专业协会2013年工作、研究2014年任务、研讨有关重点工作。3月25日，召开中国石化文联常委会议，讨论通过中国石化文联和中国石化体协2013年工作总结和2014年工作要点，会议要求紧密结合中国石化发展新常态和职工群众审美需求新变化，强化基础工作，遵循文化发展规律，努力探索体制机制、传播手段和内容形式创新，使文联工作延伸服务手臂，扩大覆盖范围，提升能力水平。

品牌活动

成功举办“情系中国梦·艺筑石化魂”——庆祝新中国成立65周年系列展演活动。展览共分为音之律、舞之梦、画之魂、书之韵、影之美等五个篇章，共展示音乐、舞蹈、美术、书法、摄影等门类128件文艺作品。为扩大宣传覆盖面，展览采用线下多媒体屏幕播放、线上微信数字展馆形式展出，以中华民族最美的文化元素，表达百万石化员工向伟大祖国的深情祝福。

组织第二届“朝阳”文学艺术奖音乐舞蹈等六类作品评选。评选共收到音乐、舞蹈、曲艺小品、戏曲、综艺晚会、文艺理论类作品497件，《中国梦·劳动美》、《情暖中原》获特别奖，《为中国加油》等52件作品获表演奖或创作奖，其中《油海春潮》等8件作品获表演奖和创作奖。

组织现代豫剧《情暖中原》在京演出。《情暖中原》是以全国劳动模范、中原油田第一社区管理中心副主任邵均克的感人事迹为原型创作而成的现代豫剧，由中国石化文联和河南省濮阳市豫剧团联合创作完成。该剧将中国传统曲艺形式和现代舞台表现手法融合，以优美的唱段、动人的情节演绎平凡人物不平凡的感人事迹，颂扬人间大爱，传递社会正能量，引起社会强烈反响。4月28日至30日，中国石化文联组织该剧在北京解放军歌剧院演出，中宣部、全国总工会、国资委、中国残疾人联合会、中国戏曲家协会、河南省濮阳市和集团公司领导及职工代表近3000人观看演出。该剧获得中央企业精神文明建设“五个一工程”奖。

举办“携手绿色低碳、共建碧水蓝天”书法美术创作座谈会。邀请中央国家机关美术家协会、书法家协会部分会员与石化书法家、美术家共同探讨绿色低碳艺术创作理念，用艺术手法宣传中国石化“碧水蓝天”环保计划和“能效倍增”计划取得的巨大成就。

开展中国石化文艺骨干队伍情况调查。为夯实基础工作，中国石化文联对有关队伍建设、会员情况等有关数据进行梳理汇总。截至2013年底，中国石化文联现有在职会员1689人，其中国家级会员155人、省（部）级会员647人，基本形成职能完备、结构合理、梯形架构、充满生机和活力的文艺人才队伍。

获奖情况

组织美术、书法、摄影、舞蹈等四个门类112件作品参加全国产（行）业文联庆祝新中国成立65周年展演活动，18件作品获最佳作品奖，中国石化文联获优秀组织奖。组织参加国资委“中国梦·劳动美·幸福路”微电影大赛，胜利油田《幸福其实并不遥远》、北京石油《小窗口·大梦想》等11部作品分获特别奖、故事片最佳创意奖等奖项。参加第二届中央企业“五个一工程”优秀作品评选，豫剧《情暖中原》、歌曲《日子里都是好福气》、《中华根》、广播剧《父亲的勋章》等4件作品获中央企业精神文明建设“五个一工程”奖。

各文艺家协会

【音乐舞蹈家协会】

音乐舞蹈家协会召开第四次代表大会，总结回顾协会第三次代表大会以来所取得的丰硕成果和宝贵经验，安排部署2014年重点工作和今后四年的努力方向，评选表彰先进集体和个人，选举产生第四届领导机构，推举聘请名誉主席、顾问。在全系统推广百姓健康舞，举办3期培训班，对82个企事业单位502名基层文艺志愿者集中培训，形成百姓健康舞骨干队伍，以点带面掀起百姓健康舞推广热潮。据不完全统计，全系统有12.9万职工及家属学习百姓健康舞，愉悦身心，强健体魄。组织文艺志愿者深入安庆石化开展“为劳动者喝彩”送文化下基层慰问活动，与基层职工群众共庆新中国65岁华诞。

【美术家协会】

美术家协会以重大节日、重点工程项目、重要事件、先进人物为着力点，动员基层美术爱好者为企业添彩，为事业立卷，为职工抒情，组织举办的展览等艺术活动达到50余次，与企业和地方各专业机构联办的交流展览17个，创作作品1200余件。

【书法家协会】

书法家协会为培养提升基层书法爱好者能力，举办“美丽石化·墨韵中原”首届隶书作品展，共征集54个单位478名爱好者563幅书法作品，评出金奖4名，银奖6名，铜奖8名，优秀奖15名，入展作品67件，并编辑出版《美丽石化·墨韵中原——中国石化首届隶书展作品集》。

【摄影家协会】

摄影家协会抽选优秀摄影师两次深入天然气山东LNG项目工地，拍摄建设、竣工及首船接气场景。邀请全国著名摄影家为基层摄影爱好者授课，开设论坛交流经验，提高摄影水平。开设了“石化摄影人”微信公众平台，发挥桥梁作用，为会员搭建展示交流舞台。与《中国摄影》联合举办影友联谊会，聘请知名专家为会员授课，提升水平。

【作家协会】

作家协会动员120名作家深入23个企事业单位重点工程项目进行采风，共创作137篇100余万字报告文学作品，从不同侧面反映中国石化改革发展取得的辉煌成就。

基层文联

各单位文联以基层为阵地，以职工为主体，开展形式多样文化艺术活动。胜利油田举办“聚焦一线”艺术展览，展示职工群众艰苦奋斗、顽强拼搏身影。中原油田开展“为中原加油”文化走基层实践活动，举办讲座30余场，演出76场，创作作品2400余件。江汉油田组织文艺小分队慰问偏远井站一线职工，演出15场次，观看达8000多人次。西南石油局组织文艺志愿队深入社区、井队、车间、加油站，为一线职工送欢乐、送温暖。天津石化举办第四届职工诗歌、散文、小说大赛，收集稿件100余篇，刊发50余篇。金陵石化举办第五届职工文化艺术节，催化剂公司组织第六届活力文化节，上海工程公司举办第四届职工文化艺术节，全面展示企业文化成果。川维厂举办书画、摄影展览15次，展出作品800余幅，为职工提供鉴赏美、展示美的舞台。中原石化组织“百人秧歌社火”表演，为职工送新春祝福。四川石油开展“巾帼建功·幸福女性”系列活动，展现女职工工作生活靓丽风采。吉林石油开展《职工违纪违规行为处分规定》微短片征集活动，用诙谐幽默的艺术语言让《处分规定》入脑入心。福建石油举办“清廉杯”水仙花雕刻展，让职工体会“不许淤泥侵皓素”廉洁文化。长岭炼化举办“电影月”活动，贵州石油推进“职工书屋—流动书柜”建设，补充书籍1500余册，增设书柜15个，职工家属切身感受“文化惠民”的惬意。石科院、润滑油公司、机关服务中心、管理干部学院根据职工爱好组织若干兴趣小组，以小型活动满足职工不同需求，得到职工广泛参与。上海石化开展“中国梦·劳动美—我与改革创新”主题演讲比赛。南化公司开展“我为南化放歌”职工合唱汇演，弘扬时代主旋律。巴陵石化开展“中国梦·劳动美—最美巴陵人”诗歌朗诵会。沧州炼化举办“精细管理，恪尽职守—我为沧炼添光彩”迎国庆职工摄影展，传播企业正能量。四建公司组织“唱响中国梦，颂歌献给党”庆祝建党93周年职工合唱比赛。陕西石油开展“中国梦·企业梦·我的梦”主题演讲比赛和辩论赛。镇海炼化、西安石化、九江石化、济南炼化、五建公司、洛阳工程、抚顺院、化工销售等单位以书画、摄影、演讲、征文等形式开展主题活动，讴歌职工真善美。

全国公安文联

综 述

2014年，就党和国家大事多、喜事多，全面深化改革，推进平安中国、法治中国和社会主义现代化建设，就全国公安机关而言，面临新的形势任务，作出新的决策部署，深化改革迈出新的步伐，维护国家安全和社会大局稳定，打击暴力恐怖斗争取得重大战果。在这样的大背景下，全国公安文联在公安部党委和政治部领导下，在中国文联、中国作协指导下，深入学习贯彻党的十八届三中、四中全会和习近平总书记在文艺工作座谈会上的重要讲话，认真贯彻落实国务委员、公安部长郭声琨同志关于“要充分发挥公安文联等社会团体的作用，大力加强警营文化建设”重要指示，积极履行职责，坚持围绕中心、服务大局，面向基层、服务民警，有效助推了文化强警战略的深入实施，为公安文化的大繁荣大发展做出了应有贡献。

会议与活动

全国公安文联坚持以人民为中心的工作导向，大力实施文化强警战略，服务公安中心工作，贴近广大民警工作和生活，围绕理论研究、人才培养、精品创作、惠警服务、警校文化五个重点建设项目开展工作，推动了公安文化大发展大繁荣，不断提升公安文化的软实力和社会影响力。

【更新思想理念，创新工作方式】

党的十八届三中全会《决定》指出：“激发社会组织活力”，“推进社会组织明确权责，依法自治，发挥作用。适合由社会组织提供的公共服务和解决的事项，交由社会组织承担”。我们理解，这段论述体现了推进国家治理体系和治理能力现代化的目标要求，是深化社会团体改革的基本遵循。为贯彻全会《决定》精神，推动全国公安文联工作改革创新，5月初，经公安部领导批准，全国公安文联在苏州召开了重点项目建设论证会，邀请文化建设成果显著的省市县（区）公安机关代表和国内文艺界知名专家学者以及公安部机关相关部门负责同志，围绕理论研究、人才培养、精品创作、惠警服务、警校文化等五个重点项目进行了深入论证。会议形成的《纪要》得到公安部党委和政治部的肯定，郭声琨部长批示指出：“五个重点项目论证充分，得到了一致认同，望狠抓落实，不断提升公安文化软实力”，公安部政治部将《纪要》印发各地。一段时间以来，各级公安文联通过贯彻落实《纪要》，反思以往工作，更新理念，调整思路，创新工作方式，把经济领域实行的“项目管理”方法引进公安文联工作中来，使公安文联工作由传统方式向着规划更加科学、重点更加突出、责任更加明确的方向转变。随着“五个重点”项目的推进，公安文化在加强基础性建设，解决制约可持续发展的瓶颈性问题方面有了明显改善，也有效牵动了全国公安文联各项工作的协调发展，促进了工作作风的改进。

【注重理论研究，增强文化自觉】

全国公安文联历来重视理论研究，为深入推进公安文化理论研究，全国公安文联组织开展了一系列公安文化理论研究方面的活动。

上半年，全国公安文联在全国公安系统组织开展了以实施文化强警战略为主题的理论研究征文活动，共收到论文733篇，评出一等奖10个，二等奖20个，三等奖40个，优秀奖80个，效果良好。

9月初，全国公安文联在吉林警察学院召开了第二届公安文化理论研讨会。会议实行广泛征文与集中研讨相结合，警内理论骨干与社会专家学者相结合，立足公安现实斗争与联系历史相结合，围绕公安文化与培育践行人民警察核心价值观、公安文化与构建和谐警民关系、公安文化与公安中心工作、公安文化与实现民警“快乐工作、幸福生活”等子课题进行了多角度、多层面的深入研讨，取得了可喜成果。研讨会分析了公安文化理论研究现状和存在问题，提出了相应的对策。认为公安文化理论研究虽然进步明显，但仍滞后于公安文化建设实践，特别是存在理论研究队伍松散、资源分散、成果零散的“三散”问题。改变这种状况，首先要集结起相对稳定的理论骨干队伍，把力量凝聚起来；其次要提高理论研究的开放程度和开发力度，把资源整合起来；再次要加强搜集鉴别和梳理归纳，把理论研究成果集中起来。研讨会后，全国公安文联深入系统地总结了近年来公安文化理论研究取得的成果，主要是：公安文化基本含义的准确表述、基本功能的深入解读、基本属性的科学阐释和地位作用的正确界定，以及公安文化发展趋势主要特征的基本判断和文化强警基本要义与实现途径的总体把握等方面。并注重把形成的共识和理论成果，通过会议讲话、培训讲座、应邀授课等多种途径，向公安机关和文联系统的不同层面进行传播，使其最大可能进入各级公安领导视野，成为决策参考，彰显固有的实践价值，为不断增强文化自觉、提高文化自信，深入实施文化强警战略提供理性认知和思想理论依据。全国公安文联负责同志共参与此类传播活动20多场次，受众达数万人。

9月1日，由全国公安文联、群众出版社、辽宁省公安厅共同主办的《变革中的当代公安》研讨会，在辽宁省沈阳市举行。全国公安文联主席祝春林，副主席武和平等领导、专家、学者共30余人出席了会议。全国公安文联主席祝春林、副主席武和平先后在会上讲话。他还希望有更多的青年同志能投身公安调研工作，让公安工作的优良传统有更好的传承，让公安文化事业更加兴旺发达。

10月22日，全国公安文联在辽宁省沈阳市召开了全国公安文艺工作者座谈会，认真学习中共中央总书记、国家主席、中央军委主席习近平同志在文艺工作座谈会上的讲话，座谈心得体会，交流工作经验，探讨公安文艺创作的发展。全国公安文联主席祝春林，全国公安文联副主席武和平，辽宁省公安厅党委委员、政治部主任、辽宁省公安文联主席陶志勇等领导出席会议。

【实施人才战略，提高培训质量】

培养人才始终是全国公安文联工作的重中之重。几年来，全国公安文联与鲁迅文学院联合举办了三期公安作家班，培养学员140余人。

鲁迅文学院公安作家班得到了公安部党委的高度重视和亲切关怀。2011年第一期班开学，时任公安部长孟建柱特意致信热烈祝贺；2013年第二期班开学，郭声琨部长又专门作出重要批示；2014年第三期班开学，公安部政治部专门致函鲁迅文学院表示感谢和敬意。公安部政治部主任夏崇源和全国公安文联名誉主席蔡安季同志一直把鲁院公安作家班牵挂在心上，经常过问学员学习生活状况，多次到班上发表重要讲话。中国作协铁凝主席、李冰书记从第一期到第三期班先后“六次三番”亲自出席开学和结业典礼。第二期班结业典礼上，李冰书记在即席讲话中满怀深情的赞誉“公安战士应该是和平时期最可爱的人”。他指出：为公安办班应该、办公安班值得，并提议接着办第三期班。9月第三期班如期举办，与前两期相比有三个不同：一是名称变了，由研修班升格为高级研讨班；二是办学地点变了，由借驻公大回归到鲁院本部；三是经费渠道变了，由公安部支付调整为纳入鲁院教学预算。为一条战线专门办班培养作家对鲁迅文学院来说是一个办学实践的创举，开启了公安文学人才追逐“文学梦”的大门。

6月17日，全国公安文联与鲁院在辽宁营口召开了一、二期学员代表座谈会。学员们满怀深情地畅谈了接受鲁院培训的文学感悟和思想上受到的启迪。一致认为：“在被誉为当代中国文学教育最高殿堂的鲁院学习深造，聆听了国内一流作家、评论家、最前沿、最新鲜、最深刻的文学理论和独到见解，领悟到了鲁院风韵的精华”，“在鲁院研修的日日夜夜，思想激荡，精神升华，灵魂滋养”，“内心深处的‘小我’被一种‘大我’所置换，实现着由个人化写作向使命化写作过渡的悄然转变”，“是自己文学创作生涯的一次涅槃，是人生中最值得珍爱的一段金子般的时光”。11位学员代表还兴奋地汇报了结业后各自的创作成果，据统计，共出版长篇小说7部、长篇报告文学2部、诗歌散文集6部，发表中短篇小说54篇、中短篇报告文学10篇、诗歌130余首，创作电视剧本4部、电影剧本3部、话剧剧本2部，总计400多万字。部分作品在《人民文学》、《中国作家》、《十月》、《收获》、《当代》等国家级文学类核心期刊上刊载，一些作品还获得重要文学奖项。目前，前两期班已有7名学员被中国作协吸收为新会员。学员代表认为：如果没有鲁院公安作家班这一“给养”和“催化”的机遇，断然达不到目前的创作数量和水平，取得不了如此令人喜出望外的创作成果。对公安机关而言，抓住了制约公安文化建设可持续发展的瓶颈性问题，牵住了实施人才工程的“牛鼻子”，起到了四两拨千斤的作用，是培养造就公安作家群的“高铁”。它的潜在价值，必将随着学员们的成长、成熟和创作能量的释放愈来愈凸显出来。全国公安文联将继续坚持依靠并发挥好这条“高铁”的优势和作用，逐步打造一支以鲁院学员团队和中国作协公安系统会员为中坚力量的公安文学劲旅，形成公安文学创作的方阵和气场，开创繁荣公安文学的崭新局面。同时，全国公安文联注重发挥各专业协会的作用，先后举办了全国公安摄影、管乐、词曲创作培训班，连续三年组织召开公安文学园地建设座谈会，《啄木鸟》增刊《公安文学专号》质量稳步提升，发行量不断扩大，已成为培育公安文学新人、发表新作的重要园地。

【推进精品创作，繁荣警营文化】

全国公安文联围绕公安中心工作，在抓文艺精品的创作、扶植、推介方面，作了一些尝试。成立了文联创作室，建立了“公安文化发展基金”，设立了“剑胆琴心文艺作品奖”，激励和引导公安文艺工作者的创作热情和积极性，初见成效。

为了颂扬人民警察牺牲奉献精神、缅怀公安英烈、展示警营艺术风采，3月30日，由全国公安文学艺术联合会、全国公安文联书法专业委员会、中央国家机关书法家协会和中国画院联合主办的“我的心•方玉杰书法作品展”在北京中国美术馆隆重举行。

4月以来，为庆祝新中国成立65周年，全国公安文联组织开展了一系列主题文艺活动。在公安部宣传局和人事训练局指导下，邀请国内著名纪实文学作家蒋巍采访撰写长篇报告文学《向共和国报告》（暂名），集中反映近五年来为国捐躯公安英烈的感人事迹，努力打造与公安队伍英雄业绩相匹配的一流作品。

4月至7月，与人民公安报社、出版社共同举办了第二届公安院校“祖国·梦想·警徽”主题征文活动。征文得到了全国公安院校领导的高度重视和大力支持，广大公安院校学员、教职员工广泛参与踊跃投稿，征文共收到来自全国公安院校学员和教职员工创作的文学作品700余篇。经征文评审委员会认真评审，评出一等奖10个，二等奖20个，三等奖50个，组织奖10个，优秀奖若干。征文活动得到了公安部领导的肯定。

6月17日，鲁迅文学院公安作家研修班学员座谈会在辽宁省营口市召开。全国公安文联主席祝春林，鲁迅文学院常务副院长成曾樾等领导出席会议。围绕探讨公安文化人才的培养和使用、听取公安系统学员对鲁迅文学院公安作家研修班教学组织方式的意见和建议等方面的议题进行了深入研究，以期进一步推动公安文化人才培养。

6月22日至29日，第三期全国公安词曲创作培训班在广西南宁举行。来自全国各地公安机关的近80名词曲作者、音乐爱好者参加了培训。全国公安文联主席祝春林看望了培训班学员，观赏了学员的创作作品，并与大家进行了座谈交流。

为进一步推动公安文化建设，展示公安文化成果，9月25日，由公安部宣传局、全国公安文联共同承办的“警营曲唱——公安曲艺专场”演出在北京民族文化宫大剧院举行。公安部党委委员、政治部主任夏崇源，全国政协常委、中国文联副主席覃志刚，全国公安文联主席祝春林，中国曲艺家协会主席姜昆等领导出席并观看专场演出。

8月25日至29日，全国公安书法、美术、摄影协会和诗歌诗词学会与北京市公安文联在京成功举办了“全国公安系统书法美术摄影作品邀请展”，并到天津、辽宁等地巡展；公安音舞协会与老干部局共同举办了部机关离退休干部“桑榆金晖、爱在重阳”主题报告会。

10月，与人民公安报社共同推出《剑兰周刊》国庆专号，为基层民警在国庆期间开展文艺活动提供了一批反映警营生活的歌曲、相声、小品等优秀作品。

12月7日，全国公安文联摄影专业委员会第二届理事会暨第二届全国公安摄影艺术展开幕式在北京举行。会议认真学习贯彻十八届四中全会精神和习近平总书记在文艺工作座谈会上的重要讲话精神，回顾总结近两年来公安摄影工作，表彰优秀摄影家和艺术展金奖获得者，探讨新时期公安摄影事业发展方向，研究部署下一步工作任务。

【推进惠警工程，服务公安民警】

文化惠警是坚持以人民为中心的工作导向在公安文化建设领域的直接体现。

公安摄影协会为公安部机关英模制作并赠送个性化荣誉画册；公安警事文物收藏协会正在收集汇总各地公安机关博物馆、展览馆、警史馆的警事文物资料，已着手编纂《全国警事文物大全》。同时，组团参加“情系中国梦——全国产（行）业艺术精品展览”活动并获得三项优秀组织奖；从公安部第91期晋升警监培训班开始，公安部政治部、全国公安文联、公安大学为每位学员赠送一份晋升共和国高级警官纪念照，增强了学员们的职业认同感、归属感、荣誉感和自豪感。

全国公安文联响应中国文联“送文化、下基层”的号召，先后5次组织由公安书画家参与的文化小分队，深入北京郊区、河北、福建、湖南等地公安基层所队进行慰问，努力实现“送文化”到一线、“种文化”在基层。这一活动已经成为公安文化的品牌。

创作与研究

全国公安文联坚持把认真学习宣传贯彻党的十八届三中、四中全会和习近平总书记系列讲话精神作为首要政治任务，深刻领会精神、准确把握实质，切实把广大公安文化工作者的思想和行动统一到中央决策和部党委部署上来，把智慧和力量凝聚到推进文化强警战略实践中来。

【深入开展学习活动，为弘扬主旋律凝聚正能量】

全国公安文联通过举行会议、讲座、座谈等各种方式，持续组织公安文联机关、各专业委员会和公安文化工作者开展学习活动，深刻理解党中央扎实推进社会主义文化强国建设，进一步深化文化体制改革的重大战略部署，切实掌握推动公安文化建设和公安文联工作的重大思想理论武器，深入领会郭声琨部长“要充分发挥公安文联等社会团体的作用，大力加强警营文化建设”重要指示，不断强化大局意识、责任意识、改革意识、机遇意识，进一步增强了文化强警的理论自信和实践自觉。

11月4日，全国公安文学园地建设工作座谈会在广东省珠海市召开。全国公安文联主席祝春林，全国公安文联副主席安铁军，全国公安文联秘书长张策等领导出席会议。祝春林主席强调，要充分认清公安文化建设面临的新形势，要坚定不移地走文化强警之路；要深化对公安文化丰富内涵的认识，不断增强文化自觉；要深化对公安文化功能、地位、作用的认识，找准公安文化发展战略的实施重点，加强公安文化阵地建设。

11月20日，由全国公安文联、《中国作家》杂志社共同主办的长篇报告文学《泣血长城》研讨会在北京召开。全国公安文联主席祝春林、副主席武和平等共40余人出席了研讨会。评论家们也对作品存在的不足进行了剖析。中国作协副主席何建明在发言中希望作者在创作中能够更深入思考，在描写故事的同时给读者以更深刻更准确的思想享受，增加作品的思辨性和批判性。

12月25日，由全国公安文联、北京新光映画文化传媒有限公司共同主办的数字电影《一个人的追逃》研讨会在北京召开。全国公安文联主席祝春林、副主席安铁军，北京新光映画文化传媒有限公司董事长白涛等出席会议。影视工作者、评论家等共十余人参加了会议。全国公安文联主席祝春林在会议最后讲话。他指出：我们要调整思路，就从“短、平、快”突破，多做有灵魂、有筋骨、有热度、有血性、有法理的优秀数字影片。《一个人的追逃》这部影片是个范例，我们要坚持正确的创作方向，为公安文化的发展繁荣而努力。

【开展公安文化建设宣讲活动，营造良好的文化强警氛围】

全国公安文联领导先后受邀为全国公安文化培训班、公安部晋升警监培训班及有关省市公安机关举行公安文化讲座，对公安文化基本内涵、重要功能和地位作用作出了较为系统的理性概括，就公安文化建设新形势与责任担当、发展战略进行分析和研讨，引导大家在理论与实践结合上深入理解实施文化强国和文化强警战略，不断加大解放思想和统一思想的力度，在公安事业科学发展中进行文化创造。

【成果卓著，佳绩频传】

鲁院公安作家班学员李春良的长篇小说《女子中队》荣获2014年中宣部“五个一工程奖”；由全国公安文联选送的首都警官合唱团，在中国“金钟奖”合唱大赛中荣获金奖第一名的最高奖项；公安曲艺家协会秘书长王新创作的小品《心愿》，在第八届中国曲艺“牡丹奖”大赛中荣获创作奖最高奖项；上海、南京、浙江湖州和南京森警学院四支公安管乐团队，在上海“国际之春”音乐节非职业管乐大赛中荣获3枚金奖、1枚银奖；公安摄影协会派员参加郎静山国际摄影大赛，荣获2枚金像奖、2枚金牌奖，吴学华获得终身成就奖；公安集邮协会派员参加“长沙2014第16届中华全国集邮展览”，荣获1枚金奖、3枚镀金奖、3枚大银奖；北京铁路公安局李冬创作的国画《春雨三月》，在全国文联系统书画展中荣获特别优秀作品奖，被中国文联中国文艺家之家展览馆永久收藏。对获取的这些成绩，公安部政治部夏崇源主任专门作出“佳绩频传、可喜可贺”的批示予以嘉勉鼓励。

中国第八届非职业优秀（交响）管乐团队展演活动于4月28日至5月3日在上海举行，中国警察管乐学会共选派湖州、上海、南京、南京森林警察学院4支警察管乐团代表公安系统参加了此次展演活动，取得了3金1银的优秀成绩。其中湖州警官乐团获社会组金奖，乐队指挥裘刚获“金指挥棒”奖，湖州市公安局交警支队获特殊贡献奖，乐团获“金钟之星管乐团”光荣称号；上海警官乐团获社会组金奖，上海市公安局政治部获优秀组织奖，乐团获“金钟之星管乐团”光荣称号；南京警官乐团获社会组金奖，乐队指挥王晓红获“金指挥棒”奖，乐团获“金钟之星管乐团”光荣称号；南京森林警察学院管乐团获大学组银奖；中国警察管乐学会获优秀组织奖。从第一届全国非职业管乐团队展演到本届非职业（交响）管乐团队展演，中国管乐总体水平达到了一个新的高点。通过一番艰苦训练，乐队的水平有了质的飞跃，保证了参赛曲目的演奏质量，取得了优异成绩。

9月20日，在经过激烈的竞争之后，由全国公安文联派出的中国首都警官合唱团，在全国“金钟奖”合唱大赛中胜出，以无可争议的成绩荣获大赛金奖第一名，为全国公安队伍争了光，在公安文化事业中写下了辉煌的一笔。全国公安文联主席祝春林在北京市公安局领导的陪同下，亲自到车站迎接合唱团凯旋，热烈祝贺合唱团取得的优异成绩。

文化交流

长期以来，全国公安文联加强与港澳台警务部门、文化组织的联系、沟通、交流与合作，加深了感情，增进了友谊，增强了中华民族同源、同族和同根意识，建立了良好的合作关系，拓宽了公安文化交流平台。历年参与由澳门公务人员文化协会主办的“‘星海之声’海峡两岸合唱音乐会”，已成为双方合作的文化品牌。同时，全国公安文联积极组织参加中国文联、中国作协和中国书协、美协、曲协、音协和中国管乐学会举办的文化活动，并获得优异成绩。

机关建设

全国公安文联着眼实现建立“学习型、服务型、创新型、廉洁型”社团组织的目标，注重在打基础、谋长远、做实事上下功夫，公安文联自身建设显著加强。

【注重思想政治建设，实施文化强警战略】

认真组织学习贯彻党的十八届三中、四中全会和习近平总书记系列重要讲话精神，深入落实全国宣传思想工作会议、全国政法工作会议和全国公安厅局长会议精神，把思想和行动统一到党中央决策部署与部党委指示要求上来，进一步明确了新形势下公安文化建设工作的方向目标、重点任务和基本遵循。大力培育、践行人民警察核心价值观和文艺界核心价值观，不断加强公安文联各级领导班子、干部队伍的思想建设、组织建设、作风建设、廉政建设、制度建设。认真落实公安部党委和政治部部署，结合自身实际，认真查摆、整改“四风”方面存在的问题，进一步改进纪律作风，努力建立健全为民务实清廉的长效机制。

12月23日，全国公安文联二届五次理事会在北京隆重召开。会议审议全国公安文联二届五次理事会工作报告，分析当前形势，表扬全国公安文联系统先进集体、先进个人和特别贡献单位。公安部党委委员、政治部主任夏崇源，中国文联党组成员、副主席、书记处书记夏潮等领导出席会议。会议强调要始终坚持文化育警理念，大力实施文化强警战略。

【坚持依法办社团，不断加强自身规范化建设】

全国公安文学、书法、美术、摄影、音乐舞蹈、曲艺、警事文物收藏、文化理论、影视、集邮专业委员会，大力加强自身建设，组织开展了一系列公安文化活动，受到了社会和公安民警的欢迎，取得良好效果。

1月15日，全国公安文联在京召开公安诗歌诗词创作座谈会，正式宣布全国公安诗歌诗词学会成立，著名诗人、公安部宣传局副局长杨锦任会长。在此基础上，全国公安文联审议并修改了《全国公安诗歌诗词学会章程》，批准组建了首届理事会，并以座谈会的方式宣布了全国公安诗歌诗词学会的成立。《全国公安诗歌诗词学会章程》指出：全国公安诗歌诗词学会是在全国公安文联、全国公安作协领导下的，以推动公安诗歌诗词创作与研究为宗旨的学术性学会组织。在首届全国公安诗歌诗词学会的领导集体中，包括了许多在诗歌界享有盛名的公安诗人，如：侯马、胡丘陵、许敏、翟营文、胡玥、林涛、谢长虹等。在座谈会上，首届全国公安诗歌诗词学会会长杨锦讲话，他祝贺了学会的成立，希望学会成立后，大家能够团结一心，全力开展公安诗歌诗词的创作与研究，使诗歌诗词创作提升到新的高度和水平，为公安文化事业做出贡献。

1月12日至13日，全国公安警事文物收藏专业委员会第三次理事年会暨第三届警事文物收藏工作理论研讨、藏品联展会在美丽的湖北宜昌三峡大学举行。全国公安文联副主席武和平，全国公安警事文物收藏专业委员会副主任、湖北省公安厅党委委员、湖北警官学院党委书记赵志飞等有关领导出席会议。会议就警察博物馆如何整合利用资源，怎样充分发挥警察博物馆的资警育人，发扬其在传统教育、爱国主义教育、文化育警、政治强警中的重要作用，以及如何协调和加强与民间收藏组织、个人爱好者的沟通与合作，办好全国性警史文物联展和警史研究等工作进行了热烈而广泛的研讨，并达成了共识。

3月中旬，中国曲艺家协会召开工作会议，在会议上全国公安曲艺专业委员会被评为2013年度优秀团体会员。全国公安曲艺专业委员会正式成立于2011年12月，成立的宗旨是推动和引领在公安文化建设中蓬勃发展的全国公安系统曲艺研究、创作和表演。协会成立虽然仅仅两年，但在中国曲协和全国公安文联的正确领导下，已经取得了初步成绩，全国公安系统的曲艺创作和演出日益发展，公安曲艺队伍也已初步形成。在公安文化事业的发展中，曲艺为公安工作，特别是公安宣传文化工作，注入了一种来自民间、来自生活的活力，迅速成为了公安事业中宣传群众、鼓舞士气的重要武器。反过来说，火热的公安斗争生活，又给曲艺的保持活力、创新发展，提供了丰厚的土壤和广阔的平台。

5月23日，全国公安文联集邮专业委员会成立五周年座谈会在湖南省长沙市召开，来自全国各地的公安集邮爱好者共50余名代表出席会议。会议全面总结了全国公安文联集邮专业委员会成立五年来的工作情况，并提出了未来五年的发展规划。中华全国集邮联合会副会长刘佳维、全国公安文联副秘书长盛清宪、全国公安文联集邮专业委员会主任巩玉生、湖南省公安厅副巡视员、政治部副主任李雍伯以及湖南省集邮协会的有关领导出席了座谈会。

6月9日至10日，全国公安文联书法家协会第一次理事会在北京召开。全国公安文联副主席、书法家协会主席李忠信，全国公安文联秘书长张策，北京市门头沟区委宣传部副部长、文联主席彭天和，北京市公安文联常务副主席郗丙义等领导出席会议。李忠信主席、张策秘书长做重要讲话。

6月13日，全国公安文联美术家协会二次理事会议在内蒙古自治区通辽市召开。全国公安文联主席祝春林，全国公安文联秘书长张策等领导出席会议。会议的主要任务是大力实施文化强警战略，唱响主旋律，激发正能量，使公安美术事业更好地服务公安工作和公安队伍建设。会议回顾总结了2011年以来全国公安文联美术家协会工作，部署了下一步工作任务。

为庆祝中华人民共和国建国六十五周年，全国公安文联、全国公安文联书法家协会、美术家协会、摄影家协会、诗歌诗词学会和北京市公安文联联合举办的“全国公安民警庆祝新中国成立六十五周年书法美术摄影作品邀请展”（以下简称邀请展）8月25日在北京劳动人民文化宫开展，于8月29圆满结束。此次邀请展以“弘扬主旋律，追寻中国梦”为主题，邀请全国公安战线230多位有突出成绩的知名书法家、美术家和摄影家提交参展作品，共展出作品237幅，其中书法作品99幅、美术作品56幅、摄影作品82幅。作品既展示了广大公安民警对祖国的敬仰和热爱，又反映了真实的公安生活，很有感染力，摄影作品给人印象尤为深刻。

【坚持公安文联工作“一盘棋”，推动各地公安文联组织建设】

除山东和西藏外，其他省级公安机关已全部成立公安文联；100余个地市级公安机关成立了文联组织；辽宁、江苏、安徽、云南等省所辖的地市级公安机关已全部成立公安文联；部分县级公安机关也成立了文联组织。同时，全国公安文联会刊《家园》质量的提升，局域网站形式的不断创新，为公安文艺人才展示才华，唱响公安好声音提供了更加广阔的平台。

联系点、创作基地及基层文联

为促进公安事业的创新发展，更好地服务公安工作和队伍建设，全国公安文联进一步加强和扶持基层公安文化建设。

【发挥联系点、创作基地的引领作用】

为做好公安文化建设的基层基础工作，促进基层公安文化事业的健康发展，近年来，全国公安文联先后在北京、江苏等地公安机关建立了24个基层联系点，在内蒙古鄂尔多斯、河南内乡、浙江湖州、辽宁大洼建立了公安摄影创作基地、书画创作基地，文学创作基地和管乐创作示范点。2012年，分别在内蒙古锡林浩特和湖北警官学院建立书画创作基地和院校校园文化建设示范基地；2014年，分别在天津市画院和内蒙古自治区警察学院建立全国公安美术创作培训基地，在浙江东阳建立全国公安影视创作培训基地，在内蒙古自治区通辽市建立全国公安文化创作与研究基地，在吉林警察学院建立全国公安文联书画创作基地。

【推动并扶持基层公安文联的发展】

全国公安文联积极指导基层公安文联的组建工作。目前，除山东和西藏外，全国公安系统已成立33个省级（包括公安部一所文联、公安边防、消防文联和铁路公安文联）公安文联或类似的公安文艺组织，并带动了部分县级公安机关文联的组建。江苏、安徽、云南等省地市州级公安机关已全部成立公安文联组织。在此基础上，扶持、指导各地公安文联开展了丰富多彩的公安文化活动。北京、天津、河北、辽宁、黑龙江、福建、广西公安文联组织部分公安曲艺创作骨干深入公安基层一线开展小品、歌曲创作采风活动；辽宁、江苏、湖北、重庆等地公安文联组织开展“送文化到基层”活动。组织文化小分队赴基层慰问，受到了广大基层公安民警、武警官兵的热烈欢迎和一致好评；一些公安文联也通过不同文化形式慰问基层民警，对民警进行人文关怀。

中国检察官文联

综　述

2014年，在高检院党组的坚强领导下，在高检院政治部的有力指导下，在中国文联的业务指导和民政部的监督管理下，中国检察官文联和各直属专业协会、各团体会员单位全面贯彻党的十八大和十八届三中、四中全会精神，深入学习习近平总书记系列重要讲话精神，特别是习近平总书记在文艺工作座谈会上的重要讲话精神，充分发挥检察官文联职能作用，各项工作取得新进展。

会议与活动

【“清风正气”书画创作活动】

1月12日，由中国检察官文联、中国书法家协会主办，中国美术家协会、荣宝斋画院支持，北京早春文化艺术传播有限公司承办的“清风正气”2014中国书画名家迎新春联谊创作会在北京琉璃厂荣宝斋大厦举行。活动以书法、绘画等艺术表现形式，把检察文化、廉政文化与传统艺术形式相结合，营造了浓厚的廉政文化氛围。

中国检察官文联主席张耕，中国书协分党组书记、驻会副主席赵长青，中国书协原副主席刘艺出席了活动。赵长青副主席致辞，中国检察官文联秘书长杨明主持了活动。中国国家博物馆副馆长陈履生，荣宝斋画院常务副院长唐辉，著名旅美画家、中国美术家协会会员郑百重等十余名书画名家，检察系统内书法爱好者、首期高检院机关干部职工书法艺术讲习班部分学员参加了此次活动。

【赴河南、广西调研检察文化建设和检察官文联工作】

4月、5月期间，中国检察官文联主席张耕一行先后赴成立检察官文联最早的河南省和成立检察官文联较晚的广西壮族自治区调研检察文化建设和检察官文联工作。

在河南，张耕一行先后在省检察院、洛阳市检察院、信阳市检察院、南阳市检察院、平顶山市检察院就检察官文联的工作进行了座谈，在广西，张耕一行先后在自治区检察院、南宁市检察院、钦州市检察院、北海市检察院就检察官文联的工作进行了座谈，并实地考察了南宁市良庆区检察院、北海市海城区检察院等基层院的检察文化建设情况。

【“书画名家走基层送文化”活动启动】

5月14日，按照中国文联关于集中开展“惠民、为民、乐民”文艺志愿服务主题活动的要求，中国检察官文联书画协会组织的文艺志愿服务—“书画名家走基层送文化”活动拉开序幕。

中国检察官文联书画协会副会长、中国书法家协会会员、中国美术家协会会员邓晓岗走进重庆市检察院，为重庆检察机关书画爱好者作了一场主题为“书法之法”的艺术讲座。

【中国检察官文联一届三次全委会】

7月25日，中国检察官文联第一届委员会第三次全体会议在内蒙古自治区呼和浩特市召开。

会议选举增补了中国检察官文联第一届委员会委员、常委、副主席，最高人民检察院党组成员、政治部主任王少峰当选为中国检察官文联第一届委员会副主席。会议听取了中国检察官文联一届二次全委会以来工作情况的报告；审议通过了《中国检察官文联直属专业协会管理细则》和《中国检察官文联会员发展和管理办法》；6个省级检察官文联在会上作了工作经验交流。会议部署了中国检察官文联当前和今后一个时期的工作。

中国检察官文联主席张耕在会议结束时讲话。他强调，各级检察官文联和筹备组织要深入学习贯彻党的十八大、十八届三中全会和习近平总书记系列重要讲话精神，按照“服务大局，围绕中心，面向基层，稳步发展”的检察官文联工作总体要求，坚持检察文化理论研究、检察文化艺术创作、检察文化艺术活动“三位一体”的总体工作布局，进一步做好各项工作，努力服务于党和国家的工作大局、服务于检察机关的中心工作、服务于检察队伍建设、服务于广大人民群众，奋力开拓，勇于创新，不断开创检察官文联工作新局面。要在全国检察官文联系统进行一次扎扎实实的“回头看”，系统总结检察官文联成立以来的工作，在新的起点上，进一步振奋精神，明确方向，坚定信心，克服困难，以更加饱满的热情，求实的态度，扎扎实实地把检察官文联的各项工作推向深入。要加强检察文化理论研究，逐步建立中国特色社会主义检察文化理论体系。要坚持重心下移，面向基层，努力服务于基层检察文化建设，按照高检院党组和曹建明检察长的要求，努力做好基层检察文化服务工作。要坚持检察文化艺术活动“少而精，实而好”的原则，认真实施“文化惠检”工程，组织开展“检察文化基层行”志愿服务活动；继续举办好“以物喻检”文化活动，进一步创新形式，丰富内涵，以物的品格诠释检察精神，展示检察风采，激励检察队伍；继续组织好“迎新春、送文化”活动，以凝聚检力，激励斗志，促进发展。要坚持以人为本，进一步加强检察文化艺术人才队伍建设。要把检察文化艺术人才队伍建设摆在重要位置，在善于发现、凝聚、培养、使用人才上狠下工夫。要进一步加强检察官文联自身建设，不断增强检察官文联的工作生机与活力。要加强学习，加强规范化建设，加强廉政建设，坚持勤俭节约，艰苦奋斗，提倡无私奉献精神。要高度重视检察官文联各直属专业协会建设，加强对专业协会工作的领导，加强规范化管理。要加强信息化建设，积极运用数字网络化技术，抓紧建设检察文化艺术资源数据库和检察文化艺术人才数据库，努力构建“网上检察文艺之家”。

中国检察官文联副主席、最高人民检察院政治部副主任胡尹庐主持会议。

【中国检察官文联书画协会召开工作座谈会】

8月30日，中国检察官文联书画协会在京召开工作座谈会，中国检察官文联主席张耕出席座谈会并作重要讲话，书画协会会长张本才部署了书画协会工作，书画协会秘书长覃匡龙主持座谈会并传达了中国检察官文联一届三次全委会精神，总结了书画协会成立以来工作开展情况，并就下步工作提出了建议。与会人员围绕学习贯彻中国检察官文联一届三次全委会精神，就如何开展好书画协会工作进行了发言，对书画协会工作开展积极献言献策。中国检察官文联书画协会会长办公会成员，以及在京理事以上人员参加了座谈会。

【参加西藏自治区检察官文联成立大会暨检察文化援藏活动】

10月9日，西藏自治区检察官文联成立暨检察文化援藏会议在拉萨举行。中国检察官文联主席张耕，西藏自治区党委副书记、常务副主席、党委政法委书记邓小刚，自治区检察院检察长张培中出席会议并讲话。

张耕对西藏自治区检察官文联成立表示祝贺。他指出，西藏自治区检察官文联的成立，实现了全国32个省级检察系统文联组织的全覆盖。就如何做好检察官文联工作，他强调，要始终坚持理论武装，不断提高做好检察官文联工作的自觉和自信；要始终坚持正确方向，努力为加强检察队伍建设、推动检察工作科学发展凝聚正能量；要始终坚持创新思维，创新检察文化理论研究、检察文化艺术创作和检察文化艺术活动，不断开创检察官文联工作新局面；始终坚持以人为本，切实加强检察文化艺术人才队伍建设；要始终坚持强基固本，切实加强检察官文联自身建设，使检察文化工作成为推动检察工作的强大动力。

会议选举张培中为西藏自治区检察官文联第一届委员会名誉主席，自治区检察院常务副检察长占堆为主席。

期间，中国检察官文联组织的部分检察文化艺术人才深入到自治区院和部分基层院开展了检察文化援藏活动。

【专题学习贯彻“增强党性、严守纪律、廉洁从政”专题教育活动精神】

7月22日，中国检察官文联秘书处召开专题学习会，认真学习贯彻高检院党组成员、政治部主任、机关党委书记王少峰在高检院机关“增强党性、严守纪律、廉洁从政”专题教育活动动员大会上的重要讲话精神，并结合高检院机关专题教育活动方案和检察官文联工作实际，就秘书处如何开展专题教育活动作了安排部署。杨明同志主持了专题学习会。

【首届全国检察机关预防职务犯罪摄影作品展在平遥举行】

9月20日，以“关心您　保护您　帮助您”为主题的首届全国检察机关预防职务犯罪摄影作品展启动仪式在平遥文庙举行。中国检察官文联主席张耕出席开幕仪式。

本次活动由最高人民检察院职务犯罪预防厅、山西省人民检察院、中国检察官文联和中国检察官文联摄影协会共同举办。中共山西省晋中市委书记张璞致欢迎词，最高人民检察院职务犯罪预防厅厅长宋寒松讲话，山西省人民检察院党组书记、检察长杨司宣布首届全国检察机关预防职务犯罪摄影作品展开幕，启动仪式由山西省人民检察院党组副书记、副检察长荣彰主持。

本次活动自6月20日组委会向全国检察干警和摄影爱好者开始征稿，截至8月10日征稿结束，共收到全国32个省、市、自治区、直辖市、新疆建设兵团检察机关报送的作品926幅（组）。8月23日经过组委会邀请的中国摄影家协会副主席、山西摄影家协会主席王悦等专家评委反复评选，共评出特等奖10幅，一等奖15幅，二等奖21幅，三等奖26幅，优秀奖32幅，来自广东省东莞市检察院的《任重道远》等104幅摄影作品入选获奖，还通过群众投票的方式在展出作品中评出30幅“群众最喜爱的摄影作品奖”。而且所有获奖作品，都获得由2014年平遥国际摄影大赛组委会和首届全国检察机关预防职务犯罪摄影作品展组委会共同颁发的证书。

本次参展作品主题鲜明，体裁多样，突出反映了全国检察机关开展预防职务犯罪的工作情况，并具有促进廉政文化建设，弘扬主旋律，传递正能量的作用。

【中国检察官文联摄影协会举行摄影培训班开班仪式】

9月28日上午，中国检察官文联摄影协会摄影培训班在高检院机关多媒体会议室开班。来自高检机关及直属事业单位40多名学员参加。

【学习党的十八届四中全会精神】

10月24日，中国检察官文联秘书处召开专题学习会，组织全体人员学习党的十八届四中全会精神。中国检察官文联秘书长杨明主持学习会。

中国检察官文联主席张耕出席专题学习会，传达了曹建明检察长24日上午在高检院机关干部大会上的重要讲话精神，并就检察官文联如何学习贯彻党的十八届四中全会精神提出了要求。张耕指出，党的十八届四中全会在我们党的历史上第一次以全会形式就全面推进依法治国作出了专门决定，在新中国法治建设史上具有里程碑意义。这是我们党在新的历史条件下对社会主义法治建设历史经验的科学总结，深刻回答了“建设什么样的法治国家，怎样建设法治国家”一系列重大理论和实践问题，为坚持走中国特色社会主义法治道路提供了基本遵循，指明了前进方向，是指导中国特色社会主义法治建设的行动纲领。

张耕强调，一要高度重视党的十八届四中全会精神的学习贯彻。要充分认识四中全会的重大历史意义，原原本本、逐字逐句地深入学习和领会《中共中央关于全面推进依法治国若干重大问题的决定》，切实把认真学习贯彻四中全会精神作为检察官文联当前和今后一个时期的重大政治任务抓紧抓好。二要坚定不移地走中国特色社会主义法治道路，坚持将检察官文联各项工作自觉融入到中国特色社会主义法治建设的宏大工程中去，保持检察官文联工作的正确方向。三要充分发挥检察官文联的职能作用，运用各种文艺形式和载体，为检察抒写，为检察放歌，弘扬社会主义法治精神，传承社会主义法治文化和中华民族优秀的传统文化，学习和借鉴世界先进文化，为推进社会主义法治中国建设作出应有的贡献。四要坚持不懈地抓好检察文化艺术人才队伍建设，努力为繁荣发展社会主义检察文化和法治文化提供有力的人才支持。五是要切实加强检察官文联自身建设，注重落实党风廉政建设责任制，努力提高自身工作能力和水平，不断增强做好检察官文联工作的自觉和自信，努力开创检察官文联工作新局面，为繁荣检察文艺事业、推动检察队伍建设和检察工作科学发展，推进法治中国建设，实现“两个一百年”奋斗目标和中华民族伟大复兴的中国梦作出新的贡献。

【学习贯彻习近平总书记在文艺工作座谈会上的重要讲话精神】

10月20日，中国检察官文联秘书处召开学习贯彻习近平总书记在文艺工作座谈会上的重要讲话精神专题会。杨明同志主持专题学习会。会议传达了文艺工作座谈会主要精神，与会同志结合学习进行了深入讨论，交流了学习体会。中国检察官文联主席张耕主席会议并讲话。

张耕就学习贯彻习近平总书记在文艺工作座谈会上的重要讲话精神提出明确要求。他强调，各级检察官文联要以高度的政治责任感和历史使命感，把学习、领会、贯彻、落实好习近平总书记在文艺工作座谈会上的重要讲话精神摆在重要位置，作为当前和今后一个时期的重大政治任务切实抓紧抓好。他指出，各级检察官文联要按照高检院党组的部署和中国文联的要求，在高检院和各级检察院党组的坚强领导下，认真学习、深刻把握、全面落实习近平总书记重要讲话精神，紧密联系检察官文联工作的实际，统一思想，坚定信心，以更加有效的措施，努力开创检察官文联工作新局面。一是要进一步深化认识，努力提高做好检察官文联工作的自觉和自信。二是要始终坚持正确的工作方向，为加强检察队伍建设、推动检察事业繁荣发展凝聚正能量。要坚持立足检察实际、面向检察基层，着力突出检察官主体地位，充分运用各种文艺形式和载体，为检察抒写，为检察放歌。三是要坚持以创作为中心，认真落实检察文化理论研究、检察文化艺术创作、检察文化艺术活动“三位一体”的工作布局。要坚持把文艺创作放在更加突出的位置，深入开展反映检察工作发展，蕴含检察价值追求，富有思想性、艺术性和观赏性，具有检察特色和检察风格的文艺创作活动。四是要坚持不懈地抓好检察文化艺术人才队伍建设，努力提高检察文化艺术队伍素质。五是要切实加强检察官文联自身建设，努力提高自身工作能力和水平。

会议研究了贯彻落实意见，决定向全国检察官文联系统下发学习通知，要求各级检察官文联要通过深入学习习近平总书记重要讲话精神，不断提高做好检察官文联工作的能力和水平，推动检察官文联各项工作不断创新发展。

【检察影视创作专题研讨活动在山东德州举行】

10月17日至18日，中国检察官文联影视协会在山东省德州市举办“检察影视创作专题研讨”活动，中国检察官文联主席张耕出席会议并讲话。研讨会邀请了中国文联原副主席仲呈祥，中国人民大学法学院教授何家弘围绕“影视文化理论”、“法治与文学”等主题作了专题讲座。

【开展“重走长征路　共筑中国梦”全国检察文化基层行活动】

按照最高人民检察院党组的要求和中国文联的部署，由中国检察官文联组织的“重走长征路，共筑中国梦”全国检察文化基层行活动，于11月11日在江西省瑞金市启动，11月23日在陕西省延安市结束。中国检察官文联主席张耕，江西省检察院党组书记、检察长刘铁流，江西省检察官文联主席曾页九，中国检察官文联副主席、音乐舞蹈协会会长、北京市检察院第一分院党组书记、检察长高保京，贵州省检察院党组副书记、常务副检察长何冀，陕西省检察院党组成员、副检察长吕萍和当地党政领导先后出席启动仪式、参加了全国检察文化基层行的相关活动。

此次活动，旨在学习贯彻党的十八届四中全会精神和习近平总书记在文艺工作座谈会上的重要讲话精神，纪念红军长征出发80周年，弘扬长征精神和检察精神，激励检察干警努力践行社会主义核心价值观，推动检察文化繁荣发展。来自全国9省（市区）检察官文联的10名检察人员组成的检察文化艺术志愿者小分队，从长征的出发点江西省瑞金市出发，途径长征的转折点贵州省遵义市，到达长征的胜利会师点陕西省延安市，历时15天，行程5000余公里，走进三省三市的6个基层检察院和检察英模、老检察官家中，演出文艺节目26场次，向基层检察院赠送价值20余万元的检察文化书籍、文化用品，书画作品30余幅，书写春联1000余副，向烈士纪念碑敬献花篮，缅怀老一辈革命烈士，接受革命传统教育，受到当地基层检察干警和人民群众的欢迎。

【“中国梦·检察魂”全国检察机关书画摄影作品展】

11月19日至24日，由中国检察官文联与中国文联、中国文学艺术基金会共同主办的“中国梦·检察魂”全国检察机关书画摄影作品展在京举行。

中国文联党组书记、副主席赵实出席开幕式。最高人民检察院党组成员、政治部主任、中国检察官文联副主席王少峰宣布展览开幕。

中国检察官文联主席张耕和中国文联党组成员、副主席、书记处书记李前光分别致辞。

这次活动得到全国各级检察机关的大力支持，32个省级检察官文联积极参与。从各地检察官文联报送的1100余副作品中筛选出160余副作品进行展出。展出的作品以“中国梦”为主题，体裁多样，视角开阔，检察特色突出，所有作品都出于检察人员之手，多角度反映了检察机关文化建设的成果，热情抒写了检察机关践行依法治国理念的实践，诠释了检察干警热爱祖国、热爱人民、崇尚法治、清正廉洁的真挚情怀。

活动还邀请中国文联、中国文学艺术基金会、最高人民法院公安部、国家新闻出版广电总局等部门的相关领导和部分省级检察官文联领导出席。期间，最高人民法院党组副书记、副院长江必新专程参观了展览。组委会还组织了高检院机关老干部和北京市检察机关参观专场。

【中国检察官文联文学协会召开第一次理事会】

11月26日，中国检察官文联文学协会第一次理事会在河南省郑州市召开。中国检察官文联主席张耕出席会议并讲话。大会听取了文学协会秘书处所作的文学协会工作情况报告，并进行了审议。大会聘请陆天明、施战军等著名作家、学者为文学协会顾问。会议期间，还举行了中国检察官文联文学协会创作基地、管城区检察官文联和方圆诗社创作联络点揭牌仪式及其他活动。

本次会议由中国检察官文联文学协会主办，方圆杂志社、检察日报社文艺副刊部协办，郑州市检察官文联、管城区检察官文联承办。

研讨与研究

【组织编写《检察文化理论研究文库》】

3月17日，中国检察官文联印发《关于编写〈检察文化理论研究文库〉系列丛书的通知》，对《检察文化理论研究文库》系列丛书编写工作提出明确要求。通知还对课题研究的质量标准、评审程序、课题申报、经费保障、管理做了具体规定。

【《检察文化初论》正式出版】

5月，《检察文化理论研究文库》的第一个课题成果《检察文化初论》由中国检察出版社出版发行。

【第三届中国检察官文化论坛】

7月24日，由中国检察官文联、国家检察官学院、最高人民检察院检察理论研究所和内蒙古自治区检察官文学艺术联合会共同举办，呼和浩特市检察官文学艺术联合会承办的第三届中国检察官文化论坛在内蒙古自治区呼和浩特市举行。

本届论坛旨在深入学习贯彻党的十八大、十八届三中全会精神，深入学习习近平总书记系列重要讲话，认真落实高检院《关于深入贯彻落实党的十八大精神，进一步加强检察文化建设的决定》要求，以“检察基层文化建设的理论与实践”为主题，从理论层面总结基层检察机关加强文化建设的经验，配合全国检察机关开展的以“为民、务实、清廉”为主要内容的党的群众路线教育实践活动，进一步繁荣检察文化，加强检察队伍建设，推动检察工作科学发展。

最高人民检察院党组成员、政治部主任王少峰出席论坛开幕式并讲话；中国检察官文联主席，最高人民检察院原党组副书记、常务副检察长张耕主持论坛开幕式并作总结讲话；内蒙古自治区人民检察院党组书记、检察长，内蒙古自治区检察官文联名誉主席马永胜出席论坛开幕式并致辞；中国文联国内联络部主任刘尚军代表中国文联在论坛开幕式上致辞。山东省人大常委会原党组副书记、副主任、山东省人民检察院原党组书记、检察长、山东省检察官文联主席国家森，江西省人民检察院原党组书记、检察长、江西省检察官文联主席曾页九出席论坛开幕式。

论坛上，中国文化软实力研究中心主任，中宣部理论局原副局长、全国哲学社会科学规划办公室主任、博士生导师张国祚教授作了题为《社会主义核心价值体系和核心价值观若干问题》的专题讲座。为办好本届，中国检察官文联组织开展了论文征集活动，共收到各级检察机关和检察官文联推荐论文222篇，评出一等奖论文5篇、二等奖论文10篇、三等奖论文20篇，优秀论文68篇。35篇获奖论文和12个组织工作先进单位在论坛上受到表彰，12位检察人员在论坛上进行了交流发言。

高检院有关部门的负责同志、中国检察官文联第一届委员会副主席、常委、委员和部分获奖论文作者、组织工作先进单位代表参加了这次论坛。

【召开《中国检察文化理论研究文库》课题研究工作座谈会】

9月28日，中国检察官文联在贵州省召开《中国检察文化理论研究文库》课题研究工作座谈会。会议通报了课题研究工作进展情况，对如何进一步抓好文库建设和课题研究工作作了安排部署。

【团体会员检察文化理论研究】

8月和12月，辽宁省检察官文联和海南省检察官文联先后在沈阳和海口召开了“检察职业行为研究”学术讨论会。江西省检察官文联开展了以“检察职业良知”为主题的全省检察文化理论研讨征文活动，征集论文155篇，评出获奖论文38篇。宁夏回族自治区检察官文联组织干警参加了中国法学会第九届“中国·西部法治论坛”论文征集活动，1人获一等奖，3人获优秀奖。

获奖情况

【上海检察官合唱团获奖】

由中国检察官文联音乐舞蹈协会、上海市检察官文联共同组织，上海检察官合唱团在哈尔滨举办的第11届全国声乐比赛合唱组中取得第六名和伴奏奖的好成绩。

【检察官戴俊卿获奖】

电视剧《打狗棍》原创编剧、中国检察官文联文学协会常务理事、河北省承德市检察官文联主席戴俊卿荣获第13届华鼎奖最佳编剧。

【全国产（行）业文联展览获奖】

检察官陈怀安、王耕耘、赵继明、许刚、李寿山的书法作品，鲍国友、周春峰、黄泽民、张体文的美术作品，詹爱平、赵如意、党群、王宪江、卢江、王维清、万军、林立、孙明若、梁建勇、高锦强的摄影作品，舞蹈作品《顶碗》分别荣获中国文联主办的“情系中国梦——庆祝新中国成立65周年”全国产（行）业文联书法精品展、美术精品展、摄影精品展、舞蹈精品展演优秀作品。王维清、王宪江、梁建勇、叶寿生的摄影作品荣获中国文联主办的“情系中国梦——庆祝新中国成立65周年”全国产（行）业文联摄影精品展最佳作品奖。中国检察官文联被中国文联授予“情系中国梦——庆祝新中国成立65周年”全国产（行）业文联书法精品展、美术精品展、摄影精品展、舞蹈精品展演四个展览优秀组织奖。

【电影《十二公民》获奖】

10月25日，由中国检察官文联、辽宁省检察官文联、北京市检察官文联共同拍摄，北京聚本文化传媒有限公司出品、改编自美国经典电影《十二怒汉》的电影《十二公民》在第九届罗马国际电影节上摘得最高奖项“马可·奥雷利奥”奖，成为罗马国际电影节史上第一部拿下最高奖项的中国影片。

【电视连续剧《守望正义》获奖】

由中国检察官文联、中国检察出版社、北京市检察院、北京市延庆区检察院联合摄制的37集反腐题材电视连续剧《守望正义》，于12月被国家新闻出版广电总局评为2014年度优秀电视剧暨剧本专项资金扶持项目。

【话剧《皓月当空》获奖】

7月，中国检察官文联、重庆市检察官文联在北京召开话剧《皓月当空》剧本研讨会，由重庆市万州区检察官李勇创作的剧本，以真实案例为原型，讲述了一名基层检察长顶住了来自各方压力，带领干警认真审查复核案件的每个环节，最终还当事人清白的故事，展示了检察人员刚正不阿、忠诚执法的精神风貌。12月2日该剧在首个国家宪法日来临之际在重庆成功公演，获得了好评，并获第六届国际奥林匹克戏剧展演奖。

检察文化艺术创作

【“中国梦——我的检察官故事”征文】

7月至10月，中国检察官文联及其文学协会、检察文艺网、《检魂》会刊组织开展了“中国梦——我的检察官故事”主题征文活动。征集到纪实散文2000余篇，经中国散文学会专家评审，评出优秀作品120篇。这些作品通过讲述富有浓郁时代精神、鲜明检察特色、鲜活检察生活气息的检察故事，展示出检察人员的寻梦和追梦过程。

【书画摄影展的作品征集】

8月至11月，中国检察官文联及其书画、摄影协会举办了“中国梦·检察魂”全国检察机关书画摄影展的作品征集工作，收到作品1100余副

（组），经专家评审，146副（组）作品参展。这些作品以“中国梦”为主题，体裁多样，视角开阔，生动描绘了伟大祖国的壮丽山河，诠释了检察人员热爱祖国、热爱人民、崇尚法治、清正廉洁的真挚情怀。

【第四届“迎新春、送文化”春联征集】

9月至12月中国检察官文联举办了第四届“迎新春、送文化”春联征集活动，广大检察人员和社会各界楹联爱好者踊跃参与、认真创作，共征集春联作品4752副，其中社会各界358副，检察系统4394副，占征集春联作品总数的93%，经中国楹联学会专家认真评审，共评定获奖作品497副，其中一等奖9副（检察官作品8副）、二等奖18副（检察官作品16副）、三等奖30副（检察官作品26副），优秀奖140副（检察官作品123副），提名作品300副（检察官作品294副）。

基层检察官文联

各团体会员，以及各地基层检察官文联结合实际，组织创作了一批有较高艺术水准、体现检察职业特色的优秀文艺作品。中国检察官文联书画协会副会长马光剑创作的《信仰之路》，入选第十二届全国美展。内蒙古自治区检察官赵如意的摄影作品《雪原狂飙》荣获2014年挪威艺术国际摄影展金奖。由宁夏回族自治区吴忠市红寺堡区检察官杨迎春作词的歌曲《有一个梦叫中国梦》获得“建国杯”第四届全国大型音乐展演活动作词类银奖等等。

各团体会员，以及各地基层检察官文联结合实际，广泛组织开展了主题鲜明，贴近基层，内容丰富的创作采风、笔会、展览、汇演、比赛、检察文化下乡等活动。北京市检察官文联广泛开展了群众性检察文化活动，举办了全市检察机关硬笔书法比赛、微小说创作比赛和第六届检察风采摄影比赛。春节前夕，内蒙古自治区、上海市、福建省、江西省、陕西省检察官文联先后举办了“迎新春、写春联、送温暖”等文化活动。辽宁省检察官文联举办了首届全省检察机关书法、美术、摄影展评活动。吉林省检察官文联举办了首届“检察印象”摄影展。海南省检察官文联开展了检察文学创作与书画摄影采风活动。山东省检察官文联举办了“中国梦·检察情”书画笔会活动。重庆市检察官文联举办了全市检察机关以“山水喻检”为主题的书画比赛等活动。四川省检察官文联先后举办以“阳光检察·微力聚焦”为主题的微影视、微写作、微公益广告创作评比活动。甘肃省检察官文联举办了全省检察机关“送文化到基层、精神大餐助双联”活动等。

中国人民银行文联

综　述

2014年，人民银行文联在行党委的正确领导下，在中国文联的精心指导下，以邓小平理论、“三个代表”重要思想和科学发展观为指导，认真贯彻落实党的十八大、十八届三中、四中全会以及习近平总书记系列讲话精神，按照“围绕中心、服务大局、增进团结，凝聚和谐”的总要求，团结引导人民银行广大职工，积极开展文艺创作和群众性文化活动，为推动央行文化建设作出了积极贡献。

2014年是落实党的十八大精神的关键一年，也是学习贯彻党的十八届三中、四中全会的重要一年。人民银行文联坚持联系实际、突出重点，深刻把握党的十八大、十八届三中、四中全会的基本精神和任务要求，努力将中央政策规定和决策部署传到基层、落到实处，引导人民银行文联干部和广大文艺爱好者充分认识到中国特色社会主义文化发展道路的根本要求，增强责任感和使命感，为推动央行文化建设、助推“中国梦”、“央行梦”贡献力量。

人民银行文联注重夯实基础、扎实工作，认真完成上级交办的各项任务。根据《中国文联办公厅〈关于中国文学艺术界联合会年鉴〉（2014）组稿工作的通知》要求，汇总整理全系统文联工作情况，完成了《中国人民银行文联2013年工作年鉴》一万多字的材料起草工作，较好地完成了工作任务。参加中国文联文艺志愿服务工作会议暨中国文艺志愿者协会一届二次理事会，推荐胡碧珠同志替补为中国文艺志愿者协会理事，组织参加中国文联文艺评论家协会成立仪式，推荐姚余栋为中国文联文艺评论家协会第一届理事。

组织建设情况

【加强文联组织建设】

7月，人民银行文联召开一届四次理事会，对人民银行文联常务理事会成员名单进行了调整。截止到2014年，绝大多数分支机构成立了文联分会和相关协会，构建了比较完善的文联组织结构体系，形成了各级文联组织“一盘棋、一家亲”的良好局面。

【加强文联制度建设】

组织制定了《人民银行文联工作规划》，明确了今后一段时期文联工作的指导思想、主要任务和工作计划。指导书法、摄影、美术协会修订完善了协会章程，进一步明确了协会的工作职责和组织架构。

【加强文联信息化建设】

启动了“人民银行文联门户网站”项目，大力建设“网上文联”，逐步搭建一套综合性的信息服务平台、文艺资源共享平台、文艺作品展示平台，积极打造网上文艺新阵地，让文联信息化建设的成果惠及更多的干部职工。

【加强文联宣传平台建设】

《央行文苑》作为人民银行文联电子杂志，共编发《央行文苑》7期，登载近300名作者的作品，为人民银行系统文学艺术爱好者提供了交流平台，陶冶了广大职工的艺术修养。

【规范文联基础性工作】

根据各分支机构报送的人民银行系统文艺人才材料，汇总整理各级文联理事及各协会理事、会员的基本情况、文艺成就、文艺作品等信息资料，建立全系统文艺人才数据库，规范了人民银行文联的基础性工作。

会议、活动及主要工作

【组织参加中国文联庆祝建国65周年、中国文联成立65周年等系列活动】

组织职工参加了由中国文联举办的“情系中国梦——庆祝新中国成立65周年全国产（行）业文联展演活动”、“追寻中国梦——庆祝中国文联成立65周年全国文联系统干部职工美术书法摄影展”等系列活动。人民银行8件获得最佳作品奖，60件获得优秀作品奖；人民银行文联在书法、美术、摄影、舞蹈四类活动中均获得优秀组织奖。

【组织开展“中国梦·劳动美·我与改革创新”主题演讲比赛】

分支机构和直属单位中，共有25家单位向总行选送了43名选手，最终评出一等奖2名、二等奖3名、三等奖5名、优秀奖33名，优秀组织奖20名。获得人民银行演讲比赛一等奖的陶萍获得全国金融系统职工演讲决赛一等奖、全国职工演讲决赛第四名。赵其伟获得全国金融系统职工演讲决赛优秀奖。

【开展“惠民、为民、乐民”文艺志愿服务主题活动】

5月，围绕“文艺惠民、文艺为民、文艺乐民”主题，组织全系统文联分会、文艺协会、文艺兴趣小组开展各类文艺培训、讲座、展评活动，培养了辖区广大职工的兴趣爱好，提高了各类文艺爱好者的文艺水平，得到广大职工的一致好评和基层群众的热烈欢迎。

【“红色金融——庆祝建国65周年人民银行职工摄影电子作品展”】

10月，人民银行文联、人民银行书法协会、郑州中心支行工会共同举办“红色金融——庆祝建国65周年人民银行职工摄影电子作品展”，征集作品1400余幅，精选111件优秀作品，制成电子展册和电子杂志专刊。

【开展庆祝建国65周年央行职工书法作品征集活动】

10月，人民银行文联、人民银行书法协会、郑州中心支行工会共同举办“庆祝建国65周年央行职工书法作品征集活动”，共征集作品400多件，并遴选70件优秀作品制作成65米长卷。

【开展人民银行文联LOGO（形象标识）征集活动】

人民银行文联、广州分行工会共同举办“中国人民银行文学艺术联合会”LOGO（形象标识）征集活动，进一步提升形象，打造品牌，扩大人民银行文联的影响力，充分展现了央行文艺建设的核心理念。

各分会组织建设情况

【人民银行文联沈阳分行各协会成立】

沈阳分行辖区各中心支行大部分单位都已成立了摄影、书法、声乐、健身操协会等文艺自愿者协会。全辖共成立摄影协会10个，书法协会5个，声乐协会3个，健身操协会1个。参与职工人数近500人。

【人民银行文联南京分行分会成立支会】

南京分行文联成立于2012年12月25日，文联成立以来积极加强组织建设，完善组织架构，积极推动有条件的单位成立支会。目前辖内扬州、淮安中心支行成立了文联支会，扬州中心支行还牵头成立了金融文联。

【人民银行文联济南分行完善组织机构】

济南分行于8月7日召开了分行文联（山东省）第二届理事会议。会议传达了人民银行文联一届四次会议精神，总结了分行文联成立三年来的工作情况并部署今后文联工作；通过了分行文联章程修订案；选举通过第二届理事会及各协会人员名单；举办了职工书画作品向分行文联捐赠仪式，分行文联向书画作品捐赠者颁发了收藏证书。

【人民银行武汉分行分会推动辖内各地人民银行牵头成立地方金融文联】

人民银行文联武汉分会结合辖内地域特色和金融系统实际，推动辖内各单位紧紧依托地方文联组织成立地方金融文联，致力于团结凝聚金融系统整体力量，丰富地方广大金融职工文化生活，发现和培养金融系统文学艺术人才。9月2日和11月8日，荆州市中心支行和随州市中心支行分别牵头成立地方金融文联，武汉分行工会办主任、分会副主席王晓虹同志出席成立大会并揭牌。地方金融文联肩负着联合、团结、引领、服务当地金融系统广大干部职工的重任和使命，得到了当地党政的高度重视、金融机构的大力支持和积极参与，以及地方各届的广泛关注。

【人民银行文联广州分行分会完善组织机构】

3月20日，人民银行文联广州分行分会召开第四次秘书处会议，提请分会理事会审议通过徐蔚萍担任广州分行分会副主席兼秘书长；陈铁英、何伟刚任广州分行分会副主席；黄昌隆、李全新、王敬力转任广州分行分会专业理事；曾启通任广州分行分会书法协会主席；黄昌隆任广州分行分会摄影协会副主席；金晓华任广州分行分会秘书处成员、摄影协会理事；黄卓浩候任广州分行分会秘书处成员。

【人民银行文联成都分行分会组织机构调整】

1月3日，按照人民银行党委《中共中国人民银行委员会关于调整人民银行分支机构工会工作机制的意见》（银党〔2013〕29号）的相关精神，调整中国人民银行成都分行文学艺术联合会22名组成人员。4月15日，对中国人民银行成都分行书法协会、中国人民银行成都分行美术协会、中国人民银行成都分行摄影协会和中国人民银行成都分行写作协会共20名组成人员进行了调整。

【人民银行文联西安分行分会组织机构调整】

3月19日，为适应工会工作运行机制调整的形势变化，专门就原西安分行文联工作的职责范围等召开会议，并就“中国人民银行文学艺术联合会西安分行分会”《工作规划》及人员变更情况做了专题说明，陕西省以外的人员基本退出并聘请3位即将退休的原理事会成员和外省具有较高艺术水平的5名理事为顾问。对文联机构、人员进行了较大幅度的调整，并在5月22日召开第一届二次理事会，选举产生了新一届一次理事会主席、副主席、秘书长，通过秘书处组成人员等。其中名誉主席、主席由分行领导担（兼）任，副主席由工会办同志和各协会主席担任，秘书长兼任，副秘书长由营管部、各中心支行工会办主任和分行工会办相关同志担任。

【人民银行文联重庆营管部分会理事会成员调整】

11月20日，人民银行重庆营管部召开人民银行文联重庆分会一届二次理事会议，对分会理事会成员调整进行了说明，并提出2015年主要工作任务。营业管理部工会主任邓军出席会议并作重要讲话，要求分会要继续坚持“围绕中心、服务大局”的基本原则，努力提升文联工作的渗透力和影响力；要注重价值导向，要以社会主义核心价值观引导职工传承优秀文化，增强组织凝聚力；要注重人才培养，确保营业管理部文艺事业薪火相传。

【人民银行文联杭州分会完善组织机构】

5月20日，人民银行文学艺术联合会浙江分会一届二次理事会议在建德召开，浙江分会主席萧鸣出席会议并作重要讲话，浙江分会副主席王巧勤，浙江分会常务理事、理事以及各专业协会会长、理事共50余人参加会议。会议调整了人行文联浙江分会第一届理事会成员，增补了部分专业协会理事，总结了浙江分会成立以来的工作开展情况，研究部署了下一阶段工作任务。

【人民银行文联河北分会成立】

12月3日，石家庄中心支行召开中国人民银行文学艺术联合会河北分会成立大会。中国人民银行工会常务副主任张汉平、综合财务部部长王克俭，天津分行工会办公室主任边俊利，河北省企业文联主席、河北省书法家协会副主席范硕莅临大会指导。会议通过了《中国人民银行文学艺术联合会河北分会》章程，选举产生了人民银行文联河北分会主席团、第一届理事会和摄影、书画、文学三个协会。人民银行文联河北分会的成立，标志着河北央行文联发展进入了一个崭新阶段，将对全省央行文化建设及各项工作开展发挥积极作用。

【人民银行文联长春分会成立】

12月19日，中国人民银行文学艺术联合会吉林分会暨一届一次理事会在长春隆重召开，来自吉林省人民银行系统的62名代表出席成立大会，大会通过《中国人民银行文联吉林分会章程》（草案）、《中国人民银行文学艺术联合会吉林分会第一届常务理事会理事名单》、《中国人民银行文学艺术联合会吉林分会第一届理事会理事名单》及人民银行文联吉林分会下设书法美术、摄影、音乐舞蹈、文学创作四个专业协会组织机构名单。新当选的中国人民银行文联吉林分会主席王高平就人行文联吉林分会的工作任务和发展作了讲话。

【人民银行文联安徽分会成立】

10月10日，合肥中心支行组织召开了中国人民银行文学艺术联合会安徽分会第一届会员代表大会暨成立大会。来自安徽省人民银行系统的98名代表参加了会议，大会审议通过了《中国人民银行文学艺术联合会安徽分会章程》及人民银行文联安徽分会下设书法美术、摄影、作家、收藏、音乐舞蹈五个专业协会理事提名名单，通过了人民银行文联安徽分会常务理事会、专业理事及行政理事提名名单。

【人民银行文联河南分会成立】

8月22日，中国人民银行文学艺术联合会河南分会成立大会暨一届一次理事会在郑州隆重召开。中国人民银行郑州中心支行党委书记、行长金鹏辉同志在大会上致辞。大会审议通过了《中国人民银行文学艺术联合会河南分会章程》、《中国人民银行文学艺术联合会河南分会第一届理事会理事提名名单》，选举产生了中国人民银行文学艺术联合会河南分会第一届理事会、常务理事会，主席、副主席和秘书长，审议通过了人民银行文联河南分会副秘书长、秘书处组成人员名单；审议通过了分会下设书法、美术、摄影、文学创作、收藏五个专业协会及理事名单。中国人民银行文学艺术联合会河南分会主席崔新民同志在会上作了重要讲话。

【人民银行文联江西分会成立】

6月30日，中国人民银行文联江西分会成立大会暨一届一次理事会在南昌召开。来自江西省人民银行系统各单位的100余名文联江西分会理事及各协会会员参加了大会。文联江西分会机构设置与人民银行文联有关机构设置对应，设有分会理事会，理事会荣誉主席、主席、副主席、秘书长、副秘书长。分会理事会共有行政理事17人，各类专业理事19人，下设摄影、书法和手工制作3个协会，共发展会员105人，其中摄影协会会员51人，书法协会14人，手工制作19人，会员中拥有国家级协会会员资格的有25人。

【人民银行文联湖南分会成立】

10月30日，长沙中心支行召开中国人民银行文学艺术联合会湖南分会成立大会。会议通过了文联湖南分会一届一次理事会名誉主席、主席、副主席、秘书长、副秘书长及理事会人员名单，文联分会暂设书法协会和摄影协会。长沙中心支行助理巡视员刘建新主持会议，湖南省文联叶心予副主席、省体育总会冯湘江副会长到场祝贺，并为文联分会揭牌。来自湖南省人民银行系统的100余名文联分会理事和工会会员参加了大会。

【人民银行文联广西分会成立】

4月10日下午，中国人民银行文学艺术联合会广西分会成立大会暨一届一次理事会会议在南宁中心支行召开，广西人民银行系统各中心支行的代表参加了会议。成立大会上，代表们听取了《中国人民银行书法、美术、摄影协会广西分会工作报告》、《中国人民银行文学艺术联合会广西分会筹备工作报告》，通过了《中国人民银行文学艺术联合会广西分会章程》，崔瑜行长被推选为广西分会名誉主席，罗跃华副行长被推选为广西分会顾问，产生了以黄育玲为主席，庞林华（兼秘书长）、潘信豪、梁宏祺、黄卫宁、徐友仁为副主席的第一届理事会及执行机构，研究部署了广西分会2014年的工作。会议结束后，进行了书画交流活动，广州分行工会徐维主任亲临现场指导。

【人民银行文联海南分会成立】

7月2日，海口中心支行组织召开了中国人民银行文学艺术联合会海南分会成立大会暨一届一次理事会。会议选举产生了一届一次理事会名誉主席、主席、副主席、秘书长，通过了秘书处组成人员，并选举了行政理事和各专业理事。

【人民银行文联云南分行组织召开云南省金融文学艺术联合会成立大会】

12月4日，人行文联云南分会牵头组织召开云南省金融文学艺术联合会成立大会。昆明中心支行党委书记、行长杨小平在讲话要求云南省金融文联要团结凝聚金融人才，突出金融行业特色，自觉融入全省文化建设大局，坚持贴近金融、服务社会的宗旨，加强宣传金融事业，扩大金融文联影响力。会议通过了云南省金融文联章程，并选举产生了云南省金融文联第一届理事会。

【人民银行文联甘肃分会成立】

3月14日，兰州中心支行组织召开了人民银行文学艺术联合会甘肃分会成立大会暨第一届会员代表大会。大会审议通过了《中国人民银行文学艺术联合会甘肃分会章程》，选举产生了分会第一届理事会、常务理事会和会长、副会长。人民银行总行工会调研员刘卫平和甘肃省文联副主席张永基共同为人民银行文学艺术联合会甘肃分会揭牌。

【人民银行文联宁夏分会召开理事会】

3月20日，中国人民银行文学艺术联合会宁夏分会理事会在人民银行银川中心支行召开。会议由文联宁夏分会常务副主席李前堂主持。宁夏分会理事会成员及秘书处相关工作人员共30人参加会议。理事会对秘书处提议的人事调整和分会名称规范事项进行了审议通过。一是审议通过对分会主要负责人的调整。根据银川中心支行领导班子成员的分工和履职要求，决定李宁同志不再担任分会会长，由张克立同志担任文联宁夏分会主席；二是审议批准了15名新增会员；三是审议增选了1名理事；四是审议增选了1名常务理事；五是审议通过关于分会内设机构负责人称谓变更事项。

【人民银行文联新疆分行成立】

6月30日，中国人民银行文学艺术联合会新疆分会正式成立，中心支行党委书记、行长朱苏荣同志亲自担任文联分会名誉会长，党委委员、工会主任张培英担任会长，14个地、州、市中心支行工会办主任担任副秘书，分会下设摄影、书法美术、文学创作、音乐舞蹈、收藏五个专业协会，共75名专业人才作为协会理事正式加入，部分地州市中心支行分别成立了金融文联和地区文联。制定并印发《中国人民银行文学艺术联合会新疆分会章程》。

【人民银行文联金币公司分会成立】

中国人民银行文联中国金币总公司分会成立大会暨一届一次理事会于12月19日顺利召开。人民银行工会常务副主任、文联主席张汉平、中国金币总公司党组书记、董事长徐联初、党委书记、总经理张汉桥、董事李竞雄、工会主任霍爱军、纪委书记李清松、总经理助理邵军志、王安等公司领导，各分工会工会主席、会员代表共计40人参加会议。党群工作部总经理李殿霄同志分别宣读了《中国金币总公司文联分会筹备情况的报告》、《中国金币总公司文联分会章程》、《中国金币总公司文联分会理事及四个专业协会人员名单》等文件，并经代表讨论举手表决通过。人民银行文联金币公司分会的成立，既促进了金币系统文化发展的阵地建设，也充分体现了贴近职工、服务职工的原则，为更好地展示职工才华、更好地发挥文艺活动舒缓职工情绪、振奋职工精神、凝聚职工力量的独特作用提供了新的平台和载体。

【人民银行文联郑州培训学院分会召开一届二次会议】

7月初召开了中国人民银行文学艺术联合会郑州培训学院文联分会第一届理事会第二次会议，改选了中国人民银行文学艺术联合会郑州培训学院文联分会副秘书长。

各分会会议、活动及主要工作

【人民银行文联上海总部分会积极部署机关文联工作】

上海总部工会在2014年年度工作会议上，全面部署文联工作，以机关各分工会为依托，以各部门为单位，举办了以“迎新春”、“迎中秋、庆国庆”、“惠民、为民、乐民”文艺志愿服务等为主题的各类活动。组织机关职工参加了“中国梦劳动美我与改革创新”、“红色金融——人民银行系统庆祝建国65周年职工摄影电子作品展”、建国65周年人民银行书法展览作品等活动，达到了全行参与、共建和谐的目标。

【人民银行文联沈阳分行分会纪念建国65周年“中国梦 央行美”摄影作品展】

9月26日，沈阳分行机关举办了纪念建国65周年“中国梦 央行美”职工摄影作品展。展览的主题是：回顾光辉历程，拥抱央行梦想。本次展览共征集了分行机关各部门的作品245幅，在集中选优的基础上，遴选123幅作品，分为“中华颂”、“央行情”、“我的梦”三个版块进行展示。这些作品，充分表达了分行机关广大干部职工对祖国的无限深情，对幸福生活的热情讴歌。

【人民银行文联南京分行分会开展文艺志愿主题活动】

5月28日，按照总行文联关于开展“惠民、为民、乐民”文艺志愿服务主题活动的相关要求，分行文联积极组织辖区广大文艺爱好者到社区、敬老院等基层，为人民群众送去艺术、送去温暖、送去欢乐。分行文联与淮安中心支行文联联合开展文艺志愿服务活动。28日上午，文联常务副主席、工会办主任万晓平，副主席许德馨，文联秘书长、工会办副主任陈姝峰等一行组成采风小分队走进淮安市“幸福清河”社区文化艺术节活动现场与社区百姓同欢舞，热烈互动，宣传金融知识、展示文明礼仪、传播道德风尚，充分展现了央行文化志愿者的亲民情怀。

【人民银行文联济南分行分会“钱币收藏与鉴赏”专题讲座】

5月28日，文联济南分会与齐鲁钱币博物馆联合举办了“钱币收藏与鉴赏”专题讲座，激发了大家爱好钱币、收藏和研究钱币的兴趣，提高了学习和宣传钱币知识的积极性和主动性，增强了保护和传承历史货币文化的责任感和使命感。

【人民银行文联武汉分行分会组织开展摄影、书法作品创作交流活动】

5月27日至28日，人民银行文联武汉分会在武汉组织开展了以“金融改革与央行文化”为主题的会员摄影、书法作品创作交流活动。武汉分行工会主任、分会主席刘绍新同志，分行纪委书记、分会副主席张鉴君同志，南昌中心支行副行长、分会副主席张智富同志和来自赣、鄂、湘三省人民银行系统的56位理事和特邀会员参加活动。

活动中，理事和会员们紧密围绕活动主题现场创作书法作品71幅，摄影作品263幅，促进了分会文学艺术水平不断提升。

【人民银行文联广州分行分会庆祝建国65周年书法、美术、摄影、文学作品大赛】

9月25日至27日，中国人民银行文学艺术联合会广州分行分会、广东省金融文学艺术联合会、广东省金融系统青年联合会联合举办了“金融人·岭南情·中国梦”——广东金融系统庆祝建国65周年书法、美术、摄影、文学作品大赛优秀作品展。

【人民银行文联成都分行开展文艺志愿服务主题活动】

5月，分行文联指导各单位开展了形式多样、内容丰富的“惠民、为民、乐民”文艺志愿服务主题活动，如甘孜中心支行到九龙县乌拉溪乡偏桥村开展文艺慰问演出。文艺志愿服务主题活动贴近群众，起到了“惠民、为民、乐民”的作用。

【人民银行文联西安分行分会“歌颂祖国·感恩央行”主题演讲会】

9月29日，由分行工会工作委员会和文联主办了“歌颂祖国•感恩央行”主题演讲会。分行党委书记、行长郭新明同志，分行党委副书记、副行长杜迎伟，分行党委委员、副行长袁庆春同志，分行党委委员、工会主任张军同志等，分行机关干部职工和辖区工会干部等300多人，共同聆听了13名同志的精彩演讲。分行工会办主任董琦同志主持演讲会，分行党委书记、行长郭新明同志做了重要讲话。13位演讲者依次登台亮相，有的结合亲身经历，有的引用身边的故事，有的配合肢体语言，分别围绕不同的话题、共同的心声、大量鲜活的事例激情演讲发生在央行的感恩事、感恩人。通过自己、自己所在的集体、自己身边的央行人，展示了辖区央行人感恩央行的生动实践。

【人民银行文联北京营业管理部分会组织开展“离退休干部重阳节”活动】

10月14日文联会员与离退休干部共度重阳节，赴昌平培训中心给离退休干部组织了音乐欣赏讲座《走进音乐的世界》。按照老年人的特点，选择了老年人熟悉的旋律引导老干部走进音乐的世界。音乐通俗、易懂，讲座得到了老干部的欢迎，让大家在欣赏音乐的同时更加享受和热爱生活。

【人民银行文联重庆营业管理部分会组织开展“惠民、为民、乐民”文艺志愿服务主题活动】

5月25日至6月10日，人民银行文联重庆分会组织开展“惠民、为民、乐民”文艺志愿服务主题活动，推动文艺进基层、进社区、进敬老院，受到基层群众的肯定和欢迎。组织开展全辖职工摄影讲座，提升广大职工摄影技能；开展“歌声伴随院坝舞、青春唱响敬老院”义务演出活动，为福利院孤寡老人送上精彩纷呈的文艺演出；与责任社区联合开展文艺演出，与民同乐，营造了团结和谐的社区文化氛围。

【人民银行文联浙江分会组织开展主题书法、美术笔会】

5月20日，人行文联浙江分会以召开一届二次理事会议为契机，组织开展“惠民、为民、乐民”文艺志愿服务主题书法、美术笔会，书法、美术、摄影协会会长、理事共30余名参加笔会。笔会现场，书法、美术协会理事们挥毫泼墨，笔走龙蛇，妙绘丹青，各展所长。摄影协会理事们则频频驻足，用快门记录书画“大师”的创作风采。按照“惠民、为民、乐民”的文艺志愿服务主题，人行文联浙江分会把现场创作的几十余幅书画作品，将分送给基层行，切实贯彻落实总行文联“送文化下基层”的具体要求。

【人民银行文联福州分会庆祝建国65周年职工书法作品展】

9月28日，举办“弘扬传统文化，共建和谐央行”—庆祝建国65周年全省人民银行系统职工书法作品展。共收集全省人民银行系统60多位书法家和书法爱好者的90余幅作品，展现了全省人民银行系统干部职工良好的文化素养和精神风貌。福州中心支行吴国培行长、翁新辉书记、陈耕副行长、周惠钦主任等多名行领导莅临现场观摩指导。

【石家庄中心支行文学艺术协会分会组织开展“仲夏鉴史品茗游园文化之旅”活动】

6月14日，石家庄中心支行文学艺术协会在石家庄市植物园组织开展“仲夏鉴史品茗游园文化之旅”活动。40余名协会会员利用周六休息时间欢聚一堂，共赴此次文化之旅。活动在轻松愉快氛围中以圆桌会议形式进行。河北师范大学历史文化学院骆继光博士应邀讲授了习近平总书记关于“新丝绸一带、一路”的战略地位和对当今社会经济、军事等方面的现实意义，简要讲解了佛教基础知识以及佛陀智慧对人生的指导意义，引发了会员关于振兴中华从我做起、重学国学指导人生的讨论，活动播放了西方人眼中再次崛起的中国视频。授课结束后，大家品茗交谈，游园赏景，共同度过了愉快的周末时光。

【长春中支书法美术协会组织专业理事开展笔会交流活动】

12月19日，书法美术家协会专业理事齐聚长春，在长春中心支行第三会议室，新当选的书法美术协会主席杜尚臣，副主席郭忠诚、何玉晖，理事刘佰超、张国利等14名专业理事现场挥毫泼墨，共创作书画作品30余幅，并进行了现场展示。通过笔会交流活动，激发和带动了广大书画爱好者强烈的创作欲望和热情，为进一步有效开展协会工作奠定了坚实基础。

【人民银行文联安徽分会组织开展“送文化下基层”笔会活动】

11月14日至15日，人民银行文联安徽分会在老子故里涡阳和庄子之乡蒙城举办组织开展“送文化下基层”笔会活动，合肥中心支行党委委员、工会主任陆建模亲临笔会指导。活动中，来自6个地市的职工书画爱好者带来了精心创作的30余幅书画作品，进行了展示、交流。笔会高效务实，利用一天半的时间，辗转两个县支行，现场活动12小时，即兴创作书画作品90余件，为基层央行员工送上了一道道精美的文化大餐，同时也送去了合肥中心支行党委对基层央行员工的关怀。

【人民银行文联河南分会书法、绘画笔会及摄影技法交流活动】

8月22日，举办书法、绘画笔会和摄影技法交流活动，30多名专业理事参观了“河南省人民银行系统庆祝建国65周年暨人民银行文联河南分会成立书法美术摄影作品展”，并现场进行了书法、绘画笔会和摄影技法交流活动，现场创作书画作品20余幅。

【人民银行文联江西分会首届手机摄影大赛】

国庆前夕，人民银行文联江西分会摄影协会举办了“迎国庆”首届手机摄影大赛。本次大赛共吸引了80多名手机摄影爱好者的关注和积极参与，共收到了450余幅作品。大赛组委会还将作品上传至中心支行论坛供广大干部职工欣赏，作品点击量超过10000次。通过广大干部职工的投票，本次大赛评选出一、二、三等奖及优秀奖若干名。本次大赛丰富了辖内广大干部职工的文化生活，激发了职工对摄影的热情，营造了良好的节日氛围。

【人民银行文联湖南分会书法摄影展】

10月30日文联湖南分会举办“镜像绘画卷 翰墨书华章”书法摄影优秀作品展。在全省人行系统征集书法、摄影优秀作品百余幅，精选60余幅优秀作品在长沙中心支行文化长廊布展。

【人民银行文联云南分会组织“学唱民族歌曲学跳民族歌舞”活动】

3月，人民银行文联云南分会组织全省人行系统开展《学唱少数民族歌曲 学跳少数民族歌舞》活动。辖区各单位积极响应，掀起了学唱、学跳民族歌曲、舞蹈的热潮，发掘当地少数民族文化特色，精心编排各具民族歌舞节目，展现边疆少数民族地区基层央行职工风采。

【人民银行文联甘肃分会第一届职工书法美术展】

3月10日至15日，在中国人民银行文学艺术联合会甘肃分会成立之际，人行兰州中心支行在兰州举办了文联甘肃分会第一届职工书法美术展。共展出书法作品216件，美术作品30件，作品题材广泛，内容丰富，抒发了创作者的爱国情操，展现了岗位风采，体现了健康生活，反映了文化建设，改革发展的主流，作品以其特有的语言，催发了温暖的情怀，充分发挥了“润物细无声”的教谕作用。为职工发挥艺术才能搭建了平台，使央行艺术人才队伍建设得到了进一步加强，使基层央行文化建设得到了有力的促进。

【人民银行文联宁夏分会首个中国文艺志愿者服务日主题系列活动】

5月19日至23日，人民银行文联宁夏分会围绕“文艺惠民，欢乐共享”的主题，开展了“凤城赞歌”摄影展、器乐演奏展示及文学艺术创作座谈会等系列庆祝活动。在座谈会上，20多名文学创作组的会员们齐聚一堂，围绕“中国梦、央行美、文学情”展示了原创作品，交流了创作心得，分享了写作经验，为分会的健康发展建言献策。“凤城赞歌”主题摄影展通过“凤城新貌”、“回乡儿女”、“闲情雅致”、“职工生活”、“最美基层央行人”等五个板块，欣赏、寻找和回忆摄影记录带来的快乐和美好。首个中国文艺志愿者服务日主题系列活动，为宁夏文联分会增添了活力和动力，受到了职工群众的欢迎和喜爱。

【人民银行文联印钞造币总公司分会网上开设“红色印制摄影作品展”专栏】

12月，人民银行文联印钞造币总公司分会在行业网上开设“红色印制摄影作品展”，通过20组历史照片和9个故事，让大家感受红色印制事业发展的脚步和印制人不变的追求和信念。

中国金融文联

综　述

2014年，中国金融文联在中国金融工会的领导下，在中国文联、全国总工会的指导、支持下，认真贯彻中央关于推动社会主义文化大发展大繁荣、建设社会主义文化强国的战略部署，落实中华全国总工会关于加强对基层、对职工的文化服务，全面提高职工队伍素质的要求，以成为中国文联团体会员为新起点，结合金融系统实际，围绕金融工作大局和中国金融工会重点工作，积极组织开展了广大职工喜闻乐见的各种文化活动，培育和践行社会主义核心价值观，营造“劳动最光荣、劳动最崇高、劳动最伟大、劳动最美丽”的浓厚氛围，团结动员广大金融职工立足本职岗位，努力完成金融工作任务；团结凝聚广大金融职工共同建设金融先进文化，共同享有文化发展成果；积极推动建立各级文学艺术组织，为广大金融职工搭建起文化活动交流的平台和成长的阶梯；积极组织广大金融文艺工作者开展深入基层创作实践活动，努力推动金融文学艺术创作；认真履行职能，为推动金融文化、职工文化建设作出了积极贡献。

会议与活动

2013年12月26日，中国金融文联季度例会暨纪念毛泽东诞辰120周年诗歌笔会在北京银泉大厦举行。金融书法家、美术家、摄影家、戏剧家和作家协会的主席、部分副主席和主席团成员以及金融音乐舞蹈家协会筹备组的部分负责人近40人参加了会议。会上，金融艺术家以诗歌朗诵、舞蹈、京剧演唱以及挥毫泼墨的形式纪念毛泽东诞辰120周年。随后，各协会进行了工作交流，书画家们即兴创作了100多幅书画作品赠送给与会代表，送上友谊和新年的祝福。

1月22日至23日，中国金融文联组织金融书法家、美术家到天津市西青区中国人寿寿险、财险公司开展送文体下基层活动。书画家们现场挥毫泼墨、赠送书画作品二百余幅。此次活动之前，中国金融文联还组织金融书协、美协的书画家到中国银行河北省分行的基层单位开展了送书画下基层活动。

4月25日，中国金融文学艺术界联合会第一届全国委员会第三次全体会议在京召开。中国金融文联主席、中国银监会副主席、中国金融工会兼职副主席郭利根出席并讲话，中国金融文联名誉主席、中国光大（集团）总公司党委书记、董事长唐双宁出席会议并致辞，中国文联党组成员、书记处书记罗成琰出席并讲话，中国金融文联副主席、中国金融工会常务副主席张东风主持会议，中国金融文联驻会副主席、中国金融工会副主席杨树润作工作报告。会议替补（增补）了副主席、主席团委员、委员等，还表彰了42名金融德艺双馨文艺工作者，成立了中国金融文艺志愿服务团。中国金融文联全委会副主席、主席团委员、委员、金融德艺双馨文艺工作者等近110人出席了大会。

7月4日下午，中国金融文联季度例会在中国金融工会会议室召开。会议传达了中国金融文联驻会副主席杨树润的工作要求：一是做好各文艺协会上半年工作小结；二是搞好下半年的各项展赛；三是抓好有关协会换届前的准备工作；四是办好《中国金融工运》增刊；五是把好各文艺协会会员入会关。

中国金融文联副主席兼秘书长陈炜出席并主持会议，中国金融文联办公室主任陈齐堃，中国金融书法家、美术家、摄影家、作家、戏剧家协会的主席、秘书长等主要负责人以及中国金融音乐舞蹈家协会筹备组主要负责人出席了会议。

7月11日下午，中国金融文联组织中国金融书协与《书画名家报》共同举行了纪念甲午中日战争爆发120周年书法笔会。笔会上，大家铭记历史，奋笔疾书，抒发自己的爱国情怀和对日本帝国主义的无比愤慨，共创作出精品力作59件。

8月1日至4日，中国金融文联组织中国金融作家协会在中国人民银行郑州培训学院成功举办了中国金融作家文学创作培训班，中国金融文联副主席兼秘书长陈炜代表中国金融文联对此次培训工作提出了要求。希望大家以此次培训为契机，加强学习、提高素养，把握正确创作方向。坚持党的“二为”方向、“双百”方针和“三贴近”原则，以繁荣文艺创作、推出文艺精品为重点，唱响金融发展和时代进步的主旋律。多出精品力作，奉献更多更好的精神食粮，满足广大金融员工的精神文化需求，为金融事业发展起到引领作用。此次培训是中国金融作家协会成立以来举办的第一次大规模的文学培训，全国四面八方的金融作家、会员、文学爱好者踊跃报名，积极参与，共计120多人参加培训学习。

8月25日，由中国文联主办的“情系中国梦——庆祝新中国成立65周年全国产（行）业文联舞蹈精品展演”颁奖晚会在大庆石化公司举行。中国金融文联共报送了5个舞蹈节目，其中：中国光大银行太原分行的群舞《醋之韵》获最佳作品奖，并参加了颁奖晚会的现场演出；中国银行湖北省中北支行群舞《万泉河水》和中国光大银行重庆分行群舞《阳光追梦》获优秀作品奖。中国金融文联获优秀组织奖。

9月18日，云南金融文学艺术界联合会成立并成为中国金融文联团体会员单位。来自云南金融系统各机构代表以及两会理事、委员等组织机构成员以及筹建工作办公室成员等共百余人参加了会议。中国金融工会副主席、中国金融文联驻会副主席杨树润出席会议并致辞讲话。

10月13日，中国金融文联在京召开了中国金融文学艺术系列展赛活动汇报会。会议上，各协会主席汇报了以“中国梦·劳动美·金融情”为主题的文学艺术创作展评比活动情况，会议同时还就金融文学艺术协会理事会，金融音乐、舞蹈协会成立会，以及系列文艺活动颁奖方案进行了热烈讨论和初步确定。中国金融文联副主席兼秘书长陈炜出席并主持会议，中国金融文联办公室主任陈齐堃，中国金融书法家、美术家、摄影家、戏剧家、作家协会的主席、秘书长等主要负责人以及中国金融音乐、舞蹈家协会筹备组主要负责人出席了会议。

11月29日，中国金融文联在京召开各文艺协会工作会。中国金融工会副主席、中国金融文联驻会副主席杨树润出席会议并发表讲话，充分肯定了金融文联各文艺协会的工作，并要求各文艺协会要认真组织会员学习贯彻习总书记的重要讲话精神，坚持以人民为中心、以金融职工为中心的创作导向，引导金融文艺工作者深入基层、服务职工，创作出更多更好的、金融职工喜闻乐见的优秀文艺作品。

金融文联各文艺协会分别召开了各自的年度理事会。中国金融书法家协会、美术家协会、摄影家协会、戏剧家协会顺利完成了换届工作；金融作家协会对组织领导机构进行了调整；同时，成立了中国金融音乐家协会和中国金融舞蹈家协会。至此，中国金融文联已成立了7个文学艺术协会。

11月29日晚，中国金融文联在京举办中国金融戏剧家协会第三届戏剧比赛暨金融文学艺术年度展赛颁奖晚会。中国金融工会常务副主席、中国金融文联副主席张东风、中国金融工会副主席、中国金融文联驻会副主席杨树润、中国金融工会副主席宋萍、王海光、中国金融工会女职工委员会主任陶跃进，中国金融工会副巡视员、中国金融文联副主席兼秘书长陈炜出席晚会并为获奖者颁奖；部分金融机构工会负责人出席晚会并为获奖者颁奖。颁奖晚会中，音乐家协会和戏剧家协会比赛的获奖者以及舞蹈家协会优秀会员为大家表演了精彩的节目，整个颁奖会欢快活泼，温馨和谐。

2014年第四季度，青岛、黑龙江、湖北、浙江、天津金融工会相继成立金融文联。中国金融工会常务副主席、金融文联副主席张东风参加湖北金融工会组织的成立大会并做重要讲话；中国金融工会副主席、中国金融文联驻会副主席杨树润，中国金融工会副巡视员、中国金融文联副主席兼秘书长陈炜参加了青岛、黑龙江、浙江和天津金融工会组织的成立大会与揭牌仪式并做讲话。会议期间，还组织中国金融书协、美协的书画家举行了书画笔会，为参加会议的各金融机构代表赠送了作品，受到与会代表的热烈欢迎和高度评价。

11月29日，中国金融文联组织中国金融美术家协会在京举办纪念中国金融美术家协会成立10周年座谈会。中国美术家协会分党组书记、常务副主席吴长江特为本次会议发来贺信，中国金融工会副主席、中国金融文联驻会副主席杨树润到会并讲话，中国金融工会副巡视员、中国金融文联副主席兼秘书长陈炜及各金融文艺家协会领导、金融美协理事等60余人参加了座谈会。

机关建设

金融文联继续指导、推动建立各层级文联组织和文学艺术协会，并使发展会员、整章建制等工作常态化。一是随着省级金融工会的基本恢复成立，金融文联积极主动帮助各省组建省级金融文联和文学艺术协会。有12家省（市、区）成立了金融文联组织及39个文学艺术协会。二是各协会以文学艺术系列展赛活动为依托，根据各自入会条件将符合要求的获奖职工群众吸收为本协会会员，吸收条件成熟的省（市、区）文艺协会为相关协会团体会员。中国金融音乐、舞蹈家协会（筹）为金融音乐舞蹈家协会成立发现人才，吸收会员，在全国金融职工中广泛征集音乐舞蹈作品活动。目前，金融文艺协会拥有个人会员2430人，其中，国家级文艺协会会员近400人，拥有团体会员单位54家。其中，2014年至今新吸纳团体会员单位7家，个人会员435人。三是各协会制订和完善了有关办法和规程，使协会工作更加规范有序。中国金融书法家协会、美术家协会、摄影家协会、戏剧家协会均对《协会章程》进行了修改。新成立的音乐家协会、舞蹈家协会制订了《协会章程》，确定了协会理事会成员标准、协会会员标准等。

金融文联注重运用报刊、网站、电视台、微信等媒体平台，弘扬先进典型，普及文学艺术知识，展示文艺骨干优秀作品，宣传金融文联工作取得的新进展、新成效。利用《金融时报》《中国金融工运》杂志、“中国金融工会”网站、微信平台对金融文联工作、各文艺协会举办的活动进行专题报道，对文学艺术知识进行普及，选登或解读获奖作品等，使金融文联的工作更贴近基层，更贴近职工群众。各文学艺术协会也充分借助创办简报、内刊等及与社会上较有影响力的媒体平台合作进行宣传，进一步扩大自己的社会影响力。

2014 China Federation of Literary and Art Circles Events

2015

2014年中国文学艺术界联合会大事记

1月

1月10日至12日，中国文联九届六次主席团会议和九届六次全委会在京召开。孙家正主持会议，黄坤明出席会议并讲话。赵实在会上做了题为《努力唱响实现中国梦的时代最强音》的工作报告。会议增选李前光为中国文联第九届副主席，郭运德、罗成琰为中国文联第九届主席团委员，通过了关于接纳中国金融文联为中国文联团体会员的决议。

1月12日，由中国文联主办的“百花迎春——中国文学艺术界2014春节大联欢”在北京人民大会堂举行。卢展工、孙家正等党和国家领导人及有关部委领导，中国文联荣誉委员、主席团成员、全委会委员等全国各艺术门类文艺家和文艺工作者代表欢聚一堂，共庆新春。

1月23日，由文化部、中国文联、北京市人民政府主办的纪念齐白石先生诞辰150周年座谈会在京举办。董伟、左中一、李伟出席座谈会并讲话。

2月

2月14日至20日，由中国文联和摩纳哥政府、摩纳哥驻华大使馆共同主办的2014“今日中国”艺术周暨摩纳哥“中国节”在摩纳哥举办。赵实率代表团出席艺术周启动仪式及相关交流活动。

2月24日，中国文联2014年协会组联工作会在京召开。罗成琰出席会议并讲话。

2月26日，中国文联召开2014年度出版报刊业改革工作会议。赵实、李前光出席会议。

3月

3月起，中国文联党组围绕学习贯彻习近平总书记系列重要讲话精神，赴相关文艺家协会、省（区、市）文联开展集中调研，并形成调研报告。

3月6日，赵实在中国文艺家之家会见了以李行为团长的台湾电影交流团一行，双方就加强两岸电影交流交换意见。郭运德参加了会见。

3月19日，第11届造型表演艺术成就奖颁奖典礼在京举行。赵实、李屹、罗成琰出席颁奖典礼。

3月19日至21日，2014年中国文联文艺志愿服务工作会议暨中国文艺志愿者协会第一届理事会第二次会议在广州召开。罗成琰出席会议。

3月20日，中国文联文艺志愿服务团赴广州南村镇社区开展“送欢乐下基层”慰问演出。罗成琰带队。

3月24日至26日，中国文联文艺志愿服务团赴阿尔山开展“送欢乐下基层”慰问演出。罗成琰带队。

4月

4月1日至2日，　由中国文联主办的2014全国文联组联工作会议在福建福州召开。罗成琰出席会议并讲话。

4月2日，赵实在中国文艺家之家会见了到访的捷中友协监事会主席、捷克总理中国事务全权顾问亚罗斯拉夫·德沃吉克一行。双方就今后开展合作进行会谈。郭运德参加会见。

4月28日至30日，中国文联文艺志愿服务团赴中煤平朔煤矿开展“送欢乐下基层”慰问演出。赵实带队，罗成琰参加活动。

5月

5月5日至7日，中国文联文艺志愿服务团走进二炮常规导弹第一旅开展“送欢乐下基层”慰问演出。赵实带队，李屹、郭运德、罗成琰参加活动。

5月16日，中国文联、中国文艺志愿者协会召开新闻发布会，宣布将毛泽东同志《在延安文艺座谈会上的讲话》发表纪念日5月23日设立为“中国文艺志愿者服务日”。罗成琰出席会议并讲话。5月23日前后，中国文联党组领导分赴各地参加当地的文艺志愿服务活动。

5月27日，由文化部、中国文联主办的纪念欧阳山尊诞辰100周年座谈会在京举办。李屹发来书面讲话。董伟出席座谈会并讲话。

5月28日，中国文联权益保护部组织召开了首次全国文联系统维权工作会议。赵实、李前光出席会议。

5月30日，中国文艺评论家协会成立大会在京召开。孙家正、黄坤明、赵实出席大会。大会审议通过了协会《章程》，选举产生了中国文艺评论家协会第一届理事会和主席团。仲呈祥当选中国文艺评论家协会主席。庞井君兼任协会秘书长，邓光辉、周由强任副秘书长。

6月

6月9日至11日，赵实应邀率访问团赴澳门出席由中国文联、中国音协和澳门中华文化联谊会合作举办的“2014濠江之春——澳门与内地艺术家大联欢”活动。马培华、何厚铧及郭运德出席活动。

6月15日至16日，中国文联文艺志愿服务团赴四川广安开展“送欢乐下基层”慰问演出。赵实带队，罗成琰参加活动。

6月18日至19日，由太湖世界文化论坛、中国文联、上海市人民政府、中国人民外交学会联合主办的太湖世界文化论坛第三届年会在上海举办。孙家正及赵实、郭运德出席活动。

6月23日，郭运德在中国文艺家之家会见了到访的韩国文化艺术委员会代表团一行。

6月27日至28日，由中国文联、中国民协等主办的第十二届中国民间文艺山花奖·民间艺术表演奖（舞龙）评奖活动在苏州举行。

7月

7月3日至4日，中国文联新闻宣传工作培训班在京举办。夏潮出席开班式。

7月4日，由中国文联、中国文学艺术基金会、中国摄协主办的“‘中国梦’影像公益广告主题展”在京开幕。孙家正、赵实、李屹、左中一、夏潮、李前光、郭运德出席开幕式。

7月16日，由中国文联主办的“追寻中国梦——庆祝中国文联成立65周年全国文联系统干部职工美术书法摄影展”在京开幕。孙家正宣布展览开幕，并为中国文艺家之家展览馆运营揭牌。赵实在开幕式上讲话。李屹、左中一、夏潮、李前光出席开幕式。

7月18日，中国文联文艺志愿服务团赴新源县开展“送欢乐下基层”慰问演出。李前光带队。

7月24日至27日，由中国文联、中国舞协主办的第九届中国舞蹈“荷花奖”校园舞蹈评奖活动在京举行。

8月

8月3日至8日，由中国文联、中国音协、青岛市人民政府主办的第九届中国音乐“金钟奖”管乐比赛（单簧管、长笛）在青岛举行。赵实出席开幕式。郭运德出席颁奖音乐会。

8月4日至8月7日，中国文联组成考察团赴定点扶贫地区甘肃省陇南市进行文艺扶贫项目考察。考察团由左中一带队。

8月6日，由中国文联、中国曲协、天津市委宣传部、天津市文联主办的纪念骆玉笙诞辰100周年座谈会在京举行。李前光出席座谈会并讲话。

8月26日至28日，全国文联系统办公室业务培训班在甘肃兰州举行。左中一、连辑出席开班式。

8月29日，中国文联在京举行文艺工作者带头践行社会主义核心价值观座谈会。赵实出席座谈会并讲话，左中一、夏潮出席座谈会。尚长荣宣读了《文艺工作者践行社会主义核心价值观倡议书》。

8月30日，由中国文联、中国曲协、天津市委宣传部、天津市文联主办的纪念马三立诞辰100周年座谈会在天津举行。李前光出席座谈会并讲话。

9月

9月1日至3日，中国文联机关第四次党员代表大会在京召开。王秀峰、赵实出席会议并讲话。李屹代表文联机关第三届党委会作工作报告。会议选举产生新一届文联机关党委委员和纪委委员。

9月4日，由中国文联、海峡两岸关系协会、厦门市人民政府共同主办的“中华情·中国梦”展演系列活动在厦门举行。陈云林、左中一等出席活动开幕式。

9月5日，第三届“紫荆杯”两岸四地青少年书画大赛颁奖典礼暨展览开幕式在香港举办。李屹出席活动。

9月5日，由文化部、中国文联和北京市人民政府共同主办的第二届中国北京国际魔术大会开幕式在京举行。郭运德出席开幕式。

9月9日，“文艺评论：方向与责任”座谈会在京召开。夏潮、郭运德出席会议。

9月15日，庆祝新中国成立65周年暨中国文联成立65周年中国文联老同志书法美术摄影作品展览在京举行。赵实、李屹、左中一、夏潮、李前光出席展览开幕式。

9月18日至22日，由中国文联、中国音协、江苏省委宣传部主办的第九届中国音乐“金钟奖”合唱比赛在江苏苏州举行。郭运德、王燕文出席颁奖音乐会。

9月21日至28日，李屹应邀率代表团赴印度尼西亚和澳大利亚出席中国文联在雅加达举办的“梦想·记忆——中国民生35年之变迁”摄影展和在墨尔本举办的“新疆风情美术摄影展”相关活动。

9月23日，中国文联、中国民协等主办的第十二届中国民间文艺山花奖·民间艺术表演奖（民间广场歌舞）评奖活动在广西百色举行。

9月24日，由中国文联、中国剧协主办的第五届中国戏剧奖·曹禺剧本奖（第21届曹禺戏剧文学奖）评奖结果在湖北潜江颁奖。李前光出席颁奖典礼。

9月24日，中国文联文艺志愿服务团赴潜江开展“送欢乐下基层”慰问演出。李前光带队。

9月25日至27日，由中国文联、中国影协、兰州市人民政府主办的第23届中国金鸡百花电影节在甘肃兰州举行。卢展工及夏潮、童刚等出席开幕式。赵实、郭运德出席闭幕式。

9月至11月，“中华文明历史题材美术创作工程”创作指导委员会召集美术家和历史、考古学家组成专家组，分赴六省市，观摩指导作品草图的细化修改。

10月

10月7日至16日，郭运德率民间艺术家代表团赴奥地利举办“中国民间艺术展”，并赴斯洛伐克、匈牙利进行工艺品展销和交流。

10月8日至10日，中国文联文艺志愿服务团赴瑞金开展“送欢乐下基层”慰问演出。李前光带队。

10月10日至12日，由中国文联、湖南省人民政府主办的第十届中国金鹰电视艺术节在湖南长沙举行。赵实、徐守盛、陈求发、夏潮出席闭幕式。

10月16日，中国文联党组召开扩大会议，专题传达学习贯彻习近平总书记在10月15日召开的文艺工作座谈会上的重要讲话精神。同日,中国文联在京召开文艺家学习习近平总书记在文艺工作座谈会上重要讲话精神座谈会。孙家正及赵实出席会议并发言，李屹主持会议，左中一、夏潮、李前光出席会议。

10月17日、11月21日，由中国文联、中国民协主办的第十二届中国民间文艺山花奖·民间工艺美术作品奖评选活动分别在山东烟台和江苏苏州举行。

10月18日至19日，由中国文联、中国曲协、中共江苏省委宣传部、江苏省文联主办的第八届中国曲艺牡丹奖颁奖系列活动在江苏南京举办。李前光出席活动。

10月21日，由中国文联理论研究室与人民网主办的全媒体时代的文艺传播座谈会在京召开。

10月30日至31日，由中国文联权益保护部、江苏省文联主办的“2014年全国文联文艺维权研讨会”在江苏无锡举办。李前光出席会议。

11月

11月1日，由中国文联、中国剧协主办的第五届中国戏剧奖·理论评论奖在江苏张家港颁奖。

11月3日至12日，由中国文联、教育部、上海市人民政府主办的第四届校园戏剧节在上海举行。

11月5日，由中国文联主办的第九届中国文联文艺评论奖颁奖典礼在江苏苏州举办。赵实、夏潮出席颁奖典礼。

11月12日，由中国文联、中国曲协、陕西省委宣传部、陕西省文联主办的纪念韩起祥诞辰100周年座谈会在陕西西安举行。李前光出席座谈会并讲话。

11月13日至16日，中国文联文艺志愿服务团赴大兴安岭开展“送欢乐下基层”慰问采风活动。赵实带队，李前光参加活动。

11月15日至23日，左中一应邀率代表团访问古巴和巴哈马巴，与古巴文联签署了合作协议。

11月18日至20日，由中国文联、中国舞协主办的第九届中国舞蹈“荷花奖”当代舞、现代舞评奖活动在京举行。

11月23日至28日，中国文联工作信息化、文艺资源数字化人才培训班在京举办。郭运德出席开班式。

12月

12月初，中国文联、中国文艺志愿者协会在全国范围广泛开展“到人民中去——中国文艺志愿者深入基层服务采风活动”。由各艺术门类120余名艺术家组成的6支文艺志愿者小分队，分赴6个地区、单位，开展为期一周的服务采风活动。

12月2日，由文化部、中国文联、北京市人民政府主办的纪念梅兰芳诞辰120周年座谈会在京举行。赵实、李屹、董伟出席座谈会。

12月3日至12日，李前光应邀率代表团赴丹麦、冰岛、马来西亚访问。

12月9日至11日，由中国文联与台湾沈春池文教基金会联合主办的“第六届海峡两岸暨港澳地区艺术论坛”在台湾台中市举办。夏潮、严隽泰、李美惠、王英伟、钟怡以及来自两岸四地的80余位文艺界知名人士、专家学者出席本次活动。

12月14日，由文化部、中国文联、全国政协京昆室主办的纪念京剧大师叶盛兰诞辰100周年座谈会在京召开。刘延东、卢展工、孙家正及蔡武、蔡赴朝、黄坤明、仝广成、刘家强、李屹出席座谈会。董伟主持会议。

12月15日，由文化部、中国文联、中国美协主办的“第十二届全国美术作品展览暨中国美术奖·创作奖、获奖提名作品展”在京举办。孙家正及蔡武、黄坤明、赵实、李屹、左中一、李前光、郭运德出席开幕式。

12月19日，由中央美术学院主办的“油画中国风——董希文百年诞辰纪念展”在京开幕，左中一、董伟出席开幕式。

12月20日，“中华美学精神”专题研讨会在京召开。夏潮出席会议。

12月20日，由中国文联、中国杂协主办的第九届中国杂技金菊奖颁奖仪式在福建福州举行。郭运德出席颁奖仪式。

12月28日至30日，中国文联文艺志愿服务团赴云南地震灾区开展“送欢乐下基层”慰问演出，赵实带队，李前光参加活动。

中国石油文联

1. 10月10日至16日，傅剑锋石油系列油画在京开展，中国文联有关领导出席开幕式。
2. 5月23日，全国产（行）业文联舞蹈精品展演暨颁奖晚会在大庆石化公司举行。
3. 5月23日，第六届中国石油职工艺术节“大庆石化杯”舞蹈大赛完美收官。
4. 10月15日，承办“圆梦中华—庆祝中华人民共和国成立65周年·全国石油、金融、铁路、电力、煤矿、公安、职工行业书法作品展”。
5. 7月4日至7日，联赴青海油田“送欢乐、下基层”野外临时演出情真意切。
6. 大庆石化公司的《花开中国》。
7. 大庆油田公司群舞《圆梦》。
8. 7月4日至7日，中国石油文联赴青海油田“送欢乐、下基层”慰问演出。
9. 9月12日，中石油和俄罗斯天然气公司在蓉举办文艺演出。

1 2
3
4
5 6 7
8 9

中国铁路文联

1. 1月5日，中国铁路总公司总经理盛光祖、副总经理王志国、纪检组组长安立敏、工会主席何玉华参观中国铁路职工摄影书画大赛获奖作品。
2. 11月，全国铁路文联秘书长会议总结2014年工作，布置2015年文艺创作及下基层送文化工作。
3. 铁路摄影家在玉珠峰下拍摄青藏铁路养路工。
4. 西安铁路局组织“走进巴山”全路书画名家笔会。
5. 巴山魂·铁路人——全国铁路书法美术精品展”。
6. 郑州铁路局职工书法美术家赴站段送作品。
7. 郑州铁路局举办书法美术展览。

1
2 3
4 5 6
7

中国煤矿文联

1. 10 月 28 日，中国煤矿文联学习贯彻落实习近平总书记在文艺工作座谈会上重要讲话精神座谈会在京举行。
2. 9 月 24 日，中国文联和中国煤矿文联共同举办的《我们的中国梦全国优秀艺术作品展览煤矿职工美术书法摄影精品展》在中国文联文艺家之家隆重开幕。图为中国煤矿文联领导陪同中国文联党组书记、副主席赵实一同观看展出作品。
3. 4 月 17 日，中国煤矿文联第四届理事会第三次会议在南京召开。图为会场全景。
4. 9 月 23 日，2014 年度中国煤矿文联（基金会）主席团会议在京召开。
5. 10 月 17 日，欧洲科学、艺术和人文学院授予殷阳为“外籍院士”仪式在京举行。图为安特・格利博达代表欧洲科学、艺术和人文学院向殷阳先生颁发“外籍院士”证书仪式。
6. 5 月 11 日至 17 日，中国煤矿文联承办的中国梦塑造中国新形象美术家赴煤矿写生创作活动在冀中能源集团举行。艺术家把精心创作的作品赠送给矿工。
7. 4 月 29 日，中国煤矿文联承办的我们的中国梦送欢乐下基层文艺志愿服务活动在中煤平朔集团安家岭露天矿举行。图为艺术家在露天矿旁边搭起的舞台上为矿工进行精彩表演。
8. 6 月 11 日，中国煤矿文联举办的首届《中国煤矿文化艺术志》编写培训班在北京开班。
9. 5 月 27 日，中国煤矿文联主办首届煤炭在京职工书画摄影展在北京煤炭信息研究院开幕。图为出席开幕式的主要领导参观展览。

1	2	3
	4	
5	6	
7 / 8	9	

中国电力文协

1	2	
	3	4
5		
6	7	

1. 8月1日，由中国文联主办，中国摄影家协会、电力文协协办，中国电力摄影家协会、中广核集团承办的情系中国梦——庆祝新中国成立65周年全国产（行）业文联摄影展览作品评选会在北京中国电力企业联合会礼堂举行。
2. 2014中国电力主题日活动——电力职工书画作品展。
3. 2014中国电力主题日活动——电力职工演讲比赛。
4. 中国文联党组成员、副主席、书记处书记李前光和特别贡献奖领奖人合影。
5. 5月13日，电力摄协在福建霞浦举办研讨会。
6. “中国梦 电力情”——庆祝新中国成立65周年全国电力优秀书法作品展在京开幕。
7. 11月5日，中国电力作家协会会员代表大会在京召开。

中国水利文协

1–4. 中国水利文学艺术协会摄影分会志愿服务活动。
5. 9月，举办文学创作培训班。
6. 水利作协2014年会。

中国石化文联

1. 召开中国石化音乐舞蹈家协会第四次代表大会。
2. 举办“情系中国梦·艺筑石化魂”——庆祝新中国成立65周年多媒体艺术展。
3. 组织现代豫剧《情暖中原》在京演出。
4. 组织第二届“朝阳”文学艺术奖音乐舞蹈等六类作品评选。
5. 开展百姓健康舞推广活动。
6. 组织召开《工人伟大—牟书令十二首精选歌曲》研讨会。
7. 举办首届职工隶书展。
8. 选派优秀节目参加全国产（行）业文联庆祝新中国成立65周年舞蹈展演。

全国公安文联

1	2
3	4
5	6
7	

1. 11月20日，长篇报告文学《泣血长城》研讨会在北京召开。
2. 公安文学园地建设工作座谈会在广东珠海召开。
3. 9月初，第二届全国公安文化理论研讨会在吉林召开。
4. 12月23日，全国公安文联二届五次理事会在北京召开。
5. 第二届全国公安院校“祖国·梦想·警徽”主题征文颁奖仪式在江苏举行。
6. 鲁迅文学院第二十三届中青年高级研讨班（公安作家班）结业典礼在北京举行。
7. 9月25日，向人民报告——庆祝新中国成立65周年暨说唱中国梦全国优秀曲艺节目展演《警营曲唱》公安专场在北京举行。

中国检察官文联

1. 11 月 11 日，“重走长征路，共筑中国梦”全国检察文化基层行活动在江西瑞金启动。
2. 7 月 24 日至 25 日，中国检察官文化论坛暨中国检察官文联一届三次全委会在内蒙举行。
3. 10 月 9 日，西藏自治区检察官文联成立暨检察文化援藏会议在拉萨举行。
4. 9 月 20 日，首届全国检察机关预防职务犯罪摄影作品展在平遥举行。
5. 11 月 19 日至 24 日，“中国梦·检察魂”全国检察机关书画摄影作品展于在京举行。
6. 12 月，37 集反腐题材电视连续剧《守望正义》，被国家新闻出版广电总局评为 2014 年度优秀电视剧暨剧本专项资金扶持项目。
7. 12 月 2 日，话剧《皓月当空》在重庆成功公演，并获第六届国际奥林匹克戏剧展演奖。
8. 10 月 25 日，电影《十二公民》在第九届罗马国际电影节上摘得最高奖项“马可·奥雷利奥”奖。
9. 1 月 12 日，“清风正气”2014 中国书画名家迎新春联谊创作会在京举行。
10. 上海检察官合唱团在第 11 届全国声乐比赛合唱组中获第六名和伴奏奖。

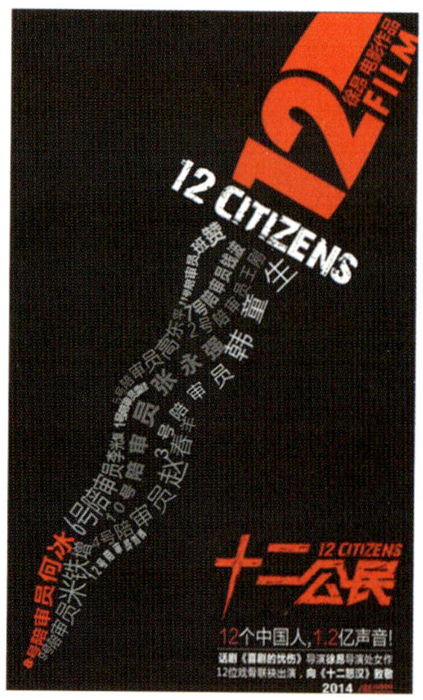

中国人民银行文联

1 2
3 4
5

1. 人民银行党委委员副行长李东荣看望基层行职工。
2. 人民银行文联主席张汉平参观职工作品展。
3. 7 月 15 日，人民银行文联召开一届四次理事会。
4. 11 月 25 日至 28 日，人民银行文联美术作品专题笔会活动在莆田市中支成功举办。
5. 人民银行党委委员纪委书记王华庆率慰问组慰问基层县支行并开展送文化下基层活动。

中国金融文联

1. 4 月 25 日，金融文联一届三次全委会。
2. 11 月 29 日晚，金融戏剧家协会三届戏剧比赛。
3. 9 月 18 日，云南金融文联成立。
4. 10 月 13 日，金融文联系列展赛活动汇报会。
5. 7 月 11 日，金融书协举行纪念甲午中日战争爆发 120 周年书法笔会。
6. 11 月 29 日，纪念金融美协成立 10 周年座谈会。
7. 8 月 25 日，在“情系中国梦——庆祝新中国成立 65 周年全国产（行）业文联舞蹈展演”中获最佳作品奖。

广州市文联

2014 年，广州市文联全面贯彻党的十八大和十八届三中、四中全会精神，认真学习习总书记文艺工作座谈会重要讲话精神，充分发挥文联职能作用，以文艺志愿服务为切入点，为繁荣广州文艺事业作出了积极贡献。

一、认真学习习总书记系列重要讲话精神

多次组织全市文艺界学习习总书记系列重要讲话精神，召开“广州市文联学习贯彻习近平总书记文艺工作座谈会重要讲话精神研讨会”、专家咨询委员会座谈会；组织干部职工撰写心得体会，并在《中国艺术报》《羊城晚报》《广州文艺》等发表。

二、精心组织中国梦文艺创作

组织文艺家以中国梦为主题，创作出《美丽广州》系列丛书、散文集《广州好》、电影剧本《小蛮腰》、国画长卷《历代羊城八景》、《百花颂花城》、歌曲《平安广州》等文艺作品。

三、推动岭南文化走出去

召开“岭南文化走出去”系列座谈会，宣传推广岭南文化。该系列谈已成为广州市文联叫得响、拿得出、美誉度高的品牌活动之一。

四、开展多形式培训

举办舞蹈教师师资培训班、文艺志愿者骨干培训班、高级文艺人才理论研修班、文联系统通讯员培训班、“重温经典”系列讲座等教育培训活动，以培训促进队伍建设。

五、推动文艺志愿服务再上新台阶

承办 2014 年中国文联文艺志愿服务工作会议暨中国文艺志愿者协会一届二次理事会议，组织市、区文艺家在番禺区南村镇与全国著名艺术家一起开展文艺支教、慰问演出；在中国文联文艺支教志愿服务工作经验交流会上作经验介绍，受到与会代表的好评。

广州市委副书记、市长陈建华（中）与文艺志愿者在迎春花市为市民挥春送“福”。

广州市文联组织艺术家以中国梦为主题创作《百花颂花城》《羊城八景》长卷，中共广州市委常委、宣传部部长甘新观摩审稿。

首届“中华情”广州—台湾高雄摄影展开幕。

广州市文联“岭南文化走出去”系列座谈会现场。

中国文艺志愿服务工作会议期间，与会代表与下基层到广州市番禺区南村镇文艺惠演的文艺志愿者合影。

广州市文联文艺支教的从化鳌头镇中心小学学生在汇报演出中表演。

武汉市文联

2014至2015年，武汉市文联在市委和市委宣传部的正确领导下，全面深入贯彻党的十八大、十八届三中、四中中全会和习近平总书记系列重要讲话精神，特别是习总书记在文艺工作座谈会上和在中央党的群团工作会议上的讲话精神，紧紧围绕“中国梦”的时代主题，强化以人民为中心的工作导向，坚持围绕中心、服务大局、服务社会，深入生活、扎根人民，坚持出精品、推力作、创品牌、打烙印、造影响，武汉文艺工作继续全国保持领先，为促进武汉市文艺大发展大繁荣、建设“文化五城”和国家中心城市、复兴大武汉作出了积极贡献。

1	2	3
4	5	6
7	8	9
10		

1. 2014年12月28日，举办首届百花迎春大联欢。
2. 2014年12月28日，武汉市文联召开第九届委员会第六次会议。
3. 2015年6月12日，中国文联党组成员、副主席李前光到武汉市文联调研文艺创新维权工作。
4. 2015年6月16日，武汉市委常委、宣传部长李述永出席“武汉·印象——纪念中国人民抗日战争暨世界反法西斯战争胜利70周年”美术创作活动启动仪式。
5. 2015年7月7日，武汉市人民政府副市长刘英姿调研市文联。
6. 2015年5月23日，第二个中国文艺志愿者服务日，武汉市文联举办了“到人民中去”系列文艺志愿服务活动。
7. 2015年5月8日，武汉作家协会第十三届长篇小说笔会在湖北松滋洈水开幕，16位作家齐聚松滋，展开为期20天的采风写作。
8. 2015年5月22日，武汉文艺家志愿团深入社区开展送书法及培训活动。
9. 2015年5月7日武汉文艺家志愿团民间文艺分团在武汉西北湖广场举办“民间工艺赶集会”弘扬民间文化。
10. 2015年8月31日，武汉市文联举办纪念中国人民抗日战争暨世界反法西斯胜利70周年全国合唱比赛，打造“唱响大武汉”文艺品牌。

长春市文联

长春市文学艺术界联合会（简称长春市文联）是长春市各文学艺术团体的联合组织，长春市文联现有办公室、组联部、协会部三个机关部门，下辖作家协会、戏剧家协会、音乐家协会、摄影家协会、书法家协会、美术家协会、电视艺术家协会、民间文艺家协会八个艺术门类主管部门和长春书画院、《春风》编辑部两个基层单位。

近年来，长春市文联以满足人民群众精神文化需求为出发点和落脚点，以加强文化产品创作生产引导为着力点，认真履行“团结引导、联络协调、服务管理、自律维权”的基本职能，抓品牌、促发展，成功推出了“中国梦”主题系列创作活动、“深入基层、服务人民”文艺志愿服务活动、中国（长春）民间艺术博览会、中国（长春）国际动漫艺术博览会以及《意林》杂志等一批在全国叫得响、有影响的品牌活动和项目，开创了文艺事业新局面，有力地推动了长春文化大发展大繁荣。

央视寻宝栏目走进长春民博会

中国（长春）民间艺术博览会开幕式

市民踊跃参观长春民博盛会

中国（长春）国际动漫博览会开幕式

动漫博览会现场人气火爆

中国（长春）国际动漫博览会现场

中国（长春）民间艺术博览会已经成功举办九届，历时十三个年头。第九届民博会于2015年8月7日至11日在长春国际会展中心成功举办，本届展会共有5个主题馆、20大展区、1050个展位，展出了60类25万个品种的民间艺术品。展会期间还组织了民间艺术品展示展销、“山花奖”评选、项目合作洽谈、民间艺术藏品鉴赏、全市少儿舞蹈大赛、“童眼看民博”小记者采风、我拍民博最现场手机摄影比赛、全市广场舞蹈展演等十余项主体活动。本届展会参展企业达到了1030余家，其中国内参展企业700余家，国际展参企业300余家。展会期间，总参观人数82.4万余人次，总成交额达1837.1万元。长春民博会多次被评为全国最具发展潜力展会、中国十佳优秀特色展会等殊荣；中国（长春）国际动漫艺术博览会是长春市文联又一享誉全国的品牌活动。第十一届长春动漫展于2015年6月19日在长春开幕，来自全国各地2000余名动漫周边、游戏厂商动集长春。5天共20多项活动，24.9万人次到馆内参观，共有62个Cosplay动漫社团参加了比赛。长春市文联主办的《意林》杂志月发行量已经达到300万册，位列中国发行量最大的综合性文摘杂志行列，成为中国有较大影响的励志传媒。自2008年起《意林》杂志几乎每年都至少会有3篇以上的文章入选各地中高考阅读理解或作文试题。被中国期刊协会评为“中国新锐媒体100强”，荣获吉林省政府首届新闻出版奖精品奖和发行奖、第二届中国青少年社会教育银杏奖优秀团队奖、中国传媒论坛峰会优秀期刊奖，入围中国十大创新期刊。

意林

《意林》杂志

上海市闵行区文学艺术界联合会

上海市闵行区文学艺术界联合会成立暨第一次会员代表大会

闵行区文联名誉主席叶辛作辅导报道

闵行区文联主席团会议

闵行区文联主办原创诗歌朗诵会

上海市闵行区文联成立于2012年10月25日。叶辛、熊月之为名誉主席，郁贤镜为文联主席。目前有9名主席团成员、23名委员会成员、25名（特邀文化名人）个人会员、57家团体会员。

闵行区文联主管部门为中共上海市闵行区委宣传部。履行“联络、协调、服务”职能，实现“出队伍、出人才、出作品、出（社会）效益”工作目标。

做强“红五月”活动，培育文化品牌。区文联连续三届以“旗帜下的经典”“延安情·中国梦”“中国梦·百姓情”为主题，开展“百花齐放红五月”系列文化活动。“红五月”活动，凸显创新、丰富、成效。通过文艺演出、作品展示、名人讲座和本土文化开发与研讨等活动，已培育成区域文化品牌，先后得到上海市委宣传部、市文联通报表彰。

倡导艺术原创，形式丰富多彩。区文联依托所属各艺术协会，立足挖掘本土文化元素，开展文艺创作，取得丰硕成果。本区剧作家创作的大型原创沪剧《梦中家园》《板桥霜》《乡魂》等，成功推上舞台。

激活社会资源，凝聚名家参与。区文联以家园为纽带集聚了一大批社会文化名人，组织名人名团进社区、下基层，专业覆盖文学、戏剧、书画、音乐、舞蹈、表演等多个领域，成为区文联工作重要特色。

推进协会建设，充实调整会员。区文联注重于团队建立，推进了区作家协会、音乐家协会、民间文艺家协会、舞蹈家协会和美术家协会等专业协会建设，使本区500多名的各门类艺术人才有了自己的新家，增强凝聚了区域文化力量。

做好文艺推广，重视网站宣传。文联创办的《四季》杂志，刊登包括戏剧、小说、诗歌、艺术家风采等在内的文学作品，影响力颇大。区文联网站及时报道文联信息、会员风采以及作家、艺术家成就。

闵行区文联成立3年多来，发挥了区委、区政府联系全区文化界的桥梁和纽带作用，精心培育“百花齐放红五月”系列活动，凝聚和团结全区广大文艺工作者，弘扬社会主义文艺价值理念，不断推出新人新作，成绩斐然，成为闵行区文化建设的重要力量。

闵行区文联主办原创音乐作品专场

闵行区文联主办舞蹈专场

著名音乐家黄准访谈现场

著名表演艺术家秦怡谈抗战时期的艺术人生

区委宣传部长沈军（中）看望著名书画家吴颐人（左）

著名摄影家王杰作《走进纪实摄影》讲座

著名音乐家何占豪谈"梁祝"创作与赏析

著名书法家丁申阳下基层辅导书法

上海网球大师赛现场

艺术家风采：沈一鸣（左上）蔡兵（左下）
彭瑞高（右上）陈瑜（右下）

原创大型现代沪剧《梦中家园》首演

埃及文化部长参观闵行区文联主办的美术展

联合国官员体验社区文化

闵行区文联主办的《四季》杂志

广州市荔湾区文联

“一湾溪水绿，两岸荔枝红”。千年名胜荔枝湾，羊城新八景之一，是广州城西浪漫的文化之地。为响应开展以“中国梦”为主题的文艺创作活动，在中共广州市荔湾区委、区政府的正确领导下，荔湾区文联精心策划，邀请了郭应新、周树坚、马健忠、黄印珠、叶炼勇、苏仕森六位诗人书画篆刻家，集诗、书、画、印之大成，共同创作了 32 米书画长卷“荔湾胜景”，展示并记录荔湾的独特历史文化和新的发展成果，是荔湾人民向中华人民共和国成立 65 周年的隆重献礼。

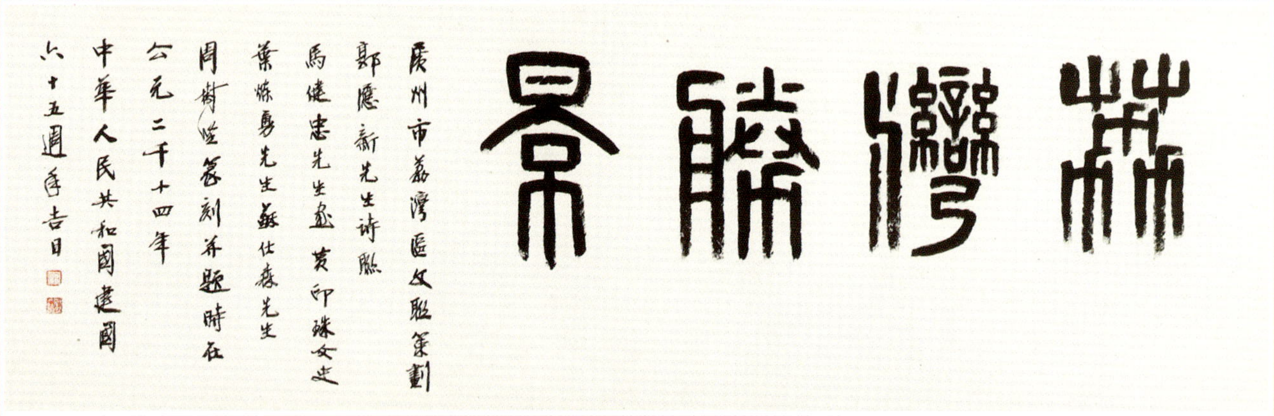

书法　荔湾胜景

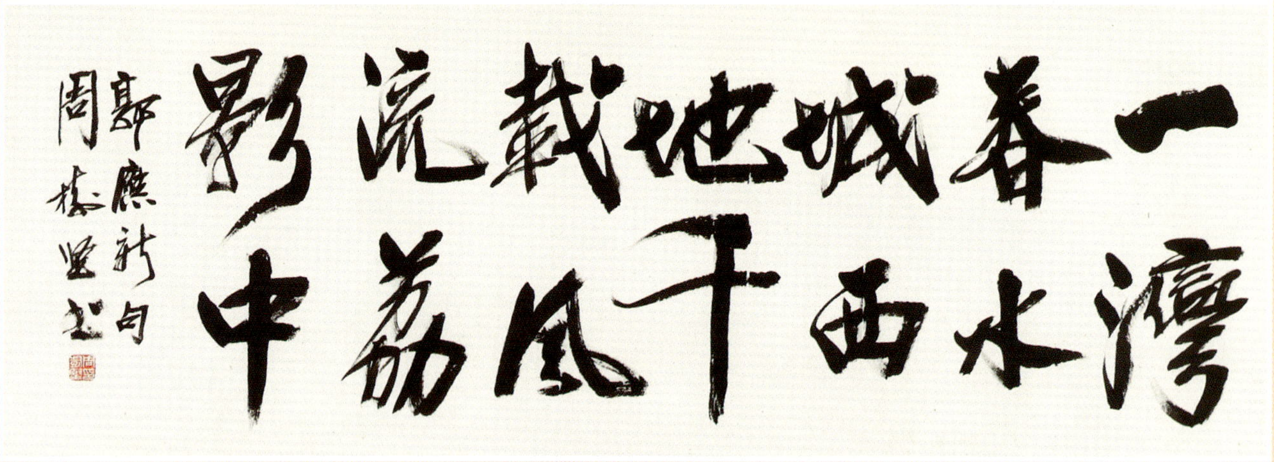

书法　郭应新句　周树坚书

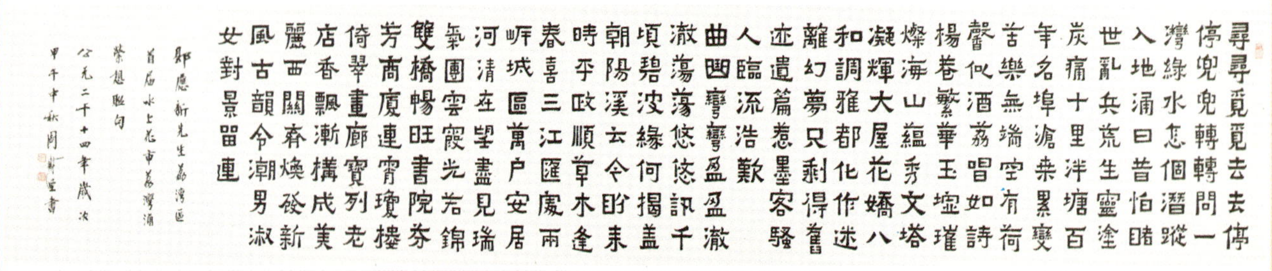

书法　郭应新句　周树坚书

篆刻　周树坚

篆刻　黄印珠

篆刻　叶炼勇

篆刻　苏仕森

吉林省德惠市文联

——“声动德惠”原创音乐团队

▲词作者：于树军

▲国家一级演员：王淼（左）
国家二级演员：王海荣（右）

▲德惠市文联文艺志愿者与中国文联文艺志愿者协会领导合影

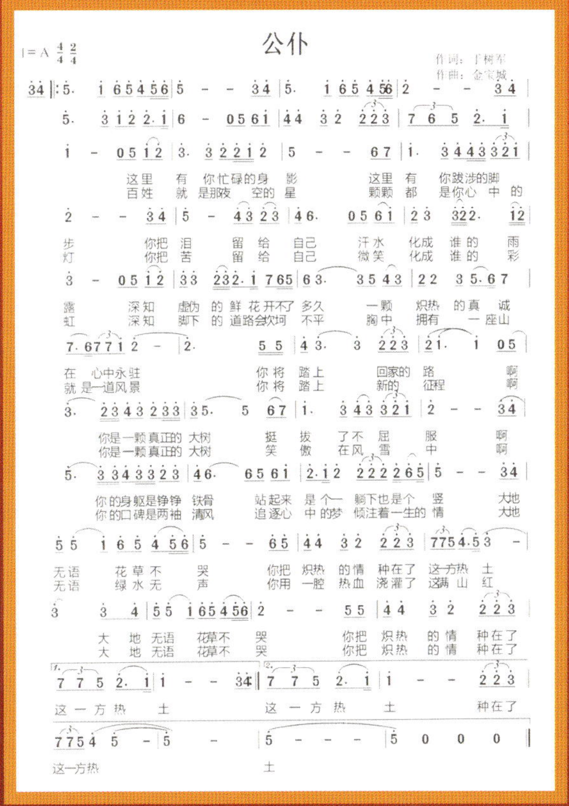

“声动德惠”原创音乐创作团队成立于2012年10月，团队创始人为于树军。于树军，男，现任吉林省德惠市政协党组书记、主席，兼德惠市文联主席，吉林省作家协会会员、吉林省音乐家协会会员。

团队目前有成员33人。其中，作词3人、作曲10人、歌手18人（不包括原创音乐社区非专业歌手50人）、录音1人、画面制作1人。这些人在于树军的带领下，三年来，创作歌曲近80首，这些歌曲在优酷网上一经发表，就引起了广大网友的极大关注，网络总点击量超过3500万次，仅在优酷一家网络媒体上的点击量就接近2000万次，很多歌曲在优酷排行榜上名次靠前，在网络上刮起了一股德惠原创音乐的旋风，被广大网友冠上了“爆红歌曲”的标签。歌曲《公仆》被中纪委选中，要求在全国推广传唱，《食品安全之歌》被国家食品药品监督管理总局高度肯定，要求在全省食品药品监督管理系统推广传唱等等。

德惠原创音乐团队的脚步之所以迈得如此坚实，究其原因，除了团队的向心力和凝聚力外，主要是他们正确把握住了原创音乐的前进方向，践行着“二为”方向和“双百”方针，践行着习近平总书记在文艺座谈会上的讲话精神，通过唱响主旋律，弘扬正能量，突出反映以爱国主义为核心的民族精神、以改革创新为核心的时代精神，创作的歌曲分为以下六种类型：一是歌颂祖国的，如《中国梦》；二是赞美家乡的，如《小街》；三是讴歌劳动的，如《农民工》；四是抒发情感的，如《妈妈》；五是富有哲理的，如《茶的诉说》；六是廉政歌曲，如《公仆》、《叮嘱》。

创作音乐不是目的，服务经济社会发展才是团队的宗旨。三年来，深入基层为教师、环卫工、福利院、社区志愿演出30余场，引领和带动了社区活动、广场活动的蓬勃开展，形成了较好的文化氛围。同时，通过广播电视、慰问演出、企业活动等多种形式，传播社会正能量，形成了文联与企业、社会之间的良性互动，这才是真正的“正声雅音”。

德惠音乐人，正在通过音乐，让人们感知德惠、了解德惠、发展德惠、造福德惠；正在通过音乐，服务德惠经济社会发展，服务伟大复兴的“中国梦”。德惠，正在谱写原创音乐的历史。德惠音乐人，正在创造原创音乐的奇迹。德惠的原创音乐，必将再攀高峰、再添佳绩、再创辉煌。

东莞市文学艺术界联合会

图为东莞文联文艺志愿服务团在东莞东城举行的“送欢乐下基层”文艺演出现场。

【文联组织建设】

2014年，东莞文联大力拓展枢纽型文艺组织，文艺家协会总数从13个发展到19个，行业文联从1个发展到3个，新成立分会和创作基地11个，文联组织网络建设取得重大突破。

【文学繁荣发展】

2014年，“东莞文学现象”受到全国文学界的关注，《文学报》2014年5月份刊登了《2013东莞文学发展现状》，引起较大反响。全年一大批东莞作家作品获奖：柳冬妩的《打工文学的整体观察》荣获中国文联文艺评论奖著作类二等奖；陈启文的《命脉——中国水利调查》、丁燕的《低天空：珠江三角州女工的痛与爱》、塞壬的《匿名者》获得第六届鲁迅文学奖提名；丁燕的《工厂女孩》获第九届文津图书奖；寒郁获第二届“紫金·人民文学之星”短篇小说佳作奖；陈启文的《命脉——中国水利调查》、丁燕的《低天空：珠三角女工的痛与爱》均获第五届徐迟报告文学优秀奖等。

2014年7月6日，设在东莞樟木头镇文广大楼10—11楼的“中国作家第一村”作家工作室正式启用，建有作家作品展示柜、村办会议室、接待室，设立了18间作家工作室，作家村从一个概念逐步向一个实体转身。

【镇街文联工作】

2014年，各镇街文联工作都取得了新的突破，基础设施和平台建设有了根本的改观，举办了各式各样的文艺品牌活动，一批文艺精品获得全国大奖。

【办好文艺沙龙】

2014年分别举办了12场文学沙龙和11场艺术沙龙，邀请了一大批文艺名家到东莞授课讲学，与东莞文艺家面对面进行交流互动，有效地促进了我市各种文艺创作的开展，提升了东莞文联的影响力。其中“南方的诗歌年度”诗歌论坛，邀请了著名诗人舒婷参加，为东莞赢得了“诗歌之城”的美誉。

【文艺志愿服务】

2014年，东莞文联文艺志愿服务团先后组织了13场“送欢乐下基层”大型文艺演出，到农村社区、学校、部队、工厂、企业给基层群众送欢乐；开展培训、授课等各类文艺服务110多次；文艺志愿者参与2235人（次），服务群众2万多人（次），文艺工作走进基层、走进校园、走进军营，体现了文艺惠民的宗旨。

【配合中心工作】

2014年，市文联组织广大文艺家开展“中国梦”文艺创作，专门组织召开了“中国梦”文学创作选题重点作者座谈会，在文学、美术、书法、摄影等方面创作了一批优秀作品；配合做好东莞市“发现精彩·秀美水乡”文化宣传推广活动，组织了作家、书法家、画家、摄影家、民间文艺家等5支专业队伍，深入挖掘水乡地区的特色文化资源，完成了《东莞水乡故事》、《东莞水乡民俗》的编辑工作；与韶关文联开展了一系列交流合作，月，派出东莞文艺家代表团赴韶关交流考察，下半年分别在东莞、韶关两地举办了书画作品联展。

图为“中国作家第一村”作家工作室启用仪式现场。

济南市历下区文联

在纪念中国人民抗日战争胜利 70 周年暨山东抗日民主政权创建 75 周年书画展开展仪式上，历下区艺术家创作 10 米长卷被纪念馆收藏。

济南市历下区艺术家赴台湾艺术交流。

"首善奖"历下区第四届青少年书画大赛在山东省文化馆举行颁奖仪式。

近年来历下文联出版结集的刊物。

历下区是山东省省会济南的中心城区，经济实力雄厚，是全市政治、经济、文化和旅游中心。

济南市历下区文学艺术界联合会，隶属区委领导。下设作家协会、美术家协会、书法家协会、摄影家协会、音乐家协会、收藏家协会、民间文艺家协会、朗诵家协会、文艺志愿者协会、文艺创意产业协会和曲艺家协会等 11 个协会。国家、省、市以及区级会员 3000 余人。先后成立了历下区文艺家之家、历下区文联文化艺术创作研究中心工作室。在彩石镇柳泉和沂蒙影视基地挂牌成立历下区书画创作基地。

历下区文联始终坚持文艺"二为"方向和"双百"方针，秉承为广大文艺工作者服务的宗旨，积极发挥与文艺界人士的桥梁、纽带作用。一是开展各种活动，促进交流提高。5 月中旬赴深圳、广州参加全国副省级城市文艺工作交流会并作为全国唯一基层文联在大会上作发言。8 月组织历下区艺术家赴台湾参访，进行了为期 10 天的采风交流活动。9 月组织美协部分会员赴太行山采风、创作。二是广筑文艺平台，加大精品创作力度。邀请全国著名散文学家进行了为期一周的采风，出版的《济南的味道》在济南市第十届精神文明建设"文艺精品工程"中获"优秀作品奖"；几年来，在全省的"泰山"文艺奖和济南市的"泉城"文艺奖及齐鲁文化之星等奖项中，我区于海龙、邢可峰等 10 多位艺术家及艺术作品榜上有名。2015 年，各协会共发表文艺作品百余件。三是艺术作品结集，传承中华文化。近年来先后结集出版《影响历下的文艺人物》、《美哉，历下！》摄影集、《沂蒙颂·泉水情·民族魂》、《济南的味道》、《历下倾城》《历山》、《首善杯青少年书画大赛》等书籍 10 多本，8 万余册。四是放眼全球，中华艺术走向世界。"历下之声"合唱团先后赴美国、西班牙、葡萄牙、台湾等国家进行艺术交流访问，2016 年拟赴俄罗斯参加世界第九届合唱节比赛。春季，组织书画家与台湾艺术家在台北举办"涓涓泉水情·美丽阿里山"书画交流活动。五是文艺志愿者活动、文化惠民活动遍地开花。"引文明之风 唱和谐历下"快闪陆续演出 5 场；连续承办了八届山东省国际大众艺术节"美哉历下"文化惠民综合文艺展演；举办了"追梦同行，到人民中去"——泉城文艺志愿者助残志愿服务活动；到济南武警支队举办"军民鱼水情"新年音乐会。

"长风破浪会有时，直挂云帆济沧海"，2016 年，历下文联将以"扛好旗子，放下架子，俯下身子，撑起杆子"的新的姿态，为艺术服务，为艺术家服务，带领全区艺术家为和谐历下再续华章！

中国书协副主席、山东省书协主席顾亚龙，济南市文联党组书记刘溪为历下区文艺家之家揭牌。历下区委纪亮、历下区文联党组书记、主席王亚非、历下区美协主席刘勤敬、历下区书协主席王克泉参加活动。

乌海市文联

——以书法城建设为龙头　打造乌海特色文化品牌

2015 年 5 月 27 日，中国文联党组书记赵实一行来乌海市调研，对乌海市书法城建设和文联工作给予高度评价。

2015 年 8 月 15 日，第七届黄河明珠·中国乌海书法艺术节、第四届国际书法产业博览会暨“书画频道进万家—走进乌海”系列活动隆重开幕。

2015 年 10 月 25 日，“艺舟双楫—中国书法城全国首届博士书法邀请展暨博士论坛”在乌海市当代中国书法艺术馆隆重举行。

乌海市文联始终坚持以书法城建设为龙头，以打造“中国书法城·乌海”金质城市名片为目标，以文艺惠民为主线，走出了一条独具特色的发展之路。

一、书法城建设硕果累累

自 2008 年乌海市被中国书法家协会命名为中国第一个书法城以来，乌海市文联高举中国书法城这面旗帜，立足中国书法城这一品牌，通过抓投入，抓队伍，抓活动，抓延伸，抓平台，抓市场，抓名人，使中国书法城·乌海成为了外塑形象，内聚人心的金质城市品牌。2015 年，共组织各类书法展赛 270 余场次。举办了第七届黄河明珠·中国乌海书法艺术节、第四届国际书法产业博览会暨“书画频道进万家——走进乌海”系列活动、艺舟双楫——中国书法城全国首届博士书法邀请展暨博士论坛、“山河共舞”——纪念抗日战争胜利 70 周年临沂乌海书法联展、“中国梦·翰墨情”第四届全民电视书法大赛等活动。组织了中国书法公益流动大讲堂和中国书协培训中心导师培训班。创办了在全国范围内发行的书画类杂志《大众书法》，添补了内蒙古自治区没有书法艺术期刊的空白。全年，23 人获国家或省级奖项。其中，5 人作品入展第十一届全国书法篆刻作品展。

二、文学艺术工作百花齐放

打造了一批品牌活动。“赏石博览会”、“戏剧乐万家”、“曲艺周末乐”、“书法五进”等成为市民享受文化大餐的品牌活动。

创作了一批文艺精品。全年创作文学精品 10 部、美术精品 100 幅、音乐舞蹈精品 50 件、摄影精品 1000 余幅。美术作品《丰年竞技》荣获第三届全国中国画展优秀奖。曲艺作品《关系》等作品在内蒙古自治区西部小戏小品大赛中斩获 7 项大奖。

创建了一批优秀志愿服务品牌项目。以“深入生活 扎根人民”、“放歌草原 书写百姓”为主题，开展了扎实有效的志愿服务活动。组织了“送欢乐下基层”，为老百姓送书法春联、摄影全家福、美术画像、音乐舞蹈、欢乐笑声活动，给广大人民群众送去了文化盛宴。

如今，乌海市书法城建设成果百姓共享，文学艺术事业遍地开花。我们相信，在人杰地灵的乌海大地上将飘满笔墨的馨香，结出丰硕的文化之果。

2014 年 10 月份，投入 3 亿元人民币，面积达 7.6 万平方米的当代中国书法艺术馆正式开馆，馆藏 200 余幅书画精品，是国内目前规模最大的书法艺术馆。

2015 年 9 月 15 日，“山河共舞”——纪念抗日战争胜利 70 周年临沂乌海书法联展开展。

2015 年 2 月 7 日，第四届全民电视书法大赛隆重举行，为普通老百姓提供了展示书艺、交流技艺、提高书艺的平台。

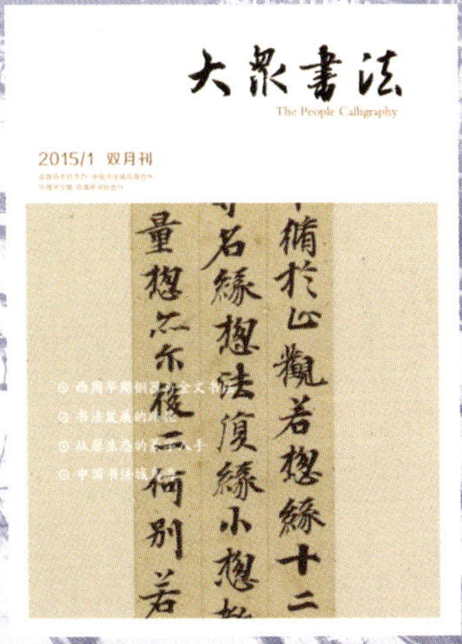

2015 年 3 月，乌海市政府与实践杂志社合作创办具有国家统一刊号的正式出版物《大众书法》发行。

鹰潭市文联

江西省文联汪天行书记参观鹰潭市“存古出新”书法展。

鹰潭市文联举办“雷迪森庄园奖”道教经典全国书法大赛。

鹰潭市文联组建于1984年，现有18个团体会员，其中市级文艺家协会13个，县级文联3个，行业文联2个。2012年5月，鹰潭市文联第五次代表大会选举徐双文为主席，换届以来，新的领导班子锐意改革，开拓进取。三年来，举办了“北极阁奖”全国书法大赛、“雷迪森庄园奖”道教经典全国书法大赛、鹰潭市书法进京展（在中国文联一楼厅展）等全国大赛、大展。编辑出版《文化鹰潭》、《翰墨鹰潭》、《作家笔下的鹰潭》等各类书刊百余册，并多次被江西省文联、鹰潭市委市政府评为先进单位。近年来，鹰潭市文联注重加强对外文艺交流，中国文联“送欢乐下基层”走进鹰潭龙虎山、中国文联老领导、老艺术家走进鹰潭创作采风、海峡两岸书画交流形成品牌。在市属协会中，市书协、市女子文学社花开并蒂，成为鹰潭市对外交流宣传靓丽的城市文化名片。“鹰潭小楷现象”在中国区域性书法创作中独具特色。

鹰潭市文联徐双文主席在台湾参加海峡两岸道文化交流活动

宜昌市西陵区文联

宜昌市西陵区文学艺术界联合会成立于2007年6月。2014年9月召开第二次代表大会，选举产生了新一届主席团成员。中国作家协会会员，湖北省作家协会签约作家阎刚蝉联西陵区文联主席。新当选的副主席分别为：金强、阮仲谋、桑大鹏、尹春、张宇晶、别里曼。秘书长：余娅琴。后因工作变动，秘书长改选为孔令丽担任。区文联所属各专业协（学）会有：作家协会、书法家协会、美术家协会、摄影家协会、民间文艺家协会、民间工艺协会、奇石协会、古玩鉴赏协会、音乐家协会、舞蹈家协会、茶文化研究协会、戏曲家协会、诗词学会等。另成立有一个社区文联：西陵区学院街道社区文联。

西陵区是宜昌市主城区，亦是其政治、经济、文化中心，辖区文艺人才富集。2009年西陵区委、区政府作出了建设“文化西陵”的决定后，区财政对文艺创作扶持的力度进一步加强，文艺事业得到了长足发展。2014年，区政府扶持出版的《西陵文艺丛书》之《这方水土》（甘茂华著）荣获第七届“冰心”散文奖。2015年《中国民俗志．宜昌西陵卷》荣获第十二届中国民间文艺“山花”奖。辖区内张永久、温新阶、阎刚、万双全、罗海东、唐聪等分别在文学、书法、音乐等领域获得国家及省级奖励。

南昌市南昌县文联

在县委、政府的正确领导下，我县社会经济发展保持了良好的势头，百强榜上连续进位，昂首挺进五十强。为了顺应经济发展大潮，南昌县文联认真贯彻县委县政府的工作安排部署，以文学刊物《澄湖》为平台，以协会建设为抓手，以开展活动为动力，以出人才出作品为宗旨，以服务经济为方向，为创建南昌县经济发展良好软环境做出自己应有的贡献。

一、以办好刊物为平台。我会积极办好内部季刊《澄湖》，并以此为平台，壮大队伍，培养新人。《澄湖》内部季刊不仅是全县文艺工作者、爱好者学习与交流的重要平台，也是培养新人的阵地，在按时保质保量完成《澄湖》出刊的同时，《澄湖》每期均有新人2—3人推出。同时，注重与兄弟县市文联进行作品交流。通过多年的努力，我县已有20多名作者加入省市及中国作协，呈现出文风鼎盛的良好局面。

二、以协会建设为抓手。文联活动的开展主要依赖下属各文艺协会，因此，协会建设一直是我会工作的重中之重。近两年来，我会完成了书法协会、音乐协会、作家协会等老牌协会的换届工作，将年轻有创造力的文艺工作者推进协会班子，带领各文艺协会焕发出勃勃生机。与此同时，我会批准成立了硬笔书法协会、红学会等一系列新的协会，壮大了我县文艺工作者队伍，增强了文联的凝聚力和向心力。至今，每个协会都有班子，有场地，有经费，有活动。

三、以开展活动为动力。活动的开展是文联工作的主要体现。近年来，我会各协会举办了丰富多彩的各类文艺活动。1. 围绕我县廉政建设的主题，文联举办了廉政文化系列活动。包括出版廉政诗词集、征集廉政歌曲、廉政书画展等等。以老百姓喜闻乐见的方式，将廉政观念深入人心。2. 我县8名书画协会国家级会员在我县会展中心举办了“俊采星驰”南昌县书画八人提名展，给了观众一次难得的视觉和心灵盛宴。3. 摄影协会组织会员拍摄反映我县秀美河山、农村风貌、文化旅游或休闲山庄的风光作品，反映人民幸福生活的人文、民俗、纪实作品，总计100幅。于节日期间在澄碧湖公园南广场“县委权力运行公示栏”展出，又一次用作品冲击了市民的眼球。4. 作家协会组织会员前往黄马乡凤凰沟景区采风。在为乡镇宣传生态环境的同时，也给了作家们更丰富的生活体验，激发他们创作的灵感。5. 为我县创建县级文明城营造氛围，我会《澄湖》杂志开展了“创文明城，做文明人”征文活动。活动面向全县文学爱好者征文，内容以反映我县文明人、文明事为主要内容，树立文明风尚，倡导文明行为。

四、以出人才出作品为宗旨。南昌县文联坚持以出人才出作品为宗旨，鼓励优秀文艺工作者向更高层攀登。近年来，涌现出一批国家级会员及获得国家级比赛认可的作品。目前，仅书法协会就拥有国家级会员8人，在县级文联实属罕见。作家协会1人成为中国作协会员，实现了我县有史以来零的突破。音乐家协会、摄影家协会、戏剧家协会均有国家级会员。2014年底，从浙江绍兴传来喜讯，我县三名书画家李良东、胡中良和罗华华入展第五届中国书法兰亭奖佳作奖。中国书法兰亭奖于2001年创办，是由中共中央宣传部批准，中国文联和中国书法家协会联合主办的全国综合性书法专业最高奖项。我省共有13人入展。2015年上半年，由中国书法家协会举办的第十一届书法篆刻展评审揭晓，我县青年书法家李良东以总分第二名的好成绩获得最高奖优秀奖。同时我县青年书法家张华武、胡中良、罗华华入展本届国展，创我县书法在国展中的最佳成绩。最近，书法界又传佳音，青年书法家李良东获黄庭坚特等奖。

五、以服务经济为方向。在工作开展中，南昌县文联坚持文艺为社会发展服务，以服务经济为方向。多次组织我县各协会会员深入乡镇采风，开展志愿活动，为乡镇营造浓厚文化氛围，创造更好的招商环境。同时，组织文联机关工作人员，积极参与我县各项社会服务活动。例如全体机关工作人员下到社区网格，听取民意；8小时外到所在社区开展志愿活动等等。积极配合县里的重大活动，开展宣传、造势，为县里的文化事业出谋划策。

在工作中，我们深深感到，只有团结全体文艺工作者，紧跟经济社会发展步伐，顺应市场经济发展潮流，才能走出一条文联工作的新路子。

海南省临高县文联

——立足传统文化 打造文化品牌

临高县位于海南岛西北部，地处海南西部文化长廊重要区段，自古人文荟萃，文化底蕴深厚，享有“中国民间文化艺术之乡”和“中华诗词之乡”的美誉。拥有人偶戏和哩哩美渔歌两项国家级非物质文化遗产。临高县文联成立于1990年12月18日，现有作家协会、书法家协会、舞蹈家协会、音乐家协会、摄影家协会、民间文艺家协会等六个专业协会。2014年，临高县文联以“健全组织聚人气，开展活动增活力，打造品牌出亮点”为工作思路，着力挖掘、整理和弘扬民间艺术，打造“一县一品哩哩美”文化品牌；发动全县干部群众创建“中华诗词之乡”；有组织地开展命题采风和创作，积极开展文艺志愿服务，荣获海南省文艺志愿服务先进单位称号。

◀临高县文联在县委县政府的领导下，组织开展创建“中华诗词之乡”系列活动，取得显著成绩。2014年11月成功组织承办全国第28届中华诗词研讨会暨王佐诗词研讨会。会上，中华诗词学会授予临高县“中华诗词之乡”称号。图为曹文县长接牌。

◀临高县文联承办的2014年临高县庆国庆“临海高歌，祝福祖国”群众广场文艺晚会在新落成的文澜文化公园牌坊街举行，共有干部群众一万多人参加。图为李江华书记与演出人员合影。

青海化隆县文联

省作协副主席、县文联主席李成虎在穆斯林书画展上接受电视台采访。

李成虎向前来参加县庆的中央、省、市代表团介绍化隆马雅宁剪纸。

李成虎的长篇小说《花儿为什么这样红》研讨会。

2015年度，在县委、县政府及县委宣传部的关怀领导下，在各级主管部门的重视支持下，化隆县文联坚持文艺“两为”方向和“双百”方针，围绕培养文艺人才，繁荣文艺创作，服务经济建设等方面开展工作，取得了一定实效。

一、文艺刊物办刊情况

自1997年李成虎创办《荒原春》文学杂志，18年来已经出版了80期。被业内誉为全省最有影响的刊物之一，其主编李成虎被青海省期刊联盟评为“第三届优秀编辑”。（一）借此平台培养阵地人才。我县有多位作家，近几年来保持长盛不衰的态势，今年仍然结出了累累硕果。据不完全统计，今年我县作家在地级以上报刊发稿60余篇（首），其中在市省级以上纯文学期刊发表作品40余篇（首），入选各类书籍20余篇，获省市县各级奖10余次。（二）借此平台发现艺术人才。培养艺术人才，“从娃娃抓起”；发现艺术人才“从娃娃看起”。为此，县文联借杂志的平台，联合县教育局连续举办6届“感动杯”中小学生作文大赛，参与人数达到3.8万人，获奖人数达126人，挖掘和培养了一大批文学艺术人才。（三）借此平台推介艺术人才。化隆籍的各类艺术人才，十几年来都通过“文艺方阵”、“艺术人生”这两个栏目给予推介宣传。特别是穆斯林妇女马雅宁，通过我们大力推介，上了青海电视台的“马雅宁的艺术人生”，而且海东时报连篇报道马雅宁的艺术经历及其艰难岁月，还有被青海民间文艺家协会、青海收藏家协会等，呼吁给马雅宁予以支持等等。（四）借此平台学习精英人才。李文实先生师从学术大师顾颉刚先生，继承了“古史辨”派的学术理论，体现出一种学术担当和家国情怀。为表达了对李文实先生温柔敦厚品格、严谨治学精神的赞美与敬仰，化隆县文联倡议学习李文实先生，并以“人生楷模”撰文学习。同时，还借“卷首语”和“挑灯看剑”栏目，李成虎以笔名“程宏”撰文，推介和学习国内外实力派作家及作品，以便让本土文学人士便以借鉴和学习。

二、文艺活动开展和文艺人才培育情况

（一）文艺下乡情况。一是按照县委宣传部主办的元旦春节前“冬日六送”的要求，“送节目”、“送书法”、“送春联”、“送图书”等。19个乡镇15天。参与人数达到6万多人，送出书法春联达到2000多幅，赠送《荒原春》杂志等各类图书1500多部。二是县文联以志愿者的身份进行下乡。诸如李成虎同志参加第2个“中国文艺志愿者服务日”前后，“到人民中去”文艺志愿服务主题活动，等多种形式，进行志愿服务。作为表现突出的文艺志愿者，被中国文联文艺志愿服务中心和中国文艺志愿者协会通报表扬。（二）汇演展览情况。2015年化隆县精心策划了10条户外精品徒步旅游线路，全力打造“山水化隆·户外仙踪”的新名片。今年启动紅山至米乃亥、塔加至金源2条户外徒步线路。展出作品达到600余幅，受到了省市县领导的好评。除此外，8月8日，舞蹈家和音乐家协会参加了海东市我行我秀电视大奖赛，我县音乐家协会副主席南杰荣获三等奖。8月30日化隆县文联、化隆县老干局、化隆县文体局联合在巴燕综合中心楼，进行纪念抗战胜利70周年书法、美术、摄影展，其参加的现场直观的书法美术作品120幅，摄影作品32幅，“山水化隆”摄影动画（幻灯片）220幅，“舞韵化隆”书法动画（幻灯片）230幅，共计作品达602幅。其展出情况受到县委书记曾植俊、县长马金星等领导的好评。县文联主席李成虎被海东电视台的专题采访。9月19日，海东民族团结文艺演出，我县万玛荣获三等奖。（三）采风情况。根据县文联的年初的安排，书法家和美术家走进校园进行互动采风外，还联合青海省美术协会、青海省书法家协会和化隆县书法美术和摄影家等，到雄先乡米乃孩村和塔加千亩马兰花滩等进行互动采风。与此同时，我们还充分利用黄河岸旁边群科化隆县美术摄影家基地，邀请了山东著名的牡丹画家李幼华，书法家徐孝武等参加笔会并互动。不仅宣传了化隆的大美，而且提升了化隆的文艺水准。（四）创作基地建立情况。借化隆卓有远见地打造徒步旅游的机会，与海东市文联联合在“漫步马兰花滩·探秘百年藏庄”露营徒步大会，在塔加乡塔加一村的“布达拉宫式”的百年藏庄挂“海东市艺术创作基地”。与青海省家协会联合在9月19日“户外仙踪”的新名片，启动紅山至米乃亥村户外徒步行的当天，特邀请省委宣传部文改办副主任刘贵有、省作协秘书长邢永贵、海东市文联主席李永新、化隆县委常委宣传部长李照本等参加了“青海省作家文学创作基地”挂牌仪式。与此同时，在省上争取了20万元资金，对黄河岸边群科的“化隆县文联美术摄影创作基地”进行设备改造。

三、文艺奖项设立与评审情况

开展化隆县第二届“化隆县文艺奖”评选活动。现根据评奖的有关规定，评出马雅宁等19人荣获“化隆县文艺奖”。（一）获省残联技能比赛奖的3人。即马雅宁（剪纸金奖）、周昕（摄影金奖）、韩玉林（拉面金奖）。（二）文学创作奖（出专著—“隆原从书”入选奖）的9人。即张贵明（散文）、李伶（诗歌）、胥玉禄（诗歌）、权文珍（诗歌）、张秀青（诗歌）、李玉梅（文学集）、戈强英（散文）、李生彪（小说）、李成虎（小说）。（三）艺术成就奖（“隆原从书”入选奖）3人。即冶青明（书法）、冶海龙（美术）、韩有录（文学）。（四）获首届河湟文艺奖的3人。何能敏（《我的摄影经验谈》铜奖）、闪卫平（广场舞蹈银奖）、李成虎（突出贡献奖）。（五）乐都美术作品展奖（省美协与乐都区举办）1人。即邵丽萍（国画金奖）。（六）省核心价值主题摄影1人。即李玉峰（二等奖）。

四、文艺队伍建设与文艺创作情况

（一）队伍建设情况。截止目前化隆文联有作家协会69人；书法家协会，30人；美术家协会17人；摄影家协会14人；舞蹈家协会50人；音乐家协会20人；评论家协会15人；民间文艺家协会12人；宗喀唐卡艺术协会320人；回绣艺术协会120人。共10个协会，会员总人数为667人。（二）文艺创作情况。一是文学方面。2015年5月，李成虎的长篇小说《花儿为什么这样红》入围第九届茅盾文学奖。中篇小说《桃花雪·倒寒春》被2015年第3期《青海湖》杂志推为本期重点推荐作品，重点推荐的评论《花儿的浓情世界》是著名作家、评论家，原《人民文学》副主编，现为鲁学文学院副院长邱华栋所写，邱华栋又一次高度赞称了李成虎的小说。戈强英的散文《年味》在2015年“寻找记忆中的年味”征文活动中荣获三等奖（由青海省国际互联网新闻中心4月颁发）。另外，县作协主席胥玉禄的9首诗歌入选《河湟风》等等。目前县文联正在筹备，分别召开张贵明的散文集《梦中的家园》、戈强英的散文集《沉淀的岁月》、李玉梅的文集《春天的请柬》的研讨会。二是书法美术摄影方面。1月，美术家协会王兴隆参加全“三区”人才支持计划文化工作专项工作“大美青海，风情海东”美术巡展中作品“苍山新雨后获优秀奖”；4月28日，参加青海省艺友会成立十周年书画展，作品（古松苍山图）获二等奖；6月，书法美术家协会胡延年在平安五段制作长达300米的文化墙。6月28日，美术家协会王兴隆参加“长江流域十省（市）”第六届老师书画展，作品“九曲黄河万里秀”获优秀奖。7月10日至7月14日，摄影家协会周昕在湖北省武汉市参加第五届全国残疾人职业技能竞赛（封面摄影类项目）中荣获拼搏奖。7月美术家协会主席邵丽萍在化隆下尕什加美丽乡村文化墙彩绘8月1日完成、上滩文化墙彩绘8月15日完成、上尕什加文化墙彩绘9月15日完成。9月29日，美术家协会王兴隆参加全省首届民族团结进步杯书画大赛。作品在《全省首届民族团结进步杯书画大赛作品集》中入选。另外，书法家协会李玉良、高宏亮等和美术家协会李鸿平、金海成、赵永菊、邵丽萍、马福祥等人的作品入选“海东文艺丛书”。三是音乐方面。2015年9月，青海省第十一届青少年儿童声乐、器乐大赛董海萍获得一等辅导奖。由董海萍老师辅导的马丽同学获得器乐类少年组葫芦丝金奖，王兴华同学获得声乐类少年组银奖。由李成虎作词、沈世海作曲的《我要赞美的化隆》；由李成虎作词，沈世海作曲的《喊一声化隆人咋这么亲》，由李成虎作词、董海萍作曲的《山水化隆》等入选《放歌海东》一书中。四是宗喀唐卡艺术方面。自成立协会以来，首届宗喀唐卡艺术综合展。于2月11日，在县会议中心展开为期三天的唐卡作品展出。县委副书记、县长马金星，原省委党校副校长、省社科院副院长、省地方志总编谢佐，中国民间文艺家协会副主席、青海省民间文艺家协会索南多杰，县委常委、组织部长阿克明，县委常委、宣传部长李照本等县领导参加了此次展览。此次收集100多人的精品唐卡（红唐、黑唐、金唐、刺绣唐卡、堆秀唐卡、珍珠唐卡）200多幅，另外传统工艺品印刷版、铜佛、木雕等总价值达1000多万。目前，获得山花奖的唐卡艺术大师东智才旦、切杰仁增等为代表的唐卡艺人就多达320多位。五是“化隆回绣”在各种展会上大放异彩。回族妇女能够“足不出户挣万元”，“不出大门奔小康”已经不是什么新鲜的话题了。刺绣与回族妇女的日常生活息息相关。回族姑娘们常常以刺绣比聪明、争巧手，回族群众视刺绣为一种吉祥的民族艺术，并得到了长远发展。但是，这一民族奇葩一直“养在深闺人未识”。自从2014年获青海省文化旅游商品创意大赛金奖后，在2015年的各种展上大放异彩。

一年来，化隆县文联始终坚持把出人才、出作品作为文联工作的第一要务。各文艺门类的艺术家们不负重托，辛勤耕耘，创作了一大批富有时代特征和鲜明地域特色的优秀作品。得到青海日报、海东时报、青海电视台、海东电视台、化隆电视台等主流媒体对全县文艺工作多次报道。

新疆和田地区文联

组织建设情况：

截止 2014 年底和田地区文联有 7 个协会共有会员 435 名，其中作家协会 114 名、美术家协会 44 名、书法家协会 44 名、摄影家协会 36 名、民间艺术家协会 30 名、音乐舞蹈家协会 93 名、电视艺术家协会 74 名。其中只有作家协会在民政局注册，其余协会因客观条件达不到注册的条件。摄影家协会注册 2 年后，2014 年自行注销注册。

文艺理论研讨：

1. 以“揭批宗教极端思想的邪恶本质和暴力恐怖活动的严重危害”为主题，举办了开展“唱响主旋律——和田地区文艺界座谈会”，百名文艺工作者签署了去极端化倡议书。2. 召开买提卡斯木·阿不都热合曼文学作品研讨会。

书刊出版：

1. 新玉文艺编辑部出版发行《新玉文艺》(维文版)6 期。2. 为自治区党委宣传部主办的“热爱伟大祖国 建设美好家园”系列连环画由本地画家孙冀绘制了《一生的承诺》、《为了幸福水》、《于田大地震》三本连环画。

采风活动：

1. 协助自治区文联举办了“唱响时代最强音《诗歌全疆行》活动”。2. 做好自治区文联、作协部分著名老作家赴和田采风和宣讲活动。3. 协助北京市文联组织的首都文艺家慰问团来和开展“共话京疆情、共筑中国梦”慰问演出活动，组织随团书法家、美术家与本地艺术家交流。

展览活动：

1. 按照地委宣传部要求，制作了“严打暴恐专项行动挂图”，保障了 100 套宣传挂图及时发放到基层。2. 把好《新玉文艺》杂志思想导向关，确保向基层免费发放每期 1600 份杂志政治上合格、艺术上高水平。3. 在和田市团结广场举办了“我们的中国梦 祝福进万家”春联大派送活动。4. 以“唱响主旋律”为主题，组织 17 名作家诗人开展了和田地区文艺界诗歌朗诵活动。5. 举办了《纪念毛泽东诞辰 120 周年纪念像章及画像展》、《生命回响摄影展》、《回归自然国画展》、阿依古丽·麦提玉苏普美术作品展等展览活动。

获奖情况：

1. 由自治区文联主办的“新疆乐器王”活动中，选送的“都塔尔”、“弹拨尔”获得了寻找“新疆乐器王”优秀作品奖，地区文联获得组织奖。2. 为自治区“去极端化”农民画大赛征集 20 幅美术作品，于田县农民画家阿孜古丽·库尔班获得大赛三等奖。3. 新疆美术家协会召开推选全国美展油画创作草图评选会，油画《婚礼》、美术作品《小佛寺田园风光图》通过初选。

成都铁路局文联

文代会合影。

成都铁路局文联成立于1986年9月，现隶属于成都铁路局工会，设专职秘书长1人，编辑出版综合文艺季刊《通途》。文联下设文学、美术书法、摄影、音乐舞蹈、戏剧小品、影视、奇石根雕个专业协会。2014年12月，召开了成都铁路局文学艺术工作者联合会第四次代表大会。

近30年来，在局党委、路局的关心和局工会的领导下，成都铁路局文联恪守“繁荣文艺创作、培养文艺人才”职责，坚持“围绕中心、服务大局”的工作思路，团结凝聚广大文艺工作者和积极分子，精心打造了一批反映一线职工生产生活的艺术作品，获得多项国家级、省部级奖项。形成了以局文联为中心，成都、重庆、贵阳、西昌等地区文联为依托，站段文艺协会为基础的多层次、多元化的职工群众文化艺术队伍网络，文艺积极分子达2000余人。

文艺志愿者活动。

根雕展览。

文代会全景。

天津市美術家協會

Tianjin Artists Association

天津市美术家协会认真贯彻落实习总书记在文艺工作座谈会上提出的“要虚心向人民学习，向生活学习，从人民的伟大实践和丰富多彩的生活中汲取营养，不断进行生活和艺术的积累，不断进行美的发现和创造。”组织画家深入农村、工矿、部队，开展“结对子、种文化”等文化下乡活动。大力弘扬社会主义核心价值观，着力推动中国精神，中国梦主题创作实践，坚持“以人民为中心”的工作导向，深入开展“深入生活，扎根人民”主题实践活动。组织画家到五大道、海河沿岸景观带、滨海新区进行写生，体验生活。赴天津对口帮扶地区甘肃、宁夏、安徽等地采风写生。在纪念中国人民抗日战争胜利 70 周年之际，组织画家赴抗日圣地开展服务采风“大地行”系列活动。为推动天津文艺事业繁荣发展，天津美术家协会积极承办高规格国家级展览，努力将天津美术推向新高度。继成功举办“第十二届全国美展中国画作品展”后，又成功举办了“中国精神 · 第四届中国油画展”等一系列全国性品牌活动，迈出文化强市的坚实步伐。天津美术家协会着力推动天津与各地书画艺术合作，成功举办天津和四川乐山画家采风写生和书画下乡活动。积极参加慈善公益事业，多次举办公益讲座，为西藏日喀则地震灾区等地捐赠书画。天津美术家协会努力为画家潜心创作研究、推出精品力作创造条件，多次为本市画家举办专项展览和个人展览，在本市美术界形成浓郁的学术氛围。

当前，天津正面临京津冀协同发展、“一带一路”建设、自贸试验区建设、自主创新示范区建设、滨海新区开发开放等五大国家战略叠加的历史机遇，展现出美好发展前景。天津美术家协会将在天津市委宣传部和天津市文联的领导下，与全市文艺工作者一起抢抓新机遇、开启新风貌，不断攻坚克难，奋力开拓天津文艺事业蓬勃发展新局面。

天津市美术家协会积极承办高水平国家级展览。在喜迎中华人民共和国成立 65 周年之际，五年一届的国家级美术盛典——第十二届全国美术作品展览中国画作品展在天津隆重开幕。

“中国精神 · 第四届中国油画展”在天津开幕。这是天津美术家协会首次承办的全国性油画大展，对提升天津市的美术创作水平、促进全市文艺事业繁荣发展起到积极的推动作用。

天津市文联副主席、天津市美术家协会主席王书平带领画家深入到北辰双街村农田作物大棚，辅导当地美术爱好者现场写生，描绘新农村题材。

组织画家深入工厂、农村、生产一线写生创作，图为天津美协秘书长李耀春在宝坻农村为农民画像。

组织美术家深入滨海新区采风。

"深入生活、扎根人民"天津市美术作品写生展隆重开展。展览汇集260余幅精品力作，涵盖多个画种。

天津美协组织画家走进军营，"结对子、种文化"。

为纪念中国人民抗日战争胜利70周年，"到人民中去"京津冀百名艺术家志愿者赴抗战圣地服务采风创作。

广东省曲协

曲艺历史悠久，底蕴深厚，承载着悠悠中华五千年的文明；而广东曲艺在当地方言基础上，发展形成24种曲艺形式，其兼之岭南特色而别有韵味，经人们代代传唱，历久弥新，深受当地人民群众喜爱。

近年来，广东曲艺发展势头突飞猛进，曲艺惠民和曲艺品牌活动深入民心。“广东曲艺大家唱”、“曲艺进校园”和“百家千场艺术讲座下基层”活动等惠民演出常“唱”不衰；仅2014年，广东曲协组织开展形式多样的曲艺“四进”活动达68场，投入工作人员1000人次，直接惠及群众（学生）三万多人次。“四洲杯”、“明日之星”、“广东省曲艺大赛”等广东曲艺“老字号”品牌赛事越办越精彩，在曲艺界立得住、在社会上叫得响、在群众中传得开，极大繁荣了全省曲艺事业。

在老百姓身边，“私伙局”天天上演，处处可闻曲艺之声。从1998年起，广东先后有14个镇（街）被命名为“中国曲艺之乡”，占到全国总数的三分之一；广东省文联、省曲协相继评选了6个“广东省曲艺之乡”，保护、传承、推广了一批优秀的地方曲艺曲种，增强了曲艺在基层群众中的影响力。

2015年，在中国曲协、广东省文联的指导下，广东省曲协认真贯彻习近平总书记系列重要讲话精神，坚持以人民为中心的创作导向，以社会主义核心价值观为引领，积极参加赛事活动，在各项全国性大赛中荣获大奖；认真组织评奖选拔，开展了第九届“明日之星”、2015年“广东曲艺器乐大赛”、第二届黄俊英“艺术之星”等一系列活动；以曲艺创作为抓手，取得了“一场研讨会、两本作品集、三台曲艺剧、四次采风活动”的成果，极大繁荣了全省曲艺创作，推动曲艺创新。

一是以创作引领曲艺发展。广东省曲协以“学习习近平总书记在文艺工作座谈会上重要讲话精神暨曲艺创作研讨会”为契机，确定2015年为新的曲艺创作年，出版发行了两套曲艺作品集：收录2013年曲艺创作成果的《广东曲艺新作与评论》和融合杨子春、史琳、逗笑、逗乐等曲艺名家的原创作品《春琳笑乐集》。

二是深入基层，探寻海上丝绸之路。广东省曲协以“海上丝绸之路——粤海风韵曲艺采风创作活动”为主题，先后组织100多人次的采风团，分赴顺德、深圳、珠海、江门等地乡村开展采风活动；同时，不断创新方式，与当地签订合作意向，曲艺家与基层结对子，在采风中传播曲艺的“火种”。

三是“粤海风韵”三部曲。在融汇采风创作活动成果的基础上，珠海、顺德、深圳等地推出了曲艺说唱与其他艺术形式相结合，展现岭南风土人情的——“粤海风韵”三部曲：“百年香埠（历史回眸唱名人）曲艺演出”、“同享珠江水·共筑中国梦——顺德戏曲珠江三角洲巡演”和大型曲艺情景剧《两个警察一条街》，再现了广东人民辛勤耕作、创造美好生活的场景，反映了广东曲艺人为人民抒怀、为人民抒写的朴素情怀。

四是“抗战精神，永放光芒”。时值抗争胜利70周年纪念日之际，全省曲艺工作者以高度的文化自觉和历史担当，结合本地抗战历史和曲种特色，创作编排了一批反映抗日战争题材、歌颂英雄人物的优秀曲艺作品，并于9月29日在东莞市石龙镇通过舞台呈现给全省人民，警示世人铭记抗战历史，弘扬伟大的抗战精神，受到社会各界的一致好评。

广东曲艺无淡季，万家灯火万家弦。2015年，广东省曲协秉持“真抓、真干、真出成果”的理念，切切实实地组织广大曲艺工作者深入生活、扎根基层、服务人民，主动为时代撰曲，自觉为人民说唱，为广东曲坛创造出繁荣发展的生动景象。

“学习习近平总书记在文艺座谈会上重要讲话 广东省文艺志愿者服务——曲艺精品进校园”活动在华南理工大学励吾科技大楼国际会议中心举行。

广东省文联、省曲协主办的“抗战精神 永放光芒——纪念抗战胜利70周年曲艺惠民演出暨广东省曲艺之乡挂牌仪式”在东莞市石龙镇举行。

广东省曲艺家协会第八届理事会第二次扩大会议在广东文学艺术中心召开。

广东省曲协第八届主席团第七次会议在穗召开，省文联程扬书记出席会议并讲话。

广东省青少年曲艺“明日之星”选拔赛。

粤海风韵曲艺采风创作活动——走进深圳大鹏所城。

广州市美协

3月23日，“暖日华滋——广州市美术家协会花鸟画艺委会成员小品展”在增城元方画馆开幕。参加此次展览的画家除市美花鸟画艺委会成员外，还邀请广东画院、广州美院、广州画院，以及市美协部分主席团成员等画家共43幅作品。广州市文联席乔平、广州市美术家协会主席周国城、增城区委宣传部部长广新力及增城区文联主席巫国明等领导出席了开幕式。

4月25日上午，由杭州市文联、广州市文联主办；杭州市美协、广州市美协、杭州画院承办的“钱塘画缘——杭州、广州国画作品交流展”在杭州画院美术馆开幕。开幕式上，来自杭州和广州的文艺界、美术界领导、嘉宾人头攒动，两地画家互交流。出自杭州、广州画家的86幅参展作品代表了两地的国画艺术水平。杭州市委宣传部杨志毅副部长，广州市委宣传甘新部长等文艺界领导、两地画家代表出席了开幕式。展览为期6天，于4月30日结束。

5月5日，由广州市美术家协会、海珠区文联主办，广州市美术家协会人物画艺委会承办，广州一尚画室和海珠区文化馆协的“咫尺舞墨——广州人物画名家扇面精品展”在海珠区文化馆隆重开幕。广州市美协主席周国城、副主席张弘、张思燕、珠区文联主席钟晖等嘉宾出席了开幕式。画展展出卢延光等30余位人物画家的扇面精品约90幅。展览随后赴新塘、东莞等5地巡回展出。

6月8日，为发掘广州青年美术人才，进一步提高广州地区美术学术水平。由广州市美协等单位主办的“广州青年美术学术名展”评选在广州举行。稍早前，市美协各艺委会分别召开初评会议，按照配额向评委会推荐本专业青年作者；主席团成员各自推荐了优秀青年作者。全部受推荐画家资料经美协办公室整理审核，统计出符合参评条件的青年作者48人。评选当天，评按照画种分类进行无记名投票，由秘书长赵健行当场唱票。最后，共评选出入选作者36人。涵盖国画、油画、漆画、版画、彩、雕塑等画种。

8月6日，“艺心探微——广州市美协老画家艺委会作品展”在广州文化公园第九馆开幕。该展览展出了5年以来“艺心探——广州市美协老画家谈艺录”所收录的51位老画家及现任市美协主席团成员作品七十余幅。展览开幕前，老画家艺委会举了茶话会。

8月15日，“广州市美协主席团作品展”在南国书香节广州书展举办。展览期间，组委会邀请市美协30位画家在书展期间进挥毫活动。开幕当天，广东省委书记胡春华看望在场画家。市委宣传甘新部长亲临挥毫现场。

9月24日，市文联主席乔平、市美协主席团部分成员赴南沙区东涌镇，评选南沙区美术书法作品展参选评作品。评选出近百美术书法作品，十余位作者获奖。此次活动是市美协主席团研究决定推行的一项新举措：由广州市各区县基层美协举办，市协派出评委团评选参评作品，获奖作品作为参加市美协条件之一。南沙区文联积极响应，率先举办了南沙区美术书法作品展。此进一步促进了南沙区美术书法爱好者的创作积极性，活跃了群众的文化生活，扩大了美术书法艺术在南沙的群众基础。

11月2日，白云区文联、白云区美协主办的“白云区美术作品展”评选活动在白云区政府举行。市美协主席周国城、副主席黎晁、李晓白，秘书长赵健行参加评审活动。评出获奖作品10幅，作为加入广州市美协条件之一。

11月9日，由市美协、天河区平安办等单位联合主办的“平安·天河获奖作品展” 在红专厂艺术中心隆重举行。此次展览评出美术获奖作品10幅，作为加入市美协条件之一。

11月29日上午，由广州市文联、广州市青联、广州市美协、广州市文化馆、广州市青宫主办的“中国梦·喜相逢——广州青美术作品展及广州青年美术作品提名展”在广州美林美术馆开幕。广州市委宣传部长甘新、广东省文联主席许钦松、广州市联主席乔平，广州市美协主席周国城等出席开幕式。许钦松、乔平、周国城分别致辞，随后，颁奖嘉宾向获奖作者颁奖。

展览于今年3月开始动员广州地区45岁以下的美术工作者、爱好者进行创作，11月22日截稿，共收到作品700余件。其中提名作者由市美协主席团成员分别推荐，经投票选出63位青年艺术家的178件作品。涵盖国画、油画、漆画、版画、水彩、雕塑等，出金奖4名、银奖5名、铜奖12名和优秀奖22名，并选出参展作品197件。参展作品反映了广州地区青年美术工作者、爱好者的创现状及取得的辉煌成果。

12月5日上午，由广州市美协等19个单位、组织联合主办，广州美协山水画艺委会策划的“水墨家园·岭南名家邀请展暨《客家山居图》长卷首展”在广州艺博院隆重开幕。市委常委、宣传部长甘新、广东省美协原副主席卢延光以及参与主办的地美协主席、参展作者、观众两百余人出席了开幕式。

开幕式上，广州市美协主席周国城致开幕词，广东省美协原副主席卢延光、深圳美协主席、关山月美术馆馆长陈湘波、肇美协主席莫肇生、台湾胡说草堂胡九蝉讲话。广州市美协副主席刘思东主持开幕式。

该展览展出了由省内数十名画家组成的团队历经两年共同创作的60米长卷《客家山居图》、50幅写生作品及230位画家作品。

省委书记胡春华、省长朱小丹在市委宣传部部长甘新的陪同下亲临南国书香节现场（前排左起：朱小丹、胡春华、周国城、沈育明、甘新）。

市委宣传部长甘新（左三）参观“水墨家园”。

市委宣传部长甘新（左二）、市文联主席乔平（左三）、省文联主席。

市委宣传部副部长伍第政（左四）出席市美协老画家艺委会中秋采风。

“广州青年美术提名展”评选现场。

“广州青年美术作品创作经验交流会”现场。

市美协举办学术讲座，由省美协副主席汪晓曙主讲。

1 2 3 4 5 6 7

四川省歌舞剧院有限责任公司

六年磨一剑 演绎川人经典
四川省歌舞剧院有限责任公司创排舞剧《家》

《家》是巴金先生的代表作之一，通过描写20世纪20年代初期四川成都一个封建大家庭的罪恶及腐朽，控诉封建制度对生命的摧残，歌颂青年一代的反封建斗争以及民主主义的觉醒，在中国现代文学史上占据着重要地位并起着巨大的影响。2015年11月28日，由四川省歌舞剧院有限责任公司创排的舞剧《家》在成都锦城艺术宫隆重上演。一部源自四川人的文学经典，凝聚了四川人的艺术智慧。

独特构思

两场婚礼两场葬礼贯穿全剧

舞剧《家》提炼了原著的情节，选取了最富有个性的人物进行塑造、最能表达主题的段落进行描绘。舞剧《家》讲述了大少爷觉新为担起作为家族长孙的责任，放弃了自己深爱多年的梅，遵从长辈的意志迎娶了陌生的瑞珏。而受到新思想影响的三少爷觉慧理解同情大哥的遭遇，也恨大哥的懦弱，他始终想着要逃离这样的家庭，逃离像大哥一样的命运。他和丫鬟鸣凤之间的爱情悲剧更让他明白封建礼教对人性的摧残。另一方面，作品中高老太爷的衰老如同封建家庭的败落一样，他的去世也正预示着时代浪潮的不可逆转。即使这样，封建思想依然继续控制着“家”，为了不可理喻的迷信，善良的瑞珏被赶到郊外生产，最后在寒冬中死去，觉新悲痛欲绝。而觉慧终于离开了家，带着对家人的爱和恨，带着对自由和光明的向往，去追寻心中的梦想。

与原著不同的是，舞剧《家》由两场婚礼和两场葬礼贯穿全剧，构成了每一场戏的大情境。中国自古崇尚“礼”，“礼”也成为传统文化的重要组成部分。人们对婚礼和葬礼的观念更是可以直接折射出其人生观和价值观。婚礼可以标志着一个家的诞生，葬礼往往标志着家的衰败。在舞剧《家》中，婚礼和葬礼总是纠缠在一起，不仅真实地反映了人物命运，也在这种大悲大喜的反差调和中展现出诸多抗争与矛盾。此外，本剧中的婚礼和葬礼还不仅仅局限于其本身，每一场婚礼的背后其实也是一场葬礼，而每一场葬礼也暗藏了一场婚礼。在特定的情境中，婚礼亦是牺牲和死亡，葬礼与之相伴。悲悲喜喜、哭哭笑笑，都是人性的翻滚和挣扎。

完美演绎

舞蹈语言解读文学经典

《家》是一部思想相当深刻的现实主义力作，作品批判的锋芒不仅指向旧礼教，更指向作为封建统治核心的专制主义思想，以极大的激情歌颂了青年知识分子觉醒、抗争以及与罪恶封建家庭的决裂。通过舞剧的肢体语言呈现，能最直观审视觉新的懦弱、觉慧的鲁莽、鸣凤的简单、瑞珏的逆来顺受，让当代人被他们感动，爱他们、

四川省歌舞剧院大型原创舞剧《家》成都演出现场剧照

理解他们、同情他们。谈及《家》，很多人都知道丫鬟鸣凤，虽身处封建大家族，仍无法掩盖身上那一股执拗的生命力。尤其她和三少爷的爱情悲剧令人惋惜心痛。舞剧第二幕关于鸣凤之死，在婚礼上综合运用了红色背景与大片的黑色水袖，如同封建礼教的枷锁一般禁锢着鸣凤和三少爷，强烈控诉了封建礼教对人性的扼杀。

舞剧《家》作为四川省歌舞剧院有限责任公司首部成功申请国家艺术基金资助的剧目，一方面想对以巴金先生为代表的成都文化进行弘扬，对作品中反封建反礼教、追求自由平等的崇高价值观进行具有审美理念和解读空间的诠释和彰显。另一方面希望让当下民众，特别是年轻一代去重新理解这样的经典作品。通过观看舞剧受到感染和鼓舞，弘扬法治精神，强调依法治国的重要性和时代性，引发对追求生活幸福、国家富强的思考。

立足四川

巴蜀文化特色融汇当代思考

“立足四川”是舞剧《家》从诞生之初就一直牢牢把握的宗旨。 立足巴蜀文化特色，以经典名著为创作背景，通过肢体语言演绎人物之间的情感纠葛，更表现出在社会历史大变动、大变革的背景下，面对封建专制的压迫和人性的无情摧残，不同的人生抉择和情感追求。从某种意义上说，舞剧《家》更是一部弘扬成都独特地域文化，展现新一代四川人追求幸福生活、向往美好未来，充满社会正能量和浓郁成都生活气息，并给予现代人更多思考和感动的舞台作品。

在舞剧《家》的未来发展方向上，“坚持拼赛场和闯市场‘两条腿’走路。除了力争获得赛场奖杯外，也将努力在演出市场上赢得优良口碑。”作为公司年度创作大戏，公司从一开始就致力将其打造成经典演出剧目。在首演成功后，公司积极参加全省公益性惠民演出，唱响社会主旋律，树立公司优势品牌。同时，进行附属衍生产品的制作推广、营销及项目综合开发等其他尝试。通过对影音和纪念品等文创产品的综合开发，最终形成多线、多层的发展态势。

大型原创舞剧《家》剧照

贵州省杂技团

杂技《礼音妙韵》

创意:《说文解字》中，儒，柔也，术士之称。柔术，作为杂技专业中一个传统项目，被誉为超越极限的人体艺术，其中蕴涵着中华民族对圆文化的理解。作品运用演员精湛的技艺与柔美的身姿，时而奏乐起舞，时而莲花叠坐，时而花蕾绽放，行云流水，淋漓尽致。乐与舞的交织让纯净与祥和在人们心中留下炙热的烙印。

杂技——绸吊 (蝉声悠悠)

此节目以贵州少数民族风情为背景，少数名族青年男女恋爱来体现的一个空中表演节目，恋爱的季节，恋爱的情侣，飘舞在蝉歌的旋律中，她们谈情，她们说爱，她们共同憧憬着美好的未来。

杂技——《索玛花开》

此节目非常有亲和力，将具有彝族特色的舞蹈融入到了空竹的技巧表演中去，青春活波的女孩不仅把玩着手上的空竹，并加入了高难度的技巧，此表演不止给观众带来轻松愉悦还能让观众欣赏到空竹多样花的技术表演。曾出访过，日本、新加坡、等国。广受好评！

贵州省杂技团成立于1958年，位于风光旖旎的“中国避暑之都”——贵阳，我团本着“以人为本、快乐发展、追求卓越、主动创新”的原则，力求于训练方法科学有效、表演体系成熟完善的发展途径，致使技术技巧、舞美道具及音乐创作等方面不仅凸显现代时尚多元，而且还彰显出浓郁的区域民族特色多元。

50多年以来，我团不仅培养出了诸多优秀的杂技表演艺术人才，还自主创作了《双钻桶》、《双头技巧》、《滚灯》、《转动爬杆》、《空中体操》《水流星》等一批优秀节目，并在不同时期荣获国际、国内大小奖项60余项，并多次代表国家出访演出，足迹遍及黄河、长江、珠江三大流域及亚、非、欧、美的30多个国家，受到国内外广泛赞誉。

近年来，我团在不断的深化改革中，积极探求创新发展之道，一方面注重与多个国家进行广泛的国际文化艺术交流，另一方面着力于优秀民族特色杂技表演艺术作品的创作，力求为贵州杂技表演艺术的发展竭尽其力。我团创作的杂技节目《球技.跳动音符》曾荣获中共贵州省委宣传部、贵州省文联专业文艺奖三等奖；《追梦少年—地圈》、《礼音妙韵—柔术》、《梦之语—双人技巧》、《春花烂漫—蹬伞》、《蓝色之梦—绸吊》、《汨罗魂—太空漫步》等一批自创杂技节目，在第三届贵州专业文艺奖评比中，分别荣获特等奖二个，优秀奖三个，一等奖一个；《地圈》、《皮条》在广西杂技大奖赛中分别荣获三等奖；《大武术》在筑城广场市民才艺大赛中取得了杂技类冠军；《地圈》、《单手顶》、《太空漫步》荣获贵州省工会优秀团体奖；《穿梭时空—蹬人》，《秋日私语—男女技巧》，《筑梦—地圈》，《灿烂星光—流星》，《顶与尖—力量》，《飞旋青春—空竹》，《旭日东升—武术》，《倒行逆势单手造型》节目荣获第六届贵州省文艺奖。

目前，我团正在不断地深化改革进程中，按新思想、新观点、新要求的创新思维模态，努力探索新形势下杂技表演艺术的发展途径和发展方向，努力为贵州杂技表演艺术的创新之道增添光彩和贡献力量。

中国铁路文工团

演出团在南平慰问演出。

陈寒柏、王敏在基层慰问演出。

音乐剧《站台》。

话剧《叩问》。

舞蹈《俺家门前》。

杂技《五人柔术》。

团长孟卫东在青藏铁路工地采风。

中国铁路文工团成立于1950年10月，是中国铁路总公司直属企业单位，国家级大型综合文艺团体，A级电视剧拍摄单位。全团现有演职人员350名。团长：著名作曲家孟卫东，党委书记：刘志江。

中国铁路文工团是一个综合艺术实力较强的文艺团体，建团60多年来，创作演出话剧、歌舞、舞剧、音乐、舞蹈、杂技等，其中还拍摄了很多电视剧、电影都具有一定的艺术水平。一大批优秀作品和演职员荣获了国内外各类大赛金奖、大奖400多次，包括：中宣部“五个一工程”奖，中央电视台青年歌手大赛、相声大赛一等奖，中国曲艺牡丹奖、话剧金狮奖、戏剧梅花奖、声乐金钟奖和文华奖、电视剧金鹰奖和飞天奖、电影百花奖，布达佩斯国际马戏节金奖，法国明日杂技节金奖等。

中国铁路文工团建团至今，培养和造就了一大批业务精湛、德艺双馨、具有较高社会知名度和影响力的演艺人才。目前活跃在艺术生产一线的主要有：著名作曲家孟卫东、薛瑞光，著名相声表演艺术家石富宽、奇志、李嘉存、陈寒柏，著名戏剧影视表演艺术家张国立、娟子、王志飞等。

近年来，中国铁路文工团非常注重艺术创作工作，曾经创作出很多铁路职工喜爱、老百姓欢迎的，喜闻乐见、脍炙人口的艺术作品。创作排演了反映高铁（动车）乘务员工作生活的大型音乐剧《站台》，推出了以南水北调、移民搬迁为题材的大型话剧《源水情深》和反腐题材大型话剧《叩问》。拍摄制作了微电影《爱的窗口》、《爱的延续》、《清风正气传家远》等。

中国铁路文工团始终坚持以人民为中心的创作方向，讴歌铁路职工，弘扬铁路精神，每年以“安全是天”、“一路有你”、“铁路感谢您”为主题，深入到10多个铁路局和10多条客运专线慰问演出近500场。凝聚铁路建设力量，推动铁路科学发展。

中国铁路文工团重建中的二七剧场即将对外开放，剧场建筑面积25443平方米，观众厅可容纳观众1201人，配备先进的灯光、音响专业设备，是适合各类文艺演出的多功能剧场。届时二七剧场将以崭新的面貌迎接观众，为首都北京增添了一处高品位的艺术表演场所。

北京戏曲艺术职业学院

舞剧《夕照》

北京传统乐曲音乐会《燕落花枝》

中华美德故事汇·京剧《草原小姐妹》

京剧《南海子》

话剧《少年少年》

北京戏曲艺术职业学院（以下简称“北戏”）是经北京市人民政府批准、教育部备案的全日制普通高等学校，是北京地区唯一一所独立设置的艺术类高等职业学院。2012年底2013年初，北戏确立了“六个一工程”的纲领性章程和发展目标，明确了“树德为首、育才为要、传承为根、创新为本、因材施教、突出实践”的特色办学理论，在学生培养、教师队伍建设、专业创新、服务社会、传承民族优秀文化艺术等方面一直不懈努力，取得了较好的成绩。

北戏在教学育人的基础上，遵循艺术职业教育规律，为学生提供更多的实践演出机会，让他们在舞台上得到锻炼和成长，同时也促进了学院的长足发展。近两年来，北戏通过“少儿戏剧场”这个艺术教育实践平台，成功推出《中华美德故事汇》系列短剧、原创大型舞剧《夕照》、原创大型京剧《少年马连良》《南海子》、原创话剧《少年少年》、大型北京地区传统器乐音乐会《燕落花枝》等优秀剧目，相继确立了“北戏少儿戏剧场”“北戏书馆”“中华美德故事汇”“毕业季推介汇报演出”等文化品牌，在社会引起积极反响。

北戏书馆

《中华美德故事汇》系列舞台剧是在首都文明办和北京市文化局的指导、支持下，由北戏2013−2015年创排并演出的以《草原小姐妹》为代表的12个系列剧。秉承“讲好故事，事半功倍”的理念，旨在“弘扬社会主义核心价值观，弘扬中华传统美德”，将中华传统美德以戏曲、话剧、音乐剧、舞剧等艺术形式呈现在舞台上，集中表达了爱国奉献、助人为乐、敬业守法、爱护环境、孝悌礼让、英勇斗争等优良中华美德。现已演出92场，观众逾3万人次。

原创大型舞剧《夕照》是国家艺术基金2014年资助项目。该剧以戏曲的舞蹈手段反哺中国古典舞建设发展，以北戏所开设的“戏曲舞蹈”特色课程为基础，剧目改编自传统戏曲经典爱情故事《白蛇传》，用古典舞蹈的方式讲述了千年蛇精白素贞与书生许仙的浪漫爱情。全剧在吸取生、旦、净的程式化元素基础上，运用中国古典舞的表现手法，塑造人物性格。2015年11月初在民族剧院首演，获得专家肯定和观众的热烈欢迎。

《燕落花枝》——北京传统乐曲音乐会10月20日在国家大剧院音乐厅举办。这台音乐会以北京地区的传统器乐传承领衔，展示出代代习乐人遵规守则的教学传统和自觉的文化继承与保护意识，为各地艺术院校继承地方传统器乐，推陈出新，开拓多种器乐联合表演形式提供了一个有益样本。

原创话剧《少年少年》是一部描写农村留守儿童“失爱”社会问题的话剧，以艺术的手法，将不同类型“留守儿童”的心理描写、刻画、表演出来，展示给打工父母、城市孩子、学校教师和社会公众看，引起反思，唤起行动。该剧在第五届北京大学生戏剧节上获优秀剧目奖、优秀男女主角、最佳造型奖和优秀组织奖。

北京戏曲艺术职业学院

2015

Appendix

附 录

地方各级文学艺术界联合会名录

北 京 市

东城区文联
主　席：赵　书
常务副主席：王富国
驻会副主席：周晓沪
秘书长：李　宏

西城区文联
主　席：王敏荣
党组书记、驻会副主席：汪帮宏
常务副主席：杨海森
党组副书记、调研员、宣传部副部长（兼）：田玖龙
驻会副主席：阴　宏、魏沁沁

朝阳区文联
党组书记：高春利
主　席：李光羲
秘书长：金　童

丰台区文联
主　席：初建华
常务副主席：李　澎
秘书长：韩玉莲

石景山区文联
主　席：郭　明
秘书长：王成成

海淀区文联
主　席：苗　地
驻会副主席：叶宏奇
秘书长：崔　靖

门头沟区文联
党组书记、常务副主席：彭天和
主　席：王作楫
驻会副主席：郝景儒
调研员：王殿玉

房山区文联
主　席：史长义
副主席：刘月辉
秘书长：徐成凤

通州区文联
主　席：樊淑玲
副主席：杨家毅
秘书长：张丹妮

顺义区文联
主　席：张中茂
副主席兼秘书长：孟云会

昌平区文联
主　席：周振华
驻会副主席：韩瑞莲
副秘书长：高若虹、罗春杰

大兴区文联
主　席：王青海
副主席：年宏伟
秘书长：李贺清

怀柔区文联
党组书记、主席：王铁瑛
副主席兼秘书长：刘春莲
调研员：朱宝坤
副调研员；于书文

平谷区文联
党组书记：韩维权
主　席：胡九军
秘书长：赵明革

密云县文联
主　席：孙明舜
秘书长：陈　如

延庆县文联
主　席：赵万里
副主席兼秘书长：王春光

天 津 市

和平区文联
主　席：秦　岭
副主席：张永琛、王　梦、张书珍、高　平

河东区文联
主　席：石春波
常务副主席：澎淑兰
副主席：刘德印、成　群、李向群、李金岭、李萼群、林　聪、赵　伟、薛　钊

河西区文联
主　席：宋安娜
副主席：孟　华、窦宝铁、刘海峰、刘建强、

王　平、李　青

南开区文联

主　席：罗澍伟
副主席：周　萍、张金锁、张春生、魏文亮、姜维群、李治邦、蔡长奎、黑成义、袁汝海、王虎鸣、范　权、方大开

河北区文联

主　席：李耀进
副主席：邢慧珠、余海翔、张　政、张丽强、张秋铧、周维治、庞黎明、赵荫杉、章用秀、喻建十

塘沽区文联

主　席：李英杰
党组书记、副主席：李延春
副主席：马连华、王广荣、杨国良、魏永明
秘书长：李英杰（兼）

汉沽区文联

主　席：杨为民
副主席：刘云海、丁树元、王玉梅、刘硕海、崔茂元、李孝椿、赵　峰

大港区文联

主　席：吕春波
副主席：孙长顺、刘　鹏、关有利、王忍利、王庆秀、宋俊生、马立新、刘益功、王兴隆、卢德福

东丽区文联

主　席：王绍森
副主席：王晶一、许向诚、孙玉河、张耀国、邢纪庆、宋茂斌、赵津生

西青区文联

主　席：刘　红
副主席：陈子茹、张树清、李桂金、王焕墉、李艳成、宋德成、孙立君、孙民锁、周向东、于培福

北辰区文联

主　席：赵文秀

武清区文联

主　席：李伯怀
常务副主席：贾玉山
副主席：陈　平、门玉华

宝坻区文联

主　席：孙　伯
副主席：丁其明、王广忠、牛文延、刘继辉、刘洪洋、闫海涛、孟庆占、赵振章、王春景、周　明

蓟县文联

主　席：赵海军
副主席：刘北星、尹学云

静海县文联

主　席：刘建国
副主席：李　锋、王洪茹、杨伯良、孙德民、张忠芬、姚　新、王敬模、赵恩才

天津开发区文联

主　席：李东辉
副主席：王　迅、徐胜利、赵　键、毛幼平、吴寅秋、王锁庄、宁书杰

天津市政法系统文联

主　席：柴中达
常务副主席：藤锦然
副主席：王　文、王燕鸣、冯基宇、刘国祥、曲孝丽、张　钊、张　健、李立华、李萼群、杨世勋、杨明光、周永君、底永生、赵　伟、程修韬、藏力军

天津市检察官文联

主　席：杨学工
副主席：王　文、王宝利、刘　虹、李　智、张卫国、张有强、陶　明、韩鲁红

天津港文联

主　席：王存杰
副主席：袁宝童、王庆林、安卫兵、王金忠、张建春、杨　莹、刘　嘉、黄宝平

天津职业大学文联

主　席：刘文江
副主席：徐秀琴、马　岩、况瑞峰、郭振山、孙德琪

天津市司法行政系统文联

主　席：李立华
副主席：张玉阔、夏文华、李玉英、李运库、刘吉元、王景福

河　北　省

石家庄市文联

党组副书记、主席：周喜俊
党组书记、副主席：邵　平
副主席、秘书长：肖建科
副主席：张桂珍
地　址：石家庄市槐北路156号
邮　编：050021
所属各市区县文联：

辛集市文联
副主席：刘立生
晋州市文联
主　席：韩丽娟
副主席：冯增勇
新乐市文联
主　席：张瑞法
副主席：贾建友
鹿泉市文联
主　席：康志良
副主席：牛建新
井陉县文联
常务副主席：马　佶
正定县文联
常务副主席：刘进忠
秘书长：马世新
栾城县文联
主　席：刘彦江
副主席：吴素力
行唐县文联
主　席：刘文武
灵寿县文联
主　席：秘君凤
高邑县文联
主　席：李慧勇
深泽县文联
主　席：刘　炬
赞皇县文联
主　席：毛爱国
无极县文联
主　席：邢永强
副主席：赵　斌
平山县文联
主　席：付锋明
副主席：闫金宝
元氏县文联
主　席：张占义
赵县文联
主　席：徐哲普

张家口市文联

党组书记兼主席：薛美华
副主席：张润兰、李敬东
秘书长：冀海莲
地　址：张家口市经济开发区长城西大街10号
邮　编：075000
所属各区县文联：

桥西区文联
主　席：王银海
桥东区文联
副主席兼秘书长：汤中彦
宣化区文联
主　席：冯小利
察北管理区文联
主　席：赵　智
下花园区文联
主　席：任明星
张北县文联
主　席：冯　谦
康保县文联
主　席：白　秀
副主席：郭向年
沽源县文联
主　席：岳树旺
尚义县文联
主　席：樊殿武
副主席：张志义
蔚县文联
副主席：郭有雷
阳原县文联
主　席：赵勇明
怀来县文联
主　席：李景波
涿鹿县文联
常务副主席：刘继红
秘书长：张秀春
宣化县文联
主　席：周贵亮

承德市文联

主　席：王　琦
副主席：贺成利、李全江、杨　勇
秘书长：梁　义
地　址：承德市行政中心西楼
邮　编：067000
所属各区县文联：

双滦区文联
主　席：刘广军
副主席：王翔雨
秘书长：王微微
承德县文联
主　席：郭春林
兴隆县文联
主　席：焦俊国
平泉县文联
主　席：王翠琴
秘书长：朱海珍
滦平县文联
主　席：黄宝铭
隆化县文联
主　席：赵春洲
丰宁满族自治县文联
主　席：许　祥
副主席：张艳玲
宽城满族自治县文联
主　席：章立新
围场满族蒙古族自治县文联
主　席：张秀超
公安文联
主　席：李雪松

副主席：沈玉波
秘书长：张　丹

秦皇岛市文联

主　席：王新庄
地　址：秦皇岛市海港区港城大街176号八达大厦5楼
邮　编：066000
所属各区县文联：
海港区文联
主　席：张鹤云
副主席：张秋实
秘书长：赵永红
山海关区文联
主　席：李　冬
副主席：田雅萍
北戴河区文联
主　席：于红艳
昌黎县文联
主　席：常兴忠
专职副主席：张剑东
副主席：燕小锟
抚宁县文联
主　席：杨洪武
副主席：陈劲草、胡　查
秘书长：王亚男
卢龙县文联
主　席：董承喜
秘书长：王迎春、张素云
青龙满族自治县文联
主　席：苏俊田
秘书长：徐晓艳

唐山市文联

主　席：袁　宁
副主席：杨晓松
秘书长：李秋利
地　址：唐山市路北区西山道9号
邮　编：063007
所属各区市县文联：
开平区文联
主　席：张　丽
副主席：王淑玲
丰润区文联
主　席：高艾存
副主席：陈文娟、刘　倩
丰南区文联
主　席：黄　永
副主席：杨　彬
遵化市文联
主　席：黎　新
秘书长：范丽丽
迁安市文联
主　席：毛广丰
副主席：李保成
滦县文联
主　席：李明诚
副主任科员：李真理
滦南县文联
主　席：杨立欣
常务副主席：杜礼东
秘书长:刘海莲
乐亭县文联
主　席：孟庆忠
副主席、秘书长：李秀春
迁西县文联
主　席：孟祥莲

廊坊市文联

党组书记、主席：董春霖
副主席：王厚祥、李秋生、孙卫东
地　址：廊坊市爱民西道36号
邮　编：065000
所属各市县文联：
霸州市文联
主　席：胡树全
常务副主席：陈赤军
副主席：张广安
三河市文联
主　席：刘树滋
副主席：陈海滨
固安县文联
主　席：史增尚
香河县文联
主　席：张　勇
副主席：张玉清、路咏梅
大城县文联
主　席：李会宁
副主席：白　静
文安县文联
副主席：郝　健
大厂回族自治县文联
主　席：李旭林
副主席：李世宝、张　媛
秘书长：张　媛

保定市文联

党组书记：郭树林
主　席：刘素娥
地　址：保定市园南街6号
邮　编：071000
所属各市县文联：
满城区文联
主　席：郄宝利
秘书长：浩　渺
清苑区文联
主　席：刘新芳
副主席：樊树旺
徐水区文联
主　席：申志娟
定州市文联
专职副席：许　光
涿州市文联
主　席：吕宏琳
副主席：张葆冬
安国市文联
主　席：李玉肖
高碑店市文联
主　席：陈学文
易县文联
主　席：李小杰
涞源县文联
党组书记、主席：邓玉明
定兴县文联
主　席：王振林
望都县文联
主　席：高金州
秘书长：刘杏丽
涞水县文联

主　席：刘文庆
副主席：张　玲
雄县文联
主　席：杨章锁
容城县文联
主　席：王连成
曲阳县文联
主 席：张晓光
阜平县文联
主　席：张金刚
博野县文联
主　席：孔繁浩
蠡县文联
主　席：解新占
安新县文联
主　席：袁学东
顺平县文联
主　席：张晓光
高阳县文联
主　席：韩增荣
唐县宣传部
主　席：孙少彬

沧州市文联

党组书记：王月周
主　席：何香久
副主席：唐文君、王秀云
地　址：沧州市浮阳南大道14号文联
邮　编：061001
所属各市县文联：
泊头市文联
主　席：赵玉清
任丘市文联
主　席：郭占甲
秘书长：白稳放
黄骅市文联
负责人：吴建伟
青县文联
主　席：韩　雪
副主席：李　玲
吴桥县文联
主　席：李　英
副主席：马路明
孟村回族自治县文联
主　席：李　利

衡水市文联

党组书记兼主席：庞学军
副主席：朱俊杰、常立奎
地　址：衡水市人民西路1428号
邮　编：053000
所属各协会：
书法家协会
主　席：尹海金
作家协会
主　席：宋峻良
影视家协会
主　席：张建军
民间艺术协会
主　席：傅新友
硬笔书协会
主　席：冯书根
摄影家协会
主　席：康同跃
舞蹈家协会
主　席：郑广义
曲艺家协会
主　席：石秀玲
音乐家协会
主　席：常曲川
戏剧家协会
主　席：孙磊明
内画协会
主　席：王自勇
老年摄影协会
主　席：刘振洋

邢台市文联

主　席：贾兴安
副主席：苗　莉
副调研员：路少河、马建英
秘书长：付志芳
地　址：邢台市顺德路255号
邮　编：054001
所属各市县文联：
沙河市文联
主　席：赵孟魁
副主席：刘玉田
邢台县文联
主　席：孟学军
临城县文联
副主席：米学军
内丘市文联
主　席：和连芬
副主席：高兴国、尉克冰
秘书长：武春山
柏乡县文联
主　席：冉庆玉
南和县文联
主　席：代红杰
宁晋县文联
主　席：郭东风
巨鹿县文联
主　席：张东民
广宗县文联
主　席：贺相佳
秘书长：孙胜巧
平乡县文联
主　席：孙英力
任县文联
主　席：刘云舟
清河县文联
主　席：李少锋
副主席：房明辉
秘书长：韩立强
临西县文联
主　席：卢士奇
副主席：王继华
南宫市文联
主　席：贾　倩
威县文联
主　席：王　超
隆尧县文联
主　席：董向中

邯郸市文联

党组书记兼主席：张全民
副主席：李　琦
副调研员：金胜军
地　址：邯郸市新园街6号甲
邮　编：056107

所属各区市县文联：

峰峰矿区文联

主　席：赵志刚

武安市文联

主　席：刘丰生

邯郸县文联

主　席：王　良

副主席：刘文杰、王延峰

成安县文联

主　席：王俊霞

秘书长：宋　岭

大名县文联

主　席：白志强

副主席：罗　楠、韩瑞娟

秘书长：郭艳玲

涉县文联

主　席：李淑英

副主席、秘书长：李仁太

磁县文联

主　席：赵学峰

秘书长：杨为民

邱县文联

党组书记：邵富亮

副主席：韩修龙

鸡泽县文联

主　席：李建朝

馆陶县文联

常务副主席：马耀信

副主席：王芇笠

魏县文联

副主席：姜化君

邯钢集团公司文联

主　席：尤善晓

副主席：刘　荣、高　竞

秘书长：戴存柱

邯郸工商文联

主　席：张建波

邯郸检察官文联

主　席：吴玉安

山　西　省

太原市文联

主　席：王爱琴

党组书记：张体仁

党组成员：王宏伟、韩莹

调研员：张运刚

地　址：太原市双塔西街131号安装大厦5层

邮　编：030012

所属各区市县文联：

小店区文联

主　席：王文刚

副主席：张美卿

迎泽区文联

主　席：祝亚琴

杏花岭区文联

主　席：胡玉英

万柏林区文联

主　席：高海琴

晋源区文联

主　席：李永旺

尖草坪区文联

主　席：刘云成

清徐县文联

主　席：刘永成

副主席：任小军

阳曲县文联

主　席：金丽文

娄烦县文联

副主席：李年环

古交市文联

主　席：李成明

大同市文联

主　席：聂还贵

副主席：杨　旺、程文栋

地　址：大同市文联

邮　编：037000

所属各区县文联：

新荣区文联

主　席：郭　文

阳高县文联

主　席：余跃海

副主席：高玉岭

天镇县文联

主　席：张　凡

广灵县文联

主　席：王义淑

副主席：杨树林

灵丘县文联

主　席：白东阳

副主席：房　光、贺秋生、李　赣

浑源县文联

主　席：王明海

左云县文联

主　席：侯建忠

大同县文联

主　席：贾永平

朔州市文联

党组书记：高怀国

主　席：王　平

副主席：安文义

地　址：朔州市振华西街1号市委办公大楼B楼126室

邮　编：036002

所属各区县文联：

朔城区文联

主　席：徐志廉

平鲁区文联

主　席：刘文斌

山阴县文联
主　席：黄　冀
应县文联
主　席：蔡升元
右玉县文联
主　席：郭　虎
怀仁县文联
主　席：张存平

阳泉市文联

党组书记：李锡苟
主　席：侯讵望
副主席：李银苟、赵存珍、高士萍（兼）、高巨海（兼）、张建起（兼）、王开英（兼）
地　址：阳泉市南大东街534号晋东大厦五层
邮　编：045000
所属各区县文联：
城区文联
主　席：张彦斌
副主席：刘淑英
贾晨波（兼）、王秀怀（兼）、史云福（兼）、李德平（兼）
矿区文联
主　席：常树红
副主席：贾希平、翟贵明（兼）、高生亮（兼）
郊区文联
主　席：米爱梅
副主席：武爱栓、宋　莉
平定县文联
主　席：董巨才
副主席：马艳萍、和彦君
盂县文联
主　席：侯宝德
副主席：胡海斌、李彦青

长治市文联

主　席：葛水平
副主席：王新国
地　址：长治市长兴南路70号
邮　编：046000
所属各区市县文联：
城区文联
主　席：赵雨涛
副主席：贺丽娜
郊区文联
主　席：李文华
潞城市文联
主　席：靳　伟
副主席：江宇辉
长治县文联
主　席：李书玲
襄垣县文联
主　席：崔玉萍
副主席：田渊斌
屯留县文联
主　席：刘晓红
副主席：陈建宏
平顺县文联
主　席：申志强
副主席：张斌胜、王鸿斌、王宏亮
黎城县文联
主　席：赵红梅
壶关县文联
主　席：盖宝国
副主席：赵俊杰、王文婷
长子县文联
主　席：李建文
武乡县文联
主　席：刘叶青
副主席：魏　芳
沁县文联
主　席：王泽宇
沁源县文联
主　席：邓焕彦

晋城市文联

党组书记、主席：贾大一
副主席：谢红俭、韩有珍
党组成员：聂利民
地　址：晋城市凤城路赵树理文学馆
邮　编：048000
所属各区市县文联：
城区文联
主　席：吕伟新
高平市文联
主　席：王百灵
泽州县文联
主　席：李小鹏
沁水县文联
主　席：车功强
阳城县文联
主　席：李三平
陵川县文联
主　席：马素花

忻州市文联

党组书记：路向东
主　席：王改瑛
副主席：刘存旺、温旭霞
地　址：忻州市文联
邮　编：034000
所属各区市县文联：
忻府区文联
主　席：刘镜圆
原平市文联
主　席：郑建芳
副主席：韩玉光、武振军
定襄县文联
主　席：智建恩
五台县文联
主　席：张嫦娥
代县文联
主　席：贾俊文
副主席：张　俊
繁峙县文联
主　席：王爱中
副主席：周宽怀
宁武县文联
主　席：陈智泉
静乐县文联
副主席：吴亮梅、张月升
神池县文联

副主席：王利军、崔润生

五寨县文联

主　席：李宝珍

岢岚县文联

主　席：王素芳

河曲县文联

主　席：岳占东

保德县文联

主　席：王汇东

偏关县文联

主　席：杨治国

五台山风景区文联

主　席：安建华

晋中市文联

党组书记：王跃生

副主席：田五先、郝汝椿

地　址：晋中市榆次区新华街199号

邮　编：030600

所属各区市县文联：

榆次区文联

主　席：鹿巨平

副主席：陈耀忠

介休市文联

主　席：许建斌

副主席：焦荷花

榆社县文联

常务副主席：王晋鸿

和顺县文联

党支部书记：常跃生

主　席：赵　茜

副主席：韩世斌

昔阳县文联

主　席：李余彬

副主席：张建东

寿阳县文联

主　席：赵亚明

副主席：王丽萍

太谷县文联

主　席：白志强

祁县文联

主　席：范培杰

平遥县文联

主　席：赵永平

灵石县文联

主　席：孟繁信

副主席：王俊才

左权县文联

主　席：孟振先

副主席：王治红

临汾市文联

主　席：王富山

副主席：杨红旭、许爱英

地　址：临汾市文联

邮　编：041000

所属各区市县文联：

尧都区文联

主　席：田向宇

侯马市文联

主　席：李会彦

副主席：姚兴河

霍州市文联

主　席：安忠伟

书　记：贺文斌

曲沃县文联

主　席：崔晋国

翼城县文联

主　席：周明社

副主席：张发树、王　芳

襄汾县文联

主　席：杨志刚

副主席：赵英俊、柴晓菡

洪洞县文联

主　席：李清城

副主席：李鸿雁、杨晓夏

古县文联

主　席：秦雪亮

副主席：赵香敏

安泽县文联

主　席：赵俊峰

浮山县文联

主　席：程东晓

吉县文联

主　席：刘旭山

副主席：郭吉祥

蒲县文联

主　席：张　敏

大宁县文联

主　席：冯杰伟

永和县文联

主　席：马毅杰

副主席：徐永统

隰县文联

主　席：郝微微

书　记：贠红红

乡宁县文联

主　席：王晋强

副主席：阎晓俐

汾西县文联

主　席：张建忠

副主席：畅双珍

运城市文联

党组书记：段利民

副主席：畅　民　魏荣汉　武俊英、王　英、杜东明、李国勇、杨光汉、李云峰、谭文峰

地　址：运城市红旗东街367号

邮　编：044000

所属各区市县文联：

盐湖区文联

主　席：董吉云

副主席：宋　兵

永济市文联

主　席：高菊蕊

副主席：寻红芳、宗金俊

河津市文联

主　席：薛　城

副主席：曹向荣

芮城县文联

主　席：郭昊英

副主席：张　燕

临猗县文联
主　席：闫民虎
副主席：史卫泽、姚　贞
万荣县文联
主　席：王旭升
副主席：张克剑　王红妮
新绛县文联
主　席：刁俊杰
副主席：梁彩霞
稷山县文联
主　席：郑天虎
副主席：李云岗
闻喜县文联
主　席：杨丑龙
副主席：张丽霞、邱景鹏
夏县文联
主　席：王遂良
平陆县文联
主　席：谭康明
副主席：李娟芳
绛县文联
主　席：任浩民
副主席：王俊杰
垣曲县文联
主　席：王　涛

吕梁市文联
党组书记：王亭亭
副主席：马建明、秦云贵
地　址：吕梁市离石区兴隆街16号
邮　编：033000
所属各区市县文联：
离石区文联
主　席：李心丽
孝义市文联
主　席：程继红
汾阳市文联
主　席：张立新
文水县文联
主　席：宋建英
交城县文联
主　席：韩笑丰
中阳县文联
主　席：陈海玉
兴县文联
主　席：张明提
临县文联
主　席：贺升亮
方山县文联
主　席：李锦斌
柳林县文联
主　席：弓福安
岚县文联
党组书记：牛　耘
石楼县文联
主　席：高春旺
交口县文联
主　席：李春艳

内蒙古自治区

呼和浩特市文联
主　席：杨　茂
副主席：缪　娜、田　明
地　址：呼和浩特市中山西路青城公园内呼市文联
邮　编：010020
所属各区县旗文联：
新城区文联
主　席：李　育
副主席：王玉静、于　浩
玉泉区文联
主　席：云　静
副主席：杨遇春
赛罕区文联
主　席：韩玉梅
副主席：潘有仓
回民区文联
主　席：罗胜勇
副主席：赵先军
武川县文联
主　席：王　晖
副主席：吴鹏飞
和林格尔县文联
主　席：杜小光
土默特左旗文联
主　席：王淑雅
托克托县文联
主　席：王建宏
副主席：赵春霞
清水河县文联
主　席：石潮瑞

包头市文联
党组书记：武　燕
主　席：白清元
副主席：白　涛、赵玉林
地　址：包头市昆区乌兰道61号
邮　编：014010
所属各区县旗文联：
昆都仑区文联
常主席：范金平
东河区文联
常务副主席：李艳华
青山区文联
主　席：王满庆
石拐区文联
主　席：何少华
九原区文联
主　席：张春霞
常务副主席：王官亮
固阳县文联
分管领导：李　春
土默特右旗文联
负责人：周　涛

达尔罕茂明安联合旗文联
主　席：秦文秀

乌海市文联

主　席：郭振莲
副主席：魏文新、马永新
地　址：乌海市行政中心A座1632乌海市文联
邮　编：016000
所属区文联
海勃湾区文联
主　席：王卫平
海南区文联
主　席：王昕睿

赤峰市文联

党组书记：李文智
主　席：李文智
副主席：赵向阳
地　址：赤峰市新城区大明街11号
邮　编：024005
所属各旗县区文联：
红山区文联
主　席：焦万树
副主席：张守恒
松山区文联
分管副部长：齐国华
元宝山区文联
主　席：薛广明
敖汉旗文联
分管副部长：邢玉夫
阿鲁科尔沁旗文联
主　席：李云飞
巴林左旗文联
分管副部长：斯琴格日乐
巴林右旗文联
副主席：乌云达来
克什克腾旗文联
分管副部长：孙国树
林西县文联
主　席：王禹洁
翁牛特旗文联
主　席：李志新
喀喇沁旗文联
分管副部长：高　辉
宁城县文联
常务副主席：赵群星

通辽市文联

党组书记、主席：杨文环
地　址：通辽市工会大厦八层
邮　编：028000
所属各区市旗文联：
科尔沁区文联
主　席：张玉磬
副主席：宋文彪
秘书长：李　佳
霍林郭勒市文联
副主席：赵晓英（主持工作）
开鲁县文联
主　席：陈瑞学
副主席：单永利
秘书长：吕彩霞
库伦旗文联
主　席：包丰华
副主席：朝格吉勒图
奈曼旗文联
主　席：梁　琛
副主席：包文华
秘书长：白嘎丽
扎鲁特旗文联
主　席：戴宝林
副主席：葛文龙
科尔沁左翼中旗文联
主　席：王格日勒图
秘书长：刘炳星
科尔沁左翼后旗文联
主　席：陈　光

呼伦贝尔市文联

主　席：刘爱萍
副主席：包布仁、王丽霞
地　址：呼伦贝尔市海拉尔区河东胜利大街9号
邮　编：021008
所属各区市旗文联：
海拉尔区文联
主　席：苏海鹰
满洲里市文联
主　席：薛建国
副主席：孙敏捷
扎兰屯市文联
主　席：王静远
副主席：王泽蔚
牙克石市文联
主　席：马晓音
秘书长：董雪松
根河市文联
主　席：张红梅
额尔古纳市文联
主　席：杨建民
阿荣旗文联
主　席：郑治家
副主席：刘志强、郑玉杰
新巴尔虎右旗文联
主　席：特格喜吉日嘎拉
副主席：道力格尔
新巴尔虎左旗文联
主　席：照日格图
陈巴尔虎旗文联
主　席：新苏雅拉
鄂伦春自治旗文联
主　席：敖荣凤
副主席：金宝华
鄂温克族自治旗文联
主　席：苏伦高桂
副主席：乌日娜、杜智渊
莫力达瓦达斡尔族自治旗文联
主　席：孟大伟
副主席：纳荣芳
扎赉诺尔区文联
主　席：李满红

鄂尔多斯市文联

主　席：乌力吉布林

党组书记：力格登
副主席：王茂荣
调研员：赵丽珍
地 址：鄂尔多斯市康巴什新区CBD-T6-21楼
邮 编：017000
所属各协会
作家协会
主 席：王茂荣
音乐家协会
主 席：贺继成
美术家协会
主 席：路 宾
摄影家协会
主 席：戴东辉
影视家协会
主 席：张秉毅
舞蹈家协会
主 席：苏建军
民间艺术家协会
主 席：那楚格道尔吉
书法家协会
主 席：秦文苹
戏剧家协会
主 席：那布庆花
各所属旗区文联
东胜区文联
主 席：贾国荣
副主席：张彩云
达拉特旗文联
主 席：刘建光
副主席：付有利、张 东、武建平
准格尔旗文联
主 席：孙俊良
副主席：康秀荣、辛菊红、刘丽萍
鄂托克前旗文联
主 席：于国强
书 记：达布希拉图
副主席：敖特根高娃
鄂托克旗文联
主 席：敖云达来
副主席：呼凤岐、那音巴雅尔、张明利
秘书长：召日格图
杭锦旗文联
主 席：王 墨
副主席：巴雅斯忽楞、邢春生、郝永峰
乌审旗文联
主 席：乌云毕力格
副主席：冯海燕、王 瑞
伊金霍洛旗文联
主 席：高 利
副主席：刘 军、张 蕊

乌兰察布市文联

党组书记：王玉水
主 席：温欣华
副主席：邓国宝、曹桂忠
调研员：张建国、郭俊琴
秘书长：梁能伟
地 址：乌兰察布市集宁新区市党政大楼北楼319
邮 编：012000
所属各协会：
作家协会
主 席：王玉水
书法家协会
主 席：梁能伟
美术家协会
主 席：王永鑫
音乐家协会
主 席：安健君
舞蹈家协会
主 席：蔡晓峰
电影电视家协会
主 席：邓国虎
摄影家协会
主 席：李建平
戏剧家协会
主 席：孙志忠
民间文艺家协会
主 席：潘小平
文艺评论家协会
主 席：赵海忠
所属各区市县旗文联：
集宁区文联
主 席：乔海龙
丰镇市文联
主 席：赵国栋
卓资县文联
主 席：杨国文
副主席：王 丽
化德县文联
主 席：王 生
商都县文联
主 席：王爱贤
副主席：赵有亮
兴和县文联
主 席：武 岳
副主席：何 荣
凉城县文联
主 席：胡旺旺
副主席：高建军、李焕娥
察哈尔右翼前旗文联
主 席：张 斌
副主席：张 鹏、云格日勒
察哈尔右翼中旗文联
主 席：侯志强
副主席：李文彪
察哈尔右翼后旗文联
主 席：赵振丽
四子王旗文联
主 席：齐纳尔图
副主席：那巴图

巴彦淖尔市文联

主 席：白建军
秘书长：张 浩
地 址：巴彦淖尔市党政大楼会议中心三楼
邮 编：015000
所属各区县旗文联：

临河区文联
主　席：张建忠
五原县文联
主　席：李惠泉
磴口县文联
主　席：贺秀峰
乌拉特前旗文联
主　席：王晓琴
乌拉特中旗文联
主　席：刘广星
乌拉特后旗文联
主　席：张剑林
杭锦后旗文联
主　席：丁丽平

兴安盟文联

党组书记、主席：岳晓青
党组成员、副主席：刘贵森
地　址：兴安盟党委综合大楼
邮　编：137400
所属各旗县市文联
乌兰浩特市文联
主　席：李韩峰
阿尔山市文联
主　席：金国庆
突泉县文联
主　席：王连成
科尔沁右翼前旗文联
主　席：朱连升
科尔沁右翼中旗文联
主　席：王桩子
扎赉特旗文联
主　席：云　峰

锡林郭勒盟文联

主　席：季　华
副主席：阿拉腾格日勒、李　询、吉木斯、若　希、沙格德尔、韩凤麟、乌仁其木格
地　址：锡林浩特市经济开发区党政大楼
邮　编：026000
所属各市县旗文联：
锡林浩特市文联
主　席：王　莹
副主席：革　命
二连浩特市文联
主　席：李雪东
多伦县文联
主　席：任月海
阿巴嘎旗文联
主　席：呼努苏图
苏尼特左旗文联
主　席：尧·额尔登陶格涛
苏尼特右旗文联
主　席：阿·斯琴巴特尔
东乌珠穆沁旗文联
副主席：门都巴雅尔
西乌珠穆沁旗文联
主　席：阿·乌仁其木格
太仆寺旗文联
主　席：李　君
镶黄旗文联
主　席：格日勒巴特尔
副主席：额尔登巴特尔
正镶白旗文联
主　席：苏雅拉图
正蓝旗文联
主　席：乌云达来

阿拉善盟文联

党委副部长
兼党组书记：王海瑛
主　席：马　英
副主席：额宝勒德
地　址：阿拉善盟阿左旗党政大楼3号楼2楼
邮　编：750306
所属旗文联：
阿拉善左旗文联
主　席：恩克哈达
副主席：杜克勤、李　荣
阿拉善右旗文联
旗副部长
兼党组书记：达巴格那
主席：石　岩

辽　宁　省

沈阳市文联

党组书记、主席：关蓉晖
副主席：王哲年、王英辉
地　址：沈阳市和平区北三经街66号
邮　编：110003
所属各协会
作家协会
主　席：马秋芬
秘书长：杨卫东
常务副秘书长：白小易
戏剧家协会
主　席：吕晓禾
副主席兼秘书长：陈莉萍
音乐家协会
主　席：陶承志
副秘书长：吕亚宁
美术家协会
主　席：刘　明
副主席兼秘书长：李琦彬
曲艺家协会
主　席：王　平
秘书长：赵　淳
书法家协会
主　席：董　文
副主席兼秘书长：卢　林
摄影家协会
主　席：黄小森
副秘书长：潘　璠
舞蹈家协会

主　席：姚泳全
副主席兼秘书长：黄　莹
民间文艺家协会
主　席：王廷瑞
秘书长：张宝海
杂技家协会
主　席：安　宁
副主席：董争臻
秘书长：任　莉
电影电视家协会
主　席：白明路
副主席兼秘书长：王　君
动漫艺术协会
主　席：孙　明
常务副主席兼秘书长：于　晨
所属各区市县（企行业）文联：
沈河区文联
主　席：刘　平
专职副主席：苏晓冬
和平区文联
主　席：韩笑冰
办公室主任：张祥坤
大东区文联
主　席：杨志强
副主席：陈剑虹
秘书长：李慧霞
铁西区文联
主　席：商国华
副主席：徐连宝
苏家屯区文联
主　席：程　心
常务副主席：林建中
沈北新区文联
主　席：徐春宇
秘书长：张志强
于洪区文联
主　席：王凤娟
秘书长：林建国
浑南区文联
副主席：苑　琳
新民市文联
常务副主席：马百良
秘书长：靳慧敏
辽中县文联
主　席：王万松
秘书长：郝玉学
康平县文联
主　席：杨玉峰
副主席：徐国锋
秘书长：苏会丽
法库县文联
主　席：张振权
副主席兼秘书长：万冰峰
沈阳市鼓风集团文联
主　席：邓长辉
副主席：杜　平、佟立臣
沈阳造币有限公司职工文联
主　席：王祯杰
副主席：盛　韬
北方重工文联
主　席：刘晓东
秘书长：孟凡伟
沈阳水务集团文联
主　席：奉　卓
房产局文联
副主席：童石磊
政法委文联
主　席：王慧
总工会文联
主　席：徐子华

朝阳市文联

主　席：隋志超
副主席：马连泉、刘乃侠
秘书长：宋晓珂
组联部主任：索春海
地　址：朝阳大街三段7号市政府院内市文联
邮　编：122000
所属各区市县文联：
双塔区文联
主　席：郑继超
龙城区文联
主　席：王福玉
秘书长：张春波
北票市文联
主　席：潘国辉
凌源市文联
主　席：白春华
朝阳县文联
主　席：高树彦
副主席：米艳华
建平县文联
主　席：贾兴岩
喀喇沁左翼蒙古族自治县文联
主　席：杨景坤
副主席兼秘书长：李　凭

阜新市文联

主　席：王树清
副主席：张　利、金　勇
秘书长：赵　颖
地　址：阜新市细河区人民大街甲120号
邮　编：123099
所属各区县（企业）文联：
阜新蒙古族自治县文联
主　席：刘向东
常务副主席：时长军
彰武县文联
常务副主席：常星儿
新邱区文联
主　席：周永红
清河门区文联
主　席：齐宪国
常务副主席：王　晶
开发区新都社区文联
主　席：杨　勇
阜新矿业集团文联
主　席：何　川
副主席兼秘书长：胡玉斌

铁岭市文联

主　席：王日昕
副主席：王　荐、孙金瑛、郑　放
地　址：铁岭市凡河新区金沙路30号
邮　编：112000

所属各区市县文联：
银州区文联
主　席：刘贵田
副主席：刘　英
清河区文联
主　席：杜　刚
秘书长：王　威
调兵山市文联
主　席：赵明舒
副主席：邱宝成
开原市文联
主　席：蒋丽娟
副主席：刘付军
秘书长：陈　旭
铁岭县文联
主　席：王大明
秘书长：李孟楠
西丰县文联
主　席：王　刚
昌图县文联
主　席：刘晓东

抚顺市文联

党组副书记兼主席：张弘韬
副主席：李　涛、敖庆利
地　址：抚顺市东六路13号
邮　编：113008
所属各区县文联：
新抚区文联
主　席：江　旭
顺城区文联
副主席：吴薇薇
东洲区文联
主　席：陈艳华
望花区文联
主　席：刁　峰
抚顺县文联
副主席：金　丹
清原满族自治县文联
主　席：生晓霞
新宾满族自治县文联
主　席：解　良

本溪市文联

党组书记、主席：郑　靖
副主席：汤凤春
名誉主席：田连元、冯大中
秘书长：冯　斌
地　址：本溪市儿童乐园内
邮　编：117000
所属各区县（企业）文联：
平山区文联
主　席：邱静明
秘书长：胡立友
溪湖区文联
主　席：王柯琦
秘书长：赵忠大
明山区文联
主　席：韩良贵
秘书长：乔　惠
南芬区文联
主　席：王志华
秘书长：贾春林
本溪满族自治县文联
主　席：高世忠
秘书长：张永红
桓仁满族自治县文联
主　席：姜忠平
秘书长：丛连鹏
本钢文联
副主席兼秘书长：蒋振宇

辽阳市文联

主　席：张　东
党组书记、常务副主席：侯长利
副主席：宁泉溪、孙　浩、党　徽、苏　萍、高劲松
秘书长：韩文献
地　址：辽阳市文联
邮　编：111000
所属各区市县文联：
辽阳县文联
主　席：李玉海
常务副主席：巴　进
灯塔市文联
主　席：苏德勇
宏伟区文联
主　席：吕阳镜
专职副主席：曾爱武
弓长岭区文联
主　席：姚　广
常务副主席：崔　健
太子河区文联
主　席：魏岚涌
副主席：王占英

鞍山市文联

主　席：尹伟达
副主席：李宏伟
秘书长：张敬涛
地　址：鞍山市铁东区爱民街6号
邮　编：114001
所属各区市县（企业）文联：
铁东区文联
主　席：张连虹
千山区文联
主　席：王　德
海城市文联
主　席：刘广才
台安县文联
主　席：王伟光
副主席：李迎春
秘书长：王洗尘
岫岩满族自治县文联
主　席：姜玉忠
驻会副主席：高大庆
秘书长：范光耀
鞍钢文联
主　席：冯凌旭
副主席：袁　鹏
秘书长：李　松

丹东市文联

主　席：邢培红
副主席：李国杰
秘书长：张欣荣
地　址：丹东市振兴区鸭绿江

　　　大街198号
邮　编：118009
所属各区市县文联：
振安区文联
主　席：潘景荟
凤城市文联
主　席：李宝忠
副主席：孙　毅
秘书长：岳海英
东港市文联
主　席：王广舟
副主席：张兵兵
秘书长：孙秋杰
宽甸满族自治县文联
主　席：佟肖帅
副主席：李　鹏
秘书长：焦静冬

大连市文联

主　席：滕贞甫
党组书记兼副主席：何明洲
驻会副主席：邢德武
地　址：大连市西岗区长白
　　　街6号
邮　编：116012
所属各协会：
作家协会
主　席：素　素
秘书长：孙学丽
戏剧家协会
主　席：杨　赤
秘书长：张　宇
美术家协会
主　席：石　峰
副秘书长：孙天娇
书法家协会
主　席：李宴清
秘书长：张　旸
摄影家协会
主　席：王大斌
副秘书长：赵艺卓
音乐家协会
主　席：宋延平
秘书长：朱汉民
舞蹈家协会
主　席：周舜民
秘书长：孙　慧
民间文艺家协会
主　席：张嘉树
秘书长：陈　锦
曲艺家协会
主　席：李志有
秘书长：李卓毅
杂技家协会
主　席：杨剑胜
秘书长：王振军
电视家协会
主　席：高满堂
秘书长：朱利祁
电影家协会
主　席：杨　洋
秘书长：张廷起
文艺评论家协会
主　席：王晓峰
秘书长：何永娟
文艺志愿者协会
主　席：杨连升
秘书长：李锡坤
艺术收藏家协会
主　席：王　顺
秘书长：王　文
所属各区市县（企业）文联：
中山区文联
主　席：郭云峰
常务副主席：刘　辉
秘书长：周　波
西岗区文联
主　席：郭宇明
副主席：王世修
沙河口区文联
主　席：宋晓红
秘书长：李　军
甘井子区文联
主　席：吴克华
专职副主席兼秘书长：崔　清
旅顺口区文联
主　席：苏义新
秘书长：任金波
金州区文联
主　席：翁铭峰
秘书长：迟贤伟
瓦房店市文联
主　席：侯德云
副主席：韩　敏
秘书长：高金科
普兰店市文联
主　席：周永斌
庄河市文联
主　席：白春海
副主席兼秘书长：林玉玲
长海县文联
主　席：赵振胜
副主席兼秘书长：贺传峰
职工文联
主　席：段建华
常务副主席：郝国明
秘书长：赵　霞
公安文联
主　席：郑文民
常务副主席：杨万仁
副主席：徐宏开、唐　军、
　　　蒋大力、郭　海、
　　　于　溟
秘书长：林　锋
残疾人文联
名誉主席：李　扬
主　席：徐　铎
副主席：王　荔、尹　平、
　　　孙龙起、程　超、
　　　董　迪、王新德
秘书长：李发泉
副秘书长：骆　燕、陈　玫

营口市文联

主　席：蔡　营
副主席：谢仲科、程绿竹
地　址：营口市辽河大街西3号
邮　编：115003

所属各区市文联：

站前区文联

主　席：王运泽

老边区文联

主　席：周　治

大石桥市文联

主　席：顾宝金

秘书长：冯　伟

盖州市文联

党组书记、主席：骆　冰

鲅鱼圈区文联

主　席：汪大威

盘锦市文联

主　席：刘　民

副主席：盖　娟、曲子清

地　址：盘锦市兴隆台区双兴中路30号市文艺大院1号楼

邮　编：124000

所属各县文联：

大洼县文联

主　席：许世友

副主席：夏丽华

盘山县文联

副主席：刘树军

双台子区文联

主　席：吕　新

兴隆台区文联

主　席：丁学丽

锦州市文联

主　席：王桂荣

党组书记：佘素绵

地　址：锦州市古塔区和平路三段82号

邮　编：121000

所属各市县文联：

凌河区文联

主　席：刘　学

凌海市文联

主　席：刘　凯

北镇市文联

主　席：曹雁奎

黑山县文联

主　席：刘世洲

副主席：王　根、韩耀刚

副主席兼秘书长：史纪坤

义县文联

主　席：刘　姝

秘书长：艾慧文

葫芦岛市文联

副主席：齐　丽

地　址：葫芦岛市龙港区龙湾大街甲1号

邮　编：125000

所属各区市县文联：

龙港区文联

主　席：李兴华

秘书长：杨　萍

连山区文联

主　席：叶泽石

秘书长：张中云

南票区文联

主　席：曹　闯

秘书长：王志刚

兴城市文联

主　席：李　丹

副主席：赵　嵩

秘书长：魏　民

绥中县文联

主　席：杜　群

副主席：张　涵

建昌县文联

党组书记：李恩江

主　席：王素梅

秘书长：贾广智

吉　林　省

长春市文联

党组书记兼常务副主席：张守智

主　席：王庭凯

副主席：王长元、孙德伟

办公室主任：吴建民

协会工作部部长：王丽君

组织联络工作部：王德田

地　址：长春市朝阳区锦水路1097号

邮　编：130061

所属各区市县文联：

朝阳区文联

主　席：黄德军

副主席兼秘书长：肖力群

双阳区文联

主　席：朴连玉

副主席兼秘书长：王　彦

德惠市文联

主　席：于树军

常务副主席：王淼

秘书长：李雁北

九台市文联

党组书记：陈海峰

榆树市文联

党组书记兼常务副主席：宋东安

秘书长：杜　河

农安县文联

主　席：徐志成

副主席：汲丛彬

白城市文联

主　席：曹伯铭

副主席：霍铁军、李明辉

秘书长：白　雪

地　址：白城市文化东路1号

邮　编：137000

所属各区市县文联：

洮北区文联

党组书记主席：张敬国

秘书长：王　岩

大安市文联

副主席：赵紫洲

洮南市文联

主　席：王贵春

通榆县文联

主　席：苟光辉

镇赉县文联

秘书长：闫贵波

松原市文联

主　席：程永刚

秘书长：刘鸿鸣

地　址：松原市沿江东路189号

邮　编：138000

所属各区县文联：

宁江区文联

主　席：卢景田

秘书长：刘　洋

前郭尔罗斯蒙古族自治县文联

主　席：恩　和

乾安县文联

主　席：刘海威

副主席：刘宝锋

扶余县文联

主　席：刘利群

秘书长：邢红军

长岭县文联

主　席：赵连波

吉林市文联

党组书记：范雅杰

主　席：朱　淳

副主席：王慧聪、韩文身

秘书长：刘　成

地　址：吉林市北京路82号
　　　　市委综合楼4楼

邮　编：132011

所属各市县文联：

永吉县文联

主　席：陈本海

副主席：葛治含

舒兰市文联

主　席：王春野

常务副主席：颜　雪

秘书长：赵云娴

桦甸市文联

主　席：刘东华

秘书长：刘晓军

蛟河市文联

主　席：张　彦

副主席：张德胜

秘书长：田　宇

磐石市文联

主　席：王　缓

常务副主席：李　斌

秘书长：付新立

四平市文联

党组书记：李　罡

主　席：唐亚民

地　址：四平市英雄大街
　　　　1719号

邮　编：136000

所属各协会：

作家协会

主　席：于耀江

音乐家协会

主　席：陈殿华

舞蹈家协会

主　席：张　剑

美术家协会

主　席：郭赤业

书法家协会

主　席：薛　军

摄影家协会

主　席：邹志强

戏剧家协会

主　席：张　信

广播、电影、电视艺术工作者协会

主　席：肖　波

社区文艺工作者协会

主　席：赵　宇

互联网文化工作者协会

主　席：张振海

民间文艺家协会

副主席：陈明宏

企业文联

主　席：宋　敏

曲艺家协会

主　席：于成龙

教育职工文联

主　席：张耀武

所属各区市县文联：

铁西区文联

主　席：于桂清

铁东区文联

主　席：杨学力

双辽市文联

主　席：任宏志

公主岭市文联

主　席：李洪安

梨树县文联

主　席：周宝文

辽源市文联

主　席：荣德辉

副主席、秘书长：刘水波

地　址：辽源市人民大街626号

邮　编：136200

所属各县文联：

东丰县文联

主　席：杨　华

秘书长：周传波

东辽县文联

主　席：邓永波

副主席：蒋世罡

秘书长：董晓清

通化市文联

主　席：刘丛林

副主席：刘明君

地　址：通化市秀泉路702号

邮　编：134001

所属各市区县文联：

集安市文联

主　席：殷庆刚
梅河口市文联
主　席：邢昌玉
东昌区文联
主　席：刑露予
通化县文联
主　席：张茂强
辉南县文联
主　席：孙元友
柳河县文联
主　席：张　辉

白山市文联

副秘书长：安郁民
地　址：白山市浑江大街135号
邮　编：134300
所属各区县文联：
浑江区文联
副主席：杨清水
临江市文联
主　席：姜国栋
副主席：王大治
抚松县文联
主　席：刘秀丽
秘书长：谭庆军
靖宇县文联
负责人：彭志超
长白朝鲜族自治县文联
主　席：袁长春
秘书长：尹　宁

延边朝鲜族自治州文联

主　席：李美玉
副主席：柳东根、崔　妍、夏光江
秘书长：金旭日
地　址：延吉市公园路2799号州政务中心Ｂ座
邮　编：133001
所属各市县文联：
延吉市文联
主　席：姜明洙
副主席：俞　红
图们市文联
副主席：金慧淑
敦化市文联
副主席：贾少林
珲春市文联
主　席：李文杰
副主席：冯　涛
龙井市文联
主　席：金景锡
和龙市文联
副主席：崔静花
汪清县文联
副主席、秘书长：李向阳
安图县文联
主　席：刘伟东
副主席：王传江

黑　龙　江　省

哈尔滨市文联

主　席：王立群
副主席：高　弟、唐　飚
地　址：哈尔滨市道里区兆麟街125号
邮　编：150010
所属各区县文联：
道里区文联
宣传部副部长、主席：刘革胜
秘书长：孙　姬
南岗区文联
主　席：何丽雯
道外区文联
主　席：李　斌
香坊区文联
主　席：张海涛
秘书长：康　猛
平房区文联
主　席：于纯芳
呼兰区文联
主　席：隋洪波
秘书长：白铭波
阿城区文联
主　席：马志飞
秘书长：高金昌
双城市文联
主　席：高明涛
尚志市文联
秘书长：刘延功（主持工作）
五常市文联
主　席：韩晓旭
秘书长：朱洪玉
依兰县文联
主　席：赵　勋
方正县文联
主　席：董艳芬
宾县文联
主　席：李海峰
副主席兼秘书长：刘鹏娜
巴彦县文联
主　席：宋立国
木兰县文联
主　席：孟　焕
副主席：赵云峰
通河县文联
主　席：栾天凤
延寿县文联
主　席：苏晓伟
秘书长：曲庆伟

齐齐哈尔市文联

主　席：邱利锋

副主席：朱虹宇、杨春达
地 址：齐市党政办公中心一号楼
邮 编：161006
所属各协会：
作家协会
主 席：朱虹宇
音乐家协会
主 席：姜云龙
摄影家协会
主 席：陈寿安
书法家协会
主 席：吴学谦
舞蹈家协会
主 席：于力平
戏剧家协会
主 席：艾 平
杂技艺术家协会
主 席：梁志毅
民间艺术家协会
主 席：李 伟
曲艺家协会
主 席：周洪儒
诗词楹联协会
主 席：赵世贵
美术家协会
主 席：王晓峰
影视动漫家协会
主 席：李长筑
所属各县区市文联：
讷河市文联
主 席：徐启发
甘南县文联
主 席：康 胜
富裕县文联
主 席：高瑞如
龙江县文联
负责人：吕同国
依安县文联
秘书长：马 岩
泰来县文联
副主席：才立国
克山县文联
副主席：马建华
拜泉县文联
副主席：张新宇
富拉尔基区文联
主 席：张书君
昂昂溪区文联
副主席：张湘麟
梅里斯达斡尔族区文联
副主席：周文雅
龙沙区文联
主 席：赵炘煜
建华区文联
副主席：王跃进

黑河市文联

主 席：车 义
副主席：王居卿、王 瑛
秘书长：李 琳
地 址：黑河市通江路2号市政府大楼1817室
邮 编：164300
所属各协会：
摄影家协会
主 席：白树升
秘书长：张大庆
美术家协会
主 席：常玉辉
秘书长：杨加国
书法家协会
主 席：刘庆海
秘书长：刘宝民
作家协会
主 席：王 瑛
秘书长：刘 城
音乐家协会
主 席：温庆民
秘书长：隋德军
舞蹈家协会
主 席：徐 颖
副主席、秘书长：张 颖
所属各市县文联：
北安市文联
主 席：宋葵花
五大连池市文联
主 席：杨俊梅
五大连池风景区文联
主 席：任伟东
嫩江县文联
主 席：孟祥辉
逊克县文联
主 席：于俊庆
副主席：马明泽
孙吴县文联
主 席：徐 钧
爱辉区文联
主 席：张书英

大庆市文联

党组书记：王 璟
主 席：柳 庄
副主席：张云凤、张兴利
秘书长：朱晓鹑
地 址：大庆市东风新村纬二路政府三楼
邮 编：163311
所属各区县文联：
萨尔图区文联
主 席：穆贵发
副主席：杨海臣、包民杰
龙凤区文联
主 席：汪严明
副主席：刘江生、杨欣闽
让胡路区文联
主 席：刁雁林
副主席：徐永民、霍春华
大同区文联
主 席：窦立雪
副主席：于凤军、李 娜、杨满良
红岗区文联
主 席：王 明
副主席：张 征、张俊清
肇州县文联

主　席：黄远志
副主席：张浩天、苗立辉、
　　　　楚汉英
肇源县文联
主　席：何连珍
副主席：崔秀恩、张　维、
　　　　刘树歧、付道权
林甸县文联
主　席：李长江
副主席：董　谦、武海军、
　　　　吴振海
杜尔伯特蒙古族自治县文联
主　席：宋玉红
副主席：付国宝、任青春

伊春市文联

主　席：王欣红
秘书长：王殿生
地　址：伊春市环卫路住房
　　　　公积金三楼
邮　编：153000
所属各协会：
作家协会
主　席：王　满
常务副主席：于成海
摄影家协会
主　席：吴恒芳
副主席兼秘书长：王殿生
美术家协会
主　席：高首峰
秘书长：丁炳恒
书法家协会
主　席：李润东
副主席兼秘书长：李吉辰
戏剧家协会
主　席：张志麟
副主席兼秘书长：倪玉凤
音乐家协会
主　席：张建国
秘书长：马　可
舞蹈家协会
主　席：赵　丽
秘书长：吴　野
民间文艺家协会
主　席：王茹祥
秘书长：李鸿志
电影家协会
主　席：彭　波
秘书长：付　莹
曲艺家协会
主　席：李树林
秘书长：冯　辉
电视艺术家协会
主　席：王欣红
秘书长：于俊生
所属各区县文联：
伊春区文联
主　席：罗立平
南岔区文联
主　席：卢元梅
副主席：周芙蓉、郎若愚、
　　　　张　楠
秘书长：张　静
西林区文联
主　席：贾世昌
副主席：黄继胜、陶明哲、
　　　　王长德、姜　春
秘书长：田雨春
金山屯区文联
主　席：李　娟
乌马河区文联
主　席：李大勇
副主席：罗丽萍
乌伊岭区文联
秘书长：韩福生
铁力市文联
主　席：付　丽
铁力林业局文联
主　席：程　伟
副主席：吴　平、李学东、
　　　　王树国
秘书长：李秀敏
朗乡林业局企业文联
主　席：李严霜
副主席：李士林、吴胜军、
　　　　孙其哲、王炳学、
　　　　刘秀明
秘书长：孙其哲
嘉荫县文联
主　席：李　岩
副主席：张世忠
秘书长：王学明
带岭区文联
主　席：黄有林
常务副主席：于宝利
副主席：魏广慧、张春峰、
　　　　李福军、王秉术、
　　　　王乃富、刘　奇、
　　　　王　霜
友好区文联
名誉主席：丁志慧
副主席：王志岐、刘东来、
　　　　那晓光、陈立孝
秘书长：李　娜
新青区文联
主　席：刘　强
副主席：马晓东、李淑文、
　　　　刘成君、吴海峰、
　　　　郎建民、贾垂印

鹤岗市文联

主　席：温　刚
副主席：许　玲
地　址：鹤岗市委大楼
邮　编：154100
所属县市文联：
萝北县文联
秘书长：焦玉富
绥滨县文联
副主席：魏振涛

佳木斯市文联

党组书记、副主席：张晓慧
党组成员、副主席：杜　爽
地　址：佳木斯市长安路
　　　　2666号
邮　编：154002
所属各区县文联：
同江市文联
主　席：吴东辉

富锦市文联
主 席：姜凤君
秘书长：张利弓
桦南县文联
主 席：樊玉明
桦川县文联
主 席：许国成
汤原县文联
主 席：卢子滨
抚运县文联
主 席：徐向馆

双鸭山市文联

主 席：关丽娟
党组书记：邢钰奎
副调研员：李 季
地 址：黑龙江双鸭山市文联
邮 编：155100
所属各县文联：
集贤县文联
主 席：陈丽艳
友谊县文联
主 席：朱 凯
宝清县文联
主 席：王义敏
饶河县文联
主 席：姚云芳

七台河市文联

党组书记:辛书华
副主席：高和平、柴玉敏
地 址：七台河市党政中心
邮 编：154600
所属县文联：
桃山区文联
主 席：贾金凤
勃利县文联
主 席：孙 宇

鸡西市文联

主 席：姜广繁
副主席：杨一平、门家夫、聂书春
地 址：鸡西市鸡冠区北山路9号
邮 编：158100
所属市县文联：
虎林市文联
主 席：宫润基
鸡东县文联
主 席：裴晓东
密山市文联
主 席：潘若刚

牡丹江市文联

主 席：冯 红
副主席：褚保军、陈庆吉
地 址：牡丹江市江南党政办公中心20108室
邮 编：157099
所属各区县文联：
穆棱市文联
主 席：刘瑞存
海林市文联
主 席：胡敬秋
宁安市文联
主 席：朱文光
东宁县文联
主 席：庄俊刚
林口县文联
主 席：迟立民
秘书长：尚光辉
绥芬河市文联
主 席：石长江

绥化市文联

主 席：白雪松
专职副主席：佟 波
地 址：市北林区迎宾路2号市党政办公中心
邮 编：152002
所属各区市县文联：
北林区文联
主 席：陈 枢
副主席：潘耘甫
肇东市文联
主 席：龙 斌
秘书长：商 丹
海伦市文联
主 席：赵春爽
副主席：高 杨
庆安县文联
主 席：孙向阳
常务副主席：汪岩松
明水县文联
主 席：于 澜
副主席：客丽红
青冈县文联
主 席：马振亚
望奎县文联
主 席：张健翼
副主席：王可心
兰西县文联
主 席：赵 庆
秘书长：杨中宇
安达市文联
主 席：王文玉
绥棱县文联
主 席：孙传荣
常务副主席：王国武

大兴安岭地区文联

党组书记、主席：沈志军
副主席：计 伟
秘书长：李莹莹
地 址：大兴安岭地区文联
邮 编：165000
所属各区县文联：
呼玛县文联
主 席：司瑞新
塔河县文联
主 席：苗 玲
漠河县文联
主 席：徐成春
加格达宣传部
主 席：王慧秋
松岭区宣传部
主 席：吕东凤
副主席：刘永鹏
新林区宣传部
主 席：邱 刚

呼中区文联
主　席：孙剑波

图强局文联
主　席：汝广友

阿木尔局文联
主　席：许成光

十八站局文联
主　席：孙善辉

韩家园局文联
主　席：哈雪平

加林局文联
主　席：张书丛

上　海　市

音乐家协会
主　席：许舒雅

戏剧家协会
主　席：杨邵林

美术家协会
主　席：施大畏

电影家协会
主　席：张建亚

书法家协会
主　席：周志高

曲艺家协会
主　席：王汝刚

摄影家协会
主　席：穆端正

民间文艺家协会
主　席：何承伟

舞蹈家协会
主　席：辛丽丽

杂技家协会
主　席：程海宝

电视艺术家协会
主　席：滕俊杰

翻译家协会
会　长：谭晶华

演艺工作者联合会
主　席：何　麟

创意设计工作者协会
主　席：汪大伟

松江区文联
主　席：王　勉
副主席：许　平

嘉定区文联
主　席：王　漪
秘书长：杨祖柏

虹口区文联
主　席：陆　健
副主席：杜　燕

杨浦区文联
主　席：陈红光
副主席兼秘书长：黄伟一

崇明县文联
主　席：黄海盛
秘书长：唐超良

青浦区文联
主　席：曹伟明
副主席：盛玲芳
秘书长：戴朱慧

长宁区文联
主　席：周文贤
秘书长：张永珍

闵行区文联
主　席：郁贤镜
秘书长：苏　明

普陀区文联
主　席：许为民
秘书长：钟经纬

金山区文联
主　席：陆引娟
秘书长：陈为民

奉贤区文联
主　席：瞿建国
秘书长：徐思燕

江　苏　省

南京市文联
党组书记、常务副主席：陈　炜
党组副书记、副主席：李海荣
党组成员、副主席：张　俊
巡视员：冯宣寿
副巡视员：刘惠敏、杨康乐、
　　章世和
主　席：徐　宁
副主席：于先云、王　勇、
　　叶兆言、孙晓云、
　　邹建平、汪　政、
　　周天江、周京新、
　　徐艺乙、陶　琪
地　址：南京市常府街四条巷12号
邮　编：210002

所属各协会：
作家协会
主　席：叶兆言
戏剧家协会
主　席：陶　琪
电影电视动漫艺术家协会
主　席：周天江
音乐家协会
主　席：邹建平
舞蹈家协会
主　席：王　勇
美术家协会
主　席：周京新
摄影家协会
主　席：于先云
书法家协会
主　席：孙晓云
民间文艺家协会
主　席：徐艺乙
文艺评论家协会
主　席：汪　政
所属各区县文联：
玄武区文联
主　席：陈已华
常务副主席：鲁　中
副主席：樊姝玉
秦淮区文联
主　席：张　望
常务副主席：张　岩
建邺区文联
主　席：仲兆林
常务副主席：陈　瑛
副主席兼秘书长：王海燕
鼓楼区文联
主　席：董　伟
栖霞区文联
主　席：周　峰
常务副主席：赵家宝
雨花台区文联
主　席：谢　山
常务副主席：朱天燕
副主席：邵美玲
江宁区文联
主　席：高吉祥
党组书记、常务副主席：王晓丹
浦口区文联
主　席：黄　琴
常务副主席：朱四平
六合区文联
主　席：金世凯
副主席：满　震
溧水县文联
主　席：汤世雷
副主席：储国华、章熙秋
高淳县文联
主　席：陈春花
常务副主席：叶琪华
副主席：韩一鸣

徐州市文联

党组书记兼主席：王雪春
党组成员、副主席：王成奇、朱宝增
党组成员兼副调研员：郭念堂
副调研员：王炳成、陈兴洲、王　勇
秘书长：王继龙
地　址：徐州市新城区行政中心东区综合楼
邮　编：221018
所属各区市县文联：
贾汪区文联
主　席：祝培良
副主席：李淑梅
邳州市文联
主　席：薛　燕
副主席兼秘书长：王永远
新沂市文联
主　席：李　志
党组书记兼副主席：岳浩亮
副主席：谭庆泉
秘书长：张　堂
沛县文联
党组书记兼主席：朱茂东
副主席：夏中跃、沈　勇、张守俭
睢宁县文联
副主席：杨荔生
秘书长：马林唤
丰县文联
党组书记兼主席：张　波
常务副主席：张尊军
铜山县文联
主　席：王运东
副主席：周兴华

连云港市文联

党组书记兼主席：李锋古
当组成员：蔡骥鸣
副调研员：武传玉
地　址：连云港市新浦区苍梧路36号
邮　编：222004
所属各区县文联：
赣榆区文联
主　席：许允锋
东海县文联
主　席：吕　宏
灌云县文联
主　席：邱洪彤
灌南县文联
主　席：宋永武
副主席：宋汉桥
海州区文联
主　席：相裕亭
新浦区文联
主　席：李敬伟
连云区文联
主　席：周永刚
副主席：诸葛洪斌
秘书长：陈　雷

宿迁市文联

主　席：王清平
副主席：赵伦红、张守跃、陆启辉、张劲扬、

赵吕森
秘书长：潘新文
地　址：宿迁市太湖路181号
邮　编：223800
所属各区县文联：
宿城区文联
主　席：孙个秦
秘书长：李　卫
宿豫区文联
主　席：陈　刚
沭阳县文联
副主席：霍　云
泗阳县文联
主　席：张荣超
秘书长：范晓辉
泗洪县文联
主　席：张连华

淮安市文联
主　席：张益民
副主席：刘跃进、张玲玲
地　址：淮安市健康西路140号
邮　编：223001
所属各区县文联：
清河区文联
主　席：张立志
清浦区文联
主　席：金丽萍
楚州区文联
主　席：傅振举
副主席：范晓梅
淮阴区文联
主　席：孙　蓉
副主席：曹晓香
金湖县文联
副主席：霍春建
盱眙县文联
主　席：孙亚兴
洪泽县文联
主　席：王明生
副主席：周凌晨

盐城市文联
主　席：嵇绍乾
副主席：蒋婉求、张曙光、
陈义海、陆应铸、
陆庆龙
地　址：盐城市世纪大道21
号市行政中心20楼
邮　编：224005
所属各县市区文联：
亭湖区文联
副主席：俞春兰
盐都区文联
主　席：王迎春
副主席：吕友权、徐志玉、
应晓山
东台市文联
负责人：邱华锋
大丰市文联
副主席：王晓华
秘书长：张素萍
射阳县文联
主　席：徐必友
阜宁县文联
主　席：田新春
副主席：顾冬成
滨海县文联
主　席：胡亚萍
建湖县文联
主　席：徐守忠
副主席：吴晓钢
响水县文联
主　席：朱卫东

扬州市文联
党组书记：叶冠军
主　席：仲衍书
副主席：陈家庆
秘书长：汤旭东
地　址：扬州市文昌中路360
号琼花观内
邮　编：225001

所属各市县文联：
仪征市文联
主　席：涂　军
副主席：赵小娟、李明富
江都市文联
副主席：韩美芳
秘书长：王晓梅
高邮市文联
主　席：黄　平
副主席：朱崇平、韩粉琴、
王学朴
宝应县文联
主　席：徐春雨
驻会副主席：曹文阳

泰州市文联
主　席：刘仁前
地　址：泰州市鼓楼南路
368号
邮　编：225300
所属各区市文联：
靖江市文联
主　席：严　羽
副主席：史爱梅、陆　进
泰兴市文联
主　席：林　林
副主席：常红琴
兴化市文联
主　席：刘定荣
秘书长：韩世凯
姜堰区文联
主　席：黄立群
副主席：曹学林、唐天杰、
王景峰
秘书长：朱红耀
海陵区文联
主　席：孙广华
副主席：陈　明
高港区文联
副主席：曹明德
秘书长：高卫东

南通市文联

副主席：王　法、周建忠、
　　　　顾晓群、杨树德
地　址：南通市文峰路5号
邮　编：226001
所属各区市县文联：

通州区文联
驻会副主席：许　君
秘书长：张剑彬

崇川区文联
主　席：郭　华
副主席：管　俊、张　卫

港闸区文联
主　席：王俊荣

海门市文联
主　席：黄丽华
副主席：朱慧玮

启东市文联
主　席：郁锦标
副主席：李新勇

如皋市文联
主　席：陈建军
副主席：夏建国

如东县文联
党组书记、主席：季铁权
秘书长：石剑波

海安县文联
主　席：张　军
副主席：叶晨玲、丁建民、
　　　　史礼根、王子健
秘书长：王兆林

镇江市文联

党组书记：曾文兵
主　席：包建国
副主席：蒋光年、丁伟民、
　　　　阚安萍
地　址：镇江市南徐大道68号
邮　编：212050
所属各区市文联：

丹阳市文联
主　席：韦夕瑾
副主席：周书凤、邵同义

句容市文联
主　席：马宏峰
副主席：王义华、王庆涛

扬中市文联
主　席：方泽华
副主席：王中明

丹徒区文联
主　席：王小军

京口区文联
主　席：梅永生
副主席：陶宝强

润州区文联
主　席：蒋天舒
副主席：杨　镇

常州市文联

主　席：荣凯元
副主席：胡军生、池银合
秘书长：沙　滩
地　址：常州市大观路10号
邮　编：213003
所属各区市文联：

武进区文联
主　席：陶　可
副主席：王小伟、陆　红
秘书长：戚散花

金坛市文联
主　席：祝洪林
副主席：李　平

溧阳市文联
主　席：芮振华
副主席、秘书长：丁月辉
副主席：陈芳梅、潘振新、
　　　　邓　超、张　静、
　　　　王向东、程安中、
　　　　周国翊

无锡市文联

主　席：刘基平
副主席：董　晓、陆永基、
　　　　张振华、刘仲宝、
　　　　王建伟、王建源
秘书长：潘基峰
地　址：无锡市妙光苑1号
邮　编：214026
所属各市文联：

江阴市文联
主　席：王　敏

宜兴市文联
主　席：魏　敏
副主席：何　勇、萧智君

苏州市文联

党组书记、主席：成从武
副主席：王伟林、顾　芗、
　　　　王　芳、王　尧、
　　　　吴　静
地　址：苏州市人民路1088号
邮　编：215002
所属各区市文联：

姑苏区文联
主　席：张苏宁

吴中区文联
主　席：查伟峰
副主席兼秘书长：凌　奕

相城区文联
主　席：沈炳泉
副主席：王少辉

吴江区文联
主　席：孙俊良
副主席：陈慧奋

昆山市文联
主　席：莫全明

太仓市文联
主　席：汪　放

常熟市文联
主　席：李　忠

张家港市文联
主　席：庞　曦

浙　江　省

杭州市文联

党组书记、主席：应雪林
副主席：陈　涛、张友国、
　　　　唐　奕
巡视员：陈一辉
副巡视员：胡惠芬
党组成员、秘书长：王晓斌
地　址：杭州市延安路472号
　　　　市政府综合楼3号楼
　　　　14层
邮　编：310006
所属各协会：
作家协会
主　席：朱雄伟（艾伟）
秘书长：陈曼东
民间文艺家协会
主　席：刘小平
秘书长：邵毅霞
戏剧家协会
主　席：赵志刚
秘书长：王姝苹
曲艺杂技家协会
主　席：翁仁康
副秘书长：戴　佳
音乐家协会
主　席：宋家明
秘书长：王小娣
舞蹈家协会
主　席：崔　巍
秘书长：程育青
美术家协会
主　席：吴山明
秘书长：缪宏波
书法家协会
主　席：王冬龄
秘书长：王小勇
摄影家协会
主　席：吴宗其
电影电视家协会
主　席：赵依芳
秘书长：朱　旭
文艺评论家协会
主　席：洪治纲
秘书长：何晓原
网络作家协会：
主　席：夏　烈
秘书长：陈曼东
所属各区市县文联：
萧山区文联
主　席：王东初
副主席：俞梁波、袁琴芳
余杭区文联
主　席：卄士明
副主席：陈　弋、张　嫣
临安市文联
主　席：黄贤权
副主席：王录娟、楼佳忠
富阳市文联
主　席：严　琦
副主席：羊晓君、华论祥
桐庐县文联
主　席：董利荣
副主席：何　璟、赵志楠
建德市文联
主　席：盛振宇
副主席：周建兵
淳安县文联
主　席：余红英
副主席：程中青、吴俊彪

湖州市文联

主　席：竺　鸽
副主席：杨静龙
秘书长：卢　萍
主　任：郑　娅
地　址：湖州市行政中心
邮　编：313000
所属各区县文联：
德清县文联
主　席：姚文忠
副主席：周云水
长兴县文联
主　席：刘月琴
安吉县文联
主　席：严明卯
吴兴区文联
主　席：王　祎

嘉兴市文联

主　席：金琴龙
副主席：胡　晶、田　耘、
　　　　杨自强、高海金
秘书长：陈双虎
地　址：嘉兴市中山东路922号
邮　编：314001
所属各市县文联：
南湖区文联
主　席：徐小炎
副主席：俞华良
秘书长：沈吉慧
副秘书长：陈哲峰
秀洲区文联
主　席：陈以德
副主席：山振华、缪惠新
秘书长：缪惠新（兼）
平湖市文联
主　席：金　伟
副主席：许　栋、高　宏
秘书长：高　宏
海宁市文联
党组书记、主席：王　珏
副主席：孙建跃、封伟勇
秘书长：李　力
桐乡市文联
主　席：吴利民
副主席：钟云坤、褚万根
　　　　傅林林
秘书长：王慧玲
嘉善县文联
主　席：陆勤方
副主席：朱　军、卓国荣、

谈萍莉

海盐县文联

主　席：宋乐明

副主席：周蓉晖

秘书长：杨慧海

舟山市文联

主　席：薛剑平

副主席：张　辉、王志良

秘书长：洪晓明

主　任：马列娅

地　址：舟山市定海区蟠洋山路16号

邮　编：316000

所属各区县文联：

定海区文联

主　席：何　斌

副主席：白　马、张伟国

秘书长：刘国营

普陀区文联

主　席：方卫东

副主席：吴萍儿、忻　怡、郭　峰、周志金

秘书长：蔡　真

海曙区文联

主席：陈建东

副主席：马安娜、王燕芬、王锦文、孙福昌、朱　宁

岱山县文联

主　席：徐武尧

副主席：邱宏方、李国平、何仁岳、王　勇

秘书长：邱宏方（兼）

嵊泗县文联

副主席：白　峰、陈翔鹤

秘书长：曾　燕

宁波市文联

主　席：翁鲁敏

党组书记、副主席：林崇建

副主席：韩利诚、何　微、施孝峰、王水维、殷安建

地　址：宁波市宁穿路2001号行政中心2号楼13楼

邮　编：315040

所属各区市县文联：

江北区文联

主　席：孙旭东

专职副主席：周少植

副主席：励芒伟、施晓峰、王　静

秘书长：王　静（兼）

海曙区文联

主　席：陈建东

副主席：马安娜、王燕芬、王锦文、孙福昌、朱　宁

秘书长：马安娜（兼）

江东区文联

主　席：王　昱

副主席：杨慧月、齐海峰、陈云其、陆爱国

秘书长：朱华红

北仑区文联

主　席：袁　侠

党组书记、副主席：张久红

副主席：顾旭东、王明良、凌晓军、丁俊杰

镇海区文联

主　席：余维勤

副主席兼秘书长：徐崇禧

副主席：徐家明

鄞州区文联

主　席：邵　斌

副主席：江志勇、史晓卿

秘书长：钱秀娴

慈溪市文联

主　席：方向明

副主席：孙群豪、周　萌

秘书长：陈迎平

余姚市文联

主　席：严文龙

副主席：干亚群、俞文胜、王建军、徐渭明

秘书长：郑耀波

奉化市文联

主　席：王亦建

副主席：俞赞江、沈国民、汪仁芳

秘书长：周　杨

宁海县文联

主　席：刘尚才

副主席：黄　珂、王苍龙、

秘书长：应简璜

象山县文联

主　席：郑　辉

副主席：许吉安、张明珠

秘书长：李秀泓

绍兴市文联

党组书记：何俊杰

主　席：金一波

副主席：马　炜、叶树明、沈　伟、邓港林

秘书长：陈　民

地　址：绍兴市府山西路武勋坊18号L楼

邮　编：312000

所属各市县文联：

越城区文联

主　席：王　勇

副主席：王美芳

秘书长：陈　民

柯桥区文联

主　席：黄锡云

副主席：杨春燚、陈锦高、徐海青

秘书长：孙雪芳

诸暨市文联

主　席：金海炯

副主席：吴旭东

上虞市文联

主　席：吕云祥

副主席：袁伟文、丁　毅、蔡　汀

秘书长：袁伟文（兼）

嵊州市文联

主　席：金海勇

副主席：裘高太、汪毅强

秘书长：裘高太（兼）

新昌县文联
主　席：盛伯增
副主席：求玉林、商力戈、
　　　　袁方勇
秘书长：王志良
绍兴县文联
主　席：黄锡云
副主席：杨春燚

衢州市文联

主　席：欧阳建华
党组副书记、副主席：严日旺
副主席：王青阳
秘书长：朱萍萍
办公室主任：邱红日
地　址：衢州市县学街78号
邮　编：324000
所属各区市县文联：
柯城区文联
主　席：施　萍
副主席：王丽君
秘书长：汪凤花
衢江区文联
主　席：陈剑明
江山市文联
党组书记、副主席：李志本
主　席：姜　英
副主席：毛洪章
秘书长：毛雪芳
常山县文联
主　席：姚肖忆
秘书长：王阳君
开化县文联
党组书记：张月桥
主　席：黄高松
秘书长：吴建其
龙游县文联
主　席：黄瑞清
副主席：张水祥
秘书长：蓝忠胜

金华市文联

党组书记、主席：金云平
副主席：王亦平、寿　峰
秘书长：张　慧
组联部部长：梅荣衍
办公室副主任：鲍　勇
地　址：市双龙南街801号
邮　编：321017
所属各区市县文联：
婺城区文联
主　席：沈根新
金东区文联
主　席：王秀鸾
副主席：潘志余
兰溪市文联
主　席：陈　军
副主席：倪金谷
党组成员、秘书长：王文荣
永康市文联
副主席：麻建成
秘书长：程　思
义乌市文联
主　席：朱庆平
副主席：余新建、何晓东
秘书长：金　艳
东阳市文联
副主席兼秘书长：郭晓笛
副主席：方军平
武义县文联
主　席：胡浪波
副主席：梅子明、朱跃军
秘书长：李小波
浦江县文联
党组书记、主席：何金海
副主席：方钢军
党组成员兼秘书长：吴建炜
磐安县文联
主　席：曹明春
党组成员：陈爱卿
秘书长：胡中福

台州市文联

副主席、秘书长：林月辉
副主席：章正杰
地　址：台州市政府大楼14楼
邮　编：318000
所属各区市县文联：
椒江区文联
党组书记：解军辉
副主席：王　及、汪江浩、
　　　　梅利华
黄岩区文联
常务副主席：鲍志野
路桥区文联
主　席：罗邦云
副主席：赵世文、王文清
临海市文联
副主席兼秘书长：吕黎明
温岭市文联
主　席：周志云
副主席：周　晗
玉环县文联
党组书记：舒建秋
主　席：李枝霞
党组成员：王佩芬
天台县文联
主　席：陈　虹
副主席兼秘书长：蒋冰之
仙居县文联
主　席：朱岳峦
副主席兼秘书长：殷琳峰
副主席：陈晨永
三门县文联
主　席：林　腾
副主席兼秘书长：刘从进
副主席：梅长琥

温州市文联

主　席：邹跃飞
副主席：谢子康 、王晓峰
地　址：温州市府东路发展
　　　　大楼北楼6层
邮　编：325000
所属各协会：
作家协会
主　席：程绍国
副主席：王国侧、池凌云、
　　　　孙良好、李世斌、
　　　　张文兵、郑晓泉、
　　　　黄哲贵、瞿　炜
秘书长：黄哲贵（兼）
戏剧家协会

主　席：方汝将
副主席： 蔡晓秋、黄燕舞
李美凤 、张胜建
梅　春

音乐家协会
主　席：邹跃飞
常务副主席：董夫腾
副主席：叶熙熙、苏　琼、
陈　泳、项雅丽、
赵玉卿、施丽君、
戴　凯
秘书长：杨少华

舞蹈家协会
主　席：张德华
副主席：应　真、陈秋香、
胡益平、何力强、
邵吟筠、肖晓红、
谢乐燕、李　伟
秘书长：陈秋香

美术家协会
主　席：蔡瑞蓉
副主席：马胜凯、叶旭华、
李利民、李崇高、
张正凯、张成毕、
陈旭海、蔡可群
秘书长：张成毕（兼）

书法家协会
主　席：吴聘真
副主席：叶向荣、朱　海、
吴　彰、邱朝剑、
陈胜武、陈　默、
林晓林、郑方伟、
缪若霞、潘教琴
秘书长：陈胜武（兼）

摄影家协会
副主席：金培林、王玉璜、
张洪林、叶劲草、
朱永春

曲艺家协会
主　席：陈忠达
副主席：黄良福、潘超超
秘书长：潘超超　（兼）

民间文艺家协会
主　席：孟永国
副主席：林子周、林长春、
曹凌云、潘丁盛、
吴尧辉、陈爱琴、
朱友好、袁　静
秘书长：朱建波

影视家协会
主　席：王晓峰
副主席：蔡亚非、蔡贻象、
董静海、李　涛、
李中坚、孙　榕
秘书长：吴鹤鸣

所属各区县市文联：

鹿城区文联
主　席：叶正华
副主席：陈　杰、马胜凯、
吴　广、应　真、
叶萌春、候传芳、
陈　泳、陈忠达、
陈迎芳
秘书长：陈　杰

龙湾区文联
主　席：曹丹艳
副主席：陈　佐

瓯海区文联
主　席：彭福云
副主席：季淑忠

瑞安市文联
主　席：金　凯

乐清市文联
副主席：蔡乐孟、张保利、
高公博、刘瑞坤、
叶君奋、倪朔野

永嘉县文联
主　席：陈伟峰
副主席：杨大力、胡佐光、
郑　阳
秘书长：郑国多

文成县文联
主　席：王国侧
副主席：林　文、王国健、
陈丕欢

平阳县文联
主　席：周黎明
副主席：周笙乐、任泽健

泰顺县文联
主　席：吴雅平
副主席：潘家敏、王尤琴、
周咸俊

洞头县文联
主　席：陈志华
副主席：陈赛玉、苏宇咏、
陈海友、郑巨峰
秘书长：施立松

苍南县文联
主　席：黄志林
副主席兼秘书长：李　芳

龙港镇文联
主　席：王　杯
副主席：朱德洲、杨德孝、
陈琳涵、徐文彬
秘书长：叶贤状

浙能温州发电有限公司文联
主　席：陈伟忠
副主席：郑葵忠、郑战跃、
陈　华

德力西集团文联
主　席：卢友中
副主席：陈首旦

浙能乐清发电有限责任公司文联
主　席：施援朝
常务副主席：姜志强
副主席：董联军

丽水市文联

党组书记、主席：程定飞
副主席兼秘书长：麻益兵
地　址：丽水市花园路1号
邮　编：323000
所属各区市县文联：

莲都区文联
负责人：王伟平（副部长兼）

龙泉市文联
党组书记、主席：王振春
副主席兼秘书长：季金强
副主席：陈颖慧

青田县文联
主　席：吴吕伟
副主席：陈丽文

云和县文联
党组书记、主席：邱伟生
副主席：宋世明
秘书长：陈跃伟
庆元县文联
主　席：范敏姿
副主席：郑承春、胡睦熙
副主席：吴宗祥
秘书长：吴昌珍
缙云县文联
主　席：夏伟革
副主席：李根溪
遂昌县文联
主　席：黄美丰
副主席：雷　鸣
松阳县文联
主　席：吕劲天
副主席：洪雪婷
秘书长：吴关军
景宁畲族自治县文联
主　席：李人海
副主席：蓝良明

安　徽　省

合肥市文联
党组书记：陈　飚
主　席：完颜海瑞
副主席：刘晓明、周爱洋、
　　　　高　慧
秘书长：朱国强
地　址：合肥市政务文化新
　　　　区三区A座4楼
邮　编：230071
所属各县市文联：
蜀山区文联
主　席：罗　昕
副主席：马　凌
长丰县文联
主　席：刘贤安
副主席：林家俊
肥东县文联
主　席：许泽夫
副主席：王业芬
肥西县文联
主　席：凌泽泉
庐江县文联
主　席：卢昌留
副主席：夏云龙
巢湖市文联
主　席：王有洲
副主席：黄　浩
秘书长：王春生

宿州市文联
党组书记、主席：沈　凌
副主席：杲春昭
秘书长：韩　飞
地　址：宿州市政务新区4层
邮　编：234000
所属各区县文联：
埇桥区文联
主　席：唐代红
砀山县文联
主　席；杨建勋
萧县文联
主　席：董宜夫
灵璧县文联
党组书记：梁　超
泗县文联
主　席：刘兴品

淮北市文联
主　席：陈　辉
副主席：张明山　谢　芳
地　址：淮北市花园路7号南1楼
邮　编：235000
所属县文联：
濉溪县文联
主　席：王明文

阜阳市文联
党组书记、主席：李　平
副主席：丁友星、郑　方
副调研员：段晓林
地　址：阜阳市清河东路539
　　　　号阜阳市文联
邮　编：236033
所属各区市县文联：
颍州区文联
主　席：曾亚民
副主席：陆惠娟
颍东区文联
主　席：陶智慧
副主席：肖伯红
颍泉区文联
主　席：杨　林
专职副主席：王燕丽
界首市文联
主　席：刘红影
副主席：张洁新、韩　瑞
临泉县文联
主　席：冯　峰
副主席：张继良、汤其光
太和县文联
主　席：高庆连
阜南县文联
主　席：冷治武
副主席：张　平、郑　志
颍上县文联
主　席：王　波
副主席：岳　岿

亳州市文联
党组书记、主席：武子轩
副主席：王淳杰、张凤海、
　　　　孙志保、任　斌、
　　　　杨小凡、李兴田、
　　　　任　明、刘传师、
　　　　罗东亚
地　址：亳州市谯城区希夷

大道588号市行政中心2075室
邮　编：236801
所属各区县文联：
谯城区文联
主　席：李　彬
副主席：王文清
涡阳县文联
党组书记：潘学峰
主　席：赵晓蕾
党组成员：吴长敬
蒙城县文联
主　席：卢　晓
副主席：邵俊强、韦如辉、吴　军、胡卫国、郑云海、刘　勇、姬长明
利辛县文联
党组书记、主席：李　哲
副主席：李宗利、司　明
古井文联
主　席：吴　伟
三星文联
主　席：黄克东

蚌埠市文联

党组书记：张文虎
主　席：葛亚萍
副主席：江　山
地　址：蚌埠市中荣街95号
邮　编：233000
所属各县文联：
怀远县文联
主　席：李永虎
五河县文联
主　席：任爱冰
固镇县文联
主　席：王中华

淮南市文联

党组书记：杨天超
副主席：陈菲菲
副调研员：刘　琦
地　址：淮南市山南新区和凤大街88号
邮　编：232001
所属各县区文联：
凤台县文联
主　席：张纯海
副主席：王红燕
田家庵区文联
主　席：李为民

滁州市文联

党组书记、主席：路传新
副主席：徐　红
地　址：滁州市会峰大厦7楼
邮　编：239001
所属各市县文联：
天长市文联
主　席：张国云
明光市文联
主　席：任亚弟
来安县文联
主　席：孔祥华
全椒县文联
主　席：周可夫
副主席：陆　峰
定远县文联
副主席：郑鹏程
凤阳县文联
主　席：吕建东

马鞍山市文联

党组书记：周正国
主　席：崔训诚
副主席：袁　诚、严歌平
秘书长：邱胜贤
地 址：马鞍山市湖北路24号3楼
邮　编：243000
所属县文联：
当涂县文联
主　席：施长斌
专职副主席：崔益发
含山县文联
主　席：陈　辉
和县文联
主　席：张道宽
副主席：徐保国
秘书长：曹林然

芜湖市文联

党组书记、主席：阮传华
副主席：李莉莉、刑永远
地　址：芜湖市北门建设银行旁医药大楼
邮　编：241000
所属各县文联：
芜湖县文联
副主席兼秘书长：方成荣
繁昌县文联
主　席：桂　严
专职副主席：吴黎明
副主席：夏成道
南陵县文联
主　席：罗光成
副主席：季金明、吴纯祥
无为县文联
主　席：倪劲松
副主席：王　娟
秘书长：何丽萍

铜陵市文联

主　席：李　云
副主席：唐小进、程保平
地　址：铜陵市湖东路666号行政中心北5楼
邮　编：244000
所属县文联：
铜陵县文联
主　席：鲍安顺

安庆市文联

书记兼主席：盛志刚
副主席：王泽辉、李　慧
地　址：市纺织南路16号
邮　编：246001
所属各市县文联：
桐城市文联
主　席：洪　放
怀宁县文联
专职副主席：钱续坤

副主席：刘丽华
枞阳县文联
主　席：钱叶全
潜山县文联
主　席：王江海
秘书长：李冬霞
太湖县文联
主　席：李登求
副主席：何慧冰
宿松县文联
主　席：江林顺
专职副主席：贺学友
望江县文联
主　席：任春松
岳西县文联
主　席：方　跃
副主席：储劲松、方中传
办公室主任：程小清

黄山市文联

党组书记、主席：倪国华
副主席：吴顺辉
地　址：黄山市屯溪区滨江路7—7号
邮　编：245000
所属各区县文联：
黄山风景区文联
主　席：程亚星
屯溪区文联
主　席：汪　琳
黄山区文联
副主席：汪少飞（主持工作）
徽州区文联
主　席：吴之兴
歙县文联
主　席：汪祖明
副主席：张跃进、汪乐丰、范海生、赵　林、吴建平、吴利夫
秘书长：汪政宣
休宁县文联
主　席：胡冬发
副主席：倪受兵
黟县文联
主　席：刘菁兰
副主席：舒铭华
祁门县文联
主　席：章共生

六安市文联

主　席：马常地
副主席：陈斌先
地　址：六安市行政中心
邮　编：237001
所属区县文联：
金安区文联
主　席：李　明
裕安区文联
主　席：俞道祥
寿县文联
主　席：黄先舜
霍邱县文联
主　席：李全武
霍山县文联
主　席：汪九斌

池州市文联

主　席：吴昭元
副主席：何成文
地　址：池州市委大楼110室
邮　编：247000
所属各区县文联：
贵池区文联
党组书记、主席：陈春明
东至县文联
主　席：张广祥
副主席：何中华
石台县文联
主　席：孙小华
青阳县文联
主　席：马光水
副主席：崔晓东
九华山文联
主　席：焦得水
副主席：陈寿新

宣城市文联

主　席：肖新民
副主席：吕小平、朱静娟
调研员：曹　虹、胡　进
地　址：宣城市梅溪路189号
邮　编：242000
所属各区市县文联：
宣州区文联
主　席：田　斌
副主席：周晓梅
宁国市文联
主　席：许东升
郎溪县文联
主　席：沈勤强
副主席：姜　海
泾县文联
主　席：李直斌
专职副主席：唐晓亮
秘书长:蔡　盛
旌德县文联
主　席：徐继霞
绩溪县文联
主　席：许　媛
副主席：方家成

福　建　省

福州市文联

党组书记：张苏飞
主　席：鄢　萍
副主席：武夏红、田　磊（兼秘书长）
地　址：福州市仓山区懂不办

公区（东部）
邮 编：350007
所属各区市县文联：
鼓楼区文联
主 席：官玉玲
台江区文联
主 席：商宝玉
仓山区文联
主 席：江必达
马尾区文联
主 席：汤海燕
晋安区文联
主 席：孔海钦
福清市文联
主 席：林 珍
驻会副主席：高迎霞
长乐市文联
主 席：郑黎明
闽侯县文联
主 席：陈步强
连江县文联
主 席：郑新顺
罗源县文联
主 席：黄丽荣
闽清县文联
主 席：黄勤暖
永泰县文联
主 席:邵永裕
平潭县文联
主 席：林振泉

南平市文联

主 席：黄卫平
副主席：陈温萍
秘书长：叶向阳
地 址：南平市滨江中路双溪楼
邮 编：353000
所属各区市县文联：
延平区文联
副主席：祖 萍
邵武市文联
主 席：何小鸿
副主席：戴建荣
武夷山市文联
主 席：王小华
建瓯市文联
主 席：吴章中
建阳区文联
主 席：黄子平
顺昌县文联
主 席：谢元清
秘书长：曹贵生
浦城县文联
主 席：初学敏
光泽县文联
主 席：沈少华
松溪县文联
副主席：冯顺志
政和县文联
主 席：李雪慧

三明市文联

党组书记、主席：黄莱笙
副主席：连诒庄、史建榕
副调研员：伍林发
秘书长：黄晓莲
地 址：三明市梅列区东新四路龙泉大厦4楼
邮 编：365000
所属各区市县文联：
梅列区文联
主 席：史健峰
三元区文联
主 席：曾新森
永安市文联
主 席：厉 艺
秘书长：张 业
明溪县文联
主 席：廖康标
宁化县文联
主 席：黄丹平
大田县文联
主 席：张知松
尤溪县文联
主 席：詹焕生
沙县文联
主 席：罗 辉
将乐县文联
负责人：余 诚
泰宁县文联
主 席：高起光
建宁县文联
主 席：肖方妙
清流县文联
主 席：魏永富

莆田市文联

主 席：王金煌
副处调研员：黄黎晗
地 址：莆田市政府大院3号楼221室
邮 编：351100
所属各区县文联：
城厢区文联
主 席：林宗哲
涵江区文联
副主席：黄义福
荔城区文联
主 席：林春荣
秀屿区文联
主 席：林俊彦
仙游县文联
主 席：林新春

泉州市文联

主 席：许旭明
副主席：肖一鸣
地 址：泉州市新行政中心3号楼3306室
邮 编：362000
所属各区市县文联：
丰泽区文联
主 席：杜跃进
鲤城区文联
主 席：范志华

洛江区文联
主　席：吴文安
泉港区文联
主　席：李美美
晋江市文联
主　席：李伟才
石狮市文联
主　席：何子晖
南安市文联
主　席：潘从愿
惠安县文联
主　席：黄丽蓉
安溪县文联
主　席：林小玲
永春县文联
主　席：陈文经
德化县文联
主　席：周成灿
农行文联
主　席：戴碧华
常务副主席：黄国聪
公安文联
主　席：谢永强

厦门市文联

党组书记：林　起
主　席：舒　婷
副主席：林　起、陈　影、林丹亚、刘堆来、林汝勋、廖晁诚、杨　鸣、曾学文
地　址：厦门市曾厝垵仓里路2号
邮　编：361005
所属各区文联：
思明区文联
主　席：陈添友
副主席：陈　凤、李春华
湖里区文联
主　席：潘少銮
副主席：林家雄、郭漳楚、沈祥清
集美区文联
主　席：周国治
副主席：唐金富、陈禾青、华晓春、佘国华、胡忠立
同安区文联
主　席：陈美玲
副主席：叶红旗、邵君宽
海沧区文联
主　席：熊庆海
副主席：章国炎、钮红亮、黄达绥、林松茂
翔安区文联
主　席：曾东生
副主席：蔡阿在、王才能、康　宁

漳州市文联

主　席：汪莉莉
专职副主席：黄良弼
秘书长：李亚根
地　址：漳州市胜利路118号市政府大院4号楼
邮　编：363000
所属区市县文联：
芗城区文联
主　席：李　鹏
副主席：陈艺泉、陈绍友、黄少娜
龙文区文联
主　席：肖　斌
副主席：连惠斌
龙海市文联
主　席：颜耀辉
副主席：许海泉、蔡明辉
云霄县文联
主　席：何明坤
副主席：戴园笙
漳浦县文联
主　席：陈玉宝
副主席：陈水城
诏安县文联
主　席：沈升平
副主席：叶罗平、沈洪生
长泰县文联
主　席：姚悦明
副主席：林河山
东山县文联
主　席：李鸿耀
副主席：林学东
南靖县文联
主　席：林海川
副主席：张海涛
平和县文联
主　席：何温厚
副主席：林少鸿
华安县文联
主　席：李庆辉
副主席：李金城、陈进昌

龙岩市文联

主　席：王永昌
副主席：胡家新
地　址：龙岩大道1号
邮　编：364000
所属区市县文联：
新罗区文联
主　席：范秉琪
副主席：赖彬文
漳平市文联
主　席：黄永平
副主席：李熙通、卢　海
秘书长：陈永凤
长汀县文联
主　席：吴启蒸
秘书长：廖云霞
永定县文联
主　席：卢济鸿
副主席：廖文茂
上杭县文联
主　席：温文茂
秘书长：何美玲
武平县文联
主　席：何育东
副主席：连聪香
连城县文联
主　席：杨永松
副主席：吴永昌

宁德市文联

副主席：叶玉琳

地 址：宁德市蕉城区署前路14号
邮 编：352100
所属区市县文联：
蕉城区文联
主 席：薛卫群
福安市文联
主 席：缪建勋
副主席：施卫秋
秘书长：郭卫东
福鼎市文联
主 席：郑清清
寿宁县文联
主 席：吴佳鑫
秘书长：叶允炳
霞浦县文联
主 席：林建人
副主席：张 斌
柘荣县文联
主 席：杨国辉
副主席：周贻海
屏南县文联
主 席：王多兴
古田县文联
主 席：杨安细
周宁县文联
主 席：郑慧玫
副主席：魏爱花
闽东画院
院 长：李 辉
地 址：宁德市建新路1号
邮 编：352100

江 西 省

南昌市文联
主 席：赵 军
副主席：贺思敏、邹时光、付长庚、邹时光
地 址：南昌市红谷滩新区会展路199号红谷大厦A座9楼
邮 编：330038
所属各县文联：
南昌县文联
主 席：赵金贵
新建县文联
副主席：唐俊晓
安义县文联
副主席：张 燕
进贤县文联
主 席：黄桂良
副主席：马小清
秘书长：胡磊春

九江市文联
主 席：朱凌
副调研员：李洪卫、段 虹
地 址：九江市八里湖大道166号市民服务中心2号楼7层
邮 编：332099
所属各区市县文联：
庐山区文联
副主席：黄志刚
瑞昌市文联
主 席：谈际贵
九江县文联
主 席：方乐新
武宁县文联
主 席：雷鸿尧
修水县文联
主 席：冷自生
副主席：樊健军
永修县文联
主 席：熊 辉
副主席：柳金花
德安县文联
主 席：胡美玲
常务副主席：孙法平
星子县文联
主 席：饶金星
都昌县文联
常务副主席：吴德胜（主持工作）
湖口县文联
主 席：王玉初
彭泽县文联
主 席：吴应根
副主席：陶文宇
庐山管理局文联
主 席：孙 净

景德镇市文联
党组书记、主席：余志华
党组成员、副主席：王玉娟、江华明
地 址：景德镇市昌江大道29号
邮 编：333000
所属各市县区文联：
乐平市文联
党组书记、主席：胡志平
副主席：程 慧
浮梁县文联
主 席：朱美香
副主席：吴文华
珠山区文联
主 席：徐丽君
昌江区文联
党组书记：姜进雪
主 席：李家善
副主席：刘 峰

鹰潭市文联
主 席：徐双文
党组书记：刘正良
地 址：鹰潭市委大楼5楼
邮 编：335001
所属各市县区文联：
贵溪市文联
主 席：姚新建

副主席：徐样发
秘书长：罗先茂
余江县文联
主　席：晏亮保
副主席：詹汉民
月湖区文联
主　席：叶厥武

新余市文联

党组书记、主席：袁传胜
副主席：杨　芳
秘书长：彭　华
地　址：新余市文联
邮　编：338000
所属县文联：
分宜县文联
主　席：杜艳萍
副主席：张爱华

萍乡市文联

党组书记、主席：胡冬青
副主席：吴惠萍、叶良继
地　址：萍乡市跃进北路66号
邮　编：337005
所属县文联：
莲花县文联
主　席：刘新龙
上栗县文联
主　席：陈章建
芦溪县文联
主　席：缪志杰

赣州市文联

主　席：陈式金
副主席：曹卫民、刘志敏
调研员：赖国柱
所属各区市县文联：
章贡区文联
主　席：刘会菁
瑞金市文联
主　席：廖巧云
南康市文联
主　席：刘颜尧
副主席兼秘书长：扶诗生
赣县文联
主　席：葛传金
副主席：叶　林
信丰县文联
主　席：赖赋春
大余县文联
主　席：刘存鸣
上犹县文联
主　席：曾少兵
副主席：吴才河
崇义县文联
主　任：钟新源
安远县文联
主　席：李红生
龙南县文联
主　席：赖建青
定南县文联
副主席：王家辉
全南县文联
主　席：李恢明
宁都县文联
主　席：杨春林
秘书长：李小雨
于都县文联
主　席：许九洲
兴国县文联
主　席：凌传昌
副主席：钟贞培
会昌县文联
主　席：周丛生
秘书长：许　佳
寻乌县文联
主　席：刘传健
副主席：刘杨青、钟　清
秘书长：黄伟文
石城县文联
主　席：温美权
秘书长：刘　敏

上饶市文联

党组书记兼主席：张天霞
副主席：齐江宁、杨　剑
地　址：上饶市信州区锦绣路2号广信大厦A栋13楼
邮　编：334000
所属各区市县文联：
信州区文联
主　席：谢　飞
副主席、秘书长：李　璇
德兴市文联
主　席：马秀凤
上饶县文联
主　席：郑渭波
副主席：周文华
广丰县文联
主　席：王传师
玉山县文联
主　席：许晓可
副主席：王国军、饶小伟
铅山县文联
主　席：丁　智
副主席：甘浪生、周剑宇
横峰县文联
主　席：黄国胜
弋阳县文联
主　席：韩　力
秘书长：张赛莲
余干县文联
主　席：张华峰
副主席：彭胜先、李卫星
鄱阳县文联
主　席：徐　燕
副主席：刘　杰、袁德华
秘书长：高京荣
万年县文联
主　席：方　庆
婺源县文联
主　席：汪水发
副主席：李宏宇、任春才

抚州市文联

主　席：甘少华

书　记：李　伟
副主席：高志坚
副调研员：邓根香
地　址：抚州市市直1号楼四楼
邮　编：344000
所属各区县文联：
临川区文联
主　席：冯华辉
黎川县文联
主　席：吴润发
南丰县文联
副主席：张文龙
崇仁县文联
主　席：方立萍
乐安县文联
主　席：董海花
宜黄县文联
主　席：邓维娟
金溪县文联
主　席：徐飞贤
资溪县文联
主　席：邓爱民
东乡县文联
主　席：刘辉华
广昌县文联
主　席：陈　晨
南城县文联
主　席：郑明华

宜春市文联
党组书记：张全国
副主席：吴志勇、徐艳云、欧阳娟（正科级）
地　址：宜春市宜阳大厦东座13楼
邮　编：336000
所属各区市县文联：
袁州区文联
主　席：黄勇萍
副主席：林　旭
丰城市文联
主　席：陈冬珍
樟树市文联
主　席：朱　墨
副主席：简丽琴
高安市文联
主　席：兰洪彰
副主席：况志勇
奉新县文联
主　席：黄毓英
副主席：许珊珊
万载县文联
副主席：余　刚
上高县文联
主　席：聂太阳
副主席：曹华钻
宜丰县文联
主　席：邓晓丽
副主席：韦恩谷
靖安县文联
副主席：蔡长远
铜鼓县文联
主　席：毛广州

吉安市文联
主　席：朱黎生
地　址：吉安市阳明东路2号
邮　编：343000
所属各区市县文联：
吉州区文联
主　席：刘英敏
副主席：秦宗梁
青原区文联
主　席：龙海斌
井冈山市文联
主　席：邹巧逢
副主席：刘石平、谢冬庭
吉安县文联
副主席：刘冬兰
吉水县文联
主　席：黄淑英
副主席：聂　龙
峡江县文联
负责人：王白理
新干县文联
主　席：刘奇伟
副主席：谢金文
永丰县文联
主　席：刘小华
泰和县文联
主　席：康　萍
遂川县文联
主　席：郭良芬
副主席：肖　平
万安县文联
主　席：汤建国
副主席：邱裕华
安福县文联
主　席：刘　佳
副主席：欧阳类才
永新县文联
主　席：贺剑文

山　东　省

济南市文联
党组书记、副主席：刘　溪
党组副书记、主席：张　柯
巡视员：丁济生
副主席：王振范、韦辛夷、邓宝金
副巡视员：赵文明
秘书长：田跃军
地　址：历下区龙鼎大道1号龙奥大厦11层F区
邮　编：250102
所属各区市县文联：
市中区文联
主　席：高　峰
副主席：付修红

历下区文联
党组书记：王亚菲
调研员：赵　静
槐荫区文联
主席：吴忠胜
副主席：董建忠
天桥区文联
主　席：杨　军
历城区文联
主　席：王　瑞
副主席：周建华、孙瑞云
长清区文联
主　席：刘学勇
章丘市文联
主　席：孟昭顺
副主席：程诗义
平阴县文联
主　席：梁新生
党组书记：李洪涛
济阳县文联
党组书记：于加新
副主席：朱翠平、齐建水
商河县文联
主　席：杨鸿琳
副主席：党传钧、杨希泉
济南政法文联
秘书长：韩永刚
济南市园林文联
主　席：孙平远
济南市检查官文联
主　席：郭鲁生
副主席：吴秀云、谭　勇、
　　　　范　芸、张鲁生
秘书长：宋新龙

聊城市文联

主　席：赵安民
副主席：苏学雷
地　址：聊城市昌润南路8号
　　　　市政府3号楼
邮　编：252000
所属各区县市文联：
东昌府区文联
主　席：孟昭福
副主席：张桂林、陈　华
临清市文联
主　席：赵兰峰
高唐县文联
主　席：于兰
副主席：王振国、白忠海、
阳谷县文联
主　席：商素伟
副主席：杨保平、郭素彦
莘县文联
主　席：王贤成
副主席：樊子刚、张　涛、
　　　　邹海宏
茌平县文联
主　席：韩　冬
副主席：张　启
东阿县文联
主　席：付红星
冠县文联
主　席：李孟波
副主席：陈子印

德州市文联

党组书记、主席：高世伦
党组副书记、副主席：石　巍
党组成员、副主席：刘新生
所属各区县文联：
德城区文联
党组书记：许　斌
主　席：王太勇
副主席：吕洪卫、张传奇
宁津县文联
主　席：谢文成
秘书长：李妹姚
夏津县文联
主　席：吴风波
副主席兼秘书长：王庆民
禹城市文联
主　席：李明华
副主席：卢英特
乐陵市文联
主　席：王　涛
副主席：刘文峰
武城县文联
主　席：祝丽娜
副主席：王立堂、李玉东、
　　　　陈雪梅、张宝义、
　　　　顾金良
临邑县文联
主　席：费彦胜
齐河县文联
主　席：于　琴
副主席：赵方新
平原县文联
主　席：刘光辉
副主席：李　静
陵县文联
主　席：李慧芳
副主席：马俊亭
庆云县文联
主　席：齐秀清

东营市文联

主　席：任勤林
驻会副主席：王玉文、周长虹
副主席：孙乐春、李　艳、
　　　　项继云、杨长喜、
　　　　苏香兰、黄利平、
　　　　邓丕利、刘晓东
地　址：东营市东营区黄河
　　　　路38号21号楼3楼
邮　编：257091
所属各协会：
作家协会
主　席：陈谨之
戏剧曲艺家协会
主　席：陈崇喜
音乐家协会
主　席：苏香兰
舞蹈家协会
主　席：潘　梅
美术家协会
主　席：陈宏光
书法家协会
主　席：许好成
摄影家协会
主　席：黄利平
电视艺术家协会
主　席：韩祥明
民间文艺家协会

主　席：吴观渭

雕塑艺术家协会

主　席：任勤斌

所属各县文联：

广饶县文联

主　席：张庭芸

利津县文联

主　席：李先锋

副主席：王若奎

垦利县文联

副主席：孙　婧（主持工作）

东营区文联

主　席：姜瑞祯

淄博市文联

主　席：王东宏

副主席：姜　岩、何象斌、王建新、宓传庆、唐秀玲、吕其顺、郝永勃、赵长刚、范　杰

地　址：淄博市张店人民西路24号

邮　编：255000

所属各区县文联：

张店区文联

主　席：王　刚

副主席：王　峰

淄川区文联

主　席：袁延民

副主席：郭本进、李先月

博山区文联

主　席：翟明阳

临淄区文联

主　席：王同国

副主席：路　斌、朱长伟

周村区文联

主　席：雷宏亭

桓台县文联

主　席：耿　炜

副主席：张聿勇

高青县文联

主　席：张士刚

沂源县文联

主　席：刘忠孝

副主席：郝树江、杨德美

高新区文联

主　席：贾　力

潍坊市文联

党组书记兼主席：孙淑芳

调研员：王治喜

副主席：冯传增、谭述霞、陈雪梅、王妍妮、

地　址：潍坊市胜利东街99号

邮　编：260061

所属各区市县文联：

奎文区文联

主　席：谭晓昌

潍城区文联

主　席：赵炳平

寒亭区文联

主　席：周宝勇

坊子区文联

主　席：陈　娜

安丘市文联

主　席：朱金升

昌邑市文联

主　席：付晓丽

高密市文联

主　席：张家骥

副主席：罗宗欣、丁元忠

秘书长：王清民

青州市文联

主　席：赵世华

副主席：魏　颖

诸城市文联

主　席：张崇明

副主席：王砚军

寿光市文联

主　席：潘广科

副主席：王志亭

临朐县文联

主　席：沈汝虎

昌乐县文联

主　席：刘兴国

烟台市文联

主　席：孙光辉

副主席：董翠娜、贺宗仪、严　涛、王昌盛、宁兰智、孙成河

主席团委员：许黎萍、牟志勇、尹　涛、谢维力、王　未、王秀梅

地　址：市毓西路17-3号

邮　编：264000

所属各区市文联：

福山区文联

主　席：都建勋

牟平区文联

主　席：贺向阳

烟台开发区文联

主　席：孙希香

龙口市文联

主　席：张仁武

芝罘区文联

主　席：张鲁江

来山区文联

主　席：邹林春

蓬莱市文联

主　席：张乃武

莱阳市文联

主　席：姜海涛

招远市文联

主　席：于兆利

海阳市文联

副主席：黄克诚

莱州市文联

主　席：杜旭昌

栖霞市文联

主　席：张凤文

长岛县文联

主　席：冷传弟

烟台市开发区文联

办公室主任：王月鹏

威海市文联

党组书记、主席：安　立

副主席：毕少军

副主席：姜建政

地　址：威海市市委党校综合办公楼12楼

邮　编：264200

所属各市区文联：
荣成市文联
主　席：宋业亭
副主席：张震亚、孙丙祝
文登市文联
主　席：田序强
副主席：姜燕飞
乳山市文联
主　席：焉　光
环翠区文联
主　席：任道金
副主席：周　琳

青岛市文联

书　记：牛鲁平
主　席：吕振宇
副主席：徐　强 、谢志强
巡视员：刘华民
纪检组长：邹建民
副巡视员：柳电飞、程　基
地　址：青岛市香港中路19号市政府4号楼7楼
邮　编：266071
所属各区市文联：
崂山区文联
主　席：韦志芳
副主席：孟　繁
城阳区文联
主　席：朱崇伟
副主席：苏熙昭
市北区文联
主　席：左爱民
黄岛区文联
主　席：杜锡刚
副主席：王　敏、苗　伟
即墨市文联
主　席：蓝英杰
副主席：张习芳
平度市文联
主　席：李振波
莱西市文联
主　席：万洪波
胶州市文联
主　席：隋世奇

日照市文联

主　席：赵德发
书　记：庄乾坤
副主席：祝茜华、金立泉
地　址：日照市北京路198号市级办公大楼0331室
邮　编：276826
所属各区县文联：
东港区文联
主　席：赵东波
岚山区文联
主　席：尹　玲
五莲县文联
主　席：周兴龙
莒县文联
主　席：黄建成
日照港文联
主　席：李永华

临沂市文联

书　记：龙　岩
副主席：张洪学、李秀青、侯　钧、张世勤、李凤军
地　址：市北城新区天元商务大厦
邮　编：276000
所属各区县文联：
兰山区文联
主　席：尹卓文
副主席：马永梅、訾金行
罗庄区文联
主　席：李传秀
副主席：顾海山
河东区文联
主　席：张　升
副主席：管清刚
郯城县文联
主　席：邹　强
副主席：鲁　冰
苍山县文联
主　席：毛利华
副主席：　吴仕强、张　伟
莒南县文联
主　席：陈文善

沂水县文联
主　席：邵光智
副主席：贺洪青
蒙阴县文联
主　席：赵洪玲
副主席：公衍余
兰陵县文联
主　席：毛利华
副主席：张　伟
平邑县文联
主　席：刘云燕
费县文联
主席：咸庆英
副主席：张　炜
沂南县文联
主　席：仲崇军
副主席：韩　军
临沭县文联
主　席：王统富
副主席：张奉松

枣庄市文联

党组书记、主席：王延亮
副主席：刘运霞、郭士祥
地　址：枣庄市高新区和谐路690号
邮　编：277800
所属各市区文联：
滕州市文联
主　席：马建钧
副主席：李晓磊、赵公林
秘书长：狄平山
市中区文联
主　席：刘广军
副主席：邱来方
台儿庄区文联
主　席：李　楠
薛城区文联
主　席：姚三石
党组书记：张茂水
副主席：甄　敏、万照广
山亭区文联
主　席：褚庆红
副主席：姜玉富
峄城区文联

主　席：贺　炜
副主席：高　伟、李家柱、颜景涛

济宁市文联

主　席：周长征
副主席：李　君、侯　健
地　址：市红星中路1—1号
邮　编：272025
所属各区市县文联：
任城区文联
主　席：陆　振
兖州区文联
主　席：张金鹏
曲阜市文联
主　席：岳耀方
泗水县文联
主　席：周　静
邹城市文联
主　席：李　樯
微山县文联
副主席：盛　璐
鱼台县文联
主　席：张丰凯
金乡县文联
主　席：郑宏图
嘉祥县文联
主　席：姚辉祥
梁山县文联
主　席：赵德民
汶上县文联
办公室主任：孔德波

泰安市文联

书记、主席：杜广华
副主席：周　鹏
副主席：孙　黎
秘书长：孙启㻁
地　址：泰安市市政大楼A2061
邮　编：271000
所属区县文联：
泰山区文联
书　记：刘西栋
主　席：包小义
宁阳县文联
主　席：马长路
东平县文联
主　席：王德生
新泰市文联
主　席：徐勤启
肥城市文联
主　席：王瑞红

莱芜市文联

主　席：李贞锋
副主席：张鸿福
秘书长：王君红
地　址：莱芜市龙潭东大街001号
邮　编：271100

滨州市文联

党组书记：尚鸿鸣
主　席：李象润
副主席：刘相生、蔡向东
秘书长：张家会
地　址：滨州市黄河五路385号
邮　编：256603
所属各区县文联：
滨城区文联
主　席：刘　岩
阳信县文联
主　席：张立泽
邹平县文联
主　席：夏应禄
无棣县文联
主　席：徐沛琦
博兴县文联
主　席：王兆坤
沾化区文联
主　席：李建勇
惠民县文联
主　席：马志忠

菏泽市文联

主　席：尹慧萍
副主席：孙建东、李耀亮
地　址：市中华路1888号
邮　编：274000
所属各协会：
作家协会
主　席：张存金
美术家协会
主　席：孙建东
书法家协会
主　席：曹　钰
戏剧家协会
主　席：朱桂芹
影视艺术家协会
主　席：刘付德
摄影家协会
主　席：焦延河
音乐家协会
主　席：闫永丽
舞蹈家协会
主　席：李蓓蓓
曲艺家协会
主　席：苏本栋
民间文艺家协会
主　席：王宝祥
所属各区县文联：
牡丹区文联
主　席：张　黎
曹县文联
主　席：马继栋
定陶县文联
主　席：王　萍
成武县文联
主　席：张万勇
单县文联
主　席：张　安
巨野县文联
主　席：鲍　淼
郓城县文联
主　席：左相民
鄄城县文联
主　席：陈云峰
东明县文联
主　席：李明星

河　南　省

郑州市文联

党组书记：徐大庆
纪检书记：李国昌
主　席：钟海涛
副主席：马素芳、贾伟东、
　　　　程韬光、姜　阳、
副调研员：杨晓敏、白金尧
地　址：郑州市中原区伊河
　　　　路12号
邮　编：450007
所属各市县文联：
新郑市文联
主　席：孙宏志
登封市文联
主　席：孙晓玲
新密市文联
主　席：王镜宾
巩义市文联
主　席：邵玉龙
荥阳市文联
主　席：韩　露
纪检组长：荆大卫
副主席：杨莉莉
中牟县文联
主　席：王银玲

三门峡市文联

党组书记、主席:孟国栋
办公室主任：焦新祥
创联部主任
（党组成员）：戢彩玲
《洛神》编辑部主任：胡长洲
市书画院院长：樊桂敏
地　址：三门峡市崤山路中
　　　　段49号市委大楼415室
邮　编：472000
所属各协会：
作家协会
主　席：杨　凡
书法家协会
主　席：张高山
摄影家协会
主　席：孙振军
美术家协会
主　席：李俊林
戏剧家协会
副主席：李俊玲
舞蹈家协会
主　席：陶　可
音乐家协会
主　席：南振民
电影电视家协会
副主席：任　江
民间文艺家协会
主　席：员更厚
曲艺家协会
主　席：黄森林
杂文家学会
会　长：孙振军
诗词楹联协会
会　长：方留聚
所属各市县文联：
义马市文联
主　席：何宝贵
副主席：赵　勇
灵宝市文联
主　席：贠治民
副主席：常　丽、王　旬
纪检组长：王金辉
卢氏县文联
主　席：董建中
副主席：董彦礼
陕县文联
党组书记：杨振宇
主　席：乔　璇
渑池县文联
副主席：陈少华
湖滨区文联
副主席：张小梅

洛阳市文联

党组书记、主席：张炳志
纪检组长：赵金生
地　址：洛阳市洛南新区市
　　　　委大院2号楼1层
邮　编：471023
所属各市县文联：
偃师市文联
主　席：任丽娟
孟津县文联
主　席：黄　山
新安县文联
主　席：孙双玲
栾川县文联
主　席：宫拂晓
副主席：马红军
汝阳县文联
主　席：马志超
党支部书记：马　杰
副主席：李振学
秘书长：韩　栓
宜阳县文联
主　席：徐慧丽
伊川县文联
主　席：胡社桥
洛宁县文联
主　席：张光杰

焦作市文联

主　席：庞　宏
副主席：吴　明、米　闹
纪检组组长：姜玉珍
调研员：殷繁政、韩　达
地　址：焦作市太极体育中心
邮　编：454002
所属各区市县文联：
中站区文联
主　席：韩丽霞
马村区文联
主　席：丁全国
孟州市文联
主　席：陈思洁
沁阳市文联

主　席：李文奎
博爱县文联
主　席：侯奉浩
副主席：鲁玉哲
武陟县文联
主　席：党育红
温县文联
党组书记：刘德军
主　席：严双军

新乡市文联

党组副书记、副主席：王景书
副主席兼秘书长：牛永海
地　址：新乡市人民路1号行政服务中心14楼
邮　编：453000
所属各市县文联：
卫辉市文联
主　席：李振峰
辉县市文联
主　席：高天生
新乡县文联
主　席：贾　晶
副主席：陈荣宇
获嘉县文联
主　席：赵青川
原阳县文联
主　席：胡　珍
延津县文联
主　席：李全录
封丘县文联
主　席：栾小宝

鹤壁市文联

主　席：李建东
副主席：李思平
地　址：鹤壁市淇滨大道政府第三综合楼
邮　编：458030
所属各区县文联：
淇滨区文联
主　席：王世英
副主席：赵红玲
山城区文联
主　席：赵海涛
浚县文联
主　席：张东宇
副主席：周学超
淇县文联
主　席：徐爱民
副主席：高渐华

安阳市文联

主　席：李建学
副主席：付东流
纪检组组长：高少波
地　址：安阳市文峰大道555号市总工会大厦822房间
邮　编：455000
所属各区市县文联：
文峰区文联
主　席：刘宝平
副主席：张晓晟
殷都区文联
党组书记：左光生
主　席：王红先
副主席：韩传栋、王鹏举、
秘书长：程　兵
龙安区文联
党组书记、主席：段瑞峰
副主席：冯媛媛
北关区文联
主　席：刘　瑜
林州市文联
主　席：尚翠芳
安阳县文联
主　席：王兴学
副主席：张保周
汤阴县文联
主　席：吕保国
内黄县文联
副主席：刘培生
秘书长：亓晋举

濮阳市文联

党组书记、主席：王泽培
党组成员、副主席：赵　雍、王濮方
党组成员、纪检员：张荣君
地　址：濮阳市黄河路154号（市政府七号院）
邮　编：457000
所属各区县文联：
华龙区文联
负责人：任尚民
南乐县文联
主　席：张静远
清丰县文联
主　席：南献省
范县文联
主　席：王晓华
台前县文联
党组书记：梁尔旭
副主席：葛金光
濮阳县文联
主　席：孟德让
副主席：李明显
高新区文联
负责人：孙来奎

开封市文联

党组书记、主席：程崇正
副主席：樊　城、孟　冉、甘桂芬
党组成员、纪检组长：牛跃达
副调研员、秘书长：郭张开
地　址：开封市北土街9号
邮　编：475000
所属各县文联
杞县文联
主　席：胡书清
通许县文联
主　席：于兆行
尉氏县文联
主　席：李玉梅
副主席：张瑞华
祥符区文联
主　席：宋海兵
副主席：尚海涛

商丘市文联

副主席：王建国、谢国启
地　址：商丘市睢阳区府前路1号市委2楼市文联
邮　编：476000

所属各区市县文联：

梁园区文联

主　席：赵宗允

副主席：葛红霞

睢阳区文联

主　席：张学勇

副主席：唐文君

夏邑县文联

主　席：吴秀芹

虞城县文联

主　席：陈春昕

副主席：陈春月

秘书长：李建华

民权县文联

主　席：杨淑华

副主席：金德进

柘城县文联

主　席：薛　梅

副主席：张海军

宁陵县文联

主　席：赵　峰

睢县文联

主　席：薛党军

副主席：陈爱英

许昌市文联

主　席：刘　平

副主席：陈维娟

地　址：许昌市健安大道6号楼

邮　编：461000

所属各市县文联：

禹州市文联

主　席：刘绍典

副主席：赫连洁静

长葛市文联

主　席：常春喜

副主席：杨海东

许昌县文联

主　席：屈保军

副主席：谢英杰、计怀友

鄢陵县文联

主　席：和发科

副主席：赵建中、梁爱民

襄城县文联

主　席：樊晓民

漯河市文联

书　记：朱文红

主　席：张富君

副主席：林素英、赵　超

地　址：漯河市黄河路647号

邮　编：462000

所属各文联：

郾城区文联

主　席：李永亮

源汇区文联

主　席：陈　晨

召陵区文联

主　席：常海平

舞阳县文联

主　席：效志强

临颍县文联

主　席：杜德明

铁路文联

主　席：姜明朝

平顶山市文联

党组书记：冀聚良

主　席：李　虹

副主席：范大岭、张耀中

组检组长：张祥宇

调研员：岳书敏

副调研员：杨兰芳

地　址：平顶山市新城区市政大厦

邮　编：467000

所属各市县文联：

舞钢市文联

主　席：黄晓辉

副主席：郭风丽

宝丰县文联

主　席：赵民强

副主席：马运欣、陈红丽、魏红朝

叶县文联

主　席：庞江华

副主席：王风雷

鲁山县文联

主　席：袁占才

副主席：杨向科

纪检组长：郭伟宁

郏县文联

主　席：李国军

副主席：孔艳红、李国勇

南阳市文联

党组书记、主席：廖华歌

党组成员、副主席：张现实

纪检员：孙晓磊

办公室主任：郝川丽

地　址：南阳市孔明南路

邮　编：473000

所属各区市县文联：

卧龙区文联

主　席：潘凤鸣

党组副书记：孙　杰

副主席：丁旭松

宛城区文联

主　席：张延海

副主席：谭杰波、李少波

南召县文联

主　席：仝太峰

副主席：布建坚

方城县文联

主　席：景文建

副主席：祁瑞红、孙红立

西峡县文联

主　席：姜俊超

副主席：李雪峰

镇平县文联

主　席：杨继红

副主席：邵　军

内乡县文联

主　席：马鸿莹

支部书记：杨林松

淅川县文联

主　席：多红岗

副主席：张德民

社旗县文联

主　席：宋长宽

副主席：曹洪波、李　斌

唐河县文联

主　席：郭广申

副主席：周　爽

新野县文联

副主席：吴继军

桐柏县文联

主　席：李书斌

副主席：王先洲、刘　路

信阳市文联

党组书记、主席：殷　丽
副调研员：沈　靖
地　址：信阳市羊山新区新五大道综合行政办公区90522
邮　编：464000
所属各区县文联：
浉河区文联
主　席：杨　扬
副主席：叶　荣
平桥区文联
主　席：程贵环
副主席：年鹤林
息县文联
主　席：冯　莉
淮滨县文联
主　席：郭文斌
潢川县文联
主　席：李学海
副主席：高劲松
秘书长：孔维明
光山县文联
主　席：张志娥
副主席：金　磊
商城县文联
书　记：熊伟生
副主席：程友珍
罗山县文联
主　席：段发广
副主席：方　伟
新县文联
主　席：汪　洋
副主席：熊　涛
固始县文联
副主席：孙玉莲

周口市文联

主　席：李泽功
副主席：杨凤臣
纪检员：马爱萍
调研员：葛　罡
副调研员：耿丽明
地　址：周口市七一路中段市委院内
邮　编：466000
所属各区市县文联：
川汇区文联
主　席：李江涛
项城市文联
主　席：李　鹏
扶沟县文联
主　席：庄文超
副主席：曹景超、吴　峰
西华县文联
主　席：杨　霞
商水县文联
主　席：孙新华
副主席：刘新雨
太康县文联
主　席：高　雷
副主席：葛广军
郸城县文联
主　席：朱耀东
副主席：刘同英
淮阳县文联
主　席：郭树行
沈丘县文联
主　席：范晓公
黄泛区农场文联
主　席：刘旭红
副主席：安小威

驻马店市文联

党组书记、主席：谢元涛
调研员：梁　娟
党组成员、副调研员：禹　静
副调研员：张新亚
地　址：驻马店市开源大道行政新区2号楼5楼
邮　编：463000
所属各区县文联：
驿城区文联
党组书记、主席：苏　燕
遂平县文联
主　席：梁国栋
西平县文联
党组书记：奚家坤
副主席：孙艳芹
上蔡县文联
主　席：徐　荣
汝南县文联
主　席：牛志华
平舆县文联
主　席：马建华
正阳县文联
主　席：贺　建
确山县文联
主　席：张　丽
副主席：白　洋
泌阳县文联
主　席：孙德兵
副主席：刘　艺

省直管试点市县

济源市文联
主　席：贾运才
副主席：孔繁茹、刘胜利、李先党、赵公文、李忠伟
巩义市文联
主　席：邵玉龙
兰考县文联
主　席：姚凤奇
汝州市文联
主　席：相黎丽
滑县文联
主　席：徐慧根
副主席：张利民
秘书长：王兆卿
长垣县文联
主　席：钞艳霞
副主席：高学红
邓州市文联
主　席：闫俊玲
永城市文联
主　席：蔡　鑫
副主席：赵　峰
固始县文联
主　席：赵家义
副主席：孙玉莲
鹿邑县文联
主　席：王红梅
副主席：王慧琳
新蔡县文联
主　席：谢石华
副主席：陈志华

湖 北 省

武汉市文联

主　席：池　莉
党组书记、副主席：吕　兵
副主席：刘醒龙、董宏猷、冷　军、王开学、刘寿祥、张少华、陆　鸣、周锦堂、胡志平、曹小强、傅江宁、樊　星、汪行家
地　址：武汉市汉口解放公园路44号
邮　编：430010
所属各协会
作家协会
主　席：董宏猷
副主席兼秘书长：王新民
音乐家协会
主　席：傅江宁
副主席兼秘书长：鲁　艳
美术家协会
主　席：冷　军
副主席兼秘书长：瞿忠谋
戏剧家协会
主　席：周锦堂
副主席兼秘书长：张宝莲
书法家协会
主　席：李　岩
秘书长：李安勋
摄影家协会
主　席：贾连成
副主席兼秘书长：喻文斌
民间文艺家协会
主　席：何祚欢
副主席兼秘书长：郝华民
文艺理论家协会
主　席：王又平
副主席兼秘书长：李鲁平
曲艺家协会
主　席：陆　鸣
副主席兼秘书长：李道南
杂技家协会
主　席：梅月洲
秘书长：杨　俊
文化遗产协会
主　席：朱　毅
副主席兼秘书长：万建新
所属各区文联：
洪山区文联
党组书记：喻建设
主　席：蒋　华
黄陂区文联
主　席：周大望
党组书记：张　旭
副主席：刘华国、刘建新、喻　进、朱换玉、张品正、李建勋、明德运、胡忠裕、袁禄平、喻建华、
秘书长：黄　英
新洲区文联
主　席：涂棣喜
江夏区文联
主　席：蔡明贵
副主席：陈本豪、熊明泽、王　皓、张高荣、祁金刚、毛志红、石明仁、虞小风、王永更
秘书长：王夫之
蔡甸区文联
主　席：龙建平
武钢文联
主　席：马启龙
副主席：熊　莺、钟　钢、马　明、董宏量、姚晓明
秘书长：董宏量（兼）

十堰市文联

主　席：杨启国
副主席：柏东明、梁彦斌
地　址：十堰市北京路行政服务中心C栋信访大楼5006室
邮　编：442000
所属各区市县文联：
张湾区文联
主　席：王清玉
茅箭区文联
党组书记：林青海
主　席：温春玲
副主席：徐凤海、陶德斌、何朝波
丹江口市文联
主　席：刘长文
郧阳区文联
主　席：景贵社
竹山县文联
主　席：王素斌
房县文联
主　席：姜照辉
郧西县文联
主　席：杨世春
秘书长：赵天禄
竹溪县文联
主　席：付修军

襄阳市文联

主　席：卓道成
副主席：宋明发、祁　云
地　址：襄阳市襄城区新街16号
邮　编：441021
所属各区市县文联：
襄州区文联
主　席：张广新
副主席：曾兆彬
老河口市文联
主　席：鄢宏年
副主席：陈红梅
枣阳市文联
主　席：吴世忠
宜城市文联
主　席：杨成国
副主席：丁心琴

南漳县文联
主　席：雷声国
副主席：张宗泽
谷城县文联
主　席：王金文
副主席：贾　勇、孙音环
保康县文联
主　席：周才彬
副书记：詹进军

荆门市文联

党组书记：主席：潘丹良
副主席：程兴国（驻会）、黄发清、韩少君、施以文、胡天国、成常坤、彭金淋、
秘书长：全雪莲（驻会）
地　址：荆门市北门路28号市委大院办公大楼15楼
邮　编：448000
所属各区市县文联：
京山县文联
主　席：向祥斌
驻会副主席：李元卿
秘书长：周红艳
沙洋县文联
主　席：蔡代明
钟祥市文联
主　席：胡　工
驻会副主席：朱　超
东宝区文联
主　席：苏钊富
副主席：舒文泉
掇刀区文联
主　席：李　炜
漳河新区文联
主　席：何忠华

孝感市文联

主　席：李志勇
副主席：沈腊梅
地　址：孝感市乾坤大道123号
邮　编：432000
所属各区市县文联：
孝南区文联
主　席：周　娟
副主席：汤　凯
应城市文联
主　席：姚红兵
副主席：张　顥
安陆市文联
主　席：易千元
副主席：周敬轩
秘书长：余承鸿
汉川市文联
主　席：陈国娇
秘书长：何　澜
孝昌县文联
主　席：陈金文
副主席：邓曙光
大悟县文联
主　席：刘辉忠
副主席：郭惠玲
云梦县文联
主　席：曾和平
秘书长：范小雅

黄冈市文联

党组书记、主席：陈训金
副主席：郑能新
地　址：黄冈市委大院内
邮　编：438000
所属各市县文联：
黄州区文联
副主席：唐启平
麻城市文联
主　席：熊亚兰
副主席：雷正勇、商义东、曾美玲、郑　锋、阮　静
秘书长：鲍　捷
武穴市文联
主　席：夏柱彬
副主席：吴天立
红安县文联
主　席：江　河
副主席：骆淑芳
罗田县文联
主　席：王雅萍
秘书长：胡锦刚
英山县文联
主　席：陈丽娟
副主席：郑　烨、刘宗伟、冬云开、沈剑锋、汪金华
秘书长：许子琴
浠水县文联
副主席：程小成
蕲春县文联
主　席：卢桂萍
副主席：张　蕾
黄梅县文联
主　席：王敏军
副主席：聂萧袤、詹　玮、张文乔
团风县文联
主　席：华　杉
副主席：陈玉萍

鄂州市文联

主　席：刘国安
副主席：方桂英
地　址：鄂州市政府大楼904室
邮　编：436099
所属各区文联：
鄂城区文联
主　席：黄高中
华容区文联
主　席：陈　敏
梁子湖区文联
主　席：李君亮

黄石市文联

党组书记：曹树莹
主　席：李社教（兼）
党组副书记、副主席：吕永超
副主席：李维平、曹树莹、孙　辉、邱惠敏、夏奇星、姜　敏、邱　杰、朱丽蓉、易　鹏
地　址：黄石市团城山杭州东路1号
邮　编：435003
所属各区市县（企业）文联：
大冶市文联
主　席：余　伟
副主席：王义根

阳新县文联
副主席：胡逸群
黄石港区文联
主　席：程俊华
副主席：刘锦源
西塞山区文联
主　席：蔡克长
副主席兼秘书长：皮咏龙
下陆区文联
主　席：曹建新
秘书长：杨　建
湖北新冶钢文联
主　席：王　亮
大冶有色文联
主　席：邱　杰

咸宁市文联

主　席：柯于明
副主席：吕振华、丁敬文
地　址：咸宁市人民政府综合大楼内
邮　编：437100
所属各区市县文联：
咸安区文联
主　席：吴裕舜
非驻会副主席：周常义、郑世进、鲁一凡、朱锦春
赤壁市文联
主　席：丁鹤葆
副主席：戴富球
秘书长：张东海
嘉鱼县文联
主　席：屈明仙
通城县文联
主　席：宋旺龙
常务副主席：刘亚敏
崇阳县文联
主　席：吴梅芳
副主席：杨昀琰
通山县文联
主　席：方如良
专职副主席：杨道幼

荆州市文联

党组书记：吕金舫
主　席：潘宜钧
副主席：杨　军
秘书长：杨章池
地　址：荆州市沙市区北京中路253号
邮　编：434000
所属各区市县文联：
荆州区文联
主　席：王广森
沙市区文联
主　席：钟　静
秘书长：吴宗燕
石首市文联
主　席：周自强
洪湖市文联
主　席：刘红艳
松滋市文联
主　席：曹其华
专职副主席：蒋莫海、陈　熳
秘书长：张　莉
江陵县文联
主　席：黄年虎
公安县文联
主　席：李瑞平
专职副主席：田兴祖
秘书长：陈　霞
监利县文联
主　席：段佐川

宜昌市文联

主　席：周立荣
党组书记兼常务副主席：黄尚荣
副主席：卢　进、吴　强、汪国新、张泽勇、孙才清、陈襄阳、陈永权
秘书长：杜　鸿
地　址：宜昌市云集路21号
邮　编：443000
所属各区市县文联：
西陵区文联
主　席：阎　刚
副主席：金　强、桑大鹏、阮仲谋、尹　春、张宇晶、别里曼
秘书长：孔令丽
伍家岗区文联
主　席：王　辉
夷陵区文联
主　席：周爱民
副主席：何　强
秘书长：周士华
枝江市文联
主　席：罗卫华
副主席：朱朝敏
宜都市文联
主　席：周友平
副主席：杨　苹
秘书长：杨兆武
当阳市文联
主　席：朝亚萍
副主席：杨　宁、牛　军、王先进
远安县文联
主　席：王友贵
副主席：谭兴国、邱安凤
兴山县文联
主　席：邹志斌
副主席：易行国、李　明、王　进、王　锋
秘书长：王　进（兼）
秭归县文联
主　席：周凌云
长阳土家族自治县文联
主　席：陈哈林
副主席：刘志敏、陈孝荣、田玉成、杨小强、肖　筱
秘书长：方秉望
五峰土家族自治县文联
主　席：邓俊松

随州市文联

主　席：赵建新
副主席：蔡秀词、郑　强
地　址：随州市委办公楼内
邮　编：441300
所属区市县文联：
曾都区文联
主　席：何泽军
副主席：龚凤鸣、丘雪梅
广水市文联
主　席：李少武

随县文联
主　席：王春梅

仙桃市文联
主　席：梁和平
副主席：张行斌
秘书长：陈　娟
地　址：仙桃大道60号
邮　编：433000

天门市文联
主　席：陶书治
秘书长：黄平喜
地　址：天门市文学泉路79号
邮　编：431700

潜江市文联
主　席：陈洪思
副主席：李　平（驻会）、黄明山
秘书长：王　燕
地　址：潜江市章华大道18号市委宣传部内
邮　编：433100

神农架林区文联
主　席：戴　铭
副主席：孙　娟
秘书长：龚御波
地　址：神农架林区松柏镇张公宾馆院内
邮　编：442400

恩施土家族苗族自治州文联
主　席：王坤德
驻会副主席：田　苹
副主席：田发刚、杨秀武、沈祥辉、杨　芳、杨　军、金　晖、谭庆虎、谭学聪
秘书长：董祖斌
地　址：湖北省恩施市舞阳大街49号
邮　编：445000
所属各市县文联：
恩施市文联
主　席：李拔权
专职副主席：何智斌
利川市文联
主　席：杨镇全
专职副主席：任永才
建始县文联
主　席：廖利泉
专职副主席：黄华玲
巴东县文联
主　席：刘贤圣
专职副主席兼秘书长：邓　毅
宣恩县文联
主　席：田　词
咸丰县文联
主　席：刘翔高
副主席：吴运辉
来凤县文联
主　席：岳　琼
鹤峰县文联
主　席：向宏艳

湖　南　省

长沙市文联
党组书记、副主席：王　俏
主　席：何立伟
党组成员：王　勇
副主席：谢胜文、李小军、唐　樱
地　址：长沙市岳麓大道218号人大常委会北栋7楼
邮　编：410013
所属各协会
作家协会
主　席：唐　樱
舞蹈家协会
主　席：易扬伟
摄影家协会
主　席：龚振欧
音乐家协会
主　席：阳明国
书法家协会
主　席：孔小平
民间文艺家协会
主　席：曾应明
美术家协会
主　席：刘昕文
戏剧家协会
主　席：曹汝龙
曲艺家协会
主　席：周卫星
诗词协会
主　席：陈正坤
楹联家协会
主　席：符笑汀
嘤鸣诗社
社　长：郭晓鸣
收藏家协会
主　席：彭　军
群众文艺工作者协会
主　席：李大剑
电影电视家协会
主　席：王昌连
企业文联
主　席：胡子敬
长沙画院
院　长：杨建武
所属各市县文联：
浏阳市文联
主　席：陈　刚
秘书长：刘正初
长沙县文联

主　席：饶　晗
副主席：易术平
秘书长：沈建波
宁乡县文联
主　席：杨罗先
望城县文联
主　席：朱红军
副主席兼秘书长：刘瑞祥

张家界市文联

主　席：刘晓平
副主席：彭　毅
秘书长：王樱洁
地　址：张家界市委机关大院
邮　编：427000
所属各协会：
作家协会
主　席：石绍河
秘书长：吴　旻
美术家协会
主　席：李军声
秘书长：昊　工
书法家协会
主　席：向远刚
秘书长：向文兵
音乐家协会
主　席：刘庆尧
秘书长：符　玮
摄影家协会
主　席：覃文乐
秘书长：董　兵
戏剧家协会
主　席：尚铁流
秘书长：朱小勇
舞蹈家协会
主　席：覃大军
秘书长：朱　明
影视家协会
主　席：彭　毅
秘书长：覃　龙
艺术收藏家协会
主　席：启　琼
秘书长：张　朋
文艺评论家协会
主　席：简德彬
秘书长：朱岚武
所属各区县文联：
永定区文联
主　席：陈　林
桑植县文联
主　席：谢德才
慈利县文联
主　席：邢方荣
武陵源区文联
主　席：李　鑫

常德市文联

主　席：王军杰
党组书记：封德军
副主席：殷习清
纪检组长：叶建华
地　址：常德市紫缘路193号
邮　编：415000
所属各区市县文联：
武陵区文联
主　席：戴　希
副主席：钱晓洁
鼎城区文联
主　席：王　政
津市市文联
主　席：王观宏
安乡县文联
主　席：韩　霆
汉寿县文联
主　席：龚建平
澧县文联
主　席：杨　钢
副主席：谭晓春
秘书长：刘尚春
临澧县文联
主　席：邵国超
副主席：张文元
桃源县文联
主　席：李方锋
副主席：冯学军
石门县文联
主　席：覃业盛

益阳市文联

党组书记、主席：易青群
副主席：周亚林、裴建平
地　址：益阳市长坡路38号
邮　编：413000
所属各区市县文联：
赫山区文联
主　席：夏政达
副主席：何凯胜
资阳区文联
副主席：郭　云
副主席：庄银娥
沅江市文联
主　席：曹建华
副主席：彭哲明
秘书长：向东流
南县文联
主　席：丁建华
副主席：肖　跃、何金华、
何新国、张新元、
夏俊青、姚建波
桃江县文联
主　席：钟军力
副主席：张惠军
秘书长：吴少郴
安化县文联
主　席：周德淑
副主席：陈可立、李定新

岳阳市文联

党组书记、主席：周　迅
党组副书记：刘子华
副主席：徐喜德
地　址：岳阳市青年中路132号
邮　编：414000
所属各区市县文联：
汨罗市文联
主　席：刘　翔
临湘市文联
主　席：汤四维
岳阳县文联
主　席：万　强
副主席：任福阶
华容县文联

主　席：阮　梅
副主席：李健鸣
湘阴县文联
主　席：熊国庭
平江县文联
主　席：杨　野
副主席：董妙林、李燕辉
秘书长：喻科峰
岳阳楼区文联
主　席：王天明
君山区文联
主　席：徐　正
云溪区文联
主　席：谢江南

株洲市文联

党组副书记、主席：黄　勇
党组成员、副主席：秦世平
地　址：株洲市天元区联谊路136号鼎城大厦9楼
邮　编：412007
所属各市县文联：
醴陵市文联
主　席：唐青柏
株洲县文联
主　席：晏建怀
攸县文联
主　席：廖书虎
副主席：文　枫
茶陵县文联
主　席：廖　征
副主席：陈建元、段国平
炎陵县文联
主　席：萧学菊
副主席：刘青崧
天元区文联
主　席：易湘锋

湘潭市文联

主　席：李光泉
党组书记、常务副主席：陈志光
副主席兼秘书长：李运启
调研员：毛　娟
地　址：湘潭市双拥中路1号市委大楼5楼
邮　编：411104
所属各区市县文联：
岳塘区文联
主　席：郭建忠
雨湖区文联
主　席：陈　刚
副主席：廖立军
湘乡市文联
主　席：石海平
党组书记、副主席：彭伟平
副主席：朱　霆、陈连平、罗志坚、谭　亮
秘书长：成　辉
韶山市文联
主　席：胡小林
副主席：赵庆梅
湘潭县文联
主　席：赵炽光
副主席：陈　艳、谢桥泉

衡阳市文联

党组书记、主席：林乐伦
副主席：周厚君
地　址：衡阳市湘江南路47号
邮　编：421001
所属各区市县文联：
南岳区文联
主　席：康松柏
常宁市文联
主　席：陈坤山
副主席：詹　瑛
衡南县文联
主　席：胡　素
衡山县文联
主　席：丁美健
衡阳县文联
主　席：王雁鸣
祁东县文联
主　席：肖素芳
衡东县文联
主　席：何彩维
耒阳县文联
主　席：周少鸣

郴州市文联

党组书记、主席：张春阳
秘书长：朱　丽
地　址：郴州市飞虹路1号市文联大楼
邮　编：423000
所属各区市县文联：
苏仙区文联
主　席：陈冠良
北湖区文联
主　席：罗新云
资兴市文联
主　席：李性亮
副主席：袁俐勤、甘群模、邱德仁
桂阳县文联
主　席：雷昌仁
副主席：雷　云
秘书长：张秋娥
永兴县文联
党组书记、主席：兰　锋
副主席：周雪松、吴春燕、何宗国
宜章县文联
主　席：杨合才
嘉禾县文联
主　席：尹振亮
临武县文联
主　席：雷航英
汝城县文联
主　席：朱晓萍
副主席：罗路平
秘书长：欧重福
桂东县文联
主　席：黄金星
安仁县文联
主　席：李琼林
党组书记：张杨践

永州市文联

党组书记、主席：蒋蒲英
副调研员：陈　文

地　址：永州市冷水滩区双舟路216号
邮　编:425000
所属各区县文联：
冷水滩区文联
主　席：黄志新
零陵区文联
主　席：刘宝国
祁阳县文联
主　席：邓艳明
东安县文联
主　席：眭扬眉
双牌县文联
主　席：唐顺尧
副主席：杨　萍
道县文联
主　席：黄新姿
宁远县文联
主　席：周秋云
副主席兼秘书长：黎成钢
蓝山县文联
主　席：李贵日
新田县文联
主　席：何　昕
江华瑶族自治县文联
专职副主席：蒋建雄
江永县文联
主　席：胡秀珍

邵阳市文联

党组书记：刘幼民
主　席：张千山
副主席：肖仁福、林彰龙（兼）、李月秋（兼）、李茂华（兼）
地　址：邵阳市红旗路专署办公大楼三楼
邮　编：422000
所属各市县文联：
武冈市文联
主　席：易庆国
副主席：曹巨文、杨立功
邵东县文联
主　席：林　祎
副主席：郑学志
邵阳县文联
主　席：黄建明
副主席：刘毅翔、蒋兴友
新邵县文联
主　席：孙亮生
隆回县文联
主　席：廖耀华
副主席：龙太佳
洞口县文联
副主席：谢小红
秘书长：曾洪源
绥宁县文联
主　席：陶永喜
新宁县文联
主　席：蒋新华
副主席：朱戊扬
城步苗族自治县文联
主　席：赵和平
副主席：阳盛德

怀化市文联

主　席：杨少波
副主席：李跃明、江月卫
地　址：怀化市市民服务中心A栋688
邮　编：418000
所属各区市县文联：
鹤城区文联
主　席：侯平剑
洪江区县文联
主　席：石向求
洪江市文联
主　席：蒋丽君
沅陵县文联
主　席：唐宏跃
辰溪县文联
主　席：杨昌友
溆浦县文联
主　席：张昌竹
中方县文联
主　席：罗江丽
会同县文联
主　席：黄拥军
副主席兼秘书长：张秀云
副主席：杨汉立、林安权、粟志强
麻阳苗族自治县文联
主　席：舒　清
副主席：杨汉立、林安权粟志强
新晃侗族自治县文联
主　席：张家流
芷江侗族自治县文联
主　席：张远建
副主席：谭久建、李泽林、彭腾福、杨志东
靖州苗族侗族自治县文联
主　席：谢克全
副主席：李东升、谢科表
通道侗族自治县文联
副主席兼秘书长：吴景军

娄底市文联

党组书记：王骥远
副主席：曾林林
地　址：娄底市乐坪东街13号
邮　编：417000
所属各区市县文联：
娄星区文联
主　席：俞　凯
副主席：杨奇志、李秋萍
冷水江市文联
主　席：段志东
涟源市文联
主　席：吴中心
双峰县文联
主　席：阳　剑
秘书长：黄卫峰
新化县文联
主　席：彭　共
党组书记：傅成杰
秘书长：胡建中
湘西土家族苗族自治州文联

党组书记、主席：黄　叶
党组成员、副主席：罗应奉
副主席：向启军
秘书长：李和英
地　址：吉首市乾州新区水厂路
邮　编：416000
所属各市县文联：
吉首市文联
主　席：李永忠
副主席：聂元松
泸溪县文联
主　席：戴贤照
副主席：姚传山
凤凰县文联
党组书记、主席：肖五洋
纪检组长：陈丽英
秘书长：刘　萧
花垣县文联
党组书记、主席：田雨来
党组副书记、副主席：石顺彪
党组成员、秘书长：刘尚成
保靖县文联
党组书记：宋世兵
副主席：饶　强
秘书长：龙　娴
古丈县文联
主　席：李永生
副主席：姚复科
永顺县文联
主　席：向先林
龙山县文联
主　席：田晓峰
副主席：彭　飙、彭晓冬、陈新祥

广　东　省

广州市文联
党组书记、主席：李鹏程
党组成员、专职副主席：
童　慧、倪惠英、李兰芬
秘书长：蔡玉冰
副主席：张　欣、张丹丹、陆志强、周国城、曹建平
办公室主任：刘圣清
组织联络部部长：武宝林
协会工作部部长：梁晓明
创作研究部副部长：翁　敏
机关党总支副书记：荀铁军
地　址：广州市东风中路503号东建大厦6、11、12楼
邮　编：510045
所属各协会：
作家协会
主　席：张　欣
戏剧家协会
主　席：王筱頔
美术家协会
主　席：周国城
音乐家协会
主　席：陈小奇
摄影家协会
主　席：廖　宁
舞蹈家协会
主　席：张丹丹
电视艺术家协会
主　席：费　勇
民间文艺家协会
主　席：张民辉
曲艺家协会
主　席：何　萍
书法家协会
主　席：许鸿基
杂技艺术家协会
主　席：曹建平
文艺批评家协会
主　席：梁凤莲
动漫艺术家协会
主　席：金　城
所属各区市文联：
越秀区文联
主　席：莫振山
调研员：李咏祥
专职副主席：陈　丹
秘书长:陈伟娟
海珠区文联
主　席：钟　晖
秘书长：李　雯
荔湾区文联
主　席：曾小华
专职副主席：郭伟波
秘书长：方　燕
天河区文联
主　席：李少玲
白云区文联
主　席：张晓虎
秘书长：麦智美
黄埔区文联
主　席：庄汉山
副调研员：赵旭奎
秘书长：赵红亮
副秘书长：陈文静
花都区文联
主　席：黄铁山
专职副主席：张佐明
秘书长：王　智
番禺区文联
主　席：边叶兵
专职副主席：潘志超
秘书长：何志丰
南沙区文联
主　席：黄健生
秘书长：陈剑雄
萝岗区文联

主　席：黄金持
调研员：巫水标
从化区文联
主　席：赵　惠
增城区文联
主　席：巫国明
专职副主席：钟永泉
秘书长：单进兴

清远市文联

党组书记兼主席：张银航
地　址：清远市人民二路3号市机关办公大楼3号楼4楼
邮　编：511518
所属各协会：
作家协会
主　席：唐德亮
美术家协会
主　席：李承忠
民间文艺家协会
主　席：李宗矿
摄影家协会
主　席：陈光颂
戏剧曲艺家协会
主　席：卢绍新
舞蹈家协会
主　席：黄　芬
书法家协会
主　席：鲍方义
音乐家协会
主　席：范兰古
文艺批评家协会
主　席：黄海风
电影电视艺术家协会
主　席：张复员
传统文化促进会
会　长：董兴宝
所属各区市县文联：
清城区文联
主　席：曾纪勇
英德市文联
专职副主席：黄东滉
连州市文联
主　席：李小林
佛冈县文联
专　干：张春兰
清新县文联
主　席：胡庆东
连南县文联
主　席：罗明辉
阳山县文联
主　席：陈和谦
连山县文联
主　席：黄轩远

韶关市文联

主　席：刘照丁
调研员、秘书长：徐国英
地　址：市政府韶关市文联
邮　编：512002
所属各市县文联：
乐昌市文联
主　席：罗忠德
专职副主席兼秘书长：陈跃进
南雄市文联
主　席：刘甫梅
始兴县文联
主　席：谢义雄
副主席：张菊香
仁化县文联
主　席：罗有发
翁源县文联
主　席：邬国锋
专职副主席：吴怀想
新丰县文联
主　席：张京泉
乳源瑶族自治县文联
主　席：赵良洲
副主席：陈路生
曲江区文联
主　席：骆　聪
副主席：晏保权

河源市文联

主　席：刘伟德
党组书记、专职副主席：陈晓敏
副主席：邹国忠、刘平清、叶振廷、曾淑梅、张文锋、余小凡、巫资发、叶国强、王雁峰
地　址：河源市文化广场叶绿野美术馆
邮　编：517000
所属各区县文联：
源城区文联
主　席：郑金兴
紫金县文联
主　席：邓喜建
龙川县文联
主　席：王受庆
连平县文联
主　席：黄日升
和平县文联
主　席：曾花君
东源县文联
主　席：陈志玲

梅州市文联

主　席：肖伟承
专职副主席：陈桂昌
副主席：唐秀娟
地　址：梅州市委宣传部市文联
邮　编：514021
所属各区市县文联：
梅江区文联
主　席：曾炜剑
兴宁市文联
主　席：罗汉威
专职副主席：巫金华
梅县文联
主　席：钟辉雄
大埔县文联
主　席：陈秀鸿
秘书长：肖伟兰
丰顺县文联
主　席：陈其旭
五华县文联
专职副主席：张小玲
秘书长：李海萍
平远县文联

主　席：朱其广
副主席：朱文清
蕉岭县文联
主　席：汤东康
副主席：黄清文

潮州市文联

主　席：程小宏
副主席：许成锋
地　址：潮州市枫春路中段文学艺术中心
邮　编：521011
所属各区县文联：
湘桥区文联
主　席：戴　冰
副主席：黄少平
潮安县文联
主　席：潘金标
专职副主席：陈贵茎
饶平县文联
主　席：郑明永
副主席：杨静波

汕头市文联

主　席：谢　铿
党组书记：黄亦瑄
党组成员、副主席：许自敬
地　址：汕头市海滨路14号2楼西侧
所属各区县文联：
金平区文联
主　席：刘运纵
龙湖区文联
主　席：侯文芳
澄海区文联
主　席：陈跃子
潮阳区文联
主　席：郑文峰
潮南区文联
主　席：黄潮龙
濠江区文联
主　席：陈坤达
南澳县文联
主　席：彭加勇

揭阳市文联

党组书记、主席：许剑芒
副主席：吕炎选、邱柏源
副调研员：林宋瑜
地　址：揭阳市榕城区临江北路市机关办公大院4号楼一楼
邮　编：522000
所属各区市县文联：
榕城区文联
主　席：黄少辉
副主席：林玉玉
揭东区文联
主　席：陈乐彬
副主席：杨少佳
普宁市文联
主　席：李明生
秘书长：黄敏侨
揭西县文联
主　席：邓演杰
副主席：杨锦玲
惠来县文联
主　席：黄艾睿
副主席：张子仪、陈荣辉

汕尾市文联

主　席：邱锦鸿
副调研员、秘书长：王振华
地　址：汕尾市委大楼907号
邮　编：516600
所属各县文联：
海丰县文联
主　席：黄　毅
陆河县文联
主　席：李茂悦
陆丰县文联
主　席：许　益

惠州市文联

党组书记、主席：安想珍
副主席：张建光
秘书长：刘毅雍
地　址：惠州市行政中心5号楼1楼
邮　编：516003
所属各区县文联：
惠城区文联
主　席：徐宏标
副主席：张东城
惠阳区文联
主　席：黄国雄
副主席：隋修德
博罗县文联
主　席：许强军
副主席：冼振荣、周丽芳、赖其珍
秘书长：马艺强
副秘书长：张　根
惠东县文联
主　席：刘　车
秘书长：罗炽坤
龙门县文联
主　席：钟福源
副主席：李春权
秘书长：李桃娟

东莞市文联

党组书记、主席：刘锦明
副主席：宋　媛
秘书长：刘　浩
地　址：东莞市可园北路东莞文学艺术院
邮　编：523000

深圳市文联

党组书记、主席：罗烈杰
副主席：冷炳冰、梁　宇、林　亮、顾焕金
地　址：深圳市红岭中路1038号
邮　编：518008
所属各协会：
作家协会
主　席：李兰妮
戏剧家协会
主　席：从　容
电影电视家协会
主　席：李亚威

音乐家协会
主　席：姚　峰
舞蹈家协会
主　席：林树森
美术家协会
主　席：陈湘波
书法家协会
主　席：陈钦硕
民间文艺家协会
主　席：叶　杨
评论家协会
主　席：孙振华
摄影家协会
主　席：刘应力
杂家家协会
主　席：王敬宇
曲艺家协会
主　席：吴金富
所属各区文联：
福田区文联
主　席：李雷鸣
罗湖区文联
主　席：戴素霞
南山区文联
主　席：段　钢
宝安区文联
主　席：戴有斌
龙岗区文联
主　席：李子才
盐田区文联
主　席：蒋祖逸

珠海市文联

主　席：马　融
副主席：郭世平、黄杰锋
秘书长：梁卓华
地　址：珠海市吉大九洲大道1115号S楼5楼
邮　编：519015
所属各协会：
作家协会
主　席：卢卫平
副主席：凤亦凡、王海玲、陈继明、夏克军、唐晓红、曾平标、曾维浩、裴　蓓、蔡新华
戏剧曲艺家协会
主　席：姚　俊
副主席：赖琼霞、张林枝、吴海涛、范文茜、张雪梅
美术家协会
主　席：古锦其
副主席：马　丁、包泽伟、刘文伟、李开连、吴黎明、罗方涛、金　凡、席　湖、黄剑波
书法家协会
主　席：杜国志
副主席：罗上武、李安达、彭小明、张英龙、廖炳训、杜　为、倪恩广、李今栋、容义寿
摄影家协会
主　席：马　刚
副主席：郑小跃、陈伟录、苏枝谋、凌　梅、梁力生、屈晓明、朱桂忠、曾权清、陈利浩
音乐家协会
主　席：李需民
副主席：蔡育川、张建勋、何　流、朱仲林、朱庆志、陈硕子、蓝　晖、刘和智
舞蹈家协会
主　席：宋拉成
副主席：周新尤、王天英、佟志刚、沈俊校、吕红卫、左　婷、徐树亮
民间文艺家协会
主　席：蒋永君
副主席：叶良生、梁少华、陈　义、吴志伟、贾小平、何沁兰
影视艺术家协会
主　席：傅　明
副主席：蒋秋霞、张有齐、陈逸峰、裴　蓓
所属各区文联：
香洲区文联
主　席：李　磊
常务副主席：陈坤明
金湾区文联
主　席：陈开祥
斗门区文联
主　席：韦大奇
副主席：何中华、沈俊校

中山市文联

主　席：陈　旭
常务副主席：冯福禄
地　址：中山市东区中山三路市政府第二办公区27楼
邮　编：528403
所属各协会：
作家协会
主　席：郑万里
副主席：杨二芬、阮　波、罗子健、谭功才、李智勇、黄　刚、秦志怀、许　友、徐向东
音乐家协会
主　席：谌　勇
副主席：周朝峰、陈洪兴、高　芝、朱　江、王小龙、郑碧青
美术家协会
主　席：黎柱成
副主席：刘春潮、廖学军肖　伟、许　宁、崔平平、沈　文、陈永生、赵　明
舞蹈家协会
主　席：于庆华
副主席：娄亚平、赵　斓、

程　璐、戴　琴

戏剧家协会

主　席：朱东黎

副主席：崔英美、姚明涛、闫　鑫、赵　斓、蒋　璐、陈　琼、李康林

民间文艺家协会

主　席：李桂山

副主席：简国新、杨　宁、王建灿、伍建波

书法家协会

主　席：余乃刚

副主席：伍志强、吴步里、叶键华、林育文、李耀武、吴大勤、林文靖

曲艺家协会

常务副主席：张咏仪

副主席：黄海棠、吴章锦、何冠昌、罗新荣、李凤琴、李兴畅、陆碧红

摄影家协会

主　席：张鉴来

副主席：林锦洪、文智诚、梁立志、杜建平、谢有权、古　昕、张　展

收藏家协会

会　长：欧阳健平

副会长：薛林荣、谭风华、林永文、罗景桓

诗歌学会

会　长：王晓波

副会长：龙　威、祝晓林、刘建芳、罗子健、黄廉捷、罗　筱、梁雪菊

批评家协会

主　席：阮　波

副主席：秦志怀、陈锦霞、孙　幸、于芝春、杨昌祥、孙彦华

中华诗词楹联协会

主　席：邓仲锦

副主席：邹优添、高　松、黄才乐、陈孝宗、黄千里、陈柏年

国标舞协会

主　席：黄少铿

副主席：李华军、李雪仪、黄健炽、黄锦垣、李延林、郑崇善

所属各文联：

小榄镇文联

主　席：梁满坤

常务副主席：项建东

副主席：古　昕、黎柱华、曾国荣、黎东升、骆培华、张乃驹、何湛泉、陈永生

黄圃镇文联

主　席：卢绮莹

副主席：罗焯林、何风云、曾伟强

横栏镇文联

主　席：梁健强

副主席：余林杰

火炬开发区文联

主　席：李　慧

专职副主席：林玉洪

沙溪镇文联

主　席：杨　宁

副主席：刘绮娴、刘少林、梁婉明

民众镇文联

主　席：杨显唐

副主席：蒋振炎、何秀芳、李锡洪

东凤镇文联

主　席：李华军

副主席：黄春光、黄启陆、苏华强

三乡镇文联

主　席：郑雪英

常务副主席：郭加鹏

副主席：容浩良

南区文联

主　席：刘钊妍

常务副主席：张长勇

副主席：杨利辉、梁连英、陈惠标

三角文联

主　席：梁细荣

副主席：杨利辉、梁莲英、陈惠标

西区文联

名誉主席：梁泳彬

主　席：卢润祥

副主席：何志群、高小红、林超凡、王丹力、李武耀、康华燕

五桂山文联

主　席：吴从垠

副主席：易昊宏、吕　飞

古镇文联

主　席：郑海生

副主席:区锦辉、秦栋坚

专职副主席：张咏仪

大涌文联

主　席：林雅科

副主席：丘淑琴、梁兆文、周政权、黄震宇、李兴畅

南头文联

主　席：罗颖涛

副主席：蔡剑光、罗子健

港口文联

主　席：赖肖里

石岐区文联

主　席：王毅斯

副会长：马海鸥、林锦洪

坦洲文联

主　席：梁耀权

副主席：李君杰、罗北成

公安文联

主　席：周朝阳

副主席：黄锐平、冯永富、狄　聆、黄　衡、方正纲

邮政局文联

主　席：郑晓玲
副主席：周宙礼
电子科大中山学院文联
主　席：崔平平
副主席：蒋先进、朱东黎
供电文联
名誉主席：邝　峰、李鸣洋
主　席：林祖跃
副主席：李春光、刘晓燕、黄乃武
金融文联
主　席：简锦恩
常务副主席 ：何玉钧
副主席：邓建辉、吴荣保、操慧琴、刘桂森、廖春文、刘海顺、容宇贵

江门市文联

党组书记、主席：尹继红
副主席：赵卉芬
秘书长：郭卫东
地　址：江门市港口路102号前西2楼
邮　编：529051
所属各市区文联：
蓬江区文联
主　席：李建成
副主席：赵一翰、区志勤
江海区文联
主　席：罗广鹏
专职副主席：邱菁萍
新会区文联
主　席：张北迎
副主席：陈慧清
恩平市文联
主　席：冯儒发
台山市文联
主　席：赵清波
开平市文联
党组书记、主席：冯永胜
副主席：郑　红
鹤山市文联
主　席：张启雄

佛山市文联

主　席：杨凡周
专职副主席：郝卫兵
秘书长：陈　斌
地　址：佛山市禅城区公正路28号8楼
邮　编：528000
所属各区文联：
禅城区文联
主　席：张　况
秘书长：玉丹丹
南海区文联
主　席：吴彪华
副主席：陈初华
秘书长：姚　玲
顺德区文联
主　席：周本波
副主席：廖宇光、叶其嘉、吴锦荣、吴国霖、钟建龙
秘书长：姜旭
三水区文联
主　席：马秀伟
专职副主席：何晓燕、
副主席：黄　敏、刘　佳、彭泽祥、梁德荣
高明区文联
主　席：陈鹏生
专职副主席：钟伯钧、赵　洪
副主席：古　博
秘书长：马轼怀

肇庆市文联

主　席：朱英中
党组书记：叶清森
专职副主席：叶可晃
副秘书长：陈炳文
地　址：肇庆市天宁北路80号市委大院综合楼4楼
邮　编：526040
所属各协会：
作家协会
主　席：何初树
副主席：覃志端、唐希明、钟道宇、李粤庆、陈锦润、八炎奎、徐金丽
秘书长：钟道宇
戏剧家协会
主　席：李　玮
副主席：李秋元、谢健江
美术家协会
主　席：莫肇生
副主席：郭穗华、梁宏健、鲁　力、梁树彬、谢曙光、蓝佐然、薛国庆
秘书长：余冠正
书法家协会
主　席：孔令深
副主席：晏任飞、陈　良、邓家宁、伍福元、李荣华、张巧容、梁礼明、唐红卫
秘书长：黄　强
摄影家协会
主　席：梁耀钧
副主席：周忠明、何异能、吴　生、梁冠光、郭可青、时鲁东、郭松柏、徐东宁
秘书长：周忠明
音乐家协会
主　席：王金宝
副主席：王启超、平黎明、罗建新、袁巧平、曾雪夫、魏启元
秘书长：王启超
舞蹈家协会
主　席：尹祯民
副主席：卓桂英、李元斌、梁俊宁、黄志勇、王　玲、梁永强
秘书长：梁振宁
民间文艺家协会
主　席：莫达昌
副主席：李志强、李书平、李秀明、程昌良、

李燕伟、胡思源、
梁玉麟、郑国京、
郑敦仕、郭树生
秘书长：郭树生
曲艺家协会
主　席：蔡文菲
副主席：梁贵兴、杜卓辉
秘书长：谢桂生
所属各区市县文联：
端州区文联
主　席：招华标
副主席：谢健江
高要市文联
主　席：林新标
副主席兼秘书长：陈焕明
四会市文联
主　席：黎作业
专职副主席：郑国平
秘书长：张萧萧
广宁县文联
副主席：邓兴平、谭健东、
郑国宗、钟经汉、
江先梅
秘书长：刘东荣
怀集县文联
主　席：钱念先
副主席：罗少山、徐维宁、
高敏雄、谭上洲
封开县文联
常务副主席：谢京中
专职副主席：陈楚源

云浮市文联
主　席：陈苏平
副主席：黄英伟
地　址：云浮市区解放中路
38号5楼
邮　编：527300
所属各区市县文联：
云城区文联
主　席：李向荣
罗定市文联
主　席：马朝辉
云安区文联
主　席：成树雄
新兴县文联
主　席：黄国雄
郁南县文联
主　席：罗荣南

阳江市文联
主　席：李　彪
地　址：阳江市新江北路市
文化活动中心
邮　编：529500
所属各市县文联：
阳春市文联
主　席：陈建华
江城区文联
主　席：陈慎昌
阳东县文联
主　席：冯　果
阳西县文联
主　席：邵艳琳

茂名市文联
主　席：车永强
地　址：茂名市委大院5栋4楼
邮　编：525000
所属各协会：
金融文联
主　席：万必能
秘书长：周　旦
作家协会
主　席：晓　音
美术家协会
主　席：赖为朝
戏剧家协会
主　席：廖影梅
书法家协会
主　席：廖　静
摄影家协会
主　席：彭永强
音乐家协会
主　席：黄永雄
曲艺家协会
主　席：邝玉珠
民间文艺家协会
主　席：胡光焱
舞蹈家协会
主　席：何小红
文艺评论家协会
主　席：向卫国
诗词楹联学会
主　席：冼寿南
古木收藏家协会
主　席：陈家艺
东江画院
主　席：陈达举
青年书法家协会
主　席：吴学翔
漫画家协会
主　席：周福华
键盘学会
主　席：徐国经
教育作家协会
主　席：吴明月
书画研究会
会　长：徐文实
写作协会
会　长：何　炎
散文诗学会
会　长：官演武
钢琴家学会
会　长：陈加林
动漫协会
主　席：帅　岚
信宜市文化艺术中心
主　任：凌远科
信宜市青年文学艺术协会
主　席：余小云
油画学会
会　长：杜　焱
文艺志愿者协会
会　长：朱剑锋
所属各区市县文联：
茂南区文联
负责人：郑　佳
电白区文联
主　席：陈明校
信宜市文联
主　席：杨新华

高州市文联
主　席：黄　艳
化州市文联
主　席：李木天

湛江市文联

党组书记、主席：余伟民
副主席：黄彩玲、张国勇
地　址：湛江市霞山人民大道南43号市人大常委楼5楼市文联
邮　编：524001
所属各区市县文联：
赤坎区文联
主　席：唐宏宇
专职副主席：陈建国
霞山区文联
主　席：叶文健
坡头区文联
主　席：林　景
麻章区文联
主　席：陈光海
吴川市文联
主　席：龙志松
办公室主任：林　奇
廉江市文联
主　席：罗　烈
雷州市文联
主　席：张朝霞
副主席：蒋　生
办公室主任：藏权源
遂溪县文联
主　席：庞　巧
徐闻县文联
主　席：符国立

广西壮族自治区

南宁市文联

党组书记、主席：陈晓红
党组副书记、副主席：唐志伟
副主席：李　雁、王学青、陆　坚、旋　娟
地　址：南宁市文联
邮　编：530023
所属各区县文联：
邕宁区文联
主　席：周惊阳
武鸣县文联
主　席：卢大任
横县文联
主　席：黄仕江
宾阳县文联
主　席：阮明南
上林县文联
主　席：韦新平
隆安县文联
主　席：农宜陟
副主席：黄　智
马山县文联
主　席：韦　楼
兴宁区文联
主　席：陈兆华
江南区文联
主　席：曾方云
青秀区文联
主　席:康明宗
西乡塘区文联
主　席：黄放章
良庆区文联
主　席：农海菲

桂林市文联

党组书记：隆　斌
主　席：何绍连
副主席：张　震、秦凌斌、许　菁
秘书长：秦继顺
地　址：桂林市八桂路机关办公大院
邮　编：541001
所属各县文联：
阳朔县文联
主　席：莫高阳
常务副主席：刘金有
秘书长：唐平英
临桂县文联
主　席：李明才
兴安县文联
主　席：彭书华
常务副主席：蒋忠民
副主席：彭维标
灌阳县文联
负责人：蒋人轲
平乐县文联
主　席　：张艳玲
资源县文联
主　席：李天金
恭城瑶族自治县文联
主　席：何筱思
灵川县文联
主　席：粟利仁
荔浦县文联
主　席：方洁萍
秘书长：李英明
永福县文联
主　席：杨志德
龙胜县文联
主　席：曾德茂

柳州市文联

党组书记、主席：柯天国
副主席：张细英、蓝建军、符震海
纪检组长：吕柳华
秘书长：韦俊海
地　址：柳州市公园路33号
邮　编：545001
所属各县文联：
柳江县文联
主　席：覃柳珍
柳城县文联
主　席：刘啸军
常务副主席：李诚英
鹿寨县文联

主　席：李柳忠

融安县文联

主　席：张炎红

三江侗族自治县文联

主　席：杨尚荣

融水苗族自治县文联

主　席：廖　维

副主席：吴　倩

梧州市文联

党组书记、主席：蒙土金

副主席：梁美云

地　址：梧州市建设二路113号

邮　编：543000

所属各市县文联：

岑溪市文联

主　席：朱昌斌

苍梧县文联

副主席：梁　直

藤县文联

主　席：李燕霞

蒙山县文联

主　席：杨汉光

贵港市文联

主　席：韦　宁

副主席：陈友林

秘书长：胡继丽

地　址：贵港市石羊塘报社大楼5楼

邮　编：537100

所属各市县文联：

桂平市文联

主　席：梁炳荣

副主席：梁汉添

秘书长：许光伟

平南县文联

主　席：谢世团

副主席：赵庆军

秘书长：陈玄斌

玉林市文联

党组书记、主席：罗世才

副主席：陈　琦

地　址：玉林市东门路市委

邮　编：537000

所属各区市县文联：

玉州区文联

副主席：誉德妮

北流市文联

主　席：梁晓阳

副主席：党武平

秘书长：潘雄杰

兴业县文联

主　席：凌舒举

副主席：覃　莉

容县文联

主　席：周　强

副主席：李旭文

陆川县文联

主　席：黄晓红

副主席：冯　迪

博白县文联

副主席：冯秀琨

办公室主任：黄青和

钦州市文联

主　席：黄道鸿

副主席兼秘书长：黄允旗

副主席：吴世林

地　址：钦州市永福东大街11号行政信息中心A座10楼

邮　编：535000

所属各区县文联：

钦南区文联

主　席：陈俍羽

副主席：石昌营

钦北区文联

主　席：赖　幸

秘书长：罗瑞凯

灵山县文联

主　席：蒙添坤

浦北县文联

主　席：黄镜天

副主席：张言豪

北海市文联

主　席：董晓燕

副主席：邓超斌

副调研员：谭为民

地　址：北海市北京路海尚巴黎520号

邮　编：536000

所属县文联：

合浦县文联

主　席：甘卫华

副主席：谢　雨

防城港市文联

主　席：江　天

副主席：莫俊荣

地　址：防城港市行政中心区迎宾街红树林大厦东楼第十层

邮　编：538001

所属各区市县文联：

港口区文联

主　席：张永志

防城区文联

主　席：骆万强

东兴市文联

主　席：陆俊菊

上思县文联

主　席：何志敏

副主席：岑超学

秘书长：吴世升

崇左市文联

主　席：农恒云

秘书长：赵先平

地　址：崇左市新城路1号市行政中心人大区111-113室

邮　编：532200

所属各区市县联文联：

江州区文联

主　席：莫灵元

副主席：苏超宁

凭祥市文联

主　席：郑　锦

副主席：李海建

扶绥县文联

主　席：周寅生

副主席：李少玲

大新县文联

主　席：李阳群

副主席：李建生

天等县文联

主　席：张伟明

副主席：黄存壁
宁明县文联
主　席：吴能贞
副主席：左江月、冯风权
龙州县文联
主　席：严造新
副主席：农　林

百色市文联
党组书记、主席：黄小卡
副主席：马元忠、向志文
地　址：百色市中山二路23号中银大厦13楼
邮　编：533000
所属各区县文联：
右江区文联
主　席：韦万忠
副主席：滕　海
田阳县文联
主　席：黄焕刚
副主席：蓝　瑛
田东县文联
主　席：黄焕克
副主席：谭丽荣
平果县文联
主　席：梁颖武
副主席：方海峰
德保县文联
主　席：黄国闯
靖西县文联
主　席：赵继荣
副主席：池　伟
那坡县文联
主　席：李永锋
副主席：梁显华
凌云县文联
主　席：王世勇
副主席：罗　南
乐业县文联
主　席：姚俞任
副主席：李彦君
田林县文联
主　席：吴鸿村
隆林各族自治县文联
主　席：杨朝林
副主席：岑　军

西林县文联
主　席：王文飞
副主席：岑　斌、林裕昌

河池市文联
党组书记、主席：潘红日
副主席：韦俊林、韦禹薇（兼）
副调研员：陈仁辉、黄有新
副秘书长：韦艳华、石肖永
地　址：河池市南新西路91号
邮　编：547000
所属各协会：
作家协会
主　席：吕成品
书法家协会
主　席：杨耀春
民间艺术家协会
主　席：姚　亮
美术家协会
主　席：廖云峰
戏剧家协会
主　席：杨　忠
舞蹈家协会
主　席：黄　康
音乐家协会
主　席：陈恒芳
摄影家协会
主　席：黄建武
常务副主席：林捍球
理论家协会
主　席：温存超
影视家协会
主　席：袁俊袖
直机关摄影家协会
主　席：黄大强
直机关书法家协会
主　席：龙介池
所属各区市县文联：
金城江区文联
主　席：陈再望
宜州市文联
主　席：左　丹
环江毛南族自治县文联
主　席：蒙壮科
罗城仫佬族自治县文联
主　席：杨衍瑶

南丹县文联
主　席：唐远志
天峨县文联
主　席：罗家华
凤山县文联
主　席：覃显杰
东兰县文联
主　席：黄　坚
巴马瑶族自治县文联
主　席：蓝振林
副主席：韦成旺
都安瑶族自治县文联
主　席：谭云鹏
大化瑶族自治县文联
主　席：黄　格

来宾市文联
主　席：赵　剑
专职副主席：蓝海洋、龙　志、罗　勋、覃　刚、覃国钧、徐作先
秘书长：陈惠欢
地　址：来宾市人民路1号市行政中心
邮　编：546100
所属各协会：
作家协会
主　席：龙　志
戏剧家协会
主　席：杨钢钢
音乐家协会
主　席：侯　辉
美术家协会
主　席：徐作先
曲艺家协会
主　席：蓝雅丽
民间文艺家协会
主　席：杨福桃
舞蹈家协会
主　席：何丽琼
摄影家协会
主　席：覃　刚
书法家协会
主　席：谭念宗
赏石协会
主　席：肖　剑
文艺理论家协会

主　席：罗　勋
所属各区市县文联：
兴宾区文联
主　席：黄永想
副主席：蒙林坚
秘书长：王向新
合山市文联
主　席：覃建博
副主席：吴克帅、黄　冲、
　　　　陆乃亮、莫文勇、
　　　　黄海燕
秘书长：凌莉莉
象州县文联
主　席：陈丽云
副主席：罗成贵、黄晓文、
　　　　覃彩东
秘书长：韦秀琼
忻城县文联
主　席：韦云峰
副主席：郑伶娜、樊圣林、
　　　　韦业猷
秘书长：玉增佑
武宣县文联
主　席：余菲菲
金秀瑶族自治县文联
主　席：杜绍康
副主席：赵崧佐、罗伟才、
　　　　卢冰若
秘书长：陶泰宋

贺州市文联

主　席：邱有源
党组书记兼副主席：何建强
副主席：陈世洪
地　址：贺州市贺州大道1号
　　　　市委办公楼4楼
邮　编：542899
所属各区县文联：
八步区文联
主　席：刘　静
昭平县文联
主　席：周派莲
副主席：何汝玲
钟山县文联
主　席：蒙新庭
副主席：潘绍作
秘书长：董　军
富川瑶族自治县文联
主　席：蒋英聪
副主席：唐恩仕、李世军（兼）
平桂管理区文联
副主席：李　萍

海　南　省

海口市文联

党组书记：潘善武
主　席：陈素珍（兼）
驻会副主席：钟南平、邱运龙
秘书长：邱运龙（兼）
地　址：海口市龙华区国贸
　　　　玉沙龙路42号5楼
邮　编：570100
所属各协会：
作家协会
主　席：欧大雄
秘书长：申　辰
书法家协会
主　席：欧阳飞
秘书长：林　萍
戏剧家协会
主　席：陈素珍
副主席兼秘书长：张建雄
美术家协会
主　席：王　锐
舞蹈家协会
主　席：吴爱琴
常务副主席：吴圣彪
秘书长：罗小珠
音乐家协会
主　席：裴英杰
常务副主席
兼秘书长：张德美
摄影家协会
主　席：徐　伟
秘书长：姚家康
影视家协会
主　席：王忠云
秘书长：陈雪峰
琼山区文联
主　席：蔡於树
副主席兼秘书长：曾文琪

三亚市文联

副主席：梁其海
办公室负责人：林成武
地　址：三亚市委办公大楼2楼
邮　编：572000
所属各协会：
作家协会
主　席：韩亚辉
秘书长：葛　君
书法家协会
主　席：雷家才
秘书长：黄嵘明
美术家协会
主　席：许坤涛
常务副主席：蒲以宏
秘书长：吴海杰
摄影家协会
主　席：陈　琳
秘书长：季　涛
音乐家协会
主　席：毋海明
秘书长：于　涛
舞蹈家协会
主　席：董　慧
秘书长：黄玲丽
戏剧家协会
主　席：潘垂芳
秘书长：吴昆明
民间文艺家协会
主　席：王隆伟
秘书长：梁弼弘

文昌市文联

主　席：王　凡
秘书长：林道璠
地　址：文昌市委大院机关
　　　　办公西副楼3楼

邮　编：571300

琼海市文联

主　席：杨　奋
专职副主席
兼秘书长：卢传福
地　址：琼海市光海路市委大楼
邮　编：571400

万宁市文联

主　席：陈山柏
副主席：林道飞
地　址：万宁市卫生学校文明办公室
邮　编：571599

五指山市文联

主　席：冯本雄
副主席：黄荣升、王立贞、卢艳卿
秘书长：黄　敏
地　址：五指山市三月三大道市宣传文化中心2楼
邮　编：572200

东方市文联

主　席：黄　文
秘书长：陈太光
地　址：东方市委宣传部
邮　编：572600

儋州市文联

主　席：王　威
副主席：李龙驹
秘书长：陈定明
地　址：儋州市委办公大楼1楼
邮　编：571799

临高县文联

主　席：林　表
副主席：符东鹏
地　址：临高县委大院县文联
邮　编：571800

澄迈县文联

主　席：王泽史
地　址：县金江镇解放东路
邮　编：571900

定安县文联

主　席：杨少雄
地　址：定安县委宣传部内
邮　编：571200

屯昌县文联

主　席：倪明六
专职副主席：韩福银
地　址：屯昌县委宣传部内
邮　编：571600

昌江黎族自治县文联

主　席：黄安雄
秘书长：周　烨
地　址：昌江县石碌镇市民广场行政办公大楼612、613室
邮　编：572700

白沙黎族自治县文联

负责人：王　伟
地　址：白沙县委宣传部转县文联
邮　编：572800

琼中苗族黎族自治县文联

主　席：冯汉云
副主席：凌大彪
秘书长：梁雨尘
地　址：琼中县宣传文化中心大楼一楼
邮　编：572900

陵水黎族自治县文联

主　席：王兴学
地　址：陵水县文化广场综合楼一楼
邮　骗：572400

保亭黎族苗族自治县文联

主　席：黄培祯
地　址：保亭县文体局办公大楼内
邮　编：572300

乐东黎族自治县文联

主　席：谢星荣
地　址：乐东县委宣传部内
邮　编：572500

行业文联

海南省检察官文联

主　席：彭忠学
副主席：刘　虎、王彦青、吴泽壮、李　成、刘海燕、陈运宇
地　址：海南省海口市美兰区海南广场
邮　编：570203

海南省司法官系文联

主　席：林　琳
秘书长：翁书郎
地　址：海口琼山区凤翔路338号司法厅办公楼
邮　编：571100

重　庆　市

万州区文联

主　席：熊　刚
地　址：万州区江南大道2号735室
邮　编：404040

江津区文联

主　席：辛　华
地　址：江津区鼎山大道水

木年华祥瑞商务中心六楼
邮　编：402260

合川区文联

主 席：程　卫
党组书记：肖中全
专职副主席：李卫明
地　址：合川区希尔安大道222号区政府综合办公大楼503室
邮　编：401520

涪陵区文联

副主席：胡永庆
地　址：涪陵区兴化中路64号区委大院5楼
邮　编：408000

永川区文联

党组书记：赵德明
主　席：吴治华
地　址：永川区汇龙大道东一路19号
邮　编：402160

黔江区文联

党组书记、主席：钟绍珉
地　址：重庆市黔江区委大楼
邮　编：409099

城口县文联

主　席：汪玉平
副主席：袁开勇、龚　农、江奉武
秘书长：王代军
地　址：重庆市城口县土城路63号
邮　编：405900

渝中区文联

主　席：钟志芳
地　址：渝中区和平路211号
邮　编：400010

巫山县文联

主　席：赵宁章
地　址：巫山县广东中路298号行政综合办公大楼县委宣传部
邮　编：404700

大渡口区文联

主　席：黄玉梅
秘书长：周祥先
地　址：大渡口区文广新局
邮　编：400084

巫溪县文联

主　席：李剑东
地　址：巫溪县春申大道二楼
邮　编：405800

江北区文联

主　席：李保海
副主席：张媛媛
地　址：江北区金港新区16号19楼区委宣传部
邮　编：400020

酉阳县文联

主　席：田景全
副主席：周宏飞
地　址：酉阳土家族苗族自县桃花源镇桃花源中路151号
邮　编：409800

沙坪坝区文联

专职副主席：黄　峥
地　址：沙坪坝区小新街83号沙坪坝区文化馆
邮　编：400030

九龙坡区文联

主　席：胡宗伦
副主席：夏　俊
地　址：九龙坡区西郊路27号文学艺术界联合会
邮　编：400050

南岸区文联

主　席：刘　钢
秘书长；赵　瑜
地　址：南岸区南城大道199号
邮　编：400060

北碚区文联

主　席：周洪玲
地　址：北碚区双元大道196区委宣传部
邮　编：400711

大足区文联

党组书记、主席：李　瑛
副主席兼秘书长：彭　剑
地　址：中共大足区委宣传部
邮　编：402360

渝北区文联

主　席：唐文武
副主席：刘　烜
地　址：重庆市渝北区双龙大道64号区委宣传部
邮　编：401120

荣昌区文联

主　席：林　勇
副主席：满选东
地　址：中共荣昌县委宣传部
邮　编：402460

巴南区文联

主　席：戚万凯
地　址：巴南区行政中心一号楼1728号区委宣传部
邮　编：401320

璧山区文联

主　席：詹　勇
地　址：璧山区璧城街道双星大道369号行政中心1号楼区文联
邮　编：402760

长寿区文联

秘书长：罗小松
地　址：长寿区行政中心一北楼207室文广新局
邮　编：401220

梁平县文联

主　席：彭　敏
秘书长：李　静
地　址：中共梁平县委宣传部
邮　编：405200

綦江区文联

党组书记、主席:刘益文
专职副主席：潘晓容
秘书长:罗　辑
地　址：重庆市綦江区文龙街道沙溪路
邮　编：401420

南川区文联

主　席：唐利春
秘书长：唐维渝
地　址：南川区和平支路6号
邮　编：408400

潼南县文联

副主席：秦　健
地　址：潼南县文广新局
邮　编：402660

丰都县文联

主　席：余永康
秘书长：代　鸿
地　址：丰都县文体广电局办公楼203室
邮　编：408299

铜梁区文联

主　席：张世友
副主席：李　霞
地　址：铜梁区南城街道明月街48号
邮　编：402560

武隆县文联

党组书记：刘　民
主　席：刘有法
地　址：武隆县巷口镇建设中路111号县委六楼
邮　编：408500

忠县文联

主　席：邓大庆
地　址：忠县忠州街道红星小区滨江路18号二楼
邮　编：404300

开县文联

主　席：温　刚
副主席：王兴明
地　址：开县县级机关综合大楼A栋3楼
邮　编：405499

云阳县文联

主　席：李建春
副主席：张爱民
地　址：云阳县双江街道杏花路2号
邮　编：404500

奉节县文联

主　席：黄定坤
地　址：奉节县政府大楼527室
邮　编：404600

石柱自治县文联

主　席：蔡玉葵
地　址：石柱县万安街道城南路一号
邮　编：409199

秀山土家族苗族自治县文联

主　席：田儒海
秘书长：宋亚军
地　址：秀山县中和街道渝秀大道行政中心0209室
邮　编：409900

彭水苗族土家族自治县文联

主　席：汪家生
党组书记：卫　洪
常务副主席：周建伟
党组成员：刘兴模
地　址：彭水苗族土家族自治县委大楼201室
邮　编：409699

重钢集团文联

主　席：潘向宇
秘书长：焦志华
地　址：大渡口区新山村重钢银河文体楼
邮　编：400084

重庆燃气集团文联

主　席：罗建平
副主席、秘书长：王　凡
地　址：江北区小苑1村30号重庆燃气集团工会
邮　编：400020

重庆市公安文联

秘书长：江　洋
地　址：渝北区黄泥磅黄龙路555号
邮　编：401147

重庆市嘉华文联

主　席：李文云
副主席：李万良、张祖全、胡怀玉
秘书长：张祖全（兼）
地　址：渝中北区大坪正街118号重庆嘉华建设开发有限公司
邮　编：400042

万盛经开区文联

主　席：简云斌
地　址：万盛宣传文化忠心
邮　编：400800

垫江县文联

主　席（兼）：朱世银
地　址：垫江县桂西大道南段208号行政中心三楼
邮　编：648300

重庆市检察官文联

专职干部：秦　宇
地　址：重庆市渝北区金龙路270号
邮　编:401147

人行重庆分行文联

主　席：邓　军
地　址：重庆市渝北区红锦大道56号

四 川 省

成都市文联

党组书记、 副主席：王邦军
主 席：朱树喜
驻会副主席：梁 红、郭 月
地 址：成都市青羊区金家坝街7号
邮 编：610015
所属各区市县文联：
金牛区文联
主 席：吴明举
常务副主席：蒋 乐
武侯区文联
主 席：周其刚
副主席：曾水云
秘书长：候船利
新都区文联
主 席：罗朝荣
副主席：王 莉、余新蓉、周 平
秘书长：赵美发
副秘书长：乐惠蓉
温江区文联
主 席：魏晓彤
秘书长：张 伟
都江堰市文联
主 席：肖 红
邛崃市文联
主 席：李 志
副主席：黄芝静
金堂县文联
主 席：李晓旭
常务副主席：尹全红
秘书长：唐德学
双流县文联
常务副主席：毛国聪
郫县文联
主 席：陈晓平
副主席兼秘书长：吴华章
成华区文联
党组书记：韦 华
副主席：郭仕文
新津县文联
负者人：杨 懿
崇州市文联
主 席：刘嘉聪
常务副主席：张春福
锦江区文联
常务副主席：张添文
龙泉驿区文联
党组书记、主席：刘泽双
副主席：魏 平、朗 金（挂职）
彭州市文联
主 席：蒋蔚炜
专职副主席：黄映辉
秘书长：郑兴明
蒲江县文联
主 席：蔡学波
青白江区文联
负责人：秦鸿美
青羊区文联
主 席：冯照援
秘书长：邢 舸
成都市检察官文联
主 席：马光剑
秘书长：傅 剑

广元市文联

主 席：赵泽中
副主席：向淑君
地 址：广元市利州区人民路北段7号
邮 编：628017
所属各区县文联：
利州区文联
主 席：赵维超
昭化区文联
主 席：朱福枢
朝天区文联
主 席：马 军
副主席：钟卫东
秘书长：王佳宁
旺苍县文联
主 席：赵 勇
副主席：何光远、陈凯生、李学华、王 勇、蔡登鹏
秘书长：张 琴
青川县文联
主 席：柳桂华
秘书长：岳光保
剑阁县文联
主 席：郭子松
副主席兼秘书长：何志斌
苍溪县文联
主 席：刘 模
副主席兼秘书长：周立新

绵阳市文联

党组书记、副主席：马培松
主 席：左代富
副主席：杨荣宏
地 址：绵阳市东津路33号
邮 编：621000
所属各市县文联：
游仙区文联
主 席：李 健
副主席：孙 勇
秘书长：白金花
江油市文联
主 席：蒲永见
秘书长：杨 英
三台县文联
主 席：任 燚
副主席兼秘书长：李文廷
盐亭县文联
主 席：王金勇
安县文联
主 席：何 超
梓潼县文联
主 席：曹佳富
专职副主席：刘明霞
秘书长：李 平
平武县文联
专职副主席：张洪银

德阳市文联

主　席：范小平
专职副主席：李　斌
秘书长：曾　毅
地　址：德阳市市委5号楼3楼
邮　编：618000
所属各市县文联：
什邡市文联
主　席：肖　科
副主席：赵万凤
秘书长：华晓峰
广汉市文联
主　席：陈修元
秘书长：谭显刚
绵竹市文联
主　席：钟　声
副主席：周仁华
罗江县文联
主　席：雷建平
中江县文联
主　席：龙清江

南充市文联

主　席：孙中刚
地　址：南充市顺庆区北湖路88号市委机关2号楼503室
邮　编：637000
所属各市县文联：
阆中市文联
主　席：彭　莉
南部县文联
主　席：张光全
蓬安县文联
主　席：王　勇
专职副主席：林　丽
秘书长：曹中明
西充县文联
主　席：杨厚勇
顺庆区文联
主　席：张　筠

广安市文联

主　席：童光辉
专职副主席：兰　勇
秘书长：周永生
地　址：广安城南劳动街45号
邮　编：638000
所属各区市县文联：
广安区文联
主　席：吴再华
前锋区文联
主　席：肖兴旺
副主席：蔡志燕
华蓥市文联
主　席：胡志渝
干　部：谯　萍
岳池县文联
主　席：陈德顺
干　部：雷　雨
武胜县文联
主　席：李凌辉
专职副主席：尹才干
邻水县文联
专职副主席：吴　凌

遂宁市文联

主　席：唐文清
副主席：周利民、胡永康、何开鑫、曾　擎
秘书长：胡永康
地　址：遂宁市河东新区市委5号楼5201—5204室
邮　编：629000
所属各区县文联：
船山区文联
主　席：王余杰
副主席：徐　慧
安居区文联
主　席：冯　唯
副主席：罗贤慧
蓬溪县文联
副主席：何松林
射洪县文联
主　席：宋　敏
大英县文联
主　席：杨　锋
副主席：谭　伟

内江市文联

党组书记、副主席：胡红雨
主　席：张世忠
副主席：张　勇
秘书长：王昱艳
地　址：内江市委宣传部内
邮　编：641000
所属各区市县文联：
威远县文联
主　席：唐　勇
隆昌县文联
主　席：兰发彬

乐山市文联

主　席：胡玉玲
专职副主席：夏建新
秘书长：石　宪
地　址：乐山市天星路36号市文联
邮　编：614000
所属各区县文联：
市中区文联
主　席：李大中
副主席：汪　建
沙湾区文联
主　席：罗　红
副主席：唐治江
五通桥区文联
主　席：李　忠
秘书长：梁志雄
峨眉山市文联
主　席：王静蓉
常务副主席：蔡永红
秘书长：彭建群
井研县文联
主　席：李旭东
公安文联
主　席：姚　平
副主席：彭清华

自贡市文联

主　席：陈　刚
副主席：明　梅
地　址：自贡市塘坎上路29号
邮　编：643000
所属各区县文联：
贡井区文联
主　席：雷　礼
自流井区文联

主　席：冯道超
大安区文联
主　席：唐国平
沿滩区文联
主　席：李良昭
荣县文联
主　席：唐圣勇
富顺县文联
主　席：缪建飞

泸州市文联

主　席：虞　潜
副主席兼秘书长：王　萍
地　址：泸州市公园路7号
邮　编：646000
所属各区县文联：
江阳区文联
主　席：甘　成
副主席：杨　华
纳溪区文联
主　席：伍声军
专职副主席：王仕厚
龙马潭区文联
主　席：吴文涛
秘书长：商绍敏
泸县文联
主　席：李中显
副主席：李　木
合江县文联
主　席：宋晓红
副主席：肖大齐、晏晓英、
匡红兰、谢跃荣
秘书长：赖培东
叙永县文联
常务副主席：马兴岭
秘书长：许庭杨
古蔺县文联
主　席：葛丽霞
秘书长：罗　琳

宜宾市文联

主　席：黄泽江
专职副主席：黄秀昕
秘书长：侯春燕
地　址：宜宾市都长街76号
邮　编：644000
所属各区县文联：
翠屏区文联
副主席：王　刚
宜宾县文联
主　席：彭　韬
副主席：吴厚强、王德明、
李代煊、蒋朝彬
秘书长：田文静
副秘书长：刘　循
南溪县文联
主　席：陈　媛
秘书长：田洪荣
江安县文联
主　席：刘晓玲
副主席：刘学华
秘书长：林　烈
长宁县文联
主　席：邓崇德
驻会副主席秘书长：夏　梦
高县文联
副主席兼秘书长：陈　敏
筠连县文联
主　席：冯　勇
秘书长：罗　强
珙县文联
主　席：郑　静
副主席：黎成田
兴文县文联
主　席：朱晓莉
副主席：罗晏锋
秘书长：孙先贵
屏山县文联
主　席：冷远林
副主席：周学庆

攀枝花市文联

党组书记、主席：李　平
党组成员、副主席：冯中云
副主席：刘　虹
党组成员、秘书长：李吉顺
副主席：吴汉怀、郑守全、
张治杰、焦　崎、
廖德军、曹习斌
地　址：攀枝花市东区人民
街48号6楼市文联
邮　编：617000
所属各区县（企业）文联：
东区文联
主　席：张志雄
秘书长：赵　勇
西区文联
副主席兼秘书长：王建国
副主席：罗兴斌、陈　林、
张雯军、毛文洪、
王　政、向新舜
仁和区文联
主　席：刘亚玲
专职副主席：徐海涛
秘书长：王嘉炜
米易县文联
主　席：李雅斌
副主席：马联芬
兼职副主席：胡月洁、康舒宁、
杨爱诚
盐边县文联
副主席：吴绪文、张少先、
雷　驯、赖国轩、
李平阳
秘书长：王　能
攀钢集团公司文联
主　席：张志杰
副主席：吴铁军、杨　桦、
杨　涌
秘书长：王　幸
攀煤集团公司文联
主　席：郑守全
常务副主席：张　杨
副主席：苗艳玲
秘书长：李星桦

巴中市文联

主　席：阳　云
副主席兼秘书长：周　东
地　址：巴中市江北大道西段
市档案局506室市文联
邮　编：636000
所属各县文联：
巴州区文联
主　席：莫昱超
恩杨区文联
主　席：吴兴德
副主席兼秘书长：余定洲

南江县文联
主　席：赖春明
专职副主席兼秘书长：谢尚阳
通江县文联
主　席：赵邦秀
副主席兼秘书长：汪　萍
平昌县文联
主　席：杜冬梅
副主席兼秘书长：王绍军

达州市文联

主　席：丁长兴
副主席兼秘书长：谢　军
副主席：肖朝萍
地　址：达州市政中心11楼
邮　编：635002
所属各区市县文联：
通川区文联
主　席：龙　飞
常务副主席：李　勤
达川区文联
驻会副主席、秘书长：罗六清
宣汉县文联
主　席：姚启劲
副主席、秘书长：谢　辉
开江县文联
驻会副主席、秘书长:梁棹历
大竹县文联
主　席：谢　江
副主席：孙昌国
渠县文联
主　席：朱　刚
副主席兼秘书长：赵燕紫
副主席：杨　东

资阳市文联

主　席：魏　华
专职副主席：李祖蓉
地　址：资阳市雁江区广场路9号
邮　编：641300
所属各市区文联：
雁江区文联
主　席：孟基林
秘书长：钟　瑜
简阳市文联
主　席：唐　华
专职副主席：邓　佳
安岳县文联
主　席：袁　娇
秘书长：吴小英
乐至县文联
主　席：罗　斌
专职副主席：罗艳平

眉山市文联

主　席：王影聪
党组书记、专职副主席：李国莲
党组成员、副主席：顾怜俐、
党组成员、秘书长：沈荣均
地　址：眉山市苏源路9号计生大厦6楼
邮　编：620020
所属各区县文联：
东坡区文联
主　席：李旭中
副主席：蔡皖川
秘书长：袁　英
洪雅县文联
主　席：许　剑
专职副主席:王友洪
仁寿县文联
主　席：李志明
专职副主席：李金秀
彭山县文联
专职副主席：王碧林
秘书长：宋　倩
青神县文联
主　席：袁超群
副主席：邵永义
丹棱县文联
主　席：李红兵
专职副主席：朱国庆

雅安市文联

主　席：姜小林
专职副主席：陈　果
秘书长：周友容
地　址：雅安市行政中心5A901市文联
邮　编：625000
所属各区县文联：
雨城区文联
副主席：杨镜渝
名山县文联
主　席：陈开义
汉源县文联
主　席：戴　伟
荥经县文联
主　席：杨成林
秘书长：朱含雄
天全县文联
主　席：王泽宏
常务副主席：龙晓勇
芦山县文联
主　席：寇　彤
副主席：何　瑶
宝兴县文联
主　席：李廷彬
副主席：李　凤
石棉县文联
负责人：卓月琼
副主席：赵　红
秘书长：陈林芬

阿坝藏族羌族自治州文联

主　席：周文琴
副主席：庄春辉
地　址：马尔康县团结街107号
邮　编：624000
所属各县文联：
金川县文联
主　席：刘贵春
副主席：韩　玲
小金县文联
主　席：喻林斌
副主席：杨学品
汶川县文联
主　席：杨国庆
副主席：薛升玉
马尔康县文联
主　席：杨素筠
副主席：三郎泽亮
理县文联
主　席：黄　涛
副主席：肖　勇
阿坝县文联
副主席：任冬生

若尔盖县文联
主　席：易　峰
茂县文联
主　席：刘云富
副主席：雷耀琼
松潘县文联
副主席：泽让闼
九寨沟县文联
主　席：刘善刚
副主席：罗　琼
黑水县文联
主　席：刘　平
副主席：王维茂
阿坝县文联
副主席：任冬生
红原县文联
主　席：刘培玉
副主席：谢宏程
壤塘县文联
副主席：李　洁、王　娜

甘孜藏族自治州文联

常务副主席：格绒追美
地　址：甘孜藏族自治州康定县北三巷甘孜州文联
邮　编：626000
所属县文联：
泸定县文联
主　席：朱　劲
乡城县文联
主　席：江勇刚
理塘县文联
主　席：王建琼
康定县文联
主　席：毛　宇

凉山彝族自治州文联

主　席：倮伍拉且
专职副主席：彭　波、罗体古
秘书长：沈　英
地　址：凉山州西昌市三衙街15号
邮　编：615000
所属各市县文联：
西昌市文联
专职副主席：撒建军
德昌县文联
专职副主席：但华民
会理县文联
主　席：张　义
普格县文联
副主席：彭玉兰
布拖县文联
主　席：米色日吾
副主席：李　军
金阳县文联
主　席：田建秀
专职副主席：谭福刚
昭觉县文联
主　席：洛古曲尔
专职副主席：李　东
冕宁县文联
主　席：安　东
越西县文联
主　席：余　寒
甘洛县文联
主　席：王　蓉
美姑县文联
负责人：吉拉子古
雷波县文联
主　席：史　建
专职副主席：杨　梅
木里藏族自治县文联
主　席：马　楠

贵　州　省

贵阳市文联

党组书记兼主席：包俊宜
副主席：徐　爽、李双俊
秘书长：张　玉
地　址：贵阳市中山西路65号
邮　编：550002
所属区市县文联：
南明区文联
主　席：杨　骊
秘书长：王　乐
花溪区文联
主　席：石文辉
副主席：刘华兴
乌当区文联
主　席：冯　容
副主席兼秘书长：杨怀林
白云区文联
主　席：谌洪波
副主席：宴学维
清镇市文联
秘书长：程建华
开阳县文联
主　席：刘　毅
副主席：于　凯
修文县文联
主　席：李小龙
副主席：沈建华
秘书长：曹　宇
息烽县文联
主　席：朱登麟

六盘水市文联

党组书记、主席：张云长
副主席：吴学良、樊　武
　　　　石忠华
地　址：六盘水市钟山区明湖路100号
邮　编：553001
所属各县区文联：
盘县文联
党组书记、副主席：李　丰
党组副书记、主席：万和平
六枝特区文联
主　席：黄维波
副主席：何爱蓉、陈文洪
水城县文联

主　席：王鹏翔

钟山区文联

主　席：熊定才

副主席：施　昱

遵义市文联

主　席：赵剑平

副主席：蔡雨霞、刘中国

秘书长：张定一

地　址：遵义市汇川区厦门路遵银大厦

邮　编：563000

所属各区市县文联：

汇川区文联

主　席：黄太刚

副主席：刘　华、吴　言、景海燕、王　静

秘书长：骆黔江

红花岗区文联

主　席：王晓红

副主席：祝平洪、汪红霞

秘书长：王　昆

赤水市文联

主　席：曾　强

副主席兼秘书长：吴丽辉

仁怀市文联

副主席：戴玉松、李占勇

遵义县文联

主　席：游天永

副主席：姚固钊

秘书长：汤　桥

桐梓县文联

主　席：邹德斌

副主席：杨　超、毕　叶

绥阳县文联

主　席：汪登发

副主席：谭红生

秘书长：吴延模

正安县文联

主　席：王　龙

凤冈县文联

主　席：安汝刚

秘书长：杨　敏

湄潭县文联

主　席：赵　翔

余庆县文联

主　席：陈忠禄

副主席：钱再伦

习水县文联

党组书记、主席：孔　红

道真仡佬族苗族自治县文联

主　席：吴明泉

副主席：李洪泉

务川仡佬族苗族自治县文联

党组书记、主席：刘兴华

副主席：周　焱

安顺市文联

党组书记：朱海波

主　席：姚晓英

副主席：郭长贵

秘书长：王　玮

地　址：安顺市金钟西路

邮　编：561000

所属各区县文联：

西秀区文联

主　席：杨汝祥

副主席：孙朝高

平坝区文联

主　席：黄　虎

副主席：卓文江

普定县文联

主　席：甘　决

关岭布依族苗族自治县文联

主　席：李天斌

镇宁布依族苗族自治县文联

主　席：金越生

紫云苗族布依族自治县文联

主　席：王安全

毕节市文联

党组书记兼主席：禄　琴

地　址：毕节市文联

邮　编：551700

所属各市县文联：

七星关区文联

主　席：陈家贵

大方县文联

主　席：杨尔仲

副主席：洪为红

黔西县文联

主　席：万　能

金沙县文联

主　席：袁建军

织金县文联

主　席：李成勇

纳雍县文联

主　席：张贤芬

副主席：李从鼎、彭　庚

赫章县文联

主　席：方　正

副主席：张以杰

威宁彝族回族苗族自治县文联

主　席：孔繁毅

铜仁市文联

书记兼主席：龙险峰

副主席兼秘书长：谭小红

副主席：刘照进

地　址：铜仁市民主路93号

邮　编：554300

所属各区县文联：

碧江区文联

主　席：杨国胜

副主席：黄　强

江口县文联

主　席：董振华

副主席：李万英

石阡县文联

主　席：杨　芳

副主席：张黔粤

思南县文联

主　席：张　进

副主席：田儒军

德江县文联

主　席：冉光跃

玉屏侗族自治县文联

主　席：於　江

印江土家族苗族自治县文联

主　席：王　翔

副主席：田谯军

沿河土家族自治县文联

主　席：杨胜彪

副主席：田茂昌

松桃苗族自治县文联

主　席：龙　瀑
副主席：龙志敏
秘书长：吴政辉
万山特区文联
主　席：张小辉

黔东南苗族侗族自治州文联
党组书记、主席：陈　波
副主席：周忠良、白　芬、
办公室主任：欧阳先成
地　址：凯里市环城北路54号（老财校内）（州政府综合大楼）
邮　编：556000
所属各市县文联：
凯里市文联
党组书记、主席：王少帅
副主席：何春泓、杨胜勇、杨秀银
秘书长：吴　蓉
施秉县文联
主　席：奉　力
三穗县文联
主　席：吴道科
副主席：万主德
秘书长：石丽昌
镇远县文联
主　席：王启明
岑巩县文联
办公室负责人：杨元彬
天柱县文联
主　席：陶通坪
副主席：舒　云
锦屏县文联
主　席：杨秀廷
副主席：朱永臻
剑河县文联
党组书记：杨秀平
主　席：李作铭
秘书长：张德冲
台江县文联
党组书记、主席：李芳菲
副主席：徐　康
黎平县文联
主　席：姚吉宏
副主席：吴帮宁
榕江县文联
主　席：黄秀福
副主席：石庆慧
秘书长：石　蕾
从江县文联
主　席：陈贤辉
副主席：吴德军
雷山县文联
党组书记、主席：吴玉贵
副主席：李　铁
麻江县文联
主　席：何林超
秘书长：潘启菊
丹寨县文联
主　席：曾祥伍
副主席：黄荣娟
秘书长：王　虎
黄平县文联
党组书记：雷国梅
主　席：杨明祥
副主席：杨　静

黔南布依族苗族自治州文联
书记兼主席：黄光兴
副主席：曹　燕、孟学祥、潘仁英、汪　洋、王友军、王阿依
地　址：黔南布依族苗族自治州都匀市工人路2号州文联
邮　编：558000
所属各市县文联：
都匀市文联
主　席：邱祥彬
副主席：韦　炜
福泉市文联
党组书记、主席：熊生祥
副主席：李代宏
副秘书长：罗国霖
荔波县文联
主　席：杨亨禄
副主席：曹本健、芦世勇
秘书长：魏　芳
贵定县文联
主　席：庭裕刚
副主席：罗庆荣
瓮安县文联
主　席：杨俊松
副主席：周　敏、蔡明会
独山县文联
主　席：蒙泽敏
副主席：邓怡荪
平塘县文联
主　席：孟祥华
副主席：雷远方、黄兴义
秘书长：徐先文
长顺县文联
主　席：杨俊能
副主席：程　及
罗甸县文联
主　席：杨　桦
副主席：莫显斌、罗春芳
秘书长：黄海霞
龙里县文联
主　席：罗仕朝
副主席：张宗德
党组副书记：刘必楠
惠水县文联
主　席：罗永荣
副主席：陈德云
三都水族自治县文联
主　席：潘朝喜
副主席：吴晓霞、潘国会

黔西南布依族苗族自治州文联
主　席：李泽春
副主席：夏　萍
地　址：贵州兴义市沙井街10号
邮　编：562400
所属各市县文联：
兴义市文联
主　席：吕红新
副主席：唐泽洋、黄志才
秘书长：周学祥
兴仁县文联
主　席：马学书
贞丰县文联
主　席：郑治江
副主席：伍中林

望谟县文联
主　席：罗远艳
副主席：王乐平

册亨县文联
主　席：黄权昌

安龙县文联
主　席：岑　波

普安县文联
主　席：安　科
副主席兼秘书长：张　淼

云　南　省

昆明市文联

党组书记、主席：王　蓉
副主席：李永坤
地　址：昆明市呈贡区市级行政中心7号楼
邮　编：650500
所属各协会：

作家协会
主　席：张庆国

书法家协会
主　席：赵翼荣

美术家协会
主　席：赵力中

摄影家协会
主　席：马克斌

音乐家协会
主　席：李学智

舞蹈家协会
主　席：侯　跃

戏剧家协会
主　席：孙跃进

曲艺家协会
主　席：苗　飞

民间艺术家协会
主　席：罗新元

所属各县市区文联

五华区文联
主　席：布艳芬
常务副主席：周晓娟
秘书长：马艳梅

盘龙区文联
主　席：喻星源
常务副主席：曾　兰

西山区文联
主　席：陶光慧
副主席：赵健吾、陈开健、张高榕
秘书长：刘　伟

官渡区文联
主　席：顾云顺
常务副主席：陈　颖
秘书长：李玉国

东川区文联
主　席：彭玉泰
副主席兼秘书长：王　俊

呈贡区文联
主　席：段　超
副主席兼秘书长：字秉翔
副秘书长：穆朝红

安宁市文联
主　席：陆毅梅
常务副主席：顾建安
专职副主席兼秘书长：余松涛

晋宁县文联
专职副主席：陈　敏

富民县文联
主　席：张晓明
秘书长：李　德

宜良县文联
主　席：黄家荣
副主席：郑祖荣、宋正培、张俊锐、刘　伟
秘书长：单祖锐

嵩明县文联
主　席：黄　河
副主席：李　文、陈俊平
秘书长：李　睁

石林县文联
主　席：汪明涛
常务副主席兼秘书长：徐跃高
副主席：赵一民、张志斌、徐燕晴

禄劝县文联
主　席：吴明泽
常务副主席：孙显芳

寻甸县文联
主　席：张明喜
副主席：高凤林、张勇军

曲靖市文联

党组书记：朱莉娥
主　席：张永刚
副主席：王　会
秘书长：蔡　华
地　址：曲靖市文昌街17号
邮　编：655000
所属各区市县文联：

麒麟区文联
主　席：徐文模
副主席：尹　坚
秘书长：陶茂莉

宣威市文联
主　席：何汝龙
副主席：陈志娟
副主席兼秘书长：朱　敏

马龙县文联
主　席：杨献忠
副主席：陈炳刚、章丽新
秘书长：王丽君

沾益县文联
主　席：毛吉平
副主席：张　燕

富源县文联
主　席：钱德化
副主席：刘金奎
秘书长：王永林

罗平县文联
主　席：何晓坤
副主席：胡良辅
秘书长：陶　玲

师宗县文联

主　席：邵建国
秘书长：谢　铭
陆良县文联
主　席：陈赶良
副主席：陈占先
秘书长：韩琨瑶
会泽县文联
党组书记：王怀顺
主　席：李永星
副主席：刘元盛

玉溪市文联

主　席：武清祖
副主席：王尚宁
秘书长：张保东
地　址：玉溪市红塔区棋阳路延长线玉溪市文联
邮　编：653100
所属各区县文联：
红塔区文联
主　席：汤亚敏
副主席：郭有学
江川县文联
主　席：叶自林
副主席：王忠平
秘书长：罗连辉
澄江县文联
主持工作、副主席：赵丽兰
通海县文联
主　席：林启龙
副主席：李志海
华宁县文联
主　席：吴才龙
副主席：李世宗
秘书长：杨　艳
易门县文联
主　席：吴光祥
副主席：杞云峰
峨山县文联
主　席：代建利
副主席：龙旺生
新平县文联
主　席：何建安
秘书长：高　丽
元江县文联
主　席：杨　松
秘书长：王　泳

保山市文联

主　席：段一平
副主席：赵玲虹、毛新安
秘书长：刘国海
地　址：保山市隆阳区正阳北路256号
邮　编：678000
所属各区县文联：
隆阳区文联
主　席：杨晓福
副主席：杨　敏
施甸县文联
主　席：杨潞伟
副主席：杨　杰
腾冲县文联
主　席：许　钢
龙陵县文联
主　席：杨吉强
副主席：许庆陵
昌宁县文联
主　席：李发祥

昭通市文联

主　席：吕亚平
副主席：岳　山
副主席兼秘书长：沈　洋
地　址：昭通市珠泉路175号附58号
邮　编：657000
所属各区县文联：
昭阳区文联
主　席：彭　静
副主席：李文献
鲁甸县文联
主　席：丁世新
副主席：云　鹏、曾明沅、戚　鸣
盐津县文联
主　席：蒋显荣
秘书长：杨世权
绥江县文联
主　席：刘邦铭
副主席：吴运强
永善县文联
主　席：陈永明
副主席：杜福全、曾达云
镇雄县文联
主　席：杨毅波
副主席兼秘书长：尹　马
彝良县文联
主　席：陈衍强
秘书长：潘　群
水富县文联
主　席：聂章林
巧家县文联
副主席：姚国剑
威信县文联
主　席：余嘉策
大关县文联
主　席：王孝林
副主席：成公林

丽江市文联

党组书记：曹文彬
主　席：王川蓉
副主席：李承翰
地　址：丽江市祥和丽城行政中心
邮　编：674100
所属各区县文联：
古城区文联
主　席：李润兰
常务副主席：李耀煌
秘书长：和文友
永胜县文联
主　席：胡延平
副主席：杨春山、蔡平波
华坪县文联
主　席：马　湘
专职副主席：王化永
秘书长：杜　忠
玉龙县文联
主　席：李银葆
宣传部副部长
兼文联副主席：李汝将
副主席兼秘书长：董国华
宁蒗县文联

主　席：卢堡生
专职副主席兼秘书长：李永天
副主席：阿桌吴林、吉克木呷

普洱市文联

主　席：杨春才
副主席：张富春
秘书长：董　睿
地　址：普洱市北部行政中心
邮　编：665000
所属各区县文联：
思茅区文联
主　席：熊为斌
秘书长：李　燕
宁洱县文联
主　席：徐培春
副主席：罗香玲
墨江县文联
主　席：柴凤英
副主席：殷　花
秘书长：孟繁祥
景谷县文联
主　席：陶成良
专职副主席：张　雷
镇沅县文联
主　席：杨学武
江城县文联
主　席：李启学
专职副主席：刘卫宁
孟连县文联
主　席：周文生
秘书长：沈　燕
澜沧县文联
主　席：陈远琼
副主席：田　芳
西盟县文联
主　席：文清风
秘书长：欧　嫩

临沧市文联

主　席：李德栋
副主席：陶玉明
副主席兼秘书长：何增华
地　址：临沧市政府大楼内2013号
邮　编：677000
所属各区县文联：
临翔区文联
主　席：张玉梅
凤庆县文联
主　席：杨京凤
云县文联
主　席：熊兴成
永德县文联
主　席：李有旺
镇康县文联
主　席：施文明
副主席：赵贵荣、陈　斌
耿马县文联
主　席：金永宏
沧源县文联
主　席：周　翔
副主席：刘玉红
双江县文联
主　席：吴永达

德宏傣族景颇族自治州文联

主　席：沙政成
副主席兼秘书长：董有湘
地　址：德宏州芒市勇罕街14-41号
邮　编：678400
所属各市文联：
芒市文联
主　席：雷木嫩
秘书长：李　莉
盈江县文联
主　席：周德才

怒江傈僳族自治州文联

主　席：曹荣春
副主席：刘征荣
秘书长：张新繁
地　址：怒江州泸水县六库镇州级行政中心
邮　编：673100
所属各县文联：
泸水县文联
主　席：潘文芝
福贡县文联
主　席：普言东
副主席：江晓春
贡山县文联
主　席：施　华
副主席：丰茂军
兰坪县文联
主　席：和四水

迪庆藏族自治州文联

主　席：张德华
副主席：方又沧
秘书长：何蔚林
地　址：香格里拉县康珠大道八号州委办公新区
邮　编：674400
所属各县文联：
德钦县文联
主　席：韦国栋
维西县文联
主　席：赵　毅

大理白族自治州文联

主　席：杨子东
副主席：吴家良
秘书长：李志红
地　址：大理市下关幸福路白里州4号
邮　编：671000
所属各市县文联：
大理市文联
主　席：杨周伟
祥云县文联
主　席：李树华
副主席兼秘书长：周丽娟
宾川县文联
主　席：王宝康
副主席：杜家元
弥渡县文联
主　席：李　杰
秘书长：李贵坚
永平县文联
主　席：张继强
剑川县文联
主　席：马应武
副主席：杨映华、张小平

鹤庆县文联
主　席：吴鸿彦
漾濞县文联
主　席：常建世
秘书长：左中美
巍山县文联
主　席：罗建新
南涧县文联
主　席：杨泽新
副主席兼秘书长：查荣婷
洱源县文联
主　席：杨文泽

楚雄彝族自治州文联

党组书记、主席：李茂尊
副主席：吴玉华
地　址：楚雄市阳光大道283号
邮　编：675000
所属各市县文联：
楚雄市文联
主　席：孙庆明
双柏县文联
主　席：苏轼冰
副主席兼秘书长：胡玉双
牟定县文联
主　席：宋志宏
副主席兼秘书长：陈　冬
南华县文联
主　席：李天永
姚安县文联
主　席：戴国斌
大姚县文联
主　席：马淑吉
永仁县文联
主　席：文芳聪
元谋县文联
副主席：王洪波
武定县文联
主　席：左学美
禄丰县文联
主　席：查家安

红河哈尼族彝族自治州文联

主　席：华　莎
副主席：徐建徽
地　址：蒙自市锦华路五大中心老年宫C幢三楼
邮　编：661199
所属各县市文联：
蒙自市文联
主　席：刘　红
副主席：白纪科
个旧市文联
主　席：余春泽
副主席：丁昭月
开远市文联
主　席：杨　媛
副主席：王应生
绿春县文联
主　席：陆建徽
副主席：何疆春
建水县文联
主　席：武德忠
副主席：梁　俊
石屏县文联
主　席：李一兵
弥勒市文联
主　席：刘　玲
副主席：杨　华
秘书长：钟艾伦
泸西县文联
主　席：杨　俊
秘书长：宋　锦
元阳县文联
主　席：洪家伟
金平县文联
主　席：胡兴亮
河口县文联
主　席：陶光权
屏边县文联
主　席：陆永奎
红河县文联
主　席：方　萍
副主席：郭志琼

文山壮族苗族自治州文联

主　席：周祖平
副主席兼秘书长：张邦兴
副主席：李贵扬
地　址：文山市华龙西路3号
邮　编：663099
所属各市县文联：
文山市文联
主　席：何源梅
副主席兼秘书长：李　华
副主席：谢正勇
砚山县文联
主　席：王永花
副主席：刘海春
秘书长：沈正良
西畴县文联
主　席：苏文林
副主席：吴贵贤、张宪富
秘书长：李永辉
麻栗坡县文联
主　席：袁　微
副主席兼秘书长：姚先勇
副主席：赵永能
马关县文联
主　席：蔡光超
副主席：李美昌
秘书长：周启清
丘北县文联
主　席：李红林
副主席：朱志刚
秘书长：张文慧
广南县文联
主　席：兰天明
富宁县文联
主　席：江　云
秘书长：卢婷婷

西双版纳傣族自治州文联

主　席：李志明
专职副主席：蒋家武
副主席：罗云智、刀正明、丹　洛
秘书长：刘云刚
地　址：景洪市宣慰大道67号景咏办公楼
邮　编：666100

西藏自治区

拉萨市文联

主　席：李　铭
地　址：拉萨市江苏东路5号
邮　编：850000

那曲地区文联

主　席：向阳花
副主席：次仁郎公、塔　杰、春　江
地　址：那曲地区文化广播影视局院内那曲地区文联办
邮　编：852000
所属各区县文联
申扎县文联
负责人：拉央罗布

昌都地区文联

主　席：德嘎旺姆
地　址：昌都地委宣传部文联
邮　编：854000
所属各协会：
书法美术协会
主　席：昌孝承
摄影协会
主　席：齐　飞

林芝地区文联

名誉主席：普布多吉
主　席：玉　珍
副主席：崔晓东、李小兵、扎西洛布、聪　吉
地　址：林芝地委宣传部文联办
邮　编：860000
所属各区县文联
波密县文联
主　席：董贵军

山南地区文联

主　席：林　虹
副主席：伍金多吉、克　珠
地　址：西藏乃东县泽当镇格桑路15号
邮　编：856100

日喀则地区文联

主　席：普布次仁
地　址：日喀则地委宣传部文联办
邮　编：857000

阿里地区文联

主　席：贾央次仁
地　址：阿里地区文化路8号文化局
邮　编：859000

陕　西　省

西安市文联

党组书记、副主席：李伯钧
副主席兼秘书长：陈兆朋
副主席：王西京、侯红琴、方　明、石瑞芳、杜爱民
地　址：西安市凤城八路109号1号楼4层
邮　编：710007
所属各区县文联：
未央区文联
主　席：牛青盟
新城区文联
主　席：张阿萍
碑林区文联
主　席：张德勇
雁塔区文联
主　席：柏小民
临潼区文联
常务副主席兼秘书长：康金鸿
长安区文联
主　席：田措施
蓝田县文联
主　席：刘军峰
常务副主席：鲁　建
周至县文联
主　席：国稳社
户县文联
主　席：孙　虎

延安市文联

主　席：张永革
党组成员、副主席：吴小伟
党组成员、秘书长：李真翔
副秘书长：成　路
党组副书记、副主席：叶晓东
副主席：王克文、王宏琦、刘　江、张宝泉、李师明、李志忠、陈永龙、胡晓峰、赵胜利、梁向阳、惠世峰、韩应莲
地　址：延安市枣园路新洲小镇政府机关大楼8层
邮　编：716000
所属各区县文联：
宝塔区文联
主　席：李玉胜

副主席：张　怡、张金平
秘书长：贺会珉
延长县文联
主　席：高红艳
副主席：常海霞
文　书：高　磊
延川县文联
主　席：刘宏祥
子长县文联
主　席：王明如
安塞县文联
主　席：张治金
副主席：徐晓宏
志丹县文联
主　席：胡晓鹤
副主席：肖志远
吴起县文联
主　席：刘宏彦
副主席：李尔丽
甘泉县文联
主　席：刘虎林
副主席：李　娜
富县文联
主　席：魏　丽
副主席：张玉虎
宜川县文联
主　席：李梅梅
副主席：范丹阳
黄陵县文联
党组书记、主席：刘　勇
副主席：刘树勋、白东梅、
　　　　赵少红、蔡佰虎、
　　　　苏玉斌
黄龙县文联
主　席：朱　萍
洛川县文联
主　席：吴安民
副主席：屈丽娜

铜川市文联

党组书记主席：阳春胜
副主席兼秘书长：赵志国
地　址：铜川新区朝阳路9号
邮　编：727031
所属各区县文联：
王益区文联
主　席：付双全
印台区文联
主　席：陈有仓
宜君县文联
专职副主席兼秘书长：和卓雅
耀州区文联
主　席：同悦峰
副主席：何晓菁

渭南市文联

主　席：郑俊海
副主席：雷　东、马　丽
地　址：渭南市朝阳街东段
　　　　21号市委大院
邮　编：714000
所属各市县区文联：
韩城市文联
主　席：程　涛
富平县文联
主　席：樊九龄
临渭区文联
主　席：王安院

咸阳市文联

专职副主席：王民安
地　址：咸阳市咸通南路市
　　　　委大院文联
邮　编：712000
所属各区市县文联：
秦都区文联
主　席：冯西海
副主席：晏　娟
兴平市文联
主　席：范亚团
副主席：郭东社
泾阳县文联
主　席：李　洋
副主席：宋志祥、李　虹
乾县文联
主　席：畅平利
副主席：胥菊玲、殷菊林
礼泉县文联
主　席：陈　岳
副主席：卢红雁
永寿县文联
主　席：张晓儒
党组书记：戴　莉
副主席：高清水、魏关彦
秘书长：胡得相
长武县文联
主　席：和建华
副主席：郭和民、郭　燕
旬邑县文联
主　席：王宇翔
武功县文联
主　席：冯小莉
三原县文联
副主席：吴文雄
淳化县文联
主　席：张海峰

宝鸡市文联

党组书记、主席：王春霞
党组成员、副主席：陈有向
党组成员、秘书长：冯君礼
副主席：王景斌、李　晔、
　　　　冯晓伟、高德里、
　　　　郑玉林
副秘书长：赵会科
地　址：宝鸡市行政中心2号楼
邮　编：721004
所属各县区文联：
凤翔县文联
主　席：芮晓枫
专职副主席：李少宁
岐山县文联
主　席：杨银海
专职副主席兼秘书长：吴宏昌
麟游县文联
主　席：李旭之
金台区文联
主　席：李巨怀
秘书长：王　霞

汉中市文联

主　席：武妙华
党组书记、副主席：鲁玉仁
副主席：李汉荣、马俊惠、
　　　　李　锐、丁小村
秘书长：周　燕
地　址：汉中市民主街71号
邮　编：723000
所属各区县文联：
汉台区文联
主　席：马俊惠

秘书长：鹿建社

西乡县文联

主　席：郭小奇

镇巴县文联

主　席：刘德寿

宁强县文联

主　席：李三旻

南郑县文联

主　席：路汉旭

城固县文联

主　席：程文国

勉县文联

主　席：党新明

榆林市文联

主　席：龙　云

副主席：刘区厚、张胜伟

秘书长：高岱峰

地　址：榆林市青山西路汇金大厦 6 层

邮　编：719000

所属各区县文联：

榆阳区文联

主　席：刘乐怡

神木县文联

主　席：闫秀娟

府谷县文联

主　席：李林飞

横山县文联

主　席：张小兰

靖边县文联

主　席：霍竹山

定边县文联

主　席：牛　夫

绥德县文联

主　席：徐蔚林

米脂县文联

主　席：乔雄波

副主席：马亚琼

佳县文联

主　席：任军权

吴堡县文联

主　席：任建英

清涧县文联

主　席：陈旭晔

子洲县文联

主　席：张建平

公安文联

副主席：李庆山

神东矿区文联

秘书长：刘培军

安康市文联

主　席：李启良

党组书记：李康林

常务副主席：李大明

副主席兼秘书长：喻　斌、

名誉主席：张　虹

副主席：李剑平、刘秉平、任黎华、章　涛、李小洛

地　址：安康市育栖路137号

邮　编：725000

所属各区县文联：

汉滨区文联

副主席：段小康

汉阴县文联

主　席：王　涛

石泉县文联

副主席：胡树勇

旬阳县文联

主　席：魏连新

副主席：郭华丽

平利县文联

主　席：姚志学

白河县文联

主　席：邓开林

镇平县文联

主　席:刘治安

商洛市文联

党组书记：王　良

党组成员、专职副主席：李志华

名誉主席：贾平凹、陈　彦、董发亮

副主席：王　飞、王为国、王晓勇、王新社、田朝霞、刘凤林、南　鹏、鱼在洋、崔学民

副调研员、秘书长：闵朋利

副秘书长：王启华

地　址：商洛市民主路行政中心18楼24号

邮　编：726000

所属各区县文联：

商州区文联

主　席：王　飞

洛南县文联

主　席：李　琳

丹凤县文联

主　席：周文治

商南县文联

主　席：姚家明

山阳县文联

主　席：王善盈

镇安县文联

主　席：杨　逍

柞水县文联

主　席：金　江

甘　肃　省

兰州市文联

主　席：汪小平

副主席：刘宏远

地　址：兰州市五泉西路29号

邮　编：730030

所属区县文联：

红古区文联

主　席：史贤尧

永登县文联

负责人：芦临龙

皋兰县文联

主　席：陈亲惠

嘉峪关市文联

主　席：赵淑敏
专职副主席：徐树喜
秘书长：李　楠
地　址：嘉峪关市建设西路10号
邮　编：735100
所属各协会：

作家协会
主　席：张世凯

书法家协会
主　席：陈新长

美术家协会
主　席：米金锁

摄影家协会
主　席：毛　富

电影电视艺术家协会
主　席：武　威

音乐家协会
主　席：方　欣

舞蹈家协会
主　席：娜　仁

民间文艺家协会
主　席：盛爱萍

金昌市文联

主　席：常家有
党组书记、副主席：郭志为
副主席：华西林
秘书长：王全义
地　址：金昌市延安路108号市文联
邮　编：737100
所属文联：

永昌县文联
主　席：叶　中
常务副主席：刘峰三

金化集团公司文联
主　席：朱元德

金川集团公司文联
主　席：胡耀琼
副主席：张兆桂、王永贤

白银市文联

主　席：栗治平
副主席：徐长峰
副调研员：武发香
秘书长：张彩凤
地　址：白银市白银区人民路100号
邮　编：730900
所属各区县文联：

白银区文联
主　席：孟令钢

平川区文联
主　席：武永宝

靖远县文联
主　席：贾汝恒

会宁县文联
主　席：孙　平
副主席兼秘书长：张　昱

景泰县文联
主　席：寇明灿

天水市文联

党组书记、主席：王进文
副主席：张映水、杨清汀
地　址：天水市秦州区民主西路18号
邮　编：741000
所属各区县文联：

麦积区文联
主　席：吴全通

秦州区文联
主　席：顾明轩
秘书长：邓娟玉

清水县文联
主　席：麻占成

秦安县文联
主　席：常文茂

甘谷县文联
主　席：张泽中
副主席兼秘书长：王慧敏

武山县文联
主　席：陈晓明

张家川县文联
主　席：马浩瑜
秘书长：窦小龙

武威市文联

主　席：曹永建
专职副主席：王玉福
副主席：冯天民、陈　石、李国安
副主席兼秘书长：李学辉
地　址：武威市北关西路34号
邮　编：733000
所属各区县文联：

民勤县文联
负责人：孙晓玉

酒泉市文联

主　席：张使任
副主席：付有祥
秘书长：朱明山
地　址：酒泉市肃州区广场西路市政府综合楼3楼
邮　编：735000
所属各协会：

作家协会
主　席：漆进茂

戏剧家协会
主　席：陈万春

音乐家协会
主　席：徐　胜

美术家协会
主　席：李建军

书法家协会
主　席：秦　川

摄影家协会
主　席：朱有仁

舞蹈家协会
主　席：金淑梅

民间艺术家协会
主　席：吴光林

广播电视艺术家协会
主　席：张　凡

艺术收藏家协会
主　席：段应君

所属各区市县文联：

肃州区文联
副主席：张正彬、潘　炬、周彩人

秘书长：潘炬（兼）
玉门市文联
主　席：柴新爱
专职副主席：王新军
敦煌市文联
专职副主席：赵　虎
金塔县文联
秘书长：张望东
瓜州县文联
主　席：杨继宅
副主席：康继学、张掌印
肃北蒙古族自治县文联
主　席：戴友春
副主席：张继平
阿克塞哈萨克族自治县文联
常务副主席：马晓伟

张掖市文联

主　席：何　江
副主席：岳西平
地　址：张掖市南环路679号市政府统办2号楼2楼
邮　编：734000
所属各协会：
作家协会
主　席：岳西平
戏剧曲艺舞蹈家协会
主　席：陈　洧
美术家协会
主　席：巨　潮
书法家协会
主　席：王有君
民间文艺家协会
主　席：张成善
音乐家协会
主　席：郑熙基
摄影家协会
主　席：陈　冈
所属各区县文联：
甘州区文联
主　席：谈振国
民乐县文联
主　席：王振武
副主席：薛石云
临泽县文联
主　席：钟柳青
高台县文联
主　席：蔡　军
山丹县文联
主　席：梁积林
副主席：郭　勇
肃南裕固族自治县文联
主　席：安雪琴

庆阳市文联

主　席：秦应平
副主席：范润龙、郭　云、安文丽、安　石
地　址：庆阳市西峰区庆州西路1号
邮　编：745000
所属各区县文联：
西峰区文联
主　席：吴立华
书　记：吴佳霖
副主席：王天宁、杨　潇
秘书长：苏瑞华
庆城县文联
主　席：田治江
副主席：王立军
环县文联
主　席：周爱军
副主席：董文瑞、贾继智、薛　亮、张志怀
华池县文联
主　席：白世虎
副主席：徐向钊
合水县文联
主　席：付瑜莉
副主席：吴康军
正宁县文联
主　席：史彩英
副主席：雷亚龙、邢志超
秘书长：陆一峰
宁县文联
主　席：南仁民
副主席兼秘书长：高自珍
副秘书长：张红娟
镇原县文联
主　席：杨佩彰
副主席：张占英

平凉市文联

主　席：李世恩
副主席：杨学松
地　址：平凉市文化出版局院内
邮　编：744000
所属各区县文联：
崆峒区文联
主　席：邸广平
泾川县文联
主　席：樊晓敏
灵台县文联
主　席：邵小平
崇信县文联
主　席：闫小杰
华亭县文联
主　席：朱　平
庄浪县文联
主　席：王亚彬
副主席：文春霞
静宁县文联
主　席：陈保全

定西市文联

主　席：常　青
副主席：牛　忠、郭建民、
纪检副主席：刘向东、
副主席：史彦明、张卫平、田向农、杜建君、周　勇
秘书长：牛　忠
副秘书长：雷　鸣
地　址：定西市安定区新区行政综合楼0455室
邮　编：743000
所属各县文联：
临洮县文联
主　席：李廷凤
岷县文联
主　席：史学华
渭源县文联
主　席：姬小平
陇西县文联

主　席：窦根教

漳县文联

主　席：张向前

通渭县文联

主　席：何小林

陇南市文联

主　席：毛树林

地　址：陇南市文联

邮　编：746000

所属各区县文联：

武都区文联

主　席：赵元朋

宕昌县文联

主　席：刘　辉

康县文联

主　席：李永康

副主席：田文德

成县文联

主　席：张剑君

秘书长：贺朝举

文县文联

主　席：刘长江

西和县文联

主　席：张　惠

副主席：王　龙

礼县文联

主　席：陈睿达

两当县文联

主　席：罗天骛

徽县文联

主　席：杨晓霞

副主席：荆秀成、岳克荣

临夏回族自治州文联

主　席：韩小平

副主席：马向真、高志俊

秘书长：张晓东

地　址：临夏市新华街州政府统办楼3楼

邮　编：731100

所属各市县文联：

临夏市文联

副主席：郑小明

永靖县文联

副主席：何其刚、魏玉玺

秘书长：孔云儿

东乡族自治县文联

主　席：马忠华

临夏县文联

主　席：杨如刚

和政县文联

主　席：马　洪

副主席：朱旭龙、罗鑫

秘书长：朱旭龙

康乐县文联

主　席：刘建宁

副主席：周建刚

广河县文联

主　席：马琴妙

副主席：马晓路、吴正湖

秘书长：吴正湖（兼）

积石山县文联

主　席：马德虎

甘南藏族自治州文联

党组书记、主席：王永久

副主席：李　城

地　址：甘南州合作市腾志街111号甘南州文联

邮　编：747000

临潭县文联

主　席：敏奇才

舟曲县文联

主　席：张　斌

迭部县文联

主　席：王维东

玛曲县文联

主　席：拉毛扎西

碌曲县文联

主　席：伦磋妹

合作市文联

主　席：石祥潮

青　海　省

所属各协会：

舞蹈家协会

主　席：增　太

文联文学创作研究室

主　任：贾一心

美术家协会

主　席：王利峰

常务副主席兼秘书长：王筱丽

音乐家协会

主　席：马玉宝

副主席兼秘书长：苍海平

西宁市文联

主　席：汪生鲸

副主席：阿朝阳

地　址：西宁市黄河路90号

邮　编：810001

所属县文联

湟中县文联

主　席：魏廷祥

海东市文联

主　席：李永新

专职副主席：马英健

秘书长：张臻桌

地址：平安区平安大道204号

邮编：810699

所属各区县文联：

平安区文联

主　席：沈延昭

专职副主席兼秘书长：王昌雄

乐都区文联

主　席：周尚俊

副主席：武新秦

民和回族土族自治县文联

主　席：马晓晨

互助土族自治县文联

办公室主任：李永虎

化隆回族自治县文联

主　席：李成虎
秘书长：张秀青
循化撒拉族自治县文联
主　席：马秀芬

海北藏族自治州文联
副主席：杜官却
常务副主席兼秘书长：
赵元文（原上草）
地　址：海北藏族自治州农牧科技大楼3楼
邮　编：810200
所属各县文联：
海晏县文联
驻会副主席：杨淑贞
祁连县文联
主　席：马安义
驻会副主席兼秘书长：聂文虎
刚察县文联
主　席：三　宝
副主席：鲁海波
门源回族自治县文联
主　席：冯佳菊

海南藏族自治州文联
主　席：孔占伟
地　址：海南藏族自治州共和县恰卜恰镇团结北路23号
邮　编：813000
所属县文联：
贵德县文联
主　席：俄毛却
常务副主席：胡跃岗
秘书长：解世强

黄南藏族自治州文联
主　席：仁青多杰
地　址：黄南州同仁县隆务镇夏琼中路16号
邮　编：811300

果洛藏族自治州文联
主　席：沙日才
副主席：格满周
地　址：果洛藏族自治州文联
邮　编：814000

玉树藏族自治州文联
主　席：彭措达哇
专职副主席兼秘书长：任青战德
地　址：玉树藏族自治州文联
邮　编：815000
所属各协会
作家协会
主　席：江洋才仁
秘书长：秋加才仁
摄影家协会
主　席:冶青林
秘书长：更尕拉毛
格萨尔研究协会
主　席：土丁久乃
秘书长：索南多加
美术家协会
主　席：扎　尕
秘书长：郑万里
音乐家协会：
主　席：才仁巴桑
秘书长；索南扎巴
舞蹈家协会
主　席：普布永措
秘书长：李　玲

海西蒙古族藏族自治州文联
主　席：斯琴夫
副主席：彤子岐
调研员：郭占雄
地　址：海西州德令哈市长江路11号
邮　编：817099
所属各市文联：
德令哈市文联
主　席：黄　雄
格尔木市文联
主　席：贺西京

宁夏回族自治区

银川市文联
主　席：郭文斌
党组书记副主席:张秉东
副主席：赵　杰
秘书长：孔德超
地　址：银川市金凤区北京中路166号
邮　编：750011
所属各市县文联：
灵武市文联
主　席：王学江
副主席：俞学保
永宁县文联
主　席：王学东
贺兰县文联
主　席：郭春杰
副主席：吴惠霞
兴庆区文联
主　席：赵菊芬
西夏区文联
主　席：朱立红
金凤区文联
主　席：勉彩凤

石嘴山市文联
党组书记、主席：戎　炜
副主席：李卫宁、丁淑萍
地　址：石嘴山市行政中心
邮　编：753000
所属各县区文联：
平罗县文联
主　席：岳昌鸿
惠农区文联
主　席：吴　亮

吴忠市文联
主　席：白建国
副主席：张月琴、赵凯升
地　址：吴忠市利通区朝阳

东街110号
邮　编：751100
所属各区市县文联：
利通区文联
主　席：马铁马
红寺堡区文联
主　席：傅国胜
青铜峡市文联
主　席：李志琴
盐池县文联
主　席：张　玮
同心县文联
主　席：马剑龙

固原市文联

主　席：杨凤军
副主席：杨凤军、郭　宁
秘书长：单永珍
地　址：固原市行政中心
邮　编：756000
所属各区县文联：
原州区文联
主　席：马明君
副主席：王小军
西吉县文联
主　席：毛兆平
副主席：陈　静
隆德县文联
主　席:李志勇
副主席：张来平
彭阳县文联
主　席：杜占山
泾源县文联
主　席：马　玲

中卫市文联

主　席：谈　柱
副主席：麦振江
地　址：中卫市沙坡头区市行政中心3楼338室
邮　编：755000
所属各县文联：
中宁县文联
主　席：王海荣
海原县文联
主　席：包国城

新疆维吾尔自治区

伊犁哈萨克自治州文联

党组书记、副主席：甄敬庭
主　席：巴合提·木哈买提汗
党组副书记：李　钰
副主席：帕尔哈提
地　址：伊宁市解放南路72号
邮　编：835000
所属各市县文联：
伊宁市文联
副主席：伊力夏提
秘书长：常秀玲
伊宁县文联
主　席：提邦国
奎屯市文联
主　席：田新梅
霍城县文联
主　席：单保久
察布查尔锡伯自治县文联
主　席：关晓军
副主席：那　英
新源县文联
主　席：张金领
特克斯县文联
主　席：谷明江
尼勒克县文联
主　席：李正太

塔城地区文联

党组书记、副主席：张东明
主　席：叶鲁拜·阿布里哈森
秘书长：杨　军
地　址：塔城市光明路137号
邮　编：834700
所属各市县文联：
塔城市文联
主　席：刘　宁
额敏县文联
主　席：郭万贤
托里县文联
主　席：王作强
乌苏市文联
主　席：李爱成
和布克赛尔蒙古自治县文联
主　席：朝克图
裕民县文联
主　席：汪卫智
沙湾县文联
负责人：邱　平

阿勒泰地区文联

主　席：阿海·卡德尔汗
副主席：高海滨
地　址：阿勒泰市团结路593号
邮　编：836100
所属各市县文联：
布尔津县文联
主　席：杜曼·赛依丁
福海县文联
主　席：李荣华
副主席：吾介提·达列力汗
富蕴县文联
主　席：叶尔肯别克·哈依沙
副主席：翟全胜
哈巴河县文联
主　席：赛尔江·阿合买提
吉木乃县文联
主　席：蒋阿兰
青河县文联

主　席：罗雪梅
常务副主席：樊　琴

克拉玛依市文联

党组书记：多里坤·吐鲁洪
党组副书记、主席：赵钧海
党组成员、副主席：秦小林
地　址：克拉玛依市友谊路151号
邮　编：834000
所属各区文联：
克拉玛依区文联
主　席：潘宏星
副主席：邢　娟
秘书长：徐浩伦
独山子区文联
主　席：宋志媛
副主席：付剑锋
秘书长：顾　伟

博尔塔拉蒙古自治州文联

主　席：胡　瑛
副主席：李　勇
地　址：博乐市文化南路州直综合楼一号楼二层
邮　编：833400
所属各市县文联：
博乐市文联
主　席：哈力玛
精河县文联
主　席：纪荣朵
温泉县文联
主　席：王淑英

石河子市文联

党组书记、副主席：姚　康
副主席：曲　近、孙　峰、秦建新
地　址：石河子市北三东路1号党政服务中心文联
邮　编：832000

昌吉回族自治州文联

党组书记：刘建军
党组副书记、主席：王建忠
副主席：陈　平、努尔巴哈提
秘书长：许连宝
地　址：昌吉市南公园西路129号州传媒大厦5楼
邮　编：831100
所属各市县文联：
昌吉市文联
主　席：潘莉莉
阜康市文联
主　席：王建忠
木垒县文联
主　席：于峰山
奇台县文联
主　席:徐宝霞
吉木萨尔县文联
主　席：陈立荣
呼图壁县文联
主　席：周友仁
玛纳斯县文联
主　席：熊建新

乌鲁木齐市文联

党组书记、副主席：刘振东
党组副书记、主席：熊红久
副主席：普拉提·艾维祖拉
副主席：白　鹰
秘书长：孔德全
地　址：乌鲁木齐市新兴街5号
邮　编：830092
所属各区文联：
米东区文联
主　席：方惠民

哈密地区文联

副主席：艾海提·依不拉音
地　址：哈密市建国路28号
邮　编：839000
所属市县文联：
哈密市文联
主　席：张西善
副主席：杨　俊、张仁幹、阿不拉·斯地克、唐小龙
巴里坤县文联
主　席：骆春明

吐鲁番市文联

党组书记：李胜开
主　席：马庭宝
副主席：吾买尔江·斯地克
秘书长：刘迎春
地　址：吐鲁番市木纳尔路1268号
邮　编：838000
所属各市县文联：
高昌区文联
主　席：张江成
鄯善县文联
主　席：高　举
秘书长：马忠明
托克逊县文联
主　席：钱龙宁
副主席：唐　杰

巴音郭楞蒙古自治州文联

主席、党组副书记：李首峰
党组书记、副主席：吴国庆
党组成员、
副主席：艾热提·孜利西
副主席兼秘书长：李文忠
地　址：库尔勒市巴音东路文化旅游综合楼
邮　编：841000
所属各市县文联：
库尔勒市文联
主　席：林睦超
焉耆回族自治县文联
主　席：克热木江·卡德尔
尉犁县文联
主　席：唐平亮
副秘书长：姜　博
和静县文联
主　席：郭继峰
秘书长：青格乐
若羌县文联

主　席：陈元江
秘书长：周海军
博湖县文联
主　席：苟秀君
和硕县文联
主　席：贺洪亮
轮台县文联
负责人：李占刚
且末县文联
负责人：张清伟

阿克苏地区文联

党组书记、副主席：刘核云
党组副书记、主席：于洪亚
党组成员、副主席：
方晓林、阿不来提·热合曼
地　址：阿克苏市南大街45号
邮　编：843000
所属各县文联：
阿瓦提县文联
秘　书：颜宏忠
拜城县文联
主　席：刘　斌
常务副主席：陈　钊
库车县文联
副主席：曹庆高
新和县文联
主　席：魏　强
柯坪县文联
主　席：古丽扎·木合塔尔
常务副主席：艾沙江·吐尔地
沙雅县文联
常务副主席：
古丽巴克热木·买买提

克孜勒苏柯尔克孜自治州文联

党组书记：吐尔逊·尼亚孜
主　席：朱玛克·卡德尔
副主席：池　光
秘书长：李　莉
地　址：阿图什市帕米尔路西4院
邮　编：845350
所属各市县文联：
阿图什市文联
主　席：阿不力孜·阿布来提
副主席：詹　琦
阿克陶县文联
主　席：西热万古丽
乌恰县文联
党组书记：胡少武
主　席：托乎托努·阿吉白克
阿合奇县文联
党组书记：陈　伟

喀什地区文联

党组书记：郑　重
副主席：帕夏古丽•赛迪尔丁
调研员：多力坤·毛拉尤夫
办公室主任：艾斯卡尔·木沙
地　址：喀什市解放南路264号
邮　编：844000
所属各市县文联：
莎车县文联
主　席：买图尔迪·沙吾尔
巴楚县文联
主　席：韩楚柏
喀什市文联
主　席：茹军风
泽普县文联
主　席：王胜利

和田地区文联

主　席：多力昆·吾守尔
副主席：吾布力·阿西木
　　　　李长友
秘书长：孙　冀
地　址：和田市昆仑路1号
邮　编：848000
所属各县文联；
墨玉县文联
主　席：图尔逊巴克·托合提
常务副主席：
阿依麦麦提·萨依普
于田县文联
主　席：热依木·尼牙孜
常务副主席：
买图送·吾不力卡斯木

新疆公安文联

副主席：阿里木·阿塔吾拉
　　　　张玉波、孙贵芬
秘书长：常德丛
地　址：乌鲁木齐市黄河路58号
邮　编：830099

新疆检查官文联

主　席：杨肇季
副主席：张彩霞、
　　　　多力坤·玉素甫
秘书长：吕立峰
地　址：乌鲁木齐市建国路
　　　　122号
邮　编：830002

新疆生产建设兵团

第一师阿拉尔市文联

师党委常委、副师长：张跃勇
主　席：谷水清
副主席：李沙平
秘书长：冯思思
地　址：阿克苏市
邮　编：843000

第二师铁门关市文联

师党委常委副政委：梅桂萍
主　席：辜丽香
地　址：库尔勒市人民西路

邮　编：841000

第三师图木舒克市文联

师党委常委副政委、
组织部部长：张新辉
主　席：谢家贵
副主席：傅宣辉、热依汗、
　　　　吐拉洪、刘皖新
秘书长：杨　蕊
地　址：喀什市克自都维路
　　　　440号
邮　编：844000

第四师文联

师党委副书记、
副师长：丁　憬
副主席：刘灿霞
地　址：伊宁市
邮　编：835000

第五师双河市文联

师党委常委副政委：余兰萍
主　席：何其标
地　址：博乐市
邮　编：833400

第六师五家渠市文联

师党委常委、副师长：梁　佷
主　席：李仁彬
副主席：王　湃

第七师文联

师党委常委副政委、
组织部部长：景建英
副主席：熊干辉、耿新豫
秘书长：张新荃
地　址：奎屯市
邮　编：833200

第八师石河子市文联

师党委常委副政委：孙长青
党组书记：姚　康
副主席：孙　峰、秦建新、
　　　　曲　进
地　址：石河子市
邮　编：832000

第九师文联

师党委常委兼副师长：吕国柱
副主席：李志俊
副秘书长兼豫剧团团长：魏　炜
地　址：额敏县
邮　编：834000

第十师北屯市文联

师党委常委兼副师长：魏国庆
主　席：张军旗
地　址：北屯市
邮　编：836000

建工师文联

师党委常委兼副政委、
组织部部长：熊诗龄
党组书记：柳亚军
主　席：张国成
地　址：乌市河滩北路57号
邮　编：830011

第十二师文联

师党委常委兼副政委、
政法委书记：张小一
主　席：卢国荣
地　址：乌市北京南路160号
邮　编：830011

第十三师文联

师党委常委兼副政委、
组织部部长：张明胜
主　席：王善让
秘书长：白　雪
地　址：哈密市
邮　编：839000

第十四师文联

师党委常委兼副政委：王想平
副主席：于忠胜
地　址：和田市
邮　编：848000

石河子大学文联

党委副书记：夏文斌
主　席：桑　华
副主席：王怡平、李　军
秘书长：李　军
地　址：石河子市
邮　编：830002

塔里木大学文联

党委书记：王选东
主　席：闫祥林
副主席：王成涛、秦泽红
地　址：阿拉尔市
邮　编：843000

兵团公安局文联

党委委员、
政治部主任：侯建良
主　席：侯建良
秘书长：姜凌峰
地　址：乌鲁木齐市光明路
　　　　19号
邮　编：830002

兵团法院文联

副主席：何利疆、孙新民、
　　　　朱德民、聂瑞平、
　　　　尚　争、王立文、
　　　　胡建民
秘书长：苏永忠
地　址：乌鲁木齐市建设路
邮　编：830002

兵团作家协会

名誉主席：石　河、虞翔鸣
主　席：丰　收
副主席：秦安江、钱明辉、
　　　　郭晓力、曲　近、
　　　　程相申
地　址：乌鲁木齐市光明路
　　　　196号
邮　编：830002

兵团美术家协会

名誉主席：王惠仪
主 席：于云涛
常务副主席：秦建新
副主席：刘玉社、段保国、武怀扬、万里明
地 址：乌鲁木齐市光明路196号
邮 编：832002

兵团摄影家协会

名誉主席：宋志国、郭成云、马新业、王 真
主 席：闫波成
常务副主席：梁 斌
副主席：李春林、刘江辉、景 俊、谷水清、刘 跃、耿新豫
地 址：乌鲁木齐市光明路196号
邮 编：830002

兵团书法家协会

主 席：孙 峰
副主席：王怡平、孙朝晖、熊建军、运其瑞、李仁彬、张高鹏
地 址：乌鲁木齐市光明路196号
邮 编：832000

兵团戏剧家协会

名誉主席：姚承郧、马秀佩
主 席：申 健
副主席：王 瑛、徐爱华、韩 晋、任桂花、谢 文、刘皖新、魏 炜
地 址：乌鲁木齐市光明路196号
邮 编：830002

兵团舞蹈家协会

名誉主席：徐梅花
主 席：蒋 玫
副主席：钟兴梅、卡美力、张国庆、刘红文、李向阳、郭 旗
秘书长：巩静洁
地 址：乌鲁木齐市光明路196号
邮 编：830002

兵团杂技家协会

主 席：冯晓玲
副主席：辛 薇、万 璞、白雨来、郑志伟、吴 军、陆建新
地 址：乌鲁木齐市光明路196号
邮 编：830002

兵团音乐家协会

名誉主席：宫积冰
主 席：吴 军
副主席：贾 江、石 明、孙 明、刘希里、赵国华、晋坤明、夏 明、陈 磊
地 址：乌鲁木齐市光明路196号
邮 编：830002

兵团电影电视艺术家协会

名誉主席：韩天航
主 席：代立民
副主席：王安润、田徐繁、孟新春、孙丽杰、王新宏、张 生、周康芬、王 伶、何新民
地 址：乌鲁木齐市青年路339号
邮 编：830002

兵团诗词楹联家协会

名誉主席：星 汉、刘平俊、谭平祥、凌朝祥
主 席：王瀚林
常务副主席：陶大明
副主席：梁文源、李来旺、陈 鹏、唐世政、朱秋德
秘书长：刘乐礼
地 址：乌鲁木齐市光明路196号
邮 编：830002

兵团民间文艺家协会

名誉主席：陈 平
主 席：薛 洁
副主席：廖肇羽、谢家贵、肖 帅、任新农、安占国、李永梅、戴军辉、杨新平
秘书长：李永梅(兼)
地 址：乌鲁木齐市光明路196号
邮 编：830002

兵团曲艺家协会

主 席：张爱国
副主席：杨迪中、章志明、韩 晋、冯爱国、白庆胜、张国庆、张 军
秘书长：杨迪中（兼）
地 址：乌鲁木齐市光明路196号
邮 编：830002

兵团文艺志愿者协会

主 席：苗 宏
副主席：梁 斌、王建昌、代立民、冯晓玲、申 健、吴 军、张爱国、闫波成、徐爱华、陶大明、蒋 玫、薛 洁
秘书长：梁 斌（兼）
地 址：乌鲁木齐市光明路196号
邮 编：830002

索　引
INDEX

汉语拼音索引

D

E

F

G

H

J

K

L

M

N

P

Q

R

S

X

Y

Z

数字索引

标点符号索引

贵州省黔剧院

2010年，贵州文艺院团经历了文化体制改革，贵州省黔剧团成为贵州唯一保留事业编制的文艺院团，并更名为贵州省黔剧院，但是，事业身份并没有让黔剧人安于现状、停滞不前。如今，我们正在抓紧将黔剧的经典剧目和唱腔片段等建立完整的数据资料库，在国家非物质文化遗产数据录入系统、黔剧微信平台、黔剧画册、黔剧光碟、黔剧邮票等多方面保存推广黔剧。

此外，我院积极探索，率先打破戏曲历来单一的授徒传承模式，与中国戏曲学院附中携手，联合在京开办为期6年的专业黔剧班。一方面，接受国家戏曲系统基本功使他们戏曲视野更开阔，基础更牢靠。另一方面，又能得到黔剧院组织的前几代老师们的统一授课，使学员们在校期间就能更快、更好的融入进黔剧的艺术氛围之中。

黔剧院的领导班子集思广益，准确分析目前贵州文化市场的前景，积极探索市场发展的道路，得出的结论是要想在贵州这块土地上真正让观众买票走进剧场，目前是相当困难的，而我们首先要做的就是培育观众，培育市场，以前各院团排演的大型剧目，投资都在上百万元，而大部分都是为了评奖而排演，演几场后就刀枪入库。其实并不是剧团不想演，而是没有票房演一场亏一场。这些都是困扰院团的病垢，这就不得不让我们反思原因何在？原因就在于我们对戏曲的普及推广不够，老百姓对戏曲不了解不喜欢，而当你邀请他们到剧场安安静静的看完一出大戏后，他们会觉得很好看，很好听，原来我们的戏曲特别是我们的地方戏是这样的！这就让我们找到了困扰我们的原因，那就是我们的宣传、推广、普及地方戏曲工作做得不好甚至没有！为此，贵州省黔剧院决定开拓思路，大胆创新，通过舞台、电视媒体、平面媒体以及新媒体向贵州人民推广普及宣传黔剧，怎样才能让贵州人都会唱黔剧呢？一定要综合利用这些媒体平台来进行全民推广，而推广的手段是什么呢？首先要让老百姓了解地方戏并喜欢地方戏会唱地方戏，他们才会掏钱买票走进剧场，同时还要兼顾到老、中、青、少的群众基础，如今是快节奏的年代，黔剧就应该适当推出时间短、节奏快、诙谐而又幽默的有关百姓生活的黔剧小品。2013年贵州省黔剧院《贵州黔剧开心剧场》正式推出，《贵州黔剧开心剧场》是黔剧探索性的一种新型黔剧小品表现形式，以贴近人民群众的表演、明星效应和固定的表演时间和小剧场等宣传手段让地方戏曲走进观众当中。

根据国发办（2015）52号《关于支持戏曲传承发展的若干政策》文件精神，体现了对于加强戏曲保护与传承，加大戏曲普及和宣传、扩大戏曲社会影响力的中心内容。为推广普及宣传国家级非物质文化遗产黔剧，贵州省黔剧院经过与贵州广播电视台洽谈，决定以贵州省文化厅、贵州文化演艺集团以及贵州广播电视台来联合出品打造、宣传贵州文化、宣传贵州地方戏曲。由省黔剧院和贵州广播电视台联合拍摄制作国内首部大型60集戏曲情景喜剧《欢乐黔剧》。

本剧以讲述贵州黔剧人为打造大黔剧，弘扬本土文化、振兴地方戏曲而努力奉献的故事，全剧以轻喜剧的形式让观众了解黔剧、喜爱黔剧，拍摄内容将涵盖演艺集团和各院团的发展，让贵州人民了解院团排练演出工作的艰辛，了解院团剧目排演、人才培养等工作的创新机制，让更多的贵州百姓都会吟唱黔剧，达到耳熟能详，起到推广普及黔剧的作用，为黔剧事业培养和打造一批具有较高知名度的本土明星，为黔剧的可持续发展打下坚实的基础。

2014年10月15日，习近平总书记在北京主持召开文艺工作座谈会并发表重要讲话，特别指出，要繁荣文艺创作、推动文艺创新。习总书记的重要讲话为黔剧的发展指明了道路，在认真学习习总书记讲话并结合贵州文化产业大发展、大繁荣现状基础上，黔剧的普及推广有了新的方向，《欢乐黔剧》的拍摄，应时而生，应景而为。

《欢乐黔剧》拟在摄制、播出、发行等方面注入新兴的运行机制。借助互联网、大数据统筹、资源共享，把《欢乐黔剧》的播出、推广、发行同步网络，线上线下同步热炒、热播。引领黔剧在互联网时代的传播热潮，独树黔剧在中国众多剧目中的“一枝独秀”。

《欢乐黔剧》旨在重塑一个“剧”：黔剧，重拾黔剧在黔中大地的风采和辉煌；打造一群“人”：优秀黔剧人，通过《欢乐黔剧》，发现、包装、打造一群优秀黔剧人，使之成为老百姓最受欢迎的黔剧明星；演好一台“戏”：黔剧剧目，在《欢乐黔剧》的剧本撰写及其拍摄上，着力挖掘优秀剧目，让最优秀的黔剧剧目在中国各大剧种、各大剧场中脱颖而出。在经过电视、网络等媒体推广后，将推出《欢乐黔剧》系列舞台剧，进行市场运作，面向观众、面向市场售票演出。

《欢乐黔剧》在贵州电视台的首轮播出完毕后，《欢乐黔剧》将出版发行光盘及外卖其他电视台播出，在《爱奇艺》等网络平台播出后可在点击率上面进行分成，外卖其它电视台也可以在广告时段进行分成，能够进行市场化运作，取得一定的经济效益。

《欢乐黔剧》打造出的本土明星也将为黔剧的发展起到推进作用，《欢乐黔剧》所有演员均为黔剧院的演员，拍摄前都与黔剧院签订协议，黔剧院为每一位演员定好今后的市场价格，每一位演员的对外演出都与剧院分成，剧院为演员提供需要的服务和后勤保障，通过包装出来的明星效应，黔剧院可以承接大量的演出，真正走出一条市场创新之路。

艺术贵在创新，创新才能发展。黔剧人把多元文化市场的挑战视为机遇，充分利用戏曲得天独厚的艺术资源，破解难题、探索创新，逐渐使黔剧从社会舞台走向空中舞台，拓宽思路，广视野，聚人材，广采博纳。以剧场艺术为生存发展的根据地，以黔剧艺术的样式，拍摄出多集电视情景喜剧，将触角运转到电视、网络媒体市场。不断的培育观众、培育市场，多条腿走路，狠抓剧本创作，并加强对传统剧目的挖掘整理，时刻不忘在继承的基础上创新，在创新的基础上推动传承，使黔剧这朵奇葩在未来的明天开得更加鲜艳美丽，让黔剧名副其实地真正成为贵州文化艺术事业的重要构成部分。

6. 西南民族大学艺术学院教师合影。
7. 艺术学院艺术团赴台湾交流。
8. 高小华油画《赶火车》。
9. 中国民族声乐敦煌金奖作品《阿嫫妞妞》。
10. 参加奥中两国文化交流维也纳金色大厅音乐会演出。

学院拥有心韵、神韵、舞韵、琴韵、雕塑楼等教学楼及新星剧场音乐厅，现代化的艺术教育设施及实习实践设备一应俱全，办学条件优越。学院与中央民族歌舞团、成都军区战旗文工团、四川美术出版社、民族出版社、少儿出版社、四川省歌舞剧院等单位联合共建多个实习基地。并在世界著名风景区——九寨、黄龙沿线、丹棱“大雅堂”等地建立了功能齐全的教学实习基地。

为实现学校制定的“建设有特色、现代化的一流民族大学”发展总目标，艺术学院制定了“民族特色，艺术创新，走向世界”的学科专业定位。努力开创教学、科研、创作、表演四位一体，多元互动，协调发展的新局面。力争把西南民族大学艺术学院建设成为特色鲜明、质量过硬、优势突出、在西部乃至全国有较大影响的一流艺术学院。

近几年，全院上下凝心聚力、励精图治，教育教学质量不断提高，教学方面取得了喜人的成绩，先后获得了由教育部艺术教育委员会颁发的“全国学校艺术教育先进单位”，由中央统战部、国家民委颁发的民族团结宣传画征集评选活动“最佳组织奖”，由四川省少数民族艺术节、四川大学生艺术节颁发的“优秀组织奖”等众多奖项。穆兰院长获得了由中共中央宣传部、人力资源和社会保障部、中国文联联合颁发的“全国德艺双馨文艺工作者”的殊荣。充分体现了国家对艺术工作者的重视、尊重和关心。

同时，学院鼓励学生积极参加国内各级各类的各种活动、赛事，学院发展因此而流光溢彩、硕果累累。学院学生先后在全国大学生艺术节、少数民族艺术节、大学生戏剧节、“文华奖”、“桃李杯”等重要赛事中屡获大奖。学院自成立以来，已经向社会输送了6000多名艺术类高级人才，他们分别在不同行业和领域里找到了自己的人生定位，折射出西南民族大学艺术学院的品牌价值和社会贡献。

湖南省杂技艺术剧院有限责任公司

中国湖南省杂技团成立于1959年，属政府财政差额拨款事业单位。2012年转企改制为湖南省杂技艺术剧院有限责任公司，经过几十年的努力，已发展成为我国有较强影响力和竞争力的杂技劲旅。现任董事长：刘军科。

公司演职人员116名，其中高级职称42人。机构设置为八个部门：综合办公室、人力资源部、资产财务部、演出团、艺术创作部、市场营销部、学员培训部、国际培训部等国有专业艺术表演团体。

公司50多年来，在继承我国民间传统艺术的基础上，经过长期的艺术实践，大胆创新，不断追求综合艺术的完美，创造出一大批具有鲜明时代气息和浓郁民族特色的杂技节目，培养了一批批优秀杂技艺术人才，近年来在国际国内舞台频繁演出，享誉盛名，湖南省杂技艺术剧院有限责任公司已成为一张耀眼的湖南对外文化名片！

2009年一台以"湘魂、湘韵、湘情"、湖湘文化为主题的杂技晚会《芙蓉国里》在第三届湖南艺术节开幕式成功首演，荣获"促进文化发展突出贡献奖"；

2012荣获首届湖南省文学艺术奖。

经过两年多的精心策划和筹备组织，我们重新修改打造的升级版大型旅游项目多媒体梦幻杂技剧《芙蓉国里》作为我省唯一以杂技为主体的文化旅游精品艺术晚会再度参加2012第四届湖南艺术节田汉优秀剧目展演中荣获得——田汉优秀剧目奖。

大型原创杂技剧《梦之旅》荣获2015年国家文化艺术基金重点扶持项目，并荣获2015年"第五届湖南艺术节"——田汉特别奖。

公司创作的杂技艺术作品在国际国内各类杂技大赛中荣获过30多个奖项；曾先后50多次应邀赴美国、德国、英国、法国、加拿大、意大利、瑞典、墨西哥、西班牙、瑞士、荷兰、葡萄牙、日本、土耳其、印尼、斐济、喀麦隆、几内亚、尼日利亚、新西兰、澳大利亚、叙利亚、摩洛哥、哥伦比亚、厄瓜多尔、卡塔尔等60多个国家和地区演出。

大型杂技主题晚会《芙蓉国里》

大型杂技主题晚会《芙蓉国里》"抖杠"

大型杂技主题晚会《芙蓉国里》"转碟"

以全新的创作理念和意识流的创作手法进行编排，以湘魂、湘韵、湘情为载体，将各种杂技技巧的表演融汇风情民俗之中，整台晚会色彩瑰丽，音乐优美，情感浓郁，气势恢宏。

晚会分为《混沌初开》、《衡山僧道》、《桃园密境》、《洞庭飘香》、《和谐潇湘》、《凤仪芙蓉》六幕。

从混沌初始的茅古斯舞到南岳衡山的佛道合一，梦幻的世外桃源到鱼米飘香的洞庭湖。一幕幕美轮美奂的表演，将我团曾在国内外获奖和保留的23个杂技节目巧妙地融合在一台晚会之中。

晚会通过"农耕文化"、"民本思想"述湖湘之情，体现湖湘文化激越而有序、笃实而灵动、浪漫而实际的鲜明地域特征，以湘魂、湘韵、湘情为载体去诠释湖湘千百年来厚重的文化底蕴。

大型杂技主题晚会《芙蓉国里》四人柔术

湖南省杂技艺术剧院大型原创杂技剧——《梦之旅》

这是一个梦，是一个理想，更是一个追求……

一个关于爱的梦……

一个关于青春的梦……

一个关于和平的梦……

梦境中有爱与恨，梦境中有战争与和平，梦境中有死亡与重生……

让青春的力量在梦想的巨轮上，燃烧，奋进，启航！

故事梗概：

星光斑斓中传来凤凰仙子的柔鸣，酣睡的少年在梦境中醒来，他们舞蹈着，交谈着，两情相悦。少年追随着凤凰仙子消失在蔚蓝的大海上。静谧的海底玄宫，太阳之子款款走来，将沉落的太阳收下，将一轮明月送上天空。玉盘银夜的大海，海水带着水中星星轻抚沙滩，如夜明珠闪烁。月亮与星星之女翩翩起舞。

号角齐鸣，梦想玄宫的门开启，少年在凤凰仙子的引领下步入了幸福的乐园，共同融入欢乐的海洋，滑稽小丑穿插其间；水草荡漾，草帽飞扬，洋溢着生命的喜悦；水中精灵从天而降，柔美的身姿，飘逸的长发，撩动着生命热力。

突然，黑色邪魔突袭梦想玄宫，电闪雷鸣，精灵四散，美丽宫阙霎时变成残垣断壁。凤凰仙子落入魔掌，少年和老凤凰奋力解救，被邪魔所擒，小丑被杀害，世界一片黑暗。

凤凰仙子被魔王关进了牢笼，挣扎躲避无济于事，义无反顾地选择了自焚，用生命的火焰燃亮了梦想玄宫。火海中，她的精魂幻化成火光精灵，突破层层光影的干扰，投射到远处悲痛欲绝的少年心中。漆黑的夜里，星光黯淡，哀歌悲惋，这是少年心中太阳鸟的葬礼！沉寂世界里，凤凰仙子的精魂提醒少年，要他到遥远的东方，在太阳初升时候，点亮梦想之光，凤凰仙子就会涅槃重生。这一切都被暗处的邪魔听到。

曙光在前，海涛翻滚，少年化悲痛为力量，与邪魔展开了厮杀，他将利剑插入邪魔胸膛，勇敢地高举梦想之火。霎时，星光与日光相撞，百鸟和鸣，祥光万道，凤凰仙子涅槃重生，万物复苏，爱人重逢。鼓号齐鸣，一艘载满梦想的巨轮向着东方，扬帆启航。

大型原创杂技剧《梦之旅》高跷转碟

大型原创杂技剧《梦之旅》集体草帽

大型原创杂技剧《梦之旅》尾声

辽宁歌舞团

出品

梅蘭芳

原创舞剧

舞剧《梅兰芳》简介

梅兰之芳泽兮，润于四海；梦幻之姿韵兮，妙绝人寰。方寸之间的舞台，就是“笼天地于形内”的广袤世界。一颗驿动的心在这里驰骋，达于仙凡两界，涵及芸芸众生。人生就是舞台，众生即为父母，内外兼修的心像外美，乃是侪辈存在的情由。

梦在这里，情在这里，泪在这里，形神百变，人世沧桑，看我一人、一身、一力幻化之无穷。这里是哪儿？我是谁？我干什么来了？心中的叩问无尽无休，心中的梦想包容天地，艺术的女神召唤我不眠不休、无时无刻、冥思苦想在探索、创造的征途上。

路漫漫其修远兮，吾将上下而求索。

他是她，她是他，他是……

出品人/艺术总监/编剧：罗怡春

国家一级艺术指导，
现任辽宁演艺集团董事长，
辽宁演艺联盟董事长，
辽宁演出行业协会会长，
辽宁歌舞团团长。

代表作品：长篇小说《决不放弃》、《北京漂》。
发表剧作：《舞台人生》、《义勇军之恋》、《一步一层楼》

编　导：杨　威

空政文工团创作员，
国家一级编导，

2008年第十三届残奥会开幕式任执行副总导演，2011年中央台春节晚会任舞蹈总监，中国舞蹈艺术“突出贡献舞蹈家”称号。

代表作品：舞剧《红梅赞》《文成公主》《女娲补天》舞蹈诗《成长》等

艺术顾问：梅葆玖

作　　曲：刘　彤　　舞美设计：王纪厚
灯　　光：王瑞国　　服装设计：阿　宽
造型设计：贾　雷　　总 监 制：聂灵姝

原创舞剧《梅兰芳》主题曲《花雅禅》

演　唱：霍　尊
作　词：妮　南　　作　曲：刘　彤
特别鸣谢：上海天韵文化发展有限公司

现代工笔画院第四届春季强化创作班师生合影

现代工笔画院工笔画家创作高研班名家、教授讲座现场

现代工笔画院院长王天胜教授为现代工笔画院井冈山写生基地揭牌

2014 法国卢浮宫国际艺术沙龙展，中国现代工笔画院院长王天胜大幅工笔画作品《春晖》获金奖，法国美协主席米歇尔·金为王天胜院长颁奖

现代工笔画院参加第十七届北京艺术博览会

现代工笔画院院长受邀参加乌克兰大使馆活动

现代工笔画院院在澳大利亚悉尼举办“中国著名工笔画家”

现代工笔画院西双版纳写生创作基地揭牌暨现代工笔画新锐小品展开幕式

现代工笔画院赴勐巴拉娜西写生团合影

在西双版纳植物园竹林现场授课

画家们在绿色的草坪、天然的大地毯集体观摩写生与创作稿、进行讲评学术交流

画院组织全国近二百名工笔画家赴西双版纳采风写生。

永嘉昆剧团

永嘉昆剧团是全国七大昆剧院团之一，也是唯一的国有县级昆剧团。成立于1954年，原称温州巨轮昆剧团，1957年更名为永嘉昆剧团，是继承古老的永嘉昆曲艺术的唯一演出团体。

永嘉昆剧是昆剧的一个支脉，以其独特艺术风格，在昆剧大家庭中独树一帜！它是继承了南戏的艺术特色并结合地方戏曲剧种优点而形成的一个珍稀剧种。由于长期扎根民间，永昆具有较强的平民气质，表演风格庄谐并存，粗放与婉约兼顾，一些剧目在全国也是独一无二的，因而深受老百姓欢迎。

永嘉昆剧团曾几经波折，一度被撤销，解体。1999年，在一批热爱昆曲的老艺人努力下，集研究与演出于一体的永嘉昆曲传习所重新成立。2005年6月，永嘉昆剧团恢复建制（与永嘉昆曲传习所合署），并扩大了编制，先后两次向全社会公开招生，一批新人也因此脱颖而出。永昆剧团重组至今，已编排传统剧目大戏15本，折子戏50多出，代表剧目有《张协状元》、《琵琶记》、《荆钗记》、《折桂记》、《金印记》等。并相继出版了《永嘉昆剧》、《〈张协状元〉评论集》、《浙江省非物质文化遗产丛书·永嘉昆剧卷》、《永嘉昆曲十年》。永昆已连续五届参加中国昆剧艺术节会演，多次赴港澳台地区进行文化交流，获得大大小小数十个奖项，得到领导、专家、观众广泛赞誉。

几经波折的永昆，有过辉煌的时候，也曾有过濒临消亡乃至绝迹的危险，但总有一代代对永昆怀有深厚感情的艺人，为之奔波，为之辛勤工作，使之薪火相传，得以繁衍。如今的永嘉昆剧团在各级领导的关怀下，在广大戏迷的厚爱下，顺应文化体制的改革大潮，扬帆竞进，正在走向新的辉煌！

昆剧《荆钗记》

右玉县晋北道情传习所

晋北道情于清代中叶由说唱的叙述体演变为代言体，成为戏曲道情。它继承了古老的传统道情与民间道情曲艺形式，也融合了民歌及小地方的某些音乐成份，同时又兼有地方大戏的部分唱腔曲调。以“唱念做”三功为主。2006年晋北道情被公布为“第一批国家级非物质文化遗产”1958年，右玉县成立了专业道情剧团，2012年改为右玉县晋北传习所，对继承发展道情艺术起了积极作用，成为当地群众喜闻乐见的地方戏曲艺术，形成了道情在雁北地方“乐曲述事道情”流派体系。　新世纪以来，右玉道情剧团在：右玉精神“的鼓舞下，一批新时代的青年人，为继承者一古老的民间艺术，艰苦奋斗。目前，剧团的演职人员54人，常演剧目《王花买父》《六月雪》《莲花庵》《卷席筒》《卖苗郎》《金镯玉环记》连四本、《鸳鸯泪》连四本等。频繁活动于山西北部的朔州、大同、忻州等地，并涉足陕西、内蒙周边市县，是一支颇具活动的地方性表演艺术团体。在国家非物资文化遗产政策的保护下，成立了右玉县晋北道情传习所，进行着传承的项目研究工作，在传承的基础上勇于创新。2013年，在山西省委宣传部和各级政府的大力支持下，排出了大型现代戏《绿色梦》。在右玉晋北道情的发展里程碑上增添了一份光彩。

绿色梦　作品简介

故事发生在古长城脚下右玉的一个小山村。这个自古遭受风沙灾害的地方，生存着一个不屈不挠的村落——黄沙洼。这里的村民自新中国成立六十多年来，在历届政府的号召与带领下，植树造林。

在几代人共创大业的艰难时刻，继夫志拓新路的村支书虎娃妈，迎来了有知识、懂科学的未婚儿媳小萌。一位远离秀美故土云南的姑娘，能否在这荒凉贫瘠的黄沙洼扎根，成了虎娃妈和虎娃以及众乡亲的渴盼。是伟大的母爱，是人间的真爱，是一腔真情热血，激发了这位美丽善良的姑娘留在黄沙洼的信心。小萌终将用自己的青春和科学与黄沙洼人一道共建塞上绿色长城。

演员表

虎娃妈	乔菊霞	小　萌	王艳芬
虎　娃	任瑞平	林书记	王海成
翠　花	郭连连	石　头	马　贵
老　者	王文义	少　女	樊灵风
刘　嫂	曹淑芳	李老汉	郝　荣

伴　舞　池　鸿　丁莉莉等

男女群众若干

四川美术馆新馆落实景图

四川美术馆

四川美术馆新馆于5月落成

5月23日，四川美术馆新馆正式落成，落成仪式暨系列开馆展览开幕式于当日上午10时举行。中共四川省委副书记、宣传部长尹力，副省长黄彦蓉，中国美协主席刘大为，中国美协分党组书记、常务副主席吴长江，中国美术馆副馆长谢小凡，四川省文联党组书记蒋东生，省美协主席阿鸽，省美协常务副主席兼秘书长、四川美术馆馆长梁时民，各兄弟省、市美协、美术馆、画院领导，省内外部分知名艺术家，省直有关部门和大专院校负责人出席了仪式。数百名省内美术工作者、美术爱好者参加了落成仪式。仪式由黄彦蓉副省长主持。

6月1日下午6点10分，中共中央政治局委员、中央书记处书记、中宣部部长刘奇葆在中共四川省委书记王东明的陪同下来到新落成的四川美术馆调研，并参观开馆展览。

四川美术馆是承载四川地区美术事业发展的重要机构，是对地域美术文化研究、传承、收藏和展示的重要基地，也是人民群众文化生活和美术鉴赏活动重要场所。经过多年的发展，四川美术馆现已成为集展览、典藏、研究、教育、交流、服务等多种功能于一体的公益性社会文化事业机构。四川美术馆藏有明、清以来国内大师巨匠的中国画作品500余件；内设的神州版画博物馆所藏的7000余件国内外版画精品更凸显了四川美术馆的馆藏特色。在四川省委、省政府的关心支持下，2010年，四川美术馆新馆建设作为我省重大文化工程开工兴建，历时5年竣工落成。新馆占地11亩，总建筑面积19779平米，高38米，整体造型似“如意”。新馆内设6个展厅，展览面积2646.46平米，固定展线613.01米，移动展线1000余米。学术报告厅可容纳近200人。四川美术馆新馆目前是我国西部地区规模最大的专业美术馆，其开馆运营对于我省美术事业的发展具有重要的促进作用。

6月1日下午，中共中央政治局委员、中央书记处书记、中宣部部长刘奇葆（右二）在中共四川省委书记王东明（左二）的陪同下来到新落成的四川美术馆调研，并参开馆展览。四川省文联、省美协、四川美术馆领导班子作有关情况介绍。

四川美术馆新馆落成仪式现场。

中共四川省委副书记、宣传部长尹力（前排左三），中国美协主席刘大为，四川省副省长黄彦蓉等领导参观开馆展览。

包头市漫瀚艺术剧院

漫瀚剧是党的十一届三中全会以后，在改革开放的时代背景下；在自治区和包头市党政领导的亲切关怀和大力扶持下；在文化部和自治区文化厅的深切关注指导下；在包头市文化艺术界群体的艰辛劳动下而创建的一个新的地方剧种，是我国戏曲百花园中最年轻、最靓丽的一枝艺术奇葩。

1982 年 4 月，内蒙古自治区文化厅召开“二人台艺术改革经验交流会”，提出“振兴二人台，创建新剧种”的口号，并且建议包头市承担创建新剧种的任务。同年，把包头市民间歌剧团，改建为包头市地方戏实验剧团。新剧中的创作正式启动，首先提出了新剧种建设的指导原则：“博采众家之长，化为自身血肉，保持发扬个性，开拓自家道路”。创建新剧种的工作从重点突破音乐开始，对 90 余首二人台经典传统唱腔进行了科学的、细致的分析，并且把蒙古族音乐（长短调）山曲蛮汉调等，具有鲜明的地域特色，和民族特色的音乐为素材，初步选择了“以板式变化为主导”，以曲调组合为基础，兼用专曲的音乐体制。道白为普通话，有机地把蒙汉两族文化融合于一体的戏曲载体。

1986 年早春，漫瀚剧开元戏《丰州滩传奇》应文化部特邀晋京汇报演出，并走进中南海怀仁堂为党和国家领导人演出，这是改革开放后内蒙古第一个走向首都的戏曲剧目，为自治区包头市争得了荣誉。同年 9 月，包头市成功举办“首届漫瀚剧艺术讨论会”，与会专家有吴祖光、李超、何为、王缊明、张先程、马栓柱、等戏曲家、艺术家出席了会议，并给予漫瀚剧很高的评价和肯定。会议期间，时任自治区党政领导刘云山、赵志宏、张灿公及文化厅赵锡钧厅长专程来包，代表自治区党委、政府、文化厅正式为漫瀚剧命名，包头市地方戏实验剧团更名为内蒙古自治区包头市漫瀚剧团。此后，涌现出《丰州滩传奇》、《契丹女》、《东瀛女》、《忠烈碑》、《天职》、《草原·阿妈》、《敕勒川女儿》等一大批优秀剧目。曾三晋京华，两赴福建，南下羊城、西安、柳州，并出访法国、新加坡、马来西亚、泰国、蒙古国、港澳台等国家和地区，所到之处深受好评。先后获得了中宣部“五个一工程奖”；文化部“文华新剧目奖”：主要演员张凤莲荣获中国戏剧第十届梅花奖，第四届文华大奖等荣誉。剧目作为“全国稀缺剧种”被文化部命名为“天下第一团”。

漫瀚剧取名来源蒙古语“芒瀚”，（汉语为“沙丘”之意，意为成长于大漠沙海的艺术之花，汉语意为海海漫漫，瀚海无边）。

甘肃省地方文化艺术交流学会

甘肃省地方文化艺术交流学会成立于2009年，隶属甘肃省文联。下设甘肃省陇韵合唱团、陇韵合唱团室内合唱团，开办了《陇原文萃》杂志、地方文化艺术交流网站。

甘肃省地方文化艺术交流学会成立以来，坚持“突出地方文化特色，充分挖掘地方文化艺术资源，广泛开展地方文化艺术交流活动，促进全省文化工作的开展”的宗旨，围绕中心、服务大局、锐意进取，弘扬社会文化主旋律，传承优秀的地方文化精髓，团结文艺人才，加强对外文化交流，为促进我省华夏文明传承创新区和文化大省建设作出了应有的贡献。学会充分发挥社会组织的作用，不断创新发展，不失时机地组织开张了丰富多彩的社会文化活动，取得了受众面广、影响力大、社会效益显著的良好效果，曾三次被甘肃省文联评为先进社会组织受到奖励。

为了更好地宣传甘肃及敦煌文化，多年来，学会配合省委、省政府举办了一系列文化活动。组织开展了《敦煌组歌》创作工作，此项活动已纳入省华夏文明传承创新区建设规划；多次赴陇南文县、成县开展采风活动，与当地专家研讨挖掘、发展、传播白马民俗文化等思路和方法。组织开展了丰富多彩的合唱演出活动，举办了庆祝建党90周年《阳光颂》、迎接党的十八大《唱支山歌给党听》等合唱音乐会；赴革命老区庆阳、平凉进行慰问演出；参加兰州市委、市政府举办的第四届兰州艺术节；参加文化部主办的“永远的辉煌–第十六届中国老年合唱节”，获得韶韵杯（银）奖。

甘肃汉学书法研究院

甘肃汉学书法研究院，是中国百年来第一家研究汉学书法艺术的社会文化组织，成立于2010年5月，由甘肃省民政厅颁发标牌，被中国社会组织评为3A级单位，合法权利受法律保护。

该院机构健全，学术力量丰厚，教研设施齐全。成立以来已经建立了三套体系即：学术体系；管理体系；联络体系。

旨在寻觅中华万年之久的文字之祖，研究中国书法通体艺术，创立汉学书法体系和敦煌经文书法体系。

近年来，该院由院长谢炎山组团赴西藏、云、贵、青、海南等边远少数民族地区开展公益活动，又赴江、浙、鲁、港、澳、台等地采风取经，2013年谢炎山又率团一行5人赴欧洲德国、捷克、奥地利、瑞士、意大利、梵蒂冈、法国、比利时八国直面考察交流，泼墨挥毫，传播中华精神，交流甘肃地域书法文化艺术，受益匪浅，被多家媒体网站报道。

考察交流团

院址：甘肃省兰州市庆阳路442号
凤鑫大厦17楼
电话：0931-8459416 13893440077
传真：0931-2168777
邮编：730000
邮箱:1981714967@qq.com

揭牌仪式

藏经洞百年

赤壁怀古

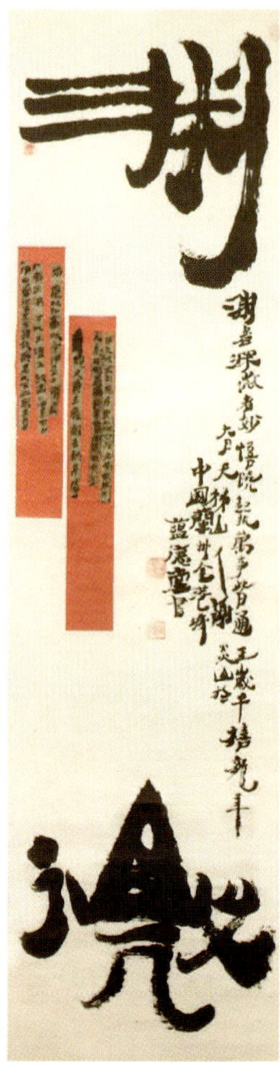

渊微

内蒙古察右后旗乌兰牧骑

内蒙古察右后旗乌兰牧骑成立于1965年9月，是一支具有光荣传统、拥有灿烂历史的基层文艺队伍。属财政全额拨款国家事业单位。40多年来，长期扎根于农村牧区，活跃在基层，始终坚持“二为”方向和“双百方针”，为加强农牧区社会主义精神文明建设、促进基层民族文化事业和经济社会发展、促进民族团结等做出了积极贡献。

内蒙古察右后旗乌兰牧骑在岗在职人员38人，队员平均年龄为25岁，研究生学历2名，大学学历34名，中专学历2名。声乐演员13名、舞蹈演员16名、器乐演奏员9名。每年基层演出达100余场，40多年来先后在国内20多个省市、自治区总计演出5000余场次，其中基层演出达4000场次。被中国文化报亲切称为“根植在察哈尔草原的心连心艺术团”。问渠那得清如许，唯有源头活水来，近几年旗委、政府先后投入800余万对乌兰牧骑进行软硬件升级改造，并屡结硕果。2008年以来每年都成为乌兰察布市春晚的基础演员，2009年歌舞剧《心醉察哈尔》大型民族歌舞晚会，在全市乌兰牧骑汇演中荣获金奖。2010年编排的歌舞剧《察哈尔婚礼》荣获自治区第五届乌兰牧骑艺术节金奖，2011年创作的歌曲《察哈尔家园》、《我爱你乌兰察布》、《我是草原人》等均获国家级创作大奖。2011年打造的察哈尔宫廷音乐“阿斯尔”演奏，经过文化部专家组测评后考核，我旗被文化部命名为“中国民间文化艺术之乡”，2011年《察哈尔婚礼》入选全市第三批“非遗”目录后，《察哈尔婚礼》参加第九届中国内蒙古草原文化节，被作为草原精品剧目在全国推广。2012年被评为全市乌兰牧骑建设“先进集体”、参加第九届中国蒙古族服装服饰大赛，荣获二等奖、2012年内蒙古自治区第十一届精神文明建设“五个一工程”奖评选揭晓，《察哈尔婚礼》荣膺全区“五个一工程”奖。积极传承、弘扬、研究、挖掘察哈尔文化，2012年我旗被授予自治区“一旗一品”文化品牌旗县、“内蒙古察哈尔文化研究开发保护基地”，2013年被评为全市“五四”红旗团支部（总支）、编排民族歌舞晚会《察哈尔恋歌》参加2013年全市乌兰牧骑汇演，总分排名第一、奖项排名第一，集体、个人奖项共计15项，创历史新高。创作歌曲《最美察右后旗》荣获优秀创作奖、2013“美丽中国”大型音乐展演活动，全国总评词曲金奖、荣获2013年乌兰察布市民族团结创建活动“示范单位”、察右后旗民族团结“模范集体”荣誉称号。2014年被评为全市“文艺创作、惠民演出”先进集体、荣获乌兰察布市第一届“五四青年集体奖状”称号。2014年被自治区文联授予“内蒙古蒙古剧创作实验基地”，成为集宁师范学院“教学实践基地”。作品《火山草原察哈尔人》荣获自治区首届“道尔吉钦”杯楚拉嘎好来宝大赛二等奖、新创歌曲《相聚白音察干》荣获词曲创作金奖，因他多年来深耕基层创作，组委会为他颁发了“2014歌曲创作杰出成就奖”、由旗委宣传部推选的歌曲《我思恋的草原》（李燕东词曲）、舞蹈《赛白奴》（特日格勒编舞）两部作品荣获全市第五届精神文明建设“五个一工程”入选作品奖。2015年乌兰牧骑编排的大型蒙古剧《忠勇察哈尔》成为自治区党委宣传部重点扶持剧目，同时成功入选中国内蒙古第十二届草原文化节优秀展演剧目，荣获编剧、导演、作曲等五项大奖。参加乌兰察布市“中国草原避暑之都”旅游贸易洽谈会专场演出，应邀参加庆祝新疆维吾尔自治区成立60周年暨博尔塔拉州“草原那达慕”文艺演出。10份应邀参加在北京举办的第四届中国少数民族戏剧会演，荣获优秀剧目奖、编剧、导演、作曲、表演奖集体、个人15个大奖。创作歌曲《察哈尔草原等你来》在“放飞中国梦·相聚在北京”2015全国大型音乐展演盛典荣获词曲创作金奖。

内蒙古察右后旗乌兰牧骑成为宣传草原、赞誉家乡的重要平台，成为外界了解察右后旗的重要窗口，为弘扬民族文化、宣传本地区做出了积极贡献。

让内蒙古察右后旗乌兰牧骑精神永放光芒，让这面社会主义文艺战线上的旗帜永不褪色，永远鲜亮夺目！

丝路粤韵

海上丝绸之路大型民族交响套曲音乐会

【主创团队简介】

艺术总监/作曲家　　赵季平

著名作曲家、教授、博士生导师，现任中国音乐家协会主席，陕西省文联主席，西安音乐学院院长，中国电影音乐学会会长，国家有突出贡献专家。

作曲家　　景建树

著名作曲家，国家一级作曲、指挥，济南军区前卫文工团艺术指导，享受国务院特殊津贴专家。

作曲家　　张　坚

著名作曲家，国家一级作曲，中国音乐家协会会员、中国合唱协会理论创作委员会副主任、四川省合唱协会常务理事、副秘书长、四川师范大学音乐学院教授。

作曲家　　韩兰魁

著名作曲家，西安音乐学院副院长、作曲系教授，国家教育部高等院校教学指导委员会委员，中国音乐家协会创作委员会委员，陕西省音乐家协会副主席兼创作委员会主任，享受国务院政府特殊津贴专家。

作曲家　　房晓敏

著名作曲家，广州星海音乐学院作曲系主任、教授、硕士生导师，中国音乐家协会会员、中国民族管弦乐学会创作委员会副主任、广东省音乐家协会理事、广东省民族管弦乐学会副会长。

作曲家　　张晓峰

著名作曲家，中国音乐家协会会员，广东省民族管弦乐学会副会长，现任华南理工大学艺术学院作曲教授。

作曲家　　蓝程宝

著名作曲家，广州交响乐团驻团一级作曲家、星海音乐学院岭南音乐基地专家、广西艺术学院客座教授。

【主演团队简介】

音乐总监/首席指挥　　张　列

中国音乐家协会会员、中国民族管弦乐学会常务理事、中国指挥专业委员会副会长、国家一级指挥，现任中国广播电影交响乐团、广播民族乐团常任指挥及乐团创作研究室作曲，广东民族乐团音乐总监兼首席指挥。

主　演　　陈佐辉

著名鼓乐演奏家，国家一级演奏员，文化部优秀专家、广东省中青年德艺双馨艺术家，现任广东民族乐团团长、广东省打击乐学会会长、广东省民族管弦乐学会副会长、中国民族管弦乐学会常务理事兼打击乐专业委员会副会长。

主　演　　曹玉荣

著名胡琴演奏家，国家一级演奏员，现任广东民族乐团副团长、乐团首席，中国音乐家协会会员，广东省音乐家协会理事，广东省民族管弦乐学会常务理事。

主　演　　缪晓铮

著名琵琶演奏家，国家一级演奏员，中国民族管弦乐学会会员，中国民族管弦乐学会琵琶专业委员会理事，中国音乐家协会会员。

纪念“中国人民抗日战争”暨“世界人民反法西斯战争”胜利七十周年

原创话剧

图雲關

图云关，始建于公元1201年(宋宁宗嘉泰元年)，古代贵阳东出湖南、广西之咽喉，位于贵阳城东南方。关上奇石玲珑，崔嵬百态，树木葱郁，凉风拂人。

1939年至1946年的图云关，是抗日战争时期“中国红十字总会救护总队部”所在地。救护总队人数最多时曾有3400名中外医务工作者，由英、美、德、法、捷克、匈牙利、波兰、比利时、罗马尼亚等国的数十位医学专家和中国医护人员共同组成。救护总队七年间实施手术12万人次、骨科复位3.5万人次、住院治疗214万人次、门诊军人246万人次、门诊平民201万人次……期间，共计64名中外医护勇士长眠于此。

战时图云关上的中外医者，日以继夜赠医施药，前赴后继实施战地抢救、临床手术、专项试验，源源不断地为抗战伟业培育英才，是举世闻名的“中国医疗卫生中心”和“军医培训基地”的中心基地，为中国抗日战争胜利作出了巨大贡献！

贵州省话剧团有限责任公司

制作人及导演简介：

制作人：常晖

国家一级演员；贵州省话剧团有限责任公司董事长、总经理、党支部副书记；中国话剧协会理事；贵州省朗诵文学研究会副会长；贵州省曲艺家协会常务理事；贵州省电视艺术家协会会员；贵州省“甲秀人才”（文艺类）。　主要作品：曾主演《天地文通》、《这个所长有点雷》、《红帆船》、《托起明天的太阳》等数十部话剧；《猎捕》、《日子如水》、《神探司徒川》、《和平村》等二十几部电视剧；《老乡警察》、《蓝色乌江》、《蒋兴元和他的幸福生活》、《代理村官杨桥宝》数十部广播剧；　曾获得一次国际银奖、数次获得国家级奖项、省级奖项。

编剧、导演：杨昕巍

上海话剧艺术中心导演、编剧、制作人，国家一级导演。毕业于上海戏剧学院导演系，导演学学士、导演学硕士，职业经理人。历年获得“国家舞台艺术精品工程——精品奖”、“中国话剧金狮奖——导演奖、新剧目奖”、中国艺术节“文华奖”、“五个一工程奖”等国家级、省级奖几十个。　其作品于风格迥异中讲究深沉、深刻、深情、悠长、忧伤、幽默的意韵，致力于戏剧美、剧场诗意的铺陈与建构，坚持原创，坚持对当代现实生活的强力关照。　因其多年工作与国内外著名媒体公司及学院、剧院，加之职业经理人的特殊经历，潜心实践探索戏剧、影视艺术与商业运营的有机结合点。　话剧作品：《目击情人》、《我爱抬杠》、《今夜请将我遗忘》、《深白领圈》、《天堂——打左灯向右拐》、《港九——我的三年零八个月》、《多数人死于贪婪》、《严德海》、《寻找幸福的感觉》、《在床上》、《乌鸦与麻雀》、青藏铁路题材交响话剧《穿越巅峰》、《民工兄弟》、《比密尼的春天》、《永远和你在一起》、《弄真成假》、《和谁去过情人节》、《你的纸里包着我的火》、《租个老公回家过年》、《永不放弃》、《藏骨人》、《硬如人心软如你》、《把他做掉》、《白骨精列传》、《知识工人有力量》、西藏解放六十周年革命历史题材民族话剧《解放，解放》、《民主之光》、《歌唱祖国》、《特警队长》、《降住我，就嫁给你》、《同学会攻略》、《我用生命守护你》、《我在云端等你》、《阿拉是中国人》。

图云关主创：

编　　剧：龚丽莉
舞美设计：纪玉江
灯光设计：沈　倩
音效设计：郝　爽
化妆设计：罗继华
道具设计：牟　岚
灯光编程：王　鹏

演员简介：

池　丹 饰 贝昌霖
任　萍 饰 安　娜
徐志飞 饰 黄致远
罗雅文 饰 许美凤
刘宽宏 饰 爱德华
周　琳 饰 周仁美
董燕伟 饰 罗　宾
郑　玲 饰 孙芬芳
常　晖 饰 屠闻达
史毅超 饰 段墨轩
江　柯 饰 何天养
郭东强 饰 洛福仔
房召东 饰 吴大旺
李晓波 饰 虎　子
王美玉 饰 花文婉
杨　锋 饰 常连长
　　　　　爱德华B
杨　波 饰 佐藤雄彦
李静梅 饰 陈　卉
周铁猴 饰 坂本岩二郎

芜湖县黄梅戏剧团

剧团简介：

芜湖县黄梅戏剧团自1989年成立以来，在全体演职人员的努力下，以市场为导向，以质量求生存，以服务群众、繁荣弘扬传统文化为宗旨，走出了一条适合自身发展的特色之路。常年上演的传统剧目《女驸马》、《天仙配》、《杨门女将》、现代戏《江姐》等，计70部100多本，其中特色保留剧目40余部。剧团云集了优秀演职人员60余人，长年流动演出于安徽、江苏、浙江等地的基层农村，每年演出500多场，服务观众百万余人次。2010年6月，剧团代表安徽参加"首届全国民营艺术院团优秀剧目展演"。剧团先后荣获"全国'服务农民 服务基层'文化建设先进集体"、"全省先进民营文化表演团体"、全省"百佳剧团"、市"2011年度优秀民营文化院团"、"全县先进演艺企业"等称号。2013年4月入选"2012安徽民营文化企业100强"。8月剧目《江姐》分别入选首批省"十大名团"和"十大名剧"，同时现代戏《送礼》获安徽省2014群星奖一等奖。新创清装戏《铁画记》获2013安徽省新剧汇演优秀剧目奖、2015省"五个一工程"奖。

剧团将以国务院办公厅《关于支持戏曲传承发展若干政策》为契机，以本次全省民营艺术院团优秀剧目展演为动力，以先进民营院团管理和经营水平为标杆，外树形象，内抓管理，加强与省内外优秀国有与民营院团学习交流，不断提升演出质量和效益，把剧团做大做特做优，使"小舞台做成大事业"，为促进戏剧繁荣发展，弘扬中华优秀传统文化，丰富人民群众精神文化生活，发挥绵薄之力。。

艺术成果：

芜湖县黄梅戏剧团代表安徽参加"首届全国民营艺术院团优秀剧目展演"。中央、省、市、县电视台和新华社、人民日报、光明日报、中国文化报、农民日报、安徽日报等众多主流媒体以及《中国经济网》等数家网站曾予以宣传报道。剧团先后荣获"全省先进民营文化表演团体"、全省"百佳剧团"、"全国'服务农民 服务基层'文化建设先进集体"、市"2011年度优秀民营文化院团"、"全县先进演艺企业"等称号，收到芜湖县人民政府通报表彰。2013年4月入选"2012安徽民营文化企业100强"。8月，剧团、黄梅戏《江姐》分别入选首批省"十大名团"和"十大名剧"。剧团还一直热心公益活动，根据县文化部门安排，坚持每年免费送戏下乡20余场，2005年送戏到全县各村演出125场，2008年为汶川地震灾区举行了4场赈灾义演。

获得奖项：

在参加市、省、全国调演中，折子戏《泗洲城》获芜湖市首届民营文化表演团体优秀剧（节）目展演一等奖；折子戏《冷宫救主》被评为首届安徽省民营文艺表演团体优秀剧（节）目展演"十大炫彩节目"，主演曹帮萍荣获"十佳演艺人才"称号；《女驸马》代表安徽民营艺术院团参加首届全国民营艺术院团优秀剧目展演，受到文化部表彰和奖励；《女驸马》选段《得中》获安徽省第九届艺术节·首届全省民营黄梅戏剧团优秀剧目展演"十佳演员"奖；现代小戏《送礼》获芜湖市新创作剧目汇演优秀剧目奖（最高奖项）、第六届中国（安庆）黄梅戏艺术节？全省民营戏剧院团优秀剧目展演最佳演出奖（最高奖项）、2012安徽省小戏折子戏调演优秀演出奖（最高奖项）；现代戏《江姐》获第六届中国（安庆）黄梅戏艺术节·全省民营戏剧院团优秀剧目展演特别演出奖。2013年7月，小戏《戏牡丹》参加2013芜湖市民营艺术表演团体小戏、折子戏汇演获得一等奖。2013年9月，新排清装戏《铁画记》获省新剧目汇演优秀剧目奖（最高奖项）。

文化部表彰优秀民营剧团

《杨门女将》海报

《女驸马》海报

《江姐》剧照

《江姐》剧照

在北京长安大剧院演出《女驸马》合影

黑龙江省京剧院

马佳在广州大剧院参加梅花奖颁奖走红地毯

《红松林》 主要演员：蒋兰兰等

《红松林》 剧照

2015 年 5 月 20 日，第 27 届中国戏剧梅花奖，经在浙江绍兴和广州两个赛区，历时一个多月的竞演。5 月 20 日，获奖名单在广州揭晓。黑龙江省京剧院优秀青年演员马佳主演的《白蛇传》，荣获第 27 届中国戏剧梅花奖。本届评奖来自全国 22 个剧种，100 多位演员，马佳在 32 位获奖演员中排名第六。 2015 年 7 月 5 日，为纪念中国人民抗日战争暨世界反法西斯战争胜利 70 年，黑龙江省京剧院新编现代京剧《红松林》，在黑龙江省京剧院剧场首演。该剧编剧：王靖，导演：王景耀，唱腔作曲：王余雷，舞美设计：杨军、刘雷，主演：蒋兰兰、梁爽等。

6 月 20 日至 9 月 30 日，“2015 迷人夏都”惠民演出季连续演出 26 场。每场 90 余人参演，观众万余人次。演出时名家荟萃，购票踊跃，央视戏曲采风、黑龙江电视台新闻频道、公共频道，《中国文化报》、《黑龙江日报》、《生活报》、《哈尔滨日报》都做了大篇幅的报道。演出了大戏、折子戏及京剧演唱会等 30 余出戏，除《王宝钏》、《战洪州》、《吞吴恨》、《状元媒》等保留剧目外，还有赵葆秀亲授的《金龟记》、宋长荣亲授的《勘玉钏》和昆曲《孽海记》“下山”等。演出期间剧院特邀刘秀荣、宋长荣、王玉珍、赵葆秀、王蓉蓉、董圆圆、尚慧敏、任德川及赵建华、王福隆、周志强等十余位著名京剧表演艺术家、京剧器乐演奏家等亲临现场指导排练。经过名家名师们传授，演出上升到了新境界，演出成果在惠民演出季中得到了考核，同时，剧院人才培养计划也在演出季中通过演出得以检验。

《白蛇传》剧照，第 27 届梅花奖竞演剧目

衡阳市歌舞剧团有限责任公司

衡阳市歌舞剧团有限责任公司，最初成立于 1965 年，成立初曾称“衡阳地区文艺宣传队”、“衡阳地区文工团”、“衡阳地区歌舞团”、“衡阳市歌剧团”，2012 年 5 月改制为现公司。为传统曲艺“衡阳丝弦”非遗项目的保护传承单位。至今本公司创作演出，近 40 部大型歌剧、话剧，50 余部中小型歌剧、戏剧。参与创作演出的大型新编历史剧《甲申祭》在全国戏剧汇演（1993 年）中获剧目、音乐、导演、舞美、演员等 11 项大奖，并获邀晋京参加纪念毛泽东 36 年诞辰献演。创作演出的轻音乐剧《假如今生再来》获湖南省第三届创作剧（节）目汇演（2000 年）优秀剧目、优秀作曲配器及灯光音响等 9 项大奖，并获省“五个一工程奖”。本公司经常组织或参与大型综合文艺演出，多次组织专题文化演出在省内及全国巡回演出。改制后，衡阳市歌舞剧团有限责任公司积极投身衡阳的经济建设和文化事业发展。在“演艺惠民，送戏下乡”、“建设新农村”，“广场旬旬演，社区周周乐”和“重大节庆”等文化活动中，做了大量工作，取得了较好的成效。

国家艺术基金扶持项目：小歌剧《多多的春天》：

衡阳市歌舞剧团有限责任公司创作的小歌剧《多多的春天》获得 2016 年国家艺术基金扶持项目。该剧讲述医生夫妻俩在晨练中发现一个流浪有病的农村小女孩，得知该女孩由于从母体带来的爱滋病，夫妻俩奉上仁爱之心，不离不弃认作女儿给以关爱，送她上医院治病．宣扬了社会正能量，号召大家去关心帮助艾滋病人，折射出人间的真善美。

河北梆子剧院

第 27 届中国戏剧梅花奖颁奖典礼上，我院戏剧表演艺术家许荷英荣获中国戏剧“二度梅”，让河北梆子在我国戏剧界的最高荣誉殿堂上大放异彩。

5 月 20 日晚，由中国文联，中国剧协，广州市政府主办的《中国梦梅花梦》第 27 届中国戏剧梅花奖颁奖典礼在广东省广州大剧院举行，来自全国各地的 27 名优秀戏剧演员获“梅花奖”。河北省河北梆子剧院演员许荷英获得“二度梅”，成为我省继裴艳玲、刘秀荣之后第三位获得“二度梅”的优秀戏剧表演艺术家。这也是继刘秀荣在 2002 年获得“二度梅”之后，我省演员时隔 13 年再次获得这一奖项。

河北省剧协副主席、秘书长贾吉庆表示，许荷英获得“二度梅”是我省文化艺术界的一件喜事，非常难得。许荷英是河北梆子优秀演员，她的获奖，让河北梆子艺术在这次评选中大放异彩，对河北梆子剧种的传承和发展也将起到积极作用。今后，我院将继续响应“出精品出人才”的号召，积极地推荐作品、推举人才，为繁荣戏剧事业、构建和谐社会作出新的、更大贡献。

2014 年，许荷英被任命为河北省河北梆子剧院院长。农历大年初三，许荷英就跟着剧团下乡演出去了，一演就是 20 多场。“一个演员，舞台就是生命。我能有今天的成绩，除了我自身的努力和勤奋之外，离不开剧院的同仁和上级部门的支持，更离不开观众对我的肯定和鼓励。所以我虽然有大量的行政事务要处理，但我会继续在舞台上为观众演出，回报大家对我的厚爱。”我会继续努力攀登河北梆子艺术的高峰，大力弘扬传承河北梆子艺术，将高亢的河北梆子腔唱得更响亮。”

第 27 届中国戏剧“二度梅”获得者许荷英。

中国戏剧“二度梅”获得者许荷英走过红地毯。

一个人的守望·一个国的威严

“大汉三部曲”之

大汉苏武

THE LEGEND OF PATRIOT

★中宣部第十三届精神文明建设“五个一工程奖·优秀作品奖”；
★第二届中国歌剧节“优秀剧目奖”“优秀编剧奖”“优秀作曲奖”“优秀导演奖”“优秀表演奖”；
★2014年度国家艺术基金舞台艺术创作资助项目；
★第七届陕西省艺术节“优秀剧目奖”；
★“陕西省宣传思想文化工作创新一等奖”；

穿越千年
鸿篇巨制

剧目简介：

汉天汉元年，苏武奉诏使匈奴。副使张胜与匈奴人串通欲劫持阏氏，迫单于降汉。事败，苏武受牵连，自尽未果，被单于囚于地窖逼降，七天七夜饮雪吞毡，挺而不屈。被单于流放北海牧羊十九年依然使节不辱，终别妻舍子，回归祖国。

出　品：陕西演艺集团
演出单位：陕西省歌舞剧院有限公司
编　剧：党小黄
作　曲：郝维亚
总导演：陈　蔚
指　挥：冯学忠
主要演员：米东风、薛皓垠、幺　红、郝　萌　等

地址：中国陕西省西安市文艺北路165号　邮编：710054

电话：86-029-88125911　87920006

吉林省京剧院

▲京剧《杨门女将》剧照

▲京剧《三岔口》剧照

▲京剧《秦香莲》剧照

◀京剧《杨靖宇》剧照，倪茂才饰杨靖宇

吉林省京剧院1958年成立，是国家文化部、中共吉林省委、省政府重点扶持的艺术院团，首任团长为“四小名旦”毛世来先生，现任院长倪茂才先生。多年来被文化部授予“全国文化系统先进集体”荣誉称号。

50多年来，吉林省京剧院继承创新了一批优秀剧目，在国内外产生了广泛的影响。童话京剧《寒号鸟》、儿童故事剧《金童》，分别荣获“优秀演出奖”和“优秀创作奖”。神话京剧《火焰山》，由舞台搬上银幕，荣获“1983年度全国第一部优秀戏曲艺术片奖”；现代京剧《高高的炼塔》，1991年，荣获文化部“文华奖”、中宣部“五个一工程奖”，并参加首届中国京剧艺术节，再获“优秀演出奖”。2000年创作的具有麒派艺术特色的新编历史故事剧《弦高献牛》，参加第三届中国京剧艺术节，荣获“优秀剧目奖”。2007年创作的当代童话京剧《孙小圣的梦》，荣获“2009年中国儿童戏剧演出季优秀演出奖”。2008年整理改编的大型传统京剧《孙安动本》，荣获第五届中国京剧艺术节“一等奖”及2013年“2011–2012年国家舞台艺术精品工程重点资助剧目”奖。2011年创排的大型现代京剧《牛子厚》，荣获了第六届中国京剧艺术节“一等奖”及2012年获中宣部第十二届精神文明建设“五个一工程”优秀作品奖；同年再获“2009—2010年度国家舞台艺术精品工程重点资助剧目”奖。京剧《孙安动本》、《牛子厚》填补了吉林省在中国京剧艺术节上无一等奖和国家舞台艺术精品工程奖的空白。现代京剧《杨靖宇》荣获第七届中国京剧艺术节参演剧目奖。

吉林省京剧院经 50多年来建设，当今剧院拥有以第24届中国戏剧梅花奖获得者、第20届上海白玉兰戏剧表演艺术主角奖（榜首）获得者、第四届中国京剧优秀青年演员研究生班研究生、高派传人倪茂才，荀派传人王萍等为代表的一批具有影响力的青年艺术家。同时，首届中国京剧流派班青衣学员张蕾蕾以及剧院武生演员杨雪斌、花脸演员刘治强、花旦演员梁菁菁、小生演员常峰赫等一批自己培养的后继人才脱颖而出，昭示出吉林省京剧的未来和希望。吉林省京剧院受国家文化部派遣先后出访印度、日本、以色列、韩国、克罗地亚、匈牙利、白俄罗斯、立陶宛等二十多个国家和地区，进行文化交流和商业性演出，赢得了较好的国际声誉。1999年至2008年，连续10年赴日参加《新·三国志》、《大和武尊》的演出，影响极大。

胶州市茂腔秧歌艺术传承保护中心

胶州市茂腔秧歌艺术传承保护中心建于1950年，前身为青岛市茂腔剧团，剧种分类为茂腔，隶属胶州市文化局，下设胶州市歌舞团、胶州秧歌艺术团等演出队伍，多次在国家级和省级获奖。国家领导人刘少奇、周恩来等观看演出后，给予较高评价。原中宣部副部长、文化部代部长贺敬之同志看完我团的演出后，挥毫题词：“保持剧种特色，善于改革创新，不离人民怀抱，跟随时代前进”。2003年我团被中宣部、文化部授予全国“服务农民，服务基层”文化工作先进集体。近年来演出剧目不断推陈出新，演员阵容不断壮大，多次获得省国家级大奖，创作的《胶州秧歌》荣获省首届文博会优秀表演奖、2007年CCTV第四届全国舞蹈大赛优秀表演奖、全国第十四届群星奖。2008年，胶州茂腔《赵美蓉观灯》和胶州秧歌《喜洋洋》以及由胶州秧歌元素改编的舞蹈《少海清河》荣获“谁不说俺家乡好”山东地方文艺大赛第一名，《喜洋洋》更是荣获2008年全国首届农民文艺调演最高奖项—“金穗奖”，《豪情鞭鼓俏秧歌》荣获2013年第十届艺术节群星奖。

2009年11月大型现代茂腔戏《秧歌情》参加了第九届山东文化艺术节并荣获“新创作剧目一等奖”“表演奖”“导演奖”“作曲奖”。2006年茂腔和胶州秧歌被国务院公布为首批国家非物质文化遗产。

《秦香莲》剧照

《罗衫记》剧照

胶州秧歌《喜洋洋》在2007年全国第十四届群星奖比赛中获群星奖

《豪情鞭鼓俏秧歌》荣获第十届中国艺术节“群星奖”

《东京·赵美蓉观灯》剧照张梅香饰赵美蓉

《鞭打芦花》剧照

江苏省淮海剧团

《豆腐宴》剧照

《江姐》剧照

《老县长的第二春》剧照

《秋月》剧照

江苏省淮海剧团，1956年经江苏省人民政府批准成立，是国家级非物质文化遗产——“淮海戏”剧种的代表和传承基地。该团现有演职人员90余名，拥有30余名副高级职称以上专业技术人才，曾荣获“全国文化工作先进集体”、“江苏省文化系统先进集体”荣誉称号。

五十多年来，该团创作、整理、改编和移植演出的剧目多达二百余部。其中，整理改编的《皮秀英四告》（《皮秀英》）《三拜堂》、《樊梨花》、《催租》、《借靴》、《赶集》、《回娘家》等剧目和创作演出的《十里香》、《生死怨》、《儿女情》、《果园风情》、《半世奇缘》、《烽火岁月》、《江姐》、《豆腐宴》、《临时爸爸》、《永恒的彩霞》、《老县长的第二春》、《永远的红手印》、《秋月》等剧目是剧团的优秀代表作和保留剧目，在省内外具有较大影响。

《烽火岁月》剧照

新疆藝術剧院话剧团

获奖话剧《大巴扎》剧照

获奖话剧《马市巷子的老院子》剧照

新疆艺术剧院话剧团演出大厅

新疆艺术剧院话剧团（原名新疆话剧团）成立于1956年，是由原新疆军区文工团所属话剧团转业人员组建，由汉、维吾尔、回、满、锡伯、蒙、俄罗斯等几个民族组成的表演团体。剧团成立后中国青年艺术剧院的一部分演员支边加入其中，1959年新疆艺术剧院话剧团面向全国招收了第一批学员，1964年中央戏剧学院表演系、导演系、舞台美术设计系分配来了一批大学毕业生。目前，新疆艺术剧院话剧团已初步形成了老中青三代的人才梯队格局，基本形成了每年一至两台精品剧目的创作频率。同时，剧团所属剧场还拥有5个专业数字电影厅，剧场一楼大厅能容纳546人，有标准的舞台、先进的吊杆、灯光控制设备和音响设备。该剧场已成为乌鲁木齐市各族群众观看文艺演出和观赏电影的最佳场所之一。

半个多世纪以来，新疆艺术剧院话剧团在党的文艺方针指引下，努力继承和发展优秀的民族文化遗产，弘扬时代精神，扎根生活，面向群众，跟上时代步伐，创作和移植了许多优秀剧目。这些作品既准确反映了我们党政治指导思想，又极赋现实感和艺术审美价值，成为边疆各族群众文化生活的一部份。剧团的足迹遍布新疆各地，给那里的群众带去了精神食粮，为舞台戏剧艺术的传播发展做出了很大的贡献。

多民族文化的融合形成了新疆艺术剧院话剧团戏剧艺术创作上独树一帜的风格。在共和国不同的建设历史时期，剧团都以饱满的激情将边疆各族儿女建设祖国，亲如一家的美好生活展示在方寸舞台上。在创作上始终是在努力表现新疆这片广袤土地上所发生的历史、人物、情感、民族及这里与祖国血脉相连的故事。从五十年代《步步跟着毛主席》音乐话剧起，到《解忧》、《丝绸路上的红氍毹》、《吴登云》、《罗布村纪事》、《马市巷子的老院子》、《大巴扎》等剧目，这条创作的激情脉络就伴随着剧团始终。其中，《解忧》获中宣部“五个一工程”提名奖；《吴登云》获中宣部“五个一工程”奖、新疆“五个一工程”奖；《罗布村纪事》获首届新疆“天山文艺奖”；《马市巷子的老院子》获第二届新疆“天山文艺奖”、纪念中国话剧诞辰100周年暨第五届全国话剧优秀剧目展演二等奖；《大巴扎》荣获中国话剧“金狮奖”新剧目奖；国家“舞台艺术精品工程资助”、国家艺术基金推广项目；第四届新疆“天山文艺奖”、自治区“春满天山”文艺汇演“最佳剧目奖”等多个奖项，展示了新疆话剧的魅力。

剧团在原创剧目的同时，还坚持不懈的借鉴和吸收许多省市及外国文化的精髓，先后把《甲午海战》、《霓红灯下的哨兵》、《万水千山》、《八一风暴》、《以革命的名义》、《晨星》、等中外优秀剧目搬上舞台，丰富了新疆各族人民群众的文化生活。

新疆艺术剧院话剧团近几年坚持党建带团建，切实加强基层党组织建设，为剧团的繁荣发展提供坚强的组织保障。2012年5月，剧团演员队被自治区总工会授予“工人先锋号”，自治区直机关工委授予“青年文明号”等称号；2012年7月，剧团党委又荣获国家文化部授予的“全国文化文物系统创先争优活动先进基层党组织”荣誉称号；2014年12月，荣获人社部、文化部“全国文化系统先进集体”称号。

进入新时期，新疆艺术剧院话剧团正以蓬勃的朝气和热情，继续坚持党的文艺方针，努力探索市场经济体制下的文艺工作发展新路，为新疆文化艺术事业大发展，大繁荣的建设做出新的贡献！

李可染画院

李可染先生是20世纪最具影响力的艺术大师之一，他的艺术实践与学术思想为我国文化事业做出了巨大贡献。李可染画院是经文化部主管部门及国家事业单位登记管理局登记备案并批准成立的独立法人事业单位。画院院长李可染夫人、雕塑家邹佩珠先生，执行院长李庚。

我们的宗旨是建立一个中国画创作与研究的学术团体，研究李可染学术体系、艺术思想。传承中国画艺术，开展各种学术活动，加强国内外文化交流，推动当代美术运动，促进民族文化事业的蓬勃发展。为此，2014年在大兴地区开辟了学术研究基地，占地25亩，建筑面积约7000平米。

在这里我们设有李可染纪念博物馆，约700平米，长期展出李可染的生平及高仿真作品。

李可染画院图形学美术馆，约900平米，开展展览活动。自2014年9月28日启动起，至2015年9月份约一年时间，李可染画院图形学美术馆承办了约15余次展览：

2014年9月28日至10月31日：《李可染与当代》展；

2014年11月3日至12月20日：《中国绘画史·传承·守望展》；

2014年11月21日至23日：《中国绘画史．手卷展》；

2014年12月20日至2015年1月11日：《中国绘画史·铜版画展》；

2015年1月20日：《2014年度北京工笔重彩画会员艺术展》；

2015年1月31日：《画者之书——第二届中国当代著名画家书法四条屏展》；

2015年2月13日：《传承．守望爱国主义教育系列之中国绘画史展》；

2015年3月7日《爱国主义教育系列之铜版画展》及《三阳开泰——中日水墨画学术交流展》；

2015年5月31日：《美丽中国——中国重彩画作品展》评选；

2015年6月10日：《印刷·媒体·海报．艺术——欧洲海报展》；

2015年7月5日：《学院派——2015．青年水墨展》；

2015年9月3日举办《抗日宣传画展》；

2015年9月6日：《黄润华作品纪念展暨李可染画院首届高研班开学典礼》；

2015年9月19：《心灵之光——官却扎西唐卡展》

我们还设有报告厅、图书馆、典藏室。目前图书馆藏书一万余册。

画院有研究员110名，研究员中包括李可染的弟子、当代美术界著名的画家、艺术院校教授。我们设有7个教研室，分别是：李可染山水创作研修班、重彩画研修班、古典技法研修班、绘画技法与材料研究班、人物画创作研修班、三清山山水写生短训班、保护与修复研修班。

2015年9月8日，山水创作研修班、重彩画研修班、西方古典技法与材料研修班正式开课。

1 2 3
4 5

1. 李可染画院纪念博物馆“有君堂”李可染画室。
2. 李可染纪念博物馆展厅。
3. 李可染画院图形学美术馆展厅。
4. 李可染画院图形学美术馆展厅。
5. 李可染画院图书馆。

李可染夫人邹佩珠（1920—2015）是中国第一代女雕塑家。1938 年考入杭州立艺专雕塑系。1946 年应徐悲鸿先生邀聘与李可染到北平艺专任教。建国初期，参加了人民英雄纪念碑《辛亥革命——武昌起义》组的起草和定稿工作。后来在她的积极倡议和参与下，筹建了我国第一所雕塑工厂（即今中央美术学院雕塑研究所）。历任中央美院教授、中国国家画院院委、中国国家画院研究员、李可染艺术基金会名誉理事长、李可染画院院长。主要作品有北京体育馆休息厅的大型浮雕《运动健儿》、北京工人体育馆《掷铁饼运动员像》、安徽宿县烈士陵园的《彭雪枫烈士纪念碑雕塑》等。

画院开展的其他活动：

2015 年 4 月 9 日：《弘扬中国精神、凝聚中国力量 ——2015 李可染画院大学巡回展暨〈可贵者胆 ——李可染艺术风采展〉》；

2015 年 04 月 25 日：《梅兰竹菊水墨画展》——李庚教授蕙芳园水墨雅集；

2015 年 6 月 20 日：《北京园林写生精品展》；

2015 年 6 月 25 日：《李庚 · 心相墨韵》；

2015 年 6 月 26 日画院邀请日本京都造型艺术大学电影系教授陈昌仁先生在李可染画院报告厅做《地狱密码 丹布朗艺术电影之叙事》的讲座；

2015 年 7 月 12 日：《山川乡国情 ——李庚教授艺术研讨会》；

2015 年 7 月 19 日：《比象 ——李庚教授艺术展》；

2015 年 8 月 1 日：《中国园林书画展》；

2015 年 8 月 1 日：《比象墨境 · 李庚绘画作品展》；

2015 年 8 月 16 日：《墨韵三味展》；

2015 年 8 月 20 日，在北京京伦饭店楠溪厅举行由中国美术家协会、中央美术学院、中国国家画院、北京画院、李可染艺术基金会和李可染画院共同主办的《邹佩珠先生追思会》。

6. 著名雕塑家、李可染先生夫人、李可染画院院长邹佩珠 2015 年 5 月 4 日逝世，享年 95 岁。
7. 《彭雪枫半身像》雕塑、1958 年、盐城博物馆。
8. 《运动健儿》浮雕、1956 年、北京体育馆休息厅。
9. 李可染画院典藏部。
10. 李可染画院报告厅。
11. 李可染画院教学研究工作室。
12. 李可染画院山水教研室。
13. 李可染画院重彩教研室。
14. 李可染画院西方古典技法与材料研究室。
15. 李可染画院首届高级研修班开学典礼暨黄润华逝世 15 周年纪念展合影。

太原美術館

2014 年 9 月 2 日，柬埔寨国王西哈莫尼对山西进行友好访问，省长李小鹏陪同参观太原美术馆。

2014 年 9 月 25 日下午，第十二届全国美术作品展览雕塑展区研讨会在太原召开。

2014 年 7 月 2 日，第十六届山西省美术作品展在太原美术馆开展。

太原美术馆是太原市人民政府新建的省市重点文化标志性工程，是太原市文化局主管的公益性、开放性和永久性文化事业机构，是承担美术作品、文献征集、收藏、陈列、展览并利用美术资源开展教育推广、学术研究、对外交流和休闲服务的艺术博物馆。

太原美术馆位于太原市长风商务区文化岛东北角，占地面积 61901 平方米，建筑面积 32075 平方米，其中地上面积 27255 平方米，地下面积 4820 平方米。太原美术馆的建筑形式为局部地上 5 层，地下 1 层，由著名设计师、哈佛大学科恩教授总设计，由美国 PSC 设计事务所和东南大学建筑设计院联合设计。太原美术馆造型的设计灵感来自于极富山西特色的晋中梯田地貌，层层阶梯和蜿蜒曲线完美契合，形成了一个新颖而极具几何张力的现代建筑。馆内拥有各种规格的展厅 10 个，其中 2 个一级展厅，8 个二级展厅，展厅面积及高度各不相同，最高的展厅高达 13 米，非凡的尺度、别致的屋顶、光影的交织，构成典雅的艺术殿堂。另设有中央大厅、多功能学术报告厅、会议室、艺术超市、培训教室、装裱室、修复室、艺术家沙龙、儿童美术天地、休闲咖啡厅等多种具有社会服务功能及休闲娱乐功能的配套设施。

文化惠民 文化为民

太原美术馆建设工程 2008 年开工，太原市政府高度重视，太原市文化局精心组织，积极推进工程建设。2013 年 7 月 5 日，太原美术馆建成开馆，正式向公众免费开放。

太原美术馆积极发挥展览功能，践行“文化惠民，文化为民”宗旨，开拓眼界，以新锐之势承办国家级大型展览，积极与国内外知名艺术家及机构合作办展，形式多样，为人民群众奉献艺术盛宴。开馆首展即迎来“星云大师一笔字书法展”，反响热烈，深受欢迎；举办“党的群众路线教育实践活动档案文献展览”；举办名人艺术作品展，如“走进大千世界——张大千纪念展”、“文心铸魂——吴为山雕塑作品展”、“太璞如琢——崔如琢太原精品展暨所藏《石涛罗汉百开册页》展”、“袁旭临书画展”、“晋魂长歌——张熙玉从艺六十年雕塑作品展”等；承办国家级展览——“第十二届全国美展雕塑作品展”；举办国际交流展览，如“心象新相——加拿大画家张恒中国画展”；还有山西省第十六届美术作品展、山西省当代工笔画艺术研究院首届院展暨学术邀请展、山西省第四届山水画展等具有本土艺术特色的展览。

太原美术馆现藏有星云大师、龚贤、张大千、张善孖、溥儒、董寿平、吴为山、韩必省、袁旭临等古代及近现代艺术大师的作品。太原美术馆的典藏重点放在山西省内名家力作的收集整理上，旨在构建本土美术作品典藏体系，彰显山西厚实的文化底蕴。

太原美术馆着力打造两大文化品牌——“大美丛书”、“大美讲堂”，树立自身形象，发挥公共艺术服务功能。太原美术馆已出版《大美丛书——崔如琢画集》，即将出版《大美丛书——吴为山雕塑作品集》、《大美丛书——张熙玉雕塑作品集》等。为满足人民群众文化需求，太原美术馆于 2014 年创立“大美讲堂”，邀请省内外知名艺术家开讲，题材丰富，专家学者们的智慧演讲使听众受益匪浅，“大美讲堂”大受欢迎。

2014 年 9 月 25 日，第十二届全国美术作品展雕塑作品展在太原美术馆开幕。

太原美术馆潜心打造文化品牌——“大美讲堂”，践行“文化惠民 文化为民”宗旨，满足人民群众精神文化需求。

2014 年 10 月 18 日，首期大美讲堂圆满结束后，霍春阳教授与太原美术馆工作人员合影留念。

2014 年 6 月 8 日，心象新相——加拿大画家张恒中国画展在太原美术馆开展。

2014 年 6 月 6 日，丹青异彩——穆益林帛画艺术巡回展来到太原美术馆。

十二届美展期间，太原美术馆共计接待观众 25 万余人。

2014 年 4 月 27 日，第三届太原“关工杯”感恩老爸老妈少儿美术作品大展赛展览在太原美术馆开展。

承办国展 日渐成熟

为进一步扩大太原美术馆的影响力，2013 年 4 月，太原市文化局将申办第十二届全国美展雕塑作品展确定为重点文化项目，安排部署太原美术馆精心策划，积极筹备。2013 年 11 月，耿彦波市长亲自带队，赴北京参加第十二届全国美术作品展览展区申办工作会，成功取得了第十二届全国美展雕塑展区的承办权。在市委、市政府全力支持下，太原美术馆积极投入到筹备工作中，经过作品征集、初评、复评等环节，第十二届全国美术作品展览雕塑作品展于 2014 年 9 月 25 日在太原美术馆隆重开幕。高水准、专业化的展陈设计，节俭大气、井然有序的开幕式，受到了中国美协领导专家的好评。

65 年来，这是太原首次承办国家级雕塑艺术盛会，群众观展热情高涨。国庆期间，日均观众接待量近万人，单日接待量高达 1.6 万人。展览期间，总参观人数达 25 万余人。太原美术馆以优质、高效、负责的工作态度，为观众提供了周到的服务。承办国展，让太原美术馆各项工作日渐完善、成熟，提升了太原文化的影响力，丰富了省城人民的文化生活。

2014 年 12 月 15 日，“第十二届全国美术作品展暨中国美术奖·创作奖、获奖提名作品展”在中国美术馆举行。开幕式上，太原美术馆被授予第十二届全国美展“组织工作奖”。

太原美术馆将始终坚持“以研究为龙头，以收藏为基础，以展示为手段，以提供公共文化艺术服务，满足人民群众基本文化权益为目的”的办馆理念；坚持学术立馆，人才立馆、藏品立馆、业务立馆，着力构建美术研发、展藏体系，搭建国内外文化艺术交流平台，发展面向公众的艺术教育；努力建设成为集研究、收藏、展示、教育为一体的具有三晋文化特色的美术艺术博物馆；努力为传承历史文明、弘扬先进文化、塑造人文精神、推动文明进步，建设具有历史感、生态性、文化味的形神兼备的一流文化名城做出积极贡献。

上海榜书研究会

中国榜书名家精品展暨颁证仪式在兰州甘肃省美术馆举行

由世界榜书联合会、上海榜书研究会主办，甘肃省榜书研究会、甘肃红旗拍卖有限公司承办的“中国榜书名家精品展暨颁证仪式2012年10月7日在兰州甘肃省美术馆举行。大会在激昂雄壮《榜书人之歌》大合唱中开幕，参展作品120幅，到会的海内外书法家及当地群众约700余人。

本届大展组委会主任、世界榜书联合会主席、上海榜书研究会会长蔡轩朝，副主席张笃恭、赵烈东，甘肃省人大秘书长张绪胜，甘肃省政协秘书长赵祥明，甘肃省文化厅厅长王兰玲，甘肃省书协副主席秦理斌、申晓君等出席了开幕式。蔡轩朝、张笃恭、张绪胜、赵祥明先后致辞。参加活动的书法家们还现场挥毫为当地留下了珍贵的墨宝。

这次活动是弘扬中华民族榜书艺术的一大盛会，榜书艺术又迎来了一个春天。

地址：中国上海江浦路1515号（上海杨浦区政协大院）　电话：021-55951190　邮编：200092

http://www.shbsyjh.com　E-mail:shbsyjh@126.com

地址：香港新界上水龙探路39号上水广场9楼908-909室　电话：852-31841677

http://www.bang shu shi jie.com　E-mail:bang shu shi jie@126.com

本届大展组委会主任，上海榜书研究会会长蔡轩朝致答谢词。

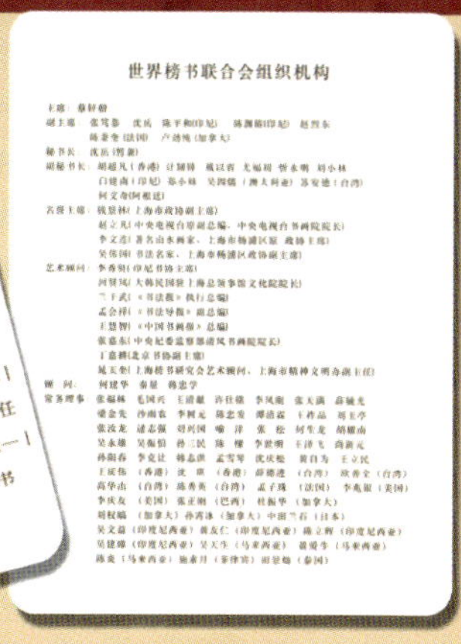

开幕时主席台的领导。

授证书法家与领导合影。

本届大展组委会主任、上海榜书研究会会长蔡轩朝致答谢词。

大会开幕时《榜书人之歌》大合唱。

山东沂蒙画派研究院

中国文联副主席，中国美协主席刘大为参观“沂蒙颂·沂蒙画派”进京作品展

“沂蒙颂·沂蒙画派”作品展开幕式现场

“沂蒙颂·沂蒙画派”作品展开幕式现场

沂蒙画派由山东省文学艺术界联合会于2011年3月批准成立。是山东省首个以地域特征命名的画派，也是沂蒙地区书画家在长期探索、不懈追求和辛勤耕耘的过程中自然形成的地域特色浓郁、艺术特点鲜明的画派。

沂蒙画派地域范围涵盖了包括日照、临沂、潍坊、青州、淄博、泰安、枣庄、莱芜等沂蒙山地区在内的广袤地域，汇集了来自以上地区的百余名画家。沂蒙画派创始人何乃磊，现任山东省美术家协会副主席、山东省文史馆馆员、山东沂蒙画派研究院院长、西安交通和山东理工大学美术学院兼职教授、国家一级美术师。在何乃磊的带领和引导下，沂蒙画派把沂蒙精神作为艺术创作的动力和源泉，扎根沂蒙大地、描绘沂蒙风光、歌颂沂蒙人民、传承沂蒙精神，开辟了崭新的国画创作之路。

沂蒙画派具有十分显著的特点：一是以传承弘扬沂蒙精神、繁荣书画艺术为己任，立足悠久丰厚的莒文化和革命传统文化，把博大精深的传统文化和伟大的沂蒙精神，用丰富多彩的艺术元素表达出来，呈现出鲜明独特的地域性人文色彩；二是立足于广袤的沂蒙山区，以沂蒙山、沂蒙水、沂蒙人为创作主题，贴近自然，融入生活，内涵丰富，造型生动，画风质朴，清新怡人，美仑美奂，具有鲜活浓郁的时代生活气息；三是艺术上追求创新，既继承传统的美术创作理念、方法，又善于运用当代创作技法，创造性地绘写出一幅幅思想性、艺术性和欣赏性相统一的美术作品，送给人们以纯情至美的享受。

沂蒙画派成立以来，先后十余次组织画家深入到沂蒙山区集体创作写生；举行了“沂蒙画派2013年创作研究工作会议”和2014沂蒙画派学术创作研讨会；参加了中国当代画派第三届联谊会名家作品交流展；多次组织、参加社会捐助活动和送文化下乡活动；成功举办了“情系沂蒙—沂蒙画派国画作品展”、“莒文化·沂蒙魂·颂齐鲁”沂蒙画派国画作品展、“相约十艺节·沂蒙画派国画作品展”、“沂蒙颂·沂蒙画派晋京作品展”等一系列展览交流活动，成为山东的一个重大文化品牌，一张靓丽的文化名片。

马骏红·金秀红茶

2014 年一个茶品在浓雾迷漫的茶叶市场如红岫出水，冉冉升起，引起市场极大关注，这就是品质儒雅、汤色醉红、蕴香持久、水香含情、干净清亮、出自原生态环境的“马骏红红茶”。

经广西出入境检验检疫技术中心对产品、产地土壤和水质进行的实地抽样检测，199 种农药未检出，汞、铅、砷、镉等重金属远低于国家标准核准值，于当年 9 月正式获得“中华人民共和国生态原产地保护产品”标志。

2014 年 7 月，贵阳“生态文明贵阳国际论坛 2014 年年会·生态原产地与国际贸易”论坛，大会指定饮用茶。

2014 年 9 月，香港亚洲品牌协会“第九届亚洲品牌盛典”，当选“2014 中国生态原产地知名品牌”。

2014 年 9 月，入选“2014 天津夏季达沃斯论坛”的指定食材，并作为大会指定饮用茶，跻身国际舞台。

雾锁千仞，茶出瑶山

金秀瑶族自治县，位于广西大瑶山腹地，境内峡谷壮观，奇峰千仞，古树苍劲，秀木婀娜，沟壑蜿蜒，溪水迂回，泉声清脆，潭水深幽，飞瀑溅玉，雾霭绕峦，气象万千，是一个风光旖旎、钟灵毓秀的地方！境内的圣堂山、莲花山、罗汉山风光秀丽，还有 29 条水光潋滟的河流纵横滋育，老虎潭峡谷、六巷青山大峡谷等峡谷溪瀑观景；315.59 万亩的森林资源，覆盖全县 83.58% 面积，这里野生珍稀动植物资源丰富；更有着绮丽多姿的天象景观和丰富多彩的瑶族风情，是全国第二大物种基因库，金秀有“碳库、氧库、水库、基因库”之称。

在这里居住着被誉为东方吉普赛人的瑶民族，相传古时候，高王来侵，平王出榜招贤，谁能斩下高王首级来献，就把公主嫁给他。这话被龙犬盘瓠听到，盘瓠摘下金榜，渡海来到高王身边。盘瓠假装殷勤，高王便以为得到神的眷顾，百般宠信。一天，盘瓠趁高王醉酒，咬下高王的头献给平王，立下了汗马功劳，迎娶三公主为妻。新婚当夜，盘瓠变成了个英俊潇洒的汉子，与三公主幸福生活。盘瓠变成人后，平王派他到会稽山为王，号称盘王。

瑶族伊始，盘王便在这大瑶山之中撒下爱的种子，从此，大山中的野生茶滋养着这里的子民，瑶家世世代代爱茶、嗜茶，以茶养身，以德传家。

茶圣陆羽编写的《茶经》上，罗列了唐朝著名的 42 个茶叶产区。其中提到的“青山”、“东温”、“瑶山”等地名，

▲ “生态文明贵阳国际论坛 2014 年年会”合影。

就在金秀瑶山境内。据华南农大调查，现存 1250 余株千年古茶树，分布在海拔 1300 至 1600 米的高山区，更有 5 万至 6 万亩其他大大小小树龄在几十至几百年不等的野生茶分布于群山遍野中，终年云雾缭绕，腐殖质土层深厚，茶叶品质极佳，瑶族先人秘制的“早春白牛茶”，清代曾作为贡品进贡朝廷。

近年来，金秀县发挥山多地少，特色资源丰富的优势，突出“特”字，着力做好以特兴农、以特富农、以特强农文章。当其时，马骏红公司秉承生态与经济友好和谐发展的理念，以工稳农、以商促农、科技务农、共同发展的手段，运用“公司 + 基地 + 合作社 + 农户”的联合经营模式，应用科技手段开展生物多样化、资源平衡供给持续化的生态栽培模式。在传统经验的基础上辅助产品数理化品质监控与信息化调控的生产手段，生产出独具特色的马骏红红茶。

笔走龙蛇，墨韵茶香

中国茶文化源远流长，是吟诗作画、泼墨挥毫、超凡祛邪的具象表达；墨，是中国国学千年瑰宝，是中华民族文化精华的表达；茶品、墨品、人品，三品合一，文人雅士逍遥风雅，生象和美。

中国书画名家协会副主席、中国意笔画创始人马骏先生，在金秀邂逅了这一群千年古茶树和这个古老而神奇的民族。

马骏先生原籍广西南宁市马山县古零镇，自幼喜爱书画。经过多年的探索，他领悟书、画、意同源的真谛，成功独创了“意笔字画”。字中有画，画中有字，字画含意，浑然天成。作品先后被中国革命军事博物馆等中央和地方的多家博物馆收藏。由他创作的意笔字画“金箔十二生肖十米长卷图，于 2005 年被列入吉尼斯世界纪录”；作品“龙、虎、鹰配对联代表了我国的武装力量，上联：龙虎鹰和谐新中华；下联：海陆空三军保江山，于 2008 年刻在万里长城的居庸关功德榜上”；2012 年，被有关部门评为“共和国杰出书画大师”的称号。

在字画创作取得成功以后，马先生不忘回报社会。多年来，他坚持为“希望工程”、“老龄事业”、“救孤助残事业”捐款。他创作的“龙马精神”，曾由中华慈善总会拍卖 68 万元人民币，所得款项全部捐赠给汶川地震灾区。

书画家与瑶族文化的邂逅，墨与茶的碰撞，成就了一个品牌的诞生。企业家与书画家的默契，成就了一个企业的成长，一个团队的发展。广西 · 金秀马骏红茶业有限公司自成立以来，公司闭桑槐董事长坚守诚信经营的理念，带领着马骏红团队不论寒暑、雨晴，上山下乡，一对一地与大瑶山茶农讲解茶叶的生态培植以及生态经济产业链所带来的经济效益，将生态环境保护与茶农致富的梦想紧密结合。整合自身资源及社会资源，打造出红茶极品——“马骏红”。公司将茶文化和瑶族文化、意笔字画的内涵完美融合，有一位词人在品尝了马骏红红茶之后，有感而发，作《马骏红赋》。

桂中有山，绵延百里，咫尺奇崖，古树苍劲，水涧凛冽，沟壑蜿蜒，龙犬功成，凿山砌道定瑶都。

峭壁百仞道盘山，秀水滢乐。极目茫黛千峰岭，雾锁阑珊。层林染尽金秋浪，鸾雉翩跹。松杉枫樟，茶榭兰菇，万年银杉历风月，百尺杉王傲雪霜。

山有珍，千年茶，盈人抱。轻烹炉火调青山，白牛贡茗红汤醇。

著银钗，挂钩镰，七任曲。百叟阿爸颂盘瓠，十里醉肉馈群英。

山东省吕剧院

一包故乡土 千里家乡根——吕剧《回家》

“鸟飞千里转回家，蚂蚁有个窝窝也要往回爬。水流东海把漩涡打，变块云彩回家落下泪花花。”由山东省吕剧院创作出品的大型现代吕剧《回家》，2014年5月，在首演当年即被文化部选调赴北京参加全国地方戏（北方片）优秀剧目展演；同年11月，入选了首届国家艺术基金大型舞台剧目创作资助项目;2015年1月，被中国戏曲学会授予“中国戏曲学会奖”，并入选“山东省舞台艺术精品工程2014-2015年度精品剧目”。2015年，参加第十四届中国戏剧节，获得“优秀参演剧目”。2015年底《回家》又入选了文化部主办的全国地方戏优秀中青年演员汇报演出。

《回家》是根据“感动中国”2012年度十大人物之一——高秉涵的故事创作改编的，讲述了山东籍士兵函子，在娶亲当天被国民党抓壮丁带到台湾。思乡情切的山根说服函子一起欲逃回大陆，失败后山根被失散多年的父亲判死刑。函子曾答应山根有朝一日带他的骨灰回到家乡，并承诺帮助在台湾的老兵兄弟们完成回乡遗愿，回归故土的怀抱。五十年的时间，函子一直没有放弃回家之路。五十年后，函子终于回到了祖国，来到了离开五十年的家乡山东菏泽皂角湾，来到了等他五十年的妻子面前，并先后送回130多个战友骨灰回乡安葬，完成了五十年的夙愿。戏中，被抓到台湾的函子和山根，“想家、想娘、想皂角湾”，因此两人偷渡，却被抓住审判。法庭上争相赴死的感人场面，思家想娘的深情哭诉，把这种乡土情结不断升华。特别是大家分何泽让朋友从大陆捎回来的家乡泥土，以及众位老兵兄弟们对函子的托骨，把全剧的乡土情结和重情守义推向了高潮。“背包不大泰山重，沉甸甸的礼物沉甸甸的心。一包故乡土，千里家乡根。”正是这种强烈的乡土意识，才刻画出了山东人对家乡的执着和眷恋。面对回乡无望的战友们向自己的托骨之请，特别是大个子班长的那一跪，函子发出了“众兄长死前托骨重如山，满面泪水心赤诚。谁能拒孤魂还乡愿，谁能拒游子思乡情。”正是山东人这热爱故土、淳朴善良、诚实守信、重情重义的品质，让魂牵梦绕的回乡路走了整整五十年。

“生在鲁国菏泽城，流落台湾苦读经，家国总在梦中求，犹恐不见九州同。”这是高秉涵先生在北京看完演出回台湾后，给剧组演员们的书信中的诗句，一片深邃的皈依感情跃然其中。上海戏剧学院导演系主任卢昂拍这部戏时认为，“没有离家太久的人，是体味不到思乡的苦痛的。”记得多年前，新疆春节晚会邀请了十几位山东籍油田工人，当主持人让他们给远在家乡的山东父老乡亲拜年时，十几位大汉在演播厅面朝山东方向齐刷刷跪倒，磕头叩拜。四五年没有回家即是如此，更何况五十年没有回家的函子和战友们。“为什么我的眼里常含泪水？因为我对这土地爱得深沉！”当函子回到阔别五十年的家乡，看到离开了五十年的家时，“腿抖得厉害”，身子战栗，颤抖着蹒跚前行。通过函子激动又犹豫的表现，才真正体会出“近乡情更怯”的感受，真正体会出游子对故乡土地的那颗赤子之心、拳拳之情。

《回家》初成于2009年底，剧院最初的创作灵感来源于一个感人的故事。09年，中央电视台四频道播放了讲述高秉涵事迹的电视片《叶落归根》，两岸人民隔山隔海隔不断血脉的情感守望感动了我们。在山东省台办同志们的热情帮助下，获得了有关台湾老兵故事的大量书籍及视频资料，于是便有了同年五月著名编剧刘桂成和作曲家栾胜利两位专家的台湾之行。

2009年，编剧刘桂成，作曲栾胜利受山东省吕剧院所托，踏上了去台湾采访台湾国民党老兵高秉函先生的旅途，目的就是为省吕剧院创作一台反映两岸亲情的戏。高秉函是我们山东菏泽人，1947年他十三岁跟随国民党部队离开家乡山东菏泽来到台湾，半个世纪后，63岁的他第一次回乡探亲。他说，当他走到村头时，他不敢进家，心里慌得厉害，两腿发抖，坐在村头哭。其时他已经知道，父母早已离世，那个未能合卺、大他十岁的媳妇也已另嫁他人。但他看见那棵老皂角树，看到那个儿时捉迷藏的石碾，看到那条洒满夕阳的村街，他觉得浑身血液上冲，衰老的躯体震颤不已。“胡马嘶北风，狐死向首丘”，他说动物和人的这种感情非常奇特，像有一种神秘的力量。在这种神秘力量的驱使下，《回家》的第一稿剧本诞生了。

年底，《海峡》（《回家》原名）剧本在北京召开了第一次专家研讨会，真挚的情感、跌宕的故事情节，感染了北京参加剧本讨论的专家，并获得了专家们真诚的建议和修改意见。

《回家》排演的过程，跟高秉涵先生走了五十年的回家路一样，几经周折。当时很多人认为从来没有哪个文艺作品把国民党当成正面人物去写，觉得立意不符合主旋律。但我们创作这出戏的初衷让我们对它爱不释手，2010年，《回家》在一片反对声中走进了排演场，排了五场戏，流了两个月的汗和泪，当快接近尾声时，主演函子的演员出车祸骨折了，临时换演员补戏，又来了其他新的政治任务，《回家》搁浅了。

2013年第十届中国艺术节后，我们的《百姓书记》荣获“文华大奖”。当年参与讨论《回家》剧本的专家在恭喜我们获奖的同时叮嘱我们：《回家》是个好戏，不能放下呀！ 2013年2月19日，高秉涵先生登上了中央电视台2012年感动中国十大人物的领奖台，我们的创作激情再次被点燃。最强的主创团队，最投入的工作状态，所有参与其中的主创及演职员付出了极大的努力，多少天夜以继日的排练，多少次以泪洗面的磨合，多少人充满激情的创作。当她初成的时候，主演函子的演员又一次因病住院了，但这次的结果完全不同，因为有了上一次的教训，我们每个角色都配备了两组演员，良好的准备工作，负责任的主创团队，让我们的排演工作继续有序推进，避免了《回家》的再一次搁浅。《回家》在她的首演场，就显现出了璀璨光芒，观众的高度喜爱，专家的钟爱和建议，让《回家》在又一轮的修改后，终于绽放在首都的舞台上。

成功申报首届国家艺术基金后，剧院着手进行修改提高工作。2015年1月，《回家》在山东济南召开了一场全国三十余位专家出席的高规格研讨会，留下了精准的修改意见。专家们普遍认为，现代社会亟须弘扬优秀传统文化，真善美的品质在高秉涵这一人物形象上得到充分体现。《回家》把握住了时代脉搏，体现了中华文化精神，反映了中国人审美追求，讲述了最美中国故事，刻画了最美中国人物，做到了思想性、艺术性、观赏性的有机统一，弘扬了社会主义核心价值观，呼应了人民期盼，体现了艺术为人民服务的宗旨。研讨会上，中国戏曲家协会秘书长王蕴明说：“《回家》这部戏意义非常深远，它既具有现实意义，还具有恒久长远的意义。这是一部思想性、艺术性、观赏性、政治性都非常强烈的优秀的现代戏。”能得到这样的评价，打磨出这样的戏曲呼唤力，离不开戏曲灵魂的支撑，离不开对优秀传统文化和乡土情结文化内涵的把握。2015年4月11日，经过重大加工修改后的《回家》在济南首演后，开始全国巡演，所到之处，观众的反响是：“在艺术和精神层面都得到了极大的满足”。

优秀传统文化是中华民族宝贵的历史遗产和精神财富，作为孔孟之乡，山东的优秀传统文化滋养华夏、影响广泛。魂牵梦绕五十载，一诺千金还乡愿。家国意识和故土情怀，是山东文化的宝贵资源，也是山东人的性格特色。离开了家乡，就如同转蓬、如同浮萍，没有了根基，没有了方向，但渺远的时间，辽阔的空间，抹不掉思乡的情怀，只要乡土情结还在，友亲情义就还在。吕剧《回家》很好的诠释了“家国意识、故土情怀”，展现了游子对家国故土的挚爱之情。这种感情，是家国天下的认同，是中华民族向心力的凝聚，是促进发展的内在动力，更是实现“中国梦”的必然要求和最好印证，爱的真挚、爱得彻底、爱的持久。这种情怀传输的正能量，必将为中国繁荣稳定发展注入新的活力。

艺术创作是剧院的首要任务，任重道远。正如高秉涵先生用20多年实际行动诠释的那样，我们不断打磨、完善这部戏，也是在完成一个圆梦之旅。我们将以创作《回家》为契机，以习近平总书记在文艺座谈会上的讲话为指引，继续以“中国梦”为主题，坚持以人民为中心的创作导向，以构建社会主义核心价值体系、满足人民群众精神文化需求为出发点和落脚点，扎根人民、扎根生活，积极创作展现中华儿女在追寻国家富强、民族振兴、人民幸福“中国梦”道路上的精神风貌，推出体现时代精神、凝聚民族力量、彰显戏曲魅力的舞台艺术精品，为实现“两个一百年”奋斗目标、实现中华民族伟大复兴的中国梦，贡献力量。

新编历史剧《屈原》

剧情简介：

为振兴楚国之伟业，左徒屈原力主对内革新除弊，对外联齐抗秦，为之他起草宪令，修正法度，展示了非凡的治国理政才干。谋略家和纵横家——秦相张仪不仅几度破坏楚齐联盟，而且通过收买靳尚，设诡南后，蒙骗楚怀王，谗害屈原。但在逆境当中，屈原身居庙堂而心忧天下，身居荒野却顾盼庙堂，执著坚守自己的美政理想。他剑挑楚国政治的失误，吏治的腐败，贵族阶层的贪婪，甚至剑指楚怀王，怒其不争、怨其不察、恨其不用、哀其不幸，悲叹昏聩之君误国，寒光闪闪，锐气逼人。在楚国灭亡之际，屈原宁死也不愿离开楚国一步，对国家、君王的忠诚日月可鉴。试图用一己之净，换得天下之洁。他不计个人恩怨，为了维护楚国的利益，以身殉国、以身殉道、以身殉志，留下千古奇恨、千古沉怨、千古悲歌。水柱擎天，英气断流。学生宋玉毅然承担起屈原的重托，义无反顾地走上了“路漫漫其修远兮，吾将上下而求索”的生命之路。

编剧：吕育忠
导演：杨小青　于伟萍
编舞：蒋新光
唱腔设计：陈国良
作曲：王天明　陈国良　徐建航
MIDI 制作：王天明
舞美设计：戴延年　叶瑞芳
舞美监制：叶瑞芳
灯光设计：周正平
服装设计：蓝　玲 张　颖
化妆造型设计：胡亚莉
道具设计：季天渊
音效设计：寿　南

屈原：吴凤花　楚怀王：楼慧琴
南后：吴素英　宋玉：张　琳
婵娟：董鉴鸿　张仪：于伟萍
靳尚：裘再萍　子椒：胡国美
齐女：陈雯婷　渔夫：何梦莱

绍兴小百花越剧团

剧团简介：

“绍兴小百花”是一个在改革年代里孕育诞生的新型文艺团体。以“出人、出戏、出效益”为宗旨，以“团结、务实、拼搏、创新”的团队精神，经过近三十年的继承与发展，成为绍兴文化的“金名片”。

绍兴“小百花”成立至今，先后创作和排演了大戏四十余台，折子戏五十余出。创作排演的《陆文龙》《越王勾践》《越女三章》《一钱太守》《李慧娘》《狸猫换太子》《乡村好支书》《屈原》等大戏，先后在中国越剧艺术节、中国戏剧节获奖。

绍兴“小百花”涌现出了一大批文武兼备、有德有艺的优秀青年演员，如吴凤花、吴素英、陈飞，她们先后在全国及省、市戏剧节中获奖，并获得了中国戏剧梅花奖，吴凤花荣获“二度梅”。新生代“小百花”演员张琳、董鉴鸿、谢小等参加全国“越女争锋”荣获金奖。

剧团为浙江省一级剧团。被评为全国文化先进集体，全国“三八红旗集体”；全国服务农民、服务基层文化建设先进集体称号；荣获全国五一巾帼奖状、全国工人先锋号（演员部）。

新编越剧《乡村好支书》

剧情简介：

杭兰英同志是绍兴市上虞崧厦镇祝温村党总支书记，二十八年来，她带领群众，艰苦奋斗，把一个原本贫穷落后的旧村子，改变成文明富裕的新农村建设示范村。

这出戏以杭兰英同志的事迹为线，以发生在她身边的小故事为点，以线连点，串成一出戏。剧中演绎了“访民意”、“济民困”、“解民忧”、“救民危”、“慈母心”、“结发情”等几个小故事，讲述了杭兰英“平凡之中见伟大、细微之处显精神”的感人事迹。

编剧：包朝赞
导演：韩剑英
唱腔设计：李燕华
音乐设计：杨浩平
舞美设计：赵国良

灯光设计：周正平
服装、化妆造型：董　燕
舞蹈设计：蒋新光
副导演：于伟萍
导演助理、场记：胡洁婷

杭兰英：吴素英　饰
祝秋潮：姚百青　饰
梁　雁：吴凤花　饰
美　丽：陈雯婷　饰
小美丽：李思宇　饰
田小妹：董鉴鸿　饰
阿　虎：邵洪涛　饰
小　军：赵嘉苑、陈泽浩 饰
丁阿婆：潘　琴　饰

泉州市木偶剧团

泉州市木偶剧团2014年至2015年度参赛夺奖硕果累累

2014年：

1月8日，王景贤获中华文化促进会、香港凤凰卫视颁“2013中华文化人物”称号。

2月24日，《赵氏孤儿》因在第十届中国艺术节暨第十四届文华奖比赛中获“文华优秀剧目奖”、“集体表演奖”、“舞美设计奖”、“灯光设计奖”，获福建省人民政府表彰奖励。

4月30日，因以泉州市木偶剧团为主体的“福建木偶戏传承人培养计划”入选联合国教科文组织“保护非物质文化遗产优秀实践名册”获福建省人民政府表彰奖励。

5月16日，剧团组织参加福建省第八届青年演员比赛（武夷奖）获1金3银的佳绩：曾丽环（金奖）、庄丽娥、吴晓晖、戴勋（银奖）。

5月，《赵氏孤儿》获中共福建省委、福建省人民政府“第七届百花文艺奖”荣誉奖。

6月，《赵氏孤儿》参加“首届中国南充国际木偶艺术周”比赛，获最高奖——“最佳剧目奖”。

6月，王景贤获中共福建省授予“全省优秀共产党员称号”。

9月26日，在哈尔滨举行的“金狮奖·第五届全国木偶皮影中青年技艺大赛”圆满闭幕。本届大赛共有来自全国各地的二十多个专业院团的四十三个剧节目参赛。泉州市木偶剧团此次派出《命运傀儡》、《目连救母·速报审》、《哭人彘》三个小戏，并与上海戏剧学院合作小戏《双下山》共同参赛。《命运傀儡》表演者戴勋荣获“最佳表演奖”；《目连救母·速报审》、《哭人彘》的表演者：张耀华、蔡思雅、叶霖霖、洪俊敏荣获“优秀表演奖”；《双下山》的表演者：姚聪晓、胡力伟荣获“优秀新人奖”；洪建生、陈应鸿荣获“指导老师奖”；陈志杰荣获演奏奖。

10月22日，王景贤入选《福建省第一批优秀人才“百人计划”人选名单》获“省文化名家”称号。

2015年：

1月29日，国务院表彰王景贤为文化艺术做出的贡献，发予国务院特殊津贴并颁发证书。

泉州木偶剧团古戏台“八卦棚”全景

泉州木偶剧院大剧场内部

《命运傀儡》“金狮奖·第五届全国木偶皮影中青年技艺大赛”最佳表演奖剧目

《哭人彘》“金狮奖·第五届全国木偶皮影中青年技艺大赛”优秀表演奖剧目

《赵氏孤儿》剧照

新落成的泉州木偶剧院

哈尔滨铁路局文联

哈尔滨铁路局位于全国路网的东北端，是中国铁路总公司所属大型国有企业和全路规模较大的铁路局。全局职工 20 余万，营业里程 7000 多公里，管辖线路覆盖黑龙江省全境、内蒙古自治区呼伦贝尔市。分别与俄罗斯后贝加尔铁路、远东铁路接轨。

哈尔滨铁路局文学艺术工作者联合会（简称：哈铁文联），成立于 1984 年 4 月，隶属于哈尔滨铁路局工会，现下设有作家、美术书法、摄影、表演艺术家四大协会，共有国家级会员 30 余人，省部级会员 300 余人，先后发展局级会员 3000 余人。局文联成立 30 年来，在中国铁路文联、黑龙江省文联和省作协的指导下，团结和组织全局广大文艺工作者，坚持围绕中心、服务大局，在推进企业文化建设、繁荣文艺创作等方面做出了突出的贡献。目前，局文联出版文学艺术专辑 120 余册（套），编辑出版《奔驰》杂志 90 期，共有 300 多人次的作品在国际、国内和省、部级以上刊物上发表或展赛中参展获奖。局文联先后被国家、省部文联、文化组织评为“先进团体会员”单位等称号 20 余次，2007 年，局书法家协会被中国书法家协会授予“中国书法家进万家活动”先进集体称号；2012 年，局“火车头”文化志愿者服务队被黑龙江省授予“群星奖”（政府奖）荣誉称号。

①开展文化志愿者服务进车间、班组

②举办劳模先进表彰颁奖典礼

③承办大型书画名家创作笔会

④哈尔滨铁路局文联副主席陈宇龙深入铁路一线采访

陈宇龙是中国书法家协会会员，哈尔滨铁路局文联副主席，一级注册艺术设计师。现为黑龙江省文联委员，黑龙江省企业文联副秘书长，黑龙江省艺术设计协会副秘书长，中国铁路书法家协会常务理事（组联部主任），中国铁路美术家协会常务理事，黑龙江省书法家协会理事（创作评审委员会委员），黑龙江省美术家协会理事，黑龙江省摄影家协会理事。艺术作品和成就先后在《人民日报》、《人民铁道》报、《黑龙江日报》、《美术》杂志、《黑龙江画报》、《文艺界》、香港《时代》杂志等报刊上发表和重点报道。多项艺术作品先后在美国、日本、韩国、俄罗斯和中国台湾、香港、澳门等国家、地区展出和收藏。2005 年，被黑龙江省书法家协会授予“德艺双馨”书法家称号；2007-2008 年，连续两年被中国书法家协会授予“中国书法家进万家活动”先进个人称号；2011 年，被黑龙江省授予“百强艺术设计师”称号；2012 年，被黑龙江省授予“群文之星”（政府奖）荣誉称号；2013 年，被中国文联授予“全国文联工作优秀个人”称号。

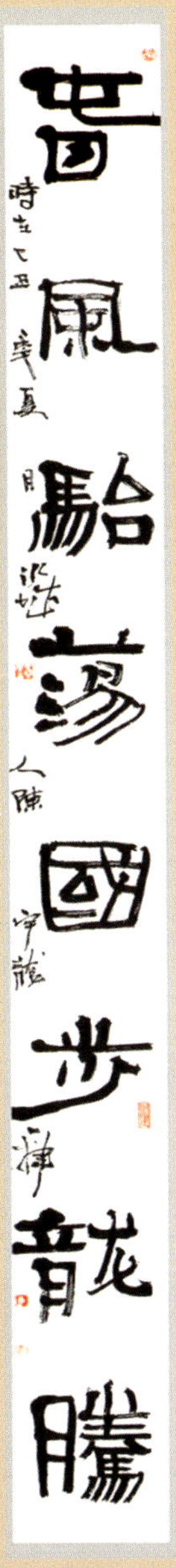

①定期举办文艺创作骨干培训
②陈宇龙书法作品 — 隶书
③陈宇龙书法作品 — 行草书
④陈宇龙摄影作品 — 壮美龙江

沙孟海书学院

出版《沙孟海研究》季刊

经多次院长会议讨论研究，成立了《沙孟海研究》编辑委员会。全新的《沙孟海研究》杂志，围绕“沙孟海研究”这个主题，以学术、人物、经典、动态、视野、纪念六大版块为框架，有效促进了书学院学术资源的整合、共享与交流，搭建了全面系统研究沙孟海先生的平台。

《沙孟海学术思想》专著出版

我院研究员徐清教授现为杭州师范大学美术学院副教授、硕士生导师，于今年下半年出版了《沙孟海学术思想》专著，荣获第五届中国书法兰亭奖理论奖三等奖。

首届沙孟海书学院书法教学基地师生教学成果展

7月，在紫林坊艺术馆举办了首届沙孟海书学院书法教学基地师生教学成果展。本次展览得到了书法教学基地师生们的高度重视，创作出了不少的优秀作品，充分展示了博大精深的中华文化，展示了中小学生热爱祖国、乐观开朗的精神风貌。

沈鲁乡作品展

沈鲁乡先生是我们本地著名的书法家，是鄞县书法家协会首任主席。12月，在紫林坊艺术馆举办了沈鲁乡书法作品展。此次展览是沙孟海书学院继续挖掘地域名人系列工程之一，共展出沈鲁乡三十余件作品，展览开幕后还举办了沈鲁乡研讨会。同时，配合展览编辑出版了沈鲁乡书法展作品集。这是继丁乙卯、郑玉浦展览后，又一次展示鄞州地域文化名人的精品展览，弘扬了沈老的书学精神，扩大了鄞州地域文化名人文化影响力和传播力。

包根满师生篆刻作品展及朱文篆刻培训班

今年岁末在南部商务区龙茗轩举办了“意与古会”包根满篆刻研修班师生朱迹展，十一位青年才俊与包老师一起共同努力，展出了60件印屏作品及20余件印石实物，无论数量还是质量，都不同层面展现了这两年来的成果。配合展览，出版了作品集。继续邀请中国书法家协会会员、西泠印社社员、甬上篆刻名家包根满先生担任导师亲自执教“朱文培训班”。该培训的举办切实有效地提高了学员们的篆刻水平，拓展了“书法鄞军”的后备力量，提升了鄞州的文化高度与厚度。

“湖石无言”王葱葱国画小品展

展览共展出王葱葱最近3年来创作的近4 0幅国画小品，展览在月湖群星展览举办。该展览是我院工作人员王葱葱近年来创作成果的一次集中展示，拓宽了书学院不同领域的影响力。

荣获授予第一次全国可移动文物普查先进集体

书学院目前藏有沙老书法精品、著作手稿、照片实物等珍贵文献资料，其中包括作品近900件，贺书贺画199幅，因受书学院自身条件所限，这些珍贵文物目前均藏于鄞州区档案局且未进行科学合理的编号整理与登记，今年恰逢全国可移动文物整理工作开展之际，采用编辑有序、科学，考证精深、严谨的方法，扎实推进这些馆藏文献的拍照、整理与登记工作，历时近半年时间全面对沙老及鄞州地方文献资料做了系统的有条理的收集整理，登记整理了九百件包括书信、手稿在内的珍贵文献资料并通过了我区文管会的工作验收。

山东曲阜师范大学研究生教学基地授牌仪式

10月中旬，山东曲阜师范大学研究生教学基地授牌仪式在沙孟海书学院举行。仪式结束后向参加仪式的山东曲阜师范大学学生、书法爱好者70余人介绍了沙孟海先生的艺术人生。此次授牌开创了国内名家馆与专业院校相互合作的先河，将文献资源与研究资源、教育资源的有机结合，实现了双方在名人文化研究、书法教育、培训和人才培养等方面的合作双赢，极大地拓展了名家馆的办馆模式，拓宽大师个案研究的思路，拓宽了大学学术研究和人才培养的新途径。

参加中国名家馆联会暨吴昌硕诞辰170周年纪念大会

继续开展全国名家馆交流活动，积极拓展对外交流深度、广度。9月12日，是吴昌硕大师170周年诞辰。为缅怀大师的杰出艺术成就和不朽精神风骨，传承弘扬昌硕精神，安吉县隆重举行了竹映风骨——吴昌硕诞辰170周年纪念大会暨吴昌硕纪念馆新馆落成典礼。我院派代表参加了该活动，并在中国名家馆联会上发言，向与会的全国各名家馆的代表介绍了我院一年来的工作进展与新突破，并向到会的代表赠送了由我院编辑出版的2014第一期《沙孟海研究》季刊，获得了一致好评。

刘文华全国隶书培训班

本次培训班于由中国书法家协会书法培训中心主任、首都师范大学客座教授刘文华先生担任主讲老师，20余名学员参加了本次学习。刘文华老师就隶书的用笔、用墨、字法、创作思路和方法及隶书的书写性等方面做了讲座并针对每位学员临摹和作品的具体问题做了详尽的指导并为每位学员做了示范，通过五天的学习，学员们开阔了视野，对隶书学习和创作进一步加深了理解，取得了长足的进步。培训期间，学员们还观摩了沙老的真迹，令学员们大开眼界，获益匪浅。

战国中山王铭文的临摹与创作专题培训班

我院于10月1日至5日举办了战国中山王铭文的临摹与创作专题培训班。让每一位学员深入解读中山王经典，并创作了一件笔法精到、结体古雅、章法秀美的中山王风格作品。本次培训班是我院自力更生，依靠自身力量举办的第一次专题培训班，但取得了不俗的效果，是我院自主办班迈出的第一步，具有突破性的意义。

武汉爱乐乐团
WUHAN PHILHARMONIC ORCHESTRA

武汉爱乐乐团

武汉爱乐乐团创建于1993年（原武汉乐团），经过历年来的努力，武汉爱乐乐团目前已进入中国优秀职业乐团行列。现任音乐总监刘鹏先生，是活跃在国内外乐坛上优秀的指挥家之一。

乐团一贯注重自身的艺术品位与艺术水平的提升，近二十年来，坚持邀请国内外优秀指挥家和各种专业的优秀演奏家合作演出过各种类型的音乐会，从而涉猎大量的，各个时期的中外经典的音乐作品：如交响乐作品；芭蕾舞音乐；歌剧序曲；室内乐作品；合唱作品等。其作者包括：巴赫、海顿、莫扎特、贝多芬、舒曼、勃拉姆斯、舒伯特、瓦格纳、门德尔松、圣桑、拉威尔、柏辽兹、西贝柳斯、格里格、柴可夫斯基、肖斯塔科维奇、拉赫玛尼诺夫、普罗科菲耶夫、格拉诺祖夫以及格什温等欧美音乐大师的作品；还有冼星海、陈钢、何占豪、赵季平、叶小纲等中国作曲家的作品。大量排、演经典作品，使乐队的演奏技能和对作品的风格把握上升到一个新的高度。

乐团一直执着地坚持在武汉地区普及交响乐艺术，并提出“让音乐成为您生活的一部分”的口号，为提升城市的文化素质，培养市民的艺术修养，做了大量的工作：如“走出去”是让交响乐走进校园、走进企业、走进军营、走进社区；“请进来”是以免费和低票价的方式吸引普通市民走进音乐厅，现在武汉地区已逐步形成了一个音乐爱好者的消费群体。

乐团在注重开拓本地区音乐市场的同时，还积极开展与国外交响乐团之间的交流与合作，先后与德国杜伊斯堡爱乐乐团、美国南加州爱乐乐团开展了音乐家互访活动。特别是与德国杜伊斯堡爱乐乐团的交流活动从2000年一直保持到至今；

2004年，乐团随武汉市政府代表团赴日本大分市演出；

2009年10月，应日本文化厅邀请，乐团赴日本东京参加第八届“亚洲交响乐周”，取得圆满成功，并受到日本同行的高度评价及日本媒体的高度关注；

2010年7月，乐团进驻武汉琴台音乐厅，成为国内少有的几家驻厅乐团之一。琴台音乐厅这具有国际一流文化设施的场馆也为乐团成功的举办一系列音乐活动提供了一个良好的平台。

2011年3月，乐团在琴台音乐厅举办“管风琴周”，让观众了解和领略了“乐器之王”的无穷魅力；

2011年度，乐团在保利院线的支持下，赴重庆、郑州、青岛、深圳、合肥、温州等国内八个城市，进行了十三场巡回演出，受到了各地音乐爱好者和市民的好评；

2012年10月，在武汉首届琴台音乐节中，乐团与波兰尤文图斯国家交响乐团联袂以126人的庞大乐队编制，在武汉首演了奥地利作曲家马勒的第一交响曲《巨人》，获得了巨大成功。

2011年至2015年，连续五年在琴台音乐厅举办了五届国际钢琴巡礼，邀请来自美国、法国、德国、俄国、日本、韩国以及台湾、香港的钢琴家，为武汉市民介绍了一系列经典的钢琴作品和一批新兴钢琴演奏家；

2014年、2015年连续两年，我团受邀参加在意大利古城维泰博举办的“图西卡歌剧节”活动。我团音乐家与欧洲音乐家共奏华美乐章，演出获得欧洲观众的高度赞誉。

武汉爱乐乐团将在市委、市政府的关心支持下，承载着提升城市文明，打造文化强市重任，将努力为自身发展赢取更多机遇和更广阔的空间，为城市异彩纷呈的文化生活平添一道靓丽的风景，为武汉的经济腾飞和文明进步做出更大贡献。

中国武汉杂技团

Wuhan Acrobatic Troupe Of China

武汉杂技团是一个有着六十多年历史的全国著名杂技表演团体，拥有以夏菊花为代表的一大批著名表演艺术家，经过几代人的不懈努力和追求，武汉杂技团已发展成具有显著艺术特色和雄厚技艺实力并享誉国内外的著名杂技艺术表演团体。目前，综合实力位居全国同类院团前列。

武汉杂技团对艺术精益求精，力求技巧与艺术的和谐统一，形成了“技艺交融，艳丽恢宏”的艺术风格。先后发展和创新了《顶碗》《椅子造型》《空中飞人》《英雄天地间》《梦幻九歌》、《秘境奇光》等一大批优秀剧（节）目。六十多年来，武汉杂技团在国内外重大比赛中共取得各类奖项70多个，有世界青年联欢节金奖、“金小丑”奖、“黑湖塔”杯、全国杂技比赛金奖、文华金奖、金菊奖等；显示出武汉杂技团雄厚的实力和青春活力。2014年12月，武汉杂技入选国家级非物质文化遗产代表性项目。

武汉杂技团不仅长期坚持在国内演出，足迹遍及中国各省、市、自治区及港澳台地区，还先后100多次赴五大洲150多个国家和地区进行访（商）演，深受国内外广大观众的欢迎和热情赞誉。

童梦·独轮车技

在璀璨的灯光下，十多名独轮车手踏着音乐的节拍，忽而排成一排，忽而架起“叠罗汉”，他们脚踏独轮车完成一系列惊心动魄的高空翻滚、腾空跳跃等技巧，来表现两位追梦少年的精彩故事。抛、接、转及跳跃，难度高，动作惊险刺激，完成“独轮行车回龙立转720度、后空翻转体360度、叠罗汉四层”等一系列原创高难动作技巧，表现了两个孩子实现梦想的过程。

2014年11月，《童梦·独轮车技》荣获第十一届中国武汉国际杂技艺术节芳草金奖。

寂静的天空·绳上技巧

每一次倾心，最初总是不经意的邂逅，眼神交汇，深深浅浅，也许初相遇，刹那心动，确已是注定了永恒。寂静的天空下，一对生命尽情地享受着爱的自由和浪漫，淡淡的玫瑰色梦境交给心会的知音，一起感受恬静清纯的琴韵，它们相互追逐着，相互依偎着，用满怀亲情的心将那一缕缕梦之光、梦之色，渲染着咫尺天涯的美丽。时而又一起飞向空中，去聆听月亮、星星带给它们的祝福……

男女演员通过一条十余米长悬挂在空中的绳索表演各种高难技巧，绳索随着音乐的起伏不断的升腾和摆动，在空中完成各种高难度动作，惊艳绝伦的表演优美之极。整个节目演员表演的动作都在无保险绳的情况下完成的。

2014年11月，《寂静的天空·绳上技巧》获第十一届中国武汉国际杂技艺术节黄鹤银奖。2015年3月2日，《绳上技巧》荣获第四届西班牙菲格拉斯国际马戏节铜奖。

西安秦腔剧院有限责任公司

西安秦腔剧院有限责任公司正是秉承着深入生活扎根人民，继承优秀秦腔传统文化，弘扬秦腔艺术精髓，推动秦腔艺术发展的核心理念，在各级政府的关心扶持下，积极探索出了一条文化遗产保护、经典剧目传承、市场经营、公共服务四位一体的发展路子，成为了全国文艺院团体制改革的新标杆，被中宣部、文化部等五部委两次评为“全国文化体制改革先进单位”。坚持以精品化、经营化、公益化为指导，以引领秦腔文化事业繁荣，活跃群众文化生活为己任，深入贯彻落实党的十八大精神和习总书记文艺座谈会讲话精神，积极推进文化体制机制创新，传播弘扬中华传统文化，打造打磨艺术精品，取得了骄人的成绩。2009年至今共荣获省级以上各类奖项200余个，两度被文化部评为“全国文化体制改革先进企业”，这是对秦腔剧院转企改制、经营发展和文化传承的最大认可和肯定。

2014年5月19日，中共中央政治局常委、中央书记处书记刘云山同志深入西安秦腔剧院有限责任公司易俗社剧场调研秦腔艺术传承情况。

在调研期间，西安秦腔剧院有限责任公司董事长兼总经理雍涛向刘云山同志介绍了易俗社成立、传承、艺术特色以及在各个重要时期所做出的重要贡献，察看了老剧本、老唱片等文献资料，还观看了易俗社正在排练的精彩片段。在与老艺术家、秦腔剧院部分演职人员进行了亲切交谈及合影后，刘云山同志特别询问了秦腔剧院改制后的发展情况，当听到雍涛同志及在场青年演员汇报完改制以来中央、省、市、区各级政府对秦腔剧院及易俗社投入不断增加、不断恢复、创排新剧目、连续获得国家级大奖、演出场次翻了四倍、演员收入翻番活力大增等情况时，他频频点头表示赞许。雍涛同志继续汇报了关于加快人才培养、建设易俗社秦腔博物馆、邀请老艺术家担任秦腔剧院的艺术顾问等具体设想，刘云山同志说：“优秀传统文化滋养了民族精神，民族之魂，无论社会怎么变化，都不能割断血脉、丢掉根基。要自信自豪地对待传统文化，把不忘本来、吸收外来、着眼将来结合起来，重视文化传承人才培养，结合时代特点推动创新发展，不断增强优秀传统文化的生命力。”

百年风雨，百年芳菲。2014年1月7日，中国现存最古老的秦腔戏曲艺术团体易俗社被文化部命名为国家级非物质文化遗产代表性项目秦腔保护单位，古老的易俗社正在焕发新的生机与活力，逐渐成为保护非遗文化、繁荣文艺市场、展示秦腔艺术、弘扬中华文化的重要平台和窗口。3月13日举行的隆重又简朴的揭牌仪式上，文化部非遗司领导及省市区各级领导纷纷到场，见证了这个激动人心的时刻。在公司领导、工作人员陪同下，参观了剧场并观看由易俗社编排的非遗挂牌主题演出。

一百年前，西安易俗社在这充满了厚重文化底蕴的土地上生根发芽，在李桐轩、孙仁玉、范紫东等爱国志士的倡议推动下，走过一个世纪的风雨，经历过护法运动、西安事变、抗日战争等历史洗礼过后的易俗社愈加熠熠夺目，在易俗社上演的一段段唱腔与诗画，让 “中国戏曲活化石”的美誉远播华夏，使享有“中国多种戏曲鼻祖”之称的秦腔被世人所熟知、热爱和推崇。时间更迭所留下的历史印记也深深地刻在了易俗社的发展史上。易俗社申请国家级非物质文化遗产的成功，是不懈努力的丰硕回报，更是历史发展的必然结果。非物质文化遗产的保护工作也是秦腔重新审视、定位和发展的契机，是剧种及时抢救、留存珍贵文献影像资料、扩大自身影响的良机。

西安秦腔剧院有限责任公司拥有两个著名的百年剧社，易俗社和三意社，在激流勇进的文化发展大潮的推动下，为了坚守传统艺术而辛勤工作，从未停止过对秦腔艺术的传承、发展和创新的脚步。创排的多部大戏《柳河湾的新娘》、《秦腔》、《杨贵妃》、《曹植》、《大明宫》、《我爱我爸》、《集云山》等接连获奖，展现出强劲的表演实力；复排的《三滴血》、《火焰驹》、《蝴蝶杯》前后本、《杨门女将》、《赵氏孤儿》、《双锦衣》前后本等几十部传统经典剧目，折子戏六十余部，还原了真实的历史舞台，满含着秦腔文化精髓；连续多年不间断的惠民演出，在戏迷心目中打下了坚实的基础；举办的百年易俗活动引起全国瞩目，将品牌文化传承推广；培养的秦腔人才辈出，为秦腔艺术注入新鲜血液。中央电视台新闻频道曾在春节报道了惠民演出情况，记录频道播放过百年易俗社纪录片，戏曲频道播放过《柳河湾的新娘》等优秀剧目，西安秦腔剧院用“新瓶装老酒”的方式，保留了秦腔的灵魂和精气神，让剧目满含着厚重的文化底蕴。用对艺术的执着和坚守，让秦腔文化不断传承和发展，爆发出耀眼的光芒，得到广大戏迷的热烈欢迎。

三意社当红秦腔小生演员张涛2015年5月荣获第27届中国戏剧梅花奖，此次获奖是西安秦腔剧院深化文化体制改革的重大成果，是秦腔剧院始终坚持出人、出戏原则，大力做好秦腔文化的传承与发展，引领秦腔文化事业繁荣的重大践行举动，此次摘梅成功，是西安秦腔剧院自2008年以来，继惠敏莉、李淑芳获梅花奖之后的第三朵梅花奖，至此，西安秦腔剧院拥有侯红琴、惠敏莉、李淑芳、张涛四朵中国戏剧梅花奖获得者。

在做好对秦腔艺术的传承后，为了进一步扩大影响力，西安秦腔剧院计划开展持续不间断的惠民演出工作，下大力气做好秦腔的继承和发展，使秦腔文化活力大增，紧跟时代步伐，焕发出新的光彩和新的活力。惠民演出深入陕西各区县社区、农村，上演着一幕幕传承千年的秦腔剧目，方寸之间演绎百态人生，持续将古老的戏曲继承下去，让秦腔在岁月的积淀中打磨得越发熠熠生辉。在社会各界的共同努力下进一步推广和传播秦腔艺术，持续发挥传统戏曲高台教化的深远作用，让更多人体会到传统艺术的独特魅力，以其深刻内涵，厚重的文化底蕴征服各个地区的观众，在发展之路上越行越广。

“手把手”传承经典剧目

新编历史剧《曹植》张涛（饰演曹植）以此剧斩获第27届中国戏剧梅花奖

大型秦腔现代戏《柳河湾的新娘》荣获全国第十一届全国精神文明建设“五个一”工程奖

经典传统剧目《火焰驹》

经典传统剧目《三滴血》

深入生活扎根人民文化惠民下乡演出演出

驻马店市紫藤书画院

姚立、男、字墨缘，生于1949年9月，大专文化，中共党员干部，于1967年参加工作以来，曾在汝南县红旗公社教育战线上，汝南县人民政府，计划委员会，汝南县基本建设委员会，汝南县县委纪律检查委员会工作，于2011年在汝南县建设局退休。

姚立酷爱书法艺术，擅长板投制作，隶书，篆书、行书、临摹、诸家碑帖等。

现为驻马店市紫藤书画院院长，中国文化部评审委评定为国家一级书法师，中国名家书画院授予中国当代艺术名家，河南省书法家协会会员，驻马店市书法家协会会员，汝南县书法家协会会员，中国南海禅寺书画院副院长，北京中华母亲促进会会员，文明生活与本土文化研究会会员，中国老年书画研究会会员，南京市长江书画艺术研究院作品荣获金奖，中国龙·中国梦庆祝中华人民共和国成立65周年全球华人书法大展中，授予新中国杰出书法家，滕王阁杯，全国第十届文学艺术大赛中荣获金奖。纪念甲午战争120周年书法大展荣获金奖，授予新中国杰出爱国书法家。中国家风文学综合大赛荣获金奖作品，授予传承家风优秀艺术家，作品于2014年9月27日在北京园林博物馆举办的中央国家机关庆祝新中国成立65周年书画展出等荣获称号，其书法作品在国内外书法大赛中多次被评为金奖，特等奖，被国内为知名人士收藏等。

地址：河南省汝南县南海商城北门内驻马店市紫藤书画院。联系电话：13033841898

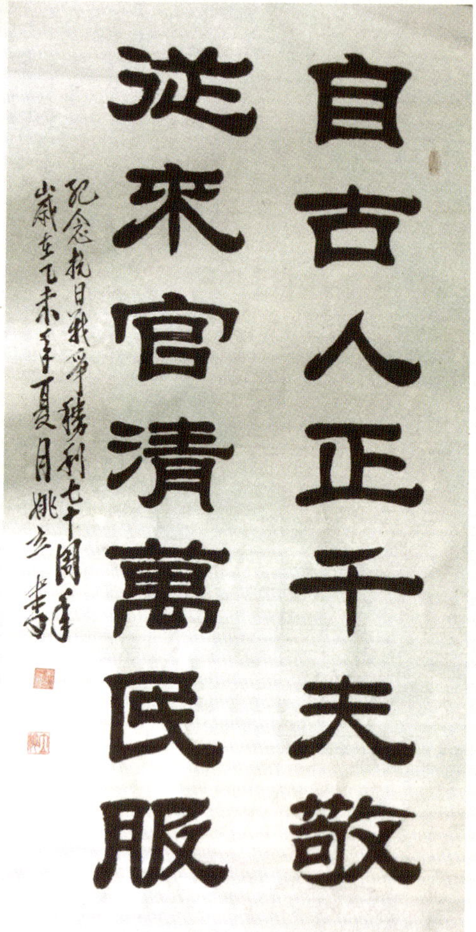

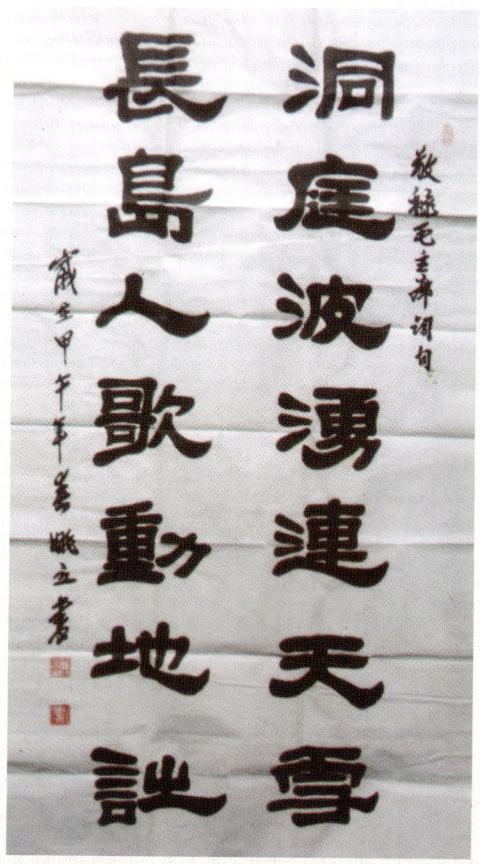

2015 年 6 月 3 日，驻马店市紫藤书画院和金蔷薇艺术沙龙全体老师走进汝南小城义工协会，举行了收藏品书画艺术品捐赠仪式。

现场热情洋溢，书画家现场泼墨挥毫，捐赠书画作品上百幅，充分体现了书画艺术家的爱党、爱国、大爱无疆和无私奉献的高尚风格，得到了上级领导和人民群众的一致好评。

左一、曹立正先生，左二、张宝瑞先生，左三、李莉女士，右一、李留根携夫人王花

小城义工协会会长王智利（右一）和部分老师合影留念

姚立院长在开幕式和捐赠仪式上的讲话

著名作家张宝瑞先生和李留根院长合影留念

李留根院长为小城义工协会捐赠书法作品救助失学儿童和社会困难户

曹立正先生和李留根院长合影留念

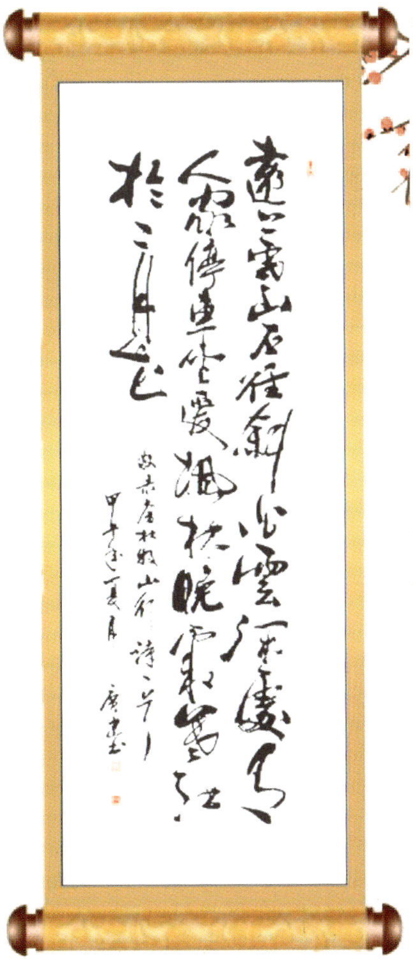

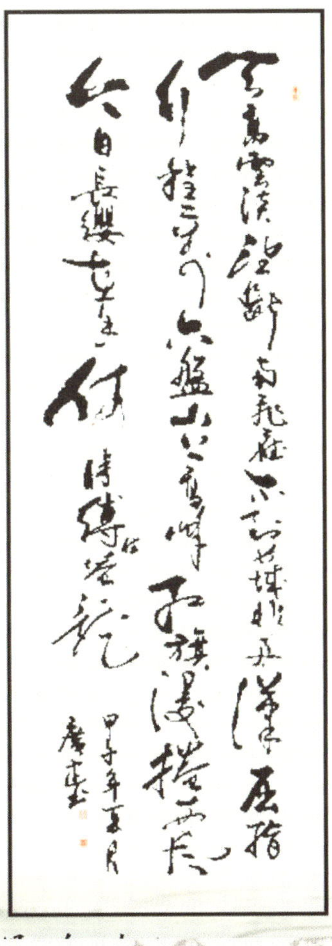

张广建，男，生于 1975 年 8 月 16 日，“驻马店市书法家协会会员”、“南海禅寺南海书画院理事”、“驻马店市紫藤书画院常务副院长”、从小酷爱书法，研习楷书，欧、柳、颜、赵、行书研习二王，草书追临张旭、怀素，隶书张迁碑石门颂等诸家碑帖，其书法作品包含着大自然的万千气象，行书潇洒自如，飘逸旷达，草书狂放而不失法度。

作品在国际国内大展赛中多次荣获特等奖、金奖，作品被国家博物馆和书法收藏家收藏，被中国名家书法院认证为中国当代书法名家和中国百强书法家荣誉称号。

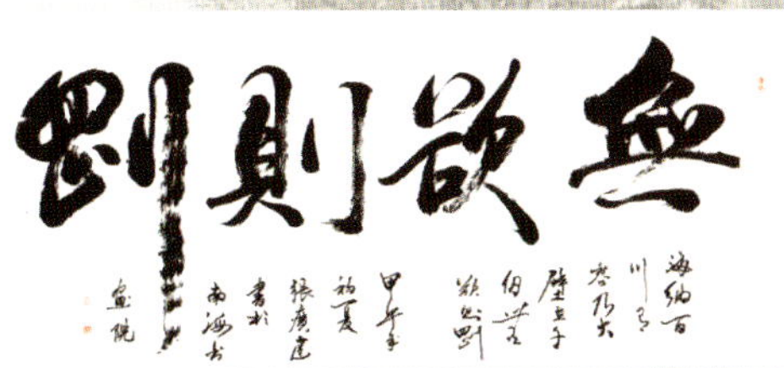

湖北省花鼓戏艺术研究院
湖北省实验花鼓剧院

院长、党委书记：吴培义

湖北省花鼓戏艺术研究院原为潜江市荆州花鼓剧团，成立于1956年。1993年经中共湖北省委省政府批准升格为湖北省实验花鼓剧院。2012年划转为国家级非物质文化遗产保护传承机构——湖北省花鼓戏艺术研究院。年均演出200余场，多次赴北京、山东、广东、湖南、河南等全国各地演出。2006年首赴德国演出受欢迎。2013年，院长、党委书记吴培义应邀赴英国参加《寰球舞台演出中国》国际学术研讨会。曾四获国家文化部或中组部表彰。连续数十年被评湖北省演出先进集体。被誉为花鼓戏四大“天王天后”的国家一级演员胡新中、吴培义、李春华、孙世安等演唱的剧目和唱腔多次在央视播出，并被制成卡拉OK DVD在全国出版发行。

共有30余台戏（次）和100余人（次）分获国家、省、市各级艺术奖励。《家庭公案》获文化部特别奖；《原野情仇》获中国曹禺戏剧文学奖和中国文华新剧目奖；《生命童话》获中国文华优秀剧目奖；《情缘》获省楚天文华大奖；《珍珠塔》获省花鼓戏艺术节优秀剧目奖；《五女拜寿》获省地方戏艺术节演出金奖；《秦香莲》入选湖北省委省政府举办的艺术节展演，并在央视黄金时段播出获赞誉。胡新中、李春华双获中国戏剧梅花奖；孙世安获中国文华表演奖；丁明安获中国艺术节表演奖；杨礼福获省作曲特别奖；倪汉清获省楚天文华导演奖；马红丽、佘鸿传、傅潜芬获省楚天文华表演奖；杨礼军获省楚天文华作曲奖；何小洲获省地方戏艺术节伴奏一等奖；谢婷婷获省地方戏艺术节表演一等奖；吴文军、刘金娥、王庆艳、刘丽萍、朱爱娥、杨其军获省牡丹花戏剧奖；肖作伟获省花鼓戏艺术节配角奖；答沙获省花鼓戏艺术节表演一等奖；邵铜钢、吴珍珍、熊维斯分获省地方戏艺术节伴奏二等奖或表演二等奖。

地址：湖北省潜江市东风路45号　电话：0728-6243135　0728-6243558

网址：www.hbhgx.com　邮编：433199

国家非遗保护项目　湖北花鼓经典剧目《秦香莲》剧情简介

《秦香莲》是花鼓戏剧种的传统剧目。原名《陈世美不认前妻》。自上世纪40年代传演至今。

湖广均州举子陈世美进京赶考得中状元并被招为驸马。其得官忘义、喜新厌旧，不但不认结发之妻，反欲杀妻灭嗣，斩草除根，逼得家将韩琪自刎而死。

秦香莲拦轿喊冤，状告至南衙开封府，铁面包公不惧皇家淫威，秉正义为民伸冤，将陈世美绳之于法，开刀问斩。

该剧彰显了公正执法、清政为民的浩然正气，是古今不朽的戏剧艺术精品。

《秦香莲》主要演员介绍

孙世安（饰秦香莲）国家一级演员。中国文华表演奖获得者。国家级非物质文化遗产传承人。中国戏剧家协会会员。曾任教于湖北省艺术学校。1975 年晋京演唱花鼓戏《平原作战》选段获首都专家首肯；1982 年获省演出一等奖；1991 年获省首届“牡丹花”戏剧奖；1995 年获省主演一等奖。曾四进北京演出获好评。是荆州花鼓戏的“老旦”王牌。

吴培义（饰包公）国家一级演员。享受国务院特殊津贴专家。中国剧协会员。湖北省作家协会会员。湖北省花鼓戏艺术研究院院长、党委书记。曾任数十台剧目主演或获奖。1981 年主演《买摇窝》获省优秀演出奖；1984 年主演《拦花轿》晋京演出获好评。1985 年因演出车祸痼疾离团求学。有数十篇文学作品发表或获奖。曾应邀赴英国学术交流。其经典唱腔多次在央视录播并出版发行。在多个剧目中扮演包公，被称花鼓戏花脸第一人。

胡新中（饰陈世美）国家一级演员。第 14 届中国戏剧梅花奖获得者。中国剧协会员。湖北省剧协副主席。国家级非物质文化遗产传承人。1982 年获省演出一等奖；1987 年获省青年演员比赛金奖；1991 年获省首届“牡丹花”戏剧奖；2012 年获楚天文华表演大奖。曾被特邀主演戏曲电影片《花墙会》中的杨玉春。被公认为“花鼓之王”。

李春华（饰公主）国家一级演员。第 15 届中国戏剧梅花奖获得者。中国戏剧家协会会员。1982 年获省演出一等奖；1991 年获省首届“牡丹花”戏剧奖；1995 年获省主演一等奖；主演的数 10 台剧目深受广大观众和首都专家的欢迎好评。素有“金嗓子”美称，被誉为“花鼓皇后”。

《秦香莲》闯宫

《秦香莲》讲宫

《秦香莲》杀庙

《秦香莲》铡美

湖北日報

HUBEI DAILY

中共湖北省委机关报 湖北日报传媒集团出版 http://www.cnhubei.com 国内统一刊号：CN42-0001 第 23918 号 邮发代号：37-1

2015.10.17 乙未年九月初五 星期六 今日 8 版

对话名家

要让“铁面包公”有血有肉

——访著名花鼓戏艺术家吴培义

记者 韩晓玲

整理改编后的花鼓戏经典剧目《秦香莲》，既保留了传统神韵，又呈现出新的风貌。尤其令戏迷瞩目的是，舞台上的“铁面包公”不再是过于脸谱化的人物，而变得有血有肉。包公的扮演者，是省花鼓戏艺术研究院“掌门人”、该剧目出品人吴培义。

看到记者，扮演秦香莲的“老旦王牌”孙世安开起了玩笑：“30多年前，我和吴培义就是老搭档。当时演出，陈世美总是铡不了。”

原来，吴培义曾经在演出途中发生车祸，脑部受伤。后来在《秦香莲》演出中，一到要铡陈世美的高潮部分，他往往因情绪激动而晕倒，短暂休息后，又爬起来坚持把戏演完。

这一脑伤痼疾，使吴培义不得不在 1985 年离开剧团，外出求学。后来，他又长期从事剧团的行政管理工作。不过，他从未放弃心爱的花鼓戏艺术，对自己青年时代的表演进行了反思，不断琢磨，希望能有新的突破。

花鼓戏有近 200 个传统戏，九成以小旦、小生、小丑为主，也因此有“三小戏”之称。过去，花鼓戏中的包公多由老生、须生来演，青年吴培义认为不足以体现包公的气概，便大胆地引入花脸行当来演绎。他在《秦香莲》、《追鱼》、《狸猫换太子》、《破铁券》等剧目中出色地扮演了包公一角，在江汉平原素有花鼓戏“花脸第一人”美誉。

然而在离开舞台的那段时间，吴培义有了一番新的思考：过去，戏曲中的包公成为花脸格式下的脸谱化人物，也成为一个“清官符号”，表演过于刚硬，除了铁面无私，人物性格和内心情感几乎都被忽略了。

此次改编《秦香莲》，脑伤痼疾大为缓解的吴培义再度出演包公。他认为，对这个角色的塑造，既不能太“去行当化”，也要加入符合现代审美观点的人情人性元素。比起年轻时，自己现在的表演更加张弛有度、收放自如，不仅节省体力，艺术效果也更好。他笑言：“7 月以来演了这么多场，陈世美都成功铡了！”

在昨晚的演出中，戏迷们看到了一个不一样的包公：他内心里也有过矛盾、挣扎甚至反悔，最终超越了自我，下定决心，公正执法。

吴培义不仅在角色刻画方面下足功夫，唱法上也大胆创新。在包公给秦香莲银子、劝她回乡的一段，他甚至用轻柔的音色来哼唱，以表现既同情秦香莲又无可奈何的矛盾心理，颠覆了过去包公从头到尾都声如洪钟、“铁板一块”的形象。

听到戏迷们的热烈掌声，吴培义欣慰地对记者说：“我不敢说自己的创新有多么成功，但从观众的反应来看，他们是认可的。”

中国美术馆

1
2 3 4
5 6 7

1. 在纪念中国人民抗日战争暨世界反法西斯战争胜利70周年之际，由中华人民共和国文化部、中国文学艺术界联合会、解放军总政治部宣传部、中国美术家协会共同主办，中国美术馆承办的“铸魂鉴史 珍爱和平——纪念中国人民抗日战争暨世界反法西斯战争胜利70周年美术作品展”于8月22日，在中国美术馆隆重开幕。

2. 2015年4月18日下午，中国美术馆七层学术报告厅，由中国美术馆主办的“大师讲大美”学术讲坛系列讲座第二期邀请著名科学家、诺贝尔物理学奖得主杨振宁教授主讲《美在科学与艺术中的异同》，将科学与艺术这两个看起来鲜有交集的门类，在有关“美”的契合点上做了一次完美阐述。来自社会各界的嘉宾、听众，以及在京主要新闻媒体记者等近300人参加了此次活动。图为吴为山馆长向杨振宁教授赠送精致的纪念品。

3. 适逢中国人民抗日战争暨世界反法西斯战争胜利70周年，在中国文化部和俄罗斯联邦政府文化部的高度重视下，由中国美术馆与俄罗斯国立博物馆与展览中心共同主办的“胜利：1945-2015!——纪念世界反法西斯战争胜利70周年俄罗斯美术作品展”于8月26日，在中国美术馆隆重开幕。

4. 中国美术馆典藏活化系列：走向西部——中国美术馆经典藏品西部巡展·宁夏”于2015年12月19日，在宁夏开幕，登陆银川当代美术馆，以上是开幕嘉宾合影。展览由中国美术馆与宁夏回族自治区党委宣传部、宁夏回族自治区文化厅、银川滨河新区管委会主办，银川当代美术馆承办的“国家艺术基金资助项目”。这是中国美术馆今年启动实施“走向西部——中国美术馆经典藏品西部巡展”以来的第四站，也是整个巡展活动的收官之展。宁夏自治区文化厅厅长阮教育，全国政协常委、中国美术家协会名誉主席靳尚谊，中国美术馆副馆长谢小凡代表中国美术馆馆长吴为山，银川当代美术馆馆长刘文锦出席开幕式并致辞。开幕式由银川当代美术馆王雪川主持。出席开幕式的领导和嘉宾有，宁夏自治区党委常委、宣传部长蔡国英，宁夏自治区副主席姚爱兴，中国美术家协会副主席、中央美术学院院长范迪安，宁夏自治区政府副秘书长崔晓华，宁夏自治区宣传部副馆长周庆华，宁夏自治区党委宣传部、文化厅、银川市的有关人员，来自各地的艺术家、新闻界的嘉宾以及宁夏有关高校师生们共同出席了开幕式。

5. 2015年10月21日，由中国美术馆主办、柏林德国历史博物馆基金会协办的“中国美术馆国际交流展系列：黑白的力量——凯绥·珂勒惠支经典作品展”在中国美术馆开幕。

6. 由中国美术馆、中央美术学院主办的“至爱之塑——雕塑家王临乙、王合内夫妇作品文献纪念展”于2015年11月30日上午，在中国美术馆开幕。图为常沙娜女士、盛杨先生代表王临乙、王合内接受吴为山馆长颁发的捐赠证书。

7. 2015年5月26日的上午，中国美术馆精心组织策划的“童绘美丽家园”迎“六·一”大型公益专场活动和儿童作品展览，在中国美术馆隆重推出。图为吴为山馆长、胡伟副馆长、杨澜女士和嘉宾同小朋友合影。

HV 画家村在线 ii.NET
拍卖会
paimai.taobao.com
画家村在线 淘宝拍卖会
>>>>>>艺术品的桥梁
王路平
邱野
王志宝
董聪贤
余建华
王志友
强强联合 一起成长 一路走来
艺术家宣传 艺术品经营 提供商
更多信息请扫码
添加画家村在线微信
广告

中央企业音乐专业委员会

中央企业音乐专业委员会于2015年3月27日在北京成立。隶属中央企业精神文明建设“五个一工程”评审委员会，以服务中央企业改革发展为主线，以丰富职工群众精神文化生活为着力点，以“五个一工程”歌曲评选为平台，定期组织创作采风、观摩交流、作品征集和培训等活动，讲述国企好故事、传播国企好声音、宣传国企好形象，为实现中华民族伟大复兴“中国梦”发挥其应有作用。

中国石化音乐舞蹈家协会

澳门基金会

澳门基金会为澳门具有公权力的半官方法人机构，其宗旨为促进、发展和研究澳门的文化、社会、经济、教育、科学、学术及慈善活动，以及旨在推广澳门的各项活动。

本会将工作重点放在关顾市民福祉、推动学术研究、培育未来人才、推广文化艺术、促进交流合作五方面。举办澳门文学奖、全球华人散文征文比赛、澳门青少年学生航天科普交流活动、澳门优异生参访团等活动，并发放研究生奖学金和外地来澳学生奖学金。

“澳门制作　本土情怀”澳门基金会市民专场演出

为进一步向市民提供更多元化的文艺节目，提高生活素质，澳门基金会于2012年推出“澳门制作　本土情怀”澳门基金会市民专场演出计划。于2013年及2014年邀请了超过40个本地演艺社团，举办50多场不同主题、不同形式之表演，构建交流合作平台，为市民献上精彩的文艺节目，塑造澳门城市动感文化形象。

澳门本土创作京剧《镜海魂》

本会一直致力推动及扶持本地创作，培养本土创作人才，由江苏省演艺集团京剧院与本会共同打造的史诗京剧《镜海魂》，由澳门本地作家穆欣欣编剧，以中国传统戏剧艺术形式诉说澳门的历史，既可让京剧在澳门继续发扬光大，提高市民对京剧艺术的欣赏水平，同时，也可对外宣传澳门的历史文化，并能彰显澳门中西文化兼容的特色。这是一部蕴含诸多澳门风情的大型史诗历史京剧，已于2014年7月在南京首演、11月在天津举行的第七届中国京剧艺术节中演出及2015年1月于澳门作公演，演出大获好评，并将继续移师邻近地区以至海外进行展演。

澳门本土创作京剧《镜海魂》演出照

文学活动

本会与澳门及国内多所机构于2014年合办了多项文学活动，重点活动首推“中国作家馆・澳门厅”启动仪式暨《澳门文学丛书》新书发布会，活动于北京国际图书博览会上举行，由中国作家协会、本会及澳门特别行政区政府文化局主办，活动并邀请到多位国内知名文学评论家与澳门作家深度对谈，此次为澳门文学、澳门作家在内地首次集体亮相，既有澳门文学走出澳门的带有里程碑式的标志意义，同时也是澳门文学水平和发展成果的一次重大展示。此外，本会与澳门笔会合办的“第十届澳门文学奖”以及与《人民日报》文艺部、《散文选刊》杂志社、《上海文学》杂志社、天津开意文化交流有限公司合办的第五届“我心中的澳门”全球华文散文赛等多项征文活动亦举行了颁奖礼，以持续推动澳门的文学发展。

澳门艺术家推广计划

“澳门艺术家推广计划”是澳门基金会于2011年开展的艺术推广项目，邀请澳门的艺术家举行个人作品展，范围涵盖国画、书法、篆刻、水彩、油画、摄影、雕塑等，透过长期和系统性的艺术推广活动，为艺术家和艺术爱好者建立交流互动的机会，一方面，艺术家有了展示成果的平台，有助增加创作的动力，而观众的意见回馈，亦能有效推动其艺术创作的思维；另一方面，市民大众有机会欣赏出色的艺术作品，借着审美活动进行思考，提升个人的人文素养。除了展览以外，澳门基金会还为有关的艺术家出版作品集，收入《澳门艺术家丛书》之中，保留其艺术创作成果，延续活动的影响力，通过视觉语言，让艺术家和受众作更深入的交流。至2014年，该项目共举行展览39个，出版作品集40本。

澳门艺术家推广计划　“何斌书法展”剪彩仪式

澳门基金会市民专场演出“叽哩咕噜音乐家”演出照